ISBN 978-0-260-63865-6
PIBN 10961262

ANNUAIRE

HISTORIQUE UNIVERSEL

OU

HISTOIRE POLITIQUE.

Paris. — Imprimerie de Wittersheim, rue Montmorency, 8.

ANNUAIRE

HISTORIQUE UNIVERSEL,

OU

HISTOIRE POLITIQUE

POUR 1844,

Avec un *Appendice* contenant les actes publics, traités, notes diplomatiques, tableaux statistiques financiers, administratifs et judiciaires, documents historiques officiels et non-officiels, et un article *Variétés* renfermant des chroniques des événements les plus remarquables, des travaux publics, des lettres, des sciences et des arts, et des notices bibliographiques et nécrologiques,

RÉDIGÉ PAR MM. A. FOUQUIER ET H. DESPREZ,

FONDÉ PAR

M. C. L. LESUR.

PRIX : 15 FRANCS.

PARIS,

THOISNIER DESPLACES, LIBRAIRE,

RUE DE L'ABBAYE, N° 14.

1845

TABLE CHRONOLOGIQUE

DES

ÉVÉNEMENTS LES PLUS REMARQUABLES

ARRIVÉS EN 1844.

ANNUAIRE
HISTORIQUE UNIVERSEL
POUR 1844.

PREMIÈRE PARTIE.

HISTOIRE DE FRANCE.

CHAPITRE PREMIER.

Situation du pays. — Ouverture des Chambres. — Discours du Roi. — Discussion de l'Adresse à la Chambre des pairs. — Discussion de l'Adresse à la Chambre des députés.

Au moment où le ministère et les Chambres allaient de nouveau se trouver en présence, la France, replacée dans une situation plus régulière, offrait le spectacle d'une grande nation reprenant, à la tête de la civilisation moderne, cette marche pacifique si favorable aux développements de la vie politique et matérielle, si nécessaire au maintien de l'équilibre du monde. Mais la crainte des dangers passés semblait faire place, dans certaines régions de l'opinion publique, à la crainte des remèdes employés pour prévenir désormais de semblables périls. Le pouvoir qui gouvernait la France lui avait rendu la paix, et c'était là pour tous un juste sujet de reconnaissance : mais ne pouvait-on pas redouter que la réaction contre une politique inquiétante n'eût emporté trop loin ceux qui l'avaient accomplie avec tant de bonheur? On commençait à se demander si le ministère n'engageait pas trop intimement le pays dans la voie d'une alliance dont se défie l'instinct national : on lui reprochait de l'y retenir avec une inflexible persévérance, et de donner de ses intentions pacifiques des garanties nombreuses, sans exiger toujours des garanties équivalentes. En un mot, vouloir la paix non comme un heureux bienfait, mais comme une nécessité systématique, telle était, aux yeux de quelques-uns, l'erreur et la faiblesse du ministère. Cette conviction tenace, mais honorable, qui affectait de braver les périls de l'impopularité, on lui demandait compte des résultats obtenu sen Europe. Avait-elle répondu à toutes les espérances du pays, et la défiance qu'elle avait soulevée n'était-elle pas jusqu'à un certain point légitime? Certes il y avait eu dans le rapprochement éclatant des deux plus grandes puissances du monde un sujet de joies et d'espérances communes : mais ce rapprochement plus apparent que réel, fondé plutôt sur des sympathies personnelles et sur des vues systématiques que sur l'affinité politique des deux pays, n'avait eu lieu peut-être que dans les hautes régions de la diplomatie. Les jalousies mutuelles, entretenues entre les deux peuples par la perpétuelle rivalité de leur puissance, semblaient s'être accrues en raison même des efforts que l'on venait de tenter pour les éteindre.

Au reste, en se liant à la paix le ministère du 29 octobre s'était assuré pour longtemps l'exercice du pouvoir. Déjà même il en était arrivé à se faire accepter par beaucoup comme la condition nécessaire du maintien du système qu'il avait fait prévaloir. Aujourd'hui le passé lui garantissait encore l'avenir, et les dangers de la succession écartaient les prétentions inquiétantes et les ambitions sérieuses. Aussi longtemps que sa retraite pourrait être le signal d'un changement violent dans la politique de la France, aussi longtemps que la paix semblerait garantie par son existence, le Cabinet, dirigé par M. Guizot, devait rencontrer sur sa route plus de défiances que de résistances ouvertes, plus d'obstacles cachés que d'agressions hardies, plus de curiosité que de colère. A ne considérer que la haute position de quelques-uns de ses membres, que l'incontestable talent de son chef moral, cette lutte engagée entre un système et ses conséquences pourrait être habilement prolongée et ne se terminerait sans doute que par les complications qu'entraîne l'exagération des saines doctrines comme l'exagération des mauvaises, l'excès de la modération comme l'excès de l'imprudence.

Telle était la situation lorsque, le 27 décembre 1843, eut lieu l'ouverture de la session des Chambres législatives.

Le premier paragraphe du discours royal renfermait un tableau rassurant de la situation intérieure. Au sein de l'ordre maintenu sans effort, la France déployait avec confiance sa féconde activité : la condition de toutes les classes de citoyens s'améliorait et s'élevait. Les effets de cette prospérité permettraient de rétablir entre les dépenses et les revenus de l'État, dans les lois de finances qui seraient incessamment présentées, un équilibre justement désiré.

Cet optimisme du ministère était-il suffisamment justifié par les faits, et ne s'était-on pas abandonné à quelques illusions sur les effets d'une prospérité exagérée ? Cet équilibre si hautement annoncé était-il sérieux, et ne devait-il pas disparaître sous le poids des crédits supplémentaires ? Telles étaient les questions que devait bientôt soulever la discussion dans les Chambres et auxquelles les faits ne tarderaient pas à répondre.

On pouvait jouir avec sécurité de ces biens de la paix, ajoutait le discours royal, car elle n'avait jamais été plus assurée; puis, passant en revue les points les plus importants de la politique extérieure, S. M. continuait ainsi :

« Des événements graves sont survenus en Espagne et en Grèce. La reine Isabelle II, appelée si jeune au fardeau du pouvoir, est en ce moment l'objet de toute ma sollicitude et de mon intérêt le plus affectueux. J'espère que l'issue de ces événements sera favorable à deux nations amies de la France, et qu'en Grèce comme en Espagne la monarchie s'affermira par le respect mutuel des droits du trône et des libertés publiques. »

Ces sages et dignes paroles devaient produire une sensation moins profonde que le paragraphe relatif aux relations de la France et de la Grande-Bretagne. L'alliance anglaise y était proclamée d'une façon qui parut trop personnelle et que ne justifiaient pas peut-être les événements. Le Roi y disait :

« La sincère amitié qui m'unit à la reine de la Grande-Bretagne, et la *cordiale entente* qui existe entre mon gouvernement et le sien me confirment dans cette confiance. »

L'annonce du mariage du prince de Joinville avec la princesse Françoise, sœur de l'empereur du Brésil et de la reine du Portugal, devait être accueillie par les Chambres et par le pays avec une sympathie toute pleine d'espérances.

Le discours royal renfermait encore une grave manifestation, attendue avec confiance par tous les esprits sages et modérés qui, respectant dans la religion catholique un culte reconnu et protégé par les lois du pays, voient avec douleur quelques représentants égarés de cette religion compromettre dans des luttes regrettables leur pacifique caractère et menacer une des forces vives de l'État de leurs ambitions renaissantes.

« Un projet de loi sur l'instruction secondaire satisfera au vœu de la Charte pour la liberté d'enseignement, *en maintenant l'autorité et l'action de l'État sur l'éducation publique* (sensation vive et prolongée. Interruption et marques universelles d'assentiment). »

Le Roi terminait par ces remarquables paroles :

« Je contemple, messieurs, avec une profonde reconnaissance envers la Providence, cet état de paix honorable et de prospérité croissante dont jouit notre patrie. Toujours guidés par notre dévouement et notre fidélité à la France, nous n'avons jamais eu, moi et les miens, d'autre ambition que de la bien servir. C'est l'assurance d'accomplir ce devoir qui a fait ma force dans les épreuves de ma vie, et qui fera jusqu'à son dernier terme ma consolation et mon plus ferme soutien (vives acclamations et cris prolongés de Vive le roi!) »

La constitution des bureaux des deux Chambres fut, comme on pouvait s'y attendre, favorable au ministère. A la Chambre des députés M. Sauzet fut continué à la présidence malgré une division marquée de la majorité conservatrice. MM. Bignon, Debelleyme, Lepelletier-d'Aunay et Salvandy furent nommés vice-présidents. Ces travaux préliminaires étaient terminés le 30 décembre.

L'installation du président de la Chambre des députés fut l'occasion d'un incident regrettable. Avant de céder le fauteuil à M. Sauzet, le président d'âge, c'était l'honorable M. Laffitte, crut devoir dans le discours d'usage s'écarter des règles ordinaires qui commandent au président, même provisoire, le calme et l'impartialité. Dans une allocution pleine de conseils irritants adressés à l'opposition, pleine de prévisions sinistres et de rancunes mal déguisées, M. Laffitte se fit, devant la Chambre étonnée, l'organe prématuré des accusations ordinaires de la minorité. Accueilli par des murmures mérités, M. Laffitte descendit de la tribune, et, lorsque M. Sauzet proposa de voter, suivant les pratiques reçues, des remercîments au bureau provisoire, quelques réclamations s'élevèrent : mais la majorité pensa qu'un fait isolé, quoique fâcheux, ne méritait pas une dérogation aux usages de la Chambre, et les remercîments furent votés.

Chambre des Pairs. — Le 8 janvier, M. de Broglie, rapporteur de la commission de l'adresse, donna lecture du projet de réponse au discours de la couronne. Le projet se réjouissait avec le roi de la prospérité du pays; il effleurait avec délicatesse et fermeté les principales difficultés de la situation. Au parti légitimiste il disait: « Les factions sont vaincues et les pouvoirs de l'État, en dédaignant leurs vaines démonstrations, auront l'œil ouvert sur leurs manœuvres criminelles. » Il approuvait les paroles royales sur la paix extérieure et sur la question de l'alliance anglaise. Il répondait aux mots *d'entente cordiale* par ceux *d'amitié sincère et d'heureuse intelligence.* Il ajoutait qu'en présence des événements qui s'accomplissaient en Espagne et en Grèce, cet accord était désirable, et il exprimait le vœu que, par l'effet de cette politique désintéressée, la royauté pût chez ces nations amies trouver, dans son alliance avec les libertés publiques, un principe nouveau de force et d'ascendant. Après un paragraphe peu significatif sur les traités de commerce conclus ou projetés venaient quelques paroles assez claires sur la question de l'enseignement secondaire: « La liberté de l'enseignement, disait le projet, est le vœu de la Charte; l'intervention tutélaire de l'État dans l'éducation publique est le besoin de la société. » Enfin, le projet adressait des remercîments au roi pour le courage que deux de ses fils déployaient en Algérie, et par le sentiment dynastique qui inspirait les paroles de la commissson, elle se trouvait de nouveau placée en face du souvenir de Belgrave-Square; aussi faisait-elle en terminant une nouvelle allusion à la conduite des partisans de la dynastie déchue.

« Le roi en montant au trône a promis, disait-elle, de nous consacrer son existence tout entière, de ne rien faire que pour la gloire et le bonheur de la France; la France lui a promis fidélité. Le roi a tenu ses serments : Quel français pourrait oublier ou trahir les siens? »

La discussion suivit immédiatement la lecture du projet d'adresse. M. de Richelieu, qui était allé à Belgrave-Square, prit la parole pour ôter à son voyage tout caractère politique; il s'étudia à établir que dans cette démarche il n'avait été inspiré que par la reconnaissance. L'orateur ne pensait pas qu'il fût de sa dignité de s'expliquer sur les expressions de *manœuvres criminelles* ailleurs que devant une Cour des pairs. Le ministère ne jugea pas encore nécessaire de répondre. Mais, provoqué par quelques paroles de M. de Vérac, qui avait voulu rendre aux manifestations de Belgrave-Square leur signification politique, et qui avait été jusqu'à parler à la Chambre étonnée des « *droits du royal enfant, héritier du trône par sa naissance et par la Charte,* » M. Guizot ne crut pas devoir plus longtemps taire la pensée du gouvernement.

Le ministre des affaires étrangères commença par déclarer que le gouvernement, malgré sa tolérance et sa longanimité, n'avait pas négligé de remplir les devoirs que la Chambre lui rappelait aujourd'hui; il n'avait pas prétendu exercer sur les démarches d'un prince exilé une surveillance inquiète et tracassière: mais quand sa présence dans l'une des capitales de l'Europe avait paru avoir l'une de ces deux conséquences, ou de fausser, d'embarrasser la situation du représentant du roi, ou de fournir un encouragement à des passions, à des espérances criminelles, le gouvernement avait déclaré qu'il ne pouvait accepter cette situation, et que, si elle se prolongeait, la présence simultanée du représentant du roi dans le même lieu ne lui paraîtrait ni convenable, ni possible. C'est ce qui avait été dit en 1841, à Vienne; en 1842, à Dresde; en 1843, à Berlin; et partout cette déclaration avait été accueillie comme parfaitement sage, naturelle, légitime, comme la conséquence nécessaire des maximes les plus élémentaires du droit public appliqué aux rapports internationaux. Mais en Angleterre, pays de liberté et de discussion, les choses n'avaient pu se passer de même ; le gouvernement anglais n'avait pas dans ses mains les moyens d'empêcher les scènes de Belgrave-Square. Tout ce que la reine avait pu faire, c'était de ne recevoir ni en public, ni en particulier le duc de Bordeaux, et de témoigner au gouvernement français son profond déplaisir, sa profonde réprobation pour des faits qu'elle ne pouvait empêcher. Pour le refus de réception la reine avait agi spontanément en vertu de son amitié pour la France ; quant à la communication officielle, elle avait été faite en réponse aux représentations de la France.

Après cette exposition de la conduite du gouvernement envers le prétendant, et une critique sévère des scènes de Belgrave-Square, qualifiées de scandaleuses, M. Guizot déclarait qu'elles n'avaient point de gravité politique.

« Il n'y a, messieurs, disait-il, il n'y a dans ces faits-là, pour nous, pour le gouvernement du roi, aucun danger. Le gouvernement du roi repose sur une base trop large et trop sûre, il est trop profondément identifié avec tous les grands intérêts, tous les grands sentiments nationaux, pour qu'il soit au pouvoir de qui que ce soit de le mettre réellement en danger, l'expérience de ce qui s'est passé en France depuis treize ans ne permet à personne d'en douter. Nous avons surmonté d'autres périls que ceux qui pouvaient nous venir de Belgrave-Square. Nous avons, comme votre adresse ledit, vaincu tour à tour toutes les factions tantôt séparées, tantôt réunies. Nous les avons vaincues, non pas par notre mérite, non pas par notre vertu supérieure, mais par le mérite, par la vertu de la position nationale du gouvernement du roi, par sa force intime et propre que rien au monde ne peut lui enlever. »

Et d'ailleurs, que pouvait-on craindre en considérant l'état *inférieur* du parti légitimiste lui-même ? Qu'avait-on vu à Belgrave-Square ? Mille individus, deux mille peut-être, poussés là, pour la plupart, par un mouvement de mode momentanée, sans vraie passion, sans vraie conviction politique. Les réunions y avaient été aussi frivoles que bruyantes. Quant aux autres, croyait-on qu'ils n'eussent pas déploré ce qui se passait à Londres ? Ce parti était composé d'éléments bien différents : il y avait des insensés, des étourdis, des brouillons ; il y avait aussi des hommes sensés, éclairés, honorables, qui, tout en gardant fidélité à leurs sentiments, à leurs traditions, savaient respecter le gouvernement de leur pays.

Pourquoi donc s'occuper de faits qui n'avaient aucun danger ?

« Pourquoi, répondait M. Guizot ? Parce qu'il y a dans ce monde, pour les gouvernements et pour les pays qui se respectent autre chose que le danger ; parce que ce ne sont pas seulement des questions d'existence qu'ils ont à traiter. Le scandale est une grande affaire pour les gouvernements et les pays qui se respectent. Eh bien ! il y a eu ici un scandale immense ; il y a eu scandale politique et moral ; il y a eu un oubli coupable et quelquefois honteux des premiers devoirs du citoyen. Oui, des premiers devoirs du citoyen ! On n'a pas besoin d'occuper telle ou telle situation particulière, on n'a pas besoin d'avoir prêté tel ou tel serment pour devoir obéissance et soumission aux lois et au gouvernement de son pays. Cette obéissance, cette soumission, c'est la première base de la société, c'est le premier lien de l'ordre social ; et quand on voit ce devoir aussi arrogamment, aussi frivolement méconnu, il y a, je le répète, pour tout le monde, sous toutes les formes de gouvernement, un scandale immense, un profond désordre social. Des hommes, pour échapper aux lois de leur pays, s'en vont abuser des libertés étrangères ; ils vont faire dire à un gouvernement étranger, à un gouvernement libre : « Je n'ai aucun moyen légal de réprimer de pareilles scènes ; mais ce sont des désordres scandaleux qui, si nous ne nous connaissions pas comme nous nous connaissons, si nous ne savions pas quels sont nos sentiments réciproques, pourraient compromettre les bons rapports des deux pays, des deux gouvernements. » Voilà ce qu'on a fait dire au gouvernement anglais. Oui, il y a là un scandale immense dont les gouvernements (et les gouvernements libres plus que les autres) doivent s'inquiéter beaucoup, et qu'ils doivent réprimer au moins par une réprobation formelle, par un blâme sévère, en annonçant que si de pareils désordres, de semblables démonstrations devenaient des manœuvres criminelles, les pouvoirs de l'État sauraient les déjouer. »

Enfin, il fallait s'occuper de ces faits, ne fût-ce que pour protéger les légitimistes sensés contre les brouillons du parti, pour prévenir tout ce qui pouvait rappeler le souvenir de nos discordes civiles, et réveiller des sentiments contraires à la paix publique et aux bons rapports des citoyens entre eux.

La suite du débat n'offrit plus aucun incident remarquable. Il nous reste cependant à constater une déclaration de M. Guizot sur les négociations entreprises à Londres pour la révision des traités de 1831 et 1833. Il demeura constant, d'après les paroles du ministre, que le gouvernement anglais admettait l'examen des modifications que les traités pourraient subir. C'est tout ce que l'intérêt de la négociation lui permettait de dire actuellement à la Chambre.

Signalons enfin l'adoption du paragraphe annuel pour la nationalité polonaise et quelques observations sur le paragraphe relatif à l'instruction secondaire, d'où il résulta que la commission, en modifiant dans sa réponse au roi les paroles du discours de la couronne, n'avait pas eu l'intention d'en modifier le sens, au moins sérieusement.

Le scrutin sur l'ensemble du projet donna 115 boules blanches contre 14 boules noires (8 janvier).

Le 10 janvier la députation de la Chambre fut appelée à présenter son adresse au roi : on remarqua dans le discours de Sa Majesté cette phrase sur la question qui avait le plus occupé la pairie dans sa récente discussion. « Au dedans, comme vous le dites, l'empire des lois est bien établi, les factions sont vaincues et de vaines démonstrations de leur part ne feraient que constater leur impuissance. »

Chambre des députés. — La discussion de l'adresse fut longue et animée dans cette enceinte. Le projet rédigé par M. Saint-Marc-Girardin, rapporteur de la commission, fut présenté à la Chambre le 12 janvier. La commission approuvait les paroles royales sur la prospérité du pays, tout en exprimant le vœu que l'agriculture fût encouragée dans ses progrès et dans ses efforts ; elle félicitait le roi du maintien de la paix, qui s'affermissait par sa durée même. Cette paix avait pour fondement l'intérêt de la civilisation et le respect des traités, « de ces traités, ajoutait-elle, dont nous continuons à revendiquer la protection pour une nation malheureuse que l'espérance n'abandonne point, parce qu'elle a foi en la justice de sa cause. » Au paragraphe relatif à l'état des relations entre la France et l'Angleterre la commission appliquait les mots de *sincère amitié* pour caractériser les rapports des souverains des deux pays, et ceux d'*accord de sentiments*, pour caractériser les rapports des deux gouvernements dans les événements de l'Espagne et de la Grèce. Elle espérait que cet accord aiderait au succès des négociations qui, en garantissant la répression d'un infâme trafic, devaient tendre à replacer notre commerce sous la surveillance exclusive de notre pavillon. Enfin, plus énergique que la Chambre des pairs dans l'expression de ses sentiments dynastiques, elle terminait son projet par ces paroles :

« Oui, sire, votre famille est vraiment nationale. Entre la France et vous l'alliance est indissoluble. Vos serments et les nôtres ont cimenté cette union. Les droits de votre dynastie demeurent placés sous l'impérissable garantie de l'indépendance et de la loyauté de la nation. La conscience publique *flétrit de coupables manifestations* : notre révolution de juillet, en punissant la violation de la foi jurée, a consacré chez nous la sainteté du serment. »

Les débats s'ouvrirent, le 15 janvier, par un discours de M. Berryer, qui demanda la parole pour un fait personnel. L'honorable orateur dit qu'il était impossible aux députés désignés dans le dernier paragraphe de l'adresse, de rester plus longtemps sans donner des explications à la Chambre. Il essaya de prouver que sa conduite et celle de ses collègues légitimistes avait pour but de substituer dans les événements politiques les moyens légaux d'opposition aux moyens violents, et que c'était dans ce but qu'ils étaient allés à Londres. Mais fréquemment interrompu par des mouvements d'improbation ou d'hilarité, trop peu maître de lui-même pour trouver ses anciens et habituels effets d'éloquence, M. Berryer renonça à la parole et descendit de la tribune.

M. Guizot profita habilement de la situation, et avec une loyauté inspirée par le sentiment de sa force et de l'embarras de l'orateur légitimiste, il invita M. Berryer à croire que les mouvements qui l'avaient frappé ne s'adressaient ni à lui, ni à ses paroles, ni à la situation dans laquelle il s'était placé. La Chambre, ajouta M. le ministre, écoutait l'orateur avec un sentiment vif, impatient peut-être, mais attentif et sérieux, et celui qui était accoutumé à lutter même contre les impressions les plus défavorables, celui qui avait donné de son talent et de son courage tant et de si glorieux exemples, ne pouvait rien trouver dans les sentiments de la Chambre qui l'appelât à descendre de la tribune. M. Berryer se rendit à cette invitation qui lui semblait donner aux débats toute leur importance. L'orateur déclara que ses collègues et lui étaient allés à Londres pour dire la vérité tout entière, la vérité sur l'état du pays, la vérité sur la ruine entière de tout ce qui dans le passé n'est que poussière et qui ne peut plus se ranimer; la vérité sur la nécessité de n'admettre rien en France, de ne rien entreprendre désormais que par la volonté nationale; la vérité sur le droit qu'a tout homme qui vit en France, qui s'y sent de l'intelligence et du cœur, de diriger les affaires et de défendre les intérêts de son pays. Aucune pensée de désordre ne s'était mêlée aux hommages que les légitimistes étaient allés porter à M. le duc de Bordeaux. M. Berryer ajoutait, en terminant, quelques mots sur le serment: « Vous nous parlez, disait-il, de la sainteté du serment. Nous y croyons, nous la comprenons comme vous; mais nous mesurons, avant de prêter un serment, l'étendue de l'engagement que nous allons contracter. Nous avons vu un changement de principe. Sous le principe nouveau, nous avons compris notre liberté. Ajoutez à vos lois, placez-nous en dehors des garanties et des principes fondamentaux de la déclaration de 1830, et nous aviserons. »

M. Guizot reparut à la tribune; il commença par opposer au précédent orateur les faits qui s'étaient passés et se passaient à Londres et parmi nous. Une réunion avait eu lieu à Londres : il s'y était formé une petite cour d'un prince, tantôt annoncé comme le roi de l'avenir, tantôt déjà traité de roi. C'avait été comme les petits états-généraux d'une nouvelle émigration d'un moment. On avait même tenu à y avoir les trois ordres. Tout le monde y était allé, tout le monde en était revenu librement, tranquillement, sous la protection officielle du gouvernement qu'on avait un peu l'air de braver. Or, maintenant que se passait-il dans les Chambres? Au moment où le roi et le pays se rapprochaient et se parlaient officiellement, allait-on provoquer des rigueurs et des mesures violentes contre la réunion de Londres? Nullement. La Chambre ne faisait que témoigner son sentiment et exprimer sa réprobation. Où étaient l'injustice, la dureté, la rigueur?

« De quel droit vous plaignez-vous, ajoutait le ministre? Quels principes êtes-vous venus tout-à-l'heure invoquer à cette tribune? Vous ne pouvez parler de liberté, vous ne pouvez en réclamer plus que vous n'en avez; vous avez usé, largement usé, je ne veux pas dire abusé, de toutes les libertés que nous avons conquises et fondées depuis cinquante ans, pour vous comme pour nous, mais sans vous, malgré vous, quelquefois contre vous.

» Vous en avez usé, vous en aviez le droit; nous l'avons pleinement accepté. Quand je dis *nous*, pardonnez-moi, messieurs, je ne parle pas seulement du cabinet actuel, ni de tous les cabinets qui ont précédé, ni même seulement de toutes les majorités qui les ont soutenus. Je parle de tous les pouvoirs publics qui depuis treize ans ont présidé aux destinées de la France, cabinets de toutes les dates, majorités et oppositions. Quelles que soient nos dissidences, nos querelles, il y a au-dessus de tout cela un but commun que nous avons tous poursuivi, une œuvre commune à laquelle nous avons tous travaillé. C'est l'établissement d'un gouvernement fondé sur la réciprocité des droits, fondé sur le principe du contrat entre le prince et le pays. Voilà le gouvernement que nous avons entendu fonder. Et nous avons inscrit sur nos bannières : liberté, ordre public. Nous avons entendu concilier, pour la première fois peut-être dans le monde, les deux grands principes de toute société bien organisée. Et cela, je n'en fais pas un mérite particulier à aucun des cabinets ni à aucune des majorités : c'est le mérite de tous les amis du gouvernement de juillet. Ce sera l'œuvre glorieuse de notre époque, et cette gloire-là, tous en auront leur part.

» Voilà notre principe, messieurs, voilà ce que nous avons entendu faire depuis 1830 : est-ce-là le vôtre? celui de votre parti, le drapeau élevé à Belgrave-Square contre notre drapeau de 1830? Non. Je vais vous dire quel est le principe en vertu duquel on a agi à Belgrave-Square, quel est le drapeau qu'on a élevé contre le nôtre.

» On a parlé et agi au nom d'un droit qui se prétend supérieur à tous les droits, au nom d'un droit qui prétend demeurer entier, imprescriptible, inviolable, quand tous les autres droits sont violés, au nom d'un pouvoir qui n'accepte aucune limite, aucun contrôle complet et définitif; au nom d'un pouvoir qui ne peut pas se perdre lui-même, quelque insensé et quelque incapable qu'il soit, de qui les peuples, quoi qu'il fasse, doivent tout supporter.

» C'est là ce qu'on appelle la légitimité!

» Voilà le principe de Belgrave-Square, voilà le drapeau qu'on a opposé là à notre drapeau de 1830.

» Messieurs, on le sait, je suis profondément monarchique; je suis convaincu que la monarchie est le salut de ce pays, et qu'en soi c'est un excellent gouvernement; et la monarchie, je le sais, c'est l'hérédité du trône consacrée par le temps : cette légitimité-là, je l'approuve, je la veux, nous la voulons tous, nous entendons bien la fonder. Mais toutes les hérédités de races royales ont commencé, elles ont commencé un certain jour, et il y en a qui ont fini. La nôtre commence, la vôtre finit!

» Quant à la légitimité dont vous vous prévalez, que vous invoquez, ce droit supérieur à tous les droits, ce pouvoir qui ne peut pas se perdre lui-même, de qui les peuples doivent tout supporter..... Ah! je tiens ces maximes-là pour absurdes, honteuses, dégradantes pour l'humanité.

» Et quand on prétend les mettre en pratique, quand on prétend les tendre dans toute leur portée et les pousser jusqu'à leurs dernières extrémités, une nation fait bien de se revendiquer elle-même et de rétablir, à ses risques et périls, par un acte héroïque et puissant, ses droits méconnus et son honneur offensé.

» C'est là ce que nous avons fait en 1830; c'est là ce qu'on voudrait défaire aujourd'hui. *Belgrave-Square* n'a pas d'autre but, ni d'autre sens.

» Messieurs, nous avons vu poindre ce dessein-là, nous avons vu commencer ce travail-là dans un moment fatal, quand un coup déplorable est venu nous frapper, nous et notre famille royale; des espérances se sont réveillées alors, des perspectives se sont r'ouvertes quand le prince qui faisait notre espérance et notre perspective nous a été ravi; nous avons vu commencer *Belgrave-Square* ce jour-là.

» Eh bien, en le voyant, nous avons pourvu par la loi de régence aux besoins légaux de l'avenir; mais, du reste, nous n'avons pris aucune mesure nouvelle, nous n'avons restreint aucune liberté, nous avons continué notre politique modérée et libérale; seulement nous avons tenu à faire voir au pays les richesses qui lui restaient. Les fils du roi ont voyagé en France. Alors vous avez voulu aussi montrer votre prince.

» Un autre prince, un autre avenir; c'est le mot dont on s'est servi. Et ne vous prévalez pas de n'avoir pas fait davantage. Pour agir réellement contre un pouvoir établi, contre un gouvernement régulier, il faut avoir au moins des prétextes, il faut avoir des libertés à revendiquer, des droits violés à ressaisir. Vous n'avez rien de semblable. On peut dire tous les matins dans les journaux que les droits sont violés, que les libertés n'existent pas. Mais on ne peut pas agir sérieusement d'après ce fait, car il est faux, parfaitement faux.

» Il ne suffit pas même, quand on veut attaquer un gouvernement, d'avoir de tels motifs; il faut avoir dans le pays un certain appui; il faut trouver des dispositions un peu favorables, des chances possibles. Vous n'avez rien de tout cela. Vous n'avez ni griefs ni force.

» Vous avez donc été contraints de ne faire que des démonstrations; vous avez voulu du moins préparer des voies, ouvrir des perspectives.

» Tout à l'heure vous nous parliez de votre modération, des bonnes et patriotiques intentions qui vous animent, qui animent votre parti, qui animent le prince que vous venez de quitter.

» Quand j'admettrais tout cela, savez-vous ce que je vous dirais? c'est que, si tout cela est vrai, tout cela est vain.

» Les bonnes intentions, les bons et sages conseils n'ont jamais manqué à la branche aînée de la maison de Bourbon. Il y a toujours eu auprès d'elle, autour d'elle, des hommes qui lui ont dit la vérité, des hommes qui voulaient réellement le bien du pays. Elle n'a pas su, elle n'a jamais su les croire ni les suivre. Elle est toujours retombée plus ou moins vite, plus ou moins complètement sous le joug des aveugles et des insensés.

» Il y a, messieurs, il y a des destinées écrites, il y a des incapacités fatales dont aucun médecin ne peut relever, ni une race, ni un gouvernement.

» Voilà le vrai, messieurs, sur ce qui s'est passé à Londres, sur votre conduite et votre situation.

» Voici le vrai, à mon sens, sur les dispositions du pays à cet égard, sur le jugement qu'il en porte. Il en est offensé et point inquiet. Il ne se fait au cune illusion sur vos desseins, il a pleine confiance dans votre impuissance.

» La chambre pense et sent comme le pays. Voilà pourquoi tout ce bruit que vous avez fait et entendu a abouti..... à quoi? à une phrase dans une adresse.

» La Chambre à raison, parfaitement raison d'en agir ainsi. Il faut que les deux seuls sentiments vrais et sérieux qu'il y ait aujourd'hui dans le pays sur ce qui s'est passé, une profonde réprobation et une profonde sécurité, il faut que ces deux sentiments soient également écrits dans le langage et dans les actes des grands pouvoirs publics.

» Nous n'avons, quant à présent, rien de plus à faire, rien de plus à demander. Que la Chambre vote donc son adresse, qu'elle la vote comme sa commission la lui a proposée, car c'est là le vrai.

» Il ne s'agit point ici d'une question de personnes; nous n'avons pas le moins du monde à prononcer sur le caractère de tels ou tels de nos collègues. A Dieu ne plaise qu'une telle question descende jamais dans cette enceinte! Il s'agit ici de grandes manifestations politiques, aussi grandes qu'on a pu les faire. Il s'agit d'exprimer sur leur compte le double sentiment du pays, la réprobation et la sécurité. Que la Chambre le fasse. Elle aura pleinement suffi aux besoins de la situation. Et nous, nous dont la prévoyance est éveillée, notre vigilance sera attentive; les perspectives que vous avez voulu ouvrir à vos adhérents, elles sont ouvertes pour tout le monde, nos regards y pénètrent comme les leurs, ce qui peut être pour les uns objet d'espérance est pour les autres objet de sollicitude. Vienne la nécessité de mesures plus graves, le gouvernement fera son devoir, comme la Chambre fait aujourd'hui le sien, en marquant de tels préludes du sceau de la réprobation nationale. »

A ce discours énérgique qui fit sur la Chambre une impression profonde, M. Berryer répliqua qu'il n'avait prétendu que justifier la position prise par le parti légitimiste depuis 1830, et non discuter la valeur des principes; il n'y avait pas eu de droits mis en évidence, ni de drapeau arboré, rien de pareil n'avait été fait, rien de pareil n'avait été dit.

M. Dupin remplaça M. Berryer à la tribune et ajouta les effets de sa parole incisive et mordante à l'autorité de la parole grave et aux discussions de principes du ministre des affaires étrangères. Il déclara que, dans son opinion, la Chambre n'avait pas voulu se borner à improuver seulement la conduite de trois ou quatre de ses membres. Elle avait voulu encore signaler la manœuvre d'un parti, d'un système, montrer son aversion pour un passé qu'elle avait renversé et pour un avenir qu'elle repoussait. Le serment devait être un obstacle aux tentatives du parti; mais avant de le prêter *on en avait mesuré l'etendue* (expression de M. Berryer), on l'avait prêté avec la réserve de sa liberté. Une minorité, ajoutait l'orateur, ne peut être loyale qu'à la condition de vouloir la constitution et l'œuvre de 1830. Alors, en effet, elle peut se produire, elle peut traiter toutes les questions et n'a pas besoin de sortir de France pour révéler son programme.

La Chambre entendit encore quelques explications d'où il résulta que la commission tout entière avait approuvé ces mots: « la conscience publique flétrit de coupables manifestations, » mais qu'un des membres avait demandé que la flétrissure fût limitée aux manifestations du parti au nom de la souveraineté nationale, et qu'en ce qui touchait les députés qui étaient allés à Londres on se bornât à rappeler la sainteté du serment.

Cette question une fois vidée, du moins provisoirement et jusqu'à l'examen des paragraphes, la Chambre entama la discussion générale du projet. M. Cordier plaida les intérêts des classes laborieuses et produisit à la tribune quelques idées empruntées au parti radical. Pour l'honorable député il y avait deux Frances: l'une dominatrice, prospère et florissante; l'autre opprimée, épuisée et associée à la première comme l'esclave à son maître. C'était pour cette dernière qu'il réclamait les bienfaits de l'égalité dans le bien-être et dans les droits politiques, et c'était au nom de ces principes qu'il critiquait « plusieurs codes votés de confiance depuis 1830, et acceptés sur la foi jurée qu'ils rendraient à tous les libertés reconquises en 1789. »

M. Gustave de Beaumont essaya de faire voir dans la situation ce qu'il appelait le déclin continu de nos institutions constitutionnelles, l'abaissement progressif du pouvoir ministériel lui-même. Aux yeux de l'honorable membre le mensonge et la corruption se trouvaient partout, l'égoïsme et le fanatisme avaient envahi le cœur des hommes et circonvenu le pouvoir. Aussi se faisait-il une scission entre la partie saine du pays et les soutiens du ministère ; il se formait dans la société, en quelque sorte, deux courants : il y avait le courant officiel, qui se composait du ministère, des fonctionnaires, des administrateurs, de tous ceux qui exerçaient les influences et de ceux qui les exploitaient ; et à côté de ce courant, qui était en quelque sorte sur une surface tranquille, il s'en établissait un autre qui pouvait devenir un courant révolutionnaire. Ainsi le pouvoir s'isolait du pays et le pays du pouvoir, et le gouvernement se trouvait réduit chaque jour davantage à la nécessité de fausser les institutions, les Chambres, les pouvoirs électoraux, la presse, le jury. De là venaient des tiraillements entre le pouvoir exécutif et les corps électifs. Dans un tel état de choses il était nécessaire qu'il s'établit dans le pays et dans la Chambre un parti parlementaire sincèrement dévoué aux institutions ; il importait à tous que toutes les oppositions se réunissent sur le terrain du gouvernement parlementaire et constitutionnel.

La présence de M. Thiers à la tribune vint augmenter l'intérêt de ce débat. Depuis longtemps l'illustre orateur n'avait pas pris la parole. L'ancien ministre déclara qu'il ne sortait de son silence que par devoir, le devoir d'un homme qui n'avait pas renoncé au rôle de représenter quelquefois ses amis et ses opinions. Après une distinction ingénieuse et délicate du parti de la majorité, qui lui semblait vouloir la stabilité, et du parti qui lui paraissait désirer le progrès, et auquel il appartenait lui-même, M. Thiers rappelait que depuis le rétablissement de l'ordre en France, c'est-à-dire, depuis 1836, il avait toujours pensé que le vrai système du gouvernement consistait dans l'art de concessions faites à propos, et aux choses, et aux hommes. Il se complaisait à réveiller les souvenirs de la coalition dont il avait conservé les principes, tandis que d'autres les avaient abandonnés. Puis, laissant la critique générale pour une critique de détails, M. Thiers ajoutait :

« Je ne veux pas examiner ici toutes nos institutions. Je ne viens pas ici pour vous faire un plan de gouvernement; mais il y a une chose qui me frappe, qui m'a frappé comme ministre, qui frappe, je crois, mes successeurs, et qui frappera tous ceux qui seront chargés du gouvernement. N'est-il pas vrai qu'il commence à s'établir une chaîne qui, se soudant aux sommités du pouvoir, va se souder dans les plus vulgaires et les moins avouables intérêts du pays? que cette chaîne, qui pèse sur les ministres, sur les députés, sur les électeurs eux-mêmes, devient chaque jour plus lourde? N'y a-t-il pas ici d'honorables députés dont les opinions ne sont pas assurément les miennes, et dont la cordiale politique n'est pas habituellement la mienne, n'y en a-t-il pas qui s'en plaignent? Et à ce sujet permettez-moi quelques mots.

» Vous avez un très-grand problème à résoudre, c'est de faire coïncider, marcher ensemble le gouvernement représentatif et la centralisation. Cela est très difficile, et, si l'on prétend y avoir réussi le premier jour de manière à ce qu'il n'y ait plus rien à faire à cet égard, je dis que c'est une grande témérité. Cependant il faut que le gouvernement représentatif et la centralisation marchent ensemble, car le gouvernement représentatif, c'est la Charte; c'est par cela que nous vivons, c'est pour cela que tous les esprits généreux ont quelque goût pour cette forme de gouvernement. Quant à la centralisation, c'est la force même du pays. Or, prenez garde, lorsqu'un gouvernement a l'obligation, le droit, le devoir, comme vous voudrez l'appeler, le malheur quelquefois d'avoir à distribuer tous les emplois de l'État dans un gouvernement électif depuis sa base, je ne dirai pas jusqu'à son sommet, car nous avons une royauté qui n'est pas élective, mais électif dans presque toutes ses parties, il ne faut pas dire qu'il n'y a rien à faire.

» Un mot sur ce qui se passe en Angleterre et en France.

» Il y a une dépendance du ministère au député, du député à l'électeur, dépendance honorable, excellente: c'est celle de l'opinion fondée sur l'appréciation des intérêts du pays. Celle-là, je ne la repousse pas; mais il y en a une autre qui s'établit de plus en plus dans notre pays et qui nous effraie; celle-là n'existe pas en Angleterre.

» Il y a quelque chose de différent en Angleterre. En Angleterre le jour des élections il y a des scènes hideuses, des scènes de débauches dont l'or de l'aristocratie fait les frais. Eh bien! oui, il y a des scènes hideuses, mais le lendemain les membres du Parlement sont libres, complètement libres.

» Chez nous, au contraire, le jour de l'élection est un jour de sobriété, j'en conviens (rire général). Le jour de l'élection tout s'est passé avec une décence parfaite et dont nous sommes très-fiers; mais le lendemain la dépendance commence; elle est continue et s'accroît d'élection en élection, car avec les services rendus l'obligation de les récompenser augmente.

» Je ne veux rien exagérer; je n'apporte pas ici les expressions de corruption dont un homme du gouvernement ne doit jamais se servir.

» Je ne dis que les faits qui ont frappé tout le monde. Prenons garde à une chose. On a souvent défini le gouvernement absolu un gouvernement de faveur. On a dit avec raison, et nous en avons les exemples dans notre histoire, que dans le gouvernement absolu, qui est un gouvernement de cour, il fallait plaire pour réussir. Prenons garde que le gouvernement représentatif, du train dont nous allons, ne soit le gouvernement de la faveur renversée, et qu'au lieu de plaire en haut il ne faille plaire en bas (rires divers).

» Et permettez-moi d'ajouter: c'est qu'il pourrait arriver que plaire en bas ne dispenserait pas de plaire en haut (nouvelle hilarité) Et qu'alors vous auriez, permettez-moi de le dire, la plus honteuse de toutes les formes de gouvernement, car elle réunirait les défauts de tous les gouvernements connus; et, on l'a dit depuis longtemps, que les meilleures choses, quand elles deviennent mauvaises, sont les pires de toutes. »

Ainsi, si l'on voulait gouverner en s'appuyant sur une base solide, le principe de faire des concessions raisonnables avait sa justification dans la nécessité même des choses. Quant aux hommes, M. Thiers voulait l'application d'un système d'impartialité bienveillante. Mais l'administration actuelle avait versé tout d'un côté; elle avait dit non à toutes les réformes et repoussé les hommes qui ne marchaient pas dans une intime union avec elle. Qu'en était-il résulté? C'est que la majorité, qui avait été de 70 à 80 voix à l'origine du Cabinet en face des craintes de guerre, était tombée à 43 lorsqu'il eut d'une manière claire et distincte indiqué son système de conduite. Il était impossible de puiser dans une situation pareille le sentiment de force nécessaire pour gouverner d'une manière ferme. Heureusement pour le Cabinet qu'il n'était pas susceptible. Était-il un ministère qui en deux ans eût voulu toucher à plus de choses avec moins de succès?

« Il a voulu toucher aux lois d'impôt, disait l'orateur, il a imaginé le recensement. Il a voulu toucher aux lois de finances, il a imaginé la loi des monnaies.

» Il a voulu toucher à nos principales lois commerciales, et il a présenté un système sur les sucres.

» Il a voulu rapprocher la Belgique de la France, et le projet n'est pas arrivé aux Chambres, mais il a fortement préoccupé l'opinion publique. Il a voulu opérer l'union des douanes entre la Belgique et la France; je n'examine pas la valeur du projet, mais il l'a voulu.

» On a voulu résoudre en grand la question des chemins de fer; on a voulu, et il ne convient à personne moins qu'à moi de parler de cette loi, mais je ne fais que rappeler le fait, on a voulu entourer la monarchie d'un conseil privé.

» Il y a d'autres choses qu'on n'a pas voulu: On n'a pas voulu la loi des élections; on n'a pas voulu le port d'Alger, ou du moins on a été bien tiède. On ne voulait pas d'un amendement d'une grande importance, car il augmentait l'effectif naval. Il a été combattu par le cabinet. Qu'on me cite un autre exemple depuis quatorze ans d'un aussi grand nombre de projets échoués avant d'arriver à cette Chambre, ou refondus, ou détruits, ou rejetés dans cette enceinte. »

En terminant M. Thiers cherchait à montrer que par la façon dont la question du droit de visite avait été traitée le ministère avait compromis les Chambres, et que par des confidences imprudentes et sans franchise il avait compromis la couronne.

M. Duchâtel, ministre de l'intérieur, répondit avec vivacité sur tous les points. Il ne voyait que faiblesse, et faiblesse radicale dans les positions incertaines qui visent à concilier tout le monde; il pensait que l'on devait résister aux progrès faux et aux prétendues améliorations, qui portent le trouble sans améliorer, qui font reculer le pays au lieu de le faire avancer. Il opposait ensuite le programme du cabinet du 1er mars à celui du cabinet du 29 octobre, et montrait que le premier n'était ni plus libéral, ni plus impartial que le second. Au reproche de non-susceptibilité il opposait les nombreuses questions de cabinet, qui avaient été posées dans la dernière session. Sur la question du droit de visite le ministère avait écouté le vœu des Chambres; comment la dignité des Chambres pouvait-elle être compromise? Quant à la question de dotation, le ministère aurait manqué à ses devoirs, s'il eût donné à la couronne le conseil de présenter le projet de loi sans tenir compte des chances du rejet. Le Cabinet n'avait pas la folle prétention d'avoir atteint tout ce que l'imagination humaine peut rêver, d'avoir réalisé des utopies de grandeur et d'éclat; mais il croyait avoir agi comme agissent des hommes d'honneur, de bien, de bon sens, attachés aux intérêts du pays; il croyait avoir assuré le succès d'une politique meilleure que celle dont il avait été appelé à réparer les fautes.

La discussion générale fut fermée (16 janvier).

Le premier paragraphe, relatif à la situation générale du pays et particulièrement à la prospérité matérielle, donna lieu à une discussion assez vive, mais dans laquelle aucune question ne fut approfondie. Plusieurs amendements furent proposés, débattus et rejetés, et la rédaction du projet fut adoptée par la Chambre (17 et 18).

Le second paragraphe, qui adhérait aux promesses de rétablissement d'équilibre dans les dépenses, obtint également la sanction de l'assemblée. Il en fut de même pour le troisième paragraphe, relatif à la paix de l'Europe et à la nationalité polonaise. Mais un débat sérieux s'éleva sur le quatrième paragraphe. Il y était question de la conduite du gouvernement dans ses rapports avec l'Espagne et l'Orient, et à ce sujet de l'état des relations diplomatiques de la France et de l'Angleterre, que le discours royal avait caractérisées par les mots *d'entente cordiale.*

Après quelques attaques assez vagues la pensée de l'opposition modérée fut formulée sur cette question par un amendement de M. Billault. Cet amendement avait pour but de reconnaître les expressions du discours de la couronne, mais en les répétant purement et simplement, sans assentiment ni improbation. M. Billault voulait que la Chambre attendit qu'il fût permis d'apprécier plus clairement ce côté de la politique du Cabinet pour en prendre sa part de responsabilité. Quant à présent, la déclaration d'entente cordiale paraissait à l'orateur une imprudence du gouvernement, dans le cas même ou elle eût été réelle. Mais était-il permis d'y croire? Quels changements étaient survenus depuis que le Cabinet, par l'organe du ministre des affaires étrangères, avait préconisé la politique de l'isolement, et plus tard la politique de l'indépendance en bonne intelligence avec tout le monde? Quels étaient les résultats de cette cordiale entente? En Grèce et en Espagne, partout les intérêts de l'Angleterre paraissaient à M. Billault hostiles aux intérêts de la France. Les deux gouvernements étaient déjà en lutte en Grèce, et ils ne pouvaient agir ensemble qu'au prix du sacrifice des intérêts de l'un aux intérêts de l'autre. En Espagne l'entente n'avait pu avoir lieu qu'au détriment de la France, et le marché espagnol serait bientôt livré au commerce anglais. L'honorable membre citait encore à l'appui de son amendement la position exceptionnelle du consul anglais en Algérie, toujours toléré par le gouvernement français, bien que depuis notre conquête son *exequatur* n'eût point été renouvelé; la prise de possession de la Nouvelle-Zélande au moment ou nous allions réaliser le projet de l'occuper; le refus du cabinet britannique de venir avec nous au secours du Divan dans la question Serbe, enfin la réparation exigée pour l'insulte de notre pavillon à Jérusalem, réparation, il est vrai, obtenue avec l'appui de l'ambassadeur anglais, mais réparation dérisoire et ridicule, puisqu'elle avait été faite à 200 lieues de l'endroit où avait eu lieu l'offense, loin des populations qui avaient commis l'insulte.

M. Billault résumait ainsi sa pensée sur l'entente cordiale :

« En 1840 qu'a fait l'Angleterre ? elle a détruit votre influence en Égypte et elle a triomphé de vous. En 1841 qu'a fait l'Angleterre ? par vous, par votre intermédiaire elle a fait adopter par les trois grandes puissances continentales le traité du droit de visite. Vous vous en êtes retirés plus tard ; mais c'est sur votre assentiment et avec votre appui qu'elle a fait ce pas immense dans ses prétentions maritimes. En 1842 elle vous a fait renvoyer votre ambassadeur en Espagne, seule elle a été représentée à Madrid, ou elle a dominé à votre détriment.

» En 1843 elle a poursuivi ses avantages ; mais de plus quelque chose a semblé poindre à l'horizon et qui me paraît être le prix de cette amitié, de cette entente cordiale qu'elle nous prête. Ce quelque chose, messieurs, c'est un traité de commerce avec notre habile rivale. »

M. Billaut terminait en critiquant ce projet de traité qui, au reste, ne semblait trouver faveur dans aucun parti (19 janvier).

M. Guizot avoua que depuis la formation du Cabinet c'était un des buts essentiels du gouvernement que de rétablir les bons rapports, la bonne intelligence, l'entente cordiale entre la France et l'Angleterre. Ce but avait été instamment poursuivi sous la condition qu'aucune atteinte ne serait portée à l'indépendance, à la dignité, aux intérêts de notre pays. Ce but, le Cabinet croyait l'avoir presque atteint ; il croyait que les bons rapports, la bonne intelligence, l'entente cordiale étaient rétablis entre les deux gouvernements. Au reste, il ne s'agissait pas ici d'une alliance spéciale, d'engagements formels, mais seulement d'un bon vouloir mutuel des deux gouvernements l'un envers l'autre, d'une bonne disposition générale qui se manifestait dans toutes les questions importantes. Il s'agissait en particulier de l'accord sur les deux grandes questions qui préoccupaient actuellement le Cabinet, l'Espagne et la Grèce. Avant d'aborder la question dans ce qu'elle avait de fondamental, le ministre établissait que la position de la France en Espagne était considérablement changée depuis 1840, et rappelait à la Chambre des faits connus de tous. Il s'attachait aussi à montrer que la France, dans les changements qui s'étaient opérés en Espagne depuis cette époque, s'était conduite avec la plus grande prudence, avec la plus grande impartialité vis-à-vis des partis et des pouvoirs de ce pays ; mais pour que cette impartialité ne demeurât point inefficace, le Cabinet s'était adressé au gouvernement anglais, en faisant appel à son bon jugement, à son honnêteté : le cabinet français lui avait demandé si l'hostilité, la lutte permanente de la France et de l'Angleterre en Espagne avait des motifs bien sérieux, bien réels, bien légitimes, si ce n'était pas une lutte de routine, de tradition, plutôt que d'intérêts actuels et puissants. Cela avait été reconnu à Londres comme à Paris. Le cabinet français avait voulu serrer de plus près les questions : il avait demandé si les deux gouvernements et leurs représentants à Madrid étaient réellement obligés de se mettre à la tête des deux partis différents, de se combattre et de se nuire perpétuellement ; on avait reconnu qu'il n'y avait rien là de nécessaire, que le contraire pourrait fort bien avoir lieu, que les deux gouvernements n'avaient au fond qu'un grand intérêt, l'intérêt d'un ordre régulier et prospère en Espagne ; on avait reconnu que l'affermissement, le développement, la prospérité de la monarchie constitutionnelle en Espagne convenaient à l'Angleterre aussi bien qu'à la France. Des questions plus précises avaient été traitées, par exemple, celle du mariage de la reine. Le Cabinet avait parlé et agi dans la conviction qu'il importait à la France qu'il y eût en Espagne un gouvernement ami, bienveillant, sûr, et en même temps un gouvernement dont la France n'eût pas constamment et en toute occasion à répondre. Ces maximes de conduite avaient été comprises et acceptées par le cabinet anglais.

Quant aux questions commerciales, le gouvernement avait gardé sa complète indépendance.

« N'est-il pas vrai, ajoutait le ministre, que la situation de la France en Espagne est beaucoup meilleure, que les relations de la France et de l'Angleterre en Espagne sont beaucoup meilleures, que les relations de l'Espagne avec l'une et l'autre de ces grandes nations sont beaucoup meilleures? Et enfin la situation de l'Espagne en Europe n'est-elle pas aussi considérablement améliorée? N'est-ce donc rien que la reconnaissance de Naples, qui est venue s'ajouter à celles dont l'Espagne était déjà en possession? N'est ce donc rien que l'harmonie rétablie entre les diverses branches de la famille royale qui règne en Espagne?

» Voilà les résultats de notre conduite depuis trois ans? Voilà dans cette question les résultats du soin que nous avons apporté à rétablir entre la France et l'Angleterre les bons rapports et la cordiale entente; je le demande, que de sacrifices cela a-t-il coûtés à la polit que nationale? Quels intérêts avons-nous délaissés? Aucun. Intérêts politiques, intérêts économiques, intérêts de famille, tous sont en progrès depuis trois ans, et la principale cause de ces progrès, c'est le soin que nous avons mis à sortir de cette lutte de partis, de ces hostilités continuelles entre les partis anglais et français. Nous avons obtenu en partie ce grand résultat. Il reste sans doute beaucoup à faire; il y aura encore en Espagne entre l'Angleterre et nous beaucoup de difficultés à surmonter; il naîtra de nouveaux incidents qui viendront se jeter à travers les résultats obtenus; mais nous sommes dans la bonne voie; nous avons gagné beaucoup de terrain; la cordiale entente a valu assez et peu coûté. »

Quant à l'Orient, M. Guizot déclara que le Cabinet, depuis sa formation, s'était appliqué à y reprendre la politique nationale et traditionnelle de la France, qui consiste à veiller à la sécurité et à l'indépendance de l'empire ottoman en Europe, protéger les populations chrétiennes dans l'empire ottoman; poursuivre ce double but de concert avec les grandes puissances européennes et ne pas souffrir qu'il devienne le patrimoine exclusif de l'une d'elles. Ici encore la France avait trouvé sur-le-champ le concours sincère de la politique anglaise; l'ambassadeur britannique et celui de

France avaient constamment agi de concert. Pour l'affaire de Jérusalem la médiation de l'Angleterre avait été offerte, sans être acceptée, et si la réparation de l'insulte faite à notre pavillon n'avait point eu lieu là même où l'offense avait été commise, c'est que nous avions à ménager la Porte elle-même, le sultan, le Divan, leur autorité sur leurs propres sujets; et il était de notre intérêt, de notre grand intérêt que cette autorité ne fût pas déconsidérée, décriée, affaiblie. C'était d'ailleurs le moment ou nous étions en négociation avec la Porte, et de concert avec l'Angleterre pour l'abolition des lois portées contre les renégats.

En Serbie l'intention de la France avait été de se prêter aux vœux de la Porte et d'entrer dans une médiation des puissances européennes pour l'interprétation des traités qui faisaient le sujet du débat entre Constantinople et Saint-Pétersbourg ; un avis contraire était venu de Vienne : or, le cabinet autrichien devait mieux que personne connaître la question, parce qu'il avait là de grands intérêts engagés. Le cabinet de Londres s'était rendu à cet avis, et le gouvernement français n'avait pas cru qu'il fût de ses intérêts de se charger seul d'affaires que d'autres plus intéressés que lui abandonnaient.

Mais c'était surtout en Grèce que les deux cabinets s'étaient trouvés en contact. Le gouvernement français, en apprenant la nouvelle de la révolution de septembre, avait immédiatement donné l'ordre à son ministre à Athènes de favoriser de toute son influence l'établissement du nouvel ordre de choses et de donner au roi Othon le conseil de rester fidèle aux engagements qu'il venait de prendre (1). Le cabinet anglais avait prêté le concours le plus sincère à cette politique. De plus, l'union qui existait entre les deux cabinets sur les affaires de la Grèce existait en Grèce même

(1) (*Voy.* Annuaire de 1843, la dépêche de M. Guizot, aux documents historiques, partie officielle.)

entre les partis qu'on était accoutumé à appeler parti anglais et parti français ; ces dénominations commençaient à s'effacer, en sorte que cet exemple de cordiale entente qui avait été donné à l'occident de l'Europe avait été suivi en Orient et y portait déjà ses fruits, et probablement la constitution monarchique de la Grèce, d'un peuple encore si faible, si divisé intérieurement, si travaillé jusqu'ici par les luttes de partis, cette constitution et son succès seraient dus à cet exemple de cordiale entente.

Après les grandes questions, M. Guizot abordait les petites. Il disait que comme la Porte n'avait pas encore reconnu notre conquête de l'Algérie, on ne pouvait pas s'étonner que les puissances amies de la Porte gardassent certaines réserves ; elles ne faisaient guère que ce que nous eussions fait nous-mêmes à leur place et ce que nous aurions le droit de faire ; mais il n'y avait personne en Angleterre, ni en Europe, qui ne sût que la conquête de l'Algérie était définitive pour la France, et que le temps amènerait tôt ou tard cette sanction de la Porte qui nous manquait encore. Le consul d'Angleterre n'avait pas demandé d'*exequatur* depuis le changement de gouvernement de l'Algérie ; mais toutes ces puissances qui avaient envoyé là des consuls depuis cette époque avaient demandé l'*exequatur* ; elles y viendraient toutes, continuait M. Guizot, et toute puissance qui aurait un consulat à renouveler dans l'Algérie demanderait et recevrait l'*exequatur* du gouvernement du roi ou n'y aurait pas de consul. Au reste, le Cabinet avait pu apprécier la sincérité du gouvernement anglais relativement à l'Algérie dans les embarras qui nous étaient quelquefois venus de deux États voisins, de nos possessions africaines, Tunis et le Maroc. La reine d'Angleterre avait donné des ordres et employé son influence pour que ses consuls, ses agents sur les lieux travaillassent à réprimer les insurrections arabes qui se préparaient-là quelquefois contre nous.

Enfin, dans l'Océanie elle-même, où les deux gouvernements venaient de se trouver dans un contact difficile, l'entente n'avait pas non plus fait défaut : l'Angleterre avait déclaré, formellement déclaré qu'elle n'apporterait aucun obstacle à notre établissement dans ces parages ; elle avait désavoué un de ses amiraux, qui avait accepté le protectorat des îles Sandwich, et elle avait proposé à la France de reconnaître en commun l'indépendance de cet important Archipel. M. Guizot terminait par ces remarquables paroles :

« Je ne vous parlerai pas, quelque grands qu'ils soient, de ces faits purement personnels dont on a parlé hier avec un dédain bien peu intelligent; je ne vous parlerai pas de cette marque d'amitié donnée par une jeune et charmante reine à notre roi, à notre gouvernement, à notre révolution; je ne vous parlerai pas du fait qui a suivi cette visite de M. le duc de Bordeaux, qui n'a point été reçu à Londres par cette reine qui était venue chercher le roi des Français en France. Ce sont là des faits éclatants qui ont frappé en Europe les souverains et les peuples, des faits qui ont pénetré partout, qui ont occupé les imaginations et les conversations de l'Europe entière; je les laisse de côté, quelque graves qu'ils soient réellement.

» Voyez quel spectacle nous donne en ce moment le monde! Voyez deux nations, l'Espagne et la Grèce, travaillant laborieusement à leur régénération, à se donner un gouvernement libre et régulier! Voyez au-delà des mers, voyez un monde nouveau dans l'océan Pacifique, s'ouvrant à des établissements nouveaux, français, anglais, américains, espagnols, n'importe! Voyez un grand continent, la Chine, s'ouvrant aussi au commerce, aux relations de tout l'ancien monde! Savez-vous à quoi ce spectacle est dû? Il est dû à la bonne intelligence, aux bons rapports, à l'entente cordiale de la France et de l'Angleterre. Supprimez les bons rapports, l'entente cordiale de la France et de l'Angleterre, et dites-moi si le monde offrira ce spectacle, si aucun de ces faits sera possible; dites-moi si vous ne verrez pas en Espagne, en Grèce l'hostilité des influences, la rivalité des souvenirs, des traditions s'employant à déjouer, à faire échouer les efforts des peuples pour leur régénération et leur liberté, si, au lieu des établissements qui se créent sans trouble au-delà des mers, vous ne verrez pas une complète absence de sécurité et de progrès; si, au lieu de ce spectacle pacifique, satisfaisant, moral, pour le bonheur des hommes, pour la liberté des peuples, pour le progrès de la civilisation générale, vous ne verrez pas partout la confusion et la guerre?

» Messieurs, quand un grand fait a obtenu en si peu de temps de tels résultats, il vaut la peine qu'on n'en parle pas légèrement. Il vaut la peine qu'on lui donne en passant, dans quelques mots d'une adresse, une marque d'adhésion et de satisfaction.

» Il dépend de vous de confirmer ou de compromettre les résultats déjà obtenus par la politique qui a été suivie depuis trois ans.

» Quant à nous, nous resterons fidèles à cette politique, parce que nous la croyons seule nationale, seule bonne pour notre pays comme pour le monde.

» Nous avons en toute occasion subordonné les questions médiocres aux grandes questions, les intérêts secondaires aux intérêts supérieurs; nous avons mesuré attentivement l'importance des affaires, car nous savons que, quand on veut faire prévaloir un grand intérêt, un intérêt supérieur, il ne faut pas élever à son niveau les intérêts secondaires qui se trouvent sur son chemin. Nous avons fait là de la politique de bon sens; on l'a faite à Londres comme à Paris.

» Nous avons fait une autre chose : nous avons réellement compris et pris au sérieux deux choses dont on parle beaucoup et qu'on n'entend guère : l'ordre européen et la paix.

» L'ordre européen, messieurs, c'est la bonne intelligence de toutes les grandes puissances et le respect de l'indépendance et des droits de toutes les puissances, petites ou grandes ; voilà l'ordre européen.

Eh bien! nous avons réellement, sincèrement voulu le maintenir en toute occasion. Quand il s'est rencontré quelque incident, quand il est survenu quelques faits qui nous eussent aisément fourni le moyen de semer entre telle ou telle puissance des animosités, des chances de rupture, nous ne l'avons pas fait; nous n'avons pas renouvelé les fautes qui ont amené, au grand détriment de toute l'Europe, le traité du 15 juillet 1840; nous n'avons pas marché dans cette voie; en même temps que nous cherchions la bonne intelligence et la cordiale entente entre Londres et Paris, nous avons voulu réellement, sincèrement le bon accord de toutes les grandes puissances en Europe.

» Et la paix, croyez-vous qu'elle consiste simplement à n'être pas en guerre? Croyez-vous qu'il suffise de ne pas tirer des coups de canon pour être en paix? Non, certes; si au milieu du silence le plus complet du canon il y a une lutte sourde, continuelle, une malveillance cachée, mais incessante; si les gouvernements, si les cabinets qui se disent en paix, qui paraissent en paix sont perpétuellement occupés à se nuire l'un à l'autre, dans telle ou telle partie du monde, sur telle ou telle question, croyez-vous que ce soit là de la paix? Non, messieurs: c'est une fausse paix, une paix pleine de périls et qui tôt ou tard amène une explosion.

Eh bien ! ce que nous avons voulu, c'est une paix réelle et sincère, une paix qui fût au fond des cœurs, comme au fond des canons endormis dans les arsenaux.

» Voilà ce que nous avons voulu. Nous avons pensé, et on a pensé à Londres comme à Paris, qu'il y avait place dans le monde pour nos deux politiques indépendantes et nationales, pourvu qu'elles sussent se maintenir dans les limites de la justice et du bon sens. Ce sera le bien des deux pays, ce sera l'honneur des deux cabinets, d'avoir commencé, d'avoir inauguré cette politique de la vraie paix, de la paix réelle et sincère, politique difficile, j'en conviens, politique nouvelle, mais qui n'en est pas moins la seule bonne, la seule honorable, politique qui, pour être prudent eet modérée, n'en est pas moins grande, qui pour être honnête n'en est pas moins utile.

» Voilà ce que nous appelons l'entente cordiale entre les deux gouvernements.

» Messieurs, il est rare que la Providence accorde à une politique la faveur de porter promptement ses fruits. Il est bien rare que ceux qui ont semé soient aussi appelés à moissonner. Et pourtant je n'hésite pas à dire que les fruits de la politique dont je parle sont déjà patents et éclatants autour de nous et dans le monde. »

M. Billault fit observer que M. Guizot n'avait point répondu sur la question du traité de commerce projeté entre la France et l'Angleterre. Le ministre reconnut son oubli et déclara que la question des rapports commerciaux des deux pays restait entière ; il ajouta que pour son compte il était convaincu qu'avec les grandes puissances rivales en matière industrielle des traités de commerce qui engagent l'État pour longtemps étaient atteints d'un vice radical. Il était préférable, quand on croyait devoir apporter quelques changements dans les rapports commerciaux avec les pays rivaux, de procéder par modification dans les tarifs : on laisserait ainsi toute liberté aux intérêts nationaux, et l'expérience ne serait que provisoire. M. le ministre espérait que ces idées deviendraient aussi celles du cabinet anglais (20 janvier).

M. Thiers voulut également prendre part à ce débat. Sans avoir l'intention de débattre la question des alliances de la France en général, l'orateur commença par établir un principe. Il pensait que, bien que les alliances soient en général déterminées par des rapprochements de caractère, d'intérêts, de situation, cependant les circonstances étaient tellement dominantes en faits d'alliances, qu'on ne pouvait presque dire avec vérité qu'il y eût des alliances naturelles. C'étaient des circonstances de cette nature qui avaient donné lieu en 1830 à l'alliance anglo-française, mais ces circonstances n'existaient plus aujourd hui. Par un historique ingénieux des effets de cette alliance M. Thiers cherchait à montrer qu'elle avait été complète et sérieuse jusqu'en 1836, mais qu'alors notre politique timide avait écarté de nous les wighs, dont le caractère entreprenant ne pouvait être satisfait que par une intervention en Espagne. Depuis cette époque les wighs s'étaient éloignés de nous ; à partir de 1836 jusqu'en 1840 nous n'avions éprouvé que des échecs successifs, jusqu'au dernier de tous, qui avait été l'abandon du sentiment national dans la question d'Égypte. Depuis 1840 il n'y avait eu qu'une politique possible, celle que le ministre des affaires étrangères avait appelée *l'indépendance au sein de la bonne intelligence avec tous les cabinets.*

Le cabinet avait jugé que cette politique ne couvrirait pas par des résultats assez prompts, assez spécieux la nudité de la situation ; il avait voulu rentrer dans le concert européen, mais ce concert n'avait pu être rétabli, on s'était replié sur l'alliance anglaise. Pourquoi cela? L'alliance anglaise pouvait-elle être encore la garantie de la paix ? M. Thiers ne le pensait pas. Et les dispositions comme les embarras de l'Europe continentale lui faisaient croire que la guerre n'était pas à craindre.

Aujourd'hui, d'ailleurs, ce qui avait servi à établir le concert de la France avec l'Angleterre devait servir à diviser les deux pays. Dans beaucoup de cas les tories nous devaient être moins favorables que ne l'avaient été les wighs. En Belgique, par exemple, où la France et l'Angleterre avaient eu à défendre en commun un même principe de gouvernement, les intérêts politiques avaient fait place aux intérêts commerciaux, pour lesquels nous étions évidemment et nécessairement en lutte avec l'Angleterre. En Espagne la question du mariage de la reine avait éveillé des prétentions assez nombreuses pour que la rivalité des deux politiques pût se développer. Quant à l'Orient, ce qui avait uni autrefois la France et l'Angleterre avait fait place à des motifs nouveaux de division. L'Angleterre, il est vrai, avait, comme la France, un intérêt de premier ordre à maintenir l'intégrité de l'empire ottoman : mais aujourd'hui que rien ne menaçait cette intégrité, aujourd'hui il s'agissait seulement de s'opposer aux intrigues de la Russie et de protéger les populations chrétiennes contre le fanatisme turc. Or, dans cette protection qui nous avait autrefois appartenu exclusivement, l'Angleterre ne nous permettait pas d'obtenir des succès décisifs ; elle nous aidait, mais en atténuant les résultats. En Grèce l'accord des partis, que l'on regardait comme la conséquence de l'entente cordiale, n'avait rien de bien durable. En Serbie l'alliance avait été stérile. La France s'était arrêtée dans son désir d'intervenir, parce que l'Angleterre, dans les dispositions qui l'animaient en ce moment, avait pensé que ce n'était pas le cas de se commettre avec les trois cabinets du continent.

Ainsi l'union, l'entente cordiale, l'alliance, comme on voudrait l'appeler, ne pouvait aujourd'hui avoir la même efficacité qu'autrefois, par ces deux causes que le gouvernement avait changé en Angleterre et que les questions ne se présentaient plus sous le même aspect. Pourquoi donc engager la liberté de la France, cette liberté qui est la force de l'avenir? L'orateur ajoutait que la politique du Cabinet allait en cela contre le but qu'elle se proposait. Les sentiments nationaux étaient peu favorables à l'alliance, et cependant le Cabinet s'était hâté de conclure le traité du droit de visite. Dans quelle intention avait-il agi? apparemment dans celle de rapprocher les deux pays? quel résultat avait-il obtenu? il avait créé entre eux le plus grand obstacle à un rapprochement sérieux, car cet engagement de négocier dont il reculait l'accomplissement, tant il en appréciait les difficultés, devait rester entre la France et l'Angleterre un des obstacles les plus grands à des rapports sérieux.

M. Guizot répondit sur le ton d'une ironie sûre d'elle même. Après avoir constaté que l'honorable préopinant voulait l'alliance, comme le cabinet anglais, qu'il la voulait seulement d'une certaine façon, sur de certains points, dans une certaine mesure, M. le ministre rappelait l'opinion précédemment exprimée par le même orateur sur la convenance d'une transaction. On ne pouvait prendre au sérieux cette situation intermédiaire qui, se plaçant entre les deux grandes opinions qui se partagaient la France et la Chambre, n'en épouserait complètement aucune et s'appliquerait tantôt à les satisfaire, tantôt à les endormir toutes les deux par des concessions alternatives. On avait accordé, par exemple, à l'opinion pacifique, conservatrice, la note du 8 octobre, à l'opinion populaire, belliqueuse, les préparatifs de la guerre au printemps. Ceci pouvait aider à la formation d'un cabinet, mais il était impossible de rester longtemps sur une ligne si étroite; on tombait bientôt d'un côté ou de l'autre. Et ce qui arrivait dans les affaises intérieures arrivait inévitablement aussi dans les affaires extérieures: là aussi, pour agir avec efficacité, avec dignité, il fallait avoir une opinion plus décidée et s'établir sur un terrain plus large.

M. Guizot reprochait ensuite à la politique de son adversaire de tenir trop de compte de l'opinion extérieure quotidienne; c'était un mauvais moyen de faire de la bonne politique extérieure, encore plus que de la bonne politique intérieure, que d'attacher trop d'importance à ces impressions si mobiles, si diverses, si irréfléchies, qui constituent cette opinion quotidienne étrangère au Parlement : la politique s'en ressentait profondément.

« Je sais, continuait M. le ministre, qu'on appelle cela le sentiment national. Messieurs, quand nous avons travaillé à fonder un gouvernement libre, c'est précisément pour que ces impressions premières, de quelque part qu'elles vinssent, fussent profondément, sévèrement examinées, discutées et contrôlées, pour qu'elles n'eussent pas le droit de s'appeler le sentiment national avant d'avoir passé par l'épreuve des grands pouvoirs de l'État. Ce qui est pour nous le sentiment national, c'est l'opinion, l'impression qui reste dans vos esprits, dans le pays, quand une longue et forte discussion y a passé. Voilà ce que nous appelons le sentiment national.

» L'honorable préopinant me permettra de lui dire que dans les débats qui se sont élevés entre lui et nous, dans les questions qui ont été posées entre nous, ce sentiment national, le dernier, le véritable, le sérieux a été de notre côté et non pas du sien. »

Avant d'examiner les reproches adressés au Cabinet, M. le ministre établissait que le maintien de la paix n'était pas aussi facile qu'on venait de le dire : que la paix ne descendait pas sur le monde, comme la pluie et le soleil, qu'elle ne descendait pas sur les bons et les mauvais, les justes et les injustes, quelque conduite que tinssent les hommes. Le Cabinet lui avait fait, disait-on, le sacrifice du sentiment national. Comment cela? D'abord il n'avait point rétabli l'ancienne alliance anglaise, et dans les rapports des deux nations il n'y avait point d'engagements particuliers : il n'y avait que bon accord, entente cordiale. Fallait-il garder rancune de l'offense de 1840? Mais le cabinet, le ministre qui l'avait faite était tombé. Ses successeurs avaient témoigné avant leur avénement, depuis leur avènement, les sentiments les plus bienveillants, non-seulement pour la France, mais pour le gouvernement sorti de notre révolution de juillet.

« Les peuples ne vivent pas de fiel, continuait M. Guizot : quand de grandes questions se présentent, quand des rapports nécessaires existent entre les deux gouvernements, quand aucune des propositions qui sont faites n'a rien qui choque la dignité nationale ni les intérêts généraux; quand, au contraire, à chaque instant on prend soin de les ménager, faudra-t-il à cause d'une ancienne querelle, d'une rancune contre un fait particulier, contre un homme, que les peuples, que les gouvernements se condamnent éternellement à de mauvais rapports! A de mauvais rapports, avec qui? avec les hommes qui les ont mérités, à la bonne heure; mais avec ceux qui ne les ont pas mérités, je ne le comprendrais pas; cette conduite serait insensée. »

Plusieurs orateurs prirent encore la parole, mais sans toucher le fond de la question, qui semblait suffissamment éclaircie. L'amendement de M. Billault fut mis aux voix et repoussé (22 janvier).

Après un discours de M. David (du Calvados) à l'appui d'un amendement sur l'extension à donner aux forces et aux frontières de la Grèce, amendement qui fut rejeté, l'ensemble du paragraphe 4 fut adopté par la Chambre.

Le débat s'ouvrit alors sur le paragraphe 5 relatif au droit de visite. M. Billault, qui avait présenté un amendement, eut le premier la parole. Le discours de l'honorable orateur pouvait se résumer ainsi : Le but de la négociation devait être la suppression du droit de visite ; le moyen, c'était notre droit écrit dans les depêches, dans les traités. Un motif accessoire, mais considérable, c'était l'amitié, la bienveillance de la Chambre et du pays, attachée au succès de la négociation.

Plusieurs orateurs furent encore entendus, mais ce qu'il importe de constater, c'est la déclaration de M. le ministre des affaires étrangères. Il acceptait sans objection le paragraphe de la commission et poursuivait l'accomplissement du vœu exprimé par la Chambre que le commerce français fût replacé sous la surveillance exclusive du pavillon national. Mais il avait besoin, pour réussir, de toute la confiance de la Chambre et de la bonne intelligence de la France et de l'Angleterre. Or, l'amendement de M. Billault, qui tendait à marquer de la défiance sur les intentions du négociateur et à irriter le sentiment national de deux pays, était un obstacle aux efforts du gouvernement.

M. Billault retira son amendement, et le paragraphe de la commission obtint l'unanimité des suffrages (23 janvier).

Les paragraphes 6 et 7 relatifs au commerce et à l'instruction publique amenèrent des débats assez vifs. Mais aucun fait vraiment nouveau ne fut produit. Des amendements au paragraphe 7, proposés par MM. Bouillaud, Gasparin et de Saint-Priest, furent repoussés (24 et 25 janvier).

Quelques mots seulement furent prononcés à propos du paragraphe 9 concernant l'Algérie, et la Chambre passa à la discussion du dernier paragraphe, relatif aux manifestations de Belgrave-Square.

Le rapporteur parut à la tribune pour déclarer les dernières impressions de la commission. Après mûre délibération elle croyait qu'il y avait un parti qui avait voulu montrer à la France son prétendant et son drapeau, le drapeau de la contre-révolution. Elle croyait que c'était dans cette intention que l'on s'était réuni à Londres autour du prétendant, pour opposer, dans l'avenir au moins, un roi à un roi, un gouvernement à un gouvernement, le principe enfin de l'hérédité imprescriptible au principe de la souveraineté nationale. La commission avait modifié dans ce sens sa rédaction, qui demeura fixée dans les termes suivants :

« Oui, Sire, votre famille est vraiment nationale. Entre la France et vous l'alliance est indissoluble : les droits de votre dynastie, fondés sur l'impérissable principe de la souveraineté nationale, sont garantis par vos serments et les nôtres. *La conscience publique flétrit de coupables manifestations ;* notre révolution de juillet, en punissant la violation de la foi jurée, a consacré chez nous la sainteté du serment. »

La discussion soulevée par les paroles sévères de la commission fut marquée par un de ces grands scandales qui font époque dans l'histoire parlementaire. Deux partis se réunissant contre l'orateur ministériel et détournant l'esprit de la Chambre d'une faute récente vers de regrettables souvenirs, le ministre luttant pendant plus d'une heure contre les cris les plus forcenés, contre les invectives les plus grossières, le mépris effronté du serment s'étalant à la tribune nationale, des espérances séditieuses hautement avouées, et une opposition maladroite s'associant par ses clameurs haineuses à cette scène déplorable, tel fut le spectacle que présenta la Chambre.

M. Béchard vint le premier déclarer que rien n'avait pu empêcher les visiteurs de Belgrave-Square de déposer aux pieds du jeune descendant de soixante rois l'hommage *d'une respectueuse et inaltérable fidélité*. L'avenir, selon M. Béchard, n'appartenait à personne, et des rêves d'avenir ne pouvaient constituer un parjure. Mieux valait décimer les partis que les flétrir.

M. Berryer avait à prendre une revanche de sa dernière défaite : il monta à la tribune et donna d'abord quelques explications embarrassées sur la manière dont lui et ses amis comprenaient le serment. Ce qu'on demandait passait, selon M. Berryer, par-dessus le serment; c'était une sorte d'engagement de la vie intérieure. Or, le serment tel qu'il l'avait prêté, lui et ses amis, n'allait que jusqu'aux actes que les lois peuvent atteindre. Il y avait, sous la restauration, ceci de particulier au serment, qu'on s'engageait envers un principe de souveraineté, lié indissolublement, par sa nature même, à la personne du souverain. Mais aujourd'hui, prétendait l'orateur, le serment était établi sur un autre principe, et la loi politique ne défendait ni les vœux, ni les espérances. Toutefois, après de nombreuses hésitations, M. Berryer se vit forcé, par les interpellations de la Chambre, de s'exprimer plus catégoriquement et d'avouer que ce serment de fidélité, il l'avait prêté au roi actuel des Français. L'orateur terminait en protestant qu'il ne reconnaissait à la Chambre aucune autorité, même morale, sur ses membres et sur les actes antérieurs de la vie.

Ces étranges doctrines, jugées déjà par les interruptions de la majorité indignée, furent hautement réprouvées par M. Duchâtel. Était-il vrai, se demandait M. le ministre de l'intérieur, qu'il y eût deux serments, l'un qui liât vis-à-vis du souverain, quelles que fussent ses fautes, l'autre qui permît des opinions et des actes qui dépassaient le cercle même de la constitution ? Non, et il était impossible d'admettre l'interprétation du serment sous aucun régime. Le serment, avant 1830, avait lié jusqu'au jour où le pouvoir absolu avait violé son propre serment en violant la Charte. Si le pouvoir actuel se conduisait comme celui-là, il en arriverait de même et la France se trouverait déliée de son serment, comme elle l'avait été en 1830. C'étaient là les principes fondamentaux de notre foi politique. La véritable question était celle-ci : le serment permet-il à toutes les opinions, aux opinions mêmes contraires au principe du gouvernement, de travailler au renversement de ce qui existe ? Reconnaître le serment, si l'interprétation qu'on lui donnait lui enlevait toute valeur, ce n'était pas une grande concession. Il fallait déclarer que le serment ne permet pas de travailler au renversement de la dynastie et de la constitution, de reconnaître deux rois à la fois.

M. de Larochejaquelein crut pouvoir se dispenser des ménagements qu'avait apportés M. Berryer à l'exposition de ses doctrines. Le roi de France, déclarait-il, c'était celui qui l'aurait été, si l'ancienne constitution n'avait pas été violée, si la nouvelle eût été respectée par tout le monde. Un mot avait été prononcé à Belgrave-Square en présence de M. de Châteaubriand : « Après avoir salué *le roi de France*, nous venons saluer le roi de l'intelligence. » Mais la Chambre avait-elle aucune autorité morale sur ce qui s'était passé dans un salon de Londres ? Il pouvait paraître singulier, après de telles déclarations, d'entendre M. de Larochejaquelein chercher à ôter aux manifestations de Belgrave-Square toute couleur politique.

L'orateur légitimiste arrivait, lui aussi, à expliquer son serment. Ce serment signifiait : Fidélité au roi... au roi des Français, ajoutait M. de Larochejaquelein pressé par la Chambre : mais cette fidélité n'était ni amour, ni dévouement. C'était l'engagement de ne pas conspirer, non celui de se sacrifier tout entier. La guerre civile avait été possible en d'autre temps : on l'avait faite et *on avait bien fait;* elle était impossible aujourd'hui.[1]

Ces assertions si étranges, ces paroles si légères, M. Hébert les expliquait par la fausseté d'une situation qu'on cherchait à maintenir et qu'il avait fallu atteindre. La Chambre en avait le droit et il était ridicule d'assimiler des réflexions sur des faits accomplis aux yeux de tous à une proscription illégale. Les légitimistes disaient : si nous sommes coupables, jugez-nous, prenez notre tête. Mais nos mœurs et nos lois étaient si douces, qu'il n'y avait pour les coupables aucun péril à redouter. Ce qu'on avait pu, ce qu'on avait voulu faire, c'était frapper moralement des manifestations contraires à notre principe politique.

On mesurait la portée du serment, on équivoquait sur les mots ; on ne se croyait engagé qu'à ne pas conspirer ouvertement. C'étaient là, disait avec raison M. Hébert, de déplorables doctrines.

M. le ministre des affaires étrangères vint expliquer la pensée du gouvernement et les motifs qui l'engageaient à appuyer la phrase de la commission. Dans les manifestations de Belgrave-Square la moralité publique avait été blessée, la conscience publique offensée par l'oubli des devoirs du serment. On était allé à Londres pour les intérêts d'un parti ; on avait oublié les intérêts de la France. Il importait donc qu'une manifestation publique, éclatante de la pensée de la Chambre vint rétablir les droits de la moralité publique offensée. L'amendement du projet exprimait cela, rien de moins, rien de plus. Il ne portait atteinte à aucun droit, n'élevait aucune juridiction, ne restreignait aucune liberté; il exprimait le sentiment moral de la Chambre sur ce qui s'était passé à Londres. Si on ne le faisait pas, si on n'osait pas le faire, les scènes dont on avait été témoin recommenceraient bientôt.

Il fallait détourner ces trop justes reproches : M. Berryer s'en chargea. Aux manifestations de Belgrave-Square l'orateur légitimiste ne craignait pas d'opposer les souvenirs de 1815, au voyage de Londres le voyage de Gand.

Ici commença une scène impossible à décrire : la gauche et la droite, réunies dans des accusations de trahison contre la France, étouffèrent la justification apportée par M. le ministre avec une persistance malheureuse sans doute, mais qu'excusait peut-être une conviction profonde. Ces récriminations injustes contre le passé n'étaient au fond qu'une tactique peu digne du parti qui avait à se défendre lui-même, moins digne encore de l'opposition qui y prêtait les mains. (1)

Cette déplorable scène parlementaire (26 janvier), que n'avait pas su arrêter à temps par une heureuse fermeté le président de la Chambre, fut suivie de quelques amendements proposés dans le but d'amoindrir le sens de la phrase de la commission : un entre autres substituait le mot *réprouver* au mot flétrir. Ces amendements furent repoussés et le paragraphe de la commission adopté.

La Chambre passa au vote sur l'ensemble de l'adresse. Le scrutin secret donna pour résultat 220 boules blanches et 190 boules noires.

Le ministère et la dynastie triomphaient ensemble dans ce vote : la dynastie y trouvait une manifestation aussi énergi-

(1) M Guizot avait jeté au milieu du tumulte ces remarquables paroles : « On pourra épuiser mes forces, on n'épuisera pas mon courage. Quant aux injures, aux calomnies, aux colères extérieures, on pourra les multiplier, les entasser tant qu'on voudra, on ne les élèvera jamais au-dessus de mon dédain. » Les amis de M. le ministre firent graver une médaille pour rappeler le souvenir de cette scène et de ces paroles.

que que possible des sentiments de la Chambre en sa faveur. On n'eût fait que réprouver le pèlerinage de Belgrave-Square, c'eût été déjà une incontestable marque d'attachement à la famille régnante ; mais on avait fait plus, on l'avait spontanément flétri. La Chambre avait usé de tout le pouvoir qui était entre ses mains pour frapper un parti hostile à la couronne. (1) Le roi le sentit bien, et il laissa voir à cet égard, dans sa réponse à l'adresse, une satisfaction pleine de dignité. Il parla avec assurance du concours que lui prêtait le pouvoir législatif : « C'est, dit S. M., la continuation de cet accord de tous les pouvoirs de l'État qui rend chimériques les coupables espérances que les ennemis de nos institutions s'efforceraient en vain de ranimer. » Quant au ministère, sa politique extérieure, qui avait été particulièrement attaquée, continuait à recevoir l'approbation de la majorité. Sans doute la popularité manquait encore à ces succès, il leur était encore refusé de passionner l'opinion publique et d'y trouver cette faveur qui est un des plus puissants moyens de gouvernement; mais il se flattait d'avoir l'appui des hommes de bon sens, amis d'une politique prudente, dévoués aux intérêts constitués et aux lois établies.

(1) Les députés que frappait le vote de la Chambre crurent devoir donner leur démission, pour soumettre leur conduite à l'appréciation de leurs commettants. Tous furent réélus; mais ce ne fut pas sans rencontrer une vive opposition dans les colleges, dans la presse et dans la rue. A Marseille, par exemple, des manifestations populaires, qui faillirent amener des scènes violentes, apprirent au parti légitimiste de cette ville qu'il n'avait à compter pour l'avenir, ni sur les classes laborieuses, ni sur les classes bourgeoises.

CHAPITRE II.

PROPOSITIONS POLITIQUES. — Interpellations de M. de Carné sur les événements de Tahiti. — Discussion des fonds secrets.

Bien que l'existence du cabinet parût assurée pour quelque temps encore, les attaques ne lui manquèrent pas. Comme d'habitude des propositions furent présentées pour l'amener à s'expliquer sur des points délicats de la législation et surtout de la législation électorale. Des événements inopinément survenus dans un pays qui avait accepté récemment le protectorat de la France donnèrent lieu de s'occuper de la politique extérieure. Enfin le projet de loi annuel des fonds secrets souleva à la fois toutes les questions.

Parmi les nombreuses propositions sur lesquelles la *Chambre des députés* eut à se prononcer dans cette session, il en est quelques unes dont la lecture ne fut pas autorisée par les bureaux, d'autres qui, lues à la tribune et développées, ne furent pas prises en considération; d'autres enfin qui, prises en considération, restèrent à l'état de rapport. (*Voy.*, chapitre 6, la statistique générale des travaux des deux Chambres). Aucune n'eut l'avantage d'être accueillie par la faveur publique, pas même celles qui n'étaient qu'une arme contre le ministère dans les mains de l'opposition. Il est nécessaire d'insister plus particulièrement sur quelques questions importantes de législation, soulevées par ces propositions diverses.

Il suffira de citer celle de M. Bricqueville pour le rapprochement des restes mortels du général Bertrand de ceux de Napoléon : honneur insigne dû sans doute à une fidélité inaltérable dans l'une comme dans l'autre fortune.

MM. Gustave de Beaumont, Lacrosse et Leyraut présentèrent une proposition ayant pour but de réprimer la corruption en matière électorale. Cette proposition dirigée contre le ministère contenait d'ailleurs le germe d'une utile réforme.

L'article 1er portait :

« Quiconque aura, dans les élections, acheté ou vendu un suffrage à un prix quelconque; fait l'offre ou la promesse d'un emploi public ou privé, d'une subvention sur les fonds de l'État ou sur ses deniers personnels, ou de tout autre bénéfice en vue d'influencer le suffrage d'un ou de plusieurs citoyens, ou de les déterminer à s'abstenir de voter; porté atteinte à la liberté des votes par abus d'autorité de pouvoir, promesses, offres, dons, ou toutes autres manœuvres, sera puni de l'interdiction des droits de citoyen et de toute fonction ou emploi publics pendant cinq ans au moins et dix ans au plus : il sera en outre condamné à une amende de 100 fr. à 5,000 fr. »

L'article 2, le plus important de tous, était ainsi conçu :

« Si le délit est imputé à un agent du gouvernement, la poursuite aura lieu sans qu'il soit besoin d'aucune autorisation préalable; l'inculpé sera traduit directement devant la Cour royale, conformément aux art. 479 et 483 du Code d'Instruction criminelle; en cas de condamnation, la peine portée par l'art. 1er pourra être élevée jusqu'au double. »

Par une Juste réciprocité, si la proposition punissait la corruption, elle frappait d'une peine égale le dénonciateur qui succomberait dans son accusation.

La discussion ne fut pas aussi vive que l'avait espéré l'opposition. M. le ministre de l'intérieur se contenta de faire ses réserves sur l'article relatif aux fonctionnaires publics; du reste, M. Duchâtel admettait le principe même de la proposition qui fut prise en considération par la Chambre.

Il n'en fut pas de même d'une proposition de M. Monier

de la Sizeranne, qui avait pour but de modifier l'article 40 du règlement de la Chambre, en ce sens que cent membres suffiraient pour le vote sur les articles de projets de loi en délibération. L'auteur laissait subsister l'ancienne disposition du règlement (la majorité absolue) pour le vote sur l'ensemble des projets de loi. On avait pensé qu'il était nécessaire que les travaux de la Chambre ne fussent pas sans cesse interrompus par l'absence de la majorité, et on observait avec raison que dans les questions spéciales la présence d'un très-grand nombre de députés ne servait souvent qu'à jeter du trouble dans les délibérations.

Une proposition ayant pour but de régler l'admission et l'avancement des fonctionnaires dans les diverses branches de l'administration publique fut présentée par MM. Saint-Marc-Girardin, d'Haussonville, Gasparin, Sahune, Sainte-Aulaire et Ribouet. En voici le texte :

« Art. 1er. Avant le 1er janvier 1845, des ordonnances royales régleront, quant à la hiérarchie et aux conditions d'admission et d'avancement, ceux des services publics qui n'ont pas été réglés jusqu'ici par des lois, des décrets, ou par des ordonnances royales. Ces ordonnances et celles qui pourraient les modifier devront être insérées au *Bulletin des Lois.*

» Art. 2. Ces ordonnances devront, dans tous les cas, être conformes aux prescriptions suivantes.

» Art. 3. Nul ne sera appelé à l'emploi le moins élevé d'un service public, s'il ne justifie d'un brevet ou diplome universitaire dont la nature et le degré seront déterminés d'après le service, ou s'il n'est pourvu d'un diplome administratif spécial, délivré après examen, et suivant un programme approprié à la nature du service. Tous les ans, le nombre des emplois présumés devoir vaquer, et le nombre des diplomes administratifs à délivrer pour rendre aptes auxdits emplois sera déterminé à l'avance pour chaque service.

» Art. 4. Une ordonnance royale déterminera les emplois et fonctions pour lesquels il devra être dressé un tableau d'avancement. Ce tableau comprendra le tiers des employés ou fonctionnaires de chaque service. Nul ne recevra de l'avancement s'il n'a rempli pendant un an, au moins, et dans le même service, l'emploi immédiatement inférieur, et s'il n'est porté sur le tableau d'avancement.

» Art. 5. Un tiers au plus des nominations pourra être fait en dehors de ces conditions pour les fonctions publiques qui seront déterminées par une ordonnance royale.

» Art. 6. Les dispositions de la présente loi ne s'appliqueront pas aux fonctions de ministre, ambassadeur, sous-secrétaire d'État, secrétaire-général d'un ministère, procureur-général à la Cour de cassation, procureur-général à la Cour royale, préfet de police. »

Cette propositon fut prise en considération par la Chambre.

Il en fut de même d'une proposition de M. Couture, qui avait pour but de donner plus de sincérité au choix du domicile électoral.

M. de Rémusat présenta la proposition annuelle relative aux députés fonctionnaires. La lecture autorisée par les bureaux eut lieu le 13 février. En voici le texte :

« Art. 1er. Les membres de la Chambre des députés qui ne sont pas fonctionnaires publics salariés au jour de leur élection ne peuvent le devenir pendant qu'ils font partie de la Chambre, et un an après l'expiration de leur mandat. — Art. 2. Cette disposition ne s'applique pas aux fonctions : 1° de ministre; 2° d'ambassadeur et de ministre plénipotentiaire; 3° de sous-secrétaire d'État; 4° de directeur-général; 5° de procureur-général à la Cour de cassation et à la Cour des comptes; 6° de procureur-général près la Cour royale de Paris; 7° de commandant en chef de la garde nationale de Paris; 8° de gouverneur des possessions françaises en Afrique; 9° de grand chancelier de la Légion-d'Honneur; 10° de gouverneur de la Banque. — Art. 3. L'interdiction prononcée par l'art. 1er n'est pas applicable aux députés qui rentreraient dans les fonctions publiques, après en être sortis pendant la durée de leur mandat législatif. — Art. 4 Les députés qui exerçent des fonctions publiques salariées, au moment de leur élection, ne peuvent être promus, sauf les cas prévus à l'art. 2, qu'à des fonctions d'un degré immédiatement supérieur et dans l'ordre hiérarchique et régulier des divers services publics auxquels ils appartiennent. — Art. 5. Il y a incompatibilité entre les fonctions de député et celles : 1° de procureur-général, d'avocat-général et de substitut du procureur-général près les cours autres que la Cour de cassation, la Cour des comptes et la Cour royale de Paris; 2° de procureur du Roi et de substitut du procureur du Roi près les tribunaux de première instance; 3° d'ingénieur en chef et ordinaire des départements; 4° de secrétaire-général, directeur, chef de division et employé des ministères. — Art. 6. Les présidents et juges des tribunaux de première instance ne pourront être élus députés par le collège électoral de l'arrondissement dans lequel ils exerçent leurs fonctions. — Art. 7. Ces dispositions seront mises en vigueur a l'époque des prochaines élections générales. »

Cette proposition n'était autre que la proposition présentée par M. Ganneron, le 28 décembre 1841, laquelle ne faisait presque que reproduire la proposition Pagès et Mauguin (14 mars 1841), la proposition Rémilly (5 avril 1840) et plusieurs propositions successives de M. Gauguier (*voy.* les Annuaires).

Le principe de toutes ces propositions qui tendent à faire établir une incompatibité légale entre le mandat de député et certaines fonctions publiques est écrit dans la loi de 1831.

Ce principe incontestable avait-il reçu dans les diverses propositions soumises depuis si longtemps à la Chambre une heureuse application? On pouvait en douter. Il était d'ailleurs regrettable que la proposition de M. de Rémusat empruntât aux circonstances un caractère fâcheux de particularité. On l'avait substituée à des interpellations sur un incident tout récent, la démission de M. de Salvandy.

Le 21 février M. de Rémusat fut appelé à développer sa proposition. Il le fit avec beaucoup de modération, mais on doit le dire, sans ajouter d'arguments nouveaux à ceux qui avaient été produits et qu'il avait lui-même fait valoir dans les précédentes sessions sur le même sujet. Les adversaires de la proposition, parmi lesquels il faut noter M. Liadières, se contentèrent également de refaire le discours par lequel ils l'avaient précédemment combattue. Le débat ne put se maintenir dans les limites de la question : une première fois interrompu par des altercations personnelles qui manquaient de dignité, il se termina par une explication relative à un fait qui s'était passé récemment aux Tuileries entre le chef de l'État et un fonctionnaire public, l'ambassadeur en Sardaigne, M. de Salvandy. Lors de la discussion de l'adresse M. de Salvandy s'était prononcé ostensiblement contre le mot de flétrissure appliqué aux députés visiteurs de Belgrave-Square. Par une susceptibilité, dynastique dont le ministre prit la responsabilité le roi crut devoir adresser directement à son ambassadeur quelques paroles de mécontentement. M. de Salvandy résigna ses fonctions : puis, ramené à une pensée de transaction, à la suite d'une audience royale, il était convenu de les reprendre ; mais, ne voulant point accepter la condition qui lui fut alors faite par le ministre des affaires étrangères de partir pour la cour de Turin, il revint à sa première résolution, et sa démission fut irrévocablement acceptée. Le débat fut amené sur ce point par MM. Thiers et Odilon-Barrot; des explications furent demandées au Cabinet ; M. Thiers fit entendre les reproches d'inconstitutionnalité et de violation des règles parlementaires, et ne ménagea pas la royauté elle-même. M. Guizot se contenta de dire qu'il acceptait la pleine et entière responsabilité de tout ce qui avait été fait, et qu'il n'était pas permis de porter ses attaques plus haut que le cabinet; qu'au reste, si le gouvernement paraissait assez compromis par son silence pour être effectivement responsable, les moyens ne manquaient pas de mettre en action cette responsabilité.

Après cet incident la Chambre prononça la clôture du débat et repoussa la prise en considération de la proposition Rémusat (22 février).

Mais la question de cabinet devait être sérieusement posée pour un intérêt plus grave. On a vu dans le précédent Annuaire les faits qui avaient amené la prise de possession de Tahiti par l'amiral Dupetit-Thouars ; le gouvernement n'avait pas pensé que cet acte fût nécessaire, ni prudent, ni juste ; il avait refusé de le ratifier et donné l'ordre que le régime du simple protectorat fût rétabli suivant les termes du traité par lequel il avait été consenti de la part des indigènes et acquis par la France. L'opinion publique s'était émue de cette résolution que chaque parti jugeait à son point de vue, les uns l'approuvant comme sage et d'ailleurs peu importante, les autres la blâmant comme imprudente, timide et comme une nouvelle concession à l'*entente cordiale*. Il était naturel et nécessaire que la question fût débattue au sein des Chambres et que les pièces du procès fussent livrées à la publicité (*Voy.* France, affaires extérieures, chapitre VII).

La *Chambre des députés* en fut saisie la première sur une interpellation de M. de Carné (29 février). L'honorable orateur, après un discours qui fut écouté avec le plus vif intérêt, résuma lui-même sa pensée en ces termes :

« L'éventualité d'un conflit à Tahiti, par suite des influences étrangères et de l'inexécution des clauses de l'acte de protectorat, n'a-t-elle pas été prévue, soit dans les instructions adressées à l'amiral Dupetit-Thouars, soit dans celles dont M. le gouverneur Bruat était porteur? Quelle latitude était laissée dans le cas de l'affirmative aux commandants des forces françaises dans l'Océanie?

» Quels sont les faits que l'amiral Dupetit-Thouars dans sa lettre à M. le ministre de la marine, en date du 3 novembre 1843, qualifie de « nombreux actes provocateurs insultants pour notre considération nationale et de continuelles tergiversations? »

» Quels éclaircissements fournissent sur ce point les procès-verbaux du conseil de gouvernement établi à Papéiti depuis le 9 septembre 1842? Le pavillon hissé par la reine Pomaré, après le départ des forces françaises, était-il écartelé du yacht tricolore qu'elle avait accepté après le traité du protectorat, et qui fut salué à cette époque sur l'île de Moutouata par l'artillerie de la flotte française?

» Le gouvernement denie-t-il le droit en vertu duquel a agi l'amiral français, ou a-t-il entendu seulement exercer un acte de clémence, en rendant à la reine de Tahiti la souveraineté intérieure de ses domaines?

» Quels motifs l'ont déterminé à ajourner au 26 une résolution relative à des faits connus à Paris dans la matinée du 16 février? »

Le ministre des affaires étrangères donna les explications qui lui étaient demandées. Il commença par l'exposition des faits accomplis depuis le 9 septembre 1842 et par la lecture des pièces qui s'y rapportaient (*Voy.* Annuaire de 1843, *Appendice*). M. Guizot en tirait la conclusion qu'il avait été formellement recommandé au capitaine Bruat (gouverneur des îles Marquises et commissaire du roi auprès de la reine Pomaré) de s'entendre pour le régime intérieur et toutes les modifications qui pourraient y être apportées, avec la reine Pomaré et les principaux chefs, l'intention formelle du gouvernement du roi étant d'exécuter loyalement et strictement le traité de 1842 et de ne point aller au-delà du protectorat qu'il avait établi. Le ministre reconnaissait qu'au 1er novembre 1843, lorsque l'amiral Dupetit-Thouars était retourné de la côte occidentale de l'Amérique à Taïti, il était survenu des difficultés pour l'exécution du traité, pour l'établissement du protectorat. Des missionnaires anglais avaient travaillé l'esprit de la reine Pomaré et l'avaient poussée comme une partie de ses sujets à une conduite qui entravait l'exécution du traité, qui rendait moins facile l'établissement du protectorat français. Mais les deux lieutenants de vaisseau qui avaient été laissés là pour établir un gouvernement provisoire avaient continué de résider paisiblement à Tahiti et d'accomplir leur mission. En un mot, s'il y avait eu des difficultés, il n'y en avait eu aucune qui ne pût être surmontée par la prudence, par la persévérance, par le temps, et qui exigeât l'emploi immédiat et radical de la force. Dans cette situation qu'avait fait l'amiral ? il avait élevé la question de pavillon. Voici comment le ministre s'expliquait sur ce point :

« Trois pavillons se trouvaient alors en présence à Tahiti : d'abord le nôtre, le pavillon national, le pavillon français ; puis le pavillon du protectorat que l'amiral Dupetit-Thouars, en septembre 1842, avait établi à Tahiti, et enfin le pavillon personnel de la reine Pomaré. Qu'a ordonné l'amiral Dupetit-Thouars ? Il n'avait rien à ordonner sur le pavillon du protectorat ; celui ci a toujours flotté, malgré les efforts, les menées qui avaient eu pour objet, pendant quatorze mois, de le faire disparaître.

L'amiral a ordonné deux choses : il a ordonné que le drapeau national, le drapeau tricolore fût planté partout dans l'île de Tahiti, sur tous les lieux qui pouvaient être occupés par les Français, et en même temps il a ordonné à la reine Pomaré d'enlever le sien.

» On a dit, et je n'élève aucune difficulté à cet égard, on a dit que ce pavillon était un présent fait par les missionnaires à la reine Pomaré, et sur lequel on avait inscrit une couronne, n'importe laquelle, pour protester contre le traité de 1842.

» Messieurs, vous vous rappelez les termes de ce traité ; il maintenait à la reine Pomaré la souveraineté intérieure de son île, la juridiction, tous les droits inhérents à cette souveraineté. Il est impossible aux hommes les moins exercés en matière de droit des gens de dire que la reine n'avait pas le droit d'avoir un pavillon. Souveraine intérieure de l'île, elle avait un pavillon et elle avait le droit de le déterminer. »

Après cet exposé M. Guizot donna lecture de la correspondance qui avait été échangée entre l'amiral français et la reine de Tahiti, en faisant ressortir la conduite, selon lui, brusque et précipitée de M. Dupetit-Thouars. La prise de possession n'avait donc point été conseillée par les instructions du gouverneur à ses agents en Océanie ; elle n'avait point été commandée par les circonstances. En outre elle n'apportait à la France aucun avantage. Qu'avait-on voulu en établissant le protectorat ? Pas autre chose qu'une station bonne pour notre marine marchande et pour notre marine militaire; on n'avait cherché là ni colonies proprement dites, ni établissements territoriaux. Le protectorat donnait tout ce que l'on avait voulu. La prise de possession s'écartait du but primitif de l'entreprise ; elle était inutile et pouvait devenir onéreuse en engageant le gouvernement dans des complications qu'il avait voulu prévenir. Plus tard par le cours des temps, par l'influence de l'administration, par la force des choses le protectorat aurait pu se modifier, s'étendre, s'adapter à certaines portions du gouvernement intérieur de l'île. Tout cela pouvait arriver. Mais, ajoutait M. le ministre, quelle différence entre ces résultats naturels, acceptés d'un bon gouvernement et un acte violent que ne motivaient ni les instructions, ni l'utilité, ni la nécessité! Il n'y avait pas eu non plus justice envers la reine Pomaré et les indigènes, et l'établissement de la France dans des mers nouvelles ne devait pas s'inaugurer par un acte de violence contre les peuples auxquels elle se révélait.

M. Guizot répondait ensuite au reproche qui avait été adressé au Cabinet d'avoir attendu pour se décider de connaître la volonté de l'Angleterre.

« Messieurs, disait-il, est-ce que nous ne parviendrons jamais à nous respecter les uns les autres? Est-ce que nous ne parviendrons jamais à nous critiquer, à nous attaquer, à nous combattre, à nous renverser, sans nous imputer les uns aux autres des motifs coupables et honteux? Pour mon compte, je respecte profondément mon pays et mes adversaires comme mes amis. Je désapprouve complètement leur politique, leur raison, leur conduite, mais, encore une fois, je les respecte et je ne leur imputerai jamais de motifs coupables et honteux. Je demande pour mes amis, pour mon parti, je demande pour ma politique, pour moi la même justice. Est-ce trop, messieurs?

» Messieurs, j'ai assez vécu pour avoir vu passer devant moi bien des gouvernements, bien des pouvoirs; j'ai vu l'Empire avec sa gloire; j'ai vu la Restauration avec ses souvenirs; j'ai vu le pouvoir populaire avec l'entraînement de ses idées et de ses passions; aucun de ces pouvoirs, j'ose le dire, ne m'a jamais trouvé complaisant ni disposé à plier devant lui. Dans le cours d'une vie déjà longue j'ai plus souvent résisté que cédé à la force qui dominait au milieu de notre société. Et ce serait devant des pouvoirs étrangers, devant des gouvernements étrangers que j'irais faire acte de concession et de faiblesse! Messieurs, cela est absurde à supposer; cela n'est jamais entré dans la pensée, je dirai dans la possibilité, ni de moi, ni d'aucun de mes collègues. Non, il n'est pas vrai que nous ayons eu avec le gouvernement anglais avant d'avoir pris notre résolution des communications sur ce qui pouvait ou devait être fait; cela n'est pas vrai, je le démens formellement, officiellement, complètement, et tout-à-l'heure l'honorable préopinant a reconnu lui-même avec sa loyauté ordinaire que le premier ministre d'Angleterre avait dit à la tribune ce que je dis ici, qu'il n'avait eu aucune communication avec le gouvernement français. La Chambre entend bien mes paroles; elles sont rigoureusement exactes. »

Sans doute en prenant sa résolution le gouvernement avait tenu compte de ses relations avec l'Angleterre; il eût été absurde de faire autrement, mais cela n'avait pas empêché que la question ne fût examinée et résolue dans la plus complète indépendance de toute influence étrangère, anglaise ou autre, uniquement par des considérations puisées dans l'intérêt de la France elle-même. Quant au délai qui avait été pris pour l'examen et la solution de la question, quoi de plus simple ? M. Guizot ne pensait pas que jamais aucune question de cette importance eût été examinée et résolue plus vite. Avant de quitter la tribune, le ministre croyait devoir encore répondre aux accusations de timidité vis-à-vis de l'Angleterre, qui depuis quelque temps devenaient plus vives de la part des adversaires du cabinet. Il ne pouvait pas laisser passer cette calomnie, et, puisqu'elle se présentait ici, il allait la prendre de front et lui demander raison de l'audace avec laquelle elle se produisait.

« Oui, messieurs, ajoutait le ministre, je crois les bons rapports, la bonne intelligence entre la France et l'Angleterre essentiels à la prospérité, au bien-être, à la dignité des deux pays et des deux gouvernements; et, pour mon compte, je m'applaudis, je tiens à honneur d'avoir contribué à rétablir et de contribuer tous les jours à maintenir cette bonne intelligence et ces bons rapports. Mais ils ont été rétablis; ils sont maintenus sans nul sacrifice des vrais, des grands intérêts et de la dignité de notre pays. Notre politique a été constamment, est constamment indépendante et nationale.

» Un mot, un seul mot sur quatre ou cinq faits; je ne les traiterai pas, je ne veux que les rappeler.

» En Espagne, personne ne peut dire que nous nous soyons mis à la suite de la politique de l'Angleterre; nous avons eu tort ou raison, mais personne ne peut dire que nous avons concouru, travaillé à maintenir ce que l'Angleterre maintenait, à renverser ce qu'elle renversait, personne ! Bonne ou mauvaise, notre politique, en Espagne, a été parfaitement indépendante et nationale.

» Dans une question qui a si fortement préoccupé la Chambre, dans la question du droit de visite, les Chambres ont indiqué, clairement indiqué au gouvernement quelle était la politique qu'elles regardaient comme nationale; le gouvernement l'a acceptée; il l'a sérieusement, loyalement acceptée. Ce n'était certainement pas pour plaire au cabinet anglais.

» Soit que vous preniez les grandes questions politiques, soit que vous preniez des questions d'intérêts purement matériels, vous trouverez que notre politique, non pas notre politique annoncée, mais notre politique adoptée, pratiquée, a été parfaitement indépendante de toute influence étrangère, parfaitement nationale.

» Il est ridicule de parler de soi, il est ridicule, et, en général, très-inconsidéré de se faire valoir; cela n'est bon ni pour la considération personnelle, ni pour l'utilité de la politique qu'on sert; mais je n'hésite pas à le dire : partout ailleurs que sur ces bancs, demandez qu'on examine tout ce qui s'est passé entre l'Angleterre et la France depuis trois ans, et demandez si nous avons droit de nous plaindre.

La tâche que nous nous sommes imposée depuis trois ans, et que nous croyons avoir accomplie, est celle-ci : c'est de rétablir et maintenir les bons rapports, la bonne intelligence, l'entente cordiale avec le gouvernement anglais, en pratiquant, toutes les fois que l'occasion s'en présenterait, une politique indépendante et nationale, une politique dirigée par les intérêts français.

» Nous avons eu et nous avons beaucoup à nous louer du bon esprit, du bon vouloir du cabinet anglais; j'ai la confiance qu'il en dit autant de nous, mais soyez sûrs qu'il est bien convaincu de la complète indépendance de notre politique, et qu'il ne compte pas de notre part sur une concession, ni sur une faiblesse.

« Je viens à la question spéciale et je la résume en quelque mots.

» Voici dans quelle alternative nous nous sommes trouvés :

» D'un côté, le respect des traités et de la justice, le maintien des instructions et de la discipline au sein du gouvernement, le soin prévoyant des intérêts français, particuliers et généraux, en Océanie et en Europe.

» D'un autre côté, une infraction aux traités et à la justice, un oubli des instructions et de la discipline au sein du gouvernement, un oubli des véritables, grands, généraux intérêts français; et, en outre, des clameurs irréfléchies et des imputations calomnieuses.

» Voilà les deux côtés de la question, voilà entre quoi nous avons eu à choisir. Nous n'avons pas hésité. Et si nous avions hésité, si nous avions pris une autre résolution que celle que nous avons prise, messieurs, aujourd'hui, au moment où la discussion et la publicité se lèvent sur toute cette affaire, je ne dis pas ce qu'on nous dirait, mais je sais bien que, pour moi, je baisserais la tête et je chercherais à me cacher à mes propres yeux, tant je me sentirais honteux et coupable d'avoir fait avec tant de légèreté, d'imprévoyance et de faiblesse les affaires de mon pays. »

Un des plus ardents adversaires du Cabinet, M. Billault, répondit en suivant de près l'argumentation du ministre. S'il n'y avait pas eu d'instructions données à l'amiral dans la prévision d'un conflit à Tahiti, c'était une faute de l'administration, car les difficultés survenues avaient dû être prévues; elles l'avaient été par l'honorable député lui-même, qui les avait dénoncées à la tribune durant la précédente session. M. Billault accusait ensuite l'insuffisance des documents communiqués par le gouvernement et mettait en doute que tout ce que le gouvernement possédait à ce sujet eût été mis sous les yeux de la Chambre.

Le ministre de la marine interrompant l'orateur répondit immédiatement qu'il n'avait reçu d'autres rapports de M. Dupetit-Thouars que ceux qui avaient été déposés et les deux lettres, qui étaient seulement de quelques lignes chacune; M. de Mackau l'affirmait sur l'honneur et en témoignait son étonnement et son affliction. Ne voulant pas discuter cette affirmation, M. Billault écartait l'argument comme n'étant pas parlementaire. Mais il demandait pourquoi l'on s'était tant pressé de désavouer l'amiral, s'il n'y avait pas de rapport détaillé des événements.

Au reste, l'honorable orateur ne tardait pas à relever la question en déclarant qu'à son avis ce n'était pas une querelle de pavillon, mais une querelle de souveraineté. Il y avait eu des actes tentés pour entraîner la reine à la violation de ses engagements. Les raisons données par Pomaré pour justifier son refus de reprendre son ancien pavillon étaient insignifiantes et futiles; ce qu'il y avait de vrai, c'était que depuis douze mois l'influence anglaise à Tahiti disputait à la France un protectorat consacré par un traité, c'était que les agents de l'Angleterre, les cadeaux de l'Angleterre, les vaisseaux de l'Angleterre, les canons de l'Angleterre s'étaient trouvés là pour aider à cette lutte. Le gouvernement anglais n'avait même pas procédé dans cette affaire avec son habileté ordinaire. Il n'avait pas employé seulement des agents non-officiels que l'on peut désavouer, dont la conduite peut s'expliquer par leurs intérêts mercantiles ou par leur zèle religieux. Il y avait eu là un consul de S. M. Britannique, une frégate de S. M. Britannique, un commodore anglais. Le pavillon donné à la reine par le commodore anglais avait été le symbole de la résistance aux droits de la France et au traité. M. Billault soutenait d'ailleurs que le pavillon du protectorat avait été abattu, pour faire place à ce nouveau pavillon sur la maison de Pomaré. En présence de ces intrigues, que devait faire l'amiral?

« Dans la dépêche qu'on vous a lue, répondait M. Billault, l'amiral dit à la reine : Vous voulez un drapeau, celui de vos pères, soit; vous le voulez de telle ou telle couleur, j'y consens; reprenez le drapeau que vous aviez au moment du traité. En voulez-vous un autre? Peu importe. Faites-m'en connaître la dimension et la couleur, je le saluerai comme représentant votre souveraineté. Mais quant à ce drapeau que vous avez reçu de l'Angleterre, quant à ce drapeau, symbole d'une souveraineté indépendante de notre protectorat, où les conseils anglais ont inséré cette couronne que Pomaré n'aurait pas devinée, cette couronne qui est le signe de la prépondérance et de la souveraineté européenne; quand vous tenez à ce drapeau, ce n'est pas celui de vos pères; ce drapeau de votre fantaisie, c'est le drapeau de l'Angleterre, patent ou caché, et ce drapeau, je ne le souffrirai pas. »

L'amiral avait-il dû accepter ce drapeau, avait-il dû accepter la situation faite par l'influence anglaise? Une telle conduite eût eu de funestes résultats. Le protectorat français n'eût plus été dans l'esprit des Tahitiens qu'un protectorat nominal, il y aurait eu là perpétuellement une guerre sourde entre le drapeau de la France et le drapeau donné par l'Angleterre.

Envisageant ensuite la conduite spéciale du Cabinet, M. Billault lui reprochait d'avoir tranché les principes et les faits au détriment de la France. En effet, de quoi avait-on accusé l'amiral? d'avoir dérogé au traité du 9 septembre 1842. Eh bien! il était évident pour l'orateur que la question du pavillon faisait partie intégrante du traité; puis quels allaient être les résultats de cette politique à Tahiti?

« Quand cette réintégration de la reine y parviendra, disait l'orateur, les faits seront consommés depuis huit mois. La reine est aux mains des missionnaires anglais; il faudra que vos autorités, que votre force navale, que votre pavillon aillent chercher la reine au milieu des anglais, qu'ils la ramènent dans son île, et que là on salue, sans doute, le pavillon donné par l'Angleterre.

» Et pendant que vous ramènerez ainsi triomphante cette reine, instrument des intrigues de vos rivaux, que vous la réinstallerez dans son île, et que les forces navales de l'Angleterre pourront assister et applaudir à son triomphe, un de vos braves officiers généraux, un homme qui porte dans son cœur, et qui a porté sur son navire la dignité de la France, de son pavillon, cet homme qui quittera ces parages, où il luttait pour nous, il reviendra en France désavoué par son gouvernement et sous le poids de tout ce que vous avez dit aujourd'hui à cette tribune.

» Ah! il y aura pour tout le monde dans ce procédé, il y aura pour vos amis, comme pour vos ennemis, une bien éloquente signification; on saura que dans toutes ces îles où vous voulez faire pénétrer l'influence de la France il n'y a qu'à oser, il n'y a qu'à vouloir, et que cette influence reculera; on saura qu'il n'y a pas à s'inquiéter des conséquences, que ce sont vos hommes, vos hommes de cœur qui auront toujours tort.

» Et véritablement, messieurs, je ne puis me défendre, en songeant à cette situation telle que vous la faites, de rappeler un fait qui doit frapper tous les yeux.

» Voilà un homme qui a porté haut la susceptibilité pour l'honneur national, qui a cru que cette susceptibilité, si vive dans notre noble pays, ne permettait pas de subir ce que les intrigues de l'étranger voulaient lui faire subir, cet homme est désavoué, renvoyé; et cependant il y en a un autre qui a méconnu, lui, les sentiments nationaux, qui n'a pas compris la dignité du pavillon de la France, qui a conseillé, qui a autorisé de signer le traité que la Chambre tout entière a ordonné de déchirer: cet homme, c'est M. le ministre des affaires étrangères de France... Celui-là, il a pendant un an dirigé la négociation du droit de visite dont vous avez rougi vous-mêmes, celui-là, après l'avoir fait signer, l'a défendu deux ans à cette tribune. Eh bien! quand la Chambre tout entière l'a condamné, il est resté, lui, et l'amiral Dupetit-Thouars est destitué! »

M. Billault examinait aussi les paroles du ministre des affaires étrangères sur la politique extérieure de la France dans ses rapports avec l'Angleterre, et il concluait en disant que, sur ce point, l'opinion publique était fixée, et que ce qui se passait en ce moment n'était pas de nature à les faire changer.

Cette attaque fut suivie d'un énergique plaidoyer de M. Dufaure en faveur du pavillon français. L'honorable député eût voulu pour nos agents à l'extérieur une plus grande liberté d'action.

Ce fut principalement sur ce point que porta la réfutation de M. Villemain, qui crut devoir ne pas laisser ce discours sans réponse.

A la fin de la séance un membre de la gauche, M. Ducos, formula la pensée del'opposition en proposant à la Chambre de passer à l'ordre du jour sans approuver la conduite du Cabinet. Mais le ministère demanda et obtint le renvoi de la discussion au lendemain ; M. Guizot espérait rétablir les opinions dans l'état où elles étaient après son précédent discours.

Les débats recommencèrent donc le 1er mars ; ils eurent d'abord un caractère peu sérieux, M. le ministre des affaires étrangères prétendant user de son droit de ne prendre la parole que quand il le jugerait convenable, et M. Ducos se refusant à développer sa proposition, sous le prétexte qu'il avait le droit de choisir le moment opportun. La tribune fut successivement occupée par MM. Dangeville, Mermilliod, Sébastiani, Aylies, Agénor de Gasparin, qui tour à tour défendirent où accusèrent la politique du Cabinet, sinon avec éclat, du moins avec conscience. Enfin M. Guizot, jugeant que le moment était venu, monta à la tribune.

On avait allégué en faveur de l'amiral Dupetit-Thouars le droit comme la nécessité d'agir ; il y avait eu, disait-on, violation du traité par la reine de Tahiti, et cette violation nous autorisait à n'en pas tenir compte de notre côté. Telle n'était pas l'opinion de M. Guizot. Il niait qu'il y eût eu violation du traité. A aucune époque la reine Pomaré n'avait refusé de l'exécuter. Elle s'en était plainte, elle l'avait déploré, elle avait déclaré qu'elle ne l'avait pas conclu de son plein gré, mais elle n'avait pas repoussé la soumission ; cette violation prétendue n'était pas venue non plus d'une autre source. Il fallait distinguer entre les missionnaires anglais et le gouvernement anglais. Les missionnaires avaient donné à la reine de détestables conseils, mais le gouvernement anglais avait fait le contraire. Non-seulement il avait déclaré au gouvernement français qu'il n'apportait et ne voulait apporter aucun obstacle à l'exécution du traité et à l'établissement du protectorat, il l'avait déclaré à ses agents, il avait donné à sa marine des instructions en conséquence; ces instructions étaient arrivées trop tard, elles n'avaient pas suffi à prévenir toutes les menées; elles avaient cependant commencé à les arrêter, et le ministre avait assez de confiance dans le gouvernement anglais pour être sûr que de lui-même, sans aucune provocation de la France, il ferait ce qu'il faudrait pour que la loyauté dominât à Tahiti comme à Londres, et pour que ses agents, de quelque nature qu'ils fussent, n'apportassent aucun obstacle à la durée tranquille et régulière d'un régime que lui-même avait reconnu. Quant à la question de nécessité, M. Guizot maintenait qu'elle n'avait jamais existé; qu'il n'y avait eu aucun péril, aucune difficulté réelle pour l'amiral Dupetit-Thouars à se renfermer purement et simplement dans l'exécution du traité et l'établissement du protectorat; cela n'exigeait pas de sa part plus d'efforts que la dépossession de la reine Pomaré; il avait eu le choix entre les partis à prendre; aucune résistance ne lui avait été opposée ni de la part des naturels, ni de la part des forces anglaises qui stationnaient dans la rade; et pour ce qui était du pavillon, il avait été aussi facile à l'amiral de faire disparaître celui qui le choquait et d'en mettre un autre à la place en laissant la reine Pomaré en possession de son territoire, que de la déposséder elle-même.

» On a parlé de l'honneur national, continuait le ministre, de notre pavillon, du devoir pour le gouvernement du roi de soutenir, d'appuyer, de couvrir partout de sa protection les hommes courageux et dévoués qui, à 2,000, à 4,000 lieues de leur pays, seuls, sur leur vaisseau, qui est la patrie, se dévouent aux intérêts de la grande patrie dont ils sont si loin.

Messieurs, je ne connais pas de spectacle plus triste que celui des idées justes, des sentiments nobles mis au service de l'erreur, servant de passeport à l'erreur. Toutes les idées qui vous ont été noblement et fermement exprimées à ce sujet, qui de nous ne les partage, qui de nous ne les approuve? Tous les sentiments qu'on a fait valoir ici sont dans notre cœur, aussi bien que dans le cœur des honorables préopinants; oui, nous voulons tous que l'appui, que la protection de la patrie accompagne partout nos marins; nous croyons tous que nous leur devons protection, force et reconnaissance pour les services qu'ils nous rendent. Mais à côté de ce point de vue, à côté de ces motifs qui nous touchent tous, pourquoi ne pas parler des autres? N'y a-t-il pas un autre aspect de la question? Pendant que nos marins portent la patrie sur nos vaisseaux à 4,000 lieues, est-ce qu'il ne reste pas ici la grande patrie? est-ce qu'il n'y a pas des intérêts généraux engagés dans leur conduite, dans leurs actes? est-ce qu'il n'y a pas ici 35 millions de Français sur qui un seul acte de ce marin qui vogue à 4,000 lieues de son pays peut exercer une influence décisive? est-ce qu'il ne peut pas disposer un moment, par un seul acte, de la destinée du pays, de la paix et de la guerre, du bonheur et du malheur de ces 35 millions d'hommes?

» Pourquoi voulez-vous donc que le gouvernement, dont le devoir est de songer à tout, de tenir compte de tout, pourquoi voulez-vous que le gouvernement ne se préoccupe pas aussi de ce grand, de ce bien plus grand côté de la question? Pourquoi ne voulez-vous pas qu'il exige, je me sers à dessein du mot, qu'il exige de ces marins, qui portent partout la patrie et sont partout protégés par elle, qu'il exige d'eux une obéissance complète aux ordres que la patrie leur a donnés par l'organe de son gouvernement?

» Pourquoi ne voulez-vous pas qu'il veille sur les intérêts dont ces marins disposent et décident comme sur leurs propres intérêts à eux?

» Nous ne disons pas autre chose; nous ne demandons pas autre chose; nous voulons seulement que les ordres du gouvernement de la patrie soient exécutés partout; nous voulons que sa prudence, que sa sagesse, que sa politique aillent partout à la suite de ces marins, en même temps que leur dévouement et leur courage. »

On avait aussi parlé de l'honneur français; mais en quoi consistait-il, si ce n'est dans la foi aux engagements, aux paroles données, dans le respect des traités, dans la considération qui s'attache au nom français? D'ailleurs, l'honneur du pavillon français n'avait pas été un instant engagé dans la question, le pavillon tricolore n'avait pas subi une seule humiliation, une seule injure; on en pouvait dire autant du pavillon mixte du protectorat; il avait toujours flotté sur l'île, la reine n'avait jamais refusé de le reconnaître.

Après ces explications M. Guizot se livrait à des considérations générales sur la politique de la France et sur celle de l'Angleterre dans l'Océanie : le principal moyen d'action dans ce pays, c'était la religion; des missionnaires catholiques et protestants s'y partageaient, s'y disputaient l'œuvre de convertir des populations ignorantes et barbares; c'était un beau spectacle, sans doute, mais il ne pouvait durer qu'à la condition de la bonne intelligence, de l'harmonie des deux grands gouvernements au nom desquels ces missions l'exerçaient; le jour où cette intelligence et cette harmonie auraient disparu du milieu de cet océan, il s'élèverait des tempêtes; il sortirait de ces missions religieuses, catholiques et protestantes, de ces populations sauvages dont elles s'étaient emparées des germes de discorde, des semences de guerre que toute la sagesse du continent aurait de la peine à étouffer.

« Messieurs, continuait l'orateur, si vous voulez que cette œuvre solennelle, et que pour mon compte je trouve aussi salutaire que belle, si vous voulez qu'elle réussisse, qu'elle continue, appliquez-vous à maintenir, entre les deux grands gouvernements dont il s'agit, la bonne intelligence et l'harmonie. Et lorsque ces deux gouvernements sont d'accord sur ce point là, lorsqu'ils se promettent l'un à l'autre, lorsqu'ils se donnent effectivement l'un à l'autre, dans les contrées dont je parle, toutes les libertés, toutes les garanties dont l'œuvre que je rappelle a besoin, ne souffrez pas qu'il dépende de la volonté d'un homme, d'un marin, quelque honorable, quelque courageux, quelque dévoué à son pays qu'il soit (et ce n'est pas moi qui refuserai à M. l'amiral Dupetit-Thouars aucun de ces mérites), ne souffrez pas, dis-je, qu'il dépende de la volonté d'un seul homme de venir troubler une pareille œuvre, de venir détruire un pareil spectacle et rompre entre les deux grands pays qui le donnent la bonne intelligence et l'harmonie dont son succès et sa durée dépendent.

» Voilà la question, voilà, permettez-moi de le dire, voilà les grands côtés politiques de la question. »

M. Guizot ajoutait quelques paroles précises sur la proposition Ducos, il y voyait avec ses collègues un blâme obscur, détourné, hypocrite, qu'ils ne pouvaient ni ne voulaient accepter, et il terminait en déclarant que de deux choses l'une : où le cabinet aurait l'honneur de siéger sur son banc sans avoir reçu de la Chambre une de ces censures indirectes qui énervent le pouvoir, ou qu'il ne continuerait pas d'y siéger.

M. Ducos repoussa ce reproche d'hypocrisie fait à sa proposition et motiva son ordre du jour principalement sur l'insuffisance des documents.

M. Thiers s'éleva également contre la précipitation que l'on avait mise à désavouer la prise de possession. Si c'était une chose grave que de méconnaître les ordres de son gouvernement (et ici il n'y avait pas d'ordres, il n'y avait que des instructions très-générales), c'était une chose aussi grave de désavouer ceux qui le représentent et de ne pas soutenir ses agents avec la dernière énergie.

A l'appui de cette opinion M. Thiers citait deux exemples considérables, la bataille de Navarin et l'occupation d'Ancône. Dans l'accomplissement de ces deux grands faits les instructions du gouvernement avaient été dépassées, mais ils n'en furent pas moins acceptés comme nationaux. Quant aux exemples de désaveu, M. Thiers n'en trouvait que deux dans son souvenir, celui de l'amiral anglais Kyder après la bataille de Féroll, et celui de l'amiral français Dumanoir après la bataille de Trafalgar; encore avaient-ils été accusés pour des faits particuliers, l'un pour n'avoir pas poursuivi la victoire, l'autre pour avoir quitté le lieu du combat pendant le combat même; et si l'un avait été condamné à la réprimande, l'autre avait été acquitté.

La discussion était épuisée; la Chambre demanda la clôture, on passa au scrutin secret réclamé par vingt membres, et la proposition fut repoussée par 233 boules noires contre 187 boules blanches.

Le ministère l'emportait de nouveau.

Mais les partis allaient se retrouver aux prises dans la discussion du projet de loi pour les *fonds secrets.*

Toutefois il faut le dire, la Chambre et l'opinion semblaient fatiguées de ces stériles contestations d'où il ne sortait aucun enseignement, ni aucun avantage pour le pays. Aussi les passions et l'éloquence elle-même firent-elles défaut dans l'examen de cette question de confiance tant de fois reproduite et toujours résolue à l'avance.

Le projet avait été présenté le 4 mars à la *Chambre des députés* par le ministre de l'intérieur.

La commission, dont la majorité était conservatrice, en proposa l'adoption pure et simple, dans son rapport lu à la Chambre le 14 mars, et la discussion fut entamée le 18 par M. Ferdinand Barrot.

L'honorable député essaya d'établir qu'il y avait un danger dans la situation actuelle; qu'en présence de tous les scandales qui s'étaient manifestés, de tous les désordres, de toutes les faiblesses, on allait désespérant du pouvoir constitutionnel. Il recommandait au ministère la sincérité et la probité.

M. Ledru-Rollin fit remarquer que quelques-uns des hommes qui étaient arrivés au pouvoir depuis 1830, animés de sentiments patriotiques, avec des intentions droites et pures, n'avaient pas pu réaliser le bien qu'ils avaient médité et n'avaient pas toujours empêché le mal qu'ils auraient pu prévenir. Il en voyait la cause dans le défaut d'unité, d'homogénéité du pouvoir, dans les tiraillements perpétuels, dans la coexistence de deux pensées, l'une officielle, l'autre cachée. L'orateur en cherchait la preuve principalement dans les grandes questions de politique extérieure, qui ont été débattues depuis 1830. Plusieurs fois interrompu par les cris de rappel à l'ordre et par les remontrances constitutionnelles du ministre des affaires étrangères et de celui de l'intérieur, qui se levèrent pour couvrir la royauté, M. Ledru-Rollin conclut que l'administration avait livré notre indépendance et nos libertés, et que sur la pente périlleuse et fatale où le pouvoir était placé, privé du concours et de la confiance du pays, il ne lui restait plus que deux moyens précaires de gouvernement : la corruption et la violence.

M. de Lamartine remarquant d'un côté l'hésitation et la faiblesse du pouvoir, et de l'autre un ralentissement dans les efforts et dans l'ardeur de l'opposition, se demandait quel était le moyen pour tout le monde de sortir de la difficulté ou plutôt de l'impossibilité que tout le monde trouvait à gouverner, le moyen de raffermir une situation qui s'ébranlait au dedans, qui tendait à s'abaisser au dehors? L'honorable orateur se trouvait ici sous l'influence des récentes inimitiés du parti qu'il avait abandonné et de l'isolement dans lequel persistaient à le laisser ceux auxquels il était récemment venu apporter l'autorité de son nom et l'éclat de sa parole : car son hostilité contre le ministère et le parti conservateur ne l'empêchait pas de voir qu'il n'avait trouvé sur les bancs de la gauche que des adhésions incomplètes, peu ferventes et à son avis peu éclairées, même des défiances évidentes. Il commença par dire que jamais depuis 1830, sous une apparence plus calme, la situation n'avait présenté plus de gravité réelle, des symptômes plus inquiétants.

« Laissons l'intérieur, disait-il ; le sens de deux révolutions faussé, les idées apostasiées une à une, comme si le sort de la révolution française était d'être successivement désavouée par tous ceux qui sortent de ses flancs et qu'elle élève à la puissance. Laissons la représentation rétrécie, les masses refoulées hors du droit représentatif, l'intérêt national absorbé dans les préoccupations dynastiques, l'ancien régime sous de nouveaux noms, ce n'est pas cela qui me préoccupe ; ce n'est pas même cette inquiétude du pays sur cet appareil militaire, sur ces fortifications qui s'élèvent comme un présage des dangers de la nationalité ou des dangers de la liberté. Tout cela, je le dis, messieurs, tout cela n'est rien, rien en présence des questions qui passionnent, qui aigrissent, qui irritent une partie de l'opinion au moment où nous parlons, irritation que vous n'apercevez pas assez. »

M. de Lamartine voyait l'origine de ces passions dans un certain sentiment de la subalternité de la France dans ses relations avec l'Europe, dans une certaine compression de notre sentiment de nationalité au dehors.

« Oui, continuait l'orateur, ce qui m'alarme, ce qui ne se corrige pas à volonté, c'est une situation mal prise au dehors.

» C'est le sentiment de la subalternité de la France, sentiment motivé par notre état d'isolement, sentiment tellement aigri, tellement susceptible, que tout devient danger pour la paix, ombrage pour la liberté, que vos actes les plus innocents, les plus louables souvent, deviennent des accusations contre vous, et qu'en pleine paix de la France et du monde vous ne pouvez pas donner le moindre coup de gouvernail au vaisseau de l'État sans craindre de vous briser sur quelque écueil. Et cela en pleine paix! »

L'honorable député attribuait cet état de choses à la conduite que le Cabinet avait tenue pour faire rentrer la France dans le concert Européen, et spécialement au traité du 11 juillet 1841.

« Vous vous hâtez, s'écriait-il, de proclamer ici à toutes les tribunes, le lendemain de votre retour de Londres, la paix, la paix, la paix toujours! Eh oui! sans doute, la paix! mais quand on la veut digne et solide, on la prépare, on ne la demande pas! Et qu'en est-il résulté? ce qui devait inévitablement se produire dans un pays où l'homme national est la seconde ame du peuple Il en est résulté cet état de susceptibilité ombrageuse dont je vous entretenais au commencement de cette discussion, qui jette si souvent la suspicion sur les actes les plus innocents de votre gouvernement.

» Il en est résulté, messieurs, que vous ne pouvez plus accomplir les actes les plus élémentaires du gouvernement représentatif; que si dans vos prévisions, si dans des documents dont vous seuls avez connaissance il arrive qu'un de vos officiers, à 4,000 lieues de vous, dans son droit, dans son devoir, dans le sentiment de sa dignité, dans le sentiment plus grand pour lui de la dignité de son pays, de son pavillon, a eu à tirer un coup de canon populaire, à 4,000 lieues de nous, la France, avant que l'affaire soit instruite, avant l'arrivée des documents qui doivent le juger, lui vote son enthousiasme et à vous son blâme et son indignation, avant de savoir si vous la méritez.

C'est pour la paix surtout que l'orateur s'alarmait : elle

était en péril dans les mains du ministère. Et cependant aucun homme d'État ne paraissait plus propre que le ministre des affaires étrangères, par son caractère, par son ascendant sur une majorité conservatrice, par ses illustres amitiés dans le parlement anglais lui-même à rétablir la bonne harmonie entre les deux cabinets, entre l'esprit des deux peuples de France et d'Angleterre.

D'où venait donc le résultat opposé? L'orateur l'attribuait à ce fait qu'il n'est pas donné aux mêmes hommes de représenter deux pensées contraires, et que le ministre représentait une politique toute contraire à celle qu'il avait exposée à la tribune dans la lutte de la coalition.

Dans les questions intérieures M. de Lamartine, sans les examiner en détail, n'était pas moins hostile au Cabinet; et quittant le rôle de critique pour tracer à son tour un programme, il résumait les idées qu'il avait apportées sur les bancs de l'opposition. En voici le texte même.

« S'il se présentait des hommes plus sérieux qui apportassent à l'assentiment, à l'examen de l'opposition et du pays un programme de changements graves, sérieux, efficaces dans la politique et dans la conduite du gouvernement, je serais prêt, pour ma part, à leur donner mon concours. Et ces conditions, ces actes, ces changements, je ne les exagérerais pas, encore une fois.

» Qu'il se présente un cabinet, par exemple, qu'il se présente des hommes investis d'une confiance qui fasse la majorité dans cette Chambre; que ces hommes proposent, promettent, s'engagent d'accomplir seulement les quatre ou cinq changements réels que je demanderais à la politique de mon pays :

» Révision des lois de septembre, non pas dans l'ensemble de ces lois, non pas surtout dans la partie juridique de ces lois, mais dans la partie politique, c'est-à-dire, dans ce qui concerne la presse, cet organe vital du gouvernement représentatif.

» Révision de la loi des fortifications, non pour les raser, pour les anéantir et pour engloutir dans les fossés de la capitale les millions qu'on y a mis, mais pour prémunir le pays, les institutions, la représentation nationale contre les périls continuels que les fortifications ainsi faites peuvent faire courir à la liberté; un changement non pas radical, mais sensible dans les conditions de l'électorat en France, c'est-à-dire l'introduction de toutes les capacités morales et intellectuelles constatées; c'est-à-dire, l'abaissement du cens dans de certaines proportions; c'est-à-dire, la représentation des intérêts des masses par leurs délégués, choisis par le travail, par l'industrie, par les intelligences; l'élection au chef-lieu; l'indemnité aux députés, ce préservatif de la corruption, cette liste civile de la nation; enfin, un changement complet dans notre faux système d'affaires étrangères.

» Ce système a sa clef dans l'immense affaire d'Orient; c'est celle qui a perdu votre politique de 1840 et qui perdra tous ceux qui, suivant la même pensée, poseront le levier de la France en Égypte et rallieront à la fois contre nous l'intérêt vital de l'Angleterre et l'intérêt oriental de la Russie, et forceront ainsi la France à une guerre folle ou à une paix humiliante.

» Nous voulons la paix, mais une paix honorable, une paix française, je le répète encore, et non pas une paix anglaise! Ce changement de système et de pensée en Orient peut seul vous la donner!

» Mais pour être forts à l'extérieur et maîtres de la paix, savez-vous ce qui vous manque? la confiance dans le pays! Vous vous défiez du pays au dedans! l'étranger le voit: voilà, dit-il, un gouvernement qui craint son peuple; abusons-en! Oui, vous vous défiez de la révolution, de la liberté, de l'élection, de la presse, de tous les organes du pays! Avec cela point de force au dehors. Le nerf de votre force au dehors, c'est la confiance, c'est l'entente cordiale entre le pays et son gouvernement! Appuyé sur la France, un gouvernement est invincible. Or, la France, c'est la liberté! Soyez le gouvernement de la liberté, et vous serez le gouvernement de la nationalité! »

M. Guizot se contenta de répondre de sa place qu'il ne se proposait en aucune façon ni de discuter le plan du gouvernement et les projets de réforme de l'honorable préopinant, ni de recommencer les discussions auxquelles la Chambre s'était livrée il y avait deux ans. « Il faut bien, dit-il, que le débat ait un terme et que les questions vidées soient considérées comme vidées. » Le ministre répéta que sa politique en Orient était de maintenir l'intégrité de l'empire Ottoman en protégeant les populations chrétiennes. Quant à l'agitation d'esprit dont on venait de parler, ce n'était à ses yeux que le jeu habituel des gouvernements libres, l'état habituel des pays libres; c'étaient des passions que l'on devait se résigner à ressentir et à combattre, un spectacle au milieu duquel il fallait s'accoutumer à vivre.

Les passions religieuses que le débat prochain de la loi sur l'enseignement secondaire soulevait de toutes parts furent également portées à la tribune. M. Isambert, prenant pour base de ses raisonnements les libertés gallicanes, signala plusieurs faits graves qui tendaient à incriminer la conduite du ministre des cultes; comme ces faits se trouvent exposés dans un chapitre particulier (Histoire intérieure), on n'en donnera ici que le sens général. M. Isambert accusait le gouvernement dans ses rapports avec le clergé de marcher de concession en concession avec une rapidité effrayante; on était prêt à livrer l'Université, ce dernier boulevart de la résistance. Les évêques faisaient appel à un pouvoir occulte, et, forts sans doute d'une assistance étrangère et de l'illusion qu'ils espéraient produire en parlant des périls de la religion, ils s'attaquaient au Cabinet, au gouvernement, aux prérogatives constitutionnelles, à la souveraineté nationale, ils travaillaient à opposer un ministère à l'autre; ils parlaient d'une politique favorable à leurs espérances qu'ils opposaient à une autre politique appuyée sur les deux chambres.

Le ministre des cultes répliqua en repoussant le reproche de faiblesse. L'écrit d'un évêque (l'évêque de Châlons) avait paru coupable au gouvernement, qui avait recouru à la déclaration d'abus. D'autres écrits d'évêques avaient été regardés comme répréhensibles : mais ils ne tombaient pas sous l'atteinte des lois; il avait fallu les laisser passer sans poursuites. Le ministère avait fait tout ce qu'il avait dû faire; il avait saisi toutes les occasions de montrer que le gouvernement ne manquait pas à sa mission. M. Martin du Nord) terminait par une sorte d'avertissement aux évêques.

« Je reconnais, disait-il, qu'il faut respecter pour les évêques, comme pour tout le monde, le droit de libre discussion ; mais ce droit doit se renfermer dans les limites tracées par la loi ; et je tiens, quant aux évêques, qu'il serait plus convenable à la dignité de leur position d'adresser leurs observations au gouvernement, qui est appelé à les apprécier ; et ils savent que le gouvernement les examinera avec toute la sollicitude qu'elles exigent. Beaucoup d'entre eux l'ont compris, car les reproches sont trop généralisés : je regrette que tous ne l'aient pas compris ; de cette manière ils auraient mieux servi leur cause que par l'éclat et la violence des réclamations.

» J'ajoute, et c'est par là que je termine : mon vœu est que ce débat que je n'ai pas provoqué soit un avertissement pour l'avenir ; je désire que le clergé et l'épiscopat tout entier sachent bien que ce n'est point par des attaques vives et passionnées qu'on acquiert et qu'on maintient une légitime autorité ; je désire qu'ils sachent bien que le pays de France entend que tous soient soumis à la loi ; alors ce débat aura porté ses véritables fruits. Mais si ces conseils ne sont pas écoutés, il pourra y avoir dommage pour la religion elle-même, et la responsabilité n'en retombera pas sur le gouvernement ; il a accompli tous ses devoirs en faisant entendre ces avertissements et en indiquant la mesure de réserve, de prudence et de respect pour les lois, dans laquelle il pense qu'on doit se renfermer. »

La discussion engagée sur ce point ne s'arrêta pas là, bien qu'elle eût peu de rapports avec les fonds secrets, ou même avec la question de confiance. M. Dupin prononça un discours remarquablement énergique dans lequel il précisait la question. Il donnait au gouvernement le conseil de l'inflexibilité, à la législature celui de faire usage de ses pouvoirs, si les appels comme d'abus cessaient d'être efficaces, et il infligeait un blâme sévère au clergé. Jusqu'ici on avait usé de ménagements, l'orateur n'en faisait point un reproche au Cabinet ; on avait bien fait. « C'est là, ajoutait-il, notre force pour l'avenir, car on pourra dire alors : Nous n'avons pas agi avec trop de vivacité, avec trop d'intempérance, on a laissé accumuler les actes qui pouvaient lasser la patience publique ; mais pour l'avenir, faites-y attention. »

Un des chefs du mouvement néo-catholique, M. de Carné, prit la parole pour émettre quelques idées générales sur la situation religieuse. La question prenait à ses yeux des proportions plus grandes que celles qui venaient de lui être données. Ce n'était pas seulement une question d'enseignement, mais encore une question sociale, celle des rapports à établir entre l'Église et l'État; l'influence et la grandeur de la France en Europe étaient intimement liées à l'influence et à la grandeur du catholicisme : il n'y avait dans le monde que trois grandes puissances et trois grandes forces : la Russie et le schisme grec, la religion des peuples militaires et abaissés, l'Angleterre et le protestantisme anglican, la religion des cabinets, la religion éminemment politique, et enfin le catholicisme et la France.

Après un discours de M. Dubois (de Nantes) en faveur de l'Université, la discussion générale fut close.

M. Jules de Lasteyrie proposa un amendement qui eût remplacé l'article premier, et par lequel il n'eût accordé au gouvernement qu'un crédit de 950,000 fr. C'était un moyen d'appeler la Chambre à voter directement sur la question de confiance. L'amendement appuyé par l'auteur et combattu en quelques mots par le ministre de l'intérieur ne fut pas adopté. Enfin la Chambre, après avoir voté séparément les deux articles du projet, passa au scrutin sur l'ensemble, qui donna 225 boules blanches contre 169 boules noires.

Cette même question fut plus vivement débattue à la *Chambre des pairs*, qu'elle ne l'est d'ordinaire. L'arrivée de nouveaux documents relatifs aux affaires de Tahiti (*Voy* Docum. hist. France. Part. offic.) avait éveillé toute la sollicitude de la Chambre; la discussion devait porter sur ce point; elle fut ouverte le 15 avril. Les représentants ordinaires de l'opposition, MM. de La Moscowa, de La Redorte, de Boissy, prirent la parole et reproduisirent les arguments déjà portés à l'autre Chambre : car les documents nouveaux n'ajoutaient rien aux faits déjà connus. MM. Villemain et Guizot se contentèrent de faire à ces accusations renouvelées les mêmes réponses qu'ils avaient déjà faites à la Chambre des députés, aux interpellations de M. de Carné et de M. Billault.

La question religieuse, qui allait bientôt être discutée à la même tribune, y fut aussi dès maintenant portée par M. de Montalembert. L'honorable pair, suivant ses propres expressions, vint défendre la conduite du clergé, blâma la conduite du gouvernement sous quelques rapports et chercha à l'éclairer sur d'autres; il chercha enfin à combattre et détourner, autant qu'il le pouvait, les conseils pervers et perfides qui, selon lui, étaient donnés au gouvernement. Le jeune orateur, avec cette légèreté de langage qui lui est habituelle, ne craignit pas de porter un défi à la pensée de tout le siècle. Il crut pouvoir prononcer ces paroles, qui ont été recueillies par l'opinion comme l'expression la plus complète dans son arrogance des intentions belliqueuses et des audacieuses espérances du parti dont il est le chef.

« Au milieu d'un peuple libre nous ne voulons pas être des ilotes; nous sommes les successeurs des martyrs et nous ne tremblons pas devant les successeurs de Julien l'apostat; nous sommes les fils des Croisés et nous ne reculerons pas devant les fils de Voltaire. »

Le ministre de l'Instruction publique et le garde des sceaux répondirent chacun suivant la part de responsabilité qui lui revenait dans les attaques de M. de Montalembert.

La Chambre entendit encore un discours de M. Dubouchage sur la classe laborieuse, et sur ce que l'école socialiste est convenue d'appeler le droit au travail, le droit de vivre en travaillant, question immense, mais sur laquelle la science n'a encore point de données positives ni de systèmes acceptables. Enfin, oubliée au milieu de ces débats, qui avaient duré trois séances, la loi des fonds secrets fut votée par 124 voix contre 18.

Ce vote clôt la série des luttes purement politiques que les ministères ont à soutenir chaque année. Cette fois encore le cabinet du 29 octobre avait triomphé dans les diverses épreuves : son existence était assurée pour le reste de la session, quoi que pussent entreprendre les partis, quoi qu'ils pussent faire pour exploiter les événements prévus ou imprévus, quelles que fussent les facilités que présenteraient ces événements pour réveiller les querelles de système.

CHAPITRE III.

PROJET DE LOI sur l'enseignement secondaire. — Rapport de M. le ministre de l'Instruction publique. — Discussion à la Chambre des Pairs. — Rapport de M. Thiers à la Chambre des Députés.

Le projet de loi sur l'*Enseignement secondaire*, accomplissement nécessaire d'une prescription de la Charte de 1830, fut porté à la *Chambre des Pairs*. Sans doute on avait voulu, en évitant de le soumettre d'abord à la chambre élective, soustraire la loi aux dangers de cette polémique irritante que le clergé entretient depuis quelque temps dans les esprits.

Le rapport sur le projet, lu par M. le ministre, faisait en commençant remarquer à la Chambre que la question de l'enseignement secondaire se trouvait placée dans des conditions tout-à-fait différentes de celle de l'enseignement primaire. Dans celle-ci nul système antérieur, nul ensemble régulièrement organisé n'existait. Tout restait à faire, ou du moins à constituer et à régler : aussi l'enseignement secondaire avait-il été heureusement et facilement établi. Dans la question de l'enseignement secondaire, au contraire, comme dans l'enseignement supérieur des facultés, une grande institution avait précédé et subsistait par des lois spéciales, par des établissements nombreux. Il n'y avait pas ici un grand besoin social à satisfaire : il s'agissait seulement de modifier une création existante, affermie par le temps et par la grandeur des services qu'elle avait rendus et qu'elle ne cessait de rendre.

De plus, l'article 69 de la Charte de 1830 prescrivait un double objet à l'attention du législateur : *L'instruction pu-*

blique et la liberté de l'enseignement. Par ces termes il fallait entendre que l'extension, le perfectionnement des écoles de l'État devaient accompagner où même précéder toute modification sérieuse dans le régime légal des écoles particulières. Or, l'extension, le perfectionnement des écoles n'étaient pas choses qu'on pût accomplir à la hâte et à la légère, bien que l'impulsion donnée à l'instruction secondaire fût grande et sérieuse, et qu'en dix années les colléges royaux se fussent accrus de sept mille élèves. Et cependant c'était à peine si l'instruction satisfaisait aux besoins du pays.

L'ardente polémique qui avait éclaté sur la question imposait au gouvernement et aux Chambres l'impartialité et le calme le plus complets. Le grand et premier principe qui dominait la question, et qu'il n'était pas même besoin d'établir, c'était que la surveillance, et sur plusieurs points la direction de l'enseignement public appartient à l'État, et que le degré de liberté politique développée par les lois, loin de détruire une telle intervention de l'autorité civile dans l'éducation publique, la rend plus juste et plus nécessaire. Il importait seulement d'en bien régler l'exercice et d'assurer à côté d'elle les droits de la conscience et la liberté de la famille, *toujours faciles*, ajoutait M. Villemain, *à distinguer des exagérations du faux zèle et de la spéculation des partis.*

On avait beaucoup attaqué, depuis quelques années, l'Université de France, fondée par l'Empire. On avait signalé comme stérile et funeste cette création du génie civil d'un grand homme. On avait répété que le principe même qui lui sert de base était un excès de pouvoir né de la révolution, et qu'une entière liberté d'enseignement était le droit commun, le droit public de l'ancienne France dont elle avait développé la civilisation et hâté la grandeur. Sans attacher à cette invocation des faits historiques plus d'autorité qu'elle n'en méritait, sans examiner si l'enseignement avait été libre ou non sous l'ancienne monarchie, il n'y en avait pas moins pour la monarchie constitutionnelle une obligation née de la Charte de 1830, et dont il importait de concilier l'accomplissement avec les intérêts politiques et les droits que cette Charte à fondés.

Et, d'ailleurs, invoquer l'histoire à l'appui des prétentions nouvelles, c'était étrangement se méprendre. M. Villemain le prouvait par une esquisse rapide et brillante de l'enseignement en France. De tout temps, dans notre histoire, on trouve établie la maxime que l'instruction publique dépend de l'État. A mesure que, sans s'opposer à l'Église, la société civile s'en dégage, à mesure qu'elle s'affermit et se développe, l'influence de l'État sur l'enseignement se marque davantage. La collation des grades, l'autorisation accordée aux établissements d'instruction publique, tels ont été, depuis les premiers temps de notre histoire, les privilèges des universités déléguées directement par l'État ; tel a aussi été le terrain de la lutte entre l'Université et la société des jésuites. Il n'était donc pas vrai de dire que le grand ensemble des règles établies par l'Empire en 1808 avait été une capricieuse innovation du despotisme, sans lien avec le passé. L'œuvre de Napoléon avait été, au contraire, sur beaucoup de points, une conséquence et une application des principes et de la jurisprudence anciennement suivis par l'État en matière d'enseignement public.

La révolution s'était imposé le besoin de créer tout un ensemble nouveau d'instruction publique, mais ce ne fut pas d'abord en appliquant à l'enseignement le principe de liberté qu'elle étendait à tout le reste. Le droit d'autorisation préalable qu'avait constamment exercé l'ancien gouvernement ne disparaît pas un instant. La loi du 10 mai 1806 et les décrets du 17 mars 1808 et du 15 novembre 1811, ne furent qu'une application de ce principe, et c'est l'ancien droit public de la France qui a fourni la plupart des dispositions qu'on a cru directement inspirées par l'esprit dominateur de Napoléon. La seule grande innovation du décret de 1808, comparé à la jurisprudence de l'ancien régime, tient à l'innovation même de l'organisation de la France, à cette unitéa ctive qui, dans toutes les parties du service public, avait remplacé les diversités de régime que présentait le royaume avant 1789. Ainsi, de même que les diverses juridictions des parlements, jadis indépendantes, étaient remplacées par des ressorts plus nombreux de cours d'appels aboutissant à une cour suprême, les diverses universités transformées en académies furent ramenées à une seule université dépendante de l'État. L'Université sous Napoléon n'avait été, selon l'expression souvent citée de M. Royer-Collard, que le gouvernement appliqué à la direction universelle de l'instruction publique. Elle avait le monopole de l'éducation, à peu-près comme les tribunaux ont le monopole de la justice.

Cet état de choses, menacé sous la Restauration, se soutint cependant par la force de la pensée primitive et par les intérêts de science et d'esprit national qui s'y rattachaient.

Une révolution, qui fut le triomphe de ces intérêts, ne pouvait porter atteinte au grand système d'instruction nationale qui les avait entretenus. Mais, à côté de ce système, elle avait déposé un principe de liberté, que deux projets de loi successivement présentés avaient essayé d'appliquer à tous les détails de l'enseignement secondaire. C'était ce principe que le projet de loi actuel avait également pour but d'établir et de limiter.

Un premier titre déterminait l'objet même de la loi, l'enseignement secondaire, dans sa forme essentielle et dans ses variétés.

Le titre II déterminait à quelles conditions tout Français pouvait ouvrir un établissement particulier d'instruction secondaire. Ces conditions, presque entièrement conformes à celles que contenaient les deux projets déjà présentés, excluaient l'autorisation discrétionnaire en y substituant des grades, un brevet spécial d'aptitude et une déclaration conforme au droit public du pays.

De toutes ces dispositions, déjà éprouvées par le débat ou la publicité, une seule était nouvelle : c'était celle qui exigeait de tout candidat à la direction d'un établissement particulier d'instruction secondaire l'affirmation écrite de n'appartenir à aucune association ni congrégation religieuse non légalement établie en France. C'était là une conséquence de la prohibition prononcée par les lois antérieures et une application des principes de la législation actuelle.

Quant aux autres dispositions, une seule, l'obligation d'un brevet spécial, avait été vivement combattue. On avait pensé qu'un grade devait suffire, et que le brevet constatant une aptitude morale consacrait une sorte d'appréciation discrétionnaire peu conforme au principe de la liberté de l'enseignement. La réponse, selon M. le ministre, était dans l'idée même qu'on se formerait de cette liberté. Une liberté qui aurait lieu de plein droit, à part toute justification de savoir et de moralité, serait peu digne de ce nom et en tout point opposée à nos habitudes légales. Il importait d'ailleurs d'exiger des hommes qui aspirent à élever la jeunesse une garantie plus décisive qu'un certificat banal et qu'un grade nécessaire à ceux mêmes qui étudient encore. La composition du jury qui devait délivrer ce brevet spécial d'aptitude était ainsi fixée : le recteur de l'académie en serait membre et président ; y siégeraient le procureur-général, le maire de la ville, un ecclésiastique catholique choisi par le ministre de l'Instruction publique sur la présentation de l'évêque, un ministre des autres cultes reconnus par l'État ; lorsque le candidat appartiendrait à un de ces cultes, un chef d'institution secondaire et quatre autres membres choisis parmi les professeurs titulaires de l'académie, les magistrats du ressort et les citoyens notables.

L'ancienne division en institutions et en pensions était maintenue, puisqu'elle répondait à la nature même des choses : mais en même temps il avait paru que l'obligation imposée également aux élèves de ces deux catégories de fréquenter les classes d'un collège devait cesser. Pour remplacer, là où l'enseignement devait être nécessairement incomplet, la condition extérieure de bon enseignement par une condition attachée à l'établissement même, l'art. 9 du projet disposait que, dans les villes qui possèdent un collége royal ou communal, serait libre de n'envoyer aucun élève aux cours dudit collège tout chef d'institution ou maître de pension qui aurait dans son établissement, pour professer les diverses parties de l'enseignement secondaire, des maîtres pourvus au moins du grade de bachelier ès lettres. Cette condition, au reste, n'avait pas paru suffisante pour donner à un établissement particulier tous les droits des colléges de l'État. La jouissance du plein exercice avait été attachée à la garantie de grades élevés. Par là, nulle brusque séparation des établissements particuliers et des écoles de l'État. Ainsi devaient se concilier la facilité du choix pour les familles et la force des études dans les maisons particulières d'enseignement, la libre création des établissements et la nécessité pour ces établissements d'offrir un enseignement conforme à l'objet plus ou moins élevé de leur programme. D'un autre côté, le certificat d'études était un barrière opposée à l'influence de corporations interdites par les lois, à mille inventions frauduleuses et aux promesses trompeuses de l'industrie privée.

Telles étaient les conditions de libre établissement, et tel le mode d'exercice des maisons particulières d'enseignement. Quant aux droits que l'État conservait à leur égard, un seul était administratif, le droit d'inspection sur la discipline intérieure et les études.

Après quelques articles portant des garanties purement judiciaires, le projet s'occupait d'une catégorie d'établissements d'instruction secondaire, à la fois particuliers et publics, dont l'existence date du même temps que la réorganisation des écoles de l'Etat, et que les décrêts impériaux y rattachèrent quelque temps, à savoir les écoles secondaires ecclésiastiques ou petits séminaires.

Ici il est nécessaire de retracer avec M. Villemain l'historique de ces établissements et de leurs empiétements successifs.

Dès 1802, un besoin du service religieux avait fait créer par plusieurs évêques, avec des secours particuliers, quelques écoles préparatoires à l'enseignement des séminaires métropolitains ou diocésains reconnus par les articles du concordat, et plus tard organisés par la loi du 14 mars 1804. Un décret du 9 avril 1802 mentionna pour la première fois ces écoles préparatoires. Un titre spécial du décret du 15 novembre 1811 les assimila tout-à-fait aux écoles ordinaires, en ajoutant même à cette mesure d'égalité rigoureuse une exception défávorable, la défense de s'établir à la campagne. Cet état de choses ne se prolongea pas, et la coaction, poussée trop loin, fut remplacée sous un autre régime par des concessions sans réserve.

L'ordonnance royale du 6 octobre 1814 non-seulement autorisa, pour chaque diocèse, sans distinction de lieu, une ou plusieurs écoles préparatoires au grand séminaire, avec dispense pour les élèves de la fréquentation des colléges et de la rétribution imposée aux autres établissements; mais ces écoles furent en même temps des colléges ordinaires, recevant des élèves internes ou externes sans limite de nombre, et préparant indistinctement à toutes les professions, avec un privilége de gratuité pour l'obtention du baccalauréat ès-lettres. L'effet de ces mesures tendait à changer le caractère des petits séminaires fondés en 1802, et à rompre l'équilibre entre ces écoles et toute autre école publique ou privée.

Les effets de cette faveur sans limites se marquèrent par

une grande affluence dans les écoles secondaires ecclésiastiques, comme par l'abandon de plusieurs règles essentielles à ces écoles. En même temps, la restriction que l'ordonnance du 17 octobre 1821 avait voulu maintenir par les termes d'*écoles ecclésiastiques régulièrement établies* avait été bientôt mise en oubli. Ainsi, indépendamment de 120 écoles secondaires ecclésiastiques établies conformément à l'ordonnance royale du 5 octobre 1814, 53 autres établissements s'étaient formés comme succursales des premiers, sous le même titre de petits séminaires, ou sous celui d'écoles cléricales. Plusieurs de ces établissements étaient confiés, non pas à des prêtres séculiers, mais à des membres de corporations religieuses non autorisées par les lois.

L'irrégularité de cet état de choses, les dommages qu'il entraînait suscitèrent des plaintes que le gouvernement de la Restauration ne crut pas pouvoir négliger. Une commission fut nommée pour constater les faits et proposer les mesures à prendre. Le rapport de cette commission, nommée sur la proposition de M. le comte Portalis, fut présenté par M. de Quélen, archevêque de Paris. Ce rapport constatait la réalité de l'existence des 53 établissements irréguliers, la reconnaissance que dans ces écoles le but de l'institution régulière était tout-à-fait dépassé, enfin la déclaration, déjà faite ailleurs par M. l'évêque d'Hermopolis, que plusieurs de ces établissements étaient sous la main des jésuites.

La commission, parmi les moyens qu'elle proposait pour remédier à ces abus, indiquait la nécessité, pour les élèves qui auraient abandonné l'état ecclésiastique après leurs cours d'études, d'obtenir le diplome de bachelier ès-lettres, *de se soumettre de nouveau aux études et aux examens, selon les règlements de l'Université.*

Ainsi, une commission, indulgente pour les abus qu'il s'agissait de réprimer au point d'accorder la libre admission d'une corporation formellement interdite par les lois, avait cependant proposé la forme même de précaution qui depuis a excité tant de plaintes. Le gouvernement, obligé de tirer les conséquences des faits que la commission n'avait pu méconnaître, dut aller plus loin qu'elle. Ainsi furent rendues les ordonnances du 16 juin 1828, qui, pour l'admission dans l'enseignement public, prescrivirent le serment de n'appartenir à aucune opinion religieuse non autorisée, qui supprimèrent plusieurs établissements d'instruction, dont les chefs et les maîtres étaient en contravention avec cette règle, et qui enfin déterminèrent de nouveau la constitution spéciale des écoles secondaires ecclésiastiques. La disposition qui refusait aux petits séminaires le plein exercice entraînait la limite de nombre, fixée non pas arbitrairement, mais d'après des calculs précis, à vingt mille.

Cette démarcation légale avait été généralement maintenue après 1830 : pendant longtemps même on n'avait pas réclamé pour les petits séminaires la liberté d'enseignement qu'avait posée en principe la charte de 1830. Ce principe, en effet, faisait remarquer M. le ministre, sous-entendait l'égalité entre ceux auxquels il s'appliquerait. Or, la donation spéciale des petits séminaires et le privilège plus ou moins étendu dont ils avaient joui constamment rendaient cette égalité difficile.

Le projet de loi de 1836, non porté à la Chambre des pairs, renfermait les écoles secondaires dans un droit spécial qui limitait leur action à la préparation des élèves pour le grand séminaire, mais qui les exemptait de la rétribution, des grades, des diplomes et de l'inspection universitaire. La commission avait été plus loin, et avait proposé de soumettre ces établissements aux mêmes conditions que les maîtres de pension ordinaire (*Voy.* l'Annuaire de 1836).

En 1841, un projet de loi conforme sur plusieurs points au projet inutile de 1836, mais qui s'en écartait par une disposition nouvelle, fut présenté par M. Villemain (*Voy.* l'Annuaire de 1841). Cette disposition soumettait au *droit com-*

mun les écoles secondaires ecclésiastiques, après un délai de cinq années, et en ne limitant plus le nombre de leurs élèves. De nombreuses réclamations s'élevèrent alors, même de la part des évêques, qui affirmaient qu'une semblable liberté leur paraîtrait bien plus malheureuse que l'état présent.

Il restait donc évident que par ces mots *droit commun* on avait entendu une extension de privilège, c'est-à-dire, au lieu d'une faculté spéciale, une faculté générale d'enseigner, en restant d'ailleurs exempt des obligations imposées aux autres établissements d'instruction secondaire. La prétention ne pouvait prévaloir.

Mais, d'autre part, il n'eût pas été sans inconvénient de contraindre légalement toutes les écoles secondaires ecclésiastiques à accepter l'obligation d'employer des maîtres gradués, condition qui paraissait difficile à remplir, même après un long délai. Il fallait ne modifier cette situation que d'une manière graduelle et facultative. Ce serait là une exception connue et limitée qui n'aurait pas les inconvénients d'un mélange de droit commun et de privilège.

Cette condition, disait-on, serait onéreuse, et la fréquente mutation des professeurs dans les petits séminaires en rendrait l'exécution difficile : cependant un grand nombre d'élèves, dont la vocation ne persistait pas, se trouveraient, à la fin de leurs études, empêchés, par l'ordonnance du 16 juin 1828, de se présenter au grade pour obtenir le diplome ordinaire de bachelier ès-lettres.

Ces vocations interrompues, et qu'on pouvait estimer à la moitié des élèves, on pouvait, sans altérer le caractère spécial des écoles, leur offrir une véritable issue en déclarant que, dans les écoles secondaires ecclésiastiques où ne serait pas remplie par les professeurs de rhétorique et de philosophie la condition de grades, les élèves qui auraient achevé ces deux cours seraient admissibles à se présenter pour l'obtention du diplome ordinaire de bachelier ès-lettres, dans une proportion qui n'excéderait pas la moitié du nombre d'élèves sortant chaque année des diverses écoles, après études complètes.

En même temps que cette dérogation satisfaisait sans danger des vœux réitérés, l'article 18, par une disposition expresse, faisait entrer dans le domaine de la loi les ordonnances du 16 juin 1828, concernant les écoles secondaires ecclésiastiques.

On le voit, le but principal du projet était d'organiser, sous des garanties légales, la liberté de l'enseignement secondaire. Mais à cette extension des établissements dirigés par l'industrie privée s'ajoutaient d'utiles dispositions sur les établissements publics. Ainsi, le titre III du projet reproduisait le principe de la fondation d'un collège royal par département. Les subventions des villes pour l'enseignement secondaire n'étaient autorisées qu'en faveur d'établissements formés d'une manière régulière et durable : le collège serait au moins communal. Au reste, l'établissement et le maintien de ces collèges restaient entièrement facultatifs, sous la garantie de toutes précautions légales.

Sur ces établissements ainsi constitués l'autorité légale devait exercer une double influence : celle des magistrats municipaux et des pères de famille, influence qui, dès à présent, se manifestait de la manière la plus heureuse.

Tel était l'ensemble des dispositions de ce projet remarquable par la hauteur des vues, la science et la lucidité de l'exposition : cet important document fit une sensation profonde dans la Chambre et dans le pays, à un moment surtout où la lutte des passions contraires et la violence des prétentions dangereuses éclataient dans toute leur force (*Voy.* Histoire intérieure, Lutte de l'Église et de l'Université).

La pensée fondamentale du projet, pensée qu'on trouva peut-être timidement exposée et qui parut faiblir dans l'application, était la justification de l'article 69 de la charte, et la réfutation de cette opinion, qui regardait la liberté de l'enseignement proclamée dans le pacte social comme abrogatoire des principes posés par les décrets organiques de l'Université. Sur un point, sur un seul, il est vrai, il était dérogé à l'esprit des ordonnances du 15 juin 1828. Cette *satisfaction*, comme l'appelait M. le ministre, cette *concession*, comme l'appelaient les amis de l'Université, devait, on le verra bientôt, servir de but aux attaques des deux partis.

Le 12 avril, M. le duc de Broglie présenta à la Chambre des pairs, au nom de la commission, son rapport sur le projet de loi. Toutes les résolutions de la commission avaient été prises à l'unanimité. Quelques amendements importants avaient été introduits dans le projet primitif. Mais le plus important de tous était celui qui avait pour but de supprimer le second paragraphe de l'article 17, qui accordait aux petits séminaires le droit de présenter leurs élèves au baccalauréat, sans obliger ces établissements à se soumettre aux conditions que la loi imposait aux établissements laïques. La commission avait vu là un privilége nouveau accordé sans raison aux petits séminaires et une mesure inexécutable en soi. L'esprit de ce travail remarquable était une haute prudence et une complète impartialité : nous citons les hautes réflexions par lesquelles terminait le noble rapporteur.

« On nous accusera d'imposer à la liberté d'enseignement des conditions sévères; nous admettons le fait, sans accepter le reproche. Oui, si vous adoptez la loi, telle que nous la proposons, la liberté d'enseignement aura besoin, pour s'établir, de traverser quelques difficultés, de surmonter quelques obstacles. C'est son honneur et son salut qu'il en soit ainsi. Jamais liberté digne de ce nom ne s'est fondée réellement à d'autres conditions. Toute liberté qui s'établit de haute lutte tourne sur-le-champ en désordre, se discrédite et se détruit elle-même. Que n'a-t-on pas dit contre les lois qui modèrent en France, sans les supprimer, à beaucoup près, les abus de la presse? Si ces lois n'existaient pas, il y a longtemps que la liberté de la presse n'existerait plus.

» On nous accusera, d'un autre côté, de livrer imprudemment au hasard les établissements de l'Etat, de compromettre leur avenir. Avec la même franchise nous ferons la même réponse. Oui, si la loi est adoptée les établissements de l'Etat seront placés dans une position toute nouvelle. Ils auront des rivaux; et pour en détourner la jeunesse, pour leur enlever la confiance des familles, ces rivaux n'épargneront rien. Oui, les établissements de l'Etat auront besoin, pour se maintenir au rang qu'ils occupent, de redoubler d'efforts et de sacrifices; mais cela leur est bon et nécessaire; la domination exclusive ne vaut pas mieux que la liberté absolue. Il faut lutter pour grandir. Avec les ressources dont ils disposent, les soumettre à la concurrence, c'est vouloir leur progrès, leur prospérité, leur durée : car de nos jours rien ne dure qu'en avançant; trop de sécurité est souvent fatale, et la routine est mortelle.

» On nous accusera peut-être enfin, et de tous les reproches celui-ci, s'il était fondé, serait pour nous le plus sensible, on nous accusera d'avoir tout fait pour l'enseignement et de n'avoir rien fait pour ce qu'on nomme l'éducation, par opposition à l'enseignement. L'enseignement, dit-on très-souvent, est bon en France ; chaque jour il fait des progrès ; mais l'éducation est négligée, l'éducation manque. Qu'avons-nous fait pour le gouvernement des ames, pour la culture des affections et des sentiments, pour la règle des mœurs, pour la discipline des penchants et des actions ?

» Nous avons fait, messieurs, ce qu'il appartient à la loi de faire ; ce qui se peut faire par voie impérative et générale. Ce qui tient exclusivement aux choix des hommes, à leur caractère, à leur conduite, ce qui tient à l'action individuelle, à l'influence personnelle, ne tombe point, du moins directement, sous la main du législateur.

» La loi, telle que nous la proposons, place au premier rang des études l'instruction morale et religieuse ; elle veut que la morale trouve dans le dogme son autorité, sa vie, sa sanction ; elle lui veut pour appui des pratiques régulières ; elle confie, sur ce point, la direction, la surveillance à des hommes revêtus du ministère sacré ; elle laisse le choix de ces hommes à la tendresse, à la conscience des parents.

» La loi maintient les fortes études, et les fortes études sont l'ame de la discipline et la sauvegarde des mœurs. Ce sont les études vigoureusement poursuivies, c'est la saine activité qu'elles suscitent et qu'elles alimentent, qui tient les esprits en bonne voie, qui les préoccupe de pensées élevées et ne permet pas au vice d'en approcher. C'est l'emploi énergique et régulier des heures de travail qui rend le repos paisible, les entretiens honnêtes et les délassements innocents. Il faut que l'ardeur de la jeunesse se porte au bien ou au mal. Ne le perdez jamais de vue, messieurs, dans les écoles comme dans le monde, la pureté des âmes va de pair avec les habitudes laborieuses ; partout où les études fléchissent les cœurs se corrompent et les caractères se dégradent.

» La loi convie enfin toutes les communions établies en France à former, sous des conditions égales, des établissements d'éducation qui leur soient propres; des établissements fondés sur un principe exclusivement religieux; des établissements rigoureusement soumis à l'unité de croyances, de culte, de pratiques; des établissements où l'enseignement profane lui-même relève de la religion. L'enseignement de l'État ne saurait avoir ce caractère exclusif; la loi l'offre à tous et ne l'impose à personne. Que peut-elle faire de plus? »

Citons encore quelques paroles énergiques qui se rapportaient plus spécialement aux intentions secrètes des ennemis de l'Université. A propos de la déclaration écrite exigée de l'instituteur privé, qu'il n'appartient à aucune association, à aucune *congrégation* dont les lois n'autorisent pas l'existence, M. de Broglie disait :

« Le moment serait-il bien choisi pour permettre à des corporations dont le gouvernement ne connaît, officiellement du moins, ni l'existence, ni le caractère, ni la règle, ni les statuts, ni les engagements, ni les desseins, pour permettre à ces corporations, disons-nous, de s'établir en France, publiquement, à ciel ouvert, d'y exercer le droit de cité, d'y former plusieurs États dans l'État, de s'associer à la lutte des partis, d'y revendiquer, de droit divin, l'éducation de la jeunesse? Ce que la Restauration n'a pas toléré, le gouvernement actuel le souffrira-t-il? Le pourrait-il sans manquer aux règles de la prudence la plus vulgaire? »

Le 22 avril s'ouvrit à la Chambre des pairs la discussion générale. Le premier, M. Cousin prit la parole. L'illustre philosophe déclara, dès les premiers mots, que son intention était moins d'examiner en détail les divers articles du projet ministériel, que de venir au secours d'une grande institution nationale, objet de tant d'attaques et pour laquelle, ajoutait l'orateur, le vaste et savant rapport de M. de Broglie n'avait pas même trouvé un mot d'encouragement.

Et d'abord, le droit d'enseigner était-il un droit naturel ou un pouvoir? Poser une pareille question, c'était la restreindre. Que serait-ce en effet qu'un droit naturel et imprescriptible d'enseigner, sans prouver d'abord qu'on sait soi-même ce qu'on veut enseigner? Peut-on avoir le droit de façonner à son gré ses semblables, et d'imprimer en de jeunes ames ses propres mœurs et ses propres principes, sans avoir fait connaître quelles sont ces mœurs et quels sont ces principes?

Tel était cependant le droit prétendu sur lequel reposait cette *industrie* de fraîche date, qui ne rougissait pas de s'appeler de ce nom, qui se faisait humble pour dominer, et qui prétendait s'exempter de toute épreuve. Cette industrie n'était en réalité qu'une usurpation du domaine public, qu'un attentat contre la liberté qu'elle invoquait.

La liberté d'enseignement, sans garanties préalables, étant contraire à la nature des choses, ne pouvait produire dans la pratique que des conséquences désastreuses : l'éducation livrée ainsi à l'aventure devait tourner contre sa fin. L'éducation générale et publique, mise à la place de l'éducation spéciale et professionnelle, préparant à la vie sociale par des pouvoirs éphémères, et non par ces grandes institutions qui sont l'esprit et l'ame d'un pays et d'un siècle, devait rendre à la société un homme peu en harmonie avec elle, élevé dans des principes opposés à ceux de son siècle et de son pays. Un tel homme, ajoutait énergiquement l'orateur, serait non-seulement déplacé et malheureux dans le monde, il pourrait même y devenir un danger public.

Le droit d'enseigner était donc un pouvoir public, et le plus grand de tous : pouvoir et droit plus grand même que le droit et le pouvoir du père de famille. Le droit paternel absolu, illimité dans les limites morales, changeait de nature et se diminuait de tout le droit de la société, lorsque l'enfant passait de l'éducation intérieure à l'éducation commune.

Ces principes incontestables à l'égard de l'industrie, M. Cousin les appliquait avec autant de raison à l'association. Le pouvoir d'enseigner devenant même alors plus redoutable, l'intervention de l'État était d'autant plus nécessaire.

Il serait impossible de suivre l'orateur dans l'esquisse brillante qu'il traçait ici de l'histoire de l'enseignement en France et de l'Université. Historiquement, l'État, en France, n'avait jamais cessé d'exercer ses droits. M. Cousin le démontrait par les faits : en créant l'Université moderne, l'Empire renouait donc la chaîne salutaire des traditions. La même main qui avait rétabli l'ordre dans l'Église par le Concordat et par les articles organiques rétablissait l'ordre dans l'enseignement par la loi de 1806 et par les décrets de 1808 et de 1811.

L'Université avait-elle répondu au dessein de son fondateur? Ici l'orateur entrait dans la partie la plus brillante et la plus facile de sa tâche. Défendre l'Université moderne et l'enseignement philosophique qui la domine, c'était, pour M. Cousin, se défendre lui-même, et avec lui l'esprit moderne dont il s'est fait en France le représentant le plus élevé, l'esprit du dix-neuvième siècle, légué à notre pays par nos pères et conquis au prix d'une révolution.

Il faut un enseignement philosophique dans les écoles secondaires : il faut que cet enseignement, profondément respectueux pour toutes les croyances religieuses reconnues par l'État, ne soit le monopole d'aucune d'elles; tel était le véritable état de la question. Que cet enseignement philosophique fût nécessaire, personne n'avait la prétention de le nier : mais qu'on voulût s'en emparer au profit d'un seul culte, c'était ce qu'il ne fallait pas permettre. Du moment que cet enseignement reposerait exclusivement sur l'un des cultes reconnus, il ne serait plus fait pour la société tout entière. Il ne pourrait plus être donné au nom de l'État, mais au nom de la société catholique; il ne pourrait plus être institué que par elle, surveillé que par elle. Il deviendrait absurde que des laïques fussent juges des résultats d'un enseignement autorisé, donné par l'Église. Il fallait aller jusque-là dans la pratique, c'est-à-dire, bouleverser de fond en comble l'Université.

Mais l'Université, n'était-ce pas la société tout entière, telle que nous l'ont transmise la révolution et l'Empire? L'unité des écoles n'imprimait-elle pas, ne confirmait-elle pas l'unité de la patrie? Quelles seraient les conséquences d'un bouleversement semblable?

« S'il y a, s'écriait l'orateur, un enseignement, et le plus important de tous, qui repose sur les principes exclusifs d'un culte particulier, tous les enfants des autres cultes sont exclus de cet enseignement; le collège n'est plus l'image de la société commune; il faut le diviser, ou plutôt, il faut des collèges différents pour les différents cultes, des collèges catholiques et des collèges protestants, des collèges luthériens et des collèges calvinistes, des collèges juifs, et bientôt des collèges musulmans.

» Dès l'enfance nous apprendrons à nous fuir les uns les autres; à nous renfermer comme dans des camps différents, des prêtres à notre tête: merveilleux apprentissage de cette charité civile qu'on appelle le patriotisme! Et ce pays qui, du moins, dans ses malheurs, avait conservé une ressource immense, la puissance de son unité, la perdra; il descendra des hauteurs de la révolution et de l'Empire pour revenir.... à quoi, je vous prie? non pas à l'ancien régime avec ses grandes institutions à jamais anéanties; à quoi donc? à un je ne sais quoi indéfinissable et sans nom, que le monde étonné n'oserait pas appeler la France.

» Voilà l'abîme où nous conduit pas à pas l'insolente folie des adversaires de l'Université. Ils ont cru, et des faibles d'esprit ont pu croire un moment avec eux, que l'Université était un caprice impérial, une institution d'hier qui pouvait n'être plus demain, sans racines dans le pays, sans lien avec les autres parties de l'édifice national. Non, l'Université est assise sur les fondements mêmes de la société française. La France est une, toutes ses grandes institutions sont sœurs; vous ne pouvez en frapper une sans les fraper toutes et sans blesser au cœur la France tout entière. L'Université est une aussi; tous ses enseignements se tiennent et forment un tout indivisible.

« Voilà l'institution qui est à votre barre et sur laquelle vous allez prononcer. Tant d'attaques, tant de calomnies l'ont ébranlée: vous pouvez l'affermir et vous pouvez la précipiter. La conserver n'est rien, si vous lui ôtez sa force morale et l'autorité dont elle a besoin. Elle a été fondue d'un seul jet par un incomparable ouvrier : n'y touchez pas légèrement. Sans doute elle est loin d'être parfaite; on peut, on doit s'efforcer de l'améliorer sans cesse, mais dans le sens même de son principe, celui de l'intervention tutélaire de l'État dans l'éducation de la jeunesse. L'Université est assise sur des fondements assez fermes pour admettre et porter tous les perfectionnements. Depuis 1808 et 1811, combien n'en a-t-elle pas reçus, combien n'en peut-elle pas recevoir encore! Loin de repousser, elle sollicite tous les conseils et n'en dédaigne aucun, de quelque côté qu'il lui vienne. Fille du dix-neuvième siècle, mais héritière aussi des anciennes traditions, a-t-elle conservé quelque usage peu en harmonie avec notre temps? Qu'on nous signale cet usage: nous ne sommes point des barbares, nous l'examinerons à la lumière de la raison comme à celle de l'expérience, et nous serons heureux de toutes les réformes, grandes ou petites, que nous pourrons introduire dans nos règlements d'études ou de discipline, d'instruction ou d'éducation. Il y a plus, le génie impérial a-t-il déposé dans nos constitutions quelque mesure devenue incompatible avec le progrès des libertés publiques? Nous sommes les premiers à demander que cette mesure soit ôtée. »

A ces éloquentes généralités l'honorable pair ajoutait une critique spéciale du projet : cette critique portait sur l'article 17, article qui inaugurait un principe nouveau, inconnu à l'ancienne monarchie et à la nouvelle, celui d'établissements qui seraient exempts des conditions communes imposées à tous les autres, à ce titre seul qu'ils seraient établissements ecclésiastiques. Cette exception, l'instinct national l'avait accueillie avec un étonnement douloureux. Comment, s'écriait l'orateur, il y aurait des établissements qui pourraient préparer au baccalauréat ès-lettres, c'est-à-dire, à toutes les carrières civiles, comme les colléges de l'État et des villes et toutes les institutions privées donnant les garanties exigées, et ces établissements auraient le privilége de ne satisfaire à aucune de ces garanties? Car on ne pouvait considérer de simples grades comme des garanties véritables. Ainsi 1° les directeurs et les professeurs des petits séminaires n'auraient pas besoin du brevet de capacité; 2° les petits séminaires ne seraient point surveillés, c'est-à-dire qu'on y pourrait enseigner tout ce qu'on voudrait, dans des ténèbres où l'œil de l'État ne pénétrerait pas ; 3° n'étant point surveillés, l'État ne pouvant pas en connaître les abus, ne pourrait les dénoncer devant aucun tribunal, de sorte que ces abus, quels qu'ils fussent, échapperaient à toute répression légale. Fallait-il encore parler de l'exemption des charges financières assez lourdes qui pèsent sur les autres institutions? Les élèves qui fréquenteraient ces établissements privilégiés seraient au nombre de vingt mille, c'est-à-dire, excéderaient celui des colléges royaux.

De tels priviléges surpassaient ceux que posséda jamais aucune congrégation religieuse enseignante sous l'ancien régime. Ou les mots avaient perdu leur signification, ou c'était là un monopole tel qu'il n'y en eut jamais. Ce régime nouveau renversait d'un seul coup deux grands principes : 1° le principe sur lequel est assise l'Université, à savoir la sécularisation de l'instruction publique, l'intervention de l'État sous une forme ou sous une autre, dans l'établissement, dans la surveillance, dans la répression ; 2° le principe de notre droit civil, qui n'admet aucune inégalité devant la loi.

« Et pourquoi, messieurs, disait en terminant l'orateur, pourquoi ce subit renversement de tous les principes jusqu'ici reconnus et utilement pratiqués? Quels appuis nouveaux se veut-on ménager aux dépens de ses appuis naturels et éprouvés? Quelle est cette étrange politique, au milieu des difficultés qui nous attendent et qui commencent à paraître, de décourager des amis certains, dans l'espoir d'acquérir des amis douteux, toujours prêts à redevenir des ennemis inexorables! Écoutez ce qu'ils demandent et voyez ce qu'ils osent. On réclame l'abrogation des articles organiques du Concordat. On refait des conciles par voie de correspondance. On soutient qu'une société fameuse, abolie par tant de lois, n'a pas même besoin d'une loi nouvelle pour reparaître à la face du jour et de nos institutions, sous le rempart d'une liberté indéfinie. Nul aujourd'hui n'oserait prendre en public le nom d'une association politique, même innocente, qui n'aurait pas été légalement reconnue, et il se trouve des hommes pour prendre ouvertement l'habit et le nom de congrégations religieuses qui semblaient à jamais éteintes ! Je me demande où est le respect dû à la loi, ce qu'est devenu l'œil et le bras de l'État, et si le gouvernement est aveugle et sourd devant de pareilles prétentions et de pareils actes. Et encore, messieurs, le gouvernement, tiré de son sommeil par des voix courageuses, s'arrête-t-il ou paraît-il s'arrêter un moment sur la pente de complaisances inexplicables ? Savez-vous le langage qu'on lui tient et qui retentit de tous côtés? Aux timides remontrances d'un gouvernement incertain on répond par la menace d'une rupture ouverte, ou même par l'insolent exemple de l'insurrection d'un peuple voisin !

» Ce n'est point ainsi, messieurs, que se présente l'Université. Vous savez quels sont ses droits, quels ont été ses services. Ses droits sont ceux de l'État lui-même : elle les tient de deux grandes lois. Pendant quarante années, elle a employé le pouvoir que la société lui avait remis, dans l'intérêt manifeste de cette société. Elle a partagé les bons et les mauvais jours de la patrie ; elle a souffert et elle a espéré avec elle. L'Empire, qui l'a fondée, l'a couverte de sa gloire. La Restauration, sans l'aimer, la respecta. Elle a sauvé avec joie la révolution de juillet. Elle lui tenait en réserve une noble race de jeunes princes instruits par elle à aimer la patrie et à tout braver pour la servir. C'est elle qui l'avait nourri dans son sein, et pénétré du libre esprit de notre temps, ce prince infortuné et magnanime dont la perte nous a été un deuil particulier dans la douleur universelle. Vivant, il aurait défendu l'Université contre des attaques qui remontent jusqu'à lui : aujourd'hui elle se réfugie sous la protection de sa mémoire. Menacée dans son honneur et dans ses droits, elle se confie en l'esprit conservateur et modérateur de cette Chambre. Mais si son espérance était trompée, si, quand elle dépose avec joie tout privilége, vous éleviez au-dessus d'elle le privilége le plus extraordinaire qui fut jamais, elle en sera consternée, non pour elle, mais pour la France ; elle sera consternée, mais elle demeurera fidèle et soumise ; sa profonde douleur n'ôtera rien à sa loyauté, et elle ne cessera d'employer le peu d'autorité qui lui aura été laissé, à prêcher dans ses écoles diminuées et affaiblies le respect de cette même religion au nom de laquelle on lui a prodigué tant d'outrages, le respect de l'ordre établi et l'attachement à une famille qu'elle a tant servie, même avant que la divine Providence l'eût portée sur un trône. Oui, quand la loi aura prononcé, nous nous inclinerons devant elle ; mais tant que ce grand débat ne sera point terminé, nous défendrons l'Université avec une fermeté qui, je l'espère, ne vous sera point suspecte. Ce n'est point ici une question ministérielle : c'est une grande question sociale et politique. Les principes de la révolution française sont profondément engagés dans la cause de l'Université ; et c'était un devoir sacré pour moi de venir au secours de cette grande institution, où je suis entré librement dès les premiers jours de mon existence, qui m'a fait le peu que je suis, et à la tête de laquelle je ne serais pas digne d'avoir été, même un seul jour, si je n'étais bien décidé à la défendre dans sa mauvaise fortune jusqu'à la dernière extrémité.

« Si l'art. 17 disparaît entièrement de la loi pour faire place soit au droit commun établi par l'Empire, soit au régime spécial établi par la Restauration, malgré plus d'un scrupule, je voterai pour la loi ainsi corrigée. Mais s'il subsiste la moindre trace du privilège et du monopole déposé dans l'article 17, je voterai contre toute la loi! »

L'éloquent discours de M. Cousin avait rempli à lui seul toute la séance du 22 avril : le lendemain 23, quatre orateurs prirent part à la discussion. M. le comte Alexis de Saint-Priest et M. le baron Charles Dupin, inscrits, afin de porter la parole *pour* la loi, s'attachèrent tous deux à combattre l'article 17, et MM. Villiers du Terrage et le baron de Fréville, inscrits *contre* le projet, vinrent implicitement le défendre, en donnant à l'article 17 leur approbation tacite ou exprimée. Sur un seul point cependant les quatre orateurs s'étaient trouvés d'accord, à savoir, sur la nécessité de supprimer le plus promptement possible la rétribution, ou plutôt, disaient-ils, l'impôt universitaire. Ils voyaient là une entrave véritable apportée à la liberté de l'enseignement. Déjà, la veille, M. Cousin, au nom de l'Université tout entière, avait abandonné cette rétribution peu digne, en effet, d'une institution vraiment libérale.

Reproduire les éloges donnés au clergé par MM. du Terrage et de Fréville, la spirituelle défense de l'Université par M. de Saint-Priest, et la savante argumentation de M. Charles Dupin, serait excéder les bornes de notre analyse. Mais il serait impossible de passer sous silence la chaleureuse péroraison du discours de M. Charles Dupin. Effrayé des dangers d'une polémique provoquée par les soi-disant amis de l'Église, des prétentions nouvelles et mal fondées d'un clergé qui trouvait pourtant son plus sûr appui dans le gouvernement, l'honorable orateur, se demandait qui avait pu causer ces inquiétudes si diverses, exciter ces plaintes, ces accusations, ces espérances, ces menaces récentes : « Que s'est-il donc passé, ajoutait-il ?

» Hélas ! messieurs les pairs, il s'est passé, de par la Providence un de ces événements qui changent l'avenir des nations, qui transforment les espérances, qui contristent le cœur du sage et qui sourient aux factions.

» *Il s'est passé la mort de l'héritier du trône.*

» A partir de ce moment funeste un travail profond, mystérieux, s'est opéré dans certains esprits.

» Les bons citoyens, sans soupçonner les desseins auxquels leur loyauté restait étrangère, n'éprouvèrent que le besoin de se serrer autour d'un trône dont la plus haute marche était devenue vacante, pour étendre leur amour et leur dévouement du père à la veuve et de l'aïeul aux orphelins.

» Les factions pensèrent autrement : elles reprirent leur audace ; elles rêvèrent des provinces comme en des pays de conquêtes, tracèrent leurs itinéraires et préparèrent leurs complots.

» Ne croyez pas, messieurs les pairs, que je veuille accuser l'intention des prélats, pour lesquels je professe un respect profond ; ils croient ne servir que les intérêts du Ciel ; mais, pour ce faire, ils n'hésitent pas à profiter de ce qui s'offre à leurs regards comme une opportunité providentielle, un règne qui ne sera jamais trop long au gré de nos souhaits, et qui pourtant finira ; une minorité probable, un affaiblissement de pouvoir civil, une occasion pour renforcer le pouvoir ecclésiastique, mettre la main sur l'enfance, même au sujet des études profanes et civiles, pour amener avec rapidité la main mise sur la virilité même, quand auront grandi les jeunes adeptes savamment accaparés. Voilà le plan, sinon des évêques, au moins des habiles, des affiliés de robe courte, des meneurs occultes qui n'aspirent de premier abord qu'aux succès de l'ombre et du silence, en attendant l'apothéose et les triomphes du grand jour.

» J'ai voulu dire sans réserve la vérité. J'ai voulu dire à mes concitoyens ce que mes yeux voient, ce que mon cœur sent, ce que ma raison juge.

» Vous voyez pourquoi, sans rien retirer au clergé, sans diminuer le nombre de ses élèves, sans leur demander aucune rétribution, je ne veux pas leur accorder en premier lieu les jésuites pour professeurs, en second lieu des privilèges de baccalauréat pour leurs petits séminaires ; laissons aux écoles civiles la formation des sujets auxquels nous donnons l'éligibilité des carrières civiles.

» Voilà l'esprit dans lequel je combats, pour l'améliorer, la loi déjà satisfaisante que nous discutons aujourd'hui. »

La discussion continua le 24 par un discours de M. Rossi en faveur du projet de loi.

Qu'est-ce que l'Université, se demandait le savant pro-esseur ? Déjà M. de Fréville avait répondu à cette question : l'Université, à ses yeux, n'était qu'un service public faisant partie de l'organisation du pays. M. Cousin avait dit que l'Université, c'est l'État. M. Rossi acceptait la première définition ; mais ce titre même n'était-il pas une puissante recommandation auprès des familles, une garantie certaine de capacité et de moralité ? L'Université, service public, devait participer à la confiance du public en tout ce que l'État fait lui-même.

Quant à la liberté absolue telle que la demandait le clergé, la conséquence pouvait en être moins favorable au clergé lui-même qu'il ne le semblait d'abord. Il espérait sans doute s'emparer de l'enseignement et le diriger à l'exclusion de l'Université, faire de la France tout entière un vaste séminaire. Mais ces espérances ne se réaliseraient peut-être pas. Des spéculations, des entreprises de toute nature ne tarderaient pas à naître de toutes parts et à produire un grand désordre et un grand scandale,

Abordant une autre question, M. Rossi déclarait qu'il ne saurait penser avec M. Cousin que l'autorisation préalable fût conciliable avec le texte de la Charte. Avec l'autorisation préalable il n'y avait pas de liberté d'enseignement possible, pas plus qu'avec la censure on ne pouvait concevoir la liberté de la presse. Mais ce que la Charte admettait, pour la presse comme pour l'enseignement, c'était des mesures préventives, et le projet n'établissait rien autre chose. Le projet n'était donc pas contraire à la charte.

Mais fallait-il admettre des exceptions en faveur des petits séminaires ? Ici, ce qui préoccupait l'honorable orateur, ce n'était pas l'Université, c'était le clergé, c'était sa position dans notre société actuelle. Le clergé désirait enseigner, et cela était naturel : il n'y avait même pas lieu à s'abandonner contre lui à d'injustes défiances, et M. Rossi ne voulait pas le suspecter d'une hostilité irréconciliable contre l'état actuel de la société française ; mais le clergé se trompait en croyant qu'il peut être aujourd'hui l'instituteur unique, le tuteur de la société. Repousser le droit commun, ce serait exciter contre soi des défiances légitimes, car si la foi s'impose, la science se raisonne et se prouve.

Comme M. Cousin, M. Rossi voyait dans l'article 17 une dérogation au droit commun, et cependant, à l'étonnement de la Chambre, il faut le dire, l'orateur terminait en acceptant cet article comme une *transaction*, comme un gage de paix.

M. le comte Beugnot vint, après M. Rossi, attaquer le projet article par article et proposer une foule de modifications radicales à la loi. Ce que l'orateur combattait le plus vivement, c'était la disposition qui exclut de l'enseignement les membres des congrégations non reconnues par l'État. Dans ces congrégations M. Beugnot ne voulait voir qu'un innocent moyen d'influence, une force morale que le gouvernement devrait se concilier, force, au reste, étrangement exagérée, selon l'orateur, qui cherchait à rassurer la Chambre et le pays sur le compte des jésuites, et à prouver que désormais cette société n'est plus à craindre.

Une série d'amendements proposés par l'honorable pair, et qui ne contenait pas moins de vingt-trois articles nouveaux sur trente, constituait un troisième projet mis en regard des deux projets du gouvernement et de la commission.

Dans ce système nouveau présenté par MM. Beugnot, Séguier, de Barthélemy et de Gabriac, tout bachelier ès-lettres muni d'un certificat de moralité pourrait ouvrir une école secondaire. Tout élève de ces écoles pourrait se présenter à l'épreuve du baccalauréat, sans indiquer dans quel établissement il aurait suivi les cours de rhétorique et de philosophie. Désormais les jurys, chargés d'examiner les candidats au baccalauréat, seraient composés d'autant de notables que de professeurs. Les chaires des facultés ne seraient plus mises au concours, mais données par ordonnance royale et sur une double présentation faite de la manière suivante. A côté du conseil royal serait créé un conseil supérieur des établissements particuliers d'instruction secondaire, composé de magistrats, de membres de l'Institut, de chefs d'institutions libres et de M. l'archevêque de Paris. Ce conseil, présidé comme le conseil royal par le ministre de l'Instruction publique, présenterait un candidat pour chaque chaire de Faculté, pendant que le conseil royal en présenterait un autre; ce conseil nouveau émettrait son avis sur le programme du baccalauréat, aurait des inspecteurs à ses ordres et pourrait prononcer, dans certains cas, la réprimande contre les instituteurs.

Après un discours de M. de Brigode, qui croyait voir un monopole dans les droits acquis de l'Université, et une défense du projet, présentée par M. Mérilhou avec une clarté remarquable et une grande science de jurisconsulte, M. le ministre des affaires étrangères monta à la tribune.

C'était au nom du gouvernement que M. Guizot venait tracer devant la Chambre la situation politique de la question.

La situation en elle-même était assez nouvelle et un peu inattendue. Deux ou trois ans auparavant les rapports de l'Église avec l'État étaient non-seulement paisibles, mais sincèrement bons, bienveillants, harmonieux. Le clergé gagnait visiblement tous les jours en influence, en ascendant moral sur les esprits; le gouvernement le secondait hautement dans ce progrès légitime.

Qu'était-il donc survenu qui, de cette voie, eût fait passer si vite à l'état de lutte présente? Le gouvernement, quant à lui, était resté dans les mêmes intentions, non-seulement parce que la religion est un principe d'ordre, de soumission aux lois, mais encore parce que la religion donne et donne seule à la masse des hommes la règle intérieure, le frein moral, plus nécessaire dans un pays libre et dans une société démocratique que dans toute autre. Les dispositions du clergé lui-même étaient-elles donc changées? Non. Aujourd'hui comme avant, la grande majorité du clergé ne songeait qu'à accomplir sa mission religieuse et morale et acceptait sincèrement sa situation dans la société actuelle. Pourquoi donc cette lutte?

Une grande question avait été posée, une question qui depuis longtemps planait sur la société, la question de la liberté de l'enseignement. Elle avait mis dans une partie du clergé un grand mouvement; elle avait excité une grande opposition contre l'éducation laïque; opposition vraiment religieuse, vraiment sincère chez quelques-uns, qui pensent que cette éducation est dangereuse pour la religion catholique; opposition systématique chez d'autres qui, sans se mêler de politique, sans s'enrôler sous le drapeau d'aucun gouvernement, d'aucune dynastie, conservent, pour le compte du clergé lui-même, des arrière-pensées de pouvoir, des souvenirs, des tentations, des espérances inconciliables avec la situation actuelle de la société. C'était là ce que l'orateur appelait l'opposition ecclésiastique.

Il y avait plus encore: une faction politique faisait de grands efforts pour attirer à soi une portion du clergé français, pour s'en faire un instrument de ses desseins.

Aussitôt on avait vu ces diverses portions du clergé se servir ardemment pour la lutte de toutes nos libertés nouvelles: liberté de la presse, liberté de la tribune, droit de pétition. « Et, ajoutait spirituellement M. le ministre, je n'examine pas si cela était convenable, si cela était digne, si cela était dans l'intérêt de la religion et du clergé. On a usé d'un droit. A Dieu ne plaise que je le conteste! on en a usé, permettez-moi de le dire, comme des hommes peu accoutumés à l'exercice de ce droit, pour qui il avait quelque chose de nouveau et, si j'osais le dire, d'un peu enivrant »

Qu'avait à faire le gouvernement, en présence de ces faits, de ces dispositions diverses? Il fallait éclairer l'oppo sition sincère sur le véritable caractère de l'éducation laïque, dissiper les calomnies, les préventions, montrer que l'Université a une direction vraiment morale et religieuse, et que l'éducation universitaire est une bonne et nécessaire préparation à l'éducation religieuse qui appartient à l'Église. Il fallait prouver que l'État a besoin qu'un grand corps laïque, qu'une grande association profondément unie à la société, la connaissant bien, vivant dans son sein, tenant de l'État son pouvoir, sa direction, exerce sur la jeunesse une influence morale qui la forme à l'ordre, à la règle. Une autre chose à faire, c'était de réformer tout ce qui pouvait être réformé dans l'éducation laïque, et jamais l'Université n'avait repoussé les réformes.

Quant à l'opposition ambitieuse, ecclésiastique, M. Guizot lui faisait cette noble réponse :

« Nous sommes chargés au nom de la société, au nom du pays (je ne dis pas l'Université, mais nous, gouvernement du roi, gouvernement du pays, sanctionné, adopté par la confiance des grands pouvoirs de l'État), nous sommes chargés de défendre d'abord trois grands intérêts fondamentaux de notre temps : la liberté de la pensée et de la conscience, qui est la première de nos libertés, celle avec laquelle nous avons conquis toutes les autres. Il faut bien le dire, la liberté de la pensée et de la conscience, ce ne sont pas les influences religieuses qui l'ont conquise au profit du monde, ce sont des influences civiles, des idées civiles, des pouvoirs civils. C'est au nom de la société civile que la liberté de la pensée et de la conscience a été introduite dans le monde; ce sont des idées laïques, des pouvoirs laïques qui ont fait pour le monde cette grande conquête. Eux seuls peuvent la garder, comme eux seuls ont su la conquérir.

» On s'est servi d'une expression très-fausse, à mon avis, et très-inconvenante, quand on a dit : l'État est athée. Non certainement l'État n'est point athée, mais l'État est laïque et doit rester laïque pour le salut de toutes les libertés que nous avons conquises. C'est ce que mon honorable ami M. Rossi vous disait l'autre jour quand il vous parlait de l'indépendance et de la souveraineté de l'État comme du premier principe de notre droit public. C'est là le principe que nous sommes essentiellement chargés de défendre et de maintenir.

» Et pour maintenir ce principe, cette sécularisation générale du pouvoir, ce caractère laïque de l'État, il faut que nous maintenions toutes nos institutions, toutes nos libertés, car c'est là qu'en est la garantie, c'est dans la présence et le concours des grands pouvoirs publics que nous trouverons la force de maintenir ce principe fondamental de notre société.

» Et de même, pour maintenir nos institutions, c'est l'établissement de juillet, c'est la monarchie de juillet que nous devons maintenir, car elle est la sûreté et la garantie de nos institutions, comme nos institutions sont la sûreté et la garantie de ce grand principe de la liberté de la pensée et de la conscience, qui est la base de notre état social. »

Quant à la conduite générale du gouvernement dans la lutte, voici ce qu'elle serait. On ne changerait, envers la religion, envers le clergé, ni de sentiment, ni d'attitude. On ne s'inquiéterait point, on ne s'irriterait point de l'usage prudent ou imprudent, convenable ou peu convenable qu'on pouvait faire de telle ou telle de nos libertés. On ne se laisserait engager dans aucune polémique. On ferait son devoir de gouvernement et rien de plus : maintenir l'ordre et protéger toutes les libertés, celles dont on abuse comme celles dont on use légitimement ; et quand il arriverait, comme cela était possible, qu'il fallût réprimer quelques écarts, ce serait avec la plus grande modération, avec la plus grande tolérance. Il ne fallait pas chercher à terminer la lutte par des moyens prompts, violents, décisifs, car il s'agissait d'un état qui se prolongerait plus qu'on ne l'avait imaginé d'abord ; il s'agissait, pour la société nouvelle, de s'accoutumer à la liberté et à l'influence de la religion ; pour la religion, de s'accoutumer aux mœurs, aux tendances, aux libertés de la société nouvelle.

Ce discours, plein de vues élevées, laissait, on le voit, un champ libre à la polémique qui ne tarda pas à s'engager de nouveau.

M. le comte de Montalembert, avec cette ardeur de jeunesse qu'on lui connaît et cette intolérance de foi sincère qui s'égare toujours, vint (26 avril) faire le procès à l'Université et tracer une histoire apologétique du clergé. Selon l'honorable pair, la loi consacrait un monopole véritable au profit de l'Université. Qu'il nous suffise de dire que parmi les accusations peu mesurées que portait M. de Montalembert contre l'éducation laïque était celle-ci, qu'il est à peine un élève sur dix qui sorte chrétien des écoles universitaires.

Ce discours appela à la tribune M. lec omte Portalis, qui vint réfuter éloquemment une des nombreuses assertions du jeune pair. M. de Montalembert avait affirmé que les ordonnances royales de 1828 avaient été arrachées à Charles X par une sorte de violence. M. Portalis protesta avec énergie contre cette insinuation et rétablit la vérité des faits.

M. Villemain, répondant au même orateur, insistait ensuite sur les motifs véritables de l'opposition au projet de loi. Il ne s'agissait pas, au fond de la pensée, d'un meilleur enseignement ou de la liberté de l'enseignement en général ; ce qu'on voulait, c'était relever l'antique domination du clergé, c'était remettre la compagnie de Jésus à la tête de la société européenne et absolutiste, en confiant la jeunesse à des professeurs particuliers, non par l'enseignement de tous, mais par un enseignement spécial. Voilà pourquoi le gouvernement devait repousser toute congrégation non autorisée par l'État.

La discussion générale continua le 27 par cinq discours de MM. le marquis de Gabriac, Dubouchage, de Courtarvel, Kératry et Lebrun. Les trois premiers orateurs attaquaient le projet de loi et l'Université tout ensemble ; M. Kératry et M. Lebrun, tout en faisant quelques réserves, acceptaient le projet amendé de la commission, sauf toutefois l'article 17, que M. Lebrun repoussait avec énergie.

M. de Montalembert avait appuyé son argumentation sur plusieurs exemples tirés des pays étrangers. M. Passy vint réfuter les assertions du jeune pair dans un discours plein de documents curieux sur l'état de l'instruction publique en Belgique et aux Etats-Unis (29 avril). L'honorable pair terminait par une judicieuse appréciation des vices de l'enseignement jésuitique.

Le projet de loi et l'Université n'avaient pas encore été attaqués avec autant de vivacité et d'exagération qu'en déploya dans la même séance M. le marquis de Barthélemy. L'Université, selon l'orateur, était incapable de former une jeunesse studieuse et honnête. Mais M. de Barthélemy allait plus loin, et il ne craignait pas d'attaquer l'existence même de l'Université et de mettre en doute la légalité de cette institution. Tout était inconstitutionnel dans l'Université, selon le noble pair, et particulièrement la juridiction du conseil royal.

Il ne fut pas difficile à M. le ministre de l'Instruction publique de faire justice de pareilles assertions.

La discussion générale fut close, le 30 avril, par une spirituelle et chaleureuse plaidoirie de M. Viennet en faveur de l'Université.

Avant que la Chambre passât à la discussion des articles, M. le duc de Broglie, au nom de la commission, résuma en quelques mots le débat et repoussa l'accusation *d'hypocrisie* dont le rapport de la commission avait été l'objet de la part de M. de Montalembert. « Malgré l'indignation qu'a ressentie la commission, dit l'honorable pair, elle n'a pas voulu accoutumer cette enceinte à un langage qu'elle n'avait jamais entendu, et l'adversaire qui nous a attaqués ainsi aura seul le monopole d'un pareil langage. » La chambre accueillit par son approbation ces paroles pleines de dignité, et s'associa à cette haute leçon de convenance.

La délibération s'ouvrit sur l'article 1er, ainsi conçu :

« L'enseignement secondaire comprend l'instruction morale et religieuse, les études des langues anciennes et modernes, les études de philosophie, d'histoire et de géographie, des sciences mathématiques et physiques qui servent de préparation, soit aux examens du baccalauréat ès-lettres et du baccalauréat ès-sciences, soit aux examens d'admission dans les écoles spéciales. »

Cet article était une définition en même temps qu'un programme; aussi la partie de ce programme qui se rapporte aux études philosophiques fut-elle l'objet de vives attaques.

Le premier, M. Turgot proposa un amendement dont le but était de diviser l'enseignement secondaire en deux parties distinctes, l'une pour la préparation au baccalauréat ès-lettres, l'autre pour la préparation au baccalauréat ès-sciences.

L'amendement fut rejeté.

M. de Ségur-Lamoignon proposait de faire suivre l'article 1er de la disposition additionnelle suivante:

« Toutefois le cours de philosophie, dans l'enseignement secondaire, se bornera aux études de logique, de morale et de psychologie élémentaire. »

L'orateur donnait pour prétexte à cette circonscription de l'enseignement philosophique les dangers de la philosophie telle qu'on l'enseigne, et accusait M. Cousin, entre autres, de rabaisser la religion et de professer des doctrines impies. La violence inconvenante de ces attaques fut vivement désapprouvée par la Chambre et parut d'autant plus déplaire, que M. de Ségur-Lamoignon avait reproché lui-même à M. de Montalembert la violence *ridicule et peu chrétienne* de ses allusions *calomnieuses*.

M. Cousin et après lui M. Villemain vinrent protester contre un pareil scandale et justifier éloquemment la philosophie française. Le chef de l'école spiritualiste, accusé d'athéisme, ne pouvait avoir peine à se défendre. Suivre le maître de l'école française dans l'apologie brillante et modérée qu'il fit de l'enseignement philosophique serait sortir des limites ordinaires de cette analyse.

Mais derrière la question d'enseignement il y avait, dans la proposition de M. de Ségur-Lamoignon, une question politique. L'Etat, disait-on, depuis la déclaration de tolérance faite en 1830, s'est déclaré incompétent dans l'ordre moral ; il n'est d'aucun culte, il est *athée.* Voilà l'accusation qu'avait combattue M. Guizot quand il s'écriait : *L'état est laïque.* Cette accusation était reproduite dans l'amendement de défiance de M. de Ségur-Lamoignon, et M. Cousin établissait facilement la fausseté de ces allégations. L'enseignement philosophique ne devait pas, ne pouvait être, n'avait jamais été irréligieux ; mais, entièrement fondé sur les lumières naturelles, il devait, sans blesser aucun culte reconnu par l'État, demeurer étranger à tous et conserver ainsi son caractère essentiellement laïque. Le professeur de philosophie ne devait enseigner aucun dogme religieux, il devait se borner à faire connaître à ses élèves les grandes vérités naturelles, sans aborder les matières de la foi. Ainsi, les écoliers de toutes les croyances pouvaient fréquenter les cours de l'Université, sans craindre d'y sentir blesser leur liberté de conscience.

M. le comte de Montalivet crut devoir combattre ces principes et s'associer à la pensée de l'amendement qui ôtait à l'enseignement de la philosophie son caractère obligatoire. L'honorable pair voulait qu'on se préoccupât davantage de cette déclaration inscrite dans la Charte : « La religion catholique est celle de la *majorité* des Français. » Il y avait donc lieu à faire une concession au clergé de la majorité.

Déjà la commission, dans son rapport, avait donné à la philosophie quelques conseils sévères, mais elle n'avait pas été jusqu'à demander à la Chambre un vote de défiance contre cet utile enseignement. Parmi les défiances soulevées contre la philosophie de l'Université, beaucoup étaient systématiques, quelques-unes étaient sincères : c'était pour apaiser ces suspicions consciencieuses, que M. de Montalivet croyait devoir proposer de réduire la part de la philosophie dans le programme du baccalauréat ès-lettres.

La commission, à son tour, pensa qu'il était de son devoir de tenir compte de pareils scrupules, et de substituer aux conseils de son rapport un amendement qui déclarait qu'un nouveau programme du baccalauréat ès-lettres serait rédigé, après avis du conseil royal de l'Instruction publique, et deviendrait le sujet d'une ordonnance rendue en la forme d'un règlement d'administration publique.

Quant aux motifs administratifs de l'amendement, M. de Broglie les expliquait nettement devant la Chambre. Il s'agissait de rendre au pouvoir exécutif le droit qu'il a de régler les études.

M. Portalis allait plus loin et donnait à l'amendement des motifs politiques. L'État, selon l'honorable pair, devait régler les études : l'Université était un service public qui exerçait les droits de l'État, et cependant, telle était la défiance de M. Portalis contre les lumières de l'Université, qu'il désirait voir que ce ne fût plus le conseil royal qui dirigeât le programme du baccalauréat, mais le conseil d'État après l'avis du conseil royal.

M. Villemain vint montrer que cet esprit de défiance s'appuyait sur une fausse appréciation des droits du conseil royal. Ce conseil, en effet, n'avait plus aujourd'hui le pouvoir qu'il avait avant 1829 ; ses statuts n'étaient plus obligatoires de plein droit. Le conseil royal n'avait, en réalité, d'autre droit que de donner son avis au ministre, qui pouvait même ne pas le lui demander, qui pouvait surtout n'en pas tenir compte. Quand donc on transportait au conseil d'État la rédaction souveraine et définitive du programme du baccalauréat, ce n'était pas le conseil royal que l'on dépouillait d'un droit qu'il n'a pas, mais le ministre de l'Instruction publique lui-même. Du reste, M. Villemain adoptait l'amendement de la commission et ne le combattait qu'à un seul point de vue. Il ne voulait pas que l'ordonnance qui établirait le programme du baccalauréat ès-lettres fût un règlement d'administration publique, et que le conseil d'État fût appelé à délibérer sur une pareille matière.

M. Cousin, dans une vive et spirituelle improvisation, combattit la proposition par laquelle la commission démentait tout à-coup et les conclusions de son rapport et les résolutions qu'elle avait d'abord soumises aux délibérations de la Chambre. L'illustre orateur s'étonnait que M. le ministre de l'Intruction publique eût cru pouvoir faire une concession qui aurait pour résultat de mettre en suspicion le conseil royal et l'Université. On cherchait une garantie contre les décisions du conseil ; mais cette garantie existait déjà dans la nécessité de la sanction du ministre responsable, et ce que l'on demandait ne pouvait avoir pour résultat que d'abaisser, d'humilier inutilement l'autorité du conseil royal. Le programme qu'on attaquait n'était autre que celui qui a été fixé sous l'Empire, maintenu, étendu même sous la Restauration. Les changements introduits dans ce programme depuis la révolution de juillet avaient tendu précisément à le restreindre, et, s'il y avait encore quelque chose à faire dans cette voie, il fallait se garder de le prescrire par une loi. Une pareille disposition n'aurait d'autre effet que de retirer à l'administration supérieure la force dont elle avait besoin.

M. Pelet de la Lozère voyait à l'amendement l'inconvénient grave de substituer à des règles connues des règlements qui pourraient être d'une mobilité extrême. Dailleurs ce n'était là qu'un expédient, et la difficulté à laquelle on prétendait remédier se présenterait plus tard.

M. Barthe, au contraire, appuyait l'amendement de la commission. C'était là, selon l'honorable pair, une modification résultant nécessairement de la nouvelle situation des choses, et il ne fallait voir dans cette modification aucune pensée d'abaissement, d'humiliation pour le conseil royal. Il fallait, dans un enseignement qui ne s'adresse qu'à l'adolescence, retrancher toutes les matières trop élevées, toutes les questions qui pourraient inquiéter de jeunes consciences. Quant à ce que l'on avait dit que l'Université, c'est l'État, M. Barthe répondait que l'Etat est la représentation de tous les intérêts, de tous les droits ; l'ensemble des institutions du pays, mais qu'aucune de ces institutions n'avait le droit de se dire l'État. Les deux amendements déjà proposés étaient, l'un un blâme, l'autre une attaque : on avait dû les repousser, mais celui-ci était la simple sanction des conseils donnés par la commission dans son rapport.

M. ousin remonta à la tribune. Non-seulement, dit l'honorable pair, il y aurait dans le vote d'un pareil amendement une suspicion injuste, mais une pareille mesure aurait pour but de compromettre la haute signature apposée au règlement du programme. Il faudrait une ordonnance royale pour rendre le programme des études obligatoire. Il faudrait que le conseil d'État, que le roi eussent à délibérer sur chacune des questions de la métaphysique ou de la logique.

Et d'ailleurs, ajoutait l'orateur, il y avait bien moins là une question de matières qu'une question de livres classiques. Or, la liste acceptée par M. le ministre de l'Instruction publique se composait des grands auteurs du dix-septième siècle : de Descartes, de Corneille, de Malebranche, de Fénélon, de Bossuet. C'était dire assez que la philosophie de l'Université est essentiellement morale et religieuse. N'y avait-il pas même quelque ridicule à redouter dans tout cela, et ne craignait-on pas de faire de quelques questions de philosophie des questions de cabinet?

L'article 1er, mis aux voix avec la disposition nouvelle proposée par la commission, fut adopté par la Chambre à une assez forte majorité (4 mai).

En tête du titre II de la loi était présenté un projet nouveau par MM. Beugnot, Séguier, de Barthélemy et de Gabriac : ce projet ou système d'articles avait pour but, comme on l'a vu plus haut, d'instituer un conseil supérieur des établissementsparti culiers d'instruction secondaire, conseil parallèle au conseil royal.

M. le baron Séguier, en présentant ce système, se rangea au nombre des adversaires de l'Université et donna pour prétexte à cette nouvelle mesure la partialité nécessaire du conseil, et le besoin de rétablir le sens moral qui, selon M. le premier président, manque aux écoles publiques.

M. le ministre et M. Pelet de la Lozère présentèrent contre ce nouveau système, assez mal étudié, du reste, quelques justes observations, et l'amendement fut repoussé à une immense majorité (6 mai).

L'article 3, relatif à l'instruction religieuse, fut voté après un court débat. La commission avait elle-même modifié sa première résolution, en rétablissant le droit exclusif des aumôniers sur les enfants catholiques (7 mai).

L'un des paragraphes de l'article 4 concernait les congrégations non autorisées par l'Etat et renfermait l'obligation du brevet de capacité. Cette dernière disposition, attaquée par M. le comte Pelet (de la Lozère) et par M. le marquis de Saint-Priest, fut défendue par M. Villemain, qui établit la différence entre les grades et le brevet de capacité. Les grades de bachelier et de licencié ès-lettres ou ès-sciences ne constatent en effet qu'une chose, le savoir. Le brevet de capacité a un autre but : ce qu'il doit constater, c'est l'aptitude à diriger l'enseignement ou à le donner. Autre chose est la science, autre chose le talent de la communiquer.

La Chambre consacra, à une grande majorité, la disposition du projet qui consacrait le brevet de capacité comme garantie additionnelle aux grades.

Mais une autre disposition du pragraphe, qui exigeait de tout chef d'établissement secondaire la déclaration par écrit de n'appartenir à aucune des congrégations religieuses proscrites par nos lois, devait donner lieu à une discussion plus passionnée.

Dans le paragraphe du gouvernement il y avait : « à aucune *association* ni congrégation. » La commission avait retranché le mot *association.*

M. le duc d'Harcourt repoussait la déclaration comme une mesure vexatoire et inquisitoriale.

Ce n'était pas par les mêmes motifs que M. le comte de Montalembert voulait supprimer la déclaration, c'était en considération des services rendus de tout temps à la religion et au pays par les Ordres religieux. Oubliant sans doute que la Congrégation de Jésus n'est pas reconnue par nos lois, le jeune orateur en traçait un éloge passionné. Selon lui, les Jésuites, toujours innocents, toujours persécutés, n'étaient, n'avaient toujours été que des hommes simples, modestes, amis de la paix, de la liberté, de la science.

Les incroyables assertions de M. le comte de Montalembert trouvèrent leur réfutation dans deux savants discours de M. Charles Dupin et de M. Bourdeau, l'un des membres du ministère en 1828, l'un des signataires des fameuses ordonnances. Quelques citations de M. Passy, empruntées à ce livre absurde et infâme qui malheureusement est resté, dans les écoles purement religieuses, le seul manuel de l'histoire moderne, rappelèrent à la Chambre les services que rendait à l'éducation nationale cet ordre exalté par M. de Montalembert.

Qu'une congrégation avide, ennemie des lumières, jugée désormais par la répulsion publique, flétrie et condamnée par un pape, et qui ne recula jamais pour vaincre devant aucun moyen, pas même devant le régicide; qu'une congrégation proscrite à toujours par les lois de la France pour le mal qu'elle a déjà fait, pour le mal qu'elle ferait encore, trouvât à la plus haute tribune du pays un ardent panégyriste; c'était là une chose assez inattendue, assez déplorable pour que le gouvernement ne crût pas devoir garder le silence. M. le ministre des affaires étrangères vint exposer avec calme, avec impartialité la pensée de l'administration sur les Jésuites.

Après avoir plaint plutôt que blâmé l'inconvenante violence de pareilles attaques, de semblables apologies, M. Guizot rappelait qu'en fait le droit légal n'avait pas besoin d'être démontré. Les congrégations non autorisées par les lois étaient interdites ; il n'y avait donc pas de persécution dans le fait d'une interrogation adressée à une conscience sincère. Le régime actuel présentait avec l'ancien régime cette grande différence en matière d'instruction, que celui-ci consistait en un certain nombre de congrégations, de corporations laïques ou ecclésiastiques, existant par elles-mêmes, tolérées par le gouvernement, mais en dehors de sa dépendance et se faisant concurrence entre elles, tandis que celui-là était la puissance publique appliquée à l'enseignement, et, à côté de la puissance publique, des libertés individuelles. Aujourd'hui, plus de corporations, plus de congrégations enseignantes. Tout retour au régime des corporations était donc à juste titre considéré par le sens public comme une renonciation à l'héritage précieux légué à la France moderne par la constituante et l'empire. Or, c'était surtout à la congrégation des Jésuites que s'adressaient ces défiances du sentiment public. Et traçant un brillant historique de cette société trop célèbre, M. le ministre la montrait, depuis sa fondation, n'ayant d'autre but que d'arrêter par tous les moyens le progrès du monde. La mission qu'ils s'étaient donnée au XVIe siècle de combattre les tentatives de l'esprit d'examen était jugée désormais par le triomphe de cet esprit fondateur des grandes sociétés modernes. Des empires, des royaumes florissants avaient dépéri sous leur mortelle influence, et ils avaient été chassés partout où ils avaient pu s'établir. Aujourd'hui, les Jésuites avaient-ils abandonné la pensée de leur fondateur? Croyaient-ils pouvoir tolérer l'esprit d'examen ? Alors qu'ils vinssent, mais à titre de citoyens, mais non comme congrégation, apportant des droits périmés, des doctines inconciliables avec l'esprit moderne.

Repoussé par le gouvernement, combattu une dernière fois par M. Portalis, au nom de la commission, l'amendement fut écarté à une grande majorité (9 mai).

L'article 5 donna lieu à un discussion peu importante. Dans le projet du gouvernement, le certificat de moralité devait être délivré par le maire, sauf le recours du candidat, en cas de refus, devant le tribunal de première instance. La commission avait changé complètement ce système. Au maire elle avait substitué un jury souverain, qui accorderait ou refuserait sans appel le certificat demandé. Ce jury serait composé du procureur du roi, du président du tribunal de première instance, d'un membre du conseil général du département et d'un membre du conseil d'arrondissement, enfin d'un ecclésiastique catholique ou d'un ministre protestant, selon la religion professée par le candidat.

M. Cousin voulait qu'on substituât au jury d'arrondissement le jury de département, et qu'à défaut de substitution, le sous-préfet intervînt dans les opérations du jury d'arrondissement.

Aucune de ces deux propositions ne fut adoptée par la Chambre.

L'article 10 était relatif à la composition du jury chargé de vérifier la capacité de l'aspirant. Il semblait qu'il fût naturel de faire entrer dans ce jury un certain nombre de membres du corps enseignant, puisqu'il s'agissait d'apprécier la capacité d'un candidat qui se propose d'enseigner. Toutefois, la commission avait cru devoir réduire le nombre de ces membres et appeler en majorité des juges étrangers soit aux écoles publiques, soit aux écoles privées.

Les concessions mêmes de la commission n'avaient pas paru suffisantes à M. de Barthélemy, qui proposait de substituer aux membres du corps enseignant des notables pris sur la liste du jury. Cette proposition, formellement combattue par M. le duc de Broglie et par M. Villemain, ridiculisée par M. Cousin, fut rejetée, malgré les efforts de M. de Montalembert.

A l'article 14 M. le président Boullet proposait un paragraphe additionnel contenant, pour les professeurs et surveillants des maisons d'éducation, la déclaration exigée des directeurs de n'appartenir à aucune congrégation non autorisée par les lois. La Chambre vit dans cette garantie nouvelle un complément nécessaire de la dispositi onde l'article 4.

L'article 15 assujétissait les chefs d'établissements à n'employer pour surveillants ou maîtres d'études que des bacheliers ès-lettres, que ces établissements fussent des institutions ou de simples pensions. M. Cousin, voyant dans cette obligation imposée aux simples pensions une prescription trop rigoureuse et superflue, proposait d'en affranchir ces établissements.

Cet amendement fut adopté après trois épreuves douteuses.

Une question plus grave était celle du certificat d'études. Le projet de loi voulait qu'on ne fût admis à l'examen du baccalauréat qu'en apportant un certificat qui constaterait qu'on avait fait un cours d'études complet, soit dans un collège royal ou communal, soit dans un établissement privé de plein exercice, soit enfin dans sa famille. Cette disposition était, à vrai dire, la sanction nécessaire du projet de loi. Le certificat d'études devait avoir pour résultat : 1° de fortifier les études en ne laissant arriver aux examens que des jeunes gens qui justifieraient avoir fait au moins leur rhétorique et leur philosophie dans une institution de plein exercice; 2° de prévenir toute fraude et d'assurer l'exécution des dispositions de la loi qui interdisaient l'enseignement aux congrégations religieuses non reconnues par l'État, et encore de nationaliser l'éducation en n'admettant au baccalauréat que les jeunes gens qui auraient fait leurs études dans des maisons françaises. La question des jésuites était encore une fois reproduite devant la Chambre.

MM. Beugnot, d'Harcourt, de Montalembert reparurent à la tribune avec les mêmes arguments, les mêmes attaques, les mêmes apologies qu'ils y avaient déjà apportés.

M. Persil, répondant à ces orateurs, se demanda quels étaient les véritables motifs des réclamations élevées contre le certificat d'études : ces réclamations parties, non pas du clergé de second ordre, resté calme et digne à côté de la lutte, mais du clergé supérieur, présentaient, avec les prétentions nouvelles des jésuites, une fâcheuse coïncidence. Il était évident que derrière les réclamations de l'épiscopat se cachaient les exigences des corporations non autorisées. Voilà pourquoi le gouvernement demandait aujourd'hui des garanties qu'il ne réclamait pas en 1836. Supprimer les certificats d'études serait faire la loi en faveur des jésuites.

M. le garde des sceaux vint soutenir le certificat : mais il parut regrettable que M. Martin (du Nord) cherchât, par des paroles empreintes d'une modération peut-être excessive, à atténuer les dangers de la situation et à justifier l'attitude de l'épiscopat. L'épiscopat avait le *droit* de réclamer : le *devoir* du gouvernement était d'examiner avec soin des réclamations parties de si haut. Quant aux jésuites, il ne fallait pas en effrayer la France, et s'exagérant les dangers d'une émigration des fils de famille, M. Martin (du Nord) ajoutait cette phrase qui excita l'étonnement de la Chambre : « J'aimerais mieux encore les Jésuites en France qu'à l'étranger. »

Le certificat d'études fut maintenu par la chambre à une grande majorité. (14 mai.)

L'article XX confiait aux professeurs des Facultés le droit exclusif de procéder aux examens du baccalauréat. Le principe en lui-même ne donna lieu qu'à une inutile protestation de M. de Montalembert contre la partialité des professeurs. Mais la disposition excluait les professeurs agrégés. M. Cousin combattit vivement en leur faveur : toute.

fois la Chambre crut devoir s'en tenir à l'article de la commission. Dans l'état actuel des choses, le droit de procéder aux examens n'appartenait pas exclusivement aux Facultés. Le ministre instituait des commissions spéciales devant lesquelles ces examens avaient lieu. C'était là une facilité accordée aux jeunes gens que le petit nombre des Facultés oblige souvent à des frais de déplacement. L'article de la

et le droit exclusif des Facultés fut rétabli, malgré les efforts de M. le baron de Daunant et de M. Cousin.

Ce n'était pas tout : dans l'intention d'assurer et de constater l'impartialité des examens, la commission adjoignait aux professeurs les membres du conseil académique, en donnant à ces derniers le droit d'assister, quand ils le voudraient, aux examens et d'y prendre part, sans avoir voix délibérative.

M. le baron Thénard s'éleva avec force contre cette mesure qui, sans présenter de garanties sérieuses, avait le caractère d'une défiance injurieuse et inutile.

Défendu par le rapporteur, par MM. Portalis et Passy, combattu par M. le marquis de Laplace, MM. Bourdeau et Rossi, et par M. le ministre de l'Instruction publique, le paragraphe de la commission fut rejeté à une forte majorité.

Une discussion plus grave s'éleva sur l'article 24, relatif aux pénalités : mais après quelques observations de MM. Cousin et de Bussières, l'article fut réservé et renvoyé à la commission. Le projet du gouvernement portait qu'en cas de négligence permanente dans les études et de désordre grave dans le régime et la discipline intérieure d'un établissement particulier, le chef de cet établissement pourrait, sur le rapport des inspecteurs, être appelé à comparaître devant le conseil académique de la circonscription, et condamné à la réprimande, sauf recours devant le conseil royal. En cas de récidive, le conseil royal connaissait des faits dans le délai d'un mois, et pouvait, par jugement disciplinaire, ordonner la suspension du chef de l'établissement pour un intervalle d'un à cinq ans, sauf recours devant le conseil d'État.

La commission, amendant cet article, en avait effacé la peine de la suspension pronocée par le conseil royal et établi deux degrés de pénalité disciplinaire : l'avertissement par le recteur de l'Académie et la réprimande par le conseil académique, dans le cas où l'avertissement resterait sans effet.

C'est ce système que la Chambre avait renvoyé à l'étude de la commission.

Examinant de nouveau la question, la commission abandonnait entièrement sa proposition primitive et apportait à la Chambre un système nouveau qui consistait à établir, qu'en cas de désordre grave dans le régime et la discipline intérieure d'un établissemeni particulier, le chef de cet établissement pourrait, sur la plainte du recteur, être traduit devant le *tribunal civil* et condamné à la réprimande, sauf appel devant la cour royale. En cas de récidive, le tribunal pourrait ordonner la suspension du chef d'établissement pour un intervalle d'un à cinq ans, sauf l'appel comme ci-dessus.

La discussion s'établit sur cette nouvelle rédaction qui, on le voit, refusait aux conseils académiques toute juridiction disciplinaire sur les établissements particuliers d'instruction secondaire, pour reporter cette juridiction aux tribunaux ordinaires. C'était faire les tribunaux juges de questions d'études et d'affaires de famille : c'était appliquer aux choses de discipline intérieure une pénalité si éclatante et si sévère, qu'on devait s'attendre, à moins de désordres véritablement graves, à voir, dans la plupart des cas, toute juridiction abolie de fait.

Malgré les efforts de MM. Cousin et Villemain, l'article de la commssion, appuyé par M. Barthe et M. de Montalivet, fut adopté. Seulement la commission, sur la proposition de M. de Montalivet, adhéra à la suppression de ces mots : « En cas de négligence permanente dans les études. » (18 mai.)

L'article 25 portait qu'en cas d'inconduite ou d'immoralité, soit de la part d'un chef d'établissement, soit de la part de tout maître employé à l'enseignement dans ledit établissement, l'inculpé serait traduit, soit d'office, par le ministère public, soit sur la plainte du recteur, devant le tribunal civil de l'arrondissement, et interdit, s'il y avait lieu, à temps ou à toujours de sa profession.

MM. Franck-Carré, Boullet et Bourdeau proposaient la disposition additionnelle suivante :

« Les mêmes poursuites seront dirigées contre le chef d'un établissement d'instruction secondaire, en cas d'enseignement contraire à la morale publique et religieuse, ou aux lois du royaume, le tout sans préjudice de poursuites qui pourraient être par lui encourues pour crimes, délits ou contraventions prévus par la loi. »

M. Villemain repoussait l'amendement par cette raison que, lorsque l'enseignement porterait à la religion ou aux lois du royaume une atteinte grave et bien constatée, le délit rentrerait dans le droit commun. M. le ministre demandait seulement une modification au projet de la commission et voulait qu'on dit : « En cas d'immoralité dans la conduite ou dans l'enseignement. »

M. de Broglie exposa les difficultés attachées à la surveillance que nécessiterait l'amendement : où il faudrait que les professeurs fussent dénoncés par leurs élèves, et ce serait une immoralité ; ou la surveillance serait active, et il n'y aurait plus de liberté.

Mais la véritable question était de savoir s'il fallait considérer une école comme un lieu public. La commission, M. le garde des sceaux, M. Cousin étaient de cet avis : mais la question paraissait douteuse aux auteurs de l'amendement, et l'article fut renvoyé à la commission par la

Chambre, qui comprit combien il serait dangereux de laisser un pareil point indécis dans la loi.

Le lendemain (21 mai) la commission rapporta l'article modifié. Sa rédaction nouvelle portait qu'en cas d'inconduite personnelle et d'immoralité *dans l'enseignement*, l'inculpé serait traduit devant le tribunal civil, qui pourrait prononcer l'interdiction à temps ou à toujours. Elle ajoutait que ces faits seraient réputés avoir été commis *publiquement*, s'ils l'avaient été en présence des élèves, quoique dans l'intérieur de l'établissement.

Cette rédaction fut adoptée.

La Chambre en était arrivée à l'article 30 (ancien article 17 du projet du gouvernement), renfermant les dispositions spéciales aux petits séminaires. La discussion devait recommencer vive et passionnée : elle s'engagea d'abord entre M. de Montalembert et M. le ministre des affaires étrangères.

La tactique de M. de Montalembert consistait désormais à se retirer de la discussion d'une loi de tyrannie et d'exception. On voulait accorder quelques exemptions aux petits séminaires : ce n'était pas là ce que demandaient M. de Montalembert et ses amis ; c'était le droit commun. L'orateur finissait en déclarant que jamais l'Église ne subirait le joug de l'Université et en menaçant ses adversaires d'une résistance lente, mais invincible.

M. Guizot répondit au jeune orateur que personne n'avait le droit de se retirer d'une discussion parce que son opinion n'avait pas prévalu. Il y avait des obstacles sérieux sous l'ancien régime d'instruction : 1° la nécessité d'une autorisation spéciale et discrétionnaire de la part de l'Université ; 2° l'obligation pour les chefs d'institution d'envoyer leurs élèves aux classes des colléges ; 3° le droit du grand-maître de retirer les autorisations données. Ces trois obstacles, le projet de loi actuel les écartait complètement. Il proclamait le droit d'enseigner : mais il était bon que ce droit, à son début, fût soumis à des conditions sévères. Ce que l'on demandait, ce n'était pas la liberté, mais l'anarchie.

Mais ce n'était plus seulement de l'instruction secondaire qu'il s'agissait : il s'agissait de l'instruction du prêtre, et M. Guizot en traçait ce déplorable tableau

« Messieurs, pour mon compte, en considérant cette question et la situation qu'elle révèle, je ne puis me défendre d'un profond sentiment de tristesse.

» Comment se recrutait, comment s'élevait autrefois le clergé?

» Il se recrutait dans toutes les classes de la société, dans les plus élevées comme dans les plus humbles. Il s'élevait au milieu de toutes les classes de la société, en commun avec elles, sous le même toit, respirant le même air, nourri du même lait. Il recevait une éducation aussi forte, plus forte que celle des classes laïques.

» Voilà comment se recrutait et s'élevait autrefois le clergé. Comment se recrute-t-il et s'élève-t-il aujourd'hui?

» Il se recrute à peu près exclusivement dans les classes les plus obscures de la société; il s'élève depuis le début jusqu'au terme de la carrière, séparément, isolément, loin de tout contact avec le reste du pays. Il n'ose pas, il ne croit pas pouvoir accepter, pour sa propre éducation, les garanties, les conditions, les épreuves de capacité exigées pour l'éducation commune des classes laïques. Quel changement! quel déclin!

» Cela ne vaut rien, à coup sûr, pour l'Église; je suis profondément convaincu que cela ne vaut pas mieux pour l'État.

» L'État a besoin que le clergé vive en commun avec la société civile, que le clergé connaisse bien la société civile et en soit bien connu, qu'il la pénètre et en soit pénétré, que l'esprit national s'unisse en lui, s'unisse profondément à l'esprit religieux. Cela est bon, cela est nécessaire non-seulement dans l'ordre moral et social, mais dans l'ordre politique même, pour le jeu facile et régulier des ressorts du gouvernement.

» Je ne suis pas de ceux qui veulent réduire la place du clergé dans la société; je crois qu'il ne doit avoir partout que la place qui lui appartient, sa place légitime, mais qu'il doit avoir place et une grande place partout.

» Permettez-moi de dire à ce sujet toute ma pensée. Je suis convaincu que s'il y avait toujours eu, que s'il y avait dans le conseil royal de l'Instruction publique un ecclésiastique, que s'il y avait sur les bancs de cette Chambre des évêques, la plus grande partie des embarras que nous rencontrons n'existeraient pas. Il s'établirait naturellement, facilement, régulièrement, entre les pouvoirs politiques et les influences religieuses, une alliance, une bonne intelligence, une fusion qui ne peut se faire de loin et dans l'isolement auquel on les a condamnés les uns et les autres. Je ne crois pas que l'État ait rien à gagner à l'isolement ni à l'affaiblissement moral du clergé. »

Mais il y avait, continuait M. le ministre, des nécessités de temps qu'il fallait reconnaître et subir, et les petits séminaires, malgré les inconvénients de leur spécialité, de leur isolement, étaient une nécessité. Cette nécessité admise, il y avait des avantages qu'il était juste de leur accorder, pour que leur existence ne devînt pas impossible. Le pouvoir des évêques devait être grand, à peu près complet sur les petits séminaires : mais il fallait aussi que les petits séminaires fussent scrupuleusement renfermés dans leur mission spéciale. Les petits séminaires n'étaient pas des écoles laïques, ils ne devaient pas former des laïques. Quand aux faveurs qui consistaient à diminuer les exigences des épreuves et des garanties exigées des jeunes prêtres, c'était là une concession qu'on pouvait faire aux nécessités du temps, mais qui ne pouvait être un régime permanent pour l'Eglise de France. Cela n'était pas digne de sa gloire. Il fallait que les conditions de l'éducation du clergé s'élevassent, devinssent plus difficiles, plus sévères. Il fallait que le clergé s'efforçât de tendre au moins au niveau des conditions qu'on impose à tous les citoyens.

M. le ministre terminait par cette noble réponse aux menaces du discours précédent :

« Le gouvernement du roi aime la religion, aime l'Église, aime le clergé ; il les aime et ne les craint pas.

» Quand je dis qu'il ne les craint pas, je dis d'une part qu'il ne craint pas le développement de leur puissance naturelle et légitime, de leur autorité sur les esprits et sur les âmes ; au contraire, il le désire. Il ne les craint pas non plus, en ce sens que, si des écarts graves se manifestaient, il est décidé à les réprimer, et il se sent armé de moyens légaux et moraux très-suffisants pour les réprimer.

» Les honorables membres qui ont soutenu la cause contraire à celle que je défends ont fait, si je ne me trompe, depuis un mois, une grande expérience. Je ne veux en aucune façon m'étendre sur cette expérience, ni en faire ressortir toutes les conséquences; mais ces honorables membres peuvent voir par les faits qui se sont passés dans cette enceinte, dans le pays tout entier, que si le gouvernement avait de graves, de véritables écarts à réprimer de la part du clergé, il ne manquerait ni de points d'appui ni du concours public.

» Je répète donc mes paroles : le gouvernement du roi aime la religion, il aime l'Église, il aime le clergé, il veut leur force, leur prospérité, leur progrès sincèrement, mais il ne les craint pas.

» C'est dans cet esprit, dans cette disposition sincère, profonde, permanente, qu'il faut traiter constamment avec l'Église et le clergé; il faut qu'ils aient confiance dans l'affection et le respect qu'on leur porte, et qu'ils sachent en même temps qu'on ne les redoute pas, et qu'on est en mesure et en disposition de les réprimer, si cela était nécessaire. La loi en général, les articles relatifs aux petits séminaires en particulier sont conçus dans cet esprit, animés de ce sentiment, je le répète; c'est pour cela que le gouvernement les soutient et les soutiendra fermement. »

Après un discours plein de logique et de vues élevées que prononça M. de Barante contre l'article de la commission, M. Cousin vint, lui aussi, combattre les concessions inopportunes qu'on faisait aux obsessions du clergé! L'honorable orateur n'admettait pas que la loi pût avoir deux poids et deux mesures : il réclamait énergiquement, ou le droit commun pour tous, ou le maintien complet et absolu des ordonnances de 1828, qui, en accordant aux petits séminaires certaines faveurs, avaient donné à ces établissements le but spécial et exclusif de fournir au clergé les racines dont il a besoin. Les deux systèmes du gouvernement et de la commission supprimaient en réalité ces ordonnances, puisqu'elles permettaient aux petits séminaires, moyennant des conditions à peu près illusoires, de donner à l'éducation une direction toute profane. Dans l'intérêt même de l'Eglise, c'était là une combinaison dangereuse : car, dans l'état actuel des choses, les séminaires avaient peine à suffire au recrutement du clergé. Et d'ailleurs où manquaient les mêmes garanties, comment osait-on mettre les mêmes droits?

Le clergé n'aimait pas les jésuites, il les redoutait même;

mais il leur livrerait les petits séminaires transformés en maisons générales d'instruction, parce qu'il les haïssait et les craignait moins encore que l'Université.

On s'était proposé un grand but politique, la réconciliation de l'Université et de l'Eglise, et on croyait que l'immense concession contenue dans l'article 17 aurait du moins l'avantage de calmer les esprits et de ramener la paix. On se trompait. Bien loin d'acquérir la paix, en payant la rançon de l'injustice, on constituait la guerre, non pas cette guerre légitime et naturelle qui résulte de la concurrence, mais la guerre de la liberté et du privilège, du droit commun et du monopole, du génie national et du génie étranger. L'illustre orateur terminait par ce tableau énergique des dangers d'un pareil système :

« Ajoutez que ce corps, qui demande l'enseignement public au nom du droit divin, est incapable de l'exercer lui-même, et qu'il est condamné, le sachant et le voulant, à s'appuyer sur un autre corps mystérieux qui enseignera dans l'ombre, tandis que l'autre se présentera seul au public et à l'État, couvrant tout ce qui se fera de son altière inviolabilité. De là, à la longue, non plus, comme aujourd'hui, des éducations diverses et mélangées, entre lesquelles l'esprit du pays et du siècle finit aisément par établir un niveau commun, mais deux éducations essentiellement contraires, l'une cléricale et au fond jésuitique, l'autre laïque et séculière. De là deux générations séparées l'une de l'autre dès l'enfance, imprégnées de bonne heure de principes opposés, et un jour peut-être ennemies. Tout est possible en ce pays : prenez-y garde. Nos pères ont vu des guerres civiles politiques ; qui sait si l'avenir préparé par une législation téméraire ne réserverait pas à nos enfants des guerres de religion ? »

M. le baron Charles Dupin présenta des objections pleines de force et de logique contre les privilèges accordés aux petits séminaires. Ces établissements étaient apparemment destinés à former des prêtres. Qu'on les convertit en colléges ordinaires, et nécessairement l'esprit du siècle y pénétrerait. On parlait de vocations qui changent? Que seraitce donc lorsque les jeunes gens des petits séminaires, au lieu de s'élever dans l'unique idée du sacerdoce, auraient devant eux toutes les carrières ouvertes ! Que resterait-il pour le clergé ? Les moins capables, ceux qui n'espéreraient dans le monde ni honneurs, ni fortune. Les petits séminaires avaient déjà le droit commun : fallait-il encore leur donner un droit commun priviligié ?

MM. de Broglie, Martin (du Nord) et Rossi défendirent l'article de la commission. Un amendement de M. Cousin, qui était la suppression même de l'article, fut rejeté ; ainsi qu'un article additionnel par lequel M. Persil proposait de placer les petits séminaires sous la surveillance du ministre des cultes.

L'article 30 de la commission était définitivement adopté (23 mai).

Restaient quelques articles relatifs aux établissements mêmes de l'Université, c'est-à-dire, aux collèges royaux et communaux. La discussion sur ces articles ne fut marquée que par le rejet d'un amendement de M. Barthélemy, qui voulait l'abolition de la rétribution universitaire. C'était là une disposition purement financière qui ne pouvait trouver place dans le projet de loi.

Enfin, après vingt-sept jours de discussion, la Chambre passa au scrutin sur l'ensemble de la loi. Sur 136 votants, le projet réunit 85 boules blanches contre 51 boules noires.

La loi était adoptée (24 mai).

Le 10 juin M. le ministre de l'Instruction publique déposa sur le bureau de la *Chambre des députés* le projet de loi sur l'instruction secondaire, tel qu'il avait été amendé par la Chambre des pairs. Les violences nouvelles du clergé, des prétentions tous les jours plus audacieusement exprimées, faisaient un devoir à l'administration de chercher dans les manifestions de la représention nationale un point d'appui à une résistance tous les jours plus nécessaire. (*Voy.* France, Histoire intérieure, lutte du Clergé contre l'Université). Le projet ne pouvait toutefois être, cette année, l'objet d'une discussion publique.

Le 17 juin eut lieu, dans les bureaux de la Chambre, le choix des commissaires : MM. Thiers, de Rémusat, Dupin, Saint-Marc Girardin, Odilon-Barrot, Quinette, de Salvandy, de Tocqueville et de Carné réunirent la majorité des suffrages. Sur ces neuf membres de la commission, deux seulement, MM. de Tocqueville et Carné partageaient quelques-uns des préjugés de la Chambre haute contre l'enseignement universitaire. La majorité était donc acquise à la véritable liberté de l'enseignement contre les prétentions cléricales.

La commission choisit pour son président M. Odilon-Barrot, et pour secrétaire M. Saint-Marc Girardin. Elle voulut en même temps qu'un document public constatât et précisât, avant la fin de la session, l'opinion de la Chambre. M. Thiers fut nommé rapporteur du projet, à la majorité de six voix contre trois (25 juin).

Quelques jours après (13 juillet) la Chambre entendait la lecture du rapport de M. Thiers. Il serait impossible d'analyser cet immense travail, qui d'ailleurs se liera d'une manière intime aux discussions de la session prochaine. Il suffira de dire que la vive et éclatante adhésion donnée par la Chambre aux sentiments exprimés par M. Thiers, au nom de la commission, était justifiée par la haute raison, par l'impartialité pleine de sens qui dominaient tout le rapport. La commission s'était élevée au-dessus des passions des partis : elle ne s'était pas laissé emporter par des récriminations insensées à un esprit de réaction dangereux (1).

(1) La commission avait pensé que les conditions de moralité imposées aux instituteurs par le projet de la Chambre des pairs devaient être maintenues. Quant aux conditions de capacité, les candidats seraient placés dans l'alternative suivante : ou ils pourraient devenir instituteurs de plein droit par trois années de stage dans un établissement de plein exercice, avec l'un des grades de bachelier pour la pension, ou l'un des grades de licencié pour l'institution ; ou bien ils subiraient un examen de capacité. La rédaction des programmes était reservée au conseil royal de l'Université et au

Voici les conclusions du rapport :

« Nous réalisons pleinement et entièrement la promesse de l'article 69.

» Nous supprimons l'autorisation préalable, directe et indirecte.

» Quiconque aura des grades déterminés et fait un stage de trois ans dans un établissement, c'est-à-dire, quiconque aura prouvé sa science et sa vocation, séra instituteur de plein droit et pourra ouvrir un établissement d'instruction publique. Aucun examen spécial à l'entrée de la carrière ne gênera l'exercice du plein droit, sauf pour les individus qui le voudront ainsi. Ces établissements nouveaux, compris dans la grande institution de l'Université, destinés à l'agrandir, à l'éveiller, si elle pouvait s'endormir dans la routine, seront surveillés, contenus et ramenés sans cesse à l'*unité* nationale.

» L'Université sera agrandie et non affaiblie, rendue plus capable de soutenir la concurrence.

» L'étendue et les objets de l'enseignement secondaire seront maintenus, sauf les changements résultant lentement de l'expérience et du temps, non des caprices de la politique.

» Les langues anciennes avec l'histoire, les sciences, la religion et la philosophie resteront la base de l'enseignement littéraire et moral.

» On ne restreindra ni ne réglementera les études philosophiques, sauf la surveillance de l'Université, dans l'intérêt des doctrines morales admises par tous les peuples.

» Enfin, les petits séminaires continueront d'être dans l'exception, telle qu'elle a été définie, limitée par les ordonnances de 1828. »

M. Thiers terminait par un éloquent tableau de la modération du gouvernement, mise en regard avec les récriminations injurieuses et menaçantes de l'Église, et adressait au clergé de France ces conseils empreints d'une fermeté respectueuse.

« Messieurs, nous serait-il permis, en votre nom, au nom du gouver-

ministre responsable. Les instituteurs coupables de délits professionnels seraient censurés par le conseil académique, sauf recours au conseil royal, ou suspendus de leurs fonctions, sauf recours au conseil d'Etat. Les petits séminaires restaient soumis aux ordonnances d'exception rendues en 1828 et devenues lois de l'Etat. De plus, on leur rendait les bourses créées par Charles X.

nement, de nous adresser à l'Église et de lui présenter quelques réflexions dans son intérêt, dans le nôtre, dans celui de l'État tout entier.

» Le clergé, ou, pour mieux dire, les avocats imprudents qui ont pris sa cause en main, élèvent des plaintes amères, et, à juger de la situation présente par la véhémence de leur langage, on pourrait croire que nous assistons à une persécution contre l'Église. Et cependant regardez autour de vous : comparez le temps présent, non pas à ces siècles reculés où l'Église luttait contre les Césars (gardons-nous de comparaisons si éloignées de notre sujet), mais comparez le temps présent aux cinquante années écoulées. La révolution française, dans une intention qui était loin d'être impie, imagina la constitution civile du clergé, qui, sans toucher au dogme, touchait surtout à l'administration et à l'organisation diocésaine. Elle exigea un serment à cette constitution, et bientôt, dans l'entraînement de ses passions, elle persécuta les prêtres qui refusaient ce serment. Elle ne les traita, du reste, pas plus partialement que ses propres auteurs : car Bailly, Malesherbes ne furent pas plus heureux que les ministres du culte. L'empereur Napoléon employa à rétablir la religion autant de génie que de courage; mais bientôt, peu satisfait de la reconnaissance qui payait ses actes mémorables, il parla en maître, se trompa, lui aussi, sur la différence des pouvoirs spirituel et temporel, et voulut dompter la force morale par la force physique. Il arracha Pie VII du Vatican et le transporta à Fontainebleau. Sous la Restauration, il n'y a pas eu de différend avec l'Église, il y a eu une couronne perdue en partie pour elle. Mais en 1830 que s'est-il passé ? Quel acte l'Église peut-elle reprocher au gouvernement actuel ? Lequel ? qu'on le cite ? A-t-on demandé un serment à telle ou telle loi ? A-t-on un certain jour parlé en maître au Vatican ? Pas que nous sachions. Si nous consultons nos souvenirs les plus récents, voici ce qui a eu lieu :

« Dès les premiers jours de la révolution de juillet, l'opinion très répandue que les dépenses de l'État étaient excessives a suscité de vives plaintes contre l'organisation de tous les services, et notamment contre celui des cultes : parmi tous les hommes politiques qui ont pris part aux affaires, il n'y en a pas un qui ne se soit élevé ici pour défendre la situation du clergé en France. On demandait, par exemple, le retour à un concordat antérieur et la suppression des nouveaux siéges créés par la Restauration ; le gouvernement à soutenu longtemps la lutte la plus vive, et je m'honore d'avoir partagé ses efforts pour prévenir à ce sujet toute collision avec la cour de Rome. Bientôt la paix nous prodiguant son abondance, nous avons mis une sorte d'orgueil à élever à la religion les plus magnifiques édifices. Dieu me préserve de rappeler ces bienfaits tout matériels, s'ils n'indiquaient l'esprit du gouvernement; mais citons des actes d'un autre genre. Les Français, toujours destinés à porter leur génie quelque part, même au milieu de l'inertie de la paix; ont chassé la barbarie d'un vaste territoire, et aussitôt ils ont rétabli l'antique Église d'Afrique. Et c'était apparemment un grand sujet de satisfaction, car un cardinal illustre, le cardinal Pacca, s'en applaudissait récemment dans une occasion solennelle, et trouvait dans le rétablissement de l'Église d'Afrique une consolation aux douleurs de l'Église universelle, soit en Espagne, soit en Pologne. S'il s'agit de l'administration intérieure, qu'on nous cite un jour, un seul jour où le gouvernement actuel, s'obstinant dans un de ses choix, ait voulu imposer au Vatican l'institution d'un évêque. A en juger même, il faut le dire, par ce qui se passe, ce ne sont pas des ennemis de l'Église qu'il a choisis pour se choisir des amis à lui-même.

» Où donc, nous le demandons, où trouver un acte qui justifie les plaintes qui s'élèvent de toutes parts? La loi est-elle violée en quelque chose contre le clergé? Voici, messieurs, ce que nous avons vu à cet égard. Nous connaissons tel professeur que la sollicitude du gouvernement a écarté de sa chaire parce qu'il appartenait à une religion dissidente, et bien que son enseignement n'eût donné aucun sujet de blâme. Nous ne disons pas ceci pour en faire un sujet de récrimination; mais enfin, si les principes souffrent, ce ne sont point ceux qui protégent l'Église, mais bien plutôt ceux qui protégent l'égalité des cultes.

» Où donc, nous le répétons, où donc se trouve un grief fondé, justifiant les plaintes élevées aujourd'hui au nom du clergé? Serait-il vrai que les gouvernements sortis de la révolution, même les plus modérés, même les plus respectueux, les plus disposés à faire des sacrifices à l'union avec l'Église, ne seraient pas assurés d'y réussir?

» Voyez le spectacle auquel nous assistons depuis une ou deux années. Une grande question a été soulevée, celle de la liberté d'enseignement. On peut avoir sur cette question des avis divers; on peut être tenté de la résoudre de bien des manières, tout en restant fidèle à l'esprit de la Charte. On peut, en donnant la liberté aux établissements particuliers, les rattacher par des liens plus ou moins étroits à l'Université. Mais, après tout, il n'y a là rien pour personne qui ressemble à l'oppression. Cependant ceux qui se sont constitués les avocats du clergé ont crié à la tyrannie. Ils ont déversé sur une grande institution, du sein de laquelle est sortie presque toute la France actuelle, l'injure et la diffamation. Des hommes respectables, voués modestement à la plus ingrate des professions, celle de l'enseignement, ont été accusés d'impiété, d'immoralité. On a menacé de retirer à la jeunesse des colléges publics les ministres du culte.

» Si, par exemple, on injuriait aujourd'hui le clergé de la sorte, si on injuriait ou l'armée, ou la magistrature, faudrait-il le souffrir? Assurément non. Le gouvernement a donc voulu mettre quelques bornes à ces attaques injustes, il a appelé un membre de l'épiscopat devant le conseil d'État. Le conseil d'État, dans la limite de ses pouvoirs, a prononcé qu'il y avait abus.

Ce tribunal si élevé a-t-il été respecté? Il n'y paraît pas, car l'acte qu'il avait condamné a été renouvelé, comme si un tribunal légitime n'avait prononcé. Où sont donc les lois, messieurs? Supposez qu'un parti quelconque se conduisît de la sorte, que dirait-on?

» Ce ne sont pas là les seuls actes où se soit montré l'oubli des lois. Malgré le Concordat, il y a eu concert d'action et de réclamation entre les plus hauts fonctionnaires de l'Église. Le Concordat a été qualifié de loi en désuétude, et aujourd'hui on provoque le clergé de tous les rangs à se réunir autour des évêques pour proclamer certaines doctrines, manifester certaines adhésions.

« On comprendrait que, s'il y avait quelque grand intérêt de la religion compromis, quelque grand intérêt de la société en péril, on se livrât à une telle agitation; mais nous ne voyons aucun intérêt de ce genre en péril. L'Université, dit-on, corrompt la jeunesse; mais il y a quarante ans qu'elle existe, et il n'y a qu'un an qu'on la dénonce avec cette véhémence. Le danger serait-il aggravé au point de commander ce redoublement de zèle? L'Université serait-elle tout-à-coup devenue perverse au point de commander une résolution immédiate? Bien au contraire; les faits prouvent qu'il y a une amélioration notable, que les devoirs religieux sont beaucoup plus observés que sous l'Empire et la Restauration. Pourquoi donc tant de zèle, et un zèle si ombrageux?

» Et sur cette question elle-même montre-t-on quelque disposition à résoudre les difficultés par des transactions qui concilient les opinions contraires? La Chambre des Pairs, dans des vues de conciliation que nous sommes bien loin de désapprouver, mais dont nous voyons qu'il ne faut espérer aucun effet utile, la Chambre des pairs a adopté quelques moyens termes; a-t-elle du moins recueilli le prix de sa bonne volonté? Il n'y a point paru, et ses solutions ont été considérées comme aussi tyranniques que toutes les autres.

» Que conclure de là? C'est que des conseillers malhabiles ou emportés cherchent à entraîner la masse ~~paisible et~~ sage du clergé français pour le conduire à des actes qui ne sont ni dans son intérêt propre ni dans l'intérêt de la religion. Il n'y a, du reste, pour s'en convaincre, qu'à considérer les résultats.

» Depuis un certain nombre d'années, la religion et ses ministres voyaient revenir à eux les populations fatiguées d'un siècle entier de controverse, et cherchant avidement les certitudes que la science humaine ne donne pas toujours assez complètement au cœur de l'homme; et tout-à-coup ce mouvement s'est arrêté. La défiance a succédé à l'empressement. On commence, comme sous la Restauration, à discuter avec l'Église; on discute, dans les écoles, dans les mille feuilles qui s'impriment tous les jours; et la discussion, on le sait, ne consolide pas toujours la foi. Et aujourd'hui les hommes religieux et modérés à la fois reconnaissent que la religion n'a pas tiré un seul profit depuis une année de ce déplorable tumulte.

» Quant à nous, messieurs, quelle doit être notre conduite? Elle est simple, elle est tracée par le bon sens. Avons-nous une seule intention que nous ne puissions avouer? Non. Voulons-nous en quelque chose, à quelque degré que ce soit, ébranler l'empire de la religion parmi les hommes? Non: nous reconnaissons tous, et sans qu'il y ait mérite à nous, puisque c'est l'opinion du siècle, que le triomphe de la religion est la chose la plus souhaitable. Mais en même temps voulons-nous détruire la grande institution de l'Université, pour que, cette institution détruite ou affaiblie, la jeunesse soit élevée par le clergé? Non; l'esprit de notre révolution veut que la jeunesse soit élevée par nos pareils, par des laïques animés de nos sentiments, animés de l'amour de nos lois. Ces laïques sont-ils des agents d'impiété? Non encore: car, nous le répéterons sans cesse, ils ont fait les hommes du siècle présent plus pieux que ceux du siècle dernier. Si le clergé, comme tous les citoyens, sous les mêmes lois, veut concourir à l'éducation, rien de plus juste, mais comme individus, à égalité de conditions et pas autrement. Le veut-il ainsi? alors plus de difficultés entre nous. Veut-il autre chose? il nous est impossible d'y consentir.

» Qu'adviendra-t-il, messieurs, de cette lutte? Rien que le triomphe de la raison, si, vous renfermant dans les limites du bon droit et dans votre force, vous savez attendre et persévérer. L'Eglise est une grande, une haute, une auguste puissance, mais elle n'est pas dispensée d'avoir le bon droit pour elle. Elle a triomphé de la persécution à des époques antérieures; cela est vrai, et cela devait être pour l'honneur de l'humanité! Elle ne triomphera pas de la raison calme, respectueuse, mais inflexible. »

CHAPITRE IV.

Matières administratives. — Police du roulage. — Police de la chasse. — Recrutement. — Brevets d'invention. — Police des chemins de fer. — Prisons. — Propositions administratives.

Police du Roulage. — La série des lois administratives discutées par les Chambres s'ouvrit par l'examen du projet de loi sur la police du roulage, sur lequel les députés et les pairs délibéraient alternativement depuis plusieurs années. Voté l'année dernière par la Chambre des députés après de longs débats, ce projet avait été porté à la Chambre des pairs, où il était resté à l'état de rapport (*Voy.* l'Annuaire de 1843).

Le 8 février, la *Chambre des pairs* en fit de nouveau l'objet de ses délibérations. Il n'est pas besoin de revenir sur les principes de la loi que les Annuaires précédents ont fait connaître. On sait que la loi touche à une question de droit, la liberté des transports, qu'elle essaie d'accorder avec tous les intérêts principaux, la conservation des routes, le bon marché des transports, enfin l'élève des chevaux et la remonte de la cavalerie. C'est le fonds sur lequel roule depuis si longtemps une discussion dont les lenteurs tiennent particulièrement à l'incertitude des données de la science sur la largeur plus ou moins grande des jantes dans ses rapports avec la conservation des routes. Les débats sérieux de la Chambre des pairs ne réussirent point à éclaircir les doutes que conservaient les esprits les plus éclairés sur cette matiere.

Cependant la loi ne sortit point des débats de la chambre sans avoir subi de graves modifications.

Le gouvernement était parti de ce principe que les jantes trop étroites et les jantes trop larges sont également nuisibles, et il avait proposé de fixer le *minimum* de la dimension à 7 centimètres pour les voitures à deux roues et à 6 centimètres pour les voitures à quatre roues, et le *maximum* à 14 centimètres indistinctement. Un amendement de M. Daru supprima la distinction ainsi établie entre les voitures à deux roues et les voitures à quatre roues et la remplaça par un *minimum* uniforme de 6 centimètres et un *maximum* de 14 à 17 centimètres. C'était une concession au principe de la liberté, concession justifiée par l'incertitude des arguments fournis par les défenseurs des intérêts des routes. M. Daru fit encore accepter par la Chambre un autre changement assez grave qui consistait à établir, pour le poids des chargements, un tarif d'hiver et un tarif d'été, le premier étant moins élevé que le second, contrairement au vœu des auteurs du projet, qui s'étaient prononcés pour un tarif uniforme. Enfin la pairie rejeta une exception admise l'année dernière au Palais-Bourbon en faveur des voitures de l'agriculture. On les avait par privilége placées en dehors de la loi sur la police du roulage ; la Chambre n'admit cette exception que pour celles des voitures consacrées à l'agriculture qui vont de la ferme aux champs et des champs à la ferme.

Telles furent les principales modifications introduites par la Chambre des pairs dans la loi qui fut votée à 97 boules blanches contre 18 boules noires (15 février).

Police de la Chasse. — En même temps la *Chambre des députés* discutait le projet de loi sur la police de la chasse, déjà voté par l'autre Chambre à la session précédente. On connaît déjà les raisons qui le rendaient nécessaire et les modifications qu'il apportait à la législation existante (*Voy.* l'Annuaire de 1843). La Chambre montra qu'elle en comprenait l'urgence en le mettant à l'ordre du jour avant tout autre projet d'intérêt matériel. Les débats qu'il provoqua, tantôt sérieux, tantôt futiles, s'égarèrent souvent dans des détails techniques qui ne sauraient trouver ici leur place. Plus d'une fois même ils prirent un caractère politique. C'est ainsi que, dans la discussion générale, M. Maurat-Ballanche essaya de prouver que, depuis 1830, il n'avait pas été présenté de loi plus illibérale, plus rétrograde. L'honorable député lui reprochait de faire résider le droit, non dans la nation, mais dans le pouvoir, non dans la propriété, mais dans l'administration. C'était à ses yeux une loi entièrement aristocratique et qui, par un seul élan, nous rejetait, pour le projet dont il s'agissait, au-delà même des rigueurs de la loi féodale. Aussi fallait-il qu'elle fût refaite sur des bases nouvelles, sur un principe nouveau.

Un autre député, M. Richon des Brus, émit des opinions semblables. Suivant lui la loi aurait dû se borner à défendre sévèrement et à réprimer énergiquement la vente du gibier pendant les temps prohibés ; à proscrire la chasse de nuit, à la neige et à l'aide de certains engins ou filets ; enfin à faire exécuter sévèrement les prescriptions relatives aux permis de chasse, en intéressant à la répression des délits les agents de la force publique à l'aide de fortes gratifications.

Les adversaires du projet faisaient dériver le droit de chasse du droit naturel. Il leur fut répondu que l'exercice du droit de chasse est seulement de droit civil, et qu'il en a toujours été ainsi depuis les grandes réformes opérées en matière de chasse en 1789 et 1790, enfin que ce droit n'a rien de tellement absolu, qu'il ne puisse être limité dans l'intérêt général.

L'élévation des droits à prélever sur le permis de chasse (ils étaient portés de 15 fr. à 25) donna également lieu à des considérations d'un ordre politique. M. Odilon-Barrot prétendit que la loi se trouvait par là être une loi d'impôt, et que le ministère n'avait point agi suivant les principes constitutionnels, en la présentant d'abord à la Chambre des pairs. (1)

Mais les défenseurs du projet répondirent que c'était là une interprétation fausse de la constitution, et que le principe invoqué ne pouvait s'appliquer qu'à des projets spéciaux établissant des impôts obligatoires pour tous les citoyens.

Tels furent les points principaux de la discussion. Quant aux changements apportés au projet voté par la Chambre des pairs, ils n'eurent que peu d'importance, et le principal fut celui qui, pour assurer davantage l'exécution de la loi, défendit le transport comme le colportage du gibier pendant tout le temps que la chasse doit être fermée.

Les débats qui avaient commencé le 9 février ne furent terminés que le 19, et le scrutin donna une grande majorité en faveur du projet (21 février).

La loi, reportée ensuite à la Chambre des pairs, fut sanctionnée avec quelques modifications, le 29 mars, après un débat de trois séances. Enfin elle fut adoptée sans changement, le 18 avril (*Voy.* le texte, Documents hist. France. Part. offic.)

Police des chemins de fer. — Les voies de fer, bien que déjà anciennes, n'avaient point encore reçu la législation spéciale qui devait en régler la police, et cette lacune dans le code de la grande voirie était vivement sentie. L'administration présenta un projet de loi pour la combler. Ce projet était divisé en trois parties : le titre premier contenait les mesures relatives à la conservation des chemins de fer; il y était déclaré que les lois et règlements sur la grande voirie des routes de terre étaient applicables aux chemins de fer, sauf quelques modifications et additions nécessitées par la nature spéciale de la matière à réglementer.

(1) On sait qu'il est de rigueur que toute loi d'impôt soit votée par les députés avant de pouvoir être soumise aux délibérations de la pairie, principe d'origine anglaise, faussement appliqué à une société démocratique. Si les lords n'étaient point appelés à voter les premiers l'impôt, c'est que primitivement ils ne le payaient pas.

Le titre II portait sur les mesures relatives à l'exécution des contrats passés entre l'État et les compagnies; il y était proposé de punir les contraventions d'une amende de 300 à 5,000 francs. Il y était stipulé qu'indépendamment des condamnations qui pourraient être prononcées l'administration aurait le droit, en cas d'urgence, de faire exécuter d'office et aux frais de la compagnie les travaux que celle-ci n'aurait pas faits, bien que mise en demeure, ou qui auraient été mal confectionnés. Le recouvrement de ces frais s'opérerait contre la compagnie par voie de contrainte, comme en matière de contribution publique. Enfin, tous les frais imposés aux compagnies et non acquittés par refus venant de celles-ci seraient avancés par l'administration et recouvrés comme précédemment.

Le titre III déterminait les mesures relatives à la sûreté de la circulation sur les chemins de fer: il y était établi diverses peines ou amendes pour les crimes ou délits attribuables à la malveillance du particulier ou à la négligence des compagnies. La peine de la réclusion était prononcée contre quiconque aurait volontairement employé quelque moyen propre à entraver la marche des convois ou à les faire sortir des rails; la peine de mort, s'il y avait homicide, et les travaux forcés à temps, dans le cas de blessure. D'autres pénalités étaient appliquées à d'autres délits dans la proportion la plus juste. Ce projet, qui fut présenté d'abord à la *Chambre des pairs*, le 29 janvier, fut amendé pour la commission sur deux points importants. Elle se refusa à admettre l'assimilation des chemins de fer aux communications de grande voirie, et supprima en entier le titre II pour plusieurs raisons. En premier lieu, les mesures relatives à l'exécution des contrats passés entre l'État et les compagnies lui semblaient ne point rentrer dans la police du chemin et ne pouvoir être réglées que par une loi générale sur les travaux publics. En second lieu, les mesures proposées deviendraient inutiles, les stipulations pénales insérées dans les cahiers des charges offrant des garanties suffisantes. Enfin, le projet violait un principe de notre législation, car toute infraction aux commandements de la loi constitue une contravention passible, tantôt de peines corporelles, tantôt d'amendes : or, ici l'inexécution des conventions se résoudrait dans la réparation des dommages entraînés par cette inexécution.

La discussion, qui s'ouvrit le 30 mars, se termina le 11 avril par l'adoption du projet à une grande majorité. Les principaux changements proposés par la commission ne furent point adoptés dans la forme qu'elle leur avait donnée.

Cependant la Chambre reconnut la justesse de quelques-unes des critiques faites au projet, et si elle maintint l'assimilation des voies de fer aux communications de grande voirie de terre, ce ne fut qu'en la précisant et en la réduisant à ce qui concerne l'alignement, les plantations, la conservation des talus, fossés, levées et ouvrages d'art ; les dépôts de terre, fumiers et autres objets quelconques ; l'exploitation des mines, minières, tourbières et sablières, enfin l'interdiction du pacage des bestiaux. Quant au titre II, la Chambre le laissa subsister, mais elle en changea l'intitulé et l'esprit. Elle détermina qu'il ne porterait que sur les contraventions de voirie commises par les compagnies, sur les délits concernant le service de la navigation, la viabilité des routes royales, départementales et vicinales, ou le libre écoulement des eaux. Il fut stipulé que l'amende pourrait s'élever de 30 à 3,0000 francs, et que l'administration pourrait d'ailleurs prendre immédiatement toutes les mesures provisoires pour faire cesser le dommage, ainsi qu'il est pratiqué en matière de grande voirie.

Le projet fut présenté à la *Chambre des députés* (27 avril) tel qu'il avait été voté par la pairie, mais il ne put être examiné cette année.

Recrutement. — Le projet de loi pour le recrutement de l'armée, soumis depuis plusieurs années à l'examen alternatif des deux Chambres, fut cette année repris par la *Chambre des députés*. Mis en délibération le 20 mars, il fut adopté le 27 (résultat du scrutin : 178 boules blanches, 78 boules noires). Comme il avait subi de nouvelles modifications, il dut être reporté à la *Chambre des pairs*, qui persista dans ses premières idées sur la matière (11 juin). La *Chambre des députés*, à laquelle il fut soumis de nouveau, repoussa encore cette fois les modifications introduites par la pairie (3 juillet).

Le sujet de dissidence entre les deux Chambres est l'élévation de la durée du service de sept à huit ans, proposée par le gouvernement, adoptée par la Chambre des pairs et repoussé par la Chambre des députés.

Brevets d'invention. — La loi sur les brevets d'invention fut plus heureuse (*Chambre des députés*). Elle avait été discutée par la pairie durant la précédente session. Un député, M. Lherbette, renouvela à cet égard un reproche qui avait été adressé à l'administration à propos de la loi sur la chasse : c'était, disait-il, une loi d'impôt et, aux termes de la constitution, elle aurait dû être présentée au palais Bourbon avant de l'être au Luxembourg. Le ministre du commerce répondit que la taxe des brevets d'invention n'est point un impôt, qu'elle est perçue comme prix d'un service rendu, et qu'elle est spéciale à ceux qui le demandent.

Lorsque cette question préjudicielle eut été vidée, la discussion commença (10 avril). Les débats furent essentiellement spéciaux et techniques. Les principes généraux sur lesquels reposait la loi furent admis sans examen. Cependant sur ce point il était fait une grave modification aux lois actuellement en vigueur : l'invention avait été jusqu'ici considérée comme une propriété de l'auteur. Par la loi nouvelle, il devait cesser d'en être ainsi. « Le droit de propriété, avec son caractère absolu et sa prérogative de perpétuité, disait la commission, est désintéressé dans la question ; il ne s'agit que d'un contrat sous la tutelle et la foi duquel le génie de l'invention livre à la société ses précieuses découvertes. » C'est le fond même de la loi et son côté politique.

Les longs et savants débats qui s'élevèrent sur les détails du projet et l'amendèrent dans quelques dispositions, au reste peu importantes, se terminèrent le 27 avril par un vote presque unanime.

La *Chambre des pairs* adopta sans discussion le projet tel qu'il lui était revenu des délibérations de la Chambre élective (13 juin) (*Voy.* le texte aux Documents hist. France. Part. offic).

Prisons. — La *Chambre des députés* aborda le 22 avril un sujet d'une nature plus élevée et qui depuis longtemps est en possession de préoccuper la science sociale. Le projet de loi sur les prisons, présenté en 1840, puis ajourné par la dissolution des Chambres, présenté de nouveau en 1843, et resté à l'état de rapport, fut repris cette année et sérieusement discuté. Toutes les questions qu'il soulève ont été traitées par des hommes de talent dans tous les pays. Des essais ont été tentés pour mettre en pratique des théories nouvelles, et le sentiment que l'on s'était formé de toute antiquité sur les devoirs de l'administration envers les individus frappés par la justice a été profondément modifié. Il a été reconnu que la punition n'a point sa fin en elle-même, et qu'elle n'est légitime qu'à la condition d'avoir pour objet de prévenir et d'améliorer. Restait à chercher par quels moyens cette grande pensée pouvait être appliquée, et c'est ici que se produisait la diversité des systèmes. L'organisation des prisons en France, bien que modifiée depuis quelques années, était accusée par beaucoup de bons esprits d'aller contre le but que l'on poursuivait, et, d'autre part, les expériences faites à l'étranger étaient loin de présenter des résultats satisfaisants. Le gouvernement et la commission s'arrêtèrent à un projet dont lesprincipales dispositions étaient : 1° la centralisation au ministère de l'Intérieur de l'administration de toutes les maisons pour peines ; 2° l'adoption du régime cellulaire de jour et de nuit pour les prévenus et pour les condamnés ; c'est le principe fondamental du projet ; 3° la création de maisons spéciales pour les trois grandes catégories de condamnés , sous le titre de maison de travaux forcés, maison de réclusion , maison d'emprisonnement ; 4° la séparation des sexes dans des maisons ou des quartiers distincts ; 5° des établissements spéciaux pour les enfants ; 6° l'obligation du travail pour tous les condamnés, à moins qu'ils n'en eussent été exemptés par le jugement et qu'ils n'eussent été condamnés en vertu de l'article 20 du Code pénal, c'est-à-dire , pour cause politique ; 7° l'attribution à l'État du produit du travail, dont il pourrait cependant être délivré une portion aux condamnés ; cette portion ne pourrait excéder trois dixièmes pour les forçats, quatre dixièmes pour les reclusionnaires , et cinq dixièmes pour les correctionnels ; 8° la fixation des visites hebdomadaires du médecin et de l'instituteur, ainsi que des visites des membres des commissions de surveillance et des associations charitables, des agents des travaux, des parents , etc. ; 9° la considération de la captivité cellulaire comme une aggravation de peine, équivalant au quart en sus de l'ancien emprisonnement ; 10° la mise au régime en commun le jour, après douze ans d'emprisonnement individuel, ou à soixante-dix ans d'âge ; 11° la mise à la charge des départements des maisons destinées aux inculpés, prévenus et accusés, ainsi qu'aux condamnés à moins d'un an d'emprisonnement ; 12° la distribution annuelle, à titre de subvention , d'une somme déterminée par la loi des finances aux départements qui feront des dépenses de construction et d'appropriation pour hâter l'exécution de la nouvelle loi ;

13° la prise à charge par l'État de toutes les autres prisons; 14° la soumission de tous les directeurs et préposés en chef des prisons aux obligations prescrites aux gardiens par les articles 607 et 610 du Code d'Instruction criminelle, ainsi qu'aux dispositions des art. 230, 231 et 233 du Code pénal ; 15° l'emploi de certaines punitions dont il devrait être référé au préfet pour l'infliction des plus graves.

La discussion générale est la partie importante du débat qui eut lieu sur ce projet.

Le premier orateur inscrit, M. Cordier, le combattit sans restriction. Il admettait la progression croissante des délits et des crimes, mais il l'attribuait principalement aux impôts exagérés inégalement répartis, à l'entrée des villes, sur le vin, sur le sel, les boissons, et sur le nécessaire des classes ouvrières ; à l'insuffisance de l'éducation populaire, à la rareté du travail, au bas prix des journées, et il déclarait que l'augmentation de 47 0/0 du nombre des délits en quinze ans, constatée par la commission, était exactement proportionnelle à l'accroissement des dépenses ou des impôts pendant cette période de paix générale et permanente. Le système cellulaire, tel qu'il était proposé, lui paraissait insalubre, barbare, inefficace, imprévoyant, illégal, d'une égalité aveugle et inique, anti-religieux, anti-social, ruineux pour l'État. En un mot, le projet de loi tendait à substituer le régime de l'arbitraire aux institutions tutélaires, et demandait à la Chambre une abdication de ses droits. L'honorable député formulait en terminant les mesures qu'il croyait devoir être prises en cette circonstance. Il conseillait : la rédaction d'un nouveau projet de loi conforme aux mœurs du pays et moins onéreux aux contribuables ; des enquêtes préalables sur ce projet, conformément au droit national consacré depuis le huitième siècle par les Capitulaires de Charlemagne ; la répartition des prisons par département, par arrondissement et par canton, à côté des casernes de gendarmerie, pour éviter les dangers et les dépenses de la concentration des détenus, et afin de faire supporter exclusivement par les grandes villes les dépenses de leurs nombreux condamnés ; la restitution de la haute direction des prisons aux magistrats et autorités des localités, avec pouvoir exclusif de nommer et de révoquer les geôliers ; l'organisation des moyens d'éducation morale et intellectuelle des détenus, et leur classement selon l'âge et la nature des délits et des crimes ; l'isolement pendant la nuit et le travail en commun et en silence pendant le jour ; la garantie donnée de la réduction de la durée de la peine, pour chaque jour et chaque mois d'une conduite exemplaire ; l'affranchissement de toute surveillance après la libération ; l'exportation, à vie, dans les colonies, en cas de récidive, pour certains crimes à spécifier par une nouvelle loi pénale, et pour tous les cas d'évasion des prisons; une prison spéciale, convenable, exclusive, pour les écrivains et autres condamnés politiques, avec affranchissement de travail manuel, et avec toute liberté de vivre en commun, sans obligation du silence; le renvoi des jeunes condamnés dans des établissements agricoles de répression subventionnés par les départements.

M. Cordier demandait en outre que les 200 millions destinés aux nouvelles prisons cellulaires fussent répartis également entre les pauvres communes rurales, et employés concurremment avec des taxes spéciales à l'établissement dans chacune d'elles d'un hospice pour les vieillards et les infirmes, et de maisons d'éducation pour les enfants pauvres.

Le projet de loi fut défendu par M. Corne avec une grande connaissance du sujet. L'orateur insista d'abord sur la partie statistique de la question et essaya de montrer que le nombre des condamnations allait croissant, contrairement à l'opinion des adversaires de la loi. Cette contradiction dans une question de chiffres semble surprenante.

M. Corne cherchait à l'expliquer. Suivant lui, les chiffres donnés par la commission indiquaient véritablement la moralité du pays, c'est-à-dire, le nombre des crimes et des délits commis, des attentats dirigés contre l'ordre social, les personnes et les propriétés, tandis que les adversaires de la loi, au lieu de s'arrêter au chiffre des crimes et des délits véritables, avaient pris le chiffre total de tous les délits, en y comprenant les infractions aux lois fiscales, par exemple, les infractions aux lois sur les postes, sur les boissons, sur les douanes et la masse des délits forestiers. Quant au principe de l'isolement, M. Corne ne pensait pas que la loi voulût isoler le détenu de la société honnête ; elle voulait au contraire qu'il conservât avec elle tous les points de contact par lesquels il pourrait être amélioré et amené au repentir. Il ne fallait pas, au nom de l'humanité, condamner ce système. Le système vraiment inhumain, c'était celui qu'on voulait abolir : car d'un côté il pervertissait celui qui avait encore en lui quelques restes de moralité, et de l'autre il exposait la société à un débordement de crimes nouveaux toujours prêts à sortir de ces prisons pour se répandre sur elle.

M. de Sade répondit qu'un système pénal ne serait jamais une source d'amendement pour les criminels ; que cet espoir n'était qu'un rêve d'honnêtes gens impossible à réaliser. La prison, selon l'orateur, n'agissait jamais que par l'intimidation, que par la terreur. M. de Sade citait à l'appui de cette assertion cette réponse du directeur d'un pénitencier américain, auquel on demandait quelle était la meilleure règle pénitentiaire : *C'est celle sous laquelle les condamnés craignent le plus de retourner*. M. de Sade regardait d'ailleurs le système de l'isolement absolu comme au-dessus de forces de la nature humaine ; il ne reconnaissait pas à l'administration le droit de l'appliquer, et il craignait beaucoup que tous les adoucissements que le gouvernement et la commission avaient cherchés pour rendre ce système praticable ou supportable ne fussent ouin suffisants ou impraticables.

M. de Larochefoucault-Liancourt combattit le système cellulaire comme propre à décimer la force de la population, comme cruel envers les individus. Suivant l'honorable député, ce système devait être réprouvé autant par la sagesse des hommes d'État que par le patriotisme des citoyens et par le dévouement des amis de l'humanité.

Après M. de Mornay, qui parla pour le projet, la Chambre entendit un remarquable discours de M. Carnot, qui parla dans un sens contraire. L'orateur croyait que l'on s'était exagéré l'importance de la question, parmi les défenseurs comme parmi les adversaires de la loi. Dans une société où la population allait croissant, où les intérêts se compliquaient et s'entrelaçaient, il n'était point étonnant que les délits devinssent plus nombreux. Il n'était pas besoin pour expliquer ce phénomène d'accuser la perversité du siècle ou l'état des maisons de détention. Ne fallait-il pas aussi tenir compte du perfectionnement des moyens de police qui, chaque jour, laissent moins de délits ignorés, de la disposition naturelle aux justiciers, qui appliquent plus fréquemment des punitions devenues moins sévères, et surtout du développement de la publicité, qui multiplie les faits comme l'écho multiplie la voix, et qui peut-être propage le crime par la contagion de l'exemple? Et, s'il était vrai qu'il y eût une progression dans la criminalité, fallait-il en rejeter la cause sur le régime actuel des prisons? C'était risquer de le calomnier. La cause en était autrement générale : elle était dans cette tendance exagérée vers les jouissances matérielles, qui suit le développement de la richesse et qu'un déplorable système, au lieu de la régler et de la modérer, encourage aveuglément dans l'espoir de distraire les esprits des préoccupations politiques. M. Carnot reprochait au gouvernement de s'inquiéter à tort de ces préoccupations. Ce sont elles, disait-il, c'est le souci des affaires générales qui en détournant les cœurs de l'intérêt égoïste leur communiquent des impulsions plus pures, plus honnêtes, plus généreuses. Quand la foi existe, religieuse ou patriotique, la moralité privée y gagne toujours. » L'orateur, tout en rendant justice à la sollicitude de l'administration pour la réforme des prisons, déclarait qu'on n'avait pas agi légalement en appliquant déjà, sans autorisation, le système de l'isolement à Tours, à Bordeaux, à la Roquette. Il attaquait ensuite ce système sous le double point de vue de l'intimidation et de la moralisation. Par l'expérience de ce qui se passe aux États-Unis, M. Carnot essayait de prouver que l'isolement cellulaire n'avait que peu de valeur d'intimidation, sans méconnaître toutefois qu'il fût, pour cet objet, préférable à une communauté de vie sans contrôle et sans limite. Mais l'honorable député contestait complètement l'effet attribué à la solitude pour l'amélioration du détenu. En effet, la plupart des hommes qui peuplent les prisons sont des êtres à peine ébauchés par l'éducation et abrutis par la pratique du vice. Quel fruit pouvait produire le recueillement chez des intelligences qui ne possèdent ni lumières acquises ni habitude de la méditation ? « Vous prétendez, continuait l'honorable député, les mettre face à face avec leur conscience ? Mais ne savez-vous pas quel nom caractéristique porte la conscience dans leur idiome ? Ils l'appellent *la muette*. Et, croyez-le bien, la muette gardera le silence dans ce tête à tête. » La solitude ne pourrait porter de fruits que dans des natures exceptionnelles et religieuses, et elle ne pouvait engendrer chez le détenu ordinaire des habitudes qui pussent préparer sa rentrée dans la vie sociale. Après avoir ainsi démontré l'impuissance du système de l'isolement, M. Carnot déclarait qu'il en devait sortir des effets désastreux, comme, par exemple, celui d'égarer la raison des détenus, et il proposait à la Chambre un autre système qu'il résumait ainsi lui-même après l'avoir appuyé par de longs développements :

Séparation des prévenus et des accusés ; séparation dans

les geôles de canton, les maisons d'arrêt et de dépôt qui servent d'asile temporaire aux prévenus jusqu'à leur translation, aux condamnés dans leurs trajets d'une prison à l'autre; séparation des condamnés à la détention pour un an et au-dessous avec réduction d'un tiers dans la durée de la peine; construction des prisons départementales d'après le principe cellulaire; faculté attribuée aux tribunaux de décider, à l'égard de tout individu condamné à la perte de sa liberté pour plus d'un an, s'il subira cette peine dans une maison cellulaire ou dans une prison commune; exception formelle en faveur des prévenus et détenus pour cause politique : ils ne pourraient être isolés que sur leur demande, et cette demande ne devrait jamais leur être refusée; pareille exception pour les femmes et pour les enfants âgés de moins de seize ans.

Un des hommes qui ont le plus à fond étudié cette matière, M. Gustave de Beaumont, répondit à M. Carnot. L'illustre publiciste était convaincu que, depuis un certain nombre d'années, depuis l'époque ou le garde des sceaux a fait régulièrement le relevé des crimes et des délits commis en France, les crimes et les délits du droit commun sont toujours allés en augmentant, et que depuis la même époque le récidives ont également suivi une progression constante. Aussi défendait-il le principe de l'emprisonnement cellulaire. Il commençait par invoquer en faveur de ce principe l'autorité des noms les plus connus dans la science économique et celle de l'expérience elle-même. Il établissait ensuite que le point de départ de la question était l'affreuse corruption des prisons, et que cette corruption avait sa source dans la facilité laissée aux détenus de communiquer ensemble. La nécessité de les séparer la nuit était déjà reconnue de tout le monde. Mais à quoi servirait de les séparer pendant la nuit, s'ils pouvaient communiquer pendant le jour ? La nécessité d'une séparation de jour était évidente.

Mais cette séparation consisterait-elle seulement dans une loi du silence ? L'exécution de cette loi serait impossible : on ne ferait pas taire cinq ou six cents criminels placés côte à côte. « Vous aurez beau infliger des châtiments, ajoutait M. de Beaumont, vous pouvez être parfaitement certains qu'il s'établira une communication morale ou plutôt immorale entre tous ces hommes si profondément sympathiques les uns aux autres, et la conséquence, c'est la corruption que vous voulez éviter. » L'orateur déclarait, au reste, qu'il ne se faisait point d'illusion sur les effets de l'emprisonnement individuel ; il se bornait à dire : « Vous n'êtes pas sûrs de rendre le prisonnier meilleur, mais vous êtes certains qu'il ne deviendra pas pire. » C'était un résultat que M. de Beaumont regardait comme considérable. Il en signalait un autre : les détenus, en sortant de prison, ne se reconnaîtraient pas, puisqu'ils ne se seraient pas vus en prison. Les liens funestes qui les unissent dans l'état actuel seraient brisés. L'orateur abordait ensuite les objections. A ceux qui taxaient le régime cellulaire de cruauté il répondait que ce régime n'était pas autre que celui-là même auquel aspirent les prisonniers dès qu'ils en ont les facultés pécuniaires ; c'est le moyen matériel auquel ils ont eux-mêmes recours pour se préserver de la contagion. A ceux qui alléguaient le principe de la sociabilité il disait que la loi n'avait point l'intention de condamner les détenus à l'isolement absolu, qui serait au-dessus des forces de l'homme, qu'elle ne voulait que les mettre à l'abri de la contagion du crime, en même temps qu'elle rendait l'accès de la prison facile à tous ceux dont la conversation pourrait les moraliser et leur apporter des impressions honnêtes, au lieu des impressions dépravées et vicieuses que les criminels réunis se communiquent ordinairement.

M. de Beaumont combattait ensuite le reproche fait au régime cellulaire de tuer les prisonniers et de les rendre fous. Il pensait qu'il était évident *à priori* qu'il devait y avoir beaucoup plus de mortalité dans le sein d'une prison que dans la société libre, par la raison qu'il y avait plus de mortalité dans une manufacture que dans la campagne, parmi les pauvres que parmi les riches, parmi les gens débauchés que parmi ceux qui ont mené une vie rangée. Il fallait ajouter à cela le régime même de la prison ; la privation de la liberté est elle-même un élément meurtrier. Il ne fallait donc établir de comparaison que d'une prison à une autre. Entre beaucoup d'exemples, M. de Beaumont citait de préférence des exemples empruntés à l'Amérique. Il établissait que dans le pénitencier de Philadelphie, soumis au régime de l'emprisonnement individuel, la mortalité était moindre que sous le régime en commun anciennement pratiqué ; elle y était moindre que sous le régime réformé d'Auburn et de Sing-Sing avec travail en commun. Elle était moindre que la mortalité en France dans les prisons centrales ; elle était six fois moindre qu'à Fontevrault.

M. de Beaumont était moins explicite sur les cas de folie. Les mêmes raisons générales qu'il avait données de la mortalité parmi les détenus, il les donnait de l'aliénation mentale ; les gens criminels et corrompus y sont disposés par tempérament, comme par la situation violente où ils se trouvent pendant leur jugement et après leur condamnation. Toutefois à Philadelphie les cas de folie n'étaient pas plus nombreux qu'à Genève, où est mis en usage le régime de la séparation pendant la nuit et du travail en commun pendant le jour. L'orateur croyait également pouvoir démontrer par des faits que le système du projet de loi, en offrant plus de chances de moralisation pour les individus, était en même temps efficace pour la société. Dans l'état de Pensylvanie, depuis 1825 jusqu'en 1842, les crimes ont diminué d'un tiers ; et en France, depuis que l'emprisonnement individuel a été admis dans la prison de la Roquette pour les jeunes détenus, le nombre des récidives est descendu de 16 et 17 à 9 pour cent. Les dépenses considérables que nécessitait la réforme avaient été alléguées par les adversaires du projet comme une raison de le repousser. M. de Beaumont ramenait la question à ceci : Nous sommes obligés de construire de nouvelles prisons, celles qui existent actuellement étant encombrées ; on demande de tous côtés la suppression des bagnes; construira-t-on des prisons d'après le système actuel ou d'après un système meilleur ?

M. Léon de Malleville opposa des chiffres aux chiffres du précédent orateur ; il fit ressortir les inconvénients que les adversaires du projet trouvaient dans le régime de l'emprisonnement personnel. Il lui reprochait de ne pouvoir se prêter aux besoins du travail et à la pratique des devoirs religieux. Enfin, il attaquait la disposition du projet qui, en supprimant les bagnes, met toutes les classes des détenus dans la règle commune et abolit des distinctions utiles. Suivant M. de Malleville, la suppression des bagnes ne pouvait avoir lieu que le jour où serait établi le système de déportation.

Le ministre de l'Intérieur intervint pour démontrer l'urgence d'une réforme dans le système pénitencier et reproduisit, en les fortifiant de l'autorité de la situation, les raisons données en faveur du projet. En terminant, M. Duchâtel fit un aveu qui devait prendre de l'importance dans la suite du débat. Il reconnut que, si le système de la déportation substituée à l'emprisonnement n'a pas une vertu pénale assez forte pour arrêter les progrès du crime, il peut être bon comme complément d'un emprisonnement cellulaire d'une certaine durée.

M. de Peyramont fut ensuite entendu. L'honorable magistrat était surtout préoccupé des changements que la réforme devait apporter à l'improviste dans la législation pénale. Cependant il la discutait de tous les points de vue. Et d'abord, au point de vue financier, il ne craignait pas de dire qu'elle engagerait l'État dans une dépense de plus de 150 millions. C'était donc une réforme d'une grande importance et qui ne pouvait être entreprise que pour de très graves motifs. Or, ces motifs, quels étaient-ils? Le mouvement ascendant de la criminalité et le développement des récidives? L'orateur ne niait pas l'accroissement du nombre des crimes, mais il établissait que, depuis 1833, il n'y avait d'accroissement que pour les crimes contre les personnes, tels qu'assassinats, empoisonnements, meurtres, infanticides. Ce fait était contraire sans doute aux prévisions et aux espérances de la théorie, mais M. de Peyramont ne le signalait que pour inspirer en cette occasion la défiance de la théorie. Par suite de l'opinion incontestable que les crimes atroces doivent diminuer à mesure que la civilisation s'étend, on avait été porté à adoucir les rigueurs de la loi pénale; on avait donné au jury un droit absolu non-seulement sur les accusés, mais sur la loi elle-même, et ce changement dans la loi pénale avait détruit ici la puissance moralisatrice de la civilisation et laissé prendre aux crimes un tel mouvement d'ascension, que depuis huit ans ils avaient augmenté d'un tiers. Cet accroissement de la criminalité ne pouvait être attribué, même pour la plus faible part, aux libérés, au régime des maisons centrales et des bagnes. M. de Peyramont affirmait que les libérés de cette catégorie ne commettent que très peu de crimes contre les personnes, très peu d'assassinats, très peu de meurtres. Il appuyait son opinion sur des chiffres et appuyait ses données statistiques elles-mêmes sur cette considération morale, qu'un homme qui a subi une peine grave, sévère, quels que soient ses mauvais penchants, sa paresse, sa dépravation, doit y regarder à deux fois avant d'affronter la société dans ses dernières rigueurs. Sans doute l'opinon contraire est admise partout : mais pourquoi ce préjugé? Il fallait l'attribuer à l'influence de tout ce qui s'accomplit à Paris. Tous les grands crimes commis par des forcats libérés des bagnes se commettent à Paris et dans les environs. « C'est là, continuait l'orateur, et là seulement que les forçats libérés viennent s'abattre, grâce à l'affaiblissement de la surveillance de la police, résultat de la loi de 1832. » D'ailleurs, ces faits exceptionnels semblaient augmenter d'importance par la grande publicité qu'ils reçoivent des feuilles quotidiennes. M. de Peyramont déclarait que, d'après ses calculs, c'étaient les libérés des maisons départementales qui commettaient le plus de crimes contre les personnes; que non-seulement ils en commettaient plus que les libérés des autres catégories, mais qu'ils suivaient le développement général de la criminalité et commettaient actuellement plus de crimes que quinze ans auparavant. C'est là qu'était le danger pour la société. « C'est là, continuait M. de Peyramont, que je vois apparaître ces enfants qui débutent dans la carrière des crimes, ces individus qui ne sont pas encore endurcis dans cette voie et sont susceptibles de ne pas aller plus loin. Ils entrent là généralement à quinze ans, ils sont du moins au-dessous de vingt-un an. Ce sont précisément les détenus de cet âge, et c'est un fait constant et constaté par tous les documents, qui commettent les plus grands crimes; ce sont eux qui ont débuté jeunes dans la carrière du crime, qui ont commencé par de petits vols, par des riens qui conduisent aux prisons départementales; puis ils ont commis des crimes qui les ont jetés dans les maisons centrales, dans les bagnes et souvent à l'échafaud. Pourquoi cela ? C'est que d'abord envoyés dans les prisons départementales, ils ne sont pas complètement corrompus encore; mais la peine est si légère ! quelques mois subis dans ces prisons, dans la vie commune, c'est quelque chose qui n'impressionne pas; en même temps que la peine protège par le souvenir qu'elle laisse dans son esprit, la vie commune avec le contact d'hommes corrompus efface tout-à-fait le sentiment de moralité, s'il en reste encore quelque chose. C'est ainsi que ces jeunes détenus se perdent à jamais et sont conduits quelquefois à finir leur vie sur l'échaufaud. »

Ainsi, M. de Peyramont reconnaissait la contagion du

mal, mais sur les seuls individus chez qui la corruption ne fait que commencer. La grave et principale cause de l'accroissement des crimes contre les personnes lui paraissait être l'affaiblissement de la législation pénale en cette matière et la situation de la loi mise à la merci et à la discrétion des jurés. « Les bagnes n'ont rien à faire ici, disait-il, c'est vous seuls, législateurs, qui êtes responsables, pour avoir sacrifié à des théories les garanties qui protégeaient la société. » Il s'attachait ensuite à montrer que les libérés des bagnes n'étaientp our rien dans l'accroissement des simples délits ; il attribuait encore aux modifications introduites dans la loi les délits venant du vagabondage, de la mendicité et de l'infraction à la surveillance de la police. Il y avait augmentation de délits de chasse, de rixes, d'injures verbales, mais ce n'étaient pas là des signes d'une démoralisation bien grande ; quant aux faits de rébellion et de violence envers des fonctionnaires publics et des agents de la force publique, l'orateur les attribuait à l'affaiblissement du respect dû à l'autorité ; pour les vols, il pensait qu'ils s'augmentaient naturellement avec la richesse mobilière et tenaient au déplacement et à l'affluence de la population dans les grandes villes. Il n'y avait rien là qui pût être attribué au régime des prisons.

Ce n'étaient pas là, selon M. de Peyramont, tous les défauts du projets de loi ; il avait encore l'inconvénient de bouleverser la législation pénale, et, ce qui était plus grave, c'est qu'il le faisait sans l'annoncer, en paraissant la respecter. On y conservait toujours la même énumération de peines que dans le Code de 1810, l'emprisonnement, la réclusion, les travaux forcés, mais on y changeait l'esprit même de la loi. En effet, le système de 1810 a pris pour but non l'amendement, mais l'intimidation, tandis que le but des auteurs du projet a été de travailler à l'amendement moral et de faire obstacle à la corruption des détenus. Cela était-il bon ou mauvais ? M. de Peyramont ne voulait pas le discuter; mais il soutenait que l'on ne pouvait pas apporter dans la législation pénale un changement aussi radical, sans l'expliquer et le discuter. C'était un fait de la compétence du ministre de la Justice et non de celui de l'Intérieur, et cependant le garde des sceaux n'était point intervenu. Si l'on pénétrait dans les détails de la loi, on voyait que là aussi elle apportait de graves changements. C'est ainsi que la peine morale de l'exposition, peine d'un effet très puissant, se trouverait de fait abolie. Dès que le nouveau système pénitentiaire aurait été adopté, on ne verrait plus de magistrats qui voulussent prononcer l'exposition publique. La peine des travaux forcés, telle qu'elle est décrite dans la loi, peine effrayante pour l'esprit des coupables et regardée comme telle dans le peuple, disparaîtrait également.

La gradation établie par le Code entre les différents genres de peines cesserait d'être efficace, car elle ne serait plus marquée que par des distinctions extérieures insignifiantes ou impossibles à maintenir. On ne pouvait admettre le projet sans porter à la conscience publique une atteinte à laquelle elle ne résisterait pas, sans détruire toute idée de justice et tout sentiment de respect pour la vie de l'homme et pour la loi elle-même. L'esprit public serait tenté de confondre l'assassinat et le vol.

M. de Peyramont continuait sa critique du projet en lui reprochant de vouloir changer l'opinion et la conscience publique à l'égard des condamnés, de tendre à substituer à la réprobation dont ils sont frappés un sentiment de bienveillance dangereuse. « C'est là une chose bien grave, disait-il, est-ce que vous la ferez impunément ? Quoi ! vous voulez associer dans la conscience publique l'horreur pour le crime et la charité pour le criminel ! Vous voulez que le peuple associe dans sa conscience l'horreur de l'assassinat, l'effroi du parricide avec la bienveillance pour l'assassin et la sympathie pour l'empoisonneur, lorsqu'il aura, dans le bagne, payé, comme on dit, sa dette à la société ! Je ne crains pas de dire que le jour où vous réussirez dans votre œuvre, le jour où vous aurez détruit ce sentiment qu'on qualifie de préjugé, vous pourrez créer, multiplier vos prisons cellulaires, adopter toute la dureté pénale des quakers pour vous protéger ; vous pourrez multiplier les gendarmes des tribunaux ; mais, par aucun de ces moyens vous ne remplacerez, dans l'intérêt de la sécurité publique, les garanties que vous lui enlevez ; la première, la meilleure garantie de sécurité pour la société vient d'elle-même ; la société se protège surtout par son action sur les esprits du peuple, sur l'imagination et la conscience des masses ; par son exemple et par ce système d'effroi, de répulsion pour les libérés, répulsion qui ne s'adresse pas à l'homme, mais qui est la répulsion pour le crime lui-même. »

Enfin, le système pénitentiaire proposé conduisait au patronage des libérés : car, en sortant de prison, ils ne peuvent être accueillis dans les ateliers ; il faudrait fonder pour eux un patronage, et il était convenable et bon qu'une pareille institution fût établie pour les jeunes enfants. Mais le patronage des libérés adultes, c'était une révolution sociale tout entière ; c'était la réalisation des doctrines socialistes ; c'était la consécration du droit au travail ; si on l'admettait, il faudrait patroner tout ce qui souffre dans la société, et dans tous les cas donner le privilège à l'honnête homme sur le scélérat. Laisser des sociétés de patronage s'établir pour les libérés adultes, sans en établir pour les ouvriers malheureux, manquant de travail, ce serait une œuvre monstrueuse qui attirerait sur elle des malédictions et des reproches légitimes.

Telles sont les principales idées de cet ingénieux discours. M. Duchâtel y répondit. Il commença par démontrer que, d'après ses calculs, qu'il expliqua à la Chambre, les dépenses nécessitées par la réforme ne s'élevaient qu'à 76 millions. Il justifiait la pensée du projet qu'on avait accusé de ne tendre qu'à l'amélioration des détenus ; il disait que le gouvernement s'était surtout préoccupé de l'intérêt de la société et de l'intimidation. On avait demandé que la peine, affaiblie dans les conditions matérielles de l'emprisonnement, fût fortifiée et rendue plus sévère dans ses conditions morales , de telle façon que la peine exerçât à la fois une influence répressive plus grande , et en même temps cependant qu'elle pût amener comme conséquence secondaire , sinon un certain amendement dans le prisonnier , au moins le maintien de son état moral premier , et qu'elle pût prévenir toute espèce de corruption au delà de l'état où se trouvait le prisonnier à son entrée dans la prison. D'ailleurs, empêcher la corruption du prisonnier , n'était-ce pas encore travailler dans l'intérêt de la société ? Le projet ne changeait point le système des peines : il ne supprimait point l'horreur que l'on doit avoir pour le crime. Toutefois le ministre repoussait l'opinion du préopinant, qui avait demandé que le libéré fût poursuivi par la réprobation publique ; il invoquait les principes du christianisme, qui a toujours enseigné l'horreur pour le crime et la pratique de la charité pour le criminel ; il réduisait la question de la suppression des bagnes à la question de savoir si la peine du bagne exerce au profit de la société une intimidation suffisante, et, en même temps, si elle n'exerce pas une influence de corruption trop grande sur le criminel. Une peine serait supprimée : la gradation qui existe entre les peines ne le serait pas ; l'exposition ne cesserait pas d'exister.

Le projet fut encore combottu par M. de Larochejacquelein : après quoi le rapporteur de la commission , M. de Tocqueville, prit la parole pour résumer le débat et clore la discussion générale.

L'orateur essaya de rétablir la statistique de la criminalité et des récidives, qui avait été plusieurs fois contestée, et des chiffres qu'il donna à la Chambre il résultait que le nombre des crimes et des délits communs augmentait, et que celui des récidives s'accroissait d'une manière encore plus forte. Il reconnaissait que l'état des mœurs, des croyances, les lois, les besoins particuliers des peuples exercent une influence très-grande sur la multiplication des crimes et des récidives, mais il soutenait en même temps que le régime intérieur de la prison peut avoir sa part dans cet accroissement, soit qu'il n'inspire pas assez de terreur, soit que l'esprit de réforme y fasse défaut, et que les détenus, au lieu de s'y moraliser, s'y corrompent. Il établissait ensuite, en s'appuyant sur l'aveu de tous les partis, que l'état des prisons était en ce moment déplorable. De là la nécessité absolue où se trouvait l'administration de bâtir des prisons nouvelles. Restait donc la question de système. M. de Tocqueville repoussait le régime du silence, parce qu'il ne le croyait efficace qu'à la condition d'être d'une dureté révoltante. Prenant ensuite en détail les reproches faits au principe de l'emprisonnement cellulaire, par exemple, d'augmenter le personnel des prisons, de rendre le travail impossible et de ne se prêter pas à la pratique des devoirs religieux dans le culte catholique, l'orateur leur opposait l'expérience. Ensuite il attaquait les objections tirées de la dépense que devait occasioner la réforme; il avouait que les frais ne pourraient manquer d'être considérables, mais il déclarait qu'ils étaient loin d'atteindre le chiffre avancé par M. de Peyramont. En outre, le projet, en diminuant d'un cinquième le temps de l'emprisonnement, diminuait d'un cinquième la population des prisons, ce qui ferait chaque année une diminution d'un million sur les frais d'entretien pour les prisons. D'ailleurs, les considérations morales devaient incontestablement l'emporter ici sur les considérations financières. M. de Tocqueville combattait aussi l'opinion de M. de Peyramont sur les changements que le projet lui semblait devoir apporter dans la législation pénale. De ce qu'il ne faut pas abandonner l'idée de répression, faut-il conclure à l'abandon de l'idée de réforme? Ce serait rentrer en plein paganisme. Quant aux modifications de détail, elles se réduisaient à la suppression des bagnes, remplacés par les travaux forcés avec le boulet et l'accouplement de moins.

Le rapporteur discutait encore une accusation toute contraire à celle de M. de Peyramont : l'accusation d'excessive rigueur. Il reconnaissait que les condamnés ont le droit de n'être pas plongés dans la solitude ; mais il revendiquait pour la société le droit de les empêcher de vivre ensemble, de se corrompre ensemble et de sortir ensemble de la même prison plus dangereux qu'avant d'y entrer. Il montrait, par l'exemple de ce qui se passe à la Roquette, qu'il est possible d'attirer dans les prisons des hommes honnêtes, généreux, éclairés, qui adoucissent la solitude des détenus et leur inspirent des sentiments moraux. M. de Tocqueville comptait pour cela sur les associations philanthropiques et religieuses. Pour les objections tirées de l'effet de l'emprisonnement cellulaire sur la santé et sur la vie des détenus, le rapporteur disait que l'emprisonnement, quel qu'il soit, dispose à la folie ; que notamment le système qui expose à la tentation perpétuelle de parler, par la rigueur même de la défense, excite plus que tout autre au développement de cette funeste maladie. Il y a encore un grand nombre de détenus que les circonstances qui ont accompagné ou suivi leur jugement ont portés énergiquement vers la folie, parce que c'est là une des plus grandes crises que l'existence humaine puisse traverser. Quant à la vie des détenus, elle était, suivant M. de Tocqueville, beaucoup plus souvent frappée dans nos prisons centrales qu'à Philadelphie, en ne comprenant point dans le calcul les noirs, dont la mortalité est une fois plus grande que celle des blancs. C'est à peine si la mortalité de ce pénitencier était supérieure à celle de notre armée en général, et elle était infiniment moindre que celle des garnisons des grandes villes, de Paris, en particulier. « Que nous parlez-vous donc de philanthropie ? continuait le rapporteur ; comment ! voulez-vous maintenir des prisons où la mortalité est, par exemple, de 1 sur 7, sur 8, sur 12, en moyenne, et, au nom de la philanthropie repousser des prisons où la mortalité est de 1 sur 45 ? Il y a donc deux philanthropies ? Quant à moi, je n'en connais qu'une : c'est celle qui épargne la vie des hommes. Si j'écoute les impressions de cette philanthropie, elle me dit qu'à tout prendre la prison de Philadelphie est moins meurtrière qu'aucune autre, et qu'en tout cas elle ne dépasse pas la mortalité dont il est sage de prendre son parti quand il s'agit de criminels et de prisons. »

Tels sont les traits principaux de la question telle qu'elle fut envisagée par la Chambre. Plusieurs fois, durant l'examen des articles, les mêmes idées se produisirent. La discussion fut longue et confuse ; elle ne se termina que le 18 mai par l'adoption du projet à une très-grande majorité (231 boules blanches, 128 boules noires). Le principe de l'isolement de jour et de nuit fut consacré, bien qu'il rencontrât la plus vive, la plus persistante opposition, et qu'un très-grand nombre d'amendements eussent été proposés pour le repousser ou pour en modifier l'application. L'administration l'emportait donc sur le fond même de la question. Au reste, d'accord en cela avec la commission, elle ne refusa pas d'admettre dans la loi le principe de la déportation, après dix ans d'emprisonnement cellulaire, pour les individus condamnés à une peine plus longue. Suivant l'idée émise par M. le ministre de l'Intérieur lui-même, dans la discussion, il fut stipulé qu'une loi spéciale réglerait plus tard le mode de déportation.

Une autre disposition proposée dans la discussion, et à laquelle le gouvernement ne s'opposa point, établit que les tribunaux pourraient, dans leur arrêt, réduire de dix à cinq ans le temps pendant lequel avant la déportation le condamné devrait être soumis au régime cellulaire. Un article additionnel déclara que le nouveau mode d'emprisonnement ne serait pas applicable aux délits politiques en général, et spécialement aux délits commis par la voie de la presse; ce furent les seules modifications importantes introduites dans le projet.

Toutefois il ne devait point encore être converti en loi cette année. Porté à la Chambre des pairs, il ne put être discuté durant cette session.

Telles sont les principales lois administratives adoptées par les Chambres. Plusieurs propositions administratives furent également discutées avec des succès différents.

Une proposition relative à la falsification des vins, prise en considération dans la session précédente (*Voy*. l'Annuaire de 1843), avait été transformée en un projet de loi. Votée d'abord à la Chambre des députés, elle le fut également à la Chambre des pairs, mais avec quelques modifications assez importantes pour en nécessiter le renvoi à la Chambre élective, où elle ne put être examinée de nouveau.

Une autre proposition, digne d'un examen sérieux, celle de M. d'Angeville, sur les irrigations, fut prise en considération et demeura à l'état de rapport.

Il en fut de même pour une proposition de M. Saint-Marc-Girardin, relative à l'admission et à l'avancement dans les fonctions publiques.

Une proposition de MM. Berville et Vivien, relative aux droits des héritiers des auteurs dramatiques, prise en considération (8 mai) par la *Chambre des Députés*, fut adoptée le 19 juillet (*Voy*. aux Documents hist., part. offic. (1).

(1) Pour les autres propositions qui, à raison de leur moindre importance, n'ont pu trouver place dans cette analyse, *voy*. la Statistique générale des travaux des deux Chambres, à la fin de la session législative.

CHAPITRE V.

MATIÈRES FINANCIÈRES. — Loi sur les patentes. — Propositions financières, réforme postale, conversion des rentes. — Crédits supplémentaires. — Budgets. — Chemin de fer. — Ports et canaux.

Depuis longtemps l'ancienne législation sur les patentes n'était plus en harmonie avec l'état de l'industrie et du commerce. La loi actuellement en vigueur se liait à l'un des actes les plus mémorables de la révolution française, à l'abolition de la maîtrise et des jurandes. La loi du 17 mars 1791, qui décréta cette abolition, avait créé l'impôt des patentes, pour remplacer les divers tributs payés par l'industrie et le commerce dans leur ancienne organisation. Le commerce et l'industrie devant supporter leur part des charges publiques, rien n'était, en principe, plus juste que cet impôt; mais la difficulté avait toujours consisté dans la manière de l'asseoir. De nombreuses lois avaient été faites pour régler cette matière délicate. La loi du 1er brumaire an VII résuma toutes les dispositions antérieurement arrêtées; celles du 25 mars 1817 et du 15 mars 1818 (*Voy.* l'Annuaire) complétèrent ces dispositions, et, jusqu'en 1830, il n'avait plus été touché à cette partie de la législation. En 1834, il parut à l'administration que l'impôt ne rendait pas ce qu'il pouvait rendre. Évalué originairement à 24 millions par l'Assemblée constituante, l'impôt s'élevait seulement à 32 millions. Cette différence si peu importante ne correspondait pas évidemment à l'accroissement des forces industrielles et commerciales de la France depuis 50 ans. De plus, la loi de l'an VII, trop rigoureuse sur certains points, appliquée différemment, selon les lieux, éludée trop souvent, faisait naître des inégalités iujustes.

Un projet nouveau fut présenté : la Chambre des députés se refusa à la discuter (*Voy.* l'Annuaire). Ajournée de nouveau, en 1835 cette question fut reprise, en 1843, par le gouvernement, et cette année une commission, par l'organe de M. Vitet, se prononçait sur l'organisation nouvelle qui était proposée par le ministère.

Pour résoudre la difficuité de l'égale répartition, on avait eu jusqu'à présent recours au double mécanisme d'un droit fixe et d'un droit proportionnel, celui-ci devant servir de correctif à celui-là. Le projet nouveau ne changeait rien à ces dispositions fondamentales.

Comme le gouvernement, la commission repoussait hautement la pensée de transformer la contribution des patentes en impôt de répartition. Le mode actuel établi par la loi de brumaire an VII avait pour effet de classer les patentables d'après leurs professions, en taxant chacune selon sa classe et selon certaines circonstances déterminées. A ce système, dit : *impôt de quotité*, où l'égalité proportionnelle souffrait, à vrai dire, quelques atteintes peut-être inévitables, on opposait un autre mode, qui consisterait à fixer annuellement dans les Chambres le contingent général de l'impôt des patentes, et à le distribuer entre les départements. Ce nouveau système, dit : *impôt de répartition*, était, de la part de la commission, l'objet de critiques sérieuses. Quelle serait la base de ce système de répartition, et comment fixerait-on les contingents départementaux ? Prendrait-on le chiffre actuel de la contribution des patentes? Mais ce chiffre était une erreur ou un mensonge; c'est le chiffre même qui faisait réclamer la révision de la loi. Chercherait-on à rétablir l'égalité avant de fixer la répartition ? Si on prenait le chiffre du département le plus favorisé, on opérerait un dégrèvement ruineux pour le trésor. Si on prenait le chiffre du département le plus imposé, on accroîtrait l'impôt dans une mesure exorbitante. La fixation des contingents départementaux était permanente; l'inégalité aurait bientôt disparu devant la mobilité des circonstances, qui transforment d'une année à l'autre les conditions du commerce et de l'industrie. Si la fixation était variable, comment pourrait-on saisir les modifications incessantes de la matière imposable? D'après quelles règles, sous quel contrôle procéderaient les répartiteurs pour taxer les patentes de chaque commune ou de chaque canton? Donneraient-ils pour base à leurs appréciations leurs conjectures ou leur caprice, ou s'arrogeraient-ils le droit de pénétrer dans le secret des affaires? Le système de répartition arrivait nécessairement à l'inquisition ou à l'arbitraire.

Le gouvernement et la commission adoptaient donc le système de quotité, c'est-à-dire, ce système qui taxe les patentables *à priori*, d'après des classifications distinctes. Sans arriver à une équité absolue pour tous les cas, on échapperait au moins à de nombreuses chances d'erreur ou d'arbitraire.

La législation de l'an VII avait établi l'impôt des patentes sur la combinaison d'un droit fixe, répondant à l'importance relative de chaque profession, et d'un droit proportionnel, variable selon l'importance du local occupé par chaque patenté. Le gouvernement et la commission adoptaient ce principe. Le droit proportionnel rétablit la balance que le droit fixe avait rendue inégale. Mais ici une difficulté importante était soulevée dans le rapport de la commission : il s'agissait de savoir comment on devrait, dans certains cas, apprécier la valeur locale des établissements pour asseoir le droit proportionnel. Serait-ce d'après la valeur intrinsèque des établissements, c'est-à-dire, indépendamment de leur appropriation à telle ou telle industrie, ou faudrait-il ajouter à cette valeur celle des ustensiles et machines destinés à l'exercice de cette industrie? La commission était de ce dernier avis : il lui avait paru illogique de considérer un établissement industriel autrement que dans son ensemble et dans sa marche ordinaire, et de le séparer de ce qui prouve sa destination ; c'est surtout, en effet, dans la situation nouvelle créée à l'industrie moderne que les machines représentent la plus grande partie du capital véritable. Toutefois la commission refusait de comprendre dans cette appréciation la force motrice, l'un des éléments les plus importants de tout établissement industriel, et l'un des signes qui constatent le mieux le degré de sa puissance. L'impossibilité de taxer cette force, quand elle est représentée par des hommes ou par des chevaux, avait paru à la commission un motif suffisant pour renoncer à la saisir dans des cas où elle serait saisissable, où il serait juste de l'imposer.

Un autre point des plus importants était celui des exemptions. Le gouvernement proposait de soumettre à la patente les notaires et les avoués; la commission pensait qu'il n'y avait pas lieu de priver ces officiers ministériels de l'exemption dont ils avaient joui jusqu'alors. Elle invitait du reste le gouvernement à examiner s'il ne serait pas utile d'abaisser le taux de l'intérêt des cautionnements, ou de modifier le droit d'enregistrement sur le montant des offices. Le projet de loi avait maintenu les médecins parmi les patentables : la commission proposait de les affranchir. Enfin, la loi de brumaire an VII avait imposé la patente aux ouvriers qui travaillent chez eux, même sans compagnons, apprentis, enseigne ou boutique. Le projet de loi les exemptait, et par cette disposition libérale deux cent mille ouvriers, aujourd'hui patentés, allaient se trouver affranchis. La commission proposait d'étendre cette mesure, en permettant à l'ouvrier qui travaille chez lui l'adjonction d'un simple manœvre.

Telles étaient les principales dispositions formulées par le gouvernement, ou introduites par la commission.

La discussion s'ouvrit à la *Chambre des députés*, le 26 février, sur le projet ainsi modifié.

L'impot lui-même fut attaqué comme injuste par quelques orateurs.

Selon M. Levavasseur, les commerçants s'étonnaient que, soumis comme les autres citoyens à toutes les charges de la société, ils eussent à supporter en outre un impôt spécial et exceptionnel. Quel principe pourrait-on invoquer pour justifier cette exception? Était-ce la nécessité de faire contribuer aux charges publiques les capitaux qui alimentent le commerce et l'industrie? Mais ces capitaux, qui ne circulaient que sous la forme de valeurs négociables, payaient plusieurs fois dans la même année l'impôt du timbre, et ces valeurs, sujettes aux chances du commerce, donnaient perpétuellement lieu à des protêts, à des amendes, à des frais de tout genre qui tournaient au profit du trésor public et au détriment du commerçant. De tous les genres de capitaux, ajoutait l'honorable député, le capital commercial, par l'effet même de sa mobilité et de ses transformations successives, est celui que le fisc atteint le plus souvent et sous les formes les plus multipliées. Si l'impôt du timbre n'était pas assez productif, il fallait l'augmenter : celui-là au moins reposait sur une base certaine et frappait réellement le capital commercial; mais l'impôt de la patente s'attaquait au principe même du travail : cet impôt frappait le travailleur et le travail lui-même, tandis que l'oisif en est naturellement exempté. En résumé, M. Levavasseur déclarait cet impôt mauvais, en ce qu'il était contraire au principe d'égalité, en ce qu'il blessait les saines doctrines de l'économie politique, en ce qu'il perpétuait un fâcheux préjugé contre les classes laborieuses de la société; ce qui n'empêchait pas l'honorable membre d'en critiquer encore la répartition et l'assiette.

D'autres députés émirent des opinions moins radicales, mais qui s'attaquaient également au principe de la loi.

M. Taillandier, par exemple, affirma que les économistes n'avaient pas hésité à repousser l'impôt des patentes. Cet impôt frappait le travail, augmentait les frais de production; il prêtait trop souvent à l'arbitraire, par les nécessités même de la répartition; contrairement à tous les impôts, il prenait pour base, non le revenu, mais le capital; les besoins du trésor pouvaient seuls en justifier l'existence (1).

Il fallait donc qu'il fût contenu dans de justes limites, et pour cela, M. Taillandier croyait le principe de la répartition meilleur que le principe de la quotité. Enfin, et en envisageant toujours la question d'un point de vue général, le même orateur attaquait encore la loi comme devant abaisser le nombre des électeurs, en dégrévant un nombre assez considérable de petits patentés.

A ces critiques il fut répondu par le ministre des Finances. M. Lacave-Laplagne commença par établir que l'impôt prélevé sur le pays n'est pas une charge sans compensation; qu'il est destiné à assurer la sécurité de tous, l'indépendance nationale, les développements de la richesse et de la prospérité intérieure. C'est là, ajoutait-il, une prime d'assurance dont on sent peut-être moins l'utilité, habitué

(1) Il est curieux de voir l'idée que les législateurs de 1791 se formaient de cet impôt. Voici un passage du rapport qui fut fait alors sur la loi des patentes :

« Vous avez décrété, disait le rapporteur, un droit sur les actes, sur les successions; vous avez imposé le papier sur lequel ces actes doivent être écrits; mais le produit présumé de ces impôts, en y joignant même l'élévation de ceux que les terres peuvent raisonnablement supporter, n'est pas encore assez considérable pour atteindre la hauteur de vos besoins. Pressé entre l'extrême nécessité et la difficulté non moins extrême d'imposer, votre comité s'est vu forcé de faire tomber l'avance de l'imposition sur ceux qui débitent les productions ou les marchandises, et qui se récupèrent toujours de cette avance avec avantage, avec restitution de leurs fonds et de leurs intérêts, aux dépens des consommateurs ou des premiers vendeurs de productions. N'imaginez pas pouvoir faire contribuer les marchands à l'impôt, disait le sage Franklin au parlement d'Angleterre: ils mettent l'impôt dans leurs factures. »

qu'on est de jouir de l'avantage qu'elle procure, mais, en réalité, c'est celle qui procure le plus d'avantages, au meilleur marché possible, à tous les citoyens et particulièrement au commerce et à l'industrie, appelés à créer des valeurs mobilières, c'est-à-dire, celles qui sont le plus susceptibles d'atténuation, le plus susceptibles de disparaître, soit dans les tourmentes révolutionnaires, soit dans les invasions étrangères. Le commerce et l'industrie ne sont pas moins intéressés que les autres classes de la société à ce que les impôts soient exactement fournis et assurent les moyens de maintenir cette indépendance et cette sécurité qui leur sont plus nécessaires qu'à aucune autre classe. C'était là le véritable esprit de l'impôt dans la loi des patentes et dans l'ensemble de notre législation ; il n'en était pas de mieux justifié ni de plus légitime.

Mais il fallait reconnaître que si le principe était facile à défendre, l'application rencontrait des difficultés réelles. Le ministre avouait que si l'administration avait cru possible de transformer l'impôt des patentes, d'impôt de quotité en impôt de répartition, elle n'aurait pas hésité à le faire ; qu'il y avait impossibilité, et que cette impossibilité réelle avait toujours arrêté le législateur, depuis les premières lois faites sur cette matière. M. Lacave-Laplagne repoussait, en terminant, le reproche fait à la loi d'être pour le Cabinet un instrument politique ; cette considération n'était pas entrée dans la pensée de l'administration : elle avait voulu une règle fixe à la place d'une législation qui permettait l'arbitraire, et, par les prescriptions de la loi nouvelle, elle devait se voir souvent forcée d'admettre de nouveaux électeurs dans certaines localités, d'en exclure dans d'autres, lorsque ses intérêts particuliers pourraient lui indiquer tout autre chose à faire.

D'autres critiques se produisirent encore : M. Benoist, par exemple, accusa la loi de ne pas établir une égalité véritable et de ne pas classer les professions d'une manière logique. M. Deslongrais reprocha au ministère de compromettre les intérêts du trésor par une diminution de revenus qui ne s'élèverait pas à moins de 4 millions 741,000 fr.

Le ministre répondit que sans doute on ne pouvait encore compter sur une égalité parfaite dans la répartition de l'impôt des patentes, mais qu'il était du moins urgent et possible de faire cesser des inégalités reconnues de tous: cela seul suffisait pour justifier le projet de loi. Quant à la diminution des revenus, elle ne paraissait pas devoir être de plus de 1 million 550,000 francs, et ce n'était pas là une considération assez puissante pour entraîner le rejet d'une loi qui devait consacrer des modifications importantes et soulager un grand nombre de patentables.

Il fut encore entendu un discours assez remarquable sur les principes de la loi. M. Demesmay rechercha quelle est la nature de l'impôt des patentes. L'orateur ne pensait pas que ce fût le prix d'une licence, d'un permis d'exercice; c'était l'acquittement de la part que l'industriel et le commerçant doivent à l'État sur les bénéfices présumés de leur profession. Suivant M. Demesmay, cette interprétation était la seule rationnelle, équitable et conforme à l'esprit de notre temps. Il en tirait ce principe, que l'impôt des patentes devrait être proportionnel dans toute la rigueur du terme entre les divers citoyens qui ont à le supporter; le droit fixe ne devait apparaître que là où le droit proportionnel manquant de bases certaines pour être assis n'arriverait plus à saisir la matière imposable. L'orateur invoquait l'autorité de la loi de 1791, qui reposait sur le principe seul du droit proportionnel et du droit progressif; c'était la plus rigide, mais la plus logique appréciation du principe de la proportionnalité. Il ne demandait pas qu'on établît le droit progressif, ni même que l'on supprimât complètement le droit fixe, mais il voulait qu'en accordant le plus possible au premier, on restreignît le plus possible le second. Il reconnaissait au reste les bonnes intentions du gouvernement ; la loi nouvelle était capable de porter remède à beaucoup d'abus et d'injustices. Ce discours demeura sans réponse directe. Le succès du projet était dès ce moment assuré.

Telles sont les principales idées sur lesquelles roula la discussion générale : la discussion des articles fut très-longue et très-minutieuse, comme l'exigeait l'étendue et la multiplicité des intérêts mis en jeu. Elle ne fut animée que lorsque se présentèrent les difficultés fondamentales de la matière.

Un des articles les plus importants du projet fixait le droit proportionnel au vingtième de la valeur locative. Le taux du dixième, établi par la loi de brumaire an VII, n'avait jamais été que nominal. Un amendement de M. Deslongrais tendait à renverser, sur ce point, tout le système du projet et à graduer le droit proportionnel, aussi bien que le droit fixe, d'après la population : cette modification fut rejetée par la Chambre.

Une autre discussion non moins importante s'éleva sur la manière d'asseoir le droit proportionnel que doit supporter le mobilier industriel. Trois systèmes se trouvaient en présence, ayant pour but, l'un d'imposer l'outillage à l'exclusion de la force motrice, l'autre, de frapper la force motrice à l'exclusion de l'outillage ; un troisième, enfin, de frapper concurremment la force motrice et l'outillage. La commission se rallia à ce dernier système, proposé par M. de Chasseloup-Laubat, et le gouvernement lui-même y adhéra ainsi que la Chambre. Désormais le droit proportionnel ne porterait plus seulement sur une partie du mobilier industriel, mais il serait calculé sur la valeur locative de l'établissement pris dans son ensemble et muni de tous ses moyens matériels de production.

Il serait impossible de suivre dans ses détails la discussion sur la partie de la loi relative aux exceptions : il suffira de dire que le cercle en fut étendu en faveur de certaines professions plus ou moins voisines de celles assujéties à la patente. Ainsi, dans la classe des officiers ministériels, les huissiers et les commissaires-priseurs, auparavant soumis à la patente, en seraient désormais affranchis; les notaires et les avoués, que le gouvernement avait proposé d'y soumettre, seraient maintenus dans leur ancienne franchise; les courtiers de commerce et les agents de change continueraient de payer la patente. Enfin, la loi faisait cesser une regrettable anomalie, en étendant aux médecins l'immunité dont jouissaient déjà les avocats.

Dans un autre ordre d'idées, la loi nouvelle tranchait heureusement une difficulté dangereuse, en disposant que les maires pourraient assister les contrôleurs dans les opérations du recensement, sans que toutefois cette intervention fût rendue obligatoire.

L'ensemble du projet fut adopté à la majorité de 209 voix contre 60, par la Chambre des députés (14 mars). Voté définitivement par la *Chambre des pairs* (13 avril), il fut converti en loi (*Voy.* le texte aux Documents historiques. Partie officielle. Appendice, page 12).

Propositions financières. — Deux propositions importantes furent soumises à la *Chambre des députés*, l'une par M. de Saint-Priest, relative à une réforme postale; l'autre par M. Garnier-Pagès, relative à la conversion des rentes.

La proposition de M. de Saint-Priest fut prise en considération par la Chambre; elle répondait à un besoin véritable. On sait que, par l'effet de nos tarifs actuels, les familles pauvres sont presque dans l'impossibilité de correspondre, et cependant, dans l'état actuel des choses, il y a jusqu'à 600,000 lettres écrites par les soldats ou les marins à leurs familles; celles des ouvriers en reçoivent quatre fois davantage, et trop souvent ces lettres sont refusées faute de pouvoir en payer le prix; même dans les familles plus aisées on recule devant les ports de lettres.

Il y avait injustice, selon M. de Saint-Priest, dans la manière dont l'impôt des postes est réparti. Par l'effet des tarifs, des dépenses qui devaient être réparties sur la masse des contribuables ne se trouvaient frapper que sur des distances. Nulle part le prix de revient des lettres n'était en rapport avec le tarif; enfin, quoique la centralisation administrative obligeât tous les Français à se mettre en rapport avec la capitale, toutes les relations, même légales, que l'habitant de la province est forcé d'entretenir avec Paris lui coûtaient beaucoup plus cher qu'à l'habitant voisin de la capitale. C'était là une inégalité choquante sur laquelle M. de Saint-Priest appelait l'attention sérieuse du gouvernement et de la Chambre.

En 1843 un rapport avait été fait à la Chambre des députés (26 mars) sur plusieurs pétitions s'appuyant sur le vœu de 65 conseils généraux, parmi lesquels figurait le conseil général de la Seine, et demandant : 1° la réduction du port des lettres à un taux modique et uniforme ; 2° la suppression du décime rural ; 3° la réduction du port de la correspondance adressée d'Algérie par nos soldats et marins à leurs familles ; 4° la réduction de 2 1/2 p. 0/0 du droit de 5 p. 0/0 sur les articles d'argent déposés à la poste. La commission avait proposé le renvoi au ministre des Finances et à la commission du budget. La Chambre, consultée sur la question la plus importante, sur celle de la réduction du port des lettres et d'une taxation uniforme, s'était prononcée contre le renvoi ; elle ne l'avait ordonné que pour la suppression du décime rural et la réduction à 2 1/2 p. 0/0 de la taxe sur les envois d'argent.

La proposition, telle qu'elle fut prise en considération par la Chambre (30 mars), renfermait les germes d'une utile réforme, quoiqu'on pût y regretter un oubli, le port des imprimés.

Une autre proposition, celle de M. Garnier-Pagès, fut

moins heureuse; la prise en considération en fut repoussée (31 mars). En voici le texte :

» Article Ier. Le ministre des finances est autorisé à effectuer le remboursement des rentes 5 p. 0/0 inscrites au Grand-Livre de la dette publique, à raison de 100 fr. pour chaque 5 fr. de rente.

» Art. 2. Toutefois, les propriétaires d'inscriptions de rentes 5 p. 0/0 pourront en réclamer la conversion en inscriptions nouvelles de rentes 4 1/2 p. 0/0 au pair.

» Art. 3. Les rentes converties continueront à jouir des intérêts à 5 p. 0/0 jusques et y compris le semestre qui suivra l'achèvement de l'opération du remboursement des rentes 5 p. 0/0.

» Art. 4. Les propriétaires des rentes 5 p. 0/0 auront, pour user de la faculté énoncée à l'art. 2, un délai de trois mois, à partir du jour qui sera fixé par l'ordonnance royale. Ceux qui n'auront pas fait leur déclaration d'option avant l'expiration de ce délai resteront soumis au remboursement. En ce qui concerne les propriétaires de rentes qui n'ont pas la libre et complète administration de leurs biens, la déclaration d'option pour la conversion sera assimilée à un acte de simple administration, et sera dispensée d'autorisation spéciale et de toute autre formalité judiciaire.

» Art. 6. Pour les rentes affectées à des majorats, la déclaration pourra être faite par les titulaires desdits majorats.

» Art. 7. Si une rente 5 p. 0/0 est grevée d'usufruit, et si le nu-propriétaire et l'usufruitier, ou l'un d'eux seulement, n'a pas usé de la faculté de réclamer la conversion, le Trésor sera valablement libéré en déposant, à leurs risques et périls, à la caisse des consignations, le capital de la rente, quand l'inscription sera appelée au remboursement. Si ce dépôt résulte du fait de l'usufruitier, celui-ci n'aura droit, jusqu'à remploi, qu'aux intérêts que la caisse est dans l'usage de servir. S'il résulte du fait du nu-propriétaire, ce dernier sera tenu de bonifier à l'usufruitier la différence entre le taux des intérêts payés et celui de 4 1/2 p. 0/0. Toutefois il n'est porté aucune atteinte aux stipulations particulières qui règlent les droits du nu-propriétaire et de l'usufruitier.

» Art. 8. Le remboursement des rentes pour lesquelles la conversion n'aura pas été demandée pourra être effectué par séries. Il ne sera obligatoire pour l'État que jusqu'à concurrence du capital des séries appelées.

» Art. 9. L'exercice du droit de remboursement est suspendu pendant dix ans, à compter du jour où l'opération aura été terminée, pour les rentes 4 1/2 p. 0/0 créées en exécution de la présente loi ou antérieurement.

» Art. 10. Le ministre des finances est autorisé, pour effectuer le remboursement des rentes 5 p. 0/0:

» 1° A disposer de la réserve possédée par la caisse d'amortissement ;

» 2° A négocier des bons du Trésor;

» 3° Enfin, et s'il en est besoin, à faire inscrire sur le Grand-Livre de la dette publique des rentes 4 1/2 ou 4 p. 0/0 qui pourront être négociées au-dessous du pair. La négociation devra être faite avec publicité et concurrence.

» Art. 11. Des ordonnances royales, inscrites au *Bulletin des Lois*, détermineront, dans les limites prescrites par la présente loi, le mode, les détails et *les formes* dans lesquels le remboursement et la conversion devront être réalisés.

» Art. 12. La part d'amortissement attribuée aux rentes qui viendront à être remboursées ou converties sera transportée aux rentes qui leur seront substituées, à partir du jour de l'inscription de ces nouvelles rentes sur le Grand-Livre de la dette publique. Le transport, conformément à l'art. 1er de la loi du 10 juin 1833, indiquera séparément le montant des dotations et celui des rentes rachetées.

» Art. 13. Tous titres ou expéditions à produire pour le remboursement ou la conversion des rentes 5 p. 0/0, en tant qu'ils serviraient uniquement aux opérations nécessitées par la présente loi, seront visés pour timbre et enregistrés gratis, pourvu que cette destination soit exprimée.

» Art. 14. Le ministre des finances rendra un compte détaillé de l'exécution de la présente loi dans les deux mois qui suivront la prochaine session des Chambres. »

Cette proposition n'avait eu pour but, en grande partie, que de faire cesser l'état d'incertitude dans lequel on se trouvait, et d'amener le gouvernement à se prononcer sur la question. C'est au commencement de 1836 que la question de la conversion des rentes fut portée pour la première fois sérieusement à la tribune. A cette époque, M. Garnier-Pagés le rappelait, M. Lacave-Laplagne, aujourd'hui ministre des Finances, s'était montré partisan de l'opération (1).

(1) Déjà, dans un rapport fait par M. Lacave-Laplagne, dans la session de 1833, l'honorable rapporteur disait :

« Le cours de nos rentes exerce, on ne saurait le nier, une action mmense sur le taux de l'intérêt dans les transactions particulières. Toutes les fois, par conséquent, que des circonstances étrangères à la confiance qu'inspire l'État et au crédit dont il jouit agissent sur le cours, et sont cause qu'il n'exprime pas exactement la mesure de ce crédit, ces circonstances réagissent sur toutes les transactions et intro-

Selon M. Garnier-Pagès la conversion était nécessaire à l'équilibre du budget, nécessaire à la prospérité du commerce et de l'industrie, nécessaire au succès des emprunts futurs. Le résultat de la conversion serait de faire fléchir le 5 p. 0/0, mais, par contre, de faire monter le 3 p. 0/0.

Mais une question dominait tout le débat, la question d'opportunité. Or, M. Garnier-Pagès pensait que jamais occasion plus favorable ne s'était présentée : sécurité intérieure, sécurité extérieure, sécurité commerciale, ces conditions nécessaires au succès d'une conversion se trouvaient réunies. Aussi voyait-on toutes les nations s'empresser à l'envi de réduire leur dette : en 1842 c'était la Prusse ; dernièrement le royaume de Naples ; récemment la Belgique, à l'unanimité de ses représentants, proposait, acceptait et votait la conversion ; en Angleterre, le chancelier de l'Échiquier s'occupait à convertir, pour un capital de 6 millions, du 3 1/2 en 3 p. 0/0.

A la question d'opportunité se rattachait l'imminence d'un emprunt, et c'était là un des arguments du ministère, argument insuffisant, selon l'auteur de la proposition, puisqu'il trouvait dans l'emprunt même la nécessité d'une conversion. Faut-il élever d'abord le crédit pour faire baisser le cours de l'intérêt et contracter l'emprunt ensuite ? ou bien faut-il commencer par faire l'emprunt et élever le crédit après ? Toute la question était là. Or, n'est-il pas évident qu'il faut élever d'abord le plus possible la valeur des obli-

duisent un élément erroné dans la fixation des conditions qui y sont portées. Dans quelque sens que cette erreur se manifeste, il serait du devoir du gouvernement d'y porter remède, car un de ses premiers soins doit être de répandre partout la lumière et la vérité. Mais ce devoir est bien plus impérieux encore lorsque ces influences, étrangères à la véritable situation du crédit, ont pour résultat d'occasioner une hausse factice de l'intérêt. Personne ne conteste tout ce qu'une pareille hausse a de désastreux pour l'agriculture, les fabriques et le commerce. Nos enquêtes commerciales montrent que l'élévation du taux de l'intérêt est une des principales causes de l'infériorité de quelques-unes de nos industries. Or, il est un point à l'abri de toute contestation, c'est que la menace de remboursement arrête l'essor de la rente 5 p. 0/0. »

gations de l'État, pour négocier l'emprunt au taux le plus favorable ?

Enfin, disait M. Garnier-Pagès, il n'était pas nécessaire, comme le croient certains esprits, de se préparer un encaisse pour aborder hardiment la réduction du taux de l'intérêt. Au lieu d'avoir un capital à rembourser, on trouverait un capital de 30 ou 40 millions de rentes perdues depuis le moment où les rentes ont été créées ; et d'ailleurs, cet encaisse, on l'aurait au besoin.

« Ce que les financiers de la Chambre, disait en terminant l'auteur de la proposition, ont jugé convenable et opportun de faire depuis 1836 ; ce qu'ils ont essayé de faire en 1836 sur le rapport de M. Lapagne ; ce qu'ils ont essayé de faire en 1838 sur le rapport de M. Passy ; ce qu'ils ont essayé de faire en 1840 sur le rapport de M. Muret de Bort, faites-le à votre tour ; ne restez pas en arrière de vos devanciers, ne reculez pas dans la voie tracée par les législatures précédentes ; et, lorsque toutes les législatures ont accepté la mesure, ne venez pas dire à votre pays et à l'Europe que vous n'avez ni la puissance, ni la volonté de faire ce qu'on a fait dans le passé, et ce que font aujourd'hui les peuples de l'Europe. »

M. le ministre des Finances répondit à M. Pagès que l'opinion exprimée par lui en 1836 était toujours la sienne. M. Laplagne pensait toujours que le remboursement de la rente, opéré dans des circonstances convenables et opportunes, est une mesure utile et avantageuse, un devoir pour le gouvernement. Si donc le Cabinet ne la faisait pas à cette heure, c'est qu'il y avait des motifs graves pour ne pas la faire, et ces motifs n'étaient puisés ni dans la situation intérieure, ni dans la situation extérieure, ni dans la situation commerciale.

M. le ministre pensait que de tous les dangers de la conversion le remboursement était le moins à craindre ; mais un danger plus réel à ses yeux, c'était la vente faite par toute une classe de rentiers véritables, de ceux qui sont dans la rente d'une manière stable. Or, qu'arriverait-il alors ?

Ces intermédiaires qui, lorsque le gouvernement conclut un emprunt, se chargent d'une certaine masse de rentes et la gardent assez longtemps pour que les épargnes successives qui se font dans le pays viennent la leur prendre; ces intermédiaires recevraient les rentes des titulaires sortants, les garderaient quelque temps, et plus tard, l'opération terminée, le cours régulier des choses une fois rétabli, les céderaient à leur tour. Il faudrait donc, si l'on ne se préoccupait pas de la nécessité d'un encaisse, il faudrait compter sur ces intermédiaires pour se charger momentanément des rentes déplacées.

Depuis 1836, époque à laquelle remontait la discussion sérieuse de la conversion des rentes, depuis cette époque il s'était manifesté un fait dont il fallait tenir compte. Les rentes 5 p. 0/0 avaient, depuis ce moment, diminué entre les mains des particuliers. Ce déplacement avait constamment suivi les phases diverses de la discussion, augmentant quand un projet de loi était présenté par le gouvernement, augmentant encore quand ce projet était voté par l'une des deux Chambres, diminuant quand le projet était rejeté (1). Ce mouvement, si l'opération était convertie en loi, s'opérerait, cela était certain, dans des proportions considérables. Là était la connexité entre la conversion et l'emprunt. L'un, suivant M. le ministre, devait nuire à l'autre, car les intermédiaires nécessaires, soit pour l'opération de la conversion, soit pour l'emprunt, ne pourraient fournir leur concours que dans certaines limites, ne pourraient se charger de tout à la fois.

Quelques orateurs furent encore entendus, et la proposition de M. Garnier-Pagès ne fut repoussée que par 163 voix contre 154 (*voy.* l'historique de l'emprunt, c. VIII, Histoire intérieure).

(1) Depuis le mois de mars 1836, les quantités de rentes qui ne sont plus aux mains des particuliers s'élèvent à 7 millions.

Crédits supplémentaires.—L'opposition avait eu à regretter l'année dernière de n'avoir pas examiné avec assez de vigilance le budget supplémentaire; elle ne voulut pas tomber cette année dans la même faute. La discussion sur les crédits spéciaux du ministère des Affaires étrangères fut, comme on le verra, l'occasion de sérieux débats. La loi des crédits supplémentaires devient de plus en plus, tous les ans, comme une sorte de budget extraordinaire à l'occasion duquel se reproduisent toutes les questions politiques.

Mais avant d'analyser ces importants débats, il est nécessaire de poser, comme base, les chiffres réclamés par M. le ministre des Finances.

Le projet de loi portant demande de crédits supplémentaires et extraordinaires sur les exercices 1843 et 1844, et sur les exercices clos, ouvrait sur l'exercice 1843 les crédits suivants:

1° 23,637,620 fr.;
2° 17,189,821.

Une somme de 4,934,000 fr. était annulée sur le même exercice.

Les crédits pour 1844 se composaient:

1° de 386,764 fr;
2° de 3,316,808.

Il était ouvert sur 1844 des crédits spéciaux montant ensemble à........................ 175,696 fr.

Les crédits accordés par diverses lois sur les exercices 1842 et 1843, aux ministres des Travaux publics, de la Guerre et de la Marine, pour les travaux extraordinaires et les grandes lignes de chemins de fer, étaient réduits d'une somme de.................. 14,304,047 restée sans emploi sur lesdits exercices.

Des crédits supplémentaires montant à... 15,690,365

étaient ouverts sur les exercices 1843 et 1844 aux ministres des Travaux publics, de la Guerre et de la Marine, pour les services mentionnés à l'article précédent.

Il était accordé, en augmentation des restes à payer des exercices 1839, 1840 et 1841, des crédits supplémentaires pour la somme de.................................. 733,917 montant de nouvelles créances constatées sur ces exercices.

Enfin il était ouvert au ministre des Finances un crédit de.................... 193,906 à l'effet de pourvoir, à défaut du gouvernement de la Grèce, au complément du paiement du semestre échu le 1er septembre 1843 des intérêts et de l'amortissement de l'emprunt négocié le 12 janvier 1833 par ce gouvernement, jusqu'à concurrence de la portion garantie par le trésor de France, en exécution de la loi du 11 juin 1833 et de l'ordonnance royale du 9 juillet suivant.

Le projet de loi présenté à *la Chambre des députés*, le 12 janvier, fut, le 27 avril, l'objet d'un rapport de M. Félix Réal. Le vote annuel de ces crédits est d'ordinaire, on le sait, plutôt un prétexte à des discussions politiques que l'examen sérieux des économies réalisables ; aussi la partie politique de la discussion doit-elle trouver ici sa place avant l'analyse de la situation financière établie par le projet.

La question de Tahiti, reprise en sous-œuvre par M. Berryer, occupa pendant deux séances (27 et 28 mai) l'attention déjà fatiguée de la Chambre, sans qu'aucun fait nouveau fût révélé. La situation était restée la même qu'à l'époque de la discussion des fonds secrets. Mais une autre question, sinon plus importante, au moins plus nouvelle, la situation de Montevideo et la conduite du gouvernement français et de ses agents envers nos nationaux fut l'objet de débats longs et passionnés.

Le premier, M. Thiers, vint signaler aux préoccupations sérieuses de la Chambre la continuation déplorable de la situation malheureuse faite, suivant l'honorable orateur, à dix-huit mille français par les erreurs de notre diplomatie. M. Thiers commençait par un exposé clair et complet de la question depuis son origine jusqu'à l'heure présente. Par le traité conclu en 1840 avec Rosas, la France avait stipulé la paix et une complète indépendance pour Montevideo. A peine M. de Mackau, l'auteur du traité, était-il parti, que Rosas, au mépris des conventions, déclara la guerre à Montevideo et voulut imposer pour président à cette république le général Oribe. Montevideo s'y refusa : de là une guerre qui dure encore. M. de Lurde, agent de la France, somma dès-lors Oribe d'exécuter le traité et de suspendre les hostilités ; en même temps le consul anglais, M. Mandeville, menaçait d'appuyer par une flotte les résolutions de la France. Oribe n'en tint compte, mit le siége devant Montevideo, et l'agent français parut désavoué par son gouvernement.

Au premier bruit de l'approche d'Oribe, que précédait une proclamation sanguinaire, le consul de France, M. Pichon, avait engagé les français habitants de Montevideo à prendre les armes. Trois mille quatre cents hommes furent enrôlés pour la défense de la ville. Et cependant, quinze jours après, M. Pichon manifestait le regret de s'être mis en avant. Compromis vis-à-vis d'Oribe, abandonnés par celui qui les avait excités à la guerre, menacés du dernier supplice par une sanguinaire proclamation du général de Rosas, les français n'avaient pas autre chose à faire que ce qu'ils firent, ne s'en remettre qu'à eux-mêmes du soin d'une défense devenue nécessaire.

Quelle avait été pendant ce temps, continuait M. Thiers, la conduite des agents anglais à l'égard de leurs nationaux ? bien différente de celle de nos agents à l'égard d'une population tout autrement importante. Tandis que l'amiral Massieu de

Clairval, réduit, il est vrai, à quelques bâtiments du plus faible échantillon, se trouvait dans l'impossibilité d'accorder une protection efficace aux français menacés, tandis que M. Pichon les abandonnait indignement après les avoir mis en avant, le commodore Purvis, vivement ému des menaces infâmes adressées par Oribe aux étrangers de Montevideo, avait écrit à ce sauvage que sa proclamation était digne d'un pirate et l'avait sommé de s'expliquer. Connaissant l'énergie habituelle de la marine anglaise, Oribe s'empressa de rapporter sa proclamation, en ce qui concernait les anglais. M. de Mackau répondait que la communication faite à Oribe par le commodore Purvis avait eu lieu sur l'initiative de l'amiral français : mais alors pourquoi l'amiral ne s'y était-il pas associé pour le compte de la France? Pendant que le commodore Purvis, non encore satisfait, réclamait et obtenait une déclaration franche que la personne et la propriété des anglais seraient à l'abri de toute attaque, et cela sans condition aucune, les agents de la France n'obtenaient un engagement semblable qu'à la condition de cesser de défendre la ville. C'est cette condition que M. Pichon s'était chargé de leur proposer, bien convaincu sans doute à l'avance qu'il leur était impossible d'y accéder. Telle était, telle avait été la conduite différente des deux gouvernements anglais et français, à l'égard de leurs nationaux respectifs. Protection menaçante d'un côté, abandon absolu de l'autre.

Cette conduite de nos agents, si peu semblable à ce qu'avait paru leur conseiller dès l'abord un louable premier mouvement, M. Thiers ne pouvait se l'expliquer que par des dépêches impératives reçues de Paris. Après avoir organisé lui-même la résistance, M. Pichon en était arrivé à réduire les français de Montevideo à cette alternative, ou de déposer les armes ou de se voir dénationalisés. Comme si un consul pouvait, de sa propre autorité, dénationaliser un seul homme! En dépit d'un traité qui obligeait la France de garantir Montevideo des conséquences d'une guerre commencée à son occasion, on en était arrivé à reconnaître le blocus déclaré par Rosas; on en était arrivé, chose indigne, à se substituer à la flotte de Rosas lui-même et, sous prétexte des rigueurs excessives de Rosas et des bandits indisciplinés qui combattent sous ses ordres, à exercer le blocus au nom de Rosas, avec des bâtiments français et anglais.

Evidemment, continuait avec un accent de conviction profonde l'illustre orateur, évidemment il y avait là une question de loyauté, de justice et par-dessus tout une question d'humanité.

» Si tout cela est vrai, disait-il en terminant, je conclus qu'au début, alliés de la république de Montevideo, ayant interposé pour elle notre médiation, nous avons laissé mépriser cette médiation et assiégé Montevideo; que nous avons d'abord provoqué les Français à s'armer, puisque nous avons voulu les en empêcher; que pour cela nous sommes allés jusqu'à les dénationaliser, sans droit de le faire; que nous avons poussé la violence jusqu'à cesser toute relation avec Montevideo, et que nous sommes, par conséquent, aujourd'hui en rupture avec Montevideo, en alliance avec Rosas, au mépris de nos intérêts évidents, au mépris de tout ce qui nous obligeait à faire exactement le contraire, au mépris même du sytème de neutralité allégué par le gouvernemeut dans cette question. Enfin, j'en conclus qu'à l'égard des Français, nous les bloquons, nous les réduisons à la misère et nous les exposons à périr. Je demande ou la médiation immédiate, de concert avec l'Angleterre, ou sans elle, si elle refuse de s'en mêler. Je demande au moins que le blocus soit levé et interdit à Rosas, comme violateur des engagements pris avec nous. »

Selon M. le ministre de la Marine, qui répondit à M. Thiers, l'honorable orateur avait été influencé par des ennemis du gouverment de Buenos-Ayres et s'était laissé imposer des convictions erronées. On s'exagerait les dangers de la position des nationaux français que le gouvernement n'abandonnait pas, mais pour lesquels il ne s'écarterait pas d'une neutralité nécessaire. La résolution qu'avaient prise les habitants français de Montevideo de recourir aux armes était contraire aux instructions du gouvernement français, contraire à leurs intérêts mêmes. S'il y avait danger, ajoutait M. de Mackau, ce n'était que pour ceux qui avaient pris les armes ; pour ceux-là même, leur titre de français suffisait pour qu'on vînt à leur secours. Ceux qui n'avaient pas les armes à la main étaient couverts par le traité d'Oribe ; ceux qui s'étaient armés seraient couverts par l'affection et la sympathie de nos officiers.

L'insuffisance de ces explications était trop évidente pour que M. le ministre des Affaires étrangères laissât la Chambre sous l'influence des paroles de M. Thiers. M. Guizot répondit (30 mai). Le traité conclu le 29 octobre 1840 par M. de Mackau avait eu pour effet, disait en commençant M. le ministre, de faire sortir la politique française d'une voie difficile et dangereuse. Nous étions engagés alors et compromis dans les querelles intérieures de l'Amérique du Sud, et cela d'une manière d'autant plus déplorable, que cette politique nous mettait à la suite du parti le plus faible, de celui qui a constamment succombé dans les grandes luttes de l'Amérique du Sud, du parti européen en face du parti américain. Les trois cabinets qui succédèrent à cet époque, ceux du 15 avril, du 12 mai, du 1er mars, l'avaient si bien senti, qu'ils avaient voulu sortir de cette position. Chargé de changer une politique qui avait entraîné certains intérêts à sa suite, M. de Mackau avait nécessairement blessé ces intérêts, « intérêts français, ajoutait M. le ministre, que nous devons protéger dans les limites de leurs droits, mais auxquels nous ne devons jamais subordonner, sacrifier les intérêts généraux du pays, ni même ceux d'autres français établis en Amérique. »

M. de Mackau avait su démêler ces intérêts généraux, les mettre au-dessus des intérêts particuliers compromis dans la question. Ainsi l'on était rentré dans le vrai, dans le raisonnable, dans le juste ; ainsi l'on ne serait plus à la merci d'une petite poignée de français turbulents, qui voudraient pour leurs intérêts engager la métropole dans des complications nouvelles. La nouvelle voie dans laquelle était entrée la France, par le traité de 1840, assurait à nos nationaux, sur les rives de la Plata, une situation qui ferait envie partout, une situation sans exemple peut-être dans l'histoire des établissements de ce genre. Cette situation consistait à ne pouvoir jamais être soumis au service militaire, jamais au service de la milice, à être exempts de tous les impôts extraordinaires, de toutes les taxes de guerre. C'est cette situation que le gouvernement voulait conserver aux français de la Plata : voilà pourquoi on avait persévéré, voilà pourquoi on persévérerait dans la ligne de conduite tracée par le traité du 29 octobre 1840.

Quand aux français établis à Montevideo et formés en légion pour la défense de la ville, on ne pouvait pas, on ne devait pas parler en leur nom. Car, disait M. Guizot, on parlait ainsi au nom d'une minorité; c'était une minorité qui voulait revenir à l'ancienne politique dont le traité nous avait fait sortir. La majorité réclamait le maintien de la politique nouvelle, et cette politique avait pour elle, avec cette majorité, les intérêts généraux du pays.

Au reste, continuait M. le ministre, la question était plus grande que ne l'avait faite M. Thiers. Il avait voulu mettre hors de cause le traité du 29 octobre : il avait déclaré n'avoir pas à se plaindre du traité, mais du mode d'exécution de ce traité. Cela n'était pas possible, et c'était sur ce traité que portait la question. Plus logiques que M. Thiers, les pétitionnaires de Montevideo attaquaient le traité lui-même (1). Là était la question, car ce traité avait établi sur lés rives de la Plata la situation qu'aujourd'hui on demandait de défaire. Examinant donc ce traité, M. Guizot voyait

(1) Pour le texte de cette pétition et les extraits de dépêches cités, soit par M. Thiers, soit par M. de Mackau, soit par M. le ministre des Affaires étrangères, *voy.*, à l'Appendice, les Documents historiques, part. offic. France.

qu'il était intervenu dans une situation double. En 1840, en effet, il y avait plus d'une guerre sur les rives de la Plata. Il y avait la guerre de la France contre Rosas ; il y avait en outre deux guerres civiles : dans la république de Montevideo, la guerre des partisans de Riveira contre les partisans d'Oribe ; dans la république de Buenos-Ayres, la guerre des partisans de Rosas contre les partisans de Lavalle ; enfin, une guerre d'État à État entre les républiques de Montévideo et de Buenos-Ayres ; quatre guerres à la fois, trois indépendantes de la nôtre. La faute de la politique française avant le traité avait été de confondre toutes ces guerres, d'unir notre cause aux trois autres, de faire épouser à la France la cause de Montevideo contre Buenos-Ayres, la cause de Riveira contre Oribe, la cause de Lavalle contre Rosas. Et cependant, même en marchant dans cette mauvaise voie, nos agents avaient constamment maintenu le droit de la France à séparer, le jour où elle le voudrait, sa cause des autres, à traiter avec Rosas pour son compte et indépendamment de ses alliés. M. de Mackau avait reçu de M. Thiers des instructions dans ce sens. Ces instructions, M. de Mackau les avait fidèlement exécutées : il avait terminé la question française et fait la paix avec Rosas ; il n'avait pas terminé les trois autres guerres pendantes en même temps, ni fait la paix entre Montevideo et Buenos-Ayres. Montevideo, malgré sa réclamation, avait été exclu des négociations entamées avec Rosas. Le résultat de ces négociations avait été le traité du 29 octobre 1840, et particulièrement, en ce qui concerne Montevideo, l'art. 4, dont jusqu'à présent on avait dénaturé la portée (1). On avait voulu voir

(1) Voici le texte de cet article :
« Art. 4. Il est entendu que le gouvernement de Buenos-Ayres continuera à considérer en état de parfaite et absolue indépendance la république orientale de l'Uruguay, de la manière qu'il l'a stipulé dans la convention préliminaire de paix conclue, le 27 août 1828, avec l'empire du Brésil, sans préjudice de ses droits naturels, toutes les fois que le demanderont la justice, l'honneur et la sécurité de la confédération argentine. »

dans cet article une garantie donnée par la France à Montevideo contre les suites de la guerre que la république soutenait avec Rosas : il n'y avait là rien de semblable. L'article ne contenait qu'une nouvelle déclaration exigée de Buenos-Ayres de l'indépendance montevidéenne, qu'on pouvait craindre de voir compromise dans la guerre qui continuait entre les deux républiques. Tout ce qu'on pouvait tirer de l'art. 4, quoique cela n'y fût pas littéralement, formellement écrit, c'était un engagement pris par la France de revendiquer l'indépendance de l'état de l'Urugnay, si Rosas en faisait la conquête et prétendait l'incorporer à la confédération de la Plata. Il n'y avait là aucune promesse de faire cesser la guerre ou de garantir Montevideo des suites que la guerre pourrait entraîner.

Quant à l'exécution du traité, M. Guizot voyait là deux choses : ce qui regardait la France et ce qui regardait Montevideo. Ce qui regardait la France avait été exécuté ; le traitement de la nation la plus favorisée avait été assigné aux Français à Buenos-Ayres ; l'indemnité stipulée avait été liquidée et payée. Si quelques réclamations subsistaient encore, on les poursuivait. Quant à ce qui regardait Montevideo, la guerre et ses conséquences ne pouvant être regardées comme une violation du traité, la guerre s'était poursuivie avec lenteur dans la première année, plus ardemment dans la seconde ; elle avait été portée sur le territoire de l'Uruguay. Une médiation commune de la France et de l'Angleterre avait été proposée alors, mais refusée par le gouvernement de Buenos-Ayres, dont c'était le droit incontestable. Fallait-il que la médiation devînt une médiation forcée ? Fallait-il faire la guerre à Rosas pour qu'il fît la paix avec Montevideo ? Voilà la question véritable. Or, pour intervenir ainsi entre deux États, continuait M. le ministre des Affaires étrangères, pour leur imposer une médiation par la force, il fallait de grandes raisons d'intérêt national On avait déjà fait l'expérience d'une guerre sur les rives de la Plata : de 1837 à 1840 on avait combattu Rosas pour en arriver, à quoi? au traité du 29 octobre. C'était chose grave que de s'engager dans une nouvelle lutte, pour une cause qui n'était plus celle de la France. L'Angleterre l'avait pensé aussi et avait recommandé la neutralité à ses agents : le commodore Purvis venait d'être rappelé du commandement de la Plata, parce qu'il n'avait pas suffisamment observé la stricte neutralité.

On avait incriminé la conduite de M. Pichon et les contradictions singulières qui paraissaient exister entre ses déterminations premières et son attitude ultérieure : mais, ici encore, les faits avaient été dénaturés. M. Guizot les rétablissait à son tour. Quand Oribe avait commencé à approcher de Montevideo, le gouvernement de l'Uruguay avait demandé au consul de France s'il autoriserait les français à prendre part à la guerre. Ne voulant pas prendre sur lui seul de répondre, bien que ses instructions fussent positives, M. Pichon consulta le ministre du roi à Buenos-Ayres, M. le comte de Ludre, qui l'engagea à n'en rien faire (*Voy.* la dépêche sous la date du 23 février 1843, aux Documents hist., part. offic. France). Sur cet avis M. Pichon avait fait à la fois deux choses que lui commandaient également les dangers de la situation. Il avait voulu d'un côté pourvoir à la sûreté des français dans le cas où Montevideo serait pris; il les avait réunis dans ce dessein, leur avait conseillé des mesures et indiqué des points de réunion nécessaires pour atteindre ce but; il était convenu avec le capitaine commandant l'*Aréthuse* du débarquement des marins. C'était là ce qu'on avait appelé un conseil aux résidents français de prendre les armes pour entrer dans la lutte. Mais d'un autre côté, et en même temps, voulant empêcher que nos résidents ne s'engageassent dans la lutte et ne prissent les armes pour porter la guerre hors des murs de la ville, M. Pichon leur avait rappelé, par une proclamation à la date du 9 février 1843, l'art. 21 du Code civil, qui punit par la perte de la qualité de français, tout français qui, sans autorisation du roi, prend du service militaire à l'étranger. Le consul avertissait ceux d'entre nos résidents qui contreviendraient aux dispositions de la loi, qu'il se trouverait dans l'impuissance de leur assurer la protection du pavillon français. Il n'y avait là rien que de conforme aux instructions reçues, aux principes d'une bonne politique.

Par la stricte exécution de son devoir, M. Pichon s'était vu exposé à des difficultés sans nombre. Il avait eu à lutter d'une part contre le gouvernement de Montevideo, qui par menaces, par séduction, par tous les moyens en son pouvoir, poussait les français à s'armer et à se jeter dans la guerre qu'il soutenait pour son propre compte. D'autre part il avait eu aussi à lutter, non pas contre la majorité des français résidents, mais contre une minorité ardente, passionnée par ses intérêts particuliers, passionnée par des souvenirs personnels. Le gouvernement montevidéen avait fait d'ailleurs tout ce qu'il fallait pour intéresser à la lutte les auxiliaires qu'il convoitait : menaces de ne plus garantir la propriété des étrangers, patente double imposée aux étrangers qui déjà payaient deux fois plus que les gens du pays, emprunt forcé d'un douzième établi sur le revenu des maisons, tous les moyens avaient semblé bons, jusqu'à la spoliation la plus arbitraire, jusqu'au sequestre mis sur les biens des étrangers, sur leurs bœufs, sur leurs matériaux, sur leurs meubles, sur leurs esclaves, et tout cela sans indemnité.

Dans une situation si difficile, M. Pichon avait assuré des secours à ceux des français qui ne s'enrôlaient pas, pour rester fidèles aux instructions de leur gouvernement. Il avait fait là son devoir. Mais il n'avait pas, comme on l'avait dit, abandonné sans protection les français légionnaires. Quand quelques-uns d'entre eux, pris les armes à la main, avaient eu à souffrir des cruautés d'Oribe, M. Pichon avait réclamé :

il avait écrit à Oribe qu'il avait pu, lui consul français, déclarer aux français qu'ils perdaient leur caractère national en prenant du service à l'étranger, mais que c'était là une question entre le gouvernement français et les français, que cela ne donnait aux étrangers aucun droit, et que la cocarde française couvrait les français, même indociles à la voix de leur consul. C'était peu encore, et M. Pichon ne s'en tint pas là : il obtint, dans la prévision de chances malheureuses, une convention signée par un officier d'Oribe (*voy*. le texte des deux articles les plus importants de cette convention aux Docum. hist., part. offic. France). Il y était dit qu'aucun français ne pourrait être recherché pour ses opinions antérieures à la prise de Montevideo.

Après ce lumineux exposé des faits, M. le ministre des Affaires étrangères se résumait en rappelant les grands principes engagés dans la question : le principe de non-intervention, à moins d'une nécessité absolue et d'un intérêt national évident, entre des États étrangers et indépendants ; le principe de droit civil qui interdit aux français le service militaire à l'étranger, sans autorisation préalable ; enfin, le droit de paix et de guerre limité par la constitution à l'initiative royale. S'engager dans une querelle étrangère contre l'avis de son gouvernement et prétendre l'y entraîner à sa suite, c'était enlever au roi le droit de paix et de guerre pour l'attribuer aux français qui errent sur toute la surface du globe. Quand on pensait qu'il y avait à la fois, en Amérique, une guerre au Mexique, une guerre au Texas, une au Pérou, une enfin sur les rives de la Plata, et que dans tous ces États des français résident en grand nombre, que n'aurait-on pas à faire, s'il fallait se lancer contre chacun de ces États à la suite de nos nationaux enrôlés volontaires?

Il n'y avait dans tout cela, disait en terminant M. Guizot, que des querelles d'émigrés ; il n'y avait rien qui intéressât la France.

Tel fut ce débat, que nous avons rapporté avec quelque

étendue, et à cause de son importance réelle, et parce qu'il renferme les plus curieux éclaircissements sur une question mal connue et qui peut-être souvent encore se reproduira devant le parlement. La discussion, au reste, n'eut aucun résultat politique : elle s'était élevée à propos d'un des crédits du ministère des Affaires étrangères ; il n'y eut lieu à aucun vote. M. Thiers répondit en persistant dans ses accusations contre les agents français de Montevideo ; il apporta à la tribune bien des réclamations, bien des plaintes qui sans doute eussent exigé un débat contradictoire et des preuves irrécusables. Les principes si nettement établis par M. le ministre des Affaires étrangères ne pouvaient être facilement réfutés, et désormais ils domineront la question de leur autorité incontestable.

Bien d'autres questions extérieures avaient longuement occupé l'attention de la Chambre à l'occasion des crédits supplémentaires avant l'incident de Montevideo : mais déjà plusieurs fois ces questions avaient été vidées, et il serait superflu d'y revenir encore. Il peut être utile toutefois de constater quelques déclarations faites par le ministère, de rapporter quelques explications données sur divers points de politique étrangère.

Ainsi M. Guizot, à propos de la Syrie, déclara que des négociations étaient ouvertes pour obtenir de la Porte l'établissement, dans cette malheureuse contrée, d'une administration unique et chrétienne, au lieu de la combinaison mixte qu'on avait essayé d'y implanter et dont l'impuissance était aujourd'hui bien démontrée.

Sur la question d'Haïti, le langage de M. Guizot fut également ferme et digne. Toute liberté d'action était réservée à la France. Si la République ne s'acquittait pas des engagements qu'elle avait contractés envers nous ; si elle aliénait, dans une mesure quelconque, l'indépendance qui lui avait été reconnue, la France, se regardant comme dégagée elle-même envers son ancienne colonie, ne prendrait conseil que de ses intérêts et de son honneur.

Une accusation qui parut mieux fondée que toutes les autres avait été portée contre l'administration au sujet de la Nouvelle-Zélande. La France eût pu, en 1840, s'assurer la possession de ce vaste continent, colonie véritable, importante par sa situation, importante par ses productions si nombreuses. Si l'on avait manqué une occasion si belle, il fallait s'en prendre aux lenteurs ordinaires de notre bureaucratie : on avait mis dix mois à organiser une expédition. Pendant que la France perdait ainsi un temps précieux, l'Angleterre agissait, et une expédition rivale, exécutée aussitôt que conçue, avait devancé la nôtre dans ces parages. Le pavillon britannique flottait aujourd'hui à la Nouvelle-Zélande, et la France en était réduite à négocier pour faire constater ses droits, au moins sur une faible partie de l'île. Voilà ce qui ressortit d'une discussion élevée entre M. Guizot et M. Berryer.

Quant aux reproches généraux adressés au ministère, ils pouvaient tous se résumer dans celui-ci : exagération de l'entente cordiale. Là était donc le côté faible de la situation ministérielle, et M. le ministre des Affaires étrangères, en qui se personnifie plus particulièrement cette propension politique, se vit plus d'une fois forcé d'en faire l'apologie. Quoi qu'on puisse penser des avantages ou des dangers d'une intimité systématique avec l'Angleterre, il sera impossible de méconnaître dans les paroles suivantes de M. Guizot (28 mai) une grande hauteur de vues et une profonde sincérité.

« Je résume en ces termes notre système politique : Seconder, au-dedans et au-dehors, le développement régulier de l'activité du pays au sein de la paix du monde. C'est là notre politique, c'est la pensée qui se reproduit dans tous les faits que vous venez d'entendre.

» Il faut, pour atteindre un pareil but, savoir tantôt marcher, tantôt s'arrêter ; il faut savoir accepter tour-à-tour et la responsabilité d'action et la responsabilité de résistance. Nous avons pris sur divers points, tantôt l'initiative de l'action, tantôt celle de la résistance.

» Quand nous avons voulu établir la France dans l'Océanie, nous avons accepté le protectorat de Tahiti; quand nous avons pensé que la conversion de ce protectorat en possession complète était inutile à nos établissements de l'Océanie, nous nous sommes arrêtés.

» Avons-nous hésité, avons-nous consulté quelqu'un pour faire des établissements, pour établir, par exemple, sur la côte occidentale de l'Afrique, des comptoirs fortifiés, pour prendre sur la côté orientale possession de deux ou trois îles qui peuvent devenir une station importante pour notre commerce, pour notre marine militaire? Nous l'avons fait en regardant uniquement aux intérêts de la France, sans nous inquiéter d'autre chose que de ce que ces intérêts nous commandaient.

» Ce que nous avons fait dans l'Océan pacifique, nous le ferons dans les mers de la Chine, et ailleurs, s'il y a lieu.

» Depuis quatre ans que le cabinet auquel j'ai l'honneur d'appartenir siège sur ces bancs, qui peut nier que le nom, la présence, l'influence de la France ne se soient étendue dans le monde et sur un grand nombre de points où jusque-là elle était étrangère?

» Il est vrai, notre situation est telle, et nous nous sommes conduits de telle sorte, que nous avons pu faire cela sans que non-seulement la paix, mais les bons rapports de la France et de l'Angleterre aient eu un moment à en souffrir. Est-ce là un mal, messieurs? Il est vrai, nous attachons aux bons rapports, à la bonne intelligence de la France et de l'Angleterre une immense importance, mais nous n'avons jamais sacrifié rien de ce que commandait l'intérêt supérieur de notre pays. Nous savons mettre les questions secondaires à leur place; nous savons ne pas subordonner les grands intérêts aux intérêts secondaires, mais nous savons aussi ne pas négliger les intérêts secondaires. Et, certes, c'est une grande marque d'estime à donner à un gouvernement ami, que de ne point supposer des susceptibilités, des jalousies qui ne seraient pas légitimes et sérieuses. Nous entendons donner une marque d'estime au gouvernement anglais, quand nous poursuivons sérieusement et complètement les intérêts de la France partout où ils se rencontrent; mais nous ne lui donnons certainement pas alors une marque de complaisance. Voudrait-on, messieurs, qu'il en fût autrement? Aimerait-on mieux qu'à chaque pas que la France ferait dans le globe elle ébranlât, elle compromît la paix générale et les bons rapports avec la Grande-Bretagne?

» Je ne connais pas de plus beau spectacle que celui que donnent au monde deux grands gouvernements bienveillants l'un pour l'autre, et poursuivant, en pleine liberté, chacun de son côté et pour son compte, les intérêts de leur pays, sans croire qu'ils aient à souffrir de leurs progrès ou de leurs succès mutuels. C'est là, messieurs, un grand et nouveau spectacle, si grand, si nouveau, permettez-moi de le dire, que les hommes qui n'ont pas l'esprit un peu grand, l'âme un peu haute ne veulent pas y croire.

» On nous dit tous les jours que cela est impossible. Notre réponse à nous, la voici : cela est.

» Notre temps est destiné à offrir de grands spectacles, à donner bien des démentis à ceux qui ne le croient pas capable de grandes choses. Le monde a vu notre révolution de 1830, sa modération, sa magnanimité. Qui l'aurait cru ? C'est là un grand, c'est un immense spectacle. Nous en avons donné un autre, la conduite de notre gouvernement depuis 1830, sa modération, sa générosité, un gouvernement libéral et conservateur le lendemain d'une révolution, et qui reste pendant quatorze ans libéral et conservateur. C'est aussi là un grand spectacle.

» Eh bien ! nous en donnons encore un autre, le spectacle de la paix, de la paix sincère et sérieuse entre deux grandes nations fières et jalouses. C'est là un spectacle qui fait l'orgueil de notre temps et l'orgueil du cabinet auquel j'ai l'honneur d'appartenir, du cabinet qui n'a fait à ce grand résultat aucune concession, aucun sacrifice qui puisse être regardé comme une perte réelle, comme une perte illégitime pour les intérêts du pays.

» Messieurs, si pour obtenir de tels résultats il fallait savoir être patient et attendre longtemps la justice du pays, nous saurions nous y résigner et attendre : mais la justice du pays ne nous a pas manqué ; c'est elle qui nous a encouragés et soutenus dans cette difficile carrière ; nous attendrons avec désir, mais avec patience, la justice de l'opposition. »

Après ces débats politiques, la discussion générale fut close et la Chambre s'occupa de la question financière.

L'art. 1er du projet, qui portait à 23 millions 87,620 fr. la totalité des crédits supplémentaires pour 1843, fut adopté (1er juin).

Les crédits relatifs aux départements de l'Intérieur et des Travaux publics furent votés sans discussion.

L'examen des crédits relatifs à la marine fut renvoyé à la discussion du projet de loi portant demande d'un crédit spécial de 8 millions pour les dépenses de la marine en 1844 (1).

(1) *Voy.* pour ce département la discussion du budget de 1845, où nous avons réuni tout ce qui est relatif à la marine.

Les débats portèrent ensuite sur une demande d'indemnité faite par les maitres de poste. L'année dernière, le gouvernement avait alloué aux maîtres de poste une somme de 136,000 fr., non pas à titre d'indemnité, mais à titre de subvention. Cette année, il proposait de leu rallouer encore une subvention de 180,000 fr. La commission conclut à la ratification de la première allocation, mais au rejet de la seconde. La Chambre alla plus loin, elle rejeta jusqu'au premier crédit et adopta ensuite le projet de loi pour 1843 et 1844, à la majorité de 163 votants contre 67.

Le crédit extraordinaire de 7 millions 673,859 fr. pour dépenses de l'Algérie en 1844 devait être l'occasion de plus sérieux débats.

Le rapport de M. le général Bellonet signalait un heureux accord entre la commission de la Chambre et M. le ministre de la Guerre. Voici les points principaux sur lesquels portaient les observations de la commission : 1° la question de l'effectif; 2° une réduction de 10,000 fr. sur les travaux extraordinaires à exécuter en 1845 ; 3° un article additionnel qui ordonnerait qu'à dater de 1846 le budget spécial de l'Algérie et le compte définitif de ce service seraient annexés au budget de l'État et au compte du département de la Guerre.

Quant à l'effectif, le gouvernement demandait 15,000 hommes. Il était convenu entre les commissions de finances de la Chambre et le gouvernement que ce n'était pas là une nouvelle augmentation de l'effectif, mais le maintien de ce qui avait déjà été voté. L'effectif total pour 1844 serait par là porté au chiffre de 354,340.

Par le retranchement de 10,000 fr., applicable aux travaux des postes de Reniet-el-Ibad, Bogar, Tiaret, Saïda et Sebdou, sur un crédit total de 90,000 fr., la commission avait voulu restreindre le système de colonisation étendue et le système de fortification.

La discussion s'ouvrit sous l'impression de victoires récentes remportées dans le Jurjura sur la puissante tribu des Flissas (*voy.* Colonies), et des menaces prochaines d'une guerre plus sérieuse avec le Maroc (*voy.* chapitre VII). Toutefois le temps n'est plus où l'on voyait se succéder à la tribune les adversaires de la colonisation et les partisans moins absolus de l'occupation restreinte. C'est à peine si M. Joly persista, quoiqu'avec une plus grande modération qu'à l'ordinaire, dans ses préjugés contre une conquête désormais consacrée par le succès (5 juin).

Un des anciens adversaires de l'occupation française en Algérie, M. Gustave de Beaumont, récemment arrivé d'un voyage dans notre colonie, en rapportait des préventions tout opposées et des espérances toutes nouvelles. L'éminent publiciste vint appuyer de ses lumières et de l'autorité de sa parole les demandes que la commission proposait de réduire. Les postes militaires auxquels s'appliquait le crédit de 90,000 fr. étaient destinés à maintenir les arabes du désert ; ils gardaient l'extrême limite du Teil ; et en Algérie, disait M. de Beaumont, qui est maître du Tell est maître du Sahara, car c'est dans les plaines du Tell que les arabes du désert viennent chercher les grains nécessaires à leur subsistance.

La réduction proposée par la commission fut repoussée par la Chambre à une grande majorité.

L'autre amendement de la commission, relatif à l'annexion du budget particulier de l'Algérie, à la comptabilité générale du pays, fut, sur la proposition de M. Odilon-Barrot et de l'aveu du ministère, retiré par la commission, sous la réserve expresse que la question soulevée par cet amendement serait examinée et, au besoin, résolue par la commission du budget.

Les crédits de l'Algérie furent votés par la Chambre à la majorité de 190 voix contre 53 (7 juin).

Budget. — Le budget des dépenses et des recettes pour 1845 avait été hautement annoncé par le discours du Trône comme réalisant enfin l'équilibre si désirable entre les dépenses et les recettes. M. le ministre des finances vint renouveler cette assurance, accueillie, il faut le dire, avec quelque incrédulité. Ce n'était pas, dit M. Lacave-Laplagne, en atténuant provisoirement les besoins, à charge de recourir aux crédits supplémentaires ; ce n'était pas non plus en grossissant les évaluations des ressources qu'on était parvenu à ce résultat. L'accroissement des produits indirects, les ressources que procureraient diverses dispositions de lois ou d'ordonnances ; les économies qu'un examen sévère avait permis de réaliser sur quelques parties des dépenses publiques, tels étaient les moyens par lesquels on avait pourvu aux augmentations et rempli l'intervalle de 23 millions environ qui séparait de l'équilibre la balance du budget précédent.

Mais avant d'entrer dans les détails du budget, M. le ministre examinait quelle serait la situation financière au moment de l'ouverture de l'exercice 1845, et quelles modifications elle avait subies depuis la présentation du budget de 1844.

Le découvert de l'exercice 1840 avait été définitivement fixé par la loi à 138 millions 4,530 fr. ; celui de l'exercice 1841, porté d'abord à 24 millions 500,570 fr., avait été réduit par des rectifications postérieures à 18 millions 695,725 fr., et cependant le chiffre primitif, lors de la présentation du budget de 1843, avait été de 99 millions 969,594 fr. L'énorme diminution de plus de 80 millions qu'il avait subie ne pouvait évidemment provenir en entier des annulations définitives de crédits. Le transport à l'exercice suivant de crédits non encore employés y entrait pour une somme considérable, sur laquelle il avait été dépensé, en 1842, 42 millions 686,203 fr. pour travaux extraordinaires et fortifications.

Par suite de ce transport, le découvert de l'exercice 1842, évalué par la loi du budget à 115 millions 804,934 fr., avait été porté en prévision à 157 millions 103, 72 fr. Tout portait à croire que cette évaluation était exagérée, et les faits reconnus en janvier 1844 faisaient espérer une amélioration de 47 millions 287,317 fr.

Mais, de plus, l'exercice 1842 avait eu à supporter, comme on vient de le voir, des dépenses léguées par les exercices antérieurs. Si l'on dégageait cet élément étranger, on trouvait que l'excédant des dépenses sur les recettes propres à cet exercice n'était plus que de 67 millions 130,452 fr., ce qui donnait, entre l'évaluation primitive du découvert de 1842 et sa fixation actuelle, une amélioration réelle de 44 millions 284,975 fr.

Quant au budget de 1843, se réglerait-il aussi dans une condition meilleure que lorsqu'il avait été voté? On pouvait espérer, selon M. le ministre, une amélioration notable, sans toutefois se flatter d'obtenir une atténuation aussi considérable que sur l'exercice 1842. Tous reports et crédits supplémentaires compris, le découvert de l'exercice 1843 semblait devoir atteindre environ 69 millions.

L'exercice 1844 ne pouvait donner lieu qu'à des appréciations conjecturales, et M. Lacave-Laplagne pensait pouvoir réduire, par aperçu, à 25 millions environ le découvert de cet exercice, qui s'élevait, d'après le budget et trois lois spéciales votées dans la session dernière, à 27 millions 427, 836 fr.

En résumé, à la présentation du budget de 1843, le découvert des trois exercices 1840, 1841 et 1842 avait été évalué à 372 millions 443,207 fr.

L'année suivante le découvert des quatre exercices, 1840 à 1843, était présumé devoir s'élever à 371 millions 609,072 francs.

Aujourd'hui on trouvait, pour le total des découverts des

cinq exercices 1840 à 1844, seulement 360 millions 616,232 francs.

Les exercices 1843 et 1844 entrant pour 94 millions dans ce résultat, c'était, en définitive, une amélioration de 106 millions sur les trois autres exercices.

M. le ministre des finances se croyait donc fondé à affirmer qu'après 1846, les réserves de l'amortissement seraient disponibles pour les grands travaux publics. Dans de telles circonstances il avait paru opportun de ne pas faire usage de la faculté laissée par la loi d'émettre tout ou partie des deux derniers tiers de l'emprunt. On avait jugé préférable de laisser le premier se classer définitivement, et le crédit public se développer. Tout en se réservant le droit de profiter des circonstances favorables, on attendait le moment le plus convenable pour la négociation du surplus de l'emprunt.

Budget des dépenses.—Dans le service ordinaire, une augmentation de 2 millions 749,532 fr., applicable à la rente 3 pour cent, était la conséquence de la consolidation des bons de l'amortissement. L'époque de l'émission d'une nouvelle série de l'emprunt, et la nature du fonds dans lequel il serait émis, ne pouvant être prévues à l'avance, on avait admis qu'il serait pourvu au service avec les ressources de la dette flottante. Le ministre proposait, en conséquence, une augmentation de 1 million 500,000 fr. sur les intérêts de cette dette.

D'une disposition nouvelle qui fixait à 3 pour cent l'intérêt des cautionnements des titulaires d'offices transmissibles, il résulterait une économie de 800,000 fr. sur la dépense de ces intérêts.

L'évaluation des extinctions probables faisait prévoir une diminution de 1 million 440,000 fr. sur le service de la dette viagère.

Les crédits relatifs aux dotations présentaient une autre diminution de 286,050 fr. provenant presque en entier de la suppression des subventions qui depuis quelques années étaient accordées à la Légion-d'Honneur.

Ministère de la Justice et des Cultes. — Des modifications sans importance, d'où résultait une diminution de 22,500 fr., étaient apportées au budget de la Justice.

Celui des Cultes offrait une augmentation de 136,400 fr. affectée principalement à la création de nouvelles succursales et aux dépenses du personnel des cultes protestants.

Ministère des Affaires étrangères.— Le budget des Affaires étrangères présentait un excédant de 144,100 fr. répartis sur le crédit relatif aux millions extraordinaires et sur l'administration centrale.

Ministère de l'Instruction publique.—Les crédits réclamés pour ce département dépassaient de 205,400 fr. ceux du budget précédent; sur cette somme, 91,000 fr., provenant de ressources spéciales, étaient compensés par une somme égale au budget des recettes; le surplus avait pour objet la reproduction de la demande de création de deux inspecteurs généraux, l'établissement de nouvelles chaires dans diverses facultés, la création de deux nouveaux colléges royaux et l'augmentation du loyer de l'hôtel occupé par l'Académie royale de médecine.

Ministère de l'Intérieur. — Ce département espérait une diminution de 300,000 fr. sur les secours accordés aux réfugiés, et ne reproduisait pas un crédit de 40,000 qui avait pour objet le premier établissement de lignes télégraphiques; mais la demande d'un supplément de 50,000 fr. pour le personnel de l'administration centrale, et quelques autres additions sans importance, réduisaient la diminution sur le service général à 278,744 fr. Quant au service départemental, il présentait une atténuation de 100,985 fr.

Ministère de l'Agriculture et du Commerce. — Ce département présentait une réduction peu importante de 401,565 francs.

Ministère des Travaux publics.—Ce ministère offrait une augmentation de 1 million 425,500 fr., augmentation qui s'élevait en réalité à 2 millions 717,500 fr., et ne retombait au premier chiffre que par suite d'une réduction de 1 million 070,000 fr. sur le crédit affecté à la reconstruction de divers ponts, et d'une autre de 222,000 fr. sur celui de l'École normale. Le ministre espérait avoir l'assentiment de la Chambre pour des accroissements de dotation, tels que ceux de 1 million 403,000 fr. pour l'entretien des routes royales, de 600,000 fr. pour celui des rivières, de 150,000 fr. pour les ports maritimes, et de 135,000 fr. pour l'entretien des bâtiments d'intérêt général.

Ministère de la Guerre. — Comparativement à 1844, il y avait dans ce département une réduction totale de 2 millions 127,394 fr., dont 2 millions 53,463 fr. pour l'intérieur et 73,911 fr. pour l'Algérie. Cette réduction était d'autant plus sérieuse qu'elle se rencontrait avec une augmentation de 3 millions 572,000 fr. pour la remonte et l'habillement, et de plus d'un million sur divers autres articles. Pour obtenir l'économie de 2 millions 53,463 fr., il avait donc fallu opérer sur le service de l'intérieur des réductions pour un chiffre total de 6 millions 699,723 fr. Pour l'Algérie il était demandé des augmentations pour 1 million 516,296 fr., applicables aux travaux de colonisation, aux routes, etc. Les diminutions, montant à 1 million 590,000 fr., avaient pour cause des redressements d'erreurs et la mise à la charge du budget colonial de 1 million 170,000 fr. de dépenses mal à propos imputées sur le budget de l'État.

Ministère de la Marine. — M. Lacave-Laplagne signalait en premier lieu d'importantes modifications qui résultaient de nouvelles mesures prises par le ministre de ce département. Aux anciennes positions, connues sous le nom de *disponibilité de rade* et de *commission de port*, avait été substituée une position intermédiaire désignée par le titre de *Commission de rade*. Cette combinaison nouvelle, favorable à l'instruction des équipages de ligne, et qui laissait à la disposition du commerce un plus grand nombre de marins de l'inscription, offrait en même temps un avantage remarquable sous le rapport financier. L'économie réalisée, et qui ne serait pas moindre de 950,000 fr., M. le ministre de la marine demandait qu'on la fît tourner au profit du matériel naval. L'état de l'approvisionnement de nos arsenaux avait été l'objet de plaintes trop répétées et trop légitimes pour que les Chambres ne vissent pas avec plaisir s'accroître de près d'un million la dotation de ce service, sans que pour cela il fallût ajouter aux charges générales. Le résultat du budget de la marine était une diminution de 143,734 fr.

Ministère des Finances.—Un seul chapitre était à mentionner, celui du service de trésorerie. Il présentait une augmentation de 70,000 fr., motivée par le développement des opérations de l'Algérie. Des économies effectuées sur quelques articles avaient permis de réduire à 227,990 fr. l'augmentation nécessaire des frais de régie et de perception. Une demande de 106,800 fr. destinés aux frais d'une tournée spéciale des agents des contributions directes, pour l'assiette de la contribution des patentes, devait produire des résultats tels, que l'administration n'hésitait pas à renoncer au crédit de 600,000 fr. qui lui était ouvert précédemment pour non-valeurs au préjudice du trésor et des communes. L'augmentation sur le crédit destiné aux achats de tabacs avait été, au budget de 1844, de 2 millions 200,000 fr.; elle ne serait sur cet exercice que de 1 million 200,000 fr. Mais l'accroissement constant de la consommation nécessitant des frais de manutention plus considérables, la diminution sur ce chapitre se trouverait n'être que de 535,000 fr.

Quant au service extraordinaire, le crédit total de la première partie (dépenses imputables sur le produit de l'emprunt) n'était que de 62 millions 431,344 fr. ; celui de la seconde partie (dépenses laissées provisoirement par la loi du 11 juin 1842 à la charge de la dette flottante) s'élevait seulement à 34 millions ; mais les propositions qui devaient être faites à la Chambre sur les chemins de fer dans le cours de la session auraient pour résultat d'accroître ce chiffre.

Budget des recettes. — Deux causes avaient agi, selon M. le ministre, pour produire les modifications que présentaient, comparativement aux évaluations pour 1844, les recettes de cet exercice ; 1° l'accroissement des produits pendant les derniers douze mois connus ; 2° les circonstances nouvelles qui devaient agir en 1845 sur les résultats du nouveau budget.

Les augmentations de la matière imposable, contributions foncière, des portes et fenêtres et patentes, faisaient ressortir une augmentation en principal et centimes additionnels de 2 millions 475,020 fr.

Sur les revenus et prix de vente de domaines l'augmentation finale était de 1 million 163,000 fr.

Une autre augmentation de 14 millions 119,000 fr. s'appliquait aux divers droits indirects et se distribuait ainsi qu'il suit :

Enregistrement et timbre..............	6,020,000 fr.
Douanes........................	5,373,000
Contributions indirectes, tabacs et poudres	2,864,000
Ensemble.........	14,257,000
Dont à déduire :	
Diminution sur le produit des postes....	138,000
Total........	14,119,000

Une dernière augmentation de 1 million 424,210 fr. résultait des produits universitaires, de ceux de l'Algérie et des colonies.

L'amélioration des produits déterminait donc un excédant de 19 millions 181,230 fr. dans les recettes de 1845.

Les accroissements provenant des circonstances propres à l'exercice 1845 s'élevaient à 11 millions 729,715 fr.; ainsi, en réunissant les deux catégories, on arrivait à un total de 30 millions 910,945 fr.

Mais diverses atténuations, sinon certaines, au moins probables, devaient réduire l'excédant de recettes à 28 millions 246,270 fr.

Quant au service extraordinaire, le budget des recettes ne présentait qu'une somme de 62 millions 431,344 fr. à prélever sur le produit de l'emprunt, pour couvrir les crédits de même somme affectés à la première partie des travaux extraordinaires.

M. le ministre terminait en appelant l'attention de la Chambre sur l'équilibre du budget de 1845. Ce résultat n'avait pas été obtenu par des omissions ou des atténuations de dépenses, par des exagérations dans les prévisions des recettes. L'équilibre était donc réel et sincère.

Le rapport fait au nom de la commission par M. Bignon (6 juin) ne laissait aucune illusion sur l'équilibre prétendu des finances de l'État. Malgré tous ses efforts, la commission avouait qu'il lui avait été impossible de préparer les moyens de couvrir les excédants de dépenses qui pèseraient sur le budget ordinaire de 1845, quand viendraient d'inévitables crédits supplémentaires et extraordinaires. « Il faut le reconnaître, disait l'honorable rapporteur, tout budget qui ne présente pas un excédant de recettes d'une certaine importance n'est pas équilibré, car l'expérience démontre que tout ne peut être prévu dans un budget qui se prépare quinze mois avant l'ouverture de l'exercice auquel les crédits qui s'y inscrivent sont destinés. » En fin de compte, 1843 s'était balancé en découvert par 61 millions 867,036 fr., et 1844 se solderait probablement par 60,029,279 fr. Ainsi chacun de ces deux exercices était obligé, pour se solder, d'emprunter la majeure partie de l'annuité de la réserve de l'amortissement.

Un pareil état de choses pouvait-il se continuer? En admettant qu'un événement politique, une crise financière, une année désastreuse vinssent surprendre la richesse publique dans une situation semblable, que ferait-on avec un affaiblissement inévitable des revenus, pour assurer les services publics inscrits au budget? Aurait-on recours aux réserves? Mais elles n'existeraient plus : l'amortissement aurait repris son action. Aurait-on recours à l'emprunt? A quelles conditions?

Sans doute on dirait que 1845 se présentait avec cet équilibre si désirable, si nécessaire. Et d'abord, en fait, la commission ne craignait pas d'affirmer que ce budget ne sortirait pas de la Chambre dans des conditions aussi favorables, et elle mettait au défi M. le ministre des finances de prendre l'engagement de n'apporter pendant le cours de l'exercice aucune loi de crédits supplémentaires ou extraordinaires. Peut-être espérait-on les couvrir par les excédants de recettes; mais c'était toujours là le même système, escompter l'avenir.

Quant au budget extraordinaire, il paraissait à la commission si prodigieusement augmenté dans le cours de cette session, qu'il ne pourrait plus sans danger dépasser les proportions actuelles.

La loi du 25 juin 1841 avait accordé des crédits généraux affectés à l'exécution de travaux déterminés, pour une somme de..........................	496,821,400 fr.
A la fin de 1844 il aurait été dépensé, en exécution de cette loi..............	291,915,000
En déduisant de cette somme la partie réalisée de l'emprunt..................	150,000,000

Il resterait à la charge de la dette flottante, à la fin de 1844.................. 141,915,000

A la fin de 1845...................... 202,956,594

D'autre part, la loi du 11 juin 1842 avait alloué, pour l'exécution des grandes lignes de chemins de fer, des crédits généraux s'élevant à............... 126,000,000 fr.

Deux autres lois, l'une du même jour et l'autre du 24 juillet 1843................. 29,000,000

155,000,000

Les crédits spéciaux assignés aux exercices 1843 et 1844, et les demandes du budget de 1845 s'élevaient à............... 126,000,000 fr.

Resterait à répartir sur les crédits généraux........................... 28,500,000

De plus, les crédits généraux alloués dans le cours de la session, et les demandes diverses pour travaux des ports s'élevaient à......................... 379,180,000 fr.

Sur lesquels on avait réparti.......... 111,700,000

Restait pour crédits non répartis........ 267,480,000

Résumant cette situation en termes généraux, on trouvait que si rien ne venait déranger la situation actuelle, et dût-on ne pas appliquer d'autres ressources à l'exécution des travaux extraordinaires entrepris ou à entreprendre, le terme de libération pourrait être atteint en 1853.

Les découverts des budgets de 1840 à 1844 laisseraient à la charge du trésor, à la fin de 1844...... 179,814,057 fr. qui, combinés avec les crédits spéciaux de la loi du 25 juin 1841 et les lois de chemins de fer et des ports, porteraient l'ensemble des découverts à............. 434,529,057 fr.

Cette somme serait augmentée de crédits spéciaux de lois anciennes et nouvelles, montant à...... 145,441,594 fr.

Report.....................	145,441,594 fr.
Dont à déduire l'annuité de la réserve de 1845.............................	75,079,229
	70,362,365
Somme totale des découverts....	503,891,422

Il est vrai que ces découverts prévus pouvaient être atténués par la réalisation des deux derniers tiers de l'emprunt........................... 300,000,000 fr.

Cette hypothèse réalisée, ils ne seraient plus, à la fin de 1845, que de........................... 203,891,422

Telle était au vrai la situation financière du pays, telle qu'elle apparaissait dans le présent et dans l'avenir.

La discussion générale du budget, à la *Chambre des députés*, eut peu d'importance. Après deux discours de MM. Legendre et Cordier, on passa à la discussion des articles (4 juillet).

Une réduction importante fut opérée sur le chapitre IX de la première partie du budget relatif à l'intérêt des cautionnements. Le ministère avait proposé de le réduire de 4 à 3 0/0 pour les notaires, avoués, huissiers et autres officiers ministériels mentionnés dans l'article 91 de la loi du 28 avril 1816; les agents comptables auraient continué à toucher 4 0/0. La commission du budget avait cru devoir maintenir sur le pied de l'égalité les divers titulaires de cautionnements, et elle avait été conduite à repousser l'économie de 800,000 fr. demandée par le ministre. Sur la proposition de M. Havin, appuyée par M. Lepelletier-d'Aulnay, la Chambre, en adoptant le principe d'égalité, arriva à une conclusion diamétralement opposée. Malgré les observations de M. Lacave-Laplagne, elle réduisit de 1 0/0 l'intérêt de tous les cautionnements, ce qui équivaudrait pour le trésor à une économie de 1,512,500 fr.

Ministère de la Guerre. — La plupart des chapitres de ce département furent votés sans contestation sérieuse. Les crédits spéciaux de l'Algérie donnèrent lieu à des interpellations sur les événements du Maroc ; ces incidents parlementaires trouveront leur place dans l'histoire de la guerre (*voy.* chapitre VII). Un vote assez grave signala la fin de la discussion : la Chambre, sur l'avis de la commission, décida la suppression de la caisse coloniale, ainsi que l'avait déjà demandé la commission des crédits supplémentaires de l'Algérie. Dans le sein de cette dernière commission M. le président du conseil avait combattu cette suppression ; par l'organe de M. le ministre des Finances, le gouvernement se décida à y adhérer. Ainsi, désormais toutes les dépenses et recettes de l'Algérie, qui n'auraient pas un caractère purement local et municipal, seraient portées au budget (5 juillet).

Ministère de la Justice et des Cultes. — Un amendement de M. Havin au chapitre XI du budget de la Justice avait pour objet d'augmenter le traitement des juges de paix, en supprimant les vacations qui sont allouées à ces magistrats par le décret impérial du 16 février 1807. La proposition fut retirée sur l'assurance donnée par M. le garde des sceaux que cette question importante était une de celles dont le gouvernement espérait soumettre prochainement la solution aux Chambres.

Le budget des Cultes ne souleva qu'une discussion de quelqu'intérêt. Le projet ministériel proposait d'ajouter au chapitre V (traitements et indemnités de membres des chapitres et du clergé paroissial) un crédit de 3,000 fr., pour assurer le traitement d'un quatrième vicaire général à Paris. C'était implicitement, et par une simple allocation budgétaire, modifier l'article 22 de la loi organique du 18 germinal an X, qui n'attribue à chaque évêque que deux, et à chaque archevêque que trois vicaires généraux. La commission, en allouant le crédit, n'avait cru le pouvoir faire qu'en proposant formellement de modifier, du moins par un article additionnel spécial, la loi organique de l'an X.

M. Isambert et M. Dupin représentèrent que c'était s'engager dans une mauvaise voie et créer un précédent dangereux que de réformer ainsi, par un article d'une loi de finances, une des institutions du pays. M. le garde des sceaux se rendit à ces justes observations et demanda lui-même que le crédit de 3,000 fr. fût retranché du budget de 1845, sauf à être demandé plus tard par une loi spéciale.

Ministère des Affaires étrangères. — Toutes les grandes questions politiques ayant été épuisées dans d'autres occasions, le budget des Affaires étrangères fut voté sans autres incidents remarquables qu'une interpellation de M. Lanjuinais sur les affaires de la Grèce, et une observation de M. Crémieux, relative à la position du consul anglais en Algérie (8 juillet).

Ministère de l'Instruction publique.—Plusieurs augmentations de dépenses furent demandées dans ce département pour élever le traitement des maîtres d'études dans les colléges royaux, encourager les colléges communaux et améliorer la situation des instituteurs primaires. Sans contester en principe le mérite d'aucune de ces propositions et les motifs qui les recommandaient à la Chambre, la commission du budget opposa à toutes une sorte de fin de non-recevoir tirée de la nécessité de ne pas troubler l'équilibre si péniblement établi entre les dépenses et les recettes de l'État. M. le ministre s'associa à ces raisons d'économie, en promettant toutefois de donner satisfaction, par des mesures générales et aussitôt que la situation le permettrait, aux justes réclamations qui lui étaient adressées (9 juillet).

Ministères de l'Intérieur, de l'Agriculture et du Commerce. —Ces deux budgets furent votés sans débats, sauf quelques observations sur la répartition du fonds commun dans le premier de ces départements.

Ministère de la Marine.—Un crédit de 8,087,800 fr. avait été demandé pour permettre à ce département de porter ses ressources au niveau de ses dépenses. Ce projet, renvoyé par la Chambre, trouvait sa place immédiatement avant le budget de la marine. Déjà, au mois de janvier, avait été faite une demande de crédit s'élevant à 7 millions et demi et destinée à couvrir les dépenses supplémentaires et extraordinaires des exercices 1843 et 1844.

Le débat porta exclusivement sur la comptabilité et sur l'administration de la marine. MM. Rihonet, Lanjuinais, Vuitry, Bignon, critiquèrent assez vivement l'ordonnance rendue le 14 juin par M. le ministre, et destinée à réorganiser l'administration de la marine. On y avait maintenu l'organisation vicieuse de l'ordonnance de 1828 sur la direction des ports. Les orateurs réclamaient la création ou plutôt le rétablissement du magasin général qui deviendrait le dépôt central de toutes les richesses entassées dans nos arsenaux de marine, et où viendrait aboutir toute la comptabilité des matières. Ce système, combattu par le ministre, fut accueilli avec faveur par la Chambre. M. Lanjuinais proposait un amendement dont l'adoption eût été un témoignage significatif de blâme, une réduction de 50,000 fr. au premier article du projet de loi. Sur les observations de M. de Mackau qui s'engagea à étudier de nouveau la question et à prendre prochainement, par ordonnance, les mesures nécessaires à l'établissement d'une bonne comptabilité des matières, M. Lanjuinais consentit à retirer son amendement.

Un incident remarquable de cette séance (11 juillet) fut un discours de M. Billault sur la situation de notre marine militaire. L'honorable orateur ne parlait pas en son nom; il s'était fait l'interprète des sentiments de l'amiral Lalande, récemment enlevé à la Chambre et au pays. Les dernières pensés de l'amiral avaient été pour la marine française, et M. Billault s'en faisait l'organe. L'amiral eût voulu voir dégager notre service maritime d'un accessoire de jour en jour plus envahissant et qui menace de devenir le principal. Il eût voulu que les transports qui absorbent, en argent et en personnel, une si grande partie des ressources de la marine, fussent livrés à la concurrence commerciale. Dans cette réforme, en apparence si peu importante, il y aurait d'abord une économie considérable, les transports par la voie du commerce devant être infiniment moins coûteux pour l'État; il y aurait de plus un moyen facile d'accroître nos forces réelles, en appliquant à la flotte, c'est-à-dire, à l'armement de nos vaisseaux et de nos frégates, les hommes et l'argent que dépensent les gabarres et corvettes de transport.

Le projet de crédits pour la marine fut adopté par 190 voix contre 141.

A la suite de ce vote venait la discussion du budget de la marine. La commission du budget, dans son rapport présenté par M. Bignon, n'avait épargné au département de la marine ni ses conseils ni ses critiques. Un écrit remarquable et qui fit, à juste titre, une sensation profonde, avait déjà dévoilé les imprudences et les fautes de l'administration (1).

Le rapport signalait d'abord l'affaiblissement du matériel de la marine à voile. A une époque où la puissance maritime est devenue, pour les grandes nations, un des éléments les plus importants de la force générale, il est peut-être bon d'insister par des chiffres sur cette situation si grave.

Aux yeux de la commission, il résultait d'une comparaison entre les deux positions maritimes (à flot et sur chan-

(1) *Voy.* à l'Appendice, France, partie non-officielle, le texte de cet écrit du prince de Joinville, ayant pour titre : *Notice sur les forces navales de France.*

tiers) de deux époques, 31 décembre 1837 et 31 décembre 1843, que 1837 possédait :

22	vaisseaux à flot	représentant...	528/24
27	Id.	sur chantiers.....	486/24
49		TOTAL...	1014/24
36	frégates à flot	représentant...	864/24
24	Id.	sur chantiers.....	456/24
60		TOTAL...	1320/24

1844 n'offrait que :

23	vaisseaux à flot	représentant...	552/24
23	Id.	sur chantiers.....	374/24
46		TOTAL...	926/24
29	frégates à flot	représentant....	696/24
17	Id.	sur chantiers.....	277/24
46		TOTAL...	973/24

En moins pour les vaisseaux.......	88/24
En moins pour les frégates.......	347/24
C'est-à-dire en moins 3 vaisseaux.	16/24
Id. 14 frégates...	17/24

La progression de la marine à vapeur avait-elle marché de manière à justifier cet affaiblissement d'un des côtés de la puissance maritime? Non, car cette progression ne s'était accrue que par des ressources spéciales. Les Chambres s'étaient-elles montrées parcimonieuses? Non, car, depuis dix ans, pas un crédit demandé n'avait été refusé. Depuis cette époque, des crédits supplémentaires et extraordinaires s'élevant à 50 millions avaient été successivement accordés pour des armements extraordinaires, dans la prévision desquels la part afférente au matériel, à son entretien et à son remplacement avait toujours été comprise. Comment donc s'était-il fait que le matériel se fût affaibli, et que les approvisionnements se fussent réduits de telle sorte qu'il fallût, au milieu d'une session déjà surchargée, recourir à des crédits supplémentaires qui ne s'élevaient pas à moins de 4 millions, pour remplacer les consommations des magasins?

M. le ministre, entendu par la commission, attribuait cet appauvrissement des magasins et ce dépérissement du matériel naval à ces deux circonstances : des crédits ordinaires toujours insuffisants pour les dépenses prévues d'entretien et de renouvellement de la flotte, et des armements qui avaient toujours dépassé les prévisions.

La commission n'aceptait pas une justification semblable; elle pensait que le budget doit être une vérité, que tous les services doivent être suffisamment appréciés, et que les ministres ne sauraient abriter leur responsabilité derrière une insuffisance de crédit qui ne provient pas de réductions opérées par la Chambre. La commission pensait qu'il y avait eu d'autres causes. Et d'abord, l'inexactitude des bases successivement adoptées pour apprécier les dépenses. Les dépenses en main-d'œuvre avaient souvent dépassé la portion de crédit qui leur était assignée; le besoin de satisfaire aux demandes de travail dans les ports avait détourné une partie des fonds destinés à renouveler les approvisionnements; les règlements sur les installations de bâtiments avaient été souvent méconnus, et des dépenses considérables en avaient été la conséquence; il avait été fait des emprunts en matières ou deniers sur les approvisionnements ou sur les crédits destinés au matériel naval, pour soulager d'autres services; le défaut de concentration de toutes les matières et des objets fabriqués, l'absence d'une surveillance et d'un contrôle, la multiplicité des ateliers pour la confection d'objets qui pourraient être laissés à l'industrie particulière, un emploi peu judicieux des matières, toutes ces circonstances avaient été des causes incessantes de dommages et d'affaiblissement des ressources.

Qu'avait-on fait en exécution de l'article 14 de la loi du 6 juin 1843 pour établir les bases de la comptabilité en matière prescrite par les Chambres et qui doit être soumise au contrôle de la Cour des comptes? M. le ministre des Finances, interrogé, avait répondu que le projet préparé était soumis au conseil d'État. La commission regrettait les retards apportés à cet utile règlement d'utilité publique, qui doit donner aux intérêts du trésor toutes les garanties nécessaires, et dont le besoin se fait vivement sentir dans les différents services de la marine.

Une autre garantie plus importante encore, c'est le rétablissement de l'inspection de la marine avec toute sa réalité et son efficacité. Le régime qui a été substitué à cette institution par les ordonnances des 3 janvier 1835 et 11 octobre 1836 a fait son temps, et la commission ne craignait pas de le dire, au grand préjudice du trésor. L'administration de la marine proclamait elle-même depuis trois ans la nécessité de rétablir l'inspection; dans la dernière session elle réclamait les crédits nécessaires pour l'organiser, et la Chambre les avait accordés de confiance. Une année s'était écoulée, et rien n'était arrêté encore. Il avait fallu une déclaration de M. le ministre que l'ordonnance serait promulguée avant la discussion du budget de la marine; il avait fallu même, disait le rapport avec une sévérité devenue nécessaire, que la promesse de M. le ministre parût sincère, pour que la commission ne fût pas conduite à proposer à la Chambre, sur quelques points, d'autres résolutions que celles qu'elle soumettait à son adoption.

Le rapport s'occupait ensuite de l'état de la marine à vapeur dans ses relations avec l'effectif réglementaire prescrit par la décision du 4 mars 1842. Cette décision, consacrée par la loi du 11 juin suivant, déterminait l'effectif au pied de paix, pour la marine à vapeur, de la manière suivante :

5 frégates à vapeur de 540 chevaux.
15 — — de 450 —
20 corvettes — de 320 à 220.
30 bâtiments — de 160 et au-dessous.

Total, 70 bâtiments (1).

Comment cet effectif avait-il été réalisé ?

Le 30 décembre 1837 nous possédions 38 bâtiments à vapeur, savoir :

2 de 160 chevaux, 1 de 150, 1 de 120, 1 de 100, 4 de 80, 6 de 60, 2 de 50, 3 de 40 ; soit ensemble 1590 chevaux.

Au 1er janvier 1844 nous en possédions 47, savoir :

1 de 540 chevaux, 3 de 450, 1 de 320, 7 de 220, 21 de 160, 1 de 150, 2 de 120, 1 de 100, 5 de 80, 3 de 60, 2 de 30 ; soit ensemble 8,240 chevaux.

(1) Voici le pied de paix déterminé par l'ordonnance du 1er février 1837, et qui, joint à la décision du 4 mars 1842, sert d'acte constitutif de notre force navale en temps de paix, dans ses deux éléments :

40 vaisseaux de ligne de divers rangs, dont :
20 à flot,
20 sur chantiers, à 22/23es d'avancement ;
50 frégates de divers rangs, dont :
25 à flot,
25 sur chantiers, à 22/24es d'avancement ;
30 corvettes, dont :
20 de guerre, de 24 à 30 canons ;
10 avisos de 16 ;
50 bricks, dont 30 de 20 canons, et 20 avisos de 10 ;
50 canonnières, bricks, goëlettes, cutters, etc ;
50 corvettes et gabarres de charge ;
40 bâtiments à vapeur dont la force n'était pas déterminée.

Total : 310 bâtiments.

La même ordonnance, sans prescrire impérativement de former une réserve jusqu'à une limite déterminée, indique suffisamment qu'il doit y être pourvu : cette réserve, dit l'ordonnance, pourra être portée à :

13 vaisseaux { à un avancement de 12/24es, ce qui représente
16 frégates { 156/24es de vaisseaux et 192/24es de frégates.

Depuis cette ordonnance, l'application successive de la vapeur à la navigation, le développement de sa puissance et l'accroissement de cette marine dans les autres États, ont fait reconnaître, d'une part, l'immense parti qu'on pourrait tirer de ces machines de guerre, de l'autre, l'infériorité relative de la marine à vapeur dans nos forces navales réunies, d'après les prescriptions de l'ordonnance du 1er février 1837. De là la décision royale du 4 mars 1842.

Relativement, cette progression pouvait sembler considérable ; mais il fallait remarquer que depuis 1837 les crédits spéciaux avaient été successivement portés de 18,069,600 fr. (budget de 1830) à 26,238,000 fr. (budget de 1844). En outre, des crédits extraordinaires de 1,910,000 fr. en 1841, et de 4,495,250 fr. en 1844, avaient été spécialement affectés à des machines et des bâtiments à vapeur.

L'effectif réglementaire des 70 bâtiments à vapeur pouvait être évalué à 15,750 chevaux.

Dans l'état actuel, les 47 bâtiments à flot représentaient.	8,240
Restait à reconstruire	7,510

Or, combien fallait-il d'années pour compléter cet effectif et le mettre à flot ? Le ministre entendu déclarait que par la loi du 11 juin 1842 sont annuellement et spécialement consacrés........ 3,445,000 fr.

Il est en outre prélevé sur le fonds ordinaire du budget :	
pour le renouvellement des coques	1,000,000
pour les machines :	2,000,000
non compris l'entretien des bâtiments armés et du matériel d'armement	6,445,000

Or, cette somme représentant environ 17 à 1,800 chevaux, on pouvait affirmer qu'il peut être ajouté annuellement à la flotte le représentatif de 3 frégates de 450 chevaux, déduction faite de la portion afférente au renouvellement des coques et machines ; d'où la conséquence qu'en moins de six ans, c'est-à-dire, en 1849, l'effectif réglementaire serait atteint.

Quant aux paquebots transatlantiques, le ministre avait déclaré que 6 bâtiments de 450 et les 4 de 220 étaient entièrement terminés ; que les 8 autres de 450 étaient arrivés à ce point qu'on pouvait les achever dans l'un ou l'autre système, soit pour leur donner leur première destination, le transport des passagers, soit pour les appliquer au service de la guerre. La commission, sans exprimer une opinion sur le fond de la question, se bornait à rappeler qu'il existe une loi et qu'elle doit être exécutée ou modifiée, mais non suspendue indéfiniment.

Enfin la commission formulait positivement un blâme sévère sur l'administration de la marine par de nombreuses réductions et par des conseils d'ordre et d'économie (1).

L'écrit du prince de Joinville (*Note sur l'état des forces navales en France.* (*Voy.* le texte aux Docum. hist. France, part. non-offic.) était venu s'ajouter aux critiques de la commission du budget sur l'administration de la marine. Des faits graves y étaient révélés et prenaient un caractère d'autorité singulière dans l'esprit général qui avait présidé à la rédaction de cette brochure. Aucune autre passion que celle de la vérité ne pouvait être reprochée à ce document, et cependant la responsabilité ministérielle pouvait paraître sérieusement compromise par les allégations qu'il renfermait. On paraissait n'avoir rien compris aux changements que la vapeur devait apporter dans le système naval, et l'administration avait eu en vain sous les yeux le spectacle de l'Angleterre diminuant son immense marine à voiles pour augmenter sa flotte à vapeur. Ce besoin nouveau, né de ressources nouvelles, les Chambres en 1840 avaient voulu le satisfaire et avaient voté des allocations spéciales destinées à favoriser le développement de notre marine à vapeur. L'administration de la marine n'avait pas exécuté la volonté des Chambres : l'indécision et le désordre avaient présidé à tous ses essais. On avait gaspillé des millions en

(1) Pour prévenir les abus et les désordres trop réels du département de la marine, la commission, on la vu, et le pays entier, on peut le dire, réclamaient vivement une réorganisation de l'administration de la marine. Le 14 juin, M. de Mackau rendit une ordonnance à cet effet. Un contrôle général y est établi.

établissements inutiles; on avait créé des ateliers dispendieux et des moyens de réparation, au lieu de construire avant tout des navires; on avait, dans toutes les constructions importantes, consulté plutôt les caprices du luxe que les nécessités de la destination; on avait construit nos paquebots d'après les vieux errements, et les résultats de cette déplorable routine nous condamnaient pour longtemps encore à une infériorité regrettable; enfin, après les lenteurs de l'ancien système était venue l'irréflexion d'un système nouveau fécond en expériences fatales, en applications prématurées.

« Si je traçais ici, c'est le prince qui parle, le tableau réel de notre marine à vapeur, si je disais que, sur le chiffre de quarante-trois navires à flot que comporte le budget, il n'y en a pas six qui puissent soutenir la comparaison avec les navires anglais; on ne me croirait pas, et je ne n'aurais pourtant avancé que la stricte vérité! Le plus grand nombre de nos bâtiments appartient à cette classe de navires bons en 1830, où ils furent créés, mais aujourd'hui, à coup sûr, fort en arrière de tout progrès. Ces navires, assujettis dans la Méditerranée à une navigation sans repos, sont presque tous arrivés à une vieillesse prématurée. Ils ne suffisent plus au service d'Alger et aux missions politiques qu'il faut bien leur confier, à défaut de bâtiments meilleurs. Les officiers qui les conduisent rougissent de se voir faibles et impuissants, je ne dirai pas seulement à côté des Anglais, mais des Russes, des Américains, des Hollandais, des Napolitains, qui ont mieux que nous. »

La discussion s'ouvrit sur le budget de la marine le 12 juillet, et le 13 tous les crédits étaient votés. Le débat sur la navigation à vapeur fut, d'un commun accord, renvoyé à la session suivante. A travers mille hésitations, M. de Mackau paraissait incliner à penser que la destination première des paquebots transatlantiques devait être changée et qu'il serait plus avantageux de confier à des compagnies nos communications avec l'Amérique. Quant aux autres grandes questions que présentaient les affaires de la marine, après une discussion peu importante et trop précipitée peut-être, M. de Mackau dut consentir à toutes les réductions proposées par la commission du budget.

Ministère des Travaux publics. Ce budget fut voté, le 17 juillet, sans débat important. Le chapitre relatif aux canaux donna seul lieu à une courte discussion. La Chambre avait précédemment accordé un double crédit au canal de la Marne au Rhin et au canal latéral à la Garonne, avec stipulation expresse que les fonds seraient affectés à une fraction déterminée de l'un et de l'autre canal (*Voy.* plus bas le détail des allocations spéciales pour travaux extraordinaires, chemins de fer, ports, canaux, etc.). Il s'agissait de savoir si une allocation de 4 millions 500,000 fr., portée au budget, et applicable aux mêmes canaux, pourrait être employée sur toute l'étendue des deux lignes. La Chambre se prononça pour l'affirmative, autorisant ainsi l'administration à pourvoir, à l'aide de ce crédit, à tous les travaux d'entretien et de conservation, et même à l'achèvement des ouvrages qui ne pourraient être ajournés sans dommage.

Ministère des Finances. Tous les chapitres de ce département furent votés sans contestation, et l'ensemble du budget des dépenses fut adopté le même jour (18 juillet) par 201 boules blanches contre 59 boules noires.

Budget des recettes. Aucune discussion générale n'eût lieu sur ce projet, et la discussion des articles ne donna lieu à aucun débat important, au point de vue financier. Mais deux articles additionnels d'une importance réelle furent adoptés par la Chambre, dans cette séance (20 juillet) : le premier supprimait la rétribution universitaire ; le second autorisait le ministre des Finances à opérer, par voie de souscription, l'emprunt de 300 millions qui restait à faire.

La commission du projet de loi sur l'instruction secondaire avait été amenée, par l'étude de la question soumise à son examen, à reconnaître que la rétribution universitaire devait être supprimée. Plusieurs orateurs éminents, dans la discussion du projet devant la Chambre des pairs, s'étaient élevés contre cet impôt odieux et illégitime (*voy*. chap. III.) Les membres de la commission du projet de loi sur l'instruction secondaire, MM. Odilon-Barrot, Thiers, Saint-Marc-Girardin, Dupin, Ch. de Rémusat, de Carné, Quinette, Alexis de Tocqueville, se réunirent pour proposer l'article additionnel suivant, que développa M. de Salvandy :

« A compter du 1er janvier 1845, la rétribution universitaire cessera d'être perçue. »

M. Vuitry, rapporteur de la commission du budget, repoussa la mesure comme inopportune. Il soutint que la suppression de la rétribution universitaire étant le corollaire obligé de la loi sur l'enseignement secondaire, il fallait attendre pour décider la question que le projet, qui doit être soumis aux délibérations de la Chambre dans la session prochaine, fût devenu une loi de l'État.

M. le ministre des Finances combattit la suppression, par des raisons prises dans la nature même de l'impôt, qu'il présenta comme juste et légitime.

Vivement appuyée par M. de Tocqueville, la mesure fut sanctionnée par la Chambre après deux épreuves, à une assez forte majorité.

L'autre article additionnel fut proposé par M. Garnier-Pagès. L'honorable député établit en peu de mots le sens et les conséquences de sa proposition : elle n'obligeait pas le ministre à choisir tel mode d'emprunt plutôt que tel autre; à la faculté que lui donne la loi de procéder par voie d'adjudication publique elle ajoutait seulement la latitude de recourir, si bon lui semblait, au mode d'emprunt par souscription. Quand même le ministre négocierait l'emprunt avec des banquiers, son action ne pourrait qu'être plus libre et plus forte, par cette simple possibilité de conclure l'emprunt sans intermédiaire.

M. le ministre des Finances déclara qu'il n'avait pas lui-même demandé cette autorisation à la Chambre, parce que c'eût été exiger d'elle une marque de confiance qui eût aggravé la responsabilité ministérielle. La proposition de M. Garnier-Pagès avait, selon M. Lacave-Laplagne, ses avantages et ses inconvénients : ses inconvénients dans la répartition des coupons, car le chiffre des souscriptions dépasserait certainement de beaucoup celui de l'emprunt ; ses avantages dans la force nouvelle que le ministre devait trouver dans une décision semblable qu'il n'aurait pas provoquée lui-même.

L'article proposé par M. Garnier-Pagès fut adopté à la presque unanimité. Immédiatement après on procéda au scrutin sur l'ensemble du budget des recettes, qui fut adopté par 209 boules blanches contre 39 boules noires (20 juillet).

Allocations diverses pour travaux publics extraordinaires, chemins de fer, ports, canaux.

Chemins de fer. — Deux systèmes opposés sont depuis longtemps en présence à propos des chemins de fer. Ces nouvelles voies de communication étant appelées à remplacer les autres dans une importante proportion et faisant ainsi partie du domaine public, il avait paru naturel à quelques-uns que l'État se chargeât exclusivement de leur construction. En 1838 (*voy.* l'Annuaire), cette idée fit la base du système présenté aux Chambres par le ministère du 15 avril. Le système fut repoussé, et on lui opposa une théorie contraire. Les chemins de fer étaient selon les autres une création de l'industrie et sa richesse future : ils ne devaient être construits que par l'industrie elle-même. On devait donc s'en remettre à des compagnies du soin de doter la France de ces voies nouvelles de communication. Mais les compagnies firent défaut à l'appel du pays et il fallut penser à un autre système. Ce système nouveau, imaginé en 1842, n'était que la fusion des deux autres. L'État et l'industrie privée travailleraient chacun dans la mesure de ses ressources et de ses intérêts. La plus grande difficulté de ce système, c'était l'exécution : comment, en effet, faire bien et faire vite, lorsqu'il s'agissait de concilier des intérêts divers et de partager de manière à ne léser personne? En fait, la loi de 1842 n'avait encore rien produit, et cependant la France appelait de tous ses vœux l'exécution de travaux qui doivent être, dans l'avenir, une importante partie de sa richesse et de sa puissance, et pour lesquels elle est en retard sur tant d'autres nations.

En 1838, l'exécution par l'État avait échoué par suite d'injustes défiances contre le pouvoir central, qu'on craignait d'investir d'une trop grande part d'autorité. Aujourd'hui ces défiances étaient considérablement amoindries, et la crainte des compagnies avait remplacé, dans beaucoup d'esprits sérieux, la crainte du gouvernement. Si l'État n'exploitait pas les chemins de fer par lui-même, il ferait à de puissantes compagnies des concessions nécessairement à long terme, et abandonnerait ainsi à des caisses particulières d'énormes bénéfices qui eussent du légitimement appartenir à la caisse de l'État.

Restait un moyen terme qui entraînait la construction pa le gouvernement. Les lignes de fer une fois achevées, l'État en céderait l'exploitation par courts baux à des compagnies fermières.

Tels étaient les différents systèmes sur lesquels les Chambres allaient avoir à se prononcer. La responsabilité était grande, et le degré d'intérêt que pouvait avoir dans la question chacun des membres du parlement en particulier ne laissait pas que d'être pour tous un sujet de gêne et de malaise. Aussi, à la Chambre des députés, 167 signatures furent-elles réunies au bas d'une déclaration par laquelle les signataires affirmaient n'être ni directeurs, ni soumissionnaires, ni actionnaires, ni bailleurs de fonds dans les chemins de fer dont les projets étaient déférés à la législature.

Le 29 février, M. le ministre des Travaux publics présenta à la *Chambre des députés* un projet de loi concernant les chemins de fer de Paris à la frontière Belge, de Paris sur l'Angleterre et d'Orléans à Vierzon. Dans ce projet, la ligne du Nord était sensiblement modifiée, quant au tracé. Les parcours sur Calais et Dunkerque se sépareraient de la ligne de Paris-Belgique à Ostricourt, entre Douai et Lille, se dirigeant, savoir : la ligne sur Calais par Hazebrouck et Saint-Omer; la ligne sur Dunkerque par Hazebrouck et l'ouest de Canet. La ligne sur Boulogne se détacherait, à Amiens, de la ligne de Paris-Belgique, et se dirigerait par Abbeville et Etaples.

La commission dont M. Baude était rapporteur dans la session précédente avait ajourné la question relative à la ligne sur Boulogne, se fondant sur l'état de nos finances et sur les engagements déjà contractés par le trésor. Cette année M. le ministre proposait d'exécuter simultanément les embranchements sur Calais et Boulogne. Le ministère se réservait la faculté de faire achever par l'État les lignes désignées dans le projet, au cas où il ne serait pas possible de traiter avec des compagnies. Dans l'hypothèse d'un bail avec une compagnie, la durée de la concession ne pourrait excéder vingt-huit ans pour la ligne du Nord et trente-cinq ans pour la ligne d'Orléans à Vierzon. Ce dernier chemin faisait l'objet du titre II de la proposition ministérielle. La voie de fer serait acquise gratuitement à l'État en fin de bail, et on se réservait en outre la faculté de racheter le chemin au bout de douze ans d'exploitation.

Dans l'article 9 des dispositions subsidiaires du projet était contenue cette clause que, dans le cas où l'État ferait lui-même la pose des rails, l'exploitation des lignes serait mise en adjudication publique, mais que le prix de ferme ne pourrait être inférieur à 5 0/0 de la dépense de la voie de fer.

Quant à l'exécution et à l'exploitation, le système de la

loi du 11 juin 1842 était donc maintenu en principe. L'industrie privée serait appelée à poser la voie et à fournir le matériel. L'acquisition à l'État, sans indemnité, de la voie à l'expiration de la concession, constituait une aggravation convenue dès l'an dernier, aux clauses de la loi de 1842. Le tarif serait à peu près celui de la compagnie d'Orléans. Les trois classes de voyageurs paieraient 10 c., 7 c. 1/2 et 5 c. 1/2 par kilomètre. Ainsi, la troisième classe était surtaxée d'un demi-centime, mais en revanche les wagons seraient couverts; quant aux marchandises, le tarif était réduit de 4 centimes pour le chemin de fer du Nord, dont la durée de concession était abaissée à vingt-huit ans; le partage des bénéfices s'opérerait à partir de 8 p. 0/0. Il y avait dans ces chiffres toute une révolution industrielle. En effet, on avait été, l'année dernière, au moment d'accorder des conditions tout autrement onéreuses : on offrait alors quarante années de concession, et les bénéfices devaient sans partage appartenir à la compagnie.

Ce projet n'était que l'exorde des propositions que le gouvernement comptait apporter aux Chambres durant cette session. La ligne d'Orléans à Tours avait été ajournée, parce qu'il était question de la comprendre, à titre d'appoint, dans une combinaison relative à la ligne de Bordeaux, qui se négociait en ce moment. La ligne de Lyon était retardée pour l'accomplissement de quelques formalités peu graves, et il était à espérer que la ligne de Strasbourg serait, dès cette année, l'objet d'une loi destinée à mettre les travaux en activité du côté de Paris. D'un autre côté, le Nord-Ouest devait obtenir sa part des chemins de fer, au moyen de la ligne de Paris à Chartres, considérée comme tête de la ligne de Nantes à Brest.

Quant au chemin de fer de Montpellier à Nîmes, une loi spéciale pourvoyait à son exploitation. Ce chemin, on le sait, a été complètement construit par l'État; il s'agissait de le donner à bail pour dix ans. Le chemin de Cette au Rhône, qu'on peut considérer comme formant une seule ligne commerciale, serait aussi en la possession de trois compagnies distinctes : celle d'Alais à Beaucaire, celle de Montpellier à Cette, et la nouvelle compagnie adjudicataire.

Deux autres projets de chemins de fer furent présentés le 30 mars : l'un portant demande d'un crédit de 54 millions pour le chemin de Tours à Bordeaux, qui complèterait la ligne destinée à unir Bordeaux à Paris ; l'autre portant demande d'un crédit de 50 millions pour la ligne de Paris à Dijon, qui se rendrait au chemin déjà en cours de construction de cette dernière ville à Châlons ; le premier désigné sous le nom de chemin de Paris à la frontière d'Espagne ; le second appelé chemin de Paris à la Méditerranée. Le chemin de Paris à Dijon serait dirigé par les vallées de la Seine, de l'Yonne et de l'Armançon. La compagnie qui se chargerait de la pose des rails et de l'apport du matériel ne pourrait avoir qu'une jouissance de trente ans au plus ; son bail comprendrait la ligne entière de Paris à Châlons. Le chemin de Tours à Bordeaux aurait pour tracé celui de la route actuelle, qui passe par Châtellerault, Poitiers, Angoulême. La compagnie à intervenir aurait le bail de toute la distance de 120 lieues, comprise entre Orléans et Bordeaux. L'espace compris entre Orléans et Tours lui serait concédé comme prime, en compensation de ce que de Tours à Angoulême le chemin est généralement regardé comme devant être d'un très-médiocre rapport. La concession durerait quarante-sept ans. Il était entendu que si une compagnie convenable ne se présentait pas, dans un délai de deux mois, pour souscrire aux conditions indiquées, l'État effectuerait lui-même la pose des rails d'Orléans à Tours. Un crédit était demandé éventuellement à cet effet.

On a vu que le projet bornait à Châlons la ligne de la Méditerranée, au lieu de l'étendre jusqu'à Lyon. La portion de l'œuvre entre Lyon et Châlons avait déjà été, par la loi de 1842, mise à la charge du trésor. Le tracé adopté pour cette dernière ligne tranchait une question jusqu'alors restée indécise, celle de savoir si le chemin de Lyon et celui de Strasbourg auraient un tronc commun. Un seul tracé eût rendu cette communauté admissible, celui qui eût suivi la vallée de la Seine jusqu'à Troyes, au lieu de de la quitter à Montereau pour remonter les bords de l'Yonne. Désormais le chemin de Strasbourg serait indépendant du chemin de la Méditerranée; il y aurait de Paris à Strasbourg une ligne directe qui longerait la vallée de la Marne et desservirait Reims et Metz par de courts embranchements. Une compagnie s'était constituée pour obtenir la concession de ce chemin, qui, commercialement et surtout stratégiquement, est destiné à une haute importance. La présentation n'en pouvait être retardée plus longtemps, et elle fut faite le 15 mai, concurremment avec celle de quatre autre chemins nouveaux.

Ces cinq chemins étaient: 1° et 2° le chemin direct de Paris à Strasbourg par la vallée de la Marne, Bar-le-Duc et Nancy, avec embranchements sur Reims et Metz, et celui de Paris à Nantes au delà de Tours, tous deux compris dans le classement de la grande loi de 1842; 3° et 4° le double prolongement jusqu'à Limoges et jusqu'à Clermont de la ligne d'Orléans à Vierzon, avec allocation de fonds jusqu'à Châteauroux, seulement d'un côté, et jusqu'à Nevers de l'autre. La loi de 1842 avait laissé indécis le tracé du chemin du centre au-delà de Vierzon ou de Bourges entre ces deux directions. On les adoptait l'une et l'autre aujourd'hui: mais il était entendu qu'on s'arrêterait à Limoges et à Clermont, et que le chemin de Paris à Toulouse résulterait de la ligne de Paris à Bordeaux et de celle de Bordeaux à Marseille ou à Cette; 5° le chemin de Paris à Rennes, dont le tracé jusqu'à présent n'était déterminé que jusqu'à Chartres, avec allocation seulement pour ce premier tronçon.

Tel était l'ensemble de projets de chemins de fer somis à la Chambre des députés pour cette session. Cinquante lieues de chemins nouveaux représentant, pour l'État, une dépense de 60 millions par an pendant six ans. La dépense à la charge des compagnies serait d'environ 250 millions.

Le premier projet discuté par la Chambre fut celui concernant le chemin de Montpellier à Nîmes. Le rapport de la commission, présenté le 20 avril par M. Lebobe, posait nettement le principe des courtes aliénations, principe par l'application duquel seraient conjurés les inconvénients inséparables de ces contrats mixtes qui tiennent à la fois du louage et de la vente, et auxquels, disait le rapport, notre droit civil a, sans les interdire, refusé une place dans ses dispositions. Le projet autorisait le gouvernement à adjuger avec concurrence et publicité l'exploitation de ce chemin pendant la durée de douze ans à la compagnie qui accepterait les meilleures conditions.

Le seul débat sérieux porta sur un amendement de M. Boissy d'Anglas, qui voulait que le gouvernement exploitât exclusivement cette voie jusqu'au 1er janvier 1849, sauf à l'affermer plus tard, lorsque la valeur réelle en serait connue. Ce système ne fut repoussé qu'après une épreuve douteuse et par une imperceptible majorité (20 mai). Peut-être la Chambre pensa-t-elle que, encaissée entre deux voies de fer concédées pour un siècle, cette ligne, d'ailleurs très-courte et fort éloignée de Paris, se présentait dans de mauvaises conditions pour former le type d'un nouveau système d'exploitation. Gérée par une administration distincte de celles qui l'avoisinent, elle aurait supporté des frais généraux considérables et compromis le principe à expérimenter.

Le principe de l'art. 1er, qui constituait tout le projet de loi, étant adopté, il ne restait plus qu'à examiner le cahier des charges, et après trois jours de discussion le projet fut adopté par la Chambre, à la majorité de 190 voix contre 60 (24 mai).

Le chemin sur lequel la Chambre s'était prononcée avait été, comme on le sait, décrété vers le milieu de 1840, mais n'avait pu, faute d'argent, recevoir un commencement d'exécution qu'en janvier 1842. Ce chemin complètement terminé et pourvu d'une partie de son matériel présente, sur un développement total de 52 kilomètres, de nombreux ouvrages d'art remarquables par l'élégance et la solidité.

Le second projet discuté fut celui de la ligne d'Orléans à Bordeaux (rapport de M. Dufaure, 28 mai). M. Houzeau-Muiron prit le premier la parole en faveur de l'exécution par l'État, et de l'exploitation par des compagnies fermières, moyennant des baux dont la durée n'excéderait pas douze ans (11 juin).

De concert avec MM. Pouillet, Gouin et Prosper de Chasseloup-Laubat, M. Muret de Bort proposa un amendement tendant à affecter 54 millions aux dépenses de la construction par l'État. M. Muret de Bort et M. Gouin s'appliquèrent à faire ressortir les bénéfices exorbitants que la loi de 1842 procurerait aux capitalistes. Déjà, même avant que les compagnies financières fussent en possession des chemins, on sentait le poids de leur influence. L'agiotage, avec les fortunes scandaleuses et les déceptions amères qu'il enfante, n'était-il pas un funeste exemple à donner au pays?

M. le ministre des Finances constatait par ce dilemme l'exécution par l'État. Si l'on tient à ce que l'État fasse tout lui-même, il faut ou bien supprimer une partie du réseau proposé, ou refuser à ceux des départements qui n'ont pas de chemins de fer et qui paient pour que les autres en possèdent la compensation qui leur est due, et ajourner beaucoup d'améliorations désirées, opportunes, indispensables.

Une majorité assez faible repoussa l'amendement.

Le projet portait à 46 ans et 324 jours la durée de la concession : Le rapport de M. Dufaure et les relevés de circulation qui y étaient contenus prouvaient suffisamment l'exagération de ce terme. Il fallait, en effet, tenir compte des six années que dureraient les travaux, temps pendant lequel la compagnie exploiterait les parties les plus productives, et notamment le tronçon d'Orléans à Tours. La commission proposait donc de réduire le maximum de la concession à quarante et un ans et seize jours.

A ce propos, le système des grandes compagnies allait recevoir un échec inattendu. Un membre de l'opposition, M. Luneau, appela l'attention de la Chambre sur le concours prêté aux compagnies de chemins de fer qui cherchaient à se former, par des membres des deux Chambres, des conseillers d'État, des magistrats de la Cour des comptes, enfin, par des hommes éminents dans le parlement et dans l'administration. M. Luneau, tout en se défendant de mettre les personnes en cause, exprimait la crainte que ces associations n'exerçassent trop d'influence sur le gouvernement, qui peut-être ne pourrait garder toute sa liberté, et se défendre contre des projets qu'il eût repoussés, s'ils se fussent présentés dépourvus de ce puissant patronage. Comme palliatif à ce danger, M. Luneau proposa de décider que la concession du bail aurait lieu par voie d'adjudication avec publicité et concurrence.

La Chambre adopta cette proposition, en y ajoutant toutefois que nulle compagnie ne serait admise à soumissionner sans l'agrément préalable du ministre, et sans avoir déposé un cautionnement de deux millions.

Mais la réaction ne devait pas s'arrêter là. Un autre membre, M. Crémieux, proposa un article additionnel ainsi conçu: « Aucun membre des deux Chambres ne pourra être adjudicataire ni administrateur dans les compagnies auxquelles des concessions seront accordées. » La Chambre adopta l'article sans discussion et après une épreuve douteuse. L'incompatibilité semblait désormais un fait acquis.

Le même jour, la Chambre adopta, au scrutin secret, l'ensemble du projet, par 218 voix contre 56.

Le projet de chemin de Paris à Lyon (rapporteur, M. de la Tournelle, 31 mai) fut soumis à la Chambre le 19 juin. La partie du paragraphe 1er, relative à l'affectation d'un crédit de 71,000,000 à cette ligne, fut adoptée, mais sans désignation de tracé. Deux tracés étaient en présence, l'un par la vallée de l'Yonne, l'autre par la vallée de la Seine, avec tronc commun pour le chemin de Strasbourg. Le gouvernement, conformément à l'avis de tous les conseils administratifs et de la commission supérieure des chemins de fer, se prononçait pour le tracé de l'Yonne.

Le tracé de la Seine, défendu par M. Bureaux de Pusy, fut attaqué par M. Philippe Dupin et par M. le ministre des Travaux publics. La combinaison du tronc commun, selon les adversaires du tracé de l'Yonne, devait procurer au trésor une économie de plus de 50 millions. M. Dumon chercha à établir par des chiffres que cette économie ne serait que de 12 millions ; mais, selon M. le ministre, pour réaliser cette économie, il faudrait sacrifier les deux riches et populeuses vallées de l'Oise et de la Marne, et conduire le tronc commun à travers les plateaux de la Brie et Provins. Or, si l'on comparait ce dernier tracé à celui de l'Oise, on trouvait que la circulation des voyageurs est cinq ou six fois plus considérable par la vallée de l'Oise ; que le mouvement des marchandises présente à peu près le même résultat, et qu'enfin la population y est beaucoup plus dense. La première partie du tracé fut adoptée, selon le vœu du gouvernement, par les vallées de l'Yonne et de l'Armançon.

La seconde partie du tracé rencontrait, par une courbe, Dijon, par les vallées de l'Oze et de la Brenne. Cette direction avait pour elle le texte de la loi de 1842, qui fait de Dijon le point d'intersection entre les deux lignes de Paris à la Méditerranée, et de la Méditerranée au Rhin. Un amendement, développé par M. Schneider (d'Autun), proposa de laisser Dijon en dehors de la ligne de

Paris à la Méditerranée, ce qui, en perçant le Mont-Afrique, ferait gagner 22 kilomètres au moins sur le parcours total. MM. Mauguin et Vatout parlèrent avec force en faveur de ce tracé, beaucoup plus court que celui du projet. M. de Lamartine, dans une éloquente improvisation, rappela quelle pouvait être parfois pour le commerce, pour l'industrie, pour la défense du pays même, l'importance d'une heure : ç'avait été, selon l'honorable orateur, une faute en 1842, que de faire infléchir violemment vers Dijon la grande ligne de Paris à la Méditerranée : il s'agissait alors de réunir le plus de votes possible, et l'on avait voulu satisfaire Dijon, qui avait son représentant dans la commission parlementaire.

Deux questions naissaient du débat. M. Berryer les formula dans un amendement, en proposant : 1° de ne pas désigner dans l'article premier du projet de loi Dijon comme point intermédiaire obligé de la ligne de Paris à la Méditerranée ; 2° d'ajourner toute décision quant au tracé par les vallées de la Brenne et de l'Oze.

M. le ministre des travaux publics combattit la première de ces propositions, qui fut rejetée ; la seconde fut adoptée après une épreuve douteuse (21 juin).

Un amendement de M. Gauthier de Rumilly ramena l'attention de la Chambre sur la question de l'exécution par l'État. Lorsqu'un amendement semblable avait été présenté pour le chemin de Bordeaux, M. Dumon s'était fait un argument de ce qu'aucune proposition d'exploitation par compagnie fermière n'avait été faite pour cette ligne. La situation n'était plus la même pour la ligne de la Méditerranée : une soumission existait conçue dans les termes les plus avantageux pour l'État. D'un autre côté, la Chambre se trouvait, de la part des compagnies financières, en présence de propositions inacceptables : aussi accepta-t-elle l'amendement qui mettait à la charge de l'État la pose des rails. L'amendement fut voté à la majorité de 138 voix contre 137 ; pas une seule parole ne vint du banc des ministres faire obstacle à ce vote, qui renversait tout le système de l'administration (23 juin).

Il restait à régler l'emploi du crédit de 62 millions, ouvert pour la construction de la ligne, et à déterminer la somme qui serait allouée pour le travail dans le cours de l'année 1845. M. Lacave-Laplagne demanda que la solution de cette question fût ajournée et laissée à l'avenir. Le chemin de Lyon n'était pas encore commencé sur ses sections importantes : rien n'obligeait à se prononcer dès aujourd'hui sur son mode d'exploitation ; on pouvait toujours commencer les travaux de terrassement et les travaux d'art, sur le système d'exécution desquels on était tombé d'accord. Ces travaux terminés, on viderait la question de distribution des crédits. Cet ajournement équivalait à la mise en question du principe tranché par le vote de l'amendement Rumilly. La Chambre accorda le délai.

Le projet fut adopté par 191 voix sur 242 votants (25 juin).

Dans la même séance, la Chambre adopta sans discussion, et à la majorité de 202 voix contre 45, un projet de loi relatif au chemin de fer de Tours à Nantes. Le crédit voté s'élevait, suivant la demande de M. le ministre des travaux publics, à 28 millions. Sur cette somme 1,500,000 seraient affectés à l'exercice 1844, et 4 millions à l'exercice 1845. Le tracé passerait par Saumur, Angers, et atteindrait Nantes en suivant de près les bords de la Loire, où il toucherait Ingrande et Ancenis.

Un projet de loi relatif au classement du chemin de fer de Paris à Rennes et à son exécution entre Versailles et Chartres ne rencontra non plus aucune objection. C'était là un acte de justice et de réparation envers une partie considérable du territoire que la loi du 11 juin 1842 avait complètement déshéritée. Une seule difficulté était soulevée par le projet : il s'agissait de l'embranchement de la ligne de Chartres sur l'un des deux chemins de Versailles : les deux compagnies se le disputaient. Le gouvernement proposait l'embranchement sur les deux chemins aux frais de l'État. M. Luneau voulait sacrifier la rive gauche, et demandait que le gouvernement, pour se récupérer de ses avances, eût recours à l'expropriation. La commission pensa qu'il valait mieux réserver à cet égard toute la liberté de l'administration, et qu'il importait de ne pas mettre d'avance à la charge du trésor une dépense qui pourrait, dans certaines hypothèses, être laissée au compte des compagnies. La Chambre adopta cet avis et vota le crédit montant à 13 millions, sur lesquels un million était affecté à l'exercice 1844, et 2,500,000 francs à l'exercice 1845.

Le chemin du Nord, sur lequel s'ouvrit ensuite la discussion (25 juin, rapport de M. Lanyer, 6 juin), se trouvait dans une situation exceptionnelle. L'état avancé des travaux entre Paris et Clermont, d'un côté, Arras et la frontière belge, de l'autre, exigeait une décision immédiate. Cette décision ne pouvait soulever les difficultés qui avaient accompagné la délibération du chemin de fer de Lyon. La commission de la Chambre proposait la pose des rails par l'État et l'exploitation par courts fermages. Elle s'appuyait, au reste, sur le projet même du gouvernement, qui renfermait tout à la fois un cahier des charges de concessions et un cahier des charges de fermage. Le gouvernement avait compris l'excessive exagération des demandes des compagnies financières relativement à cette ligne, et avait prévu que ces demandes formant la base du projet de concession pour 28 années seraient repoussées par les Chambres. « Au point où en sont arrivés les travaux, lisait-on dans l'exposé de motifs ministériel, il y a urgence de s'occuper de la commande et de la pose des rails, et, si l'industrie privée nous refusait son concours à des conditions qui lui assurent encore une spéculation avantageuse, *nous vous demanderions alors l'autorisation d'achever nous-mêmes le chemin*, et d'en livrer à bail l'exploitation. Sans songer à faire de ce système une règle générale, il ne faudrait pas hésiter du moins à l'appliquer aux chemins déjà entrepris et dont les travaux touchent à leur terme, si les conditions de la loi du 11 juin 1842 n'étaient pas acceptées. » La question ainsi dégagée de toute difficulté de l'ordre politique et administratif, le ministère ne croyait pas s'engager dans un système nouveau en s'engageant à exploiter provisoirement les diverses sections de la ligne au fur et à mesure qu'elles seraient achevées.

En présence de ces difficultés, le gouvernement et la commission se ralliaient à une résolution commune qui modifiait également le projet de loi et les conclusions du rapport. Il s'agissait : 1° d'ajourner la question de système à la session de 1845 ; 2° en attendant, d'autoriser l'État à poser les rails et à exploiter partout où il le jugerait nécessaire.

Une partie de la discussion fut consacrée aux divers traités du chemin de fer sur l'Angleterre. Le système de la commission, qui faisait partir d'Ostricourt les embranchements dirigés sur Calais et Dunkerque par Hazebrouck, fut vivement combattu par les députés du nord, auxquels s'adjoignirent MM. Berryer et Dufaure. Deux autres tracés se disputaient la préférence, l'un prenant Arras, l'autre Lille pour point de jonction à la ligne du Nord. Le tracé par Arras, ou plus exactement par Fampoux, était celui qui rapprochait le plus Dunkerque et Calais de Paris, mais il laissait ces deux ports sans communication directe avec le grand centre manufacturier dont Lille est le chef-lieu. Le tracé par Lille occasionait un accroissement de parcours considérable.

Le tracé par Lille fut adopté par la Chambre. Il semblait dès-lors que la Chambre eût implicitement décidé l'établissement du chemin d'Amiens à Boulogne, dans les conditions générales qui président à l'exécution du réseau complet.

Mais la commission ne pensa pas ainsi, et, par des raisons d'économie, elle proposa la concession de cette ligne à une compagnie qui resterait chargée de tous les travaux moyennant une jouissance maximum de 70 ans et une subvention de 3 millions. La Chambre alla plus loin encore, et, sur la proposition de M. Muret de Bort, elle porta la durée maximum de la concession à 90 ans, en supprimant la subvention.

Les questions de tracé ainsi résolues, la Chambre s'occupa des articles proposés par le gouvernement et acceptés par la commission, pour reculer d'une année la substitution définitive du système de l'achèvement par l'État au système des compagnies. L'autorisation provisoire de la pose des rails et de l'exploitation des sections au fur et à mesure de l'exécution fut donnée au gouvernement, et deux crédits furent alloués à cet effet, un de 10 millions sur l'exercice 1844, un de 6 millions sur l'exercice 1845.

L'ensemble du projet fut ensuite adopté au scrutin par une majorité de 227 voix contre 42.

Le chemin de fer du centre, Orléans à Vierzon, avec double prolongement sur Limoges et Clermont, ne donna lieu à aucune discussion (rapport de M. Lanyer, 15 juin). On sait l'importance de cette ligne destinée à devenir plus tard la grande route des capitales des gouvernements constitutionnels, et qui relèvera vingt départements, trop longtemps délaissés, d'un fâcheux et injuste abandon. M. Boudousquié demanda que le gouvernement s'occupât le plus promptement possible du classement de la ligne de Limoges à Toulouse. M. de Larcy rappela les droits de la ligne transversale qui, aux termes de la loi du 11 juin 1842, doit unir l'Océan à la Méditerranée par Bordeaux, Toulouse et Marseille. M. le ministre des travaux publics promit que tous ces intérêts obtiendraient satisfaction aussitôt que les études entreprises par les ordres de l'administration seraient complètes.

L'un des articles du projet avait pour but d'autoriser le ministre des Travaux publics à traiter avec une compagnie pour la pose des rails et l'exploitation de cette double ligne. M. Luneau demanda que, comme pour les chemins du Nord et de Lyon, la question fût réservée. La Chambre pensa que, puisque le système des compagnies concessionnaires avait prévalu sur le chemin de Bordeaux, elle pouvait, sans danger, l'étendre à une ligne placée dans des conditions tout-à-fait analogues. L'amendement fut retiré, et la proposition du gouvernement acceptée; elle autorisait une jouissance dont la durée n'excéderait pas quarante années. Au cas où, dans le délai de deux mois après la promulgation de la loi, le ministre des Travaux publics n'aurait traité avec aucune compagnie, il était autorisé à poser la voie de fer sur la ligne d'Orléans à Vierzon aux frais du trésor public, et un crédit de 500,000 fr. lui était ouvert à cet effet.

Le projet de loi fut adopté dans son ensemble au scrutin par 196 voix contre 48 (29 juin).

La discussion fut ouverte immédiatement après, sur le projet de loi relatif au chemin de fer de Paris à Strasbourg, le dernier des projets de cette nature, présentés cette année (rapport de M. Philippe Dupin, 25 juin). Cette ligne, ordonnancée par la loi de 1842, ne le cède en rien à la ligne du Nord pour l'importance : elle mène à l'Allemagne; elle est le théâtre d'un immense transit; elle unit l'Océan au Rhin; enfin, elle présente un intérêt de premier ordre pour la défense du territoire. Et cependant l'exécution de cette ligne semblait abandonnée par le gouvernement, lorsqu'une compagnie de capitalistes étrangers se forma pour l'entreprendre. Ces capitalistes songèrent naturellement à avoir en France l'appui d'hommes considérables, et ils les cherchèrent dans les deux Chambres. Plusieurs députés consentirent à devenir membres du conseil d'administration, de concert avec quelques membres influents de la Chambre des pairs; mais après le vote de l'amendement Crémieux (*Voy.* plus haut), il leur parut que, pour conserver le droit de défendre le chemin à la tribune, il ne leur était plus possible de rester dans la même situation ; ils crurent devoir se retirer, et la commission pensa qu'il y avait dans ces faits un motif suffisant d'ajourner à la session prochaine la concession de la ligne à une compagnie. M. le ministre des Travaux publics s'associa à cette déclaration (1er juillet).

Tout le projet de loi se réduisait dès-lors aux questions de tracé. MM. de Bussières et Périgueux attaquèrent la préférence accordée par le gouvernement à la vallée de la Marne. M. Philippe Dupin et M. Dumon la défendirent. Un amendement de M. Ternaux proposait, tout en allouant le crédit, de réserver jusqu'à la session prochaine la question du tracé entre Paris et Nancy; les crédits alloués pour 1844 et 1845 seraient employés entre Nancy et Hommarting. La Chambre pensa toutefois, sur l'avis de M. le ministre des travaux publics, que la question était suffisamment éclaircie, et rejeta l'ajournement. Le tracé rival par l'Oise et l'Aisne se trouvait ainsi écarté, et le tracé de la Marne fut adopté par la Chambre, sauf le vote d'ensemble.

Un incident nouveau retarda le scrutin : M. Arago proposa d'introduire dans la loi, par voie d'amendement, une disposition générale applicable à tous les chemins de fer, et ainsi conçu : « Dans le matériel de tout chemin de fer subventionné ou exploité par l'État, le nombre de locomotives construites à l'étranger ne pourra excéder le dixième du nombre total des machines. »

M. le ministre des Finances fit observer, avec raison, qu'une pareille disposition ne devait trouver place que dans une loi de douanes ou dans une proposition spéciale; d'ailleurs, il eût pu y avoir là de graves inconvénients au moment où l'on se trouverait tout-à-coup en présence de lignes longues et nombreuses à exploiter. La commission des douanes avait pris récemment, dans l'intérêt des constructeurs de machines, toutes les mesures raisonnablement possibles : elle avait porté à 30 pour cent le droit antérieurement fixé à 15 pour cent, et elle avait transformé la perception *ad valorem*, en perception basée sur le poids; aller plus loin encore, ç'eut été enlever à nos constructeurs un stimulant nécessaire aux progrès de leur industrie; c'eût été constituer un monopole onéreux aux chemins de fer et dangereux pour le pays.

L'article additionnel, proposé par M. Arago, fut repoussé par la Chambre, à la majorité de 151 voix contre 98, et l'ensemble du projet de loi, portant allocation d'un crédit de 88 millions 700,000 francs, fut adopté par 191 voix contre 62 (3 juillet).

On se rappelle que, l'année dernière, M. Mallet, inspecteur divisionnaire, adjoint des ponts et chaussées, avait été chargé par le gouvernement de faire un rapport sur le chemin de fer atmosphérique de Kingstown en Irlande (*Voy.* l'Annuaire 1843, Appendice, page 389). Le système avait fait, depuis cette époque, de rapides progrès dans l'opinion des ingénieurs anglais. Réduire les dépenses d'établissement du lit de la voie, diminuer de beaucoup les inconvénients des pentes très-raides, permettre d'abaisser d'une manière sensible la hauteur des ponts, aujourd'hui réglée par l'élévation des cheminées des locomotives, diminuer le poids des rails, obtenir plus de vitesse avec moins de frais d'exploitation et plus de sécurité, tels étaient les avantages que réclamaient pour leur système les partisans de cette invention. Ses adversaires contestaient qu'il y eût économie dans les frais annuels : ils faisaient remarquer que la rentrée d'air qui s'effectue par la fente longitudinale absorbe une force démésurée; ils objectaient enfin, qu'avec ce propulseur, tel qu'il était appliqué en Irlande, les trains ne pouvaient aller en arrière. M. Pecqueur, ingénieur français, paraissait, au reste, avoir triomphé de ces difficultés, et l'on pouvait déjà entrevoir le moment où toute une révolution s'opérerait dans l'exécution des lignes de fer. Il restait à savoir si, lié par des engagements avec les compagnies, l'État pourrait faire son profit des progrès de la science.

Quelle que dût être la solution de ces questions, le gouvernement saisit la Chambre d'une demande de crédit pour essai du système de chemin de fer atmosphérique (8 juin). Un crédit de 1 million 800,000 fr. fut voté à cet effet par la Chambre.

Un autre projet de loi autorisait à entreprendre un chemin de fer de Paris à Sceaux, à ses risques et périls, M. Arnout, auteur d'un système de voitures articulées, qui fait disparaître le danger ou l'impossibilité matérielle des courbes d'un très-court rayon : ce projet fut adopté dans la même séance (18 juillet).

Les projets de lois de chemins de fer rencontrèrent à la *Chambre des pairs* des préoccupations presque exclusivement financières. Peu de modifications importantes furent subies par les projets de la Chambre des députés. L'amendement Crémieux fut retranché du projet du chemin d'Orléans à Bordeaux, et ce projet fut adopté définitivement par la Chambre des députés (15 juillet).

Il en fut de même pour le chemin de Paris à Lyon (17 juillet), qui était représenté à la Chambre des députés, moins l'amendement de M. Gauthier de Rumilly.

Les autres projets furent adoptés sans amendement par la Chambre des pairs.

Les six lois, à la date du 26 juillet, et la loi du 2 août, relatives aux chemins de fer, et par lesquelles le gouvernement dut consacrer les votes des deux Chambres, ordonnançaient plus de 500 lieues de chemins de fer. La dépense à la charge de l'État serait d'environ 60 millions par an pendant six ans. La dépense à la charge des compagnies serait d'environ 250 millions. Quelques lignes importantes, entre autres la ligne de Lyon à Avignon, qui complète la grande artère de la Méditerranée à la mer du Nord, restaient à voter encore, quelques questions de concessions et de tracé avaient été ajournées à la session prochaine, ainsi que la nécessité reconnue de pourvoir à une compensation sérieuse en faveur des départements montagneux du centre du royaume, qui semblent à jamais exclus du bienfait des chemins de fer, et qui n'en contribuent pas moins par l'impôt à l'exécution des lignes dont sera doté tout le reste du territoire (*voy.* le chap. Histoire intérieure).

Ports et Canaux. — Un projet de loi concernant l'amélioration de nos trois principaux ports de commerce : Marseille, le Havre et Bordeaux, fut présenté à la *Chambre des députés* (29 février). Le crédit réclamé montait à 43 millions 500,000 francs, qui, joints à une somme de 69 millions 680,000 francs, votée pour les ports de France, et à un crédit de 1 million 200,000 fr., alloué pour les ports de la Corse, formaient un total de 114 millions 380,000 fr. Le port de Marseille, si l'on adoptait le projet de loi, aurait reçu sur cette somme 27 millions 200,000 fr. ; celui du Havre 26 millions, et celui de Bordeaux 6 millions 100,000 francs ; total pour les trois ports : 59 millions 300,000 fr. ; ou moins de 52 pour 100 du crédit de 114 millions 380,000 francs, alloué à tous les ports du royaume. De pareilles avances n'étaient pas trop considérables pour les revenus que ces trois grands ports rapportent à l'État. Dans une statistique de 1837, évidement en arrière du mouvement de progrès continuel de notre prospérité commerciale, la commission trouvait que la perception des droits de douane, payés exclusivement par tous les ports, avait donné un produit de 80 millions 989,188 francs, sur lequel Marseille avait apporté, pour sa part, 27 millions 856,371 fr. ; le Havre, 18 millions 123,993 fr. ; Bordeaux, 10 millions 157,491 francs ; en total 56 millions 137,855 fr. Tous les autres ports réunis n'avaient produit que 24 millions 851,333 francs. Les trois ports versaient donc, en 1837, plus de 69 pour 100 de tous les droits perçus par l'administration des douanes dans l'ensemble de nos ports.

L'article 1er renfermait deux applications de crédit : l'une au port de Marseille, l'autre à l'ouverture d'un canal de communication entre le port de Bone et l'étang de Berre. La commission proposait de réduire le crédit d'une somme de 20 millions à 18 millions 980,000. Une partie de cette somme, applicable au canal projeté, fut ajournée par la Chambre, qui pensa que cette allocation, d'une incontestable utilité, ne pouvait être accordée par la loi des trois ports.

Une question incidente donna lieu à un débat important : il s'agissait de la franchise dont jouit encore aujourd'hui le port de Marseille. Une loi du 16 décembre 1814 lui avait rendu les immunités dont il était en possession avant la révolution, Marseille crut devoir y renoncer; mais cette ville se fit octroyer, en retour, par ordonnance royale du 10 septembre 1817, certaines franchises dont les principales consistent dans l'exemption des droits de navigation et de tonnage. La commission était d'avis qu'il serait opportun de faire rentrer Marseille dans le droit commun, en annulant l'ordonnance du 10 septembre 1817 ; mais une telle mesure touchait à des intérêts trop complexes et trop graves pour que la commission eût voulu prendre l'initiative. M. le contre-amiral Leroy proposa un amendement qui entamait la question sans la résoudre, et qui avait pour but de supprimer la franchise provisoirement et seulement quant au droit de tonnage et de demi-tonnage. Cet amendement fut retiré (7 juin).

Il paraît certain que l'immunité accordée à Marseille, à une époque où il s'agissait de soutenir la concurrence des ports étrangers dans la Méditerranée, est devenue aujourd'hui plus funeste qu'utile. Cette situation spéciale n'a servi qu'à favoriser la navigation étrangère au détriment de la navigation française.

Les autres articles du projet ne donnèrent lieu à aucune discussion importante, à l'exception toutefois du crédit applicable à l'amélioration de la passe du Havre. Cette passe et l'avant-port sont envasés, le chenal présente une profondeur tellement insuffisante, que les navires de plus de 300 tonneaux ne peuvent entrer avec les marées ordinaires. La passe est en outre resserrée et les bassins trop étroits. Le projet du gouvernement consistait à creuser le chenal et l'avant-port, et à les maintenir toujours à la hauteur d'eau nécessaire, à élargir la passe et à terminer ou à construire les bassins de la Floride, de l'Heure et de Vauban. Deux autres projets se trouvaient en présence du projet du gouvernement, celui d'une passe nouvelle par la Seine, celui d'une passe nouvelle par la mer; ce dernier projet, soutenu par M. Arago, eût entraîné des dépenses trop considérables, et la Chambre jugea que le projet du gouvernement répondait suffisamment aux besoins d'urgence.

Le projet fut adopté par 163 voix contre 71 (11 juin).

Un projet de loi supplémentaire portait demande d'un crédit de 5 millions 880,000 fr. pour l'extension des fortifications du port du Havre. Tous nos ports, en effet, et ceux-là surtout qui représentent la plus grande part de notre fortune commerciale, auront désormais, plus qu'autrefois, besoin d'être défendus : les bateaux à vapeur les placent dans des conditions nouvelles et redoutables. Les navires à vapeur tirant peu d'eau, et n'étant plus esclaves des vents, arriveront là où n'aurait pu pénétrer une escadre à voiles, et leur armement leur donnera une puissance de destruction que l'ancienne marine ne possédait pas au même degré.

Ces raisons développées par M. le général Paixhans avec toute l'autorité des connaissances spéciales firent adopter le projet du gouvernement, sans les modifications proposées par M. Arago (11 juin; 174 voix contre 101).

Ces deux projets furent adoptés par la *Chambre des pairs* le 30 juillet (*voy.* le texte de la loi des fortifications du Havre. Appendice, Documents hist. France, partie officielle, page 36).

Une question des plus graves soulevée par le développement nécessaire des chemins de fer, c'est celle de l'avenir des voies navigables. La juxtà-position de deux voies de transport, de deux systèmes dont l'un, quoique encore à l'enfance, s'améliore chaque jour en vitesse et en économie, n'est-elle pas un danger pour l'autre? Les chemins de fer ne sont-ils pas appelés à ruiner, à remplacer les canaux, partout où la concurrence s'établira entre eux? L'exemple de l'Angleterre est là pour répondre. Or, dans la discussion des projets de lois de chemins de fer, à travers les incertitudes de l'administration, il avait paru que l'argument principal contre l'exécution par l'État était la nécessité de réserver les ressources du gouvernement pour améliorer le Rhône, nos fleuves et nos principales rivières, pour ouvrir un canal de jonction de la Marne à la Saône, etc. On s'occupait, par exemple, d'améliorer des fleuves là où existaient des canaux latéraux, ainsi, la Loire et la Garonne, et, M. Dumon l'annonçait hautement, l'intention du gouvernement était de réserver des fonds pour l'amélioration des rivières le long desquelles allaient s'étendre des lignes de fer. Le mouvement commercial serait-il assez important pour défrayer partout deux routes si différentes dont l'une est par tant de côtés supérieure à l'autre? N'y avait-il pas là quelque imprudence? (1) En Angleterre, cette juxtà-position réduit de plus de 25 p. 0/0 la valeur des propriétés de canaux; il est

(1) *Voy.* une brochure intéressante de M. Minard, ingénieur des ponts et chaussées : *Des conséquences du voisinage des chemins de fer et des voies navigables*, et, dans le journal *La Presse* (juin), plusieurs savants articles de M. Edmond Teissereuc, sur la même question.

vrai qu'après cette perte les voies navigables ont encore conservé un remarquable excédant de revenus sur les dépenses; mais le parallèle est impossible à établir avec les canaux de France qui, pour la plupart, arrivent à peine à couvrir par leurs recettes leurs frais annuels d'entretien.

C'est par ces motifs que la commission du chemin de fer de Strasbourg exprima, en termes formels, le vœu que les travaux du canal de la Marne au Rhin fussent arrêtés et mis à profit pour l'établissement du chemin de fer. Cette question reviendra, au reste, et sera plus longuement traitée dans la session prochaine.

CHAPITRE VI.

Physionomie de la session. — Ses résultats. — Statistique des travaux des deux Chambres.

Le caractère général de la session, à part quelques jours de discussions passionnées soulevées soit par les événements antérieurs, soit par les luttes de partis; c'est l'indifférence politique la plus profonde et comme l'attente d'une situation nouvelle au milieu d'une situation provisoire. Une faute politique, selon les uns, un accident nécessaire, selon les autres, avait marqué l'ouverture des débats législatifs, la flétrissure des députés légitimistes. Peut-être avait-on manqué de sang froid dans la réaction contre la manifestation de Belgrave-Square : après avoir laissé prendre une certaine importance au parti légitimiste, on avait passé de la tolérance la plus complète à une sévérité exagérée. Il en était résulté un échec moral pour le gouvernement : les cinq députés démissionnaires avaient été renvoyés avec éclat sur les bancs de la Chambre, aux applaudissements de l'opposition. Il devait en résulter peut-être un échec plus sensible lorsqu'une juste rancune enlèverait au ministère, dans des élections nouvelles, l'appoint ordinaire que le parti légitimiste avait souvent accordé à la majorité.

Une autre difficulté, c'était une question sans cesse renouvelée, jamais résolue, à laquelle toute administration cherche à se soustraire dans la mesure de son habileté et de ses forces : la dotation. Le silence gardé à ce sujet dans le discours de la Couronne avait pu paraître prudent : mais en même temps que le ministère évitait de toucher hardiment à cette question brûlante, il sondait secrètement l'opinion. On regarda cette double conduite comme indiquant une indécision fâcheuse et comme violant jusqu'à un certain point les règles du gouvernement représentatif. Au reste, les avertissements ne manquèrent pas. Il n'y avait pas d'exemple, disait-on, qu'un semblable projet eût été mis en avant sans produire immédiatement une crise dans le ministère, une scission dans la majorité : parmi les dévouements les plus sincères, il serait impossible de rallier un seul appui à cette mesure. Toutefois le ministère se hasarda à y revenir, et de la manière la plus inattendue, par un manifeste publié dans le *Moniteur* (30 juin. *Voy.* le texte de cet article aux Docum. hist. France, part. non offic.). On y exposait la situation financière de la famille royale et on invoquait l'attention, la discussion impartiale du pays sur cette question non encore sérieusement débattue.

Cette publication insolite eut du retentissement dans le pays, et fut regardée comme une épreuve malheureuse. La Chambre des députés fut immédiatement saisie d'interpellations à ce sujet. M. Dupin reprocha au ministère d'avoir fait une sorte d'appel au peuple contre les chambres, et d'être, par là, sorti des voies constitutionnelles. M. Guizot accepta la responsabilité de l'article pour le ministère tout entier : mais le ministre qui avait répondu aux attaques passionnées de M. Lherbette, l'auteur des interpellations, ne put opposer que son silence aux remontrances de M. Dupin. On s'aperçut assez vite de la faute qu'on avait commise en livrant l'inviolabilité royale en proie à la controverse des journaux. La presse légitimiste saisit avec empressement cette occasion d'attaquer l'administration sur le terrain dangereux où on l'avait appelée.

A part cet essai malheureux d'initiative extra-parlementaire, l'administration avait vu, pendant cette session, s'échapper peu à peu de ses mains la direction morale qui est la vie même pour un pouvoir sérieux et fort. L'initiative, dans les questions les plus importantes, avait passé insensiblement du Cabinet à la Chambre : les hasards de la discussion s'étaient substitués à l'autocratie naturelle et salutaire qui fait la force d'un gouvernement et l'utilité des débats législatifs. De nombreux échecs avaient sinon compromis, au moins diminué le ministère. De là le peu d'importance des résultats législatifs dont nous avons à donner la liste. Dominée trop souvent par les intérêts de sa conservation, l'administration n'avait pu suffisamment étudier les questions matérielles et avait été plus d'une fois amenée à sacrifier des considérations trop éloignées d'avenir à des considérations présentes d'un ordre inférieur.

Les résultats les plus importants de la session, au point de vue des intérêts moraux, sont l'étude d'un nouveau système pénitentiaire et la discussion sur la liberté de l'enseignement. Résultats tout provisoires, au reste, car, sur la première question, l'incertitude de l'administration avait persisté tout entière et, quant à la seconde, la loi, telle que le gouvernement la proposait, n'avait pu résister aux susceptibilités morales de la Chambre des pairs. Ici encore le Cabinet avait peut-être à se repentir d'avoir cédé à des préoccupations extérieures, en saisissant d'une loi sur la liberté d'enseignement la Chambre des pairs avant la Chambre élective. L'Université était sortie de ces débats amoindrie et suspecte. Devant la Chambre élective la tâche eût été plus facile, les préventions moins nombreuses. Il y avait même eu, sur cette question, une scission regrettable dans le ministère. L'attitude prise par M. Martin (du Nord) n'avait pas été de nature à rendre plus facile la tâche de M. le ministre de l'Instruction publique.

Dans l'ordre des intérêts matériels, la loi sur la chasse avait été votée : loi nécessaire, sans doute, mais compliquée, dans l'exécution, d'embarras sans nombre. Deux lois utiles et libérales, l'une sur les patentes, l'autre sur les brevets d'invention, étaient sorties des débats législatifs. Par la première, le gouvernement avait espéré une augmentation de 3 millions sur le produit de l'impôt : cette augmentation devait, au contraire, faire place à une diminution de 7 millions.

Plusieurs questions intéressantes avaient été agitées sans recevoir de solution : la réforme postale, le domicile politique, la réduction du timbre des journaux, les incompatibilités. D'autres avaient été résolues, mais par l'initiative des Chambres ou d'après des vœux exprimés depuis longtemps par elles. C'est de cette façon, par exemple, que la rétribution universitaire avait été supprimée ; que l'organisation administrative des divers ministères avait été refondue, et qu'enfin l'attention du gouvernement avait été appelée sur diverses réformes à introduire, soit dans l'administration de l'agriculture, soit dans celle de la marine, soit dans celle des finances. En un mot, la représentation nationale s'était montrée quelquefois sévère à l'égard du gouvernement ; quant à celui-ci, en présence de défiances qui ne pouvaient qu'affaiblir et déconsidérer le pouvoir, se contenterait-il longtemps d'une situation aussi précaire, et ne trouverait-il pas l'occasion de ressaisir cette direction supérieure qui ne se déplace jamais sans péril ?

STATISTIQUE GÉNÉRALE

DES TRAVAUX DES DEUX CHAMBRES.

—

Projets de loi votés par les deux Chambres.

	DATE DU VOTE. à la Chambre des pairs.	à la Chambre des députés.
Règlement définitif du budget de 1841.	5 mars	2 février.
Police de la chasse..................	29 *id.*	21 *id.* / 18 avril.
Patentes........................	15 avril.	14 mars.
Prisons....	non rap.	18 mai.
Brevets d'invention................	18 juin.	17 avril.
Recrutement de l'armée...	11 *id.*	27 mars / 3 juillet.
Chemin de fer de Montpellier à Nimes.	1er juil.	24 mai.
Chemin de fer de Paris à Lyon	13 *id.*	25 juin.
Chemin de fer d'Orléans à Bordeaux.	5 *id.*	18 *id.* / 15 juillet.
Chemin de fer de Tours à Nantes....	16 *id.*	25 *id.*
Chemin de fer du Nord............	20 *id.*	28 juin.
Chemin de fer du centre...........	22 *id.*	29 *id.*
Chemin de fer de Paris à Rennes.....	20 *id.*	20 *id.*
Chemin de fer de Paris à Strasbourg..	1er août	3 juillet.

Sommaires des projets de loi.	DATE DU VOTE. à la Chambre des pairs.	à la Chambre des députés.
Chemin de fer de Paris à Sceaux....	3 *id.*	18 id.
Essai du chemin de fer atmosphérique.	2 *id.*	18 *id.*
Routes royales, chem. de fer et canaux.	2 *id.*	12 *id.*
Amélioration des ports de Marseille, du Havre et de Bordeaux.........	30 juil.	11 juin.
Fortifications du Havre.............	30 *id.*	11 *id.*
Crédits extraordinaires pour l'Algérie.	16 *id.*	7 *id.*
Crédits supplémentaires et extraordinaires pour 1844 et 1845.........	16 *id.*	4 *id.*
Crédits extraordinaires pour la marine et les colonies..................	2 août.	12 juillet.
Transformation d'armes à silex en armes à percussion................	25 juil.	8 *id.*
Paquebots à vapeur entre Douvres et Calais..........................	2 août.	19 *id.*
Pension à Mlle d'Erlon et crédits pour le paiement des funérailles du maréchal d'Erlon....................	16 mars.	23 février.
Emprut grec.........................	13 avril.	15 mars.
Crédit supplémentaire des dépenses secrètes..........................	17 *id.*	19 *id.*
Police du roulage..................	15 fév.	rapporté.
Crédit pour l'inscription des pensions militaires en 1844...............	4 juin.	22 avril.
Appel de 80,000 hommes sur la classe de 1844.........................	18 *id.*	19 mai.
Régularisation des abords du Panthéon et du palais de la Chambre des pairs.	24 *id.*	2 *id.*
Trois projets de loi relatifs à des échanges d'immeubles.................	4 *id.*	19 juillet.
Projet de loi relatif à un crédit pour missions extraordinaires..........	8 juil.	14 juin.

Sommaire des projets de loi.	DATE DU VOTE. à la Chambre des pairs.	DATE DU VOTE. à la Chambre des députés.
Établissements français dans l'Océanie.	rapporté.	18 *id.*
Crédit pour concourir à la célébration des fêtes de Juillet..............	28 juin.	27 mai.
Cession d'immeubles à la commune de Bœrsh (Bas-Rhin) et à la ville de Paris........................	1er août.	19 juillet.
Étrangers réfugiés en France.........	2 *id.*	19 *id.*
Terrain dit des Petits-Pères..........	1er *id.*	19 *id.*
Construction d'un palais de justice pour la cour royale de Montpellier.......	25 juil.	22 juin.
Budget de 1845, dépenses............	1er août,	18 juillet.
— recettes.............	3 *id.*	20 *id.*
Police des chemins de fer............	11 avril.	rapporté.
Instruction secondaire...............	25 mai.	rapporté.
Proposition de MM. Berville et Vivien sur les droits des veuves et enfants des auteurs dramatiques...........	1er août.	19 juillet.

CHAMBRE DES PAIRS.

La Chambre des Pairs a tenu 101 séances, et s'est occupée de 117 projets de loi ou propositions. Dans ce nombre, 70 étaient relatifs à des changements de circonscriptions territoriales, ou à des emprunts et des impositions extraordinaires votés par des départements ou par des villes.

Les projets de loi sur la police de la chasse, sur les patentes et sur l'instruction secondaire, ont été l'objet de discussisons importantes. 27 séances ont été consacrées à ce dernier projet de loi.

La proposition de MM. Beugnot et Boullet, relative à la surveillance des condamnés, est restée à l'état de rapport,

CHAMBRE DES DÉPUTÉS.

Projets de loi restés à l'état de rapport à la Chambre des Députés.

Sur les pensions de retraite.
Sur le Conseil d'État.
Sur les entreprises théâtrales.
Sur les actions de jouissance des canaux.
Sur les douanes aux Antilles.
Sur le règlement définitif du budget de 1842.
Sur les douanes.
Sur les sucres.
Sur la police du roulage.
Achèvement de divers édifices publics.
Travaux relatifs à divers édifices publics.
Sur la contrefaçon, en France, des ouvrages publiés en Sardaigne.
Appropriation, au service de la Chambre, des bâtiments acquis en vertu de la loi du 30 juin 1843.
Translation du ministère des Affaires étrangères.
Établissement d'une nouvelle ligne télégraphique.
Pêches maritimes.
Indemnité due au Séminaire de Saint-Sulpice.
Octroi de la Rochelle.

Propositions laissées à l'état de rapport à la Chambre des Députés.

Proposition de M. le comte de Bricqueville, relative aux cendres du général Bertrand.

Proposition de MM. Lacrosse, Leyraud et Gustave de Beaumont, pour assurer la liberté des votes dans les élections.

Proposition de M. de Saint-Priest, tendant à modifier les tarifs de la poste aux lettres.

Proposition de M. Chapuys de Montlaville, ayant pour objet l'abolition du timbre sur les feuilles périodiques.

Proposition de MM. d'Haussonville, de Sahune, Saint-Marc-Girardin, de Gasparin, de Sainte-Aulaire et Ribouet, sur les conditions d'admission et d'avancement dans les fonctions publiques.

Proposition de MM. Cousture, Laurence, Dejean et Peltereau-de-Villeneuve, relative au domicile politique.

Proposition de MM. Mauguin, de Lasalle et Tesnières, tendant à réprimer la falsification des vins (*reprise*).

Proposition du comte d'Angeville concernant les irrigations (*reprise*).

Du 27 décembre 1843, jour de l'ouverture de la session, la Chambre des députés s'est réunie 153 fois en séance publique, non compris la séance de clôture, et 35 fois dans ses bureaux; 62 commissions ont été nommées, et toutes ont fait leur rapport.

La Chambre a eu à examiner 142 projets de lois ou propositions de ses membres, dont 66 d'interêt local, qui tous ont été votés. Dans les 76 autres, 42 ont été adoptés, 15 propositions ont été présentées par suite de l'initiative; une seule a été votée, 8 sont restées à l'état de rapport, comme on l'a vu ci-dessus. Celle de M. le général Paixhans, sur les marques de fabrique, a été ajournée par l'auteur; celle de M. de Bussières, sur le même sujet, a été retirée. 4 ont été développées, mais n'ont pas été prises en considération : ce sont celles de M. de Rémusat, sur les incompatibilités et les députés fonctionnaires publics; de M. Combarel de Leyval, relative (art. 34 du règlement de la Chambre) au mode de voter; de M. Monnier de la Sizeranne, sur les votes de la Chambre (art. 40); de M. Garnier-Pagès, sur le remboursement des rentes.

La Chambre des députés s'est occupée 14 fois des rapports de pétitions.

La discussion de l'Adresse a duré 12 jours.

Les discussions les plus importantes ont eu lieu pour les projets de loi suivants : Sur la chasse, 9 séances; les patentes, 12; le recrutement, 16; les falsifications de boissons, 4; les brevets d'invention, 6; les crédits supplémentaires de 1843 et de 1844, 7; les prisons, 12; toutes les questions relatives aux chemins de fer, 29; enfin le budget de 1845, 8 séances.

La Chambre a été saisie de deux demandes en autorisation de poursuivre deux de ses membres; toutes deux ont été refusées. Neuf députés ont donné leur démission, ce sont : MM. Charles Teste, Chaigneau, marquis de Larochejaquelein, Berryer, Larcy, de Valmy, Blin de Bourdon, Gallis, Jollan.

L'élection de M. Charles Laffitte, nommé par le collége de Louviers, a été annulée quatre fois. Celle de M. de Castellane, à Murat, a été également annulée deux fois, faute par l'élu d'avoir l'âge prescrit.

Deux députés, MM. Teste et Passy, ont été nommés pairs de France, et remplacés par MM. Labaume et Charles Laffitte.

Dix députés sont morts durant la session : MM. Boblaye, Teillard-Nozerolles, Saubat, Bricqueville, de Labourdonnaye, vice-amiral Lalande, Laffitte, Maurice, Cuny et Mermilliod.

La durée de la session a été de 223 jours.

CHAPITRE VII.

RELATIONS EXTÉRIEURES.—Affaires de Tahiti et du Maroc.—Connexité de ces deux questions.—Historique du protectorat de Tahiti.—Intrigues du missionnaire Pritchard. — Son arrestation et son expulsion.—Impression produite en Angleterre.—Déclaration du ministère.—Intrigues d'Abd-el-Kader dans le Maroc.—Attaques des troupes françaises par les Marocains.—Trahison de l'Oued-Mouilah.—Prise d'Ouchda.—Bombardement de Tanger.—Bombardement de Mogador.—Bataille d'Isly.—Impression produite en Angleterre par nos victoires.—Imminence d'une rupture.—Désaveu de M. d'Aubigny.—Indemnité accordée au missionnaire Pritchard.—Convention de Tanger.—Voyage du roi en Angleterre.—Question du droit de visite.—Prise de possession de Nosse-bay et de Mayotte.—Offre du protectorat de Honduras et de Nicaragua.—Propositions faites par les Haïtiens. — Situation de la France à Montevideo. — Politique dans l'Orient. — Traité avec la Chine.

Au milieu de la paix du monde et du développement de la prospérité matérielle des peuples, l'histoire des relations extérieures de la France est tout entière dans l'histoire de ses rapports avec l'Angleterre. C'est en effet sur l'accord de ces deux puissances que repose cette paix si féconde en heureux résultats. Le ministère du 29-octobre est le premier qui ait compris et systématisé la connexité profonde qui existe entre l'harmonie des deux peuples et la paix générale : ce point essentiel de sa politique est devenu pour lui, on le sait déjà, la source de difficultés d'une nature toute spéciale et a imprimé à chacun de ses actes un caractère singulier d'impopularité au dedans, d'irrésolution au dehors. Il est surtout deux questions différentes par leurs commencements et par leurs résultats matériels, mais identiques par leur développement, par leur importance générale, par la date et par les causes de leur solution provisoire, à propos desquelles éclata cette année tout le péril des intimités systématiques et des alliances exclusives. Les affaires de Tahiti et du Maroc donnèrent un exemple de ce que coûtent à la dignité d'un pays les théories trop absolues et l'exagération des intentions les plus honorables.

Un fait qui caractérise la situation de la France vis-à-vis de l'Angleterre mieux que toute autre chose, c'est la différence radicale qui, à quelques mois de distance, devait se produire entre les solennelles déclarations du discours royal et l'attitude des deux peuples. A l'ouverture de la session législative, le roi avait pu proclamer hautement que jamais la paix du monde n'avait été mieux assurée : et cependant, quelques mois plus tard, à propos des intérêts les plus futiles, des complications les moins dangereuses en apparence, cette paix allait être gravement compromise.

On a vu, l'année dernière, comment avait commencé la question de Tahiti (*Voy.* l'Annuaire de 1843, p. 151 et 214). Le 5 novembre de l'année précédente, l'amiral Dupetit-Thouars avait remplacé par l'occupation pure et simple le protectorat exercé, au nom de la France et en vertu de traités, sur les îles de la Société. Quelles causes avaient amené cette modification profonde à l'état de choses antérieur? Il peut être bon de remonter, pour s'en rendre compte, aux causes mêmes qui avaient amené l'établissement du protectorat français à Tahiti.

Déjà, sous le ministère de M. Canning, le nombre des blancs et des missionnaires anglais s'étant considérablement accru dans les îles de la Société, et l'influence de ces missionnaires sur les populations indigènes y régnant sans rivale, le protectorat de ces îles avait été offert à la Grande-Bretagne. L'accession de cet archipel à la couronne d'Angleterre fut alors considérée comme une charge plus onéreuse qu'avantageuse pour l'État, et la proposition fut repoussée par M. Canning, ministre des Affaires étrangères.

En 1836, les mauvais traitements infligés à plusieurs colons français établis à Tahiti, et en particulier à MM. Laval et Carret, missionnaires apostoliques, nécessitèrent l'envoi d'une force navale pour appuyer la demande d'une réparation immédiate faite par le gouvernement français. Une indemnité de 3,000 dollars et le salut du pavillon français, telles furent les conditions imposées par M. Dupetit-Thouars, capitaine de la frégate la *Vénus*. A la suite de cette réclamation fut conclue entre M. Dupetit-Thouars et la reine Pomaré une convention par suite de laquelle les résidents français à Tahiti devaient être traités comme les étrangers les plus favorisés (1).

Ceci se passait en septembre 1838. Quatre ans après, la gravité des plaintes portées par les résidents français contre la reine et les chefs principaux força le contre-amiral Dupetit-Thouars à employer vis-à-vis de ces sauvages des moyens de répression plus efficaces et à exiger des garanties plus sérieuses. Les domiciles de plusieurs français avaient été violés et leurs propriétés brutalement saisies ou pillées. Plusieurs avaient été jetés en prison sans jugement : un même avait été massacré. Le contre-amiral Dupetit-Thouars déclara à la reine et aux chefs ne pouvoir plus se fier à leur parole si ouvertement violée, et exigea, comme garantie des indemnités dues à nos nationaux, et comme caution de la conduite du gouvernement tahitien à l'avenir, le versement immédiat d'une somme de 10,000 piastres fortes. A défaut de la remise de cette somme, le contre-amiral annonça son intention d'occuper provisoirement l'île

(1) *Voy.* cette pièce aux Documents historiques. France, part. offic., page 72, ainsi que tous les documents relatifs à l'affaire de Tahiti, à partir de la page 71.

et les établissement de Motoo-Uta comme gage de l'exécution des traités.

La conclusion naturelle de ces négociations fut la proposition du protectorat des îles de la Société faite à la France par la reine et les chefs, et acceptée par M. Dupetit-Thouars le 9 septembre 1842. Le 28 avril 1843, le gouvernement français ratifiait l'acceptation du protectorat et réunissait sous une direction unique le gouvernement des établissements de l'Océanie et le protectorat des îles de la Société. M. le capitaine de vaisseau Bruat fut nommé gouverneur de ces établissements et commissaire du roi près de la reine Pomaré.

En acceptant aussi franchement une situation nouvelle, le gouvernement du roi ne s'était pas dissimulé sans doute la portée de l'acte qu'il venait d'accomplir. Ce n'était pas, il est vrai, une colonie nouvelle qu'il avait eu l'intention de fonder, mais une station militaire importante par sa position, nécessaire aux intérêts de notre commerce, à la dignité et à la sécurité de notre marine. Mais, en même temps, le ministère s'était créé des devoirs nouveaux, des difficultés nouvelles. On sait avec quelle sollicitude le gouvernement anglais suit, jusqu'au fond des mers les plus lointaines, ces missionnaires marchands qui préparent ses conquêtes et aplanissent les voies à son influence. Forcé de compter avec ces hommes qui représentent le sentiment religieux dans ce qu'il a de plus inquiet et de plus dangereux, il patrone souvent leur zèle et leur audace en faveur des avantages qu'il en retire. C'était contre ces influences, en apparence peu sérieuses, qu'allait avoir à lutter le protectorat français à Tahiti. Le ministère avait-il prévu cette lutte? était-il en mesure de la soutenir? Si l'on en croit ses propres paroles, on pourrait en douter. « Il n'y pas là de lutte à soutenir, » disait en 1843 M. Guizot dans la discussion des crédits de l'Océanie.

En présence du fait accompli de notre protectorat, le gouvernement de la Grande-Bretagne n'eut pas même l'idée de mettre en question le droit de la France. Mais son mauvais vouloir se traduisit par une réserve pleine de défiance. On fit entendre que la cession d'une partie de l'autorité souveraine faite par la reine de Tahiti avait été obtenue, en partie par l'intrigue, en partie par l'intimidation. On n'éleva aucune réclamation, mais on parut croire que Pomaré avait été victime de manœuvres indignes; on affecta de plaindre Pomaré, de demander un adoucissement aux rigueurs exercées contre cette *reine infortunée* (*voy.* les dépêches de M. Addington à sir John Barrow et de lord Aberdeen à lord Cowley, n° 2 et 3 des documents diplomatiques, p. 91 et 92 des documents hist., France, part. offic.). Au reste, ces dispositions peu bienveillantes de la diplomatie anglaise n'altéraient en rien encore l'entente des deux gouvernements. Le cabinet français s'était solennellement engagé à garantir aux missionnaires protestants le libre exercice de leurs libertés religieuses. A ces conditions, le ministère de la Grande-Bretagne accordait au pavillon français substitué par l'amiral Dupetit-Thouars à l'ancien pavillon de Tahiti les honneurs du salut. On le voit, le gouvernement de la Grande-Bretagne remplaçait par une sorte de protectorat moral le protectorat de fait qu'elle exerçait à Tahiti avant le protectorat légal de la France.

Mais bientôt la question se compliqua par l'arrivée du consul anglais à Tahiti. Ce consul était un ancien missionnaire marchand, jouissant depuis longtemps d'une grande influence sur la reine Pomaré. Le gouvernement anglais savait sans doute quel homme il avait choisi pour représenter la Grande-Bretagne dans les îles de la Société, et les instructions de M. le comte d'Aberdeen prouvent qu'on était en droit de craindre de la part de ce missionnaire des écarts de zèle compromettants. M. le comte d'Aberdeen engageait le nouveau consul à se bien pénétrer de cette idée que le gouvernement anglais n'était en aucune façon disposé à intervenir activement en faveur de la reine Pomaré; mais on pouvait *déplorer l'affliction, l'humiliation* de la reine, lui donner des conseils et intercéder en sa faveur. De même, M. Pritchard était invité à observer constamment une extrême prudence et les plus grands égards dans sa conduite envers les autorités françaises, mais il était en même temps chargé de *surveiller* avec une vigilance incessante leurs actes envers les missionnaires protestants. De pareilles instructions données à un pareil homme n'eurent pour résultat que d'exalter son zèle, et les premiers jours de son arrivée à Tahiti (mars 1843) furent signalés par de graves désordres.

Déjà l'officier qui commandait la corvette anglaise le *Talbot* avait cherché par ses insinuations, par ses encouragements, à exciter les missionnaires contre le protectorat français et à faire revenir la reine sur ses engagements. M. Pritchard, arrivé peu après le départ du *Talbot* sur la frégate la *Vindictive*, prêcha immédiatement une croisade contre le gouvernement provisoire, appelant les indigènes aux armes et les exhortant à arracher le pavillon du protectorat.

De son côté, le commandant de la *Vindictive* cherchait par des empiètements successifs, par des honneurs rendus à un pavillon de fantaisie élevé comme un signal de révolte, à faire naître des complots et à inspirer aux naturels l'espoir d'une intervention armée de la Grande-Bretagne. Les choses devinrent si graves que le contre-amiral Dupetit-Thouars crut que le pavillon du protectorat ne suffisait plus pour garantir les droits de la France vis-à-vis des étrangers. Il prit donc la résolution de le remplacer par le pavillon national (4 novembre 1843).

A partir de ce moment, et dans l'attente de la résolution que prendrait le gouvernement français, le missionnaire Pritchard continua à exciter les indigènes à la révolte. Un parti de chefs mécontents se forma bientôt, et il devint nécessaire de repousser leurs agressions par la violence.

Pendant ce temps, et comme on l'a vu déjà, le gouvernement français s'était décidé à s'en tenir aux termes mêmes des traités et à maintenir dans son intégrité la situation première du protectorat. Il lui avait semblé que l'extension complète de la domination française à Tahiti, loin de favoriser le développement de notre établissement insulaire, ne tendrait qu'à le compromettre, en faussant l'idée première qui avait présidé à sa création.

C'est sous l'impression profonde produite par cette mesure que l'on apprit bientôt un incident plus grave encore. En l'absence de M. Bruat, gouverneur des îles de la Société, M. d'Aubigny, gouverneur particulier, se vit obligé de mettre Papaete en état de siège, et de faire arrêter l'instigateur d'une agitation devenue inquiétante, le missionnaire Pritchard. Cet homme fut retenu, pendant six jours, prisonnier dans un blockaus, et M. le gouverneur Bruat, étant revenu à Papaete, le fit embarquer à l'instant même.

L'émotion causée en Angleterre par l'arrestation et l'expulsion du missionnaire Pritchard fut grande et générale. Des réunions de *saints* furent convoquées par tout le pays, et des *meetings* eurent lieu, dans lesquels on signalait à l'admiration et à la piété publiques le missionnaire Pritchard comme un martyr de la foi évangélique. La presse politique ne le céda pas en violences pieuses ou en patriotiques fureurs aux énergumènes du parti religieux ; toutes les différences d'opinions politiques s'effacèrent devant ce qu'on appelait un affront national. Lui-même, oubliant sa réserve et son habileté ordinaires, sir Robert Peel s'expliqua dans le Parlement sur cette affaire avec une violence inaccoutumée et une précipitation regrettable (31 juillet). « Je n'hésite pas à déclarer, s'écria-t-il, qu'une grande insulte accompagnée d'une grande indignité a été commise (*A gross outrage accompanied by a gross indignity has been committed*). L'insulte a été faite par une personne revêtue d'un autorité temporaire à Tahiti, et, d'après ce que nous savons des faits, l'insulte n'a été commise par suite d'aucune autorisation qui aurait été donnée à cette personne par le gouvernement français. Je pense que le gouvernement français fera la réparation que nous croyons que l'Angleterre a le droit de demander. »

Ainsi, avec une légèreté sans exemple, le ministre anglais, sur les seuls rapports du missionnaire Pritchard intéressé dans la question, sans chercher à connaître les motifs de la conduite des autorités françaises, qualifiait cette conduite en termes passionnés et inconvenants. De plus, sir Robert Peel commettait une erreur grave en supposant que le missionnaire Pritchard avait été arrêté dans l'exercice de ses fonctions de consul : cet homme n'était plus que sujet anglais. Par une lettre du 7 novembre 1843, adressée à M. Dupetit-Thouars, il avait formellement déclaré qu'il amenait son pavillon et cessait ses fonctions consulaires : il les avait en effet depuis lors complètement cessées. Or, il n'est jamais venu à personne l'idée de contester le droit d'éloigner d'un établissement colonial, quelle qu'en soit la forme, tout étranger dont la présence trouble l'ordre et compromet la sûreté de l'établissement.

Et cependant sir Robert Peel déclarait hautement qu'il espérait une réparation, avant même de penser qu'une explication pouvait être nécessaire. La modération, dans cette circonstance, fut toute du côté de l'administration française. M. Guizot, interpellé à son tour à la Chambre des pairs, refusa d'engager un débat prématuré qui n'aurait pu qu'ajouter aux difficultés de la situation. Toutefois, pressé par les instances de M. le comte Molé, qui, tout en respectant la réserve du gouvernement, exprima le regret que l'administration ne crût pas devoir calmer, par quelques paroles rassurantes, l'émotion excitée en France par les accusations parties de la tribune anglaise, M. le ministre des Affaires étrangères prononça ces quelques mots accueillis par de vives acclamations (3 août) :

« Je suis convaincu que, si je disais à cette tribune ce que je dois dire ailleurs, je ferais une faute grave ; j'échaufferais ce que je veux appaiser; je rendrais difficile ce qui ne l'est pas; j'agirais enfin avec imprudence, quand j'ai tout lieu d'être convaincu que la prudence doit nous mener au but. Comme vous, messieurs, autant que qui que ce soit, *j'ai à cœur de défendre l'honneur de notre marine, l'honneur de nos braves officiers ;* mais c'est précisément parce qu'il me les faut soutenir ailleurs que je ne puis consentir à m'expliquer ici. »

Comme l'avait déclaré M. Charles Dupin, aux applaudissements de la Chambre entière, les documents partiaux publiés par la presse de Londres, les seuls sur lesquels il fût encore possible de juger le différend, suffiraient seuls à prouver que les autorités françaises avaient eu raison d'agir comme elles l'avaient fait. Le missionnaire Pritchard, eût-il conservé son titre et son caractère de consul, n'en eût pas moins été légitimement punissable, et, en se livrant à des provocations qui avaient pour effet d'exciter une insurrection et d'amener le massacre de nos soldats par les indigènes. Même dans ce cas, les mesures prises par MM. d'Aubigny et Bruat n'auraient pu qu'être approuvées par le gouvernement français.

Mais déjà la question changeait de face. Le lendemain des violentes déclarations faites à la Chambre des communes par sir Robert Peel, lord Aberdeen, à la Chambre haute, revint avec moins d'âpreté dans la forme, avec quelques modifications dans le fonds sur les paroles de son collègue. Lord Aberdeen parla, lui aussi, d'insulte, d'outrage, mais le fait avait eu lieu sur la personne d'un sujet anglais, le missionnaire Pritchard n'étant plus revêtu d'aucun caractère officiel. D'ailleurs, ajoutait le ministre, tout cela s'était passé sans l'autorisation et à l'insu du gouvernement français, sous un état de choses désavoué par lui, et il fallait espérer qu'à l'aide d'un esprit de justice et de modération, cette malheureuse affaire n'aurait pas de sérieuses conséquences.

La question en était là et les violences des deux presses ne contribuaient pas peu à l'aigrir, lorsqu'une complication nouvelle surgit en Algérie de la position faite à Abd-el-Kader par notre conquête.

Retiré au commencement de l'année sur la frontière du Maroc, au sud-ouest de Tlemcen, avec quelques débris de ses troupes régulières, Abd-el-Kader attendait une nouvelle occasion de reprendre les hostilités contre la France. Cette occasion, que semblaient devoir lui refuser pour toujours ses ressources personnelles, il la trouva dans un État voisin de l'Algérie, le Maroc. Cet État, gouverné par l'empereur Muley-Abder-Rhaman, déjà mal disposé pour la France, et par suite du fanatisme naturel aux populations musulmanes, et par les inquiétudes que lui cause le voisinage des chrétiens, vainqueurs de l'islamisme, offrait à l'ambitieux et intelligent Abd-el-Kader un allié naturel. Il ne s'agissait plus que de trouver un prétexte de guerre : ce prétexte, il le chercha dans les difficultés d'une délimitation de territoire entre l'Afrique française et le Maroc, difficultés qui n'avaient pu être aplanies depuis la conquête de 1830. Déjà depuis quelque temps les intrigues d'Abd-el-Kader dans le Maroc, les secours plus ou moins patents qu'il en recevait pour continuer la guerre, le refuge toléré de ses adhérents sur la frontière avaient éveillé l'attention de la France. Mais la position même de l'empereur faisait un devoir au gouvernement français de la circonspection la plus grande. On savait, à n'en pas douter, que l'ambition d'Abd-el-Kader et l'influence morale qu'il avait su prendre dans le Maroc n'étaient pas moins, pour l'empereur que pour la France, un sujet d'inquiétude. Défenseur armé de l'islamisme, célèbre par quelques succès exagérés et par une opiniâtreté invincible dans la lutte contre les chrétiens, marabout d'ailleurs et lié d'intérêts avec un parti fanatique puissant, Abd-el-Kader prenait chaque jour plus d'ascendant dans l'empire, et l'autorité mal affermie d'Abd-er-Rhaman résistait avec peine aux efforts qui le poussaient à une rupture avec la France.

C'est dans ces circonstances que l'assassinat de l'agent consulaire d'Espagne à Mazagan fit naître la probabilité d'une collision entre cette puissance et le Maroc. On s'empara de cette éventualité pour représenter la France comme excitant le gouvernement espagnol à la guerre, et comme lui promettant son appui et ses subsides. Dans le même temps, les cours de Suède et du Danemarck, décidées à s'affranchir du tribut qu'elles payaient jusqu'alors au Maroc, ayant réclamé l'intervention des gouvernements de France et d'Angleterre pour appuyer les négociations qu'elles allaient entamer avec la cour de Fez, les deux puissances se concertèrent à l'effet d'obtenir, par voie de conciliation, l'abolition d'un tribut devenu odieux et ridicule.

Abd-el-Kader s'empara adroitement de toutes ces circonstances pour établir l'existence d'une coalition formée et dirigée par la France contre le Maroc. La présence d'un corps de troupes françaises sur une partie du territoire avoisinant le Maroc et la mer, qui, bien qu'elle ait toujours appartenu à l'Algérie, était sans fondement contestée par le Maroc, lui fournit un prétexte pour entamer les hostilités. La construction d'un fort à Lalla-Maghrnia, sur les terrains de la frontière française, excita les réclamations du Maroc, qui réunit quelques corps de troupes près d'Ouchda, sur la frontière marocaine. Parmi ces troupes se trouvait Abd-el-Kader avec 500 réguliers et quelques fractions de tribus limitrophes, que leurs révoltes plusieurs fois châtiées avaient forcées à l'émigration.

Tout à coup, le 30 mai, sans aucune déclaration de

guerre, un corps nombreux de cavaliers marocains passa la Mouilah, s'avança à deux lieues en dedans de la frontière française, et attaqua le corps d'observation commandé par le lieutenant-général Lamoricière, soutenu par les zouaves du général Bedeau et par la cavalerie du colonel Morris. Le lieutenant-général Lamoricière, avec six bataillons et cinq escadrons, repoussa facilement plus de deux mille Marocains et leur fit éprouver une perte sérieuse.

Cette échauffourée fut attribuée à l'indiscipline des Berbères et des nègres et au fanatisme d'un parent de l'empereur, Sidi-el-Mamoun-ben-Chérif, arrivé le matin même à Ouchda, avec un contingent envoyé de Fez par le fils de Muley-Abd-er-Rhaman. Le gouvernement consentit donc à ne voir dans cette affaire qu'un simple accident et non l'indice d'une rupture décidée par l'empereur du Maroc; et cependant déjà la guerre sainte avait été prêchée par tout l'empire; de nombreux corps auxiliaires se dirigeaient sur la frontière française, et il devenait évident que l'attaque du 30 mai n'était que l'expression des dispositions de tout le peuple du Maroc contre la France.

Toutefois on voulut essayer tous les moyens de conciliation, et, tandis que M. Doré de Nion, consul de France à Tanger, adressait à l'empereur d'énergiques représentations, M. le maréchal-gouverneur faisait demander une entrevue pour le général Bedeau avec le caïd El-Ghennaoui, commandant les réguliers qui formaient le corps d'observation rassemblé sur la frontière.

Cette entrevue, dont le lieu avait été fixé sur l'Oued-Mouilah, fut signalée par un acte de trahison dont le maréchal sut tirer immédiatement une vengeance éclatante. La cavalerie française et quatre bataillons envoyés pour assister de loin aux pourparlers furent attaqués par plus de 5,000 fanatiques, qui entourèrent le petit corps français et rompirent la conférence, malgré les efforts d'El-Ghennaoui. M. le maréchal Bugeaud, accouru au secours avec quatre bataillons, les chasseurs du général Lamoricière et les spahis du colonel Jusuf, sut, par d'habiles manœuvres, repousser, avec une perte de près de quatre cents hommes, les troupes marocaines, bien supérieures en nombre, et parmi lesquelles se trouvaient les Ahid-Bokhari, cavaliers réguliers de l'empereur de Maroc, réputés jusqu'alors invincibles (15 juin).

Ce châtiment si mérité fut immédiatement complété par une démonstration énergique. M. le maréchal-gouverneur informa, le lendemain 16, le chef marocain qu'il allait marcher sur Ouchda, lui offrant cependant encore les conditions posées avant le combat du 15, à savoir : 1° le désaveu de l'agression faite par les Marocains sur notre territoire ; 2° la dislocation du corps de troupes réunies à Ouchda, sur notre frontière ; 3° le rappel du caïd d'Ouchda et des autres agents qui avaient poussé à l'agression ; 4° le renvoi d'Abd-el-Kader du territoire marocain. Il fut répondu à ces avances de conciliation en termes pacifiques, derrière lesquels se cachait l'intention évidente de ne rien conclure ; aussi M. le maréchal-gouverneur dut-il exécuter sa menace, et, le 19, il entra à Ouchda, sans coup férir. Les troupes marocaines s'étaient retirées, le 17, devant le mouvement des Français, et dans le plus grand désordre : la discorde régnait parmi les chefs, et l'indiscipline parmi les soldats. M. le maréchal se contenta de prendre Ouchda, de l'occuper en vue d'une simple démonstration de puissance, et d'emmener quelques débris des tribus voisines de Tlemcen, qu'on retenait par force dans le Maroc. A cette générosité si honorable, mais qui fait d'ordinaire peu d'impression sur les Arabes, M. le maréchal-gouverneur ajoutait l'assurance que l'intention de la France était de ne conserver aucune partie du territoire marocain, mais seulement de punir des agressions injustes, et de donner la preuve d'une irrésistible puissance.

En attendant la réponse de l'empereur, il fallait pourtant se préparer aux éventualités d'une guerre imminente, et le cabinet français comprit la nécessité d'adjoindre aux opérations militaires du Maroc une démonstration navale sur les côtes de l'empire. Une division fut réunie, et le commandement en fut donné au prince de Joinville. Cet heureux choix, justifié par des services rendus, et que la position toute particulière du jeune amiral rendait encore plus significatif, fut universellement approuvé.

Cependant l'Angleterre commençait à se préoccuper des conséquences possibles d'une collision entre la France et le Maroc. Déjà, à plusieurs reprises différentes, des interpellations avaient eu lieu dans le parlement britannique, et le parti wigh s'efforçait de faire croire à des menées ambitieuses de la part de la France. La nomination du prince de Joinville fut exploitée en ce sens par lord Palmerston, et à sa suite par tout le parti wigh, par la presse anglaise, enfin par tout ce qui, en Angleterre, est possédé de cette haine traditionnelle contre la France, qui semble être une moitié du patriotisme britannique.

D'un autre côté, des intérêts commerciaux et militaires assez importants pour la Grande-Bretagne étaient engagés dans la question. Par une guerre entre la France et le Maroc, le commerce actif qui se fait entre l'Angleterre et le Maroc allait se trouver interrompu, compromis; les subsistances militaires de la garnison de Gibraltar, qui sont uniquement tirées du Maroc, pouvaient se trouver taries dans leur source.

Pour toutes ces raisons le gouvernement britannique s'émut des préparatifs faits par la France, et des explications confidentielles furent échangées entre les deux cabinets. Des déclarations faites à la tribune anglaise par sir Robert Peel il parut résulter que les instructions données à M. de Nion avaient été communiquées à lord Cowley. Ce procédé nouveau dans les relations de deux grandes puissances, et rendu plus étonnant encore par l'évidence du bon droit et par la modération de la France, souleva les passions de parti et fut regardé comme outrageux pour la fierté nationale. On rappela qu'en 1830, M. de Polignac n'avait répondu que par un refus énergique à la demande faite par le gouvernement anglais d'une déclaration sur les vues ultérieures de la France, en cas d'une guerre contre l'Algérie. On chercha en vain une convention diplomatique qui plaçât les états du Maroc sous la garantie de l'Angleterre, et l'on ne trouva la raison des prétentions nouvelles de la Grande-Bretagne que dans sa secrète jalousie de la France, et surtout dans une sollicitude ombrageuse pour ses intérêts commerciaux engagés dans la question.

Que deux grandes puissances, dont l'amitié réciproque est nécessaire à la paix générale, échangeassent sur une grave question de politique extérieure des communications sommaires, il n'y avait rien là que de convenable et d'utile ; mais les déclarations hautement faites par sir Robert Peel devant le parlement anglais sur les intentions du ministère français causèrent en France une impression pénible. La dignité du pays put souffrir d'entendre le chef moral du cabinet anglais assurer qu'il avait reçu de M. Guizot les explications les plus satisfaisantes sur les vues du gouvernement de la France dans la question du Maroc, et que ces communications comprenaient les instructions données à M. le prince de Joinville. En même temps, dans une conversation ménagée à dessein dans la Chambre des communes, l'administration anglaise avait trouvé moyen de déclarer indirectement que la Grande-Bretagne ne reconnaît pas en Algérie la souveraineté de la France. On se rappelle que, en 1842, M. Guizot avait affirmé à la tribune que lord Aberdeen regardait l'occupation d'Alger comme un *fait accompli*, et n'avait aucune *objection* à faire. Lord Aberdeen profita de cette occasion pour rectifier l'assertion de

M. Guizot; le noble lord affirma avoir dit seulement qu'il n'avait pas, *pour le moment, d'observation* à faire à ce sujet.

Le mauvais vouloir du gouvernement britannique éclatait encore, sur cette question, par la position spéciale qu'il conserve, malgré notre conquête, à son consul-général en Algérie (1). L'Angleterre est, en effet, représentée dans la régence par un agent accrédité auprès de l'ancien gouvernement du dey, et qui n'a reçu de la France aucune investiture nouvelle. Ce fâcheux état de choses, qui a provoqué de fréquentes réclamations dans le pays, a été toléré jusqu'à présent par les différents cabinets qui se sont succédé en France depuis 1830, soit qu'ils aient attaché au fait matériel une importance qui, peut-être, est tout entière dans la signification morale, soit qu'ils aient craint de soulever, en essayant d'y mettre un terme, des difficultés graves entre les deux nations.

Les choses en étaient là, quand des interpellations adressées au ministère par deux membres de la Chambre des députés, MM. Mauguin et de Larochejacquelein, rendirent des explications nécessaires (5 juillet). M. Guizot aborda franchement la question et fit connaître, dans ses termes généraux du moins, la politique du gouvernement sur la question. Le gouvernement n'avait sur le Maroc aucun projet de conquête, aucune vue d'agrandissement territorial; la régence d'Alger lui paraissait suffire aux efforts de la

(1) M. Saint-Jean, agent et consul général nommé en 1827 avec l'*exequatur* du gouvernement turc. Les motifs qui ont dicté la conduite de l'Angleterre dans l'affaire de l'*exequatur* sont d'autant plus évidents, que cette conduite est en désaccord avec les règles de la diplomatie. Il est d'usage de ne pas renouveler les *exequatur* des consuls lorsqu'ils ne sont pas revêtus d'un caractère représentatif; mais dans le Levant, dans les États barbaresques surtout, en vertu des anciennes capitulations, les consuls ont ce caractère : ils sont chargés d'affaires; assimilés aux personnages diplomatiques, ils doivent, comme eux, se faire délivrer de nouvelles lettres de créance dans les changements de règne ou de souveraineté. S'ils ne le font pas, c'est une protestation, et dès-lors ils cessent d'être accrédités et ne jouissent plus du droit de garantir leurs nationaux.

France. Tout ce que l'on demandait à l'empereur de Maroc, c'était la paix, c'était la sécurité due à nos établissements et à notre territoire; pour cela, il était indispensable qu'Abd-el-Kader ne résidât pas sur notre frontière : c'était ce que l'on avait demandé, c'était ce que l'on exigerait de l'empereur. On demanderait encore que les agents qui avaient violé notre territoire et commandé l'attaque de nos troupes fussent rappelés et punis; que les rassemblements de troupes formés sur notre frontière fussent dissous; que si des devoirs de religion commandaient à l'empereur d'accorder un asile à Abd-el-Kader, on obtiendrait qu'il le fît retirer sur les côtes de l'Océan, et qu'il fixât, comme il arrive souvent en pareil cas chez nous pour des réfugiés, le lieu de sa résidence. Telles étaient les réclamations très-modérées, mais en même temps très-décidées qu'on adresserait à l'empereur de Maroc. Dans tout cela, ajoutait M. Guizot, il n'y avait rien de secret, qui ne pût être avoué hautement à nos alliés, à nos ennemis, comme à la représentation nationale; et, faisant allusion aux déclarations de sir Robert Peel, M. le ministre des affaires étrangères faisait remarquer qu'il n'y avait rien d'étonnant à ce que l'attention de l'Angleterre eût été appelée sur ce qui se passait en Afrique. Le Cabinet avait fait vis-à-vis de cette puissance ce que des gouvernements loyaux font toujours en pareille circonstance : il lui avait fait connaître en termes généraux, avec peu de détails, ses intentions et sa politique.

A des interpellations semblables renouvelées le 10 juillet à la Chambre des pairs, par M. le prince de la Moskowa, M. le ministre des Affaires étrangères répondit à peu près ce qu'il avait déjà répondu dans la Chambre élective. Il ajouta seulement, et M. le ministre de la marine le déclara avec lui, que les communications faites au gouvernement anglais s'étaient bornées à la pensée générale qui animait le gouvernement dans l'affaire du Maroc, que le cabinet anglais n'avait connu que les instructions politiques, et nullement les instructions navales ou militaires. Au reste, ajouta M. Guizot, l'Angleterre avait dans cette occasion loyalement, sincèrement reconnu notre droit, notre intérêt.

Cependant les sévères leçons données aux Marocains ne paraissaient devoir porter aucun fruit. De nouvelles levées en masse s'effectuaient à Fez et dans les environs; les grandes tribus guerrières de l'Ouest y envoyaient en toute hâte leurs contingents, sous le commandement de leurs chefs les plus renommés. La nouvelle de l'entrée des troupes françaises à Ouchda ne fit qu'exciter le fanatisme des populations de l'intérieur. Une sommation insolente fut faite au maréchal-gouverneur par le fils de l'empereur, Muley-Abd-er-Rhaman, d'avoir à évacuer Lalla-Maghrnia comme condition de la paix; d'un autre côté, on faisait demander à M. de Nion la révocation et la punition des chefs de l'armée française. Déjà on parlait ouvertement dans le camp marocain de prendre Tlemcen, Oran, Mascara, Alger même. La guerre sainte éclatait de toutes parts, et l'on n'attendait plus, pour attaquer les troupes françaises réunies près de Coudiat-Abd-er-Rhaman, que l'arrivée des contingents d'infanterie des Beni-Senassen et du Rif, qui devaient assaillir les Français par les montagnes, pendant qu'une immense cavalerie les attaquerait dans la plaine. Une troisième fois encore, M. le maréchal avait dû agir contre les Marocains; mais il s'était moins agi d'un combat que d'une démonstration faite pour constater tout à la fois l'esprit d'agression et l'impuissance des troupes marocaines. M. le maréchal-gouverneur s'étant avancé le 3 juillet sur la Haute-Mouilah pour favoriser la rentrée d'une grosse fraction des Angades, dont le chef était venu traiter de sa soumission, prit son campement sur un point de la rivière nommé l'Oued-Isly. Aussitôt le camp marocain, qui était à deux lieues de là, vint au-devant de lui, et bientôt des renforts étant arrivés, 5,000 cavaliers attaquèrent le camp français. Ils furent repoussés avec peu de perte de leur part, leur résistance ayant été presque nulle. Abd-el-Kader était présent à ce combat.

Quelques jours après, provoqué par une nouvelle attaque, M. le maréchal avait culbuté et poursuivi les Marocains jusqu'à trois journées au delà d'Ouchda, rentrant au camp de Lalla-Maghrnia après ce nouveau succès, pour faire preuve jusqu'à la fin de ses intentions pacifiques.

Telle était la situation des choses sur la frontière du Maroc, lorsque le prince de Joinville arriva devant Tanger. Aucune réponse n'était encore faite à l'*ultimatum* de M. de Nion ; le 2 août expirait le délai fixé par notre consul-général : mais le consul britannique, M. Hay, qui depuis quelques jours s'interposait très-activement dans un but de conciliation entre la France et le Maroc, n'était pas encore revenu, et le commencement des hostilités eût pu devenir pour lui un péril sérieux : son altesse royale jugea donc convenable d'attendre son retour.

Le 4 arriva une lettre de Sidi-Bou-Selam, pacha de Larache, plus mesurée, plus conciliante que les précédentes ; cette lettre renouvelait cependant l'insultante demande de la punition du maréchal ; pas un mot n'y était dit de la dissolution du corps de troupes réuni sur la frontière marocaine. Quant à Abd-el-Kader, Sidi-Bou-Selam assurait qu'il n'était plus sur le territoire marocain, et que les ordres étaient donnés pour l'empêcher d'y reparaître ; pourtant, à la même époque, on disait au maréchal qu'Abd-el-Kader avait été interné, et qu'il se trouvait à deux journées du camp marocain.

Les correspondances n'avaient donc qu'un but, celui de tromper la France et de gagner du temps. Son altesse royale le prince de Joinville, inquiet de ne savoir aucune nouvelle de M. Hay, envoya un bateau à vapeur avec mission de s'enquérir de lui. Le 5, le bateau revint à Tanger apportant la nouvelle que M. Hay était en sûreté à Mogador.

Enfin, le 5 au soir arriva une dépêche du ministère, à la date du 27 juillet, ordonnant de commencer les hostilités, si la réponse à l'*ultimatum* n'était pas satisfaisante.

Il n'y avait plus d'hésitation possible; le 6 au matin son altesse royale attaqua les batteries de Tanger. Les instructions données au prince par M. le ministre de la Marine et des Colonies (*voy.* le texte de ces instructions à l'*Appendice*, documents historiques, France, part. offic., pag. 119) prescrivaient de détruire les fortifications extérieures, mais de respecter la ville. A huit heures et demie le feu commença : il y fut répondu avec vivacité, mais la justesse remarquable du tir (1) eut bientôt forcé les canonniers marocains à abandonner leurs batteries. A dix heures, c'est-à-dire, au bout d'une heure et demie, tout était fini; le but de l'attaque était complètement atteint. Son altesse royale ne devant pas occuper Tanger, mais seulement agir par des démonstrations rapides sur plusieurs points importants de la côte marocaine, se dirigea immédiatement sur Mogador, ville maritime située à l'autre bout de l'empire, et dont la destruction devait porter un coup plus terrible encore. En effet, cette ville est la fortune particulière de

(1) Une jalousie indigne d'un grand peuple poussa quelques anglais à contredire l'évidence, et en présence des flottes réunies de l'Angleterre, de la Suède, du Danemarck, de la Néerlande, devant des milliers de témoins, devant les batteries mutilées de la ville marocaine, on poussa la haine du nom français jusqu'à accuser l'habileté, le courage même du prince et de sa flotte. Deux lettres publiées dans le *Times* reproduisirent ces calomnies. A la vérité, le reste de la presse britannique s'émut de cette lâcheté et regarda comme un déshonneur pour la Grande-Bretagne qu'il se fût trouvé un anglais pour écrire de pareilles choses, un journal pour les imprimer. Une espèce d'enquête faite dans le but de découvrir l'auteur de ces infamies fit connaître qu'elles partaient du vaisseau de guerre le *Warspite* et qu'elles avaient été commises par le chapelain de ce navire. Le chapelain fut destitué, et l'amiral Owen, commandant les forces navales britanniques dans la Méditerranée, s'éleva dans un ordre du jour digne et convenable contre des actions aussi lâches et aussi honteuses. (*voy.* les pièces relatives à cette affaire aux Documents historiques, partie non-offic.).

l'empereur et sa propriété. Outre les revenus publics très-considérables, puisque Mogador est le centre d'un commerce actif, l'empereur en tire des sommes considérables. Prouver au Maroc qu'il était délaissé par toutes les nations, c'est ce qu'avait fait le bombardement de Tanger ; lui montrer maintenant que la France pouvait lui causer les dommages matériels les plus sensibles, c'est ce qu'allait faire la ruine de Mogador.

Le 11, l'escadre fut réunie devant l'île qui ferme le port de cette ville. Le 15, malgré le mauvais temps qui jusqu'àlors avait rendu toute opération impossible, le feu commença. En quelques heures, après une lutte animée, les batteries furent réduites au silence et l'île fut occupée malgré la résistance désespérée de la garnison. Son altesse royale le prince de Joinville se distingua particulièrement dans l'opération du débarquement par un sang-froid et une intrépidité au-dessus de tout éloge.

A compter de ce moment, les opérations de la division navale étaient terminées : le blocus du port et l'occupation de l'île par 500 hommes de garnison avaient complété la démolition des batteries et le bombardement de la ville, qui fut pillée et brûlée par les Kabyles de l'intérieur. L'établissement sur l'île une fois terminé, le prince renvoya à Cadix une partie de l'escadre et attendit le résultat de ses vigoureuses démonstrations.

Pendant ce temps, M. le maréchal Bugeaud, toujours campé sur l'Oued-Isly, attendait une réponse qui n'arrivait pas et voyait sans cesse s'accroître par des contingents de l'intérieur le nombre des ennemis sur la frontière. Cette incertitude et l'attente de renforts nouveaux commençaient déjà à jeter dans les tribus soumises une inquiétude dangereuse. Deux fois les partis ennemis avaient attaqué nos convois de Djemaa-Ghazaouat, et la bonne volonté des ribus qui faisaient ces convois si nécessaires commençait à chanceler. Il fallait prendre un parti décisif; un plus long doute sur la force des Français et sur leur intention de combattre les Marocains pouvait provoquer en arrière des révoltes qui auraient suspendu les approvisionnements du corps d'armée de l'Ouest, et compromis jusqu'à un certain point l'influence morale des Français dans tout le reste de l'Algérie. Les dangers d'une plus longue attente décidèrent M. le maréchal Bugeaud à prendre l'initiative. A la tête d'environ 8,500 hommes d'infanterie, de 1,400 chevaux réguliers et 2,100 irréguliers, avec 16 bouches à feu, dont 4 de campagne, le maréchal marcha au devant de plus de 25,000 hommes de cavalerie des meilleures troupes de l'empire et d'une infanterie irrégulière dont le nombre restait encore inconnu. Le petit corps d'armée français ne douta pas un instant de la victoire que lui promettait son chef : voici ce qu'écrivait le maréchal la veille de la bataille :

« Mon armée est pleine de confiance et d'ardeur; elle compte sur la victoire tout comme son général. Si nous l'obtenons, ce sera un nouvel exemple que le succès n'est pas toujours du côté des gros bataillons, et l'on ne sera plus autorisé à dire que la guerre n'est qu'un jeu du hazard. »

Ces prévisions furent pleinement réalisées; le 14 août, M. le maréchal Bugeaud passa l'Isly, dont une foule immense de cavaliers lui disputait le passage; son petit corps formé en carré tint admirablement contre les charges fougueuses de la cavalerie marocaine. Enveloppée de tous côtés, l'infanterie se montra d'une solidité à toute épreuve : pas un homme ne se montra faible, dit le rapport du maréchal (1). Bientôt la cavalerie ennemie, divisée par ses propres mouvements, rompue par la formidable immobilité

(1) Pour le détail des opérations militaires de toute la campagne du Maroc *voy.* à l'Appendice, p. 145).

de l'infanterie française, foudroyée par le feu des carrés et par la mitraille que vomissait l'artillerie sur les angles morts des bataillons, fut chargée avec une vigueur irrésistible par dix-neuf escadrons, sous les ordres du colonel Tartas. Le colonel Jusuf, commandant le premier escadron, emporta le camp du fils de l'empereur et s'empara de l'artillerie marocaine ; le colonel Morris, qui commandait les deuxième et troisième escadrons, brisait de son côté une charge dirigée sur l'aile droite de l'armée française par des masses énormes de cavalerie. Engagé avec six escadrons dans une lutte des plus inégales, il tua 300 cavaliers aux Berbères de la garde spéciale de l'empereur. Dans cet engagement isolé, 550 chasseurs du 2e combattirent pendant plus d'une demi-heure 6,000 cavaliers ennemis. Bientôt la déroute des Marocains fut complète et l'ennemi se retira dans le plus grand désordre, partie par la route de Thaza, partie par les vallées qui conduisent aux montagnes des Beni-Senassen ; l'infanterie, peu nombreuse, échappa à la poursuite de nos soldats à la faveur des ravins.

Les résultats matériels de cette journée furent plus de 800 morts laissés sur le champ de bataille ; au moins 2,000 hommes blessés et la prise de 18 drapeaux, de 11 pièces d'artillerie et du parasol de commandement du fils de l'empereur ; tout le matériel de combat, tentes, armes, etc., tomba au pouvoir des Français. La perte de nos troupes fut seulement de 27 tués et de 96 blessés.

Mais le résultat moral de la bataille d'Isly devait être d'une tout autre importance. 25,000 hommes des meilleures troupes de l'empereur avaient dû fuir devant une poignée de Français, et les bravades des Arabes n'avait abouti qu'à une honteuse défaite. Dans la bataille d'Isly on pouvait voir la consécration de notre conquête de l'Algérie, et la leçon donnée ainsi presque au même moment à l'empereur, sur terre, par le maréchal Bugeaud, et sur mer, par le prince de Joinville, ne pouvait manquer d'accélérer la conclusion des différends de la France avec le Maroc.

C'est ici qu'allait éclater la connexité secrète établie par la diplomatie entre les difficultés de la guerre du Maroc et la question de Tahiti. Des deux côtés la France avait rencontré l'Angleterre, là, protégeant contre la juste autorité du gouvernement français les révoltes de sauvages fanatisés, ici s'efforçant en secret de balancer les dangers imaginaires d'une influence créée par la guerre, soutenue par le succès. L'attaque de Tanger avait produit à Londres une sensation d'autant plus vive, qu'on s'était attendu, grâce à l'intervention officieuse de la Grande-Bretagne, à une solution pacifique des différends de la France avec le Maroc. Les organes les plus sérieux du pouvoir, les membres les plus considérables de l'opposition dans les deux chambres s'appliquaient à faire renaître d'injustes préventions et à contester la nécessité d'une guerre qui devait être préjudiciable aux intérêts commerciaux de l'Angleterre. Déjà l'on voyait dans le Maroc une nouvelle Algérie, et les difficultés soulevées entre le gouvernement français et la régence semblaient devoir être le signal d'une rupture définitive.

Ce n'était pas seulement là le langage des partis : s'il fallait en croire le chargé d'affaires de France auprès du cabinet de Londres, M. le comte de Jarnac, ces impressions fâcheuses avaient pénétré jusque dans le conseil des ministres, et l'agent diplomatique de la France faisait entrevoir (*voy.* la dépêche à la date du 22 août, *Appendice*, pag. 112) que, sauf la confiance personnelle qu'inspiraient le gouvernement de S. M. et les déclarations publiques du cabinet français, le gouvernement britannique eût été entraîné à de fortes démonstrations maritimes. L'indépendance de Tanger, placé aux portes de Gibraltar et nécessaire au ravitaillement de cette place, était posée comme une condition indispensable par l'Angleterre, et l'occupation d'un point de la côte marocaine, l'ile de Mogador, ne fit que ranimer les alarmes. En vain toute défiance de pareille nature semblait devoir être désormais incompatible avec l'esprit qui dirige depuis 1830 la politique du gouvernement français : la plus vive irritation régnait entre les deux pays, et les dernières nouvelles de Tahiti ne firent que l'accroître.

L'arrestation du consul Pritchard, pris en flagrant délit d'excitation à la révolte contre la France, était devenue, av' ` les prétendues menaces de l'ambition française, le texte des déclamations les plus violentes, le prétexte d'appréhensions vraies ou simulées ; en vain le cabinet de Paris s'était-il empressé de désavouer cette arrestation, sinon au fond, du moins dans la forme ; en vain le capitaine d'Aubigny avait-il été informé (dépêche du 20 août, pag. 112) que le gouvernement du roi regrettait une violence qu'il n'approuvait ni dans la forme, ni dans le motif, l'Angleterre demandait encore davantage : le mot de *satisfaction* avait été prononcé, et, pour réparer ce que le cabinet de Londres et le pays considéraient comme un affront national, on songea à un dédommagement pécuniaire offert au consul Pritchard pour les dommages et pour les souffrances qu'il avait éprouvés.

Ces ouvertures furent accueillies par M. le comte de Jarnac avec un empressement qui fut, pour l'opposition, un sujet de blâme énergique. Ce qui ressortait du moins de cette conduite de l'agent français, c'était la gravité de la situation. Les retards prolongés de toute démarche officielle de la part du cabinet de Paris, l'absence de toute communication faite au cabinet de Londres sur les derniers événements de Tahiti, à peine connus en France par de courts extraits de pièces incomplètes, accréditaient l'idée que, malgré le désir des deux souverains, une rupture entre les deux pays était à la veille d'éclater. Le rappel de lord Cowley, ministre d'Angleterre en France, avait même été formellement indiqué, sinon réclamé par le principal organe de l'opinion publique.

Les choses en étaient là, lorsque le gouvernement français se décida à profiter de l'ouverture qui lui avait été faite. Il ressortit des déclarations faites par M. le ministre des Affaires étrangères : 1° que le droit d'éloigner de l'île de Tahiti tout résident étranger qui troublerait ou travaillerait à troubler et à renverser l'ordre établi appartenait au gouvernement du roi et à ses représentants, non-seulement en vertu du droit commun de toutes les nations, mais aux termes mêmes du traité du 9 novembre 1842, qui a institué le protectorat français et qui porte :

« La direction de toutes les affaires avec les gouvernements étrangers, de même que pour ce qui concerne les résidents étrangers, est placée, à Tahiti, entre les mains du gouvernement français, en la personne nommée par lui. »

2° Que le consul Pritchard, du mois de février au mois de mars 1844, avait constamment travaillé, par toutes sortes d'actes et de menées, à entraver, troubler et détruire l'établissement francais à Tahiti, l'administration de la justice, l'exercice de l'autorité des agents français et leurs rapports avec les indigènes.

Aussi, lorsqu'au mois de mars une insurrection avait éclaté dans une partie de l'île de Tahiti, lorsqu'une autre insurrection se préparait à Papaete même, les autorités françaises avaient eu de légitimes motifs et s'étaient même trouvées dans la nécessité d'user de leur droit de renvoyer du territoire de l'île celui dont la présence et la conduite fomentaient parmi les indigènes un esprit permanent de résistance et de sédition.

Quant à certaines circonstances qui avaient précédé le renvoi de cet homme, notamment le mode et le lieu de son emprisonnement momentané, et la proclamation publiée à ce sujet, le 3 mars, le gouvernement du roi déclarait les rejeter sincèrement, et la nécessité ne lui en paraissait pas justifiée par les faits. M. le gouverneur Bruat, dès qu'il avait été de retour à Papaete, s'était empressé de mettre un terme à ces procédés, en ordonnant l'embarquement et le départ de l'ancien consul Pritchard.

Le gouvernement du roi exprimait donc officiellement au gouvernement de S. M. britannique, comme il l'avait fait connaître à Tahiti même, son regret et son improbation de ces fâcheuses circonstances. De plus, il se montrait disposé à accorder à l'ex-consul Pritchard une indemnité qu'il lui paraissait convenable de soumettre à l'appréciation des deux commandants des stations française et anglaise dans l'Océan Pacifique, M. le contre-amiral Hamelin et M. l'amiral Seymour.

Telles furent les bases d'une conciliation qui fut dans les deux pays l'objet des plus vives attaques. Les partis extrêmes crurent voir des deux côtés qu'on avait sacrifié l'honneur national au désir exagéré de la paix.

Quoi qu'il en soit, la solution de l'affaire de Tahiti devait apporter des facilités nouvelles pour une solution parallèl des difficultés pendantes entre la France et le Maroc. Déjà l'affaire d'Espagne avait été conclue par la médiation de l'Angleterre. Toute crainte de guerre ayant désormais disparu entre la Grande-Bretagne et la France, le coup porté aux trois points de la régence par l'escadre et l'armée françaises devait se faire sentir plus vivement et hâter une conclusion pacifique. L'orgueil du Maroc était humilié, et ses populations fanatiques commençaient à comprendre la nécessité de la paix avec un tel adversaire. Du côté de la France, à défaut de la paix, on pouvait souhaiter un arrangement satisfaisant, fût-il même provisoire.

L'escadre française avait dû quitter Mogador par suite du manque de vivres, et l'occupation de l'île sans celle de la ville ne laissait pas que de présenter en hiver de grandes difficultés. Il se pouvait que l'autorité de l'empereur, que sa volonté de faire cesser les hostilités fussent méconnues, même après la conclusion de la paix, par les bandes de Kabyles maîtresses de Mogador et du pays d'alentour. Dans ce cas, de nouvelles attaques pourraient avoir lieu, qui tiendraient continuellement en échec la poignée d'hommes laissée à la garde de l'île ; le séjour du port en deviendrait intolérable aux navires de la station ; sans le port, la mauvaise saison arrivée, les navires ne pourraient tenir au mouillage extérieur, le ravitaillement de l'île deviendrait fort difficile, et le séjour pénible à la garnison.

Aussi s'empressa-t-on d'accepter les propositions de paix faites par le Maroc sur le reçu d'un dernier *ultimatum* de la France. On ne demandait à Muley-Abd-er-Rhaman, après la victoire, que ce qu'on lui avait demandé avant la guerre. Rien n'avait été changé aux intentions que le gouvernement français avait manifestées avant le commencement de la lutte. Ce qu'on exigeait alors, comme la condition nécessaire du rétablissement des relations amicales entre les deux États, et comme la seule garantie propre à nous rassurer contre le retour des incidents qui avaient troublé ces relations, on le demandait encore aujourd'hui, sans y rien ajouter, car le but que se proposait le Cabinet était toujours le même, et aucune vue d'agrandissement ne se mêlait à sa résolution bien arrêtée de ne pas permettre qu'on méconnût les droits et la dignité de la France : que les rassemblements extraordinaires de troupes marocaines formés sur notre frontière, dans les environs d'Ouchda, fussent immédiatement dissous ; qu'un châtiment exemplaire fût infligé aux auteurs des agressions commises sur notre territoire ; qu'Abd-el-Kader fût expulsé du territoire marocain et n'en reçût plus désormais appui ni secours d'aucun genre ; enfin, qu'une délimitation complète et régulière de l'Algérie et du Maroc fût arrêtée et convenue, conformément à l'état de choses reconnu du Maroc lui-même, à l'époque de la domination des Turcs à Alger, et rien ne s'opposerait plus au rétablissement de la paix.

En réponse à cette déclaration du gouvernement français, des ouvertures pacifiques furent faites, au nom de l'empereur, par Sidi-Bou-Selam, pacha de Larache. M. de Nion, consul général et chargé d'affaires de France, de concert avec M. le duc de Glücksberg, chargé de suivre concurremment les négociations, acceptèrent une entrevue, par l'intermédiaire de M. Warnier, interprète de S. A. R. Reçu avec des honneurs qui n'avaient jamais été rendus à un Européen, M. Warnier s'assura que Sidi-Bou-Selam était en effet muni des pleins pouvoirs de l'empereur, et qu'on était prêt à accéder à toutes les conditions exigées. S. A. R. et les plénipotentiaires français se rendirent donc à Tanger : une convention rédigée à l'avance fut présentée au pacha de Larache, qui dut l'accepter sans discussion. Le pavillon du consulat général fut immédiatement relevé et salué par la place de vingt et un coups de canon.

La convention du 10 septembre n'était pas la stricte exécution des ordres du ministre des Affaires étrangères. Tout en conservant à cette transaction le caractère que leurs instructions lui imprimaient à l'avance, les plénipotentiaires avaient cherché à entourer chaque stipulation de toutes les garanties nécessaires.

L'art. 1er du traité (1) portait le licenciement des troupes marocaines réunies extraordinairement sur la frontière. L'empereur s'engageait à empêcher désormais tout rassemblement de cette nature. Il resterait seulement, sous le commandement du caïd d'Ouchda, un corps dont la force ne pourrait excéder habituellement 2,000 hommes ; ce nom-

(1) *Voy.* le texte à l'Appendice, p. 154.

bre pourrait toutefois être augmenté, si des circonstances extraordinaires et reconnues telles par les deux gouvernements le rendaient nécessaire dans l'intérêt commun.

Par l'article 2 un châtiment exemplaire devait être infligé aux chefs qui avaient dirigé ou toléré les actes d'agression commis en temps de paix sur le territoire de l'Algérie. Les stipulations de cet article furent, au reste, ou éludées ou exécutées incomplètement par le Maroc.

La situation d'Abd-el-Kader dans la régence, cause véritable de la guerre, faisait l'objet de l'article 4. Par cet article, Nadj-Abd-el-Kader était mis hors la loi dans toute l'étendue du Maroc, aussi bien qu'en Algérie ; il serait poursuivi, en conséquence, à main armée par les Français sur le territoire de l'Algérie, et par les Marocains sur leur territoire, jusqu'à ce qu'il en fût expulsé ou qu'il tombât au pouvoir de l'une ou de l'autre nation. Dans le cas où Abd-el-Kader tomberait au pouvoir des troupes marocaines, S. M. l'empereur du Maroc s'engageait à l'interner dans une des villes du littoral ouest de l'empire, jusqu'à ce que les deux gouvernements eussent adopté de concert les mesures indispensables pour qu'Abd-el-Kader ne pût, en aucun cas, reprendre les armes et troubler de nouveau la tranquillité de l'Algérie et du Maroc.

Cet article fut surtout l'objet de violentes critiques. A part l'impossibilité matérielle de l'exécution de ces clauses, qu'étaient-ce, se demandait-on, que ces expressions tout européennes de *mise hors la loi* et d'*internat*, placées dans la bouche d'un barbare, et quel effet devait-on attendre de ces promesses pour lui vides de sens ? Et d'ailleurs, en supposant que ces expressions de la diplomatie des nations civilisées fussent de mise dans un traité conclu avec le Maroc, l'empereur Muley-Abd-er-Rhaman se trouverait-il jamais en état d'exécuter de pareilles conditions ? Abd-el-Kader n'était-il pas plus maître que lui dans son empire, et les populations fanatiques du Maroc laisseraient-elles jamais porter la main sur un *marabout*, sur le défenseur de l'islamisme ?

On critiqua également une autre stipulation de cet article, par laquelle S. M. l'*empereur* des Français s'engageait, au cas où Abd-el-Kader tomberait au pouvoir des troupes françaises, à le traiter avec égards et générosité. Une telle promesse faite par la France à une nation barbare n'était-elle pas une injure faite à notre humanité reconnue ?

Quant à la délimitation des frontières, l'empereur du Maroc acceptait la fixation d'après l'état de choses reconnu par le gouvernement marocain lui-même à l'époque de la domination des Turcs en Algérie. L''exécution complète et régulière de cette clause ferait l'objet d'une convention spéciale négociée et conclue sur les lieux par des plénipotentiaires délégués à cet effet.

Le gouvernement français s'engageait, dès que les stipulations des premiers articles seraient exécutées par le gouvernement marocain, à évacuer l'île de Mogador, ainsi que la ville d'Ouchda. L'évacuation de Mogador eut lieu immédiatement après la signature provisoire : on a vu plus haut que des motifs impérieux commandaient cette mesure.

Enfin, les deux gouvernements s'engageaient à procéder le plus promptement possible à la conclusion d'un traité qui, basé sur les traités actuellement en vigueur (1), aurait pour but de les consolider et de les compléter, dans l'intérêt des relations politiques et commerciales des deux empires. En

(1) Voici la liste des traités qui avaient réglé jusqu'ici les relations de commerce et d'amitié entre la France et le Maroc. Ce sont : 1° les traités des 17 et 24 septembre 1631, conclus à Maroc entre Louis XIII et Muley-el-Gualid; 2° le traité du 18 juillet 1635; 3° le traité conclu le 29 janvier 1681, entre Louis XIV et Sidi-Muley-Ismaël; 4° Le traité signé à Maroc le 28 mai 1767, et qui forme le dernier état de notre droit public avec le Maroc; 5° enfin les deux traités des 17 mai 1821 et 28-30 mai 1825, qui ont renouvelé les traités antérieurs. Dans tous ces traités, la France est considérée comme la nation que le Maroc distingue et favorise le plus.

attendant, les anciens traités seraient scrupuleusement respectés et observés dans toutes leurs clauses, et la France jouirait, en toute chose et en toute occasion, du traitement de la nation la plus favorisée.

La première pensée des plénipotentiaires avait été de stipuler une indemnité pécuniaire pour les Français qui avaient éprouvé des pertes par suite de la guerre ou des actes antérieurs du gouvernement marocain; mais ils furent retenus par la crainte de compromettre par cette exigence le résultat d'une négociation qu'on désirait voir conclure dans le plus bref délai possible. Quant aux frais de la guerre, il ne fut pas même question de les mettre à la charge du gouvernement marocain. L'opposition en prit texte pour attaquer l'habileté diplomatique du ministère, dont la pensée se résumait en ces mots du principal organe du parti conservateur : *La France est assez riche pour payer sa gloire.*

Une lacune plus regrettable, selon quelques-uns, c'était l'absence de toute intervention de la France dans les différends qui existaient entre les cours du Nord et le Maroc. On eût aimé à voir le cabinet français profiter d'une victoire, sinon pour lui-même, du moins pour les intérêts de la civilisation. L'impôt odieux et ridicule que le Maroc avait encore aujourd'hui la prétention d'exiger des cours de Suède et de Norwége, ce dernier reste des temps de barbarie, eût peut-être dû tomber sous l'épée victorieuse de la France plutôt que sous l'effort de la diplomatie.

Telle était en résumé cette convention, dont les ratifications furent échangées le 26 octobre. A la fin de l'année, les clauses importantes du traité étaient encore inexécutées. M. le général de La Rue avait été envoyé près la cour de Fez, pour jeter les bases du nouveau traité, selon la première clause de l'article 7 de la convention du 10 septembre. Il était, au reste, probable que des difficultés nouvelles surgiraient entre la France et le Maroc, par suite du fanatisme des populations et de la mauvaise foi des autorités. Abd-el-Kader pouvait braver impunément la mise hors la loi dont le menaçait la France, et sans doute le printemps de l'année prochaine le rencontrerait encore fomentant contre les conquérants de l'Algérie des insurrections nouvelles.

Les deux grandes difficultés de la diplomatie anglo-française étaient enfin terminées, au moins d'une manière provisoire. La paix du monde avait un gage de plus, à défaut de garanties durables; les bonnes relations entre les deux pays purent donc recommencer de nouveau, et le signal d'un retour à des sentiments de cordialité complète fut la visite solennelle faite par le roi des Français à S. M. la reine d'Angleterre, en retour de la visite faite l'année dernière par la reine Victoria à S. M. Louis-Philippe. L'opposition pensa que peut-être il eût fallu ne pas donner au voyage du roi des Français une signification politique et officielle que n'avait pas eu le voyage d'Eu ; mais la manière dont le chef de la France de 1830 fut reçu dans la capitale de la Grande-Bretagne, l'enthousiasme général qu'excita sa présence et surtout le contraste de cet accueil avec la froideur, et même l'irritation non contenue avec laquelle fut considérée la visite inattendue de l'empereur de Russie, suffirent à justifier cette démarche.

Tout n'était cependant pas fini entre la France et l'Anterre : la plus grave des questions pendantes entre ces deux pays, la plus féconde en périls pour le cabinet français et la plus difficile à résoudre est, sans contredit, la question du droit de visite. L'orgueil, l'intérêt commercial, le sentiment religieux en Angleterre ; une juste fierté et la conviction du bon droit, en France, ont fait de cette question, pour les deux pays, une question nationale. On sait quelle situation le ministère du 29 octobre a acceptée en cette occasion ; l'inutile et dangereux traité de 1841 n'a pas reçu la ratification que réclamait le Cabinet ; bien plus. les justes susceptibilités de l'opinion publique n'ont pu être satisfaites que par la négociation du retrait des conventions de 1833. L'administration, qui déclarait qu'en la soumettant à une pareille obligation on la placerait *entre une faiblesse et une folie*, annonçait aujourd'hui que les négociations etaient ouvertes. Exposée par une position équivoque aux légitimes défiances de l'opposition nationale, elle déclarait que le principe de la négociation était accepté à Londres; quant aux résultats possibles de ces démarches, il était encore douteux qu'ils fussent autre chose qu'une transaction provisoire et insuffisante.

Peut-être le besoin que ressent aujourd'hui chaque peuple d'étendre sa puissance matérielle pour protéger son commerce et son industrie devait-il préparer à la France, dans un avenir peu éloigné, des difficultés nouvelles; ainsi la France avait été amenée à s'établir à Nosse-Bay et à prendre possession de l'île Mayotte.

Cette île, située à l'extrémité septentrionale du canal de Mozambique, fait partie du groupe des Comores et, par sa configuration géographique, par la force de sa position facile à fortifier encore, peut être appelée, malgré l'insalubrité du climat, à devenir pour la France une importante station militaire.

Ainsi encore les États de Honduras et de Nicaragua avaient fait réclamer le protectorat de la France; question plus grave, puisqu'ici la domination française se trouverait, comme à Tahiti, comme ailleurs, en contact avec l'Angleterre, déjà maîtresse, par une vente obtenue des indigènes, du petit royaume voisin des Mosquitos.

Une occasion plus favorable d'étendre la puissance de la France s'était présentée dans la mer des Antilles : une guerre de race et de sang décimait la population de Haïti; dans leur détresse, les mulâtres pensèrent à invoquer contre les envahissements successifs de la race noire la protection du gouvernement français. Ils se rappelaient encore ces jours d'une prospérité passée, auxquels ont succédé tant de désastres. Le mot de protectorat fut prononcé : mais la situation politique de la France vis-à-vis Saint-Domingue est grave et complexe ; l'acte du 17 avril 1825, confirmé par la convention du 12 février 1838, a consacré pour notre gouvernement une position tout exceptionnelle, car la renonciation à la souveraineté de ce pays a été implicitement mise au prix du paiement d'une indemnité de 60 millions, dont une très-faible partie a été soldée jusqu'à ce jour. Le seul intérêt qu'ait donc aujourd'hui la France à Haïti, c'est d'assurer aux colons de Saint-Domingue le paiement de la faible indemnité qui leur a été attribuée par le traité passé avec le président Boyer : tel est le but unique de la mission confiée l'année dernière à M. Adolphe Barrot (*voy.* le précédent *Annuaire*). Mais un appel spontané fait à la protection de la France eût réveillé d'anciens droits et créé de nouveau devoirs. En présence de ces éventualités, l'ambition anglaise s'alarma et accusa injustement notre gouvernement d'avoir provoqué l'insurrection des Cayes et organisé une conspiration contre le général Hérard. Mais il est vrai de dire que la France n'intervint à Haïti, dans la personne de son consul, que pour accomplir les devoirs de l'humanité : M. Juchereau de Saint-Denis fit là ce qu'avait fait M. de Lesseps à Barcelone (*voy.* Haïti).

On a déjà vu quelle était la pensée du ministère sur les affaires de la Plata. Par suite d'excitations imprudentes de la part des agents consulaires français; l'État de Montevideo se trouvait engagé depuis cinq ans avec le gouvernement de Rosas dans une querelle dont la France avait été directement appelée à profiter, lors de la conclusion du traité négocié avec M. l'amiral de Mackau ; l'art. 4 de ce traité avait imposé à Rosas l'obligation de reconnaître la république de l'Uruguay, comme État indépendant et souverain. Au mépris de la conventiondu 29 octobre 1840,

Rosas assiégeait Montevideo, sinon pour en réunir le territoire à la république Argentine, du moins pour contraindre l'État de l'Uruguay à changer son gouvernement intérieur et à prendre pour président le général même envoyé contre lui. La France avait semblé, par son inertie, autoriser le mépris des traités hautement affichés par un barbare : une légion française créée sous l'empire de circonstances aussi graves, et à l'instigation même de nos agents, avait reçu de ces mêmes agents, dont les instructions étaient tout à coup changées, l'ordre de désarmer, sous peine de perdre la qualité de Français. Un interminable blocus menaçait aujourd'hui la vie et les propriétés de ces Français abandonnés par la France, et le blocus était protégé, bien plus, exercé par la flotte française; et cependant le 7 décembre 1842, à son arrivée à Buenos-Ayres, notre ministre, M. de Lurde, avait fait au gouvernement argentin sommation d'avoir, en vertu de l'article 4 du traité conclu avec la France, à retirer sans retard ses troupes du sol de l'Uruguay, le menaçant, en cas de refus, d'une prochaine intervention française. Cette intervention, Rosas l'avait méprisée, et, malgré l'impuissance de cet audacieux barbare contre toute démonstration sérieuse de la part d'une puissance civilisée, on avait comme légitimé son insolence en reconnaissant le blocus.

Quelque prudence que doive s'imposer un gouvernement à l'égard d'intérêts aussi éloignés, quelques fautes qu'eussent commises nos résidents, en substituant trop vite à la protection morale de notre gouvernement une protection personnelle qui les découvre, il n'en était pas moins vrai qu'une colonie de 18,000 Français établis sur un point aussi important que la *Bande Orientale* réclamait une protection plus énergique; des intérêts moins puissants appelaient sur les rives de la Plata la protection de la Grande-Bretagne, et cependant M. Mandeville et le commodore Purvis avaient énergiquement couvert les intérêts de leurs nationaux. Quant au blocus de Montevideo, s'ils n'y avaient mis aucun obstacle, peut-être fallait-il attribuer cette conduite aux avantages que les intérêts anglais, placés sur l'autre bord du fleuve, pouvaient tirer du blocus même. Peut-être le cabinet de Londres ne voyait-il pas sans quelque jalousie se développer sur ce point admirable de l'Atlantique une sorte de colonie française capable de contrebalancer quelque jour les avantages espérés par elle de l'acquisition, aux bouches de l'Uruguay, du territoire de Colonia.

A Constantinople, l'action de la France unie à celle de la Grande-Bretagne obtenait quelques résultats importants, par exemple, la suspension de la loi pénale relative aux renégats, et la solution des affaires relatives à l'élection du prince Alexandre en Serbie.

Quant à la Syrie, la pensée du gouvernement relativement aux malheureuses populations de ces contrées semblait assez nettement dessinée. Dans ses explications devant les Chambres, le ministère avait presque avoué que l'arrangement du mois de décembre 1842 n'avait pas porté les fruits de conciliation et de paix qu'on en pouvait attendre, et que la double administration druse et maronite, imposée à ce pays, n'avait eu pour résultat que d'en avancer la ruine. D'après ses déclarations formelles, des négociations étaient ouvertes à Constantinople, pour rétablir sur une base d'unité et de nationalité chrétienne l'administration de cette province, telle qu'elle existait avant l'invasion égyptienne et les événements de 1840. Sur cette question, l'accord paraissait exister entre le cabinet français et le cabinet de Londres ; cependant les faits ne répondaient pas entièrement aux espérances et aux assertions du ministère français. La scandaleuse intervention du colonel Rose contre les chrétiens de la montagne faisait craindre que bientôt ce consul-général ne dépassât, à Beyrouth, d'une manière dangereuse pour les chrétiens, les instructions données par son gouvernement, comme lord Pousomby les éludait à Constantinople, comme M. Aston les méconnaissait à Madrid, comme le consul Pritchard les avait ouvertement violées dans les îles de la Société.

Tel est l'état des relations extérieures de la France pendant cette année. Un traité conclu avec la Chine vint clorre d'une manière satisfaisante la série des négociations entamées par l'ambassade dirigée par M. de Lagrené. Cette ambassade avait pour but d'assurer à la France les avantages et les garanties d'un contrat bilatéral, au lieu des bénéfices de l'acte révocable qui, au mois d'août 1842, avait ouvert au commerce de toutes les nations quelques portes du Céleste empire. Le traité de Whampoa, qu'il nous restera à examiner l'année prochaine après les consécrations définitives qu'il a encore à subir, assurait à la France une situation commerciale et politique toute spéciale. Au reste, la position de l'Angleterre n'en restait pas moins de fait impossible à égaler par la France, et il pouvait sembler douteux que notre commerce avec la Chine pût de si tôt devenir assez considérable pour exiger la création d'un entrepôt spécial dans ces mers (*voy.* à l'Appendice le texte du traité).

CHAPITRE IX.

HISTOIRE INTÉRIEURE. — ÉTAT DES PARTIS. — Mort du duc d'Angoulême. — Lutte de l'Église et de l'Université. — Lutte de l'Église et de l'État. — Brochure de M. l'abbé Combalot. — Sa condamnation. — Protestation de M. l'évêque de Châlons. — Attitude du gouvernement. — Mémoire adressé au Roi par les évêques de la province de Paris. — Blâme officiel de cette démarche. — Adhésion des évêques. — Discours de Mgr l'archevêque de Paris, à l'occasion de la fête du Roi. — Corruption électorale. — Élection de M. Charles Laffitte. — Conflit municipal d'Angers. — Licenciement de l'école Polytechnique. — Sa réorganisation. — Ordonnance relative à la répartition du salaire des condamnés. — Ordonnance modifiant le tarif des douanes. — Budget. — Crédit public. — Adjudication d'une partie de l'emprunt. — Résultats du commerce intérieur. — Exposition de l'industrie.

La situation intérieure de la France présente désormais plus de complications secondaires que de dangers véritables. Les partis existent toujours, sans doute, mais, même dans leur sein, les idées d'ordre ont fait d'incontestables progrès. Le parti légitimiste, on l'a vu, obtint, il est vrai, par la réélection des cinq députés démissionnaires, un triomphe passager, mais il était devenu évident que les idées de liberté, d'ordre et de paix ont fait désormais trop de chemin dans les esprits pour qu'un parti puisse songer à exciter de nouvelles tempêtes.

Un événement, qui n'était pas sans quelque importance pour les destinées du parti légitimiste, se passa à Goritz. Un prince autrefois désigné pour monter sur le trône de France mourut dans l'exil. La mort de M. le duc d'Angoulême n'était pas faite pour améliorer la situation politique du duc de Bordeaux. La situation du prétendant de Belgrave-Square, résumant désormais dans sa personne toutes les prétentions de la branche déchue, rendaient sa position plus délicate en face des cours européennes, plus difficile en face de son propre parti.

Une seule difficulté grave s'était élevée et paraissait devoir prendre tous les jours plus d'importance. La lutte si inopinément commencée entre la religion et la philosophie s'établissait maintenant entre la religion et l'État. Elle se continua d'abord par une brochure saisie le 8 janvier, et portant pour titre : *Mémoire adressé aux évêques de France et aux pères de famille.* L'auteur, M. Combalot, y avait dépassé en violence même M. le chanoine Desgarets. Des poursuites furent dirigées contre l'auteur de ce pamphlet, qui fut déclaré coupable par le jury. La modération avec laquelle les juges appliquèrent la peine montra que la condamnation importait plus que la durée de l'emprisonnement ou la quotité de l'amende. La justice avait prononcé; mais, malgré le respect dû par tous à la chose jugée et aux lois du pays, M. l'évêque de Châlons, déjà atteint lui-même par une déclaration d'abus, crut pouvoir se constituer solidaire pour M. Combalot. « L'évêque et le clergé de Châlons, lui écrivit-il, vous adressent les félicitations de *l'Église* et de *tous les gens de bien :* il est digne de vous de donner un si bel exemple et de prendre si ouvertement la défense des évêques catholiques contre l'Université. Cet ouvrage est si beau que, après l'avoir lu, j'ai regretté qu'il n'eût pas été écrit par un évêque. » C'était là prêcher publiquement le désordre et la désobéissance aux lois. Les amis sincères des intérêts de l'Église ne pouvaient trop déplorer une pareille protestation contre la loi.

Le Conseil-d'État crut qu'il était impossible de traduire le prélat devant les tribunaux, mais, bien que les moyens de répression lui manquassent, le gouvernement ne pouvait approuver par son silence l'acte de M. l'évêque de Châlons. M. le garde-des-sceaux dut s'en expliquer à la tribune (Chambre des Députés, 19 mars). « Nous avons pensé, dit M. Martin (du Nord), qu'un acte semblable pouvait recevoir les éloges des brouillons et des fanatiques, mais qu'il ne pouvait qu'être énergiquement réprouvé par tous les hommes d'ordre et de bon sens. Avant tout, on doit obéissance et respect aux lois et aux décisions de la justice, et M. l'évêque de Châlons en suivant l'exemple donné maintes fois par les factions, qui ont si souvent adressé des félicitations aux condamnés, a commis un acte blâmable, très-blâmable. »

Au moment même où la Chambre et le pays tout entier applaudissaient aux sévères remontrances de M. le garde-des-sceaux et aux énergiques paroles de M. Dupin, un autre prélat, M. l'évêque de Valence, était assez mal inspiré pour reproduire l'apologie coupable d'un fait condamné par l'arrêt souverain du jury.

Mais la discussion prochaine du projet de loi sur l'enseignement secondaire devait être l'occasion de manifestations plus dangereuses en raison de leur importance dans la Chambre. M. Villemain avait rempli avec un haut talent, quoique peut-être avec une circonspection regrettable, la tâche de défendre la raison moderne et l'Université. La partie brillante, difficile, dangereuse même, il faut le dire, de cette lutte, l'administration l'avait abandonnée à l'éloquence entraînante, à la science chaleureuse de M. Cousin; et un des membres du cabinet, M. le garde-des-sceaux, avait atténué, par une intervention fâcheuse et partiale, l'effet de ces nobles efforts. Si M. Martin (du Nord) avait fait à la réaction religieuse quelques-unes de ces concessions qui ne sont pour elle que des indices de faiblesse et des encouragements à la résistance, l'intervention plus marquée, plus importante par sa portée politique, de M. le ministre des Affaires étrangères, n'avait pas semblé moins significative par sa discrétion même et par sa réserve complète. Et cependant le langage de M. Guizot avait été digne, grave, impartial. Rien de plus judicieux, de plus respectueux et de plus ferme que la manière dont il avait caractérisé l'Église, sa mission et ses droits, son insuffisance à diriger les esprits dans toutes les voies nécessaires, les titres incontestables et les services tout spéciaux de l'Université. Maintenir la liberté de la pensée et de la conscience, ainsi que le caractère séculier de l'État et son indépendance absolue, telle était la pensée du gouvernement, et jamais cette pensée n'avait été formulée avec un plus grand bonheur d'expression que par cette belle parole de M. Guizot : *L'Etat est laïque.* Sans doute ces idées, qui sont le fond même et le caractère particulier de notre siècle, avaient acquis, en passant par la bouche du ministre, une nouvelle importance ; mais on avait cherché en vain la conclusion tirée par tous les esprits de ces déclarations solennelles. La situation était grave : le gouvernement l'avait reconnu, et nul mieux que M. Guizot n'en avait montré les périls ; mais en vain eût-on cherché dans ses paroles l'indication d'un remède. Attendre et s'abstenir en face des exigences sans cesse croissantes de l'ultramontanisme, n'était-ce pas s'exposer à voir s'élever par l'impunité, et sous la protection d'un aveu tacite d'une puissance, les prétentions inquiétantes de la portion turbulente du clergé.

Cette attitude du gouvernement ne fut pas sans doute sans influence sur la conduite du clergé. Un mémoire fut adressé au roi par les évêques de la province de Paris ; les craintes et les espérances de l'épiscopat y étaient exposées. Il est juste de dire que cette démarche devait être tenue secrète ; mais la publicité qui lui fut donnée par un organe dangereux et compromettant du parti appela la sévérité du pouvoir. Bien que cette publicité eût été désavouée par les prélats, le scandale avait eu lieu, et il était impossible de garder le silence. Cette fois, l'attaque était partie de trop haut et avait eu trop de retentissement pour que le gouvernement pût s'abstenir. M. le garde des sceaux crut devoir improuver par une lettre officielle une publication qui « *blessait gravement les convenances* » (termes de la lettre, *voy.* aux Docum. histor.), et qui d'ailleurs était manifestement contraire à l'esprit de la loi du 18 germinal an X. Cette loi interdit, en effet, toute délibération dans une réunion d'évêques non autorisée, et une correspondance établissant le concert et la délibération tombait sous le coup de cette loi (1).

Au reste, on parut attacher peu d'importance à cette sorte de réprimande inoffensive, car, peu après l'apparition du mémoire et sous l'impression même qu'il avait produite, l'un des signataires était élevé à la plus haute dignité ecclésiastique (2). On sut bientôt quel cas le clergé prétendait faire de pareilles remontrances, lorsqu'on vit de tous les siéges du royaume arriver des adhésions aux protestations

(1) On se rappella à cette occasion qu'une note à peu près semblable fut également insérée, sous la Restauration, dans le *Moniteur* du 17 août 1828.

Voici cette note :

« Deux journaux ont publié un écrit intitulé : *Mémoire adressé au roi par les évêques de France*. Ils supposent que ce mémoire a été rédigé au nom d'un grand nombre d'évêques; toutefois il n'est revêtu d'aucune signature. La chose est facile à comprendre. Les évêques de France savent que, s'ils ont incontestablement le droit individuel de porter aux pieds du trône leurs réclamations et leurs doléances, ils ne peuvent se réunir ni se concerter sans la permission du roi. Ce que nous savons de notre côté, c'est que le roi n'a pas reçu et ne recevrait jamais un mémoire qui serait le résultat d'une délibération de cette nature, prise sans autorisation.

» Quand saint Louis et Louis XIV accueillaient avec faveur et bonté les justes et légitimes remontrances des prélats français, ces prélats avaient été rassemblés ou convoqués par leurs ordres. De pareilles publications sont, au reste, peu propres à servir les intérêts de la religion et à assurer l'obéissance des sujets. Elles ne sauraient émaner des évêques de France. Les évêques de France nous ont accoutumés à recevoir d'eux d'autres leçons et d'autres exemples. Le roi, dans sa haute sagesse, a rendu, dans les limites de son autorité, des ordonnances concernant les écoles ecclésiastiques secondaires pour procurer l'exécution des lois à son royaume; il saura les faire exécuter. La dignité de sa couronne et le bien de la religion le commandent également. »

(2) M. l'évêque de Versailles, nommé archevêque de Rouen

épiscopales de Paris. Malgré l'interdiction formelle portée par le Concordat contre la réunion ou le concert des évêques de France sans l'autorisation du gouvernement, plusieurs prélats rédigèrent et signèrent collectivement des protestations ou manifestes au sujet de l'enseignement public. Ce fut là une occasion nouvelle de critiquer, comme insignifiante, la seule arme qui soit remise aux mains du gouvernement contre les écarts du clergé, la déclaration d'abus; et l'on se demanda si, le mal s'aggravant, il ne deviendrait pas nécessaire de demander à la puissance législative des moyens de répression plus efficaces. Bientôt les réclamations montèrent jusqu'au pied du trône, et dans un jour où se font entendre ordinairement des félicitations plutôt que des conseils ou des plaintes (1er mai), aux paroles intempestives de M. l'archevêque de Paris S. M. répondit avec quelque sévérité qu'elle croyait avoir donné assez de gages de sa volonté de maintenir la liberté de la religion, d'entourer le clergé de tout le respect, de toute la vénération qui lui sont dus, pour qu'il eût été peut-être inutile de le rappeler de cette manière.

L'impression produite daus le pays par ces fâcheuses manifestations, par cette attitude hostile du clergé, fut plutôt du regret que de l'alarme. On pensa que cette opposition bruyante ne représentait qu'une partie du clergé, et que c'était calomnier l'Église que de lui supposer l'humeur inquiète et provocatrice de quelques-uns de ses membres. On s'affligea de voir quelques-uns des chefs de ce clergé, si honorable à tant de titres, manier imprudemment l'arme dangereuse de la publicité, et l'on se demanda, en les voyant discuter jusqu'à la position matérielle du clergé en France, si, dans cette lutte que le gouvernement n'avait pas engagée, l'Église ne se préparait pas à elle-même des dangers véritables en combattant des périls imaginaires.

En dehors de cette grave question, la marche du gouvernement constitutionnel n'avait pu soulever que des difficultés d'une importance secondaire. On a vu plus haut la question de corruption soulevée par l'élection quatre fois annulée par la Chambre, de M. Charles Laffitte. Il parut à la Chambre qu'il était impossible de valider une élection qui semblait le prix d'un marché conclu entre des électeurs et un candidat. Ces scrupules, honorables sans doute, respectables surtout comme exemple donné par le parlement lui-même d'une haute désapprobation de la corruption électorale, furent considérés par le ministère comme un acte d'opposition. Une affaire de moralité publique devint ainsi une affaire de parti.

Une difficulté qui touche à une institution essentielle et à des intérêts de l'ordre le plus positif était encore pendante. Le conflit municipal d'Angers n'avait pas encore été terminé, soit que l'opposition s'exagérât les nécessités de la résistance et ne comprît pas assez combien la prolongation d'un tel état de choses est nuisible à la ville, soit que l'administration s'obstinât mal à propos, au détriment de graves intérêts et de sa propre dignité, à imposer à Angers un fonctionnaire contre lequel se sont élevées d'invincibles répugnances. Quoi qu'il en soit, le conseil municipal se refusait toujours d'une manière absolue à tous rapports avec M. Giraud et à tout concours administratif. On pouvait regretter qu'il n'eût pas été apporté de plus prompts remèdes à cette situation anormale.

Un conflit fâcheux s'éleva, dans les derniers mois de l'année, entre M. le ministre de la guerre, l'Académie des Sciences et le conseil d'instruction de l'École Polytechnique. L'autorité, placée depuis longtemps vis-à-vis de l'Académie, dans une position subalterne pour le choix des examinateurs, voulut modifier, sur un point important, l'ancienne organisation de l'École. Les élèves refusèrent de répondre à l'examinateur qui, à leurs yeux, n'exerçait pas légalement ses fonctions. Les récalcitrants quittèrent l'École, et immédiatement le gouvernement dut les licencier. Cette mesure devant être prise d'urgence, M. de Mackau, le seul membre du Cabinet qui pût remplacer M. le ministre de la guerre, se vit dans la nécessité de remplir l'intérim de ce département, qu'il quitta immédiatement après avoir signé l'ordonnance.

Le 30 octobre, après un retard qui parut fâcheux en présence de tant d'intérêts engagés, de tant de positions compromises, parut l'ordonnance qui réorganisait l'École Polytechnique (*Voy.* le texte, *Appendice*, page 45). Dans le rapport au roi, qui précédait l'ordonnance, le ministre de la Guerre exposait et développait les motifs des divers changements que devrait subir l'institution. Ces modifications étaient assez peu importantes, sauf une seule. L'Académie des Sciences, qui jusqu'alors avait concouru, avec le conseil de perfectionnement, pour la présentation des candidats destinés à remplir des fonctions dans l'enseignement de l'École, était désormais privée de ce droit.

Excepté ce changement et quelques dispositions secondaires, l'ordonnance du 30 octobre n'était que la reproduction des prescriptions de l'ordonnance du 30 octobre 1832. (*Voy.* l'*Annuaire* 1832.) On y avait maintenu les dispositions principales qui régissaient l'institution de l'École. La commission, en cela d'accord avec la pensée du gouvernement, s'était attachée à conserver tous les éléments qui ont contribué a la prospérité de cet établissement célèbre.

Le résultat le plus fâcheux de cette affaire fut l'exclusion de dix-sept élèves.

Dans l'ordre des faits administratifs, on peut citer comme consacrant un progrès réel une ordonnance relative à la répartition du salaire des condamnés. La réforme à laquelle il était pourvu avait été indiquée et demandée à diverses reprises, et en particulier dans la session dernière, par la commission du budget. Le produit du travail de chaque condamné renfermé dans une maison de force et de correction est appliqué, partie aux dépenses communes de la maison, partie à lui procurer quelques adoucissements, s'il les mérite, partie à former pour lui, au temps de sa sortie, un fonds de réserve. Avant la nouvelle ordonnance, une part trop grande et trop égale pour tous était attribuée aux condamnés. La prison ne serait plus désormais un atelier favorisé, mais un lieu de châtiment : les principes d'égalité véritable et de juste rétribution seraient appliqués à l'avenir, et les condamnés seraient, par un système plus juste et plus moral, frappés de réductions proportionnelles à la gravité de leurs crimes et au nombre des condamnations qu'ils auraient subies. On ne pouvait que louer ces dispositions qui préludaient d'une manière utile à des réformes plus graves et plus nécessaires encore, qui furent infructueusement discutées, dans cette session, par la Chambre des Députés (*Voy.* le texte de l'ordonnance à l'*Appendice*, page 1).

Une autre ordonnance d'une plus haute importance parut à la date du 3 septembre : le tarif actuel des douanes y était modifié. Cette ordonnance réservait intacte la question principale du régime des fils et toiles, aussi bien que les conditions du traité conclu avec la Belgique le 16 juillet 1842 ; mais, dès à présent, elle élevait les droits sur les fils de tissu de *phormium tenax*, dont l'introduction nuit à notre agriculture. Après avoir abaissé de moitié les droits actuels sur les bois de gayac et de cèdre par navires français venant des pays hors d'Europe, sur les bois d'ébénisterie de la Guyane française et du Sénégal, etc., l'ordonnance convertissait le droit *ad valorem* établi sur les machines et mécaniques en droit au poids. Le droit le plus bas, de 20 fr. par 100 kilogr., était appliqué aux machines pour le tissage du lin et du chanvre ; le plus élevé, de 200 fr. par kilogr., frappait les plaques et rubans de cardes de toute espèce, les peignes de tissage, les navettes de toutes sortes.

Dans ces dispositions, et notamment dans celle qui concerne le droit d'importation des machines, il n'y avait, si l'on s'en rapportait à l'exposé des motifs de M. le ministre du Commerce, qu'une légère augmentation du tarif actuel : le principal changement portait sur le mode de perception. Le droit *au poids*, substitué au droit proportionnel *à la valeur*, mettrait un terme à la fraude, forcerait à acquitter intégralement les taxes fixées sans imposer une charge trop lourde aux diverses industries, pour lesquelles les machines sont devenues des agents producteurs nécessaires, et dont les conditions d'existence se trouveraient bouleversées si le salaire de ces auxiliaires mécaniques devenait plus coûteux par l'élévation du prix d'achat.

Mais le motif non énoncé de cette aggravation, plus sensible peut-être que celle qu'avouait le rapport de M. Cunin-Gridaine, c'était la situation nouvelle faite à l'industrie mécanique de la Grande-Bretagne. L'Angleterre, dans le dessein de devenir le centre de cette puissante industrie, avait récemment autorisé l'exportation des mécaniques, dont elle proscrivait naguère la vente au dehors, et elle avait, par ce seul fait, dégrevé l'importation en France des droits que prélevait la contrebande. Ce motif, mis en avant par M. le ministre du Commerce et accueilli par la commission de la Chambre saisie de l'examen du projet de loi des douanes, ne s'appliquait qu'à l'Angleterre seule, et l'aggravation du droit pouvait se justifier par là vis-à-vis des provenances anglaises. Mais la prohibition, déguisée sous l'apparence d'un droit protecteur, atteignait aussi les provenances belges, et, de ce côté, la mesure ne pouvait s'expliquer que par le traité de commerce conclu, le 1er septembre, entre la Belgique et la Prusse (*voy.* ces deux pays). L'assimilation complète des machines belges aux machines anglaises était donc une mesure de représailles.

Cet acte diplomatique frappait, en effet, d'une manière fâcheuse les intérêts essentiels de la France. C'était là le symptôme d'une marche toute nouvelle dans la politique commerciale de la Belgique; et, soit que le gouvernement belge se fût trop hâté de conclure avec la Prusse une alliance hostile à la France, soit que le gouvernement français se fût trop hâté de repousser les offres de la Belgique, il y avait là une grave imprudence (*voy.* Belgique).

Il reste maintenant à jeter un regard d'ensemble sur la fortune publique pour compléter ce tableau de l'état intérieur de la France.

On a déjà vu (page 198) que le budget s'augmentait sensiblement et pour les dépenses et pour les recettes, et que l'équilibre annoncé par M. le ministre des Finances n'était rien moins que sérieux. Quoi qu'il en soit, l'accroissement marqué des revenus et la situation prospère du crédit public faisaient espérer dans un avenir assez rapproché l'établissement si désirable d'une balance entre les dépenses et les revenus, si toutefois des complications nouvelles ne survenaient pas avant l'accomplissement des grands travaux qui, pour quelques années encore, grèvent la fortune du pays.

Un événement financier, depuis longtemps attendu, vint donner la mesure du crédit et montrer quelle influence l'ordre et la paix peuvent exercer sur la fortune d'un État. Une loi du 25 juin 1841 avait autorisé le ministre des Finances à négocier un emprunt de 450 millions ; 150 millions seulement furent émis en 1841 : le taux fut alors de 78 fr. 52 c. 1/2, soit 77 fr., l'emprunt se négociant vers la fin du second semestre de l'année, avec jouissance du 22 juin, ce qui faisait courir les intérêts de presque tout un semestre d'avance. Restait à émettre 200 millions : le gouvernement, vu l'abondance des ressources du Trésor, se décida à n'appeler que 100 millions. Conformément aux dispositions du 2e paragraphe de l'article 35 de la loi du 26 juin 1841, la dotation de la caisse d'amortissement serait accrue, à partir du 1er janvier 1844, d'une somme égale au centième du capital nominal des rentes émises. Quant aux derniers 100 millions, ils seraient réservés pour réduire la portion de la dette flottante provenant des versements des caisses d'épargne, conformément à la loi qui serait proposée aux Chambres à la prochaine session (*voy.* page 193).

L'adjudication eut lieu le 9 décembre. L'emprunt fut soumissionné à 84 fr. 75 c. par MM. de Rotschild frères et les receveurs généraux leurs associés. Le dernier cours étant de 83 fr. 70 c., l'adjudication s'était faite à 1 fr. 05 c. au-dessus du dernier cours, à 7 fr. 75 c. au-dessus de l'adjudication de 1841. Ce taux élevé qui dépassait les prévisions générales, ainsi que le minimum fixé par M. le ministre des Finances était une preuve nouvelle des bienfaits de la paix et de la puissance du crédit public. Dans un intervalle de trois années, les capitaux avaient reparu en abondance, et la confiance était revenue. Les spéculations hasardeuses dont les chemins de fer encore en projet étaient devenus le prétexte montraient assez que trois années de tranquillité générale avaient pu changer la défiance en une audace imprudente.

Le tableau du commerce de la France, pendant l'année 1843, présentait des résultats assez satisfaisants. Pour juger des progrès de notre commerce, on pouvait en comparer les résultats par grandes périodes. Si, par exemple, on divisait les quinze dernières années en trois périodes égales, on trouvait que les valeurs réunies des cinq premières années 1829 à 1833) donnaient un total de 6 milliards 374 millions; celles des cinq suivantes, 8 milliards 356 millions ; et enfin celles des cinq dernières, 10 milliards 461 millions. Le progrès avait donc été constant, et s'était réparti presque également entre chacune de ces périodes.

Pour ce qui concernait spécialement 1843, le commerce extérieur avait présenté sur 1842 un excédant de 97 millions, et sur la moyenne, formée par les cinq dernières années, un excédant de 143 millions.

Si l'on retranchait du chiffre total de notre commerce ce qui appartient au transit et à la réexportation, on trouvait que le commerce spécial représentait une valeur de 1 milliard 533 millions. Ce chiffre total n'avait été, en 1842, que de 1 milliard 490 millions.

Comparativement à 1842, notre importation spéciale, c'est-à-dire, nos achats à l'étranger, pour notre propre consommation, ne s'était point accrue ; notre exportation, au contraire, s'était accrue de 48 millions.

Nos exportations avaient fléchi, surtout avec la Grande-Bretagne et le Zollverein. Il fallait voir là une suite inévitable des systèmes prohibitifs et du développement de l'industrie dans l'association allemande. Quant à la marine marchande, l'un des plus sûrs éléments de la puissance maritime d'un peuple, bien que le pavillon français eût pris, en 1842, une part un peu plus grande que par le passé dans le mouvement général des échanges, cette amélioration était peu importante, et les résultats généraux n'offraient rien de satisfaisant.

Le total des échanges opérés par mer avait été, importations et exportations réunies, de 1 milliard 568 millions, dans lesquels la part du pavillon français avait été de 720 millions. Ce chiffre ne représentait que 46 0/0 du mouvement total, et la part du pavillon étranger avait été de 848 millions ou 54 0/0. Si même on retranchait de ce chiffre la navigation réservée, élément exceptionnel et pour lequel la législation n'admet pas de rivalité, la part du pavillon français n'était plus que de 499 millions, ce qui établissait, au profit du pavillon étranger, une différence de 348 millions. En résumé, la marine française n'arrivait à transporter sur ses propres navires que le tiers seulement des produits échangés.

En somme, bien que la France pût déplorer encore, dans certaines branches du commerce et de l'industrie, une infériorité qui tient surtout à des circonstances spéciales et à des causes passagères, les résultats de son activité intelligente ne pouvaient que lui inspirer un juste orgueil. L'exposition quinquennale des produits de l'industrie dans la capitale du royaume prouva au monde entier que, tout en sachant suivre les progrès des autres peuples, là où elle a été devancée par eux, la France reste encore à la tête des nations pour tout ce qui réclame de l'artiste le goût et l'intelligence.

CHAPITRE X.

COLONIES. — ALGÉRIE. — Expédition du général Marey dans le petit-désert. — Expédition de Biskara commandée par M. le duc d'Aumale. — Prise de Biskara. — Soumission du Ziban et des monts Aurès. — Expéditions contre les Ouled-Sultan et les Kabyles. — Soumission des Kabyles. — Soumission des Flittas. — Investiture de Ben-Zamoun. — Révolte et défaite des Flisset-el-Bahar. — Soumission du scheick de Tuggurt. — Ordonnance réglant la propriété en Algérie. — État général de la colonie. — Développement de le colonisation militaire et agricole. — Travaux publics.

COLONIES TRANSATLANTIQUES. — Question de l'émancipation des noirs. — Pétitions abolitionistes. — Projet de loi sur l'établissement du régime intermédiaire. — Sensation produite par ce projet. — Adresse du conseil colonial de la Guadeloupe. — Situation de cette colonie.

SÉNÉGAL. — Guerre contre le pays de Fouta. — Déposition de l'almami. — Convention de navigation.

ÉTABLISSEMENTS DE L'OCÉAN PACIFIQUE. — Développement de la colonisation à Tahiti. — État des îles Marquises.

ALGÉRIE.

Le retour du printemps fut signalé par deux expéditions : l'une fut dirigé par le général Marey dans le petit désert, au sud de Tittery, afin d'y consolider notre domination sur les Oulid-Nayl et sur quelques autres tribus de cette vaste contrée ; l'autre, sous le commandement de S. A. R. M. le duc d'Aumale, devait, par une pointe lointaine au sud de Constantine, renverser, à Biskara, le drapeau d'Abd-el-Kader, soutenu par un reste de réguliers de l'émir, et un khalifaht nommé par lui.

La colonne commandée par le prince prit possession de la place, qui ne fut pas défendue (4 Mars). L'expédition, menée avec bonheur, eut pour résultat de soumettre les populations du Ziban et du commencement des monts Aurès, et d'en chasser le drajnar d'Abd-el-Kader, dont la présence entretenait l'esprit de révolte parmi ces tribus.

Dans l'une des affaires qui suivirent la prise de Biskara, M. le duc de Montpensier, qui paraissait pour la première fois à l'armée, trouva l'occasion de se signaler à côté de son frère M. le duc d'Aumale.

Une autre expédition, dirigée par le général Baraguay-d'Hilliers aux environs de Philippeville, eut également d'heureux effets, et amena la soumission de plusieurs tribus kabyles. Les amendes commençaient à être perçues avec quelque facilité dans ces montagnes naguère inabordables.

Au commencement de mai, tandis que M. le duc d'Aumale poursuivait les Ouled-Sultan, M. le maréchal-gouverneur, de son côté, attaquait les Kabyles sur la rive droite de l'Isser. Le 12 mai d'abord, et le 17 mai ensuite, il les défit dans deux combats, où ils perdirent plus de 1,000 hommes.

A la suite du mémorable combat du 17, les Flissas firent leur soumission. Conduits par le petit-fils du célèbre Ben-Zamoun, ils demandèrent l'*aman* et l'investiture des chefs. Le petit-fils de Ben-Zamoun fut nommé aghadesFlissas pour la France, c'est-à-dire, commandant d'une tribu composée de dix-neuf fractions, et pouvant présenter au combat huit à dix mille hommes armés. De toutes parts arrivèrent d'autre tribus entraînées par l'exemple de la plus puissante. En trois jours furent constitués trois aghaliks, formant l'un des plus beaux et des plus riches territoires de l'Algérie, et présentant environ 40,000 hommes armés.

Il était heureux que l'expédition contre les Kabyles du

Jurjura eût été aussi promptement et aussi heureusement terminée : quelques jours plus tard, la nouvelle des affaires du Maroc eût donné à ben-Salem de nouvelles forces et une nouvelle audace, et lui eût permis de tenter la fidélité de nos alliés de la rive gauche de l'Isser.

On a vu plus haut (*voy.* chap. VII) quel avait été le succès de nos armes dans la lutte engagée avec le Maroc et quelle influence on attendait de nos victoires sur les dispositions des tribus soumises de l'Algérie. Cependant la nouvelle de la bataille d'Isly précéda de peu de jours l'annonce d'une reprise d'hostilités des Arabes dans les environs de Dellys. Les Kabyles se montrèrent en armes autour de Dellys, petite place sur le littoral occupée par nos troupes depuis le mois d'avril. Une colonne forte de 3,000 hommes y fut immédiatement envoyée sous les ordres de M. le maréchal-de-camp Comman ; celui-ci trouva en effet les Flisset-el-Bahar en pleine insurrection. Cette tribu avait été comprise dans les soumissions sans que les chefs les plus importants se fussent présentés. La nécessité de courir à la frontière du Maroc avait forcé de laisser l'œuvre incomplète. C'est contre cette tribu que la colonne eut à soutenir un glorieux, mais malheureux combat, dans lequel nos troupes bien inférieures en nombre durent se retirer devant les Kabyles, après toutefois leur avoir fait éprouver des pertes considérables.

Rappelé par ces nouvelles, M. le maréchal-gouverneur se porta lui-même contre les Flisset-el-Bahar et les Beni-Djenad. Retranchés dans une position presque inaccessible, les Kabyles furent cependant défaits avec une perte sensible (27 octobre), et ces deux grandes tribus comprises nominalement jusqu'alors dans l'aghalick de Taourga (Est) firent leur soumission pleine et entière.

Au moment même où les audacieuses menées d'Abd-el-Kader allumaient la guerre entre la France et le Maroc et où renaissaient, parmi les tribus soumises, des craintes nouvelles ou de dangereuses espérances, le scheick de Tuggurt, Ben-Djellab, reconnaissait, de son propre mouvement et sans y être contraint par aucune démonstration hostile, la souveraineté de la France, en faisant verser entre les mains du commandant de Biskara le montant de la contribution qu'il était dans l'habitude de payer au bey de Constantine.

Dans l'ordre des faits administratifs il faut citer une ordonnance qui réglait la propriété en Algérie. Cette ordonnance fut accueillie avec faveur, et, en effet, elle répondait à un besoin véritable. Jusqu'alors rien n'était moins sûr que la propriété dans notre colonie, soit à cause des risques que faisait courir aux acheteurs le principe controversé de la loi musulmane, d'après lequel le droit de propriété n'existait pas en pays d'islamisme, soit à cause de la nature même des propriétés, qui étaient généralement frappées de substitution, sous la dénomination de *habous*, soit enfin à cause de la mauvaise foi des vendeurs arabes qui, trop souvent, avaient fait des ventes frauduleuses. Un tel état de choses appelait l'attention du gouvernement et menaçait de rendre à jamais provisoire et précaire la domination française en Algérie.

L'ordonnance tranchait toutes ces difficultés en prenant pour point de départ l'existence d'un droit de propriété en Algérie, en s'efforçant de le dégager de ses entraves, de ses perplexités, en prenant des moyens décisifs que n'admettrait pas un pays constitué, mais que des circonstances toutes spéciales légitimaient dans nos possessions.

Parmi les matières traitées par l'ordonnance, la plus considérable était celle de l'expropriation pour cause d'utilité publique. Jusqu'alors, d'après l'arrêté du 9 décembre 1841, l'administration prononçait arbitrairement l'expropriation et déterminait elle-même le taux de l'indemnité. Le règlement de l'indemnité était, par la nouvelle ordonnance, conféré aux tribunaux ordinaires; mais ce n'était qu'à un jury spécial dont les éléments n'existent point encore en Algérie.

Des mesures énergiques tendant à favoriser le travail étaient prises par l'ordonnance pour assurer la mise en culture des terres.

Celle des dispositions de l'ordonnance qui avait la plus grande importance, par le régime nouveau qu'elle inaugurait, était contenue dans l'article final, portant :

« La disposition de l'article 5, § 2, de notre ordonnance du 22 juillet 1834, est abrogée en ce qui concerne toutes les matières qui se rapportent à la propriété. »

Le paragraphe abrogé était conçu en ces termes :

« Le gouverneur général propose au conseil des projets d'ordonnance que réclame la situation du pays et les transmet à notre ministre de la Guerre. Dans les cas extraordinaires et urgents, il peut provisoirement et par voie d'arrêté rendre exécutoires les dispositions contenues dans ces projets. »

C'est en vertu de ce paragraphe que les gouverneurs-généraux avaient jusqu'alors réglementé législativement, par voie d'arrêté, toutes les matières appartenant au domaine de la loi. Ce droit était retiré par l'ordonnance nouvelle quant à la propriété.

Le système de la colonisation militaire n'est plus à juger aujourd'hui : les faits peuvent répondre de sa supériorité. C'est, en effet, un admirable instrument de colonisation qu'une armée qui apporte à l'œuvre commune ces trois inestimables ressources : une sécurité complète, des bras nombreux et un budget important, qui longtemps fut le seul aliment du commerce et de l'industrie dans la régence.

Aux environs d'Alger, la vaste et riche plaine de la Mitidja commence à se couvrir d'habitations et fournira bientôt à la ville une grande quantité de denrées de première nécessité ; de tous côtés le Sahel se défriche ; plusieurs villages, entre autres ceux de Sainte-Amélie, de Saint-Ferdinand, du marabout d'Aumale, des Chéragas, ont été élevés par l'armée et livrés à la direction de l'intérieur. La plaine de Statouëli a vu se former un établissement agricole d'une haute importance, sous la direction de trappistes venus d'Aiguebelle, en Dauphiné. Quant à la ville elle-même, trop à l'étroit dans ses anciennes limites, elle va s'agrandir par le tracé d'une nouvelle enceinte.

Les travaux du port avancent, mais lentement; l'allocation annuelle d'un million 500,000 fr. ne permet pas de les pousser avec toute l'activité désirable, et plus de vingt années semblent encore nécessaires pour qu'Alger soit en état de résister heureusement aux chances d'une grande guerre maritime. La sécurité est devenue telle que M. de Beaumont put, au commencement de l'année, faire plus de quatre-vingts lieues à travers les provinces de Tittery et de Milianah, seul avec un aide-de-camp et un interprète, non-seulement sans courir le moindre danger, mais encore en recevant partout l'hospitalité la plus empressée. De Constantine à Tlemcen, d'Alger à Boghar règne la paix la plus profonde. Toutes les tribus renfermées dans la ligne du Tell, et la plupart de celles qui occupent le petit désert sont soumises : grâce à l'habile direction du bureau arabe, le gouvernement français est déjà partout organisé de telle sorte, qu'il n'est pas de subdivision dans laquelle le pouvoir résidant à Alger ne puisse faire parvenir en trente-six heures tous les ordres qu'il lui plaît d'envoyer. Toutes les tribus soumises paient l'impôt; elles acceptent maintenant cette charge, mais elles demandaient en retour une administration capable de les protéger.

Sans doute, ce tableau de prospérité n'est pas sans quelques ombres : il y a, surtout dans l'admininistration civile, des abus nombreux et graves; mais enfin des résultats immenses ont été obtenus, un progrès réel a été accompli. Toutefois, le moment approche où une grande population civile couvrant le sol de la province d'Alger, il sera enfin possible de réduire l'armée et d'obtenir, soit directement par l'impôt, soit indirectement par le commerce, une compensation aux dépenses depuis si longtemps consenties par la nation.

COLONIES TRANSATLANTIQUES.

Une question qui intéresse au plus haut point l'avenir de ces colonies, c'est la question de l'émancipation. Le gouvernement ne s'était pas encore expliqué sur sa détermination relativement à l'esclavage. Diverses petitions furent présentées aux Chambres par le parti abolitioniste. M. le ministre de la Marine déclara à cette occasion que le moment n'était pas venu de présenter aux Chambres un des deux projets de loi joints au rapport de M. le duc de Broglie. Il fallait, avant de libérer les noirs, les instruire et les moraliser, et l'un des moyens d'y parvenir était, selon M. de Mackau, d'étendre les dispositions des ordonnances du 5 janvier 1840 et du 16 septembre 1841 sur le patronage, l'instruction primaire, l'éducation morale et religieuse et le régime des ateliers.

Le 14 mai, M. le ministre de la Marine donna communication à la Chambre des pairs d'un projet de loi sur l'établissement du régime intermédiaire qui doit préparer à l'émancipation.

La nouvelle de la présentation de ce projet, qui ne put être discuté cette année, produisit dans nos colonies l'impression la plus profonde. Le conseil colonial de la Guadeloupe y fit allusion, en termes mesurés, dans son adresse en réponse au discours de M. le gouverneur Gourbeyre. L'opinion générale était que ce projet tendait à détruire toutes les garanties que la loi organique de 1833 avait assurées aux colonies. « Nous avons, disait le conseil colonial, confiance dans la charte, qui protége la propriété et les droits inaliénables qui appartiennent à tous les Français ; nous avons confiance en ces Chambres, gardiennes de notre droit constitutionnel ; nous avons confiance dans le gouvernement du roi, qui ne demande qu'à être éclairé pour revenir d'une erreur funeste. »

La Pointe-à-Pître, si terriblement bouleversée par le tremblement de terre de l'année dernière, n'a pu encore se relever de ses ruines. Les désastres matériels, d'après les rapports officiels adressés au ministère de la Marine, s'élevaient à près de 120 millions. Le secours de deux millions et demi accordé par les Chambres, et trois millions et demi, produit des souscriptions particulières, ne pouvaient réparer de pareils désastres. Ces ressources, toutes provisoires, pourraient servir au soulagement momentané de misères individuelles ; mais, pour la colonie elle-même, il paraissait nécessaire de recourir à des mesures plus larges. Par un décret du conseil colonial la ville obtint, il est vrai, l'autorisation de contracter un emprunt de trois millions. Le conseil colonial voulut plus faire encore, et pria le gouverneur de lui présenter un nouveau décret ayant pour objet un emprun de quinze millions en faveur de la colonie tout entière, emprunt dans lequel celui de la Pointe-à-Pître aurait été confondu. Le gouvernement pensa que sa responsabilité ne lui permettait pas d'user, en cette circonstance, de son droit d'initiative.

SÉNÉGAL.

Notre colonie du Sénégal est toujours dans un état satisfaisant. Depuis les événements survenus l'année dernière, de nouvelles complications et des collisions sanglantes avaient retardé la conclusion des démêlés qui existaient entre la colonie et le pays de Fouta. Le gouvernement local reconnut que des mesures de rigueur étaient urgentes pour punir la mauvaise foi des chefs du Fouta, pour assurer la liberté de la navigation du fleuve à l'époque de l'année où les bâtiments du commerce local remontent de Saint-Louis à Galam, et enfin pour amener l'almami à exécuter ses engagements et à donner de sérieuses garanties pour l'avenir. Le 10 et le 11 juin, avec les bâtiments de la flottille et quelques troupes de débarquement, M. le chef de bataillon Caille fit attaquer Mahou et Doué, deux village importants de l'île au Morphil, d'où étaient principalement parties les dernières agressions contre les maures Bracknas et contre l'escale des traitants sénégalais. A la suite de ces démonstrations vigoureuses, l'almami du Fouta fut déposé, et les chefs réunis nommèrent un nouveau souverain, qui s'empressa de désavouer tous les actes de son prédécesseur, et d'entrer en arrangement pour le paiement des indemnités, ainsi que pour garantir à l'avenir le libre parcours du fleuve dans les quatre-vingts lieues de littoral que borde le Fouta. Une convention fut conclue à ce sujet le 25 juillet, et ratifiée par M. Thomas, commissaire de la marine et gouverneur par *interim*.

ÉTABLISSEMENTS DE L'OCÉAN PACIFIQUE.

On a vu dans le chapitre des *Relations extérieures* quelles avaient été les questions soulevées par nos établissements des îles de l'Océan Pacifique. A Tahiti, dans les derniers mois de l'année, rien n'était changé dans la situation respective des Français et des naturels. M. le gouverneur Bruat attendait, pour prendre un parti décisif, l'arrivée de l'amiral Hamelin. La reine Pomaré continuait à repousser les avances amicales de notre représentant; elle habitait toujours une île voisine, d'où elle cherchait, par l'espérance chimérique d'un concours des forces anglaises, à maintenir les populations de Tahiti dans un état d'hostilité avec nos établissements. Si la guerre était suspendue, la paix n'était pas encore rétablie, et le régime de l'état de siége entravait la colonisation commencée. Cependant, à Tarravas, à Papaete, le système de colonisation militaire, si heureusement appliqué à l'Algérie, commençait à porter des fruits appréciables. Les troupes étaient occupées sans relâche à des travaux utiles, qui transformaient le pays à vue d'œil. Des routes étaient ouvertes, des ponts jetés sur les cours d'eau, et des établissements durables se dressaient avec activité.

A Papaete, indépendamment des travaux exécutés par le gouvernement, on voyait de toutes parts s'élever des maisons élégantes et commodes. Dans un moment où une grande incertitude régnait encore dans l'esprit des résidents étrangers, ce fait seul suffisait à démontrer l'importance véritable que ce point aurait déjà acquise sans les troubles excités parmi les populations indigènes.

Quant à nos établissements des Marquises, moins importants par l'avenir politique et commercial qui leur est réservé, il y régnait une paix complète et un accord parfait entre les colons et les naturels ; de grands travaux y étaient exécutés avec ardeur et rapidité.

DEUXIÈME PARTIE.

HISTOIRE ÉTRANGÈRE.

CHAPITRE PREMIER.

Belgique. — Situation financière. — Tendances du ministère. — Budget de 1844. — Déficit. — Projet de conversion et d'emprunt. — Effet de ce projet sur la bourse de Paris. — Adoption du projet. — Emprunt. — Loi sur le sel. — Loi sur le tabac. — Instruction secondaire, jury d'examen. — Pensions civiles et ecclésiastiques, pensions des ministres démissionnaires. — Contingent militaire. — Démonétisation des anciennes pièces d'argent. — Tendances commerciales. — Projet de droits différentiels. — Sensation produite dans le pays par l'annonce de ce projet. — Adoption du projet. — Attitude de la Belgique à l'égard de la France et du *Zollverein*. — Historique du projet d'union douanière avec la France. — Non-rénovation de l'arrêté du 28 août 1842. — Représailles de la Prusse. — *Mémorandum* prussien. — Négociations nouvelles. — Traité conclu le 1er septembre entre la Belgique et la Prusse. — Position faite par ce traité aux autres puissances. — Tendances nouvelles de la Belgique. — Modifications au tarif de douanes. — Ouverture de la session des Chambres 1844-1845. — Convention postale avec la Grande-Bretagne. — Convention d'extradition avec le royaume de Suède et de Norwége.

Questions financières. — La situation financière de la Belgique à l'ouverture de la session 1843-1844 était, on l'a vu (1), peu prospère. Un déficit qui augmente tous les ans, des prévisions constamment trompées, la nécessité de mesures spéciales et de lois d'impôt pour rétablir, entre les recettes et les dépenses, un équilibre plus apparent que réel, tel est au commencement de cette année le bilan du pays. Il y avait eu, il est vrai, un accroissement momentané et factice de la richesse publique ; 300 millions d'emprunt contracté pour la plus grande partie à l'étranger avaient amené en Belgique des capitaux étrangers et créé une prospérité apparente. Mais la situation avait changé depuis le traité avec la Néerlande (*voy.* l'Annuaire de 1843), depuis que les capitaux devaient sortir annuellement du pays, pour couvrir à l'étranger les intérêts de la dette publique. Une partie du revenu du sol et des capitaux de la Belgique était ainsi employée tous les ans à combler le déficit que présente la balance commerciale.

Avant d'étudier plus à fond cette situation, il est nécessaire de jeter un coup d'œil sur les chiffres officiels du budget, et, avant tout, sur le ministère chargé de le proposer.

L'administration dont M. Nothomb est le chef était, depuis sa composition (*voy.* l'Annuaire de 1844), restée fidèle à son programme de modération et de conciliation. Elle n'avait pas, il est vrai, rallié à soi l'opposition par l'accession de M. Mercier, ministre des Finances, mais elle avait par là donné un gage de ses dispositions conciliatrices. Ne s'appuyer sur aucun parti, mais sur toutes les opinions sages, est une tâche difficile en présence des passions politiques. Il y a là une nécessité dangereuse de mépriser les opinions absolues qui triomphent souvent des opinions mixtes, parce qu'elles remuent davantage. Ne pas représenter toujours la majorité est un rôle difficile pour un ministère ; ne pas lutter pour garder le pouvoir, s'effacer devant la volonté

(1) *Voy.* l'Annuaire de 1843.

du grand nombre et quelquefois suivre le Parlement sans le diriger, c'est là une marche pleine de périls et que ne peuvent rendre digne et respectable qu'une incontestable loyauté, une intention profonde de faire le bien, une habileté supérieure à toutes les conspirations ennemies. C'est là le rôle que sera appelé à jouer, pendant cette session, le ministère de M. Nothomb. Il pliera quelquefois, il ne rompra jamais, et sortira heureusement et honorablement de cette difficile épreuve.

Le budget de 1844, présenté par M. le ministre des Finances (18 novembre), était évalué :

Pour les dépenses, à	109,932,274 fr.
Pour les recettes, à	109,415,567
Différence en moins.................	517,707 fr.

Les budgets particuliers à chaque département ministériel présentaient les modifications suivantes :

Le ministère de la Justice, une augmentation de 54,000 francs.

Le ministère des Affaires étrangères, une diminution de 60,000 fr.

Le ministère de la Marine, une diminution de 12,000 francs.

Le ministère de l'Intérieur, une augmentation de 218,000 fr.

Le ministère de la Guerre, une réduction de 1,370,000 francs sur le chiffre demandé l'année dernière, et seulement de 325,000 fr. sur celui consenti par le ministère.

Le ministère des Travaux publics, une augmentation de 455,000 fr.

Le ministère des Finances, une augmentation de 393,000 fr.

Total des diminutions, 2,442,000 fr., si l'on calculait d'après le chiffre demandé par le budget de la Guerre, et 397,000 fr., si l'on calculait d'après le chiffre consenti.

Total des augmentations, 1,120,000 fr.

La discussion sur ces évaluations, en général très modérée, n'eut aucune importance, et fut, à propos du budget de l'Intérieur, l'occasion d'un succès pour le ministère. Mais là n'était pas la question : les difficultés de la situation étaient tout entières dans le déficit et dans les moyens de le combler.

Il y avait deux moyens de rétablir l'équilibre entre les recettes et les dépenses : d'abord, faire des économies et conserver les ressources que l'on pouvait créer pour former un fonds de réserve contre les éventualités de l'avenir ; ensuite, et c'était là le point le plus important, mais aussi le plus difficile, atténuer le découvert financier par une grande mesure, la consolidation d'une partie de la dette flottante. Le gouvernement présenta, en conséquence, un projet portant les dispositions suivantes :

1° Convertir en fonds à 4 1/2 pour 0/0 l'emprunt de 00,800,000 fr. contracté en vertu de la loi du 16 décembre 1831 ;

2° Ouvrir un emprunt de 84,656,000 fr. pour effectuer le rachat du capital de 80,000,000 de florins à 2 1/2 p. 0/0, mentionné au n° 7 de l'art. 63 du traité du 5 novembre 1843 :

3° Convertir une somme de 10 millions de la dette flottante en obligations à 4 1/2 p. 0/0 ;

4° Régulariser l'action de l'amortissement des emprunts de 1840 et de 1842.

Le rapport de la section centrale sur ce projet déclara que l'idée d'opérer la conversion en obligations à 4 1/2 avait été repoussée à l'unanimité, principalement par ce motif qu'il était bon d'opérer les conversions graduellement et de manière à ce qu'il n'en résultât pas de perturbation dans les revenus d'une certaine classe de rentiers, qui se verraient engagés peut-être, en cas d'une réduction trop brusque, à chercher d'autres placements. Trois sections avaient réduit le terme de huit ans proposé par le gouvernement pour durée de la garantie contre tout remboursement nouveau; mais la section centrale avait pensé avec raison qu'il ne fallait pas diminuer les avantages offerts aux porteurs par une première opération de cette nature, et s'exposer à voir la conversion moins bien accueillie qu'elle ne l'était. La proposition de réduire le terme à six ans avait donc été repoussée par cinq voix contre deux.

La section centrale s'était occupée d'une manière toute particulière des questions relatives aux lieux de paiement des intérêts et de l'amortissement; elle avait tiré ces questions du vague où les laissait le projet de loi, en décidant que le paiement des intérêts aurait lieu en Belgique et que le paiement se ferait par le gouvernement à Bruxelles ou à Anvers. M. le ministre des Finances se rallia à ces dispositions. Comme il était reconnu que les obligations de l'emprunt de 1831 se trouvaient presque exclusivement classées en Belgique ou à Paris, la section centrale avait supprimé, du consentement du ministère, Londres et Francfort des lieux où se ferait l'échange des anciennes obligations contre les nouvelles. Cet échange se ferait en obligations de 2,000 francs, de 1,000 fr. et de 500 fr. Les fractions qui ne pourraient être liquidées au moyen de la conversion seraient remboursées en numéraire.

La bourse de Paris s'émut vivement à la nouvelle d'un projet de réduction de l'intérêt des obligations belges : une pétition fut adressée au ministre des Affaires étrangères de France par les porteurs de ces titres. Selon les intéressés, une réduction de l'intérêt de cet emprunt, avec stipulation de remboursement au pair, en cas de refus des porteurs, constituait une violation manifeste du contrat en vertu duquel l'émission en avait été opérée.

M. le ministre des Finances de Belgique s'expliqua sur les craintes manifestées par les capitalistes français. Selon M. Mercier, le principal argument des pétitionnaires reposait sur une erreur. Ils contestaient au gouvernement belge le droit de rembourser l'emprunt au pair. Ils soutenaient que le gouvernement belge, en s'imposant l'obligation d'appliquer chaque année un pour cent du montant de l'emprunt à l'amortissement, sans jamais dépasser le pair, s'était interdit par là de pouvoir faire usage du droit commun de se libérer, qui appartient à tout le monde. N'était-ce pas là un véritable sophisme. Après avoir cité la disposition du contrat de 1841, relative à l'amortissement ordinaire au moyen de 1 pour 0/0, les pétitionnaires prétendaient que, par le contrat de l'emprunt de 1842, on avait cru nécessaire, pour rembourser plus tard, de se réserver la faculté d'augmenter la dotation de l'amortissement. C'était précisément le contraire qui se trouvait dans le contrat invoqué. Il n'y avait aucune stipulation pour l'augmentation éventuelle de l'amortissement, mais le gouvernement avait consenti à renoncer, en faveur des bailleurs, à l'exercice du droit commun de remboursement au pair pendant six ans.

La discussion sur le projet s'ouvrit à la Chambre des représentants, le 7 mars. Il y eut unanimité d'opinion sur l'opportunité de la mesure. Mais les formes de l'opération soulevèrent des débats sérieux. Le système du paiement en Belgique, à l'exclusion de toute autre place triompha dans la Chambre. Un amendement de M. Castiau, ayant pour but d'étendre d'un à trois mois le délai pendant lequel les porteurs devraient faire connaître leur opinion, et un autre qui aurait réduit à six ans la suspension du droit de remboursement, furent rejetés. Des amendements furent introduits dans l'article 8 du projet relatif à la suspension de l'amortissement. Sur la proposition de M. d'Huart, ancien ministre des Finances, il fut décidé que les fonds non employés à l'amortissement, lorsque les cours seraient au-dessus du pair, seraient tenus en réserve jusqu'à l'époque où il serait loisible au gouvernement d'opérer le remboursement.

L'ensemble du projet de conversion fut adopté par 48 voix (9 mars), et le projet d'emprunt par 52 voix contre 3 (12 mars).

Le rapport de commission du Sénat fut présenté, le 15 mars, par M. le comte Vilain XIV. La commission concluait à l'unanimité à l'adoption du projet, mais avec un amendement. Elle croyait que le gouvernement aurait pu opérer la conversion 4 p. 0/0, en accordant aux porteurs d'obligations de l'emprunt de 1831 une bonification de 4 p. 0/0 sur le capital, c'est-à-dire, en émettant les obligations à 96. Néanmoins la commission ne proposait pas sur ce point de modification au projet. Mais elle n'avait pu se rallier à la disposition portant, d'une manière exclusive, que le paiement des intérêts des nouvelles obligations se ferait en Belgique. Elle proposait donc, à l'unanimité, d'ajouter la disposition suivante : « Le gouvernement est autorisé à faire effectuer également à Paris le paiement des intérêts, sous la réserve que les frais ne pourront pas excéder une somme annuelle de 15,000 fr. »

M. le ministre des Finances, interpellé à ce sujet dans le sein de la commission, déclara que la somme indiquée pour les frais serait suffisante, de sorte qu'il y avait, au commencement de la discussion, une majorité toute formée pour l'amendement, qui fut adopté le 19 mars.

La Chambre des représentants eut donc à revenir sur son vote pour adopter cette modification introduite par le Sénat. Elle le fit, quelques jours après, à l'unanimité. Les motifs de la Chambre pour se rallier à l'opinion du Sénat furent qu'il s'agissait non pas d'une obligation absolue à inscrire dans les titres à émettre, mais d'une simple faculté dont on userait selon les circonstances, et qui, dans tous les n'entraînerait le Trésor que dans une dépense limitée.

Le projet fut converti en loi le 22 mars (*voy.* aux Docum. hist. Belgique, part. offic., le texte de l'arrêté royal relatif à la souscription publique de l'emprunt).

Un délai de 30 jours était accordé aux porteurs de l'obligation de l'emprunt 5 p. 0/0 de 1831, pour faire connaître s'ils désiraient être remboursés au pair. Au terme fixé, aucune demande de remboursement n'avait été adressée au gouvernement. L'opération était accomplie.

Quant à l'emprunt, il ne pouvait être contracté avant que le gouvernement de la Néerlande n'eût justifié au gouvernement belge qu'il avait été racheté ou amorti pour 2 millions de florins de rente d'obligations de la dette active 2 1/2 p. 0/0, en remplacement d'une inscription de même somme mise par la Belgique à la disposition du gouvernement néerlandais. La souscription fut ouverte le 29 juin et fermée presque immédiatement.

Les soumissions inscrites s'élevèrent à la somme de 188,125,000 fr., valeur nominale, formant un taux d'émission de 104 p. 0/0 au capital effectif de 195,650,000 fr., en sorte que les souscripteurs ne purent obtenir que 450 fr. pour chaque demande de 1,000 fr. Le succès était donc complet. Cet emprunt, le plus considérable que la Belgique ait contracté jusqu'ici, aura pour premier résultat de réduire de moitié le capital nominal de la partie de la dette mise au compte de la Belgique par le traité de 1839; ensuite, l'annuité du nouvel emprunt à 4 1/2 p. 0/0 au taux net pour le trésor de 100 1/2 (commission d'agent de change et bonification d'intérêts déduites) ne serait que de 3,790,000 fr. environ et remplacera au grand-livre une inscription de 2 millions de florins ou de 4,232,000 fr., ce qui réalisera une économie annuelle de 442,000 fr. En outre, au lieu d'une dette irréductible à 2 1/2 p. 0/0, il y aura une dette à 4 1/2 p. 0/0, laissant ouverte la possibilité de conversions et de réductions nouvelles (1).

La conversion de la rente, mesure utile et heureusement exécutée, avait réalisé pour l'avenir des économies : mais ces économies avaient une destination indiquée, à savoir : les dépenses éventuelles, l'extinction progessive de la dette flottante, et, s'il était possible, la formation d'une réserve.

D'autres mesures plus efficaces furent proposées par le gouvernement, à savoir : une loi sur le sel et une loi sur les tabacs. Le projet de loi sur le sel fut présenté à la Chambre des représentants (19 décembre 1843). D'après l'ancienne loi, l'entrée du sel ne pouvait avoir lieu que par deux portes : le gouvernement proposait d'ouvrir toutes les portes à leur introduction. Le véritable but du projet était la réalisation d'un impôt sur l'eau de mer. La section centrale proposait de fixer à 20 centimes le droit sur l'eau de mer, ou tout au moins de graduer le droit de 10 à 20 centimes, suivant le dégré de l'eau. Ainsi l'on atteindrait tout le sel, dont une grande partie échappait jusqu'alors à l'impôt : on l'atteindrait, soit qu'il se présentât sous la forme solide ou sous la forme liquide. L'exemption dont avait joui jusqu'alors l'eau de mer constituait en faveur de cette matière une véritable prime payée par le Trésor et par les contribuables.

L'ensemble de ce projet fut adopté le 24 décembre; mais les ressources qui devaient résulter de cette loi pour le Trésor avaient peu d'importance. Un projet d'une toute autre gravité, par l'étendue des droits à percevoir, c'était un droit à établir sur le tabac.

(1) L'emprunt a été émis au cours de 104 pour 4 fr. 1/2 de rente; mais les intérêts remontant au 1er mai 1844, tandis que les versements étaient échelonnés jusqu'au 1er juillet 1845, il n'est revenu aux souscripteurs qu'à 100 3/4. Par l'arrêté de souscription, le gouvernement s'interdit tout remboursement au pair avant le 1er mai 1852. Les intérêts sont payables à Bruxelles, à Anvers et à Paris, et un amortissement de 1/2 p. 0/0 du capital nominal est constitué pour opérer seulement lorsque les cours seront au-dessous du pair.

L'idée d'un monopole sur le tabac avait été mise en avant dans la discussion du budget par M. le comte Vilain XIV. Selon le noble sénateur, la ferme des tabacs donnerait douze millions, et permettrait au gouvernement de diminuer l'impôt sur le sel, sur la bière et les patentes.

Cette proposition fut combattue par M. Dumon-Dumortier. Le savant orateur rappela que les droits élevés ne sont pas toujours les plus productifs. Le monopole du tabac serait un système tout-à-fait contraire aux mœurs et aux habitudes de la Belgique, pays qui d'ailleurs prête singulièrement à l'infiltration; déjà elle avait voulu s'y soustraire, et elle se trouverait bien de le repousser encore. Mais les avantages financiers du projet ne pouvaient laisser place à de telles considérations. La loi fut soumise aux délibérations de la Chambre des représentants.

Le droit proposé était de 30 fr. par 100 kilogrammes. On fit au projet le reproche de travailler dans l'intérêt de la France, qui, par la différence des prix, réaliserait un grand bénéfice. Une autre circonstance semblait devoir s'opposer à ce que l'État obtînt un revenu certain de l'impôt : c'était le voisinage de la Néerlande, qui ne manquerait pas de profiter du prix élevé du tabac, en Belgique, pour alimenter par la fraude une grande partie de la consommation.

Le ministère éprouva un premier échec sur la question de détermination de l'impôt : il dut renoncer à l'impôt sur la culture, calculé sur le produit. Un second échec plus décisif, et qui entraînait la chute du projet, fut le rejet du système de perception par voie d'assise.

Restait le projet de la section centrale, frappant le tabac d'un droit de 10 fr., et imposant la culture. La première partie de ce projet fut adoptée par la Chambre, qui repoussa l'autre (*voy.* le texte de la loi aux Documents histor., Belgique, part. offic.).

Questions administratives. — Le jury, qui jusqu'à présent avait le droit de conférer les grades académiques, était devenu l'objet de justes critiques. Composé d'hommes qui n'avaient jamais exercé le professorat, qui ne suivaient pas les progrès de l'enseignement, qui ignoraient jusqu'aux méthodes pratiquées dans les écoles, ce jury contrariait et entravait sans cesse l'enseignement qu'il était appelé à fortifier. Aucun rapport n'existait plus entre la doctrine et l'examen, et, dans ce déplorable conflit entre le professeur et l'examinateur, il était naturel que le désir de grade l'emportât sur les intérêts sérieux de la science.

Ce jury était nommé par les Chambres et par le roi. Les Chambres nommaient quatre membres et le roi trois. Or, on pouvait supposer que les nominations faites ainsi par les Chambres et par les ministres n'étaient pas toujours étrangères à la politique. La science devait nécessairement péricliter au milieu de ces influences mobiles et souvent opposées : l'esprit de parti pouvait entrer pour une grande part dans la direction de l'enseignement, et la doctrine pouvait dépendre des vicissitudes de l'opinion parlementaire.

Ces inconvénients divers avaient discrédité le jury. Comme il y a en Belgique plusieurs universités rivales, deux universités instituées par l'État, celles de Liége et de Gand, une université catholique, celle de Louvain, une université libre, celle de Bruxelles, on inclinait à croire, non sans raison, que les examinateurs avaient de secrètes prédilections pour telle université aux dépens de telle autre, et que les élèves de celle-ci étaient favorisés au détriment des élèves de celle-là.

Le gouvernement s'était décidé à remédier à ces abus et à proposer un projet de loi pour changer la composition du jury; les changements proposés par l'administration étaient d'une haute importance. Désormais les divers jurys d'examen seraient tous nommés par le roi, et, dans chaque section du jury, les quatre universités et les diverses sciences qu'elles enseignent seraient également représentées.

Ce retour à l'égalité ne pouvait être tranquillement accepté par la faction religieuse qui a fait la révolution en Belgique, et qui regarde comme une violation de ses droits toute atteinte à la domination absolue. C'était ce que l'on appelle en France : *la liberté comme en Belgique*, que menaçait le projet de loi (1).

Le 12 mars, M. Lacoste, rapporteur de la section centrale du jury d'examen, déposa son rapport. Les conclusions étaient tout à la fois une modification à la loi de 1835 sur l'instruction supérieure, et au projet soumis cette année à la législature par M. le ministre de l'Intérieur. D'après le nouveau système de la section centrale, chaque jury serait composé de sept membres, qui seraient ainsi nommés : deux par la Chambre des députés, deux par le Sénat et trois par le gouvernement ; il serait nommé de la même manière un suppléant à chaque titulaire. Les nominations seraient pour une année. Chaque membre ne pourrait, dans le même jury, placer plus d'un membre titulaire appartenant à un même établissement d'instruction. Un jury distinct pour la philosophie et les lettres, et pour les sciences, était chargé de procéder à l'examen des candidats et à ceux du doctorat. Quant au droit et à la médecine, il y aurait un jury pour le grade de candidat et pour le grade de docteur. La loi du 17 mai 1837 (*voy.* l'Annuaire) continuerait à sortir ses effets jusqu'à la fin de la deuxième session de 1844.

Le gouvernement n'ayant pas adhéré aux conclusions de la section centrale, la discussion fut ouverte à la Cham-

(1) En 1835, une proposition beaucoup plus absolue, faite par M. le comte Félix de Mérode, celle de la nomination du jury par le roi, sans conditions, n'échoua qu'à une voix de majorité.

bre des représentants, le 25 mars, sur le projet ministériel.

La question était fatalement amenée, et il n'était pas possible au Cabinet de s'y soustraire. En 1835, une loi provisoire avait été votée; aujourd'hui cette loi avait cessé ses effets. Il devenait nécessaire de remplacer ou de modifier le système de 1835. Mais la position du ministère, chargé d'une succession semblable, était véritablement grave. L'opinion catholique absolue est toute puissante dans le pays et dans la Chambre : quelle que fût la modération, quelle que fût la sagesse reconnue du chef du Cabinet, M. Nothomb, on l'accusa de pactiser avec l'impiété, de faire une dangereuse concession à l'opinion libérale.

Une complication nouvelle vint ajouter aux embarras du ministère : M. Dechamps, ministre des Travaux publics et l'un des membres les plus considérables du parti catholique, refusa de s'associer sans réserve au système adopté par ses collègues, acceptant la présentation du projet, mais non la consécration de la prérogative royale. Au reste, le ministère n'avait pas voulu accepter les dernières conséquences d'une situation qu'il n'avait pas créée lui-même, et M. Nothomb déclara que le ministère ne faisait pas de cette question une question de cabinet.

Les intentions du ministère, dit M. Nothomb dans l'exposé des motifs du projet, ressortaient de la nécessité même des faits. On lui avait reproché de vouloir atteindre la liberté de l'enseignement ; on l'avait loué de revendiquer une prérogative inhérente au pouvoir royal; il n'acceptait ni le blâme ni l'éloge. La position faite, en Belgique, à la royauté, n'avait aucune ressemblance avec celle qui existe en d'autres pays, où, par exemple, le roi a la nomination à tous les emplois administratifs et judiciaires indistinctement, et la collation des grades académiques, considérés comme conditions d'exercice de ces fonctions. Le pouvoir exécutif, en Belgique, n'a que la nomination aux fonctions administratives désignées par des lois spéciales. La collation des grades académiques n'y est pas une conséquence du droit de nomination. Il s'agissait si peu d'un attribut essentiel de la royauté, que, dans le premier projet présenté le 31 juillet 1834, on proposait la formation d'un jury, à la fois en dehors de l'action des Chambres et presque entièrement de l'action du gouvernement. Mais bientôt on avait dévié de cette première pensée, et, au lieu de laisser le jury se former en dehors du gouvernement et des Chambres, on l'avait fait remonter aux Chambres et au gouvernement.

Encore moins le projet était-il une atteinte à la liberté de l'enseignement, et, pour qui connaît les intentions de M. Nothomb, il n'y avait rien de sérieux dans cette accusation.

Ce n'était pas, au reste, sans condition, que le ministère proposait de déléguer au gouvernement la formation du jury : on avait entouré cette nomination de garanties; le ministre chargé de faire des propositions à la couronne serait tenu d'entendre les chefs des établissements gouvernementaux et libres, et ne pourrait proposer qu'après s'être concerté avec eux. Il y avait dans cette condition un puissant moyen d'empêcher le gouvernement de céder à certaines prédilections; par là, l'action du gouvernement se dépouillerait de tout caractère politique.

La Chambre présenta, pendant la discussion et au moment du vote, le spectacle singulier d'une division peu ordinaire : la majorité habituelle vota contre le ministère, et l'opposition tout entière vota avec lui. Sur six gouverneurs de province que renferme la Chambre, quatre, MM. Muelanaer, d'Huart, Desmaisières et Smith, et quatre commissaires d'arrondissement (sous-préfets), votèrent contre la proposition du gouvernement, qui fut repoussée par 49 voix contre 42 (30 mars).

La Chambre adopta ensuite, à la majorité de 57 voix contre 43, le projet de la section centrale. Ce projet, on l'a vu, maintenait le mode de nomination en vigueur, avec cette différence, qu'il introduisait un certain roulement parmi les membres, afin d'éviter la permanence qui avait servi de règle aux nominations pendant les huit dernières années. Comme la loi de 1835 n'existait plus, vu la nécessité, le ministère se rallia au projet de la section centrale. Une réserve fut toutefois introduite dans le projet: par un amendement de M. Cogels, la nouvelle loi n'aurait d'effet que pour quatre ans.

Le ministère se trouvait devant le sénat dans une situation toute nouvelle. La question une fois résolue par la Chambre des représentants, contrairement à son opinion personnelle, il ne pouvait pas ne pas s'associer à ce vote, à moins de porter devant le Sénat le projet primitif, c'est-à-dire, de poser une question d'existence ministérielle entre les deux Chambres. Le projet de la section centrale fut donc appuyé par l'administration et voté par le Sénat, à la majorité de 23 voix contre 12 (4 avril).

Dans l'ordre des questions administratives nous trouvons encore un projet relatif aux pensions civiles et ecclésiastiques, qui fut soumis, le 12 mars, aux délibérations de la Chambre des représentants. La loi reposait sur deux grands principes généraux. Le premier était de mettre à la charge du Trésor les pensions de tous les fonctionnaires de l'Etat; le second, de n'accorder ces pensions qu'au cas où ces fonctionnaires auraient rendu de longs services, et où leurs infirmités ou leur grand âge ne leur permettraient plus de continuer ces fonctions. Il n'y avait, dans le projet, aucune innovation grave; mais seulement de notables améliorations à la législation actuelle. On y déterminait d'une manière plus rigoureuse les conditions auxquelles on serait admis à la pension; on y apportait un remède à des abus si nombreux, qu'ils avaient obéré la caisse du département des finances. On y avait également établi des garanties plus fortes pour le contrôle des Chambres sur la collation des pensions.

La discussion porta spécialement sur les pensions à accorder aux ministres sortis du pouvoir, et une proposition faite par vingt-quatre membres fut sanctionnée par la Chambre. Elle portait en substance que les ministres ne peuvent être assimilés aux autres fonctionnaires. Le ministre qui quitte ses fonctions doit à la position qu'il a occupée de ne pouvoir se livrer à l'avenir à toutes les autres fonctions de la vie publique ; il faut le considérer comme un fonctionnaire public qui a usé au profit de l'État toute la portion active de sa carrière : l'État ne ferait donc pas assez en le rémunérant pendant la durée de son service. Les positions accessibles aux ministres démissionnaires sont beaucoup plus restreintes en Belgique qu'en France, par exemple, et d'ailleurs il se produit parfois, dans les crises ministérielles, des circonstances telles que la dignité politique de l'homme qui se retire lui défend de devenir le subordonné de ses successeurs.

L'ensemble de la loi fut adopté par 58 voix contre 14 (22 mars).

Un projet de loi qui fixait le contingent de l'armée à 80,000 hommes, et à 10,000 la levée pour 1844, fut adopté par 71 voix contre 17 (19 décembre 1843).

Un projet de loi relatif à la démonétisation des anciennes pièces de monnaie des Pays-Bas, en argent, fut adopté le 6 février.

Questions commerciales. — Au milieu des remaniements de tarifs qui deviennent le fonds et le principe de la législation commerciale en Belgique, le régime libéral du système commercial néerlandais était seul resté debout. D'après ce système, encore en vigueur, la marine nationale est protégée par une réduction générale de 10 p. 0/0 sur les droits dûs, lorsque l'importation a lieu par navires belges, et par un droit différentiel sur le sucre et le sel. En dehors du tarif, le gouvernement accorde certains encouragements à la marine nationale : une loi a institué des primes de 25 à 30 francs par tonneau pour la construction des navires; des subsides sont distribués sur les fonds du budget pour l'établissement des lignes régulières de navigation vers les pays transatlantiques. Malgré ces avantages, la marine nationale non-seulement n'a pas grandi, mais encore n'a pu se soutenir ; les pertes qu'elle a éprouvées dans ces dernières années n'ont pu être réparées, et le nombre des navires est successivement descendu de 150 à 130.

Cette triste situation, qui tient peut-être à une impossibilité fondamentale, parut à plusieurs tenir à un défaut de protection. On crut qu'il serait possible, par des mesures de législation commerciale, de développer la marine, comme toute autre branche de l'industrie nationale. En un mot, on proposait d'établir un système de droits différentiels à l'instar de ceux en vigueur en France et en Angleterre : on élèverait, d'un côté, le chiffre de la protection en faveur du pavillon national, et, d'autre part, on encouragerait les relations directes en frappant de droits plus forts les importations faites par des navires n'appartenant pas aux lieux de production, ou celles qu'ils puiseraient aux entrepôts européens.

Déjà, en 1840, une enquête avait été ordonnée par la Chambre des représentants, malgré les résistances de l'administration. Une commission avait été nommée par la Chambre, sous l'influence des idées qui avaient présidé à l'adoption de la proposition. Quatre ans s'étaient écoulés depuis la nomination de cette commission, et le rapport émané de son sein, après une sérieuse enquête de quatre mois, avait donné naissance à un projet de loi complet, pour l'établissement d'un large système de droits différentiels. Après plusieurs ajournements successifs, ce projet fut enfin soumis aux discussions de la Chambre, à la rentrée des vacances de Pâques (23 avril), et les débats, qui remplirent trente-huit séances, ne furent clos que le 11 juillet.

A l'ouverture de la discussion, la Chambre se trouvait en présence de trois projets principaux : celui de la commission d'enquête, un second projet formulé par la Chambre de commerce d'Anvers, un troisième projet préparé par le gouvernement. D'accord sur le but et sur les principes du système, ces trois projets différaient essentiellement dans les détails. La commission d'enquête proposait de frapper de droits purement prohibitifs les importations des entrepôts d'Europe, et voulait que, dans les relations avec les pays transatlantiques, la marine nationale eût sur les navires étrangers un avantage de 30 à 40 francs par tonne. La Chambre de commerce d'Anvers, appréciant les conditions particulières que fait au port de cette ville sa position toute spéciale, et guidée par cette idée que sa prospérité est attachée au développement de ses relations avec l'Allemagne centrale, repoussait comme exclusif le système de la commission d'enquête, et se bornait à demander pour les navires belges une protection de 15 francs par tonne, en frappant toutefois de droits plus élevés les importations des entrepôts d'Europe. La Chambre de commerce d'Anvers avait cherché à ne froisser, dans son projet, ni l'industrie, ni le Trésor. L'industrie était ménagée en ce sens que, pour les matières premières, les droits différentiels étaient établis par des réductions sur les droits actuels en faveur des navires nationaux et des importations directes, de telle sorte que les droits actuels formaient le *maximum*. Quant au Trésor, il trouvait une compensation en ce que les droits différentiels étaient établis par l'élévation du droit sur les importations indirectes et par navires étrangers; le droit actuel étant le *minimum*.

Ce principe avait été adopté par le gouvernement; mais, en ce qui concerne le taux de la protection, il s'était placé au milieu des deux projets de la commission d'enquête et de la Chambre de commerce d'Anvers, et avait proposé de fixer de 20 à 25 francs par tonneau l'avantage à accorder au pavillon national.

Le nouveau système qu'il s'agissait d'établir rencontrait, sur certains points de la Belgique, une assez forte opposition. La Belgique reçoit annuellement de la Néerlande pour 20 à 25 millions de denrées coloniales, cafés, sucres, riz, et de produits tels que tabacs, indigo, etc.; elle en reçoit pour 8 ou 10 millions de l'Angleterre, et seulement pour 1 ou 2 millions de la France. C'était donc la Néerlande qu'atteindrait surtout un système qui repoussait les importations des entrepôts d'Europe. Les représailles étaient à craindre, et le Hainaut devait en souffrir le premier. Liége, Verviers et les autres localités riveraines ou voisines de la Meuse craignaient avec raison que le nouveau régime ne nuisît à la navigation de cette rivière. A Gand, les raffineurs de sucre protestaient contre un système qui allait leur rendre plus difficile et plus onéreux l'achat du sucre brut; d'autre part, les filateurs et les fabricants de tissus de coton, qui n'avaient adhéré aux droits différentiels que dans l'espoir d'arriver en même temps à la révision de l'article du tarif des douanes relatif à leur industrie, redoutaient de voir passer l'une de ces deux choses sans l'autre. A Anvers même le commerce était loin d'être unanime : une fraction importante se montrait opposée, non pas aux mesures projetées contre les entrepôts européens, mais à l'élévation de la protection accordée à la marine nationale.

Mais ce fut surtout dans les provinces industrielles du royaume que la crainte d'une consécration, par les Chambres, du système de droits différentiels, produisit une immense et vive agitation : on redoutait, non sans raison, que l'application de ce système ne fît prédominer l'influence des villes maritimes, surtout d'Anvers, au détriment de la puissance manufacturière du pays. Des réunions imposantes eurent lieu à Liége : les fabricants et les producteurs de ce riche district adressèrent à la législature une pétition où se trouvaient exprimées les craintes les plus sérieuses sur l'avenir industriel de la Belgique. On y remarquait les passages suivants :

« Depuis plusieurs années une déplorable fatalité pèse sur notre province et semble s'attacher à préparer et à consommer la ruine des industries qui faisaient sa richesse et concouraient à la prospérité du pays tout entier. Vainement nous avons fait entendre nos cris d'alarme et de détresse; ils semblent ne pas avoir été entendus, ou bien on n'y a répondu que par d'impuissants palliatifs.

» Aujourd'hui notre anxiété est à son comble : la marche inaccoutumée imprimée aux discussions parlementaires, le huis-clos dont le secret nous a longtemps repoussés, tout exciterait en nos esprits de sinistres pressentiments, si notre confiance en vous ne les dominaient encore....

» Gardons-nous tous de décevantes illusions : nous ne pouvons pas être les dominateurs de nos voisins. Si, renonçant aux préceptes d'une sage politique, nous froissons imprudemment leurs intérêts, à cette hostilité gratuite ils répondront par d'inévitables représailles, et la province de Liége, deux autres, peut-être, paieront de leur existence industrielle et commerciale les plus dangereuses innovations. Que l'on ferme aux produits de notre industrie les issues que la nature leur a ouvertes, et tout meurt dans notre province, la misère dévore les classes inférieures, une perturbation ruineuse atteint toutes les fortunes.

» Vous y réfléchirez, messieurs : à l'avantage douteux de quelques armateurs vous n'immolerez pas une partie des plus florissantes localités de la Belgique.... »

La Chambre s'était formée en comité secret pour débattre la question des droits différentiels. M. le ministre de l'Intérieur y lut une longue série d'amendements aux conclusions de la commission, chargée par les Chambres, il y a trois ans, d'une enquête nationale sur la triple situation de l'industrie, de l'agriculture et de la marine belges; on pouvait trouver dans ces conclusions nouvelles la pensée qui dirige le gouvernement belge dans ses relations commerciales avec les puissances étrangères.

Les amendements présentés par M. Nothomb formaient un projet de loi complet, plus étendu encore que celui de la commission d'enquête; il portait sur cinquante articles, et établissait des droits différentiels gradués à la fois sur le pavillon et les provenances. Ce projet tenait le milieu entre les propositions de la commission d'enquête et celles de la Chambre de commerce d'Anvers; plus libéral que les premières, il était plus restrictif que les secondes.

Le principe des droits différentiels par pavillon et par provenance fut sanctionné par la Chambre des représentants, à la majorité de 41 voix contre 17 (21 mai).

Ce n'était pas là tout ce qu'on avait espéré de M. Nothomb : on s'attendait à lui voir présenter un ensemble de mesures annonçant un système complet et nouveau; mais le ministre se borna à déclarer qu'il séparait la question industrielle de la question commerciale, et que, pour le moment, son intention était de se renfermer dans les limites de celle-ci. Les réunions à huis-clos n'avaient donc abouti, en réalité, qu'à une simple loi de navigation.

La raison de ce silence provisoire sur la question industrielle se trouvait dans l'attitude que tient la Belgique à l'égard de la France et de l'association allemande. Pencher vers celle-ci pour irriter les désirs de celle-là, garder une réserve pleine d'espérances et de menaces, telle était, telle est encore la conduite du gouvernement belge qui, forcé à une alliance commerciale et industrielle, voudrait pouvoir ménager ses deux grands alliés naturels sans s'attacher exclusivement à aucun d'eux.

Quant à la France, toutes les démarches du cabinet belge tendant à former une alliance douanière avec elle avaient successivement échoué. De quelque côté que se fût trouvé l'obstacle, il fallait reconnaître que la pensée d'une union semblable paraissait entièrement abandonnée. Restait le *Zollverein*, auquel on pouvait croire que le gouvernement belge cherchait à se rattacher : mais le ministre des Affaires étrangères, M. Goblet, déclarait qu'aucune avance n'avait été faite en ce sens à la Prusse.

Au reste, la mesure nouvelle adoptée par la chambre des représentants n'atteignait sérieusement ni l'une ni l'autre des alliées entre lesquelles flottait la Belgique : l'Angleterre pouvait s'en plaindre, tout son commerce d'échange avec la Belgique se faisant par la voie de mer. Mais la puissance le plus profondément lésée par la loi nouvelle, c'était la Néerlande. On avait craint, non sans raison, des représailles, et, avant que la loi ne fût adoptée, le gouvernement néerlandais avait fait remettre par son envoyé, au cabinet belge, une note qui, sans annoncer positivement des représailles, en laissait entrevoir la menace.

Telle était la situation de la Belgique, lorsqu'une rupture industrielle qui éclata entre elle et la Prusse vint donner une nouvelle face à la question. On se rappelle que, dès 1839, le cabinet de Bruxelles avait cherché à conclure une alliance commerciale avec le *Zollverein*, alliance qu'il avait poursuivie plus tard, concurremment avec ses prétentions à une alliance douanière avec la France. L'arrêté du 28 août 1842 (*voy.* l'Annuaire) avait été une avance faite à l'Allemagne, et comme le gage d'un traité futur avec le *Zollverein*. Un mois avant la promulgation de cet arrêté, en juillet

1842, le gouvernement belge, frappé par les mesures que le cabinet de Paris venait de prendre contre l'introduction des lins et des toiles étrangères, avait obtenu à grand'peine qu'une exception fût faite en faveur des produits belges. En échange de cette faveur, la Belgique abaissait les droits sur les vins et sur les soieries de provenance française. Un mois plus tard, l'arrêté du 28 août appliquait cette faveur aux produits de même nature venant de Prusse, et cela sans retour apparent. Ces avances faites à l'Allemagne n'eurent aucun résultat : au bout d'un an, terme fixé pour l'effet de la mesure, la Prusse n'avait fait aucune concession à la Belgique. Le terme de l'arrêté fut pourtant reculé juqu'au mois d'avril 1844. A cette époque la Prusse s'en était encore tenue au *statu quo*. Le cabinet de Bruxelles prit enfin le parti de ne pas renouveler l'arrêté du 28 août 1842, et, à partir du 1er avril, l'ancien tarif sur les vins et les soieries allemandes fut remis en vigueur.

Les représailles de la Prusse ne se firent pas attendre. Le gouvernement prussien décrèta que les fers et les fontes belges seraient soumis à une surtaxe de 50 p. 0/0, laquelle s'appliquerait aux nouveaux droits qui seraient perçus à partir du 1er septembre. C'était là une véritable prohibition.

Ces représailles jetèrent bientôt le trouble dans l'industrie des fers et des fontes belges. De nombreuses commandes faites pour les provinces rhénanes furent forcément résiliées. Aussi bientôt fut-il question de négociations entre les deux gouvernements pour l'arrangement à l'amiable des difficultés qui avaient amené de part et d'autre les mesures prohibitives.

Le gouvernement prussien chercha d'abord à faire comprendre que la rupture n'avait en aucune façon été provoquée par lui. Par un *Mémoire du gouvernement prussien notifié au gouvernement belge, le* 18 *juillet* 1844, il apparaissait que les avances faites à diverses fois par la Belgique au cabinet de Paris n'avaient été que des moyens dilatoires pour récuser la conclusion d'un traité promis au *Zollverein*; que ces avances n'ayant eu aucun succès, et la Prusse réclamant enfin l'exécution des promesses du gouvernement belge, celui-ci était entré en négociation par la demande d'abaissement du droit de sortie sur les laines allemandes nécessaires à ses manufactures de draps, et d'un privilége pour l'entrée de ses fontes et de ses fers, offrant en retour des avantages secondaires ou illusoires sur les droits de navigation, sur les vins et les soieries allemandes. Forcée, comme chef du *Zollverein*, de protéger l'industrie des fers allemands, la Prusse avait déclaré ne pouvoir faire aucune exception, en faveur de la Belgique, à son tarif métallurgique. Telle avait été, selon la Prusse, la vraie cause d'une rupture dont la conclusion nécessaire avait été une aggravation de droits sur les fontes et les fers belges équivalant à la prohibition (un droit de 50 p. o/o).

Cependant la rupture n'avait pas été violente, et les termes mêmes du *memorandum* prussien semblaient pressentir et appeler une réconciliation. « En remplissant, y disait-on, le pénible devoir d'informer le gouvernement belge d'une décision à laquelle l'union douanière s'est vue forcée par les circonstances, il ne reste au cabinet de Berlin qu'à exprimer son *vif et sincère désir* que celui de Bruxelles veuille bientôt remettre le *Zollverein* en état de révoquer une mesure à laquelle il ne s'est décidé qu'avec beaucoup de regret. »

Les négociations furent donc reprises et activement poursuivies. Du 25 août au 1er septembre, elles avaient abouti à un traité conclu entre M. le général Goblet, ministre de Belgique, et M. le baron de Arnim, ministre de Prusse.

Les concessions faites par la Belgique au *Zollverein* portaient principalement sur la navigation, les produits du Nord et le transit. L'admission des vins et soieries d'Allemagne y était stipulée aux mêmes conditions que pour les produits similaires de France, clause peu avantageuse au

Zollverein, dont les produits ne peuvent lutter avec ceux de France, mais qui rappelait et reproduisait le fâcheux procédé du 28 août 1842.

Une clause plus grave était celle par laquelle la Belgique, dans le cas où elle viendrait à augmenter son tarif sur les tissus de coton, s'engageait à accepter ceux de l'Allemagne.

L'importance du traité du 1er septembre reposait particulièrement sur deux points : l'abaissement, pour la Belgique, du droit sur ses fontes et fers importés en Allemagne, et les avantages accordés en échange au *Zollverein*, pour sa navigation dans les ports belges. Le *Zollverein* abolissait la surtaxe qui frappait par exception les fers et les fontes de la Belgique, et réduisait en outre de 5 0/0 le droit établi dans le *Zollverein* sur les fontes et fers en barre étrangers. Le droit sur la fonte étant de 2 fr. 50 c. les 100 kilog., il ne serait que de 1 fr. 25 c. sur la fonte venant de Belgique. Le droit sur le fer en barres étant de 1 fr. 16 c. les 100 kilogrammes, il ne serait que de 5 fr. 58 c. pour l'entrée des fers belges en Allemagne.

La Belgique obtenait encore une réduction de 50 0/0 sur le droit qui frappe les laines d'Allemagne à la sortie, et les fromages à l'entrée.

Quant au *Zollverein*, les véritables avantages obtenus par lui dans le traité du 1er septembre, c'était les facilités nouvelles accordées à sa navigation, qui, luttant avec la Néerlande depuis la naissance de l'association, eût perdu, par une rupture complète avec la Belgique, ces débouchés de la mer pour lesquels elle a construit le chemin de fer rhénan. Ces avantages étaient : 1° le remboursement du péage sur l'Escaut ; 2° l'égalité de droits de tonnage, de pilotage, quai, bassin, etc., pour les navires du *Zollverein* ; 3° l'assimilation complète et réciproque de pavillon pour les provenances de tous les ports situés entre l'Elbe et la Meuse, ainsi que la suppression, dans ce cas, de tout droit différentiel; 4° la suppression de tout droit de transit; 5° le maintien des avantages faits à la partie allemande du Luxembourg par la loi du 16 juin 1839.

Le principe du système des droits différentiels était maintenu pour les provenances indirectes. Le traité était conclu pour six ans.

Si la Néerlande et la Grande-Bretagne étaient plus profondément atteintes par le traité du 1er septembre que la France elle-même, celle ci n'en avait pas moins à se plaindre. Le système de bascule, appliqué par la Belgique à ses relations commerciales, avait fini par une préférence hostile à la France pour le *Zollverein.* Telles n'avaient pas été les relations de la Belgique avec la France, selon l'administration belge, et, dans la discussion des voies et moyens, M. le ministre de l'Intérieur avait saisi l'occasion d'interpellations adressées par M. Castian, relativement à la convention du 16 juillet, pour expliquer la conduite du gouvernement belge. Selon M. le ministre, la France, envahie par l'industrie linière de l'Angleterre, avait voulu lui opposer des entraves. Placée, en face de la Belgique, dans une position plus favorable, elle n'avait pu l'envelopper dans des mesures prohibitives qui n'eussent été la réponse à aucune menace. La Belgique avait donc été jugée digne d'une exception; mais cette exception, il lui avait fallu l'acheter. La situation faite à la Belgique par la France, dans la convention du 16 juillet, n'avait été qu'un *statu quo*. Ce *statu quo*, le gouvernement belge ne l'avait pas accepté avec une grande reconnaissance, le regardant comme son droit, aux termes de la convention de 1836. Il y avait eu alors une sorte d'accord tacite de maintenir ce *statu quo* entre les deux pays. Mais la France y avait porté atteinte deux fois : d'abord par l'ordonnance royale qui avait introduit un nouveau système pour le comptage des fils et l'appréciation des nuances; puis par l'ordonnance du 28 juin. La Belgique avait obtenu une exception à cette ordonnance, mais au prix d'un sacrifice. Elle s'était, au reste, réservé le droit de faire les mêmes avantages à d'autres pays, et ces avantages, elle les avait accordés à l'Allemagne, sur la frontière de laquelle elle venait de porter le droit en quelque sorte prohibitif du tarif français. La Belgique n'avait aucun grief à reprocher à l'Allemagne ; elle lui avait accordé un avantage provisoire, dans l'attente des résultats. Vis-à-vis de l'Allemagne, c'était la Belgique qui avait changé le *statu quo*. Pour la première fois elle avait introduit le système des droits différentiels dans son système commercial.

Depuis lors, le gouvernement français avait porté atteinte à la convention du 16 juillet par l'ordonnance, contresignée par le ministre de la Guerre, qui avait décidé que les toiles belges ne pourraient plus être employées dans les fournitures militaires. La Belgique avait espéré vainement, d'après les termes de la convention du 16 juillet, que ses toiles seraient admises dans toute la consommation.

Le gouvernement belge fait de rapides progrès dans le système de protection commerciale, et tous les jours s'efface quelque trace de l'ancienne libéralité du régime commercial de la Néerlande. Sous le gouvernement des Pays-Bas, la protection assurée à l'industrie nationale par le tarif des douanes était, on le sait, très-modérée ; mais, en retour, cette industrie jouissait d'avantages précieux quant au bon marché des denrées de consommation et quant aux facilités pour se procurer les matières premières. Ces avantages disparaissent incessamment avec la révision des tarifs. Déjà les lois sur les céréales et sur le bétail ont été révisées, afin d'assurer plus de protection à l'agriculture. Les tissus de lin et de laine, les fontes et les fers, et une foule d'autres articles secondaires ont été frappés d'augmentations de droits ; il ne reste plus aujourd'hui à élever que les droits sur les tissus de coton, les glaces, les machines et quelques articles insignifiants.

La dernière démonstration faite par le gouvernement belge, dans ce système de protection excessive, fut un arrêté du 12 octobre, par lequel plusieurs modifications importantes étaient apportées au tarif des douanes. La principale disposition de l'arrêté concernait les tissus de coton teints, dont le droit d'entrée, porté à 325 fr. les 100 kilogrammes, se trouvait aggravé d'environ cinq pour cent. Au reste, cette disposition n'atteignait que les produits de l'Angleterre, ceux de la France, ainsi que ceux du *Zollverein*, devant rester admissibles au taux du tarif actuel. Mais cette concession en faveur de la France n'était guère que provisoire et limitée à un an. Le but non dissimulé de cette exception était d'amener le gouvernement français au renouvellement de la convention du 16 juillet 1842. Cette espérance du gouvernement belge pouvait-elle se réaliser ! Les dispositions de la Chambre des députés de France permettaient d'en douter. Le rapport de la commission des douanes avait signalé hautement les inconvénients de cette convention et exprimé le vœu de ne pas la voir se renouveler.

Le même arrêté, en élevant de 5 à 10 fr. le droit sur les tissus de soie, maintenait aussi en faveur de la France le droit minimum de 4 francs. Ici, l'exception était de droit et découlait directement de la convention du 16 juillet 1842. Par suite du traité du 1er septembre, le *Zollverein* était également excepté de cette augmentation.

Un autre disposition bien remarquable de l'ordonnance concernait les machines et les mécaniques. Le gouvernement belge, suivant en cela l'exemple du gouvernement français, qui venait d'élever les droits sur les machines à l'entrée, élevait à 35 fr., pour les locomotives, le droit d'entrée, primitivement fixé à 14 fr. et à 25 fr. pour la plupart des autres mécaniques.

Il y'avait dans la conduite tenue envers la France en cette occasion une intention évidente de créer des facilités nouvelles à un arrangement ultérieur. Mais, en définitive, cet arrangement paraissait peu probable. Tous les avantages faits par la Belgique à la France, le *Zollverein* les partageait, et cela pour une durée indéterminée, tandis que la France était assignée à court terme pour des concessions nouvelles. Par l'assimilation du pavillon, les intérêts belges s'étaient intimement unis à ceux de l'union allemande, dont Anvers allait devenir le port. La Belgique inclinait évidemment vers l'Allemagne et chaque jour la détachait de la France.

La session des chambres belges (1844-1845) fut ouverte le 22 octobre. L'époque ordinaire de cette solennité avait été devancée pour que les Chambres fussent à même de voter les budgets avant le commencement de l'année à laquelle ils s'appliqueraient.

Le discours royal faisait allusion au traité conclu avec l'union allemande des douanes et à une convention postale faite avec l'Angleterre. Par cette convention, des avantages spéciaux avaient été stipulés pour l'expédition des correspondances étrangères. Le port des lettres avait été réduit à un schilling et celui des journaux à cinq centimes.

Une convention d'extradition conclue, le 28 octobre 1843, entre la Belgique et le royaume de Suède et de Norvége fut ratifiée par S. M. le roi de Suède le 18 novembre, par S. M. le roi des Belges le 18 décembre, et l'échange des ratifications eut lieu à Bruxelles le 29 janvier de cette année.

En dehors de ces faits politiques d'importance secondaire toute l'histoire de la Belgique est dans ces oscillations commerciales et industrielles que nous avons racontées avec toute l'étendue que comporte un semblable sujet.

CHAPITRE II.

NÉERLANDE. — Crise financière. — Impôt sur les propriétés. — Souscription volontaire. — Résultat de ces mesures. — Conversion d'une partie de la dette publique. — Résultats. — Emprunt belge. — Budgets. — Clôture de la session des États-Généraux. — Ouverture de la session de 1844-1845. — Discours royal.

L'histoire de ce pays, peu importante quant aux questions extérieures, présente à l'intérieur le plus intéressant spectacle. Une situation financière si grave, que deux ministres habiles avaient, en moins d'une année, succombé sous des difficultés que chaque instant venait accroître; un déficit s'augmentant sans cesse et sans qu'on pût trouver pour le combler un seul moyen praticable; la perspective d'une banqueroute effrayant la nation tout entière et l'annonce de charges nouvelles qui peut-être ne feraient qu'aggraver le mal au lieu de le guérir, tel était le tableau qu'offrait la Néerlande à l'ouverture de la session 1843-1844.

Ministre des Finances *ad interim*, M. Van-Hall avait cherché un remède dans un projet d'impôt général sur les revenus de tous les citoyens sans exception. Il espérait, on l'a vu (Annuaire précédent, p. 249), réunir ainsi une somme de 5,250,000 fl., qui, en y ajoutant 1,319,200 fl., à trouver au moyen de 1,600 additionnels sur les immeubles, ferait monter le total des revenus à 70,321,363 fl., somme supérieure au chiffre des dépenses.

C'était là un moyen énergique sans doute, mais de semblables mesures ne peuvent être que provisoires et n'atteignent une pareille situation qu'à la surface.

Au reste, le danger commun avait réuni le gouvernement, les Chambres et le pays dans une même disposition de dévouement, et M. Van-Hall paraissait devoir commencer l'expérience de son système financier sans avoir à redouter des résistances sérieuses et des mécontentements dangereux. Le roi, dans son discours d'ouverture, avait fait appel à la vieille loyauté Hollandaise et avait hautement exprimé sa volonté de se prêter à toutes les *charges extraordinaires* que pourrait réclamer la situation. Les deux Chambres, dans leur adresse, avaient donné leur adhésion aux *nouvelles mesures* proposées pour la régularisation des affaires et la consolidation du crédit de l'État. C'est sous ces auspices que s'ouvrit (16 octobre 1843) la session des États-généraux pour 1843-1844.

Le premier résultat d'un examen préalable du projet par les sections de la seconde chambre fut qu'il était possible, en y introduisant des modifications, de rétablir les finances par son moyen, tout en laissant intacts les droits des créanciers de l'État. Mais le rapport de la section centrale ne dissimulait pas tout ce que la mesure avait d'extrême et combien l'exécution lui en paraissait difficile.

Voici les voies et moyens proposés par le gouvernement. Les fonds nécessaires pour couvrir et liquider le découvert des années 1840 et antérieures, et pour compléter les voies et moyens des deux années 1844 et 1845, seraient faits au moyen de deux nouveaux *cents* additionnels sur les produits des distilleries, de douze nouveaux cents additionnels sur le droit de succession, des revenus perçus par le haut-conseil de noblesse et par la direction du grand-livre de la dette nationale, enfin d'une somme de 5 millions de florins sur le produit de l'impôt extraordinaire des propriétés. Le déficit des années 1840 et antérieures, des années 1841,

1842 et 1843 demanderait 21,300,000 florins à l'impôt extraordinaire des propriétés. Cette charge nouvelle était calculée à 1 1/2 p. 0/0. L'impôt tout compris rendrait, on l'espérait, du moins, 35 millions de florins.

Telles étaient les ressources créées pour rémédier à l'état des finances, état dont les documents présentés aux Chambres faisaient connaître toute la gravité. L'arriéré, résultant de dépenses non autorisées par l'ancien gouvernement, et que l'on proposait maintenant de ranger parmi les dettes légales de l'État, se montait à 41,257,709 florins 84 cents. Le déficit des années 1841, 1842 et 1843 s'élevaient à 17 millions de florins. On évaluait l'excédant des dépenses sur les recettes pour les services de 1844 et 1845 à 10,029,787 fl. 81 c. Total de l'arriéré et des déficits, 68,287,697 fl. 65 c.

Au projet principal d'impôt extraordinaire était joint un projet subsidiaire d'impôt volontaire à 3 p. 0/0, destiné à rendre inutile, si cela était possible, la taxe sur les propriétés.

C'est sur cette mesure préliminaire que s'arrêta l'attention de la section centrale. Elle vit là un moyen d'échapper à la mesure extrême de l'impôt sur les propriétés et conseilla au gouvernement de mettre en première ligne le projet d'emprunt volontaire. C'était engager la nation tout entière et la mettre de moitié par son dévouement dans les efforts de l'administration. Le calcul était juste et le sentiment honorable : l'événement prouva qu'on ne s'était pas trompé.

L'adoption successive, par la seconde Chambre, des projets financiers destinés à combler les découverts des divers exercices, commença à ranimer peu à peu la confiance et à relever le crédit. Le projet général d'emprunt et d'impôt fut voté (27 février) par 32 voix contre 27. Les débats avaient duré sept jours et quatre nuits. Il faut dire, à l'honneur de la Néerlande, que le patriotisme avait, pour un moment, fait taire les passions de parti. Plusieurs membres de l'opposition avaient voté avec le ministère, que le projet eût entraîné dans sa chute.

Le projet primitif avait été modifié par la Chambre de la manière suivante. Dans le nouveau projet le chiffre de l'emprunt était réduit de 150 à 127 millions de florins, portant intérêt à raison de 3 p. 0/0 par année. Il ne serait admis que des souscriptions de 50 fl. ou d'une somme supérieure, mais toujours en calculant par 50 fl. Les versements devraient se faire pour 33 p. 0/0 en argent ou en bons du Trésor, et pour les 67 p. 0/0 restants, au choix, en numéraire, bons du du Trésor, certificats de dette à charge du royaume ou de ses possessions, etc. (1).

Le projet, ainsi modifié, fut adopté par la 1re Chambre (6 mars).

Après cet heureux accord des pouvoirs de l'État, il ne

(1) Et encore des inscriptions de la dette nationale 2 1/2 p. 0/0, à raison de 56 p. 0/0; *idem* 5 p. 0/0, à raison de 100 p. 0/0; des certificats de la dette du syndicat d'amortissement à 4 1/2 p. 0/0, à raison de 96 p. 0/0; *idem* 3 1/2 p. 0/0, à raison de 82 p. 0/0; *domein-los-renten* à 5 p. 0/0, à raison de 100 p. 0/0; *los-renten* à charge des possessions d'outre-mer, à raison de 100 p. 0/0, à 5 p. 0/0; obligations à 4 p. 0/0, à raison de 93 p. 0/0.

Les obligations devraient être accompagnées des coupons non encore échus. Le gouvernement avait pensé qu'il ne convenait pas de stipuler que les porteurs de certificats pour somme supérieure à leur quote-part de l'impôt extraordinaire pourraient être remboursés de ce surplus au cas où l'emprunt réussirait.

Il serait en outre délivré, pour 30 p. 0/0 de l'inscription, des certificats *au porteur*, qui seraient reçus en paiement de l'impôt, et pour le montant desquels, s'il arrivait que la loi ne fût pas adoptée, il serait restitué 9 p. 0/0 aux porteurs de ces certificats. Il serait en outre délivré des certificats au nom du souscripteur, à ceux qui, ne voulant point participer à l'emprunt, destineraient leurs versements comme don volontaire. Ces certificats seraient reçus comme argent comptant pour le paiement de l'impôt, sans restitution de 9 p. 0/0, au cas de non-réussite du projet.

Toutes ces dispositions avaient été consacrées par la Chambre. L'art. 9 du projet primitif, portant que celui qui, ayant inscrit pour une somme de 300,000 fr., serait entièrement libéré de l'impôt sur les propriétés, était retiré.

En ce qui touchait l'impôt extraordinaire des propriétés, la valeur des propriétés bâties et non bâties était portée au vingtuple. L'exemption du chef des propriétés était fixée à 2,000 fl., et les exemptions relatives aux propriétés, et celles relatives aux revenus étaient séparées entièrement, de telle sorte, par exemple, qu'un fonctionnaire dont le traitement serait inférieur à 6,000 fl., et dont les propriétés n'atteindraient pas 2,000 fl., serait restait plus qu'à appliquer la mesure. Le 18 mars, la souscription à l'emprunt volontaire fut ouverte dans tout le royaume. Le plus jeune des fils du roi fut inscrit pour 40,000 fl.; le second fils, le prince Alexandre, versa 10,000 fl.; le prince Frédéric, frère du roi, 100,000 fl. L'impôt sur les propriétés avait soulevé quelques réclamations et rencontré quelques résistances (*voy.* à la date du 19 mars une proclamation du conseiller d'État, gouverneur, aux habitants du duché de Limbourg, Docum. hist. Néerlande, part. offic.). La souscription volontaire ne rencontra qu'un admirable élan parti à la fois de toutes les classes de la société; en moins de quinze jours les dons gratuits atteignirent le chiffre de 126 millions fl., et le roi couvrit, par une augmentation de sa souscription première, le chiffre demandé de 127 millions fl. (*voy.* la proclamation du roi et la notification du ministère des Finances, Docum. hist., part. offic.).

Une autre mesure d'une égale importance et dont le succès ne fut pas moindre avait été présentée par la loi du 6 mars : une conversion d'une certaine portion de la dette publique 5 p. 0/0 avait été annoncée par le ministre comme devant compléter la série des mesures financières nécessitées par les découverts des budgets de l'État. Un arrêté royal, en date du 13 avril, avait déclaré que les besoins du Trésor réclamaient cette mesure, en tant que les détenteurs de la dette 5 p. 0/0 ne consentiraient pas à accepter des obligations portant intérêt de 4 p. 0/0.

Ce projet de remboursement ou d'échange d'une partie de la dette nationale, tout en ayant pour but principal l'amélioration des finances de l'État, était destiné en même

exempté de l'impôt. Au nombre des exemptions étaient également comprises les sociétés par actions.

La classification des contribuables en vingt et une classes était maintenue : ceux qui tomberaient dans les cinq premières classes (35,000 fl. à 3,000 fl.) paieraient 1 1/2, et les autres classes 2 p. 0/0 de leurs propriétés.

temps à régler l'emploi des capitaux dus à la Néerlande par la Belgique.

Le capital de 80 millions de florins, 2 et 1/2 p. 0/0, inscrit au bénéfice de la Néerlande dans le grand-livre de la dette publique belge, en vertu de l'article 63, paragraphe VI du traité du 5 novembre 1842 (*voy.* l'Annuaire), serait échangé, en totalité ou en partie, contre un capital du même montant de la dette publique néerlandaise, 2 et 1/2 p. 0/0, ou bien ce capital serait placé, en totalité ou en partie, à un prix qui ne pourrait être moindre que 58 1/2 0/0 du capital nominal.

En cas d'échange, il pourrait, si cela était jugé nécessaire pour le succès de la mesure, être accordé une prime à la charge du Trésor, jusqu'à concurrence de 1 p. 0/0.

La même opération aurait lieu par rapport au capital de 8 millions de florins 2 et 1/2 p. 0/0, mentionné au paragraphe VII de l'article 63 du traité de 1842, en cas que cette partie de l'inscription au grand-livre de la dette publique belge fût mise à la disposition du gouvernement néerlandais.

Il serait procédé au remboursement, ou, si les parties intéressées le préféraient, à la conversion successive, en obligations 4 p. 0/0, des obligations 5 p. 0/0 inscrites au grand-livre de la dette nationale, des *los-renten* à charge des possessions néerlandaises d'outre-mer, ainsi que des *domein-los-renten* 5 p. 0/0.

Après que le remboursement ou la conversion des obligations 5 p. 0/0 aurait été effectuée, on procéderait également, soit en une seule fois, soit successivement, au remboursement ou à la conversion, en inscriptions au grand-livre de la dette publique 4 p. 0/0, des obligations à charge du ci-devant syndicat d'amortissement, portant intérêt à 4 1/2 p. 0/0.

On emploierait, pour le remboursement de ces dettes,

les sommes provenant de la vente des capitaux à rembourser par la Belgique à la Néerlande, en vertu des paragraphes VI et VII de l'article 63 du traité du 5 novembre 1842, ou la somme de 40 millions, mentionnée au paragraphe VII, et par une émission d'obligations à 4 p. 0/0 au minimum de 95 p. 0/0.

Il serait réservé, sur le total des obligations à annuler par suite de conversion ou de remboursement, un certain nombre destiné à être présenté au gouvernement belge, en vertu de l'article 63 du traité de 1842.

La commission centrale de la seconde Chambre des États-Généraux fit connaître (8 juin) son opinion et celle de la majorité sur le projet de conversion et de nouveaux emprunts. Elle admettait en principe l'utilité et l'opportunité de la mesure, mais désirait que les emprunts nouveaux fussent faits avec concurrence et publicité. La commission refusait d'accorder au gouvernement la faculté de donner, même avec prime, des inscriptions belges 2 et 1/2 p. 0/0, contre des inscriptions néerlandaises 2 et 1/2 p. 0/0. Elle voyait avec raison, dans cet échange, une privation pour le Trésor de tous les bénéfices qui résulteraient de la conversion ou du remboursement des 5 et 4 1/2 p. 0/0.

Le projet fut adopté avec quelques modifications par 43 voix contre 14.

L'opération commença sur 32,000,000 fl. de 5 en 4 p. 0/0 à 95, et fut réalisée avec une facilité telle que le gouvernement se hâta de la renouveler pour 30 autres millions à 95 1/2.

A la date du 24 octobre, une communication faite par M. le Ministre des Finances établissait ainsi l'état de la conversion. Le capital entier, composé de différentes dettes nationales 5 et 4 1/2 p. 0/0, soumis à la conversion, à l'échange ou au remboursement, se montait à 400,251,200 fl.

Il avait été remboursé sur le capital, jusqu'au 1er octobre, 36,060,900 fl., et converti en inscriptions 4 p. 0/0, 150,929,600. Il avait été de nouveau échangé, au prix de 96 1/2, 36,424,500 fl. En y ajoutant le minimum du capital à convertir par suite du tirage au sort de la deuxième série d'obligations 5 p. 0/0, qui devait avoir lieu le 2 novembre, et dont le montant s'élèverait au moins à 25,000,000 fl., il en résulterait que le montant du capital converti et remboursé était de 248,114,000 fl., et qu'il resterait à convertir 151,837,200 fl. Il fallait déduire de cette somme le capital dont le gouvernement disposait, et qui serait probablement employé à la conversion, soit : 100,000,000 de fl. Il était donc facile de voir qu'en convertissant ou en échangeant encore une somme de 51,837,200 fl., on aurait atteint le but qu'on s'était proposé.

Ainsi, 40 millions en espèces et sept mois de temps avaient suffi pour convertir un capital de presque 250 millions, et l'on pouvait espérer de voir arriver à bonne fin la conversion tout entière.

Une autre opération, accessoire, il est vrai, n'eut pas le même succès que les deux premières. Il s'agit d'un emprunt, par souscription publique, portant émission de 80 millions de florins, capital nominal, en rente belge à 2 1/2 p. 0/0 stipulés par la Belgique au profit de la Hollande dans le traité du 5 novembre 1842 (*voy.* l'Annuaire). Les soumissions devaient être faites de manière à ce que le ministère restât libre d'accepter celles qui dépasseraient son minimum et de rejeter celles qui ne l'auraient pas atteint. Le prix fixé à l'avance demeurerait secret jusqu'à la clôture de la souscription. Malgré cette réserve, les souscripteurs ne pouvaient être dans une complète incertitude à l'égard du minimum de l'administration, puisqu'on leur laissait la facilité de donner, en échange du nouveau fonds, du 2 1/2 p. 0/0 néerlandais au pair. Ce dernier cours devait donc servir de base au prix du ministre. La négociation du premier terme se composerait de 4,012 lots représentant 24,200 fr. chacun, inscriptions au grand-livre belge. On pourrait souscrire pour un ou plusieurs lots, et chaque lot serait de 20,000 fl. Ceux qui offriraient d'échanger leurs titres contre inscriptions ou certificats 2 1/2 p. 0/0 néerlandais, pour un montant nominal égal, auraient la préférence sur tous autres, (*voy.* aux Docum. hist., part. offic., le texte de l'arrêté royal du 25 juin, relatif à cette émission et l'avis ministériel y annexé).

C'était là, en réalité, un emprunt belge tenté en Néerlande; aussi le mode tout national de la souscription publique avait-il été malheureusement appliqué à une opération qui devait recueillir peu de sympathies. Les fonds belges n'ont jamais pu trouver faveur en Néerlande et sont d'ailleurs de création trop récente pour avoir acquis la solidité des fonds hollandais. Aussi le succès fut-il impossible. 306 lots seulement purent être adjugés : le reste n'atteignait pas le minimum d'émission fixé par le ministre à 61 p. 0/0. Le montant des souscriptions admises n'était que de 5,320,000 fl., et l'opération était avortée.

Le reste de la session ne présente de remarquable que le vote des budgets pour 1844 et 1845 (1) et d'un projet de loi

(1) Voici les principaux chapitres du budget de l'État pour 1844 et 1845 (dépenses), adoptés par les États-Généraux et convertis en loi (9 octobre 1843, *Staatsblad*, n°s 48 à 58).

			1844	1845
Chap. Ier.	Maison du roi		1,500,000 fl.	1,250,000 fl.
III.	Départ. des Aff. étrang.		543,960 —	543,960 —
IV.	—	de la Justice	2,447,594 —	2,458,224 —
V.	—	de l'Intérieur	4,216,271 —	4,117,006 —
VI.	—	du Culte réformé	1,651,588 —	1,651,588 —
VII.	—	du Culte catholique	563,715 —	463,415 —
IX.	Finances, dette nationale		35,125,828 —	35,064,853 —
X.	Départ. de la Guerre		12,458,000 —	12,313,000 —
XI.	—	des Colonies	98,755 —	97,774 —
Dépenses imprévues			500,000 —	500,000 —

portant application au déficit de 1843 de l'excédant des recettes coloniales pendant la même année, se montant à fl. 2,212,405 (1).

La population de la Néerlande s'élevait, au 1er janvier, à 2,927,343 habitants. Ainsi, un royaume qui ne comptait pas trois millions de citoyens était parvenu à servir les intérêts d'une dette de près de trois millions de francs, et, au moment où l'Europe avait pu croire qu'il allait être accablé sous le poids de cet immense fardeau, il avait trouvé dans l'élan de son patriotisme le moyen de faire face à la crise et avait sauvé par cet admirable effort son antique réputation de probité financière. Le 25 juin eut lieu la clôture de la session des États-Généraux. Le 21 octobre la session 1844-1845 fut ouverte. Le roi, dans son discours (*voy.* le texte

(1) Il résulte d'un tableau officiel des dépenses et des recettes de l'Inde Néerlandaise, pendant l'année 1843, que les dépenses effectuées dans l'Inde

sont évaluées à..	60,319,381 fl.
Les recettes à.	50,760,767 —
Déficit.	9,558,614 fl.

Les totaux des budgets des dépenses et des recettes des autres colonies néerlandaises sont, pour 1844,

ainsi qu'il suit.	950,000 fl.	950,000 fl.
Curaçao, Bonaire et Austra.	183,335 —	341,349 —
Saint-Eustache.	11,673 —	24,404 —
Saint-Martin.	14,343 —	23,703 —
Côte de Guinée.	700 —	61,889 —

Des chiffres officiels il résulte qu'il y aurait un déficit, sur les budgets de Curaçao, etc., de 158,014 fl.; équilibre entre les prévisions des dépenses et des recettes pour la colonie de Surinam; déficit pour Saint-Eustache, de 12,731 fl.; pour Saint-Martin, de 9,359 fl.; pour la côte de Guinée, de 60,189 fl. Tous les déficits devaient être couverts au moyen de l'excédant sur le budget de l'Inde, excédant ainsi établi.

Les recettes en Néerlande s'élèveraient, avec le résultat approximatif de la vente des produits, à 28,933,614 fl. Les dépenses montaient à 18,126,988 fl. Restait en plus 10,806,738 fl. En déduisant le déficit dans l'Inde, soit, en cuivre, 9,558,614 fl., et en argent, 8,445,253 fl., on aurait pour excédant sur l'exercice 1843 : 2,361,459 fl.

à l'Appendice), remerciait ses sujets de la scrupuleuse fidélité avec laquelle ils remplissaient les obligations qu'ils s'étaient imposées pour subvenir aux besoins de l'État. Le roi ajoutait :

« On a également conclu une convention avantageuse pour le placement de la dette belge. Les résultats ont de beaucoup surpassé les prévisions qui avaient servi de base aux plans financiers adoptés dans la dernière session des États-Généraux. Les budgets qui vous seront présentés porteront avec eux la preuve que mon gouvernement ne s'arrête pas dans la voie des sages économies. »

Enfin le discours royal annonçait que le gouvernement demanderait prochainement la discussion du projet de loi tendant à modifier dans la plupart de ses parties le tarif des droits d'entrée.

CHAPITRE III.

Confédération Germanique. — Révolution industrielle de l'Allemagne. — Tendances du *Zollverein*. — Dispositions politiques.

Autriche. — Politique de l'Autriche. — Modifications au tarif. — Chemins de fer. — Troubles de la Silésie et de la Bohême. — Exposition des produits de l'industrie. — Négociations pour le dégrèvement du commerce transylvanien. — Règlement des droits de douane sur le Danube. — Traité de commerce et de navigation avec le Mexique.

Hongrie. — *Vedegylet*. — Soumission de la noblesse magyare à l'impôt. — Demandes des États de la Gallicie. — Réclamations des États de Hongrie. — Conditions nouvelles d'éligibilité. — Mariages mixtes. — Sécularisation des biens du clergé. — Israélites. — Adoption de la langue hongroise. — Division des deux Chambres. — Troubles dans les comitats. — Mesures contre les émeutes. — Rescrit à ce sujet. — Chemins de fer.

Prusse. — *Relations extérieures*. — Tendances maritimes. — Traité avec la Belgique. — Rupture avec le Hanôvre. — Négociations avec les États-Unis. — Élévation des tarifs sur les marchandises anglaises. — Note de lord Aberdeen. — Non-ratification du traité avec l'Amérique. — Tentatives vers l'Autriche. — État financier du *Zollverein*. — Renouvellement du cartel d'extradition avec la Russie. — Négociations avec l'Italie. — Convention avec l'Autriche pour le chemin de fer de la Haute-Silésie. — Traité relatif au chemin de fer de Thuringe. — *Histoire intérieure*. — Réclamations des États provinciaux. — Liberté de la presse. — Censure. — Projet d'un nouveau code pénal. — Sympathies des provinces Rhénanes pour la législation française. — Refus du roi d'acquiescer à ces vœux. — Recès de la diète provinciale. — Chemins de fer. — Excès de la spéculation. — Mesures prises à cet égard. — Changements dans l'administration. — Taxe du port des lettres. — Troubles de la Silésie. — Leurs causes. — Intolérance religieuse à l'égard des Israélites. — Attentat contre la vie du roi. — Exposition de l'industrie. — Association centrale pour le bien-être des classes ouvrières. — Budget pour 1844.

Bavière—Sédition à Munich.

CONFÉDÉRATION GERMANIQUE.

Le caractère tout industriel de la révolution que traverse en ce moment l'Allemagne tend à laisser dans l'ombre le travail de rénovation qui rajeunit sans bruit et sans éclat les peuples d'outre-Rhin. Les espérances démocratiques incessamment trompées, le mouvement littéraire et philosophique amorti, l'influence politique annulée, ces trois causes si diverses ont jeté l'Allemagne presque tout entière dans une voie nouvelle, au bout de laquelle elle doit retrouver une influence d'une autre nature : l'influence de la richesse, du commerce et de l'industrie.

Au début de cette carrière encore mal connue pour elle,

l'Allemagne a déjà rencontré plus d'un obstacle. Les souffrances qui accompagnent les développements exagérés de l'industrie sont déjà venues l'assaillir : partout le paupérisme fait d'effrayants progrès. La lutte des produits nationaux contre les produits étrangers ne s'accomplit pas sans défaites, et l'arme la plus importante, une marine nationale, fait défaut au commencement du combat. Malgré toutes ces difficultés, le *Zollverein*, car c'est là désormais toute l'Allemagne, le *Zollverein* étend sa puissance et sa force d'absorption s'accroît incessamment (*voy.* Prusse).

Quant à l'Allemagne politique, son rôle est de jour en jour moins important dans la balance du monde. L'enfantement industriel du *Zollverein*, la résistance de l'Autriche et la nécessité du progrès matériel partout acceptée ne laissent guère de place à l'autocratie politique. L'influence russe semble se développer tous les jours en Allemagne, sinon sur les peuples, du moins sur les princes. De là ces défiances habilement entretenues contre la France, de là ces apprêts menaçants contre un peuple qui n'a que des sympathies pour la nation germanique; de là cette incurie qui ferme les yeux à l'Allemagne, sur les empiétements successifs de la politique moscovite.

Ce ne sont pas seulement les petits royaumes du midi de l'Allemagne qui emploient leurs ressources à bâtir des forteresses le long du Rhin. La Prusse elle-même semble encore préoccupée des idées surannées d'une lutte avec la France. Moins sur ses gardes du côté de la Russie, qui la menace beaucoup plus sérieusement dans l'avenir, la Prusse s'épuise en efforts pour faire de Cologne une des premières places d'armes de l'Europe, tandis qu'elle n'a sur ses frontières orientales que des citadelles de second ordre. Les travaux de fortification de Cologne se poursuivent, même pendant l'hiver, avec une infatigable activité.

AUTRICHE.

La politique de l'Autriche est trop connue pour qu'il soit nécessaire d'y revenir encore. Son rôle dans l'Orient et dans l'Italie a été apprécié ailleurs (*voy.* Turquie et Italie); quant à l'influence de l'empire dans la politique générale, elle est, on le sait, à peu près nulle. Toute la question d'avenir que semble s'être posée l'Autriche, c'est son accession plus ou moins tardive au *Zollverein*. Cet événement ne fait plus doute aujourd'hui, et le projet si vanté d'une association douanière italienne, dont on avait fait quelque temps honneur au gouvernement autrichien, semble entièrement abandonné aujourd'hui.

L'histoire intérieure de l'empire offre cette année peu d'événements intéressants. Plusieurs modifications au tarif furent mises en vigueur dès le 1er juillet; les plus importantes étaient une diminution du droit d'entrée sur les fils de coton de 15 florins à 12 florins 30 kreutzers le quintal; sur le café, de 21 florins à 12 florins 30 kreutzers. La partie la plus importante du nouveau tarif des droits serait une diminution sur les cotons importés. On laissait, à vrai dire, subsister un droit protecteur, mais la diminution était assez réelle pour favoriser les fils de coton des filatures anglaises.

L'empereur sanctionna l'établissement du chemin de fer central de la Hongrie. Il autorisa, en même temps, la société du chemin du Nord à continuer un embranchement de Gaensendorf à la frontière hongroise, lequel devrait établir la communication par Presbourg. En 1845 serait aussi entreprise la construction du chemin de fer de l'État, qui mènerait vers la frontière bavaroise. Cependant les succès récents du chemin de fer atmosphérique semblaient avoir fait surgir le projet d'une communication, d'après ce système, avec Salzbourg et la rive droite du Danube.

La Silésie autrichienne et la Bohême eurent, comme la

Prusse (*voy.* plus bas), leurs émeutes d'ouvriers ; mais les troubles y furent causés par des causes purement locales, et eurent une gravité moins grande que dans la Silésie prussienne. Toutefois l'organisation industrielle appelait, là aussi, des réformes nécessaires ; les grands capitalistes et fabricants y exerçaient sur les producteurs moins riches, et par suite sur les ouvriers, un monopole oppresseur. Il y eut cependant, en dehors des conditions mauvaises de l'industrie, des mouvements particuliers qui indiquaient des aspirations politiques d'un genre nouveau, des exagérations derrière lesquelles se cache toujours l'idée de progrès, lorsqu'elle cherche à s'introduire dans les gouvernements absolus. Ainsi la question du paupérisme eut ses poètes en Bohême, et des chants révolutionnaires (1) encouragèrent le peuple dans la rébellion.

L'activité apportée par la Prusse au développement de son industrie nationale excita sans doute l'Autriche à prendre sa part de ce mouvement qui tend à donner à l'Allemagne une influence industrielle indépendante des autres pays ; l'exposition de Berlin (*voy.* Prusse) eut son contre-coup dans l'empire. Au terme d'un décret impérial, promulgué ou commencement de mai, il y aurait, en 1845, une exposition générale de l'industrie dans la capitale de l'empire ; de pareilles expositions se renouvelleraient à l'avenir tous les cinq ans.

L'histoire des relations extérieures offre peu de résultats dignes de remarque ; des obstacles suscités au commerce transylvanien en Valachie, par suite de l'augmentation des droits d'entrée des marchandises transylvaniennes, portés de 3 à 5 pour 0/0 par le gouvernement, furent aplanis, grâce

(1) Entre autres une hymne en langue bohême, portant pour titre : *Pisen a rebeli.*

à l'intervention du cabinet autrichien auprès de la Porte, laquelle engagea le gouvernement valaque à retirer cette mesure onéreuse; les droits d'entrée furent fixés comme primitivement à 3 pour 0/0. Le gouvernement autrichien faisait aussi des démarches actives pour régler ses affaires de douane sur le Danube, où était prélevé un droit de 12 pour 0/0 sur les marchandises venant des états autrichiens.

Un traité d'amitié, de commerce et de navigation, conclu l'année dernière entre S. M. l'empereur d'Autriche et la république du Mexique, avait éte ratifié le 8 août 1843.

HONGRIE.

Le royaume de Hongrie, agité, comme à l'ordinaire, par des tendances diverses hostiles à l'influence impériale, présenta de plus cette année un mouvement industriel qui tend à arracher la Hongrie à la dépendance de l'Autriche. Une association nationale s'y forma sous le nom de *Vedegylet*, pour faire préférer, dans toutes les parties du royaume, les produits de l'industrie hongroise à ceux de l'industrie autrichienne ou aux exportations étrangères qui, jusqu'alors, envahissaient les marchés de la Hongrie.

Le *Vedegylet* n'est pas, au reste, la seule difficulté sérieuse que présente la Hongrie au gouvernement autrichien. Une autre question sur laquelle se porte l'attention du cabinet de Vienne, c'est la soumission de la noblesse maghyare à l'impôt; toute la haute aristocratie consent à laisser peser sur ses domaines les mêmes charges que subissent les terres non privilégiées. Seule, la partie pauvre de la noblesse maghyare, qui ne possède rien que ses titres, et qui, semblable au peuple pour tout le reste, n'en diffère quepar sa totale exemption d'impôt, s'obstine à combattre la mesure fiscale réclamée par l'administration autrichienne.

Les états nommèrent une commission qui devrait préparer la solution de la question de savoir quelles seraient les mesures à prendre pour assurer à l'État des ressources financières, sans grever ses habitants non nobles. C'était annoncer que l'impôt leur paraissait devoir être, à l'avenir, payé par les nobles aussi bien que par les bourgeois.

Il fut décidé, le 29 août, à une majorité de 26 voix contre 19, que les personnes non nobles pourraient acquérir et posséder des biens fonds. Jusqu'à ce jour, ces personnes ne pouvaient acquérir de biens fonds que par voie de gage ou d'hypothèque.

La suppression de la dîme et des corvées, déjà réclamée l'année dernière par la diète provinciale de la Basse-Autriche, fut encore demandée par les états de la Gallicie et avec aussi peu de succès.

En Hongrie, les réclamations sont plus nombreuses et prennent d'année en année un caractère plus inquiétant.

Quelques modifications furent proposées, cette année, à la loi électorale; l'admission de 16 voix dans les états serait accordée aux villes, à condition que l'on adopterait l'organisation nouvelle des institutions municipales depuis si longtemps réclamée; sans cette réforme, il n'y aurait point d'augmentation des voix. Le projet de réorganisation municipale reposait sur des principes essentiellement démocratiques; le droit de bourgeoisie serait désormais acquis avec facilité, et les israélites eux-mêmes y seraient également admis. Tel était le projet adopté par la seconde chambre des états, mais qui devait rencontrer dans le parti conservateur de sérieuses résistances.

La question des mariages mixtes parut devoir être décidée dans le sens de la tolérance. Une résolution royale du 5 juillet 1843 avait recommandé aux états de faire une proposition concernant l'éducation des enfants issus de mariages mixtes, pour qu'il n'existât aucune contrainte à cet égard. Cette proposition devait s'accorder avec les principes de la religion catholique, sans compromettre la liberté de conscience des personnes appartenant aux autres religions (*voy.* l'Annuaire de 1843, pag. 268). Conformément aux principes exposés dans la résolution du 5 juillet 1843, S. M. l'empereur refusait son consentement à toute loi qui contrarierait la liberté de la conscience. Bien que fermement attachée à la religion catholique, S. M. désirait qu'on évitât toute disposition impérative pour les personnes qui voudraient contracter mariage; les parties pourraient prendre par écrit ou verbalement tel engagement qu'il leur conviendrait, sans que ces engagements eussent une valeur judiciaire. De cette manière, on éviterait tous les inconvénients qui résulteraient d'une loi formelle.

Le principe de la sécularisation des biens du clergé fut admis par la seconde chambre, à une très-faible majorité. Une solution complète de cette question semblait, au reste, devoir pour longtemps encore rester impossible.

Quant à la situation des israélites, un projet soumis à une commission de la diète proposait de leur donner les mêmes droits qu'aux personnes non nobles. Ce projet fut rejeté à une grande majorité; mais une autre proposition, relative à l'impôt de tolérance, fut adoptée, et il fut décidé en outre que les israélites pourraient habiter des villes de mines et acquérir des biens fonciers.

Dans l'une des premières séances de la diète de Presbourg fut lu un rescrit impérial concernant l'usage de la langue hongroise dans les affaires et discussions politiques et administratives. Aux termes de ce rescrit, les propositions, résolutions et arrêtés impériaux seraient, à l'avenir, rédigés en langue hongroise; les délibérations et discours des deux chambres de la diète ne pourraient avoir lieu que dans cette langue. Néanmoins les députés croates pourraient, pendant six ans encore, se servir de la langue latine. Les autorités administratives d'Ofen devraient, dans leurs rapports avec les administrés, se servir de la langue hongroise; les tribunaux de la Croatie seraient tenus de recevoir des requêtes rédigées en langue hongroise, mais ils pourraient provisoirement correspondre en langue latine. Le gouvernement annonçait l'intention de prendre des mesures pour que la langue hongroise fût enseignée dans les établissements publics.

L'importance des travaux de la diète hongroise fut telle qu'il fallut prolonger la session pour quelques mois. Mais ces réunions des députés et des magnats furent plus souvent fécondes en disputes et en rixes qu'en délibérations utiles. Dans les discussions sur la loi pénale, le principe du jugement par jurés, adopté par la deuxième chambre, fut rejeté par les magnats. Il fut impossible aux deux chambres de s'entendre sur une autre question; la seconde chambre eût voulu voir les finances administrées par des fonctionnaires choisis par la diète; les magnats voulurent, au contraire, que ces fonctionnaires fussent choisis par le roi.

Les assemblées de comitats furent, comme à l'ordinaire, le théâtre de luttes à main armée entre les divers éléments que renferme le royaume. Des désordres graves eurent lieu à Komorn, à l'occasion de l'élection de plusieurs fonctionnaires du comitat. Une véritable mêlée s'engagea dans la ville, et plus de trente personnes furent blessées ou tuées (mars).

Une autre assemblée qui eut lieu, le 30 avril, dans le comitat de Neutra, amena des rixes et même un pillage. A Presbourg même, la veille de l'élection d'un député, le sang coula, et il fallut l'intervention de la force armée pour mettre fin à une rixe qui eut de déplorables résultats.

Les États cherchèrent les moyens d'empêcher le retour des excès qui se produisent ordinairement dans les élections des comitats. A cette occasion les conditions d'éligibilité furent libéralement étendues. Il fut décidé : 1° qu'à l'avenir les fonctions dans les comitats pourraient aussi être données à des personnes qui n'appartiendraient pas à la noblesse; 2° que toutes les notabilités, les avocats, les médecins, les fabricants qui occupent au moins cinquante ouvriers auraient droit d'élection dans les comitats.

Enfin des luttes graves engagées à Presbourg même rendirent nécessaire le rescrit suivant adressé par l'Autriche à l'archiduc Palatin; on y parlait d'une loi devenue nécessaire pour prévenir le retour de pareils désordres.

« Nous avons été profondément affligés en apprenant les excès que les jeunes gens de Presbourg ont commis en pleine rue le 1er courant, en violant le sauf-conduit de la diète donné à M. Dourey, député du comitat de Szàtmar. Nous avons déjà déclaré dans nos propositions royales que nous voulions protéger, d'après les lois (art. 62, 1625, et art. 1er, 1723), la liberté des suffrages contre la licence indiscrète de ceux qui ne sont pas membres du corps législatif, et nous regardons comme un de nos principaux devoirs d'apprécier convenablement la liberté légale de la parole, et de maintenir avec soin la sûreté personnelle de tout individu membre de la diète.

» Néanmoins, parmi ceux à qui il convient uniquement d'assister aux discussions publiques silencieusement, avec décence et tranquillité, on a remarqué en ce temps-ci des individus dangereux, tels qu'on ne les tolère en aucune nation, leur admission étant abusive et contraire aux lois du pays. En effet, elle a pour résultat d'empêcher un député de remplir sa grave et importante mission. Ces malfaiteurs qui, dans le cours de la présente diète, ont osé insulter itérativement plusieurs députés, se sont rendus coupables de violation du sauf-conduit donné par la diète, compromettent la sûreté des personnes et des propriétés, et ne peuvent être tolérés dans aucun État policé. Ainsi, tout en supposant que les mesures nécessaires seront adoptées pour châtier les auteurs des derniers excès, nous vous chargeons de nous soumettre un projet de loi conçu dans le sens de nos propositions royales et de notre volonté déclarée, attendu que ce qui s'est passé montre la nécessité d'une loi qui préviendra le retour d'un scandale pareil. FERDINAND. »

La Hongrie participera bientôt aux bienfaits de la civilisation et de l'industrie moderne. Pesth vit, cette année, bénir par le clergé hongrois l'ouverture des travaux du chemin de fer qui devra traverser en ligne droite toute la Hongrie, de Presbourg à Debreczin.

PRUSSE.

La Prusse, devenue la tête de l'association douanière allemande, a, on le sait, un grand but à atteindre. Créer au *Zollverein* une marine indépendante, telle est l'idée qui guide ce royaume et qui lui fait supporter de nombreux échecs dans ses tentatives pour absorber les États maritimes allemands ou limitrophes de l'Allemagne. Le Hanovre et les villes libres de Lubeck, Brème et Hambourg, d'un côté, la Néerlande et la Belgique, de l'autre, tels sont les obstacles qui s'opposent à ce vaste dessein. Des liens de sang et d'influence retiennent le Hanovre sous la domination morale de l'Angleterre. La Néerlande ne peut se faire à l'idée de se fondre dans une nationalité qui n'est pas la sienne, et d'abdiquer un rôle maritime autrefois si glorieux. Quant à la Belgique, on l'a vu, ses sympathies, ou du moins ses intérêts, semblent la porter de plus en plus vers le *Zollverein*. Il serait inutile de revenir sur le traité conclu, cette année, entre ces deux puissances. On en a étudié l'histoire et l'importance à l'article BELGIQUE. Il est bon d'observer seulement que la cause déterminante de ce traité si favorable à la Prusse fut la suspension du péage de l'Escaut par l'arrêté royal du 2 juillet. La Belgique avait frappé au cœur, par cette mesure, les plus sérieuses espérances de l'association allemande. Désormais, après la réconciliation éclatante des deux pays, la jonction de l'Escaut au Rhin n'est plus une œuvre isolée et sans importance. L'Allemagne a trouvé un débouché maritime, en même temps que la Belgique s'est assuré l'approvisionnement de l'Allemagne occidentale.

L'accession des villes hanséatiques, telle est désormais la véritable difficulté pour la Prusse. De tous les côtés, par tous les moyens, elle cherche à renverser cet obstacle. Dans les clauses d'un traité conclu avec le Portugal, elle insère un article relatif aux villes hanséatiques, pour lesquelles sont garantis les mêmes avantages commerciaux que pour les villes prussiennes elles-mêmes. Ainsi elle cherche à faire tomber ces barrières qui isolèrent si longtemps ces petites républiques maritimes du reste de l'Allemagne.

Mais le refus d'accession du Hanovre à l'association allemande entraîne et entraînera peut-être encore longtemps celui des trois villes libres. Un traité récemment conclu entre l'Angleterre et le Hanovre, relativement aux droits de Stade, paraît devoir fermer encore pour longtemps à l'union germanique ces issues si désirées sur la mer du Nord entre la Néerlande et le Danemarck (*voy.* HANOVRE). Ce ne fut pas sans dépit que la Prusse vit ainsi déçues ses plus chères espérances. Dans une note adressée par le cabinet prussien à celui de Hanovre, on remarquait la phrase suivante : « Le royaume de Hanovre, pour avoir un prince anglais sur le trône, n'en est pas moins resté un État de la Confédération germanique. »

En même temps qu'il s'adressait en vain aux villes hanséatiques, le royaume de Prusse offrait son alliance aux États transatlantiques, pour l'échange des produits du tropique contre les produits septentrionaux de l'Allemagne. Un traité de commerce fut proposé aux États-Unis. La clause principale était que les États-Unis ne paieraient pas au-delà de vingt-cinq pour cent de leur valeur les toiles, les bijouteries, les pipes, la bimbeloterie et les verreries d'Allemagne; en retour, le *Zollverein* abaisserait d'un quart les droits d'entrée sur les tabacs d'Amérique, à condition que ces tabacs ne passeraient plus par Hambourg et Lubeck, mais par Anvers et Cologne, c'est-à-dire, par la Belgique. L'entrée du coton, du crin et d'autres articles de commerce très-importants pour les États-Unis ne serait plus soumise qu'à un droit presque nominal.

En même temps qu'il abaissait ses tarifs pour les produits d'Amérique, le *Zollverein* les élevait pour les marchandises anglaises. Jusqu'ici l'Allemagne avait été pour les Anglais un marché ouvert presque sans conditions : en effet, l'acier et la fonte, qui paient par quintal de 30 à 100 francs à la frontière de France, et de 12 à 25 francs à la frontière autrichienne et russe, n'étaient taxés qu'à un thaler le quintal par le *Zollverein*. Le fer brut anglais, qui n'entrait en Belgique qu'en payant 5 francs pour 100 kilogrammes, 7 francs en France et 10 roubles en Russie, pénétrait *sans droit* dans les États de l'association allemande.

Les mousselines et les fers anglais furent frappés d'un droit considérable à l'entrée du *Zollverein*.

Des notes furent échangées à ce sujet entre lord Aberdeen et le ministre prussien, M. le baron de Bulow. Le ton le plus amer régnait dans ces documents, où chacune des deux parties exposait ses griefs. Après s'être plaint énergiquement des exigences toujours croissantes du *Zollverein*, qui n'acceptait plus les produits britanniques qu'en les soumettant à des droits d'entrée de plus en plus onéreux, lord Aberdeen représentait la Prusse chargeant de droits d'entrée énormes les mousselines de laine, et jusqu'au fer brut d'Angleterre, si nécessaire aux allemands, qui ne pourraient plus se le procurer qu'à un prix démesurément élevé. Convaincu qu'il ne devait plus attendre ni sympathie ni concours de la part des états du *Zollverein*, le cabinet de Londres trouvait qu'il serait indigne de la majesté britannique de continuer plus longtemps des rapports commencés sous des auspices plus heureux; il finissait même en déclarant qu'il voyait dans l'emploi des mesures prussiennes une hostilité commerciale non déguisée (*undisguised commercial hostility*), et qu'il était décidé à se prémunir contre elle par tous les moyens possibles. Ainsi les derniers liens du traité Brunow paraissaient désormais rompus.

L'Angleterre protestait donc énergiquement, au nom même de l'Allemagne blessée, disait lord Aberdeen, dans ses intérêts les plus chers, puisque, s'il n'a pas le fer à bon marché, un pays ne peut se procurer les ustensiles les plus nécessaires à l'industrie. «L'Angleterre, disait la note officielle, y perdrait peu de chose, puisqu'elle n'exporte pas pour toute l'Allemagne plus de 27,000 tonnes de fer et d'acier par an, ce qui n'est à peu près que les deux centièmes de ce que ses mines produisent... Ce qui a alarmé la Prusse est sans doute de voir que cette importation, encore bornée à 18,000 tonnes en 1839, s'est élevée à 50,000 en 1841... Mais cette augmentation ne peut être attribuée qu'à l'extrême bon marché du fer anglais, ce qui, loin de lui donner l'exclusion, devrait lui assurer la préférence de la part d'un gouvernement ami des consommateurs. Loin de là, il semble, depuis quelque temps, que la Prusse veuille rompre tout-à-fait avec l'Angleterre.»

Le traité avec les États-Unis ne fut pas ratifié par le Sénat américain. Les faveurs demandées pour les produits de fabrique allemande avaient paru aux représentants de l'Amérique une condition exorbitante. Mais une autre espérance commençait pour l'union douanière dont la Prusse est la tête : l'adjonction de l'Autriche au *Zollverein*. On pouvait penser, en effet, que le cabinet de Vienne travaillait à cette adjonction en abaissant les droits d'entrée sur une foule de produits du *Zollverein*.

Dans un message adressé au congrès, le président des États-Unis avait, il est vrai, signalé les nombreux avantages que l'union américaine retirerait infailliblement de la conclusion d'un traité de commerce avec l'union allemande. M. Wheaton, chargé d'affaires de l'union américaine à Berlin, s'était empressé d'envoyer M. Mark, consul américain, avec des dépêches dans lesquelles il appelait l'attention du gouvernement américain sur les avantages que lui offrirait un traité de commerce conclu avec l'union de douanes allemandes. M. Mark reçut du gouvernement américain de pleins pouvoirs pour M. Wheaton; les négociations furent suivies avec activité, et elles parurent aboutir. Un traité fut, en effet, signé, mais non ratifié, duquel il résultait que les États de l'union de douanes allemandes consentaient à diminuer l'entrée sur le tabac américain. De son côté, l'union américaine consentait à diminuer les droits de tarif imposés à la plupart des articles de fabrication allemande qui ne forment pas une branche de produits des manufactures américaines. Les marchandises ne paieraient qu'un droit de 20 p. 100. Le tabac américain seul et les articles de fabrique allemande jouiraient de ces avantages.

Malgré cet échec, le développement du *Zollverein* est assez imposant pour que l'avenir de l'association ne puisse inspirer à l'Allemagne des craintes sérieuses. Le tableau des recettes annuelles du *Zollverein*, qui, en 1834, n'offrait encore que 14 millions, s'élevait déjà, en 1842, à 22 millions de thalers, chiffre où lés droits d'entrée sur le café et le sucre figurent pour moitié. Ce développement ne pourra que s'accroître, quand un système prohibitif raisonnable aura taxé l'entrée des produits étrangers comme ils le sont partout ailleurs.

La Prusse ne se contente pas de resserrer les liens de la grande fédération commerciale allemande, elle aspire nécessairement à devenir une puissance maritime et coloniale. Il n'est pas à croire qu'elle puisse réussir également dans cette tentative. Jusqu'à présent elle ne possède, en fait de marine militaire, que l'*Amazone*, corvette de 24 canons, lancée cette année à Stettin, et dont elle partage la jouissance comme d'une propriété indivise avec les autres États du *Zollverein*. Quant à ses colonies, elles consisteront en une vaste étendue de terrains situés dans la presqu'île de Malacca et achetés dernièrement.

Le tableau des relations extérieures présente un aspect peu important en ce qui ne concerne pas l'industrie. La Russie parut reprendre cette année sur la Prusse une influence nouvelle.

Le cartel pour l'extradition des déserteurs fut, contre toute attente, renouvelé, le 20 mai, entre la Prusse et la Russie. Par cette convention, mise en vigueur à partir du mois d'août, les deux États s'obligeaient à faire l'extradition des déserteurs aussitôt qu'ils seraient reconnus; mais, en ce qui concernait les individus soumis au service militaire, l'extradition n'en pourrait avoir lieu que sur réquisition préalable des autorités; après deux années, la demande d'extradition ne pourrait plus être formée. Dans le traité précédent, la prescription avait été fixée à cinq années.

Un article formel du traité portait que le traité ne serait point applicable aux déserteurs et aux individus soumis au service militaire qui auraient passé sur le territoire prussien depuis l'expiration du dernier cartel jusqu'à la conclusion du cartel nouveau.

Le nouveau cartel réglait l'extradition des criminels; mais l'extradition ne pourrait avoir lieu que lorsque le crime serait puni par les lois de l'État auquel la demande serait adressée. A cet égard, l'appréciation était abandonnée aux tribunaux. Il faudrait qu'il y eût un jugement rendu, ou du moins un ordre de commencer la procédure. Les sujets de l'un ou de l'autre État ne seraient point soumis à l'extradition; la règle ne s'appliquait qu'aux étrangers.

Le nouveau cartel portait que chaque État serait obligé de se charger de ses propres sujets dans le cas d'expulsion.

L'application de ce principe était abandonnée aux autorités de la frontière, mieux placées pour apprécier l'affaire et 'entendre avec les autorités de l'autre État.

Le cartel prévoyait aussi le cas de violation de territoire qui aurait lieu à l'occasion de la poursuite de fugitifs ou de contrevenants. Tout acte d'un fonctionnaire serait considéré comme violation, et des commissaires mixtes examineraient ces cas particuliers.

Des négociations actives entamées par le *Zollverein* et les États d'Italie tendent à donner à la marine allemande un transit qui jusqu'à présent se faisait par la France et par l'Angleterre.

Une convention fut conclue entre les gouvernements de Prusse et d'Autriche, en vertu de laquelle le chemin de fer de la Haute-Silésie, actuellement en pleine construction, sera relié à celui de l'empereur Ferdinand, moyennant un *rail-way* qui ira d'Oppeln, en passant par Gleinitz à Neumuntz, situé en Autricbe, tout près de la frontière prussienne. La convention portait que cette voie intermédiaire, dont la longueur sera d'environ vingt-huit milles d'Allemagne, ou à peu près trente-deux lieues de France, doit être achevée en cinq ans, espace de temps dans lequel doit être aussi fini le *rail-road* l'Empereur Ferdinand, sur lequel, comme on le sait, s'embrancheront, d'un côté celui de Trieste à Vienne, et de l'autre côté celui de Varsovie à la frontière autrichienne.

Grâce à ces combinaisons, l'époque n'est plus éloignée où l'on pourra aller de Hambourg, située à l'extrême limite septentrionale de l'Allemagne, jusqu'à Trieste, par une ligne de chemins de fer, et alors se trouvera réalisée la jonction de la mer du Nord à la mer Adriatique.

Un autre traité relatif au chemin de fer de la Thuringe

fut signé, dans les premiers jours de mai, entre la Prusse, Saxe-Weimar et Saxe-Cobourg-Gotha.

Une autre préoccupation constante des États, c'est la réforme du Code pénal. Sur cette question, le gouvernement prussien n'a jamais changé d'intention ; il cherche à repousser les restes de la législation française, encore si vivaces dans les provinces rhénanes, et à soumettre le royaume tout entier à une législation uniforme. Un rescrit royal à ce sujet déclarait aux États la volonté du gouvernement, et leur remontrait l'inutilité de leurs réclamations annuelles.

Il y était dit que le roi avait vu avec peine que les États avaient examiné les matières avec peu d'impartialité. Toutefois, comme les États avaient adopté l'avis de leur commission sur le projet du Code pénal, S. M. le prendrait en considération lors de la délibération et des travaux définitifs sur cette loi. Mais S. M. repoussait d'une manière d'autant plus formelle la proposition d'un nouveau projet du Code pénal basé sur la législation française, qu'elle s'était fait une tâche de fortifier, sous tous les rapports, l'esprit allemand et le système des institutions allemandes.

Dans le recès de la Diète du 26 mars 1859, le feu roi avait annoncé à la diète rhénane son intention d'introduire dans la monarchie prussienne un code pénal qui prendrait le bien partout où il serait possible de le trouver. Les votes des sept diètes rhénanes consécutives n'avaient pu que fortifier dans son successeur cette sage pensée. S. M. cherchait à rassurer les États sur les suites possibles du nouveau projet, et sur l'influence qu'il était appelé, après son adoption, à exercer sur la procédure dans la province du Rhin. Le désir plusieurs fois manifesté par S. M. de ne porter aucune atteinte à cette procédure ne devait laisser aucune inquiétude à ce sujet.

Les États s'étaient également plaints de ce que les projets de loi avaient été communiqués tardivement, et qu'ainsi on leur avait rendu plus difficile l'accomplissement de leur tâche. Un mémoire joint au recès par le ministre de l'Intérieur déclarait que les projets avaient été communiqués aussi promptement que possible.

Les États demandaient la transformation des commissions des diètes en États. S. M. refusait absolument de souscrire à cette demande.

Les États avaient aussi exprimé le désir que les noms des orateurs fussent insérés dans les procès-verbaux de la diète destinés à la publicité, ainsi que la publicité des séances. Le roi repoussait la première requête et, quant à la seconde, S. M. la déclarait contraire au paragraphe 46 de la loi du 27 mars 1824.

Quelle que soit, au reste, la force de résistance opposée par le gouvernement prussien au développement des idées libérales, il n'en est pas moins vrai, et sans doute le sentiment secret de cet avenir n'influe pas médiocrement sur les actes de la couronne, que les États provinciaux ne sont qu'un premier pas vers une grande unité politique qui, quelque jour, s'organisera toute seule, si le pouvoir ne se met sincèrement à la tête d'un mouvement tôt ou tard irrésistible.

Les chemins de fer commencent à sillonner le royaume.

L'importance de ces travaux, que l'État seul ne pouvait exécuter dans toute leur étendue, avait, à la fin de l'année dernière, surexcité la spéculation d'une manière dangereuse. Il devenait à craindre que le commerce et l'industrie ne se vissent retirer une masse de capitaux indispensables que retiendraient, sans aucun profit pour la richesse publique, des opérations trop souvent fictives.

Ce n'était pas tout encore. A côté des chemins de fer déjà autorisés, ou de ceux qui devaient préférablement être construits d'après les résolutions des comités réunis des États, des projets particuliers, présentant peu de chances d'exécution prochaine, appelaient des souscriptions nombreuses et menaçaient ainsi de paralyser les forces productives du royaume.

Le gouvernement s'émut de cet état de choses et pensa qu'il était temps de mettre des bornes à ces projets, qui ne semblaient devoir être que l'occasion d'un jeu dangereux sur des actions illusoires. Un arrêté du ministre des Finances, M. de Bodelschwing, à la date du 11 avril, porta à la connaissance du public qu'il ne serait plus, d'ici à quelques années, accordé d'autorisations pour des lignes autres que celles désignées dans l'ordre de cabinet du 22 novembre 1842, conformément aux délibérations des comités des États, à moins qu'une exception ne fût jugée nécessaire pour quelques voies importantes et d'un intérêt général transcendant.

Relativement aux moyens de se procurer les ressources nécessaires pour la construction des chemins de fer qui pourraient être autorisés, on adopterait des mesures d'urgence pour l'émission des actions. Les souscriptions anticipées d'actions, comme il y en avait tant eu dans ces derniers temps, et qui avaient servi à la création de nouveaux papiers pour l'agiotage, ne seraient plus prises en considération, et l'attention du public était appelée par le ministre sur le danger d'acheter des promesses d'actions de chemins dont la construction n'était pas même autorisée. Ces mesures prises par l'autorité eurent pour résultat de déprécier les actions, et amenèrent une crise dans le monde financier. Peut-être eût-il mieux valu abandonner la spéculation à elle-même que de la troubler ainsi violemment et d'aggraver ainsi le mal en voulant y porter remède.

Ce fut là le résultat d'une ordonnance en date du 24 mai, concernant l'ouverture des souscriptions d'actions pour les entreprises de chemins de fer et la circulation de papiers émis à ce sujet. Aux termes de cette ordonnance, personne ne pourrait, sans l'autorisation du ministre des Finances, ouvrir aucune souscription d'actions, ni se charger d'aucune annonce d'actions d'entreprise de chemins de fer. Toute infraction à cette disposition entraînerait une amende de 500 à 800 thalers (1,875 à 3,000 fr.), et en outre la confiscation du gain obtenu par ce moyen. Tous traités ayant pour objet des promesses d'actions, titres provisoires, quittances volantes, et toute émission de papiers indiquant une participation à une entreprise de chemins de fer, si la date en était antérieure au règlement définitif et intégral du montant à payer sur les actions ou obligations, n'auraient de validité que dans le cas de leur exécution stricte et immédiate par les deux parties ; ils seraient, dans le cas contraire, frappés de nullité sans exception. Aucune plainte en justice ne pourrait être admise, ni aucune exécution avoir lieu à l'occasion de semblables traités ou de compromis passés sur des affaires ainsi annulées. Il était défendu, sous peine d'interdiction, à tous courtiers ou agents publics et assermentés de négocier ou de traiter aucune affaire autre que celles destinées à recevoir, de la part des deux parties, une exécution immédiate et complète. Défense était également faite, sous peine d'interdiction, aux courtiers ou agents publics, de s'entremettre à l'effet de négocier ou de conclure directement ou indirectement aucune affaire relative aux valeurs déjà émises ou à émettre à l'avenir pour la participation à des entreprises à l'étranger par actions ou par voie d'emprunt, avant le règlement définitif et complet du montant à payer sur les actions et obligations, sans distinguer si les deux parties exécuteraient immédiatement ou non leurs engagements.

Une modification assez importante fut faite à l'administration : un bureau de commerce fut formé sous la direction de M. de Roenne, ancien ministre prussien aux États-Unis. Ce n'était pas là, à proprement parler, un ministère du commerce proprement dit, mais seulement un bureau dépendant du ministère des Finances.

Pour faciliter les opérations du nouveau bureau du commerce, les notables commerçants de chaque province furent invités à envoyer auprès du gouvernement une commission composée de négociants, que le président du bureau du commerce consulterait sur tous les intérêts du commerce et de l'industrie des diverses provinces de la monarchie. Le président, après avoir recueilli tous les renseignements nécessaires, ferait un rapport aux divers ministères, et notamment à celui des Affaires étrangères, pour amener la conclusion de traités de commerce et de navigation. Ce travail préparatoire faciliterait la discussion des traités dans le sein des États.

Une autre modification moins grave fut la retraite du comte d'Alversleben et de M. de Bodelschwingh. Le premier resta membre du conseil d'Etat ; M. de Bodelschwingh fut récompensé de ses longs et honorables services, par le titre de ministre d'État et de cabinet. M. de Flotwell le remplaça au ministère d'Etat et des Finances.

Un autre changement eut lieu dans le ministère de la justice. M. Euhmann y remplaça M. Mülher, qui se retirait momentanément du service public pour y rentrer plus tard, comme premier président du tribunal supérieur privé.

La taxe du port des lettres subit une réduction assez notable, à partir du 1er octobre. On remarquait dans cette réforme la prudente lenteur ordinaire à l'administration allemande (1).

L'événement le plus grave de l'histoire intérieure est dans

(1) Au moment où chez nous il est question d'une réforme postale, il est curieux de connaître la taxe des lettres dans un pays qui commence à accomplir cette réforme, non pas d'une manière radicale, comme en Angleterre, mais avec la prudence qui caractérise le gouvernement prussien. Voici le nouveau tarif :

Port d'une lettre simple, jusqu'à la distance de 5 milles (37 kil.), 1 silbergros (12 cent. 1/2) ; de 5 à 10 milles (37 à 74 kil.). 1 1/2 silb. (18 cent. 3/4) ;

les troubles graves qui éclatèrent en Silésie au commencement du mois de juin. C'est en vain que les journaux allemands s'efforcèrent, grâce à l'intervention de la censure, de représenter ces troubles comme des tentatives isolées et promptement réprimées de quelques ouvriers tisserands qui demandaient une augmentation de salaire.

La fabrication des toiles est une des principales branches d'industrie de la Silésie. Les étoffes tissées de ce pays se recommandent surtout par leur bon marché. Malheureusement cet avantage n'est obtenu que par une diminution considérable du prix de la main-d'œuvre. C'est ce qui réduit à la dernière misère des milliers d'ouvriers, qui ont en général à pourvoir à la subsistance d'une nombreuse famille.

La révolte éclata à Peterswalden et à Langenlieau, et de déplorables conflits eurent lieu entre les ouvriers et la force armée. De là elle s'étendit à Reichenbach, à Landshut, à Schwedberg, à Langenbrelau, à Leutmanndorf, au comté de Glatz. Dans son rapport au ministère de la guerre, tout en dissimulant la gravité des événements, le général commandant de la province essayait de faire remonter l'origine de ces troubles à la propagation des idées communistes. Le communisme est, on le sait, le nom que donnent les gouvernements absolus à toutes les idées progressives dont ils redoutent l'introduction, à toutes les plaintes fondées ou non qu'ils cherchent à étouffer. La véritable cause des troubles de la Silésie, c'est la misère indescriptible qui ravage les populations manufacturières; c'est l'atroce cruauté des chefs d'ateliers, des grands propriétaires. Les questions de salaires sont dangereuses dans les pays libres;

de 10 à 15 milles (74 à 112 kil.), 2 silb. (25 cent.); de 15 à 20 milles (112 a 148 kil.), 2 1/2 silb. (31 cent. 1/4); de 20 à 30 milles (148 à 222 kil). 3 silb. (37 cent. 1/2); de 30 à 50 milles (222 à 370 kil.), 4 silb. (50 cent.); de 50 à 100 milles (370 à 730 kil.), 5 silb. (62 cent. 1/2); au delà de 100 milles, pour toute distance dans l'intérieur de la monarchie, 6 silb. (75 cent.). Cette taxe ne s'applique qu'aux lettres et aux écrits.

dans les pays soumis au despotisme même le plus modéré leurs conséquences sont effroyables. Bientôt la révolte gagna Breslau : de toutes parts des bandes d'ouvriers affamés se ruèrent sur les fabriques pour les détruire et briser les machines. Ces regrettables excès n'aboutirent sans doute qu'à rendre plus misérable la condition des classes travailleuses : la force armée les traqua de tous côtés comme des bêtes féroces, et les ouvriers rebelles tombèrent par centaines sous la main de la justice.

Des enquêtes judiciaires ouvertes un peu tard montrèrent bientôt combien de causes légitimes, de plaintes et d'irritations avaient ces malheureuses populations contre lesquelles la loi était appelée à sévir. Le gouvernement se reconnaissait lui-même à cet égard coupable de négligence ; il reconnaissait que la Silésie n'avait eu jusqu'ici ni caisse d'épargnes bien organisées, ni salles d'asile pour les enfants, aucune des institutions destinées, dans les pays manufacturiers, à protéger les travailleurs contre les chances du commerce et les cas si fréquents de cessation de travail ou de baisse dans les salaires.

Aux excitations de la misère s'était jointe la haine que porte encore le bas-peuple aux israélites, dont quelques-uns possédaient des métiers ou dirigeaient des manufactures.

Au reste, l'éducation de l'Allemagne est encore à faire sous le rapport de la tolérance religieuse. Il n'est pas rare que, sur d'absurdes soupçons, des scènes de fanatisme religieux dignes du moyen-âge viennent ensanglanter la demeure de malheureux israélites placés, aujourd'hui encore, dans les conditions que leur faisait par toute l'Europe l'intolérance des siècles passés.

Un crime jusqu'alors inconnu dans l'histoire de Prusse, crime heureusement isolé et qui ne se rattachait à aucune idée de parti, vint jeter l'épouvante dans tous les cœurs. Le 26 Juillet, comme le roi partait pour Erdmansdorf, en Silésie, un ancien bourgmestre du nom de Tschech, démis de ces fonctions en 1841 après une gestion des plus blâmables, s'approcha de la voiture royale et tira sur S. M. deux coups de pistolet dont un seul l'atteignit sans lui faire heureusement aucune blessure. Le misérable fut exécuté le 15 décembre (*voy.* les détails à la chronique). Il fallait voir dans cet acte insensé une nouvelle preuve de ce désir immodéré de célébrité mauvaise, qui travaille les faibles intelligences. Toute la Prusse s'associa dans des actions de grâce pour le salut de son roi.

Une exposition des produits de l'industrie eut lieu cette année à Berlin. Le gouvernement prussien eut l'adresse de donner à cette solennité le caractère d'une exposition nationale allemande. Excitée sans doute par l'exemple si brillant de la grande exposition quinquennale de Paris, la Prusse convia à une exposition générale des produits de l'industrie, non-seulement les fabricants de l'association douanière, mais encore tous ceux de la confédération germanique. La rapidité avec laquelle cette résolution fut prise, et le succès réel de cette fête industrielle, donnèrent à cette solennité un caractère tout particulier de sincérité : on put voir dans l'exposition de Berlin un tableau exact et satisfaisant de la situation industrielle des pays allemands.

Il y avait là un symptôme remarquable de l'intérêt puissant qu'inspire par toute l'Allemagne l'œuvre du travail commun et l'association patriotique des forces industrielles. Ici, comme ailleurs, la Prusse avait su avec habileté devancer les autres gouvernements de la confédération germanique, en donnant une consécration officielle à des tentatives faites pour constituer l'unité allemande sur le terrain pacifique de l'industrie.

L'exposition de Berlin fit naître l'idée de former une association ayant pour tendance d'obéir aux besoins physiques et moraux des ouvriers dans les fabriques, ou des travailleurs de toutes classes, soit par l'établissement de caisses d'épargnes et de primes, soit par la création d'écoles et la propagation des écrits utiles. Le roi s'associa par son approbation et par des encouragements pécuniers à cette œuvre nouvelle pour la Prusse, et qui fut autorisée à porter le titre d'*Association centrale pour le bien-être des classes ouvrières.*

Voici les chiffres du budget de 1844.

Recettes.

Domaines et forêts, déduction faite des frais et des réserves........	490,163	rixdalers.
Rachat et vente des domaines pour l'amortissement de la dette publique........................	1,000,000	»
Mines, forges et salines, déduction faite des frais d'administration..	1,117,241	»
Administration des postes........	1,400,000	»
Loterie........................	303,200	»
Impôt, contribution, déduction faite des frais de perception........	16,069,622	»
Droits d'entrée, de sortie, de transit, de consommation, de navigation, de ports, de canaux, digues, ponts, etc., avec les droits de timbre, déduction faite des frais de perception............	25,475,078	»
Regie du sel....................	11,375,300	»
Recettes diverses................	466,590	»
Total des recettes.........	57,677,194	rixdalers.

Dépenses.

Intérêts de la dette publique......	4,961,885	rixdalers.
Amortissement.................	2,251,115	»
Intérêt et amortissement de la dette provinciale..................	40,920	»
Pensions, rentes viagères et autres secours, redevances anciennes, etc.....................	2,217,648	»
Indemnités en rentes permanentes, intérêts pour cautionnements, etc......................	1,134,908	»
Autorité centrale...............	530,518	»
Ministère des Cultes et de l'Instruction publique...............	3,119,940	»
Ministère de l'Intérieur..........	2,752,656	»
Ministère des Affaires étrangères.	729,304	»
Ministère de la Guerre..........	24,604,208	»
Ministère de la Justice, déduction faite des recettes de certaines natures....................	2,277,938	»
Ministère des Finances.........	158,653	»
Administration générale des domaines et forêts.............	69,909	»
Commerce, industrie, travaux publics......................	2,008,917	»
Travaux publics ordinaires	2,782,8[illegible]0	»
Régence du royaume...........	1,704,489	»
Haras	173,306	»
Rachat des petites rentes........	100,000	»

A reporter.......

Report.		
Refonte des monnaies..........	400,000	»
Dépenses du Trésor.......... ...	16,000	»
Travaux publics extraordinaires..	2,500,000	»
Fonds disponibles pour accorder des gratifications............	350,000	»
Différence des revenus de la poste.	1,000,000	»
Dépenses imprévues............	500,000	»
Dépenses pour les chemins de fer.	1,462,000	»
Total des dépenses..........	57,677,194	rixdalers

somme égale aux recettes.

BAVIÈRE.

Le seul fait important de l'histoire intérieure de la Bavière fut une sédition de peu d'importance causée, au commencement du mois de mai, à Munich, par l'augmentation du prix de la bière. Cette révolte d'ouvriers, qui coûta la vie à plusieurs personnes, n'empêcha pas le roi de faire son voyage annuel en Italie.

HANOVRE.

Un traité de commerce et de navigation fut conclu, le 22 juillet, entre la Grande-Bretagne et le Hanovre. Le tarif du péage de Stade, stipulé dans l'article 6 d'une convention passée le 13 avril précédent entre les États riverains de l'Elbe y était adopté aussi pour les navires anglais, dans la supposition que la convention du 13 avril serait ratifiée par tous les États riverains de l'Elbe. Cette ratification n'ayant pas eu lieu, et le gouvernement hanovrien étant persuadé que la convention du 13 avril finirait par obtenir la ratification de toutes les parties contractantes, il fut proposé à la Grande-Bretagne par le Hanovre de ne pas ajourner l'échange des ratifications du traité du 22 juillet, mais d'y procéder de la manière suivante :

Le tarif du péage de Brunshausen ou de Stade resterait tel qu'il était actuellement, jusqu'à ce que la convention du 13 avril eût été ratifiée par toutes les parties contractantes, excepté cependant pour les articles de production ou de fabrication anglaise, spécifiés dans le paragraphe 6 du traité du 22 juillet. Ces articles, quand ils remonteraient l'Elbe dans des navires anglais, n'acquitteraient pas, à dater du 1er octobre prochain, des droits ni un péage plus élevés que ceux stipulés dans le susdit paragraphe pour les articles qui y étaient indiqués. En outre, à partir du 1er octobre 1844, il ne serait prélevé aucun droit ni aucun paiement quelconque en nature sur les navires anglais, ni sur leurs chargements, de quelque espèce qu'ils fussent.

Après avoir pris connaissance de ces déclarations, les plénipotentiaires anglais adhérèrent à la proposition du plénipotentiaire hanovrien, sous la condition :

1° Que, dès que la jouissance de l'une ou de toutes les stipulations de la convention du 13 avril serait accordée à un État riverain de l'Elbe ou à un autre État quelconque, la Grande-Bretagne serait mise immédiatement en possession des mêmes avantages ;

2° Que, dans le cas où la convention du 13 avril ne serait pas appliquée jusqu'au 1er avril 1845 aux navires anglais et à leurs chargements, le gouvernement hanovrien se disposerait à prendre de nouveau en considération les stipulations du 6e paragraphe du traité du 22 juillet, à l'effet d'accorder au commerce et à la navigation britannique une indemnité convenable ;

3° Que, si le gouvernement ou la législature de la Grande-Bretagne jugeait plus tard à propos d'adopter, à partir du 1er janvier 1848, époque à laquelle expirent plusieurs traités de commerce passés entre la Grande-Bretagne et des puissances étrangères, de nouvelles mesures qui auraient pour but de donner une plus grande extension à son commerce, et dont l'adoption nécessiterait de nouvelles conventions avec les puissances étrangères, le gouvernement hanovrien devrait se montrer disposé à soumettre à un nouvel examen les stipulations du traité du 22 juillet, lesquelles pourraient se trouver affectées par ces mesures, pour les approprier aux intérêts réciproques des deux nations.

Le plénipotentiaire hanovrien, de son côté, accéda à ces propositions des plénipotentiaires britanniques, à condition que les stipulations de l'article 7 du traité du 22 juillet resteraient en vigueur, dans tous les cas, pour toute la durée du traité fixé par l'article 8, ce à quoi consentirent à leur tour les plénipotentiaires britanniques.

En conséquence, il fut décidé que les ratifications du traité du 22 juillet seraient échangées, sous la réserve expresse de diverses propositions indiquées dans le protocole.

Au reste, les traités sur la navigation de l'Elbe, deux fois rejetés par Hambourg, furent enfin ratifiés, sur l'avis d'une grande députation nommée par le sénat et la bourgeoisie (18 septembre).

Rien ne pouvait plus retarder l'échange des ratifications du traité du 22 juillet entre la Grande-Bretagne et le Hanovre.

On a vu ailleurs (*voy.* Prusse) quels furent les résultats de ce traité pour les relations du Hanovre avec le *Zollverein*. Mais cette rupture n'est pas complète, et le refus d'accession du Hanovre, qui entraîne celui des trois villes libres, ne sera jamais regardé comme définitif par la Prusse, qui n'abandonne pas l'idée de s'ouvrir des débouchés sur la mer du Nord, entre le Danemark et la Néerlande.

La session des États du Hanovre fut close sans que des lois importantes eussent été adoptées. Il semble cependant qu'une réconciliation se soit opérée entre cette assemblée et le roi Ernest, et que l'opposition soit devenue plus facile et moins radicale. La mort du ministre d'État et de cabinet, baron de Scheele, semblait devoir être le signal d'un rapprochement entre les idées absolues et l'opinion démocratique. M. de Scheele était le représentant le plus habile de l'aristocratie Hanovrienne, formée sous l'influence de la couronne britannique, et à l'image de l'aristocratie anglaise.

Une nouvelle décoration fut créée par ordonnance royale du 5 juin, pour l'armée hanovrienne, sous le nom de Croix d'Ernest-Auguste. Cette décoration, qui forme un degré au-dessus de la Croix de Guillaume IV, établie par ordonnance du 2 mai 1837, sera destinée à récompenser les militaires qui auront servi 50 ans sous les drapeaux. La décoration porte le nom d'Ernest-Auguste : elle consiste dans une croix d'or, portant d'un côté les lettres S. A. R. et une couronne, et de l'autre le chiffre 50. La croix d'Ernest-Auguste sera accordée contre restitution de la croix de Guillaume, et, après la mort d'un chevalier, devra être rendue comme celle de Guillaume.

Il y a déjà dans le royaume, dont la superficie n'est que de 680 milles carrés (environ 1,500 lieues) ; il y a cinq chemins de fer en pleine construction, lesquels formeront une longueur totale de 59 milles 3/4, ou environ 135 lieues. Ce sont : 1° le chemin de Hanovre à Brunswick, dont la première section, celle de Hanovre à Zalgt, est déjà depuis un an livrée à la circulation, et dont l'étendue sur le territoire hanovrien sera de 11 milles 3/4 ou 26 lieues ; 2° celui de Hanovre à Brême, qui aurait 15 milles et 1/4, ou 33 lieues ; 3° celui de Hanovre à Minden, 8 milles et 2/5e, ou 21 lieues ; 4° celui de Hildesheim à Celle, 7 milles et 1/4, ou 17 lieues ; 5° celui de Celle à Brunswick, 17 milles et 1/10e, ou 38 lieues, ce qui représente un total de 59 milles 3/4, ou à peu près 135 lieues. Toutes ces routes, aux termes des contrats couclus relativement à leur construction, doivent être complètement terminées avant la fin de 1846 au plus plus tard.

BADE.

Nous avons à signaler, dans les premières séances de la Chambre des députés, plusieurs motions intéressantes faites par divers membres du parti progressiste. Ainsi, M. d'Ilhstein demanda le jugement par jurés et la présentation d'une loi sur cette matière. M. Mathi développa (20 décembre 1843) une motion relative à la liberté de la presse, et dont les conclusions tendaient à engager la Chambre à présenter une adresse au grand-duc, qui serait prié d'intervenir auprès de la diète germanique, pour que les dispositions relatives à la liberté de la presse en Allemagne, conformes dans l'art. 18 du pacte fédéral, fussent mises en vigueur et que l'art. 17 de la constitution devînt une vérité; et encore à faire présenter, dans la session actuelle, un projet de loi tendant à rétablir la loi du 28 décembre 1831 sur la presse, en excluant toutefois la censure et la procédure secrète en matière de presse; enfin, M. Mathi proposait qu'en attendant on affranchît de toute censure les discussions sur les affaires du pays.

Cette motion fut renvoyée dans les bureaux pour y être l'objet d'une discussion parlementaire.

La seconde chambre des États eut à se prononcer sur l'introduction du jugement par jurés, et l'introduction du jury y fut accueillie par une majorité de 7 voix (27 janvier). La question de savoir si les personnes non nobles pourraient remplir les fonctions de jurés fut résolue affirmativement.

Une commission, nommée par la première chambre des États, pour examiner le projet de loi concernant l'instruction criminelle, admit, à une majorité de 5 voix contre 2, le principe de la publicité des débats.

Plusieurs députés se prononcèrent contre l'application de la peine de mort, mais une proposition formelle à cet égard fut rejetée par 38 voix contre 19. La proposition de la commission, d'introduire la guillotine, fut adoptée par 48 voix contre 9 (21 juin).

La proposition d'un impôt à établir sur les capitaux, faite par M. Bassermann, fut adoptée le 12 juillet par 29 voix contre 27.

Un incident curieux, qui se passa dans les premières séances de la Chambre, montre de quelle manière on entend à Bade la liberté parlementaire, et combien y est imparfaite encore l'administration constitutionnelle. Quelques membres de la Chambre s'occupèrent avec une certaine chaleur de politique étrangère; aussitôt le gouvernement s'alarma ou feignit de s'alarmer; il vit là un prétexte à restreindre la publicité des débats parlementaires. Il est curieux de voir, par les termes mêmes du rescrit ministériel publié à cette occasion, quelles sont les idées du gouvernement grand-ducal sur les droits et les devoirs respectifs du parlement et de l'administration.

« Ce qui s'est passé dans la séance du 24 février a fixé l'attention du gouvernement. A la demande d'un membre de la Chambre, plusieurs députés ont développé les principes, les droits et la politique des États étrangers, ceux de la Confédération et de leur propre gouvernement. La qualité de député ne donne pas à celui qui la porte le droit de blesser les États étrangers, quand même ce serait avec les meilleures intentions. Il troublerait ainsi des relations amicales que le gouvernement s'efforce de maintenir dans l'intérêt du pays. Puisse la Chambre ne pas méconnaître que des provocations de cette nature obligeraient le gouvernement à restreindre les limites constitutionnelles des délibérations parlementaires.

» Par ces motifs, et pour satisfaire au vœu de la diète, le gouvernement a défendu la reproduction des débats parlementaires dans les procès-ver baux des séances et dans les feuilles publiques. Le grand-duc espère que les membres individuels de la Chambre ne manqueront plus à leur devoir, et que la chambre exercera une surveillance rigoureuse sur la marche de ces discussions parlementaires. »

Carlsruhe, 2 mars 1844.

(Signature de tous les ministres.)

Un traité fut conclu, le 27 juin, entre les plénipotentiaires de Bade et de France, le ministre d'État, M. de Dusch, d'un côté, et le ministre français à Bade, M. de Bronneau, marquis d'Eyragues, de l'autre. Ce traité, composé de neuf articles, était relatif à l'extradition des criminels. Les crimes et délits politiques en étaient formellement exceptés.

Le chemin de fer badois s'arrêtera définitivement à proximité d'Huningue. Les négociations que le gouvernement badois avait entamées pour le prolonger jusqu'à Bâle échouèrent contre les exigences du gouvernement de ce canton suisse.

WURTEMBERG.

Jusqu'à présent, malgré la pleine liberté religieuse qui existe dans le royaume de Wurtemberg, les écoles et les hôpitaux des israélites ne recevaient aucune subvention du gouvernement, et les juifs étaient obligés de pourvoir à l'entretien de ces établissements, au moyen de cotisations volontaires. Cet état de choses fut changé par une ordonnance royale qui consacrait ce principe, que tous les citoyens doivent participer également aux charges et aux bienfaits de l'État. Désormais, la caisse du gouvernement viendrait au secours de ces établissements toutes les fois qu'ils en auraient réellement besoin.

Un traité relatif à l'abolition réciproque du droit d'aubaine et de l'impôt sur l'émigration fut conclu, le 10 avril, entre le gouvernement würtembergeois et les États-Unis. Les ratifications furent échangées à Berlin le 3 octobre.

SAXE-ROYALE.

Une ordonnance concernant la liberté de la presse parut le 5 février. Aux termes de cette ordonnance, les écrits de plus de vingt feuilles d'impression ne seraient plus soumis à la censure. Des dispositions sévères y étaient prises contre les brochures et journaux.

Vers la fin de l'année eut lieu l'échange des ratifications d'un traité de commerce conclu entre la Saxe et le Portugal, par les soins du baron Randuffe, plénipotentiaire du gouvernement portugais, et du baron de Minikwitz, plénipotentiaire du gouvernement saxon. Le baron Randuffe était de plus en négociations avec plusieurs autres gouvernements d'Allemagne pour conclure avec eux des traités de commerce au nom du gouvernement portugais.

GRAND-DUCHÉ DE HESSE-DARMSTADT. — DUCHÉS DE SAXE-COBOURG-GOTHA ET D'ANHALT-DESSAU.

Le duc Ernest de Saxe-Cobourg-Gotha et le duc d'Anhalt-Dessau, par un rescrit publié le 20 avril, prirent le titre d'*altesse* (*Hoheit*), au lieu de celui d'*altesse ducale* (*herzogliche Durchlaucht*). Cette résolution était prise en commun avec les ducs régnants de Saxe-Meinengen et de Saxe-Altenbourg, et ceux d'Anhalt-Bernbourg et d'Anhalt-Koethen. Elle fut imitée, le 15 avril, par le grand-duc de Hesse-Darmstadt. Ces prétentions nouvelles des ducs de Saxe, dont le congrès d'Aix-la-Chapelle avait fixé les titres, furent l'occasion d'une espèce de révolution d'étiquette en Allemagne. La Saxe royale, malgré sa parenté, la Bavière, bien qu'elle ait une reine de la maison d'Anhalt, la Prusse et l'Autriche se refusèrent à reconnaître le titre nouveau, usurpé, selon elles, par les ducs de Saxe.

DUCHÉ D'ANHALT-KOETHEN.

Le mouvement d'émancipation politique continue à s'étendre dans les différentes contrées de l'Allemagne. Partout on sent le besoin de garantir par une constitution les droits des peuples et de donner la liberté civile et politique pour base au trône des princes. Une manifestation dirigée dans ce sens vint cette année agiter le petit duché d'Anhalt. Depuis plus d'un siècle et demi, les États de ce pays n'avaient plus été réunis. Après avoir en vain demandé la convocation des États, les habitants du duché déclarèrent qu'ils s'adresseraient à la diète de Francfort, s'il n'était fait droit à leur demande. Cette menace réussit : les États furent convoqués ; mais le duc quitta Koethen la veille de leur réunion. Voici les principales décisions prises par les États : on demanderait au duc une réforme de la constitution surannée qui régit le pays ; l'abolition de l'impôt sur les boissons, dont la perception coûte plus que le produit ne rapporte. De plus, les États déclarèrent qu'ils ne considéraient pas comme dettes publiques les dettes contractées par le gouvernement sans leur assentiment.

DUCHÉ DE NASSAU.

La session des États fut ouverte, le 10 février, par un discours prononcé par le premier ministre : on y annonçait le mariage de S. A. S. le duc de Nassau avec madame la grande-duchesse Élisabeth, fille du grand-duc Michel de Russie. Parmi différents projets de loi soumis à l'examen des États, on remarqua une loi sur la conscription.

VILLES HANSÉATIQUES.

On a vu ailleurs (*voy.* PRUSSE et HANOVRE) quelles avaient été les relations des villes libres avec la Prusse, et où en était la question de l'accession au *Zollverein*. Les villes libres ratifièrent le traité de navigation conclu entre le Hanovre et la Grande-Bretagne.

Un traité de navigation fut conclu à Paris, le 18 juillet, entre M. Rumpf, pour les villes libres de Hambourg, Lubeck et Brème, et le marquis de Brignole-Sales, pour la Sardaigne. Ce traité, ratifié à Hambourg par le conseil des bourgeois, le 12 septembre, posait le principe de la réciprocité la plus complète. Il n'y aurait d'exception que pour la navigation côtière, que chacune des parties contractantes se réservait exclusivement. Tout changement qui serait apporté à l'un des dix articles dont se composait le traité serait non avenu s'il ne s'appliquait pas aux navires des autres nations ; de même, si l'une des deux parties contractantes faisait à une autre nation un avantage quelconque, cet avantage pourrait être réclamé dans la même mesure par l'autre partie. Le traité resterait en vigueur pendant dix ans à partir du jour de la ratification, et douze mois de plus à partir du jour où l'une des deux parties aurait fait connaître officiellement à l'autre son intention de ne pas renouveler le traité.

L'incendie qui a dévoré Hambourg n'a fait que rajeunir cette grande ville, en donnant à son commerce et à sa vie politique plus d'élan et plus d'étendue. Le livre des dépenses du budget, qui était auparavant tenu secret, est devenu public, et l'état des finances sera désormais discuté et connu de tout le monde.

Le compte-rendu des recettes de l'Etat, communiqué au commencement de juin, par le sénat de Hambourg, présentait pour le budget de cette année un excédant d'un demi-million de thalers sur les dépenses prévues. Ce demi-million serait destiné à diminuer de 25 p. 0/0 l'impôt de 1845.

Lubeck s'occupe de réformer sa constitution. Le sénat nomma, à cet effet, six commissaires chargés de délibérer avec les treize députés de la bourgeoisie, sur les réformes nécessaires. Un projet d'instruction fut rédigé pour ces commissaires : combiné avec le rapport des députés de la bourgeoisie, ce projet fournirait tous les éléments pour introduire dans la constitution les changements dont elle a besoin.

CHAPITRE IV.

Dannemark. — Ouverture des États provinciaux. — Rescrit royal sur la liberté de la presse. — Vœux des États provinciaux. — Progrès des idées de séparation dans le Holstein et le Slesvig. — Mort de la duchesse de Hesse. — Négociations pour l'abolition du tribut payé au Maroc.

Suède. — Mort de Charles XIV Jean. — Avènement d'Oscar Ier. — État des partis au moment du changement de règne. — Prestation de serment. — Protestation du Prince Wasa. — Abolition de la loi qui défend toute communication avec le prétendant. — Ouverture de la diète. — Discours du roi. — Question du Maroc. — Constitution des comités. — Rejet du projet de réforme politique. — Discussion de plusieurs lois d'ordre civil, administratif et politique.

Russie et Pologne. — Politique extérieure. — Affaires de la Grèce. — Rappel de M. Katacasy. — Rétablissement des rapports diplomatiques avec l'État hellénique. — Affaires de Serbie et de Turquie. — Voyage de l'empereur en Angleterre. — Négociations religieuses avec Rome. — Renouvellement du cartel d'extradition avec la Prusse. — Échecs militaires dans le Caucase. — Administration intérieure. — Mesures relatives aux passeports; aux Israélites; à la circonscription administrative et à l'instruction publique en Pologne. — Suppression de la société polonaise de tempérance.

DANNEMARK.

La session des États provinciaux de cette année présenta le même caractère que les sessions précédentes; parmi les objets qui furent soumis aux délibérations des députés, il faut mettre en première ligne la réforme de la loi sur la presse. Cette fois pourtant un fait nouveau se produisit : le gouvernement prit l'initiative. Tel était son intérêt : car, de toutes les questions qui agitaient depuis quelque temps l'opinion, il n'en était point sur lesquelles les esprits eussent des convictions plus arrêtées. Avant l'ouverture des États, le roi adressa à sa chancellerie un rescrit sur cette matière. « Conformément, y disait-il, aux motifs énoncés dans le préambule de l'ordonnance du 27 septembre 1799 (1), nous considérons la liberté de la presse comme le moyen le plus efficace pour le développement des lumières et des connaissances; aussi voulons-nous affranchir la presse de tous liens qui ne sont pas nécessaires pour l'empêcher de devenir, au détriment du repos public, l'instrument de toutes les passions ignobles.

» En suivant attentivement la marche de la presse quotidienne et en examinant avec soin ses productions, nous avons souvent observé combien elle s'efforçait de répandre les lumières en découvrant les défauts, les désordres qui existaient dans l'administration publique, efforts dont nous avons soigneusement tenu compte ; nous avons aussi acquis la triste expérience que les lois existantes ne formaient pas une barrière suffisante contre la perversité de la presse, quand elle se propose pour but de corrompre le peuple et de le porter à l'affaiblissement des liens d'amour et de confiance qui l'attachent à notre personne et à notre maison royale, en cherchant à semer la discorde, non-seulement dans les différentes parties de l'État, mais aussi parmi les diverses classes de la société, comme cela a eu lieu entre les propriétaires fonciers et les paysans, entre les supérieurs et les inférieurs.

» C'est d'après ces considérations que nous ordonnons à notre chancellerie de procéder à une exacte révision des lois

(1) L'Annuaire de 1814 donnera le texte de cette ordonnance.

concernant la liberté de la presse, et ensuite de préparer un projet de loi qui puisse être mis en délibération dans les prochaines assemblées des États provinciaux et dont la loi du 27 septembre 1799 sera prise pour base, en en faisant disparaître tout ce qui paraît inutile et en y ajoutant tout ce qui peut la mettre à l'abri de tout reproche. »

On le voit, si d'une part le gouvernement était animé du désir de faire quelques concessions à la liberté de la presse et à adoucir les peines si sévères prescrites par l'ordonnance de 1799, d'autre part, il croyait devoir s'en tenir à l'esprit de cette loi et songeait à la compléter; d'ailleurs, certaines expressions du rescrit royal montraient des tendances, sans doute naturelles à un gouvernement absolu soutenu par une aristocratie, mais qui dans un temps d'idées démocratiques auraient pu être mieux dissimulées. On y rappelait des faits irritants produits par la division des classes; on y parlait de lutte entre les propriétaires fonciers et les paysans, et, comme dit le rescrit, entre les supérieurs et les inférieurs.

Bien que les opinions du pays sur une réforme sociale ne fussent point encore assez hardies pour trouver dans ces paroles un sujet de plaintes et d'opposition, elles furent cependant remarquées. Quant à la question spéciale de la liberté de la presse, elle ne fut point encore résolue malgré l'espoir qu'en avait donné le rescrit du roi. Les États renouvelèrent les vœux qu'ils avaient déjà précédemment exprimés sur le vote du budget, qu'ils reclamaient comme l'un des premiers droits des peuples; mais ces vœux ne devaient point encore être écoutés.

Un intérêt très-grave fut aussi l'objet de leur vive sollicitude, l'intérêt de l'unité, de l'intégrité du royaume. Concurremment avec l'idée d'une association politique avec la Suède s'est développée l'idée de la séparation des provinces allemandes du Dannemark. On a vu (Annuaire 1842) que les partisans de l'idée scandinave faisaient bon-marché du Holstein, et que, conséquents avec leur principe, le principe de nationalité, ils ne trouvaient pas mauvais que dans cette fusion des deux peuples scandinaves, un pays entièrement germanique par l'origine, la langue, les institutions et les idées, se séparât pour faire corps tôt ou tard avec l'unité allemande, qui est une de leurs croyances. Nous avons dit que leurs opinions étaient différentes sur le Slesvig, où l'élément scandinave se trouve partout à côté de l'élément germanique, et que dans leurs projets pour le rétablissement de l'union de Calmar ils assignaient pour frontière au nouveau royaume la rivière de l'Eider, qui sépare le Slesvig du Holstein. Mais à côté de cette opinion, dont les chances de succès sont au moins douteuses dans les circonstances actuelles, il s'en est formé une très-sérieuse et très-pressée d'agir, pour la séparation du Holstein et du Slesvig lui-même, à l'extinction regardée comme prochaine de la dynastie régnante. Alors les deux duchés, brisant les liens qui les unissent au Dannemark, iraient dans la confédération germanique former une principauté indépendante et héréditaire dans la famille de Sonderburg-Augustenburg. Les raisons sur lesquelles s'appuient les séparatistes sont surtout des raisons historiques : ils veulent conserver leur langue, leur législation spéciale, c'est-à-dire, ce qui constitue leur nationalité, ce qu'ils ne peuvent manquer de perdre à la longue au contact de la langue et de l'administration danoise ; ces prétentions ne manquent point d'autorité ; mais ils en font valoir d'autres tirées de l'histoire et puisées dans les archives ; ils allèguent de vieux titres de succession, contestés et contestables, et, suivant les plus judicieux témoignages, abrogés par une suite de conventions et de traités plus ou moins solennels qui ont donné le Slesvig et le Holstein à la branche régnante pour faire partie intégrante et indivisible du royaume et être régis par la même loi de succession. Ici les séparatistes sont moins heureux, et les partisans de l'unité, qui sont en grand nombre, leur répondent victorieusement sur ce point, et, forts de l'appui des traités et des conventions de 1684, de 1720, de 1721, de 1806, de 1814 et de 1815, ils négligent d'examiner les autres raisons qui sont données de la convenance et de la légalité d'une séparation. D'ailleurs on ne saurait réclamer le droit historique en faveur de la séparation, sans reconnaître l'ancien droit féodal, puisqu'au temps que l'on rappelle la demi-indépendance des duchés ne venait que de leur nature de fiefs du Dannemark ou de l'empire germanique; et les unitaires allèguent avec raison qu'un pareil droit a cessé d'exister. Enfin, ils prennent en considération l'intérêt du pays. Peut-être les duchés séparés n'auraient-ils qu'à gagner, si un jour le grand projet d'unité ou de dualité allemande se réalisait en les appelant au partage des bienfaits qui en sont attendus en Allemagne; mais il est certain que le Dannemark, réduit aux îles et au Jutland, serait frappé de mort par le seul fait de la séparation, dans le cas où elle n'aurait point pour compensation immédiate l'union suédo-danoise, que beaucoup désirent en deçà et audelà du Sund, mais sur laquelle presque personne ne compte pour un prochain avenir.

Aussi les États provinciaux du Jutland et des îles se sont-ils vivement préoccupés de cette question, essayant de provoquer dès à présent la royauté à faire quelque déclaration sérieuse sur l'indivisibilité du royaume, mais ils n'ont encore rien obtenu cette année.

Il est une opinion qui tendait à mettre d'accord tous les partis pour le plus grand bien de l'État, en donnant aux uns et aux autres des satisfactions que le pouvoir tient en sa main : elle demandait pour le Dannemark tout entier une constitution qui fût en rapport avec l'esprit et les besoins de l'époque, et dont les avantages fissent perdre de vue aux duchés l'attrait déjà peu entraînant des libertés germaniques. La première cause de ces idées de séparation ne serait-elle pas en effet la législation encore aujourd'hui si arriérée du Dannemark? et le meilleur moyen de retenir le Slesvig et le Holstein, ne serait-ce pas de leur accorder en Dannemark des droits plus étendus que ceux qu'ils ont à espérer en Allemagne! Ainsi raisonnent des esprits éclairés qui veulent le bien du Dannemark.

Un événement assez grave et qui touche de près au trône s'est produit au milieu de ces débats : la fille de l'empereur de Russie, mariée récemment à l'héritier présomptif de la couronne après la dynastie actuelle, est morte contre toute attente : cette mort, qui par devoir d'humanité devait être déplorée et le fut généralement, n'était point un malheur politique pour ce pays, puisqu'elle dégageait le roi à venir des liens contractés contre le vœu général du pays, avec une cour justement redoutée en Dannemark.

L'année se termina par un succès pour la politique extérieure du gouvernement. Pendant que la France réclamait à main armée la réparation d'injures faites à ses droits par le Maroc, Christian VIII avait pensé que le moment était bon pour exiger des barbares l'abolition de ces tribus honteux que les pays chrétiens ont longtemps payés à la piraterie et dont le Dannemark n'avait point encore pu s'affranchir. Chaque année le budget danois comptait aux marocains une somme d'environ 100,000 francs; quelques vaisseaux de guerre furent envoyés sur les côtes d'Afrique, pour obtenir de l'empereur Abd-er-Rhaman la renonciation de ses droits à cette honteuse rançon. Le gouvernement danois n'était pas dans l'intention d'agir; il ne le pouvait guère par lui-même, mais il comptait sur l'appui moral de la France et de l'Angleterre. L'une et l'autre lui firent d'abord défaut; la France, parce qu'elle était pressée, quels qu'en fussent les motifs, de mener à terme ses affaires particulières, et n'avait point à cœur d'entrer dans de nouvelles complications; l'Angleterre, parce qu'elle attachait plus d'importance à son influence sur Abd-er-Rhaman qu'à l'avantage très-médiocre pour elle de rendre un service au Dannemark; mais la négociation fut reprise ensuite, et nous la verrons l'année prochaine arriver à bonne fin.

SUÈDE.

L'année commence pour le royaume par la ratification d'un traité d'extradition conclu précédemment avec la Belgique. Plusieurs événements graves ont rendu cette période importante pour la Suède; le premier de tous est la mort du souverain monté sur le trône en 1818. Le 26 janvier, le jour même où Charles-Jean XIV entrait dans sa quatre-vingt-deuxième année, sa santé, qui jusque-là avait vigoureusement soutenu les atteintes de l'âge, parut chancelante et sérieusement altérée. Une ordonnance du 1er février confia le gouvernement au prince royal; la maladie du roi se prolongea jusqu'au 8 mars, jour où il cessa de vivre. Son fils lui succéda sous le nom d'Oscar Ier. Le règne qui venait de finir laissait bien des questions à résoudre à celui qui commençait. Depuis que les Suédois, par un vote unanime, avaient élu le prince de Ponte-Corvo pour héritier présomptif de Charles XIII, surtout depuis son avénement, l'opinion publique, les tendances, l'esprit du pays tout entier s'étaient modifiées d'une façon considérable. A côté des anciennes institutions, héritage d'un autre âge, des idées nouvelles s'étaient fait une place au sein de cette société organisée politiquement et civilement sur la distinction des classes. La constitution de 1809, qui avait donné beaucoup d'espoir aux esprits libéraux sans les satisfaire, l'ébranlement démocratique de 1815, contre lequel le pouvoir avait eu soin de se mettre en garde, plus tard, son penchant avoué pour le maintien des choses existantes et sa politique hostile aux innovations, tout cela n'avait pas empêché un parti vraiment démocratique de se constituer et de se développer dans ce pays. Quelque temps incertaines, les idées progressives avaient éclaté en 1829 à propos de la loi sur la presse. En 1834 il avait été présenté un projet de réforme; et le parti démocratique, sans se décourager des échecs qu'il avait subis dans ces deux questions, avait de nouveau produit en 1840 un plan de réforme définitivement adopté par la diète. Le rôle de résistance que le gouvernement s'était fait en présence de ces vœux d'une rénovation politique et sociale avait diminué peu à peu la considération et l'autorité dont il avait joui dans le commencement. Assurément Charles XIV avait beaucoup contribué avec l'aide de la paix et de l'activité générale à rétablir la prospérité matérielle de la Suède, détruite par le règne du dernier Gustave-Wasa. Il avait remis l'ordre dans les finances de l'État et donné une heureuse impulsion à l'industrie et au commerce. De grands travaux d'utilité publique s'étaient accomplis par ses soins; la dette étrangère avait été éteinte par lui; mais tous ces grands services rendus au pays par le roi ne faisaient pas oublier qu'en l'appelant à régner sur un pays libre, on en avait attendu d'autres de lui; son ancienne gloire, née au sein d'une démocratie, restée pure même sous un régime absolu, avait fait concevoir aux suédois des espérances plus vastes; en le voyant monter sur le trône ils n'avaient compté sur rien moins qu'une réforme complète de leur législation civile et politique; et ce qu'ils avaient obtenu en améliorations matérielles ne les consolait pas de ce qui leur avait été refusé en améliorations sociales. L'irritation avait acquis une certaine intensité à la fin du règne dernier; il s'était formé une opposition puissante capable d'inquiéter vivement le pouvoir.

Le nouveau règne commençait donc au milieu de difficultés assez graves; ce n'est pas que le parti libéral eût pour le jeune roi des dispositions peu bienveillantes ni même qu'il lui marquât de la défiance: loin de là, l'opposition qui avait été faite jusque-là au gouvernement et à la personne royale cessa tout d'un coup; les organes les plus avancés de l'opinion publique témoignèrent de leur bon vouloir et de leur confiance pour le nouveau souverain. La question démocratique ne cessa point pour cela d'agiter les esprits, mais elle se débattit toute entière entre la majorité de la noblesse et du clergé d'une part, et de l'autre, les deux derniers ordres avec le pays tout entier. La royauté, qui s'efforça dès le commencement de prendre une attitude impartiale, fut regardée par les libéraux comme favorable à la réforme. Mais son rôle ne laissait pas pour cela d'être difficile et embarrassant. Sa prudence et sa dignité lui conseillaient de tenter tous les essais de conciliation qui pouvaient être tentés sagement. C'est le principe d'après lequel elle semble avoir dirigé sa conduite.

Les premiers soins du roi furent d'annoncer à la nation la mort du roi son père et son avénement au trône, suivant les formules d'usage, de recevoir le serment des fonctionnaires publics, de l'armée de terre et de mer, enfin, de convoquer les États-Généraux en session extraordinaire. Tout se fit dans le calme le plus parfait et avec la plus grande régularité. Il est vrai que le prince Wasa voulut par une protestation officielle faire valoir ses droits à la succession, droits perdus par son père et transférés par la nation à une autre dynastie, mais cette démarche n'obtint l'attention ni de l'Europe ni de la Suède. On ne remarqua que la manière généreuse dont le roi y répondit. Dès le lendemain du jour où elle lui fut connue, il abolit la loi qui défendait sous des peines assez graves toutes relations avec le prétendant (7 mai).

A la même époque, quelques changements s'opéraient dans le ministère. Les nominations qui furent faites n'avaient pas une signification bien précise, cependant elles donnaient à l'administration des hommes peut-être plus actifs que ceux auxquels ils succédaient. Les Affaires étrangères furent données à M. le baron Irhe, l'Intérieur à M. Fahrens, la Marine à M. le baron Lagerbjelke, les Finances à M. Munthe, la Guerre à M. Peyron, les Cultes à M. Silverstope. Les États-Généraux s'assemblèrent le 11 juillet. Le roi en fit l'ouverture par un discours qui témoignait de ses bonnes intentions pour la réforme de certaines parties de la législation, par exemple, du droit criminel, et qui parlait avec faveur des *grandes questions sociales* léguées par la dernière diète à celle-ci.

Après avoir rendu hommage à la mémoire de son père et appelé sur lui-même la protection de la Providence,

« Je vous promets, dit-il aux États, de défendre et de maintenir la justice et la vérité, de seconder le progrès des lumières et de concourir de tous mes efforts au développement des qualités nobles et solides qui distinguent le caractère mâle et énergique des habitants du nord. Je m'attends, de votre part, à une sincère coopération pour ce but élevé, et à cette confiance que la pureté des intentions et des soins incessants pour le bien de la patrie doivent inspirer à un peuple magnanime.

» En vous appelant, messieurs, à cette diète extraordinaire, j'ai consulté mon vif désir de vous voir assemblés à une époque aussi grave pour moi et pour le pays, plutôt que la possibilité de préparer, dans un espace de temps aussi restreint, et de vous exposer les affaires importantes qui forment l'objet de ma sollicitude, et à l'égard desquelles je compte demander vos résolutions et apprendre vos avis. Les grandes questions sociales que la dernière diète vous a léguées vous fourniront d'ailleurs de sérieuses occupations en réclamant votre attention particulière. J'espère cependant pouvoir, pendant la durée de cette cession, vous présenter plusieurs objets d'un intérêt majeur, et en premier lieu celui d'un nouveau Code criminel, plus conforme aux vues de notre époque, ainsi qu'à ses efforts de concilier avec la sévérité nécessaire dans l'application des peines le respect que l'on doit à la dignité de l'homme.

» Appréciant l'importance et le besoin de simplifier l'administration intérieure et de compléter notre système de défense, je vouerai mes soins non interrompus à ces questions vitales. Afin de m'appuyer dans ces travaux sur votre concours éclairé, je me propose de vous réunir sous peu à une nouvelle diète extraordinaire.

» C'est avec une vive satisfaction que je puis vous communiquer les sentiments d'intérêt et d'amitié qui, lors de mon avénement au trône, m'ont été exprimés par toutes les puissances étrangères, de la manière la plus affectueuse. Je suis heureux de trouver une occasion d'en témoigner ma reconnaissance. »

Le roi terminait en annonçant la détermination prise par le gouvernement de refuser le honteux tribut levé jusque-là par l'empire de Maroc sur la marine suédoise.

En effet, des vaisseaux avaient été envoyés sur la côte d'Afrique sous le commandement du prince royal pour protester par leur présence, sinon par la force; et les succès obtenus par les français dans ces parages mirent la Suède en demeure de commencer la négociation de cette grave affaire, dont la solution appartient à l'année suivante.

La diète travailla avec ardeur à l'organisation de ses comités; la formation du comité de constitution avait une grande importance : suivant qu'il serait favorable ou non aux innovations, on pouvait préjuger de ce que feraient les États pour la réforme. Malheureusement ce premier indice des dispositions et de la force relative des partis ne promit rien de bon; le comité de constitution fut composé en très-grande partie de conservateurs déterminés. Le parti du progrès en fut sérieusement alarmé, et avec raison. En effet, le projet de loi pour la réforme de la constitution fut rejeté; la même question qui avait été résolue par un vote libéral à la diète de 1840, cette grande question qui porte en elle le sort des deux principes partout opposés de la résistance et du progrès, fut décidée dans le sens de la conservation et de l'ajournement indéfini du progrès. Les bourgeois et les paysans se prononcèrent pour, et la noblesse et le clergé contre la réforme. Cette solution à laquelle on s'attendait produisit cependant une profonde impression sur les esprits. Le parti libéral, voyant la réalisation de ses projets encore une fois reculée après avoir été rendue possible par la diète précédente, entra dans une grande irritation, sans sortir pour cela des voies légales. Des comités furent organisés par lui en dehors des États; la presse redoubla d'ardeur; on travailla par tous les moyens de persuasion à rendre le parti libéral plus compact, à lui faire de nouveaux prosélytes et a préparer une revanche pour la prochaine session législative.

C'est à la suite de l'émotion causée par cet échec des progressistes que se fit le couronnement du roi Oscar (28 septembre). Cette cérémonie eut lieu avec la pompe d'usage et au milieu de populations calmes et confiantes. Le prince y put remarquer comment l'opinion le laissait en dehors des querelles de parti, et tout l'espoir que mettait en lui la nation pour l'œuvre de la réforme.

La diète obtint de prolonger sa session au-delà du terme de trois mois, fixé par la constitution, et elle continua à délibérer sur des questions spéciales d'administration et de législation.

Voici les plus importantes de celles qui furent résolues : il fut décidé que les États, au lieu de ne s'assembler que tous les cinq ans, seraient convoqués désormais tous les trois ans ; on abolit, du consentement de l'administration, le droit qui lui était attribué de supprimer sans procès ni jugement un journal dont l'attitude lui paraîtrait dangereuse. On effaça la clause de la constitution, qui demande que sur les douze membres composant la cour de justice six soient nobles et les six autres non nobles. Ce furent les seules propositions de quelque portée résolues par l'affirmative et à l'unanimité. D'autres ne purent obtenir le vote de tous les ordres, vote nécessaire pour tout ce qui touche à la loi fondamentale ; c'est ainsi qu'à propos du § IV de la constitution où il est dit : Le roi gouverne *seul* le royaume..; il prendra cependant les avis d'un conseil d'État, on a proposé de retrancher le mot *seul* comme tendant à donner à la prérogative royale une extension qui n'est pas dans l'esprit de la législation ; la noblesse et le clergé repoussèrent cette suppression. L'ordre des paysans repoussa, contrairement aux trois autres ordres, l'abolition du droit qui confère au roi deux voix dans la décision des jugements du tribunal suprême. La noblesse rejeta une proposition qui tendait à remettre à l'élection la formation de son ordre, au lieu de la laisser à l'hérédité, cela, toutefois, sans toucher à l'existence de la noblesse comme classe distincte. Une autre proposition qui, ne touchant point à la constitution, n'avait pas besoin du vote des quatre ordres, fut adoptée par le clergé, la bourgeoisie et les paysans. L'objet en était d'établir l'égalité de partage dans les successions et de favoriser ainsi le développement de l'égalité civile en dépit même de la législation politique qui la maintient.

Ainsi l'esprit de réforme, les tendances vers le droit commun se font jour malgré tous les obstacles; une proposition qui établirait l'égalité dans la répartition de l'impôt foncier fut également soumise aux États par l'administration des finances; elle ne fut pas discutée cette année, mais ajournée à la prochaine session; on pouvait penser qu'elle serait adoptée et qu'elle ferait faire au pays un nouveau pas vers cet avenir pour lequel il fait des vœux si constants et si légitimes.

Nous avons suivi cette diète jusqu'au sein même de l'année 1845, parce que, si la solution des questions qui y furent discutées appartient pour une grande part à la fin de la session, elles furent présentées en général dès le commencement. On l'a vu, les résultats ne furent pas tels qu'on les avait espérés; mais le parti du progrès n'en devint que plus actif, plus passionné, et le principe du droit commun força ses adversaires à reconnaître et à subir sa puissance.

RUSSIE ET POLOGNE.

L'année qui venait de finir avait été pour ce pays moins heureuse que la précédente. Si douteuse que fût la solidité de l'*entente cordiale* entre les cabinets de Paris et de Londres, il n'en était pas moins résulté une surveillance active, une action commune des deux gouvernements en Orient, et les projets de la diplomatie russe partout découverts avaient échoué dans toutes les questions de quelque importance. A Constantinople les conseils de modération et de justice prévalaient; en Serbie, le pouvoir du nouveau prince s'affermissait; en Grèce, le parti nappiste manquait son but et contribuait à son propre affaiblissement. Enfin, l'agitation produite par les prédications du slavisme, tout en affaiblissant l'autorité de la Turquie, de l'Autriche et de la Prusse, sur cette partie de leurs populations qui est d'origine Slave, s'inspirait d'idées libérales, de pensées religieuses et sociales inquiétantes pour la Russie. Le mariage d'une fille de l'empereur avec l'héritier présomptif du trône danois n'était pas une compensation suffisante de ces échecs diplomatiques, d'autant que les Danois se préparaient à contester la convenance de cette succession, et que d'ailleurs l'auguste épouse du prince de Hesse devait cette année même et contre toute attente le laisser veuf et sans enfants.

Parmi toutes ces questions, celle de la Grèce était actuellement le premier objet des préoccupations du gouvernement. En ne s'en rapportant qu'aux apparences, on put croire un instant que toutes relations diplomatiques seraient suspendues pour longtemps entre Saint-Pétersbourg et Athènes. Le rappel du ministre russe, M. Katacasy, qui n'avait d'abord été qu'une menace, fut effectué avec une rigueur peu commune, et ce fonctionnaire resta frappé d'une destitution qui parut irrévocable. C'était à la fois la punition d'un échec et une protestation publique contre un ordre de choses contraires aux principes et aux intérêts moscovites. Cependant le mal était irréparable, et, pour empêcher qu'il ne devînt plus grand, on se garda bien de trop prolonger cette suspension des rapports diplomatiques avec un gouvernement qui tendait de plus en plus à s'appuyer sur l'autorité de la France unie à l'Angleterre contre la Russie. M. Katacasy fut remplacé. L'empereur profita du vote de la nouvelle constitution pour opérer ce rétablissement des rapports diplomatiques entre lui et la Grèce ; son chargé d'affaires se présenta à M. Tricoupis, ministre des affaires étrangères, avec une dépêche signée du comte de Nesselrode. Il y était dit que le czar avait vu avec satisfaction l'accomplissement des travaux de l'assemblée nationale, le contrat intervenu entre la nation et le roi et la formation du premier ministère constitutionnel. S. M. Impériale, ne reconnaissant aucun parti dans la Grèce et n'ayant de sympathie particulière pour aucune classe d'hommes, désirait par-dessus tout le maintien de la tranquillité, de l'ordre public, et la consolidation du trône de S. M. Hellénique.

Mais, malgré ces expressions de sympathie, d'autres préoccupations se laissaient voir dans la dépêche du cabinet russe :

« Avant tout, disait M. de Nesselrode, notre auguste maître tient à une condition indispensable : c'est que les Grecs ne s'écartent point des principes qui ont présidé à la formation du royaume grec, tels que la base en a été posée par les trois puissances protectrices ; c'est qu'en maintenant soigneusement le repos à l'intérieur, ils respectent au dehors celui des provinces voisines ; qu'ils ne songent point à sortir des limites territoriales qui leur ont été fixées, et se tiennent en garde contre tout essai de conquête et de propagande. Les principes et les limites, les puissances sont fermement décidées à en exiger le maintien. Ils sont consacrés solennellement par la transaction qui a rappelé la Grèce à l'existence ; ils viennent d'être confirmés par un protocole tout récent (*voy.* le chap. Grèce). Sur ce point essentiel la pensée des trois cours est la même ; toutes elles veulent également la tranquillité intérieure de la Grèce, comme aussi la tranquillité et l'intégrité de l'empire ottoman. Telles étant les vues de l'empereur, en commun avec la France et l'Angleterre, vous jugerez facilement de l'impression qu'ont dû faire sur son esprit les avis qui nous parviennent de plusieurs côtés à la fin d'un redoublement d'activité de la part des sociétés secrètes en Grèce, des projets de soulèvement qu'elles méditent sur la Thessalie, l'Épire et la Macédoine, des préparatifs de tout genre qu'elles font en soldats, en armes, en munitions, et de la fatale incurie avec laquelle le gouvernement envisage leurs machinations clandestines. S'il est quelque chose de propre à compromettre la sûreté et l'indépendance des Grecs, ce serait bien certainement la mise à exécution de pareils desseins : car, supposé qu'ils puissent entraîner la Turquie à de réels dangers, la Grèce attirerait à elle tout le poids de l'animadversion des puissances, qui sont décidées à mettre hors d'atteinte l'intégrité de la Turquie et la paix de l'Orient.»

C'était le langage du fort s'imposant au faible. Néanmoins, ce qu'il pouvait y avoir d'injuste et de fallacieux dans cette dépêche fut vivement relevé par la presse hellénique. La menace resta sans effet.

L'empereur eut la satisfaction de voir le parti nappiste se reconstituer à Athènes. Toutefois le pouvoir, qui, après le renversement du ministère Metaxas, passa dans les mains du parti anglais, s'affermit ensuite dans celles du parti français, fortifié de l'ancien chef des nappistes, M. Metaxas lui-même.

En Turquie, les choses ne suivaient pas un cours plus conforme aux vues du Cabinet. La loi sur les renégats était abrogée; les chrétiens commençaient à être traités avec plus d'égards, et une cause permanente de troubles intérieurs et d'affaiblissement pour l'empire était ainsi retranchée sur les insistances des cabinets de France et d'Angleterre.

Quant aux affaires de Serbie, la solution en fut retardée autant qu'il fut possible, mais sans succès. M. de Lieven, qui avait consenti à ce que l'élection d'Alexandre eût lieu avant le départ des ministres Vouchitz et Petroniewitch, fut désavoué; il reçut l'ordre de déclarer à Belgrade que le prince ne serait reconnu qu'après l'expulsion des deux chefs de la dernière révolution, et il prit sur lui de le déclarer en plein sénat, en menaçant d'appuyer au besoin sa déclaration par la présence d'un corps de 25,000 Russes. Le sénat serbe ne s'effraya point d'une menace dont il savait la réalisation matériellement impossible; M. de Lieven fut obligé de changer de langage et de recourir aux moyens de persuasion. M. de Titow en faisait de même à Constantinople, et il demandait au Divan que l'envoi du bérat fût suspendu jusqu'à ce que les Serbes eussent obtempéré à ce qu'il appelait les désirs du sultan lui-même. La Turquie et la Serbie durent céder. Vouchitz et Petroniewitch quittèrent le pays, mais aux négociations qui avaient amené l'exil de ces deux hommes succédèrent les négociations qui demandaient leur retour. Le cabinet russe essaya d'abord de faire comprendre au prince Alexandre que leur rentrée le mettrait dans l'ombre, et que leur influence dominerait en tout la sienne ; en même temps, les partisans du prince déchu organisaient un complot qui recevait l'appui, à peu près avoué plus tard, du consul russe, M. Danilewski. Le complot échoua ; il y eut de nombreuses condamnations à mort, et le même Danilewski promit, en retour d'une amnistie des coupables, la rentrée des deux ministres. L'amnistie fut accordée sur la parole du consul, et, après quelques tergiversations auxquelles l'ambassadeur français à Constantinople mit fin par son énergie, la Russie laissa faire (*voir* l'article Turquie).

C'était encore un échec, et en définitive la question serbe demeurait, sur tous les points, résolue dans un sens contraire aux vœux et aux intérêts moscovites.

C'était le moment où le czar venait de surprendre l'Europe par un brusque voyage en Angleterre. Il se trouvait à Londres dans les premiers jours du mois de juin. Quelques paroles échangées dans le banquet annuel de la compagnie russe de commerce, entre M. de Brunow et sir Robert Peel, avaient préparé les esprits à un rapprochement apparent entre les deux pays, malgré l'opposition des intérêts et les engagements de l'Angleterre avec la France. L'arrivée subite de l'empereur à la cour de Saint-James donna à cette entrevue une couleur théâtrale et une apparence de mystère qui mirent en éveil la curiosité publique. Quel était le but de ce voyage? N'était-ce qu'une simple visite de politesse royale, un simple témoignage de bon vouloir comme celui que la reine d'Angleterre avait donné au roi de France? A ce point de vue, il n'y avait dans la présence du czar à Londres la révélation d'aucun fait nouveau pour les cabinets et pour l'opinion publique. Quelle que soit la différence des principes et des intérêts entre les deux pays, leurs relations étaient depuis longtemps ouvertement amicales, et ce n'est point à une époque si peu distante du ministère Palmerston qu'on en pouvait douter. Mais quelques esprits, à tort ou à raison, voulurent voir davantage dans la démarche de l'empereur. On venait d'apprendre que de graves événements s'accomplissaient en Asie à l'insu de l'Europe; que la Russie avait rendu victorieuse son influence en Perse; qu'elle l'étendait de jour en jour dans le Caboul, jusqu'aux frontières et jusqu'au sein même de la domination anglaise dans l'Inde. On en fut amené à dire qu'il y avait sans doute en projet quelque arrangement mystérieux qu'il fallait tenir secret pour ne pas effrayer l'Europe, quelque chose comme un partage de l'Inde, qui eût accordé deux intérêts rivaux au profit l'un de l'autre et au détriment du reste de l'Europe, qui trouve son compte dans leur rivalité. D'autres pensèrent qu'il ne s'agissait que d'affaires relatives à la Turquie ou à l'Egypte, et d'une sorte de renouvellement tacite des assurances qu'avaient dû se donner les deux cabinets, en signant le traité du 15 juillet 1840. Le passage du nouveau gouverneur des Indes, sir Henri Hardinge, par l'Egypte, le sens qu'on avait attribué à ses entretiens avec le pacha, tous ces faits, sans donner beaucoup de consistance à ces bruits, les rendaient cependant dignes d'examen. Toujours est-il que le voyage n'eut pas de résultat apparent, si ce n'est de montrer que les bons rapports de gouvernement à gouvernement, de souverain à souverain, n'empêchaient pas l'opinion du peuple anglais d'être ouvertement froide et réservée pour le représentant de l'absolutisme en Europe et le conquérant de la Pologne.

Un événement diplomatique, plus grave peut-être, s'était accompli dans le même temps, sans attirer, de la part de l'Europe, l'attention qu'il méritait. Le différend survenu au sujet de questions religieuses, entre ce pays et Rome, était entré dans une nouvelle phase. Il n'avait point obtenu de solution, mais aux paroles irritantes qui avaient été échangées depuis plusieurs années, à la rupture de toutes relations diplomatiques, aux protestations de l'une des parties, au dédain de l'autre, avaient succédé des tentatives de rapprochement, des rapports diplomatiques et officiels, et des propositions d'arrangement. Un des personnages les plus habiles et les plus haut placés dans la diplomatie russe, M. de Boutenieff, avait quitté le poste important de Constantinople pour s'établir en Italie, et des négociations se poursuivaient entre le chef de l'église grecque et le chef de l'église romaine. Quelles que pussent être les propositions du cabinet russe, il semblait, au reste, que déjà la cour de Rome avait faibli dans ses résolutions de persistante résistance. C'eût été là un important succès pour le cabinet russe, et une nouvelle garantie de l'asservissement de la Pologne.

Au reste, la Prusse, sur le libéralisme de laquelle les Polonais avaient aussi compté, les abandonnait également à tout l'arbitraire du conquérant. Le cartel d'extradition des déserteurs, dont le renouvellement avait été repoussé par l'opinion publique en Prusse, et ajourné par le gouvernemement, fut signé de nouveau et rétabli pour être exécuté avec une rigueur peu différente de celle qui l'avait rendu odieux.

Ainsi, à des échecs assez graves en Turquie et en Grèce venaient se mêler des succès qui ne manquaient pas non plus d'importance. Il n'appartenait qu'à des peuplades regardées comme barbares, aux Circassiens, de courir avec bonheur les chances d'une hostilité ouverte et permanente contre la Russie. On a dit souvent que la guerre du Caucase était pour la Russie une occasion ménagée, en quelque sorte, à dessein d'entretenir chez elle l'esprit militaire ; il n'en est pas moins certain que, cette année, plusieurs victoires remportées par les montagnards jetèrent le czar dans une grande perplexité. Le chef des Circassiens, Schamyl, était parvenu à réunir toutes les tribus des Tcherkess, et à attirer la confiance de plusieurs peuplades jusque-là soumises aux Russes et portées à la paix. Son héroïsme les avait séduites ; un esprit guerrier et l'espoir de l'indépendance les attirèrent dans le parti des Circassiens. Appuyé sur cette coopération, Schamyl quitta la défensive pour se faire aggressif ; l'aveugle courage des Russes ne pouvait plus soutenir ses impétueuses attaques. Le gouvernement redoubla d'activité ; en même temps qu'il s'adressait au Divan pour lui dénoncer la présence dans la mer Noire de quelques vaisseaux turcs chargés de munitions, et lui rappeler le souvenir du navire le *Vixen*, il prenait des mesures pour rendre plus effectif le blocus des montagnes : l'armée était portée à 200,000 hommes, et des préparatifs étaient faits comme pour une guerre jugée désormais inquiétante. Les dispositions prises par le gouvernement annonçaient un plan de campagne qui eût consisté à attaquer simultanément les montagnards du côté du Kouban, de la mer Noire et du Daghestan. Quoi qu'il en soit, aucune opération décisive n'eut encore lieu cette année.

Tels sont les principaux points de la politique générale de l'empire russe en 1844.

Le gouvernement accomplit encore divers actes d'administration qui méritent d'être signalés ; de ce nombre sont deux circulaires par lesquelles le ministre de l'intérieur recommandait aux gouverneurs d'exercer un contrôle sérieux sur les gentilshommes qui vivent sous leur juridiction, et de n'accorder de places qu'à des candidats nobles qui en fussent dignes. Tels sont encore plusieurs ukases par lesquels était imposé un droit de cent roubles sur les Russes qui voudraient voyager à l'étranger. Nous y joindrons l'ordonnance impériale qui déclarait qu'il ne serait délivré aucun passeport pour l'étranger aux habitants du royaume de Pologne, s'ils n'étaient âgés de vingt-cinq ans accomplis, à l'exception pourtant des marchands et agents de commerce, des voituriers, des enfants voyageant avec leur parents, des femmes avec leurs maris. Les israélites, qui avaient déjà été l'objet de mesures si rigoureuses, un instant suspendues ou adoucies, furent encore poursuivis sans pitié : un ordre émané de l'administration leur défendit de résider à Kiew sans permis et autrement qu'en passant pour affaire de commerce ; un autre ordonnance plus générale fut adressée à leur sujet aux gouvernements civils :

« J'ai appris, y disait le ministre de l'Intérieur, que les israélites reçoivent des autorités sanitaires dans les résidences qui leur sont assignées des certificats attestant la maladie de leurs enfants, et que, sur la présentation de ces certificats, les enfants sont admis dans les hôpitaux de Moscou ; les parents sollicitent ensuite et obtiennent aisément l'autorisation de rester près de leurs enfants pour leur préparer leur nourriture suivant l'usage israélite. Nos lois prescrivent certains cas où il est permis aux israélites de voyager, mais il n'y est rien dit des voyages qu'ils peuvent faire à Moscou pour se rendre dans les hôpitaux de cette ville. Je prie donc Votre Excellence de ne plus autoriser à l'avenir la délivrance de ces permis aux Israélites pour résider, soit à Moscou, soit dans les villes où le séjour leur est interdit. »

Le gouvernement s'occupa aussi de l'instruction élémentaire, particulièrement en Pologne, et s'arrêta à un projet qui ne reçut point encore cette année d'exécution. Il est inutile de dire que ce projet était conçu dans l'esprit qui dicte toutes les mesures relatives à la Pologne; c'est le même esprit qui inspira une nouvelle division de l'ancien royaume en cinq gouvernements au lieu de huit; l'art. 2 du protocole portait que cette nouvelle division s'effectuerait par la réunion du gouvernement de Sandomir avec celui de Kielce, sous la dénomination de gouvernement de Radom, du gouvernement de Podalachie avec celui de Varsovie, sous la dénomination de gouvernement de Varsovie, de celui de Po avec celui de Lublin, sous le nom de gouvernement de Lublin, et que les gouvernements de Plozk et d'Augustowo resteraient dans leur forme actuelle. L'art. 3 déterminait les chefs-lieux des cinq gouvernements: ce seraient, Radom pour le gouvernement de Radom, Lublin pour celui de Lublin, Varsovie pour celui de Varsovie, Plozk et Suwalki pour Plozk et Augustowo, 9 (21 août).

Cette mesure d'administration fut acceptée avec indifférence à Varsovie; mais il n'en fut point de même de celle qui fut prise contre une société qui avait jusque-là rendu de grands services, la société de Tempérance. Fondée dans un but purement moral et religieux, dans l'intérêt des classes pauvres, elle entrait en possession d'une influence assez étendue pour que l'administration la jugeât contraire aux principes de sa politique. La société fut supprimée; il en résulta une certaine effervescence d'idées qui ne laissa pas de donner des craintes; on crut à une conspiration qui, au reste, n'eut d'autres conséquences que d'avoir alarmé les membres de l'administration.

Malgré toutes les difficultés matérielles que rencontre l'exercice du pouvoir dans un pays si vaste, si loin d'être homogène, si peu populeux, si arriéré pour l'industrie, la situation financière s'était améliorée sensiblement; le crédit public avait pris de la consistance, et le capital destiné à lui servir de garantie n'avait pas laissé de s'accroître. L'empereur avait un grand intérêt à en informer le pays, ne se croyant pas entièrement dispensé d'inspirer de la confiance. Il profita de la translation de ce précieux dépôt dans des caves creusées tout exprès sous la citadelle de Pétersbourg, pour l'exposer en quelque sorte sous les yeux de tout l'empire.

Des députés de l'industrie et du commerce furent appelés de tous les gouvernements pour assister à cet événement, que l'on s'efforça d'entourer de solennité; les chefs des divers ministères y étaient présents sous la présidence du ministre des Finances. Les assistants eurent la satisfaction de voir compter en leur présence même l'or et l'argent monnayés ou en lingots qui composent le fonds d'amortissement et sont la base du papier de l'État. D'après des renseignements acceptés comme authentiques, le capital renfermé dans les caves de la citadelle s'élèverait à environ 283 millions de francs.

CHAPITRE V.

Turquie. — Réformes administratives. — Questions religieuses et internationales. — Déclaration du divan au sujet de la loi sur les renégats. — Recrutement. — Révolte en Albanie. — Envoi de troupes. — Succès des Turcs. — Rétablissement de l'ordre. — Réparation des dommages causés par l'insurrection. — Voyage du Sultan. — Serbie. — Suite de l'élection du prince Alexandre. — Pensée des Serbes sur leur aveuir. — Administration. — Découverte d'une conspiration. — Jugement et condamnation des conspirateurs. — Leur mise en liberté. — Négociations pour le retour de Wouchitz et Petroniewitch. — Conduite de la Russie et de la France dans cette négociation. — Rentrée des deux ministres. — Manifestations publiques. — Valachie. — Récompense accordée par le Czar à l'Hospodar et à son frère. — Rupture entre l'assemblée et le prince. — Mesure pour l'émancipation des serfs et contre les israélites. — Moldavie. — Continuation de l'ordre. — Application des mêmes mesures qu'en Valachie en faveur des serfs et contre les israélites.

Égypte. — État des esprits. — Affaiblissement de la popularité du pacha. — Il feint d'abandonner le pouvoir et le reprend. — Conduite du ministère turc. — Tunis. — Intervention du divan dans le différend du bey avec la Sardaigne. — Solution pacifique de la question.

TURQUIE.

Au commencement de cette année plusieurs affaires importantes exigeaient une solution pressante ; la principale était la question des renégats, soulevée récemment et tranchée d'une façon peu conforme aux idées européennes. La peine de mort portée par la loi musulmane contre les chrétiens qui reviennent à leur première foi après avoir embrassé l'islamisme, appliquée plusieurs fois sur les réclamations du peuple lui-même et avec l'approbation des hauts fontionnaires religieux, avait paru aux grandes puissances injuste en soi et propre à réveiller des passions d'un autre âge. Voulant à tout prix éteindre le fanatisme, celui des chrétiens comme celui des turcs, et amener les uns et les autres à des sentiments de tolérance capables d'assurer la paix intérieure de l'empire, les puissances prenaient à cœur de faire disparaître du code musulman une loi d'une révoltante barbarie et d'un danger incontestable. Les ambassadeurs de France et d'Angleterre prirent l'initiative et demandèrent formellement à la Porte l'abolition de la loi. Mais le Divan, beaucoup plus par crainte de blesser les susceptibilités religieuses des croyants que par ignorance du juste ou par acte de foi au Coran, chercha dans les ruses qui sont propres à la faiblesse des retards et des raisons d'ajournement. Le premier argument qu'il avait à faire valoir, c'était son indépendance, qui le fait seul juge de sa législation intérieure; mais dans la position bonne ou mauvaise que l'Europe lui a faite, dans l'habitude ou elle l'a mis de subir son intervention juste ou injuste, on conçoit qu'il n'insista pas longtemps sur ce point. Il se retrancha dans des considérations dont on peut contester la justesse, mais non la force : il allégua l'autorité des lois écrites dans les mœurs avant de l'être dans les codes, et particulièrement des lois religieuses dans un pays où tout l'ordre politique et social repose sur la religion. Les ambassadeurs répondaient qu'une loi mauvaise doit être abolie. Le ministère assembla le corps religieux ; le chef des ulemas (Scheik-el-islam) fut d'avis que la loi devait être maintenue, comme bonne en soi et consacrée par la tradition. Les ambassadeurs insistèrent. Après ces tergiversations, voyant que le vœu des puissances européennes ne pouvait être éludé, le Divan déclara que tout ce qu'il pouvait faire, c'était d'empêcher à l'avenir l'exécution de la loi, mais sans l'abolir, concession déjà grave et d'une haute portée. Beaucoup pensèrent qu'il eût mieux valu faire adopter le principe de l'abolition d'une loi reconnue injuste, que de donner l'exemple d'une loi maintenue et non observée. Mais aux yeux des populations le second fait paraissait moins grave que ne l'eût été le premier, et c'est pour cela que le Divan s'y arrêtait de préférence. Cependant, en définitive, les négociations aboutirent à une abrogation, qui n'excita aucun trouble dans l'empire.

Au moment même où cette question se trouvait ainsi résolue, des faits déplorables se passaient en Albanie. Le recrutement, qui s'était accompli partout sans rencontrer de résistance, avait éveillé l'esprit de sédition et de révolte trop naturel aux populations de ce pays. Les chrétiens en portèrent la peine. Ce fut sur eux que tomba la colère des Albanais. Les plus effroyables désordres se produisirent : les vieillards, les femmes, les enfants furent massacrés sans pitié ; les propriétés furent livrées au pillage, et l'on vit des scènes de meurtre et de brigandage qui rappelaient les temps désastreux d'Ali-Pacha. Le Divan usa de tous les moyens de répression qui étaient en son pouvoir : il envoya des troupes suffisantes contre les Albanais, avec l'ordre de ne s'arrêter qu'après avoir mis fin au désordre, rétabli la sécurité des populations chrétiennes et assuré l'exécution de la loi du recrutement. Reschid-Pacha, auquel avait été confié le commandement, déploya une grande activité et montra un sincère désir de faire le bien. La difficulté était d'atteindre les rebelles en bataille rangée ; il y parvint et finit par les battre ; mais, pour avoir été défaits à plusieurs reprises, les insurgés ne se tinrent pas pour vaincus, et après la petite guerre vint la grande. Protégés par les lieux, fuyant de villages en villages, ils continuèrent à harceler l'armée turque et à lui faire beaucoup de mal ; cependant ils n'avaient ni assez de forces, ni assez de ressources pour tenir longtemps. Avant la fin de l'année Reschid-Pacha en eut raison ; tout rentra dans l'ordre ; les crimes furent punis, les pertes réparées autant que possible, et le recrutement put enfin s'accomplir. Les intérêts du Divan étaient ici si bien identifiés avec ceux de la civilisation, qu'il est impossible de mettre en doute la sincérité de sa conduite : s'il n'en fit pas davantage, c'est qu'il ne le pouvait pas.

Au reste, le chef de l'empire chercha lui-même cette année l'occasion de donner à ses sujets aux yeux de l'Europe des témoignages de son bon vouloir et de ses loyales intentions. Dans un voyage qu'il fit de Constantinople à Metelin, en passant par Nicomedie, Broussa et les Dardanelles (du 25 mai au 10 juin), il n'épargna pas les paroles conciliatrices et ne craignit pas de montrer une sollicitude égale pour les chrétiens et les musulmans. Que ces bonnes dispositions du sultan vinssent de lui-même ou qu'elles fussent le fruit des conseils des puissances, elles n'en étaient pas moins réelles, et, en en voyant l'expression se produire pour la première fois d'une façon précise et énergique, personne ne pouvait la contester.

C'est donc sur le ministère seul que l'histoire doit faire retomber la responsabilité des fautes qui furent commises, bien qu'encore il pût lui-même trouver jusqu'à un certain point son excuse dans les circonstances.

SERBIE.

Le Divan tout entier continua à être d'accord pour conduire les affaires serbes d'après les principes qui avaient dès le commencement dominé la question : principes d'indépendance vis-à-vis de la Russie, de conciliation à l'égard des Serbes. L'esprit national et le vœu de ces populations avait été respecté ; leurs libertés locales, les vieilles libertés slavonnes avaient reçu des événements derniers une consécration éclatante. Le Divan les avait vues germer avec joie ; il les avait aidées à porter des fruits par l'élection d'un prince. Il s'était associé aux Serbes contre ceux qui avaient voulu défaire l'œuvre accomplie par la dernière révolution. C'était un phénomène nouveau dont les Serbes avaient compris la portée et qui leur avait inspiré une politique nouvelle, une politique de bonne intelligence avec l'administration turque. C'est le résultat le plus important de la révolution serbe. Jusqu'ici, malgré le respect que les Turcs avec tout l'Orient ont longtemps professé pour les libertés locales, les Serbes n'avaient guère rencontré qu'une aveugle résistance dans les efforts qu'ils avaient tentés pour conserver ou développer sous le joug ottoman leur nationalité distincte. Cette conduite avait fait naître chez eux un désir d'indépendance que l'exemple de la Grèce encourageait, mais que leur consistance politique ne justifiait pas encore assez. Toutefois le désespoir, joint à leur fierté naturelle, pouvait d'un jour à l'autre leur faire entreprendre plus qu'ils ne pouvaient et plus que l'Europe libérale n'aurait voulu demander pour eux. L'appui intelligent que le gouvernement turc leur avait prêté dans les affaires de 1843 leur avait donné des pensées de modération, une prudente patience, un sentiment réfléchi des choses à faire pour arriver sûrement à l'indépendance, dût-elle se faire attendre longtemps encore. Et, pour préciser davantage leurs idées sur ce point, les Serbes les avaient rédigées dans un mémoire communiqué aux grandes puissances européennes. Ils y laissaient voir que trois moyens s'étaient présentés à leur esprit pour arriver au but qu'ils se proposaient; et en les discutant ils avaient en vue les idées d'union répandues sur le Danube par la Russie d'une part et par les Polonais de l'autre dans des intentions toutes différentes. Le premier moyen serait précisement l'union des Slaves sous le sceptre du czar; mais l'État social de la Russie les tente peu, et l'Europe tout entière s'y opposerait; le second serait l'action des Slaves abandonnés à eux-mêmes et s'affranchissant par l'insurrection; mais, en dissolvant brusquement l'empire turc et l'Autriche, ils feraient les affaires de la Russie et s'exposeraient à tomber immédiatement sous sa main. Le troisième moyen, c'est le protectorat de la Porte ottomane sur les Slaves. Celui-là a le mérite de ne point menacer nécessairement la puissance de l'Autriche et de prolonger l'existence de l'empire ottoman en créant une barrière contre l'ennemi naturel de la liberté dans ces contrées, la Russie. Il met les Slaves en mesure de travailler graduellement aux améliorations qui sont désirables pour le développement de leur existence nationale et de leur bien-être politique matériel ou moral. Durant ce temps là l'ordre, la paix et l'équilibre des puissances européennes pourront se consolider, et le grand événement de l'émancipation des Slaves finira par s'accomplir de lui-même.

Telle est la pensée qui est née chez les Serbes à la suite de leur dernière révolution ; grâce à l'assistance que leur a prêtée le Divan, cette pensée a continué de dominer cette année leur politique et d'inspirer tous leurs actes.

Au reste, ce bon accord de l'empire avec ses sujets n'était pas moins utile cette année que la précédente. En effet, après la seconde élection du prince Alexandre, la Russie ne se tint pas pour battue. Le czar avait fait savoir aux Serbes et au Divan qu'il ne reconnaîtrait le prince qu'après l'expulsion des ministres Vouchitz et Petroniewictch, et ces deux excellents citoyens, les lumières de leur pays, avaient été contraints de se retirer à Viddin, lieu de leur exil (14 août 1843). Au mois de septembre suivant, le bérat avait été expédié au prince Alexandre, après de nouveaux retards apportés par la Russie. Dès-lors, celle-ci redoubla de persévérance : d'une part, elle eut à Belgrade plusieurs agents, et travailla à se faire un parti dans le gouvernement et dans le sénat ; de l'autre, elle chercha à empêcher le retour des deux ministres exilés, en amenant l'Autriche à appuyer ses menaces au Divan. Elle devait mieux réussir dans le premier projet que dans le second, et l'année était encore peu avancée, qu'un complot était déjà organisé contre le gouvernement. Au moment où ce complot devait éclater, les conspirateurs furent saisis ; ils avaient pour chef MM. Raïevitch et Protitz, ex-ministres du prince Michel, et dont les rapports avec le consul russe n'étaient point un mystère. La justice instruisit, et, sur 99 prévenus, le tribunal de première instance en condamna 62 à la mort ; seulement le tribunal d'appel réduisit ce nombre à 35. Pendant ce grave procès, une émeute, qui ne réussit pas, avait été tentée pour délivrer les prévenus, dont les révélations en présence des tribunaux devenaient compromettantes pour la Russie. Après la condamnation, le consul russe, poussé à bout, intervint officiellement, et, pour sauver la tête des hommes qu'il avait ainsi égarés, il offrit le retour de Vouchitz et de Petroniewitch. Le prince Alexandre sentait si vivement de quelle valeur était pour lui la coopération et les conseils de ces deux hommes, qu'il ne crut pas les payer trop cher en amnistiant des conspirateurs vendus à l'étranger ; et, par un mouvement de générosité imprudente, il accorda la grâce avant que le prix en eût été donné. Les ministres Protitz et Raïewitz se retirèrent en Russie, où l'on assure qu'une pension viagère de 300 ducats (3,600 f.) leur est allouée par le czar. Cependant la promesse donnée par le consul russe n'était point remplie, et, tandis qu'en Angleterre le czar déclarait à lord Aberdeen que cette question était trop minime pour que lui-même s'en occupât, ses ministres à Constantinople et à Belgrade affirmaient qu'il s'était réservé la solution de cette affaire. Plus tard, pressé par le Divan et par l'ambassadeur de France, M. de Titow répondit que *l'affaire serait terminée dans le cours de l'année.* Au milieu de ces lenteurs et de ces tergiversations, la Russie était secondée par l'Autriche, qui montrait la Serbie au Divan comme le foyer de l'agitation slave, en avouant toutefois qu'elle n'en possédait pas de preuves ; mais l'énergique impatience de l'ambassadeur français, qui appuya le Divan de toute son autorité, finit par triompher du mauvais vouloir de l'une et de l'autre puissance, et la Porte s'empressa de la manière la plus affectueuse de faire connaître à MM. Wouchitz et Pétroniewitch que rien ne s'opposait plus à leur retour en Serbie. Le 28 août, ils rentrèrent dans leur pays au milieu des manifestations les plus vives de la joie publique; le premier fut nommé généralissime et le second ministre des Affaires étrangères. Leur présence parut rendre au gouvernement toute sa force et toute son autorité : on en eût une preuve dans la promptitude et la facilité avec lesquelles fut réprimée une insurrection qui avait éclaté à Schabatz et qui n'eut d'autre effet que quelques meurtres, le pillage de la caisse publique de cette ville, la mort à main armée de quelques-uns des coupables et leur procès (1). Telle est la solution qui fut donnée à cette grave question par la sagesse des Serbes et du Divan, éclairés et soutenus par les bons conseils de la France.

VALACHIE.

Dans ce pays la bonne politique était plus difficile à faire prévaloir, la Russie s'y trouvant maîtresse d'une plus grande autorité. Le prince Bibesco, qui avait dans le commencement de son hospodorat témoigné l'intention de maintenir entre les deux influences rivales la conduite la plus conforme au bien du pays, c'est-à-dire, celle qui s'accorderait le mieux avec les vues de la Porte et avec celles de la Russie, semblait maintenant pencher pour celle-ci plutôt que pour celle-là. Le sultan l'avait comblé d'honneurs; sur ce point, le czar ne voulait pas être dépassé en générosité par le sultan : le prince fut nommé chevalier de première classe de l'Ordre de Sainte-Anne. M. de Nesselrode fut chargé de lui écrire en lui transmettant les insignes

(1) Nous avons emprunté ces détails principalement à une relation quasi-officielle des affaires de Serbie, par le major Bystrzonowski. Paris, 1844, un vol. in-8°.

de l'Ordre, et il lui donna de sa promotion une raison singulière : « L'accueil favorable que Sa Hautesse le sultan a fait à votre altesse pendant son séjour à Constantinople, dit l'habile diplomate, a été pour l'empereur, mon auguste maître, un sujet de satisfaction bien légitime, » et plus loin : « L'empereur espère que cette marque d'estime, tout en vous prouvant la sympathie que vous avez su inspirer à Sa Majesté, vous encouragera à persévérer fermement dans la voie que vous avez choisie et qui, vous pouvez en être persuadé, vous assurera toujours l'approbation et l'appui de la Russie. » Le czar donna également à M. Stir-bey, frère du prince, une marque de sa bienveillance en lui conférant l'Ordre de Saint-Stanislas de deuxième classe. Il ne faut pas donner à ces faits plus de signification qu'il n'en ont; cependant il est certain que l'assemblée nationale se plaignait déjà très-vivement de la conduite du prince Bibesco.

Une opposition assez importante s'y était formée, et parmi les griefs assez nombreux qu'elle faisait valoir, le principal était un marché conclu avec une compagnie russe pour l'exploitation des mines de sel, exploitation qui, suivant elle, devait amener dans le pays un nombre de 25 à 30 mille ouvriers russes, tous soldats. L'assemblée refusa de sanctionner le traité, et le prince en fut réduit à un ajournement qui devait aboutir à un projet de dissolution, approuvé par le Divan, mais dont l'hospodar craignit de faire l'application ; c'est l'événement le plus grave de cette année en Valachie. Nous signalerons après cela que la tendance qui se manifeste de plus en plus dans ce pays à émanciper successivement les serfs et à se rapprocher des principes de l'égalité si naturelle aux Slaves, ainsi qu'une autre tendance beaucoup moins libérale, qui consiste à rendre le pays de plus en plus inaccessible aux israélites et même à les en éloigner.

MOLDAVIE.

Ces deux tendances si différentes se produisent également parmi les Moldaves ; d'une part, les serfs des couvents et de l'Etat obtiennent leur émancipation ; de l'autre, des mesures sévères sont prises pour régler le séjour des israélites dans le pays. Au reste, le gouvernement, plus heureux qu'en Valachie, continue de jouir de la confiance de l'opinion, et le pouvoir déjà éprouvé du prince Stourdzo se maintient et s'affermit.

ÉGYPTE.

Tel est dans des proportions beaucoup plus grandes l'autorité de l'heureux Méhémet-Ali; cependant il commence à se faire en Europe une réaction très-vive contre des idées qui l'avaient élevé trop haut, et son génie perd chaque année de son prestige. Ses facultés elles-mêmes s'affaiblissent singulièrement sous le poids de l'âge et dans l'abus des plaisirs; cette année en fournit un singulier exemple. En effet, le 25 août, on apprit en Égypte, et la nouvelle s'en répandit tout-à-coup en Europe, qu'il avait abdiqué, et qu'il allait se retirer à la Mecque pour y terminer ses jours dans les pratiques religieuses. La nouvelle excita la curiosité en Europe et ne produisit qu'une émotion passagère en Égypte; au reste, sur les conseils pressants des consuls européens, Méhémet reprit promptement l'exercice du pouvoir, et le train des affaires n'en fut point changé. Le Divan avait peut-être été plus ému qu'aucun autre gouvernement de cet incident singulier; il y avait sur-le-champ pourvu, en envoyant à Ibrahim-Pacha la confirmation de ses droits de succession à la vice-royauté d'Égypte.

TUNIS.

On se rappelle qu'une querelle avait éclaté l'année dernière entre la Sardaigne et la régence de Tunis. Au reste, il était impossible que ce différend se dénouât autrement que d'une manière pacifique, avec les vues actuelles des puissances sur la politique internationale. Le bey de Tunis reconnut la légitimité des griefs de la Sardaigne ; il leva l'interdit prononcé sur le commerce des grains et admit le principe de réparations dues aux commerçants, dont les intérêts avaient souffert (*voy.* Sardaigne).

CHAPITRE VI.

Grèce. — État du pays. — Protocole de la conférence de Londres. — Rapport de la commission de constitution. — Débats de l'assemblée. — Vote de la constitution. — Protestation de l'Angleterre et de la France contre le paragraphe relatif à l'hérédité de la couronne. — Observation du roi sur la constitution. — Amendements adoptés par l'assemblée. — Loi électorale. — Chute du ministère Metaxas. — Ministère Mavrocordato. — Rétablissement des rapports diplomatiques avec la Russie. — Élections. — Corruption. — Désordres et révoltes. — Chute du ministère. — Ministère Colettis-Metaxas. — Ouverture de la session. — Discours du roi. — Vérification des pouvoirs. — Tendances de l'esprit public.

Depuis que la révolution du 15 septembre était venue changer la situation du pays, deux questions avaient constamment préoccupé les amis de l'indépendance hellénique. Quelle serait la conduite des trois puissances qui avaient concouru à l'établissement de la Grèce? quelles seraient les premières conséquences du régime constitutionnel? A titre de père du roi Othon, et en considération des efforts qu'il avait faits pour la cause des Grecs, le roi de Bavière avait député à Londres un envoyé spécial, le prince Wallerstein, pour y consulter les trois puissances sur ces graves questions. Les ambassadeurs de France, de Russie et d'Angleterre, réunis en conférence, en délibérèrent suivant les instructions de leurs gouvernements, et rédigèrent un protocole qui répondait, en partie du moins, aux espérances du roi de Bavière. Il y était dit que les plénipotentiaires n'avaient point à se prononcer sur la faveur que méritait la nouvelle constitution, puisque les trois puissances avaient déjà donné à leurs représentants à Athènes des instructions sur ce point. Quant à l'intérêt international de la Grèce, les plénipotentiaires étaient plus explicites. « Ils se sont empressés, dit le protocole, de déclarer unanimement l'accord parfait qui existe entre leurs cours pour la consolidation du pouvoir institué en Grèce par le traité du 7 mai 1832 et par l'acte explicatif y annexé, en date du 20 avril 1833. » Considérant combien il était important de consolider l'œuvre pacifique que ces traités avaient consacrée comme une garantie de la tranquillité de l'Orient, ils exprimaient de nouveau le désir unanime des trois puissances de voir la Grèce, sous un bon système de législation, se garantir de tous les malheurs qu'engendrent l'anarchie et le désordre, conserver inaltérable le respect dû à la monarchie, et l'inviolabilité de la personne du monarque qui a été invité à gouverner la Grèce. « En déclarant l'accord unanime des trois puissances sur cet objet, continuait le protocole, les plénipotentiaires ont aussi exprimé leur union parfaite sur deux autres intérêts dont la surveillance lie les trois puissances, savoir : 1° que la Grèce soit maintenue complètement dans les limites tracées entre le nouvel état et la Turquie, afin de prévenir toute cause de trouble intérieur dans les provinces ottomanes voisines ; 2° que la Grèce ne néglige pas l'exécution des engagements financiers passés entre le gouvernement hellénique et les trois puissances, par suite des traités du 7 mai 1832 et du 14 septembre 1843. L'honneur de la nation grecque exige que les engagements qu'elle a passés avec les puissances garantes des obligations contractées par le royaume de Grèce, lorsqu'il s'est placé au rang des États indépendants, soient remplis avec exactitude. Les trois puissances sont persuadées que ce devoir sera accompli de manière à prévenir toute atteinte au maintien de l'ordre et de la paix. »

Telles étaient, à la fin de l'année précédente, les dispositions des grandes puissances à l'égard de la Grèce ; quant à l'appui qu'elles promettaient à l'administration pour l'établissement du gouvernement représentatif, on savait que la France et l'Angleterre étaient seules dans l'intention de tenir leur promesse ; la Russie s'abstenait de tout acte public, et, si elle songeait à rétablir des relations diplomatiques un moment interrompues, ce n'était pas, on le pense bien, par amour des institutions constitutionnelles ou par une sollicitude sincère pour l'avenir de la Grèce.

Cependant l'assemblée nationale venait de terminer la discussion de l'adresse, et, par la sagesse et la modération dont elle avait fait preuve dans ce débat préliminaire, elle avait inspiré de la confiance à ceux qui s'inquiétaient le plus pour l'accomplissement de l'œuvre qui lui restait à faire. L'harmonie régnait entre elle et le pouvoir exécutif ; sans doute les passions des partis étaient éveillées, elles s'agitaient pour se disputer l'influence qui devait présider à la confection de la loi fondamentale ; mais l'ordre n'avait point à en souffrir : tout se prêtait à ce que la constitution fût méditée avec patience, discutée avec calme et votée librement. La commission, par l'organe de M. Léon Mélas, donna lecture de son rapport à l'assemblée nationale le 3 (15) janvier.

Les premiers objets auxquels avait songé la commission, c'étaient l'avenir et l'importance du rôle de la Grèce en Orient. La régénération de l'Orient ne semble-t-elle pas dépendre du succès que le régime représentatif doit avoir en Grèce ? C'est, comme on sait, la pensée des patriotes grecs, et beaucoup de bons esprits en Occident croient que l'Hellénie est destinée à recueillir le riche héritage de l'empire ottoman, le jour où la succession devra s'ouvrir. La commission déclarait qu'elle avait consulté sans cesse l'état moral et matériel de la nation, le caractère hellénique, l'histoire politique de la Grèce, ses constitutions antérieures et les pactes fondamentaux de ces pays fortunés où l'arbre toujours vert de la monarchie constitutionnelle a jeté des racines et porté des fruits.

Après cet exposé préliminaire, la commission abordait les détails de son projet, parmi lesquels la religion avait la première place. « Notre premier devoir, disait le rapporteur, a été de déclarer aujourd'hui, comme à Astros, à Epidaure, à Trézène, que nous restons formellement attachés à la foi de nos pères, qui garantit la splendeur de notre avenir, après avoir conservé la langue et la nationalité grecques et sauvé notre indépendance. Mais, en même temps, nous n'avons pas oublié de consacrer le principe salutaire de la tolérance, adopté par tous les gouvernements civilisés, principe qui, pour la gloire du nom hellénique, se trouve proclamé dans toutes nos institutions antérieures. Enfin, une conviction intime et un grave intérêt politique nous ont portés à déclarer que l'église hellénique, quoique indissolublement liée, quant aux dogmes, à toutes les autres églises orthodoxes, est et demeure complètement indépendante sous le rapport administratif. »

La commission établissait ensuite les principes du droit public, auquel elle donnait pour fondement l'égalité devant la loi ; elle se prononçait contre toute idée d'aristocratie, de privilège exclusif et de titres nobiliaires, et déclarait qu'il ne devait y avoir en Grèce d'autre distinction que celle du mérite personnel.

Elle recommandait une sage répartition de l'impôt, qui fît contribuer l'opulence aux revenus de l'État, en proportion des avantages dont elle jouit.

La liberté individuelle, la demeure du citoyen, ses opinions, son instruction, ses biens, le secret des lettres, tous ces droits imprescriptibles devaient être placés sous la sauvegarde de la constitution ; il en était de même pour l'abolition de la torture, de la confiscation, de la traite des noirs, pour la liberté de la presse et le jugement des délits politiques par le jury.

Tels étaient les principes qui, suivant la commission, devaient régler la forme de la société. Quant à la forme de gouvernement, la nécessité de la monarchie était tellement reconnue de tous, que la commission ne croyait pas même devoir en parler. Mais quelle serait la division des pouvoirs? La commission admettait la division reçue dans les gouvernements constitutionnels de l'Occident, en pouvoir législatif, pouvoir exécutif, pouvoir judiciaire. Elle avait pris en considération la demande d'une seule Chambre, mais elle l'avait repoussée à la presque unanimité. Appelée à préparer une constitution monarchique, elle n'avait pu la concevoir autrement que basée sur deux corps législatifs. Les républiques elles-mêmes, pour la plupart, ne s'étaient-elles pas vues contraintes de recourir à cette combinaison? C'est à elle que la libre et puissante confédération des États-Unis du nord de l'Amérique était redevable de son unité et de sa puissance.

Le projet accordait le droit d'initiative aux deux Chambres, établissait l'inviolabilité de la personne royale et la responsabilité des ministres, déclarait le trône héréditaire de mâle en mâle, et exigeait la religion nationale de l'héritier présomptif.

La publicité des débats et la liberté des votes étaient accordées aux deux Chambres; le vote de l'impôt était reconnu comme une de leurs attributions, et il était déclaré que c'est à la Chambre des députés, comme représentant directement la nation, de voter la première tous les crédits en général, toute loi relative aux charges du peuple, concernant les revenus ou les dépenses de l'État, l'emploi de toute partie quelconque de la fortune nationale, la fixation des forces de terre et de mer, le recrutement et l'inscription maritime.

Quelques restrictions importantes étaient apportées à la loi des élections pour les Hellènes nés en dehors des limites actuelles du royaume ; quant à la formation du sénat, divers systèmes avaient été présentés.

« De toutes ces combinaisons, disait la commission, quelle est celle qui garantit le mieux la durée paisible de la monarchie constitutionnelle, qui assure le mieux l'indépendance du sénateur, qui convient le mieux au caractère du peuple hellénique, qui rend plus certaines la pondération des pouvoirs et l'harmonie nécessaire entre le peuple et le trône ? quelle est enfin celle qui oppose des barrières plus solides à la tyrannie d'une part, à l'ochlocratie de l'autre? Messieurs, la majorité de votre commission n'a pas cru devoir essayer de résoudre définitivement des questions si graves, si complexes ; elle vous propose d'en renvoyer la solution définitive à une époque de plus grandes lumières et d'une expérience plus mûre, c'est-à-dire, à dix années, en établissant, jusqu'à l'expiration de ce délai, un sénat dont les membres seraient inamovibles et nommés par le roi, d'après des catégories fixées par la charte.

» Les sénateurs nommés par une telle détermination, ne pouvant prévoir ce qui pourra être décidé par la suite pour la formation du sénat, loin de donner dans les extrêmes également dangereux d'une opposition aveugle ou d'une complaisance obséquieuse aux volontés du gouvernement, tâcheront, au contraire, de marcher constamment dans la voie de la modération, de la sagesse du vrai patriotisme, et de maintenir ainsi l'équilibre des pouvoirs. »

Quant à la responsabilité des ministres, la commission proposait d'introduire dans la charte quelques dispositions spéciales, en attendant l'adoption d'une loi spéciale : elle reconnaissait à la Chambre des députés le droit de les accuser, et au sénat celui de les juger.

Restait à fonder le pouvoir judiciaire : la commission le faisait reposer sur l'inamovibilité des juges et l'institution du jury, et elle adoptait le principe de la publicité des débats.

Elle complétait ces dispositions par d'autres dispositions

moins fondamentales, mais non moins justes ; elle déclarait que le grade militaire était la possession de l'officier, et demandait que le séjour ou l'entrée même d'une armée étrangère sur le territoire grec fût interdit, lorsqu'une loi ne l'aurait pas autorisé.

Enfin la commission appelait l'attention particulière de l'assemblée : 1° sur l'amélioration des affaires ecclésiastiques ; 2° sur la distribution des terres nationales et sur les mesures à prendre relativement à la dette intérieure et extérieure ; 3° sur l'organisation de la garde nationale ; 4° sur l'encouragement à donner à l'agriculture, à l'industrie et au commerce ; 5° sur l'adoption d'un meilleur système pour la perception des impôts ; 6° sur la nécessité d'une réduction dans les dépenses, dans le but d'apporter quelque soulagement aux longues souffrances du peuple.

La discussion fut, dès le commencement, pleine d'intérêt. Il s'agissait de la religion grecque, dans ses rapports avec les autres croyances et avec l'État. Une pétition, signée de six évêques, fut d'abord présentée pour être introduite dans le chapitre 1er de la constitution, sous forme d'amendement (1). Le ministre des affaires ecclésiastiques et de l'instruction publique appuya l'amendement, à l'ex-

(1) Cette pétition touche à un sujet assez grave pour que nous en donnions le texte; elle se rapporte à la déclaration du 23 juillet (4 août) 1833, qu'elle tendait à restreindre. L'Annuaire de 1833 a donné l'analyse de cette déclaration.

Voici la pétition adressée par les évêques à l'assemblée :

Article 1er. La religion dominante en Grèce est celle de la sainte église orientale Orthodoxe du Christ. Toute autre religion reconnue est tolérée, et obtient la protection des lois. Mais le prosélytisme ou toute autre intervention contre l'Église dominante est défendu.

Art. 2. L'Église orthodoxe du royaume de Grèce, reconnaissant pour principe et fin notre Seigneur J.-C., est dogmatiquement et canoniquement unie, par un lien indissoluble, à la grande Église de Constantinople, et à toutes les autres églises orthodoxes. Politiquement, elle est indépendante, et gouvernée conformément aux saints canons apostoliques et synodiques, par un synode d'évêques, nommé : le président, sur la proposition des évêques, par le roi, les membres par droit d'ancienneté épiscopale.

Art. 3. Les lois et ordonnances qui sont en contradiction avec les règlements ecclésiastiques sont abrogées.

ception de l'art. 3, mais sans succès, et l'assemblée adopta purement et simplement les deux articles constituant le chapitre 1er, qui reconnaît la foi grecque pour dominante, en autorisant le libre exercice des autres cultes, mais en leur défendant le prosélytisme ou tout autre empiétement contre la foi dominante (art. 1er), et qui, maintenant l'union morale de l'église grecque avec celle de Constantinople et toute autre église du même dogme, établit que cependant elle ne relève que d'elle-même, qu'elle exerce, indépendamment de tout autre église, ses droits de souveraineté, et est administrée par un saint synode d'évêques (art. 2).

Le débat de l'art. 3 au chapitre 2 avait une haute importance, non pas seulement en ce qu'il consacrait le principe de l'égalité, qui n'était contesté par personne, mais en ce qu'il touchait aux qualités requises pour être citoyen grec. D'après le projet, les citoyens grecs devaient seuls être ad-

Art. 4. Le roi est reconnu protecteur et défenseur de l'Église et de ses droits. Il surveille et ordonne, par l'intermédiaire du St.-Synode, dans tous les rapports extérieurs de l'Église, toute ce qui n'est pas contraire aux lois ecclésiastiques, et reçoit du Synode tous les renseignements sur les affaires de l'Église.

Art. 5. Les évêques du royaume seront portés à 26 au moins, et l'on déterminera les traitements à allouer aux évêques, aux prêtres, aux diacres, et aux desservants des églises paroissiales.

Art. 5. Il sera établi des écoles ecclésiastiques pour l'instruction du clergé. Elles seront soumises à la surveillance du Synode et des évêques.

Art. 7. On s'occupera du maintien et de l'affermissement des saints monastères, ainsi que de la conservation des biens appartenant aux monastères supprimés, aux évêchés et aux églises : il sera à cet effet créé une caisse ecclésiastique.

Art. 8. Les rapports entre le pouvoir temporel et l'Église seront définis, et l'on déterminera scrupuleusement les cas dans lesquels le clergé sera soumis à la compétence des tribunaux civils, et ceux où les ecclésiastiques seront appelés en témoignage.

Art. 9. Le clergé, d'après les canons de l'Église, reste en dehors des affaires politiques; il ne vote pas dans les élections; il ne prête pas serment.

Art. 10. L'Église orthodoxe du royaume, comme membre de l'Église, une, sainte, catholique et apostolique, sera, conformément aux coutumes ecclésiastiques, reconnue par la grande Église du Christ de Constantinople, comme de toutes les autres églises du même dogme, après délibération unanime du saint clergé de Grèce et par l'intermédiaire bienveillant du gouvernement.

missibles aux emplois publics, et deux intérêts considérables se trouvaient ici en présence : d'un côté, l'intérêt de l'État, qui est d'étendre le plus possible le nombre de ses membres, et d'attirer à soi, le plus possible, tous les individus Grecs par l'origine, par la langue, par la religion et par le cœur, dispersés dans l'empire turc, et portés à se rapprocher du centre de leur nationalité ; de l'autre, l'intérêt particulier des indigènes, des Autocthones, qui, recourant aux emplois publics comme à un des meilleurs moyens de vivre dans un pays où il y a encore si peu de voies ouvertes à l'activité, au travail, au talent, doivent tendre à restreindre la concurrence qui leur est faite dans cette carrière déjà encombrée des emplois publics. L'article 3 devait donc être l'objet de vifs débats et de luttes passionnées.

Un des membres de la commission, M. Chalchiopoulos, commença par déclarer qu'elle avait longuement délibéré sur la question de savoir si elle déterminerait les conditions requises pour être citoyen grec, et qu'elle avait jugé la chose nuisible ; les anciennes constitutions n'en parlaient pas ; d'ailleurs la qualité de citoyen ne pouvait s'acquérir toujours de la même manière ; si la constitution eût pris sur elle de régler dès aujourd'hui ces conditions, une assemblée nationale pourrait seule les changer ; la commission n'avait pas voulu préjuger l'avenir.

Alors il fut présenté à l'assemblée des pétitions et des amendements en nombre considérable sur la question débattue ; la plupart avaient pour objet d'exclure des emplois publics tous ceux qui sont arrivés en Grèce postérieurement à 1827 et 1828 ; un autre proposait d'y admettre seulement les indigènes, ceux qui ont pris part à la guerre d'indépendance jusqu'en 1827, ceux qui ont émigré de la Turquie pour s'établir en Grèce, conformément aux protocoles, et tous ceux qui se sont fait naturaliser légalement. L'avis général semblait être de laisser de côté la discussion des qualités requises pour être citoyen, et de se borner à déterminer les conditions de l'admission aux emplois.

Mais les grands esprits de l'assemblée, les hommes généreux et clairvoyants, les chefs du pays, s'indignaient des pensées d'exclusivisme et des idées étroites qui dirigeaient la conduite du parti indigène.

M. Rendy les combattit le premier avec beaucoup de talent; il leur reprocha de circonscrire les faits du passé et les intérêts de la race hellénique dans les limites de la Grèce affranchie, de considérer l'œuvre commencée en 1821 comme accomplie, et la révolution grecque comme achevée. Si c'était là l'opinion de l'assemblée, il n'y avait qu'à prononcer l'exclusion de tous les étrangers; cette décision serait conséquente, et pour lui indigène, né d'une famille indigène, il n'y avait rien là qui ne fût dans ses intérêts. Mais sa conscience lui imposait d'autres convictions.

« Permettez-moi, disait-il, de vous rappeler que la grande idée qui a présidé à notre révolution, qui l'a vivifiée, qui a déterminé la reconnaissance par l'Europe, par le sultan lui-même, de la nationalité grecque, embrassait dans une communauté d'intérêt et d'amour fraternel toute la race hellénique, toute la chrétienté d'Orient! Fidèles interprètes de ces idées généreuses, les représentants du peuple à l'assemblée de Trézène proclamèrent que, pour être citoyen grec, il suffisait de croire en J.-C. et de venir se fixer en Grèce! Je vénère les traditions sacrées que nous a laissées l'Ethérie, traditions d'ardent et de large patriotisme. Voilà pourquoi je m'élève aujourd'hui contre les idées exclusives... Je vote pour que l'assemblée n'établisse aucune différence entre les indigènes et les chrétiens de l'extérieur qui gémissent encore sous le joug ottoman, et qu'elle garde religieusement la pensée nationale exprimée par les députés du peuple à Trezène. Mais je demande en même temps que les procès-verbaux fassent mention de ce que je vais exprimer, savoir : que les chrétiens des provinces turques ne sont admis à jouir parmi nous des droits de citoyen qu'à la condition de n'oublier jamais qu'ils sont tous tenus de travailler sans relâche à l'affermissement de leur patrie. C'est vous dire assez que je n'admettrai jamais que la révolution grecque soit terminée et que la Grèce est libre, tant que la croix n'aura pas repris sur le dôme de Sainte-Sophie la place glorieuse que la barbarie orientale et l'indifférence de la chrétienté d'Occident ont donnée au croissant de Mahomet. »

Ce discours fut suivi d'une grande agitation, et l'assemblée décida qu'il serait fait mention dans les procès-verbaux de la proposition de l'orateur, mais sans oser permettre qu'il y fût question des considérations sur lesquelles il l'avait appuyée.

L'émotion de l'assemblée devait s'accroître encore aux mâles accents de M. Jean Colettis, le plus énergique représentant de la nationalité hellénique.

« Messieurs, dit-il, lorsque je me rappelle l'heure où j'ai prêté serment de coopérer à l'œuvre de la régénération de la Grèce, mon cœur tressaille. J'ai juré, et vous aussi, messieurs, vous avez juré, comme moi, de tout sacrifier, fortune, amis, parents, jusqu'à la vie même, pour l'indépendance de notre patrie comme pour l'affranchissement de toute la chrétienté d'Orient! Un grand nombre de ceux qui ont prêté ce serment solennel vivent encore; le moment est venu de nous le rappeler aujourd'hui que nous sommes réunis dans cette enceinte pour donner à la Grèce son évangile politique.

» La Grèce, messieurs, placée entre l'Orient et l'Occident, comme pour leur servir de lien, doit à sa position géographique son passé et le grand avenir que vous ne devez jamais perdre de vue; cet avenir qui doit surtout vous préoccuper lorsque les représentants des Grecs sont appelés à prendre une de ces rares déterminations, desquelles peut dépendre la ruine ou la splendeur d'un empire.

» Lorsque la Grèce tomba anéantie sous l'invasion des barbares, de sa chute il jaillit une étincelle qui illumina l'Occident! Réveillée, après bien des siècles, de son sommeil de mort, la Grèce apparaît aux nations, resplendissante d'une vigueur juvénile, qui vient déterminer la civilisation de l'Orient.

O Germanos! Zaïmis! Colocotronis! et vous tous mes anciens compagnons de gloire et de malheur, pourquoi n'êtes-vous plus au milieu de nous, maintenant que nous avons en nos mains les destinées de la race hellénique et que nous paraissons oublier la noble tâche que la Providence nous a confiée!

» Où êtes-vous, intrépides chefs de l'Épire, de la Macédoine, de la Thessalie, de la Servie, de la Bulgarie, vous tous qui avez levé l'étendard de la guerre sacrée pour délivrer notre patrie commune : la Grèce tout entière!

» Vous nous rappelleriez ces paroles du poète national, l'immortel Rhigas : « Liens des monts Ténégrins, aigles de l'Olympe, et vous habitants d'Agrapha et du Péloponèse, n'ayez plus qu'une seule ame. » Oui, nous n'avons eu en effet qu'une seule ame; des sommets du Parnasse jusqu'à ceux du Taygète, tous, nous nous sommes levés comme un seul homme, au cri de désespoir de la patrie en deuil, et nous avons triomphé! nous étions tous unis alors, dans ce temps d'enthousiasme patriotique!.. et aujourd'hui nous discutons froidement pour savoir qui est grec, qui est chrétien, de tous ces braves dont le sang a scellé notre glorieuse indépendance!.. Et, messieurs, ne sommes-nous pas les mêmes hommes qui d'une main tenions l'étendard de la liberté, de l'autre l'étendard de la religion, symbole de l'union, de la délivrance de toute la race hellénique? N'avons-nous pas prêté le même serment qu'ont prêté tous nos frères, qui nous observent en ce moment pour voir comment nous savons garder un serment!

» Messieurs, le motif qui, en 1833, m'engagea à voter dans le conseil des ministres contre la séparation de l'Église grecque de la grande communion orthoxe fut un motif d'espérance d'avenir. Les mêmes motifs qui en 1835 m'ont fait dire que la capitale de la Grèce n'est pas dans les limites de la Grèce actuelle m'animent encore aujourd'hui et prouveront que le grand serment prêté par moi en 1821, je l'ai gardé religieusement. Je ne puis croire, messieurs, qu'il se trouve parmi vous un seul homme qui ne partage ces sentiments; parmi vous, députés du peuple grec, descendants des hommes les plus parfaits! Les grecs ont une patrie aujourd'hui, une patrie commune où ils doivent trouver aide, protection, égalité de droits. C'est pour conquérir cet appui que vous avez supporté tant de malheurs et de désastres, que vous avez tout sacrifié. Vous jouissez aujourd'hui du fruit de vos labeurs.

» Représentants du peuple grec, vous êtes réunis dans Athènes! Que pourrais-je vous dire de plus sans faire injure à des cœurs hellènes! Athènes, la Grèce, après avoir ébloui le monde de sa gloire, s'est abîmée sous ses ruines; elle a péri parce qu'elle était divisée, parce qu'aucun lien sacré de nationalité, de patrie commune, n'unissait ses provinces. Mais, grâce à la divine Providence, la Grèce renaît aujourd'hui, forte de son union; elle renaît symbole et patrie de toute la race hellénique. Sa constitution politique doit être l'expression de cette destinée, et tout cœur vraiment hellénique doit travailler avec persévérance à y imprimer ce caractère. La Grèce libre, c'est la commune patrie de tous nos frères que les événements politiques ont jetés sur la terre étrangère, de tous les grecs forcés d'habiter encore les provinces qui ne font pas partie du royaume. Ignoreriez-vous avec quel enthousiasme ces grecs songent à leur mère-patrie, objet de tous leurs vœux, de toutes leurs espérances. Écoutez ce dont j'ai été témoin à Palerme, en Sicile.

» Seize mille orthodoxes qui habitent cette cité, chaque année, au jour de Pâques, montent processionnellement sur une haute montagne, portant chacun un cierge allumé; puis de là, tournant leurs regards vers la Grèce libre, ils adressent au ciel des vœux ardents pour la prospérité de l'État Grec et pour la réunion du Panhellénium.

» Dites, amis compatriotes : ces grecs qui, jetés sur la terre étrangère, soupirent comme les filles de Sion après la mère-patrie, les repousserez-vous? Leur dénierez-vous les droits de citoyen grec? Oh non! je lis dans vos cœurs que vous les accepterez comme on reçoit un frère après une longue absence, car, s'ils n'ont pu venir tous prendre une part active à la lutte sacrée de l'indépendance, c'est que des obstacles invincibles s'y sont opposés. Savez-vous pourquoi l'Europe, pourquoi les puissances, ont montré pour la Grèce tant de dévouement, tant de sympathie, tant d'enthousiasme? savez-vous pourquoi en Europe, aujourd'hui encore, le nom de la Grèce réveille tant de nobles sentiments? c'est que l'Europe, c'est que les puissances, ont apprécié tout l'héroïsme de la race hellénique, qui a envoyé ses fils, de toutes les provinces de l'empire de Byzance, mourir sur nos champs de bataille, pour sceller de leur sang la grande union de la race hellénique! c'est qu'aujourd'hui encore la Grèce libre est, pour l'Europe, la patrie commune de tous les chrétiens d'Orient. Rappelez-vous cette époque de malheur et de désolation, où la cause grecque était pour ainsi dire désespérée; je me trompe, je n'ai jamais désespéré de notre cause; je n'en ai pas désespéré, parce que j'ai vu les péloponésiens chassés de leurs foyers, réfugiés dans les montagnes, dans les bois, mais toujours animés du même patriotisme, faisant payer bien cher quelques victoires à ces arabes, auxquels ils tuaient par jour 20, 30, 100 hommes. Je n'ai pas douté un seul instant du succès, lorsque je voyais un général qui siège dans cette enceinte (1) refuser des millions qu'Ibraïm lui offrait pour prix de Palamide, où il commandait alors. A cette époque, nos malheurs, notre persévérance, ont déterminé les puissances à mettre un terme à cette guerre d'extermination. Elles ont voulu qu'il y eût une Grèce libre; elles ont créé un champ d'asile, où les grecs de l'empire Ottoman pussent trouver une nouvelle patrie, une nouvelle famille, en échange de la patrie qu'ils ont abandonnée par dévouement pour la cause commune. Telle est la pensée qui a présidé à la rédaction des protocoles; pensée magnanime, pensée d'avenir, par laquelle l'Europe réalisa le vœu national et sanctionna l'idée générale qui avait enfanté la révo-

(1) Le général Grivas.

lution grecque. Aussi, les cours alliées ont bien compris qu'il ne suffisait pas de déclarer indépendante une partie du territoire grec, mais qu'il fallait encore proclamer hautement le droit d'émigration, pour que sous leur puissante protection tous les Grecs pussent venir chercher asile et protection sur le sol de la Grèce indépendante. L'Europe a agi ainsi, parce qu'elle savait que tous les membres de la grande famille hellénique avaient pris part à la lutte, directement ou indirectement, et que la liberté devait être commune à tous ceux qui avaient partagé les malheurs de la guerre.

» Dans quelle bataille n'avons nous pas vu les représentants de toutes les tribus de la grande famille combattre ensemble pour la cause commune ? est-il besoin de vous citer des exemples ; ne vous rappelez-vous pas les Dervenakia, où le brave Nikitas a écrasé une armée de 40,000 hommes et conquis le nom de Turkophage ? qui combattait près de lui ? L'intrépide Cadzi-Chrysto et les vaillants Bulgares. Vous parlerai-je du camp de Karaïskaki, où chaque famille grecque avait pour ainsi dire son député ; vous raconterai-je tous ces brillants combats, où le Rouméliote confondu avec le Péloponésien, le Magniote, le Servien, le Bulgare, le Palykare de l'Eubée et celui de Césarée, luttaient tous pour la cause commune, pour la liberté des Grecs, pour la gloire de notre sainte religion orthodoxe !

» Eh bien ! mes vieux compagnons, et vous jeunes hommes qui nous succéderez bientôt, mettez la main sur votre cœur, et répondez moi : est-il juste que nous discutions si tel ou tel hellène doit ou non jouir dans la Grèce libre des droits de citoyen ? je lis dans vos yeux que vous le déclarez injuste. Non, vous n'êtes pas inspiré par un bas exclusivisme ; une pensée noble, plus large, plus grecque, plus chrétienne, fait palpiter vos cœurs !

» Et cependant, depuis plusieurs jours, nous nous traînons péniblement dans cette discussion, par la seule raison que vous avez été froissés par quelques hommes qui sous l'ancien régime ont abusé du pouvoir. Je comprends et j'approuve même cette révolte de votre dignité blessée. Il y a eu des abus, beaucoup d'abus. Mais ces abus, ces employés qui vous ont blessé dans vos intérêts les plus chers, qu'ont-ils de commun avec les droits de citoyen ? Il y a quelques jours, vous avez avec ardeur défendu une grande cause : l'union de l'Église, de la Grèce libre avec la grande église de Constantinople. Vous avez agi alors en profonds politiques, vous avez manifesté cette conviction, que toute la Grèce ne forme qu'un seul corps, et qu'elle n'a qu'une ame ! Pourquoi voulez-vous aujourd'hui être en contradiction avec vous-mêmes, en établissant des catégories, en classant, par époque, les Grecs qui doivent jouir des droits de citoyen à leur arrivée parmi nous ? Dites-moi, mes amis, les Éthéristes, ces hommes affiliés à la grande société qui embrassait tout l'empire de Byzance, depuis le berger du Pinde jusqu'au Patriarche de Constantinople, sont-ils ou non citoyens Grecs ? Devons-nous discuter s'ils le sont? Qui de nous ne connaît pas le capitaine Giorgaki, ce brave qui s'est fait sauter dans sa redoute, lui et ses palycares, plutôt que de se rendre aux ennemis? L'autre jour une femme habillée de noir, tenant un enfant à la main, vint chez moi. La douleur, la souffrance, la misère, étaient empreintes sur tous ses traits : qui es-tu, femme? lui demandai-je, Je suis la veuve du capitaine Giorgaki-Olympioti. En entendant ces mots mon cœur se brisa! Mais quelle serait ma douleur, si je n'avais pas au moins l'espérance que la patrie reconnaissante pourra bientôt récompenser dans le fils les services du père? lui payer la dette que le sang du martyr nous a léguée?.. qui oserait disputer au fils du capitaine Olympioti les droits de citoyen Grec?.. Et cependant il n'est venu en Grèce qu'en 1838! Je ne vous citerai que cet exemple. Il suffit pour faire comprendre que cette discussion trop longue, trop pénible, doit enfin cesser, et que nous devons bien nous garder de mettre dans notre constitution des dispositions qui nous lieraient pour l'avenir : car notre évangile politique doit être pour nous inaltérable comme l'évangile du Christ.

» Après une telle détermination, que répondrions-nous aux puissances, qui auraient incontestablement le droit de demander la raison de notre conduite? que répondrions-nous au monde, lorsqu'il nous demanderait d'expliquer la distinction que l'on prétend faire entre Grec et Grec?.. d'autre part, comment accepter les protocoles qui ont créé notre indépendance, qui l'ont fait reconnaître par l'Europe, par la Turquie, et rejeter les protocoles qui ont été le complément des premiers?

» Réfléchissez y bien; pensez mûrement; rendez-vous compte du sentiment qui vous fait agir, et nous serons tous d'accord : car vous êtes Grecs, et le cœur des hellènes m'est connu.

» La religion nous a unis; la liberté, cette fille aînée de la religion, doit-elle nous désunir? oserons-nous dire que nous ne voulons de la liberté que pour nous seuls? que nous ne voulons pas la partager avec nos frères qui, comme nous, ont souffert pour cette liberté sacrée! Les étendards de la religion et de la liberté ont toujours été unis durant la lutte, voudrons-nous les désunir après la victoire!

» Mais, direz-vous : l'administration a trop fait souffrir notre peuple; et par suite, il se trouve dans une dangereuse effervescence. Je le sais; le peuple a beaucoup souffert; ses droits, ses justes réclamations ont été méconnues. Mais est-ce une raison pour qu'il balance un seul instant à reconnaître les droits de ses compagnons, de ses frères? dans quelle circonstance n'a-t-il pas compris ses véritables intérêts? ne faisons pas injure au peuple Grec; moi aussi je le connais. Quand la patrie était en danger, quand il fallait marcher à l'ennemi, combien de fois n'est-il pas venu demander la solde qui était due pour plusieurs mois, lorsque le trésor était sans ressources? On lui répondait alors : vous demandez de l'argent, mes amis; il n'y en a pas; mais l'ennemi approche; la patrie est en danger, il faut marcher; et ils marchaient avec enthousiasme! Le patriotisme qui animait le Grec à cette époque héroïque, il l'a conservé, aussi pur, aussi ardent jusqu'à ce jour; en douter, ce serait calomnier le peuple.

» Quand je considère l'énorme chiffre des populations grecques qui habitent hors des limites de la Grèce libre; quand je vois notre ministre à Constantinople, nos consuls, lutter sans cesse pour protéger les droits des hellènes, je me demande s'il est bien vrai que nous, plénipotentiaires de la nation, nous donnons par cette discussion un spectacle si préjudiciable aux intérêts de ces millions d'hellènes qui nous observent avec une patriotique anxiété, confiants dans la sainteté du serment que nous avons prêté solennellement avant 1821. Vous le savez : la vérité est une; hé bien! si nous étions dans le vrai, verrions-nous le bureau de la présidence surchargé de 46 amendements à un seul article de notre constitution!

» Assez et trop longtemps nous nous sommes occupés de cette pénible discussion. Hellènes, vous devez en être profondément affligés. Entrons enfin franchement dans la voie de la vérité; laissons notre évangile politique pur comme l'évangile du Christ; n'y donnons pas entrée au privilège, à l'exclusivisme, pour ou contre les Grecs. Ce n'est pas là que nos ressentiments peuvent se manifester. Si, jusque par ses publications, la Bavarocratie nous a avertis de prendre nos mesures pour l'avenir, ne sommes-nous pas complètement à l'abri sous l'égide du gouvernement constitutionnel proclamé le 3 septembre?

» Ce gouvernement ne sera-t-il pas formé par la nation, puisque le ministère devra chaque année rendre compte de sa conduite aux représentants du peuple, et qu'il ne pourra gouverner que par leur appui? Les amendements qui surgissent de toutes parts feraient presque croire que nous doutons de nous-mêmes presque autant que des étrangers!

» Néanmoins, quoique nous ayons toutes garanties pour l'avenir, quoique désormais le pouvoir ne puisse être confié qu'aux hommes désignés par le vœu national, je ne crois pas inutile, dès aujourd'hui même, d'adopter encore d'autres mesures pour faire cesser les abus, pour en prévenir le retour.

» Je propose donc que notre constitution reste pure de toute souillure que pourrait lui imprimer un principe d'exception, un esprit de discorde, mais que dans un décret solennel l'assemblée prenne les mesures qu'elle ugera le plus convenables pour épurer l'administration. Telle est mon opinion. Je la soumets au sérieux examen de l'assemblée, la croyant conforme au serment que nous avons prêté, au vœu de tous les Grecs, à la pensée si bienveillante des puissances à l'égard de la race hellénique, à la destinée que le ciel réserve à notre patrie! »

M. Mavrocordatos prit également part à cette discussion; il dit que les mesures proposées par le parti indigène brisaient l'avenir de la Grèce et devaient rompre complétement les liens qui unissaient les Grecs de l'Hellénie et ceux de la Turquie.

« N'oubliez pas, dit-il, que les protocoles qui ont proclamé le droit d'émigration sont aussi ceux qui ont reconnu notre indépendance. Craignez, en refusant de ratifier une partie de ces protocoles, de vous priver du bénéfice des autres; supposons un seul instant que nous admettions dans notre constitution un article rédigé dans le sens des amendements, que diront les émigrés en retournant en Turquie? Vous n'ignorez pas toutes les peines que nous avons eues pour obtenir de la Sublime-Porte l'exécution des protocoles relatifs à l'émigration: que répondre aujourd'hui, si nous sommes les premiers à nier l'esprit et la lettre de ces protocoles, si nous en repoussons les dispositions bienveillantes? »

Suivant M. Mavrocordatos, il ne fallait pas confondre deux choses bien différentes: les droits de citoyen et les droits que les Grecs peuvent avoir à occuper les emplois publics.

Il formula sa pensée dans un projet de décret qui fut pris en considération par l'assemblée. D'après ce décret, le gouvernement, une fois la constitution promulguée, devait épurer le personnel de l'administration et préférer pendant sept ans, pour les emplois publics, les indigènes du royaume et les hommes qui ont pris part à la lutte jusqu'en 1827; ceux qui, jusqu'en 1837, ont émigré des provinces qui ont pris les armes pour la cause de l'indépendance; ceux qui sont reconnus pour avoir souffert à cause de la lutte nationale, ou ceux dont les familles ont été massacrées, emprisonnées, exilées, ou victimes de la confiscation des biens;

enfin les enfants de tous ceux qui appartiennent à ces catégories.

Ce décret fut adopté, mais après avoir été altéré dans le sens des amendements présentés par le parti indigène.

La plus grande agitation avait régné au dehors pendant la discussion, mais l'ordre, rigoureusement maintenu par la force armée, ne put être troublé.

Les autres parties du projet furent votées sans beaucoup de difficulté, à l'exception pourtant des articles qui devaient régler l'ordre de succession au trône et le mode de formation du sénat.

Dans la question de l'hérédité au trône il s'agissait de savoir si elle aurait lieu de mâle en mâle, ou si les femmes y auraient droit. Les opinions étaient partagées ; cependant il y avait de graves considérations en faveur de la plus grande extension de l'hérédité, parmi lesquelles était la prescription de l'art. 8 du traité du 7 mai 1832. Un député proposa la reproduction pure et simple des termes du traité. M. Metaxas émit une opinion semblable, qui fut développée avec succès par M. Mavrocordatos. Suivant ce dernier, le traité du 7 mai était obligatoire pour les Grecs ; le méconnaître, c'eût été se placer dans la fâcheuse position de rejeter la base même de l'existence monarchique du pays. Il est vrai, onze mois après la signature du traité, une annexe y fut faite pour en expliquer l'art. 8. Cette annexe a été signée par les représentants des puissances et par le représentant du roi de Bavière. Elle ne se borne pas à expliquer l'article 8, elle y fait encore des changements très-importants, puisqu'elle modifie toutes les bases de l'ordre de succession établies par l'art. 6, prononçant l'exclusion des femmes, à moins de l'extinction totale des héritiers mâles dans les trois branches de la maison de Bavière. Cette annexe était-elle obligatoire pour la Grèce? Elle l'eût été d'après le principe admis chez les nations constitutionnelles, que le législateur est l'interprète des lois. Mais l'art. 8 du traité est tellement clair, qu'il ne pouvait donner lieu à une fausse inerprétation ; aussi n'y avait-il pas eu interprétation, mais modification des principes posés dans cet article.

M. Mavrocordatos terminait par ces paroles :

« L'art. 10 du même traité dit que les droits du souverain seront exercés par la régence, dès l'arrivée du roi en Grèce. Or, la régence existant en Grèce au moment où l'annexe a été faite, c'était la régence qui devait intervenir au nouveau traité, et non le représentant du roi de Bavière. Le roi Othon, la régence, ont-ils été consultés? Aucunement. C'est le tuteur seul du roi qui est intervenu; et en présence d'une régence exerçant les droits du souverain, il n'avait pas caractère pour traiter au nom de son pupille. De plus, cette annexe n'a jamais été communiquée officiellement au gouvernement grec : pour nous, elle ne saurait donc exister; nous ne sommes liés que par le traité, qui seul est obligatoire. Le roi de Bavière, le prince de Bavière, intéressé dans la question de succession, partageront-ils notre opinion sur la valeur de ce second acte? Je l'ignore. Cette question donnera probablement lieu à des négociations entre le gouvernement grec et les puissances étrangères. Que devons nous donc faire dans cette circonstance? ne rien résondre qui puisse compromettre ces négociations; nous en tenir aux termes du traité, qui seul existe pour nous, qui seul nous engage. »

Cette opinion prévalut, et l'art. 38 de la constitution fut adopté à l'unanimité. L'art. 40 est remarquable en ce qu'il rend la succession plus difficile, et peut un jour servir d'instrument à l'ambition d'une puissance voisine; il y est établi que tout successeur au trône de Grèce doit nécessairement professer la religion nationale. Avant le vote, le président demanda si tous les députés étaient en conscience bien convaincus de la nécessité de cet article; de toutes parts il fut répondu : Oui. — Eh bien! ajouta le président, puisque vous êtes tous convaincus de cette nécessité, levez-vous tous. Tous se levèrent en criant : Nous adoptons l'article. La France et l'Angleterre protestèrent vainement dans l'intérêt bien entendu de la Grèce contre cette résolution. La question de la régence ne fut point réglée, mais l'art. 44 portait qu'elle le serait par une loi spéciale. Cependant l'assemblée voulut, dès-lors, faire une position toute particulière à la reine Amélie. Sur la demande de M. Metaxas il fut voté un décret ainsi conçu : « Vu l'art. 44 de la constitution, l'assemblée décrète que la reine Amélie, dans le cas où elle n'aurait pas convolé en secondes noces, est de droit appelée à la régence, si l'héritier du trône est mineur. »

Le chapitre relatif à la Chambre des députés fit renaître la question soulevée à propos de l'art. 3. Les députés des corporations présentèrent une proposition relative à la consécration du droit concédé jusqu'alors aux corporations d'émigrés d'envoyer à la représentation nationale des députés spéciaux.

M. Metaxas prit la parole et dit qu'il fallait se garder de décider cette question, en consultant plutôt le cœur que la raison.

Le droit que l'on proposait de consacrer aurait pour conséquence de détruire l'égalité devant la loi, proclamée par la constitution, et de briser la chaîne d'intérêts communs qui doit unir la famille hellénique. Il était à craindre aussi que la Sublime-Porte n'y trouvât une raison de supposer que l'on cherchait à intervenir chez elle. « Je ne voudrais pas, ajoutait-il, que l'on inférât de mon langage que je suis l'adversaire du bien réclamé en faveur de nos anciens compagnons d'armes. Mon intention est uniquement de faire remarquer tout ce qu'a d'épineux cette question, au point de vue de la politique étrangère, et de rappeler les citoyens à la véritable égalité devant la loi. »

Ces paroles valurent au ministre une vigoureuse réponse de M. Colettis.

« M. Metaxas, dit-il, vous a parlé comme ministre et comme grec. Comme grec, il a déclaré hautement qu'il ne veut pas qu'on le croie l'adversaire d'une mesure que ceux qui ont partagé avec nous les dangers de la lutte considèrent comme bienfaisante. Ces paroles lui ont été dictées par le cœur. En prononçant les autres, il a obéi à sa position officielle. Voilà deux conduites; c'est à vous de distinguer celle qu'il convient d'approuver. Je ne sais de quelles expressions me servir pour expliquer le droit réclamé par les corporations. Ce droit, c'est celui pour lequel vous avez pris les armes afin de vous affranchir de la domination étrangère qui pesa sur la Grèce durant des siècles; c'est celui pour lequel vous avez accompli la réforme du 3 septembre, car vous aviez vos franchises municipales, vos propriétés, votre liberté. Mais il vous manquait une chose essentielle, le droit de vous occuper vous même de vos affaires. Ce droit, vous l'avez conquis pour vous, pour tous les grecs; une fois acquis, il ne faut pas le perdre. Ce ne sont pas les habitants de l'Epire, de la Thessalie, de la Macédoine, mais les Épirotes, les Thessaliens, les Macédoniens, les Crétois, *établis en Grèce*, selon les termes des protocoles reconnus par la Turquie elle-même, qui réclament le droit de nommer des députés spéciaux. Nos droits politiques sont une propriété nationale, dont aucune puissance étrangère ne peut régler l'usage. Nous pouvons en user comme bon nous semble; nous pouvons les conférer comme il nous convient. Je ne vois donc pas comment la Sublime-Porte pourrait trouver dans une mesure d'administration intérieure un motif de suspecter nos intentions à son égard. Nous devrions alors craindre aussi que l'on ne nous dise : l'Université d'Athènes répand les lumières en Orient : de toutes les provinces de la Turquie la jeunesse accourt s'y instruire, s'y inspirer d'idées d'indépendance qui peuvent avoir des conséquences graves : il faut fermer votre Université à tous ceux qui ne sont pas nés en Grèce. La Turquie connaît assez bien les traités d'après lesquels les émigrés de ses provinces sont établis en Grèce, pour concevoir le moindre soupçon, par suite de la consécration du droit qui vous est réclamé. Quant à l'Europe, nous n'avons rien à en appréhender : elle sait trop bien que toute nation peut régler comme elle l'entend l'usage de ses droits politiques. M. Simos, député des Épirotes, prononce un discours éloquent par lequel il s'attache à constater les droits que toutes les assemblées nationales ont reconnu aux immigrès, et les avantages qui résulteront pour la Grèce de la consécration de ce droit. »

La proposition fut repoussée à une assez grande majorité.

Restait la grande question du Sénat, la plus importante peut-être après celle de l'égalité devant la loi, résolue par l'art. 3. Car telle pouvait être la solution du débat sur le mode de formation du Sénat, qu'elle détruisît l'égalité et portât atteinte au principe fondamental de toute société. En Orient plus que partout, qu'on le sache ou qu'on l'ignore, les esprits repoussent toute inégalité civile, et la Turquie en est le plus frappant exemple (1).

La raison en est dans le sentiment intime des populations, qui peuvent souffrir le despotisme monarchique, et qui ne souffriraient pas une aristocratie organisée. L'hérédité de la pairie, considérée comme moyen politique, aurait eu pour conséquence de violer le principe de l'égalité sociale et de sacrifier l'intérêt de la société à l'intérêt du gouvernement. Les Grecs ne pouvaient songer à l'établissement d'un sénat héréditaire, et telle était sur ce point l'ardeur de leurs convictions et leur sollicitude pour le triomphe de l'idée d'égalité, qu'ils redoutaient jusqu'au système de la pairie viagère conférée par le roi. Ce système n'en fut pas moins adopté comme le plus sage et le plus capable d'affermir l'ordre et la royauté dans un pays encore agité par tant de passions, par tant d'intérêts, avec une existence encore précaire et un avenir plein d'éventualités bonnes et mauvaises.

Dans la soirée qui suivit ce vote, la tranquillité publique faillit être troublée : la presse opposante se signala par l'exagération de ses attaques contre la majorité. Plusieurs écrits, entourés de signes de deuil, furent répandus par elle dans le public déjà disposé à s'alarmer ; ces écrits criaient à la trahison, appelant l'anathême sur la décision de l'assemblée nationale et la haine du peuple sur les orateurs qui avaient le plus contribué à amener cette décision, parmi lesquels il faut citer MM. Mavrocordatos et Colettis.

(1) Non-seulement les Turcs sont tous libres, mais ils n'ont chez eux aucune distinction de noblesse. Ils ne connaissent de supériorité que celle des emplois.

(Voltaire, Essai sur les mœurs, ch. XCIII.)

Heureusement l'ordre fut maintenu, et les provocations n'eurent point les effets qu'on en pouvait craindre.

Il en résulta toutefois un fait très-grave qui ne pouvait tarder à se produire, mais que l'on n'attendait pas sitôt. M. Metaxas et ses collègues, se fondant sur la difficulté de gouverner au milieu de l'irritation produite par le dernier vote de l'assemblée, donnèrent leur démission avant même que les débats de la constitution fussent terminés. Il chercha dans la séance du 26 février à donner des explications de sa conduite, mais ces explications manquaient assurément de clarté et ne laissaient point voir les motifs réels d'une détermination si brusque.

Après avoir rappelé sans y rien ajouter les services qu'il avait rendus au pays depuis la révolution de septembre, en cherchant à établir la modération et l'union, il déclarait qu'il croyait sa tâche achevée. L'assemblée nationale avait été convoquée, elle avait procédé avec calme à ses importants travaux; les principes d'une constitution sage, monarchique, avaient été adoptés; l'œuvre touchait à sa fin, il n'y avait plus de difficultés sérieuses à vaincre. Pourquoi donc s'être retiré du ministère dans un pareil moment? « Je me suis retiré, répondait M. Metaxas, parce que ma position était devenue telle que, comme ministre, je ne pouvais plus être utile au pays, ni à mes principes, tandis que je puis encore être utile à l'un et à l'autre comme simple citoyen. » Il fut plus explicite dans les raisons qu'il donna au roi de sa retraite précipitée: il l'attribua au changement qui était survenu dans la majorité et à la division d'opinions qui avait eu lieu sur une question, à ses yeux, très-importante dans les circonstances actuelles.

Pendant que le roi travaillait à constituer un nouveau ministère, la discussion de la constitution arrivait à son terme; elle fut votée dans son ensemble; il n'y manquait plus que la sanction royale, qui devait se faire attendre quelques jours. Le roi, tout en admettant les principes généraux établis par l'assemblée, crut devoir lui adresser quelques observations sur plusieurs chefs, et en particulier sur ceux qui touchaient à l'exercice du pouvoir (*voy.* le texte à l'Appendice); cette note se terminait par de sages considérations sur le decret relatif aux emplois publics.

« Quel que soit mon désir de me conformer au vœu de l'assemblée nationale, disait S. M., je regarde comme un devoir pour moi d'appeler son attention sur la grande difficulté ou plutôt sur l'impossibilité d'exécuter à la lettre le décret sur les emplois publics tel qu'il a été rendu, sans nous exposer à de funestes conséquences. D'abord le service judiciaire serait à l'instant même paralysé; peut-être aussi quelques autres places qu'il est difficile de désigner ne pourraient être convenablement occupées, à cause des connaissances spéciales qu'elles exigent; et certes, l'assemblée nationale partage l'idée que le peuple n'existe pas pour les employés, mais qu'au contraire les employés existent pour le bien du peuple. Mais, quelque persuadé que je sois, d'un côté que l'intérêt de la nation exige que le gouvernement se propose toujours en nommant les employés de choisir des hommes qui aient les connaissances spéciales sans lesquelles les emplois publics ne peuvent être convenablement occupées, je désire vivement d'un autre côté voir les services rendus à la patrie récompensés de la manière la plus convenable. Je pense donc qu'il faut prendre ces deux points en considération; en outre, des circonstances particulières peuvent exiger qu'il soit fait des exceptions audit decret : par exemple, la nomination de certains consuls ne peut être soumise aux dispositions du décret tel qu'il a été rendu, qu'en entrainant des sacrifices pécuniaires qui retomberaient encore sur les indigènes eux-mêmes.

» Je recommande donc à la prudence de l'assemblée de bien considérer s'il ne serait pas dans l'intérêt de la nation elle-même de faire à ce décret une addition qui autoriserait une exception chaque fois que le gouvernement trouverait que l'intérêt national l'exige en faveur de connaissances spéciales et de circonstances toutes particulières ; mais, pour que l'assemblée nationale soit rassurée contre tout abus d'un semblable pouvoir donné au gouvernement, j'affirme avec plaisir que, si cette addition est admise, je n'en ferai jamais usage pour la nomination des ministres ; dans ce dernier cas, je me conformerai aux dispositions du décret. »

L'assemblée nationale crut devoir examiner avec attention des observations aussi sincèrement exprimées que l'étaient celles du roi ; elle en admit quelques-unes et modifia en quelques points son premier projet. Dans cette forme nouvelle le travail de l'assemblée reçut la sanction du roi, et après le vote d'une loi d'élection (*voy.* à l'Appendice) elle déclara sa mission terminée.

La Grèce avait désormais une constitution généralement approuvée par les grandes puissances ; cependant, comme nous l'avons dit, la France et l'Angleterre s'étaient fortement alarmées du paragraphe qui fait de la foi grecque une condition de l'hérédité à la couronne ; en outre, l'Angleterre n'eût pas été fâchée de voir s'établir une chambre héréditaire à la place d'une pairie viagère, mais l'esprit général de la constitution avait l'approbation des deux grandes puissances ; elles s'attachaient de plus en plus à ce qu'elles croyaient l'intérêt de la Grèce. Quant à la Russie, ne pouvant faire autrement sans y perdre davantage, elle était résolue à se rapprocher de l'état hellénique. Elle le fit non sans quelque embarras et non sans trouver à redire à l'ordre actuel des choses ; mais elle le fit, quel que fut son but et sa pensée, et elle reconnut ainsi les changements survenus depuis l'année dernière dans la Grèce désormais libre (*voy.* l'art. Russie).

Les Grecs se réjouirent de l'adhésion des puissances à

leur constitution ; restait à la faire fonctionner, mais là était précisément la difficulté dans les circonstances présentes, car il y avait d'une part à former un nouveau cabinet, au milieu de partis qui, ralliés d'abord le lendemain de la révolution de septembre, avaient fini par se diviser sur des questions capitales, et de l'autre il y avait à choisir les membres du Sénat et à demander au pays une chambre des députés qui pût faire une majorité jusque-là mobile et incertaine.

Après la retraite de M. Metaxas, dont les motifs restaient couverts de mystère, même à la suite des explications qu'il en avait données à l'assemblée et au roi, des tentatives furent immédiatement faites pour la conciliation des deux grands partis, que l'on est convenu d'appeler parti anglais et parti français, représentés par deux hommes remarquables à des titres différents, MM. Mavrocordatos et Colettis. Le desir de beaucoup de gens éclairés et du roi en particulier était de voir se former un ministère dans lequel se fussent confondues les deux nuances d'opinion : l'une plus amie de l'Angleterre, l'autre plus amie de la France, toutes deux d'accord pour le développement des libertés publiques et pour une résistance énergique à l'influence envahissante de la Russie.

Mais, contrairement à ce vœu éclairé et vraiment national, MM. Colettis et Mavrocordatos ne purent s'entendre, et Colettis abdiquant pour le moment toute prétention au pouvoir, M. Mavrocordatos resta maître des négociations.

Le 30 mars (11 avril) le ministère était formé ; il se composait de MM. Movrocordatos, président du conseil, ministre des Finances et de la Marine ; A. Loudos, ministre de l'Intérieur ; le maréchal-de-camp Rhodius, ministre de la Guerre ; Tricoupis, ministre des Affaires étrangères, de l'Instruction publique et des Affaires ecclésiastiques ; A. X. Loudos, ministre de la Justice.

Ainsi composé, le Cabinet ne contenait qu'une seule nuance d'opinion : c'était pour lui une condition de force intérieure, de confiance réciproque entre les membres, de conformité dans les vues et d'unité dans les décisions ; mais c'était aussi une raison de faiblesse et une cause de difficultés dans les rapports qu'il allait avoir avec le pays. Ce n'est pas que le parti représenté par M. Colettis se montrât hostile à la nouvelle administration ; il se promettait au contraire de la soutenir, voulant avant tout le bien commun et la consolidation des récentes institutions ; mais cet accord, consenti seulement par le bon vouloir réciproque, garanti seulement par la communauté des vues sur les questions les plus générales, cet accord, possible en des temps calmes où l'on peut se laisser conduire par l'esprit de transaction, ne pouvait être durable au milieu de circonstances difficiles, violentes même, où les résolutions doivent être décisives. Une rupture ne tarda pas à éclater, les élections en furent l'occasion.

Le ministère ne fut pas sitôt aux prises avec l'opinion publique, qu'il conçut pour elle de la défiance, et vit bien qu'il n'en aurait raison qu'au prix des plus grands efforts. Bientôt même les moyens ordinaires de persuasion lui parurent insuffisants ; il eut recours à la corruption : des décorations furent prodiguées pour gagner des votes, et cela à profusion et de manière à frapper tous les yeux (1); et,

(1) Dans un savant et judicieux article sur la Grèce, publié par la *Revue des deux mondes*, M. Duvergier de Hauranne dit textuellement : Il y a en Grèce une décoration destinée à récompenser les hommes de la lutte et qui, avant les dernières élections, avait encore une certaine valeur. Je connais tel candidat ministériel à qui cinq ou six cents brevets de cette décoration ont été donnés en blanc afin qu'il les distribuât aux électeurs qui voteraient pour lui..... Dans plusieurs villages, la gendarmerie fut appelée au secours des électeurs fidèles et reçut l'ordre d'agir énergiquement contre les électeurs récalcitrants; dans d'autres, les urnes du scrutin furent enlevées pendant la nuit, ouvertes et faussées. Le Cabinet enfin se vit forcé de destituer un de ses membres, M. Loudos de Patras, ministre de la Justice, pour empêcher la publication d'une lettre où il recommandait nettement aux fonctionnaires civils et militaires d'assurer au besoin son élection « à l'aide du sabre et du bâton. »

comme la corruption ne suffisait pas, la violence intervint. L'intimidation fut employée, et le ministre de la Justice alla jusqu'à recommander aux fonctionnaires civils et militaires d'assurer au besoin son élection « à l'aide du sabre et du bâton. »

Mais ces mesures illégales ne réussirent qu'à provoquer l'animosité de tous les partis, à éloigner du Cabinet les hommes qui, à son avénement, lui avaient promis leur appui, et à amener la coalition d'une partie de la faction dirigée par M. Metaxas, et de celle qui a pris M. Colettis pour chef. Des troubles éclatèrent même sur plusieurs points ; en Messénie, en Laconie et surtout en Acarnanie. Assurément la paix publique n'était pas sérieusement menacée, et le général Grivas, qui s'était mis à la tête des insurgés de l'Acarnanie, ne put trouver d'appui parmi les hommes éclairés de l'opposition (1). Mais il y avait dans ces prises d'armes de tristes marques d'une situation devenue intolérable, sans un prompt changement de politique. Déjà la population d'Athènes avaient montré par des attroupements et des clameurs des dispositions hostiles ; la rigueur inutile avec laquelle le ministère avait cru pouvoir réprimer ces manifestations n'avait fait qu'irriter davantage les esprits. Elles se reproduisirent à l'occasion des élections ; la force armée intervint de nouveau et fut repoussée aux cris de : *A bas le ministère ! à bas les Anglais ! vive la France !* Le roi par sa présence arrêta le désordre, et apprit au peuple que les ministres avaient résigné leurs fonctions ; la veille même S. M. avait accepté leur démission plusieurs fois offerte.

M. Colettis était désigné par l'opinion comme le chef de l'administration qui allait se former ; c'est à lui, en effet, que l'on eut recours, et il accepta la tâche qui lui était

(1) M. Grivas, ayant échoué dans cette tentative, se retira à bord du bateau à vapeur français le *Papin* ; les ministres demandèrent qu'il leur fût livré ; mais la légation française repoussa cette demande comme il convenait.

confiée. Par une heureuse rencontre de circonstances, il put attirer M. Metaxas dans la combinaison qu'il entreprit de former; et ces deux hommes d'État réussirent à constituer un cabinet (18 août) qui répondait autant que possible aux vœux exprimés par le pays dans les élections récentes.

La session parlementaire s'ouvrit le 19 septembre; le sénat n'était point encore complet; vingt-sept membres seulement avaient été nommés; et, quant à la Chambre des représentants, elle était loin d'être constituée. La confusion qui avait présidé aux élections devait rendre difficile la vérification des pouvoirs; le discours royal ne fit point d'allusion à cette situation; il était tout entier consacré aux travaux récents de l'assemblée nationale et aux matières législatives sur lesquelles les Chambres allaient avoir à méditer.

S. M. y rappelait que le concours de la royauté et du peuple avait fondé la constitution, et elle faisait remarquer que le développement des institutions et la force du pays étaient au prix de cet heureux accord.

« C'est avec satisfaction, ajoutait le roi, que je vous annonce que nos relations avec les puissances étrangères sont toujours amicales. Mais nous devons une particulière reconnaissance aux puissances qui, après avoir aidé nos efforts dans la lutte, ont soutenu et continuent à protéger notre indépendance. »

Le discours royal appelait ensuite l'attention sur les différentes questions législatives que le ministère se proposait de soumettre aux Chambres.

« Mon gouvernement vous fera connaître la situation financière. Sans perdre de vue combien une sévère économie est indispensable, il vous demandera les crédits nécessaires aux services publics, et les moyens de préparer l'avenir par des travaux utiles.

» Les droits d'un noble passé ne doivent pas être méconnus; la splendeur et la sainteté de la religion appellent toute notre attention. Son affermissement réclame des lois convenables.

» Vous aurez également, messieurs, à vous occuper du développement de l'instruction publique, du perfectionnement et de l'organisation de l'armée destinée à protéger l'État et à assurer l'exécution régulière des lois.

» C'est à vous, messieurs, de donner force à mon gouvernement, pour qu'il ne rencontre pas dans la direction des affaires des obstacles aussi nuisibles aux intérêts particuliers qu'aux intérêts généraux. Des lois vous seront soumises pour assurer la liberté individuelle dans la liberté de tous, rendre à notre pavillon la confiance qu'il mérite, faciliter les développements de l'agriculture, de l'industrie, du commerce et de la navigation.

» La simplification de la législation et sa mise en rapport avec la situation du peuple devront être le sujet des délibérations de cette première session. »

Le roi terminait par ces paroles, qui étaient l'expression franche de ses sentiments personnels et de son bon vouloir pour les nouvelles institutions.

« Croyez-moi, messieurs, je ressens une grande et patriotique émotion, dans ce jour solennel, en pensant à la gravité des intérêts qui devront vous occuper, et à l'influence immense que les décisions de la première session législative auront sur les destinées de la Grèce.

» Efforçons-nous donc d'effacer le souvenir de quelques faits pénibles! Qu'il n'en reste que la noble et patriotique émulation du bien et la volonté ferme d'y persister! Entrons dans la voie droite et régulière qui seule peut assurer le bonheur et la gloire de notre chère patrie!

» Tels sont les vœux les plus chers de mon cœur. Toute ma vie sera consacrée à défendre nos libertés et à assurer la prospérité et le progrès de la nation. C'est pour remplir cette noble mission que je réclame votre concours, et tous ensemble, messieurs, implorons la protection et l'aide du Tout-Puissant. »

Le reste de l'année devait se passer pour les Chambres comme pour le Cabinet dans des travaux préparatoires. Pendant que le Cabinet redigeait les projets de loi qu'il voulait présenter durant cette session et complétait le Sénat, la Chambre des députés discutait les droits de ses membres et annulait un nombre considérable d'élections.

Au reste, le pays était tranquille, et le ministère affermi. Les choses avaient repris un cours paisible, et rien ne s'opposait plus à l'activité du gouvernement. En même temps que l'esprit public se pliait à des institutions pour lesquelles il semblait déjà mûr, l'esprit de travail plus nouveau au sein d'une nationalité renaissante faisait de sérieux progrès. C'était une des préoccupations les plus vives du ministère de donner par de sages réformes financières des encouragements à l'agriculture et au commerce, et le besoin du bien-être, mieux senti chaque jour au contact de l'Europe occidentale, portait aussi de ce côté l'attention des populations. Les hommes éclairés au dedans et au dehors se réjouissaient de cet accord de tous, pour le développement simultané des libertés et de la prospérité matérielle.

CHAPITRE VII.

SUISSE. — Affaire des couvents d'Argovie. — Manifeste des sept États catholiques. — Luttes dans le Haut et dans le Bas-Valais. — Jeune Suisse. — Demande de secours adressée par le gouvernement valaisan au *Vorort*. — Promesse d'intervention. — Levée en masse du Haut-Valais. — Défaite des Bas-Valaisans. — Dissolution de la Jeune-Suisse. — Décrets contre les vaincus. — Réaction religieuse. — Projet de réforme de la constitution. — Interdiction du protestantisme. — Ouverture de la diète extraordinaire. — Protestations contre l'intervention directoriale. — Blâmes contre Lucerne. — Rejet des propositions du *Vorort*. — Rejet de la pétition des sept États catholiques. — Protestation de ces États. — Appel des jésuites par Lucerne. — Question nouvelle. — Troubles à Willisans. — Défaite des radicaux. — Agitation populaire dans les cantons radicaux. — Préparatifs de lutte. — Situation de la Suisse.

On a vu que, l'année dernière, la direction fédérale de Lucerne avait cherché, par des résolutions qualifiées d'antifédérales, et par une espèce de proclamation adressée aux cantons catholiques (20 octobre 1843), à soulever contre les décisions de la diète les passions religieuses et politiques. Cet appel aux armes qui divisait la Suisse en deux camps ennemis avait été, de la part de Berne et de Zurich, l'occasion de graves remontrances adressées à Lucerne. Cette année encore, Lucerne était canton directeur, et les mêmes dispositions se traduisirent par des démarches de même nature. Ainsi, au commencement de l'année parut un manifeste des sept États catholiques coalisés; après un récit circonstancié des événements relatifs à la sécularisation des couvents d'Argovie, placés par le pacte de 1815 sous la garantiefédérale, les signataires protestaient formellement contre cet acte inconstitutionnel et annonçaient, au nom de leurs commettants, la ferme résolution d'employer tous les moyens compatibles avec leurs devoirs et leurs serments de membres de la Confédération, pour faire révoquer une mesure qu'ils qualifiaient d'illégale et de violente. Au reste, le langage dans lequel était conçu le manifeste portait un caractère de modération assez remarquable, quoiquela protestation en elle-même ne fût pas peu propre à raviver la querelie. Ni Soleure, ni le Valais, ni le Tessin, quoique ces Etats fussent exclusivement catholiques, n'avaient pris part à la conférence dont émanait le manifeste.

Voici les termes de la protestation consignée au protocole:

« Les députations des États catholiques, en confirmation de la protestation insérée en 1843 au protocole de la diète fédérale, renouvellent la déclaration qu'elles ne reconnaissent pas à une majorité de douze États la compétence d'accorder au canton d'Argovie le pouvoir de supprimer de son chef, sur son territoire, des couvents garantis par le pacte fédéral. Les députations des États catholiques renouvellent de plus la déclaration solennelle qu'elles n'ont pris et ne prendront aucune part à l'infraction réitirée que douze États viennent de faire au pacte le 8 août; qu'elles rendent les États qui y ont coopéré responsables de toutes les conséquences qui en pourraient résulter, et qu'elles ne négligeront aucun moyen ni aucune démarche autorisée par le pacte, ou commandée par l'amour de la patrie, pour amener à une solution légale la question dont il s'agit. Elles déclarent enfin qu'elles vont déférer à leurs États la résolution prise par la diète dans la séance du 8 août, en réservant à ceux-ci le droit de prendre les mesures ultérieures jugées convenables pour maintenir le pacte fédéral dans son intégrité. En faisant inscrire au protocole de la diète cette nouvelle protestation, les députés catholiques croient remplir un devoir religieux, puisque le chef suprême de l'Église et les évêques suisses envisagent le décret de supprimer des couvents comme une atteinte portée aux droits de la confession catholique. »

Mais des événements d'une nature tout autrement grave détournèrent bientôt l'attention vers le Valais. Cette partie de la Suisse est, on le sait, partagée en deux races hostiles : l'une, la race romane ou française, occupe le côté situé au-dessous de Sion ; elle avait été longtemps dominée par la race allemande ou les Haut-Valaisans. Longtemps le Bas-Valais, ou le parti libéral, réclama l'égalité de représentation ; il ne put atteindre ce but que par sa victoire du mois d'avril 1840 sur l'insurrection des Haut-Valaisans (*voy.* l'Annuaire). A cette époque, ses principaux chefs furent portés au pouvoir ; après la victoire, l'antipathie profonde qui existait entre le libéralisme, d'ailleurs assez arriéré, du Valais, et les tendances ultramontaines, ne tarda pas à éclater. L'association politique connue sous le nom de *Jeune-Suisse* donna essor à ces sentiments ; de là une lutte acharnée entre le libéralisme du Bas-Valais et l'esprit conservateur et clérical du Haut-Valais. Aux élections, les libéraux furent battus, et le grand conseil, composé en grande partie de membres conservateurs, vit se retirer de son sein les chefs qui en constituaient la minorité. Poussés par cette retraite vers les représentants populaires des idées extrêmes, les anciens chefs de l'opposition libérale vinrent se fondre dans un *comité* d'opposition organisé à Martigny. La guerre civile était imminente : le Bas-Valais opposait pouvoir à pouvoir, et le pays retombait dans l'anarchie.

Tout-à-coup le gouvernement valaisan, incapable de comprimer le mouvement nouveau, demanda au *vorort* le secours fédéral. Le directoire se hâta d'obtempérer à ces demandes d'un gouvernement ami, et le fit d'une telle façon, que les cantons de Vaud et de Berne l'accusèrent de violer le pacte fédéral. Aux yeux des cantons libéraux, des troubles n'ayant point éclaté en Valais, et la demande d'intervention fédérale étant uniquement fondée sur la crainte du gouvernement valaisan de ne pouvoir maintenir l'ordre et la tranquillité par ses propres forces, cette demande ne touchait en rien l'article 4 du pacte fédéral. D'ailleurs le *vorort* avait encouru l'incompétence, en s'interposant entre le Haut-Valais et les cantons pour la demande de secours, quand cette demande eût du être adressée par le Valais lui-même.

Cette discussion fut, au reste, interrompue par un fait d'une gravité plus grande encore : la levée en masse du Haut-Valais. Ce mouvement s'exécuta avec un ensemble et une promptitude qui dénotaient un plan secret bien conçu. Tous les hommes valides de quinze à soixante ans furent appelés aux armes; des prêtres marchaient à la tête des colonnes. Le grand conseil sanctionna le mouvement par des mesures : il nomma une commission militaire chargée de juger les chefs de la *Jeune-Suisse* et du comité de Martigny.

Au moment de cette crise le Bas-Valais ne présentait pas pour la résistance une force compacte, une unité dangereuse; non-seulement dans la montagne, mais encore dans plusieurs villages de la plaine, des partisans nombreux du clergé entravèrent les efforts des libéraux. Le 18 mai, de fortes colonnes de Haut-Valaisans refoulèrent sur Sion les défenseurs peu nombreux et mal armés du Bas-Valais. Un seul essai de résistance sérieuse fut tenté entre Martigny et Saint-Maurice; les Bas-Valaisans y furent mis en déroute par une troupe de montagnards dissidents du Bas-Valais, portés au défilé de Trente pour leur couper la retraite. Les deux principaux chefs libéraux, MM. Jorris et Barman, purent à peine se sauver en traversant le Rhône à la nage, et gagner le territoire vaudois.

Tout était terminé quand les Haut-Valaisans arrivèrent à Martigny; la lutte avait eu lieu entre Bas-Valaisans, mais au profit du parti de la *Vieille-Suisse*. Comme dans toutes les luttes religieuses, des excès atroces avaient été commis dans la fureur du combat : la plupart des cadavres étaient horriblement mutilés.

Le premier acte du grand-conseil, après la victoire, fut de

dissoudre par un decret l'association dite de la *Jeune-Suisse*, et Sion fut mis en état de siège; la réaction ne s'arrêta pas là, un décret en date du 5 juin portait :

« Seront considérés comme rebelles, et devront être arrêtés comme tels et jugés sur-le-champ : 1° Les auteurs de la prise d'armes qui, dans les dizains occidentaux, ont excité le peuple à prendre les armes pour combattre les troupes du gouvernement ; 2° ceux qui ont exercé un commandement, rempli des fonctions supérieures, comme chefs de colonnes, ceux qui se sont mis à la tête des bandes armées, les membres du conseil de guerre ou de l'état-major des troupes insurgées, les membres du comité cantonnal de la Jeune-Suisse ; 3° les membres du comité de Martigny qui se trouvent impliqués dans l'affaire de la proclamation du 12 mai. Le conseil d'État dirigera des poursuites contre les individus qui ont commis des désordres, des violences, ou qui ont employé des menaces. Ceux qui ne sont pas compris dans ces catégories peuvent retourner dans leurs foyers, mais sous la condition de se soumettre aux prescriptions du décret du 24 mai, s'ils sont membres de la société de la Jeune-Suisse. »

Voici quelques dispositions d'un autre décret voté par le grand-conseil, sur la proposition du conseil-d'État, relativement à l'établissement d'un tribunal spécial :

Art. 1er. Il sera établi un tribunal central pour juger tous les délits politiques.

Art. 2. Ce tribunal sera composé de sept membres et de quatre suppléants, d'un président et d'un vice-président, d'un magistrat remplissant les fonctions de ministère public, chargé de poursuivre les auteurs des délits politiques, et d'un greffier.

Art. 3. Le siége du tribunal central sera au chef-lieu du canton.

Art. 4. On pourra interjeter appel des sentences de ce tribunal au tribunal suprême d'appel.

Art. 5. Le tribunal central jugera les questions accessoires, comme, par exemple, le dommage provenant d'une prise d'armes.

Art. 6. Après la promulgation du présent décret, les affaires non jugées par les tribunaux des dizains seront attribuées au tribunal central.

Art. 7. Les membres du tribunal central seront nommés pour la première fois par le conseil d'État, ainsi que le président et le vice-président.

La réaction n'en devait pas rester là ; maître du terrain, le parti ultramontain songea à en finir avec ses adversaires et à reviser la constitution. Ce lui fut une occasion de poursuivre jusque dans son existence la religion de ses adversaires.

Les dernières séances du grand-conseil du Valais furent signalées par de déplorables scènes d'intolérance religieuse; déjà il n'y était plus question de reviser la constitution, mais de la détruire. Le projet du conseil-d'État portait entre autres articles : *la religion catholique romaine a seule un culte public*. Sur la proposition de M. Rausis, il fut décidé que le culte protestant ne serait plus toléré, même *en chambre close*, et la phrase du conseil d'État fut ainsi modifiée : *la religion catholique romaine a seule un culte.* Une pétition signée par plus de trois cents protestants qui réclamaient la permission de se réunir à leurs frais dans un domicile privé fut écartée. Rien ne justifiait ces rigueurs, pas même l'entraînement de la lutte, encore moins les nécessités de la résistance; les protestants dans le Valais sont peu nombreux, et jamais ils n'ont pu inspirer à l'autocratie catholique des craintes sérieuses.

La Diète extraordinaire qui devait s'assembler le 1er juillet fut, à la demande des cinq cantons, convoquée pour le 25 juin ; mais le *vorort* protestait d'avance contre toute intervention dans les affaires du Valais, sans demande préalable de ce canton. A la suite de cette déclaration, le *vorort* communiquait aux États par une circulaire un message du gouvernement du Valais, dans lequel le gouvernement de ce canton déclarait se sentir assez fort pour pouvoir maintenir l'ordre légal et la tranquillité, sans la coopération de l'autorité fédérale.

La Diète fut ouverte le 25 juin ; le président prononça un discours dans lequel il chercha à justifier la conduite des autorités du canton du Valais et la levée en masse du Haut-Valais, lors des derniers événements. Les Bas-Valaisans y étaient représentés comme des turbulents, des rebelles et émeutiers foulant aux pieds les lois et le respect à l'ordre public. Cette diatribe peu convenable laissa place à la question qui préoccupait tous les esprits : l'intervention fédérale dans les affaires du Valais pouvait-elle, devait-elle avoir lieu? Treize états votèrent pour la négation, et quelques-uns émirent le vœu de voir renvoyer devant les juges ordinaires les accusés politiques et supprimer les tribunaux spéciaux du Valais.

Restait à renouveler l'épreuve dans la Diète ordinaire qui fut ouverte quelques jours après ; restait surtout à déclarer justifiées ou non par le pacte fédéral les mesures prises par le *vorort*. Six États et demi contre huit et demi désapprouvèrent la conduite du *vorort*, à raison d'une intervention inopportune et illégale ; huit États et demi désapprouvèrent la mission équivoque donnée par le *vorort* à un M. Mayer auprès du canton du Valais, et, enfin trois États désapprouvèrent la non-convocation de la Diète.

Le directoire helvétique résumait ainsi ses vues gouvernementales à l'égard du Valais en particulier et des cantons en général : il se reconnaissait chargé de maintenir la tranquillité et l'ordre à l'intérieur, selon les stipulations et les garanties renfermées dans l'article 1er du pacte fédéral, pour autant qu'il en serait requis par le gouvernement légitime, ou lorsqu'il aurait été informé conformément à l'article IV du pacte, que l'assistance d'autres cantons aurait été directement requise; alors seulement il concourrait de son côté au maintien de l'ordre général, en envoyant des représentants fédéraux, en requérant le secours des cantons déjà avertis, et, dans les cas extrêmes, en levant des troupes qui devraient être placées sous le commandement fédéral. Dans le cas où les troupes fédérales mises sur pied devraient être employées dans le canton en danger, le directoire fédéral devrait convoquer immédiatement la Diète.

Ces propositions du directoire furent soumises à l'examen de la Diète, et la majorité se prononça contre leur prise en considération (13 1/2 États, 15 juillet).

Dans sa séance du 8 août la Diète décida que la pétition des sept États catholiques, Lucerne, Uri, Schwitz, Unterwald, Zug, Fribourg et Valais, ayant pour objet le rétablissement des couvents d'Argovie, serait repoussée par l'ordre du jour. Les sept États protestèrent contre cette décision; ils déclarèrent ne pouvoir reconnaître à une majorité de douze États le droit d'autoriser le canton d'Argovie à supprimer des établissements religieux dont l'existence est garantie par le pacte fédéral, et laissaient à la majorité la responsabilité du vote qu'elles avaient émis. Ils s'engageaient en outre solennellement à employer tous les moyens en leur pouvoir pour amener une solution constitutionnelle de cette question.

Cette protestation fut suivie d'une résistance plus positive encore : le canton de Lucerne, sur le territoire duquel se trouve une partie considérable des biens du couvent de Mury, l'un des monastères dont un arrêté de la Diète de 1843 avait sanctionné la sécularisation, refusa obstinément de laisser aliéner ces propriétés; une majorité de députations à la Diète le somma de ne pas persister dans cette résistance illégale.

Mais une autre question peut-être plus grave encore que

la queston des couvents, plus féconde peut-être en désastres pour la Suisse, déjà si divisée, allait s'agiter dans la Diète et dans le pays. Lucerne, sur l'invitation du pape et de l'évêque diocésain, résolut d'appeler les Jésuites dans l'enceinte de son canton et de leur confier la direction religieuse du grand séminaire. Argovie, ce foyer de la guerre religieuse, soumit à la Diète une proposition tendant à faire expulser les Jésuites du territoire de la confédération. Les adversaires naturels de cette proposition insistèrent principalement sur l'incompétence de l'autorité fédérale en pareille matière; on fit observer accessoirement que l'expulsion en masse, et par mesure préventive, d'une corporation dont les doctrines sont généralement répudiées, pernicieuses, mais qui ne s'était encore signalée en Suisse par aucun acte punissable selon les lois, ne manquerait pas d'entraîner plus tard des mesures analogues contre d'autres corporations religieuses ou politiques, et que l'esprit de parti s'autoriserait de ce précédent pour devenir persécuteur, en faisant de la Diète un instrument de proscription. Les menées des communistes, chaque jour plus nombreux et plus ardents en Suisse, semblaient au moins aussi alarmantes que les intrigues des Jésuites; et néanmoins la Diète était sans pouvoir légal pour agir contre ces anarchistes redoutables.

Pendant ce temps le parti vainqueur poursuivait dans le Valais les conséquences de sa victoire; la réaction religieuse s'y manifestait par des exagérations persécutrices difficiles à comprendre. Une loi interdisait dans le canton l'exercice, même privé, du culte protestant; contraste singulier d'intolérance envers la religion réformée, tandis qu'on invoquait les principes de la tolérance auprès des cantons protestants pour bâtir des églises et instituer des paroisses catholiques sur le territoire de ces cantons.

En présence de ces menées, les dangers d'une autre nature, dont le radicalisme peut menacer la Suisse, préoccupaient déjà moins les esprits. De nouvelles alliances semblaient devoir bientôt se former entre les cantons, non plus d'après leurs sympathies politiques, mais d'après leur communauté de croyances et d'intérêts religieux. Déjà les États de Bâle-Ville et de Neufchâtel songeaient à se détacher de la ligue sarnienne, dont ils désapprouvaient hautement la conduite dans l'affaire des Jésuites et dont ils blâmaient les exigences dans celle des couvents argoviens.

Enfin la résolution prise par le gouvernement de Lucerne d'admettre les Jésuites dans le canton et de les autoriser à y fonder des maisons d'éducation détermina, comme on devait s'y attendre, une réaction radicale et amena des scènes de désordre et d'insurrection; des troubles eurent lieu dans les premiers jours de décembre à Willisans, petite ville à six lieues de Lucerne. C'était le commencement d'une guerre religieuse nouvelle; l'insurrection fut réprimée immédiatement, et un corps franc venu au secours des radicaux fut forcé à la fuite; mais la sédition de Willisans, renouvelée quelques jours après à Lucerne, n'était que l'exorde de la lutte. A la vérité, le grand-conseil avait dans son appel des Jésuites respecté les formes légales : il ne s'y était décidé qu'à une majorité de 71 voix contre 24; soumis à l'approbation des communes, l'arrêté du conseil avait été ratifié par le plus grand nombre d'entre elles. Mais il y avait aux yeux des hommes sages et nationaux un danger réel pour Lucerne à introduire légalement en Suisse et à élever à la tête de toute autorité religieuse et enseignante un ordre fatal jusqu'à présent à ses amis comme à ses ennemis.

Déjà dans les derniers jours de l'année une agitation sérieuse s'organisait dans les cantons radicaux contre le gouvernement de Lucerne. Une assemblée eut lieu dans ce but à Fraubrunnen, une autre à Zofingue; les cantons de Berne, de Vaud, de Bâle-Campagne, de Soleure, de Zurich et de Saint-Gall y étaient représentés en grand nombre. Il fut décidé qu'on organiserait une association populaire, au nom de laquelle par l'entremise des gouvernements respectifs on manifesterait à la Diète la ferme volonté du peuple suisse, non-seulement d'empêcher l'introduction des Jésuites dans un canton, mais de les expulser de la Suisse.

De son côté, Lucerne convoquait la landwher et s'apprêtait à repousser par les armes une invasion nouvelle de corps francs, si la victoire du 8 décembre n'avait pas suffi pour intimider les radicaux.

La ligue formée entre les sept cantons catholiques purs à l'occasion de l'affaire des couvents argoviens se fortifie en silence; l'exemple des fautes de la ligue de Sarnen, que compromit autrefois une précipitation dangereuse, excite la ligue catholique nouvelle à garder vis-à-vis des cantons radicaux un système de prudence qui s'arrête à la protestation et à attendre patiemment le moment de prendre l'offensive. Les esprits vraiment nationaux s'inquiètent non sans raison de ces dispositions qui pourraeint devenir dangereuses à la liberté de la confédération, si quelque danger extérieur l'appelait un jour à prendre des mesures générales de salut public.

Telle était, à la fin de l'année, la situation politique de la Suisse. La question religieuse se réveillait plus dangereuse que jamais; au reste, dans cette lutte les forces respectives des deux camps semblaient devoir se balancer longtemps encore, si, à la suite d'une contre-révolution, le Valais avait été gagné à la réaction religieuse, et en était devenu l'un des plus puissants représentants. Ce parti avait vu se refroidir le zèle de ses adhérents des cantons protestants, alarmés pour leurs intérêts religieux, depuis que l'intolérance du clergé catholique était venue compliquer une lutte toute politique dans son principe, et donner à l'alliance anti-radicale, souvent et avec raison décorée du nom de conservatrice, le caractère d'une ligue ultramontaine.

L'époque approchait où Lucerne allait résigner ses fonctions de canton directeur pour les transmettre à l'État de Zurich. Dans cette présidence de deux années, Lucerne avait apporté une partialité dangereuse pour la cause ultramontaine : on avait pu l'accuser, et non sans raison, d'avoir outrepassé les limites de ses pouvoirs directoriaux ; d'avoir empiré la position des catholiques argoviens par des promesses d'intervention active, que le *vorort* n'avait ni le droit ni le moyen de réaliser ; d'avoir favorisé par une inaction bienveillante la réaction du Valais ; enfin d'avoir trop souvent représenté la Suisse catholique plutôt que le pays fédéral, et d'avoir plié aveuglément sa politique aux exigences de la cour de Rome.

CHAPITRE VIII.

ITALIE.

SARDAIGNE ET PIÉMONT. — Situation du pays. — Affaires de Tunis. — Conclusion pacifique. — Traité de commerce avec la France. — Modifications proposées par la France.

DEUX-SICILES. — Conversion et remboursement de la dette publique. — Reconnaissance d'Isabelle II d'Espagne. — Troubles dans les Calabres. — Décret à ce sujet. — Mort de l'infante Charlotte, princesse des Deux-Siciles. — Mariage de M. le duc d'Aumale et de la princesse de Salerne.

ÉTATS DE L'ÉGLISE. — Troubles de la Romagne. — Situation intérieure.

LOMBARDIE. — Statistiques diverses.

SARDAIGNE ET PIÉMONT.

La Sardaigne continue à se développer pacifiquement sous le gouvernement sage et régulier qui la dirige. Principalement tourné vers les progrès commerciaux et agricoles, ce pays se distingue entre tous ceux de l'Italie par des habitudes d'ordre et d'industrie toutes nouvelles à l'Italie moderne.

Une seule question, qui ne pouvait aboutir à de graves résultats, sembla devoir troubler un moment la paix ordinaire du royaume. On a vu, l'année dernière, les commencements de la querelle engagée entre le gouvernement sarde et le bey de Tunis. La Porte-Ottomane crut devoir intervenir dans la question et déclarer à la Sardaigne qu'il s'agissait d'un bey vassal de la Turquie.

Le gouvernement sarde répondit à la déclaration faite par la Porte-Ottomane que la Sardaigne ne prétendait en aucune façon contester à la Porte le droit de suzeraineté qui lui appartient sur le bey de Tunis. Mais, comme le bey avait violé ouvertement un traité qu'il avait signé, on ne pouvait contester au gouvernement sarde le droit d'exiger une réparation suffisante. Si cet espoir ne se réalisait pas, il n'était pas douteux que la Sardaigne, malgré son amour pour la paix, n'adoptât les mesures nécessaires pour faire respecter son droit. Cette querelle eut, au reste, comme on l'a vu ailleurs, un dénouement pacifique (*voy*. Tunis).

On se rappelle que l'année dernière un traité de commerce et de navigation était annoncé entre le gouvernement sarde et le gouvernement français. Le premier mouvement de la commission de la Chambre des députés de France avait été de rejeter entièrement ce traité, qui n'a encore reçu aucun commencement d'exécution. Toutefois, sur les vives instances de l'administration, elle renonça à ce qu'il y avait de trop absolu dans de telles conclusions et se contenta d'une réduction dans la durée primitivement assignée au traité. Cette durée, qui devait être de six ans, ne serait plus que de quatre ans; M. le ministre des Affaires étrangères espérait pouvoir faire accepter cette modification au cabinet de Turin.

DEUX-SICILES.

Le royaume des Deux-Siciles fit cette année un pas nouveau dans la voie de prospérité où il est entré depuis peu. Un decret royal ordonna une conversion de la dette publique 4 pour 0/0.

D'après le système établi par le décret, le fonds d'amortissement étant de 800,000 ducats (3 millions 400,000 fr. environ), c'est-à-dire, à peine un pour cent de la dette, il faudrait près de trente-trois ans pour un entier remboursement, si les rentiers n'usaient pas, comme, au reste, il était probable, de la faculté qui leur était donnée de prendre des rentes 4 pour 0/0 au pair, au lieu de leur capital.

Les rentes de Naples qui circulent au dehors de ce royaume sont toutes en certificats au porteur, émis sous le contrôle de l'État, par une compagnie dont le privilége expirait cette année et ne fut pas renouvelé : il serait donc devenu nécessaire que ces rentes fissent retour à Naples pour y être inscrites au nom des propriétaires, si le gouvernement napolitain n'avait pris des mesures pour l'émission de nouveaux titres au porteur.

Par ce décret, en date du 7 février et contresigné par le ministre des Finances napolitain, M. Ferri, le remboursement des rentes transmissibles (*commerciabili*), inscrites au grand-livre, serait fait à leurs possesseurs jusqu'à la somme de mille ducats de rente, par la voie du sort et obligatoirement deux fois l'an, à l'époque de la clôture des transferts (*trasferrimenti*) de juin et de décembre. Tous ceux qui, après le tirage, aimeraient mieux rester inscrits au grand-livre que d'être remboursés, devraient, dans le terme de deux mois après la publication du tirage, en faire la déclaration, et percevraient dès-lors l'intérêt à 4 pour 0/0. « Nous donnons notre souveraine promesse, était-il dit dans le décret, que le capital de ce nouveau fond ne sera pas remboursé d'ici à dix années. »

Un événement heureux rétablit les rapports de bonne amitié qui avaient existé autrefois entre l'Espagne et le royaume des Deux-Siciles : le roi reconnut la reine Isabelle II.

Par suite de ce rétablissement des relations amicales entre les cours d'Espagne et des Deux-Siciles, le gouvernement espagnol remit en vigueur le traité conclu entre les deux nations le 15 avril 1817, en vertu duquel il est permis aux sujets de S. M. sicilienne de voyager sur le territoire espagnol, et réciproquement, avec des passeports de leurs autorités respectives.

Des troubles sérieux eurent lieu cette année dans la Calabre ; c'était là un malheureux pendant à la tentative faite dans la Romagne (*voy.* plus bas). Comme à l'ordinaire, ces tentatives folles furent promptement déjouées par l'autorité militaire, et des exécutions sanglantes en furent le triste résultat.

Partis trois jours avant de l'île de Rhodes avec trente-deux compagnons, les deux jeunes fils de l'amiral autrichien Bandiera tentèrent un débarquement (le 16 juin). Arrêtés après une impuissante résistance quelques heures après qu'ils eurent mis le pied sur le rivage d'Italie, ces malheureux jeunes gens furent saisis et condamnés à mort.

M. le vice-amiral baron Bandiera, déjà si cruellement éprouvé dans ses affections les plus chères, fut encore puni par la politique autrichienne d'une faute qui n'était pas la sienne. A l'apogée d'une carrière utile et honorable, il fut privé de son grade et enlevé à la station de Smyrne, où il avait su rendre à son pays et aux populations du Levant de longs et éclatants services.

Le 9 juillet fut publié le décret royal suivant :

« Étant informé que la sûreté publique des provinces de la Calabre extérieure (dont le chef-lieu est Cosenza) et de la Calabre ultérieure (dont le chef-lieu est Catanzaro) est troublée par des malfaiteurs qui se réunissent en bandes armées, et qui ont jusqu'à présent pu échapper aux poursuites de la force publique, et voulant pourvoir avec toute efficacité possible à la sûreté des propriétés et des personnes de nos sujets bien-aimés ;

» Vu, etc.

» Les dispositions du décret royal du 30 août 1821, relatives à la formation des listes de *Fuorbando* (liste des individus mis hors la loi), sont remises en vigueur et devront être rigoureusement observées, sauf les modifications suivantes :

» Pour qu'un individu soit compris dans ces listes, il suffira que les autorités locales sachent notoirement qu'il s'est absenté de sa commune avec l'intention de violer les lois.

» Le terme de huit jours, prescrit par le décret du 30 août 1821, pour que les individus absents de leurs communes se présentent aux juntes locales est porté à vingt jours.

» Ces modifications resteront en vigueur et devront être rigoureusement observées jusqu'à la fin d'octobre prochain.

» Tous les individus de ces deux provinces qui dans l'espace de vingt jours, à partir de la publication du présent décret, se constitueront volontairement prisonniers, jouiront d'une diminution de deux degrés de peine.

» Les peines actuellement en vigueur pour les détenteurs d'armes prohibées seront appliquées par des conseils de guerre improvisés (*Subitanei*). »

Les villes et villages de la Calabre dont l'intervention, ou au moins la neutralité, avait fait échouer les dernières tentatives de soulèvement, reçurent des marques de la gratitude royale. La commune de San-Giovanni, in-Fiore, reçut une gratification de trois mille ducats; le village de Pietralonga reçut deux mille ducats. En outre, le roi décréta que le territoire de San-Giovanni serait libre de tous droits appartenant au domaine privé, ainsi que de toute redevance envers le fisc.

Les premiers jours de l'année furent attristés par un événement qui frappa douloureusement la famille royale et le pays. L'infante Charlotte, femme de l'infant don François de Paule, mourut le 29 janvier. L'infante Charlotte, princesse des Deux-Siciles, née le 24 octobre 1804, était sœur de la reine Christine et tante de la reine d'Espagne, Isabelle II.

Une alliance vint unir plus étroitement la dynastie française à la famille royale de Naples : M. le duc d'Aumale épousa la princesse Marie-Caroline-Auguste, fille du prince de Salerne (1).

ÉTATS DE L'ÉGLISE.

L'esprit de révolte excité sans cesse dans la Romagne par la compression politique s'y fit encore jour cette année.

(1) Voici quelques détails sur la famille royale de Naples. Le roi Ferdinand II a succédé à son père, le 1er novembre 1838. Son fils aîné, le duc de Calabre, prince héréditaire, est né le 16 janvier 1836. Veuf de la reine Marie-Christine de Savoie, fille du dernier roi de Sardaigne, Victor-Emmanuel, le roi épousa en secondes noces, le 9 janvier 1837, Marie-Thérèse-Isa-

Le 11 mai, un complot mal combiné comme à l'ordinaire éclata tout-à-coup sur les côtes de Rodanine.

Six détenus politiques furent exécutés militairement à Bologne, le 7 mai. La sentence du tribunal militaire fut en même temps proclamée et accomplie; le jugement portait en outre quatorze autres condamnations à mort, treize condamnations aux galères perpétuelles; enfin trois détenus seraient enfermés pendant vingt ans, deux autres pendant cinq ans; les biens des trente-huit condamnés furent confisqués.

Ce que demande la Romagne, ce n'est ni la liberté, ni l'égalité comme l'entendent les communistes, comme le lui reproche l'absolutisme romain : elle veut des codes, une administration régulière, un gouvernement; elle ne réclame que la réalisation des promesses faites en 1831 par le Saint-Siége aux cinq cours qui signèrent le *memorandum* violé par le *motu proprio* du cardinal Bernetti. Ce que demandent les légations, c'est un gouvernement central qui ne les expose plus aux caprices d'un absolutisme sans contrôle; ce que demandent les États de l'Église, c'est un gouvernement éclairé qui ne s'oppose plus systématiquement à toute espèce de progrès.

belle, archiduchesse d'Autriche, fille de l'archiduc Charles, oncle de l'empereur actuel. De ce mariage sont nés quatre enfants : le comte de Trapani, le comte de Caserta, les princesses Isabelle et Clémentine. Le roi a dix frères et sœurs: Mme la duchesse de Berry, sa sœur consanguine; la reine douairière d'Espagne, Marie-Christine; le prince de Capoue; le comte de Syracuse; Marie-Antoinette, grand-duchesse de Toscane; Marie-Amélie, épouse de l'infant don Sébastien, fils de don Carlos; Marie-Caroline-Ferdinande; Thérèse-Christine-Marie, épouse de l'empereur du Brésil; le comte d'Aquila, mari de la princesse Taxuaria, du Brésil; le comte de Trapani. Le roi a, en outre, deux tantes et un oncle : Marie-Christine-Amélie-Thérèse, veuve du roi de Sardaigne, Charles-Félix; Marie-Amélie, reine des Français; et Léopold-Jean, prince de Salerne. La mère du roi est la reine Marie-Isabelle, fille du roi d'Espagne, Charles IV. La jeune princesse devenue l'épouse de M. le duc d'Aumale est le seul enfant du prince de Salerne; elle est née le 26 avril 1822.

LOMBARDIE.

A défaut d'événements politiques, voici quelques renseignements statistiques sur la Lombardie.

Population. — D'après les recensements officiels, la population totale des provinces lombardes s'élevait, en 1840, à 2,516,000 habitants. La superficie du territoire étant de 20,955 kilomètres carrés, chaque kilomètre carré comptait en moyenne 120 habitants.

Bétail. — A la même époque, les ressources de cette contrée, en bétail, se composaient de 250,000 vaches, 153,000 bœufs, 70,000 veaux et génisses, 4,000 taureaux, 160,000 moutons, 77,000 chèvres, 68,000 chevaux et 27,000 ânes ou mulets.

Industrie. — Le royaume lombard-vénitien, qui, au commencement de ce siècle, ne produisait qu'environ 600,000 kilogrammes de *soie*, en fournit actuellement plus d'un million et demi de kilogrammes, représentant une valeur d'environ 90 millions de francs. L'exportation s'élève, chaque année, aux neuf dixièmes de la production; la France, à elle seule, en prend pour 12 à 15 millions.

CHAPITRE IX.

ESPAGNE. — Politique intérieure. — Le ministère et le parti modéré. — Mesures favorables au clergé. — Rétablissement des archevêques de Séville et de Santiago dans leur siége épiscopal. — Lettre du ministre de la Justice aux deux prélats. — Tendances favorables au clergé. — Essais de conciliation avec Rome. — Opinion du clergé sur l'esprit religieux du pays. — Discours prononcé à l'Académie des sciences ecclésiastiques. — Essais de réorganisation pour la marine. — Rapport du ministre de ce département. — Questions de finance. — Circulaire du ministre pour activer la vente des biens nationaux. — Système des contrats. — Contrat pour l'exploitation des tabacs. — Nomination d'une commission des finances. — Projets de loi pour la réforme de l'administration. — Révolte d'Alicante. — Proclamations. — État de siége. — Emprisonnement des députés progressistes. — Désarmement de la garde nationale. — Protestations de dévouement des cortés et de la grandesse. — Reddition d'Alicante. — Exécutions. — Reddition de Carthagène. — Rentrée de la reine-mère en Espagne. — Décrets sur la garde civique et sur la presse. — Changement de ministère. — Politique du cabinet nouveau. — Levée de l'état de siége. — Projets de dissolution. — Voyage de la reine à Barcelone. — Démission de M. de Viluma. — Décret de dissolution. — Exposé des motifs. — Projets de réforme fondamentale. — *Fuéros* des provinces basques. — Députations provinciales. — Réformes financières. — Arrangements imposés aux *centralistes.* — Résiliation du central des tabacs. — Avances faites au gouvernement par la banque. — Suspension de la vente des biens du clergé. — Élections. — Circulaire du ministre de l'Intérieur. — Déclaration d'Espartero. — Ouverture des cortés. — Effet du discours de la reine. — Projet de réforme de la constitution. — Demande d'autorisation pour l'établissement de lois organiques. — Vote des adresses. — Effervescence de l'opinion. — Tentatives d'assassinat. — Procès du général Prim. — Révolte de Zurbano. — Exécutions sanglantes. — Rapport de la commission de constitution. — Débats. — Vote des deux Chambres. — Autorisation donnée au ministère pour les lois organiques. — Conversion des rentes. — Projet pour la constitution civile du clergé et pour l'abolition de l'esclavage. — Politique extérieure. — Reconnaissance de la reine par le roi de Naples. — Négociations avec Rome. — Différend avec le Maroc. — Solution de cette affaire. — Rapports généraux du gouvernement avec l'Angleterre et la France.

Le changement survenu l'année précédente dans le gouvernement avait été aussi complet que rapide ; les choses étaient remplacées comme les hommes ; les vainqueurs de 1840 étaient les vaincus d'aujourd'hui, et le pouvoir revenait aux mains de ceux qui, par impuissance, avaient dû se tenir, depuis cette époque, en dehors des Chambres elles-mêmes ; changement inespéré, sur lequel les plus hardis d'entre les modérés n'avaient pas compté. Sans doute le ministère Gonzalès-Bravo n'était point l'expression pure et simple de leurs principes. A côté de membres qui avaient servi avec distinction dans l'ancien parti modéré, il contenait des hommes plus jeunes, moins engagés dans les luttes anciennes, peut-être plus attachés aux idées qu'aux personnes, et moins éloignés des idées du parti progressiste et de l'esprit de conciliation. Mais dans la pratique, par la force des choses, ces deux nuances du parti modéré s'accordaient parfaitement ; l'une ne pouvant marcher sans l'autre, et le pouvoir inclinait du côté des modérés, parce qu'ils avaient droit de s'en considérer comme les maîtres, et qu'ils s'attendaient, dès-lors, qu'au moindre dérangement survenu dans l'administration, il leur reviendrait tout entier.

D'ailleurs, les allures même du ministère n'avaient rien, en ce moment, qui ne fût dans les vues des plus purs modérés ; les seuls actes qu'il avait eu l'occasion d'accomplir depuis son installation en sont la preuve. Il avait suspendu les cortès, promulgué la loi sur les municipalités, votée par la législature de 1840, et rappelé la reine-mère, la pierre angulaire du système. Au reste, le pays lui-même approuvait provisoirement la nouvelle direction qui venait d'être imprimée aux affaires ; aucune de ces décisions si graves du ministère n'avait rencontré de résistance sérieuse ; l'ordre rétabli en ce moment même ne pouvait plus être troublé que par des brouillons. Le parti du régent était épuisé, impuissant et peut-être ruiné sans retour. Le besoin d'un repos fécond après tant d'agitations stériles, les souffrances devenues très-vives de l'intérêt privé comme de l'intérêt public, portaient les esprits à des idées plus calmes, à un soin plus grand de la paix, à un sentiment plus éclairé du travail. Les circonstances favorisaient donc le ministère, et le moment était bon pour toutes les réformes utiles, depuis si longtemps attendues, toujours différées par l'impuissance du gouvernement et le malheur des temps. Concilier et fonder, tel fut aussi l'effort de l'administration ; et d'abord, parmi les questions qu'il importait le plus de résoudre, parce que, laissées en suspens, elles étaient pour les esprits un grave sujet d'irritation , parmi ces questions était celle du clergé. Déjà beaucoup d'essais avaient été vainement tentés à une autre époque par le parti modéré pour amener, entre la cour d'Espagne et celle de Rome, un arrangement diplomatique qui eût rassuré la conscience inquiète de quelques prélats, donné officiellement tort au mauvais vouloir des autres, et rétabli l'accord si désirable du gouvernement et du sacerdoce. Depuis la convention de Bergara, qui avait détruit jusqu'à l'espoir des catholiques, cet accord fût devenu plus facile, si l'aveugle emportement d'Espartero contre Rome et le clergé n'eût augmenté une irritation qui ne demandait plus qu'à s'éteindre, parce qu'elle avait fait l'épreuve de sa faiblesse. Un des premiers soins du ministère fut de prêcher la conciliation, négociant, d'une part, auprès du Saint-Siége, de l'autre, donnant aux fonctionnaires ecclésiastiques des témoignages de sa bonne intention. C'est ainsi qu'il rétablit dans leur siége métropolitain les archevêques de Séville et de Santiago, avec les marques d'un désir sincère de voir régner de nouveau une concorde bien désirable pour le repos des consciences et celui de l'État. L'ordre fut expédié aux deux prélats par le ministre de la Justice, en termes bienveillants et précis (19 janvier). Il y était dit qu'un des premiers soins de S. M., en entrant dans le plein exercice du pouvoir, avait été de jeter un douloureux regard sur la situation déplorable du culte et du clergé chez une nation qui regarde le surnom de Catholique comme le plus honorable de ses titres et comme sa plus grande gloire. Le gouvernement avait résolu de venir en aide à l'Église, de cicatriser ses plaies. « La tranquillité spirituelle des fidèles, liée intimement avec le bien-être temporel des nations, disait le ministre, la nécessité du saint ministère, transmis sans interruption depuis les Apôtres, à travers les altérations et les bouleversements des siècles; la convenance de renouer par des moyens honorables les cordiales relations malheureusement interrompues avec le Saint-Siége ; le caractère sacré et la dignité des prélats comme ministres du Seigneur, la considération et le respect qu'ils méritent, ont décidé S. M., en qui les sentiments religieux et les pensées de bienveillance et de douceur sont innés, à mettre un terme au deuil des églises espagnoles. »

De telles paroles, rendues publiques au moment même où le Cabinet se rapprochait officiellement de la cour de Rome, pour résoudre solennellement la question religieuse dans toute son étendue, produisirent une heureuse impression par tout le pays, dans la société comme dans le clergé. Ce n'est point que cette grande querelle, élevée par la révolution entre le spirituel et le temporel, pût être vidée pour tous par les arrangements qui se préparaient. La solution qui se laissait voir de loin, et qui rassurait d'avance beaucoup de bons esprits, était loin de satisfaire toutes les opinions : car, à côté de ceux qui la désiraient comme bons catholiques, il y avait ceux qui la traitaient avec indifférence comme philosophes ; toutefois ceux-ci se réunissaient en grande partie à ceux-là pour la regarder comme un acte précieux au point de vue des choses politiques, et comme une grande affaire d'État dans les conjonctures où l'on se trouvait. En Espagne, plus que partout, les traditions religieuses, longtemps unies aux traditions nationales, ont encore de la puissance ; plus que partout, les imaginations y sont encore éprises des splendeurs du catholicisme, et l'intérêt de l'Église y est encore un des premiers intérêts sociaux. La conduite du ministère vis-à-vis de Rome et du clergé etait donc aussi juste que sage, et digne d'être approuvée même par ceux qui ne veulent plus voir l'avenir de la prédication morale attaché à l'avenir de l'Église. Peut-être cependant le clergé espagnol, tout en demeurant dans une attitude calme et réservée, concevait-il un espoir trop grand de ces paroles officielles d'un gouvernement qui revenait aujourd'hui spontanément lui donner la main, après l'avoir si durement traité ; peut-être s'abandonnait-il à des illusions dont la chute serait prochaine, et l'on n'en peut guère douter, si l'on en juge par un discours, pourtant très-modéré, qui fut prononcé à l'ouverture de l'Académie des sciences ecclésiastiques : « Le scepticisme est mort, y disait-on (1), et c'est à peine si, dans notre catholique Espagne, il compte quelques représentants parmi les hommes âgés d'une autre époque, malheureux qui respirèrent dans leur jeunesse le souffle impur du 18e siècle ; mais la jeunesse espagnole, loin d'être sceptique, croit à la religion de ses pères ; la jeunesse croit, elle aime, elle a embrassé avec enthousiasme la foi de ses aïeux. » L'orateur parlait ensuite des libertés de l'Église : la liberté de la foi, la liberté de l'enseignement, la liberté du saint sacrifice, la liberté de conférer la grâce par les saints sacrements, la liberté de perpétuer la hiérarchie, ainsi que l'a établie Jésus-Christ, cinq

(1) Il est inutile de dire que, par *scepticisme*, l'Église entend ici, comme d'ordinaire, l'esprit philosophique.

libertés qui ne périront jamais, car elles sont de droit divin et de droit naturel. Ce discours se terminait par ces paroles singulières : « Dieu vient de donner en cette mémorable époque une leçon terrible à l'Espagne, au monde entier. Deux ennemis acharnés de l'Église (MM. Olozaga et Mendizabal) ont osé dresser leurs têtes menaçantes, et ils ont été dévorés par la justice de Dieu. Laissons passer la justice de Dieu. J'ai dit. »

Telles étaient, quant à la question religieuse, les dispositions du gouvernement, du pays et du clergé lui-même.

La pensée de réorganisation qui avait inspiré ces mesures au ministère porta son attention du côté d'un autre intérêt, d'un grand intérêt national depuis longtemps négligé après avoir porté des fruits glorieux : l'intérêt maritime. La marine espagnole était dans un état vraiment déplorable, dont on ne pouvait espérer de la relever qu'avec beaucoup d'argent et beaucoup de temps sagement employés, mais qui réclamait, pour cette raison même, des soins empressés et persévérants. Le ministre de ce département adressa à ce sujet à la reine un rapport qui mettait à découvert toute l'étendue de cette grande plaie et les premiers remèdes qu'il se proposait d'y porter. « Un navire en état de service, disait le rapport, et deux qui ont besoin d'un grand radoub ; quatre frégates armées et deux désarmées ; deux corvettes, neuf briks, trois vaisseaux de guerre à vapeur, et trois autres de peu d'importance ; quinze goëlettes de portée moyenne et neuf embarcations légères composent la puissance maritime de la monarchie. Quelques autres navires vermoulus et à demi-détruits, restes vénérables de grandes escadres, telle est la réserve qui, au lieu d'augmenter nos forces, n'attend, dans nos arsenaux, que le moment où nous verrons engloutis dans les flots ce dernier monument d'une gloire passée et qui ne peut revenir, si nous ne nous lançons dans une voie qui, abandonnée depuis longues années, a fini par se hérisser de difficultés et d'obstacles. Ces bâtiments sont montés par des troupes braves et disciplinées, mais mal habillées, mal payées, mal organisées, en petit nombre, et qui, courbées sous le poids de leur misère, courent le danger imminent de voir détruire en elles ces brillantes qualités qui ne se trouvent guère que dans des corps bien organisés. Les apparaux, les pièces d'artillerie et les autres machines nécessaires à nos navires ne sont pas construits d'après les progrès de la science dans d'autres pays, et le zèle des officiers de marine ne peut suppléer à ce défaut capital, qui les met dans une position inférieure à l'égard des étrangers. La marine marchande, le corps des pêcheurs, ces deux pépinières fécondes des bons marins, languissent sans protection. Nos forêts, si riches en bois de construction, sont abandonnées ou livrées à la merci d'avides spéculateurs, ou de propriétaires ignorants, sans que la marine ait aucun droit sur leur produit. Tel est le tableau douloureux, mais fidèle, que présente la monarchie relativement à sa puissance sur les mers; telles sont les ressources avec lesquelles le gouvernement doit veiller à la sécurité de ses côtes dans la péninsule et les îles adjacentes, à la garde de nos riches possessions dans les mers des Antilles et de l'Inde, et à la protection de tant d'Espagnols qui sont dispersés dans toutes les contrées du globe. Ces moyens sont bien faibles pour de si grandes obligations. » Après cet exposé vraiment effrayant de la situation maritime du royaume, le ministre demandait qu'il fût porté des décrets pour établir une école navale générale, donner droit d'intervention et de propriété sur les forêts à la marine, de favoriser la pêche comme moyen de recrutement maritime, d'augmenter le nombre des vaisseaux de guerre destinés à se rendre dans les colonies, de procurer des moyens de communication entre ces colonies et la métropole, et d'ouvrir aux jeunes marins une école pratique par des voyages fréquents dans les mers des Indes (*voy.* le Rapport à l'Appendice). Tous les décrets qui concernaient ces différentes matières furent promulgués, et, dès ce moment, toutes les dépenses compatibles avec l'état du trésor furent faites pour subvenir aux plus pressants besoins du service maritime.

Par malheur, cet élan réfléchi du gouvernement dans la voie des réformes devait se mesurer sur des considérations qui en modéraient singulièrement la vigueur, sur les ressources bien restreintes d'un revenu grevé par la dette et mal organisé. Rien n'était possible qu'avec des finances meilleures, et, pour améliorer la situation financière, il y avait à ménager une transition difficile entre un passé déplorable et un avenir privé de toute confiance ; à rétablir l'équilibre entre les revenus et les dépenses ; à relever un crédit profondément abaissé, ou même ruiné complétement. Parmi les réformes, celle des finances était donc, par son importance, une des premières, sinon la première de toutes, comme étant la condition indispensable des unes et un moyen puissant pour le succès des autres. Ce fut aussi l'effort attentif du ministre de ce département de pourvoir aux nécessités les plus urgentes du trésor public. Par une circulaire du 8 février, il enjoignit au président de la junte des biens nationaux d'en activer la vente, qui avait été précédemment interrompue. Amortir la dette publique, rendre la vie à une branche de richesse morte, telle avait été la pensée de la révolution en attribuant à l'État, pour être vendues, les propriétés du clergé ; telle était aussi la pensée du ministre. Une grande impulsion avait été, dès le commencement, imprimée aux ventes ; des sommes importantes avaient été amorties ; une masse considérable de terres était venue accroître la richesse de milliers de familles, en augmentant l'agriculture, l'industrie et la circulation, et ces nouveaux intérêts se réunissaient pour fortifier le trône et les institutions ; mais le gouvernement (ce sont ses propres paroles) n'était pas encore satisfait : il voulait que le reste de ces propriétés fût divisé, qu'il fût profitable au pays, que son administration dispendieuse et quelquefois nuisible pour l'État ne fût plus à sa charge, et qu'en même temps la portion de la dette que devaient donner en paiement les acheteurs sortit de la circulation pour être annulée. « Ceci devait contribuer puissamment à la prospérité du pays et à l'affermissement de la constitution. » Le 20 février, le ministre prit une mesure également grave pour un changement dans une branche importante du revenu public, la fabrique des tabacs. Exploitée jusqu'ici par le gouvernement, elle n'avait jamais produit que des valeurs assez minimes, et, laissée entre des mains que l'intérêt privé n'activerait point, elle n'aurait jamais pu arriver à produire tout ce qu'elle pouvait produire. C'était une raison de chercher d'autres moyens d'exploitation. Ceci se rattachait d'ailleurs, dans les combinaisons du ministre, à la pensée d'un emprunt pour lequel il cherchait une garantie. Il se fit donc autoriser par ordonnance à adjuger la ferme des tabacs pour dix ans à une compagnie, au prix annuel de 75 millions de réaux, destinés à assurer les intérêts de la rente 3 0/0, et à la condition d'une avance à faire au Trésor de 50 millions de réaux billon, portant, pour l'entreprise, intérêt de 6 0/0, et remboursable, par 10 millions, dans les cinq dernières années du contrat, ou avant, avec réduction des intérêts en raison du remboursement. L'adjudication eut lieu à un prix beaucoup plus élevé. Ainsi, le ministère faisait preuve de bonnes intentions et de résolution. Malheureusement, cette mesure se rattachait à un système que beaucoup de bons esprits jugeaient détestable, au système des contrats, qui ouvrait une large voie à la spéculation, et qui avait produit de détestables effets en Espagne. Mais le ministère songeait à des changements d'un ordre plus élevé, à des réformes radicales; tout l'ensemble de l'impôt était à réoaganiser, aussi bien que le tarif des douanes; les plus graves intérêts, ceux des individus comme ceux de l'État, étaient en cause dans les innovations qui étaient réclamées.

La difficulté était trop grande pour être résolue d'un coup ; le ministère fit tout ce qui était en son pouvoir, en nommant une commission pour examiner la matière et élaborer une loi fondamentale des finances.

Une activité semblable régnait dans toute l'administration. C'était le temps des bonnes intentions, des études sérieuses, et, si l'on agissait peu, on pensait du moins beaucoup, pour agir plus tard avec plus de certitude. On travaillait à compléter la loi des *ayuntamientos* par une loi sur les circonscriptions territoriales, qui eût détruit les anciennes divisions et modelé le pays sur le patron des préfectures et des sous-préfectures françaises. La presse, l'instruction publique, la constitution civile du clergé, l'armée, les milices urbaines, le jury, la réorganisation de la justice, le conseil d'État, les attributions des fonctionnaires civils, toutes ces graves questions étaient l'objet des persévérantes préoccupations du gouvernement; on mettait à les résoudre de l'application, une volonté soutenue, de l'ensemble, de la sagesse et le langage lui-même dans lequel on en traitait avait pris le caractère nouveau en Espagne de fermeté sans emphase et de simplicité énergique, qui est la forme ordinaire des idées fortes clairement conçues.

Quelle que fût pour le pays l'importance de cette politique prudente et bien intentionnée, si impuissant que fût le parti vaincu l'année précédente, le pouvoir n'était cependant pas à l'abri de toute attaque même violente. La révolte ne pouvait plus répondre à aucun grand intérêt de principe ou de nationalité, mais elle pouvait encore convenir à quelques audacieux habitués à en vivre. Attentifs à chercher un prétexte de résistance dans les actes de l'administration, ils en avaient trouvé un dans la résolution que le ministre avait cru devoir prendre de gouverner sans les cortès. Ils en profitèrent. L'Espagne se trouvait dans une de ces circonstances ou peut-être il était excusable de faire promptement, immédiatement sans le concours de la loi, ce que l'on n'eût pu faire avec elle qu'avec beaucoup de difficultés et de lenteurs. La majorité dans les cortès et dans le pays le pensait ainsi, et approuvait généralement sur ce point la conduite du ministère. Les factieux n'avaient donc point de chance d'être suivis en rentrant dans les voies de la révolution ; ils n'en eurent pas moins la triste imprudence de relever le drapeau de l'émeute. Le signal fut donné dans la ville d'Alicante, par un ancien soldat de l'armée carliste rallié au parti libéral et devenu progressiste, don Pantaléon Bonet. Le 28 janvier, il s'empara du pouvoir civil et militaire après le pronunciamiento d'usage et se fit décerner le titre de président de la junte et de commandant général de la province ; en même temps il adressa aux libéraux une proclamation pour les appeler aux armes, invoquant à la fois le respect dû à la constitution et aux libertés locales : « Un ministère, disait-il, qui ne peut être comparé qu'au démon, car il est fils de l'imposture, a envahi le pouvoir législatif, a outragé l'Espagne de septembre, en exhumant une loi municipale qui provoque une révolution, et a insulté à cette loi même en y retranchant les articles principaux. Mais c'est en vain, continuait-il avec assurance : cette province où vivent tant de glorieux souvenirs ne pouvait supporter tant d'ignominie, elle arbore de nouveau le glorieux étendard qui l'a si souvent conduite à la victoire. Oui, libéraux, notre triomphe est certain ! » Au reste, l'insurrection n'en voulait pas à la royauté ; les cris de ralliement étaient : *A bas le ministère rebelle ! à bas la canaille ! à bas la loi des ayuntamientos ! vive la liberté ! vive la souveraineté du peuple ! vive la reine constitutionnelle !* » Il est curieux de mettre en regard de cette proclamation celle d'un lieutenant-colonel chargé de marcher contre les révoltés d'Alicante. « Soldats, le fameux Bonet, lie de la société, le détestable carliste qui pendant cinq ans a déployé son vandalisme dans les hordes de Cabrera ; cet homme dangereux que ce même Cabrera allait livrer au supplice que lui avaient mérité ses rapines, et qui n'échappa à la mort qu'en passant sous nos drapeaux en 1837 ; cet homme, enfin, qui a été aussi coupable dans nos rangs qu'il le fut au milieu des carlistes, vient de se révolter à Alicante contre sa reine et sa patrie avec l'aide d'une partie de la milice nationale de cette ville. »

Tel était le langage des deux partis au moment ou ils se trouvaient aux prises. Pantaléon Bonet avait accompli le pronunciamiento d'Alicante à l'aide des carabiniers ; Carthagène eut aussi son émeute, accomplie avec la participation d'une partie des milices provinciales casernées de ce côté. L'effervescence se répandit au dehors de ces deux villes ; l'insurrection s'étendit avec elle jusqu'à Murcie, mais sans aller plus loin. Le gouvernement eut recours à des mesures d'une énergie assurément excessive. La loi sur l'état de siège fut appliquée d'abord au pays où la révolte avait éclaté, et bientôt par précaution à toute l'Espagne, et il fut arrêté que tous ceux qui avaient pris part à la rébellion seraient passés par les armes, quelque part qu'on pût les saisir et sur *la simple reconnaissance de leur identité*, et que les troupes rebelles qui seraient invitées à faire leur soumission dans un délai donné seraient décimées sur leur refus dès qu'elles pourraient être arrêtées. En même temps on faisait incarcérer à Madrid des membres influents du parti progressiste, MM. Cortina, Madoz, Garnica et une foule d'autres, d'une célébrité moins grande, sur des soupçons assez vagues de complicité avec les révoltés d'Alicante. Enfin on procédait au désarmement de la garde nationale dans tout le royaume. Ces résolutions, jointes à l'activité vigoureuse du corps d'armée qui eut à opérer contre Alicante, Carthagène et Murcie, produisirent une vive impression sur les esprits. La révolte resta isolée. Le pays se prononça contre cette coupable tentative, et les députés et sénateurs qui se trouvaient à Madrid se firent les organes du sentiment public. Deux commissions choisies parmi eux furent chargées de protester aux pieds du trône du dévouement du Sénat et du Congrès à l'ordre et à la reine (8 février). « En voyant lever de nouveau l'étendard de la révolte, disait la commission des députés, en considérant que chacune de ces convulsions ébranle les fondements du trône et rend impossible, dans notre pays, l'ordre, la liberté, le véritable progrès et l'amélioration nécessaire des éléments sociaux, et en déplorant les inévitables conséquences qui en résultent, de désorganisation à l'intérieur, de discrédit et d'humiliation à l'extérieur, les députés, avides de paix, ainsi que la nation tout entière, fidèles à leurs principes, et interprètes des vœux d'un grand nombre de leurs collègues des provinces, en même temps qu'ils invoquent l'union de tous les bons Espagnols, pour assurer l'avenir de leur patrie, s'empressent de présenter respectueusement à Votre Majesté le témoignage de leur profonde adhésion, et de lui offrir le franc et loyal appui, moral et matériel, qui peut contribuer efficacement à soutenir la monarchie, à consolider le régime constitutionnel, et à faire respecter les lois, en détruisant pour toujours les espérances des révolutionnaires. » L'adresse de la commission du Sénat exprimait les mêmes sentiments. Quelques jours après (12 février), la grandesse, qui depuis longtemps n'avait point donné signe de vie, reparut sur la scène politique, pour joindre ses manifestations à celles du pouvoir législatif. Elle protestait de sa fidélité, en invoquant ses traditions séculaires, traditions religieuses et monarchiques; son adresse à la reine, remplie d'expressions de dévouement, se terminait ainsi : « Madame, Votre Majesté a le front ceint d'un diadème autrefois porté par de grandes reines, et, par un de ces desseins secrets de la Providence, toutes les reines ont gouverné à des époques de guerre et de perturbations intestines. Mais cette même Providence, qui veille toujours sur le trône espagnol, a voulu que leur sceptre pût rétablir toujours la justice et la paix dans le royaume. C'est pourquoi, madame, nous, grands d'Espagne, ainsi que tous les Espagnols fidèles à la croyance de nos pères, nous avons l'espoir que le Dieu de saint Ferdinand protégera Votre Majesté, lui donnant les moyens de gouverner cette vaste monarchie, grande par le souvenir de ses gloires, grande encore dans les débris de sa puissance, et grande dans les espérances qu'elle fonde sur le règne de Votre Majesté. » La reine répondit à ces adresses en termes modérés et confiants (*voy.* le texte à l'Appendice).

Les événements suivirent leur cours naturel et bien prévu. Les rebelles, privés de l'appui sur lequel ils avaient compté, et sans lequel ils n'avaient rien à espérer, ne purent tenir contre les efforts du gouvernement, assez bien soutenu par l'opinion. Le général Roncali, capitaine-général de Valence et de Murcie, fit mettre le blocus autour des villes révoltées et dirigea lui-même celui d'Alicante. A Murcie, on eut facilement raison de l'émeute ; mais la reddition d'Alicante ne put être obtenue qu'après beaucoup d'escarmouches sanglantes et au prix de beaucoup de temps. Ce fut seulement le 6 mars que Pantaléon Bonet, ayant perdu tout espoir, renonça à une plus longue résistance. Il ne se rendit point; il crut pouvoir, avec du courage et du sang-froid, se soustraire par la fuite au châtiment qui l'attendait. Il traversa, en effet, les rangs des troupes de siége, en trompant d'abord leur vigilance, et en se dérobant ensuite à leurs recherches. Mais on parvint à retrouver ses traces ; il fut saisi et fusillé avec ceux qui l'accompagnaient. Le général Roncali, ayant ainsi rétabli l'ordre dans Alicante, se porta immédiatement sur Carthagène, dont la résistance se prolongea quelque temps encore. Il y eut beaucoup de sang versé, beaucoup d'engagements meurtriers ; toutefois, il fallait que la révolte eût une fin ; les assiégés se virent bientôt réduits à l'impuissance, ils se rendirent à discrétion le 25 mars. Assez de sang avait été versé, on craignit de déployer contre eux la rigueur dont on avait jusqu'ici fait preuve ;

les meneurs ayant trouvé le moyen de fuir, on épargna le dernier supplice à ceux qui n'avaient été entre leurs mains que des instruments. Par la soumission de Carthagène, la paix était rendue à toute l'Espagne.

La nouvelle en fut apportée à Madrid, au milieu des fêtes et des réjouissances publiques ; la reine-mère, après un long exil, était rentrée dans cette ville ; on célébrait son retour. A peine avait-elle mis le pied sur le sol de l'Espagne, que les populations et les grands pouvoirs de l'État étaient venus au devant d'elle, lui présenter des hommages empressés et des témoignages d'une joie toute monarchique ; son voyage n'avait été qu'un long triomphe. Partie, il y avait quatre ans, au milieu de l'indifférence et presque de la haine publique, elle revenait au milieu des expressions du contentement et presque de l'enthousiasme. Exemple remarquable des fluctuations de l'opinion à quelques années de distance ! C'est en 1840 que la reine-mère avait été bannie, et, avec elle, tout un système de politique avait succombé ; rappelée en 1844, elle rentrait à Madrid sur les ruines du système qui avait remplacé le sien, et retrouvait au pouvoir, ou voisins du pouvoir, les hommes qui étaient tombés avec elle.

Par un acte du gouvernement, le douaire qui lui avait été retiré durant son exil lui était rendu ; un mariage déjà ancien, contracté secrètement avec un garde-du-corps, allait être rendu public sans causer de scandale, et, si cet aveu devait légalement faire perdre à la veuve de Ferdinand VII tout droit à son douaire, attaché seulement au veuvage, on cherchait à le lui rendre sous un autre titre, par exemple, comme récompense nationale pour les services rendus par elle à la liberté. Son influence allait donc redevenir puissante autour du trône et sur les actes du gouvernement : cause nouvelle de force et d'ascendant pour les modérés. En effet, toute la fortune politique de la reine-mère était trop intimement liée dans le passé avec celle de ce parti, pour qu'elle n'employât point tout ce qu'elle aurait d'autorité et d'importance politique au triomphe de ceux qui, naguère, l'avaient si bien servie.

Et déjà, par le cours naturel des choses, le pouvoir penchait davantage du côté des purs modérés ; le ministère actuel, tout en se soutenant par l'appui tacite de la majorité, ne trouvait plus dans l'opinion la même faveur qui lui avait permis de gouverner sans les cortès. On commençait à penser et à dire hautement qu'il abusait de la faculté qu'on lui avait si complaisamment laissée de légiférer à sa guise. Ce n'est pas qu'il fût en état de dissolution, mais il menaçait ruine, et les chefs modérés s'agitaient pour être prêts à prendre place sur les débris.

En attendant que son heure fût venue, il poursuivait sa politique active et résolue, et avant sa chute il eut encore le temps de réaliser quelques-uns des projets d'organisation conçus ou entrepris par lui. Le 23 mars, il publia un décret pour le rétablissement de la garde civique, et quelques jours plus tard une loi sur la presse, qui ne contribua pas à le rendre populaire (*voy.* à l'Appendice).

La presse populaire n'était pas restée jusque là sans avoir sa législation, une législation adaptée à ses instincts et à ses intérêts nouveaux. Mais cette législation s'était nécessairement ressentie de toutes les vicissitudes de la constitution elle-même si souvent changée, détruite ou refondue depuis 1812. Confuse comme l'était alors tout le code politique et social de l'Espagne, la loi de la presse avait donc besoin d'une réforme. Depuis 1838, cette réforme occupa les différents ministères qui se succédèrent au gouvernement de l'État ; elle fut discutée, étudiée par plusieurs commissions successives, votée même par le sénat, et c'est le projet ainsi voté par l'une des deux Chambres qui avait servi de base au travail du ministère actuel sur la même matière.

L'ordonnance qui fut signée le 10 avril était précédée d'un exposé des motifs en date du 9. Le Cabinet en prit occasion pour exprimer ses sentiments sur la situation et chercher une justification à sa conduite.

« Pour mener à fin lui seul, disait-il, les réformes radicales dont le pays a besoin, le gouvernement n'est pas revêtu de tous les pouvoirs nécessaires. Les ministres le savent bien, et cela ne les empêche pas d'entreprendre cette œuvre avec une conviction entière et mûrie.

» Lorsque les peuples atteignent le degré de bouleversement auquel a été amenée l'Espagne par tant de révolutions, les voies lentes adoptées dans des temps de calme et de règle parfaite ne suffisent pas pour la réorganiser. Dans cette pénible tâche, au milieu de la lutte des partis, les forces du gouvernement s'épuiseraient avant que le but désiré fût atteint; la confiance des peuples dans le zèle et la décision de ses gouvernants se dépenserait en vain, et par des scrupules d'une trop rigoureuse légalité se trouveraient perdus les extraordinaires efforts qu'a faits le pays pour créer la situation forte et respectable où se trouve aujourd'hui le pouvoir public.

» Tant que la confiance de Votre Majesté sera acquise aux ministres, ils soutiendront sans hésiter les idées gouvernementales qui, dès le principe, ont été la base de leur programme. Prenant sur eux la responsabilité de toutes les mesures nécessaires, à leur avis, pour la consolidation de l'ordre; rétablissant avec autant de modération que d'énergie l'action des lois sur les prétentions ambitieuses des partis, combattant les tendances révolutionnaires dans le champ des idées, tenant tête à la révolution sur le terrain de la force, guidés dans toutes leurs résolutions par le désir de conserver à tout prix les prérogatives salutaires du trône, et consolidant sur cette forte base la paix et les libertés nationales, nous croyons pouvoir jeter les fondements d'un édifice qu'achèveront, sous les auspices de Votre Majesté, des mains plus habiles et douées de plus d'expérience. Mais il faut faire cesser les illusions et des espérances insensées;

le gouvernement, en fermant définitivement la porte à ces stériles tumultes, à ces révolutions sans objet qui ont détruit les nations, scandalisé l'Europe, n'a ni voulu ni pu vouloir donner un aliment aux prétentions exclusives des hommes qui, mécontents de tout ce qui s'est fait depuis dix ans en Espagne, désireraient rétrograder à une époque du domaine de l'histoire seule. Le temps ne s'écoule pas en vain pour les nations comme pour les individus; si les égarements et les erreurs de cette large série de guerres et de secousses anarchiques, heureusement terminées par la majorité de Votre Majesté, ont causé de grands maux et blessé des intérêts légitimes et anciens, de l'autre côté, de grandes réformes ont surgi, de nouveaux droits ont été créés, et sous les auspices de lois importantes dont nous n'avons pas, quant à présent, à apprécier la justice, se sont formés de puissants intérêts que le gouvernement est décidé à respecter et à faire respecter avec toute la force et l'énergie de son pouvoir et de ses convictions. Fermes dans la ligne de conduite qu'ils se sont tracée dès le principe, les ministres seront toujonrs prêts à conseiller à Votre Majesté tout ce qui pourra tendre à étouffer les germes de révolte laissés dans la nation par tant de convulsions violentes. Mais avec la même vigueur et la même persévérance qu'ils ont combattu la révolution, ils combattront ceux qui, sous le masque de partisans d'une réaction politique complète, cacheraient mal leurs sympathies pour le prince rebelle qui, peu de temps après l'inauguration du règne de Votre Majesté, leva l'étendard d'un despotisme impossible. »

Telle est la profession de foi que le ministère crut devoir faire à propos de l'ordonnance sur la presse; on ne saurait lui contester des allures franches et un caractère hardi. Elle répondait assez bien aux griefs les plus généraux des partis, mais elle ne se prononçait point sur la durée que l'on prétendait donner à cette façon toute exceptionnelle de gouverner, devenue plus frappante encore par l'application de l'état de siége à toute l'Espagne. Il y avait sans doute de la vigueur et de la résolution dans la politique du Cabinet, mais l'inquiétude d'ailleurs intéressée de la législature commençait à y voir un abus qui n'était point sans danger, s'il se prolongeait trop longtemps.

Voici maintenant ce qui avait trait à la loi elle-même dans l'exposé des motifs. Le ministère ne s'était pas contenté de l'ancien projet voté par le Sénat, il lui avait fait subir des modifications graves. Dans le système pénal du projet primitif, on avait combiné les peines corporelles avec les peines pécuniaires; dans le projet nouveau, on avait aboli les premières, ou du moins on ne les avait conservées que subsidiairement en commutation des secondes. Les prescriptions relatives aux éditeurs avaient aussi été l'objet de divers changements. « Par l'effet de la responsabilité devant la loi d'un éditeur presque toujours étranger aux écrits contenus dans l'imprimé incriminé, la prison retombait fréquemment sur un innoncent, obligé par la misère à vendre sa liberté, et le vrai coupable demeurait alors à l'abri de toute pénalité. »

La loi nouvelle s'appliquait « à frapper d'un châtiment sévère la cupidité qui ne craint pas d'offenser la société, pourvu qu'à la faveur du scandale elle réalise ses spéculations illicites. » Les ministres pensaient que les éditeurs sérieux, effarouchés de la crainte continuelle de l'emprisonnement, pourraient être alors dignes de représenter la noble mission de la presse. Pour toutes ces raisons, il y avait eu accroissement des peines comme aussi des garanties pécuniaires; enfin l'organisation du jury avait été rendue plus sévère et soumise à des conditions plus élevées de propriété et de savoir. En effet, disait l'exposé des motifs, si les personnes qui composent le jury n'offrent pas à la société des garanties de propriété et de savoir, nécessaires pour assurer le bien jugé et l'indépendance des verdicts, au lieu d'être une certitude de modération et d'impartialité dans le délicat usage du droit d'émettre la pensée, le jugement par jury se convertit en une fiction d'autant plus funeste, qu'elle tend à laisser punir les délits, en conservant les formes et les apparences légales. Tel est l'esprit de la loi sur la presse, soumise à la sanction royale par le ministère et approuvée par la reine (*voy.* le texte à l'Appendice). Elle fut appliquée partout avec une excessive sévérité.

Le ministère fut arrêté dans le cours de ces réformes par l'inquiétude croissante de l'opinion ; ce n'est pas qu'il l'eût blessée ou irritée, mais les cortès se lassaient de n'avoir plus qu'une part toute passive aux affaires publiques, et les législateurs se formalisaient de cette foi un peu hautaine que le ministère affectait d'avoir en lui-même. Si donc il avait pu faire quelque bien au pays, grâce au silence auquel il avait réduit la législature, c'est aussi par un usage qui pouvait paraître un abus de cette autorité, bonne en soi dans les circonstances où il l'avait prise, mais usurpée et suspecte, c'est par là qu'il devait périr.

Nous avons dit quels étaient les prétendants à sa succession : c'étaient les chefs mêmes du parti modéré, ceux qui récemment dans la dernière révolution ou plus anciennement, avant la régence d'Espartero, avaient rendu à la cause représentée par la reine-mère des services signalés et payé de leur personne dans les vicissitudes presque toujours sanglantes du système modéré. Parmi ceux-là, MM. Narvaez et Martinez de la Rosa étaient les premiers ; celui-ci peut avoir puissamment contribué à l'établissement du régime constitutionnel, et par ses mérites reconnus d'orateur d'une facilité accomplie ; celui-là par l'énergie qu'il avait montrée dans la dernière lutte, et l'influence dont il s'était trouvé en possession depuis la chute hâtée par lui du parti exalté. Cependant M. Martinez de la Rosa remplissait auprès du roi des Français les fonctions importantes de représentant de l'Espagne ; le général Narvaez exerçait à Madrid une prépondérance incontestée : c'est à lui que revenait nécessairement le soin de former une nouvelle administration, et le moment n'était point encore venu pour M. Martinez de la Rosa, bien que sa présence aux affaires fût sans doute désirée en haut lieu et dût aider à consacrer d'une façon définitive la victoire des modérés.

La mission des modérés échut donc au général Narvaez; tout en assurant la plus grande part d'influence aux dynastiques les plus purs, le général sentit cependant la nécessité de donner des garanties efficaces à l'opinion qui venait de se retirer du pouvoir: il sut, comme il le devait, comprendre dans sa combinaison les amis de M. Gonzalès Bravo, des membres de ce parti de modérés non compromis dans les luttes anciennes et désignés sous le nom de *Jeune-Espagne*.

Le nouveau ministère se trouva constitué le 3 mai: il se composait du général Narvaez, ministre de la Guerre et président du conseil, de M. Alexandre Mon, ministre des Finances, de M. Pedro-José Pidal, ministre de l'Intérieur. Le portefeuille des Affaires étrangères était donné à M. le marquis de Viluma, auparavant ambassadeur à Londres. M. Luis Mayans, qui avait fait partie du dernier ministère, restait dans celui-ci avec ses fonctions de ministre de Grâce et de Justice. M. Armero, un autre ami de M. Gonzalès Bravo, eut le portefeuille de la Marine. Enfin, le général Narvaez voulut conserver l'appui et le concours des deux membres influents de l'ancienne administration, de M. Mazzaredo, qui fut nommé capitaine-général de Madrid, et de M. Gonzalès-Bravo lui-même, qui fut nommé ambassadeur à un poste peu éloigné et n'exigeant guère de résidence, à Lisbonne.

Assuré ainsi du concours des hommes de l'ancienne administration, le Cabinet prit avec confiance la direction des affaires. En premier lieu et avant toute chose, il s'empressa de donner quelques preuves d'intentions libérales: par un décret daté du même jour de la formation il ordonna la levée de l'état de siège dans tout le royaume. En second lieu il annonça la résolution de soumettre à l'examen des cortès tous les actes législatifs du dernier ministère et de rendre aux représentants du pays leur légitime part dans la confection des lois. Mais les chambres, élues sous d'autres influences que celles qui dominaient aujourd'hui, pouvaient-elles répondre entièrement aux besoins du moment et entrer dans la pensée d'un cabinet nouveau qui s'était formé sans leur participation officielle? Sans les croire hostiles ou défiantes, on pensait avoir intérêt à faire appel à l'opinion publique de jour en jour plus favorable aux modérés. D'ailleurs, tout en se proposant de devenir parlementaire, le Cabinet éprouvait la nécessité de gagner du temps pour donner suite aux travaux préparatoires entrepris pour la réforme de certaines parties de la législation et de prendre par lui-même des mesures décisives et promptes dans beaucoup de questions dont l'examen des cortès eût retardé la solution. Il fut donc décidé que les cortès seraient dissoutes et qu'elles ne s'assembleraient que le 10 octobre, jour de la majorité légale de la reine Isabelle. Ainsi le ministère témoignait de ses dispositions parlementaires, en conservant néanmoins pour quelque temps encore la faculté de gouverner par ordonnances.

Ce plan était bien arrêté, du moins dans la pensée de la presque unanimité des ministres; un seul eût voulu continuer purement et simplement le système extra-parlementaire de M. Gonzalès-Bravo: c'était le ministre des Affaires étrangères, M. de Viluma, dont les sentiments ne laissaient pas que de pencher vers l'absolutisme. Dès que cette opinion se fut nettement formulée, elle dut céder. Et, en effet, dans un voyage que la reine fit à Barcelone, où l'attiraient les besoins de sa santé, le ministère s'étant transporté dans cette ville et la question de système ayant été sérieusement posée, M. de Viluma déclara qu'il ne pouvait plus s'entendre avec ses collègues et proposa sa démission, qui fut acceptée (1er juillet).

Il fut remplacé quelque temps après (21 août) par l'ambassadeur de la reine à Paris, M. Martinez de la Rosa : et ainsi un incident qui pouvait avoir des suites fâcheuses pour le Cabinet contribua puissamment à le fortifier, en lui donnant un des plus habiles orateurs du parti modéré; l'entrée de M. Martinez de la Rosa aux affaires venant pour ainsi dire d'une nécessité de situation n'éveilla point au dehors les défiances qui l'auraient peut-être accueillie auparavant et dans d'autres circonstances.

Ce ne fut que le 4 juillet, après la retraite de M. de Viluma, que fut publié le décret de dissolution. L'exposé des motifs alléguait les changements survenus dans l'esprit public depuis les dernières élections, mais il se faisait aussi remarquer par d'autres considérations dont la portée ne devait être bien sentie que plus tard. « Le temps est arrivé, disait le ministère, de mettre d'accord entre elles les différentes branches de l'administration de l'État, de dicter les lois nécessaires pour consolider d'une manière stable la tranquillité et l'ordre public, et de réformer et améliorer la constitution elle-même dans les parties que l'expérience a démontrées d'une manière palpable n'être pas en rapport avec le véritable esprit du régime représentatif et ne pas avoir la flexibilité nécessaire pour se prêter aux exigences de ce genre de gouvernement. Pour établir toutes ces réformes, que le pays réclame avec instance et que les ministres ont la ferme résolution de conduire à bonne fin, le gouvernement à besoin de l'appui de nouvelles cortès. » Quelles étaient ces réformes sur lesquelles on ne s'expliquait qu'en termes vagues et pourtant avec confiance? c'est ce que l'avenir ne tardera pas à révéler, et on ne l'apprendra pas sans quelque surprise. En effet, le principe de la souveraineté nationale elle-même était en cause, et, au moment même où l'on semblait faire au pays la concession d'en tenir compte en rétablissant le gouvernement parlementaire suspendu de fait, on ne pensait pas à moins qu'à l'employer elle-même à restreindre ses attributions et à amoindrir sa part dans la division des pouvoirs. Si donc les progrès incessants du parti modéré et son arrivée au pouvoir étaient des garanties d'ordre et de science administrative, il avaient aussi leurs inconvénients. L'intérêt du pouvoir les préoccupait peut-être à l'excès. Sans doute la constitution de 1812, celle qui en étaient sortie, le parti qui l'avait faite ou qui l'avait rétablie, tous ceux enfin qui avaient vécu des idées nées alors dans l'enthousiasme d'une insurrection toute nationale, les lois et les hommes de 1812, avaient donné dans l'excès contraire, Ils avaient, par une défiance imprudente du pouvoir, étendu la souveraineté nationale au delà des limites raisonnables. L'Espagne, ballotée depuis trente ans d'un extrême à l'autre, cherchait encore les conditions précises de l'alliance qu'essaient de faire partout de nos jours la démocratie avec la royauté et le ministère actuel, frappé de certains emportements de la démocratie, songeait à restreindre quelques-uns de ses droits au profit de la royauté. Telles sont les intentions qui s'annonçaient sans se préciser dans l'exposé des motifs du décret de dissolution.

Le même jour où le gouvernement rendit publique sa détermination de faire appel à l'opinion, il porta un décret pour préparer le règlement des *fueros* des provinces basques, conformément à la convention de Bergara et suivant le système appliqué par une loi du 16 août 1841 à la Navarre. Le ministère se proposait d'entendre les commissaires des provinces intéressées, et de présenter aux prochaines cortès le projet de loi tel qu'il l'aurait conçu d'après leurs avis et l'intérêt de l'État.

Il publia également un décret préparé par la précédente administration sur les députations provinciales et dans le but de restreindre leurs pouvoirs à la répartition de l'impôt.

Mais les questions qui en ce moment prenaient le plus de place dans les méditations de l'administration et étaient l'objet de ses soins les plus constants, c'étaient les questions des finances. M. Alexandre Mon, esprit pénétrant doué d'une volonté ferme, s'était voué à l'accomplissement de sa tâche avec des intentions franches et hardies. Il n'approuvait point tout ce qui avait été fait, tenté ou projeté par son prédécesseur, par exemple : il désapprouvait complètement le système des contrats. Il commença par faire résilier celui des tabacs. Après quoi il imposa aux contratistes un arrangement qui leur retirait leurs titres et convertissait leurs créances en rentes 3 0/0 au capital réel de 75 (1).

(1) Voici quelques détails curieux que nous empruntons à la correspondance du *Journal des Débats*, et qui serviront à faire comprendre la portée de la conversion entreprise par le ministre :

Les contrats étaient de différentes natures ; les plus considérables se faisaient sur le fermage des principales branches de revenus publics, comme le sel, le tabac, le papier timbré, les mines d'Almaden, etc. ; mais les plus scandaleux étaient les petits contrats que le gouvernement acquittait par les *livranzas*, c'est-à-dire, les traites sur les trésoriers et les intendants de province. Les procédés qu'on employait pour les obtenir, les bénéfices qu'on en retirait sont aussi étranges qu'immoraux. Un prétendu capitaliste quelconque, de Madrid ou de province, quelquefois un étranger, se présentait au ministre et lui offrait un prêt, par exemple, de 4 millions de fr. S'il avait de la protection on s'il savait, par les moyens que je ne veux pas trop qualifier, se rendre favorables les employés le plus en crédit auprès du ministre, ou mériter la bienveillance particulière de S. Exc., ses offres étaient agréées et il devenait *contratista* du gouvernement. Le ministre lui remettait tout de suite des papiers sur l'État pour 4 millions, comme garantie. Avec ces papiers, le *contratista* obtenait facilement d'emprunter chez le premier banquier 1 million, argent comptant, qu'il versait au Trésor. Ce premier versement exécuté, le prêteur recevait du gouvernement des traites sur une province quelconque, et souvent sur la province dont il connaissait l'intendant ou le trésorier. Ces fonctionnaires de l'État, qui n'avaient jamais d'argent pour donner au gouvernement, lorsqu'il leur en demandait, en trouvaient sans difficulté pour donner aux *contratistas*, sur lesquels ils prélevaient, taux ordinaire, 12 pour 100. On m'a assuré même que parfois les intendants étaient eux-mêmes les prêteurs anonymes. Ainsi le *contratista* effectuait le second versement d'un million avec de l'argent qu'il avait déjà touché. Le troisième versement se faisait presque toujours en lettres de crédit de 3 pour 100 ayant cours à la Bourse, sur lesquelles il y avait un bénéfice net de 75 pour 100. Ainsi un prêteur recevait 25 pour 100 de l'État, ce qui lui faisait 1 million sur quatre d'intérêt ; il gagnait sur 2 millions versés en papier un million et demi ; en tout 2 millions 500,000 fr. Mais il avait à payer l'intérêt de 25 pour 100 du premier million emprunté ; l'intérêt de 4 millions, de 12 pour 100, remis à l'intendant complaisant, ce qui réduisait son bénéfice de 730,000 fr. De plus, il avait des pots-de-vin à donner aux employés de l'administration centrale, qu'on pourrait bien évaluer à 270,000 fr. Ainsi, sans débourser un sou, un *contratista* gagnait un million et demi sur un emprunt de quatre millions dans l'espace de six à neuf mois. Aussi en Espagne, qui aujourd'hui encore est le pays le plus riche en numéraire et qui a d'immenses capitaux inoccupés, l'intérêt courant de l'argent était de 25 à 30 pour 100. En effet, les banquiers attiraient à eux tout l'argent, et aimaient mieux faire des affaires avec l'État ou avec les *contra-*

L'intention du ministre était d'appliquer le même système à la dette tout entière, et avant la fin de l'année il put déjà le faire pour les bons du trésor. D'autre part, des conventions furent conclues avec la banque de Saint-Ferdinand, pour des avances successives qui aidassent l'administration à se retirer des premières difficultés. Ainsi, en cherchant à améliorer l'avenir, on satisfaisait aux besoins les plus impérieux du présent.

A la suite de cette amélioration des finances, le ministre de ce département crut pouvoir prendre une résolution qui privait pour le moment le trésor de revenus importants. Il suspendit la vente de ce qui restait des immenses propriétés de l'Église ; le produit de ces biens devait, il est vrai, être consacré à l'entretien du clergé séculier et des religieuses, et ainsi une dépense nécessaire, pressante, se trouvait facilitée ; mais pour l'instant le gain ne compensait pas la perte. D'ailleurs, bien que le gouvernement ajournât toute décision relative à ce sujet jusqu'à la délibération des cortès, bien qu'il ne se démît point de la possession de ces propriétés, bien qu'il s'étudiât à rassurer les propriétaires de biens nationaux et protestât de son respect pour les droits acquis, cette mesure avait une apparence de réaction qu'il eût peut-être été bon de ne lui pas donner ; ceci se rattachait au projet de constitution civile du clergé, dont il a déjà été parlé et qui sera discuté aux prochaines cortès. Telles sont les mesures principales qui furent appliquées par le ministère avant l'ouverture des cortès.

Cependant le pays était dans l'attente : c'était le moment des élections ; les partis étaient aux prises, les exaltés s'agitant par tempérament et par désespoir, les modérés assu-

tistas, que de favoriser les entreprises industrielles ou commerciales, tandis que les rentiers paisibles, voyant cette dilapidation des deniers publics, le gouvernement sans force, sans crédit, livré aux intrigants et aux agioteurs, préféraient envoyer leurs fonds à l'étranger que de les risquer entre les mains de ces véritables vampires du trésor public.

rant leur triomphe définitif, enfin les absolutistes essayant avec quelques succès de rentrer dans la lice d'où l'opinion les avait si légitimement exclus; les progressistes avaient à peu près abdiqué par conscience de leur faiblesse. Le zèle des partis qui concouraient fut quelquefois poussée jusqu'à la violence et amena des rixes sérieuses; il n'y a pas lieu de s'en étonner. Ce n'est point la première fois qu'il en est ainsi dans les pays qui sont en révolution, qui en sortent ou qui sont prêts d'y entrer, et l'Espagne en particulier est accoutumée à donner à l'Europe le spectacle du sang versé dans les luttes électorales. Le gouvernement affecta dans ces conjonctures de ne prendre autant que possible que des précautions d'ordre public, sans chercher à exercer sur les opinions des influences illicites. Mais après l'opération des élections le ministre de l'Intérieur adressa (15 septembre) au chef politique une circulaire pour leur recommander de revenir à une sévérité plus grande, alors que le pays avait librement achevé sa mission électorale et qu'il avait remis ses pouvoirs à des mandataires de son choix.

« Quoique, d'après les nouvelles reçues à mon ministère, disait M. Pidal, les élections pour les cortès prochaines se soient effectuées avec la plus grande tranquillité et le plus grand calme dans presque tout le royaume, on a observé cependant dans quelques provinces que, par inexpérience ou par suite de suggestions méchantes ou coupables, quelques personnes ont dépassé la limite de la prudence et du devoir, soit en proclamant dans leurs manifestes et dans leur candidature des principes incompatibles avec la légitimité du trône de notre reine Isabelle II, et avec les lois et les institutions en vigueur, soit en convertissant les invitations électorales en écrits et en actes passionnés et violents, soit enfin en donnant sur quelques points au mouvement électoral un grave et dangereux caractère d'agitation politique.... » Le gouvernement avait cru devoir laisser aux opinions la faculté de se manifester, mais dès maintenant il se trouvait dans l'obligation impérieuse de prévenir en temps opportun tout danger auquel ces manifestations pourraient donner lieu, de calmer l'agitation produite dans les esprits par la chaleur de la lutte, et d'empêcher, si quelqu'un avait l'audace de la tenter, que l'exercice d'un droit ne fût converti en une espèce de menace et de déploiement de forces pour réaliser des projets chimériques et pour soutenir des prétentions illégitimes et criminelles, repoussées déjà explicitement et définitivement par le jugement que venait de prononcer la nation. Ainsi, à côté de cette confiance que le ministère avait dans les cortès prochaines perçaient aussi des défiances; l'ordre avait besoin encore d'être protégé avec un soin spécial; il ne pouvait encore se garantir de lui-même par la seule puissance du sentiment public; les élections avaient remué les passions et par là donné prise aux fauteurs d'insurrection. C'est pourquoi le ministère recommandait aux chefs politiques de surveiller activement les factions.

Aussi bien l'ex-régent lui-même faisait-il en ce moment des efforts pour attirer sur lui l'attention du pays. Profitant du jour où la jeune reine entrait légalement dans sa majorité (10 octobre), il publia un manifeste qui, sous couleur de justification personnelle, était une attaque contre le pouvoir mis à la place du sien par la dernière révolution.

« Le monde entier, disait le duc de la Victoire, sait que jamais il n'y eut de discussion plus libre, plus franche, plus complète que celle qui précéda ma nomination de régent. Espagnols, en acceptant cette dignité, je la reçus non comme une couronne murale accordée à des triomphes, mais comme un trophée que le peuple posait sur le drapeau de la liberté; et, fidèle observateur des lois, jamais je n'y ai porté atteinte; je n'ai rien négligé pour faire le bonheur du peuple. Toutes les lois que les cortès m'ont présentées, je les ai sanctionnées sans délai; l'action de la justice a toujours été indépendante du gouvernement, qui jamais n'a usurpé les prérogatives des autres pouvoirs de l'État; la richesse et la prospérité publique ont reçu toute la protection et tous les encouragements possibles dans les circonstances où nous nous trouvions. Si pour conserver force à la loi la nécessité m'a contraint de recourir à des mesures rigoureuses, on n'a pas du moins vu le gouvernement décider du sort de malheureux coupables : les tribunaux seuls ont prononcé. »

La critique devenait par la suite plus directe et plus vive sous la plume du général Espartero. « J'ai protesté, continuait-il, non point par un sentiment d'ambition qui me fut toujours étranger, mais parce que la dignité de la nation et de la couronne m'en faisait un devoir. Représentant constitutionnel du trône, je ne pouvais voir en silence détruire le principe monarchique; dépositaire de l'autorité royale, je devais la défendre contre les coups qui lui étaient portés; personnifiant le pouvoir exécutif, ma position me commandait d'élever la voix quand je voyais toutes les lois en lambeaux. »

Dans l'état où se trouvaient les choses, ce manifeste ne pouvait que passer inapercu : c'est ce qui arriva. Toutes les attentions étaient fixées sur le discours par lequel la reine venait d'ouvrir les cortès. Un paragraphe de ce discours avait surtout frappé l'opinion. On se rappelle que, dans le décret par lequel il avait dissous les chambres, le ministère avait annoncé l'intention d'introduire dans la loi fondamentale quelques réformes dans le sens d'un agrandissement de la prérogative royale. Un certain vague avait toujours plané sur cette intention, et l'on ne s'en était inquiété que médiocrement au dehors ou au dedans. Il était dans la constitution certains vices qui avaient l'exercice du pouvoir et auxquels on pouvait remédier sans porter atteinte aux droits du pays. Si les réformes eussent porté sur ce point seulement, les esprits sérieux et impartiaux n'y eussent trouvé qu'un sujet de satisfaction. Mais, de graves sujets de crainte venaient de se produire : en effet, la reine avait dit aux cortès en parlant de la réforme :

« Je suis persuadée que vous vous occuperez avec zèle de cet important objet : car le moindre retard pourrait produire des maux incalculables, en frustrant les espérances de la nation, qui aspire à voir se fermer le plus tôt possible le champ des discussions politiques et affermir ainsi pour l'avenir les institutions d'après lesquelles elle doit être régie. »

Les libéraux espagnols et l'Europe constitutionnelle furent singulièrement surpris de ce vœu attribué à l'Espagne, de *voir se fermer le plus tôt possible le champ des discussions politiques*. Vainement les journaux du ministère essayèrent-ils de donner de ces expressions malencontreuses des explications qui en diminuaient la portée, et mettaient le gouvernement parlementaire à l'abri de cette sorte de menace, l'impression était produite et l'on n'attendait pas sans crainte le projet de constitution.

Le gouvernement avait demandé aussi par la bouche de la reine le concours des cortès pour la confection de lois organiques qui fussent en harmonie avec la nouvelle loi fondamentale : elles étaient déclarées nécessaires et urgentes, et l'on exprimait le désir de voir toutes ces innovations se réaliser en peu de temps. On verra la détermination que le ministère suivait à cet égard.

Venaient ensuite dans le discours royal des paroles sages sur la question d'intérêt matériel, qui pour la première fois était en possession de tenir une place sérieuse dans les préoccupations de l'opinion et des hommes d'Etat.

« Pour ce qui concerne les finances, disait la reine, le premier pas pour introduire dans ce département l'ordre et l'harmonie a été de libérer les contributions et les revenus publics des engagements contractés pendant ma minorité, par suite des besoins occasionnés par la guerre civile et par d'autres circonstances déplorables. Tous les produits des revenus et des impôts une fois centralisés, il sera moins difficile de les appliquer aux nécessités les plus pressantes, en attendant qu'il soit possible d'établir l'équilibre entre les recettes et les dépenses, améliorant d'un côté le système tributaire, et de l'autre introduisant les économies nécessaires. Tel est le meilleur moyen de rétablir naturellement le crédit; et, pour arriver à ce résultat, il faut avoir en considération le sort des créanciers de l'État, tant nationaux qu'étrangers. L'ordre dans les finances et la bonne foi du gouvernement sont les meilleures garanties qu'on puisse leur offrir. »

Les derniers paragraphes du discours d'ouverture étaient consacrés à l'administration de la Guerre, à celle de la Marine et à celle de la Justice (*voy.* l'Appendice); dès que les chambres furent constituées, et il est bon de dire qu'elles le furent suivant les vœux du Cabinet et de façon à lui donner la certitude d'une forte majorité, sitôt que ces travaux préliminaires furent achevés, avant même la discussion de l'adresse, le Cabinet présenta le projet de réforme de la loi fondamentale; le projet était précédé d'un exposé des motifs adressé par les ministres à la reine.

Il s'agissait de reformer la constitution actuellement en vigueur établie en 1837. On y reconnaissait qu'elle était fondée généralement sur des principes sains du droit public; on avouait qu'elle avait été un grand pas vers le régime d'une bonne monarchie, surtout lorsqu'on la comparait avec la constitution de 1812.

Le vice de la législation de 1837 était de se ressentir de l'époque et des circonstances au milieu desquelles elle s'était formée, et elle avait plus d'un défaut grave que la théorie avait d'abord indiqué et que l'expérience avait confirmé depuis.

« Il est de fait, ajoutait à cet égard l'exposé des motifs, que divers ministères s'étant succédé d'opinions différentes et même de principes politiques opposés, tous ont trouvé plus ou moins d'obstacles pour gouverner dans les limites de la constitution et ont dû violer quelques-unes de ses dispositions pour ne pas courir le risque de laisser l'autorité et le gouvernement sans défense, et la tranquillité de l'État exposée à des altérations et à des dangers. Et, quand bien même cette nécessité a pu provenir jusqu'à un certain point des circonstances où se trouvait le royaume, qui se ressentait encore des troubles causés par la révolution et la guerre civile, il n'est pas moins certain qu'une partie essentielle du mal procède de la défectuosité de quelques institutions. C'est ainsi que l'opinion publique, et même un certain instinct de conservation qui anime les peuples, ont indiqué comme nécessaire la réforme de la constitution, afin de donner à l'action gouvernementale la force jugée nécessaire. L'Espagne, continuaient les ministres, n'a que trop appris à ses dépens que, lorsque l'autorité royale ne trouve pas dans les institutions la vigueur et la force nécessaires pour protéger les intérêts publics et les droits des particuliers, il tombe nécessairement dans un de ces deux extrêmes : de s'exposer sans défense aux attaques du désordre et de l'anarchie, ou d'obliger le gouvernement à se servir d'armes illégales pour sa propre défense ou pour celle de la société menacée. »

Après ces considérations générales sur la raison d'État, le Cabinet précisait les réformes qu'il prétendait faire subir à la constitution de 1837 ; avant toute chose il pensait que le préambule en devait être changé, « jugeant inopportun, si même il n'était pas dangereux, le principe qui y était énoncé et duquel pouvaient peut-être être déduites, des conséquences peu conformes à la majesté, à la sûreté du trône et à l'accord qui doit subsister entre tous les pouvoirs de l'État. » Or, quel était le principe que l'on qualifiait ainsi d'inopportun et même de dangereux ? C'était le principe lui-même de la souveraineté nationale (1).

(1) Voici le texte même de cette partie du préambule de la constitution de

Loin donc de recourir à des principes abstraits plus ou moins vagues sur l'origine des constitutions, les ministres avaient jugé préférable d'énoncer un fait, à savoir, « que dans la constitution qui allait régir l'Espagne la couronne et les cortès étaient d'accord pour coucourir ensemble à concilier les anciens *fueros*, ou libertés de la nation, avec son état et ses besoins actuels, en donnant aux cortès l'intervention qu'elles ont eue de tout temps dans les décisions des affaires graves de la monarchie. » Ce sont les termes de l'exposé des motifs; ainsi, d'une part on mettait de côté le principe de la souveraineté nationale; on rejetait ce qu'il y avait de vraiment nouveau dans l'histoire de l'Espagne depuis 1812; de l'autre on essayait de rattacher l'état actuel des choses au passé, on invoquait la tradition, on tenait à établir que la constitution actuelle n'était point un fait de ce temps-ci qui s'était introduit à la lumière d'un esprit nouveau, mais le développement, la continuation d'un ordre politique.

Ainsi l'on déplaçait en quelque sorte la législation, la vie sociale de l'Espagne, en donnant pour base un droit historique au lieu d'un droit rationnel. En fait et pour le présent la royauté avait peu à y gagner, mais en principe et dans l'avenir les conséquences en pouvaient être immenses; aussi cette partie de la réforme proposée par les ministres fut-elle vivement critiquée comme injuste, inutile, imprudente. Elle le fut en Espagne et surtout en France, où les doctrines constitutionnelles en matière de réforme tiennent peu de compte de la tradition, de la raison historique, et beaucoup de la vérité abstraite et de la raison logique.

L'exposé des motifs parlait ensuite de la liberté de la

1837: La volonté de la nation étant de reviser, en vertu de sa souveraineté, la constitution politique promulguée à Cadix le 19 mars 1812, les cortès générales réunies à cet effet décrètent, etc. (voir l'*Annuaire de* 1837).

presse; on reconnaissait, malgré les abus qui en avaient été faits, qu'elle ne pouvait pas être supprimée, mais on proposait la suppression du paragraphe de l'ancienne constitution, dans lequel il était dit que la qualification des délits de presse appartient exclusivement au jury. Le ministère en donnait pour raison que, d'une part, ce mode de juridiction avait créé de graves difficultés au gouvernement et l'avait souvent laissé sans défense, en présence des attaques dirigées contre les objets les plus sacrés; que, d'autre part, le mode et les formes des jugements, tant pour les délits de presse que pour les autres, doit être la matière des lois ordinaires, et qu'il appartient à la couronne et aux cortès de déterminer à ce sujet ce qui est le plus convenable, relativement aux époques et aux circonstances. Pour les mêmes raisons l'on supprimait aussi l'un des deux articles additionnels de la loi de 1837, dans lequel il était écrit que «les lois détermineraient l'époque et le mode de délits.» Ce point, ainsi que le précédent, resterait soumis, conformément à ce qu'exigent son caractère et sa nature, à ce qui serait réglé dans les codes, sans qu'il fût nécessaire de l'énoncer dans la loi constitutive de l'État.

Par suite du projet présenté par le gouvernement, le titre III, relatif à l'ordre du sénat, dut être radicalement changé. On repoussait le principe de l'élection comme accordant trop d'influence à la démocratie, et n'offrant point les garanties de stabilité et de fermeté nécessaires; on voulait y substituer le principe de la nomination par le roi comme en France, et donner en même temps que la nature les attributions politiques et judiciaires de la Chambre des pairs. Mais il est bon de dire qu'on eût préféré de beaucoup le principe de l'hérédité, et qu'on ne craignait pas de le dire dans l'exposé des motifs; bien plus, si l'on ne s'y était point arrêté, c'était pour des raisons ou très-mauvaises ou très-insuffisantes. Qu'on ne l'oublie point! voici ce que déclarait le ministère :

« Une fois rejeté, le principe de l'élection populaire, qui ne convient qu'à la Chambre des députés, et le sénat devant être établi sur une base toute spéciale, vos secrétaires d'État ont mûrement délibéré sur la base à adopter pour cette institution importante. Il ne pouvait leur échapper que l'élément le plus naturel de corps semblables, conservateurs de leur nature, est le principe héréditaire, principe d'ordre, de stabilité, analogue à l'essence de la monarchie, et qui réunit à la défense du trône l'indépendance du pouvoir, à l'effet de veiller pour les libertés et les privilèges de la nation. Les secrétaires d'État n'auraient pas hésité à proposer de tirer parti de cet élément existant en Espagne, s'efforçant de combiner la noblesse de ce royaume avec les institutions politiques, si, outre d'autres raisons de grande importance, ils ne s'étaient pas senti arrêtés par un obstacle de haute gravité, selon eux : l'abolition des majorats. Sans eux, c'est à peine si l'on peut concevoir la transmission héréditaire, la permanence dans de certaines familles du droit de concourir à la formation des lois. Les majorats ayant été abolis, d'autres droits et de nouvelles espérances ayant été créés, vos secrétaires d'État n'ont pas cru qu'il fût sûr ni prudent de soulever tant et de si délicates questions, craignant de passer pour être animés de l'esprit de réaction, tandis qu'ils désirent avant tout concilier autant que possible les opinions et les intérêts, pour consolider sur cette base très-ferme les institutions de l'État. »

Voilà les raisons pour lesquelles le ministère proposait le système d'un sénat monarchique plutôt que celui d'un sénat aristocratique. « Il demandait aussi que la Chambre des députés de triennale devînt quinquennale, que l'on retranchât de la constitution l'art. 27, où il est dit que, si le roi manquait de réunir une année les cortès avant le 1er décembre, elles s'assembleraient précisément le même jour; ils trouvaient cette prescription inconvenante pour la royauté et de tout point inutile pour le défense des droits de la nation.

Le titre VIII, relatif à la régence, devait être aussi l'objet de modifications radicales; on sait qu'il était établi sur le principe de l'élection, dont l'exercice était laissé aux cortès. Les ministres regardaient cette disposition comme n'étant pas conforme au caractère de la monarchie héréditaire; ils pensaient aussi qu'elle pouvait exposer l'État, et souvent sans nécessité, à la lutte des partis d'ordinaire si vive et si acharnée, quand il s'agit de conférer, fût-ce temporairement, l'exercice du pouvoir suprême. Ils croyaient enfin qu'il faut éviter autant que possible que les peuples voient figurer au-dessous du trône, et avec un certain apparat royal, des personnes qui ne sont pas de la race de ses princes, à qui le cours des siècles et la vénération habituelle donnent à la fois prestige et autorité.

Il fut donc proposé d'établir que la régence fût conférée au père ou à la mère du souverain mineur, ou, à leur défaut, au plus proche héritier de la couronne, en tant qu'il réunirait l'âge et les qualités personnelles indispensables. Ainsi l'on ne laissait subsister du titre VIII que l'article 60, relatif à la tutelle; la dernière modification que les ministres demandaient, c'était la suppression de l'art. 77, où il est dit qu'il y aura dans chaque province des corps de milices nationales; ils étaient convaincus que l'existence de la garde nationale n'était ni ne devait être la matière d'un article additionnel. Le ministère s'abstint de parler dans cet exposé de plusieurs autres changements graves, mais de moindre importance.

Le ministère ne se contenta point de proposer aux cortès de si graves réformes, il leur présenta un projet de loi qui l'autorisât à décréter plusieurs lois organiques d'une grande importance sur les municipalités, les députations provinciales, les gouvernements politiques et les conseils provinciaux d'administrateurs.

Quoi qu'il y eût d'inattendu dans quelques parties de la constitution nouvelle que l'on voulait donner au pays, les cortés ne s'en montrèrent point étonnés, tant l'opinion était favorable au parti modéré, au principe monarchique, tant elle était lasse des tristes expériences qu'elle avait faites de la démocratie militaire.

Les adresses des deux Chambres, en réponse au discours de la couronne, témoignèrent de la plus grande déférence pour le système actuel et promirent d'examiner le projet de réforme avec une complaisance qui marquait combien elles étaient déterminées à l'appuyer de leurs concours. Cependant beaucoup de bons esprits l'envisageaient avec douleur comme un signe de réaction, comme un pas décisif dans les voies d'une contre-révolution, comme un retour au *statut royal*. S'ils en signalaient l'injustice, ils en accusaient aussi l'imprudence, car elle fournissait aux progressistes vaincus un moyen de se relever aux yeux du pays, elle donnait prise contre le ministère aux adversaires de l'administration, et elle procurait à la faction militaire, aux derniers restes du parti espartériste, la plus belle occasion de reprendre le drapeau de la révolte et d'ensanglanter de nouveau le pays. Sans doute il n'y avait point de danger que le ministère succombât dans ce nouvel ébranlement, provoqué par lui comme à plaisir; mais l'ordre avait eu à souffrir et de nouveaux crimes allaient y prendre naissance.

En effet, on sut bientôt qu'une conspiration s'était organisée à Madrid et dans plusieurs villes considérables des provinces pour l'assassinat du principal membre du Cabinet, le général Narvaez, du baron de Meer à Barcelone et du général Roncali à Valence. Le gouvernement, prévenu à temps, sauva la tête du général président du conseil et des généraux de Meer et Roncali; plusieurs personnages de marque furent arrêtés comme complices de ces projets, entre autres un des hommes énergiques et dévoués qui avaient le plus contribué au renversement d'Espartero, le jeune et bouillant général Prim, comte de Reuss. Il fut mis en jugement devant un conseil de guerre, condamné à six ans de présides, sur les preuves les plus légères, après un réquisitoire qui avait demandé la peine de mort, et dont la folie le disputait à la cruauté.

La tentative d'assassinat dont on avait fait peser la complicité sur le comte de Reuss ne fut point le seul effort révolutionnaire qui fut tenté par les factieux. L'exécuteur de tous les ordres sanglants de l'ex-régent, le farouche Zurbano, retiré en France après la révolution de l'année dernière, était rentré en Espagne. Le gouvernement lui avait enjoint récemment de se rendre à Santander, où on le faisait surveiller, mais il n'avait pas pour cela renoncé à de coupables pensées. Il cherchait l'occasion d'exploiter l'agitation produite par les projets annoncés du ministère; il avait des sympathies et des hommes prêts à le suivre parmi les enfants perdus de la révolution et parmi les hommes que le régent, du fond de son exil, avait su entretenir dans l'espoir de son retour. Ils se réunirent en petit nombre pourtant et levèrent le drapeau de la révolte, au fond de la Vieille-Castille; mais nulle part les rebelles ne purent tenir contre l'activité déployée par le gouvernement. Ils tombèrent sous le coup de ses excessives rigueurs : le sang des rebelles fut impitoyablement versé; le parti qui avait immolé à sa vengeance l'infortuné Diégo Léon n'avait pas montré moins de respect pour la vie humaine.

A Madrid et à Barcelone, partout on donna aux populations le spectacle des exécutions; le fils de Zurbano, son beau-frère, y périrent. Lui-même, après avoir vainement essayé de se soustraire aux poursuites de la force armée, fut découvert, saisi et fusillé; et tout cela sans jugement.

Cependant la discussion était ouverte à la Chambre des députés sur le projet de réforme; une commission favorable au ministère avait été nommée pour examiner son œuvre. Le rapport ne proposa que quelques modifications au projet du gouvernement, dont il approuvait l'ensemble et l'esprit; l'auteur, M. Donoso-Cortès, littérateur distingué, crut pouvoir s'y livrer à des considérations de philosophie politique, que le ministère avait éludées avec une affectation de mépris que l'on ne saurait approuver. Toutefois, si le rapporteur de la commission voulut bien faire au principe de la souveraineté nationale l'honneur de le discuter, il ne fut pas heureux dans ses arguments; il ne fit que donner des raisons métaphysiques de ce qui était dans le projet de loi, simplement à l'état de sentiment. « Les peuples, dit-il, regardent comme chose simple et naturelle que les réformes politiques procèdent de l'autorité suprême dont tout émane, comme de la source la plus féconde, les lois protectrices des citoyens, aussi bien que celles qui protégent les empires, les conseils de la paix comme les conseils de la guerre. Le pouvoir constituant ne gît que dans le pouvoir constitué, et dans notre pays ce sont les cortès avec le roi : *Lex fit consensu populi et constitutione regis* (1), maxime de nos pères, sublime par sa simplicité, et qui est arrivé jusqu'à nous, traversant victorieusement les âges et les révolutions. Ce pouvoir touche à tout, si ce n'est à ces lois primordiales contre lesquelles il ne peut être rien tenté que de nul, parce qu'elles sont comme la base des sociétés humaines; par elles, après Dieu, vivent perpétuellement les peuples. » Tel est le fond même de la pensée qui a présidé à la proposition de réforme.

Après cette exposition de principes, M. Donoso-Cortès, n'ayant plus de doute sur la légitimité de la réforme, en discutait l'opportunité. « Aujourd'hui, disait-il, le ciel est pur; la société repose jusqu'à un certain point. Toutefois, cet état de choses ne saurait durer longtemps : il est incompatible avec la domination de certains principes consacrés dans notre loi politique. Les prérogatives de la couronne et

(1) On sait que cette doctrine est celle d'un journal français, la *Gazette de France*, doctrine qui a eu des organes éloquents et passionnés dans Burke et De Maistre.

la dignité des cortès ne peuvent s'allier avec la souveraineté du peuple, ni l'inviolabilité du roi avec l'insurrection; la société ne peut être bien régie ni bien gouvernée quand les peuples sont souverains et régis par des corporations populaires, et, là où une nombreuse armée est sous la main de ceux qui doivent obéir, ceux qui commandent ne peuvent pas remplir leur mandat. Si la nation n'a pas été gouvernée dignement, cela tient à ce que les peuples ne peuvent pas l'être là où l'insurrection est un droit, et où le peuple porte au bout de ses baïonnettes le mémoire exposant ses griefs; si la nation manque encore de lois organiques, cela tient à ce que la bonne organisation de l'État ne s'organise pas avec la loi constitutionnelle des *ayuntamientos*. Quant à nos attestations et à nos troubles, loin d'avoir servi à mettre en relief les graves défauts de la constitution, ils ont puissamment contribué à les cacher; les malheureux Espagnols ne pouvaient pas y arrêter la vue lorsqu'ils pleuraient le sort de l'Espagne.

« Par ces motifs la commission entend d'abord qu'en réformant seulement la constitution dans les points où elle offre un obstacle invincible à la consolidation de l'ordre et à la complète organisation de l'administration politique, il sera praticable d'établir toutes les lois organiques simultanément, et l'on pourra ainsi assurer à l'avenir la tranquillité de l'État. En dernier lieu, la constitution pense qu'aucune occasion n'est plus favorable pour corriger les défauts d'une constitution faite en des temps de trouble et de minorité, que celle où l'horizon commence à s'éclaircir, et où la souveraine ayant atteint sa majorité prend en main le sceptre de ses aïeux. La commission pense, en outre, que la réforme serait chose impossible à l'avenir; sous l'empire des maximes condamnées dans le rapport, l'ordre ne saurait exister que comme exception de l'anarchie. S'il existe aujourd'hui, c'est grâce au concours de circonstances prodigieuses et à la faveur spéciale de la divine Providence. Montrons à la nation que nous sommes reconnaissants de ces faveurs spéciales en profitant de ces fugitifs instants pour élever un édifice en état de lutter contre les assauts des révolutions. Le temps mis à notre disposition est bien court, c'est l'intervalle imperceptible entre les maximes monarchiques et l'anarchie, entre un principe et ses conséquences naturelles. Demain peut-être cette courte distance n'existera plus, et la main de la révolution viendra frapper à nos portes ; en vain alors nous fatiguerons la terre de nos lamentations inutiles, et le ciel de nos plaintes stériles, nous ne trouverons grâce ni au tribunal de Dieu, ni à celui de la nation, ni à celui de l'histoire. »

Bien que la commission se rencontrât ainsi avec le ministère sur toutes les questions fondamentales, cependant elle proposa quelques modifications de détail, dont une rétablissait l'uniformité de la loi, et dont une autre concernait le mariage du roi, limitant le choix des souverains aux familles qui n'avaient pas été exclues de fait par une loi. C'était une manière précise d'interdire toute alliance de la jeune reine avec un fils du prétendant. Les débats s'engagèrent le 9 novembre sur le projet du gouvernement ; on vit se produire les opinions les plus opposées : les uns combattant la réforme comme inutile, les autres comme injuste en certain point, les autres l'approuvant comme prudente et légitime, d'autres enfin l'appuyant sur les principes de l'ancien droit espagnol et par des raisons du plus pur absolutisme. Parmi ces derniers il faut citer M. Tejada, qui prit la parole à la seconde séance.

L'honorable orateur pensait que la réforme devait conduire l'Espagne à une situation stable et durable, en ce qu'elle était un pas vers un ordre de choses meilleur que celui qui existait actuellement. Au reste, et quant au fond des choses, il se déclarait hostile au gouvernement représentatif et ne voulait pour constitution définitive que celle dans laquelle le roi eût été le chef de la société et du gouvernement, et eût fait la loi de concours avec une aristocratie de grands propriétaires.

Ce discours donna lieu à l'orateur du ministère, à M. Martinez de la Rosa, de paraître à la tribune pour y porter les principes de l'administration ; il allait en exposer les idées et les conclusions, et c'était une occasion à de vives protestations en faveur du gouvernement représentatif : par là sa position allait devenir plus forte vis-à-vis de ceux qui soupçonnaient le Cabinet de dispositions ultra-monarchiques. M. Martinez de la Rosa déploya dans cette circonstance toutes les ressources de son talent oratoire.

Il commença par faire remarquer la latitude laissée aux débats, « et la religieuse sollicitude » avec laquelle les ministres avaient assuré la liberté des discussions parlementaires. C'était répondre aux inquiétudes excitées par quelques expressions du discours royal, qui avaient paru peu bienveillantes pour la liberté de la tribune. Le ministre félicitait ensuite le pays sur la marche suivie de ces débats.

« Les opinions diverses, ajoutait-il, ont été représentées et exprimées avec autant de franchise que de liberté, et c'est là un grand progrès. L'attitude grave et mesurée du parlement espagnol indique que les révolutions sont mortes à jamais en Espagne. Un progrès remarquable encore, c'est que pas une voix ne se soit élevée dans cette enceinte pour nier la faculté attribuée aux cortès ; de concert avec la couronne, de réformer la loi fondamentale. Ceux qui refusent aux cortès et au trône le droit de réformer la constitution sont les hommes qui se présentent comme les défenseurs de la souveraineté nationale. Il n'est pas de nation bien régie qui ne possède en elle-même le pouvoir de réformer les lois fondamentales aussi bien que les autres lois, parce qu'il n'est pas de nation qui puisse manquer de veiller à sa conservation. A l'usage de ce pouvoir protecteur, bienfaisant, naturel des cortès et de la couronne, on a donné le nom de coup d'État.

» Messieurs, fasse le ciel que tous les coups d'État qui pourront avoir lieu en Espagne soient comme celui-ci. Non, messieurs, ce n'est pas ainsi qu'ont lieu les coups d'État. On ne convoque pas les cortès dans le délai de trois mois, quand on veut faire des coups d'État. Nous sommes au milieu de la nation, et c'est à elle que nous nous adressons pour faire la réforme. A coup sûr, ce n'est pas là un coup d'État. Les coups d'État, pas plus que les révolutions, ne recherchent la publicité; ils travaillent dans l'ombre et le mystère. Ils ne cherchent pas, ils ne provoquent pas les discussions, ils paraissent à l'improviste, brusquement, et ils ont horreur de ces débats solennels où l'on discute lentement et consciencieusement, comme nous le faisons (applaudissements).

M. Martinez de la Rosa exposait ensuite les diverses phases par lesquelles a passé la réforme en Espagne dans le but de justifier les pratiques du ministère, et il en prit occasion de justifier aussi le *statut royal* dont il a été le principal auteur. Il arrivait enfin à la constitution de 1837, qu'il regardait comme une sorte de transaction entre le *statut royal* et la constitution de 1812. Il critiquait l'institution bâtarde d'un sénat moitié à vie, moitié populaire, et ne prétendait faire en cela que reproduire l'opinion des auteurs eux-mêmes de cette législation; enfin il en attaquait le préambule et se défendait d'en vouloir au principe de la souveraineté nationale. L'explication a besoin d'être citée textuellement :

« En définitive, le principe de la souveraineté nationale est une vérité aussi triviale et aussi commune que celle-ci, que le tout est plus grand que la partie.

» Il n'était pas possible de laisser subsister dans le préambule de la constitution et dans la constitution des expressions, sorte de raffinement de suspicion, et rappelant trop l'usurpation de Bonaparte; il fallait effacer sur notre loi fondamentale le cachet de la Granja. La souveraineté nationale, qui voudrait la voir dans cette tourbe frénétique s'élançant hors des cafés aux jours d'émeute, grossie bientôt par les oisifs et les malheureux, qui ne comprennent rien à ce qui se passe : sont-ce là les représentants de la nation ?

» Il faut bien savoir, une fois pour toutes, que les véritables représentants de la nation sont les hommes qui siègent sur ces bancs, et non pas ceux qui troublent la quiétude du peuple en se ruant dans les rues et les places publiques, et non pas ceux qui perdent et corrompent le peuple (on applaudit). Comparez le préambule de la constitution de 1837 avec celui que nous vous proposons : d'un côté, l'autorité royale est effacée; de l'autre, elle brille de tout son éclat ; d'un côté, nulle mention du trône, et de l'autre, on rappelle avec le trône nos anciens *fueros*. Les députés de la nation peuvent-ils douter du droit qu'a le trône, et la reine et la fille de cent rois, d'intervenir dans la loi fondamentale ? Voudraient-ils voir brisée encore cette alliance intime entre les cortès et la couronne? Peut-il y avoir en Espagne quelque chose de durable qui ne s'appuie pas sur cette alliance? Quand on a vu le trône rester debout au milieu des tourmentes de la guerre civile et de la révolution, on reconnaît que cette institution, grande et profonde, a jeté des racines au loin, jusque dans les entrailles de la nation. (Bien !) Si nous avons voulu mettre les institutions à l'abri derrière le trône, c'est que nous considérons le trône comme un rempart inexpugnable contre lequel viendront toujours se briser les attaques à la loi fondamentale. (Bien !)

» Chose étrange ! le parti qui fait aujourd'hui sonner si haut son religieux respect pour la constitution est celui-là même qui a toujours conspiré pour la détruire. Entendez-vous les cris de Saragosse, de Barcelone, de Figuières, que réclamaient-ils ? la constitution ? Non, mais la junte centrale, c'est-à-dire, la ruine de la constitution. La junte centrale, c'est la convention ! mais la convention tendant à fédéraliser la monarchie et à la diviser en juntes, tandis que le principe de l'unité présidait à la convention française ; ces soulèvements continuels, cet esprit révolutionnaire, ont mis le gouvernement dans la nécessité de recourir à des moyens énergiques pour le salut de l'État : il a conçu la pensée d'arrêter la révolution, et d'éviter que le trône fût mis en péril ; il a compris que la réforme de la constitution était devenue indispensable. Pourquoi? Parce que les prescriptions de la constitution n'étaient pas fidèlement observées, parce qu'à chaque instant ses dispositions étaient enfreintes ou dépassées, parce qu'enfin, à une constitution défectueuse il était temps de substituer une constitution plus stable et plus respectée. On nous accuse d'être animés d'un esprit réactionnaire, et l'on nous accuse même de vouloir détruire les institutions, en proposant la réforme ; quelle injustice ! si le gouvernement avait été uni par ces pensées machiavéliques, il n'avait qu'à attendre que la constitution se discréditât elle-même.

On voit que M. Martinez de la Rosa confondait ici la souveraineté nationale avec le pouvoir constituant, que les progressistes exaltés avaient réclamé l'année dernière pour décider la question de la majorité de la reine, pouvoir bien différent de la souveraineté nationale. Il y avait là évidemment une confusion volontaire ou involontaire; la Chambre néanmoins prit le change et s'en rapporta sur ce point aux paroles du ministre. M. Martinez de la Rosa fut plus heureux dans la partie de son discours où il répondait à M. Tejada : « L'honorable M. Tejada, dit-il, appartient à l'école historique, et sans doute l'histoire a son mérite, mais il faut éviter les anachronismes, et le discours de M. Tejada m'a semblé convenir moins à l'époque actuelle qu'aux jours heureux et tranquilles du règne de Charles III. »

Le ministre ne méconnaissait pas la grandeur des anciens monuments, et il admirait les antiques institutions de la Castille, mais il pensait en les admirant qu'elles avaient dû être réellement bien peu robustes, puisqu'elles n'avaient pu résister au premier choc des passions populaires.

« Le parti qui se vante d'être si dévoué au trône, s'écriait plus loin le ministre, est celui précisément qui veillait au chevet d'un monarque moribond, épiait le moment où il rendrait le dernier souffle, pour enlever le trône à sa legitime héritière, et ce même parti, après la mort du monarque, ne se pressa pas de convoquer des cortès, soit anciennes, soit nouvelles : il préféra armer le peuple et allumer la guerre civile contre sa reine légitime; les défenseurs et les sauveurs de la reine et du trône, qui furent-ils alors? les libéraux (applaudissements)? Sans doute, les hommes nés en Afrique, sous un gouvernement paternel et ami des mœurs patriarcales, se trouveront bien du gouvernement absolu. J'ai vu ce gouvernement idéal en Toscane, mais pour l'Espagne, Espagnols, je l'exècre et je le combats (on applaudit).

» Si notre auguste reine occupe aujourd'hui le trône de ses ancêtres, elle le doit à l'union intime du trône d'Isabelle II avec les institutions libérales du gouvernement représentatif. Si le parti qui conspirait, avant même que le roi Ferdinand VII eût fermé les yeux, n'a pas triomphé dans la lutte, c'est grâce à la divine Providence : au milieu de l'agitation des esprits, la volonté nationale sauva le trône d'Isabelle II ! Il ne faut pas perdre de vue non plus les relations avec les nations étrangères. On sait que de grandes puissances voyaient avec aversion la reine Isabelle II. La reine mit ses espérances là où elle devait les mettre : elle les mit en deux nations qui marchent à la tête de la civilisation européenne. Ces deux nations sont régies par des gouvernements représentatifs ; s'il n'est pas indispensable que des États, pour se soutenir mutuellement, aient la même forme de gouvernement, toujours est-il que les sympathies sont plus vives quand cette condition existe. Aussi nos relations diplomatiques ne se baseront-elles pas sur le hasard, mais bien sur la tendance des choses qui combina trois causes.

» En Portugal, la reine dona Maria da Gloria, luttant contre l'usurpateur ; en Espagne, la reine Isabelle luttant contre don Carlos, et en France, la dynastie régnante contre le prétendant. Ces trois fortunes étaient les mêmes : cette alliance fut naturelle ; elle a puissamment contribué à consolider le trône d'Isabelle II. Ainsi, quand il s'agissait des relations extérieures, on avait raison de dire : Le trône d'Isabelle II doit se baser sur la liberté. M. Tejada disait hier que le parti monarchique constitutionnel en Espagne n'était ni conservateur ni progressiste, mais une sorte de juste-milieu établi sur un terrain malencontreux et mouvant. Je crois la position meilleure que celle conseillée par M. Tejada. Nous pourrons dépasser la révolution, c'est possible ; mais je puis assurer à M. Tejada que la position qu'il choisit est bien autrement périlleuse ; c'est une pente escarpée, au milieu est le gouvernement absolu ; au fond, don Carlos (applaudissements)! On nous reproche de vouloir transiger avec la révolution. Grand mot qui ne peut détruire cependant la force d'une vérité incontestable. C'est qu'un parti ne doit pas dédaigner joujours de faire des concessions. Tout le monde a été scandalisé lorsqu'on a dit pour la première fois : la guerre finira par une transaction ; mais on a applandi quand les armées ennemies ont fraternisé. En Angleterre, le parti parlementaire a été en lutte avec le parti royaliste. Un trône est tombé rougi du sang de son roi. Sous la République, le Protectorat, la Restauration, les doctrines du gouvernement se sont montrées : qu'en est-il résulté ? Le gounement, la constitution de Charles Ier, celle de Charles II, celle de Jacques III, la République, la mémoire du Protectorat, tout a disparu bientôt ; et de tout cela il n'est resté que la transaction des droits du trône et du peuple, et la liberté solidement assise.

» En France, la Révolution a fait de la monarchie une république fédérale ; les constitutions se sont succédé tous les ans, puis un bras fort a doté la nation d'un gouvernement qu'elle désirait ; la Restauration est venue, puis une transaction et un changement de dynastie qui a consolidé la liberté française. (Bien !) Pourquoi l'Espagne, à son tour, ne sortirait-elle pas de l'état de prostration où elle se trouve, alors qu'en pouvant la croire un cadavre refroidi, on sent une vie nouvelle faire battre ses artères ? La vie est loin d'être éteinte en elle, et, sous l'influence de l'amour de l'ordre, sa résurrection se complétera. (Bien!) Nous n'avons qu'un désir, un but : assurer la liberté du trône et celle de la nation. Dans ce sentier périlleux deux extrêmes se touchent : la réaction absolutiste et la révolution. Notre drapeau flotte, appelant tous les regards et tous les dévouements ; on y lit : *Isabelle II et la constitution de l'État !* (Bien!)

Ce discours décida l'adoption du préambule proposé par le gouvernement, malgré les amendements qui furent proposés par divers membres.

La discussion de la liberté de la presse, malgré son importance, n'offrit qu'un intérêt secondaire et fut résolue contre la presse ; la question de juridiction exceptionnelle pour le clergé et l'armée obtint une solution plus satisfaisante ; on laissa subsister l'art. 4 de l'ancienne constitution, suivant le vœu de la commission. On adopta ensuite le principe de la religion d'État et du culte salarié, et d'autres réformes de détail que l'on trouvera dans le texte même de la loi (*voy.* à l'Appendice).

L'intérêt redevint grand dans le débat des articles relatifs à la constitution du sénat ; des amendements avaient été présentés en faveur de l'hérédité, et la grandesse s'était adressée au congrès par voie de pétition, pour que ce droit lui fût concédé. Le rapporteur de la commission, M. Donoso-Cortés, prit la parole sur ce sujet et parla pour la pairie viagère. Il rappela le souvenir le plus glorieux de l'histoire du pays en cherchant à prouver que l'aristocratie en Espagne, tirant son origine, n'avait profité des avantages qu'elle avait obtenus que pour se poser en face du trône dans une attitude hostile, et qu'elle a été presque toujours l'ennemie de la religion et du peuple. L'orateur ne voulait admettre dans le gouvernement que les trois principes religieux monarchiques et démocratiques basés sur la liberté et dans l'esprit des idées nouvelles. Il pensait que l'humanité et la civilisation seraient mieux défendues par la démocratie que par l'aristocratie.

Assurément de tels principes s'accordaient peu avec la maxime : *lex fit consensu populi et constitutione regis*. Mais la royauté y trouvait son compte : c'est tout ce qu'il fallait aux vœux monarchiques et essentiellement dynastiques de M. Donoso-Cortès.

Plusieurs députés furent encore entendus après M. Donosa-Cortês, les uns combattant, les autres défendant le principe de l'hérédité. Il faut se borner à citer le discours du ministre de l'Intérieur, M. Pidal. Il crut devoir défendre le projet du gouvernement contre les partisans de l'hérédité : il n'avait pas, disait-il, perdu de vue l'histoire du pays et la place qu'y a tenue la noblesse ; mais il avait considéré aussi l'état de la société actuelle, et il avait vu que la justice empêchait de donner à aucune classe la prépondérance sur les classes moyennes. La classe moyenne avait acquis un grand pouvoir social en travaillant et en combattant depuis sept siècles ; elle était arrivée à s'asseoir dans les Chambres, dont les portes s'étaient ouvertes devant son influence sur les destinées de la société. « La puissance politique, ajoutait M. Pidal, ne s'octroie pas, ne se concède pas, elle se conquiert ; comment la mépriser dans la classe moyenne, lorsqu'elle représente la richesse, l'armée et la magistrature? » Au reste, il défendait le gouvernement du reproche que lui adressait le parti aristocratique d'exclure l'aristocratie de la participation aux affaires publiques. Il regardait la noblesse comme un élément nécessaire de la société ; il la croyait indestructible : elle renaît d'elle-même, disait-il, lorsqu'on a cru l'écraser ; et il croyait pouvoir à cet égard invoquer pour exemple ce qui s'est passé en France. On avait voulu détruire la noblesse, et une noblesse nouvelle s'était formée, qui brillait à côté de la première.

La discussion se prolongea durant plusieurs séances après

ces discours, et le projet du gouvernement fut enfin adopté. Une question suscita encore de vifs débats, celle qui avait trait au mariage du souverain. Elle prenait de l'importance surtout dans les circonstances actuelles où la reine approchait du moment où elle allait avoir à user du droit que le ministère réclamait pour elle.

Un député, M. Pacheco, combattit le projet du gouvernement.

« On a soutenu, dit-il, que l'article que l'on prétend supprimer est offensant pour la dignité royale; mais alors pourquoi n'en pas dire autant de l'article qui défend au souverain de faire entrer des troupes étrangères en Espagne, de conclure des traités, etc. ? Si aucune de ces dispositions constitutionnelles n'est sérieuse pour la couronne, comment pourrait l'être une question plus importante encore et qui embrasse les intérêts et la destinée de la nation tout entière. » L'orateur rappelait que le gouvernement anglais avait signifié son veto à l'Espagne, relativement au mariage de la reine, que le gouvernement français et le cabinet autrichien en avaient fait autant, et demandait si les députés espagnols, défenseurs naturels de l'indépendance de la nation, seraient les seuls qui ne pourraient imposer leur *veto*.

On a dit que la seule intervention que les cortès doivent avoir dans le mariage est relative aux stipulations, c'est-à-dire, à la question d'argent. C'est donc ainsi que l'on ravale une question politique si élevée? Qu'importait quelques mille duros de plus ou de moins, lorsqu'il s'agit du sort futur du pays, de l'occupation du trône d'Espagne? On a dit encore que cette intervention n'est pas écrite dans les constitutions de la Belgique, de la France, ni de l'Angleterre; mais il ne faut pas oublier que dans les deux premiers pays précités la loi salique est en vigueur, et que le mariage du roi n'est qu'une affaire de famille. Quant à l'Angleterre, cet argument pourrait avoir quelque valeur, si les pratiques et les mœurs constitutionnelles étaient aussi enracinés en Espagne qu'elles le sont en Angleterre, et si nos Chambres avaient tout le pouvoir du parlement anglais. Ce qui est offensant pour la couronne n'est pas dans l'intervention que la Chambre demande, mais bien plutôt dans l'addition faite par la commission, qui ne permet pas à la reine d'épouser un prince exclu de la succession au trône ; cette clause semble supposer que la reine peut nourrir une pareille idée, et c'est là que réside l'offense.

Le ministre des Finances répondit au précédent orateur que le gouvernement n'avait pas l'intention de priver les cortès de l'intervention qu'elles devaient avoir dans le mariage du roi, mais seulement d'empêcher que sa personne ne fût placée dans une condition pire que celle du dernier des sujets et ne fût tyrannisée par une loi qui l'obligerait à soumettre aux cortès le choix de la personne avec laquelle il devait contracter mariage. « Si l'intervention des cortès dans le mariage devait être telle qu'on prétendait l'imposer et qu'elle était écrite dans la constitution actuelle, ce serait tyranniser le cœur du monarque en lui imposant un choix qui ne doit être motivé que par l'affection. » Les adversaires du projet avaient dit qu'il fallait prévoir le cas d'un mariage par surprise ou par intrigue ; mais il n'existait aucun prince en Europe, aucune maison régnante qui osât solliciter un pareil mariage, ni s'abaisser jusqu'à surprendre la nation et à accepter la main de la reine en opposition avec l'opinion et la volonté du pays. Le ministre répliqua, quant à la question de fait alléguée par M. Pacheco, qu'il n'y avait aucun veto relatif au mariage de la reine, que le gouvernement n'avait sur ce point aucun engagement, qu'aucun cabinet n'avait fait de proposition officielle et que, si une pareille proposition avait lieu, le gouvernement se présenterait dans les chambres et traiterait la question avec la dignité et la convenance nécessaires, en soutenant toujours l'indépendance de la nation contre les vues de quelque cabinet que ce fût.

L'article de la commission, approuvé par le gouvernement, fut voté, et successivement tous les autres. Enfin, l'ensemble du projet lui-même fut adopté le 4 décembre par 124 voix contre 16. Le sénat l'adopta lui-même après une discussion qui n'eut point d'importance.

Ainsi, le ministère triomphait dans la question la plus grave qu'il pût soumettre aux cortès. Ce succès lui en annonçait d'autres, et, arrivé à un but pour la réforme de la constitution, il ne pouvait le manquer pour les lois organiques. Il demandait aux Chambres une autorisation pour continuer en ce point le gouvernement par décrets ; il voulait mettre une apparence de légalité dans la pratique d'un système par lui-même peu légal, bien qu'il fût justifié jusqu'à un certain point par la circonstance. Les deux Chambres accordèrent sans difficulté une autorisation qu'elles jugeaient nécessaire et utile au pays. Le ministère Narvaez suivait ainsi une politique assurément moins libérale que le ministère Gonzalès Bravo. Les vieux modérés exécutaient beaucoup de choses que n'eût pas osé entreprendre le chef de la jeune Espagne ; ils avaient les bénéfices de son système sans en avoir les inconvénients. Ils avaient assemblé les cortès, il est vrai, mais c'était pour qu'elles pussent elles-mêmes consacrer l'affaiblissement de leur pouvoir pour l'avenir et abdiquer pour le moment leur juste part d'intervention dans la confection des lois. L'opinion finit par s'en accommoder aussi bien que les Chambres, tant étaient profonds le besoin d'ordre et le dégoût de l'émeute !

Au reste, le gouvernement représentatif n'était que restreint, il n'était point suspendu. Le ministère commença par présenter à l'examen des cortès quelques-unes des mesures qu'il avait prises avant leur réunion, et d'autres qu'il voulait prendre de concert avec elles.

Parmi les premières, il faut placer la conversion des

rentes et les opérations du ministre des Finances, qui furent approuvées. Parmi les autres, il faut citer dès à présent la constitution civile du clergé, l'abolition de l'esclavage à Cuba, dont la discussion n'appartient point à cette année. Tous les grands travaux entrepris ou encouragés par le ministère Gonzalès Bravo, pour la réforme de l'administration et des codes, furent activement poursuivis, et les choses reprirent enfin un cours à peu près régulier, l'ordre s'affermissant de jour en jour.

L'année, féconde en efforts imprudents ou sages à l'intérieur, avait eu aussi ses événements à l'extérieur. Le gouvernement de la reine avait pris de la consistance, il avait pris également un caractère monarchique. La révolution enchaînée, la cause de don Carlos perdue, il ne restait aux royautés absolues qu'à accepter les faits accomplis ; leur conscience ne les retenait plus ; et ce qu'il y avait de dur pour elles à paraître changer de conduite à la face de tous était adouci par les changements eux-mêmes qui s'étaient opérés dans la politique de l'Espagne. Le roi des Deux-Siciles, qui avait été un des plus constants ennemis de l'ordre de choses créé dans ce pays par la révolution, était revenu à des sentiments meilleurs. La France s'y était employée, et au commencement de cette année, la cour de Naples reconnut la reine d'Espagne et renoua avec elle des relations diplomatiques depuis longtemps interrompues.

Le Saint-Siége, qui avait eu beaucoup à souffrir de la chute de Don Carlos et de l'administration d'Espartero, suivit la même voie que le roi de Naples, sans y marcher, il est vrai, avec autant de promptitude. La question était plus grande et plus embarrassante. L'église d'Espagne, profondément engagée dans la cause de l'absolutisme, avait subi le sort ordinaire des factions vaincues, d'autant que son organisation, indépendamment même de ses sympathies, était un des premiers objets sur lesquels avait dû tomber la hache révolutionnaire.

A une grande époque, le clergé français avait éprouvé des vicissitudes semblables pour des raisons pareilles, et l'on sait tout ce qu'il avait fallu de temps, d'habileté, de force et d'énergie pour amener la cour de Rome à sanctionner un ordre de choses nouveau. Eclairée par le passé et dominée par les circonstances, la cour de Rome devait se prêter à des concessions qu'elle ne pouvait refuser sans danger pour les derniers restes de son autorité en Espagne ; mais elle ne devait pas le faire sans répugnance, sans regrets ! Par bonheur pour le succès de cette grande affaire, le gouvernement espagnol se prêtait lui-même à toutes les concessions compatibles avec l'état de l'opinion ; c'est avec ces dispositions que l'on négocia de part et d'autre une sorte de reconnaissance de la reine et un concordat réglant les rapports du Saint-Siége et de l'Espagne ; les négociations ne furent point terminées cette année, mais elles furent considérablement avancées.

Une autre question extérieure qui pouvait devenir importante occupa aussi quelques instants l'attention, et aurait peut-être dû l'occuper davantage dans l'intérêt du pays. C'est un différend survenu entre le gouvernement et le Maroc : le consul d'Espagne à Mazagan avait été assassiné ; plusieurs autres violations du droit des gens avaient été commises par des sujets marocains. Des réparations avaient été demandées et refusées, on avait parlé de déclaration de guerre. La querelle de la France et du Maroc, le succès de l'une, la défaite de l'autre, étaient intervenus à propos ; la France, et l'Angleterre surtout, par l'entremise de son ambassadeur à Madrid, s'étaient alors interposées, la première au nom de la victoire, l'autre au nom d'un intérêt commun, et la question avait été résolue à la satisfaction de l'Espagne. Ainsi les deux grandes questions dont la rivalité avait été mauvaise sous la régence d'Espartero continuaient à s'entendre pour l'affermissement de l'ordre, ajournant leurs débats jusqu'au moment où s'étaient discutées les questions d'intéret matériel. Jusqu'ici le pouvoir ayant changé de sentiment, les avantages d'influence semblaient être pour la France après avoir été pour l'Angleterre. Comme le parti exalté avait cherché et possédé l'appui du cabinet de Londres, le parti modéré recherchait et possédait l'appui du cabinet des Tuileries, et vivait avec lui dans une heureuse réciprocité de bonnes intentions et de bons procédés.

CHAPITRE XI.

PORTUGAL.—État des partis.—Ouverture de la session.—Discours de la reine. — Insurrection à Torres-Novas.—Retraite des révoltés à Almeida.—*Pronunciamento* de Coïmbre. — Vote de confiance. — Capitulation d'Almeida. — Emprunt. — Décrets qui abolissent l'inamovibilité des juges.— Propriété des grades militaires et des fonctions du professorat. — Question religieuse. — Concordat. — Ses conditions. — Projets de suppression des *conservatorias*. — Bill d'indemnité. — Nouvelle loi d'impôt. — Clôture de la session. — Discours de la reine.

Quelle que fût l'énergie déployée par M. de Costa-Cabral, le ministère et la majorité avec laquelle il gouvernait ne jouissaient point d'une position incontestée. Une coalition s'était formée pour défendre le peu de garanties de liberté que la Charte avait laissées au pays. Dans la lassitude des esprits et l'indifférence de la nation il était difficile à l'opposition de passionner l'opinion et de reprendre le terrain qu'elle avait perdu depuis trois ans. Elle pouvait dépenser beaucoup d'activité parlementaire, tenter même le sort de l'insurrection, mais l'effort n'avait point chance d'être heureux de longtemps encore : c'est du moins ce qui semble résulter de l'histoire de cette année.

L'ouverture de la session eut lieu comme d'usage, le 2 janvier. Le discours royal n'annonçait point les orages qui allaient éclater ; il se bornait à parler du récent voyage de la reine dans l'Alentejo et l'Estramadure, de la naissance d'une princesse royale, des négociations non encore terminées des affaires de l'Église, du maintien de l'ordre, de la fixation du chiffre de l'armée de terre et de mer, de la prochaine présentation du budget et de quelques propositions administratives ou financières.

Voici les paroles mêmes de la reine :

» Doms pairs et messieurs les députés de la nation portugaise, c'est avec plaisir que je vois réunis de nouveau autour de moi les représentants de la nation que la loi fondamentale a investis du noble caractère d'interprètes légitimes de l'opinion et des vœux nationaux. Voulant examiner de plus près les besoins de mon peuple, j'ai quitté pour quelques semaines la capitale, accompagnée de mon époux et de deux de mes enfants, pour visiter les principales localités de l'Alentejo et de l'Estramadure. J'aime à croire que ce voyage n'aura pas été sans utilité pour le bonheur des habitants, dont je me plais à reconnaître publiquement l'amour, la loyauté, le respect et le dévouement à ma personne. Depuis l'ouverture solennelle de la dernière session législative, la Providence a bien voulu donner un nouveau gage de sécurité au trône par la naissance d'une princesse. J'ai le plaisir de vous annoncer que je continue de recevoir des puissances alliées des témoignages sincères d'amitié, et j'ai l'espoir fondé que, dans peu de temps, les différends avec le Saint-Siége seront terminés sans préjudice pour le droit de la couronne et en ayant égard aux besoins de l'église lusitanienne. La tranquillité publique n'a point été troublée dans le royaume, et c'est avec plaisir que je vous annonce ce fait. En fixant le chiffre de l'armée de terre et de mer, vous satisferez à ce qu'exigent l'honneur, l'intérêt et la sécurité du pays. Conformément aux dispositions de la charte constitutionnelle, le budget de l'année financière vous sera présenté, et mes ministres vous feront, soit sur cet objet, soit sur les diverses branches du service public, les propositions qui paraîtraient utiles et dont l'expérience aurait démontré la nécessité. Je suis convaincue que les chambres donneront à mon gouvernement la coopération que j'ai le droit d'attendre de leur zèle et de leur sollicitude pour le bien public. »

Pendant que les Chambres discutaient leur réponse au discours royal, dont la majorité approuvait le sens contre une minorité plus vive qu'heureuse, les chefs du parti libéral, encouragés par les conseils et par l'exemple de l'ancien ministre, M. de Bomfin, songeaient à faire appel à la force. La conspiration avait des agents dans tout le royaume; l'Alentejo en de ait être le centre; et, en même temps que le drapeau de la révolte y serait levé, il devait l'être aussi à Lisbonne et dans les principales villes du royaume. M. de Bonfim, qui quitta Lisbonne le 29 janvier, pour se rendr dans l'Alentejo, comptait à peu près sur les deux tiers des troupes. Mais la confiance des conjurés dans la tentative qu'ils allaient faire n'était point assez vive, ils n'avaient point assez d'appui dans le pays; sitôt qu'il fallut se montrer, beaucoup de bonnes volontés fléchirent et beaucoup de bras firent défaut. Néanmoins les chefs du complot, convaincus de la justice de leur cause et résolus à tout entreprendre, ne reculèrent point; le colonel César Vasconcellos donna le signal dans Torres-Novas; par malheur pour l'insurrection, il fut bientôt contraint de se retirer dans Almeida, où quelques travaux de défense depuis longtemps abandonnés leur offraient un refuge et le moyen de prolonger la résistance. Cependant le ministère se disposait à agir vigoureusement et prenait ses mesures pour amener une prompte répression. Les chambres l'appuyaient dans cette œuvre au point de lui donner un vote de confiance; toutes les forces que le gouvernement avait à sa disposition furent dirigées sur Almeida, où le comte de Bonfim, le colonel Vasconcellos et les autres chefs du parti se trouvaient renfermés; aucun secours ne leur était survenu. A Coimbre, des étudiants avait leur *pronunciamento;* mais, vainqueurs d'abord, ils avaient été dupes de leur confiance et de leur légèreté; la garnison qui avait été surprise et avait promis de se rendre prit bientôt l'offensive, et eut facilement raison d'imprudents conspirateurs et de maladroits combattants. Les insurgés d'Almeida se virent donc promptement réduits à leurs seules ressources, en face d'un gouvernement qui, maître d'une grande partie des siennes, avait toute l'énergie nécessaire pour les employer. Il ne pouvaient donc se maintenir dans la place que par des prodiges d'opiniâtreté et au prix des plus dures souffrances, car tout devait bientôt leur manquer. Ils n'en résistèrent pas moins jusqu'à la fin d'avril, c'est à-dire, durant trois mois environ; quelques-uns étaient parvenus à faire une sortie, et ils allaient tenter une diversion dans l'Alentejo; mais le 28 avril M. de Bonfim, manquant d'argent et de pain, fut forcé de se rendre. La capitulation fut signée; les chefs du complot sortirent de la place avec les honneurs de la guerre et se retirèrent en Espagne.

Le ministère, qui avait conçu dès les commencements quelques inquiétudes pour sa durée, gagna beaucoup à ces événements. Il en profita pour traiter à son gré les plus pressantes questions de finances; les Chambres lui avaient donné de pleins pouvoirs à ce sujet; il se précipita dans la voie des emprunts et engagea pour garantie le revenu du tabac, du savon et du salpêtre. L'emprunt de 41,000 contos (24 millions de francs) fut adjugé sans enchère à un taux de 5 p. 0/0 avec faculté d'amortissement.

Ces expédients auxquels on ne songeait pas provoquèrent de la part des députés, des sénateurs et de la presse, de vives représentations et une violente opposition; mais le ministère ne s'en alarma point, et loin d'être porté par là à revenir à un système plus prudent et plus libéral, il résolut de détruire autant qu'il le pouvait les libertés qui lui étaient une gêne dans ses excès d'autorité. C'est ainsi que le 1er août, il publia un décret qui détruisait l'indépendance du pouvoir judiciaire, en établissant que chaque juge pourra être déplacé et révoqué, si depuis trois mois il ne fait partie du tribunal où il a ses fonctions; ce décret fut suivi de deux autres dont le premier conférait au gouvernement le droit de réduire les officiers à la demi-solde et même de les destituer sans l'obliger a exposer ses motifs, anéantissant ainsi la propriétés des grades; et dont le second lui donnait le même droit sur les professeurs des universités. Assurément ces mesures furent violemment, universellement attaquées; mais le ministère fit tête à l'orage; les Chambres étaient prorogées : aucune considération ne l'arrêtait; vainqueur d'une insurrection, il ne s'effrayait point des périls de l'impopularité; et le respect de la Charte qu'il avait rétablie ne pouvait pas plus contenir M. Costa-Cabral, que ne l'avait fait celui de la constitution de septembre, dont il avait longtemps été l'un des plus chauds défenseurs. Après ces coups d'État, il pouvait tout oser, de graves questions l'occupaient encore, et parmi celles-ci, la question religieuse était une des principales. Il précipita les négociations nouées à ce sujet avec Rome, et, plus curieux d'amener une résolution quelconque que d'obtenir une solution digne d'un pays libre, il conclut un concordat qui servait les intérêts du Saint-Siége autant que celui-ci le pouvait souhaiter, et beaucoup mieux qu'il n'avait osé l'espérer. Par ce concordat les commissaires du pape aux églises vacantes reçurent la consécration, et ceux du gouvernement portugais se trouvaient ainsi désavoués officiellement. L'archevêque de Lisbonne fut élevé au cardinalat et au patriarcat de l'autorité du Saint-Siége, qui attache à cette dernière dignité un chapitre ayant ses attributions et ses droits, une dotation en rentes annuelles capable même de posséder des immeubles; en sorte qu'un pouvoir étranger intervenait pour rétablir dans le pays un droit aboli, le droit de main-morte, et ne craignait pas de porter atteinte aux lois fondamentales de l'ordre civil. Quelles que fussent les dispositions religieuses des populations portugaises et quelque intérêt qu'il y eût à étouffer un germe de discorde qui altérait jusqu'à la paix des consciences, un gouvernement jaloux de l'honneur du pays, eût-il consenti à tant de concessions honteuses?

En même temps que le gouvernement portugais cédait ainsi aux exigences du Saint-Siége, il se préparait à abolir des droits reconnus par lui, consacrés par les traités : le privilége des *conservatorias*, juridictions spéciales établies pour les étrangers et particulièrement pour les Français et les Espagnols; M. de Costa Cabral était décidé à les détruire et, en attendant qu'il le pût faire, il en annonçait la volonté.

L'administration, qui avait fait si bon marché de la liberté civile et religieuse du pays, se souciait peu d'observer les formes parlementaires. Elle ne s'était pas fait faute de proroger les cortès, qui n'auraient pas laissé que de la gêner dans ses allures absolutistes. Cependant il fallait tôt ou tard demander un bill d'indemnité pour les mesures qui avaient été prises, financières ou administratives.

Les cortès furent réunies de nouveau le 30 septembre, et toutes les mesures, édits ou décrets de l'administration, leur furent soumis pour être discutés en masse et non séparément. L'opposition fit de vains efforts pour entraîner le ministère dans cette haute question de confiance; la majorité resta ferme dans les deux Chambres, et un bill d'indemnité vint donner raison au ministère et légaliser les atteintes qu'il avait portées à la constitution. Les Chambres discutèrent également une nouvelle loi d'impôt et votèrent en quelque sorte à l'envi les accroissements considérables de taxes demandés par l'administration sur les propriétés et les objets de consommation, en un mot, sur toutes les sources de la prospérité nationale. Après quoi la reine vint clore la session (18 décembre), et féliciter les Chambres du résultat utile de leurs travaux parlementaires.

« Les mesures, disait Sa Majesté, que le corps législatif a votées pour rétablir solidement l'ordre public malheureusement troublé dans quelques parties du royaume, ont produit l'effet désiré, et il est permis d'espérer que les mesures ultérieurement votées mettront désormais le trône et les institutions constitutionnelles à l'abri de pareils désordres. Les lois votées pour l'amélioration des finances du pays contribueront puissamment à l'établissement si généralement désiré d'un système complet sur cette importante matière. La confiance publique, qui se manifeste de tant de manières, et l'affermissement progressif du crédit public, donnent un témoignage irréfragable de l'importance et de l'utilité de ces mesures. Les objets soumis à vos délibérations avaient une haute importance. Je vous déclare avec plaisir, qu'en les appréciant et en les réglant, vous vous êtes montrés dignes de la confiance publique, ainsi que de ma bienveillance particulière. La session est close. La nouvelle session commencera le 2 janvier prochain. »

CHAPITRE XI.

GRANDE-BRETAGNE.—*Session législative.*—Situation générale.—Ouverture de la session du parlement.—Discours royal.—Discussion des adresses.—Relations politiques avec la France.—Déclaration au sujet de l'Irlande.—Déclaration au sujet de la loi des céréales.—Lutte de l'*anti-corn-law-league.*—Renouvellement du privilége de la banque d'Angleterre. — Bill des chemins-de fer (*rail-ways bill*).— Motion de lord Ashley sur la durée du travail. — Loi des sucres. — Bill religieux. — Motions d'enquête sur l'ouverture des lettres. — Budget. — Plan de réduction du 3 1/2 °/₀. — *Brothels-bill.* — Prorogation du parlement.

L'année nouvelle s'ouvrait pour la Grande-Bretagne dans des circonstances généralement favorables : à l'intérieur, le rétablissement complet des bonnes relations avec la France avait reçu pour sanction l'échange éclatant et des témoignages publics d'amitié réciproque entre les souverains des deux pays. En Chine, un traité avait été conclu qui amènerait pour le commerce d'immenses avantages, et, si l'on pouvait oublier un instant les causes odieuses de la guerre, on n'avait qu'à se réjouir d'aussi heureux résultats. Dans l'Inde, une conquête nouvelle était devenue nécessaire ; celle d'une portion du Scinde et les deux batailles de Meance et d'Hydrabad avaient manifesté d'une manière éclatante la supériorité des troupes européennes et indigènes sur les adversaires de la puissance britannique.

A l'intérieur, deux grandes questions dominaient toute la politique de la Grande-Bretagne : la législation sur les céréales et l'état de l'Irlande. La lutte de l'*anti-corn-law-*

league contre le ministère et ses tarifs s'était récemment compliquée d'un élément nouveau, d'une association agricole hostile à la *ligue* et au ministère tout ensemble. Mais l'état provisoirement satisfaisant des finances écartait, pour le moment du moins, tout danger de crise, et il était à croire que le ministère pouvait sans péril ajourner toute modification à la loi de 1842.

Quant à l'Irlande, on a vu l'année dernière que l'agitation poussée jusqu'à ses dernières limites avait nécessité une réaction, et l'arrestation d'O'Connell allait transporter la résistance sur un autre théâtre.

Telle était la situation générale du pays quand, le 1er février, la reine en personne fit l'ouverture de la session du parlement.

Le discours royal exprimait l'espoir que la paix générale, si nécessaire au bonheur et à la prospérité de toutes les nations, continuerait sans être interrompue.

« Mes relations amicales avec le roi des Français, ajoutait le discours, et la bonne intelligence heureusement établie entre mon gouvernement et celui de S. M. (*my friendly Relations with the King of the French, and the good Understanding happily established between my Government and that of His Majesty*), jointes aux assurances renouvelées de dispositions pacifiques et bienveillantes de la part de tou sles États, me confirment dans cette attente. »

Une déclaration spéciale relative au traité conclu entre le gouvernement de la Grande-Bretagne et l'empereur de Chine protestait contre toute idée d'avantages exclusifs spécifiés pour l'Angleterre.

L'annexion d'une portion notable du Scinde aux possessions britanniques de l'Orient était officiellement notifiée.

Quant aux questions intérieures, le discours gardait le silence sur les lois de céréales : pour l'Irlande, dans les circonstances présentes, la même réserve était impossible ; on y renouvelait l'expression de l'intention formelle de maintenir inviolable l'union législative entre la Grande-Bretagne et l'Irlande. Mais en même temps S. M. exprimait le vif désir de coopérer, avec le parlement, à l'adoption de toutes les mesures qui seraient de nature à améliorer la condition sociale de l'Irlande, et à développer les ressources naturelles de cette partie du royaume-uni. Des enquêtes locales avaient été ordonnées sur l'état de la législation et de la pratique, en ce qui concernait les relations des propriétaires et des fermiers ; une commission avait été nommée, investie d'une pleine autorité pour diriger ces enquêtes. Au reste, on ne voyait pas dans cette déclaration que le gouvernement assignât comme terme à cette enquête la présentation d'une mesure spéciale. Quant à la situation du clergé catholique irlandais, il n'en était pas question dans le discours.

Pour la première fois depuis longtemps, le gouvernement annonçait le rétablissement de l'équilibre entre les recettes et les dépenses. Les ressources extraordinaires de l'*income-tax* avaient produit ce résultat au reste tout provisoire. Quoi qu'il en soit, le gouvernement annonçait la résolution de maintenir la foi publique du pays, et de mettre un terme à l'accumulation de la dette en temps de paix.

Deux réformes d'une nature différente étaient indiquées dans le discours de S. M. : l'une était la révision de la charte de la banque d'Angleterre ; l'autre, l'examen des lois actuellement en vigueur en Irlande, concernant l'enregistrement des électeurs qui nomment les députés au parlement. La révision de ces lois produirait une diminution matérielle du nombre des votants dans les comtés, et l'examen des lois dans ce cas devrait avoir pour but d'étendre la franchise électorale des comtes en Irlande (*voy.* à l'Appendice, Grande-Bretagne, docum. hist., part. offic., le texte du discours).

La discussion des deux adresses en réponse au discours de la couronne porta surtout sur le remarquable passage où était signalée l'entente du gouvernement de la Grande-Bretagne avec le gouvernement de la France. Plusieurs membres des deux Chambres, et, entre autres, M. Hume, M. le marquis de Clanricarde, lord Clive, lord Brougham, se plurent à reconnaître combien il est essentiel pour la paix du monde et pour les intérêts des deux pays, que les deux peuples les plus puissants de l'Europe marchent unis dans la carrière des relations amicales.

Lord John Russell s'associa à ces idées, mais non sans remonter à l'époque où cette entente entre la France et l'Angleterre avait été sérieusement compromise.

Sir Robert Peel prit prétexte des reproches détournés contenus dans la justification des différends de 1840, pour s'expliquer sur la politique générale du gouvernement. « Il importe, dit le ministre, il importe aux intérêts non-seulement de l'Angleterre, mais encore aux intérêts de la paix et au bien-être de tous les peuples civilisés, que nous maintenions une entente amicale (*friendly Understanding*) avec la France. Et par cette bonne intelligence je n'entends pas quelques engagements secrets entre la France et l'Angleterre, de nature à blesser d'autres peuples. Notre entente doit être patente et publique. » Le temps était venu, continuait sir Robert Peel, où, en Angleterre comme en France, on s'adressait cette question : Nos intérêts sont-ils donc tellement opposés qu'il soit nécessaire de formenter des intérêts de parti et de nous placer à la tête de factions rivales dans d'autres pays où les formes du gouvernements diffèrent des nôtres. Si cette nécessité n'existait pas, si l'on était d'accord sur le principe général d'après lequel doit exister cette bonne intelligence, il était de l'intérêt de l'humanité et de la civilisation que cette bonne intelligence fût établie.

Puis, répondant aux attaques faites dans les deux pays contre l'indépendance des deux ministères, et à ces reproches banaux de trahison que les partis extrêmes ne ménagent jamais à leurs adversaires politiques, sir Robert Peel ajoutait ces nobles paroles :

« Je suis parfaitement certain que cette bonne intelligence avec la France ne serait ni cordiale ni permanente, si elle devait être achetée par un des deux pays au prix de la concession d'un seul point d'honneur ou du sacrifice de quelque grand principe. Dans deux pays si honorables et si puissants, il est nécessaire pour la cordialité et la permanence de cette bonne intelligence, qu'il n'y ait ni engagement secret ni contrat spécial dont un autre pays quelconque pourrait avoir à se plaindre, et il ne serait pas au pouvoir des ministres de l'un ou de l'autre pays de se vanter d'avoir favorisé ou tenté de favoriser cet accord, en obtenant de ce pays un avantage sur un autre. Au nom de l'Angleterre, je déclare qu'aucune concession de cette nature n'a été faite par la France, et que le gouvernement français ne s'est soumis à l'abandon d'aucun droit. Je fais la même déclaration pour l'Angleterre : il n'y a pas eu de concession de notre part ; il n'y a eu aucune espèce d'abandon d'un principe quelconque. Mais jetez les yeux sur la position des deux pays : nous sommes à l'extrémité occidentale de l'Europe, et notre accord ou notre désaccord doit nécessairement exercer de l'influence sur la politique de tous les pays de cette partie de l'univers, et l'on en ressentira les effets dans les régions situées au delà de l'Atlantique. S'il doit y avoir en quelque lieu que ce soit un parti français et un parti anglais, il est évident que nous serons forts pour entraver, mais que nous ne pourrons rien dans l'intérêt de l'amélioration de la politique intérieure d'un peuple.

» Il est donc de la plus haute importance de maintenir la bonne intelligence entre la France et l'Angleterre. Je crois que telle est aussi l'opinion de la grande masse du peuple anglais. Les sentiments d'antipathie nationale produits par le voisinage ont été remplacés, à cause de ce même voisinage, par des sentiments de réciprocité et de mutuel bon vouloir. Nonobstant les conflits passés, nous reconnaissons la gloire de la France, nous reconnaissons sa renommée militaire. Aucun pays au monde n'a atteint une plus haute réputation dans la guerre, grâce à l'habileté de ses grands capitaines et à l'intrépide valeur de ses soldats; mais j'espère que le peuple français, ce peuple grand et puissant, sera assez satisfait de cet honneur et de ce renom pour ne pas croire nécessaire la continuation de ses anciennes hostilités, ni le recours à de nouvelles opérations militaires dans le but d'assurer à la France une gloire dont elle n'a pas besoin. »

Lord Palmerston répondit à ce discours constamment couvert des applaudissements de la Chambre. Les discours du noble lord ont toujours, on le sait, le caractère d'une justification pour le passé, d'une accusation contre le présent. Au reste, aucune discussion vraiment importante ne s'engagea à propos de l'adresse.

M. Sharman Crawford proposait un amendement qui impliquait un refus de subsides, et qui fut rejeté par la Chambre à une majorité de 256 voix.

Un autre amendement de M. Hume appelait l'attention sérieuse de S. M. sur l'état actuel du peuple. Bien qu'il y eût eu amélioration dans plusieurs branches d'industrie, l'état du commerce réclamait des mesures nouvelles. Ces mesures invoquées par M. Hume, c'était le rappel de « ces lois pernicieuses qui empêchent le libre commerce du blé, lois prohibitives et restrictives qui donnent le monopole au sucre et aux autres articles, au détriment d'autres branches d'industrie. »

Cet amendement fut voté par la Chambre à 186 voix de majorité; c'était là le premier engagement de la lutte des *corn-laws*. Sur ce même sujet et dans la même séance (1er février) sir Robert Peel déclara que le gouvernement était résolu à maintenir la loi actuelle des céréales, expliquant par cette franche détermination le silence gardé dans le discours royal.

Une des questions les plus importantes soumises cette année à l'attention du parlement fut le renouvellement de la banque d'Angleterre (1). Cette institution, par les immenses ressources dont elle dispose, exerce sur la circulation des valeurs, sur les transactions commerciales et financières, une influence qui n'a rien de comparable à ce que présentent les institutions parallèles du continent. L'administration qui avait à se décider sur la révision de la charte de la banque détruirait-elle le monopole de cet établissement, ou en agrandirait-elle encore les proportions? Dans l'état actuel, la banque était en possession de nombreux priviléges; et, à part quelques intérêts froissés qu'il s'agissait de satisfaire, il semblait désirable de voir s'étendre la salutaire puissance de cette institution.

Le projet du gouvernement, présenté par sir Robert Peel, soumettait à quelques modifications fondamentales la constitution de la banque; mais le ministre avait paru surtout préoccupé de la question relative à l'émission du *papier-monnaie*. Cherchant à établir avec précision ce qu'il fallait entendre par l'étalon des valeurs (*Standard of Value*), sir Robert Peel s'efforça de débarrasser la question de toutes les idées systématiques adoptées par quelques économistes anglais, et de faire considérer le papier-monnaie comme un signe représentatif de la monnaie. Le point essentiel de la discussion était, pour le ministère, le principe de la convertibilité des billets de banque, à vue, au porteur, opposé au principe de l'inconvertibilité du papier-monnaie. La crainte

(1) *Voy.* sur cette question un excellent article de M. Jules Avigdor, dans la *Revue des deux Mondes*, du 1er juillet 1844.

de voir la prospérité actuelle de la Grande-Bretagne enraciner trop sévèrement dans les esprits la confiance dans le papier-monnaie dominait le projet du gouvernement. Aussi sir Robert Peel avait-il senti nécessaire d'établir son système sur la détermination précise de l'étalon de la valeur dans tous ses rapports avec le papier-monnaie. La livre sterling n'était pas à ses yeux une simple fiction, comme le croyaient quelques économistes systématiques, mais bien une quantité fixe de métal précieux, d'un poids et d'un titre arrêtés. Il suivait de là que tout engagement par billet de banque de payer une livre sterling contenait implicitement la promesse de payer une quantité déterminée de métal précieux. Le papier-monnaie ne répondait à quelque chose de réel dans la circulation, qu'autant qu'il portait avec lui la propriété de la convertibilité en monnaie métallique. Derrière le papier-monnaie il fallait qu'il y eût toujours, à une distance plus ou moins rapprochée, dans une proportion plus ou moins grande, sans corrélatif nécessaire, c'est-à-dire, cette portion de métal précieux qu'on appelle le numéraire. Ce métal précieux est l'argent et surtout l'or, auquel sir Robert Peel donnait la préférence, par cette raison que, depuis les temps les plus reculés, les transactions en Angleterre ont toujours été réglées par ce métal. L'or était donc plus propre que tout autre métal à être le *standard of value*, et la principale mesure de la propriété. De plus, il n'y a qu'une faible quantité de monnaies d'argent en Angleterre, et la valeur numéraire de ces monnaies est beaucoup plus forte que la valeur réelle (1). Enfin, en Angleterre plus que partout ailleurs, la monnaie d'argent était devenue insuffisante pour évaluer les nécessités si nombreuses créées par l'immense expansion

(1) La monnaie d'argent que le gouvernement s'est réservé le droit de fabriquer n'est, en Angleterre, que représentative, comme les monnaies de cuivre en France. En Angleterre, il n'y a guère qu'un quinzième au plus, en poids, en monnaie d'argent, de ce qui existe en poids en monnaie d'or. En France, un tiers seulement est en or.

de l'industrie, et le type monétaire, qui n'est qu'une unité de rapport, avait dû grandir avec la richesse nationale.

Tout le projet du gouvernement découlait de ces principes et des craintes inspirées par l'excès de ce puissant instrument de crédit qu'on nomme le papier-monnaie. La disposition principale du projet était la séparation de la banque en deux départements distincts, l'un n'ayant pour attribution que l'émission des billets, l'autre que le maniement des affaires de banque proprement dites. La banque d'émission (*Banque of Issue*) lancerait dans la circulation des billets jusqu'à concurrence seulement du capital de la banque, qui est placé entre les mains du gouvernement, savoir : 11 millions de liv. sterl. en fonds publics consolidés et 3 millions en billets de l'Échiquier. De la sorte chaque billet de banque en émission aurait un gage certain. Si la banque voulait émettre des billets pour une somme plus considérable, elle ne le pourrait qu'en justifiant de l'existence dans ses caves d'une quantité de numéraire ou de lingots égale à ce supplément, ou qu'en se montrant munie d'autres garanties consistant en fonds publics, et dans ce dernier cas, elle devrait obtenir du gouvernement une autorisation spéciale qui ne serait accordée que sous la forme d'ordre en conseil (*Order in Conseil*). Quant à la banque d'escompte (*banking Department*), elle recevait les billets de la banque de circulation, et, s'il lui en fallait pour ses escomptes ou comptes courants, ou ses achats de métaux précieux, au delà de ce que celle-ci aurait de disponible, ils ne lui seraient délivrés que contre un montant égal en espèces. La limite que sir Robert Peel posait à la circulation, en la fixant à 14 millions de liv. sterl., garantie sur une même somme de valeurs, était l'indice des inquiétudes qu'inspirait à l'administration la tendance de la banque d'Angleterre à se laisser entraîner en dehors du cercle où doivent légitimement se mouvoir ses intérêts. Les autres dispositions de la charte nouvelle ne présentaient, à peu de choses près, que de simples modifications, sauf pourtant l'interdiction du droit d'émission aux autres banques qui pourraient s'établir, et la faculté donnée aux banques par actions à Londres et dans le rayon de soixante-cinq milles de la métropole, d'accepter les lettres de change ayant moins de six mois à courir. Les banques par actions se trouvaient donc favorisées par le projet, mais la condition des banquiers n'en était pas améliorée. Ils étaient, au contraire, placés plus immédiatement sous le coup des banques par actions, qui entreraient en rivalité avec eux, dans tout le cercle de leurs opérations.

Les principales objections portèrent sur les deux graves réformes cachées sous l'apparence de simples mesures administratives, la séparation d'attributions et la limite de circulation. On craignait que l'effet de la division ne fût d'affaiblir l'établissement. Il n'y aurait plus d'unité dans les principes, dans le mouvement général de la banque, dès que son action serait ainsi dédoublée, et, si étroitement unis qu'on pût les supposer, il y aurait infailliblement entre les deux départements, sinon dissentiment, du moins solution d'unité de vues, et par suite embarras dans la marche des affaires. L'obligation d'un contrôle par des agents à ce préposés emporterait peut-être avec elle un caractère fiscal préjudiciable à l'ensemble. Enfin, la prépondérance financière de la corporation serait profondément atteinte, et dans un moment de crise on ferait vainement appel à cette prépondérance amoindrie.

Quelle que fût la justesse de ces objections, il n'en fallait pas moins reconnaître dans le plan financier de sir Robert Peel une habileté remarquable, et le désir intelligent d'asseoir sur des bases métalliques le mouvement général des transactions financières de la Grande-Bretagne. Malgré les inconvénients de détails signalés par quelques-uns, les actionnaires de la banque n'hésitèrent pas à accepter les vues du gouvernement, et la Chambre des Communes, réunie en comité, y donna sa sanction presque sans débats. C'était en dehors de la discussion parlementaire qu'il fallait chercher ces ardents contradicteurs qui, en Angleterre, ne manquent à aucun système. Les publicistes anglais, partisans de théories économiques diamétralement opposées à celles de sir Robert Peel, engagèrent, à cette occasion, une polémique passionnée. Au reste, l'épreuve du temps pouvait seule faire connaître les points défectueux de la législation nouvelle, et il n'en était pas moins vrai que sir Robert Peel avait rendu à son pays un signalé service, en le prémunissant à l'avance contre les dangers d'une crise fatale à la prospérité publique.

Un des caractères les plus curieux de cette mesure nouvelle adoptée par le parlement (1), c'est l'esprit d'organisation centrale qui l'a dictée. La Grande-Bretagne fait chaque jour un nouveau pas vers la centralisation administrative que la France a inaugurée la première. Après la centralisation de la gestion de la taxe des pauvres, après l'établissement d'une surveillance centrale des chemins de fer, est venue la centralisation du papier-monnaie. Ces conquêtes successives de l'esprit centralisateur sur le régime aristocratique sont l'indice d'une révolution lente dans l'organisation politique de la Grande-Bretagne, et ces heureux essais ne seront pas la moindre gloire du cabinet tory.

(1) Nous profitons de cette occasion pour faire connaître la situation actuelle de la banque d'Angleterre. Une banque centrale est établie à Londres depuis 1694, avec un capital qui est aujourd'hui de 11 millions de livres sterling (275 millions de fr.) et de 14 millions (350 millions de fr.), en comptant le fonds de réserve. Le capital de la banque de France est de 68 millions seulement. La banque d'Angleterre compte onze succursales situées dans les principales cités manufacturières ou commerciales : Liverpool, Manchester, Bristol, etc. Son capital est prêté à l'État. Elle exécute pour le trésor divers services financiers, notamment celui de la dette, pour lequel elle reçoit une rétribution annuelle de 248,000 livres sterling (6 millions 200,000 fr.). Elle remplit l'office de caisse centrale et fait ses operations de trésorerie. Hormis ses temps de crise, elle se livre peu à l'escompte des effets de commerce, et son taux d'escompte est élevé. Il y a plus d'un siècle qu'il n'est descendu au-dessous de 4 pour 100, ce qui, en Angleterre, est cher. C'est par l'émission des billets que la banque exerce son influence commerciale ; autrement, elle est plutôt un agent financier au service de

L'attention du parlement fut excitée par le *rail-ways-bill*. Ce projet, soumis à la Chambre des Communes, tendait à régulariser l'action de l'État sur les entreprises de chemins de fer dirigées par des compagnies. Au point de vue législatif, l'Angleterre a commencé, en fait de chemins de fer, par une

l'Etat. En 1814, ses avances à l'Etat s'élevaient à 750 millions de fr. Elle possède d'ailleurs de grands priviléges. Ainsi ses billets ont cours forcé; nul ne peut les refuser en paiement, tant qu'ils sont, il est vrai, immédiatement échangeables contre des espèces dans les bureaux de la banque. Diverses dispositions légales la garantissent de la concurrence dans un rayon de 65 milles (105 kilomètres) autour de Londres.

La banque se livre beaucoup au commerce des métaux précieux. Son principal rôle commercial consiste à émettre des *bank-notes*, ou billets analogues à ceux de la banque de France : par là, et par le commerce des métaux précieux, elle obtient les effets suivants : 1° elle fait varier à volonté la quantité des signes représentatifs dans le pays ; 2° elle règle le cours du change avec l'étranger, puisqu'en émettant des billets elle fait sortir le numéraire, dont la place est prise par ce papier; de même, en diminuant la masse circulante de ses billets, elle fait rentrer des espèces. Or, c'est ce mouvement d'aller et de retour des métaux précieux qui constitue le change; 3° elle agit sur les conditions de l'exportation, à cause de la connexion intime qui existe entre l'exportation et le change : car, lorsqu'il y a avantage à exporter des espèces, par suite du taux du change, c'est de l'or qu'on expédie à l'étranger au lieu de tissus. Le montant des billets ordinairement en circulation est de 13 millions sterling (450 millions).

La banque paie les avantages que son privilége lui confère, y compris les droits de timbre, par une contribution annuelle de 180,000 livres sterling (4 millions et demi), qui vient en déduction des 248,000 livres sterling (6 millions 200,000 fr.) qu'elle touche pour faire le service administratif de la dette publique.

Les banques par actions (*joint-stock-banks*) se sont multipliées, quoiqu'elles n'aient pas d'existence civile, en ce sens qu'elles ne peuvent intenter une action judiciaire ni être elles-mêmes actionnées; et ubiqué tous leurs actionnaires se trouvent engagés pour leur fortune entière, tandis que ceux de la banque d'Angleterre, de même que ceux de nos sociétés anonymes, ne sont que dans la limite de leur souscription personnelle. Les banquiers, qui non-seulement font l'escompte, mais lancent des billets dans la circulation, en ont maintenant, seulement dans l'Angleterre proprement dite, pour 8 millions sterling (200 millions de fr.): C'est l'équivalent de la circulation de la banque de France. La faculté que possèdent ces banques par actions, et même les banquiers particuliers (*private bankers*), est, depuis la crise de 1830, reconnue désastreuse. C'est à leurs émissions désordonnées qu'on attribue toutes les perturbations commerciales qu'a subies le pays, celle de 1825, celle de 1836 et celle de 1839. Quand le change devient défavorable au pays, et que le numéraire s'en va au point que la réserve métallique de la banque devienne insuffisante, il est prudent de diminuer la quantité de billets en circulation. Or, en pareil cas, il est constant que les *joint-stock-banks* ont constamment agrandi leur émission, au lieu de la restreindre. Elles y sont provoquées par une surexcitation momentanée de la spéculation, causée elle-même par la hausse qu'éprouvent les marchandises en présence d'un signe représentatif surabondant.

anarchie véritable. Privé, sur la construction et l'entretien des grandes routes, des attributions dont sont investis la plupart des États européens, le gouvernement de la Grande-Bretagne avait dû, dès l'abord, garder en face des *rail-ways* une attitude de neutralité complète. Il accorda les priviléges de corporation aux compagnies qui offrirent de tenter, à leurs risques et périls, l'expérience des nouvelles voies de communication et de transport, et cela, sans même stipuler le retour à l'État au bout d'un certain temps. Aucun avantage, aucun privilége ne fut même assuré au gouvernement pour le service de la poste ou le transport des troupes, et l'autorité ne songea pas à se ménager le droit de régler les tarifs.

Ces avantages furent, au reste, compensés dans le principe, pour les compagnies, par des obstacles sérieux. Le système d'adjudication auquel, lors de la présentation du *rail-ways-bill*, elles étaient encore soumises, était pour elle une source de vexations et de dépenses. Dans les affaires de *rail-ways*, comme dans beaucoup d'autres, le parlement cumulait à la fois les fonctions administratives et législatives. Les soumissions de chemins de fer arrivaient directement à la Chambre des Communes sans passer par le contrôle préparatoire du pouvoir exécutif. Une commission était nommée par la Chambre pour chaque demande : cette commission avait à fixer jusqu'aux plus petits détails, à prononcer sur tous les intérêts. Devant elle, les compagnies faisaient plaider leur cause par des agents spéciaux et par des avoués (*Solicitors*) et les frais qu'entraînaient ces procès n'allaient pas, suivant l'évaluation du ministre du Commerce, M. Gladstone, à moins de 1,800 liv. sterl. par mille anglais (112,000 fr. par lieues). Pour avoir une idée exacte des dépenses qu'entraînait ce mode d'adjudication, il faut remarquer que les intérêts opposés avaient à subir une somme égale de frais.

En 1839, des réclamations nombreuses s'étant élevées

contre ces abus, une commission de la Chambre des Communes fut constituée pour faire une enquête sur l'état des communications par les routes de fer. Les rapports de cette commission conclurent à la nécessité d'une législation générale. Ils servirent de base à une loi votée en 1840, et connue sous le nom de *lord Seymour's Act*, laquelle, développée encore en 1842, créa une administration particulière dans le *Board of Trade*, chargée d'exercer une surveillance spéciale sur les *rail-ways* (*voy.* le texte de cette loi à l'Appendice).

Le *rail-ways Act* consacrait le droit du parlement d'exercer, selon l'occasion, une autorité suprême sur les lois constitutives des compagnies. La situation prospère de plusieurs entreprises, l'absence nécessaire de toute concurrence, et, malgré ces heureuses circonstances, l'élévation des tarifs, appelaient des réformes et faisaient solliciter l'appui du gouvernement contre l'arbitraire des entreprises particulières. Enfin, la faveur des entreprises nouvelles, un instant diminuée par la dépression commerciale et par la mauvaise gestion des compagnies, reprenait avec une telle ardeur que, au moment où le *rail-ways' bill* allait être discuté, soixante-six demandes de concessions nouvelles étaient déposées sur les bureaux de la Chambre des Communes, s'appliquant à des lignes nouvelles d'un développement de 1,500 kilomètres.

Au moment de concéder ces voies, qui accroîtraient au moins de moitié le développement des grandes lignes achevées, le gouvernement dut penser à prévenir sur les chemins nouveaux les abus signalés sur les anciens. M. Gladstone, chef du *Board of Trade*, proposa donc la formation d'un comité d'enquête chargé d'élucider cette question, de constater les faits, de signaler les principes uniformes, les conditions générales sur lesquels il serait désormais convenable de baser les *bills* que la Chambre des Communes aurait à voter, relativement aux nouvelles concessions.

Les conclusions de ce comité servirent de base au *rail-ways-bill* que la Chambre était appelée à discuter.

Le rapport et le *bill* ne faisaient guère que poser le principe du droit de l'État à dicter certaines conditions aux compagnies et à réviser ces conditions au bout d'un certain nombre d'années. Le projet de loi fixait cette période à quinze ans. Au bout de ce temps, l'État pourrait réviser les termes de la concession, les modifier suivant les besoins publics et la prospérité de l'entreprise, ou même racheter le chemin de fer à la compagnie concessionnaire. Dans ce cas, la transaction s'opérerait ainsi : on calculerait la moyenne des profits annuels d'après les trois dernières années de l'exploitation; et, en payant vingt-cinq fois cette somme, c'est-à-dire, la valeur du revenu moyen de vingt-cinq années, l'État deviendrait propriétaire de la ligne. Ce droit de rachat n'était que la sanction du droit de révision que le *bill* assurait à l'État.

En résumé, le seul but du *bill* était d'assurer a l'État et au public des garanties contre le bon plaisir des compagnies. Les garanties envers l'Etat étaient relatives au transport de troupes et au service de la poste; en faveur du public, le gouvernement se réservait le droit d'intervenir dans le règlement des tarifs; il imposait aux compagnies, dans l'intérêt de la population pauvre, l'établissement de wagons couverts pour les troisièmes classes.

Ces mesures ne s'appliquaient pas, du reste, aux *rail-ways* déjà concédés; elles ne devaient régir que les lignes qui seraient accordées à partir du 1er janvier 1844. Mais le principe fondamental de la loi menaçait le monopole des compagnies, et les prévisions nouvelles de la législation atteindraient les anciennes entreprises dans les concessions de prolongation ou d'embranchement. Aussi une violente opposition s'éleva-t-elle contre le *bill* de M. Gladstone.

Lord Ashley, qui est devenu à la Chambre le représentant

le plus considérable et le directeur du mouvement philanthropique, avait appelé, l'année dernière, l'attention du gouvernement sur la situation des classes ouvrières (*voy.* l'Annuaire de 1843). Il avait annoncé qu'il irait plus loin et qu'il proposerait de nouvelles mesures. Cette fois, sir James Graham ne voulut pas lui en laisser l'initiative : il annonça la présentation d'une loi qui devait assurer aux ouvriers les bienfaits d'une éducation morale et religieuse, et qui les protégerait contre les tyranniques exigences des chefs de l'industrie, en fixant un maximum légal de la journée de travail. Ce *bill*, déjà présenté et accueilli d'abord par les applaudissements de la Chambre, fut retiré devant les protestations des sectes dissidentes contraires aux dispositions du projet relatives à l'éducation. C'était ce même *bill*, moins les clauses renfermant un système d'éducation populaire, que sir James Graham présentait cette année. Sous cette nouvelle forme, la question principale était la fixation du maximum de la journée de travail. C'est sur ce point qu'eut lieu l'attaque.

Lord Ashley pensait que, dans l'intérêt physique et moral des classes ouvrières, on ne saurait exiger d'elles plus de dix heures de travail par jour. C'est surtout pour les femmes qu'il réclamait ce chiffre. Dans l'état actuel des choses, les femmes employées dans les manufactures y passant quelquefois plus de seize heures, et une pareille situation prolongée, même avec le chiffre réduit de douze heures proposé par le gouvernement, devrait infailliblement détruire au sein des populations ouvrières les habitudes et les mœurs de la famille et démoraliser les femmes, en même temps qu'elle les épuiserait physiquement. En 1835, le nombre des femmes employées dans les manufactures de coton, de soie et de lin, était de 196,000 ; en 1839, il s'était élevé à 242,000, parmi lesquelles 112,000 avaient moins de dix-huit ans. Sans parler des désordres qu'entraîne le mélange des femmes et des hommes dans les manufactures, les femmes, vouées au service des machines, ne peuvent plus remplir les fonctions et les devoirs de leur sexe.

Le pervertissement moral est même arrivé à un tel point chez ces êtres dégradés, que la plupart des femmes employées aux travaux des machines se débarrassent par un empoisonnement lent et continuel des malheureuses petites créatures qui les gênent dans leur labeur.

Ces faits et mille autres aussi déplorables exposés par lord Ashley et par les autres représentants du parti philanthropique émurent profondément la Chambre des Communes; un grand nombre de *tories*, des membres du parti religieux, les principaux membres du parti agricole se rallièrent contre le *bill* de sir James Graham, et le 18 mars l'amendement de lord Ashley passa à neuf voix de majorité, 179 contre 170.

Ce vote n'avait rien de politique, rien d'anti-ministériel, et cependant la situation était grave. Il y avait eu, en cette occasion, un déplacement singulier de la majorité, et, si des tories éprouvés avaient voté contre le ministère, des radicaux avaient voté avec lui.

Cependant il y avait eu un échec pour l'administration dans ce vote provisoire. Le 21 mars eut lieu une nouvelle épreuve. Le *bill* de sir James Graham fut repoussé cette fois encore par une majorité de 3 voix, mais l'amendement de lord Ashley fut à son tour écarté par une majorité de 7 voix. Ce nouvel échec, moins décisif que le premier, puisque, tout en donnant tort au ministère, la Chambre n'avait pas voulu donner raison à l'amendement, ce nouvel échec n'avait pu être conjuré par l'abstention volontaire de 26 tories de ceux qui avaient en premier lieu voté contre le ministère. Il ne restait plus d'issue possible que dans la question de cabinet, et ce fut à ce parti que se décida le ministère. Le 25 mars, sir James Graham déclarait de la manière la plus significative que les conseillers *actuels* de S. M. (*present Advisers*) étaient fermement résolus à n'accepter aucune transaction sur la question de durée.

Ainsi posée, la question était à l'avance résolue en faveur du ministère. Ajournée au 29, la Chambre avait le temps de méditer les arguments du ministère pour le maintien des douze heures de travail. Or, toute question de nécessité matérielle mise de côté, ces arguments étaient assez sérieux pour imposer une direction nouvelle aux volontés de la Chambre un moment surprise. Sir Robert Peel, rappelant les difficultés que la concurrence étrangère suscite à l'industrie britannique, avait dit : La réduction de deux heures par jour dans le travail des manufactures équivaut à une diminution annuelle de sept semaines sur le travail des grandes industries anglaises, le coton, le lin et la laine. Or, la valeur des exportations totales ayant été, en 1843, de 44 millions sterling (onze cent millions de francs), et sur ce chiffre, les produits manufacturés de coton, de lin et de laine, figurant pour 25 millions (huit cent soixante-quinze millions de francs), était-il possible de soumettre à la concurrence étrangère, par la perte de sept semaines de travail, les industries qui fournissent à la Grande-Bretagne les cinq sixièmes de ses exportations? De son côté, un économiste distingué, M. Senior, démontrait que tout le profit net de la manufacture résultait de la douzième heure du travail de l'ouvrier ; que, si le travail s'arrêtait une heure plus tôt, le fabricant ne ferait que renouveler son capital de circulation, sans retirer aucun profit.

Réduite à ces chiffres, la question était résolue. Oui, les ouvriers travaillaient d'une manière qui compromettait chaque jour leur bien-être physique et moral ; oui, chaque jour augmentait dans la Grande-Bretagne le nombre des êtres dégradés et retranchait à la population un nombre plus grand des éléments qui doivent la rajeunir et l'augmenter ; mais à ces maux incontestables il n'y avait aucun remède. Ces maux mêmes étaient la condition indispensable au prix de laquelle on retenait encore ces marchés étrangers dont la perte serait la ruine du pays et la détresse incurable des populations.

En face de ces terribles vérités, en face surtout de la déclaration ministérielle, il fallait une rétractation des deux votes précédents, et le ministère n'eut pas de peine à faire repousser l'amendement Ashley par une majorité de 138 voix.

La discussion se rouvrit le 10 mai, à propos de la troisième lecture du *bill* de sir James Graham. Cette troisième lecture est l'épreuve décisive pour les projets de loi. Lord Ashley essaya de réfuter les objections que lui opposait le ministère, au point de vue des intérêts commerciaux. Il contesta, à l'aide de calculs qu'il serait trop long de rapporter ici, que la production et les capitaux industriels dussent recevoir de l'adoption de son amendement un coup aussi funeste que le prétendaient ses adversaires. Le ministre de l'Intérieur, sir James Graham, n'en persista pas moins dans les arguments tirés des intérêts de l'industrie. Il apporta des chiffres significatifs sur les progrès faits depuis quelques années par les manufactures de coton étrangères. Les États-Unis, par exemple, qui, en 1827, ne consommaient que 103,000 balles de coton, en avaient employé, en 1843, 325,000 balles, et l'on n'évaluait pas à moins de 400,000 la consommation de l'année courante. La France employait 276,000 balles en 1832, aujourd'hui sa consommation était arrivée à 430,000. Sir James Graham fit connaître encore les observations qui lui avaient été présentées par des manufacturiers qui font travailler 100,000 ouvriers et paient 50,000 liv. sterl. (1,250,000 fr.) de salaires par semaine, lesquels s'accordaient à dire que la réduction des heures de la journée de travail serait inévitablement suivie d'une diminution considérable de production et d'une réduction de salaires.

Sir Robert Peel ne fut pas moins explicite :

« Oui, j'avoue, dit-il, que la concurrence étrangère m'effraie. Nous avons eu une longue paix, et les pays étrangers ont tourné toute leur attention sur les manufactures. Vous avez renoncé aux avantages du bon marché : si vous y avez renoncé, ce n'a pas été par générosité et par sentiment chevaleresque; vous pouviez retenir chez vous vos machines, mais vous ne pouviez pas retenir la tête et la main qui les faisaient. Vous ne pouviez pas arrêter l'exportation des plans et des modèles. Vous avez essayé d'empêcher avec des douaniers l'exportation des machines; mais, comme elle allait toujours malgré cela, vous avez fini par la légaliser. Vous avez renoncé à tous les avantages de votre industrie, et vous voulez aujourd'hui renoncer à ceux de votre travail! Aux États-Unis on travaille 78 heures par semaine ; en Prusse, de 70 à 90; en Suisse, de 78 à 84; en Saxe, 72; à Bade, 84; dans le Tyrol, de 78 à 84; en Autriche, de 72 à 80; à Bohn, 94; en France, de 72 à 84 (1); en Angleterre, on ne travaille que 63 heures, et vous voulez encore réduire la durée du travail! On nous dit: cédez à temps; le peuple veut cette réduction ; il l'aura tôt ou tard. Quant à moi, je ne trouve rien de plus dangereux que cette conduite. Je ne veux pas admettre que le peuple soit meilleur juge de ses véritables intérêts que la législation qu'il a chargée constitutionnellement de les régler. Ce ne serait pas dans l'avenir une excuse pour nous que de dire qu'il l'a voulu et que nous n'avons fait que lui obéir.

Evertêre domos totas, optantibus ipsis,
Di faciles.....

» Votre devoir est d'embrasser à la fois tous les intérêts commerciaux, politiques, sociaux et moraux. C'est une maxime de la loi que : *volenti non fit injuria, on ne fait point tort à qui consent;* mais vous, qui êtes chargés de veiller à la prospérité d'un grand empire, vous ne pouvez vous régler sur ce principe ; vous devez, pour vous montrer dignes de votre mission, renverser la maxime, et dire : *volenti non fiat injuria.* Nous résisterons à votre demande pour votre bien même.

» Je proteste contre ce principe, que nous devons céder, parce que la voix populaire le demande. Si vous êtes d'opinion différente, si vous voulez tenter cette dangereuse expérience, si vous voulez céder au courant, soit. Mais, si vous voulez le faire, je dois vous le dire respectueusement, ce

(1) Ceci est une erreur: il y a eu, en France, réduction dans les heures de travail.

sera sous d'autres auspices, sous d'autres guides, qui pourront vous tracer une voie plus claire que ne peut le faire l'administration actuelle. Nôtre devoir est d'agir conformément à nos opinions. Je ne sais quel sera le résultat de votre délibération ; mais ce que je sais, c'est que, si ce résultat est contraire à nos vues, je suis prêt, avec une conscience libre et une parfaite satisfaction, à rentrer dans la vie privée, vous souhaitant tout le succès possible, décidé à suivre le chemin difficile, mais non sans gloire, du devoir, décidé à résister à des concessions qui peuvent donner de la popularité, mais que je crois funestes, et à obéir à l'intérêt public au prix de la faveur populaire.«

En définitive, l'échec ministériel était réparé, mais de cette crise parlementaire il restait une leçon terrible donnée à l'Angleterre sur la fragilité de cette puissance industrielle à laquelle est étroitement liée sa grandeur politique. Sir James Graham avait lui-même, pendant ces débats, appelé artificielle une puissance dominée par de semblables nécessités. Sir Robert Peel avait fait ressortir avec une impitoyable logique la solidarité fatale qui lie les grands intérêts de l'Angleterre, et la Chambre des Communes avait pu entendre son premier ministre avouer que la Grande-Bretagne étouffe par la surabondance même de ses richesses, de ses forces productrices et de sa population ; que le jour où ses établissements coloniaux seront atteints il lui faudra mourir ; qu'elle ne peut avoir de puissance coloniale sans puissance maritime, de puissance maritime suffisante sans un mouvement commercial immense, d'activité commerciale sans un incessant accroissement de sa production. Enfin, lord Ashley avait révélé tout à coup à l'Angleterre que son existence commerciale, industrielle, politique, dépendait de deux heures de plus ou de moins dans le travail abrutissant de quelques milliers d'enfants et de femmes.

Le ministère eut encore, à quelques jours de distance (15 juin), à subir un échec inattendu dans la Chambre des Communes. Un membre *tory*, M. Miles, présenta, au nom des propriétaires des Indes-Occidentales, un amendement à la loi proposée par le ministère sur les sucres; abandonné par la majorité, le ministère, malgré ses efforts, ne put empêcher que l'amendement ne fût adopté à vingt voix de majorité. Ce vote important par sa signification fit une assez grande impression sur les esprits.

Le sucre est un des articles les plus considérables de la consommation anglaise. C'est l'élément le plus considérable de la production des Antilles, et les droits prélevés à l'importation de cette matière rapportent au trésor un revenu d'au moins cent millions de francs. L'émancipation dans les *West-Indies* a jeté depuis quelques années une perturbation dangereuse dans le commerce des sucres, et ces colonies, qui fournissaient autrefois assez de sucre à la Grande-Bretagne pour la consommation intérieure et l'exportation, ne peuvent même, depuis l'émancipation, suffire à la consommation de la métropole. Cette consommation, qu'on évaluait avant l'affranchissement à 9 kilogrammes par individu, est descendue à 7 kilogrammes et demi. C'est pour cette raison que le ministre *whig*, en 1841, essaya d'un dégrèvement considérable des droits sur les sucres coloniaux et sur les sucres étrangers, espérant que cette mesure rendrait à la consommation son développement normal, et pourrait par suite augmenter les produits financiers des *Sugar-duties*. Cette combinaison nouvelle effraya les propriétaires des *West-Indies*, et la concurrence possible des sucres du Brésil et de Cuba, jusqu'alors repoussée du marché anglais par des droits prohibitifs, les força à se coaliser contre cette mesure. En même temps, les adversaires de l'esclavage, qui constituent dans le pays un parti puissant soutenu par l'Église nationale, virent dans le dégrèvement une prime d'encouragement aux pays à esclaves; c'est sur cette question, que sir Robert Peel exploita avec honneur, qu'il remporta la victoire sur le parti *whig*. . .

Et cependant lui aussi, cette année, il se voyait amené à tenter la régularisation de la situation difficile créée par l'émancipation des noirs dans le commerce du sucre. De concert avec le chancelier de l'Échiquier, M. Goulburn, et le président du *Board of Trade*, M. Gladstone, sir Robert Peel avait conçu un plan nouveau. Les droits étaient d'environ 30 francs les 50 kilogrammes sur les sucres coloniaux, et de 79 francs sur les sucres étrangers ; il s'agissait, tout en respectant les premiers, de réduire à 12 francs 50 cent. la surtaxe de 49 francs qui frappait les seconds, et, pour se concilier le parti abolitionniste, on n'admettait à la faveur de la réduction que les sucres importés des pays à travail libre : Java, par exemple, Manille et la Chine.

Mais des adversaires tout autrement dangereux que les abolitionnistes devaient s'élever contre le nouveau système. Les propriétaires des *West-Indies* et les représentants des ports de mer refusèrent d'accepter une combinaison qui ne leur laissait qu'une protection de 12 francs 50 centimes ; cette différence leur parut insuffisante pour la catégorie des sucres, connus dans le commerce sous la dénomination de *white-clayed*, et qui forment les deux tiers des exportations coloniales. Ils demandèrent en faveur des sucres de cette qualité une protection de 17 francs 50 centimes ; mais ils proposaient en même temps que le droit de 30 francs sur les sucres coloniaux fût réduit à 25 francs. C'était là une habile transaction qui devait leur concilier les votes du parti *whig*, toujours prêt à se rallier à un abaissement de tarifs. Telle fut la substance d'un amendement que M. Miles présenta au *bill* proposé par le ministère.

Un premier amendement fut présenté par lord John Russell, qui proposa que le droit sur les sucres des pays à esclaves et sur le sucre des pays à travail libre fussent égalisés. Cet amendement fut rejeté.

Un autre amendement fut ensuite présenté par M. Ewart. Ce membre proposa que les droits sur tous les sucres, ceux des colonies comme ceux des pays étrangers, fussent égalisés et réduits au taux uniforme de 10 shellings. Cette proposition par trop radicale fut aussi rejetée.

C'est alors qu'était venu l'amendement de M. Miles, qui avait attaqué le *bill* proposé par le ministère pour cette raison que les colons seuls porteraient tout le poids de la réduction. Les droits sur les sucres étrangers y étaient réduits de près de moitié; les droits sur les sucres coloniaux étaient maintenus au même taux. Les colonies étaient sous le coup de l'émancipation des esclaves, qui leur a été imposée par la métropole: pourquoi le gouvernement les exclurait-il du bénéfice de la réduction qu'il réservait uniquement aux produits étrangers? M. Miles, au nom des propriétaires des Indes-Occidentales, proposait donc que le droit sur les sucres coloniaux fût réduit de 24 shellings à 20. Lord John Russell et le parti *wigh* appuyèrent l'amendement, parce qu'il impliquait une réduction sur tous les droits, et par conséquent un progrès vers l'abaissement général des tarifs. Le parti radical le combattit parce qu'il élargissait le droit différentiel entre les produits coloniaux et les produits étrangers. Cette manœuvre du parti radical, du parti qui a fondé et qui soutient l'*anti-corn-law-league*, évita au ministère une minorité d'environ 50 voix.

Toutefois l'échec avait été assez assez grave pour que des bruits de dissolution pussent être facilement accrédités et pour qu'il devint nécessaire à l'administration d'exiger une manifestation contraire au vote de l'amendement. En conséquence, le 17 juin, un *meeting* eut lieu à *Carlton-Club*, dans lequel deux cents membres du parti *tory* votèrent à l'unanimité une motion de pleine et entière confiance dans l'administration de sir Robert Peel.

Mais ce n'était pas tout encore, et, pour obvier aux inconvénients moraux du vote de l'amendement Miles, à défaut d'une rétractation semblable à celle du *bill* des manufactures, on pensa au retrait de la loi amendée et au rétablissement du *statu quo*. Tel était au moins le vœu de la majorité, lorsque, sans craindre de déconsidérer le parti ministériel par de honteux revirements, sir Robert Peel, dans la séance du 17 juin, vint réclamer de la majorité une rétractation nouvelle et immédiate de son vote, la menaçant, en cas de refus, d'une démission collective du Cabinet. Dans l'intervalle qui avait séparé le vote de l'amendement Miles de la manifestation de *Carlton-Club*, le ministère avait compris les conséquences de ce vote insignifiant en apparence.

Dans l'adoption de l'amendement de lord Ashley était cachée toute une révolution du système industriel anglais; ici, au contraire, il n'était question que de quelques shellings. La question de confiance était donc engagée d'autant plus que la cause du vote avait moins d'importance. « Si ce vote n'est pas grave en lui-même, dit sir Robert Peel aux membres de la Chambre des Communes, il n'en est que plus grave comme signifiant un manque de confiance dans notre administration. Quand on croit par là arriver à un résultat important, alors il y a des motifs de changer les plans du gouvernement; mais quand on n'en attend rien de sérieux, alors je dis qu'une coalition entre nos amis et nos adversaires affecte matériellement notre position de pouvoir exécutif. »

Ces nouvelles exigences du ministère envers la majorité ne pouvaient manquer d'avoir pour l'opposition un sujet de railleries amères. M. d'Israëli saisit cette occasion pour accabler le parti tory de ses ironiques condoléances. « En vérité, dit-il, je crois que sir Robert Peel devrait traiter ses partisans avec un peu plus de délicatesse. Je crois qu'il ne devrait pas les traîner aussi impitoyablement dans la boue. Une rétractation dans une session, c'est bien assez. Il devrait y mettre plus de ménagements; il ne devrait pas nous soumettre à cette dégradation plus d'une fois par an. Sir Robert Peel devrait nous donner un tarif parlementaire pour régler les degrés de notre indépendance; il devrait nous dire jusqu'où nous pouvons aller, où il faut nous arrêter.

Sir Robert Peel ne veut pas du sucre des esclaves ; son horreur pour l'esclavage embrasse le monde entier, excepté les bancs qui sont derrière lui. C'est là que le troupeau est encore rassemblé et que résonne encore le fouet du maître »

Mais ces spirituelles et amères plaisanteries ne purent prévaloir contre le langage ferme et digne de sir Robert Peel. Le ministère était nécessaire à la situation ; tout le monde le comprenait, amis et ennemis ; aussi, lorsque le chef moral de l'administration *tory* déclara que le gouvernement ne pouvait, sans laisser affaiblir son autorité morale, se soumettre à un vote de coalition, des applaudissements retentirent sur presque tous les bancs de la Chambre. « Je ne puis croire, disait le ministre, que ce vote ait été l'effet du hasard, et, s'il faut dire toute ma pensée, je crois qu'il a été le résultat d'une coalition préméditée. » Ici des interruptions ayant couvert la voix de sir Robert Peel, le ministre s'écria qu'il ne pouvait faire aucune concession, parce que ce serait encourager pour l'avenir de semblables coalitions.

« Je ne me plains pas, ajouta-t-il, non, mais j'ai le droit de qualifier une pareille conduite. Je ne conteste pas aux honorables membres le droit d'entrer dans une coalition avec un adversaire. Je n'ai point la prétention de les en blâmer ; mais j'ai le droit d'apprécier l'influence que leur conduite doit exercer sur l'action du gouvernement. Qu'ils usent de leur droits, mais, quant à moi, j'ai aussi le droit, j'ai le droit, et j'entends l'exercer, de considérer jusqu'à quel point je dois acquiescer à un pareil arrangement. Je ne suis pas disposé à me blesser ou à me plaindre du langage qui a été tenu envers nous. Nous sommes ministres, et, comme tels, nous devons endurer avec silence, sinon avec patience, les expressions les plus dures ; mais je ne puis cependant oublier les termes dans lesquels nos amis ont proposé et appuyé cet amendement. »

Puis, après avoir exposé la marche que le gouvernement se proposait de suivre, sir Robert Peel ajoutait :

« Nous ne pouvons nous dissimuler que les mesures que nous avons présentées n'ont pas été accueillies par l'adhésion cordiale des hommes dont nous estimons et respectons le plus les opinions et le caractère ; mais je dois déclarer, avec tout le respect que je leur dois, que nous ne pouvons prendre envers eux l'engagement de renoncer à une politique que nous croyons conforme aux véritables intérêts du pays. Nous regrettons profondément de n'avoir pas en cette occasion cette adhésion que nous estimons par dessus tout ; nous ne prétendons point exiger un appui sans condition ; mais nous avons le droit d'attendre qu'on nous prête l'appui nécessaire pour exécuter des mesures que nous regardons comme essentielles pour le bien public. Nous ne dissimulerons pas non plus, qu'en ce qui concerne notre plan de politique envers l'Église, nous avons été récemment défaits dans la Chambre des lords. Je ne cache rien ; mais je ne puis encourager des prévisions et des espérances que je ne suis certainement pas disposé à réaliser. Nous croyons que nous sommes dans le vrai, et il nous est impossible de faire acte de pénitence. »

Ce langage sans doute nécessaire, mais un peu hautain, fut plus sérieusement relevé par lord John Russell que par M. d'Israëli. Jamais, selon l'honorable lord, des conditions aussi dures n'avaient été faites à une Chambre. Le gouvernement proposait des lois et exigeait qu'on les votât sans examen. Si l'on arrivait à une autre conclusion que lui, il forçait la majorité à rétracter son vote et à présenter le spectacle d'une assemblée servile et sans conscience.

« Je ne suis pas membre de la majorité, ajoutait lord Russell ; je n'ai pas cet honneur. Je ne suis donc pas obligé de changer d'opinion. Sir Robert Peel dit que, s'il cédait aujourd'hui à une coalition, il lui faudrait encore céder en d'autres occasions ; mais moi je dirai à la majorité que, si elle cède aujourd'hui, le premier ministre la traitera toujours avec le même dédain et le même despotisme. Soyez-en sûrs, si vous cédez, on vous comptera désormais pour rien. Une fois assuré de votre appui sans condition, sir Robert Peel vous fera voter tout ce qu'il voudra, vous aurez donné la mesure de votre obséquiosité ; il sera trop tard pour vous repentir, et adieu à jamais votre indépendance. »

Malgré ces attaques, le résultat de la division fut une majorité de 22 voix pour le ministère. C'était là un succès, un heureux coup d'audace, mais cette majorité si minime, il ne l'avait obtenue qu'à grand' peine. Il lui avait fallu le concours de onze membres du parti radical, l'appui de M. Cobden, le chef de la ligue; de M. Warburton, nommé par la ligue; de M. Bouverie, fils du comte de Radnor, un chef de la ligue, de MM. Duncombe et Humphery, tous les deux organes du parti radical et chartiste. Par ce succès le ministère s'exposait nécessairement à l'accusation de n'exister que par la grâce de ses adversaires, et l'on avait le singulier spectacle d'une administration nommée pour maintenir le monopole et la prohibition, maintenue elle-même par le parti de l'abolition totale des droits.

Mais, en dernier résultat, si le ministre ne possédait plus, dans toute l'extension du mot, la confiance de la majorité, il n'en était par moins regardé comme nécessaire, même par ses ennemis déclarés. Lord Palmerston lui-même n'hésitait pas à dire que, si l'on provoquait dans la Chambre un vote de confiance, sir Robert Peel retrouverait certainement la majorité de 90 ou 100 voix qu'il avait eue dans toutes les grandes occasions. Sir Robert Peel était encore aux yeux de tous le seul représentant possible du parti agricole, le seul obstacle possible à une réforme radicale.

Le dernier incident de cette épisode parlementaire fut grotesque, mais assez caractéristique pour être rapporté. Les lois de finances portent pour préambule habituel : « Nous, les fidèles Communes de Votre Majesté, avons librement et volontairement voté ces droits, etc. » M. Duncombe, dans la séance du 21 juin, au moment où la Chambre allait voter définitivement le *bill* des droits sur le sucre, proposa de retrancher cette formule, par la raison que la majorité n'avait pas voté librement, et qu'elle n'avait fait qu'obéir aux menaces du premier ministre. Voici quelques échantillons du discours excentrique qui accompagna cette proposition :

« Je suis loin de blâmer sir Robert Peel de la manière

dont il a traité ses partisans ; ils n'ont eu absolument que ce qu'ils méritaient. Il y a deux mois, ils ont si bien reçu des coups de pieds (*kicked*), qu'ils peuvent bien en recevoir encore un peu plus ; et l'on fait bien de leur en donner. Je dois dire que je n'ai jamais vu une meute d'épagneuls si bien dressés et si soumis à leur maître. Que voulez-vous donc qu'on pense de vous au dehors? Je vous déclare qu'il n'y a jamais eu en Angleterre une Chambre des Communes plus profondément détestée et méprisée que celle-ci..... »

Les questions religieuses furent, pour le ministère, l'occasion d'un nouvel échec à la Chambre des Lords. Le parlement avait, il y a quelques années, voté un *bill* portant que les deux évêchés Gallois de Bangor et de Saint-Asaph seraient, à la mort des titulaires actuels, réunis en un seul. Le but de cette disposition était de faciliter la fondation d'un nouvel évêché à Manchester, ville dont l'importance a grandi singulièrement depuis quelques années. La difficulté n'était pas de trouver des fonds pour la création d'un évêché, mais bien d'introduire un nouvel évêque dans la Chambre des Lords ; c'était ce que l'on évitait en réunissant deux siéges en un seul et en donnant un siége nouveau au futur évêque de Manchester. Le parti de l'Eglise s'émut ; les pétitions du pays de Galles inondèrent la Chambre et, le 11 juin, lord Powis fit une motion pour le rappel du *bill* voté en 1836. Combattue au nom du gouvernement par le duc de Wellington, par l'archevêque de Cantorbéry et l'évêque de Londres, appuyée par les évêques de Bangor, de Saint-David, de Lichfield et d'Exeter, lord Winchelsea et lord Harrowby, la motion fut votée par 49 voix contre 37. En cette occasion, la presse *tory* prit de nouveau parti contre le gouvernement.

Le ministère eut encore à soutenir une lutte assez fâcheuse pour sa popularité. Des pétitions avaient été adressées à la Chambre des Lords et à la Chambre des Communes par des réfugiés italiens et polonais pour protester contre l'ouverture qui avait été faite de leur correspondance par l'ordre du ministre de l'Intérieur, en vertu d'une loi qui date du règne de la reine Anne. Des motions d'enquête furent présentées à ce sujet les 24 et 25 juin, par le comte de Radnor et par M. Dunçombe à la Chambre des Communes. Dans la séance du 2 juillet à la Chambre des Communes, M. Duncombe développa sa motion. Il dit que cette pratique légale de l'indiscrétion était une honte pour la nation anglaise.

L'opinion publique s'étant prononcée dans l'intervalle avec une grande énergie contre des habitudes aussi odieuses, sir James Graham déclara qu'il allait lui-même au devant de l'examen le plus entier et le plus détaillé de cette affaire et qu'il appelait la lumière sur sa conduite comme sur celle de ses prédécesseurs. Seulement le ministre s'opposait à la publicité de l'enquête qu'il voulait faire par un comité secret composé de neuf membres, dont cinq seraient pris dans les rangs de l'opposition et quatre dans ceux de la majorité.

La motion d'enquête fut adoptée à l'unanimité et sans que le ministère eût cru pouvoir démentir les faits révélés par les pétitionnaires.

Le 29 avril, le budget fut présenté par le chancelier de l'Échiquier à la Chambre des Communes. L'année dernière à pareille époque, la Chambre avait accueilli avec quelque incrédulité l'espérance d'une récrudescence dans les affaires industrielles et commerciales. Ces espérances s'étaient réalisées. Le chancelier avait alors évalué à 19 millions (liv. sterl.) le chiffre probable des recettes de douanes pendant l'année à venir, tandis que le chiffre réel avait été de 21 millions 426,000 liv. Une importation considérable de blé avait produit cette différence, concurremment avec une grande amélioration dans les droits sur les vins, sur le sucre, sur le thé et le coton.

En résumé, le chiffre probable des recettes générales avait

été évalué par le chancelier à 50 millions 150,000 liv. Le chiffre réel avait été de 52 millions 138,840 liv. L'augmentation dépassant les calculs était donc de 2 millions 700,000 liv. Quant à la dépense, la réduction était aussi heureusement imprévue. La dépense d'entretien de l'armée avait été de 6 millions 188,000 liv., chiffre qui présentait une réduction de plus de 500,000 livres comparativement au chiffre de l'année précédente ; en un mot, les dépenses avaient été de 600,000 liv. moindres que dans les prévisions du ministère. En combinant tous ces chiffres, le lord chancelier arrivait à dire que le chiffre de l'excédant des recettes pour l'année était de 4 millions 165,000 livres. Dès-lors, le déficit de 1843, qui s'élevait à 2 millions 749,000 livres, se trouvait couvert et au delà par les produits de la présente année, et, déduction faite du chiffre de ce déficit, il restait encore à présenter le satisfaisant résultat d'un excédant de recettes, au 1er avril 1844, de 1 million 400,000 liv.

Le chancelier de l'Échiquier proposa, le 8 mars, à la Chambre des Communes, un plan de réduction de 3 1/2. Ce fonds s'élevait en totalité à 249,600,000 liv. sterl. (6 milliards 240 millions de francs) et se composait :

1° Du fonds de 3 1/2 créé en 1818 pour une valeur de 10 millions st. (250 millions de fr.) ;

2° Du fonds de 4 p. 0/0 créé en 1760, et réduit à 3 1/2 en 1824 par lord Ripon. Son importance était de 67,500,000 liv. (1 milliard 687 millions de fr.) ;

3° Du fonds 5 p. 0/0 créé en 1784 et réduit une première fois, en 1822, à 4 p. 0/0 par M. Van Sittard, et une seconde fois, en 1830, à 3 1/2 par M. Goulburn, le chancelier actuel ;

4° De l'ancien 1/2 irlandais créé en 1787.

La réduction proposée aujourd'hui devait porter sur ces quatre branches, mais ne serait opérée qu'avec certains ménagements. M. Goulburn entendait la limiter à 1/4 p. 0/0 jusqu'au 10 octobre 1854, c'est-à-dire, pendant dix ans. A partir de cette époque, une nouvelle réduction de 1/4 p. 0/0 serait faite, et, jusqu'au 10 octobre 1874, c'est-à-dire, pendant une période de vingt-ans, l'intérêt ne serait pas abaissé au-dessous de 3 p. 0/0.

D'après les calculs de M. Goulburn, cette mesure devait procurer à l'Angleterre une économie annuelle de 625,000 l. sterl. (15 millions 1/2 de fr.) pendant la première période, et une économie double pendant la seconde.

Cette conversion s'annonçait au reste sous les meilleurs auspices. Des orateurs de tous les partis s'accordèrent à l'approuver, M. Barnig, M. Reid, M. Stewaw, M. Easthrope. Dans l'opinion des capitalistes les plus distingués, le taux de l'intérêt étant tombé très-bas en Angleterre, et l'argent n'étant placé que très-difficilement à 2 1/2 et 2 p. 0/0, il était probable que les capitaux resteraient dans la rente, après comme avant la conversion. La mesure ayant, au reste, été déjà pratiquée plusieurs fois, l'évantualité d'une converson n'avait rien qui pût surprendre ou effrayer les esprits. Aussi le projet de M. Goulburn fit-il peu d'impression sur la Chambre des Communes.

Un *bill* pour la suppression plus efficace des maisons de tolérance, présenté à la Chambre des Lords, le 15 juin, par l'évêque d'Exeter, fut l'occasion d'un curieux incident qui vint rappeler tout-à-coup une singulière contradiction entre les usages et les règlements surannés de la vie parlementaire. Lord Campbell demandait que la salle fût évacuée par les étrangers, c'est-à-dire, par les journalistes. Mais l'évêque d'Exeter s'y opposa, par la raison qu'il ne pouvait y avoir d'étrangers dans la Chambre des Lords. Lord Brougham et le *speaker*, lord Lyndhurst rappelèrent qu'il était contraire à l'ordre de parler de la présence d'étrangers dans la Chambre, et que tout ce qu'il était permis de faire, c'était de fermer les yeux et d'ignorer. C'est qu'en effet le règlement des Chambres anglaises prohibe de la manière la plus absolue la reproduction des débats, et la publicité n'existe que par une violation de la loi.

Le but du *bill* de l'évêque d'Exeter était de donner des pouvoirs plus étendus aux magistrats pour supprimer les maisons de tolérance. Le *bill* (*the Brothels Bill*) fut admis à la seconde lecture, pour être ensuite discuté en comité.

La prorogation du parlement eut lieu, par commission royale, le 5 septembre. Le discours royal, dont le lord chancelier donna lecture, renfermait cette phrase significative:

« S. M. a été récemment engagée dans des discussions avec le gouvernement du roi des Français, sur des événements de nature à interrompre la bonne intelligence et les relations amicales entre la France et l'Angleterre. Vous vous réjouirez d'apprendre que, grâce à l'esprit de justice et de modération qui a animé les deux gouvernements, le danger a été heureusement écarté. »

De toutes les mesures sanctionnées par le Parlement, une seule était rappelée dans le discours royal, à savoir, le *bill* pour régler l'émission des billets de banque.

CHAPITRE XII.

INTÉRIEUR. — État du pays. — Situation financière. — *Anti-corn-law-league.* Contre-association. — *Meeting* de Birmingham. — Protestation en faveur des libertés irlandaises. — Franchise électorale. — Procès d'O'Connell. — Opérations préliminaires du procès. — Plaidoirie de M. Sheil. — Plaidoirie d'O'Connell. — Condamnation. — Motion de lord John Russell relative à l'Irlande. — Motion de lord Normanby.

EXTÉRIEUR. — Traité supplémentaire avec la Chine. — Traité de commerce et de navigation avec le Mecklenbourg-Schwerin.

Les relevés du revenu annuel, publiés le 6 janvier, causèrent une satisfaction relative : on y voyait un progrès sensible dans le rétablissement de la prospérité intérieure de la Grande-Bretagne. Le revenu de l'année 1843, comparé à celui de 1842, présentait une augmentation de près de 150 millions de francs et s'élevait à 50,071,943 liv. sterl. (1 milliard 252 millions de francs). Mais il fallait reconnaître que l'augmentation se composait des ressources spéciales de deux produits tout-à-fait temporaires, la taxe du revenu et la rançon de la Chine. Le produit de la taxe générale sur les revenus (*income-tax*) y entrait à lui seul pour 4 millions 678,204 liv. sterl. (116 millions 955,100 fr.). Ce n'était donc pas dans l'ensemble des recettes qu'il fallait chercher la preuve d'une amélioration dans les affaires de l'Angleterre, mais dans le chiffre des revenus réguliers et indépendants de l'impôt extraordinaire voté deux ans auparavant. Or, ces revenus se relevaient peu à peu, et, cette année, ils avaient éprouvé une augmentation de plus de 25 millions de francs.

Il avait été possible de craindre que l'*income-tax* n'eût pour effet de restreindre les dépenses de toutes les classes de la population, et par conséquent de diminuer le produit des sources ordinaires de revenu. Ces prévisions ne s'étaient pas réalisées, et la marche du déficit, si rapide dans ces dernières années, paraissait enfin s'arrêter aujourd'hui.

L'augmentation portait surtout sur les revenus de l'accise : or, cette branche du revenu représente la grande consommation, et, par conséquent, est un symptôme de la condition des classes laborieuse sL'augmentation de ce coté s'élevait à près de 10 millions. Le revenu de la poste avait subi une diminution de 325,000 fr. sur l'année.

En résumé, quoiqu'on pût se féliciter d'avoir suffi à payer près de 150 millions d'impôt extraordinaire, sans que le progrès des sources ordinaires du revenu en fût arrêté, il n'en était pas moins à craindre que sir Robert Peel ne fût obligé de prolonger la durée de la taxe sur le revenu, peut-être même de la maintenir parmi les ressources ordinaires de l'Échiquier.

Un détail qui explique la situation financière de la Grande-Bretagne, c'est la portion des revenus appliquée cette année à l'entretien de la dette. En Angleterre, l'amortissement n'existe pas, et la dette ne se rachète qu'à l'aide des excédants de recettes, quand il y en a. Depuis cinq ans il y avait eu constamment déficit, et par conséquent aucun rachat n'avait été fait. Cette année les commissaires du Trésor rachetèrent des consolidés pour un peu plus de 600,000 fr. *de capital*, et des bons de l'Échiquier pour 5 millions de francs. L'application toute fortuite d'aussi faibles ressources à l'extinction d'une dette qui dépasse 20 milliards peut donner une idée de la manière dont l'Angleterre entend l'amortissement.

Les efforts de l'*anti-corn-law-league* éveillèrent cette année les craintes du parti agricole, qui résolut d'organiser une contre-association destinée à déjouer les tentatives de la ligue commandée par M. Cobden. De nombreux meetings furent tenus sous cette inspiration dans le comté d'Essex ; une souscription fut organisée et des fonds furent recueillis pour parer aux frais de la lutte. Mais il était déjà devenu difficile pour le parti agricole de neutraliser l'influence immense de la ligue. Au reste, l'association nouvelle ne se montrait, pas plus que la ligue elle-même, partisan des lois actuelles sur les céréales ; elle déclarait seulement les préférer à la suppression absolue des droits sur le thé, que demandent les ligueurs radicaux, suppression qui, selon les fermiers, déterminerait une révolution complète dans l'organisation sociale de la Grande-Bretagne. Ainsi, hostile l'un à l'autre sur le fond de la question, les deux partis étaient d'accord pour attaquer l'administration et pour l'accuser, celui-ci de maintenir un régime anti-libéral, celui-là de trahir, par une concession funeste, les intérêts de l'Angleterre.

Cependant O'Connell n'avait pas encore été réduit au silence. Dans un *meeting* à Birmingham, le 6 mars, il prononçait un discours plus violent qu'aucun de ceux tenus par lui avant le procès du Rappel. « Il n'y a, s'écriait-il, entre l'Irlande et l'Angleterre, que le contrat forcé qui intervient entre le voleur et la victime. On peut aggraver ma peine, ajoutait-il, mais on ne m'intimidera jamais, et l'on ne m'empêchera pas de répéter que le traitement que l'on fait subir à l'Irlande prouve qu'il y a parti pris, chez les gouvernants, de faire peser sur tous les hommes libres de l'Angleterre le joug de la tyrannie. »

Sous l'impression de ces paroles, l'assemblée vota à la Chambre des Communes une protestation énergique en faveur des libertés irlandaises.

Le procès d'O'Connell et de ses adhérents avait été, on se le rappelle, renvoyé des assises de novembre 1843 à celle du 15 janvier 1844. Il n'était plus possible de reculer sans honte ou sans danger devant les résultats probables d'un jugement. Que l'accusé fût ou non condamné, le beau rôle était pour lui, les difficultés pour le gouvernement. Condamné, O'Connell devenait un martyr aux yeux de l'Irlande, titre que déjà l'on prodiguait au révérend Tyrrell, mort de maladie pendant les délais. Absous, au contraire, l'agitateur verrait s'accroître sa force et son influence sur le parti radical, et peut-être le ministère se laisserait-il entraîner dans des voies d'exception et recourrait-il à des mesures réactionnaires faites pour lui aliéner encore plus les esprits.

Les opérations préliminaires du jugement commencèrent dans les premiers jours de janvier. La liste générale du jury se composait de 717 noms; le triage du jury spécial ou jury de jugement donna 48 noms, sur lesquels le ministère public avait le droit d'en réunir 12, et les accusés un pareil nombre; les 12 premiers appelés des 24 restants formeraient le jury définitif. Sur les 12 jurés réunis par le ministère public, 11 étaient catholiques romains et un, bien que protestant, affilié à l'association du Rappel. Ce fut là une occasion de suspecter l'impartialité du ministère public, qui, au reste, était dans son droit. Le jugement de 11 catholiques romains et d'un *repealer* étant aussi bien connu à l'avance que celui de 12 protestants, ce qui devait résulter de tout cela, c'était l'impossibilité d'un jugement sérieux, la composition du jury donnant à l'avance l'assurance de la partialité la plus absolue. «C'est là un joug de partisans, s'écriait O'Connell.

Le réquisitoire de l'*attorney-general* fut un exposé historique de tous les événements qui se sont passés en Irlande, depuis le *bill* d'émancipation et le *bill* de réforme; de toutes les associations qui y ont été organisées dans un but politique depuis cette époque; des mesures de répression adoptées par les gouvernements qui ont dirigé les affaires depuis quatorze ans; de l'organisation de la société du Rappel; une réproduction d'innombrables extraits de discours prononcés dans les *meetings*, et des proclamations insérées dans les journaux.

Depuis ce moment, le procès suivit son cours au milieu d'innombrables formalités de peu d'intérêt, jusqu'à ce que, le 27 janvier, le ministère public ayant terminé sa tâche, la défense commençât la sienne. M. Sheil ouvrit le cours des plaidoiries, en présentant la défense de M. John O'Connell, Daniel O'Connell s'étant réservé à lui-même le soin de sa propre défense.

M. Sheil, l'un des orateurs les plus brillants du parlement britannique, rappela différents procès qui avaient été faits, soit en Grande-Bretagne, soit en Irlande, sur la même accusation de conspiration : celui de Hunt, acquitté par un jury anglais; celui de Swift, que le grand jury de Dublin refusa de traduire devant la cour. Puis, passant aux luttes de l'Irlande, il étala éloquemment la plaie des guerres religieuses :

« Hélas! si nous étions 8 millions de protestants au lieu de 8 millions de catholiques, verrions-nous dans la législation cette odieuse distinction entre protestants et catholiques qu'on y introduit presque à chaque page? Verrions-nous le Parlement passer outre, comme si nous n'avions pas une voix dans la législature? Fatales, désastreuses, détestables distinctions! Détestables, non-seulement parce qu'elles sont contraires à l'esprit du christianisme, et substituent à la charité religieuse les antipathies haineuses de l'esprit de secte, mais aussi parce qu'elles réduisent notre pays à l'état de dépendance d'une colonie, font de l'Union un vain mot, convertissent une nation en une propriété, font de nous les marche-pieds des ministres, le jouet de l'Angleterre, la pitié du monde. L'Irlande est le seul pays d'Europe où les distinctions entre protestants et catholiques existent encore. En Allemagne, où Luther a traduit les Écritures, en France, où Calvin a écrit ses *Institutions*, oui, jusques sur la terre des dragonnades et de la Saint-Barthélemy, la terre où les ancêtres de plusieurs de ceux qui nous jugent ont été barbarement bannis, les maux causés par les catholiques e les protestants sont mutuellement pardonnés et oubliés, tandis que nous, fous que nous sommes, égarés par ce fanatisme détestable qui, chassé de toutes les parties de l'Europe, s'est réfugié ici, nous nous précipitons les uns sur les autres dans ces rencontres féroces au milieu desquelles notre pays, sanglant et déchiré, est foulé aux pieds! Nous changeons cette île, la plus belle du monde, en un réceptacle de détresse et de souffrance; nous nous mettons en travers des desseins de la Providence, et nous conspirons pour détruire l'effet des intentions bienveillantes de Dieu! »

Puis, traçant une histoire de l'Irlande depuis l'acte d'Union, l'orateur montrait l'accusé cherchant par tous ses actes à réprimer le désordre. M. Sheil terminait ainsi :

« Songez-y bien : il n'y a pas une grande ville en Europe dans laquelle, quand on entendra la grande nouvelle, on ne s'arrêtera les uns les autres dans les rues pour se demander s'il s'est trouvé douze citoyens irlandais pour envoyer sous les verroux l'homme qui a donné la liberté à l'Irlande. Quel que soit votre jugement, il est préparé à s'y soumettre. Il sait que les yeux du monde sont fixés sur lui, et que la postérité, qu'il soit libre ou captif, se souviendra de lui avec admiration. Lui, il s'inquiète peu de ce qui doit lui arriver; mais moi, moi qui étends vers vous en faveur des fils les mains que le père a délivrées de leurs chaînes, vivrai-je pour qu'en passant près de l'enceinte des douleurs et des crimes je dise : « C'est là qu'ils ont enfermé le libérateur de l'Irlande et son fils bien-aimé! » Non, non! cela ne sera jamais. Non! quand le printemps reviendra et que l'hiver aura passé, ce n'est pas à des fenêtres d'une prison que le père d'un tel fils et le fils d'un tel père verront ces vertes montagnes que les prisonniers voient avec tant de tristesse; mais ils retourneront auprès de leur foyer domestique, pour y entendre encore les murmures du grand Océan, pour y respirer les brises libres et pures des montagnes. J'ai confiance dans votre amour de la justice, dans votre amour de l'Irlande, dans votre amour de la liberté. Ah! quand au dernier terme de ces débats vous répondrez solennellement : « Non coupables, » avec quel transport vous serez accueillis! Que vous serez bénis, aimés, adorés, et quand, après cette rude tâche, vous retournerez à vos tranquilles foyers, avec quel bonheur vous regarderez vos enfants, sûrs de leur avoir laissé un patrimoine de paix et d'harmonie, en montrant au gouvernement anglais qu'il y a autre chose à faire que des procès pour pacifier le pays. »

Ce brillant échantillon de l'éloquence un peu emphatique

de M. Sheil fut couvert d'applaudissements unanimes ; quant à O'Connell, il se borna dans un discours terne et diffus à repousser le reproche de conspiration et à répéter ses protestations contre l'Union.

L'agitateur fut condamné après un acquittement préliminaire. Nous verrons l'année prochaine quelle position nouvelle lui avait faite cette espèce de martyre.

Après ce procès, la question irlandaise fut rappelée par plusieurs motions spéciales.

Mais la plus importante de ces motions fut celle que fit, le 13 février, lord John Russell, dans la Chambre des Communes. Ce fut un véritable acte d'accusation porté contre le ministère tory que cette motion d'enquête sur l'état de l'Irlande. Le long silence et la réserve habituelle de l'honorable chef de l'opposition donnaient à cette démarche une importance toute particulière.

Le noble orateur commença par un parallèle entre l'Irlande telle que l'avait laissée l'administration whig et l'Irlande telle que l'avait faite le ministère tory. Si l'on regardait ce pays, dans les circonstances actuelles, on croyait voir plutôt un pays occupé qu'un pays gouverné : il semblait que le pouvoir s'y préparât à soutenir une guerre civile. Qu'arrivait-il donc? L'homme qui avait fait obtenir aux catholiques d'Irlande le *bill* d'émancipation venait d'être déclaré coupable par le jury. Était-ce là une garantie de la tranquillité de l'Irlande? Si l'on voulait le maintien de l'Union, au moins fallait-il accorder à l'Irlande la justice qui lui est due. En 1799, les deux Chambres du parlement présentèrent à Georges III une adresse dans laquelle elles exprimaient le désir de voir l'Irlande et l'Angleterre jouir en commun des avantages de la constitution. Les lois qui régissaient le pays avaient-elles été faites dans cet esprit? Avait-on suivi la pensée de Pitt, qui disait qu'il ne fallait pas traiter l'Irlande comme un pays conquis? Pitt s'écriait alors :

Non ego nec Teucris Italos parere jubebo,
Nec nova regna peto, paribus se legibus ambæ,
Invictæ gentes æterna in fœdera mittant.

Reprochant ensuite au parti tory les sentiments de mépris qu'il avait toujours témoignés pour l'Irlande, lord John Russell rappelait les mots célèbres de lord Lyndhurst, qui avait appelé les Irlandais « des étrangers par le sang, par le langage, par la religion. » On avait toujours prodigué l'outrage à l'Irlande, et l'on voulait que ce peuple demeurât froid et insensible. On n'avait rien fait pour satisfaire les justes réclamations du pays : de là ces *meetings* monstres qu'on avait eu le tort de tolérer si longtemps, puisqu'on voulait finir par les défendre.

Le principal accusé, M. O'Connell, était, à vrai dire, la seule cause du calme et du maintien de la paix en Irlande. Si le système de conspiration était admis, il n'y avait plus d'association qui pût exister sans être sous le coup d'une prévention de conspiration.

Les deux causes bien reconnues de la situation déplorable de l'Irlande, c'étaient la suprématie exclusive de l'église protestante et les relations des fermiers et des propriétaires. Sur le premier point, le noble lord trouvait inique le refus fait aux prélats catholiques romains de la jouissance de leurs titres épiscopaux. Le principe de l'égalité pour les deux églises rivales, et une double subvention accordée au séminaire catholique de Maynooth, telles étaient les mesures réclamées par l'orateur. Quant à cette espèce de guerre sociale engagée entre les propriétaires et les fermiers, bien que le noble lord fût obligé d'avouer que pour un mal si profond, si invétéré, si ancien, il ne connaissait aucun remède direct, au moins pouvait-on trouver quelque avantage à séparer l'intérêt foncier des tribunaux et à diminuer le nombre des magistrats stipendiés.

Lord John Russell termina en citant ces belles paroles de Fox, à qui l'on disait que les Irlandais n'aimaient pas l'Angleterre, et que pour réprimer la trahison une loi était nécessaire :

« S'il est vrai, comme on le prétend, que la trahison a pénétré jusqu'à la moelle des os du peuple ; si le Jacobinisme, comme on l'appelle, a envahi l'esprit des masses ; si la déloyauté est tellement universelle et profonde que le despotisme militaire puisse seul rendre l'Irlande habitable, alors je dis qu'il est contraire à l'observation de tout le genre humain qu'une désaffection si générale et si profonde puisse exister chez aucun peuple du globe, sans que ce soit la faute de ceux qui le gouvernent. Que nous dit-on ? Que l'Angleterre ne peut retirer aucun fruit de l'adjonction de 5 ou 6 millions de peintres, c'est ainsi qu'on appelle les Irlandais ; mais ce n'est pas là ce qu'ils sont. Jamais affront plus sanglant ne fut fait à la vérité ; jamais peuple ne fut plus indignement calomnié. J'aime le peuple irlandais ; je connais l'Irlande pour l'avoir vue. Sans doute l'Irlande peut avoir des défauts, comme tout le monde ; nul ne ressent plus vivement l'injure, nul ne la supporte moins patiemment ; mais j'affirme, et par expérience et par tout ce que j'en sais, que dans toutes les classes de la population irlandaise il est un sentiment ardent entre tous les autres : celui de la reconnaissance pour les bienfaits. Changez de système vis-à-vis de l'Irlande, et bientôt vous trouverez d'autres hommes. Que l'impartialité, la justice, la clémence remplacent les préventions, la vengeance et l'oppression, et vous n'aurez plus besoin de recourir à la loi martiale. »

Ainsi parlait Fox, et lord John Russell, en rappelant ces paroles, espérait que son salutaire avis ne serait pas perdu pour les Anglais d'aujourd'hui. « M. Fox est au tombeau, continuait l'éloquent orateur ; il repose dans ce sanctuaire voisin de cette enceinte (1), à côté des plus grands hommes de son pays.

At non in parvâ manes jacuêre favillâ,

Nec cinis exiguus tantam compescuit umbram.

(1) L'abbaye de Westminster.

Les paroles de cet homme d'État doivent sans cesse retentir au cœur de celui qui vient dans cette Chambre plaider la cause de l'Irlandais opprimée. La Chambre peut et doit mettre en pratique ce conseil excellent ; il en est temps encore. L'Irlande peut encore être conquise par l'affection! »

L'éloquent réquisitoire de lord John Russell appela à la tribune sir James Graham. Le ministre de l'Intérieur reprocha à son adversaire de n'avoir fait aucune proposition distincte et lui demanda sur quelles bases il voulait fonder ses principes d'égalité religieuse. Quant à ce qui concernait l'église protestante en Irlande, le ministre n'hésitait pas à déclarer que le gouvernement rejetait toute proposition qui porterait atteinte au choix que l'État protestant d'Angleterre a fait de la religion réformée. Ce choix, l'Angleterre l'a fait à la Réformation ; elle l'a fait de nouveau à la Révolution ; ce choix a été consolidé par l'acte de règlement, consacré encore par l'acte d'Union. Sir James Graham le considérait comme le premier fondement des libertés anglicanes, et, ajoutait-il, un tel état de choses ne serait pas changé par une *association factieuse*, par une *bande de conspirateurs* telle que celle qu'on venait de condamner.

C'était, selon M. Sheil, l'établissement temporel (*the temporalities*) de l'église anglicane en Irlande que l'on devait regarder comme la véritable cause des maux de ce pays. C'était surtout par crainte de voir s'échapper de ses mains les avantages matériels que cet établissement lui assure, que l'aristocratie *tory* refusait aux catholiques irlandais les droits qui les mettaient avec le peuple anglais sur le pied d'égalité politique.

Le plus sûr effet d'éloquence employé par les partisans de l'Irlande catholique, c'était l'énumération, le récit le plus simple des anomalies choquantes que présente l'église d'Irlande. Le nombre des protestants du culte de l'église établie ne dépasse pas en Irlande le chiffre de huit cent mille, en y comprenant environ cent mille méthodistes ou dissidents. Or, les revenus du clergé de cette population s'élèvent, malgré les réductions opérées dans les dernières années, à 650,000 liv. sterl. (16,250,000 fr.). C'est plus de la moitié de ce que reçoit le clergé catholique de France pour trente millions d'ames. Pour 800,000 anglicans, il y a en Irlande 2 archevêques, 10 évêques et 2,500 paroisses, tandis que la population anglicane de l'Angleterre et du pays de Galles, évaluée à 14 millions d'ames, n'a que 2 archevêques, 24 évêques et 10,701 paroissiens. Des deux archevêques d'Irlande, celui d'Armagh a un revenu de 17,000 liv. sterl. (425,000 fr.) par an. Le revenu de l'évêque de Derry est de 14,000 liv. (350,000 fr.). Le plus pauvre évêché anglican d'Irlande, celui de Clomfert, rapporte 75,000 fr. par an. Au contraire, les évêques catholiques les plus considérables reçoivent à peine des contributions volontaires de leurs ouailles 5 à 600 livres. Ces énormes richesses ne sont pas encore le plus grand des abus que présente la situation de l'église établie d'Irlande. La plupart de ces revenus exorbitants sont attachés à des sinécures. Il y a en Irlande 41 bénéfices où l'on ne peut compter un seul membre de l'Église établie. Dans cette classe, 36, où l'on ne voit ni église, ni ecclésiastique, ni anglican laïque, rapportent ensemble seulement en produit des dîmes plus de 100,000 fr. Il y a encore 157 bénéfices où il n'y a pas d'ecclésiastiques résidents, où aucun acte du culte ne s'est jamais accompli.

A ces faits exposés avec une énergique simplicité par M. Ward et par lord John Russell, lord Eliot, secrétaire du gouvernement d'Irlande, M. Shaw, représentant de l'université de Dublin, sir James Graham et sir Robert Peel ne répondaient que par le fait lui-même, érigé selon eux en droit par l'histoire. Lorsque les catholiques obtinrent le bill d'émancipation, ils s'étaient engagés à ne faire aucune entreprise contre l'église d'Irlande : partant de ce droit de l'église établie, ses défenseurs affectaient de regarder comme une atteinte à l'existence de cette église toute proposition tendant à en réformer les abus.

Vers la fin de ces débats, O'Connell lui-même prit la parole, mais avec plus de modération qu'on n'était habitué à en attendre de lui. Il chercha surtout à émouvoir ses adversaires en faveur de l'Irlande, et somma le ministère de faire connaître ses intentions.

Sir Robert Peel répondit à ce discours par des promesses mêlées de quelque ironie. Le ministre était d'accord avec les partisans de la cause irlandaise sur ce point, que l'on devait s'efforcer d'améliorer la condition sociale de l'Irlande, sans tenir compte des considérations politiques. La commission chargée de régler les relations entre propriétaires et fermiers ne réaliserait pas, sans doute, l'amélioration immédiate de la condition du peuple irlandais, mais elle jetterait les bases d'une future amélioration dans la condition matérielle et physique.

Quand à la question de la franchise électorale, sir Robert Peel déclarait que le gouvernement désirait l'application entière de tous votes sanctionnés par le bill de soulagement et le bill de réforme. Mais il ne croyait pas prudent de troubler les proportions relatives fixées par l'acte de réforme. La franchise électorale devait être substantiellement égale entre l'Irlande et l'Angleterre : mais cette égalité ne pouvait être de l'identité. Il devait, il pouvait seulement y avoir égalité substantielle de privilège civil pour les protestants et les catholiques, et la franchise devait être réellement égale entre les deux pays.

Quant à la question capitale, celle de l'église établie, le gouvernement trouvait en Irlande une église protestante existant depuis plus de 250 ans : il la trouvait consacrée par des actes du parlement, actes solennels et obligatoires. En 1829, en faisant disparaître les incapacités dont se plaignaient les catholiques, on avait eu soin de garantir aux protestants que l'église établie serait respectée. En Écosse, on avait garanti l'église presbytérienne, en Irlande, l'église protestante, en vertu de contrats obligatoires qui devaient recevoir leur exécution.

L'intention bien exprimée du Cabinet était donc de maintenir l'église d'Angleterre dans son intégrité. Ce n'était pas qu'on voulût conclure toutes les réformes qui pourraient accroître son utilité; mais on ne consentirait jamais au renversement de l'église, à l'établissement de trois formes de religion en Irlande, à la division des revenus entre les églises protestantes presbytérienne et catholique romaine.

Plusieurs membres éminents de la Chambre des lords protestèrent contre le vote qui avait repoussé une motion semblable : la motion de lord Normanby. Cette protestation, au bas de laquelle figuraient les noms des Normanby, des Campbell, des Clarendon, des Fortescue, des Colborne, des Monteagle, se terminait ainsi :

« Sous le système suivi pendant les quatre premières années du règne de S. M., la valeur des biens-fonds situés en Irlande avait augmenté par l'effet de la tranquillité obtenue par la confiance dans l'administration impartiale de la justice. Depuis lors, l'Irlande est devenue le principal embarras du pouvoir exécutif, par la raison que ceux qui, comme législateurs, avaient refusé d'accorder aux Irlandais les bienfaits de lois égales, ont négligé depuis leur avènement au pouvoir de leur assurer la jouissance pratique de droits égaux. Jamais un pays possédant des institutions libérales ne pourra être utilement gouverné par l'influence exclusive d'une faible minorité. D'ailleurs, les mesures favorables à l'Irlande, que le gouvernement a annoncées, ne satisferaient pas les besoins du peuple irlandais. »

EXTÉRIEUR. — L'établissement anglais en Chine se développe d'une manière satisfaisante.

Un traité supplémentaire fut conclu pour le règlement des rapports commerciaux des deux pays. En voici les dispositions les plus importantes :

« Les négociants anglais et autres, résidant dans les cinq

ports, ne pourront franchir une certaine distance aux environs. Cette distance sera déterminée par les autorités locales et les consuls. Les contrevenants seront arrêtés et livrés au consul, qui leur infligera le châtiment qu'ils auront mérité.

» Les citoyens des États étrangers qui ont antérieurement fait le commerce à Canton seront admis dans les ports, chacun aux mêmes conditions que les sujets anglais.

» Un vaisseau de guerre anglais stationnera dans chacun des cinq ports pour maintenir la discipline parmi les équipages des navires marchands, et aussi pour faire respecter l'autorité du consul britannique.

» Les équipages des vaisseaux de guerre ne pourront parcourir le pays. Ces vaisseaux ne seront pas soumis aux droits de ports ordinaires.

» Aussitôt que le traité aura reçu la signature de S. M. l'empereur de la Chine, la copie en sera remise à S. G. Kwang, juge à Canton, qui se rendra dans le lieu que le plénipotentiaire britannique aura déterminé ; et le remettra audit plénipotentiaire. Et, quand S. M. la reine d'Angleterre aura revêtu le traité de sa signature, le plénipotentiaire britannique enverra à Canton la copie, qui sera remise à S. G. Kwang, qui la transmettra au commissaire impérial, pour servir de règle et de guide aux deux nations, et comme confirmation solennelle de paix et d'amitié. »

Un traité de commerce et de navigation entre la Grande-Bretagne et le duché de Mecklembourg-Schwerin fut signé à Schwerin au mois de mai, et les ratifications furent échangées le 10 août à Dosberan. Par ce traité, les navires des puissances respectives seraient soumis aux mêmes charges que les navires nationaux. Tous les articles du sol, du produit et de la fabrique des deux pays, paieraient les mêmes impôts, qu'ils fussent importés ou exportés dans les navires de Mecklenbourg-Schwerin ou dans ceux de l'Angleterre (1). »

(1) Voici un extrait de l'article 5, le plus important :

« Considérant que les navires anglais, avec leurs cargaisons, pouvant, d'après les lois de Mecklenbourg-Schwerin, entrer dans les ports du Grand-Duché, quand ils arrivent des ports de tous autres pays, et considérant que le commerce et la navigation d'Angleterre avec le Mecklenbourg-Schwerin sont placés sur le pied de la nation la plus favorisée ; considérant, en outre, la facilité que l'application de la vapeur à la navigation intérieure donne au transport des produits et marchandises de toute espèce sur les rivières, et les nouveaux debouchés offerts par ce moyen au commerce et à la navigation entre l'Angleterre et les possessions de S. M. à l'étranger, d'une part, et le Grand-Duché de Mecklenbourg de l'autre, il est convenu que les navires de Mecklenbourg-Schwerin, ensemble avec leurs cargaisons, consistant en tels articles qui pourront légalement être introduits dans le Royaume-Uni et les possessions de S. M. sur le continent par lesdits vaisseaux, venant d'un port quelconque, du Grand-Duché ou de tout autre, seront admis dans les ports du Royaume-Uni et des possessions anglaises, aux mêmes conditions que si les ports d'où peuvent sortir ces vaisseaux étaient dans la juridiction du Grand-Duché de Mecklenbourg.

» Ces navires pourront introduire les articles ci-dessus, aux mêmes conditions que si ces articles venaient des ports du Grand-Duché, et ces navires sortant du Royaume-Uni par des possessions de S. M. sur le continent, pour se rendre aux susdits ports, seront traités comme s'ils retournaient à un port de Mecklenbourg-Schwerin. »

CHAPITRE XIII.

Amérique du nord. — États-Unis. — Politique générale. — Message du président. — Annexion du Texas. — Opinion de M. Tyler. — Résolutions parlementaires à ce sujet. — Opinion de M. Clay. — Question de l'Orégon. — Résolution parlementaire. — Négociations commerciales avec le *Zollverein*. — Nomination de M. Polk à la présidence. — Dette publique. — Travaux publics. — Résultats généraux du commerce.

Amérique du sud. — Mexique et Texas. — Continuation de la guerre. — Armistice. — Négociations pour l'annexion. — État du Mexique. — Rentrée de Santa-Anna. — Insurrection. — Insultes faites à des Français. — Rupture de l'armistice. — Nomination de M. Anson Jones à la présidence du Texas.

Brésil. — État du pays. — Négociations commerciales. — Nouveau tarif de douanes.

Pérou et Chili. — État de ces deux pays.

Buenos-Ayres et Urugay. — Légion française de Montevideo. — Blocus.

Dans son message annuel, le président résumait ainsi l'état des relations générales de l'Union avec les autres puissances de l'Europe :

« Nous continuons à recevoir les assurances des dispositions les plus amicales des autres puissances européennes, avec lesquelles il est si évidemment de notre intérêt de cultiver les relations les plus amicales. Je ne pourrais prévoir aucun événement qui soit de nature à troubler ces relations. La Russie, la grande puissance du Nord, s'avance continuellement, sous le sceptre judicieux de son empereur, dans la carrière des sciences et des améliorations, tandis que la France, guidée par les conseils de son sage souverain, suit une marche qui est de nature à consolider la paix générale. L'Espagne a eu un moment de repos pendant quelque temps, au milieu des dissensions intestines qui durant tant d'années avaient paralysé sa prospérité, tandis que l'Autriche, les Pays-Bas, la Prusse, la Belgique et les autres puissances européennes récoltent les fruits abondants de la paix générale.»

Arrivant ensuite au point le plus important de son message, l'annexion du Texas à l'Union américaine, le président s'exprimait ainsi au sujet du réfus de sanction opposée par le sénat au traité d'annexion:

« Je sentis qu'il était de mon devoir de soumettre le projet tout entier au congrès, considérant celui-ci comme le meilleur interprète du sentiment populaire. Aucune mesure à ce sujet n'ayant été prise par le congrès, la question se reportait d'elle-même directement à la décision de l'État et du péuple. La grande élection populaire qui vient d'avoir lieu a offert la meilleure occasion de s'assurer du vœu des États et du peuple. Ceci étant en suspens, il était du devoir impérieux du pouvoir exécutif d'informer le Mexique que la question d'annexion était encore soumise au peuple américain, et que, jusqu'à ce qu'il eût pris une décision, toute invasion sérieuse dans le Texas serait considérée comme une tentative pour devancer son jugement, et en conséquence ne pourrait être vue avec indifférence. Je suis heureux d'avoir à vous annoncer qu'aucune invasion n'a eu lieu, et j'ai la confiance que, quelle que soit votre décision, le Mexique comprendra l'importance de décider la question par des moyens paisibles, plutôt que de recourir aux armes. La décision du peuple et des États sur cette grande et intéressante question s'est manifestée d'une manière positive.

» Rien, depuis notre dernière session, ne peut faire douter que les dispositions du Texas aient changé. Je ne crains point de plaintes d'un autre côté: aucune raison n'existe pour qu'il s'en élève. Nous n'interviendrions, en aucune manière dans les droits d'aucune autre nation. On ne peut conclure de cet acte que nous ayons quelque intention d'agir ainsi avec leurs possessions sur le continent. Nous n'avons apporté aucun empêchement à de semblables acquisitions de territoires, comme en ont fait de temps à autre les principales puissances de l'Europe dans toutes les parties du monde. Nous ne cherchons point de conquête faite par la guerre; nous n'aurons eu recours à aucune intrigue, ni à aucun des artifices de la diplomatie pour accomplir l'annexion du Texas. Libre et indépendant, le Texas demande lui-même à être reçu dans notre Union: c'est une question soumise à notre propre décision, s'il le sera ou s'il ne le sera pas.»

L'opinion des hommes les plus distingués de l'Union était que le Texas a le droit de demander l'annexion, que cette annexion est constitutionnelle, mais que dans les circonstances actuelles elle froissait vivement les intérêts du Mexique et tendait directement à amener la guerre avec cette république.

C'était dans cet esprit de modération qu'était conçu le passage du message présidentiel relatif au Texas. Les États-Unis, y disait M. Tyler, avaient désiré, par les stipulations du traité, rendre justice à tous. Ils s'étaient chargés du paiement de la dette du Texas, voyant dans son ample et fertile territoire les moyens de l'acquitter. C'était là une affaire entre les États-Unis et le Texas, et dans laquelle les autres gouvernements n'avaient rien à voir. Le droit de recevoir le Texas ne pouvait être contesté à l'Union américaine, et le gouvernement des États-Unis ne pourrait, sans blesser son honneur et ses intérêts, permettre que sa politique fût entravée par l'intervention des autres puissances; la question était purement américaine. Le gouvernement de l'Union était décidé à suivre une politique conciliatrice envers le Mexique, et à lui rendre la plus ample justice par des stipulations et des conventions en harmonie avec les droits et la dignité du gouvernement. A diverses époques le gouvernement de l'Union avait fait connaître au Mexique son désir de voir le terme des hostilités entre cette république et le Texas; ce désir avait été complètement méconnu. Il avait toujours été prêt à arranger le différend entre les deux pays sur des bases avantageuses à l'un et à l'autre; il serait prêt de même à écouter les réclamations que le Mexique croirait devoir faire aux États-Unis. Le gouvernement de l'Union n'avait nul désir de blesser l'orgueil ou les intérêts de cette république, mais en même temps il ne devait pas compromettre, par des délais, les intérêts essentiels de l'Union.

Le pouvoir exécutif, ajoutait le président dans son message, bien qu'il ne pût voir avec plaisir la continuation de la guerre entre les deux États, avait cependant gardé une stricte neutralité ; il n'ignorait pas l'épuisement qu'une guerre de si longue durée (huit ans), avait dû produire, et le désir qu'avaient d'autres puissances de voir le Mexique entrer en conciliation avec le Texas, d'une manière qui, changeant les institutions du Texas, aurait pu menacer sérieusement l'existence de l'Union. Il n'ignorait pas non plus ce fait que, bien que les puissances étrangères pussent désavouer tout dessein de troubler les relations constitutionnelles de ces États, il en était une cependant, la plus puissante de toutes, qui n'avait pas manqué de signaler son hostilité en mainte occasion, pour amener le Mexique à négocier avec le Texas, et d'en faire une condition de la reconnaissance de la république américaine comme État indépendant. La question se trouvait donc réduite à cette alternaltive : ou les États-Unis accepteraient l'annexion à des conditions libérales, ou la refuseraient, forçant ainsi cette république à chercher un refuge dans les bras de quelque autre puissance.

Une solution proposée dans le Sénat prouvait jusqu'à quel point on prétendait étudier sérieusement la question, pour arriver plus promptement au but. On y demandait que le président fût requis d'informer le Sénat, si le pouvoir exécutif était en possession de renseignements satisfaisants et complets, relativement aux dettes publiques du Texas ; et que, s'il en était ainsi, il les communiquât au Sénat avec le chiffre de ces dettes ; qu'il fût requis, en outre, d'informer le Sénat, si quelques additions avaient été faites à cette dette depuis la signature du traité soumis au Sénat à la dernière session. Le président serait requis enfin de faire con-connaître au Sénat les quotités de territoire du Texas concédées antérieurement à la signature du traité par le gouvernement espagnol, américain et Texien, la quotité territoriale actuellement non concédée et les concessions dudit domaine, qui, depuis la signature du traité, avaient pu être faites par le gouvernement texien.

Voici le texte de cette résolution.

Résolu par le sénat et la Chambre des représentants des États-Unis assemblés en congrès, que l'annexion et l'union de la république du Texas aux États-Unis aura lieu, comme il a été convenu le 12 avril dernier, dans les termes suivants :

Art. 1er. La république du Texas, agissant d'après le vœu du peuple et de toutes les branches de son gouvernement, cède aux États-Unis tous ses territoires, pour que les États-Unis les gardent en pleine propriété et souveraineté et se les annexent comme un de leurs territoires, et les soumettent aux mêmes règles constitutionnelles que les leurs. Cette cession comprend tous les terrains publics et les places, les terres vacantes, les mines, les minéraux, les lacs salés, les sources, les édifices publics, fortifications, casernes, ports, ports de refuge, la marine et ses chantiers, les docks-magasins, armes, armements et équipements, les archives et documents publics, les dettes, les impôts et droits non payés au jour de l'échange des ratifications du traité.

Art. 2. Les citoyens du Texas seront incorporés dans l'Union américaine, appuyés et protégés dans la libre jouissance de leurs libertés et de leurs propriétés, et admis, en tant que le permettront les principes de la constitution fédérale à la jouissance de tous les droits, privilèges et immunités des citoyens des États-Unis.

Art. 3, 4, 5 et 6. Ces articles s'occuperont de l'arrangement des contestations qui pourraient s'élever, et des sommes à payer pour amortir les dettes du Texas. Une somme de 350,000 dollars sera payée au trésor des États-Unis, quatre-vingt-dix jours après l'échange des ratifications :

1° 250,000 dollars à Frédéric Dawson, de Baltimore, ou à ses héritiers, contre le même montant de bons 10 p. 0/0 du Texas; 2° 100,000 dollars pour le rachat des bons de l'Échiquier du Texas, qui pourraient être encore en circulation lors de l'échange des ratifications.

Art. 7. Jusqu'à ce que de nouvelles mesures aient été prises, les lois du Texas resteront en vigueur, et tous les officiers du pouvoir exécutif ou judiciaire conserveront leurs emplois, à l'exception du président et du vice-président.

Art. 8. Aussitôt après les ratifications du traité, le président des États-Unis, d'après l'avis et le consentement du Sénat, nommera une commission qui se rendra au Texas et recevra le transfert du territoire, des archives et propriétés publiques de ce pays, au nom des États-Unis. Il y exercera le pouvoir exécutif, pour l'application des lois, jusqu'à ce qu'il y ait été ultérieurement pourvu.

Il semblait, par ces résolutions parlementaires et par ce mouvement de l'opinion publique, que l'annexion du Texas ne dût souffrir à l'intérieur aucune difficulté; mais cette mesure rencontrait de sérieux adversaires.

L'annexion et une guerre avec le Mexique, disait M. Clay dans une lettre rendue publique, c'était une seule et même chose. Fallait-il engager le pays dans une guerre étrangère pour l'acquisition du Texas? Beaucoup, il est vrai, traitaient assez légèrement cette considération, à cause de la faiblesse du Mexique. M. Clay, au contraire, regardait toute guerre comme une grande calamité. Ce qu'il fallait par dessus tout aux États-Unis, selon M. Clay, c'était l'union, la paix et la patience. La faiblesse d'un pays n'était pas d'ailleurs un motif pour l'attaquer. On devait pratiquer l'honneur et la bonne foi envers le faible comme envers le fort.

Mais encore, ajoutait M. Clay, était-on sûr que le Mexique resterait seul dans la lutte? Savait-on si d'innombrables navires étrangers ne viendraient pas, sous les couleurs mexicaines, attaquer le commerce américain désarmé dans le golfe du Mexique, dans l'Océan pacifique et dans toutes les mers du monde? Était-on sûr que le Mexique ne trouverait pas des alliés parmi les puissances européennes. Déjà l'Union avait été accusée d'une passion désordonnée d'agrandissement. M. Clay se demandait donc ce qui arriverait, si l'Angleterre et la France venaient à prendre parti pour le Mexique, et déclaraient qu'elles voulaient maintenir l'indépendance du Texas et empêcher la propagande du commerce des esclaves par les Etats-Unis.

Telles sont les raisons des adversaires de l'annexion: mais la prudence et la timidité ne sont pas d'ordinaire à l'ordre du jour en Amérique, et, bien que quelques difficultés de forme dussent encore se rencontrer dans l'exécution de ce projet, la réunion du Texas aux États-Unis paraissait désormais rendue nécessaire par la force des choses et par le mouvement presque unanime de l'opinion publique.

Une autre question, qui sans doute réserve pour l'avenir des difficultés d'un ordre plus sérieux encore, la question de l'Orégon, ne fit aucun pas cette année.

On sait que, en vertu des traités, l'occupation de l'Orégon est conjointe entre la Grande-Bretagne et les États-Unis, et que, pour se retirer de la convention, l'une des puissances est obligée de prévenir l'autre un an à l'avance. Une résolution fut présentée, le 23 janvier, dans la Chambre des représentants, pour que le président prît cette mesure. Le comité des relations étrangères présentait, au contraire, de son côté, la résolution suivante: « Il est inutile, quant à présent, que la Chambre s'occupe en aucune manière de l'occupation conjointe de l'Orégon. » Un débat de deux jours suivit cette dernière résolution, qui fut adoptée.

De son côté, M. Tyler annonçait que des négociations étaient pendantes entre les deux gouvernements et exprimait l'espoir qu'elles seraient amenées à une conclusion satisfaisante avant l'expiration de sa présidence. En attendant, il recommandait l'établissement de postes militaires sur la route de ces fertiles régions.

Les États-Unis cherchent à étendre chaque jour leur marché, et le gouvernement américain, pour faire aux produits anglais une concurrence sérieuse, entre dans la voie des concessions intelligentes. Des ouvertures faites en ce sens à l'association douanière allemande n'eurent, comme on l'a vu plus haut (*voy.* Prusse), aucun résultat, et un traité ne put être conclu entre les deux pays.

Déjà, on se le rappelle, dans son message annuel, M. Tyler avait insisté sur les avantages que les États-Unis pourraient trouver à se rapprocher par un traité de l'association de douanes allemande. Le *Zollverein*, faisait remarquer le président, compte plus de vingt-deux États et embrasse une population de 27 millions d'ames, unie pour le commerce intérieur et extérieur, et cette population paraissait à M. Tyler offrir des échanges sur une base plus libérale que les autres États européens. Déjà l'union de douanes allemande avait admis sans droits les cotons américains et diminué les droits sur le riz, ce qui avait augmenté considérablement la consommation. Elle paraissait disposée à réduire les droits sur le tabac américain sous certaines conditions, et ce serait là le premier exemple d'une concession faite sur ce point par une puissance européenne. Il semblait donc probable que, malgré l'échec de cette année, les Etats-Unis chercheraient à renouer avec la Prusse des négociations nouvelles.

L'événement le plus important de l'année, c'est la nomination d'un président en remplacement de M. Tyler. Le nombre total des voix accordées aux États est de 275; M. Polk en réunit 170, et M. Clay 105. Seize États s'étaient prononcés pour M. Polk : dans la Nouvelle-Angleterre, au nord-est de l'Union, deux États sur six, le Maine et le New-

Hampshire, contre le Massachusetts, le Connecticut, Rhode-Island et le Vermont; dans les États du milieu (*middle states*), deux ou trois; mais ces deux États démocrates étaient les deux puissants États de New-York et de Pensilvanie, possédant à eux deux 62 suffrages, près du quart de la totalité; le troisième État, le New-Jersey, qui se déclara pour M. Clay, n'a que 7 voix. Dans le nord-ouest, M. Polk fut porté par trois États sur quatre : l'Indiana, l'Illinois et le Michigan. Le quatrième, l'Ohio, qui les égale tous les trois pour le nombre des suffrages, fut pour M. Clay. Sur les treize États à esclaves, huit élurent M. Polk : la Virginie, la Caroline du Sud, la Géorgie, l'Alabama, le Mississipi, la Louisiane, le Missouri et l'Arkansas, formant ensemble 67 voix. Les 41 voix des cinq autres États à esclaves, le Delaware, le Maryland, la Caroline du Nord, le Kentucky et le Tennessee, se portèrent sur le candidat des whigs ou conservateurs.

Pour la première fois, dans cette élection, le parti abolitioniste signalait sa présence; il y présentait même un candidat sans espérances, M. Birney, qui ne put réunir que 50,000 suffrages environ, c'est-à-dire, un soixantième à peu près, le nombre total des suffrages étant de 3 millions. La majorité obtenue par M. Polk n'avait pas été assez considérable pour qu'on ne pût penser que, si, comme à l'ordinaire, les abolitionistes avaient voté pour le candidat whig, M. Clay eût été porté à la présidence. Mais les abolitionistes avaient voulu faire acte de parti, se compter et prendre date. C'était là peut-être le premier symptôme d'un nouveau péril pour l'Union : car, l'esclavage étant garanti par la constitution, se former en parti pour le repousser, c'était appeler hautement une rupture entre les États à esclaves et les États sans esclaves, entre le sud et le nord.

Une des questions les plus importantes pour les États-Unis, c'est sans doute la reprise du service public de sa dette. La dette des États monte à 208 millions de dollars

(1 milliard 109 millions), et la somme des intérêts dépasse 60 millions. Les États délinquants, au nombre de neuf, savoir : la Pensilvanie, le Maryland, le Mississipi, la Louisiane, l'Indiana, l'Illinois, l'Arkansas, le Michigan et la Floride (*territoire*), doivent ensemble en capital 647 millions, c'est-à-dire, plus de la moitié de la dette. La répudiation s'étend seulement à 54 millions. Dans plusieurs de ces États, la législature, de son propre mouvement ou à la requête du gouverneur, ou même par suite de démonstrations publiques, s'occupa des moyens de sortir de cette situation honteuse. Les idées de probité furent l'objet de protestations éclatantes, et le parti répudiateur vit décroître son influence; toutefois il n'y eut encore cette année aucun pas décisif fait dans cette voie nouvelle. Et cependant un progrès matériel incessant ne cesse de féconder le territoire, et des travaux gigantesques s'exécutent de tous côtés (1).

Si maintenant nous jetons un coup d'œil sur les résultats généraux du commerce des États-Unis avec les puissances

(1) On peut prendre une idée de ces travaux immenses par les chiffres contenus dans un ouvrage remarquable du major Poussin, intitulé : *De la puissance américaine*. Voici un des passages les plus curieux et les plus instructifs de ce livre :

« Pour ne parler que des travaux publics, les États-Unis ont commencé à s'y livrer en 1817. En cette année, au jour anniversaire de la déclaration de l'indépendance, le canal Erié fut entrepris. Depuis ce moment, jusqu'au 1er janvier 1843, ils ont achevé ou entamé la construction de 25,380 kilomètres de canaux et de chemins de fer, dont 10,771 des premiers, et 14,609 des seconds. A la fin de 1842, les parties exécutées et livrées au commerce présentaient un développement de 14,000 kilomètres, dont 7,000 de canaux et 7,000 de chemin de fer. Ces communications sont distribuées sur une surface de 24,700 myriamètres carrés que peuplent 18 millions d'habitants. Le Royaume-Uni de la Grande Bretagne, qui a commencé ses travaux publics au milieu du dix-huitième siècle, a, sur 3,120 myriamètres carrés, peuplés de 27 millions d'ames, 4,500 kilomètres de canaux et 4,000 kilomètres de chemins de fer, total 8,000 kilomètres, qu'on peut considérer comme terminés. La France a 4,350 kilomètres de canaux et 1,750 kilomètres de chemins de fer (non compris, il est vrai, ce qui va être commencé en vertu des lois de 1844), ou en tout 6,075 kilomètres de communications perfectionnées, dont 5,000 seulement sont ouvertes à la circulation, sur une superficie de 5,277 myriamètres carrés, que couvre une population de 34 millions et demi. La France, la Belgique et la Hollande, toutes ensemble ne font qu'égaler les canaux et les chemins de fer que les américains ont terminés dans un delai de vingt-cinq ans ; c'est certainement admirable. »

étrangères, pendant l'exercice financier 1843-44, nous trouverons des chiffrés dignes de remarque. Ces résultats généraux publiés dans un tableau officiel par le gouvernement américain doivent être analysés en les rapprochant, non de ceux de l'exercice précédent, qui, par suite d'une décision du congrès, s'est trouvé accourci de trois mois (1); mais des résultats qu'avait offerts l'année financière normale complète de 1841-42.

Le total des valeurs échangées par le commerce américain s'est élevé à 1 milliard 175 millions (un peu plus de la moitié du commerce de la France), ce qui, tout en donnant une différence en plus d'environ 100 millions sur 1841-42, laisse encore subsister une différence en moins de 125 et de 107 millions par comparaison avec les deux exercices antérieurs 1840-41 et 1839-40. L'Union américaine, malgré l'amélioration de 1844, semble donc ne se remettre qu'avec peine de la crise qui, en 1842 surtout, affecta ses finances, son crédit et son mouvement commercial.

Cependant il y a eu en 1843-44 un incontestable progrès dans l'ensemble du commerce américain. L'accroissement a porté à peu près également sur les deux branches des échanges, l'importation et l'exportation. La première a été de 580 millions, la seconde de 595; elles n'avaient été, en 1841-42, l'une que de 526 millions et l'autre que de 549.

Sur les 595 millions exposés en 1843-44, le débouché américain proprement dit, c'est-à-dire, la sortie des produits du sol et de l'industrie de l'Union, figure pour 534 millions. On voit combien est faible, dans le commerce des États-Unis, la part du transit; elle n'y est entrée que pour 61 millions, et représente en majeure partie la réexporta-

(1) L'année financière américaine expire, à partir de cet exercice, au 30 juin au lieu du 30 septembre.

tion des articles d'Europe au Mexique, au Texas, au Brésil, à la Nouvelle-Grenade, aux Antilles, etc.

Voici comment s'est composée l'exportation des produits américains :

Produits végétaux (cotons, céréales, tabacs, etc.)	400 millions.
— animaux (viande, beurre, suif, bétail)	33 »
— forestiers (bois, potasses, pelleteries)	31 »
— maritimes (poissons, huile etos de baleine)	18 »
Articles manufacturiers	52 »
TOTAL :	534 millions.

Les produits du sol forment, on le voit, les 9/10 des exportations de l'Union. Le coton a lui seul représente 289 millièmes, ou plus de la moitié du total ; les céréales, 46 ; les bois, 14 ; le tabac, 45 ; les autres produits agricoles et forestiers, 70.

Si, pour mieux résumer le commerce maritime de l'Union, on l'envisage au point de vue des grandes divisions géographiques, voici les résultats qu'il présente à cinq années de distance :

	1838-39.	1839-40.
Commerce avec l'Europe.	1,369,000 t.	1,860,000 t.
— les Amériq.	2,754,000	3,745,000
— l'Asie	63,700	172,000
— l'Afrique . . .	19,000	34,500
TOTAL :	4,205,000 ton.	5,812,000 t.

MEXIQUE ET TEXAS.

La guerre d'escarmouches que se faisaient ces deux pays se poursuivait avec trop de lenteur et dans de trop mesquines proportions pour être décisive; elle ne pouvait aboutir qu'à des engagements sans signification et sans résultat: au fond, le Mexique n'était pas plus en état d'attaquer que le Texas de se défendre, et l'impuissance des deux gouvernements était égale, si ce n'est que les Texiens comptaient sur l'appui du dehors et sur l'intervention d'une nation voisine intéressée à leur succès. Les Mexicains, incapables d'esprit de suite autant que d'énergie, n'attachaient d'ailleurs pas un grand prix à la continuation d'une lutte commencée avec si peu d'entraînement. On tomba d'accord de part et d'autre pour conclure un armistice (15 février). Des propositions d'arrangement ayant été faites, on convint que durant les négociations qui devraient être poursuivies à Mexico et terminées au 1er mai, il y aurait une suspension d'hostilités qui se prolongerait dans le cas seulement où le différent n'étant point réglé, il y aurait cependant des chances pour une solution pacifique. Les troupes belligérantes des deux parts devaient rester dans les forts qu'elles occupaient réciproquement; les Mexicains et les Texiens s'engageaient à ne pas dépasser les limites de leurs territoires respectifs, sous aucun prétexte même pour régler leurs affaires particulières. Des commissaires texiens devaient être envoyés à Mexico pour y traiter des conditions de la paix.

Or, à la même époque une convention se concluait précisément entre le Texas et les États-Unis, pour l'annexion du territoire Texien à celui de la grande confédération du nord; le Texas y entrait sur le pied des autres États, en conservant sa législation speciale; le gouvernement central consentait à se charger de la dette publique contractée par le Texas durant son indépendance et évaluée à un maximum de 10 millions de dollars.

Par cette résolution hardie du cabinet de Washington, la question prenait un caractère nouveau: elle cessait d'être une querelle mesquine pour devenir une source de difficultés de grandes puissances : si, en effet, les États-Unis se trouvaient engagés à seconder les efforts des Texiens, à prendre en main leur cause, à épouser leurs intérêts vis-à-vis du Mexique, l'Angleterre voyait dans cette augmentation de forces chez un rival entreprenant, voisin du Canada et puissant sur toutes les mers, une raison pressante de se porter de tout le poids de son influence du côté du Mexique, et la France elle-même, tout en professant peu d'estime pour le gouvernement et le peuple mexicains, ne laissait pas de s'inquiéter de ces proportions colossales que prend insensiblement l'Union américaine vraiment menaçante, le commerce européen dans tout le nouveau monde et jusqu'en Asie.

Mais le Mexique était assez aveuglé sur ses propres intérêts, assez ignorant pour ne rien comprendre à une si grave situation et ne pas voir ce qu'il pouvait tirer de l'appui de l'Angleterre et des intentions bienveillants de la France. Au lieu de se montrer digne de l'intervention amicale de nations civilisées, il semblait s'acharner à étaler aux yeux du monde tout ce qu'il renferme dans son sein de passions mauvaises et d'instincts barbares. On se rappelle les décrets par lesquels il avait précédemment (*voir* l'Annuaire de 1843) le commerce étranger et le commerce de détail exercé en grande partie par des étrangers la plupart français. Quelques adoucissements furent apportés à la loi des douanes, mais la loi relative au commerce de détail fut mise impitoyablement en vigueur, et, si des dispenses furent accordées à un assez grand nombre d'individus, elle le furent sans intelligence, avec partialité, et de façon entièrement arbitraire. Il est vrai que les Chambres assemblées par Canalizo, président par intérim, témoignèrent peu de penchant pour les abus de l'administration; mais la rentrée de Santa-Anna dans ses fonctions (20 juin) ramena les entreprises insensées et les actes barbares. Une des idées que le vaincu de San-Yacintho rapporta avec lui, ce fut le projet de recommencer les hostilités contre le Texas; il demanda aux Chambres d'abord 4 millions, puis plus tard 14 millions de piastres et 30,000 soldats. Pendant qu'il luttait avec la législature pour obtenir ces moyens d'action, une tentative d'insurrection faite par un officier-général à Tabasco donna lieu à des exécutions horribles, à des actes sauvages; les conspirateurs échoués sur la côté avaient tous été saisis avant même de s'être prononcés; ils furent condamnés sans jugement, fusillés et massacrés malgré les réclamations et les protestations du ministre de France, M. Alley de Ciprey, qui intervint au nom de l'humanité et de sa nationalité pour un certain nombre de français compromis dans cette déplorable circonstance. Plus tard même à Mazatlan, un matelot ayant quelque affaire à démêler devant l'alcade, fut indignement souffleté et maltraité par ce magistrat, sur la simple déclaration qu'il était d'origine française. Sans doute une réparation fut accordée pour une si odieuse insulte, mais quelles détestables impressions ne devaient pas produire dans le monde civilisé de tels actes, commis par les ordres ou sous les yeux du gouvernement lui-même!

Santa-Anna ne songeait qu'à sa haine envenimée pour les Texiens; bien que le congrès n'eût point voté les 14 millions de dollars, ni les 30,000 soldats demandés par le président, celui-ci déclara l'armistice rompu; mais les États-Unis n'étaient pas disposés à laisser prendre à cette guerre un caractère inquiétant; ils y avaient pourvu en envoyant quelques vaisseaux sur les côtes du Mexique, et c'était assez pour y porter la crainte. Le Texas, de son côté, semblait assez rassuré sur l'avenir, tout en montrant une certaine indécision. M. Anson Jonès avait remplacé M. Houston à la présidence. A la même époque, Santa-Anna abandonnait de nouveau ses fonctions de président du Mexique. M. Anson Jonès, d'un côté, arrivant au pouvoir avec des vues modérées, conciliatrices, préférant peut-être l'indépendance du Texas, reconnue par le Mexique, à l'annexion, de l'autre, le gouvernement mexicain prenant des sentiments plus calmes et des idées plus sages, l'année en finissant laissait les esprits dans l'indécision et les choses dans l'incertitude.

BRÉSIL.

La grande affaire de ce pays était toujours de se plier aux allures régulières du régime constitutionnel. Par malheur l'ordre n'y était pas encore universellement assuré; l'esprit de révolte était loin d'y être éteint, surtout dans les provinces. Quant aux Chambres législatives, elles continuaient à fonctionner assez péniblement avec des idées confuses, des sentiments indécis donnant naissance à des administrations éphémères. C'est ainsi que l'on vit encore cette année un changement dans le ministère suivi d'une révolution des cortès.

Les questions commerciales se mêlaient à ces difficultés; la fin de l'année précédente avait été mauvaise. La prolongation de la guerre sur les rives de la Plata se faisait ressentir au Brésil par ses mauvais effets, et le gouvernement sentait de plus en plus le besoin de nouer avec l'Europe de nouveaux et plus intimes rapports de commerce. Les négociations commencées avec l'Angleterre étaient décidément rompues et indéfiniment ajournées; le traité était définitivement expiré, et les conditions proposées par l'Angleterre pour un nouveau traité étaient inacceptables. La France ne se pressait pas d'entrer dans la voie d'une alliance commerciale. On s'adressa à l'union allemande; un envoyé extraordinaire, M. d'Abrantès, qui devait avoir à s'entendre plus tard avec la France et l'Angleterre pour les affaires de la Plata, fut envoyé à Berlin avec la mission d'y sonder les dispositions de la Prusse et d'y poser les bases d'une convention plus facile à conclure avec le Zollverein qu'avec la France et l'Angleterre.

En attendant le succès de ces louables efforts, un nouveau tarif de douanes fut publié le 12 août, pour être mis en vigueur le 11 novembre.

PÉROU ET CHILI.

Des discordes interminables agitent toujours le Pérou, et le pouvoir continue d'y être alternativement la proie des deux parties extrêmes. La guerre, l'état de siége, le désordre partout, tel est le triste spectacle qu'il ne cesse de présenter. Un fait assez grave est survenu cette année au milieu de ces sanglantes querelles : c'est la capture du général Santa-Cruz, qui avait quitté la retraite où il se tenait renfermé à l'étranger pour venir se mêler de nouveau à la lutte des partis. Il fut saisi à son débarquement et remis aux mains du gouvernement chilien, qui le traita avec tous les égards dus à son rang, tout en prenant soin de le mettre hors d'état de nuire.

Le Chili pacifié voit toujours avec regret ces interminables débats d'un pays voisin qui pourrait lui être un allié utile ; et, quant à lui, préoccupé de travaux d'organisation, de commerce, de développement moral, il mène une existence obscure, mais tranquille et honorable, au milieu de ce vaste incendie qui dévore l'Amérique du sud presque tout entière.

BUÉNOS-AYRES ET URUGAY.

La France et l'Angleterre avaient offert leur médiation à ces deux pays pour régler leur différend ; mais elle avait été refusée à Buenos-Ayres.

Les troupes d'Oribes, général de Rosas, étaient toujours devant Montevideo ; Rivera campait au nord, assez éloigné pour que sa position fût ignorée ; le général Paz défendait la ville. La grande difficulté continuait d'être la coopération des émigrés français en faveur de la république orientale. La crainte de se voir piller et massacrer par Oribes les avait portés à prendre fait et cause dans cette querelle malgré les injonctions du consul de France. Une convention avait été conclue le 15 décembre pour les protéger dans le cas où Montevideo serait pris; mais ils n'avaient point trouvé suffisantes ni sincères les garanties qui leur étaient promises. Le consul de France crut devoir s'adresser au gouvernement de Montevideo, pour demander la dissolution du corps de volontaires français, qui lui fut accordée; mais, plutôt que de renoncer à ce qu'ils regardaient comme leur premier intérêt et leur seul moyen de salut, les volontaires se firent dénationaliser pour continuer librement la lutte commencée. Le blocus n'avait pas cessé; et il se trouvait, par une singulière disposition des choses, qu'il était exercé en quelque sorte par la marine française elle-même. On n'avait pas voulu consentir à ce que la visite fût exercée sur les navires de notre nation par la marine de Buenos-Ayres; mais on avait consenti à exercer sous pavillon français, en sorte que nos nationaux étaient non-seulemeut reniés, mais privés par nous-mêmes des renforts ou des munitions de guerre qu'ils auraient pu atteindre par mer. Le commodore anglais suivit les mêmes pratiques, mais avec une tolérance qui ne parut point assez désintéressée et qui lui valut un rappel.

Oribes continuait patiemment le siége de Montevideo. Rivera ne reparaissait pas et trahissait ainsi son désespoir; enfin, Paz lui-même, perdant confiance, abandonnait son commandement et se réfugiait au Brésil, essayant vainement de cacher sa fuite sous le faux prétexte d'une mission politique. Ainsi, toutes les chances semblaient être désormais en faveur de Buenos-Ayres.

(sans y com-re). . . .	46,380	9,830,000	172,386,000	438,662,000	130,000	
Hongrie). .	194,500	34,922,430	152,000,000fl	1,800,000,000fl	381,404	3 vais. de lig., 8 frég., 61 bâtiments inférieurs
's 1835.	80,450	14,928,500	215,000,000	750,000,000	121,916	
795, = 7 juin	22,120	4,319,880	70,000,000	265,200,000	57,061	
1825.	16,500	2,010,000	33,000,000	160,000,000	39,000	7 vais. de lig., 7 frég., 95 bâtiments inférieurs.
= 3 décem-i)	223,000	4,225,140	60,000,000	81,000,000	45,200	10 vais. de lig., 8 frég., 364 bâtiments inférieurs.
344. royaume). .	1,499,000	54,526,000	400,000	1,520,000,000	674,000	50 vais. de lig., 25 frég.,
25 juin) 1796.	36,700	4,428,546	34,000,000	135,000,000	60,000	36 bâtiments à vapeur.
. . . . .	154,700	8,900,000	360,000,000		120,000	8 vais. de lig., 10 frég., 16 bâtiments inférieurs.
. . . . .	923,000	15,500,000				
1er juillet 1839.	7,175	637,700	dr. 15,669,795	dr. 90,000,000	7,690	2 corv. de 26, 3 bricks. 19 bâtiments inférieurs.
32. s).	11,200	2,177,485	10,000,000		64,019	
. . . . .	21,000	4,650,368	79,000,000	145,000,000	25,000	3 bat. à vapeur, 5 frég., 2 corv., 22 bâtim. infér.
27 avril 1831.	13,000	2,800,000	45,000,000	366,000,000	14,680	Quelques petits bâtiments.
évrier 1831.	31,460	8,400,000	84,000,000	500,000,000	60,000	2 vais. de lig., 5 frég., 10 bâtiments inférieurs.
1830.	.....	1,436,785	25,000,000 l		5,500	3 goël., 2 chal. canon.
in 1824.	137,400	13,000,000	178,600,000	4,000,000,000	119,000	3 vais. de lig., 4 frég., 18 bâtim. infér.
. . . . .	36,830	3,848,000				
ptembre 1833.	29,150	3,224,174	57,468,000	500,000,000	26,418	2 vais. de lig., 4 frég., 6 bricks.
mai 1826, par						
i et colonies).	90,950	27,000,000	1,118,660,000	18,963,746,661	100,790	165 vais. de lig., 117 frég., 324 bâtiments inférieurs.
1837. DU NORD	1,570,000	18,980,650	130,807,393	(5)	12,517	11 vais. de lig., 1 de 120 c. et de 74 et au-dessus, 15 frég. de 1er r., 2 de 2e r., 18 corv., 4 br. 15 bât. inf.
. . . . . .	130,000	4,500,000	19,000c		21,974	76 bât. de guerre, 618 can., 3,714 matelots.

Nouveaux États d'Amérique. — L'état ci-dessous est ti[ré de] l'*Abrégé de Géographie* publié en 1833 par M. Balbi et d[e do]cuments postérieurs auxquels on ne peut accorder une [en]tière confiance.

NOMS des ÉTATS.	ESPACE en milles carrés de 60 au degré.	POPULATION.	REVENUS.	DETTE NATIONALE.	ARMÉE.	MARINE.
Mexique. . . .	1,240,000	7,500,000	74,787,000	508,500,000	22,750	1 v. de L., 13 b. inf.
Guatimala. . .	139,000	1,650,000	10,000,000	9,500,000	3,500	2 bât. inf.
Pérou (Bas). . .	375,000	500,000	30,000,000 d	145,488,000 d	7,500	1 v. de L., 1 f., 5 b. in
Pérou (Haut) ou Bolivie. . . .	310,000	850,000	1,700,000	16,000,000	[illegible]	•
Chili.	129,000	1,400,000	15,000,000	36,000,000	[illegible]	1 frég., 5 bât. inf.
Brésil (emp.). .	2,253,000	5,000,000	60,000,000	233,000,000	[illegible]	3 v. de l., 9 f. 40 b. in
États-Unis du Rio de la Plata.	683,000	700,000	15,000,000	134,000,000	10,000	15 bât. inf.
Uruguay. . . .	60,000	70,000	1,800,000		•	•
Haïti.	22,100	800,000	15,000,000	150,000,000	45,000	6 bât. inf.
Texas.	14,176	84,622	•	•	•	•

APPENDICE.

DOCUMENTS HISTORIQUES.

PARTIE OFFICIELLE.

FRANCE.

INTÉRIEUR.—LOIS ET ORDONNANCES.

ORDONNANCE *du roi, concernant la portion accordée sur le produit de leur travail aux condamnés détenus dans les maisons centrales de force et de correction.*

Au palais des Tuileries, le 27 décembre 1843.

LOUIS-PHILIPPE, roi des Français, etc.

Sur le rapport de notre ministre secrétaire d'Etat au département de l'intérieur ;

Vu les art. 16, 21, 41 et 72 du Code pénal ;

Vu l'ordonnance du 2 avril 1817 ;

Notre Conseil d'Etat entendu,

Nous avons ordonné et ordonnons ce qui suit :

ARTICLE 1er. A partir du 1er avril 1844, la portion accordée sur le produit de leur travail aux condamnés détenus dans les maisons centrales de force et de correction sera, savoir :

De trois dixièmes pour les condamnés aux travaux forcés détenus conformément aux art. 16 et 72 du Code pénal.

De quatre dixièmes pour les condamnés à la reclusion ;

De cinq dixièmes pour les condamnés à l'emprisonnement de plus d'un an.

ART. 2. Les détenus qui auront subi une première condamnation profiteront seulement, savoir :

Les condamnés aux travaux forcés, s'ils ont été condamnés précédemment à la même peine, du dixième du produit de leur travail, et de deux dixièmes, si la première peine était la reclusion ou l'emprisonnement à plus d'un an ;

Les condamnés à la reclusion, s'ils ont été précédemment condamnés aux travaux forcés, de deux dixièmes ; et de trois dixièmes, si la première peine était la reclusion ou l'emprisonnement de plus d'un an ;

Les condamnés à l'emprisonnement de plus d'un an, s'ils ont été précédemment condamnés aux travaux forcés ou à la reclusion, de trois dixièmes, et de quatre dixièmes, si la première peine était l'emprisonnement de plus d'un an.

ART. 3. La portion du produit du travail attribuée conformément à l'article qui précède sera diminuée d'un dixième pour chaque condamnation qui aura suivi la première. Dans aucun cas cette portion ne pourra être inférieure au dixième du produit du travail.

Art. 4. Des retenues totales ou partielles sur le pécule pourront être prononcées par arrêté du préfet, soit à titre de punition individuelle, soit pour assurer la réparation du dommage causé.

1° Contre les condamnés qui se seront rendus coupables d'infraction à la discipline ;

2° Contre ceux qui auront commis des dégâts au préjudice du trésor, de l'entreprise générale du service des fabricants ou toute autre personne, ou qui n'auront pas accompli leur tâche de travail.

Art. 5. Le pécule des condamnés sera divisé en deux parties égales : l'une sera employée à leur profit, pendant leur captivité, par les soins de l'administration ; l'autre sera mise en réserve pour l'époque de leur sortie.

Les objets auxquels pourra être employée la portion du pécule dont il peut être disposé dans la prison seront déterminés par notre ministre-secrétaire d'Etat de l'intérieur.

Art. 6. Notre ministre-secrétaire d'État au département de l'intérieur est chargé de l'exécution de la présente ordonnance.

LOUIS-PHILIPPE.

Par le Roi :

Le ministre secrétaire d'É- au département de l'intérieur

T. Duchatel.

L'ordonnance était précédée du rapport suivant.

Sire,

Dans son rapport sur le budget de 1844, la commission de la Chambre des députés s'est exprimée dans les termes suivants, au sujet des travaux des condamnés :

« La commission est d'avis qu'il y a lieu de réviser l'ordonnance du 2 avril 1817, en ce qui concerne la répartition du salaire des condamnés, répartition dans laquelle il lui paraît qu'il n'a pas été tenu un compte suffisant des sacrifices que s'impose l'Etat, sous toutes les formes, pour l'entretien et la surveillance des détenus. »

Le gouvernement de Votre Majesté a reconnu depuis longtemps la nécessité de donner des bases nouvelles à la répartition du produit du travail des condamnés. Diverses instructions relatives à l'administration des prisons ont annoncé l'intention d'accroître la part du Trésor. « Des considérations de haute moralité publique, dit la circulaire du 10 mai 1839, qui accompagne le règlement disciplinaire des maisons centrales, exigeront un jour, et bientôt peut-être la réforme d'un ordre de choses qui consiste à fournir aux condamnés, aux frais de la société qu'ils ont troublée, une nourriture suffisante et saine, des vêtements, un coucher, en un mot, tous les premiers besoins de la vie, et à mettre en même temps à leur disposition les deux tiers du produit de leur travail. Ce n'est pas là, il faut bien le reconnaître, la condition pénale qu'a voulu faire la loi. »

L'instruction du 28 août 1842, sur le projet de sociétés de patronage pour les libérés adultes, s'est exprimée dans les termes suivants :

« Mon administration est depuis long-temps pénétrée de la nécessité de modifier les bases d'une répartition aussi onéreuse pour le Trésor.

» La France est aujourd'hui le seul pays où la société ne demande aux condamnés que le tiers du produit de leur travail, en échange des dépenses qu'elle fait pour eux. A Berne, tout condamné doit d'abord gagner 75 c. par jour, avant de rien recevoir pour son compte, et cette disposition est même d'obligation rigoureuse dans nos pénitenciers militaires. En présence de ces faits, en présence surtout de ce qui se passe au pénitencier militaire de Saint-Germain, vous comprendrez sans peine, monsieur le Préfet, que le gouvernement ait pris la résolution de faire rapporter incessamment par une ordonnance spéciale les dispositions de celle du 2 avril 1817, relatives au salaire des condamnés. »

Dans l'exposé des motifs du projet de loi sur les prisons, présenté à la

Chambre des Députés au mois de mai dernier, il est dit encore :

« Aujourd'hui l'administration ne retient aux condamnés que le tiers du produit de leur travail. Cette proportion n'est pas suffisante, et le principe qui attribue aux détenus un droit de propriété sur une partie des fruits de leur travail n'est ni vrai ni moral... Toutefois, comme il ne faut pas appliquer les principes avec rigueur, et comme, d'un autre côté, le succès des projets qui pourront être adoptés pour le patronage des libérés exige que l'administration soit investie d'une certaine latitude, quant à la disposition du produit du travail des détenus, le projet de loi, après avoir posé le principe général, porte qu'une partie du produit pourra leur être accordée, en vertu d'un règlement d'administration publique, qui déterminera la proportion selon les diverses catégories de détenus et les conditions... »

La majorité de la commission de la chambre des députés, chargée de l'examen du projet, a adopté sur ce point les principes du gouvernement. « Cependant, dit le rapport, comme elle trouvait utile d'établir dans la loi, quant au salaire, une gradation analogue à celle du Code pénal, après avoir adopté l'article du projet, elle y a ajouté une disposition d'après laquelle l'administration ne peut accorder aux condamnés aux travaux forcés plus des trois dixièmes du produit de leur travail; aux condamnés à la réclusion plus des quatre dixièmes, et aux condamnés à l'emprisonnement plus des cinq dixièmes. »

J'ai pensé, Sire, que le moment était venu, sans attendre la nouvelle législation qui se prépare sur l'administration des prisons du royaume, de procéder à une répartition plus juste du produit du travail des condamnés qui subissent leur peine dans les maisons de force et de correction. Un projet d'ordonnance, qui a pour objet de réaliser cette réforme, vient d'être soumis à l'examen du conseil d'Etat, dont il a obtenu l'assentiment.

Le nouveau règlement d'administration publique, en réduisant la portion si large accordée sans distinction à toutes les catégories de condamnés par l'ordonnance de 1817, fera une chose juste et morale.

Si ce règlement a été préparé en vue des dispositions du projet de loi présenté dans la dernière session, il est, d'un autre côté, en parfaite harmonie avec les principes de législation actuelle.

Voici quel est aujourd'hui l'état de la législation :

« Les produits du travail de chaque détenu pour délit correctionnel seront appliqués, partie aux dépenses communes de la maison, partie à lui procurer quelques adoucissements, s'il les mérite, partie à former pour lui, au temps de sa sortie, un fonds de réserve; le tout ainsi qu'il sera ordonné par des règlements d'administration publique. » (Code pénal, art. 4).

« Tout individu de l'un ou de l'autre sexe, condamné à la peine de reclusion, sera renfermé dans une maison de force et de correction, et employé à des travaux dont le produit pourra être appliqué en partie à son profit, ainsi qu'il sera réglé par le gouvernement. » (Code pénal, art. 21.)

» Les hommes condamnés aux travaux forcés seront employés aux travaux les plus pénibles. » (Art. 15.)

» Les femmes et les filles condamnées aux travaux forcés n'y seront employées que dans l'intérieur d'une maison de force. » (Art. 16.)

Ainsi toute latitude est laissée au gouvernement par le Code pénal pour la répartition du produit du travail des reclusionnaires et des correctionnels. Quant aux condamnés aux travaux forcés la loi se borne à dire qu'ils seront employés aux travaux les plus pénibles. Si elle ne dit pas qu'il pourra leur être accordé une part quelconque du produit de leur travail, elle ne défend pas non plus au gouvernement de leur rien accorder, et l'usage adopté à cet égard depuis tant d'années par l'administration de l'intérieur, comme par celle de la marine, n'a rien de contraire à la loi.

Le projet d'ordonnance a dû naturellement adopter les bases indiquées dans le rapport de la commission de la chambre des députés; ces bases concilient d'une manière convenable les intérêts du Trésor et la nécessité d'établir des distinctions entre les diverses catégories de condamnés. Ainsi l'article 1er de l'ordonnance accorde aux condamnés, sur le produit de leur travail :

Trois dixièmes pour les condamnés à perpétuité ;

Quatre dixièmes pour les réclusionnaires ;

Cinq dixièmes pour les correctionnels.

Il n'est pas sans intérêt de savoir dans quelles proportions les trois catégories des condamnés se trouvent dans les maisons centrales de détention. L'état numerique de la population de ces maisons présentait, au 1er juillet dernier, les résultats suivants :

Hommes adultes.

Condamnés aux travaux forcés....	50	14,336
Reclusionnaires...	4,092	
Correctionnels à plus d'un an..	10,194	

Femmes adultes.

Travaux forcés..	915	4,011
Reclusionnaires...	580	
Emprisonnements.	2,516	
Ensemble...		18,347

Jeunes détenus.

Garçons.........	742	865
Filles...........	123	
Total général de la population des maisons centrales au 1er juillet 1843.........		19,212

D'après cette situation, sur une population de 18,347 condamnés adultes, 965 recevraient trois dixièmes du produit de leur travail ; 4,672 détenus quatre dixièmes, et 12,710 cinq dixièmes ou la moitié.

Mais les principes de justice et de morale veulent qu'il soit tenu compte des récidives dans le partage des produits du travail. Les art. 2 et 3 de l'ordonnance réduisent la part des condamnés en première récidive et frappent de réductions nouvelles ceux qui auront encouru plus de deux condamnations. Cette mesure sévère, mais juste et indispensable, exercera une notable influence sur les effets de la répartition adoptée en principe. Au 1er juillet dernier la population des maisons centrales comprenait 7,830 récidivistes, savoir : 6,486 hommes et 1,344 femmes. On peut évaluer aux six dixièmes la portion du produit du travail des condamnés, dont profitera le Trésor. Cette portion n'est aujourd'hui que du tiers. Le travail des condamnés a donné en 1842 un produit de 2 millions 200,000 fr., et pour 1843 le chiffre de la main-d'œuvre s'élèvera probablement à 2 millions 300,000 fr. Le Trésor n'a retenu en 1842, pour le tiers qui lui est attribué dans l'état actuel des choses, que 730,000 fr. environ. D'après les bases de la nouvelle ordonnance, la part de l'Etat aurait été de 1 million 320,000 fr. Il s'agit donc de diminuer les charges du budget d'au moins 600,000 fr. par an, et il s'en faut que les produits de la main-d'œuvre dans les maisons centrales aient atteint leur dernière limite.

L'attribution aux condamnés d'une portion du produit de la main-d'œuvre doit être subordonnée à certaines conditions. Aussi est-il déclaré par l'art. 4 qu'ils pourront en être privés pendant un certain temps, soit en totalité, soit en partie seulement, lorsqu'ils auront été punis de la peine du cachot, lorsqu'ils auront commis des dégâts, ou lorsqu'ils n'auront pas fait leur tâche de travail. Le comité de l'intérieur du conseil d'Etat a reconnu, par un avis du 11 novembre 1842, qu'il était juste que les condamnés payassent, sur la portion du travail dont ils sont appelés à profiter, les dépenses personnelles qu'ils font pendant qu'ils subissent une punition qui les met hors d'état de travailler. Il est tout aussi juste de les punir de la même manière pour le paiement des dégâts qu'ils commettent, ou lorsqu'ils ne travaillent pas autant qu'ils doivent le faire.

L'art. 5 porte que le pécule sera divisé en deux parties égales, dont l'une sera mise en réserve pour l'époque de la libération, ainsi que l'exige le Code pénal ; l'autre servira, suivant les expressions de la loi elle-même, à procurer aux condamnés quelques adoucissements, s'ils les méritent, et encore à pourvoir à quelques dépenses communes de la maison. Une certaine latitude doit être laissée à l'administration pour tous ces détails. L'Etat ne doit aux condamnés qu'une nourriture suffisante et saine, des vêtements et un coucher propres et convenables ; ils subissent une peine en expiation d'un délit ou d'un crime ; la société ne doit faire pour eux que les dépenses absolument indispensables.

Telles sont, Sire, les principales dispositions de l'ordonnance que j'ai l'honneur de soumettre à l'approbation de Votre majesté.

Je suis avec le plus profond respect, Sire, de Votre Majesté le très humble, très-obéissant et très-fidèle serviteur.

Le ministre-secrétaire d'Etat au département de l'intérieur,

DUCHATEL.

DISCOURS *prononcé par le roi à l'ouverture de la session des Chambres législatives, le 27 décembre 1843.*

MM. les PAIRS, MM. les DÉPUTÉS,

L'heureux accord des pouvoirs de l'État et le loyal concours que vous avez prêté à mon gouvernement ont porté leurs fruits. Au sein de l'ordre maintenu sans effort et sous l'empire des lois, la France déploie avec confiance sa féconde activité. La condition de toutes les classes de citoyens s'améliore et s'élève. Les effets de cette prospérité nous permettront de rétablir, entre les dépenses et les revenus de l'Etat, dans les lois de finance qui vous seront incessamment présentées, un équilibre justement désiré.

Nous pouvons jouir avec sécurité de ces biens de la paix, car elle n'a jamais été plus assurée. Nos relations avec toutes les puissances sont pacifiques et amicales.

Des événements graves sont survenus en Espagne et en Grèce. La reine Isabelle II, appelée si jeune au fardeau du pouvoir, est, en ce moment, l'objet de toute ma sollicitude et de mon intérêt le plus affectueux. J'espère que l'issue de cet événement sera favorable à deux nations amies de la France, et qu'en Grèce, comme en Espagne, la monarchie s'affermira par le respect mutuel des droits du trône et des libertés publiques. La sincère amitié qui m'unit à la reine de la Grande-Bretagne et la cordiale entente qui existe entre mon gouvernement et le sien me confirment dans cette confiance.

J'ai conclu avec le roi de Sardaigne et les républiques de l'Equateur et de Venezuela des traités de commerce (1), et je poursuis avec d'autres états, dans les diverses parties du monde, des négociations qui, en maintenant au travail national la sécurité qui lui est due, ouvriront de nouvelles carrières à son intelligente activité.

J'ai eu la satisfaction de voir le cercle de ma famille agrandi par le mariage de mon fils le prince de Joinville avec la princesse Françoise, sœur de l'empereur du Brésil et de la reine de Portugal. Cette union, en assurant le bonheur de mon fils, ajoute une consolation de plus à celles que Dieu m'a réservées.

Notre domination dans l'Algérie sera bientôt générale et tranquille. Sous la conduite de chefs éprouvés, parmi lesquels je suis fier de compter un de mes fils, nos braves soldats allient avec une constance admirable les fatigues de la guerre et les travaux de la paix.

Les mesures nécessaires pour l'exécution du système général des chemins de fer, et pour diverses entreprises d'utilité nationale, seront soumises à vos délibérations. Un projet de loi sur l'instruction secondaire satisfera au vœu de la Charte pour la liberté d'enseignement, en maintenant l'autorité et l'action de l'Etat sur l'éducation publique.

Je contemple, MM., avec une profonde reconnaissance envers la Providence, cet état de paix honorable et de prospérité croissante dont jouit notre patrie. Toujours guidés par notre dévoûment et notre fidélité à la France,

(1) *Voy.* l'Annuaire de 1843, App. doc. hist., part. offic.

nous n'avons jamais eu, moi et les miens, d'autre ambition que de la bien servir. C'est l'assurance d'accomplir ce devoir qui a fait ma force dans les épreuves de ma vie, et qui fera, jusqu'à son dernier terme, ma consolation et mon plus ferme soutien.

Adresse *de la Chambre des pairs, en réponse au discours du roi, présentée le 10 janvier.*

Sire,

Les paroles que Votre Majesté a fait entendre du haut du trône ont porté la joie dans tous les cœurs. En les recueillant avec respect, nous rendons grâce au roi de la prospérité du pays. Notre loyal concours ne lui manquera jamais. Que la France se livre à son activité féconde, à ses paisibles travaux; qu'elle croisse, entre toutes les nations, en puissance, en lumières, en richesses; son avenir est assuré; l'empire des lois est établi; les factions sont vaincues, et les pouvoirs de l'Etat, en dédaignant leurs vaines démonstrations, auront l'œil ouvert sur leurs manœuvres criminelles.

L'ordre dans les finances fait la force et la sécurité des gouvernements. La Chambre des Pairs avait plus d'une fois réclamé le rétablissement de l'équilibre entre les recettes et les dépenses; elle applaudit au succès des efforts qui ont été faits pour y parvenir.

La paix règne au dehors; tout en fait présager la durée; la bienveillance préside aux relations entre la France et les puissances étrangères; nous en félicitons Votre Majesté. Une amitié sincère l'unit à la reine de la Grande-Bretagne; une heureuse intelligence s'est établie entre votre gouvernement et le sien; en présence des événements qui s'accomplissent en Espagne et en Grèce, cet accord était désirable. Notre politique envers ces deux pays a toujours été généreuse et désintéressée; elle ne saurait changer. Nous leur portons une affection véritable; puissent-ils, après tant d'orages, se reposer au sein de l'ordre, puisse, chez ces nations amies, la royauté trouver, dans son alliance avec les libertés publiques, un principe nouveau de force et d'ascendant.

Parmi ces nations, antiques alliées de la France, Votre Majesté n'oubliera pas, sans doute, qu'il en est une dont l'existence a été solennellement garantie par les traités.

Les traités conclus avec le roi de Sardaigne, avec les républiques de Venezuela et de l'Equateur, les négociations que Votre Majesté poursuit avec d'autres puissances, ont pour but d'étendre nos relations commerciales, de préparer des débouchés aux produits du travail national, en conservant aux intérêts existants une juste protection; c'est un soin digne de sa prévoyance éclairée. Pour en apprécier les résultats, nous attendrons les communications qu'il lui plaira d'ordonner.

Nous étudierons attentivement les lois relatives aux travaux d'utilité publique. La loi sur l'instruction secondaire sera l'objet de nos méditations. La liberté de l'enseignement est le vœu de la Charte; l'intervention tutélaire de l'Etat dans l'éducation publique est le besoin de la société.

« Sire, votre famille est la nôtre. La France s'estime heureuse de compter comme vous un enfant de plus dans cette jeune princesse dont la présence ajoute aux consolations que Dieu vous a réservées; la France voit avec orgueil, dans les rangs de notre brave armée d'Algérie, l'un de vos fils donner et recevoir tour à tour l'exemple de ce courage inébranlable, de cette patience à toute épreuve qui surmonte la résistance des hommes et les obstacles de la nature. Tant d'efforts porteront leurs fruits, notre domination dans l'Algérie sera bientôt générale et tranquille. Dieu vous a béni, Sire, en vous donnant des enfants dignes de vous, dignes de la nation dont ils sont les premiers soutiens. Ainsi s'affermissent les dynasties; ainsi se confondent, dans un intérêt unique et suprême, les races royales et les peuples. La foi jurée, l'affection réciproque rendent le lien indissoluble; le roi, en montant au Trône, a promis de nous consacrer son existence tout entière, de ne rien faire que pour la gloire et le bonheur de la France; la France lui a promis fidélité. Le roi a tenu ses serments; quel Français pourrait oublier ou trahir les siens?

ADRESSE *de la chambre des députés, en réponse au discours du roi, présentée le 29 janvier.*

SIRE,

L'union des pouvoirs de l'Etat et le concours loyal que la chambre a prêté à votre gouvernement ont entretenu et affermi le repos public. L'ascendant des lois, aidé par l'intelligence et le bon sens du pays, a partout suffi pour maintenir l'ordre. Le commerce intérieur et l'industrie prennent chaque jour un plus rapide essor. L'agriculture, qui a besoin d'être encouragée dans ses progrès et dans ses efforts, se confie à la sollicitude de l'administration. L'instruction et le bien-être, répandus plus également dans la société, améliorent et élèvent la condition des citoyens. Voilà, Sire, la France, telle que l'a faite, sous votre règne, le développement régulier des institutions qu'elle s'est données, et nous contemplons, avec une profonde reconnaissance envers la Providence, la prospérité dont jouit notre patrie.

Nous apprenons avec une vive satisfaction que les effets de cette prospérité générale permettent de rétablir l'équilibre entre les dépenses et les revenus de l'Etat dans les lois de finances qui nous seront présentées. Nous chercherons, dans de sages économies, le moyen de consolider cet équilibre justement désiré.

Nous félicitons Votre Majesté de l'état pacifique de nos relations avec toutes les puissances. La paix en Europe s'affermit par sa durée même; elle a pour fondement l'intérêt de la civilisation et le respect des traités, de ces traités dont nous continuons à revendiquer la protection pour une nation malheureuse que l'espérance n'abandonne pas, parce qu'elle a foi en la justice de sa cause.

En Espagne, la reine Isabelle II, qui est l'objet de la sollicitude affectueuse de Votre Majesté, vient d'être appelée, jeune encore, à exercer le pouvoir royal. En Grèce, le roi Othon s'est entouré des représentants de la nation. Puissent, dans ces deux pays, la royauté et les libertés publiques tirer une nouvelle force de leur intime alliance. Nous sommes heureux d'apprendre que la sincère amitié qui unit Votre Majesté à la reine de la Grande-Bretagne, et l'accord de sentiments entre votre gouvernement et le sien sur les événements de l'Espagne et de la Grèce, vous confirment, Sire, dans les espérances favorables qui s'attachent à l'avenir de deux nations amies de la France.

Cette bonne intelligence aidera sans doute au succès des négociations qui, en garantissant la répression d'un infâme trafic, doivent tendre à replacer notre commerce sous la surveillance exclusive de notre pavillon.

Votre Majesté nous annonce qu'elle a conclu des traités de commerce avec le roi de Sardaigne et les républiques de l'Equateur et de Venezuela, et qu'elle poursuit des négociations avec d'autres états dans les diverses parties du monde. Nous espérons, Sire, que ces traités et ces négociations, en maintenant au travail national la sécurité qui lui est due, et en assurant au commerce maritime la protection que son état réclame, ouvriront une carrière plus large à l'intelligente activité du pays.

Nous examinerons avec soin les mesures nécessaires pour l'exécution des chemins de fer, et pour diverses entreprises d'utilité générale. Nous accueillons avec empressement l'assurance que le projet de loi qui nous sera présenté sur l'instruction secondaire, en satisfaisant au vœu de la Charte pour la liberté d'enseignement, maintiendra l'autorité et l'action de l'Etat sur l'éducation publique.

Une jeune princesse, sœur de l'empereur du Brésil et de la reine de Portugal, a pris place au milieu de votre famille, et nous nous associons à la satisfaction que Votre Majesté a ressentie d'un mariage qui assure le bonheur d'un de vos fils, et ajoute aux consolations que Dieu vous a réservées.

Nous aimons à espérer, Sire, que notre domination en Algérie sera bientôt générale et tranquille, et que, grâce à notre persistance, nous sommes prêts d'atteindre le but et de trouver dans l'accomplissement de notre œuvre et dans l'allégement de nos sacrifices le prix de nos efforts. Nous nous unissons à Votre Majesté pour remercier, au nom du pays, les chefs et les soldats de cette brave armée, qui ne se lasse ni des fatigues de la guerre ni des travaux de la paix. Parmi les chefs de cette armée nous comptons avec orgueil un de vos fils. Nous sommes habitués à les voir partout où la France court un péril ou cherche une gloire.

Oui, Sire, votre famille est vraiment nationale; entre la France et vous l'alliance est indissoluble; les droits de votre dynastie, fondés sur l'impérissable principe de la souveraineté nationale, sont garantis par vos serments et les nôtres. La conscience publique flétrit de coupables manifestations; notre révolution de juillet, en punissant la violation de la foi jurée, a consacré chez nous la sainteté du serment.

Ordonnance du Roi *qui nomme* M. Barthe *Vice-Président de la Chambre des Pairs.*

Au palais des Tuileries, le 28 janvier 1844.

Louis-Philippe, roi des Français, etc.

Sur le rapport de notre garde des sceaux, ministre secrétaire d'État au département de la justice et des cultes,

Nous avons nommé et nommons vice-président de la Chambre des Pairs M. *Barthe*, Pair de France, premier président de la Cour des comptes, en remplacement de M. le comte *de Bastard*, décédé.

Notre garde des sceaux, ministre secrétaire d'État au département de la justice et des cultes est chargé de l'exécution de la présente ordonnance.

LOUIS-PHILIPPE.

Par le Roi :

Le Garde des sceaux de France, Ministre Secrétaire d'État au département de la justice et des cultes,

N. Martin (du Nord).

Loi *portant règlement définitif du Budget de l'exercice* 1841.

Au palais des Tuileries, le 22 Mars 1844.

Louis-Philippe, roi des Français, etc.

Nous avons proposé, etc.

TITRE 1er.

RÈGLEMENT DU BUDGET DE L'EXERCICE 1841.

§ 1er. *Fixation des dépenses.*

Article 1er. Les dépenses ordinaires et extraordinaires de l'exercice 1841, constatées dans les comptes rendus par les ministres, sont arrêtées, conformément au tableau A ci-annexé, à la somme de un milliard quatre cent vingt-neuf millions trois cent soixante-douze mille cinq cent quatre vingt-cinq fr. vingt-deux c., ci.. 1,429,372,585 22

Les paiemens effectués sur le même exercice, jusqu'à l'époque de sa clôture, sont fixés à un milliard quatre cent-vingt-cinq millions deux-cent trente-neuf mille six cent vingt-deux francs soixante et quatorze centimes, ci. 1,425,239,622 74

Et les dépenses restant à payer à quatre millions cent trente-deux mille neuf cent soixante-deux francs quarante-huit centimes, ci.......... 4,132,962 48

Les paiements à effectuer pour solder les dépenses de l'exercice 1841 seront ordonnancés sur les fonds de l'exercice courant, selon les règles prescrites par les articles 8, 9 et 10 de la loi du 23 mai 1834.

§ II. *Fixation des crédits.*

Art. 2. Il est accordé aux ministres, sur l'exercice 1841, pour couvrir les dépenses effectuées au delà des crédits ouverts par la loi des finances du 16 juillet 1840 et par diverses lois spéciales, des crédits complémentaires jusqu'à concurrence de la somme de deux millions cent quarante-trois mille sept cent quatre-vingt-dix-neuf francs quarante-trois centimes (1,143,799 f. 43). Ces crédits demeurent répartis, par ministère et par chapitres, conformément au tableau A ci-annexé.

Art. 3. Les crédits montant à un milliard quatre cent-soixante-dix-huit millions soixante et dix-sept mille neuf cent soixante et un francs cinquante centimes (1,478,077,961 fr. 50), ouverts aux ministres, conformément aux tableaux A et B ci-annexés, pour les services ordinaires et extraordinaires de l'exercice de 1841, comprennent le crédit de trente mille francs (30,000), provisoirement ouvert pour les routes stratégiques de l'Ouest, par l'ordonnance royale du 3 juillet 1842, qui demeure sanctionnée.

Ces crédits sont réduits,

1° D'une somme de quarante et un millions six cent quatorze mille six cent quatre-vingt-six francs quatre-vingt-un centimes, non consommée par les dépenses constatées à la charge de l'exercice 1841, et qui est annulée définitivement ci.. 41,614,686 81

2° De celle de quatre millions cent trente-deux mille neuf cent soixante-deux francs quarante-huit centimes, représentant les dépenses non payées de l'exercice 1841, que conformément à l'article 1er ci-dessus, les ministres sont autorisés à ordonnancer sur le budget des exercices courants, ci.. 4,132,962 48

3° Et de celle de neuf millions deux cent trente-quatre

à reporter,... 45,747,649 28

Report...... 45,748,649 28

mille quatre cent quatre-vingt-huit fr quatre-vingt-dix c., non employée, à l'époque de la clôture de l'exercice 1841, sur les produits affectés au service départemental et à divers services spéciaux, dont les dépenses se règlent d'après le montant des ressources réalisées, laquelle somme est transportée au budget de l'exercice 1843, pour y recevoir la destination qui lui a été donnée par la loi de finances du 16 juillet 1840 et par la loi de règlement de l'exercice 1839, savoir :

Service départ... 8,917,751 47
Div. services spé.... 316,737 43 } 9,234,488 90

Ces annulations et transports de crédits, montant ensemble à cinquante-quatre millions neuf cent quatre-vingt-deux mille cent trente-huit fr. dix-neuf centimes, sont et demeurent divisés, par ministère et par chapitre conformément au tableau A ci-annexé, ci.......... 54,982,138 19

Art 4. Au moyen des dispositions contenues dans les deux articles précédents, les crédits du budget de l'exercice 1841 sont définitivement fixés à un milliard quatre cent vingt-cinq millions deux cent-trente-neuf mille six cent vingt-deux francs soixante et quatorze centimes (1,425,239,622 fr. 74).

et répartis conformément au même tableau A.

§ III. *Fixation des recettes.*

Art. 5. Les droits et produits constatés au profit de l'État sur l'exercice 1841 sont arrêtés, conformément au tableau ci-annexé, à la somme de un milliard trois cent quatre-vingt-sept millions huit cent douze mille trois cent vingt francs quarante-neuf centimes, ci......... 1,387,812,320 49

Les recettes effectuées sur le même exercice, jusqu'à l'époque de sa clôture, sont fixées à un milliard trois-cent quatre-vingt-deux millions cinq cent cinquante-trois mille huit cent quatre-vingt-onze fr. cinquante sept c., ci............. 1,382,553,891 57

Et les droits et produits restant à recouvrer, à cinq millions deux cent cinquante-huit mille quatre cent vingt-huit francs quatre-vingt-douze centimes, ci..... 5,258,528 92

Les sommes qui pourront être ultérieurement réalisées sur les ressources affectées à l'exercice 1841 seront portées en recette au compte de l'exercice courant; au moment où les recouvrements auront lieu.

Art. 6. Les recettes du budget de l'exercice 1841, arrêtée par l'art. précéd. à la somme de 1,382,553,891 57 sont augmentées, en exécution des lois de règlement des budgets de 1839 et de 1840,

1° Des fonds non employés à l'époque de la clôture des exercices de

à reporter... 1,382,553,891 57

Report...... 1,382,553

1839 et 1840, sur les crédits affectés au service départemental et à divers services spéciaux, ci............ 7,949

2° Des fonds transportés de l'exercice 1839 pour accroître les ressources ordinaires du budget de 1841, ci......... 14,387

3° Des fonds restés disponibles à la clôture des exercices 1839 et 1840, sur le service des travaux extraordinires, ci.......... 10,888

Ensemble... 1,415,779

Sur cette somme il est prélevé et transporté à l'exercice 1843, en conformité de l'article 3 de la présente loi, une somme de neuf millions deux cent trente-quatre mille quatre cent quatre-vingt-huit francs quatre-vingt-dix centimes, pour servir à payer les dépenses du service départemental et des autres services spéciaux restant à solder à l'époque de la clôture de l'exercice 1841, ci............. 9,234

Les ressources applicables à l'exercice 1841 demeurent en conséquence fixées à la somme de un milliard quatre cent-six millions cinq cent quarante-cinq mille deux

à reporter... 1,425,014,

Report...... 1,425,041,194 10
cent dix-sept francs trente-deux centimes, ci......... 1,406,545,217 32

§ IV. *Fixation du résultat général du budget.*

Art. 7. Le résultat général du budget de l'exercice 1841 est définitivement arrêté ainsi qu'il suit :

Paiements fixés par l'article 1er à..	1,425,239,622 74
Recettes fixées par l'article précédent à...........	1,406,545,217 32
Excédant de paiement réglé à la somme de dix-huit millions six cent quatre-vingt-quatorze mille quatre cent cinq francs quarante-deux centimes, conformément au tableau D ci-annexé........	18,694,405 42

Cet excédant de paiement sera transporté au compte spécial prescrit par l'article 36 de la loi de finances du 25 juin 1841, et l'extinction en aura lieu au moyen des ressources extraordinaires que cette même loi a déterminées.

TITRE II.

RÈGLEMENT DES SERVICES SPÉCIAUX.

Les recettes et les dépenses des services spéciaux, rattachés pour ordre au budget géneral de l'exercice 1841 demeurent définitivement arrêtées et réglées à la somme de vingt-deux millions neuf cent quatre-vingt-treize mille neuf cent quinze francs quatre-vingt-trois centimes, conformément au résultat général du tableau E ci-annexé savoir :

Légion d'honneur.	8,241,403 96
Imprimerie royale.	2,566,600 45
Caisse des invalides de la marine	10,920,037 13
à reporter....	21,738,041 54
Report......	21,728,041 54
Service de la fabrication des monnaies et médailles.	1,265,874 29
	22,993,915 83

Art. 9. Les recettes et les dépenses du service spécial des chancelleries consulaires, pour l'exercice 1840, sont arrêtées, conformément au tableau F ci-annexé, à la somme de quatre cent dix-sept mille neuf cent quatorze fr. cinquante-sept c. (417,914 57)

TITRE III.

DISPOSITIONS PARTICULIÈRES.

Art. 11. Les crédits d'inscription accordés sur l'exercice 1841 par les lois des 16 juillet 1840 et 16 mai 1841, pour les pensions militaires, sont définitivement arrêtés, conformément au tableau G ci-annexé, à la somme de un million cinq cent cinquante mille fr. (1,550,000), pour laquelle ils ont été employés.

Art. 2. Le reliquat sans emploi de cent quatre mille six cent quatre-vingt-dix fr. (104,690 fr.) est annulé sur le crédit de trente millions, en rentes de trois pour cent, ouvert par la loi du 27 avril 1825, pour l'indemnité accordée aux anciens propriétaires dépossédés, et réduit à vingt-six millions cent mille fr. par les annulations résultant des lois des 5 janvier 1831 et 24 avril 1833 ; ce crédit demeure en conséquence arrêté à la somme de vingt-cinq millions neuf cent quatre-vingt-quinze mille trois cent dix fr. (25,995,310 fr.) annexé.

La présente loi, discutée, délibérée et adoptée par la Chambre des pairs et par celle des députés, et sanctionnée par nous aujourd'hui, sera exécutoire comme loi de l'Etat.

Donnons, etc.

LOUIS-PHILIPPE.

Par le Roi :

Le Ministre Secrétaire d'Etat au département des finances,

Laplagne.

Loi *sur les patentes.*

Au palais des Tuileries, le 25 avril 1844.

Louis-Philippe, roi des Français, etc.

Nous avons proposé, les Chambres ont adopté, nous avons ordonné et ordonnons ce qui suit :

Article 1er. Tout individu, français ou étranger, qui exerce en France un commerce, une industrie, une profession non compris dans les exceptions déterminées par la présente loi, est assujéti à la contribution des patentes.

Art. 2. La contribution des patentes se compose d'un droit fixe et d'un droit proportionnel.

Art. 3. Le droit fixe est réglé conformément aux tableaux A, B, C, annexés à la présente loi.

Il est établi :

Eu égard à la population et d'après un tarif général, pour les industries et professions énumerées dans le tableau A ;

Eu égard à la population et d'après un tarif exceptionnel, pour les industries et professions portées dans le tableau B ;

Sans égard à la population pour celles qui font l'objet du tableau C.

Art. 4. Les commerces, industries et professions non dénommés dans ces tableaux n'en sont pas moins assujétis à la patente. Le droit fixe auquel ils doivent être soumis est réglé, d'après l'analogie des opérations ou des objets de commerce, par un arrêté spécial du préfet, rendu sur la proposition du directeur des contributions directes, et après avoir pris l'avis du maire.

Tous les cinq ans, des tableaux additionnels contenant la nomenclature des commerces, industries et professions classées par voie d'assimilation, depuis trois années au moins, seront soumis à la sanction législative.

Art. 5. Pour les professions dont le droit fixe varie en raison de la population du lieu où elles sont exercées, les tarifs seront appliqués d'après la population qui aura été déterminée par la dernière année de dénombrement.

Néanmoins, lorsque ce dénombrement fera passer une commune dans une catégorie supérieure à celle dont elle faisait précédemment partie, l'augmentation du droit fixe ne sera appliquée que pour moitié pendant les cinq premières années.

Art. 6. Dans les communes dont la population totale est de 5,000 âmes et au-dessus, les patentables exerçant dans la banlieue des professions imposées eu égard à la population paieront le droit fixe d'après le tarif applicable à la population non-agglomérée.

Les patentables exercant lesdites professions dans la partie agglomérée paieront le droit fixe d'après le tarif applicable à la population totale.

Art. 7. Le patentable qui exerce plusieurs commerces, industries ou professions, même dans plusieurs communes différentes, ne peut être soumis qu'à un seul droit fixe.

Ce droit est toujours le plus élevé de ceux qu'il aurait à payer s'il était assujéti à autant de droits fixes qu'il exerce de professions.

Art. 8. Le droit proportionnel est fixé au vingtième de la valeur locative, pour toutes les professions imposables, sauf les exceptions énumérées au tableau D annexé à la présente loi.

Art. 9. Le droit proportionnel est établi sur la valeur locative, tant de la maison d'habitation que des magasins, boutiques, usines, ateliers, hangars, remises, chantiers et autres locaux servant à l'exercice des professions imposables.

Il est dû ; lors même que le logement et les locaux occupés sont concédés à titre gratuit.

La valeur locative est déterminée, soit au moyen de baux authentiques, soit par comparaison avec d'autres locaux dont le loyer aura été régulièrement constaté, ou sera notoirement connu, et, à défaut de ces bases, par voie d'appréciation.

Le droit proportionnel pour les usines et les établissements industriels est calculé sur la valeur locative de ces établissements, pris dans leur ensemble et munis de tous leurs moyens matériels de production.

Art. 10. Le droit proportionnel est payé dans toutes les communes où sont situés les magasins, boutiques, usines, ateliers, hangars, remises, chantiers et autres locaux servant à l'exercice des professions imposables.

Si, indépendamment de la maison où il fait sa résidence habituelle et principale, et qui, dans tous les cas, sauf l'exception ci-après, doit être soumise au droit proportionnel, le patentable possède, soit dans la même commune, soit dans des communes différentes, une ou plusieurs maisons d'habitation, il ne paie le droit proportionnel que pour celles de ces maisons qui servent à l'exercice de sa profession.

Si l'industrie pour laquelle il est assujéti à la patente ne constitue pas sa profession principale, et s'il ne l'exerce pas par lui-même, il ne paie le droit proportionnel que sur la maison d'habitation de l'agent préposé à l'exploitation.

Art. 11. Le patentable qui exerce dans un même local, ou dans des locaux non distincts, plusieurs industries ou professions passibles d'un droit proportionnel différent, paie ce droit d'après le taux applicable à la profession pour laquelle il est assujéti au droit fixe.

Dans le cas où les locaux sont distincts, il ne paie pour chaque local que le droit proportionnel attribué à l'industrie ou à la profession qui y est spécialement exercée.

Dans ce dernier cas, le droit proportionnel n'en demeure pas moins établi sur la maison d'habitation, d'après le taux applicable à la profession pour laquelle le patentable est imposé au droit fixe.

Art. 12. Dans les communes dont la population est inférieure à vingt mille âmes, mais qui, en vertu d'un nouveau dénombrement, passent dans la catégorie des communes de vingt mille âmes et au dessus, les patentables des septième et huitième classes ne seront soumis au droit proportionnel que dans le cas où une seconde ordonnance de dénombrement aura maintenu les dites communes dans la même catégorie.

Art. 13. Ne sont pas assujétis à la patente,

1° Les fonctionnaires et employés salariés, soit par l'Etat, soit par les administrations départementales ou communales, en ce qui concerne seulement l'exercice de leurs fonctions;

2° Les notaires, les avoués, les avocats au Conseil, les greffiers, les commissaires-priseurs, les huissiers;

3° Les avocats;

Les docteurs en médecine ou en chirurgie, les officiers de santé, les sages-femmes et les vétérinaires;

Les peintres, sculpteurs, graveurs et dessinateurs considérés comme artistes, et ne vendant que le produit de leur art;

Les architectes considérés comme artistes, ne se livrant pas, même accidentellement, à des entreprises de construction;

Les professeurs de belles-lettres, sciences et art d'agrément; les chefs d'institution, les maîtres de pension, les instituteurs primaires;

Les editeurs de feuilles périodiques;

Les artistes dramatiques;

4° Les laboureurs et cultivateurs, seulement pour la vente et la manipulation des récoltes et fruits provenant des terrains qui leur appartiennent ou qu'ils y engraissent;

Les concessionnaires de mines pour le seul fait de l'extraction et de la vente des matières par eux extraites;

Les propriétaires ou fermiers de marais salants;

Les propriétaires ou locataires louant accidentellement une partie de leur habitation personnelle;

Les pêcheurs, même lorsque la barque qu'ils montent leur appartient;

5° Les associés en commandite, les caisses d'épargne et de prévoyance administrées gratuitement, les assurances mutuelles régulièrement autorisées;

Les capitaines de navire de commerce ne naviguant pas pour leur compte;

Les cantiniers attachés à l'armée;

Les écrivains publics;

Les commis et toutes les personnes travaillant a gage, à façon et à la journée, dans les maisons, ateliers et boutiques des personnes de leur profession, ainsi que les ouvriers travaillant chez eux ou chez des particuliers, sans des compagnons, apprentis, enseigne ni boutique. Ne sont point considérés comme compagnons ou apprentis la femme travaillant avec son mari, ni les enfants non mariés travaillant avec leurs père et mère, ni le simple manœuvre dont le concours est indispensable à l'exercice de la profession ;

Les personnes qui vendent en ambulance dans les rues, les lieux de passage et dans les marchés, soit des fleurs, de l'amadou, des balais, des statues et figures en plâtre, soit des fruits, des légumes, des poissons, du beurre, des œufs, du fromage et autres menus comestibles ;

Les savetiers, les chiffonniers au crochet, les porteurs d'eau à la bretelle ou avec des voitures à bras, les rémouleurs ambulants, les gardes-malades.

Art. 14. Tous ceux qui vendent en ambulance des objets non compris dans les exemptions déterminées par l'article précédent, et tous marchands sous échoppe ou en étalage sont passibles de la moitié des droits que paient les marchands qui vendent les mêmes objets en boutique. Toutefois cette disposition n'est pas applicable aux bouchers, épiciers et autres marchands ayant un état permanent ou occupant des places fixes dans les halles et marchés.

Art. 15. Les mari et femme séparés de biens ne doivent qu'une patente, à moins qu'ils n'aient des établissements distincts, auquel cas chacun d'eux doit avoir sa patente et payer séparément les droits fixes et proportionnels.

Art. 16. Les patentes sont personnelles et ne peuvent servir qu'à ceux à qui elles sont délivrées. En conséquence, les associés en nom collectif sont toujours assujétis à la patente.

Toutefois l'associé principal paie seul le droit fixe en entier ; les autres associés ne sont imposés qu'à la moitié de ce droit, même quand ils ne résident pas tous dans la même commune que l'associé principal.

Le droit proportionnel est établi sur la maison d'habitation de l'associé principal, et sur tous les locaux qui servent à la société pour l'exercice de son industrie.

La maison d'habitation de chacun des autres associés est affranchie du droit proportionnel, à moins qu'elle ne serve à l'exercice de l'industrie sociale.

Art. 17. Les sociétés ou compagnies anonymes ayant pour but une entreprise industrielle ou commerciale sont imposées à un seul droit fixe sous la désignation de l'objet de l'entreprise, sans préjudice du droit proportionnel.

La patente assignée à ces sociétés ou compagnies ne dispense aucun des sociétaires ou actionnaires du paiement des droits de patente auxquels ils pourraient être personnellement assujétis pour l'exercice d'une industrie particulière.

Art. 18. Tout individu transportant des marchandises de commune en commune, lors même qu'il vend pour le compte de marchands ou fabricants, est tenu d'avoir une patente personnelle, qui est, selon les cas, celle de colporteur avec balle, avec bêtes de somme ou avec voiture.

Art. 19. Les commis-voyageurs des nations étrangères seront traités, relativement à la patente, sur le même pied que les commis voyageurs français chez ces mêmes nations.

Art. 20. Les contrôleurs des contributions directes procéderont annuellement au recensement des imposables et à la formation des matrices de patentes.

Le maire sera prévenu de l'époque de l'opération du recensement, et pourra assister le contrôleur dans cette opération, ou se faire représenter, à cet effet, par un délégué.

En cas de dissentiment entre les contrôleurs et les maires ou leurs délégués, les observations contradictoires de ces derniers seront consignées dans une colonne spéciale.

La matrice, dressée par le contrôleur, sera déposée, pendant dix jours, au secrétariat de la mairie, afin que les intéressés puissent en prendre connaissance et remettre au maire leurs observations. A l'expiration d'un second délai de dix jours, le maire, après avoir consigné ses observations sur la matrice, l'adressera au sous-préfet.

Le sous-préfet portera également ses observations sur la matrice et la transmettra au directeur des contributions directes, qui établira les taxes conformément à la loi, pour tous les articles non contestés. A l'égard des articles sur lesquels le maire ou le sous-préfet ne sera pas d'accord avec le contrôleur, le directeur soumettra les contestations au préfet avec son avis motivé. Si le préfet ne croit pas devoir adopter les propositions du directeur, il en sera référé au ministre des finances.

Le préfet arrête les rôles et les rend exécutoires.

A Paris, l'examen de la matrice des patentés aura lieu, pour chaque arrondissement municipal, par le maire, assisté soit de l'un des membres de la commission des contributions, soit de l'un des agents attachés à cette commission, délégué à cet effet par le préfet.

Art. 21. Les patentés qui réclameront contre la fixation de leurs taxes seront admis à prouver la justice de leurs réclamations, par la représentation d'actes de société légalement publiés, de journaux et livres de commerce régulièrement tenus, et par tous autres documents.

Art. 22. Les réclamations en décharge ou réduction, et les demandes en remises ou modération seront communiquées aux maires; elles seront d'ailleurs présentées, instruites et jugées dans les formes et délais prescrits pour les autres contributions directes.

Art. 23. La contribution des patentes est due pour l'année entière par tous les individus exerçant au mois de janvier une profession imposable.

En cas de cession d'établissement la patente sera, sur la demande du cédant, transférée à son successeur; la mutation de cote sera réglée par arrêté du préfet.

En cas de fermeture des magasins, boutiques et ateliers, par suite de décès ou de faillite déclarée, les droits ne seront dus que pour le passé et le mois courant. Sur la réclamation des parties intéressées il sera accordé décharge du surplus de la taxe.

Ceux qui entreprennent après le mois de janvier une profession sujette à patente ne doivent la contribution qu'à partir du 1er du mois dans lequel ils ont commencé d'exercer, à moins que par sa nature la profession ne puisse pas être exercée pendant toute l'année. Dans ce cas la contribution sera due pour l'année entière, quelle que soit l'époque à laquelle la profession aura été entreprise.

Les patentés qui, dans le cours de l'année, entreprennent une profession d'une classe supérieure à celle qu'ils exerçaient d'abord, ou qui transportent leur établissement dans une commune d'une plus forte population, sont tenus de payer au prorata un supplément de droit fixe.

Il est également dû un supplément de droit proportionnel par les patentables qui prennent des maisons ou locaux d'une valeur locative supérieure à celle des maisons ou locaux pour lesquels ils ont été primitivement imposés, et par ceux qui entreprennent une profession passible d'un droit proportionnel plus élevé.

Les suppléments seront dus à compter du 1er du mois dans lequel les changements prévus par les deux derniers paragraphes auront été opérés.

Art. 24. La contribution des patentes est payable par douzième, et le recouvrement en est poursuivi comme celui des contributions directes; néanmoins les marchands forains, les colporteurs, les directeurs de troupes ambulantes, les entrepreneurs d'amusements et jeux publics non sédentaires, et tous autres patentables dont la profession n'est pas exercée à demeure fixe sont tenus d'acquitter le montant total de leur cote au moment où la patente leur est délivrée.

Dans le cas où le rôle n'est émis que postérieurement au 1er mars, les douzièmes échus ne sont pas immédiatement exigibles: le recouvrement en est fait par portions égales, en même temps que celui des douzièmes non échus.

Art. 25. En cas de déménagement hors du ressort de la perception, comme en cas de vente volontaire ou forcée, la contribution des patentes sera immédiatement exigible en totalité.

Les propriétaires, et à leur place les principaux locataires qui n'auront pas, un mois avant le terme fixé par le bail ou par les conventions verbales, donné avis au percepteur du déménagement de leurs locataires, seront responsables des sommes dues par ceux-ci pour la contribution des patentes.

Dans le cas de déménagements furtifs les propriétaires, et à leur place les principaux locataires deviendront responsables de la contribution de leurs locataires, s'ils n'ont pas dans les trois jours donné avis du déménagement au percepteur.

La part de la contribution laissée à

la charge des propriétaires ou principaux locataires par les paragraphes précédents comprendra seulement le dernier douzième échu et le douzième courant dûs par le patentable.

Art. 26. Les formules de patentes sont expédiées par le directeur des contributions directes sur des feuilles timbrées d'un franc vingt-cinq centimes. Le prix du timbre est acquitté en même temps que le premier douzième des droits de patente.

Les formules de patentes sont visées par le maire et revêtues du sceau de la commune.

Art. 27. Tout patentable est tenu d'exhiber sa patente lorsqu'il en est requis par les maires, adjoints, juges de paix et tous autres officiers ou agents de police judiciaire.

Art. 28. Les marchandises mises en vente par des individus non munis de patentes, et vendant hors de leur domicile, seront saisies ou séquestrées aux frais du vendeur, à moins qu'il ne donne caution suffisante jusqu'à la représentation de la patente ou la production de la preuve que la patente a été delivrée. Si l'individu non muni de patente exerce au lieu de son domicile, il sera dressé un procès-verbal qui sera transmis immédiatement aux agents des contributions directes.

Art. 29. Nul ne pourra former de demande, fournir aucune exception ou défense en justice, ni faire aucun acte ou signification extra-judiciaire pour tout ce qui sera relatif à son commerce, sa profession ou son industrie, sans qu'il soit fait mention, en tête des actes, de sa patente, avec désignation de la date, du numéro et de la commune où elle aura été délivrée, à peine d'une amende de vingt-cinq francs, tant contre les particuliers sujets à la patente que contre les officiers ministériels qui auraient fait et reçu lesdits actes sans mention de la patente. La condamnation à cette amende sera poursuivie à la requête du procureur du Roi, devant le tribunal civil de l'arrondissement.

Le rapport de la patente ne pourra suppléer au défaut de l'énonciation, ni dispenser de l'amende prononcée.

Art. 30. Les agents des contributions directes peuvent, sur la demande qui leur en est faite, délivrer des patentes avant l'émission du rôle, après toutefois que les requérants ont acquitté entre les mains du percepteur les douzièmes échus, s'il s'agit d'individus domiciliés dans le ressort de la perception, ou la totalité des droits, s'il s'agit des patentables désignés en l'article 24 ci-dessus, ou d'individus étrangers au ressort de la perception.

Art. 31. Le patenté qui aura égaré sa patente ou qui sera dans le cas d'en justifier hors de son domicile pourra se faire délivrer un certificat par le directeur ou par le contrôleur des contributions directes. Ce certificat fera mention des motifs qui obligent le patenté à le réclamer, et devra être sur papier timbré.

Art. 32. Il est ajouté au principal de la contribution des patentes cinq centimes par franc, dont le produit est destiné à couvrir les décharges, réductions, remises et modérations, ainsi que les frais d'impression et d'expédition des formules des patentes.

En cas d'insuffisance des cinq centimes, le montant du déficit est prélevé sur le principal des rôles.

Il est en outre prélevé sur le principal huit centimes, dont le produit est versé dans la caisse municipale.

Art. 33. Les contributions spéciales destinées à subvenir aux dépenses des bourses et chambres de commerce, et dont la perception est autorisée par l'article 11 de la loi du 23 juillet 1820, seront réparties sur les patentables des trois premières classes du tableau A annexé à la présente loi, et sur ceux désignés dans les tableaux BC, comme passibles d'un droit fixe égal ou supérieur à celui desdites classes.

Les associés des établissements compris dans les classes et tableaux susdésignés contribueront aux frais des bourses et chambres de commerce.

Art. 34. La contribution des patentes sera établie conformément à la présente loi, à partir du 1er janvier 1845.

Art. 35. Toutes les dispositions contraires à la présente loi seront et demeureront abrogées, à partir de la même époque, sans préjudice des lois et des règlements de police qui sont ou pourront être faits.

La présente loi, etc.

LOUIS-PHILIPPE.

Par le Roi :

Le Ministre Secrétaire d'Etat au département des finances.

LAPLAGNE.

LOI *sur la police de la Chasse.*

Au palais des Tuileries, le 3 Mai 1844.

LOUIS-PHILIPPE, Roi des Français, etc.

Nous avons proposé, les Chambres ont adopté, nous avons ordonné et ordonnons ce qui suit :

SECTION Ire.

De l'exercice du droit de chasse.

ART. 1er. Nul ne pourra chasser, sauf les exceptions ci-après, si la chasse n'est pas ouverte, et s'il ne lui a pas été délivré un permis de chasse par l'autorité compétente.

Nul n'aura la faculté de chasser sur la propriété d'autrui sans le consentement du propriétaire ou de ses ayants-droit.

ART. 2. Le propriétaire ou possesseur peut chasser ou faire chasser en tout temps, sans permis de chasse, dans ses possessions attenant à une habitation et entourées d'une clôture continue faisant obstacle à toute communication avec les héritages voisins.

ART. 3. Les préfets détermineront, par des arrêtés publiés au moins dix jours à l'avance, l'époque de l'ouverture et celle de la clôture de la chasse dans chaque département.

ART. 4. Dans chaque département il est interdit de mettre en vente, de vendre, d'acheter, de transporter et de colporter du gibier pendant le temps où la chasse n'y est pas permise.

En cas d'infraction à cette disposition, le gibier sera saisi et immédiatement livré à l'établissement de bienfaisance le plus voisin, en vertu soit d'une ordonnance du juge de paix, si la saisie a eu lieu au chef-lieu de canton, soit d'une autorisation du maire, si le juge de paix est absent, ou si la saisie a été faite dans une commune autre que celle du chef-lieu. Cette ordonnance ou cette autorisation sera délivrée sur la requête des agents ou gardes qui auront opéré la saisie, et sur la présentation du procès-verbal régulièrement dressé.

La recherche du gibier ne pourra être faite à domicile que chez les aubergistes, chez les marchands de comestibles et dans les lieux ouverts au public.

Il est interdit de prendre ou de détruire sur le terrain d'autrui des œufs et des couvées de faisans, de perdrix et de cailles.

ART. 5. Les permis de chasse seront délivrés, sur l'avis du maire et du sous-préfet, par le préfet du département dans lequel celui qui en fera la demande aura sa résidence ou son domicile.

La délivrance des permis de chasse donnera lieu au paiement d'un droit de quinze francs (15 fr.) au profit de l'Etat, et de dix francs (10 fr.) au profit de la commune dont le maire aura donné l'avis énoncé au paragraphe précédent.

Les permis de chasse seront personnels; ils seront valables pour tout le royaume, et pour un an seulement.

ART. 6. Le préfet pourra refuser le permis de chasse :

1° A tout individu majeur qui ne sera point personnellement incrit, ou dont le père ou la mère ne serait pas inscrit au rôle des contributions;

2° A tout individu qui, par une condamnation judiciaire, a été privé de l'un ou de plusieurs des droits énumérés dans l'article 42 du Code pénal, autres que le droit de port d'armes ;

3° A tout condamné à un emprisonnement de plus de six mois pour rébellion ou violence envers les agents de l'autorité publique ;

4° A tout condamné pour délit d'association illicite, de fabrication, débit, distribution de poudre, armes ou autres munitions de guerre; de menaces écrites ou de menaces verbales avec ordre ou sous condition; d'entraves à la circulation des grains; de devastations d'arbres ou de récoltes sur pied, de plants venus naturellement ou faits de main d'homme;

5° A ceux qui auront été condamnés pour vagabondage, mendicité, vol, escroquerie ou abus de confiance.

La faculté de refuser le permis de chasse aux condamnés dont il est question dans les paragraphes 3, 4 et 5 cessera cinq ans après l'expiration de la peine.

Art. 7. Le permis de chasse ne sera pas délivré :

1° Aux mineurs qui n'auront pas seize ans accomplis;

2° Aux mineurs de seize à vingt et un ans, à moins que le permis ne soit demandé pour eux par leur père, mère, tuteur ou curateur, porté au rôle des contributions;

3° Aux interdits;

4° Aux gardes champêtres ou forestiers des communes et établissements publics, ainsi qu'aux gardes forestiers de l'Etat et aux gardes pêche.

Art. 8. Le permis de chasse ne sera pas accordé:

1° A ceux qui, par suite de condamnations, sont privés du droit de port d'armes;

2° A ceux qui n'auront pas exécuté les condamnations prononcées contre eux pour l'un des délits prévus par la présente loi.

3° A tout condamné placé sous la surveillance de la haute police.

Art 9. Dans le temps où la chasse est ouverte, le permis donne, à celui qui l'a obtenu, le droit de chasser de jour, à tir et à courre, sur ses propres terres, et sur les terres d'autrui avec le consentement de celui à qui le droit de chasse appartient.

Tous autres moyens de chasse, à l'exception des furets et des bourses destinés à prendre le lapin, sont formellement prohibés.

Néanmoins les préfets des départements, sur l'avis des conseils généraux, prendront des arrêtés pour déterminer,

1° L'époque de la chasse des oiseaux de passage, autres que la caille, et les modes et procédés de cette chasse;

2° Le temps pendant lequel il sera permis de chasser le gibier d'eau dans les marais, sur les étangs, fleuves et rivières;

3° Les espèces d'animaux malfaisants ou nuisibles que le propriétaire, possesseur ou fermier pourra en tout temps détruire sur ses terres, et les conditions de l'exercice de ce droit, sans préjudice du droit appartenant au propriétaire ou au fermier de repousser ou de détruire, même avec des armes à feu, les bêtes fauves qui porteraient dommage à ses propriétés.

Ils pourront prendre également des arrêtés,

1° Pour prévenir la destruction des oiseaux;

2° Pour autoriser l'emploi des chiens lévriers pour la destruction des animaux malfaisants ou nuisibles;

3° Pour interdire la chasse pendant les temps de neige.

Art. 10. Des ordonnances royales détermineront la gratification qui sera accordée aux gardes et gendarmes rédacteurs des procès-verbaux ayant pour objets de constater les délits.

SECTION II.

Des peines.

Art. 11. Seront punis d'une amende de seize à cent francs,

1° Ceux qui auront chassé sans permis de chasse;

2° Ceux qui auront chassé sur le terrain d'autrui sans le consentement du propriétaire.

L'amende pourra être portée au double, si le délit a été commis sur des terres non dépouillées de leurs fruits, ou s'il a été commis sur un terrain entouré d'une clôture continue faisant obstacle à toute communication avec les héritages voisins, mais non attenant à une habitation.

Pourra ne pas être considéré comme délit de chasse le fait du passage des chiens courants sur l'héritage d'autrui, lorsque ces chiens seront à la suite d'un gibier lancé sur la propriété de leurs maîtres, sauf l'action civile, s'il y a lieu, en cas de dommage.

3° Ceux qui auront contrevenu aux arrêtés des préfets concernant les oiseaux de passage, le gibier d'eau, la chasse en temps de neige, l'emploi des chiens lévriers, ou aux arrêtés concernant la destruction des oiseaux et celle des animaux nuisibles ou malfaisants;

4° Ceux qui auront pris ou détruit sur le terrain d'autrui des œufs ou couvées de faisans, de perdrix ou de cailles ;

5° Les fermiers de la chasse, soit dans les bois soumis au régime forestier, soit sur les propriétés dont la chasse est louée au profit des communes ou établissements publics, qui auront contrevenu aux clauses et conditions de leurs cahiers de charges relatives à la chasse.

Art. 12. Seront punis d'une amende de cinquante à deux cents francs, et pourront en outre l'être d'un emprisonnement de six jours à deux mois :

1° Ceux qui auront chassé en temps prohibé ;

2° Ceux qui auront chassé pendant la nuit ou à l'aide d'engins et instruments prohibés, ou par d'autres moyens que ceux qui sont autorisés par l'article 9 ;

3° Ceux qui seront détenteurs ou ceux qui seront trouvés munis ou porteurs, hors de leur domicile, de filets, engins ou autres instruments de chasse prohibés ;

4° Ceux qui, en temps où la chasse est prohibée, auront mis en vente, vendu, acheté, transporté ou colporté du gibier ;

5° Ceux qui auront employé des drogues ou appâts qui sont de nature à enivrer le gibier ou à le détruire ;

6° Ceux qui auront chassé avec appeaux, appelants ou chanterelles.

Les peines déterminées par le présent article pourront être portées au double contre ceux qui auront chassé pendant la nuit sur le terrain d'autrui et par l'un des moyens spécifiés au paragraphe 2, si les chasseurs étaient munis d'une arme apparente ou cachée.

Les peines déterminées par l'article 11 et par le présent article seront toujours portées au maximum, lorsque les délits auront été commis par les gardes champêtres ou forestiers des communes, ainsi que les gardes forestiers de l'Etat et des établissements publics.

Art. 13. Celui qui aura chassé sur le terrain d'autrui sans son consentement, si ce terrain est attenant à une maison habitée ou servant à l'habitation, et s'il est entouré d'une clôture continue faisant obstacle à toute communication avec les héritages voisins, sera puni d'une amende de cinquante à trois cents francs, et pourra l'être d'un emprisonnement de six jours à trois mois.

Si le délit a été commis pendant la nuit, le délinquant sera puni d'une amende de cent francs à mille francs, et pourra l'être d'un emprisonnement de trois mois à deux ans, sans préjudice, dans l'un et l'autre cas, s'il y a lieu, de plus fortes peines prononcées par le Code pénal.

Art. 14. Les peines déterminées par les trois articles qui précèdent pourront être portées au double, si le délinquant était en état de récidive, et s'il était déguisé ou masqué, s'il a pris un faux nom, s'il a usé de violence envers les personnes, ou s'il a fait des menaces, sans préjudice, s'il y a lieu, de plus fortes peines prononcées par la loi.

Lorsqu'il y aura récidive, dans les cas prévus en l'article 11, la peine de l'emprisonnement de six jours à trois mois pourra être appliquée, si le délinquant n'a pas satisfait aux condamnations précédentes.

Art. 15. Il y a récidive lorsque dans les douze mois qui ont précédé l'infraction le délinquant a été condamné en vertu de la présente loi.

Art. 16. Tout jugement de condamnation prononcera la confiscation des filets, engins et autres instruments de chasse. Il ordonnera, en outre, la destruction des instruments de chasse prohibés.

Il prononcera également la confiscation des armes, excepté dans le cas où le délit aura été commis par un individu muni d'un permis de chasse, dans les temps où la chasse est autorisée.

Si les armes, filets, engins ou autres instruments de chasse n'ont pas été saisis, le délinquant sera condamné à les représenter ou à en payer la valeur, suivant la fixation qui en sera faite par le jugement, sans qu'elle puisse être au-dessous de cinquante francs.

Les armes, engins ou autres instruments de chasse, abandonnés par les délinquants restés inconnus, seront saisis et déposés au greffe du tribunal compétent. La confiscation et, s'il y a lieu, la destruction en seront ordonnées sur le vu du procès-verbal.

Dans tous les cas, la quotité des dommages-intérêts est laissée à l'appréciation des tribunaux.

Art. 17. En cas de conviction de plusieurs délits prévus par la présente loi, par le Code pénal ordinaire ou par les lois spéciales, la peine la plus forte sera seule prononcée.

Les peines encourues pour des faits postérieurs à la déclaration du procès-verbal de contravention pourront être cumulées, s'il y a lieu, sans préjudice des peines de la récidive.

Art. 18. En cas de condamnation pour délits prévus par la présente loi, les tribunaux pourront priver le délinquant du droit d'obtenir un permis de chasse pour un temps qui n'excédera pas cinq ans.

Art. 19. La gratification mentionnée en l'article 10 sera prélevée sur le produit des amendes.

Le surplus desdites amendes sera attribué aux communes sur le territoire desquelles les infractions auront été commises.

Art. 20. L'article 463 du Code pénal ne sera pas applicable aux délits prévus par la présente loi.

SECTION III.

De la poursuite et du jugement.

Art. 21. Les délits prévus par la présente loi seront prouvés, soit par procès-verbaux ou rapports, soit par témoins, à défaut de rapports et procès-verbaux, ou à leur appui.

Art. 22. Les procès-verbaux des maires et adjoints, commissaires de police, officier, maréchal des logis ou brigadier de gendarmerie, gendarmes, gardes forestiers, gardes-pêche, gardes-champêtres, ou gardes assermentés des particuliers, feront foi jusqu'à preuve contraire.

Art. 23. Les procès-verbaux des employés des contributions indirectes et des octrois feront également foi jusqu'à preuve contraire, lorsque, dans la limite de leurs attributions respectives, ces agents rechercheront et constateront les délits prévus par le paragraphe 1er de l'article 4.

Art. 24. Dans les vingt-quatre heures du délit, les procès-verbaux des gardes seront, à peine de nullité, affirmés par les rédacteurs devant le juge de paix ou l'un de ses suppléants, ou devant le maire ou l'adjoint, soit de la commune de leur résidence, soit de celle où le délit aura été commis.

Art. 25. Les délinquants ne pourront être saisis ni désarmés ; néanmoins, s'ils sont déguisés ou masqués, s'ils refusent de faire connaître leurs noms, ou s'ils n'ont pas de domicile connu, ils seront conduits immédiatement devant le maire et le juge de paix, lequel s'assurera de leur individualité.

Art. 26. Tous les délits prévus par la présente loi seront poursuivis d'office par le ministère public, sans préjudice du droit conféré aux parties lésées par l'article 182 du Code d'instruction criminelle.

Néanmoins, dans le cas de chasse sur le terrain d'autrui sans le consentement du propriétaire, la poursuite d'office ne pourra être exercée par le ministère public, sans une plainte de la partie intéressée, qu'autant que le délit aura été commis dans un terrain clos, suivant les termes de l'article 2, et attenant à une habitation, ou sur des terres non encore dépouillées de leurs fruits.

Art. 27. Ceux qui auront commis conjointement les délits de chasse seront condamnés solidairement aux amendes, dommages-intérêts et frais.

Art. 28. Le père, la mère, le tuteur, les maîtres et commettants sont civilement responsables des délits de chasse commis par leurs enfants mineurs non mariés, pupilles demeurant avec eux, domestiques ou préposés, sauf tout recours de droit.

Cette responsabilité sera réglée conformément à l'article 1384 du Code civil, et ne s'appliquera qu'aux dommages-intérêts et frais, sans pouvoir toutefois donner lieu à la contrainte par corps.

Art. 29. Toute action relative aux délits prévus par la présente loi sera prescrite par le laps de trois mois, à compter du jour du délit.

SECTION IV.

DISPOSITIONS GÉNÉRALES.

Art. 30. Les dispositions de la présente loi relatives à l'exercice du droit de chasse ne sont pas applicables aux propriétés de la couronne. Ceux qui commettraient des délits de chasse dans ces propriétés seront poursuivis et punis conformément aux sections II et III.

ART. 31. Le décret du 4 mai 1812 et la loi du 30 avril 1790 sont abrogés.

Sont et demeurent également abrogés les lois, arrêtés, décrets et ordonnances intervenus sur les matières réglées par la présente loi, en tout ce qui est contraire à ses dispositions.

La présente loi, etc.

Donnons en mandement, etc.

LOUIS-PHILIPPE.

Par le Roi :

Le Garde des sceaux de France, Ministre Secrétaire d'État au département de la justice et des cultes,

N. MARTIN (du Nord).

ORDONNANCE *concernant les Eaux-de-vie et Esprits rendus impropres à la consommation comme boisson.*

Au palais des Tuileries, le 14 juin 1844.

LOUIS-PHILIPPE, roi des Français, etc.

Vu la loi du 24 juillet 1843, relative à l'affranchissement des droits sur les eaux-de-vie et esprits dénaturés, et à l'établissement, s'il y a lieu, d'un droit de dénaturation ;

Vu les lois des 28 avril 1816 et 12 décembre 1830, concernant la perception des droits sur les boissons ;

Sur le rapport de notre ministre secrétaire d'État au département des finances ;

Notre Conseil d'État entendu,

Nous avons ordonné et ordonnons ce qui suit :

ARTICLE 1er. Sont considérés comme dénaturés, et, à ce titre, affranchis de tous droits d'entrée, de consommation et de détail, les alcohols tenant en dissolution, dans la proportion d'au moins deux dixièmes du volume du mélange, des essences de goudron de bois, de goudron de houille ou de térébenthine, des huiles de schiste, de naphte, ou une huile essentielle quelconque.

L'affranchissement sera accordé, quand même le liquide contiendrait, en outre, d'autres substances, et de quelque façon que la préparation ou dénaturation ait été effectuée, soit par simple mélange des huiles essentielles avec l'alcohol rectifié ou absolu, ou avec des esprits du commerce, soit par distillation avant ou après le mélange, soit enfin par la combinaison des huiles et des matières premières destinées à produire l'alcohol.

ART. 2. Les alcohols dénaturés seront frappés d'un droit général de dénaturation. A cet effet, ils seront divisés en quatre classes, suivant la quantité d'essence qu'ils contiendront. Le droit par hectolitre et par classe sera perçu à l'arrivée pour les villes assujetties au droit d'entrée, et au départ pour toutes les autres communes, conformément au tarif, indépendamment du décime par franc.

ART. 3. La quantité d'essence tenue en dissolution dans les alcohols dénaturés sera déterminée au moyen d'un tube gradué et divisé en trente parties égales. Dix de ces divisions seront remplies du liquide à essayer; il y sera ajouté le double d'eau ; ce mélange sera agité, et le nombre des divisions du tube qui, après cette opération, seront occupées par l'essence qui surnagera, indiquera en dixièmes la quantité d'essences contenue dans le liquide.

ART. 4. Les villes et communes ne pourront percevoir, à titre d'octroi, sur les alcohols dénaturés une taxe supérieure à celle du tarif maximum.

A partir de la publication de la présente ordonnance, ce tarif sera immédiatement appliqué dans les villes et communes qui perçoivent actuellement un droit d'octroi sur l'alcohol, à moins que les tarifs actuels ou d'autres tarifs régulièrement autorisés n'établissent des droits moins élevés.

ART. 5. Nul ne pourra fabriquer ou préparer des alcohols dénaturés sans en avoir fait la déclaration au bureau de la régie, et sans être pourvu d'une licence de distillateur, s'il opère par distillation, ou d'une licence de marchand en gros, s'il ne fait que de simples mélanges.

Art 6. Les fabricants ou préparateurs d'alcohol dénaturé seront, suivant la nature de leurs opérations, assujettis à toutes les obligations imposées aux bouilleurs ou distillateurs de profession, ou aux marchands en gros ; ils seront en outre soumis aux exercices des employés de la régie, quelles que soient l'espèce et l'origine des matières premières qu'ils emploieront.

Art. 7. L'entrepôt sera accordé aux fabricants et préparateurs d'alcohol dénaturé, tant pour les eaux-de-vie et esprits purs qu'ils auront en magasin, que pour les alcohols dénaturés provenant de leurs manipulations.

Toute fabrication, tout mélange ou préparation devra être précédé d'une déclaration faite au bureau de la régie, quatre heures au moins à l'avance dans les villes, et huit heures dans les campagnes.

Il sera donné décharge, au compte de l'alcohol pur, des quantités qui auront été dénaturées, et le volume du produit de ces préparations sera repris en charge au compte des alcools dénaturés.

Art. 8. Les alcohols dénaturés ne pourront circuler qu'avec un acquit à caution, un congé ou un passavant délivré au bureau de la régie des contributions indirectes, dans les mêmes cas et de la même manière que pour les eaux-de-vie et esprits.

Art. 9. Seront appliquées aux alcohols dénaturés les dispositions des lois et règlements relatives à la fabrication des eaux-de-vie et esprits par les bouilleurs ou distillateurs de profession, à l'exercice des magasins des marchands en gros et entrepositaires de boissons, à la circulation des eaux-de-vie, esprits et liqueurs, et au paiement des droits, soit à l'arrivée, soit au départ, soit sur les manquants.

Art. 10. Conformément à l'art. 5 de la loi du 24 juillet 1843, toute contravention aux dispositions du présent règlement sera punie des peines portées par l'article 96 de la loi du 28 avril 1816.

Art. 11. Notre ministre secrétaire d'État au département des finances est chargé de l'exécution de la présente ordonnance, qui sera insérée au Bulletin des lois.

LOUIS-PHILIPPE.

Par le Roi :

Le Ministre Secrétaire d'État au département des finances.

Laplagne.

Rapport *au roi sur le service administratif de la marine.*

Paris, 14 Juin 1844.

Sire,

Les ordonnances du 3 janvier 1835 et du 11 octobre 1836, relatives au corps du commissariat de la marine, ont introduit dans les bases du système qui avait jusqu'alors régi le service administratif des ports un changement notable, sur lequel il est nécessaire aujourd'hui de revenir.

Pour faire comprendre cette nécessité, j'ai besoin de retracer ici les circonstances principales qui se rattachent à l'organisation actuelle du service des ports et arsenaux du département de la marine.

Lorsque le gouvernement consulaire s'occupa de rétablir l'ordre dans les diverses parties de l'administration publique, un arrêté du 27 avril 1800 (7 floréal au VIII) régla le service de la marine dans les ports. Cet acte instituait, dans chacun des arrondissements maritimes :

Un préfet maritime, commandant et administrateur général ;

Et sous les ordres du préfet :

Un chef militaire, commandant les

(1) Les considérants historiques de ce rapport ayant une importance véritable, nous les avons donnés de préférence à l'Ordonnance elle-même.

officiers et les troupes de toutes armes,

Quatre directeurs se partageant tous les travaux de l'arsenal, savoir :

Constructions navales,

Artillerie,

Mouvements du port,

Bâtiments civils et travaux hydrauliques;

Un chef d'administration, centralisant l'administration et la comptabilité de l'arsenal.

Un inspecteur, indépendant de toute autorité locale, exerçait son contrôle sur tous les services.

Un conseil composé de ces divers fonctionnaires et présidé par le préfet concourait à l'administration dans des cas déterminés.

L'organisation de l'an VIII resta en vigueur jusqu'à la fin de 1815

A cette époque une ordonnance (du 29 novembre 1815) supprima les préfectures maritimes et rétablit l'organisation de 1776 et de 1786, qui partageait l'autorité dans les ports militaires, entre un commandant de la marine et un intendant.

Mais les inconvénients de cette division des pouvoirs pour un service complexe qui, plus que tout autre, a besoin dans chaque localité d'un centre d'action fortement constitué, ne tardèrent pas à se faire sentir. Les préfectures maritimes furent rétablies en 1827, et une ordonnance du 17 décembre 1828 en régla le service.

Cette ordonnance, tout en prenant pour base de ses dispositions l'arrêté de l'an VIII, apporta cependant des modifications essentielles dans les attributions respectives des fonctionnaires.

Elle mit des restrictions à l'indépendance de l'inspecteur, si nettement formulée dans l'organisation de l'an VIII.

Et en ce qui concerne les magasins, au lieu de la centralisation administrative qui résultait de cette organisation, laissant au magasin général, placé dans les attributions du chef d'administration, les approvisionnements généraux du port seulement, elle attribua aux quatre directions entre lesquelles sont répartis tous les travaux, la garde, la conservation, la délivrance et la comptabilité des objets confectionnés ou réparés dans leurs ateliers.

Ainsi, l'inspection était affaiblie, et l'intervention du corps de l'administration dans les opérations comptables des directions était diminuée.

Et comme d'autre part, dès 1825, les marins de la flotte, soit à la mer, soit à terre, avaient été organisés en corps s'administrant par des conseils comptables et responsables, à l'instar des corps de troupe, on en conclut bientôt que dans la plupart des services l'action du corps de l'administration de la marine se réduisait a une surveillance qui formait double emploi avec l'action propre au corps de l'inspection. On pensa qu'en opérant la fusion des deux corps en un seul on obtiendrait plus de simplicité dans les formes, une diminution dans les dépenses du personnel et les moyens de donner plus d'efficacité au contrôle.

C'est sur ces considérations qu'a été motivée l'ordonnance royale du 3 janvier 1835, qui a institué le nouveau corps sous la dénomination de *commissariat de la marine*, et dont les dispositions ont été corroborees par celle du 11 octobre 1836.

L'ordonnance de 1835, en conférant au commissariat le contrôle de toutes les opérations administratives et les consommations et dépenses de toute nature, lui avait laissé l'ordonnancement des paiements. Celle de 1836 a ramené de plus, dans les attributions du commissariat, certains services administratifs, dont ce corps a eu dès lors à exercer a la fois la direction et le contrôle par des agents divers, il est vrai, mais les uns et les autres placés sous les ordres du commissaire général.

L'état de choses créé par ces deux ordonnances a soulevé dès son origine de vives critiques qui, depuis 1837, se sont reproduites chaque année, soit dans les rapports des commissions de finances des Chambres législatives, soit dans les rapports des commissions de vérification des comptes des ministères, soit dans les travaux de la cour des comptes. On lui a reproché d'avoir réuni dans les mêmes mains les fonctions inconciliables d'administration et de contrôle; d'avoir, par la situation mixte donnée au commissaire général, affaibli plutôt qu'augmenté les garanties que présentait l'institution antérieure. On s'est accordé à demander le rétablissement dans les ports d'un contrôle permanent, indépendant des administrations sur lesquelles son action aura à s'exercer, et la création à Paris d'un contrôle central.

Dès 1837, le département de la marine se préoccupait des moyens de satisfaire à ce double vœu des Chambres et de la cour des comptes. Les administrations des ports furent consultées à cette époque ; elles l'ont été une seconde fois en 1842. Enfin un projet d'ordonnance, préparé dans l'un de nos premiers ports militaires, et revisé à Paris, ayant paru pouvoir servir de base à une discussion définitive, une décision de M. l'amiral Roussin, mon prédécesseur, forma au mois de juin 1843 une commission chargée de se réunir à Brest pour examiner ce projet.

En même temps des fonds portés au projet de budget de 1844 pour un service d'*inspection de la marine* étaient votés par les Chambres.

Les choses étaient dans cet état quand Votre Majesté m'a appelé au ministère de la marine.

Le projet soumis à la commission ne se bornait pas à proposer le rétablissement d'un corps d'inspecteurs pour exercer le contrôle permanent dans les ports. Il remaniait dans son ensemble l'organisation du service, et proposait, sauf quelques modifications, la reconstitution de l'ancien magasin général.

Ces vues ont été adoptées par la commission de Brest.

Outre les chefs de service du port et d'autres officiers appartenant au département de la marine, cette commission comprenait des membres de la cour des comptes, du Conseil d'État et de l'inspection générale des finances, qui ont répondu avec le zèle le plus honorable à l'appel que le département de la marine a fait à leurs lumières en cette circonstance.

Quelque confiance que je fusse disposé à avoir dans le travail d'une telle commission, je ne pouvais laisser les quatre autres ports militaires étrangers à l'examen du projet dont il s'agit. Les conseils d'administration de Toulon, Rochefort, Lorient et Cherbourg ont donc été appelés à faire leurs observations sur le projet primitif et sur les amendements proposés par la commission de Brest.

L'instruction de l'affaire a été ensuite complétée dans le sein du conseil d'amirauté.

Ainsi aucune source de lumières, aucun moyen d'information n'a été négligé; et le projet que j'ai l'honneur d'apporter aujourd'hui à la sanction du roi est le résultat des opinions que je me suis formées, à la suite de l'instruction la plus complète, à laquelle pouvait être soumise une pareille affaire.

Ce projet d'ordonnance embrasse l'ensemble du service dans les ports et arsenaux de la marine. Il est destiné à remplacer en entier l'ordonnance de 1828, en même temps qu'il abroge celles du 3 janvier 1835 et du 11 octobre 1836.

Basé en principe sur la première de ces ordonnances, le projet en reproduit presque toutes les dispositions en y apportant les modifications dont l'expérience a fait reconnaître l'utilité ; et il y ajoute des garanties d'ordre, de surveillance et de responsabilité, qui ne se trouvaient pas ou n'étaient pas suffisamment indiquées dans les organisations antérieures.

Voici les changements principaux que l'ordonnance proposée apporte au régime qui est actuellement en vigueur.

Un contrôle permanent est institué dans les ports. Il sera exercé par un corps spécial de contrôleurs. Cette appellation a été préférée à celle d'inspecteurs, adoptée par les organisations de l'an VIII et de 1828, afin d'établir une distinction nécessaire de dénomination entre les agents du contrôle permanent des ports et ceux qui seront chargés des inspections temporaires.

Le contrôleur, subordonné au préfet maritime sous le rapport hiérarchique seulement, exercera ses fonctions dans une entière indépendance de toute autorité autre que celle du ministre, avec qui il correspondra directement. Ayant le devoir de tout surveiller, ayant le droit de se présenter partout pour s'assurer que partout la règle est observée, son intervention est combinée de manière à aider à éclairer l'action de l'autorité locale, sans jamais pouvoir l'entraver. Son contrôle portera sur toutes les parties du service, sans s'immiscer dans les travaux d'art. Les opérations techniques, confiées aux directions, ne peuvent être utilement et convenablement contrôlée que par les directeurs eux-mêmes, sous la surveillance des préfets maritimes et sous le contrôle définitif des inspecteurs d'armes.

Indépendamment du contrôle permanent, les diverses branches du service des ports seront soumises à des inspections temporaires et imprévues, qui auront lieu toutes les fois que le ministre le jugera convenable. Le service de ces inspections, qui s'appliqueront aux opérations administratives et au contrôle comme à toutes les autres parties, sera réglé par ordonnance spéciale.

Un contrôle central est établi au sein du ministère de la marine, à Paris. Cette institution a manqué aux organisations antérieures. Elle était généralement réclamée, tant au dedans qu'au dehors du département.

Le contrôle central, tel que le projet l'institue, donnera force aux opérations des contrôleurs permanents des ports, dont il suivra et dirigera l'action. Devant embrasser tous les faits qui intéressent le département de la marine, et ayant à exercer sur les opérations qui ont eu lieu dans l'administration centrale elle-même une surveillance analogue à celle des contrôleurs des ports à l'égard des services administratifs des arrondissements maritimes, il a dû être placé en dehors des directions actuelles du ministère. Il sera confié à un fonctionnaire spécial, qui aura le titre de *directeur du contrôle central.*

Le contrôle central s'exercera sur toutes les opérations administratives et comptables ayant rapport à l'exécution des services prévus par les budgets. Quant à celles qui ne sont encore qu'à l'état de projet, quant aux propositions qui doivent amener des dépenses pour lesquelles des crédits n'ont pas été déjà ouverts par les lois de finances, le conseil d'amirauté est appelé, par l'ordonnance même de son institution, à les examiner et à éclairer de son avis préalable les décisions du ministre sur ces objets. Pour lier cet examen aux actes du contrôle central, le projet d'ordonnance stipule que le directeur du contrôle central, s'il n'est membre titulaire du conseil d'amirauté, devra prendre part aux délibérations chaque fois que des matières de ce genre seront soumises au conseil.

Ainsi se trouveront satisfaits, dans une mesure que je crois propre à réaliser d'importantes améliorations dans le service de la marine, les vœux qui ont été si unaninement formés dans ces dernières années pour le rétablissement d'un contrôle permanent dans les ports, et pour la création d'un contrôle central à Paris.

Il reste une question qui s'est produite plus récemment dans les Chambres. C'est celle du magasin général ; elle se lie au mode de gestion des directions de travaux.

A cet égard, deux systèmes se trouvent depuis longtemps en présence.

L'un, qui consiste à centraliser dans une même main l'administration et la comptabilité générale des divers services de chaque arsenal maritime.

Dans ce système, les directions travaillent pour un magasin général, qui leur délivre les matières brutes au fur et à mesure de leurs besoins, qui reçoit les objets confectionnés par elles, et qui les délivre ensuite aux bâtiments de la flotte et aux autres services consommateurs. Le garde magasin général, sous l'autorité directe du chef d'administration ou commissaire général, est ainsi seul responsable et comptable pour le matériel. C'est le système qui, sauf quelques modifications de détail dans la pratique, a été constamment en usage jusqu'à l'ordonnance de 1828.

L'autre système consiste à confier à chaque direction l'administration et la comptabilité des matières et des ouvriers qu'elle emploie, suivant des règles qui se rapprochent de celles qui sont en vigueur au département de la guerre à l'égard des arsenaux de l'artillerie et des directions du génie. C'est le système dans lequel le département de la marine est entré par les ordonnances du 17 décembre 1828, et par celles du 3 janvier 1835 et du 11 octobre 1836.

D'après les dispositions combinées de ces ordonnances, le magasin général n'est plus chargé que de la garde et de la conservation des approvisionnements livrés en exécution d'adjudications et de marchés. Des magasins particuliers sont affectés à chaque direction. Ces magasins reçoivent du magasin général les matières brutes et les délivrent, au fur et à mesure des besoins, aux ateliers de la direction. Ils reçoivent de ces ateliers les objets confectionnés ou réparés, et les délivrent aux bâtiments de la flotte. Les gardes-magasins des directions sont déclarés responsables des objets remis à leur garde. Tout cela s'opère sous l'autorité du directeur et sous le contrôle du commissariat. Le commissaire général ordonnance les paiements pour main-d'œuvre sur les états dressés par les directions et contrôlés par un commissaire des travaux. Il centralise pour ordre les comptes annuels des quatre directions, d'après les résumés qui lui sont fournis par les directeurs.

Les directeurs des travaux dans les ports s'accordent à demander que ce régime ne soit pas modifié, ou qu'il ne le soit que pour le compléter dans le sens des vues qui l'ont fait établir. Quelques opinions ont même été produites, pour que l'on adoptât, à l'égard de chacune des directions de travaux de la marine, le mode de gestion en vigueur au département de la guerre, en établissant des conseils d'administration de direction, opérant sous le contrôle du commissariat, dont les fonctions auraient alors été complètement assimilées à celles de l'intendance militaire.

On n'a pas dû s'arrêter à cette dernière proposition.

Il n'y a point parité entre la situation des arsenaux de la marine. Les établissements de la guerre sont en très grand nombre et disséminés sur toute l'étendue de la France. Chacun d'eux, arsenal d'artillerie, direction d'artillerie, direction du génie, manufacture d'armes, fonderie, etc., forme un établissement isolé qui s'occupe d'une chose spéciale. On comprend qu'il ait fallu donner à chacun une administration distincte, au moyen des éléments propres au service unique auquel il a mission de pourvoir.

Dans la marine, au contraire, on a dû réunir sur un petit nombre de points un ensemble de moyens qui doivent concourir à la construction et à l'armement des bâtiments de la flotte. Dans chacun des arsenaux de la marine (au nombre de cinq) il y a six services distincts qui tous travaillent à former cette unité représentée par le vaisseau armé et équipé, prêt à la voile. De même qu'il a fallu placer à la tête d'un établissement ainsi combiné une autorité supérieure, centralisant en se mains le commandement et la haut direction de l'ensemble, il a été naturel de centraliser ainsi l'administration et la comptabilité des dépenses.

Cette différence de situation a été aperçue dès l'origine, et elle explique comment il se fait qu'à la même époque où, avant 1789, les règlements de la guerre donnaient aux arsenaux de ce département l'organisation qui, à peu de chose près, est encore en vigueur aujourd'hui, le département de la marine recevait des institutions toutes différentes. La marine elle-même a été conduite à adopter des règles analogues à celles de la guerre, pour la régie du petit nombre des établissements spéciaux et isolés qu'elle possède, tels que les forges et fonderies de la Chaussade, de Ruelle, de Nevers, de Saint-Gervais. Mais étendre le système aux grands arsenaux, ce serait rompre l'unité qui doit y être maintenue ; ce serait ajouter des difficultés nouvelles à celles qui existent déjà, et qui naissent de la nature même des choses dans un service aussi compliqué, pour établir une bonne et régulière centralisation de la comptabilité des dépenses, tant en matière qu'en deniers.

La solution de la question, pour le département de la marine, doit se trouver dans un système mixte qui, en favorisant le plus possible la célérité des opérations, en laissant aux directeurs, sous leur responsabilité, toute la latitude d'action dont ils ont besoin pour l'exécution des travaux, pour l'emploi des matières et du temps des ouvriers, fasse intervenir dans la constatation de la présence des ouvriers et des consommations des matières le commissariat qui doit ordonnancer les paiements et centraliser la comptabilité générale du port, ainsi que le contrôle, dont la surveillance doit s'étendre à toutes les parties du service.

Le projet primitif présentait un système qui, en reconstituant le magasin général sur ses anciennes bases, aurait laissé cependant auprès de chaque direction des magasins spéciaux dont les gardes, préposés du garde magasin général, auraient compté avec lui, mais dont les mouvements intérieurs se seraient opérés sur les ordres du directeur, à qui auraient été confiés la conservation, l'entretien et l'arrangement des objets déposés dans ces magasins.

Cette proposition, conçue dans des vues de conciliation, offrait l'inconvénient de faire ressortir les garde-magasins spéciaux à deux chefs différents, d'amener ainsi une confusion d'autorité dont le service aurait certainement eu à souffrir, et d'affaiblir la responsabilité, qu'il importe de ne pas diviser pour qu'elle soit efficace.

Dès 1817 et 1819, dans la vue de rendre les armements plus prompts et de faire cesser les plaintes qui arrivaient de toutes parts sur les lenteurs provenant de l'intervention obligée du magasin général dans les délivrances des objets à tirer des ateliers, des instructions ministérielles avaient remis aux directions la délivrance à faire aux bâtiments, pendant leur armement, des objets confectionnés par elles. En 1821, le conseil d'administration de Brest, sur la proposition d'administrateurs d'une grande expérience, demandait que cette mesure fût étendue aux délivrances à faire après l'armement. C'est sous l'impression de ces faits que furent adoptées les dispositions de l'ordonnance de 1828.

Les objections qui sont produites aujourd'hui contre ce système, sous le rapport des lenteurs qu'il entraînerait dans les opérations, tirent certainement un grand poids de la position des personnes de qui elles émanent. Toutefois, quant on se reporte au passé et qu'on se rappelle le nombre et la force des réclamations que soulevait, sous le même rapport, le système antérieur, il est permis de croire que le rétablissement de l'ancien magasin général ne ferait pas disparaître le mal, et qu'il faut en chercher le remède dans des formes d'exécution plus simples, qui peuvent se concilier avec l'un comme avec l'autre système.

Après avoir fait un examen approfondi de tout ce qui a été dit de part et d'autre sur ce sujet, soit au moment des discussions étendues qui ont précédé l'ordonnance de 1828, soit depuis lors et à l'occasion de la question actuelle, il m'a paru qu'il n'existait pas de motif suffisant pour détruire entièrement aujourd'hui le régime qui a été fondé par cette ordonnance a l'égard des magasins, et qu'il etait possible, en l'améliorant, d'obtenir les garanties qui peuvent lui manquer, sans apporter une perturbation nouvelle dans cette branche du service.

Le matériel des ports se divise en deux parties distinctes : l'une comprend les matières et les objets ouvrés provenant d'adjudications ou de marchés : celle-la ne peut appartenir qu'au magasin général du port ; l'autre comprend les objets confectionnés qui sortent des ateliers des directions, passent à bord des bâtiments, en sont retirés ensuite pour rentrer dans les magasins, puis retournent dans les ateliers où ils subissent des réparations et des transformations qui en modifient plus ou moins la valeur : les directions interviennent forcément dans celle-ci, et la disposition de l'ordonnance de 1828, qui leur remet la garde et la délivrance des objets compris dans cette catégorie, a l'avantage d'assurer des soins plus assidus à leur conservation et une direction plus méthodique à leur application.

La division existante entre ces deux ordres de comptabilité matérielle me paraît donc pouvoir être maintenue, en faisant suivre et centraliser l'une et l'autre dans chaque port par le commissariat, sous la vérification du contrôle, et en faisant rattacher la comptabilité des magasins spéciaux des directions à la comptabilité du magasin général.

Le projet d'ordonnance dispose que la comptabilité générale du matériel du port sera centralisée par le commissaire général.

Pour ce qui concerne spécialement les travaux, un officier du commissariat constatera, conjointement avec les directions, la présence des ouvriers ; il en tiendra la matricule générale; il assistera à la recette des ouvrages exécutés; il signera des décomptes mensuels de salaires et d'ouvrages; il dressera les comptes annuels de travaux des directions. L'ordonnance proposée conserve, sur les attributions de ce fonctionnaire, la rédaction entière de la commission de Brest.

Pour ce qui concerne les magasins, l'ordonnance se borne à poser en principe :

Que le magasin général de chaque port demeurera dépositaire de toutes les matières brutes et de tous les objets ouvrés qui seront livrés par suite d'adjudications ou de marchés, et qui forment l'approvisionnement général de l'arsenal;

Que les directions continueront à être chargées de la garde, de la conservation, de la délivrance et de la comptabilité des objets confectionnés ou réparés dans leurs ateliers.

L'ordonnance n'a pu rien stipuler ni sur les formes de la comptabilité à tenir, soit par le garde-magasin général et par les garde-magasins spéciaux, soit par les directions et par le commissariat, ni sur les devoirs réciproques des comptables et sur la manière dont la comptabibilité des magasins spéciaux viendra se rattacher à celle du magasin général. D'après l'article 14 de la loi du 6 juin 1843, une ordonnance, rendue dans la forme des règlements d'administration publique, doit statuer, à partir du 1er janvier 1845, sur les formes de la comptabilité des matières appartenant à l'Etat dans tous les services publics. Le projet de ce règlement, préparé par le ministre des finances, de concert avec les ministres de la guerre et de la marine, est en ce moment soumis au Conseil d'Etat. Il pose des principes généraux et renvoie les dispositions de détail nécessaires pour en assurer l'application à des règlements spéciaux, qui devront être rédigés dans chaque département sous l'approbation du roi. En présence de cet état de choses, il eût été prématuré d'insérer dans l'ordonnance des dispositions qui auraient pu ne pas se trouver d'accord avec le règlement général dont s'occupe le Conseil d'Etat.

En conséquence, le titre VII de l'ordonnance (*de la comptabilité des approvisionnements et des travaux*) se réfère au règlement général d'administration publique qui doit intervenir, et au règlement particulier au département de la marine qui suivra le règlement général. Il maintient, jusqu'à la publication de ces règlements, les dispositions actuellement en vigueur, en tout ce qui n'est pas contraire à l'ordonnance.

C'est dans le règlement particulier dont il s'agit que seront précisées toutes les mesures qui n'ont pu trouver place dans l'ordonnance projetée, et elles seront conçues de manière à assurer dans le département de la marine l'exécution pleine et entière des prescriptions qui résulteront du règlement général.

Tel est, Sire, l'ordre d'idées dans lequel a été conçu le projet d'ordonnance que je viens soumettre à l'approbation de Votre Majesté. Ses dispositions, dans leur ensemble, me paraissent renfermer les modifications essentielles que peut réclamer l'organisation actuelle du service. Elles sont de nature à assurer la régularité des opérations et des comptes. Elles se prêtent aux perfectionnements futurs qui pourraient être nécessaires. Le Roi peut avoir confiance dans le zèle et la loyauté qu'apporteront à leur exécution tous ceux qui sont appelés à y prendre part. La comptabilité de la marine a pu laisser à désirer sous le rapport des formes; mais la pureté des actes des diverses branches de l'administration ne saurait être mise en doute, et chacun, dans ce département, sera empressé de concourir au succès des mesures nouvelles, qui ont pour but de garantir plus complétement l'économie et le bon emploi des deniers et des matières appartenant à l'Etat.

Je suis, etc.

Le Vice-Amiral, Pair de France, Ministre Secrétaire d'Etat de la marine et des colonies,

Baron DE MACKAU.

Loi *sur les Brevets d'invention.*

Au palais de Neuilly, le 5 juillet 1844.

Louis-Philippe, roi des Français, etc.

Nous avons proposé, les Chambres ont adopté, nous avons ordonné et ordonnons ce qui suit :

TITRE Ier.

Dispositions générales.

Article Ier. Toute nouvelle découverte ou invention dans tous les genres d'industrie confère à son auteur, sous les conditions et pour le temps ci-après déterminés, le droit exclusif d'exploiter à son profit ladite découverte ou invention.

Ce droit est constaté par des titres délivrés par le Gouvernement, sous le nom de *brevets d'invention.*

Art. 2. Seront considérées comme inventions ou découvertes nouvelles:

L'invention de nouveaux produits industriels ;

L'invention de nouveaux moyens ou l'application nouvelle de moyens connus, pour l'obtention d'un résultat ou d'un produit industriel.

Art. 3. Ne sont pas susceptibles d'être brevetés :

1° Les compositions pharmaceutiques ou remèdes de toute espèce, lesdits objets demeurant soumis aux lois et règlements spéciaux sur la matière, et notamment au décret du 18 août 1810, relatif aux remèdes secerts ;

2° Les plans et combinaisons de crédit ou de finances.

Art. 4. La durée des brevets sera de cinq, dix ou quinze années.

Chaque brevet donnera lieu au paiement d'une taxe, qui est fixée ainsi qu'il suit, savoir :

Cinq cents francs (500 fr.) pour un brevet de cinq ans ;

Mille francs (1,000 fr.) pour un brevet de dix ans ;

Quinze cents francs (1,500 fr.) pour un brevet de quinze ans.

Cette taxe sera payée par annuités de cent francs, sous peine de déchéance, si le breveté laisse écouler un terme sans l'acquitter.

TITRE II.

Des formalités relatives à la délivrance des Brevets.

SECTION Ire.

DES DEMANDES DE BREVETS.

Art. 5. Quiconque voudra prendre un brevet d'invention devra déposer, sous cachet, au secrétariat de la préfecture, dans le département où il est domicilié, ou dans tout autre département, en y élisant domicile :

1° Sa demande au ministre de l'agriculture et du commerce ;

2° Une description de la découverte, invention ou application faisant l'objet du brevet demandé ;

3° Les desseins ou échantillons qui seraient nécessaires pour l'intelligence de la description ;

Et 4° un bordereau des pièces déposées.

Art. 6. La demande sera limitée à un seul objet principal, avec les objets de détail qui le constituent, et les applications qui auront été indiquées.

Elle mentionnera la durée que les demandeurs entendent assigner à leur brevet dans les limites fixées par l'article 4, et ne contiendra ni restrictions, ni conditions, ni réserves.

Elle indiquera un titre renfermant la désignation sommaire et précise de l'objet de l'invention.

La description ne pourra être écrite en langue étrangère. Elle devra être sans altération ni surcharges. Les mots rayés comme nuls seront comptés et constatés, les pages et les renvois paraphés. Elle ne devra contenir aucune dénomination de poids ou de mesures autre que celles qui sont portées au tableau annexé à la loi du 4 juillet 1837.

Les dessins seront tracés à l'encre et d'après une échelle métrique.

Un duplicata de la description et des dessins sera joint à la demande.

Toutes les pièces seront signées par le demandeur ou par un mandataire, dont le pouvoir restera annexé à la demande.

Art. 7. Aucun dépôt ne sera reçu que sur la production d'un récépissé constatant le versement d'une somme de cent francs à valoir sur le montant de la taxe du brevet.

Un procès-verbal, dressé sans frais par le secrétaire général de la préfecture, sur un registre à ce destiné, et signé par le demandeur, constatera chaque dépôt, en énonçant le jour et l'heure de la remise des pièces.

Une expédition dudit procès verbal sera remise au déposant, moyennant le remboursement des frais de timbre.

Art. 8. La durée du brevet courra du jour du dépôt prescrit par l'article 5.

SECTION II.

DE LA DÉLIVRANCE DES BREVETS.

Art. 9. Aussitôt après l'enregistrement des demandes, et dans les cinq jours de la date du dépôt, les préfets transmettront les pièces, sous le cachet de l'inventeur, au ministre de l'agriculture et du commerce, en y joignant une copie certifiée du procès verbal de dépôt, le récépissé constatant le versement de la taxe, et, s'il y a lieu, le pouvoir mentionné dans l'article 6.

Art. 10. A l'arrivée des pièces au ministère de l'agriculture et du commerce, il sera procédé à l'ouverture, à l'enregistrement des demandes et à l'expédition des brevets, dans l'ordre de la réception desdites demandes.

Art. 11. Les brevets dont la demande aura été régulièrement formée seront délivrés, sans examen préalable, aux risques et périls des demandeurs, et sans garantie, soit de la réalité, de de la nouveauté ou du mérite de l'invention, soit de la fidélité ou de l'exactitude de la description.

Un arrêté du ministre, constatant la régularité de la demande, sera délivré au demandeur, et constituera le brevet d'invention.

A cet arrêté sera joint le duplicata certifié de la description et des dessins, mentionné dans l'article 6, après que la conformité avec l'expédition originale en aura été reconnue et établie au besoin.

La première expédition des brevets sera délivrée sans frais.

Toute expédition ultérieure, demandée par le breveté ou ses ayants cause, donnera lieu au paiement d'une taxe de vingt-cinq francs.

Les frais de dessin, s'il y a lieu, demeureront à la charge de l'impétrant.

Art. 12. Toute demande dans laquelle n'auraient pas été observées les formalités prescrites par les n°s 2 et 3 de l'article 5, et par l'article 6, sera rejetée. La moitié de la somme versée restera acquise au trésor, mais il sera tenu compte de la totalité de cette somme au demandeur, s'il reproduit sa demande dans un délai de trois mois, à compter de la date de la notification du rejet de sa requête.

Art. 13. Lorsque, par application de l'article 3, il n'y aura pas lieu à délivrer un brevet, la taxe sera restituée.

Art. 14. Une ordonnance royale, insérée au Bulletin des lois, proclamera tous les trois mois les brevets délivrés.

Art. 15. La durée des brevets ne pourra être prolongée que par une loi.

SECTION III.

CERTIFICATS D'ADDITION.

Art. 16. Le breveté ou les ayants droit au brevet auront pendant toute la durée du brevet le droit d'apporter à l'invention des changements, perfectionnements ou additions, en remplissant pour le dépôt de la demande les formalités déterminées par les articles 5, 6 et 7.

Ces changements, perfectionnements ou additions seront constatés par des certificats délivrés dans la même forme que le brevet principal, et qui produiront, à partir des dates respectives des demandes et de leur expédition, les mêmes effets que ledit brevet principal avec lequel ils prendront fin.

Chaque demande de certificat d'addition donnera lieu au paiement d'une taxe de vingt francs.

Les certificats d'addition pris par un des ayants droit profiteront à tous les autres.

Art. 17. Tout breveté qui pour un

changement, perfectionnement ou addition, voudra prendre un brevet principal de cinq, dix ou quinze années, au lieu d'un certificat d'addition expirant avec le brevet primitif, devra remplir les formalités prescrites par les art. 5, 6 et 7, et acquitter la taxe mentionnée dans l'art. 4.

Art. 18. Nul autre que le breveté ou ses ayants droit, agissant comme il est dit ci-dessus, ne pourra pendant une année prendre valablement un brevet pour un changement, perfectionnement ou addition à l'invention qui fait l'objet du brevet primitif.

Neanmoins toute personne qui voudra prendre un brevet pour changement, addition ou perfectionnement à une découverte déjà brevetée pourra, dans le cours de ladite année, former une demande qui sera transmise et restera déposée sous cachet au ministère de l'agriculture et du commerce.

L'année expirée, le cachet sera brisé et le brevet délivré.

Toutefois le breveté principal aura la préférence pour les changements, perfectionnements et additions pour lesquels il aurait lui-même, pendant l'année, demandé un certificat d'addition ou un brevet.

Art. 19. Quiconque aura pris un brevet pour une découverte, invention ou application se rattachant à l'objet d'un autre brevet, n'aura aucun droit d'exploiter l'invention déjà brevetée, et réciproquement le titulaire du brevet primitif ne pourra exploiter l'invention, objet du nouveau brevet.

SECTION IV.

DE LA TRANSMISSION ET DE LA CESSION DES BREVETS.

Art. 20 Tout breveté pourra céder la totalité ou partie de la proprieté de son brevet.

La cession totale ou partielle d'un brevet, soit à titre gratuit, soit à titre onéreux, ne pourra être faite que par acte notarié, et après le paiement de la totalité de la taxe déterminée par l'art. 4.

Aucune cession ne sera valable à l'égard des tiers qu'après avoir été enregistrée au secrétariat de la préfecture du département dans lequel l'acte aura été passé.

L'enregistrement des cessions et de tous autres actes emportant mutation sera fait sur la production et le dépôt d'un extrait authentique de l'acte de cession ou de mutation.

Une expédition de chaque procès-verbal d'enregistrement, accompagnée de l'extrait de l'acte ci-dessus mentionné, sera transmise par les préfets au ministre de l'agriculture et du commerce, dans les cinq jours de la date du procès-verbal.

Art. 21. Il sera tenu au ministère de l'agriculture et du commerce un registre sur lequel seront inscrites les mutations intervenues sur chaque brevet, et sous les trois mois une ordonnance royale proclamera dans la forme déterminée par l'art. 14 les mutations enregistrées pendant le trimestre expiré.

Art. 22. Les cessionnaires d'un brevet, et ceux qui auront acquis d'un breveté ou de ses ayants droit la faculté d'exploiter la découverte ou l'invention, profiteront, de plein droit, des certificats d'addition qui seront ultérieurement délivrés au breveté ou à ses ayants droit. Réciproquement, le breveté ou ses ayants droit profiteront des certificats d'addition qui seront ultérieurement délivrés aux cessionnaires.

Tous ceux qui auront droit de profiter des certificats d'addition pourront en lever une expédition au ministère de l'agriculture et du commerce, moyennant un droit de vingt francs.

SECTION V.

DE LA COMMUNICATION ET DE LA PUBLICATION DES DESCRIPTIONS ET DESSINS DE BREVETS.

Art. 23. Les descriptions, dessins, échantillons et modèles des brevets délivrés resteront, jusqu'à l'expiration des brevets, déposés au ministère de l'agriculture et du commerce, où ils seront communiqués sans frais, a toute réquisition.

Toute personne pourra obtenir, à ses frais, copies desdites descriptions et dessins, suivant les formes qui seront déterminées dans le règlement rendu en exécution de l'art. 50.

Art. 24. Après le paiement de la deuxième annuité, les descriptions et dessins seront publiés, soit textuellement, soit par extrait.

Il sera en outre publié, au commencement de chaque année, un catalogue contenant les titres des brevets délivrés dans le courant de l'année précédente.

Art. 25. Le recueil des descriptions et dessins et le catalogue publiés en exécution de l'article précèdent seront déposés au ministère de l'agriculture et du commerce, et au secrétariat de la préfecture de chaque département, où ils pourront être consultés sans frais.

Art. 26. A l'expiration des brevets, les originaux des descriptions et dessins seront déposés au Conservatoire royal des arts et métiers.

TITRE III.

Des droits des étrangers.

Art. 27. Les étrangers pourront obtenir en France des brevets d'invention.

Art. 28. Les formalités et conditions déterminées par la présente loi seront applicables aux brevets demandés ou délivrés en exécution de l'article précédent.

Art. 29. L'auteur d'une invention ou découverte déjà brevetée à l'étranger pourra obtenir un brevet en France ; mais la durée de ce brevet ne pourra excéder celle des brevets antérieurement pris à l'étranger.

TITRE IV.

Des nullités et déchéances, et des actions y relatives.

SECTION Ire.

DES NULLITÉS ET DÉCHÉANCES.

Art. 30. Seront nuls et de nul effet les brevets délivrés dans les cas suivants, savoir :

1° Si la découverte, invention ou application n'est pas nouvelle ;

2° Si la découverte, invention ou application n'est pas, aux termes de l'art. 3, susceptible d'être brevetée ;

3° Si les brevets portent sur des principes, méthodes, systèmes, découvertes et conceptions théoriques ou purement scientifiques, dont on n'a pas indiqué les applications industrielles ;

4° Si la découverte, invention ou application est reconnue contraire à l'ordre ou à la sûreté publique, aux bonnes mœurs ou aux lois du royaume, sans préjudice, dans ce cas et dans celui du paragraphe précédent, des peines qui pourraient être encourues pour la fabrication ou le débit d'objets prohibés ;

5° Si le titre sous lequel le brevet a été demandé indique frauduleusement un objet autre que le véritable objet de l'invention ;

6° Si la description jointe au brevet n'est pas suffisante pour l'exécution de l'invention, ou si elle n'indique pas d'une manière complète et loyale les véritables moyens de l'inventeur ;

7° Si le brevet a été obtenu contrairement aux dispositions de l'art. 18.

Seront également nuls et de nul effet les certificats comprenant des changements, perfectionnements ou additions qui ne se rattacheraient pas au brevet principal.

Art. 31. Ne sera pas réputée nouvelle toute découverte, invention ou application qui, en France ou à l'étranger, et antérieurement à la date du dépôt de la demande, aura reçu une publicité suffisante pour pouvoir être exécutée.

Art. 32. Sera déchu de tous ses droits :

1° Le breveté qui n'aura pas acquitté son annuité avant le commencement de chacune des années de la durée de son brevet ;

2° Le breveté qui n'aura pas mis en exploitation sa découverte ou invention en France, dans le délai de deux ans, à dater du jour de la signature du brevet, ou qui aura cessé de l'exploiter pendant deux années consécutives, à moins que, dans l'un ou l'autre cas, il ne justifie des causes de son inaction ;

3° Le breveté qui aura introduit en France des objets fabriqués en pays étranger et semblables à ceux qui sont garantis par son brevet.

Sont exceptés des dispositions du précédent paragraphe les modèles de machines dont le ministre de l'agriculture et du commerce pourra autoriser l'introduction dans le cas prévu par l'art. 29.

Art. 33. Quiconque, dans des enseignes, annonces, prospectus, affiches, marques ou estampilles, prendra la qualité de breveté sans posséder un brevet délivré conformément aux lois, ou après l'expiration d'un brevet antérieur; ou qui étant breveté, mentionnera sa qualité de breveté ou son brevet sans y ajouter ces mots, *sans garantie du gouvernement*, sera puni d'une amende de cinquante francs à mille francs.

En cas de récidive, l'amende pourra être portée au double.

SECTION II.

DES ACTIONS EN NULLITÉ ET EN DÉCHÉANCE.

Art. 34. L'action en nullité et l'action en déchéance pourront être exercées par toute personne y ayant intérêt.

Ces actions, ainsi que toutes contestations relatives à la propriété des brevets, seront portées devant les tribunaux civils de première instance.

Art. 35. Si la demande est dirigée en même temps contre le titulaire du brevet et contre un ou plusieurs cessionnaires partiels, elle sera portée devant le tribunal du domicile du titulaire du brevet.

Art. 36. L'affaire sera instruite et jugée dans la forme prescrite pour les matières sommaires, par les art. 405 et suivants du Code de procédure civile. Elle sera communiquée au procureur du roi.

Art. 37. Dans toute instance tendant à faire prononcer la nullité ou la déchéance d'un brevet, le ministère public pourra se rendre partie intervenante et prendre des réquisitions pour faire prononcer la nullité ou la déchéance absolue du brevet.

Il pourra même se pourvoir directement par action principale pour faire prononcer la nullité, dans les cas prévus aux nos 2, 4 et 5 de l'art. 30.

Art. 38. Dans les cas prévus par l'art. 37, tous les ayants droit au brevet dont les titres auront été enregistrés au ministère de l'agriculture et du commerce, conformément à l'art. 21, devront être mis en cause.

Art. 39. Lorsque la nullité ou la déchéance absolue d'un brevet aura été prononcée par jugement ou arrêt ayant acquis force de chose jugée, il en sera donné avis au ministre de l'agriculture et du commerce, et la nullité ou la déchéance sera publiée dans la forme déterminée par l'art. 14 pour la proclamation des brevets.

TITRE V.

De la contrefaçon, des poursuites et des peines.

Art. 40. Toute atteinte portée aux droits du breveté, soit par la fabrication de produits, soit par l'emploi de moyens faisant l'objet de son brevet, constitue le délit de contrefaçon.

Ce délit sera puni d'une amende de cent à deux mille francs.

Art. 41. Ceux qui auront sciemment recélé, vendu ou exposé en vente, ou introduit sur le territoire français, un ou plusieurs objets contrefaits, seront punis des mêmes peines que les contrefacteurs.

Art. 42. Les peines établies par la présente loi ne pourront être cumulées.

La peine la plus forte sera seule prononcée pour tous les faits antérieurs au premier acte de poursuite.

Art. 43. Dans le cas de récidive, il sera prononcé, outre l'amende portée aux art. 40 et 41, un emprisonnement d'un mois à six mois.

Il y a récidive lorsqu'il a été rendu contre le prévenu, dans les cinq années antérieures, une première condamnation pour un des délits prévus par la présente loi.

Un emprisonnement d'un mois à six mois pourra aussi être prononcé, si le contrefacteur est un ouvrier ou un employé ayant travaillé dans les ateliers ou dans les établissements du breveté, ou si le contrefacteur, s'étant associé avec un ouvrier ou un employé du breveté, a eu connaissance, par ce dernier, des procédés décrits au brevet.

Dans ce dernier cas, l'ouvrier ou l'employé pourra être poursuivi comme complice.

Art. 44. L'art. 463 du Code pénal pourra être appliqué aux délits prévus par les dispositions qui précèdent.

Art. 45. L'action correctionnelle, pour l'application des peines ci-dessus, ne pourra être exercée par le ministère public que sur la plainte de la partie lésée.

Art. 46. Le tribunal correctionnel, saisi d'une action pour délit de contrefaçon, statuera sur les exceptions qui seraient tirées par le prévenu, soit de la nullité ou de la déchéance du brevet, soit des questions relatives à la propriété dudit brevet.

Art. 47. Les propriétaires de brevet pourront, en vertu d'une ordonnance du président du tribunal de première instance, faire procéder, par tous huissiers, à la désignation et description détaillées, avec ou sans saisie, des objets prétendus contrefaits.

L'ordonnance sera rendue sur simple requête, et sur la représentation du brevet; elle contiendra, s'il y a lieu, la nomination d'un expert pour aider l'huissier dans sa description.

Lorsqu'il y aura lieu à la saisie, ladite ordonnance pourra imposer au requérant un cautionnement qu'il sera tenu de consigner avant d'y faire procéder.

Le cautionnement sera toujours imposé à l'étranger breveté qui requerra la saisie.

Il sera laissé copie au détenteur des objets décrits ou saisis, tant de l'ordonnance que de l'acte constatant le dépôt du cautionnement, le cas échéant; le tout, à peine de nullité et de dommages-intérêts contre l'huissier.

Art. 48. A défaut par le requérant de s'être pourvu, soit par la voie civile, soit par la voie correctionnelle dans le délai de huitaine, outre un jour par trois myriamètres de distance, entre le lieu où se trouvent les objets saisis ou décrits, et le domicile du contrefacteur, recéleur, introducteur ou débitant, la saisie ou description sera nulle de plein droit, sans préjudice des dommages-intérêts qui pourront être réclamés, s'il y a lieu, dans la forme prescrite par l'article 36.

Art. 49. La confiscation des objets reconnus contrefaits, et, le cas échéant, celle des instruments ou ustensiles destinés spécialement à leur fabrication seront, même en cas d'acquittement, prononcées contre le contrefacteur, le recéleur, l'introducteur ou le débitant.

Les objets confisqués seront remis au propriétaire du brevet, sans préjudice de plus amples dommages-intérêts et de l'affiche du jugement, s'il y a lieu.

TITRE VI.

Dispositions particulières et transitoires.

Art. 50. Des ordonnances royales, portant règlement d'administration publique, arrêteront les dispositions nécessaires pour l'exécution de la présente loi, qui n'aura effet que trois mois après sa promulgation.

Art. 51. Des ordonnances rendues dans la même forme pourront régler l'application de la présente loi dans les colonies, avec les modifications qui seront jugées nécessaires.

Art. 52. Seront abrogées, à compter du jour où la présente loi sera devenue exécutoire, les lois des 7 janvier et 25 mai 1791, celle du 20 septembre 1792, l'arrêté du 17 vendémiaire an VII, l'arrêté du 5 vendémiaire an IX, les décrets des 25 novembre 1806 et 25 janvier 1807, et toutes dispositions antérieures à la présente loi, relatives aux brevets d'invention, d'importation et de perfectionnement.

Art. 53. Les brevets d'invention, d'importation et de perfectionnement actuellement en exercice, délivrés conformément aux lois antérieures à la présente, ou prorogés par ordonnance royale, conserveront leur effet pendant tout le temps qui aura été assigné à leur durée.

Art. 54. Les procédures commencées avant la promulgation de la présente loi seront mises à fin conformément aux lois antérieures.

Toute action, soit en contrefaçon, soit en nullité ou déchéance de brevet, non encore intentée, sera suivie conformément aux dispositions de la présente loi, alors même qu'il s'agirait de brevets délivrés antérieurement.

La présente loi, etc.

Donnons en mandement, etc.

LOUIS-PHILIPPE,

Par le Roi :

Le Ministre Secrétaire d'Etat au département de l'agriculture et du commerce,

L. CUNIN-GRIDAINE.

LOI *sur les Crédits supplémentaires et extraordinaires des exercices* 1843 *et* 1844 *et des exercices clos.*

Au palais de Neuilly, le 26 juillet 1844.

LOUIS-PHILIPPE, roi des Français, etc.

Nous avons proposé, les Chambres ont adopté, nous avons ordonné et ordonnons ce qui suit :

TITRE Ier.

Crédits supplémentaires et extraordinaires de l'exercice 1843, et annulations de crédits sur le même exercice.

ARTICLE 1er. Il est alloué sur l'exercice 1843, au delà des crédits accordés par la loi de finances du 11 juin 1842, et diverses lois spéciales, des crédits supplémentaires montant à vingt-trois millions quatre-vingt-sept mille deux cent cinquante-cinq francs quarante-deux centimes (23,087,255 fr. 42 cent.)

ART. 2. Il est accordé sur le même exercice 1843 des crédits extraordinaires montant à la somme de seize millions cinq cent quarante-deux mille huit cent soixante et treize francs trente-deux centimes. (16,542,873 fr. 32 cent.)

ART. 3. Les crédits accordés sur l'exercice 1843, par la loi du 11 juin 1842, et par des lois spéciales, sont réduits d'une somme de six millions cent cinquante-neuf mille francs (6,159,000 fr.)

ART. 4. Les crédits accordés sur les services spéciaux portés pour ordre au budget de l'exercice 1843 sont augmentés de la somme de deux cent soixante et douze mille fr. (272,000 f.)

TITRE

Crédits supplémentaires et extraordinaires de l'exercice 1844.

ART. 5. Il est alloué sur l'exercice 1844, au-delà des crédits accordés par la loi de finances du 24 juillet 1843, des crédits supplémentaires montant à sept cent trente-six mille sept cent soixante-quatre francs (736,764 fr.)

ART. 6. Il est accordé sur le même exercice 1844 des crédits extraordinaires montant à la somme de quatre millions cinq cent seize mille six cent quarante-trois francs quarante centimes (4,516,643 fr. 40 c.)

ART. 7. Il est accordé sur l'exercice 1844, pour le paiement des créances des exercices périmés, des crédits extraordinaires spéciaux montant à la somme de cent soixante et quinze mille six cent quatre-vingt-seize francs onze centimes (175,696 fr. 11 cent.)

ART. 8. Il sera pourvu aux dépenses autorisées par les articles 5, 6 et 7 qui précèdent, au moyen des ressources accordées par la loi de finances du 24 juillet 1843.

TITRE III.

Annulations et supplément de crédits pour les travaux extraordinaires.

ART. 9. — Les crédits accordés par diverses lois, sur les exercices 1842 et 1843, aux ministres des travaux publics, de la guerre et de la marine, pour les travaux extraordinaires et les grandes lignes de chemins de fer sont réduits, d'une somme de quatorze millions trois cent quatre mille quarante-sept francs quarante-trois centimes, restée sans emploi sur lesdits exercices, savoir :

Exercice 1842.....	14,239,047	43
Exercice 1843.....	65,000	00
	14,304,047	43

Art. 10. Des crédits supplémentaires montant à quinze millions six cent quatre-vingt-dix mille trois cent soixante-cinq francs trente-neuf centimes sont ouverts sur les exercices 1843 et 1844 aux ministres des travaux publics, de la guerre et de la marine, pour les services mentionnés à l'article précédent, savoir :

Sur l'exercice 1843..	14,515,365 39
Sur l'exercice 1844..	1,175,000 00
	15,690,365 39

TITRE IV.

Crédits supplémentaires aux restes à payer des exercices clos.

Art. 11. Il est accordé en augmentation des restes à payer des exercices 1839, 1840 et 1841, des crédits supplémentaires pour la somme de sept cent trente-trois mille neuf cent dix-sept francs quatre-vingt-cinq centimes (733,917 fr. 85 c.), montant de nouvelles créances constatées sur ces exercices.

Les ministres sont en conséquence autorisés à ordonnancer ces créances sur le chapitre spécial ouvert, pour les dépenses des exercices clos, aux budgets des exercices courants, conformément à l'article 8 de la loi du 23 mai 1834.

TITRE V.

Avances au gouvernement de la Grèce.

Art. 12. Il est ouvert au ministre des finances un crédit de cent quatre-vingt-treize mille neuf cent six francs soixante-neuf centimes (193,906 fr. 69 cent.), à l'effet de pourvoir, à défaut du gouvernement de la Grèce, au complément du paiement du semestre échu le 1er septembre 1843, des intérêts et de l'amortissement de l'emprunt négocié le 12 janvier 1833 par ce gouvernement, jusqu'à concurrence de la portion garantie par le trésor de France, en exécution de la loi du 14 juin 1833 et de l'ordonnance royale du 9 juillet suivant.

Les paiements qui seront faits en vertu de l'autorisation donnée par le présent article auront lieu à titre d'avances à recouvrer sur le gouvernement de la Grèce. Il sera rendu annuellement aux Chambres un compte spécial de ces avances et des recouvrements operés en atténuation.

La présente loi, etc.

Donnons en mandement, etc.

LOUIS-PHILIPPE.

Par le Roi :

Le Ministre Secrétaire d'État au département des finances,

Laplagne.

Loi *relative aux fortifications du Havre.*

Au palais de Neuilly, le 3 août 1844.

Louis-Philippe, roi des Français, etc.

Nous avons proposé, les Chambres ont adopté, nous avons ordonné et ordonnons ce qui suit :

Article 1er. Une somme de cinq millions huit cent quatre-vingt mille fr. (5,880,000 fr.) est affectée aux travaux de fortifications que nécessite l'extension projetée du port du Havre.

Art. 2. Sur l'allocation spécifiée dans l'article précédent, il est ouvert au ministre de la guerre sur l'exercice 1844 un crédit de cinq cent mille fr. (500,000 fr.), et sur l'exercice 1845 un crédit d'un million (1,000,000 f.)

Art. 3. Il sera pourvu provisoirement au moyen des ressources de la dette flottante à la dépense autorisée par la présente loi. Les avances du trésor seront définitivement couvertes par la consolidation des fonds de réserve de l'amortissement qui deviendront libres après l'extinction des dé.

couverts des exercices 1840 à 1844.

La présente loi, etc.

LOUIS-PHILIPPE.

Par le Roi :

Le Président du Conseil, Ministre Secrétaire d'Etat de la guerre,

Maréchal DUC DE DALMATIE.

LOI *relative au droit de propriété des veuves et des enfants des auteurs d'ouvrages dramatiques.*

LOUIS-PHILIPPE, roi des Français, etc.

Les Chambres ont adopté, nous avons ordonné et ordonnons ce qui suit :

ARTICLE UNIQUE. Les veuves et les enfants des auteurs d'ouvrages dramatiques auront à l'avenir le droit d'en autoriser la représentation et d'en conférer la jouissance pendant vingt ans, conformément aux dispositions des articles 39 et 40 du décret impérial du 5 février 1810.

La présente loi, discutée, délibérée et adoptée par la chambre des pairs et par celle des députés, et sanctionnée par nous cejourdhui, sera exécutée comme loi de l'État.

Donnons en mandement à nos cours et tribunaux, préfets, corps administratifs et tous autres, que les présentes ils gardent et maintiennent, fassent garder, observer et maintenir, et, pour les rendre plus notoires à tous, ils les fassent publier et enregistrer partout où besoin sera; et, afin que ce soit chose ferme et stable à toujours, nous y avons fait mettre notre sceau.

Fait au palais de Neuilly, le 3e jour du mois d'août 1844.

LOUIS-PHILIPPE.

Par le Roi :

Le Ministre Secrétaire d'État au département de l'intérieur,

DUCHATEL.

LOI *portant fixation du Budget des dépenses de l'exercice 1845.*

Au palais de Neuilly, le 4 août 1844.

LOUIS-PHILIPPE, roi des Français, etc.

ARTICLE 1er. Des crédits sont ouverts jusqu'à concurrence de un milliard trois cent soixante-trois millions cinq cent soixante et seize mille deux cent quarante-huit francs (1,363,576,248 fr.), pour les dépenses de l'exercice 1845, conformément à l'état A ci-annexé (1).

Des crédits montant à la somme de dix-neuf millions quatre cent quatre-vingt-treize mille neuf cent quatre-vingt-douze francs (19,493,992 fr.) sont également ouverts pour l'exercice 1845, conformément à l'état B ci-annexé, aux services spéciaux portés pour ordre au budget.

ART. 2. Il sera pourvu au paiement des dépenses mentionnées dans l'article 1er de la présente loi, et dans les tableaux y annexés, par les voies et moyens de l'exercice 1845.

ART. 3. L'effectif à entretenir en Algérie, au delà duquel il y aura lieu à l'application du deuxième paragraphe de l'art. 4 de la loi de finances du 11 juin 1842, est fixé, pour l'année 1845, à soixante mille hommes et treize mille huit cent quatre-vingt-seize chevaux.

ART. 4. Il sera rendu un compte spécial et distinct de l'emploi des crédits ouverts à chacun des paragraphes des chapitres XXI, XXV et XXXIII du budget du ministère de la guerre, pour travaux extraordinaires civils et militaires à exécuter, en 1845, sur divers points de l'Algérie : ces crédits ne pourront recevoir aucune autre affectation.

ART. 5. A partir du 1er janvier 1846, toutes les recettes et dépenses de l'Algérie, autres que celles qui ont un caractère local et municipal, seront attachées aux budget de l'Etat.

Les recettes et dépenses locales et municipales seront réglées par une ordonnance royale.

ART. 6. Il est ouvert au ministre de la guerre un crédit de un million cinquante mille francs (1,050,000 fr.),

(1) *Voy.* les tableaux officiels.

pour l'inscription au Trésor public, des pensions militaires à liquider dans le courant de l'année 1845.

Art. 7. L'intérêt des cautionnements en numéraire est fixé à trois pour cent, à partir du 1er janvier 1845.

Art. 8. La faculté d'ouvrir, par ordonnance du Roi, des crédits supplémentaires, accordée par l'art. 3 de la loi du 24 avril 1833, pour subvenir à l'insuffisance, dûment justifiée, d'un service porté au budget, n'est applicable qu'aux dépenses concernant un service voté et dont la nomenclature suit :

Ministère de la justice et des cultes.

Frais de justice criminelle ;
Indemnité pour frais d'établissement des évêques, des archevêques et des cardinaux;
Frais de bulles;
Traitements et indemnités des membres des chapitres et du clergé paroissial;
Traitements des ministres des cultes non catholiques.

Ministère des affaires étrangères.

Frais d'établissement des agents politiques et consulaires;
Frais de voyage et de courriers;
Missions extraordinaires.

Ministère de l'instruction publique.

Traitements éventuels des professeurs des facultés;
Frais de concours dans les facultés;
Prix de l'Institut et de l'Académie royale de médecine.

Ministère de l'intérieur.

Dépenses ordinaires du service intérieur des maisons centrales de force et de correction;
Transport des condamnés aux bagnes et aux maisons centrales;
Dépenses départementales.

Ministère de l'agriculture et du commerce.

Encouragements aux pêches maritimes;
Frais relatifs à la mise en vente des eaux thermales.

Ministère des travaux publics.

Service des prêts autorisés pour les chemins de fer;
Frais d'entretien et d'exploitation des chemins de fer exécutés sur les fonds de l'Etat.

Ministère de la guerre.

Frais de procédure des conseils de guerre et de révision;
Achats de fourrages de la gendarmerie;
Achats de grains et rations toutes manutentionnées;
Achats de liquides;
Achats de combustibles;
Achats de fourrages pour les chevaux de troupes;
Dépense de transport d'armes, de munitions, d'effets d'hôpitaux et de couchage;
Solde de non-activité et solde de réforme, créées par la loi du 19 mai 1834;
Dépenses d'exploitation du service des poudres et salpêtres, y compris les salaires d'ouvriers.

Ministère de la marine et des colonies.

Frais de procédure devant les tribunaux maritimes et autres;
Achats de vivres.

Ministère des finances.

Dette publique (dette perpétuelle et amortissement);
Intérêts, primes et amortissement des emprunts pour ponts et canaux;
Intérêts de la dette flottante;
Intérêts de la dette viagère;
Intérêts de cautionnements;
Pensions (chapitre XII, XIII, XIV, XV, XVI et XVII);
Frais judiciaires de poursuites et d'instances, et condamnations prononcées contre le trésor public;
Frais de trésorerie;
Frais de perception dans les départements, des contributions directes et des taxes perçues en vertu de rôles;
Remises pour la perception dans

les départements des droits d'enregistrement;

Contributions des bâtiments et des domaines de l'Etat et des biens séquestrés;

Frais d'estimation, d'affiche et de vente de mobilier et de domaines de l'Etat;

Dépenses relatives aux épaves, déshérences et biens vacants;

Achat de papier pour passeports et permis de chasse;

Achat de papier à timbrer, frais d'emballage et de transport;

Travaux d'abatage et de façon de coupes de bois à exploiter par économie;

Frais d'adjudication des produits des forêts et des droits de chasse et de pêche;

Avances recouvrables et frais judiciaires;

Portion contributive de l'Etat dans la réparation des chemins vicinaux;

Remises pour la perception des contributions indirectes dans les départements;

Achat de papier filigrané pour les cartes à jouer;

Contribution foncière des bacs, canaux et francs-bords;

Service des poudres à feu;

Achat des tabacs et frais de transport;

Primes pour saisies de tabacs et arrestations de colporteurs;

Remises des directeurs des bureaux de poste aux lettres;

Achat de lettres venant de l'étranger;

Remises sur le produit des places dans les paquebots et les malles-postes;

Droits de tonnage et de pilotage des paquebots employés au transport des dépêches;

Réparations et frais de combustibles des mêmes paquebots;

Frais de justice, de poursuites, d'arrestation des marins des paquebots des postes, absents sans congés; pertes et avaries;

Transport des dépêches par entreprises;

Salaires des facteurs ruraux des postes;

Frais d'hôpitaux et de quarantaine (paquebots de la Méditerranée);

Pertes résultant des tolérances en fort sur le titre et le poids des monnaies fabriquées;

Remboursements, restitutions, non-valeurs, primes et escomptes;

La présente loi, etc.

LOUIS-PHILIPPE.

Par le Roi :

Le Ministre Secrétaire d'Etat au département des finances,

LAPLAGNE.

LOI *portant fixation du budget des recettes de l'exercice* 1845.

LOUIS-PHILIPPE, roi des Français, etc.

TITRE Ier.

Impôts autorisés pour l'exercice de 1845.

ARTICLE 1er. Les contributions foncière, personnelle et mobilière, des portes et fenêtres et des patentes, seront perçues, pour 1845, en principal et centimes additionnels, conformément à l'état A ci-annexé et aux dispositions des lois existantes.

Le maximum des centimes facultatifs que le département de la Corse est autorisé à s'imposer, fixé à vingt par la loi du 17 août 1822 (art. 22, paragraphe 2), est réduit à douze.

Le contingent de chaque département dans les contributions foncière, personnelle et mobilière, est fixé, en principal, aux sommes portées dans l'état B annexé à la présente loi (1).

Le contingent de chaque département dans la contribution des portes et fenêtres est fixé, en principal, d'après la nouvelle répartition faite en exécution de l'art. 2 de la loi du 11 juin 1842, conformément a l'état B *bis*, également annexé à la présente loi.

ART. 2. A dater du 1er janvier 1846, le contingent de chaque département dans la contribution person-

(1) *Voy.* les tableaux officiels.

nelle et mobilière sera diminué du montant en principal des cotisations personnelles et mobilières afférentes aux maisons qui auront été détruites.

A partir de la même époque, ce contingent sera augmenté proportionnellement à la valeur locative des maisons nouvellement construites ou reconstruites, à mesure que ces maisons seront imposées à la contribution foncière. L'augmentation sera du vingtième de la valeur locative réelle des locaux consacrés à l'habitation personnelle.

Il sera procédé, à cet égard, de la manière prescrite par l'art. 2 de la loi du 17 août 1835.

L'état, par département, des diminutions et augmentations sera annexé au budget de chaque année.

Art. 3. A l'avenir, lorsque, par suite du recensement officiel de la population, une commune passera dans une catégorie inférieure ou supérieure à celle dont elle faisait partie, le contingent du département dans la contribution des portes et fenêtres sera diminué ou augmenté de la différence résultant du changement de tarif.

Art. 4. S'il s'élève des difficultés relativement à la catégorie dans laquelle une commune devra être rangée par suite d'un nouveau recensement de la population, soit pour l'application de l'article précédent, soit pour l'application du tarif des patentes, la réclamation du conseil général du département ou de la commune, ou celle de l'administration des contributions directes, sera instruite et jugée conformément aux dispositions de l'art. 22 de la loi du 28 avril 1816.

Art. 5. L'art. 2 de la loi du 14 juillet 1838 est et demeure abrogé.

Art. 6. Tout propriétaire et usufruitier ayant plusieurs fermiers dans la même commune, et qui voudra les charger de payer à son acquit la contribution foncière des biens qu'ils tiennent à ferme ou à loyer, devra remettre au percepteur une déclaration indiquant sommairement la division de son revenu imposable entre lui et ses fermiers.

Cette déclaration sera signée par le propriétaire et par les fermiers.

Si le nombre des fermiers est de plus de trois, la déclaration sera transmise au directeur des contributions directes, qui opérera la division de la contribution et portera dans un rôle auxiliaire la somme à payer par chaque fermier.

Les frais d'impression et de confection de ce rôle seront payés par les déclarants, à raison de cinq centimes par article.

Art. 7. Lorsqu'en exécution du paragraphe 4 de l'art. 39 de la loi du 18 juillet 1837, il y aura lieu, par le gouvernement, d'imposer d'office sur les communes des centimes additionnels pour le paiement des dépenses obligatoires, le nombre de ces centimes ne pourra excéder le maximum de dix, à moins qu'il ne s'agisse de l'acquit de dettes résultant de condamnations judiciaires, auquel cas il pourra être élevé jusqu'à vingt.

Art. 8. Le délai de trois mois accordé aux contribuables par l'art. 28 de la loi du 21 avril 1832, pour présenter les réclamations qu'ils sont autorisés à former contre les rôles des contributions directes, ne courra qu'à partir de la publication desdits rôles.

Art. 9. En cas d'insuffisance des revenus ordinaires, pour l'établissement des écoles primaires communales, élémentaires ou supérieures, les conseils municipaux et les conseils généraux des départements sont autorisés à voter, pour 1845, à titre d'imposition spéciale destinée à l'instruction primaire, des centimes additionnels au principal des quatre contributions directes. Toutefois il ne pourra être voté, à ce titre, plus de trois centimes par les conseils municipaux et plus de deux centimes par les conseils généraux.

Art. 10. En cas d'insuffisance des centimes facultatifs ordinaires, pour concourir, par des subventions, aux dépenses des chemins vicinaux de grande communication, et, dans des cas extraordinaires, aux dépenses des autres chemins vicinaux, les conseils généraux sont autorisés à voter, pour 1845, à titre d'imposition spéciale, cinq centimes additionnels aux quatre contributions directes.

Art. 11. Pour jouir de l'exemption des droits de circulation, dans les cas prévus par l'art. 15 de la loi du 25 juin 1841, l'expéditeur des boissons sera tenu, lors du premier envoi qu'il fera après la récolte, de justifier de ses droits à cette exemption, et de déclarer la quantité totale par lui récoltée. Il ne pourra lui être délivré de passavant lorsque les expéditions par lui faites depuis la récolte auront épuisé cette quantité.

Art. 12. Les déclarations exigées avant l'enlèvement des boissons, par l'art. 10 de la loi du 28 avril 1816, contiendront, outre les énonciations prescrites par ledit article, l'indication des principaux lieux de passage que devra traverser le chargement, et celle des divers modes de transport qui seront successivement employés, soit pour toute la route à parcourir, soit pour une partie seulement, à charge, dans ce dernier cas, de compléter la déclaration en cours de transport.

Le délai à accorder, pour conduire les boissons à la destination déclarée, sera réglé en raison de la distance qui pourra être parcourue chaque jour, et selon le mode de transport.

Les règles à suivre pour la fixation du délai, les mesures et les formalités nécessaires pour assurer l'exécution des dispositions qui précèdent, seront déterminées par un règlement d'administration publique.

Les contraventions aux dispositions du présent article, et à celles dudit règlement, seront punies des peines portées dans l'art. 19 de la loi du 28 avril 1816.

Ce règlement devra être converti en loi dans la prochaine session.

Art. 13. Les droits d'argue fixés pour les lingots de doré, par l'art. 138 de la loi du 19 brumaire an VI, sont réduits à trente centimes par hectogramme, lorsque les propriétaires ont leurs filières, et à quarante-cinq centimes par hectogramme, lorsqu'ils n'ont pas de filières.

Art. 14. A compter du 1er janvier 1845, la rétribution universitaire cessera d'être perçue.

Art. 15. Continuera d'être faite, pour 1845, au profit de l'Etat, et conformément aux lois existantes, la perception :

Des droits d'enregistrement, de timbre, de greffe, d'hypothèques, de passeports et de permis de chasse, du produit du visa des passeports et de la légalisation des actes au ministère des affaires étrangères, et des droits de sceau à percevoir, pour le compte du Trésor, en conformité des lois des 17 août 1828 et 29 janvier 1831 ;

Du vingtième à payer sur le produit des bois des communes et établissements publics, vendus ou délivrés en nature, pour indemniser l'Etat des frais d'administration de ces bois (article 5 de la loi des recettes de 1842, du 25 juin 1841) ;

Des droits de douanes, y compris celui sur les sels ;

Des contributions indirectes, y compris les droits de garantie, la retenue sur le prix des livraisons de tabac, autorisée par l'art. 38 de la loi du 24 décembre 1814, les frais de casernement déterminés par la loi du 15 mai 1818, et le prix des poudres, tel qu'il est fixé par les lois des 16 mars 1819 et 24 mai 1834 ;

De la taxe des lettres et du droit sur les sommes versées aux caisses des agents des postes ;

Du droit annuel imposé aux chefs d'institution et aux maîtres de pension, par le décret du 17 septembre 1808 ; des rétributions imposées par les décrets du quatrième jour complémentaire an XII (21 septembre 1804) et du 17 février 1809, sur les élèves des facultés et sur les candidats qui se présentent pour y obtenir des grades ;

Des rétributions imposées par la loi du 21 germinal an XI (11 avril 1803), l'arrêté du gouvernement du 25 thermidor suivant (13 août de la même année) et l'ordonnance royale du 27 septembre 1840, aux élèves des écoles de pharmacies et aux herboristes reçus par ces écoles ;

Du produit des monnaies et médailles ;

Des redevances sur les mines ;

Des redevances pour permission d'usines et de prises d'eau temporaires, toujours révocables sans indemnité, sur les canaux et rivières navigables ;

Des droits de vérification des poids et mesures, conformément à l'ordonnance royale du 18 avril 1839 ;

Des taxes des brevets d'invention ;

Des droits de chancellerie et de consulat perçus en vertu des tarifs existants ;

D'un décime pour franc sur les droits qui n'en sont point affranchis, y compris les amendes et condamnations pécuniaires, et sur les droits de greffe perçus, en vertu de l'ordonnance du 18 janvier 1826, par le secrétaire général du Conseil d'Etat ;

Des rétributions imposées pour frais de surveillance sur les compagnies et agences de la nature des tontines, dont l'établissement aura été autorisé par ordonnance royale rendue dans la forme des règlements d'administration publique (avis du Conseil d'Etat, approuvé par l'Empereur, le 1er avril 1809, et loi des recettes de 1843);

Des droits sanitaires, conformément au tarif annexé à la loi des recettes de 1844, en date du 24 juillet 1843.

Art. 16. Continuera d'être faite, pour 1845, au profit des départements des communes, des établissements publics et des communautés d'habitants dûment autorisées, et conformément aux lois existantes, la perception

Des taxes imposées, avec l'autorisation du gouvernement, pour la surveillance, la conservation et la réparation des digues et autres ouvrages d'art intéressant les communautés de propriétaires ou d'habitants ; des taxes pour les travaux de dessèchement autorisés par la loi du 16 septembre 1807, et des taxes d'affouages, là où il est d'usage et utile d'en établir ;

Des droits de péage qui seraient établis, conformément à la loi du 14 floréal an x (4 mai 1802), pour concourir à la construction ou à la réparation des ponts, écluses ou ouvrages d'art à la charge de l'Etat, des départements ou des communes, et pour correction de rampes sur les routes royales ou départementales;

Des taxes imposées avec l'autorisation du gouvernement, pour subvenir aux dépenses intéressant les communautés de marchands de bois ;

Des droits d'examen et de réception imposés par l'arrêté du gouvernement du 20 prairial an xi (9 juin 1803) sur les candidats qui se présentent devant les jurys médicaux pour obtenir le diplome d'officier de santé ou de pharmacien ;

Des droits établis pour frais de visite chez les pharmaciens, droguistes et épiciers ;

Des rétributions imposées, en vertu des arrêtés du gouvernement du 3 floréal an viii (23 avril 1800) et du 6 nivôse an xi (27 décembre 1802), sur les établissements d'eaux minérales naturelles, pour le traitement des médecins chargés par le gouvernement de l'inspection de ces établissements ;

Des contributions imposées par le gouvernement sur les bains, fabriques et dépôts d'eaux minérales, pour subvenir aux traitements des médecins inspecteurs desdits établissements (article 30 de la loi des recettes de 1842, du 25 juin 1841, et lois de finances antérieures) ;

Des rétributions pour frais de visite des aliénés placés volontairement dans des établissements privés (article 9 de la loi du 30 juin 1838, et 29 de la loi du 25 juin 1841) ;

Des droits d'octroi, des droits de pesage, mesurage et jaugeage ;

Des droits de voirie dont les tarifs ont été approuvés par le gouvernement, sur la demande et au profit des communes (loi du 18 juillet 1837) ;

Du dixième des billets d'entrée dans les spectacles et les concerts quotidiens ;

D'un quart de la recette brute dans les lieux de réunion ou de fête où l'on est admis en payant ;

Des contributions spéciales destinées à subvenir aux dépenses des bourses et chambres de commerce, ainsi que des revenus spéciaux accordés auxdits établissements ;

Des droits de place perçus dans les halles, foires, marchés, abattoirs, d'après les tarifs dûment autorisés (loi du 18 juillet 1837) ;

Des droits de stationnement et de location sur la voie publique, sur les ports et rivières et autres lieux publics (loi du 18 juillet 1837) ;

Des taxes de frais de pavage des rues, dans les villes où l'usage met ces frais à la charge des propriétaires riverains (dispositions combinées de la loi du 11 frimaire an vii (1er décembre 1798) et du décret de principe du 25 mars 1807, et article 28 de la loi des recettes de 1042, du 25 juin 1841 ;

Du prix de la vente exclusive, au profit de la caisse des invalides de la marine, des feuilles de rôles d'équipages des bâtiments de commerce, d'après le tarif du 8 messidor an XI (27 juin 1803);

Des frais de travaux intéressant la salubrité publique (loi du 16 septembre 1807);

Des droits d'inhumation et de concession de terrains dans les cimetières (décrets organiques du 23 prairial an XII, 12 juin 1804, et du 18 août 1811.)

ART. 17. Dans les colonies de la Martinique, de la Guadeloupe, de la Guyane française et de Bourbon, les recettes de toute nature continueront à être faites, en 1845, conformément aux lois et ordonnances actuellement en vigueur.

TITRE II.

Évaluation des recettes de l'exercice 1845.

ART. 18. Les voies et moyens ordinaires et extraordinaires sont évalués, pour l'exercice 1845, à la somme d'un milliard trois cent vingt-sept millions sept cent quatre-vingt-quatre mille quatre cent dix-sept f. (1,327,784,417).

Les ressources affectées aux services spéciaux portés pour ordre au budget sont évaluées, pour l'exercice 1845, à la somme de dix-neuf millions quatre cent quatre-vingt-quatorze mille cent quatre-vingt-douze fr. (19.494,192 f.), conformément à l'état D ci-annexé.

ART. 19. Les ressources spécialement attribuées au service départemental, par la loi du 10 mai 1838, sont évaluées à la somme de quatre-vingt-un millions quatre cent quarante-quatre mille huit cent quatre-vingt-quinze fr. (81,444, 895 fr.), pour l'exercice 1845, et leur affectation, par section spéciale, est et demeure déterminée conformément au tableau E annexé à la présente loi.

TITRE III.

Moyens de service.

ART. 2. Le ministre des finances est autorisé à créer, pour le service de la trésorerie et les negociations avec la Banque de France, des bons royaux portant intérêt et payables à échéance fixe.

Les bons royaux en circulation ne pourront excéder deux cents millions de francs. Ne sont pas compris dans cette limite les bons royaux délivrés à la caissse d'amortissement en vertu de la loi du 10 juin 1833.

Dans le cas où cette somme serait insuffisante pour les besoins du service, il y sera pourvu au moyen d'une émission supplémentaire, qui devra être autorisée par ordonnances royales, lesquelles seront insérées au Bulletin des lois, et soumises à la sanction législative, à l'ouverture de la plus prochaine session des Chambres.

ART. 21. La portion non émise de l'emprunt de quatre cent cinquante millions en capital, que le ministre des finances a été autorisé à négocier avec publicité et concurrence par l'art. 35 de la loi du 25 juin 1841, pourra être également négociée par lui, pour tout ou partie, au moyen d'une souscription publique dont le mode et les conditions seront déterminés par ordonnance royale.

TITRE IV.

Dispositions générales.

ART. 22. Toutes contributions directes ou indirectes, autres que celles autorisées par la présente loi, à quelque titre et sous quelque dénomination qu'elles se perçoivent, sont formellement interdites, à peine, contre les autorités qui les ordonneraient, contre les employés qui confectionneraient les rôles et tarifs et ceux qui en feraient le recouvrement, d'être poursuivis comme concussionnaires, sans préjudice de l'action en répétition, pendant trois années, contre tous receveurs, percepteurs ou individus qui auraient fait la pereeption, et sans que, pour exercer cette action devant les tribunaux, il soit besoin d'une autorisation préalable. Il n'est pas néanmoins dérogé à l'exécution de l'art. 4 de la loi du 2 août 1829, relatif aux centimes que les conseils généraux sont autorisés à voter pour les opérations cadastrales, non plus qu'aux dispositions des lois du 10 mai 1838 sur les attributions départementales, du

18 juillet 1837 sur l'administration communale du 21 mai 1836 sur les chemins vicinaux, et du 28 juin 1833 sur l'instruction primaire.

La présente loi, etc.

Donnons en mandement, etc.

LOUIS-PHILIPPE.

Par le Roi :

Le Ministre Secrétaire d'Etat au département des finances,

LAPLAGNE.

ORDONNANCE *portant clôture de la session des chambres législatives.*

LOUIS-PHILIPPE, roi des Français, etc.

La session de 1844 de la chambre des pairs et de la chambre des députés est et demeure close.

La présente proclamation sera portée à la chambre des députés par notre ministre secrétaire d'Etat au département de l'Instruction publique, chargé par intérim du portefeuille de l'intérieur, et par nos ministres secrétaires d'Etat au département des affaires étrangères et au département des travaux publics.

Fait au palais des Tuileries, le 5 août 1844.

LOUIS-PHILIPPE.

Par le Roi :

Le Ministre Secrétaire d'Etat au département de l'Instruction publique, chargé par intérim du département de l'intérieur.

VILLEMAIN.

ORDONNANCE *du roi qui charge le Ministre de la Marine et des Colonies de l'Intérim du Département de la Guerre.*

Au palais de Neuilly, le 17 août 1844.

LOUIS-PHILIPPE, roi des Français, etc.

Sur le rapport de notre garde des sceaux, ministre secrétaire d'Etat au département de la justice et des cultes,

Nous avons ordonné et ordonnons :

ARTICLE 1er. Notre ministre secrétaire d'État au département de la marine et des colonies est chargé, par intérim, du département de la guerre.

ART. 2. Notre garde des sceaux, ministre secrétaire d'État au département de la justice et des cultes, est chargé de l'exécution de la présente ordonnance.

LOUIS-PHILIPPE.

Par le Roi :

Le Garde des sceaux, Ministre Secrétaire d'Etat de la justice et des cultes,

N. MARTIN (du Nord).

ORDONNANCE *du roi qui licencie l'Ecole polytechnique.*

Au palais de Neuilly, le 17 août 1844.

LOUIS-PHILIPPE, roi des Français. etc.

Sur le rapport de notre ministr secrétaire d'État au département de la marine et des colonies, chargé par intérim du ministère de la guerre ;

Considérant les actes de désobéissance et de désordre qui ont eu lie récemment dans l'Ecole Polytechnique,

Nous avons ordonné et ordonnon ce qui suit :

ARTICLE 1er. L'Ecole Polytechniqu est licenciée.

ART. 2. Les chefs, administrateurs professeurs, examinateurs et employé de l'école conservent leurs titres e traitements.

ART. 3. Une ordonnance ultérieure réglera la réorganisation de l'école.

ART. 4. Notre ministre secrétaire d'État au département de la marine et des colonies, chargé par intérim du ministère de la guerre, est chargé de l'exécution de la présente ordonnance.

LOUIS-PHILIPPE.

Par le Roi :

Le Ministre Secrétaire d'Etat au département de la marine et des colonies, chargé par intérim du département de la guerre,

Baron de MACKAU.

ORDONNANCE *du roi qui fait cesser l'intérim du département de la guerre.*

Au palais de Neuilly, le 18 août 1844.

LOUIS-PHILIPPE, roi des Français, etc.

Sur le rapport de notre garde des sceaux, ministre secrétaire d'Etat au département de la justice et des cultes,

Nous avons ordonné et ordonnons :

ARTICLE 1er. L'intérim du département de la guerre, confié à notre ministre secrétaire d'Etat de la marine et des colonies, par ordonnance du 17 août, présent mois, cessera à partir d'aujourd'hui, et M. le maréchal *duc de Dalmatie* reprendra la signature de son département.

ART. 2. Notre garde des sceaux, ministre secrétaire d'Etat au département de la justice et des cultes, est chargé de l'exécution de la présente ordonnance.

LOUIS-PHILIPPE.

Par le Roi :

Le Garde des sceaux, Ministre Secrétaire d'Etat de la justice et des cultes.

N. MARTIN (du Nord).

ORDONNANCE *portant réorganisation de l'Ecole Polytechnique.*

RAPPORT AU ROI.

SIRE,

J'ai l'honneur de soumettre à la signature de Votre Majesté un projet d'ordonnance ayant pour objet la réorganisation de l'École royale Polytechnique. Ce projet est le résultat des délibérations de la commission instituée par ordonnance du 26 août dernier.

Il maintient les dispositions principales qui régissaient l'institution de l'école. La commission, en cela d'accord avec la pensée du gouvernement, s'est attachée à conserver tous les éléments qui ont contribué à la prospérité de cet établissement célèbre : ainsi il y a, comme par le passé, un conseil de perfectionnement, un conseil d'instruction, un conseil de discipline et un conseil d'administration : tout ce qui concerne les études reste dans les attributions des conseils d'instruction et de perfectionnement, et l'ordonnance laisse à ce dernier conseil (art. 33) la haute direction de l'enseignement.

Les difficultés qu'a fait naître le mode suivi depuis 1830, pour la nomination aux divers emplois, et particulièrement à ceux de l'enseignement, difficultés qui ont été l'une des causes premières du licenciement de l'école, exigeaient impérieusement que ce mode fût changé. Les conflits qui se sont produits tenaient surtout à la double intervention de l'Académie des sciences et du conseil d'instruction, chaque fois qu'il y avait à présenter des candidats pour les emplois à pourvoir. On avait sans doute supposé, en adoptant ce mode de présentation, qu'il y aurait, pour le ministre, possibilité de choisir entre deux candidats, puisqu'il recevait deux listes distinctes, l'une de l'Académie, l'autre du conseil d'instruction ; mais la constitution même de ce conseil donnait sur lui à l'Académie une influence qui s'étendait sur les désignations qu'il avait à faire, et l'expérience a prouvé que les suffrages se réunissaient presque toujours sur le même candidat. L'autorité, à qui appartenait le droit de nommer, n'intervenait que pour la forme, et se trouvait, en quelque sorte, forcée de sanctionner ce qui avait été fait par ceux qui n'étaient pas investis de ce droit. Ce grave inconvénient ne peut se reproduire en adoptant les dispositions du projet : désormais le ministre de la guerre ne recevra qu'une seule liste, contenant les noms des deux candidats que devra désigner le conseil de perfectionnement. Il ne s'ensuit pas cependant que toute participation à la formation de cette liste soit refusée à l'Académie des sciences, dont le suffrage éclairé a nécessairement beaucoup de poids lorsqu'il s'agit d'apprécier des titres scientifiques. L'Académie serait d'abord représentée dans le conseil de perfectionnement par trois membres qu'elle désignerait (art. 38), et, en outre, par un certain nombre de fonctionnaires de l'école, tels que le directeur des études, les examinateurs des élèves et les professeurs, qui souvent sont eux-mêmes académiciens. L'Académie conserverait donc dans les présentations une juste part d'influence.

Les autres membres du conseil de perfectionnement, pris parmi les sommités des services publics, apporteront dans ce conseil une expérience pratique incontestable et des lumières qui ne seront pas moins utiles à l'Ecole Polytechnique qu'aux services dont ils feront partie.

Cette composition du conseil de perfectionnement a été puisée dans la loi du 25 frimaire an 8 (16 décembre 1799), qui a constitué l'école ; et cette loi, comme le projet d'ordonnance, attribuait aussi a ce conseil seul la présentation des candidats aux emplois de l'enseignement. Un pareil précédent, qui ajoute une nouvelle force aux motifs que je viens d'exposer, ne doit pas laisser douter des bons résultats de la disposition projetée, et donne la confiance qu'elle sera considérée comme une heureuse modification à ce qui existait.

L'ordonnance du 30 octobre 1832 (art. 14) soumettait à la réélection annuelle les examinateurs des élèves autres que ceux d'analyse et de mécanique : la commission n'a vu aucun motif qui justifiât cette différence, et à l'avenir tous les examinateurs des élèves seront nommés au même titre.

D'après l'art. 5 de l'ordonnance de 1832, le général commandant et le commandant en second devaient, tous deux, avoir été élèves de l'école, être pris dans les corps militaires que cette école alimente, et cependant ne pas appartenir à la même arme. Ces restrictions étaient une cause d'embarras : elles limitaient beaucoup le choix pour ces emplois et présentaient le grave inconvénient d'obliger le ministre à renouveler les deux premières autorités de l'école, lorsque le commandement passait d'un officier général d'artillerie à un officier général du génie, et réciproquement. Il y avait donc nécessité d'adopter une base plus large, et l'art. 14 du projet, laissant toute latitude pour le choix du commandant de l'école et du commandant en second, permet de désigner, pour chacun de ces emplois, soit un officier général ou supérieur des armes spéciales, soit tout autre officier général ou supérieur de l'armée de terre.

L'art. 39 porte qu'une ordonnance royale réglera l'uniforme de l'école ; mais je ne crois devoir proposer à Votre Majesté aucun changement à celui qui a été déterminé par les règlements antérieurs.

Le projet est accompagné d'un tarif des traitements des fonctionnaires de l'école ; la commission a reconnu qu'il y avait lieu de modifier, en quelques points, les tarifs antérieurs ; mais une disposition transitoire (art. 56) stipule qu'il ne sera point fait de réduction sur le traitement des anciens fonctionnaires qui seront maintenus dans leurs emplois à l'école.

J'ai jugé inutile d'insérer dans l'ordonnance quelques détails qui son plutôt du domaine des règlements particuliers que le ministre doit faire aux termes de l'art. 54.

Du reste, le projet n'est réellement que la reproduction des prescriptions de l'ordonnance du 30 octobre 1832, sauf toutefois les dispositions dont je viens de signaler les inconvénients à Votre Majesté. Enfin il ramène, autant que possible, l'organisation de l'Ecole Polytechnique aux principes d'une loi primitive qui a pour elle l'autorité des noms les plus illustres, et dont les résultats ont été aussi profitables à la science que glorieux pour le pays.

J'ai, en conséquence, l'honneur de prier Votre Majesté d'accorder sa sanction à ce projet d'ordonnance.

Le président du conseil, Ministre Secrétaire d'Etat de la guerre,

Maréchal duc DE DALMATIE.

ORDONNANCE DU ROI.

LOUIS-PHILIPPE, roi des Français, etc.

Voulant réorganiser l'Ecole royale Polytechnique, dont le licenciement a été prononcé par ordonnance du 17 août 1844;

Vu la loi du 25 frimaire an VIII (16 décembre 1799) ;

Les décrets des 27 messidor an XII et 22 fructidor an XIII (16 juillet 1804 et 9 septembre 1805) ;

Les ordonnances royales des 4 septembre 1816, 17 septembre et 20 octobre 1822 ;

Nos ordonnances des 13 novembre 1830, 25 novembre 1831, 30 octobre 1832 et 6 novembre 1843 ;

Sur le rapport de notre président du conseil, ministre secrétaire d'Etat de la guerre,

Nous avons ordonné et ordonnons ce qui suit ;

TITRE Ier.

Institution de l'Ecole.

ARTICLE 1er. L'Ecole royale Polytechnique est spécialement destinée à former des élèves pour les services ci-après, savoir :

L'artillerie de terre et l'artillerie de mer.

Le génie militaire et le génie maritime;

La marine royale et le corps des ingénieurs hydrographes ;

Les ponts et chaussées et les mines ;

Le corps royal d'état-major;

Les poudres et salpêtres ;

Enfin pour les autres services publics qui exigeraient des connaissances étendues dans les sciences mathématiques, physiques et chimiques.

Art. 2. Nul élève ne peut être admis dans les services publics énumérés en l'article précédent qu'après avoir satisfait aux examens de sortie de l'école.

L'accomplissement de cette condition ne constitue aucun droit à l'admission de ces services ; l'admission est toujours subordonnée au nombre de places disponibles au moment de la sortie de l'école.

Art. 3. L'Ecole royale Polytechnique est établie à Paris, et placée dans les attributions de notre ministre secrétaire d'Etat de la guerre.

Art. 4. Chaque année, notre ministre secrétaire d'Etat de la guerre détermine le nombre d'élèves à admettre à l'école, de manière à subvenir aux besoins présumés des services publics.

Art. 5. L'instruction donnée aux élèves comprend les cours indiqués à l'art. 19 ci-après.

Art. 6. Le prix de la pension est de 1,000 fr. ; celui du trousseau est fixé, chaque année, par notre ministre de la guerre.

ART. 7. Vingt-quatre bourses, susceptibles d'être partagées en demi-bourses, sont instituées en faveur des élèves privés de fortune.

Les bourses sont distribuées dans les proportions ci-après, savoir :

Douze par notre ministre secrétaire d'Etat de la guerre ;

Quatre par notre ministre secrétaire d'Etat de la marine et des colonies ;

Huit par notre ministre secrétaire d'Etat de l'intérieur.

Elles ne sont accordées qu'aux élèves qui se trouvent placés dans les deux premiers tiers des listes générales, dressées conformément aux art. 11 et 46 de la présente ordonnance, soit pour le passage de la première à la seconde année d'étude.

Les bourses accordées aux élèves de première année leur sont retirées, s'ils ne sont pas compris dans les deux premiers tiers de la liste de passage en seconde année.

TITRE II.

Mode d'admission des élèves.

Art. 8. Nul n'est admis à l'Ecole royale Polytechnique que par voie de concours.

A cet effet, des examens publics ont lieu tous les ans.

Notre ministre secrétaire d'Etat de la guerre en détermine le mode, après avoir pris l'avis du conseil de perfectionnement institué par l'art. 30 ci-après.

Chaque année il nomme les examinateurs : sur sa demande, le conseil de perfectionnement doit présenter des candidats en nombre double des examinateurs à nommer.

Art. 9. Nul ne peut concourir pour l'admission à l'Ecole royale Polytechnique, s'il n'a préalablement justifié :

1° qu'il est Français ou naturalisé Français ;

2° Qu'il a été vacciné ou qu'il a eu la petite vérole ;

3° Qu'il a eu plus de seize ans et moins de vingt ans au 1er janvier de l'année du concours.

Toutefois, conformément à l'art. 4 de la loi du 14 avril 1832, sont admis à subir les examens, jusqu'à l'âge de vingt-cinq ans, les militaires des corps de l'armée, pourvu qu'ils n'aient pas accompli leur vingt-cinquième année avant le jour fixé par notre ministre de la guerre pour l'ouverture desdits examens.

Les militaires admis à concourir après l'âge de vingt ans ne peuvent d'ailleurs, à leur sortie de l'école, être placés que dans les services militaires, sauf le cas où ils auraient accompli la durée de service exigée par la loi sur le recrutement de l'armée, et dans laquelle sera compté le temps passé à l'école.

Art. 10. Chaque année, notre ministre de la guerre arrête, après avoir consulté le conseil de perfectionnement, le programme des matières sur lesquels doivent porter les examens, ainsi que l'époque de l'ouverture de ces examens.

L'arrêté de notre ministre de la guerre est rendu public avant le 1er avril.

Art. 11. Après la clôture des examens, un jury composé comme il suit

Le commandant de l'école, président ;

Le commandant en second ;

Le directeur des études ;

Les examinateurs des élèves ;

Les examinateurs d'admission,

dresse la liste, par ordre de mérite, des candidats admissibles.

Ce jury procède dans les formes prescrites par notre ministre de la guerre, sur l'avis du conseil de perfectionnement.

Il ne peut toutefois délibérer qu'autant que les deux tiers de ses membres sont présents.

Art. 12. Notre ministre de la guerre nomme élèves, dans la limite fixée en vertu de l'art. 4 précédent, et en suivant l'ordre de la liste dressée par le jury, ceux des candidats qui remplissent les conditions déterminées par l'art. 9 ci-dessus.

Art. 13. Ne peuvent être reçus à l'école les jeunes gens qu'un vice de conformation ou une infirmité quelconque mettrait hors d'état d'en suivre les cours, ou rendrait impropres aux services publics.

TITRE III.

Personnel de l'École.

SECTION PREMIÈRE.

Personnel du commandement.

Art. 14. Le personnel du commandement se compose de :

Un officier-général commendant,

Un colonnel ou lieutenant-colonel commandant en second,

Six capitaines,

Quatre adjudants.

Art. 15. Le commandant de l'école et le commandant en second sont nommés par nous, sur la proposition de notre ministre de la guerre.

Les capitaines et les adjudants sont nommés par notre ministre de la guerre ; les capitaines sont choisis parmi les anciens élèves de l'école faisant partie des corps de l'armée ; les adjudants sont choisis parmi les sous-officiers de l'armée.

Art. 16. L'autorité du commandant de l'école s'étend sur toutes les parties du service et de l'administration; il est spécialement chargé d'assurer l'exécution des règlements, ainsi que le maintien de l'ordre et de la discipline; il a la présidence de tous les conseils.

Il est sous les ordres directs de notre ministre secrétaire d'Etat de la guerre.

Il n'a pas d'aide de camp.

ART. 17. Le commandant en second exerce, sous l'autorité du commandant, une surveillance journalière en ce qui concerne la police et la discipline.

Il est membre de tous les conseils.

En cas d'absence ou de maladie du commandant, le commandant en second le remplace dans toutes ses fonctions, excepté dans la présidence du conseil de perfectionnement.

ART. 18. Les attributions des capitaines et des adjudants sont déterminées par le règlement intérieur de l'école, arrêté par notre ministre de la guerre.

SECTION II.

Personnel de l'enseignement.

ART. 19. Le personnel de l'enseignement se compose de :
Un directeur des études,
Deux professeurs d'analyse et de mécanique,
Un professeur de géométrie descriptive,
Un professeur de physique,
Deux professeurs de chimie,
Un professeur de géodésie, topographie, de machines et d'arithmétique sociale,
Un professeur d'architecture,
Un professeur de composition française,
Un professeur de langue anglaise,
Un professeur de langue allemande,
Un professeur pour le dessin de la figure et du paysage,
Trois maîtres *id.*,
Un maître pour le dessin des machines,
Un maître pour le dessin topographique,
Deux répétiteurs du cours d'analyse et de mécanique,
Un répétiteur de géométrie descriptive,
Un répétiteur de physique,
Deux répétiteurs de chimie,
Un répétiteur de géodésie, de machines, etc.,
Un répétiteur d'architecture,
Un répétiteur pour les travaux graphiques,
Un répétiteur de composition française,
Un répétiteur de langue anglaise,
Un répétiteur de langue allemande,
Six répétiteurs adjoints.

Cinq examinateurs des élèves, dont :
Deux pour les mathématiques,
Un pour la physique,
Un pour la chimie,
Un pour la géométrie descriptive et les arts graphiques.

Les examinateurs sont chargés des examens soit pour le passage des élèves des cours de la première année d'études à ceux de la seconde, soit pour leur admission dans les services publics.

ART. 20. Le directeur des études a sous sa surveillance spéciale tous les détails de l'instruction.

Il est chargé, sous l'autorité du commandant de l'école, d'assurer l'exécution des programmes d'enseignement et de tous les règlements relatifs aux études.

Il est membre de tous les conseils de l'école.

ART. 21. Le directeur des études, les cinq examinateurs et les professeurs sont nommés par nous sur la proposition de notre ministre de la guerre.

Chaque année, notre ministre de la guerre nomme les répétiteurs et les maîtres.

Sur sa demande, le conseil de perfectionnement doit présenter deux candidats chaque fois qu'il y a lieu de nommer à l'un des emplois indiqués aux deux paragraphes ci-dessus.

SECTION III.

Personnel administratif.

ART. 22. Sont attachés à l'école : un administrateur, un caissier garde des archives, un bibliothécaire, un conservateur du mobilier, trois conservateurs des collections scientifiques. Notre ministre de la guerre nomme à ces emplois : sur sa demande le conseil d'administration intitué par l'article 50 ci-après doit présente deu candidats chaque fois qu'il y a lieu de nommer à l'un desdits emplois.

Le caissier et le conservateur du mobilier sont responsables de leur gestion. Ils sont tenus de fournir un cautionnement.

ART. 23. Notre ministre de la guerre détermine, sur l'avis du conseil d'administration, le nombre et les attributions des employés d'administration et des agents subalternes.

Il nomme les employés d'administration sur la présentation du commandant de l'école,

Le commandant nomme les agents subalternes. Leur traitement est fixé par notre ministre de la guerre, sur la proposition du conseil d'administration.

SECTION IV.

Personnel du service de santé.

ART. 24. Le personnel du service de santé se compose de : un médecin militaire, un chirurgien aide-major.

SECTION V.

Dispositions communes aux divers personnels de l'Ecole.

ART. 25. Les officiers et sous-officiers en activité de service employés à l'école reçoivent, sur le budget du département de la guerre, la solde afférente à leur grade, conformément aux tarifs et règlements en vigueur.

Le commandant de l'école reçoit, à titre de frais de représentation, un traitement supplémentaire de 6,000 francs.

Les adjudants reçoivent, sur le budget de l'ecole, le supplément nécessaire pour compléter le traitement indiqué au tarif annexé à la présente ordonnance.

Les fonctionnaires non militaires et les employés d'administration sont rétribués sur les fonds du budget de l'école, conformément au même tarif.

ART. 26. Le traitement de tous les fonctionnaires non militaires de l'école est passible des retenues déterminées par notre ordonnance du 26 mai 1832.

Tous ces fonctionnaires ont droit à des pensions de retraite, qui sont liquidées, savoir : les pensions des fonctionnaires civils attachés à l'enseignement, conformément à l'ordonnance royale du 25 février 1816; les pensions des autres fonctionnaires, d'après les règles applicables aux employés de l'administration centrale du département de la guerre.

Les agents subalternes n'ont pas droit à pension. En conséquence, aucune retenue n'est exercée sur leur traitement.

ART. 27. Les fonctionnaires de l'école, y compris ceux qui sont attachés à l'enseignement, ne peuvent être révoqués que par l'autorité qui les a nommés.

TITRE IV.

Instruction.

ART. 28. La durée du cours d'études à l'Ecole Polytechnique est de deux ans.

Un élève ne peut être autorisé à passer uue troisième année à l'école que par une décision de notre ministre de la guerre, rendue sur la proposition du conseil d'instruction institué par l'art. 30 ci-après, et dans le cas seulement où, par suite d'une maladie qui aurait occasioné une suspension de travail, il n'aurait pas été en mesure de satisfaire aux examens de première ou de deuxième année.

Aucun élève n'est admis à passer plus de trois ans à l'école.

Sauf le cas prévu au dernier paragraphe de l'article 43 ci-après, l'élève qui a cessé de faire partie de l'école peut y être réadmis, mais seulement par voie de concours, et s'il remplit encore les conditions d'admission.

ART. 29. Les élèves sont répartis en deux divisions, l'une composée des élèves nouvellement admis, l'autre de ceux qui ont terminé leur première année d'étude.

ART. 30. Il y a à l'Ecole royale Polytechnique un conseil d'instruction et un conseil de perfectionnement.

Art. 31. Le conseil d'instruction a dans ses attributions tout ce qui est relatif à l'enseignement de l'école et aux études des élèves. A la fin de chaque année, il soumet au conseil de perfectionnement les changements qu'il juge utile d'apporter, tant dans les programmes de l'enseignement que dans ceux des examens.

Il se réunit au moins une fois par mois, sur la convocation du commandant de l'école.

Art. 32. Le conseil d'instruction est composé ainsi qu'il suit : le commandant de l'école, président ; le commandant en second, le directeur des études, les professeurs, le bibliothécaire.

Les fonctions de secrétaire du conseil sont remplies par le bibliothécaire.

Art. 33. Le conseil de perfectionnement est chargé de la haute direction de l'enseignement de l'Ecole et de son amélioration dans l'intérêt des services publics. Il coordonne cet enseignement avec celui des Ecoles d'application ; il arrête les programmes des examens et ceux de l'enseignement, et règle l'emploi du temps des élèves. Il soumet ses propositions à notre ministre de la guerre, auquel il fait annuellement un rapport sur l'instruction de l'école et sur ses résultats.

Chaque année, il se réunit après les examens ; il s'assemble en outre toutes les fois que notre ministre de la guerre le juge nécessaire.

Art. 34. Le conseil de perfectionnement est composé ainsi qu'il suit : le commandant de l'Ecole, président ; le commandant en second ; le directeur des études ; les cinq examinateurs des élèves ; trois membres de l'Académie des sciences, choisis parmi ceux qui s'occupent plus particulièrement des mathématiques, de la physique et de la chimie ; deux officiers généraux du corps royal de l'artillerie ; deux officiers généraux du corps royal du génie : un officier général membre du comité consultatif d'état-major ; le directeur ou le sous-directeur des poudres et salpêtres ; l'inspecteur général de l'artillerie de marine ou un officier supérieur du corps ; un inspecteur général du génie maritime ; un officier général de la marine royale ; un ingénieur en chef du corps des ingénieurs hydrographes ; deux inspecteurs généraux du corps des ponts et chaussées ; un inspecteur général du corps des mines ; quatre professeurs de l'école.

Notre ministre de la guerre désigne un des membres du conseil de perfectionnement pour présider ce conseil en cas d'absence du commandant de l'école.

Le conseil désigne un de ses membres pour remplir les fonctions de secrétaire.

Le conseil d'instruction et le conseil de perfectionnement ne peuvent délibérer qu'autant que la moitié plus un de leurs membres sont présents.

Dans l'un et l'autre conseil, en cas de partage égal des voix, celle du président est propondérante.

Art. 36. Lorsque, conformément aux art. 8 et 21 ci-dessus, le conseil de perfectionnement a des candidats à présenter, il procède au scrutin secret.

Il n'y a présentation qu'autant que les candidats réunissent la moitié plus un des suffrages exprimés.

Art. 37. Le conseil d'instruction procède de la manière indiquée à l'article précédent toutes les fois qu'il a des désignations à faire en conformité des art. 38, 42 et 51 ci-après.

Art. 38. Chaque année l'Académie des sciences désigne les trois membres appelés à siéger au conseil de perfectionnement.

Le conseil d'instruction désigne les quatre professeurs.

Notre ministre de la guerre nomme les autres membres sur la désignation des ministres des départements auxquels ils appartiennent.

TITRE V.

Régime, police et discipline.

Art. 39. L'Ecole royale Polytechnique est soumise au régime militaire en ce qui concerne la discipline intérieure.

Les élèves sont casernés et forment quatre compagnies; leur uniforme est réglé par ordonnance royale.

Art. 40. Des élèves sont nommés chefs de salles d'études par le commandant de l'ecole, d'après leur rang d'admission ou de classement. Ils ont le titre et portent les insignes de sergent major, de sergent-fourrier ou de sergent.

Art. 41. Il y a à l'Ecole royale Polytechnique un conseil de discipline.

Art. 42. Le conseil de discipline est composé de douze membres, savoir : le commandant de l'école, président, le commandant en second, le directeur des études, les six capitaines et le nombre de professeurs nécessaire pour compléter le conseil.

Chaque année, les professeurs sont désignés par le conseil d'instruction.

L'adjudant est désigné par le commandant de l'école.

Un des capitaines remplit les fonctions de rapporteur.

Le conseil s'assemble sur la convocation du commandant de l'ecole.

Art. 43. L'élève qui, par une inconduite habituelle ou pour une faute grave, se serait mis dans le cas, soit d'être privé de la bourse ou demi-bourse dont il est titulaire, soit d'être exclu de l'école, est cité devant le conseil de discipline.

Il est entendu dans ses observations.

L'exclusion de l'élève ou la privation de la bourse ne peut être proposée par le conseil qu'à la majorité de huit voix : notre ministre de la guerre statue.

L'élève qui aurait été exclu de l'Ecole dans les formes réglées par le présent article ne peut y être admis de nouveau.

TITRE VI.

Passage d'une division à l'autre et sortie de l'Ecole.

Art. 44. Chaque année, après la clôture des cours, les élèves subissent des examens.

Les notes données sur l'instruction des élèves dans le courant de l'année sont communiquées aux examinateurs.

Les examens de la première année d'études ont pour objet de constater si les élèves peuvent être admis aux cours de la seconde année.

Les examens de seconde année ont pour objet de déterminer quels sont les élèves admissibles dans les services publics énumérés en l'article 1er ci-dessus.

Les membres du conseil de perfectionnement peuvent assister à ces examens.

Art. 45. Les examens de chaque division portent sur toutes les parties de l'enseignement de cette division.

Art. 46. Après les examens, le commandant de l'école, le commandant en second, le directeur des études et les cinq examinateurs se réunissent en jury pour former : 1° la liste générale, par ordre de mérite, des élèves jugés admissibles aux cours de la seconde année ; 2° la liste générale, par ordre de mérite, des élèves de seconde année reconnus admissibles dans les services publics.

Ce jury est présidé par le commandant de l'école.

Notre ministre de la guerre détermine, à l'avance, sur l'avis du conseil de perfectionnement, la proportion suivant laquelle chaque examen, chaque nature de travail et les notes données, tant sur l'instruction des élèves que sur leur conduite, entrent pour leur classement sur ces listes.

Art. 47. Les élèves de seconde année déclarent, après leur dernier examen, à quel service public ils donnent la préférence, et dans quel ordre, à défaut de place dans ce service, leur choix se porterait sur d'autres services.

Art. 48. Les élèves admissibles dans les services publics y sont répartis jusqu'à concurrence des places disponibles; ils sont désignés, suivant leur rang, pour le service qu'ils ont demandé, ou, à défaut de place dans ce service, pour celui qui est indiqué subsidiairement dans leur déclaration.

Nul élève n'est désigné pour les services militaires qu'apres qu'il a été reconnu n'avoir aucune infirmité qui le rende impropre à ces services.

ART. 49. Les élèves admissibles dans les services publics qui, faute de place, n'ont pu être désignés pour un service de leur choix, sont susceptibles, conformément aux art. 3 et 25 de la loi du 14 avril 1832, d'être nommés sous-lieutenants dans les corps de l'armée de terre ou de mer, autres que ceux énumérés à l'article 1er de la présente ordonnance.

Ces élèves peuvent être reçus à l'Ecole forestière.

Ils peuvent également être admis à suivre les cours oraux d'une des écoles civiles d'application.

SECTION VII.

Administration et comptabilité.

ART. 50. Il y a à l'Ecole Polytechnique un conseil d'administration.

ART. 51. Le conseil d'administration est composé comme il suit : le commandant de l'école, président; le commandant en second; le directeur des études; deux professeurs désignés par le conseil d'instruction ; deux capitaines, pris à tour de rôle par rang d'ancienneté.

L'administrateur et le caissier siégent au conseil : le premier, en qualité de rapporteur et avec voix délibérative ; le second, comme secrétaire et avec voix consultative seulement.

Les membres temporaires du conseil d'administration sont renouvelés par moitié chaque année.

Le conseil se réunit sur la convocation du commandant de l'Ecole.

Les dispositions de l'art. 35 qui précède sont applicables au conseil d'administration, et il se conforme à celles de l'art. 36, lorsqu'il a des présentations à faire pour l'exécution de l'art. 22 de la présente ordonnance.

ART. 52. L'emploi des fonds affectés aux dépenses de l'Ecole est confié au conseil d'administration intérieure.

ART. 53. L'intendance militaire est chargée de la surveillance administrative de l'école; elle l'exerce d'après les règles déterminées pour l'administration des corps de troupe.

TITRE VIII.

Dispositions générales.

ART. 54. Notre ministre de la guerre détermine, par des règlements particuliers ayant pour base les dispositions de la présente ordonnance, tout ce qui est relatif au service intérieur, à la discipline, à l'administration et à la comptabilité.

ART. 55. Chaque année, un lieutenant-général est chargé de l'inspection générale de l'école, en ce qui se rapporte au service, à la discipline, à l'administration et à la comptabilité.

Un intendant militaire passe l'inspection administrative de l'école.

TITRE IX.

Dispositions transitoires.

ART. 56. Les anciens fonctionnaires de l'école, dont les emplois énumérés au tarif annexé à la présente ordonnance se trouveraient, en vertu de ce tarif, moins rétribués qu'ils ne l'étaient précédemment, n'éprouveront aucune diminution sur leur traitement actuel, tant qu'ils resteront titulaires des mêmes fonctions.

Ceux dont le traitement devrait être augmenté en vertu du même tarif ne recevront cette augmentation que lorsque les ressources affectées aux dépenses de l'Ecole permettront d'y pourvoir.

ART. 57. Les examinateurs d'admission restés titulaires, en vertu de l'art. 13 de notre ordonnance du 20 octobre 1832, ne seront pas soumis à la nomination annuelle de notre ministre de la guerre.

ART. 58. Le traitement des agents subalternes qui auraient été soumis précédemment à la retenue pour la caisse des pensions continuera à être passible de cette retenue.

La pension à laquelle lesdits agents auraient droit sera liquidée conformément aux règles en vigueur pour les employés de l'administration centrale du département de la guerre.

Art. 59. Notre ministre secrétaire d'Etat au département de la guerre statuera sur la réadmission dans l'Ecole royale Polytechnique, sur les examens et sur les conditions d'admission dans les services publics, des élèves qui faisaient partie de l'école à l'époque du licenciement prononcé par notre ordonnance du 17 août 1844.

Art. 60. Toutes les dispositions contraires à la présente ordonnance sont et demeurent abrogées.

Art. 61. Nos ministres secrétaires d'Etat de la guerre, de la marine et des colonies, de l'intérieur et des travaux publics sont chargés, chacun en ce qui le concerne, de l'exécution de la présente ordonnance, qui sera insérée au *Bulletin des Lois*.

Fait au palais des Tuileries, le 30 octobre 1844.

LOUIS-PHILIPPE.

Par le Roi :

Le Président du conseil, Ministre Secrétaire d'Etat de la guerre,

Maréchal duc de Dalmatie.

Tarif des traitements payés, sur les fonds de l'École royale Polytechnique, aux fonctionnaires, professeurs et employés de ladite Ecole.

Directeur des études		10,000 fr.
Examinateur des élèves		4,000
Professeur de sciences, d'architecture, de littérature, de langue anglaise ou allemande		5,000
Professeur de dessin		3,000
Maître de dessin topographique		2,000
Maître de dessin pour les machines		1,500
Maître de desssin (figure et paysage)		1,200
Répétiteur de travaux graphiques		2,600
Répétiteur de sciences, d'architecture, de littérature, de langue anglaise ou allemande		2,000
Répétiteur adjoint		1,200
Administrateur		6,000
Caissier		4,000
Bibliothécaire		4,000
Conservateur du mobilier		3,000
Conservateur des collections scientifiques et employé d'administration	1re classe	2,400
	2e —	2,100
	3e —	1,800
	4e —	1,500
Adjudant		1,200

Ordonnance *de convocation de la session des Chambres législatives.*

Louis-Philippe, roi des Français, etc.

Nous avons ordonné et ordonnons ce qui suit :

La chambre des pairs et la chambre des députés sont convoquées pour le 26 décembre 1844.

Notre ministre secrétaire d'Etat au département de l'intérieur est chargé de l'exécution de la présente ordonnance.

Au palais de Saint-Cloud, le 20 novembre 1844.

LOUIS-PHILIPPE.

Par le Roi :

Le Ministre Secrétaire d'État au département de l'intérieur,

T. Duchatel.

Rapport au Roi *précédant l'ordonnance qui institue à Paris un conseil de prud'hommes.*

Paris, 29 décembre 1844.

Sire,

L'institution des conseils de prud'hommes, qui a été fondée à Lyon par la loi du 18 mars 1806, s'est étendue et propagée successivement dans toute la France ; soixante-six villes, parmi lesquelles on compte Lyon, Rouen, Lille, Marseille, Strasbourg, Amiens, Nîmes, Saint-Quentin, etc., jouissent depuis longtemps de cette juridiction conciliatrice, si heureusement appropriée aux besoins de la fabrique. Paris seul, cette grande capitale de l'industrie, est restée privée jusqu'à ce jour du bienfait de cette institution.

Ce n'est pas qu'à diverses époques des tentatives n'aient été faites pour y établir un conseil de prud'hommes. En 1819 et en 1828 le conseil général des manufactures fut saisi de cette question importante, et des études approfondies, qui n'ont pas été perdues, en préparèrent la solution. Mais la difficulté de mettre l'institution en harmonie avec les conditions si diverses de la fabrique de la capitale fit échouer ces tentatives.

Cependant personne ne pouvait méconnaître les considérations d'ordre public et d'intérêt privé qui recommandent cette institution et les services qu'elle rend à l'industrie.

En effet, de 1830 à 1839, le nombre des affaires soumises aux conseils de prud'hommes a été de 135,730, sur lesquelles 128,319 ont été conciliées, et 3,573 abandonnées par les parties ; 3,838 jugements sont intervenus, 2,350 en dernier ressort et 1,488 en premier, et sur ces derniers 155 seulement ont été frappés d'appel.

Comment la ville de Paris, qui renferme dans son sein plus de 200 industries différentes, qui compte tant et de si grands établissements, et qui entretient une population ouvrière plus nombreuse que la plus nombreuse population d'aucune autre ville de France, ne recueillerait-elle pas d'immenses avantages d'une fondation qui a porté de tels fruits ?

Le conseil général des manufactures, la chambre de commerce et le tribunal de commerce de Paris, le conseil général du département de la Seine ont répondu à cette question en réclamant avec instance la création d'un conseil de prud'hommes ; des enquêtes nombreuses ont préparé l'étude du projet, et le conseil municipal, s'associant à ces manifestations unanimes et secondant les intentions du gouvernement, a voté les fonds nécessaires pour l'installation et le service de ce conseil.

C'est dans cet état, Sire, que j'ai l'honneur de soumettre à Votre Majesté le projet d'ordonnance, délibéré en conseil d'Etat, et qui dotera la ville de Paris d'une institution désirée depuis longtemps.

Une juridiction, en effet, établie, comme l'a rappelé la chambre de commerce de Paris, pour terminer par voie de conciliation les différends qui s'élèvent journellement, soit entre des fabricants et des ouvriers, soit entre des chefs d'atelier et des compagnons ou apprentis, une juridiction qui juge, dans une certaine limite, sans formes ni frais de procédure et sans appel ceux de ces différends à l'égard desquels la conciliation n'a pu avoir lieu, ne saurait manquer d'avoir une heureuse influence en épargnant à ceux pour lesquels elle est instituée et une perte d'argent et une perte de temps qui doit être employé au travail.

Pendant quelques années l'accroissement de l'industrie parisienne, la multiplicité et la diversité infinie des branches de fabrication qui la composent ont pu paraître un obstacle à l'établissement des prud'hommes dans la capitale. Mais cet obstacle est aujourd'hui levé par le système que j'ai l'honneur de soumettre à Votre Majesté, et qui ne repose plus sur l'idée d'un conseil unique prononçant indistinctement sur toutes les affaires de la fabrique, mais sur l'existence simultanée de plusieurs conseils connaissant, chacun dans sa spécialité, des contestations relatives à un certain nombre d'industries analogues, groupées sous sa juridiction.

Cette combinaison, recommandée par la chambre de commerce et par le conseil municipal de Paris, m'a paru répondre d'une manière satisfaisante aux besoins de l'industrie parisienne, et elle s'appuie heureusement sur la disposition de l'art. 35 de la loi du 18 mars 1806, qui permet au gouvernement *de faire varier, selon les lieux, la composition des conseils des prud'hommes.*

Je ne propose pas d'ailleurs à Votre Majesté de créer dès ce moment plusieurs conseils; je crois, comme le conseil municipal, qu'il est convenable de n'en former d'abord qu'un seul *à titre d'expérience* et d'essai, et je pense avec lui que si cette mesure ne donne pas tout d'abord aux partisans sincères de l'établissement des conseils de prud'hommes tout ce qu'ils auraient voulu obtenir, elle introduit du moins l'institution dans la capitale, où elle était jusqu'à ce jour restée étrangère; elle lui permet de s'y établir et de pénétrer insensiblement dans les mœurs et les habitudes des fabricants et des ouvriers. Cette concession sera, je n'en doute pas, un bienfait pour la fabrique entière, et, dans mon intime conviction, l'institution pourra, dans un avenir prochain, être étendue à la généralité des manufactures.

L'industrie choisie pour le premier conseil est celle des métaux; c'est celle qui compte le plus grand nombre de fabricants et d'ouvriers. Elle se compose de cinq catégories distinctes et comprend la construction des machines et le travail du fer, les orfèvres et bijoutiers, les fabricants d'instruments de précision et de musique et l'horlogerie, les fabricants de bronze et lampistes, l'armurerie et la coutellerie. Plus de quarante autres industries viennent en outre se grouper dans ces cinq grandes divisions, et leur réunion présentera, par le nombre et l'importance des fabriques, un ensemble plus considérable que la circonscription entière des autres conseils. L'épreuve pourra donc être considérée comme complète, et son résultat suffira pour éclairer l'administration sur l'utilité de la mesure générale, ainsi que sur la possibilité et la convenance de son application à la ville de Paris.

Le conseil sera composé de quinze membres et de dix suppléants; chaque catégorie nommera séparément ses membres dans une assemblée commune composée des fabricants, contremaîtres, chefs d'ateliers et ouvriers patentés; la réunion des membres nommés par les cinq sections formera le conseil.

La juridiction du conseil s'appliquera à toutes les manufactures, fabriques et ateliers dont les industries doivent concourir à la nomination de ses membres.

La ville de Paris fournira le local nécessaire à la tenue des séances du conseil et pourvoira à ses dépenses.

Ces dispositions, Sire, sont généralement conformes à celles qui régissent les conseils institués dans les autres villes; elles sont empruntées pour la plupart aux lois et décrets des 18 mars 1806, 20 février et 3 août 1810, qui forment la législation sur la matière.

Ainsi constitué, le conseil de prud'hommes créé pour les métaux et les industries qui s'y rattachent réalisera, on ne peut en douter, pour cette grande division de l'industrie de la capitale, les résultats avantageux qui ont été obtenus dans les principales villes manufacturières de France. Ici, comme sur tous les autres points, l'institution portera ses fruits; elle soulagera la juridiction des juges de paix et celle du tribunal de commerce, et suppléera à leur insuffisance; elle épargnera presque toujours au maître comme à l'ouvrier les frais et la perte de temps des débats judiciaires; elle conciliera beaucoup et jugera rarement. L'influence morale des prud'hommes, agissant sur les fabricants et sur ceux qu'ils emploient, rendra leurs rapports plus faciles et préviendra ainsi une foule de contestations auxquelles il n'aurait fallu, pour naître, qu'un tribunal et des juges, et qui n'oseront se produire devant des prud'hommes.

Je suis, etc.,

Le Ministre Secrétaire d'État de l'agriculture et du commerce,

L. Cunin-Gridaine.

Ordonnance *qui charge par intérim M.* Dumon *du département de l'Instruction publique.*

Louis-Philippe, roi des Français, etc.

Nous avons ordonné et ordonnons ce qui suit:

Article 1er. La démission de M. Villemain, ministre secrétaire d'Etat au département de l'Instruction publique, est acceptée.

Art. 2. M. Dumon, ministre secrétaire d'Etat au département des travaux publics, est chargé par intérim du département de l'Instruction publique.

Art. 3. Notre président du conseil, ministre secrétaire d'Etat au département de la guerre, est chargé de l'exécution de la présente ordonnance.

Fait au palais des Tuileries, le 30 décembre 1844.

LOUIS-PHILIPPE.

Par le Roi:

Le Président du conseil, Ministre Secrétaire d'Etat de la guerre,

Maréchal duc de Dalmatie.

Titres *de lois et ordonnances diverses.*

LOIS.

22 *Mars* 1844. — Loi qui accorde à titre de récompense nationale une pension de 3,000 fr. à la fille du machal Drouet, comte d'Erlon, et ouvre un crédit spécial pour le paiement des funérailles du maréchal.

21 *avril.* — Loi relative à l'emprunt grec.

2 *juillet.* — Loi relative à la régularisation des abords du Panthéon et de la Chambre des Pairs.

7. — Loi relative à l'exploitation du chemin de fer de Montpellier à Nîmes.

26. — Loi relative à l'établissement du chemin de fer d'Orléans à Bordeaux.

26. — Loi relative au chemin de fer de Paris sur le centre de la France.

26. — Loi relative au chemin de fer de Paris sur la frontière de Belgique et sur l'Angleterre.

26. — Loi relative à l'établissement d'un chemin de fer de Paris à Rennes.

26. — Loi relative à l'établissement du chemin de fer de Paris a Lyon.

26. — Loi relative à l'exécution du chemin de fer de Tours à Nantes.

2 *août*. — Loi relative à l'établissement du chemin de fer de Paris à Strasbourg.

2. — Loi relative à la construction de trois paquebots à vapeur destinés au transport de la correspondance entre Calais et Douvres.

3. — Loi relative aux fortifications du Havre.

3. — Loi qui proroge celles des 21 avril 1832, 1er mai 1834 et 24 juillet 1839 relatives aux étrangers refugiés.

3. — Loi relative aux travaux de reconstruction du palais de la cour royale de Montpellier.

3. — Loi relative aux travaux proposés par l'Etat et la Ville de Paris sur la paroisse des Petits-Pères.

3. — Loi relative au droit de propriété des veuves et des enfans des auteurs d'ouvrages dramatiques.

5. — Loi relative à l'amélioration des ports de Marseille, du Havre et de Bordeaux, et à l'achèvement du système d'éclairage des côtes maritimes.

5. — Loi qui ouvre un crédit pour l'essai d'un chemin de fer atmosphérique.

5. — Loi qui autorise la concession d'un chemin de fer de Paris à Sceaux.

ORDONNANCES.

17 *janvier*. — Ordonnance qui organise l'administration centrale du ministère de la guerre.

11 *février*. — Ordonnance qui détermine la portion du centime de non-valeur affectée aux dégrèvements dont les préfets des départements pourront disposer.

17 *mars*. — Ordonnance qui autorise l'établissement d'une caisse d'épargne à Limoux (Aude).

30 *avril*. — Ordonnance concernant le corps royal d'artillerie de la marine.

25 *mai*. — Ordonnance portant organisation du culte israélite.

14 *juin*. — Ordonnance concernant les dispositions qui régiront à l'avenir le service administratif de la marine.

14. — Ordonnance concernant les eaux-de-vie et esprits rendus impropres à la consommation comme boisson.

5 *août*. — Ordonnance qui dispose que les membres de la chambre des mises en accusation des cours royales feront également le service des autres chambres, entre lesquelles ils seront répartis par le roulement.

13. — Ordonnance portant organisation centrale du ministère des affaires étrangères.

26. — Ordonnance sur la comptabilité des matières appartenant à l'Etat.

2 *septembre*. — Ordonnance qui modifie le tarif des douanes.

2. — Ordonnance concernant l'importation des machines et mécaniques.

1er *octobre*. — Ordonnance relative au droit de propriété en Algérie.

5. — Ordonnance portant amélioration dans le régime des pensions à la charge de la caisse des invalides.

14 *novembre*. — Ordonnance concernant les maîtres d'études.

23. — Ordonnance ouvrant un crédit extraordinaire de 240,000 fr. pour un essai de télégraphe électrique.

30. — Ordonnance qui modifie celles du 26 septembre 1842, relatives à l'organisation de la justice civile en Algérie.

4 *décembre*. — Ordonnance contenant des modifications au tarif des droits d'entrée.

15. — Cinq ordonnances portant :

1° Organisation centrale du ministère de l'intérieur ;

2° Organisation centrale du ministère des travaux publics ;

3° Organisation centrale du ministère de l'agriculture et du commerce ;

4° Organisation centrale du ministère de l'instruction publique.

5° Organisation centrale du ministère des finances.

21. — Ordonnance portant institution d'un corps de contrôleurs de la marine.

21. — Ordonnance complémentaire de l'ordonnance en date du 14 juin 1844, qui modifiait le système de service administratif établi dans les ports et arsenaux de la marine, instituant un corps de contrôleurs de la marine.

21. — Ordonnance concernant l'administration et les services spéciaux dans les maisons centrales, de force et de correction.

21. — Ordonnance concernant les inspecteurs généraux des finances.

27. — Trois ordonnances portant :

1° et 2° Organisation centrale du ministère de la justice et des cultes.

3° Organisation centrale du ministère de la marine.

28. — Ordonnance portant création d'une position dite de commission de rade pour les bâtiments de la flotte.

29. — Ordonnance portant institution d'un conseil de prud'hommes pour la ville de Paris.

RELATIONS EXTÉRIEURES.

TRAITÉS, CONVENTIONS ET NOTES DIPLOMATIQUES*.

CONVENTION ADDITIONNELLE *à la convention de poste du 16 avril 1831, conclue entre S. M. le Roi des Français et S. M. l'Empereur d'Autriche, roi de Hongrie et de Bohême, convention dont les ratifications ont été échangées à Paris le 7 février* 1844.

Sa Majesté le roi des Français et Sa Majesté l'empereur d'Autriche, roi de Hongrie et de Bohême, ayant reconnu que des améliorations pourraient être introduites dans le service des postes établi entre la France et les provinces de l'empire d'Autriche, et voulant donner une nouvelle activité aux relations des deux pays, ont résolu d'y pourvoir au moyen d'une convention additionnelle à la convention de poste conclue le 16 avril 1331,

(*) L'importance des événements survenus à Tahiti et dans le Maroc nous a forcés à réunir dans deux chapitres spéciaux les documents officiels relatifs à l'action de la France dans ces deux pays. *Voy.* plus bas.

Et ont nommé pour leurs plénipotentiaires à cet effet, savoir:

Sa Majesté le roi des Français, le sieur *François-Pierre-Guillaume Guizot*, grand-croix de son ordre royal de la Légion d'Honneur, grand-croix des ordres royaux du Sauveur de Grèce et de Léopold de Belgique, et de l'ordre impérial du Cruzeiro du Brésil, son ministre et secrétaire d'Etat au département des affaires étrangères;

Et Sa Majesté l'empereur d'Autriche, roi de Hongrie et de Bohème, le comte *Antoine d'Appony*, chevalier de la Toison-d'Or, grand-croix de l'ordre royal de Saint-Etienne de Hongrie, commandeur de celui de Léopold d'Autriche et de plusieurs autres ordres, chambellan, conseiller intime actuel de Sa Majesté impériale et royale apostolique, son ambassadeur extraordinaire près Sa Majesté le roi des Français;

Lesquels, après s'être réciproquement communiqué leurs pleins pouvoirs respectifs, trouvés en bonne et due forme, sont convenus des articles suivants:

Article 1er. L'échange périodique et régulier des correspondances entre la France et les provinces de l'empire d'Autriche aura lieu par les moyens de communication et de transport qui seront indiqués ci-après, tant pour les lettres, échantillons de marchandises, journaux, imprimés ou brochures qui seront nés sur le territoire des deux Etats, que pour les objets de même nature originaires ou à destination des pays qui en dépendent ou qui peuvent emprunter leur intermédiaire.

Art. 2. L'échange des correspondances s'opérera par les bureaux de poste suivants, savoir:

Du côté de la France:

Paris,
Forbach et
Huningue;

Du côté de l'Autriche:

Vienne,
Eger,
Feldkirch et
Milan.

Art. 3. Indépendamment des bureaux d'échange qui sont désignés dans l'article précédent, il pourra en être établi, à la suite d'une entente entre les offices des postes respectives, sur tous autres points des deux pays pour lesquels des relations directes seraient ultérieurement jugées nécessaires.

Art. 4. Les correspondances qui seront échangées entre les bureaux de poste désignés dans l'article 2 précédent seront livrées de part et d'autre aux offices des postes d'Allemagne et de la Suisse, pour être transportées en dépêches closes à travers les territoires de ces offices.

Les droits de transit revenant aux postes étrangères susmentionnées, pour le transport de ces correspondances à travers leurs territoires, seront à la charge de l'office des postes autrichiennes.

Quant aux lettres des départements méridionaux de la France pour les provinces méridionales de l'Autriche, *et vice versâ*, qui seront échangées à découvert entre les offices de France et d'Autriche, par l'intermédiaire des postes sardes, il est convenu que le prix du transit de ces lettres revenant à l'office de Sardaigne sera acquitté de la manière suivante: savoir: par l'office français, le port des lettres destinées pour la France; et par l'office d'Autriche, le port des lettres destinées pour les provinces autrichiennes.

Art. 5. Les personnes qui voudront envoyer des lettres ordinaires, soit de la France et de l'Algérie pour les provinces de l'empire d'Autriche et les ville de Belgrade et de Cracovie, soit des provinces de l'empire d'Autriche et des villes de Belgrade et de Cracovie pour la France et l'Algérie, auront le choix, savoir:

1° De laisser le port entier de ces lettres à la charge des destinataires;

2° D'en payer le port d'avance jusqu'au lieu de destination.

Art. 6. Le public des deux pays pourra envoyer des lettres chargées d'un pays pour l'autre; et, autant qu'il sera possible, pour les pays auxquels les offices respectifs servent d'intermédiaires.

Le port de ces lettres sera établi d'après les règlements respectifs et les tarifs combinés des deux pays. En ce qui concerne les lettres chargées internationales, ce port devra toujours être acquitté d'avance et jusqu'à destination; quant aux lettres chargées destinées pour les pays étrangers, ledit port sera acquitté jusqu'aux points ou limites fixés pour l'affranchissement des lettres ordinaires par la présente convention additionnelle.

Art. 7. Le mode d'affranchissement libre ou facultatif, stipulé par l'art. 5 précédent, en faveur des lettres ordinaires des deux pays, sera applicable aux lettres et paquets renfermant des échantillons de marchandises, lesquels jouiront d'ailleurs des modérations de port qui sont accordées à ces objets par les règlements de chaque pays.

Art. 8. L'office des postes d'Autriche paiera à l'office des postes de France, pour prix du port des lettres non affranchies, originaires de la France ou de l'Algérie, destinées pour les provinces de l'empire d'Autriche et les villes de Belgrade et de Cracovie, qui seront dirigées en dépêches closes à travers les territoires de l'Allemagne ou de la Suisse, la somme de deux francs par trente grammes, poids net.

L'office des postes de France paiera, de son côté, à l'office des postes d'Autriche, pour prix du port des lettres non affranchies, originaires des provinces de l'empire d'Autriche et des villes de Belgrade et de Cracovie, destinées pour la France et l'Algérie, qui seront dirigées en dépêches closes à travers les territoires de l'Allemagne ou de la Suisse, la somme de deux francs quatre-vingts centimes par trente grammes, poids net; ladite somme composée, savoir : 1° de celle de un franc soixante centimes par trente grammes, représentant le port territorial autrichien ; 2° et de celle de un franc vingt centimes, aussi par trente grammes, représentant les frais tombant à la charge de l'office des postes autrichiennes pour le transit desdites lettres à travers les territoires de l'Allemagne et de la Suisse, conformément aux conventions conclues entre ces états et le gouvernement autrichien.

Art. 9. Les deux offices français et autrichien se tiendront compte réciproquement du port des lettres ordinaires qui seront affranchies jusqu'à destination dans l'un des deux pays pour l'autre, d'après les prix respectivement attribués à chaque office, par l'article précédent, pour le port des lettres non affranchies.

Art. 10. Les offices des postes de France et d'Autriche livreront respectivement aux postes de Sa Majesté le roi de Sardaigne les lettres des départements méridionaux de la France pour les provinces méridionales de l'empire d'Autriche *et vice versâ*, qui devront transiter, à découvert à travers le territoire sarde, moyennant les prix de ports territoriaux et aux conditions stipulées dans les art. 8 et 9 précédents, pour l'échange en dépêches closes des autres correspondances internationales qui seront livrées, de part et d'autre, aux postes d'Allemagne et de Suisse.

Art. 11. Les gouvernements français et autrichien entameront, immédiatement après la signature de la présente convention additionnelle, et de concert, des négociations avec le gouvernement de Sa Majesté le roi de Sardaigne, pour obtenir de l'office des postes sardes le concours nécessaire à l'accomplissement des dispositions contenues dans l'article précédent.

Art. 12. Les lettres de France qui seront livrées, soit par les postes d'Allemagne et de Suisse, soit par les postes sardes à l'office des postes autrichiennes, affranchies jusqu'à telle limite et pour quelque destination que ce soit, ne supporteront d'autre taxe territoriale que celle qui est fixée par le tarif des postes français actuellement en vigueur.

Cette taxe sera réglée d'après la distance, en ligne droite, existant entre le lieu où la lettre aura été déposée et le point de la sortie du territoire français.

La même taxe territoriale sera appliquée, dans les mêmes circonstances et en sens inverse, aux lettres non affranchies destinées pour la France, originaires des provinces de l'empire d'Autriche et des villes de Belgrade et de Cracovie, et à celles, aussi non affranchies, également destinées pour la France, provenant des pays étrangers qui empruntent l'intermédiaire des postes autrichiennes; le tout sans préjudice du recouvrement de la taxe territoriale autrichienne et des différentes taxes de transit dont ces lettres pourront être frappées.

Art. 13. Les lettres des provinces de l'empire d'Autriche et des villes de Belgrade et de Cracovie qui seront livrées, soit par l'intermédiaire des postes d'Allemagne ou de la Suisse, soit par celui des postes sardes, à l'office des postes de France, affranchies jusqu'à telle limite et pour quelque destination que ce soit, supporteront les taxes territoriales autrichiennes selon le tarif actuellement en vigueur, savoir :

1° Pour toute distance de vingt milles allemands et au-dessous, six kreutzer par lettre simple ou pesant jusqu'à un demi-loth, en suivant, pour les lettres pesant plus d'un demi-loth, la progression de poids actuellement admise dans les provinces autrichiennes ;

2° Au-dessus de vingt milles allemands, douze kreutzer aussi par lettre simple ou pesant un demi-loth, en suivant la progression de poids actuellement admise dans les provinces autrichiennes.

Cette taxe sera réglée d'après la distance, en ligne droite, existant entre le lieu où la lettre aura été déposée et le point de sortie du territoire autrichien.

La même taxe territoriale sera appliquée, dans les mêmes circonstances et en sens inverse, aux lettres non affranchies destinées pour les provinces de l'empire d'Autriche et les villes de Belgrade et de Cracovie, originaires de France et de l'Algérie, et à celles, aussi non affranchies, également destinées pour les provinces de l'empire d'Autriche et les villes de Belgrade et de Cracovie, provenant des pays étrangers qui empruntent l'intermédiaire des postes de France ; le tout sans préjudice du recouvrement de la taxe territoriale française et des différentes taxes de transit dont ces lettres pourront être frappées.

Il est bien entendu que toutes diminutions que les gouvernements français et autrichien jugeraient à propos d'opérer ultérieurement dans leurs tarifs ou règlements de la taxe des lettres circulant dans l'intérieur des deux pays seront applicables aux correspondances internationales ou étrangères dont les conditions d'échange sont déterminées par la présente convention additionnelle.

Art. 14. Les gouvernements français et autrichien prennent l'engagement de ne percevoir, sur leurs nationaux respectifs, pour le port étranger de toute lettre réputée simple, d'après les lois et règlements de chacun des deux pays, que le quart du prix de livraison, par trente grammes, qui est stipulé par la présente convention additionnelle. Quant aux lettres dont le poids excédera celui de lettre simple, la progression du port susmentionné sera celle qui est établie par les tarifs et règlements respectifs des deux pays.

Toutefois, il est entendu que, lorsque la division du prix de livraison des correspondances échangées entre les deux offices donnera, dans son application aux lettres affranchies ou non affranchies, aux fraction du décime, pour les taxes à percevoir sur les régnicoles français, ou du kreutzer, pour les taxes à percevoir sur les régnicoles autrichiens, il sera perçu, de part et d'autre, un décime ou un kreutzer entier, si la fraction est d'un demi-décime ou d'un demi-kreutzer ou plus ; mais si cette fraction est inférieure au demi-décime ou au demi-kreutzer, elle ne sera pas perçue.

Cette disposition s'appliquera aussi bien au recouvrement des taxes territoriales réciproques qu'au recouvrement des taxes de transit dont pourront être frappées les lettres échangées, par quelque voie que ce soit, entre les deux offices français et autrichien.

Art. 15. Les lettres originaires de France et de l'Algérie pour la Moldavie, la Valachie, la Turquie d'Europe et Scutari, pourront être dirigées par l'Autriche et livrées à l'office des postes autrichiennes, non affranchies ou affranchies jusqu'à destination, au choix des envoyeurs.

Par réciprocité, les lettres originaires de la Moldavie, de la Valachie, de la Turquie d'Europe et de Scutari, pour la France et l'Algérie, pourront être également dirigées par l'Autriche et livrées à l'office des postes de France, non affranchies ou affranchies jusqu'à destination, au choix des envoyeurs.

Art. 16. L'office des postes de France paiera à l'office des postes d'Autriche, pour le port des lettres originaires de France et de l'Algérie, qui seront affranchies jusqu'à destination, savoir :

1° Pour les lettres adressées en Moldavie et en Valachie, la somme de quatre francs quarante centimes par trente grammes, poids net;

2° Et pour les lettres adressées dans la Turquie d'Europe et à Scutari, la somme de cinq francs vingt centimes aussi par trente grammes, poids net.

Art. 17. L'office des postes de France paiera également à l'office des postes d'Autriche, pour le port des lettres non affranchies destinées pour la France et l'Algérie, savoir:

1° Pour les lettres originaires de la Moldavie et de la Valachie, la somme de quatre francs quarante centimes par trente grammes, poids net;

2° Et pour les lettres originaires de la Turquie d'Europe et de Scutari, la somme de cinq francs vingt centimes aussi par trente grammes, poids net.

Art. 18. L'office des postes d'Autriche paiera, de son côté, à l'office des postes de France, pour le port des lettres originaires de la Moldavie, de la Valachie, de la Turquie d'Europe et de Scutari, adressées en France et en Algérie, qui seront livrées affranchies jusqu'à destination, la somme de deux francs par trente grammes, poids net.

Art. 19. L'office des postes d'Autriche paiera également à l'office des postes de France, pour le port des lettres non affranchies, originaires de la France et de l'Algérie, à destination de la Moldavie, de la Valachie, de la Turquie d'Europe et de Scutari, la somme de deux francs par trente grammes, poids net.

Art. 20. Les lettres originaires de la France et de l'Algérie, destinées pour les duchés de Parme, Plaisance et Modène, les Etats pontificaux et le royaume des Deux-Siciles, qui seront dirigées par les provinces autrichiennes, pourront être livrées à l'office d'Autriche non affranchies ou affranchies, mais seulement à San-Benedetto ou Casal-Pusterlengo, extrême frontière du royaume Lombardo-Venitien.

Quant aux lettres originaires des duchés de Parme, Plaisance et Modène, des Etats pontificaux et du royaume des Deux-Siciles, pour la France et l'Algérie, qui pourront être dirigées par les provinces autrichiennes, elles seront livrées à l'office des postes de France affranchies jusqu'à San Benedetto ou Casal-Pusterlengo.

Art. 21. L'office des postes d'Autriche paiera à l'office des postes de France, pour prix du port des lettres non affranchies originaires de la France et de l'Algérie, destinées pour les duchés de Parme, Plaisance et Modène, les Etats pontificaux et le royaume des Deux-Siciles, qui pourront transiter par les provinces autrichiennes, la somme de deux francs par trente grammes, poids net.

22. L'office des postes de France paiera à l'office des postes d'Autriche, pour prix du transit, à travers le territoire autrichien et le territoire suisse, des lettres affranchies jusqu'à San-Benedetto ou Casal Pusterlengo, originaires de France ou de l'Algérie, destinées pour les duchés de Parme, Plaisance et Modène, les Etats pontificaux et le royaume des Deux-Siciles, et réciproquement, des lettres affranchies jusqu'aux frontières susmentionnées, originaires des duchés de Parme, Plaisance et Modène, les Etats pontificaux et le royaume des Deux-Siciles, destinées pour la France et l'Algérie, la somme de deux francs par trente grammes, poids net.

Art. 23. Les lettres originaires de la France et de l'Algérie, destinées pour la Pologne et la Russie méridionales, qui seront dirigées par les provinces autrichiennes, pourront être livrées à l'office d'Autriche non affranchies ou affranchies, mais seulement jusqu'à Podgorce ou Brody, extrême frontière de l'Autriche.

Quant aux lettres originaires de la Pologne et de la Russie méridionales, pour la France et l'Algérie, qui transiteront par les provinces autrichiennes, elles seront livrées à l'office des postes de France, affranchies jusqu'à Podgorce ou Brody, selon l'origine de ces lettres.

Art. 24. L'office des postes d'Autriche paiera à l'office des postes de France, pour prix du port des lettres non affranchies, originaires de la France et de l'Algérie, destinées pour la Pologne et la Russie meridionales, transitant par les provinces autrichiennes, la somme de deux francs par trente grammes, poids net.

Art. 25. L'office des postes de France paiera, de son côté, à l'office des postes d'Autriche, pour prix du transit, à travers le territoire autrichien et les territoires allemand ou suisse, des lettres affranchies jusqu'à Podgorce ou Brody, originaires de la France et de l'Algérie, destinées pour la Pologne et la Russie méridionales, et, réciproquement, des lettres affranchies jusqu'aux points frontières susmentionnes, originaires de la Pologne et de la Russie méridionales, destinées pour la France et l'Algérie, la somme de trois francs vingt centimes par trente grammes, point net.

Art. 26. Les lettres originaires de la France et de l'Algérie, destinées pour le royaume de Grèce, l'Archipel et les îles Ioniennes, qui seront dirigées par les provinces autrichiennes, pourront être livrées à l'office d'Autriche non affranchies ou affranchies, mais seulement jusqu'à Trieste.

Quant aux lettres originaires du royaume de Grèce, de l'Archipel et des îles Ioniennes, destinées pour la France et l'Algérie, qui transiteront par les provinces autrichiennes, elles seront livrées à l'office des postes de France affranchies jusqu'a Trieste.

Art. 27. L'office des postes d'Autriche paiera à l'office des postes de France, pour prix du port des lettres non affranchies originaires de la France et de l'Algérie, destinées pour le royaume de Grèce, l'Archipel et les îles Ioniennes, transitant par les provinces autrichiennes, la somme de deux francs par trente grammes, poids net.

Art. 28. L'office des postes de France paiera, de son côté, à l'office des postes d'Autriche, pour prix du transit, à travers le territoire autrichien et le territoire suisse, des lettres affranchies jusqu'à Trieste, originaires de la France et de l'Algérie, destinees pour le royaume de Grèce, l'Archipel et les îles Ioniennes, et, réciproquement, des lettres originaires du royaume de Grèce, de l'Archipel et des îles Ioniennes, destinées pour la France et l'Algérie, la somme de deux francs par trente grammes, poids net.

Art. 29. Le gouvernement de Sa Majesté l'Empereur d'Autriche, roi de Hongrie et de Bohême, promet d'interposer ses bons offices auprès des gouvernements des pays mentionnés dans les articles 20 à 28 précédents, ou de tous autres dont les administrations de postes sont en relation avec celle d'Autriche, afin d'obtenir, pour les correspondances originaires de ces pays, adressées en France ou destinées pour les Etats qui empruntent le territoire français, *et vice versâ*, des facilités analogues à celles dont jouissent ou pourront jouir, à l'égard de ces mêmes pays, les régnicoles des provinces de l'Empire d'Autriche, en vertu des conventions existantes ou qui interviendraient dans la suite.

Le gouvernement de Sa Majesté le Roi des Français prend le même engagement envers celui de Sa Majesté impériale et royale apostolique, à l'égard des correspondances originaires des pays dont les administrations de postes sont en relation avec celle de France, destinées pour les provinces de l'empire d'Autriche ou les Etats auxquels les postes autrichiennes servent d'intermédiaire.

Il est toutefois entendu que, dans le cas où les administrations de postes des Etats auxquels la France et l'Autriche servent respectivement d'intermédiaire, l'une pour l'autre, viendraient à modifier leurs tarifs territoriaux de manière à influer sur les taxes et droits de transit réglés par la présente Convention additionnelle, pour les correspondances respectives de la France et de l'Autriche à destination de ces Etats, et réciproquement, les nouveaux droits ou taxes résultant de ces modifications seront admis, de part et d'autre, d'après les indications et justifications que se fourniront mutuellement, à cet égard, les deux offices de France et d'Autriche.

Art. 30. L'office des postes d'Autriche paiera à l'office des postes de France un prix uniforme de six francs par trente grammes, poids net, pour prix de transit sur le territoire français, et pour port de voie de mer, des lettres affranchies destinées pour les colonies et pays d'outre-mer, sans distinction de parages, qui seront livrées par l'office des postes d'Autriche à l'office des postes de France pour être transportées, soit par des bâtiments du commerce, soit par des bâtiments des marines royales française ou britannique, ou entretenus pour le compte des gouvernements respectifs français et britannique partant des ports de France ou d'Angleterre.

La même somme de six francs par trente grammes, poids net, sera également payée par l'office des postes d'Autriche à l'office des postes de France, pour port de voie de mer et pour prix de transit, sur le territoire français, des lettres non affranchies originaires des colonies et pays d'outre-mer, sans distinction de parages, destinées pour les provinces de l'empire d'Autriche, qui seront apportées dans les ports de France, soit par des bâtiments des marines royales française ou britannique, ou entretenus pour le compte des gouvernements respectifs français et britannique.

N'est point comprise dans le port de voie de mer ci-dessus mentionné la taxe intérieure des colonies et pays d'outre-mer dont ces lettres pourraient être passibles.

Art. 31. Les lettres originaires du Royaume Uni de la Grande Bretagne et d'Irlande, et des colonies et possessions anglaises, pour les provinces de l'empire d'Autriche, les villes de Belgrade et de Cracovie, la Moldavie, la Valachie, la Turquie d'Europe et de Scutari, pourront être dirigées par la France, et livrées à l'office d'Autriche, non affranchies ou affranchies jusqu'à destination, au choix des envoyeurs.

Art. 32. Par réciprocité, les lettres originaires des provinces de l'empire d'Autriche, des villes de Belgrade et de Cracovie, de la Moldavie, de la Valachie, de la Turquie d'Europe et de Scutari, pour le royaume-Uni de la Grande-Bretagne et d'Irlande, les colonies et possessions anglaises, pourront être également dirigées par la France, et livrées non affranchies ou affranchies jusqu'à destination, au choix des envoyeurs.

Art. 33. L'office des postes de France paiera à l'office des postes d'Autriche, à raison de trente grammes, poids net, pour le port des lettres originaires de la Grande-Bretagne et d'Irlande, des colonies et possessions anglaises, qui seront affranchies jusqu'à destination, savoir :

1° Pour les les lettres destinées pour les provinces de l'empire d'Autriche et les villes de Belgrade et de Cracovie, la somme de deux francs quatre-vingts centimes ;

2° Pour les lettres adressées en Moldavie et en Valachie, la somme de quatre francs quarante centimes;

3° Et pour les lettres adressées dans la Turquie d'Europe et à Scutari, la somme de cinq francs vingt centimes.

Art. 34. L'office des postes de France paiera également à l'office des postes d'Autriche, à raison de trente grammes, poids net, pour le port des lettres non affranchies, destinées pour le Royaume-Uni de la Grande Bretagne et d'Irlande, les colonies et possessions anglaises, savoir :

1° Pour les lettres originaires des provinces de l'empire d'Autriche et des villes de Belgrade et de Cracovie, la somme de deux francs quatre-vingts centimes ;

2° Pour les lettres originaires de la Moldavie et de la Valachie, la somme de quatre francs quarante centimes ;

3° Et pour les lettres orignaires de la Turquie d'Europe et de Scutari, la somme de cinq francs vingt centimes.

Art. 35. L'Office des postes d'Autriche paiera, de son côté, à l'office des postes de France, pour le port des lettres originaires des provinces de l'empire d'Autriche et des villes et Etats dont la correspondance emprunte l'intermédiaire des postes autrichiennes, qui seront affranchies jusqu'à destination dans le Royaume-Uni de la Grande-Bretagne et d'Irlande, les colonies et possessions anglaises, savoir :

1° Pour les lettres adressées dans le Royaume-Uni de la Grande Bretagne et d'Irlande, la somme de trois francs vingt centimes par trente grammes, poids net ;

2° Et pour les lettres adressées dans les colonies et possessions anglaises (mais affranchies seulement jusqu'au port de débarquement dans ces colonies et possessions), la somme de six francs par trente grammes, poids net.

Il sera ajouté à la somme de six francs ci-dessus fixée celle de quatre-vingts centimes, pour port intérieur de celles desdites lettres qui seront destinées pour la Jamaïque, le Canada, le Nouveau-Brunswick, la Nouvelle-Ecosse, l'île du Prince-Edouard et Terre-Neuve; en tout, six francs quatre-vingts centimes par trente grammes, poids net.

Art. 36. L'office des postes d'Autriche paiera également à l'office des postes de France, pour le port des lettres non affranchies, originaires du Royaume-Uni de la Grande-Bretagne et d'Irlande, des colonies et possessions anglaises, à destination des provinces de l'empire d'Autriche et des villes et Etats désignés dans l'article précédent, savoir :

1° Pour les lettres du Royaume-Uni de la Grande-Bretagne et d'Irlande, la somme de trois francs vingt centimes par trente grammes, poids net ;

2° Et pour les lettres des colonies et possessions anglaises (mais seulement à partir du port d'embarquement dans ces colonies et possessions), la somme de six francs par trente grammes, poids net.

Il sera ajouté à la somme de six francs ci-dessus fixée celle de quatre-vingts centimes, pour port intérieur de celles desdites lettres qui seront originaires de la Jamaïque, du Canada, du Nouveau-Brunswick, de la Nouvelle-Ecosse, de l'île du Prince-Edouard et de Terre-Neuve ; en tout, six francs quatre-vingts centimes par trente grammes, poids net.

Art. 37. Les lettres originaires du Royaume-Uni de la Grande Bretagne et d'Irlande, des colonies et possessions anglaises, destinées pour les duchés de Parme, Plaisance et Modène, les Etats pontificaux et le royaume des Deux-Siciles, qui seront dirigées par la France et les provinces autrichiennes, devront être livrées à l'office des postes d'Autriche, affranchies, soit jusqu'à Douvres, soit jusqu'à San-Benedetto ou Casal-Pusterlengo, au choix des envoyeurs.

Quant aux lettres originaires des duchés de Parme, Plaisance et Modène, des Etats pontificaux et du royaume des Deux-Siciles, destinées pour le Royaume-Uni de la Grande-Bretagne et d'Irlande, les colonies et possessions anglaises, qui pourront être dirigées par les postes autrichiennes et par la France, elles seront livrées à l'office des postes de France affranchies jusqu'à San-Benedetto ou Casal-Pusterlengo.

Art. 38. L'office des postes d'Autriche paiera à l'office des postes de France, pour prix du port de transit, à travers la France, des lettres originaires du Royaume-Uni de la Grande-Bretagne et d'Irlande, des colonies et possessions anglaises, destinées pour les duchés de Parme, Plaisance et Modène, les Etats pontificaux et le royaume des Deux-Siciles, qui seront livrées, affranchies jusqu'à Douvres, aux postes autrichiennes, la somme de deux francs par trente grammes, poids net.

Art. 39. L'office des postes de France paiera, de son côté, à l'office des postes d'Autriche, pour prix du transit, à travers les territoires autrichien et suisse, des lettres affranchies jusqu'à San Benedetto ou Casal-Pusterlengo, originaires du Royaume-Uni de la Grande-Bretagne et d'Irlande, des colonies et possessions anglaises, destinées pour les duchés de Parme, Plaisance et Modène, les Etats pontificaux et le royaume des Deux-Siciles, *et vice versâ*, la somme de deux francs par trente grammes, poids net.

Art. 40. Les lettres originaires du Royaume-Uni de la Grande-Bretagne et d'Irlande, pour la Pologne et la Russie méridionales, qui seront dirigées par la France et les provinces autrichiennes, pourront être livrées à l'office d'Autriche non affranchies ou affranchies, mais seulement jusqu'à Podgorce ou Brody, extrême frontière d'Autriche.

Quant aux lettres originaires de la Pologne et de la Russie méridionales pour le Royaume-Uni de la Grande-Bretagne et d'Irlande, les colonies et possessions anglaises, qui transiteront par les provinces autrichiennes et par la France, elles seront livrées aux postes françaises affranchies jusqu'à Podgorce ou Brody, selon l'origine de ces lettres.

Art. 41. L'office des postes d'Autriche paiera à l'office des postes de France, pour prix du port des lettres non affranchies, originaires du Royaume-Uni de la Grande-Bretagne et d'Irlande, destinées pour la Pologne et la Russie méridionales, qui seront dirigées par la France et les provinces autrichiennes, la somme de trois francs vingt centimes par trente grammes, poids net.

Art. 42. L'Office des postes de France paiera, de son côté, à l'office des postes d'Autriche, pour prix du transit à travers le territoire autrichien et les territoires allemand ou suisse, des lettres affranchies jusqu'à Podgorce ou Brody, originaires du Royaume-Uni de la Grande-Bretagne et d'Irlande, des colonies et possessions anglaises, destinées pour la Pologne et la Russie méridionales, et, réciproquement, des lettres originaires de la Pologne et de la Russie méridionales, destinées pour le Royaume-Uni de la Grande-Bretagne et d'Irlande, les colonies et possessions anglaises, la somme de trois francs vingt centimes par trente grammes, poids net.

Art. 43. Les lettres originaires du Royaume-Uni de la Grande Bretagne et d'Irlande destinées pour le royaume de Grèce, l'Archipel et des îles Ioniennes, qui seront dirigées par la France et les provinces autrichiennes, pourront être livrées à l'office des postes d'Autriche affranchies, soit jusqu'à Douvres, soit jusqu'à Trieste, au choix des envoyeurs.

Quant aux lettres originaires du royaume de Grèce, de l'Archipel et des îles Ioniennes, destinées pour le Royaume-Uni de la Grande-Bretagne et d'Irlande, les colonies et possessions anglaises, qui transiteront par les provinces autrichiennes et la France, elles seront livrées à l'office des postes de France affranchies jusqu'à Trieste.

Art. 44. L'office des postes d'Autriche paiera à l'office des postes de France, pour prix du port des lettres affranchies jusqu'à Douvres, originaires du Royaume-Uni de la Grande-Bretagne et d'Irlande, destinées pour le royaume de Grèce, l'Archipel et les îles Ioniennes, qui seront dirigées par la France et les provinces autrichiennes, la somme de deux francs par trente grammes, poids net.

Art. 45. L'office des postes de France paiera de son côté à l'office des postes d'Autriche, pour prix du transit à travers le territoire autrichien et le territoire suisse des lettres affranchies jusqu'à Trieste, originaires du Royaume-Uni de la Grande-Bretagne et d'Irlande, des colonies et possessions anglaises, destinées pour le royaume de Grèce, l'Archipel et les îles Ioniennes, et, reciproquement, des lettres aussi affranchies jusqu'à Trieste, originaires du royaume de Grèce, de l'Archipel et des îles Ioniennes, destinées pour le Royaume-Uni de la Grande-Bretagne et d'Irlande, les colonies et possessions anglaises, la somme de deux francs par trente grammes, poids net.

Art. 46. Les lettres originaires des provinces de l'empire d'Autriche et des villes de Belgrade et de Cracovie, pour le royaume de Belgique et des Pays Bas et le grand-duché de Luxembourg, qui pourraient être dirigées par la France, seront livrées non affranchies.

L'office des postes de France paiera à l'office des postes d'Autriche, pour prix du port de ces lettres, la somme de deux francs quatre-vingts centimes par trente grammes, poids net.

Art. 47. L'office des postes de France paiera à l'office des postes d'Autriche, à raison de trente grammes, poids net, pour prix du transit des lettres à destination des royaumes de Belgique et des Pays-Bas et du grand duché de Luxembourg, et originaires des pays désignés ci-après, qui emprunteront l'intermédiaire des postes autrichiennes, savoir :

1° Des Etats de l'Italie méridionale, la somme de deux francs;

2° De la Grèce, de l'Archipel et des îles Ioniennes, la somme de deux francs.

3° De la Moldavie et de la Valachie, la somme de quatre francs quarante centimes;

4° De la Turquie d'Europe et de Scutari, la somme de cinq francs vingt centimes;

5° Et de la Pologne et de la Russie méridionales, la somme de trois francs vingt centimes.

Art. 48. L'office des postes d'Autriche paiera à l'office des postes de France, pour prix du transit à travers la France des correspondances originaires des royaumes de Belgique et des Pays-Bas, à destination des provinces de l'empire d'Autriche et des Etats qui empruntent l'intermediaire des postes autrichiennes, la somme de deux francs par trente grammes, poids net.

Art. 49. L'office des postes d'Autriche paiera à l'office des postes de France, pour prix du transit à travers la France des lettres originaires des provinces de l'empire d'Autriche et des Etats qui empruntent l'intermédiaire des postes autrichiennes, destinées pour l'Espagne, le Portugal et Gibraltar, la somme de deux francs par trente grammes, poids net.

Art. 50. L'office des postes d'Autriche paiera également a l'office des postes de France, pour prix du transit à travers la France des lettres originaires de l'Espagne, du Portugal et de Gibraltar, destinées pour les provinces de l'empire d'Autriche et les Etats qui empruntent l'intermédiaire des postes autrichiennes, la somme de deux francs par trente grammes, poids net.

Art. 51. L'office des postes d'Autriche sera dispensé de payer à l'office des postes de France le port fixé par l'article 49 précédent, pour le transit à travers la France des lettres originaires des provinces de l'empire d'Autriche et des Etats qui empruntent son territoire, destinées pour l'Espagne, le Portugal et Gibraltar, du moment où le gouvernement de Sa Majesté la reine d'Espagne aura consenti à tenir compte de ce port à la France.

Le gouvernement français prend l'engagement d'entamer des négociations a cet effet avec le gouvernement espagnol.

Art. 52. Il est convenu que les prix fixés par la présente convention additionnelle, pour l'échange entre les deux offices de France et d'Autriche des correspondances internationales ou provenant des pays qui empruntent leur intermédiaire, seront réduits au tiers pour les échantillons de marchandises faisant partie desdites correspondances.

Sont exceptés toutefois de cette disposition les échantillons de marchandises originaires ou à destination du Royaume-Uni de la Grande-Bretagne et d'Irlande, des colonies et possessions anglaises, pour lesquels ils ne sera admis aucune réduction.

Art. 53. Le gouvernement français prend l'engagement d'accorder à l'Autriche le transit, en dépêches closes, sur son territoire, des correspondances originaires des provinces de l'empire d'Autriche pour le Royaume-Uni de la Grande Bretagne et d'Irlande, les colonnies et possessions anglaises, et du Royaume Uni de la Grande Bretagne et d'Irlande, des colonies et possessions anglaises, pour les provinces de l'empire d'Autriche, moyennant le prix de deux francs par trente grammes, poids net, pour les lettres, et cinq centimes par journal ou feuille d'imprimés.

Le gouvernement français s'engage également à faire transporter aussi en dépêches closes, entre le Pirée et Alexandrie, par les paquebots à vapeur de l'Administration des postes de France dans la Méditerranée, pour autant que l'organisation de ce service le lui permettra, les correspondances qui pourraient être échangées par ce moyen entre les bureaux de poste autrichiens de Trieste et d'Alexandrie, moyennant le prix de un franc par trente grammes, poids net, pour les lettres, et de cinq centimes par journal ou feuille d'imprimés.

Art. 54. Les lettres, journaux et imprimés composant les dépêches closes confiées à l'Administration des postes de France, en vertu de l'article précédent, seront pesés et comptés dans les bureaux d'origine et de destination, avant le départ ou au moment de l'arrivée des dépêches, et il devra être dressé, immédiatement apres chacune de ces opérations, une déclaration exprimant le nombre et le poids des lettres, ainsi que le nombre des journaux ou feuilles d'imprimés. Cette déclaration sera envoyée par l'office des postes d'Autriche à l'office des postes de France, pour servir à établir les comptes du transit de ces correspondances.

Art. 55. Il est entendu que les lettres, journaux ou feuilles d'imprimés tombés en rebut ou réexpédiés, pour quelque cause qne ce soit, ainsi que les pièces de comptabilité relatives à l'échange des correspondances transportées en dépêches closes, pour le compte de l'office d'Autriche, conformément aux articles 53 et 54 précédents, ne seront pas compris dans les pesées de lettres et comptes de journaux et imprimés sur lesquels doivent être assis les prix de transit fixés par ces articles.

ART. 56. Les journaux, gazettes, ouvrages périodiques, livres brochés, brochures, papier de musique, catalogues, prospectus, annonces et avis divers imprimés, gravés ou lithographiés, publiés en France ou en Algérie, et adressés dans les provinces autrichiennes ou dans les États qui empruntent le territoire de l'Autriche, et, réciproquement, les objets de même nature publiés dans les provinces autrichiennes, et adressés en France ou en Algérie, seront affranchis, de part et d'autres, jusqu'à la frontière française, et le port en sera perçu d'après les réglements et tarifs des deux pays.

Il est bien entendu que la stipulation qui précède n'infirme en aucune manière le droit que peut avoir l'office français ou l'office autrichien de ne pas effectuer sur son propre territoire, le transport de ceux des objets ci-dessus énoncés à l'égard desquels il n'aurait pas été satisfait aux lois et ordonnances qui règlent les conditions de leur publication et de leur circulation.

ART. 57. Les journaux et imprimés publiés dans les provinces de l'empire d'Autriche, et adressés à des personnes résidant dans les pays étrangers auxquels la France sert d'intermédiaire, sont livrés à l'office français, comme ceux adressés en France, exempts de tout prix de port.

Sont exceptés toutefois les journaux et imprimés désignés ci-après, savoir :

1° Ceux qui seront destinés pour l'Espagne, le Portugal et Gibraltar;

2° Ceux que l'office d'Autriche transmettra à l'office de France, pour être envoyés, par quelque voie que ce soit, dans les colonies et pays d'outre-mer.

L'office des postes d'Autriche paiera à l'office des postes de France, pour prix du transit et du transport des journaux et imprimés de la première catégorie, cinq centimes par journal et par feuilles d'imprimés, et quinze centimes pour ceux de la seconde.

ART. 58. L'office des postes d'Autriche paiera également à l'office des postes de France, pour tout port de transit et de voie de mer des journaux et imprimés destinés pour les provinces de l'empire d'Autriche, originaires des colonies et pays d'outre-mer, sans distinction de parages, qui seront apportés en France par quelque voie que ce soit, la somme de quinze centimes par Journal ou par feuille d'imprimés.

ART. 59. L'office des postes d'Autriche paiera à l'office des postes de France, pour prix du transit des journaux et imprimés de toute nature, originaires des pays qui empruntent l'intermédiaire de la France, destinés pour les provinces de l'empire d'Autriche et les pays auxquels l'Autriche sert d'intermédiaire, la somme de cinq centimes par journal ou par feuille d'imprimés.

L'office des postes de France paiera, de son côté, à l'office des postes d'Autriche, pour prix du transit des journaux et imprimés de toute nature, originaires des pays auxquels l'Autriche sert d'intermédiaire, destinés pour la France et l'Algérie, la somme de cinq centimes par journal ou par feuille d'imprimés.

ART. 60. Les offices des postes de France et d'Autriche dresseront, chaque mois, les comptes résultant de la transmission réciproque ou du transport en dépêches closes des correspondances; et ces comptes, après avoir été débattus et arrêtés contradictoirement par ces offices, seront soldés par l'office qui sera reconnu débiteur envers l'autre, dans les deux mois qui suivront le mois auquel le compte se rapporte.

ART. 61. Dans le cas prévu par l'article 15 de la convention du 16 avril 1831, où quelque lettre chargée viendrait a être perdue, celui des deux offices sur le territoire duquel la perte aurait eu lieu paiera à l'autre office, à titre de dédommagement, soit pour le destinataire, soit pour l'envoyeur, suivant le cas, une indemnité de cinquante francs, dans le délai de deux mois, à dater du jour de la réclamation; mais il est entendu que les réclamations ne seront admises que dans les six mois qui suivront la date du dépôt ou de l'envoi du chargement : passé ce terme, les deux offices ne seront tenus, l'un envers l'autre, à aucune indemnité.

ART. 62. Les lettres, journaux et imprimés tombés en rebut, pour quelque cause que ce soit, seront renvoyés de part et d'autres a la fin de chaque mois, et plus souvent, si faire se peut. Ceux de ces objets qui auront été livrés en compte seront remis pour le poids et prix pour lesquels ils auront été originairement comptés par l'office envoyeur. Ceux qui auront été livrés originairement affranchis jusqu'à destination ou jusqu'à la frontière de l'office correspondant, seront renvoyés sans taxe ni décompte.

Art. 63. Les lettres tombées en rebut, pour quelque cause que ce soit, qui auront été transportées en dépêches closes, par l'un des deux offices pour le compte de l'autre, seront admises pour les poids et prix pour lesquels elles auront été comprises dans les comptes de transit des offices respectifs, sur de simples déclarations ou listes nominatives mises à l'appui des décomptes, lorsque les lettres elles-mêmes n'auront pas pu être produites par l'office qui aura à se prévaloir du montant de leurs taxes vis-à-vis de l'office correspondant.

Art. 64. Les lettres mal adressées ou mal dirigées seront, sans aucun délai, réciproquement renvoyées par l'intermédiaire des bureaux d'échange respectifs, pour les poids et prix auxquels l'office envoyeur aura livré ces lettres en compte à l'autre office.

Quant aux lettres adressées à des destinataires ayant changé de résidence, et quelle que soit l'origine de ces lettres, elles seront respectivement livrées ou rendues, chargée du port qui aurait dû être payé par les destinataires.

Art. 65. La forme à donner aux comptes mentionnés dans l'art. 60 précédent, et la direction à donner aux correspondances, ainsi que toutes autres mesures de détail et d'ordre qui devront être arrêtées de concert pour procurer l'exécution des stipulations de la présente convention additionnelle, seront réglées entre les offices des postes de France et d'Autriche, après la signature de ladite convention.

Art. 66. La présente convention, qui sera considérée comme additionnelle a celle du 17 avril 1831, et qui aura la même durée que cette convention, sera ratifiée, et les ratifications en seront échangées à Paris, dans le délai de deux mois, ou plus tôt, si faire se peut, et elle sera mise à exécution le 1er avril 1844.

En foi de quoi, les plénipotentiaires respectifs ont signé la présente convention additionnelle, et y ont apposé leurs cachets.

Fait à Paris, en double original, le 30e jour du mois de novembre de l'an de grâce 1843.

(L. S.) Signé : Guizot.
(L. S.) Signé : A. Appony.

Convention *conclue le 9 novembre 1843 entre la France et les Etats-Unis d'Amérique, pour l'extradition réciproque des malfaiteurs, convention dont les ratifications ont été échangées le 12 avril 1844.*

Sa Majesté le roi des Français et les Etats-Unis d'Amérique, ayant jugé convenable, en vue d'une meilleure administration de la justice, et pour prévenir les crimes dans leurs territoires et juridictions respectifs, que les individus accusés des crimes ci-après énumérés, et qui se seraient soustraits par la fuite aux poursuites de la justice, fussent, dans certaines circonstances, réciproquement extradés ; Sa Majesté le roi des Français et les Etats Unis d'Amérique ont nommé pour leurs plénipotentiaires, à l'effet de conclure, dans ce but, une convention, savoir :

Sa Majesté le roi des Français, le sieur *Pageot*, officier de l'ordre royal de la Légion-d'Honneur, son ministre plénipotentiaire par intérim près les Etats Unis d'Amérique, et le président des Etats-Unis d'Amérique, *Abel P. Upshur*, Secrétaire d'Etat des Etats-Unis;

Lesquels, après s'être communiqué leurs pleins pouvoirs respectifs, trouvés en bonne et due forme, ont arrêté et conclu les articles suivants :

Article 1er. Il est convenu que les hautes parties contractantes, sur les réquisitions faites en leur nom par l'intermédiaire de leurs agents diplomatiques respectifs, seront tenus de livrer en justice les individus qui, accusés des crimes énumérés dans l'article suivant, commis dans la juridiction de la partie requérante, chercheront un asile où seront rencontrés dans le territoire de l'autre, pourvu que cela n'ait lieu que dans le cas où l'existence du crime sera constatée de telle manière que les lois du pays où le fugitif ou l'individu ainsi accusé sera rencontré, justifieraient sa détention et sa mise en jugement, si le crime y avait été commis.

Art. 2. Seront livrés en vertu des dispositions de cette convention, les individus qui seront accusés de l'un des crimes suivants, savoir : meurtre (y compris les crimes qualifiés, dans le Code pénal français, d'assassinat, de parricide, d'infanticide et d'empoisonnement), ou tentative de meurtre, ou viol, ou faux ou incendie, ou soustractions commises par les dépositaires publics, mais seulement dans les cas où elles seront punies de peines infamantes.

Art. 3. L'extradition ne sera effectuée de la part du gouvernement français, que sur l'avis du ministre de la justice, garde des sceaux; et, de la part du gouvernement des Etats-Unis, l'extradition ne sera effectuée que sur l'ordre de l'exécutif des Etats-Unis.

Art. 4. Les frais de toute détention et extradition opérées en vertu des articles précédents seront supportés et payés par le gouvernement au nom duquel la réquisition aura été faite.

Art. 5. Les dispositions de la présente convention ne s'appliqueront en aucune manière aux crimes énumérés dans l'art. 2, commis antérieurement à sa date, ni aux crimes ou délits purement politiques.

Art. 6. Cette convention continuera d'être en vigueur jusqu'à ce qu'elle soit abrogée par les parties contractantes, ou l'une d'elles, mais elle ne pourra être abrogée que d'un consentement mutuel, a moins que la partie qui désirerait l'abroger ne donne avis, six mois à l'avance, de son intention de le faire. Elle sera ratifiée, et les ratifications en seront échangées dans l'espace de six mois, ou plus tôt, si faire se peut.

En foi de quoi, les plénipotentiaires respectifs ont signé la présente convention en double, et y ont apposé le sceau de leurs armes.

Fait à Washington, le 9e jour de novembre, l'an de grâce 1843.

(L. S.) Signé : A. Pageot.

(L. S.) Signé : A. Upshur.

PIÈCES RELATIVES

AUX AFFAIRES DE TAHITI (*).

Le capitaine Dupetit-Thouars à la reine d'Otahiti.

A bord de la frégate française *la Vénus.*

Papaete, 38 août 1838, dix heures du matin.

Madame,

Le roi des Français et son gouvernement, justement irrités des mauvais et cruels traitements infligés à plusieurs colons français établis à Otahiti, et en particulier à MM. Laval et Carret, missionnaires apostoliques, qui arrivèrent dans cette île en 1836, m'ont envoyé ici pour réclamer et obtenir par la force, si cela est nécessaire, une réparation immédiate due à un grand gouvernement et à une puissante na-

(*) Les documents qui suivent n'ont pas été donnés dans l'Annuaire précédent. Nous les consignons ici pour aider à l'intelligence des commencements de cette querelle.

tion gravement insultée sans provocation de sa part.

Le roi des Français et son gouvernement demandent :

1° Que la reine d'Otahiti écrive au roi pour s'excuser des violences commises au préjudice des Français que leur conduite honorable devait mettre à l'abri d'un pareil traitement. La lettre de la reine sera écrite en langage tahitien et en français, et toutes les deux signées par la reine. Cette lettre de réparation sera officiellement envoyée au commandant de la frégate *la Vénus* dans les vingt-quatre heures après la présente notification.

2° Une somme de 2,000 dollars espagnols sera payée dans les vingt-quatre heures après la présente notification et déposée dans la caisse de la frégate *la Vénus*, comme juste indemnité envers MM. Laval et Carret, pour les pertes et les dommages que leur ont occasionés les mauvais traitements qu'ils ont subis à Otahiti.

3° Après que ces deux premières conditions auront été remplies, le pavillon français sera arboré le 1er septembre sur l'île de *Motoo-Uta* et sera salué de vingt-un coups de canons par le gouvernement tahitien.

Je déclare à Votre Majesté que, si elle ne souscrit pas à ces réparations que je demande dans l'espace de temps indiqué ici, je me trouverai dans l'obligation de déclarer la guerre, de commencer les hostilités immédiatement contre tous les places situées sous la domination de Votre Majesté et de la continuer par tous les vaisseaux de guerre français jusqu'à ce que la France ait obtenu satisfaction.

Je suis, etc.

Le capitaine de la frégate la Vénus,

DUPETIT-THOUARS.

Convention conclue à la suite de cette réclamation.

Il y aura paix perpétuelle et amitié entre les Français et les habitants d'Otahiti.

Les Français, quelle que soit leur profession, pourront aller et venir librement, s'établir et commercer dans toutes les îles qui composent le gouvernement d'Otahiti ; ils y seront reçus et protégés comme les étrangers les plus favorisés.

Les sujets de la reine d'Otahiti pourront également venir en France, ils y seront reçus et protégés comme les étrangers les plus favorisés.

4 septembre 1838.

Signés : A. DUPETIT-THOUARS.

POMARÉ V.

L'amiral Dupetit-Thouars à S. M. la reine et aux chefs principaux de l'île de Tahiti.

Venu à Tahiti dans l'espérance d'y rencontrer l'accueil que j'étais en droit d'attendre d'une puissance amie, liée par des traités au gouvernement auquel j'ai l'honneur d'appartenir, gouvernement qui récemment encore à donné à la reine Pomaré des preuves de la grande bienveillance dont il est animé envers elle, je m'attendais à n'avoir à offrir à la reine et aux chefs principaux de Tahiti que des actions de grâces pour les bons traitements dont je supposais que mes compatriotes étaient incessamment l'objet. C'est avec un vif sentiment de peine que j'ai reconnu qu'il n'en était point ainsi, et qu'au lieu de la simple équité que nous réclamons et qu'on ne peut raisonnablement refuser à personne, il n'existe peut être pas un seul Français à Tahiti qui n'ait à se plaindre de la conduite inique ou rigoureuse du gouvernement de la reine à son égard.

Contrairement a vos propres lois, les domiciles de plusieurs Français ont été violés pendant leur absence, et leurs maisons, ainsi forcées, sont restées ouvertes et exposées au pillage ; des spoliations de propriétés ont été violemment et injustement prononcées et exécutées plus brutalement encore ; plusieurs de nos compatriotes ont été frappés par des agents de la police, dont le devoir était de les protéger ; d'autres ont été jetés en prison sans jugement préalable, traités en criminels et mis au bloc comme de vils scélérats, sans avoir pu se faire entendre, etc..... Est-ce donc là la protection égale à celle de la nation la plus favorisée, à laquelle nous avions droit? Est-ce là le traitement garanti à nos nationaux par les traités? Non, ils ont été violés et mis de côté de la manière la plus outrageante pour la France, et malgré la promesse toute récente de la reine au commandant de la corvette *l'Aube*, l'infâme Moïa, assassin d'un Français, contre lequel elle avait rendu une sentence d'exil, est encore ici, et c'est par l'impunité d'un criminel que les témoignages de la bienveillance du roi des Français sont reconnus!

Mal conseillée, subissant une influence contraire à ses véritables intérêts, la reine apprendra une seconde fois qu'on ne se joue pas impunément de la bonne foi et de la loyauté d'une puissance comme la France.

Puisque nous n'avons aucune justice à attendre du gouvernement de Tahiti, je ne demanderai point à la reine ni aux chefs principaux de nouveaux traités; leur parole, à laquelle ils manquent sans cesse, ne peut plus aujourd'hui nous inspirer de confiance; des garanties matérielles seules peuvent assurer nos droits; de nouveaux traités seraient sans doute mis en oubli comme les premiers, qui d'ailleurs sont suffisants, car nous ne demandons pas de faveurs particulières ni exceptionnelles pour nos compatriotes, mais seulement les droits naturels dont on ne peut les priver et qui leur sont acquis; tels sont la liberté de commercer, de résider, d'aller, de venir, de partir, d'acheter, de louer, de vendre ou de revendre, et la liberté de conscience. Ces droits sont imprescriptibles et ceux de toutes les sociétés civilisées; ceux dont nous revendiquons l'usage, parce que ce sont les nôtres; ceux enfin que nous obtiendrons dès que le gouvernement marchera légalement et que les lois faites pour tous seront également connues de tous.

En attendant que ce résultat si vivement désiré se réalise, la gravité des plaintes qui me sont portées, et les justes indemnités réclamées par un grand nombre de Français pour dommages-intérêts des torts qu'ils ont soufferts dans leurs personnes ou leurs propriétés par suite de l'inexécution des traités avec la France et de la conduite abusive des agents du gouvernement de Tahiti, me font un devoir de vous demander et même d'exiger au besoin, pour la sûreté de mes compatriotes et de leurs droits :

1° Que vous déposiez, comme garantie des indemnités qui leur sont légitimement dues, et comme caution de la conduite que vous tiendrez à l'avenir à leur égard, une somme de 10,000 piastres fortes qui devra être versée par les soins du gouvernement de la reine Pomaré, dans deux fois vingt-quatre heures, à compter d'aujourd'hui deux heures de l'après midi, entre les mains du commis d'administration de la frégate *la Reine-Blanche*, pour être consignée dans la caisse du gouvernement, où elle restera pour être ensuite remise à la reine Pomaré, sur l'ordre du gouvernement du roi lorsque les traités avec la France seront fidèlement exécutés, et que les indemnités, dont il appartient au gouvernement français seul de déterminer et de prononcer la validité, seront acquittées.

2° Qu'à défaut du versement de ladite somme de 10,000 piastres fortes dans le temps prescrit, le fort de la reine, les établissements de Motoo-Uta et l'île de Tahiti seront provisoirement remis à ma disposition et occupés par les troupes françaises, comme gages de l'exécution des traités, jusqu'à ce qu'il ait été rendu compte au gouvernement du roi des griefs dont nous nous plaignons, et qu'il ait statué, comme il a été dit, sur la validité et la quotité des indemnités auxquelles nous avons un droit légitime.

3° Qu'enfin, dans le cas de l'inexécution de l'une ou de l'autre des clauses ci-dessus, je crois qu'il est de mon devoir de vous déclarer que je me verrais, bien contre mon gré, dans la dure nécessité de prendre une détermination plus rigoureuse encore. Cependant, pour prouver à la reine et aux autres chefs principaux combien il me serait pénible d'user d'une telle sévérité envers eux, je les autorise à me soumettre, dans les premières vingt-quatre heures du délai fixé plus haut, toute disposition d'accommodement capable d'apaiser le juste ressentiment de ma nation, si vivement excité contre eux, et conduire à une sincère réconciliation entre deux peuples qui ont de grandes sympathies de caractère, et que l'on s'efforce malheureusement de diviser.

Abord de la frégate *la Reine-Blanche*, le 8 septembre 1842.

Le contre amiral, commandant en chef la station navale de France dans l'océan Pacifique,

DUPETIT-THOUARS.

Traité et acceptation provisoire du protectorat.

Rade de Papaete, le 9 septembre 1842.

Madame et messieurs,

J'accepte au nom du roi, et sauf ratification, la proposition que vous me faites de placer les Etats et le gouvernement de la reine Pomaré sous la protection de S. M. Louis-Philippe, roi des Français, aux conditions suivantes, savoir :

1° Que la souveraineté de la reine, son autorité et celle des principaux chefs sur leur peuple seront garanties.

2° Que toutes les lois et les règlements seront faits au nom de la reine Pomaré et signés par elle.

3° Que la possession des terres de la reine et du peuple leur sera garantie. Elles ne pourront leur être enlevées sans leur consentement, soit par acquits ou échanges. Toutes les contestations relatives au droit de propriété des terres seront du ressort de la juridiction spéciale des tribunaux et du pays.

4° Chacun sera libre dans l'exercice de son culte et de sa religion.

5° Les églises établies en ce moment continueront d'exister, et les missionnaires anglais continueront leurs fonctions sans être molestés ; il en sera de même pour tout autre culte : personne ne pourra être molesté ou contraint dans sa croyance.

Enfin, que c'est à ces conditions que la reine et les grands chefs principaux demandent la protection du roi des Français, abandonnant entre ses mains, ou aux soins de son gouvernement, ou à la personne nommée par S. M. et agréée par la reine Pomaré, la direction de toutes les affaires avec les gouvernements étrangers, les règlements de ports, etc., etc., et de prendre telle autre mesure qu'il pourra juger utile pour la conservation de la bonne harmonie et de la paix.

Je suis, etc.,

A. DUPETIT-THOUARS.

A S. M. la reine et aux principaux chefs de l'île de Tahiti.

Instructions données à l'amiral Dupetit-Thouars. (Voyez dans l'Annuaire précédent les instructions données au capitaine Bruat.)

Paris, le 28 avril 1843.

Monsieur le contre-amiral,

J'ai reçu les rapports que vous m'avez adressées de Tahiti et de Valparaiso sous les dates des 25 septembre, 3 et 23 novembre, au sujet de la détermination que vous avez prise d'accorder, au nom du roi, à la reine et aux principaux chefs des îles de la Société, le protectorat sous lequel ils ont demandé à se placer.

Le gouvernement du roi a jugé à propos d'approuver les mesures que vous avez prises, et l'ordonnance qui vous élève au grade de grand-officier de la Légion-d'honneur est un témoignage de cette approbation.

Il a paru nécessaire de réunir sous une direction unique le gouvernement des établissements français de l'Océanie et le protectorat des îles de la Société. M. le capitaine de vaisseau Bruat a été en conséquence, par une ordonnance royale du 17 avril, nommé gouverneur de ces établissements et commissaire du roi près la reine Pomaré. Il emporte les instructions qui doivent le di riger dans l'accomplissement de sa double mission. Vous avez demandé à recevoir le titre de gouverneur général ou d'inspecteur général des établissements français dans l'Océanie, jusqu'à ce que le gouvernement eût régularisé le service de ces établissements. Il était préférable à tous égards de ne rien faire de provisoire, et d'établir dès à présent une organisation régulière à Tahiti comme aux îles Marquises. Dans cet état de choses, il devenait impossible de concilier avec le bien du service l'un ou l'autre des titres que vous réclamiez. Ou votre position aurait été purement nominale, ce qui ne pouvait pas être admis, ou elle aurait été destructive de toute force, de toute autorité personnelle et de toute responsabilité pour le gouverneur déjà institué par S. M. Il a donc été décidé que M. le capitaine de vaisseau Bruat exercerait l'autorité à terre seul et sans partage. Quant aux bâtiments affectés à son service, ils formeront une subdivision de la station de l'Océanie, et M. Bruat, en qualité de commandant de cette subdivision, sera placé sous vos ordres. Vous recevrez à ce sujet, ainsi que lui, des instructions spéciales sous un autre timbre.

Recevez, etc.

Baron Roussin.

Pièces numérotées et communiquées aux deux Chambres.

N° 1. — *A M. Moerenhout et aux autorités françaises.*

(Traduction.)

Moorea, 16 décembre 1842.

Santé et paix soient avec vous !

J'ai reçu la lettre que vous m'avez adressée et par laquelle vous me dites que vous compatissez à mes peines. J'ai été flattée de vos paroles.

Quant à ce que vous me dites, à savoir : Si vous étiez à Tahiti, alors vous feriez des arrangements entre les hauts chefs placés dans votre gouvernement et les autorités françaises, je n'ai rien à objecter. Tout cela dépend de vous. Je n'ai rien à en dire. En ce qui concerne les gens de police, saisissez ceux qui sont coupables, condamnez-les, et si vous désirez leur retirer leurs fonctions, faites-le; cela dépend de vous. Pour l'assistance que vous me demandez, il m'est agréable de vous l'accorder et je vous assisterai. Quant à ces choses que les juges (*mutoïs*) et les constables se sont réservé de faire pour vous, surveillez-les, et s'ils ont tort, alors jugez-les. Il n'y a rien à dire en ce qui concerne les constables qui s'interposèrent entre M. Wilson et M. Lucett. Ces personnes ont été jugées et condamnées. Ayez l'œil ouvert sur le mal qui peut subsister encore, et faites disparaître toute cause de trouble. Que le mal ne puisse avoir le dessus, mais seulement le bien; mais ne condamnez pas injustement les gens, mais plutôt observez ce qui est dans la loi. Ma compassion vous reste.

« Que la santé et la paix soient avec vous et avec les autorités françaises.

Pomaré.

N° 2. — *Traduction d'une proclamation de la reine Pomaré.*

« Moorea, 16 décembre 1842.

Amis (Ateae Paraïta) et autorités de Papaete. Ceci est pour vous dire de bien observer les intentions du gouvernement. Les consuls (c'est-à-dire les autorités françaises) ont dit que vous ne les secondiez pas bien. Prêtez toute votre attention aux juges (mutoïs). Surveillez bien ceux qui sont coupables, jugez-les, imposez-leur des amendes, et privez-les de leurs offices. Les mutoïs que vous devez surveiller sont ceux établis à Jaaa.

C'est tout ce que j'ai à vous dire. Santé et paix soient avec vous.

Pomaré.

N° 3. — *Le commodore Toup Nicholas au capitaine Vrignaud.*

(Traduction.)

La Vindictive, Papaete, le 10 mars 1843.

Monsieur le commandant,

L'honneur de nos deux nations, et le vif désir que j'éprouve de voir se maintenir la bonne intelligence parmi nous m'imposent le devoir de m'adresser à vous pour répondre à ce que vous me fites l'honneur de me dire, relativement à l'ordre donné par la reine à ses sujets de ne plus hisser à l'avenir le pavillon du protectorat.

J'ai de nouveau soumis cette question à S. M. Elle nie d'une manière positive avoir jamais donné à ses sujets l'ordre de ne point hisser le pavillon du protectorat; bien loin de là, ainsi que le confirme ce qui va suivre, elle avait donné aux chefs du gouvernement l'ordre d'exiger, de la part de chacun, le plus grand respect pour le pavillon du protectorat, ainsi que par le passé.

La reine a expliqué, d'une manière satisfaisante, pour quel motif la personne à laquelle est confiée le soin du pavillon n'avait pu se trouver sur les lieux et amener le pavillôn hier soir. Conformément au désir que j'en avais exprimé moi-même, S. M. a fait appeler devant elle la personne chargée du pavillon pour lui demander qui lui avait donné l'ordre de ne point continuer ses fonctions comme de coûtume, et il a été reconnu que l'absence de cet homme devait être attribuée à une cause tout à fait indépendante de sa volonté. Cette même personne a déclaré à S. M. n'avoir jamais reçu, de qui que ce fût, l'ordre de ne point continuer à hisser le pavillon comme par le passé, et être décidée à se charger du pavillon jusqu'au moment où les autorités françaises lui donneront l'ordre de ne plus en agir ainsi.

Pareille explication, claire et satisfaisante, donnée par la reine, suffira, je l'espère, pour vous convaincre du peu de fondement des informations que vous avez reçues. Du reste, je vous prie de le croire, autant que me le permettront les obligations que je dois remplir, ainsi que le désir que j'éprouve de seconder les vues de mon gouvernement et soutenir l'honneur de mon pavillon, vous pouvez compter sur ma bonne volonté à vous offrir mes services pour maintenir la bonne harmonie qui, nous devons nous en féliciter, existe depuis si longtemps entre nos deux nations.

J'ai l'honneur, etc.

N° 4. — *Le contre-amiral Dupetit-Thouars au ministre de la marine.*

Reine-Blanche, rade de Valparaiso, 21 mars 1843.

Monsieur le ministre,

Les nouvelles qui arrivent des îles Marquises sont satisfaisantes, surtout celles du groupe du nord-ouest, où M. le commandant Collet, bien secondé par M. le sous-lieutenant d'artillerie Rohr et par le capitainé Fouques, de la 15ᵉ compagnie d'infanterie de marine, fait des progrès très grands dans l'esprit des populations qui vivent autour de lui, et dont il devient de plus en plus arbitre, tout en provoquant leur affection et leur dévouement.

Je voudrais avoir d'aussi heureuses nouvelles à annoncer de notre établissement provisoire de Tahiti; mais la jalousie des Anglais vient de s'y manifester par des actes indirects par lesquels on a cherché à faire revenir la reine et les grands chefs de la démarche qu'ils ont faite près de moi pour se placer sous la protection du roi, ou seulement peut-être pour se soustraire à la pénalité que je voulais leur imposer en indemnité des avaries et des dommages que nos compatriotes avaient eus à souffrir du gouvernement de la reine Pomaré après le départ de *l'Aube* et avant mon arrivée.

Après le départ de *la Reine-Blanche*, le gouvernement provisoire que j'avais établi a fonctionné régulièrement avec l'approbation unanime des chefs, de la reine elle-même, qui l'a manifestée par sa lettre écrite au conseil, en date du 16 décembre 1842, peu avant l'arrivée du *Talbot*, et enfin à la satisfaction de tous les étrangers; en un mot, jamais Tahiti n'avait joui d'autant de tranquillité et de sécurité, et les affaires y ont été ainsi conduites jusqu'à l'apparition de la corvette anglaise *le Talbot*.

Précédemment à l'arrivée du *Talbot*, une corvette anglaise, *la Favorite*, venue de Sydnei, avait mouillé à Papaete; le commandant de cette corvette, qui a visité notre consul et les autres membres du conseil provisoire, n'a jamais traité la question politique :, il s'est borné au rôle d'observateur. Ces messieurs se sont fait des politesses réciproques; ils ont dîné les uns chez les autres, et se sont séparés en parfaite intelligence. Cette corvette, après un assez court séjour, est partie de la Nouvelle-Zélande, disait-on. Le capitaine Thomson n'a pas eu la même réserve dans sa conduite. Dès que *le Talbot* fut mouillé, il s'est mis en communication avec les missionnaires anglais, et, par eux, avec la reine.

Le capitaine Thomson n'a point voulu reconnaître le gouvernement provisoire ni saluer le pavillon du protectorat; s'il s'en était tenu là, rien de mieux. il devait attendre les ordres à cet égard; c'était, ce me semble, ce qu'il eût dû faire, et je m'y attendais; bien plus, je présumais qu'il aurait protesté. ce qu'il n'a fait que d'une manière occulte. Il a affecté de saluer l'ancien pavillon de la reine. et à travaillé en dessous à soulever tous les indigènes contre nous pendant qu'ouvertement il était rempli d'égards pour les officiers du gouvernement provisoire, et leur disait que cela ne le regardait pas; pourtant une réunion provoquée par ses conseils devait avoir lieu, lorsque la corvette *la Boussole* arriva très-heureusement pour mettre un terme à ses provocations et arrêter les excès auxquels on se serait sans doute livré dans l'assemblée sans sa présence. Le gouvernement provisoire protesta contre toute violence et avertit la reine du danger où elle allait se placer en manquant à ses engagements envers nous; elle fit alors connaître que sa volonté était que tout fût maintenu dans l'etat antérieur à l'arrivée du *Talbot*, jusqu'à ce que les amiraux ou leurs gouvernements se fussent entendus.

J'ai appris, par un rapport verbal de M. le commandant Laferrière, que le commandant du *Talbot* a mis sous voiles sans prévenir personne, en laissant une lettre au commandant de *la Boussole*, dans laquelle il lui dit qu'il espère le rencontrer de nouveau, et qu'alors rien ne s'opposera à ce qu'ils aient ensemble de bienveillants rapports. Je regrette que M. le commandant de *la Boussole* ne m'ait point fait parvenir une copie de ce document, qui me paraît avoir quelque importance.

N° 5. — *Le capitaine Vrignaud à l'amiral Dupetit-Thouars.*

Baie de Papaete, Tahiti, à bord de *la Boussole*, le 16 avril 1843.

Amiral,

Après avoir remis au *Jules de Blosseville* le paquet que je vous adressais, jai reçu du commodore Nicholas la lettre ci-jointe. Je vous envoie également une copie de ma réponse.

J'ai cru devoir remercier le commodore de la conduite qu'il a tenue depuis l'arrivée de *la Vindictive* (quoique verbalement je lui aie adressé quelques petits reproches), parce que vous ne pouvez pas vous faire une idée, amiral, combien il a été poussé par la reine et par Pritchard pour renverser tout ce qui a été fait par vous. J'ai déjà eu l'honneur de vous rendre compte de tous les bruits qui ont couru à l'arrivée de cette frégate à Papaete. Ils ne se sont pas réalisés fort heureusement.

Je vois souvent le commodore, qui est bien pour moi. Je voudrais lui persuader de ne plus nous disputer la possession de ces îles, puisque les Anglais se sont emparés des Sandwich. Il ne paraît pas convaincu de mon raisonnement, et me dit que les deux nations s'entendront pour tout restituer. J'espère que le commodore va se tenir tranquille; il est venu ici avec des ordres du gouverneur de la Nouvelle-Hollande, qui lui recommande la plus grande circonspection ; mais il est à désirer que vous arriviez promptement avec des forces : car vous savez, amiral, qu'ici ce sont les plus forts qui ont raison.

J'ai l'honneur, etc.

VRIGNAUD. »

ANNEXE N° 1. — A bord de *la Vindictive*, bâtiment de S. M. B. (Traduction.)

Port de Tahiti, 15 avril 1843.

Monsieur,

S. M. la reine Pomaré, par sa lettre datée du 14 de ce mois, m'a fait l'honneur de mettre entièrement à ma disposition, pour l'usage de nos malades ou pour toute autre destination de mon choix, l'île appelée Motoo-Uta, située dans le centre à peu près de ce port. J'ai jugé convenable, par égard pour vous, de vous informer de ce que M. le capitaine de corvette Vrignaud, commandant *la Boussole* à Tahiti, fait, et de plus j'ajoute que, par suite des observations que vous m'avez faites hier à ce sujet et par le vif et sincère désir que j'ai de conserver la bonne harmonie qui règne heureusement ici maintenant entre les sujets de nos nations respectives, j'ai renoncé à ma première intention, qui avait été de placer nos malades dans l'île de Motoo-Uta ; mais j'ai surtout été amené à cette résolution par le vœu d'assurer la paix de Tahiti, objet que je n'ai jamais perdu de vue depuis mon arrrivee ici, et pour atteindre ce but j'ai invariablement employé tous mes efforts, ainsi qu'il vous a plu déjà maintes fois de le reconnaître. Cependant je vous prie, vous et les fonctionnaires du gouvernement provisoire, de comprendre que c'est un pur sentiment de délicatesse et un désir sincere et ardent de conserver la tranquillité publique qui m'ont fait prendre cette détermination : car je pense que j'ai le droit incontestable d'accepter l'offre de la reine dans toute son étendue, sans violer en aucune sorte le traité qui existe entre S. M. et l'amiral Dupetit-Thouars, et je persiste dans cette opinion par les raisons suivantes :

1° Parce qu'après avoir attentivement examiné tous les articles du susdit traité, ainsi que toutes les clauses de la proclamation, je ne puis trouver que l'île de Motoo-Uta ait été cédée à la France par la reine de Tahiti ;

2° Parce que je vois que le premier article dudit traité déclare que la souveraineté de la reine et son autorité, ainsi que celle des chefs sur le peuple, sont garanties ;

3° Parce que le troisième article dudit traité dispose que « la possession des propriétés de la reine et des propriétés du peuple leur est garantie, » et encore « que leurs propriétés continueront à reposer sur leurs têtes, » et de plus que l'article ajoute « que toutes les contestations relatives au droit de propriété qui s'élèveront entre les propriétaires fonciers seront soumises à la juridiction spéciale des tribunaux du pays.

Avec ces données positives, il est, je pense, impossible de soutenir les prétentions de la France à l'île de Motoo-Uta, qui a été pendant des siècles la propriété personnelle et privée de la reine, qui a été transmise régulièrement a S. M. par le droit de naissance comme son légitime héritage.

A ces argumens, présentés à l'appui du droit absolu de la reine Pomaré a cette ile, j'ajoute que, si la question avait pu être douteuse, elle se trouverait complètement resolue par la décision que viennent de rendre tous les juges des États de S. M. En effet, s'étant réunis le 14 du courant, dans le conseil annuel de législation, ils ont déclaré à *l'unanimité* que l'île de Motoo-Uta appartenait entièrement et uniquement à la reine Pomaré, qu'elle était sa propriété propre et privée, et qu'en conséquence S. M. avait le droit d'en disposer comme bon lui semblerait.

Il s'ensuit donc évidemment que, même dans le cas où on admettrait que le doute fût possible, si l'on s'en tenait à la première partie de l'art. 3 du traité, ce doute a dû cesser dès l'instant où il intervenait une décision régulière des juges du pays, conformément à la seconde partie dudit article.

J'ai pensé qu'il était de mon devoir de vous expliquer ces faits, qui ne sont susceptibles d'aucune controverse ; il reste à prouver jusqu'à quel point les autorités françaises, à Tahiti, ont eu le droit de hisser un pavillon sur l'île de Mutoo-Uta, acte qui a soulevé l'obstacle qui s'oppose à ce que j'y dépose les malades de *la Vindictive*, selon mon désir et l'agrément de la reine. Il reste, dis-je, à démontrer de quel droit les autorités françaises arborent chaque jour un pavillon nouvellement crée, et créé, vous ne l'ignorez pas, sans qu'aucun article spécial quelconque dudit traité ait prévu le changement du drapeau national établi, ou même sans qu'il existe aucune mention de la circonstance, sans la sanction ni même l'approbation tacite de la souveraine, et même, dit-on, à l'insu de S. M.

C'est à nos gouvernements respectifs et aux cabinets d'Europe qu'il appartiendra de prononcer sur ces mesures et toutes autres mesures extraordinaires qui ont été prises ; en conséquence, je ne vous adresserai pas de plaintes à l'occasion de celles qui ont eu lieu.

Cependant, jusqu'à ce que mon gouvernement ait pris une résolution, vous pouvez compter que je continuerai à m'abstenir scrupuleusement d'autoriser ou de permettre aucun acte qui puisse s'interpréter de manière à justifier une contestation ou même un malentendu entre nos nations respectives ; et, comme preuve de ce désir ardent, j'ai enfin obtenu, apres bien des difficultés, une maison située prés de celle de notre consul pour y loger nos malades.

Pour terminer, je n'ai plus qu'à dire qu'eu égard à mon occupation de l'île de Motoo-Uta, conformément au désir de la reine Pomaré, pendant le séjour de *la Vindictive* à Tahiti, je vous prie d'être persuadé que mon intention est d'établir une occupation telle que vous ne sauriez la trouver agréable, et telle que le diplomate le plus scrupuleux ne pourrait y faire la moindre objection.

Avec la vive espérance de maintenir nos relations amicales sous toutes les formes,

J'ai l'honneur, etc.

Toup Nicholas, *commodore.*

Annexe 2. — *A M. le commodore Toup Nicholas, commandant la frégate de S. M. B.* la Vindictive. *Tahiti.* (Copie.)

Rade de Papaete, à bord de *la Boussole*, le 15 avril 1843.

Monsieur le commodore,

Je viens de recevoir la lettre que vous m'avez fait l'honneur de m'écrire et par laquelle vous m'annoncez que la reine Pomaré met à votre disposition l'île Motoo Uta, sa proprieté, et que votre intention avait été d'y placer les malades de *la Vindictive*, et que sur mes observations vous avez bien voulu choisir un autre endroit. Je vous remercie de ce que vous faites et de tout ce que vous avez fait pour conserver la bonne harmonie qui règne entre les deux nations. Je saisis cette occasion, monsieur le commodore, pour vous rappeler ma ligne de conduite depuis que je suis à Tahiti.

J'ai trouvé le pavillon du protectorat arboré sur l'île; un ordre du jour de l'amiral Dupetit-Thouars m'a annoncé que ce pavillon avait été établi et salué par lui. Il est donc de mon honneur, et vous le concevrez, monsieur le commodore, de l'y maintenir jusqu'à ce que j'aie des ordres contraires de mon amiral.

Voilà sept mois, monsieur le commodore, que les choses sont dans cet état ; la paix règne dans le pays. J'espère qu'il ne s'opérera aucun changement qui puisse la troubler, jusqu'à ce que nos gouvernements nous aient envoyé de nouvelles instructions, ce qui ne peut plus beaucoup tarder.

Je suis avec respect, etc.

Vrignaud, *capitaine de corvette.*

N° 6. — *Le commodore Toup Nicholas au capitaine Vrignaud.*

(Traduction.)

Papaete, *la Vindictive*, le 7 mai 1843.

Monsieur le commandant,

Dans l'espoir de ne point interrompre nos relations amicales, j'adresserai dorénavant au gouvernement provisoire mes lettres officielles, ainsi que vous m'en avez exprimé le désir. Le motif pour lequel je suis entré en correspondance avec vous, c'est que je vous regardais comme le principal représentant de la nation française à Tahiti, et en outre j'étais accoutumé à recevoir de vous-même toutes les communications officielles relatives aux affaires publiques, et c'est aussi pourquoi j'ai naturellement tenu compte des conversations que nous avons pu avoir au sujet des affaires de cette île, et surtout relativement au droit prélevé sur les prix des denrées vendues au marché lorsque vous vîntes me voir jeudi dernier à huit heures du matin ; cependant je ne veux point continuer à agir contrairement au désir que vous avez témoigné quant à ce qui concerne les affaires diplomatiques, et à l'avenir toutes mes communications relatives aux affaires publiques seront adressées aux officiers désignés par l'amiral Dupetit-Thouars, pour remplir ici les charges civiles.

Je ne puis terminer cette correspondance officielle, monsieur le commandant, sans vous témoigner combien je demeure convaincu qu'il n'est pas un officier de marine anglaise qui, dans la position où je me trouve moi-même placé, eût fait plus de concessions, ou eût agi avec plus de courtoisie et d'égards en toute circonstance, que je ne l'ai fait moi-même dans mes relations avec les autorités françaises, car vous ne devez pas l'ignorer, je n'ai nullement le droit de respecter le traité fait entre l'amiral Dupetit-Thouars et la reine Pomaré, jusqu'au moment où ma souveraine en aura reconnu la validité.

Quant aux divers arguments dont j'ai eu lieu de faire usage dans ma correspondance avec vous, je ne doute pas que les divers articles mentionnés, appuyés ainsi qu'ils le sont par l'autorité des auteurs qui ont écrit sur le droit des gens, ne puissent avoir confirmation complète du cabinet français, de la part de tout diplomate éclairé qui pourra être invité à donner son opinion à ce sujet, car je tiens pour irréfutables toutes mes citations.

Il me reste à vous répéter combien je souhaite de voir arriver dans le plus bref délai possible la décision de nos gouvernements au sujet de ces îles, pour mettre un terme aux discussions qui s'élèvent chaque jour.

J'ai l'honneur, etc.

N° 7. — *L'amiral Dupetit-Thouars au ministre de la Marine.* (Extrait.)

Valparaiso, frégate *la Reine-Blanche*, le 9 mai 1843.

Monsieur le ministre,

Je viens de recevoir, par le brick *la Clémentine*, arrivé ici de Tahiti le 5 de ce mois, des nouvelles de la situation politique de ces établissements.

Les affaires ont continué à marcher sans secousse par les soins de notre administration provisoire ; mais à l'arrivée de la frégate anglaise *la Vindictive*, qui ramenait en cette île M. Pritchard, chef de la mission protestante de ce groupe et consul de S. M. B., de nouvelles scènes se sont renouvelées; mais enfin, par l'attitude ferme et calme du commandant de *la Boussole*, le commandant Nicholas, qui commande *la Vindictive*, a paru comprendre que ce qu'il convenait de faire était d'attendre que nos deux gouvernements se fussent entendus à ce sujet, et j'ai tout lieu de présumer que le *statu quo* sera maintenu jusqu'à décision du gouvernement du roi.

M. l'amiral Thomas m'ayant dit qu'il pensait que cette question devait être décidée par nos deux cabinets, je présume que les ordres qu'il s'est empressé d'expédier à *la Vindictive*, par le ketch *le Basilisk*, qu'il a immédiatement envoyé à Tahiti, sont conformes à la manifestation qu'il m'a faite de son opinion. »

N° 8. — *Le commodore Toup Nicholas aux principaux résidents anglais et à tous les autres sujets anglais dans les îles de Tahiti et de Motoo.*

(Traduction.)

A bord de *la Vindictive*, en rade de Papaete, 20 juin 1843.

Messieurs,

C'est devenu un devoir pour moi d'informer les sujets de S. M. B., qui résident maintenant dans les Etats de la reine de Tahiti, que j'ai reçu des instructions en conséquence desquelles ils devront, quel que soit le motif pour lequel ils aient à demander justice, avoir recours aux officiers de leur propre souveraine, dans cette île, ou aux lois établies par la reine Pomaré, et ne pas s'inquiéter de sommations pour comparaître comme jurés, ni se soumettre aux règlements ou aux juridictions, de quelque sorte qu'ils soient, établis temporairement ici par les autorités françaises sous le nom de *gouvernement provisoire*, non plus qu'être sous la dépendance de tout autre officier français, quel que soit son rang dans la station, jusqu'à ce que la décision de la reine d'Angleterre, relativement à Tahiti, soit connue.

Bien que je sois déterminé, pour exécuter rigoureusement cet ordre, à appuyer par la force ce règlement, si cela devenait malheureusement nécessaire, cependant je continuerai à faire de mon mieux pour rester en bonne intelligence avec les officiers de la marine française en station ici, et j'ai la sincère conviction que rien ne viendra troubler l'harmonie qui a subsisté jusqu'à présent entre les sujets de nos stations respectives.

Je crois convenable de vous faire observer ici que l'Angleterre ne cherche pas, ne désire pas le maintien, sous quelque forme que ce soit, d'une influence souveraine dans ces îles; mais, tout en répudiant une semblable intention, et en déclarant, ainsi qu'elle l'a fait maintes fois, en répondant aux souverains qui se sont succédé à Tahiti, et qui la sollicitaient de devenir la protectrice permanente, que, bien qu'elle ne veuille pas prendre un pouvoir prépondérant dans le gouvernement de Tahiti, la Grande-Bretagne, cependant, j'en suis également sûr, a pris la détermination qu'aucune autre nation n'aura une plus grande influence en autorité sur ces Etats que celle qu'elle réclame comme son droit naturel acquis par ses longs et intimes rapports avec eux.

Surtout, je me considère comme autorisé à constater que la détermination de la reine d'Angleterre est bien de maintenir indépendante la souveraineté de Tahiti.

Je suis, etc.,

Toup Nicholas, *commodore.*

N° 9. — *Le lieutenant de vaisseau Reine au commodore Toup Nicholas.*

Tahiti, le 20 juin 1843.

Monsieur le commodore,

D'après les documents qui viennent de nous être communiqués par M. Mallet, commandant la corvette française *l'Embuscade*, nous voyons avec la plus grande surprise que, contrairement à toute espèce de droits, vous déclarez de nouveau ne pas reconnaître la validité des traités faits par un amiral français, au nom de son souverain, avec la reine Pomaré et les grands chefs, et qu'outre cela vous engagez les sujets anglais résidant à Tahiti à ne pas reconnaître les autorités françaises établies en vertu des traités et reconnues par la reine Pomaré, ainsi que tous les consuls étrangers et même les résidents.

Engager vos compatriotes à une opposition aussi ouverte à l'ordre établi, avec promesse de les soutenir, c'est, monsieur le commodore, les exciter à un soulèvement général, et provoquer de grands désordres dans ce pays.

Placés à Tahiti par l'amiral Dupetit-Thouars pour maintenir ce qui a été fait au nom de la France, nous devons non-seulement nous plaindre de toutes ces démarches irrespectueuses envers le Gouvernement français, mais encore de vos démonstrations constamment hostiles depuis votre arrivée sur cette rade, quoique, cependant, dans toutes vos lettres adressées au gouvernement provisoire, vous ne cessiez de témoigner de votre désir de maintenir la bonne harmonie entre les sujets de nos nations respectives, et de n'apporter aucun changement à l'ordre établi, jusqu'à ce que les gouvernements aient fait connaître leur décision.

Les nouvelles difficultés que vous venez d'élever, et l'opposition aussi gratuite à un ordre de choses que vous aviez vous-même reconnu, nous obligent, monsieur le commodore, à protester ainsi qu'il suit :

1° Nous protestons contre tout droit que vous vous arrogez d'intervenir directement dans les affaires politiques déjà réglées ou encore en litige entre la France et la reine Pomaré, parce que cette démarche est à la fois contraire au respect dû au Gouvernement français, et en contradiction avec les lois internationales ;

2° Nous protestons contre toute démarche hostile, aussi contraire à la bonne harmonie en cette île qu'en opposition avec les liaisons intimes et les sentiments mutuels de bienveillance et de respect qui règnent entre les gouvernements français et britannique ;

3° Nous protestons contre votre démarche dernière auprès des résidents de Tahiti, ainsi que tout acte ou transaction quelconque avec la reine Pomaré, son gouvernement ou les autorités locales, faits sans notre participation.

Malgré cette démarche authentique que nous prescrit notre devoir, nous vous prions de croire que notre plus vif désir est toujours, comme par le passé, de maintenir la bonne harmonie et de prévenir toute difficulté dans ce pays.

Recevez, monsieur le commodore, etc.,

MOERENHOUT, DE CARPEGNA,

membres du conseil.

N° 10. — *Le commodore Toup Nicholas aux membres du gouvernement provisoire.* (Traduction.)

A bord de *la Vindictive*, baie de Papaete, 22 juin 1843.

Messieurs,

Mon devoir m'a obligé à refuser de correspondre plus longtemps avec vous comme gouvernement provisoire; cependant je répondrai encore dans cette occasion (mais pour la dernière fois) à la lettre que vous avez bien voulu m'adresser.

Je dois nier positivement, messieurs, que j'aie jamais témoigné aucun sentiment ou fait aucune démonstration hostile, et que j'aie dépassé en rien les limites qui m'étaient imposées par mon devoir en faisant chaque jour l'exercice du canon depuis que la *Vindictive* est dans ce port, et je vous demande la preuve de l'injuste assertion que vous avez portée contre moi. Si, par bonheur, le capitaine Vrignaud n'avait pas été ici, je crois que les mesures adoptées par un de vos membres au moins m'auraient forcé à prendre une position hostile.

En terminant pour toujours ma correspondance, avec vous comme gouvernement provisoire, je dois vous le répéter : en même temps que je continuerai d'éviter, avec un soin extrême, tout ce qui pourrait être l'occasion de la plus légère offense pour le pavillon de votre souverain, j'obéirai à mes instructions, vous pouvez en être assurés, messieurs, *sans m'inquiéter des résultats*, avec zèle et rigidité, et je soutiendrai énergiquement l'honneur de mon pavillon.

Je suis, etc.,

TOUP NICHOLAS, *commodore.*

N° 11. — *M. Reine au contre-amiral Dupetit-Thouars.* (Extrait.)

Tahiti, le 16 août 1843.

Monsieur l'amiral,

Une petite goëlette anglaise, venant de Valparaiso, est arrivée à Tahiti le 29 juillet, avec un officier, anglais porteur d'ordres de l'amiral anglais pour faire partir de ce port la *Vindictive*, dont le commodore Toup Nicholas est venu m'annoncer le départ. Vous concevrez, M. l'amiral, que j'aie appris cette nouvelle avec autant de plaisir que je puis l'annoncer, car je ne dois pas vous dissimuler que les entraves survenues dans la marche du gouvernement provisoire ne proviennent que des sourdes menées et des machinations dirigées par les Anglais, jaloux de notre établissement dans le pays. La petite goëlette venue de Valparaiso, apportant l'ordre au commodore de ce point, est partie le 1er août pour les îles Sandwich, rejoindre l'amiral anglais. Le même jour, la reine Pomaré a failli afficher une proclamation pour annoncer que les nouvelles lois (qui ont été faites par le commodore Toup Nicholas) ne seraient mises en vigueur qu'après une nouvelle décision. Je suis allé faire une visite au commodore, ainsi qu'aux officiers de *la Vindictive*.

M. le commandant Mallet ayant écrit au gouvernement provisoire, pour lui soumettre la demande qui venait de lui être faite par M. le commodore de la frégate anglaise, le gouvernement provisoire s'est aussitôt assemblé pour écrire au commandant Mallet que, suivant les stipulations du traité, il pensait qu'il était préférable d'attendre les décisions du Gouvernement français, et que la reine Pomaré elle-même venait de décider que les nouvelles lois ne seraient promulguées qu'après décision des gouvernements. La reine Pomaré a été faire une visite à bord de *la Vindictive*, où elle a été reçue par les hommes sur les vergues, et saluée, à son arrivée et à son départ, de vingt-un coups de canon, son pavillon au grand mât. Le commandant Mallet a assisté au dîner qui a été donné à la reine Pomaré ; j'ai beaucoup regretté de ne pouvoir me rendre à bord de *la Vindictive*, à la demande du commodore, vu que j'étais malade. Par suite de la conduite irréfléchie de la part de la reine Pomaré, les chefs Paraita, Hote, Taamu et autres ont fini par se réunir pour envoyer des provisions en cadeau au commandant Mallet et lui faire une visite. Le 5 août 1843, la frégate anglaise *la Vindictive* est enfin partie pour Valparaiso. Le commodore Toup Nicholas, avant de partir, s'est encore fait écrire par quelques habitants et résidents pour le prier de prolonger son séjour sur cette rade, jusqu'à décision des gouvernements ; mais ayant reçu des ordres précis, il fut forcé, malgré lui, de partir, à son grand regret.

La petite goëlette que M. le commodore a expédiée d'ici, le 15 mars 1843, avec deux officiers de son bord, pour envoyer en Angleterre (par l'isthme de Panama) la nouvelle de la demande du protectorat, n'est pas encore de retour, et tout le monde pense qu'elle a dû se perdre.

Grâce au concours bienveillant de la part de M. le comte Mallet, le commodore Toup Nicholas s'est enfin décidé à revenir sur l'ordre qu'il avait donné à ses nationaux, en date du 20 juin, de ne pas se soumettre aux décisions du gouvernement provisoire.

Après le départ de la frégate anglaise, M. Pritchard, consul anglais, a reconnu le gouvernement provisoire, et m'a envoyé une liste de ses nationaux susceptibles de faire partie d'un jury.

Je crois devoir vous faire remarquer que, deux jours après le départ de la frégate anglaise, et M. Pritchard, consul anglais, étant à l'île de Moneá, par conséquent la reine Pomaré n'étant sous aucune influence, elle a écrit au gouvernement provisoire pour le prier de prendre des mesures afin d'empêcher l'introduction des boissons fortes dans ce pays.

Le 9 août, le brick l'*Adonis* est arrivé à Tahiti, apportant votre dépêche (n° 6, en date du 20 juin 1843), et, conformément à vos instructions, je ferai toujours ce qui dépendra de moi pour mener à bonne fin le poste important que vous m'avez confié.

Je suis, etc.

N° 12. — *Le capitaine Mallet à l'officier commandant les matelots de la* Vindictive.

Embuscade, Papaete, le 29 août 1843.

Monsieur,

En rentrant à mon bord ce soir, je me suis aperçu que vous aviez arboré le pavillon anglais sur le point où vous avez caserné les matelots de *la Vindictive* qui étaient sous vos ordres. En prenant cette détermination, vous n'avez pas sans doute réfléchi à ce qu'elle avait de grave; je dois donc, monsieur, vous le faire sentir. Le pavillon anglais ne peut flotter dans l'île de Tahiti que sur la maison de M. le consul britannique; partout ailleurs ce serait une insulte faite à la France dans la position où elle se trouve aujourd'hui avec S. M. la reine Pomaré. Après cela, monsieur, je porterai à votre connaissance que M. le capitaine de *la Vindictive*, qui a occupé le même terrain pendant deux mois, n'a pas cru devoir en agir comme vous; il avait une trop haute idée des convenances pour vouloir blesser en rien notre susceptibilité, et il ne voulait pas se compromettre d'une manière aussi marquée aux yeux de son gouvernement; aussi avons-nous vécu ici en bonne harmonie; et comme je crois, monsieur, que votre intention n'est pas d'en agir autrement que lui, j'aurai l'honneur de vous prier de vouloir bien, à l'avenir, ne plus mettre de pavillon sur la maison où habitent vos hommes. Vous comprendrez que le hisser de nouveau serait assumer sur vous une grande responsabilité, parce que je me verrais dans la nécessité d'en demander satisfaction à votre amiral, qui ne pourrait que vous désapprouver.

Agréez, etc.

N° 13.—*M. Pritchard au capitaine de l'*Embuscade.

(Traduction.)

Consulat britannique, 30 août 1843.

Cher monsieur,

J'ai l'honneur de vous informer que j'ai reçu des mains de votre officier une lettre qui m'est adressée, et une lettre pour M. Hareward, l'officier de l'équipage de la *Vindictive.*

Je regrette de voir dans votre lettre que le pavillon anglais a été arboré sur l'hôpital. J'ignorais ce fait; je vais m'en enquérir et je vous écrirai de nouveau.

J'ai l'honneur, etc.

PRITCHARD.

N° 14. — *M. Hareward au capitaine de l'*Embuscade.

(Traduction.)

Papaete, le 31 août 1843.

Monsieur,

Je réponds à votre lettre du 29 courant par la déclaration suivante: Lorsque je fis hisser le pavillon de S. M. B. sur la résidence que j'occupe en ce moment, il n'y a eu de ma part aucune intention hostile; je vous affirme sur l'honneur que je n'étais poussé par aucun motif de ce genre. Le pavillon a été hissé parce que j'avais sous mes ordres l'équipage d'un bâtiment de guerre. J'ai cru, dans cette occasion, obéir à un usage général. Aussitôt que j'eus reçu votre lettre, je fis amener le pavillon comme vous m'en exprimiez le désir.

J'ai l'honneur, etc.

HAREWARD.

N° 15.—*M. Pritchard à M. Mallet.*

(Traduction.)

Consulat britannique, Taofai, le 2 septembre 1843.

Cher monsieur,

Je regrette que les marins anglais aient agi assez légèrement pour arborer le pavillon anglais sur l'hôpital.

L'officier m'assure qu'il ne sera plus arboré.

J'ai l'honneur, etc.

PRITCHARD.

N° 16. — *Le capitaine Tucker au capitaine Mallet, commandant le bâtiment de S. M. le roi des Français* l'Embuscade.

(Traduction.)

Bord du *Dublin*, Papaete, le 4 octobre 1843.

Monsieur,

J'ai l'honneur de vous envoyer ci-joint copie d'une lettre que j'ai reçue du consul de S. M. britannique à la date de ce jour, relativement à *deux signaux* élevés par le commandant du bâtiment de S. M. britannique *la Vindictive*.

Je vous serai obligé de m'informer du moment où il vous conviendra de me mettre en possession de *ces signaux*. Au reste, si vous désiriez que quelques-uns des hommes de votre équipage aidassent à signaler les bâtiments étrangers qui paraîtraient en vue de cette île, je serais charmé de réunir nos gens dans un intérêt commun.

J'insisterai pour qu'aucun de mes hommes ne lave ses habits dans la rivière voisine, et je m'empresse de vous remercier pour le livre de signaux que vous avez eu la bonté de m'envoyer hier.

Je suis, etc.

TUCKER.

N° 17. — *Le capitaine Tucker au contre-amiral Dupetit-Thouars.*

(Traduction.)

A bord du *Dublin*, Papaete, le 1er novembre 1843.

Monsieur,

J'ai l'honneur de vous envoyer ci-jointe copie d'une lettre que j'ai reçue de M. Pritchard, consul de S. M. britannique en cet endroit, aussi bien qu'une copie d'une lettre que j'ai adressée à M. Mallet, capitaine du bâtiment de S. M. française *l'Embuscade*; elles sont relatives à deux signaux élevés par M. T. Nicholas, commandant du vaisseau de S. M. britannique *la Vindictive*, avec l'approbation de la reine Pomaré et des propriétaires sur les terrains desquels ces signaux ont été élevés.

J'ai aussi, monsieur, à vous dire que M. Pritchard a des témoignages écrits par lesquels il peut prouver que la permission d'ériger ces signaux n'a été donnée jusqu'ici qu'aux Anglais seulement, soit par la reine, soit par les propriétaires des terres, attendu qu'aucune autre puissance n'avait demandé la même permission.

J'espère, monsieur, que vous considérerez cette affaire sous son véritable jour. Le capitaine Mallet ne peut être regardé que comme un *locum tenens* jusqu'à l'arrivée d'un des vaisseaux de S. M. britannique, et j'espère que vous donnerez des ordres pour que je sois mis sans retard en possession de ces terrains.

Les signaux sont d'un usage tout à fait particulier : ils servent à annoncer l'arrivée de vaisseaux étrangers dans ce port, et, en stricte justice, il n'y a pas de doute qu'ils doivent être occupés uniquement par ceux qui en ont reçu l'autorisation. Toutefois, afin de prouver mes bonnes intentions à cet égard, j'ai engagé le capitaine Mallet à réunir, dans notre intérêt commun, les hommes employés dans ces signaux.

Je suis, etc.

N° 18. — *A M. Tucker, commandant* le Dublin, *à Papaete (Tahiti.)*

Frégate *la Reine-Blanche*, Papaete, 2 novembre 1840.

Monsieur le commandant,

J'ai l'honneur de vous accuser réception de votre lettre en date d'hier.

Après avoir examiné sérieusement son contenu, il m'a paru que la réclamation de M. le consul de S. M. B. ne porte pas uniquement sur les deux bâtons de pavillon qui font l'objet de sa demande, sans quoi je vous les ferais rendre immédiatement, mais bien sur le droit qu'il semble regarder comme lui étant acquis, d'avoir un poste de signaux sur l'une des îles de la Société, question qui aurait alors quelque gravité.

J'aurai l'honneur de vous répondre dans ce sens à cette requête qui, selon moi, soulève une question préjudicielle, à savoir : si la reine Pomaré, ayant solennellement abandonné la souveraineté extérieure des îles de la Société à S. M. le roi des Français, avait encore, après le traité par lequel elle transmet sa souveraineté à S. M. Louis-Philippe, le droit des gens et des nations, et nulle transaction, nul traité, ne serait valable ni possible, si l'exercice d'un tel droit pouvait être accordé.

La reine, par son traité du 9 septembre 1842, ayant placé tout l'archipel de la Société sous la protection et sous la souveraineté extérieure de S. M. le roi des Français, de ce moment la reine Pomaré était irrévocablement engagée quant à elle ; les grands chefs et son peuple, et ses états, se trouvaient dès lors, par rapport à la France, dans une situation tout à fait analogue à celle des îles Ioniennes par rapport à l'Angleterre ; d'où il suit tout naturellement que l'acte auquel réfère M. le consul de S. M. britannique est nul, puisque son origine est viciée, et qu'une pareille concession ne pouvait être, à l'époque où il se reporte, valablement faite par S. M. le roi des Français.

J'espère que ce peu de lumière que j'ai jeté sur cette question suffira, avec le bon esprit et la loyauté que je vous connais, pour vous faire abandonner une prétention que vous ne pouvez pas regarder comme plus juste que ne le serait celle de la France de vouloir élever une tour d'ordres et de signaux au-dessus de Corfou.

Agréez, etc.

DUPETIT-THOUARS.

N° 19. — *Le contre-amiral Dupetit-Thouars au commandant Tucker.*

Reine-Blanche, baie de Papaete, 3 novembre 1843.

Monsieur le commandant,

Conformément à l'avis que j'ai eu l'honneur de vous donner ce matin, et en vertu de la souveraineté extérieure des îles de la Société, concédée au roi des Français, le pavillon national de France sera demain arboré sur l'île de Motoo-Uta. Il sera salué par les bâtiments de la division, à huit heures du matin, à midi et au coucher du soleil. La frégate *la Reine-Blanche* et la corvette *l'Embuscade* seront pavoisées depuis huit heures du matin jusqu'au salut du soir.

Agréez, etc.

DUPETIT-THOUARS.

N° 20. — *Le capitaine Tucker, à l'amiral Dupetit-Thouars.*

(Traduction.)

A bord du *Dublin*, Papaete, le 3 novembre 1843.

Monsieur,

J'ai l'honneur de vous accuser réception de la lettre que vous m'avez adressée à la date de ce jour, n° 3, et par laquelle vous m'informez que votre intention est de hisser demain sur l'île de Mooto-Uta, le pavillon national de France, et de le saluer.

Je dois vous informer à cet égard que, n'ayant aucune instruction de mon commandant en chef pour reconnaître les droits du roi des Français à la souveraineté extérieure des îles de la Société, je me regarde comme obligé de m'abstenir de l'honneur de saluer en cette occasion le pavillon de S. M. le roi des Français.

J'ai l'honneur, etc.

JERVIS TUCKER, capitaine.

N° 21. — *Le capitaine Tucker au contre-amiral Dupetit-Thouars.*

(Traduction.)

A bord du *Dublin*, Papaete, le 3 novembre 1843.

Monsieur,

J'ai l'honneur de vous accuser réception de votre lettre du 2 du courant, par laquelle vous refusez de me mettre en possession des signaux élevés par M. T. Nicholas, commodore du bâtiment de S. M. B. *la Vindictive*.

Il ne m'appartient pas, monsieur, de décider si S. M. la reine Pomaré avait ou n'avait pas, à cette époque, la faculté d'accorder aux Anglais la permission d'ériger ces signaux, mais ce que je puis affirmer hautement, c'est que, comme souveraine indépendante, elle en avait le droit. Mon devoir m'oblige donc de soumettre votre lettre au contre-amiral Thomas, mon commandant en chef.

J'ai l'honneur, etc.

TUCKER.

N°. 22. — *Le capitaine Tucker à l'amiral Dupetit-Thouars.*

(Traduction.)

A bord du *Dublin*, Papaete, le 6 novembre 1843.

Monsieur,

En arborant aujourd'hui le pavillon français sur l'île de Tahiti, en envoyant hier au consul de S. M. B. la notification officielle de ce fait, vous n'avez laissé aucun doute sur votre intention de prendre possession de ces îles.

Il est donc de mon devoir, comme officier commandant les forces navales de S. M. B. dans cette station, pour S. M. et en son nom, de protester solennellement contre cette occupation. Depuis les premiers rapports de ces îles avec les nations européennes, leur souveraineté a été considérée comme indépendante par l'Angleterre; leurs habitants ont été arrachés à la barbarie, élevés comme des enfants; ils sont entrés dans le giron de l'église chrétienne protestante, et la reine Pomaré a reçu la promesse et la protection officieuse de S. M. B.

C'est avec regret que je me vois de nouveau obligé de vous rendre responsable, aux yeux de la Grande-Bretagne, du tort que votre conduite pourrait faire aux intérêts de S. M. B. la reine Victoria.

Je suis, etc.

TUCKER, *capitaine.*

N° 23. — *Le capitaine Tucker à l'amiral Dupetit-Thouars.*

(Traduction.)

A bord du *Dublin*, Papaete, le 6 novembre.

Monsieur,

J'ai l'honneur de répondre à la lettre que vous m'avez adressée à la date de ce jour. Si S. M. l'ex-reine Pomaré demande une protection personnelle, je me conformerai dans ma conduite aux règles de l'honneur, qui sont les mêmes, j'en suis persuadé, pour ma souveraine, pour S. M. le roi des Français et pour toutes les autres nations civilisées.

Puis je vous demande, monsieur, la même franchise que vous trouverez en moi dans toutes les occasions. Vous prétendez être informé que je dois recevoir ce soir l'ex-reine Pomaré à bord du vaisseau de S. M. B. *le Dublin*, et que je dois saluer son pavillon tel qu'il était avant la dernière occupation. Je vous demande de me présenter à bord de *la Reine Blanche* et, en votre présence, à la personne qui vous a donné cette information.

Je n'ai encore, jusqu'à présent, aucune instruction, soit de mon gouvernement, soit du commandant en chef, pour reconnaître le traité auquel vous faites allusion.

J'ai l'honneur, etc.

TUCKER, *capitaine.*

N° 24. — *Le contre-amiral Dupetit-Thouars au commandant Tucker.*

Reine-Blanche, baie de Papaete, 6 novembre 1843.

Monsieur le commandant,

J'ai l'honneur de vous accuser réception de votre lettre de protestation en date de ce jour.

Je saisis cette occasion pour vous représenter que je suis informé que vous devez ce soir recevoir l'ex-reine Pomaré à bord de la frégate de S. M. B. *le Dublin*, et la saluer sous les couleurs qu'elle avait adoptées contrairement au droit des gens. Je vous déclare, monsieur le commandant, que l'Angleterre ayant reconnu le traité de l'ex-reine Pomaré, n'a pas voulu exécuter ce que vous m'avez dit savoir par des interpellations faites aux chambres d'Angleterre. Je proteste contre une telle manifestation, si elle doit avoir lieu, et je la regarderais comme une démonstration hostile envers la France.

Agréez, etc.

N° 25. — *Le contre-amiral Dupetit-Thouars à M. Tucker, commandant la frégate de S. M. B.* le Dublin.

Frégate *la Reine-Blanche*, Papaete, 7 novembre 1843.

Monsieur le commandant,

Je vais avoir l'honneur de répondre à votre lettre en date d'hier, qui ne m'a été remise qu'à la nuit.

Par votre deuxième paragraphe je vois que vous avez donné à ma protestation une étendue qu'elle est bien loin d'avoir. Elle ne porte en aucune manière sur les droits d'hospitalité et d'asile, qui dans tous les temps ont été en vénération chez tous les peuples, et qui, aujourd'hui, parmi les nations civilisées, sont en grand honneur, particulièrement en France, où le dernier s'exerce chaque jour, ainsi que dans tous les pays étrangers où nos bâtiments de guerre vont porter nos couleurs nationales: c'est de notoriété publique. Mais je ne crois pas que du droit d'hospitalité ou d'asile doive nécessairement résulter celui de rendre des honneurs qui pouvaient être dus antérieurement aux personnes ainsi protégées. Il me semble qu'une démonstration de cette nature serait une véritable intervention, et c'est contre la possibilité seule d'un fait semblable que j'ai cru devoir protester, pour éviter, autant qu'il dépendrait de moi, la perpétration d'actes qui pourraient jeter quelques difficultés dans les relations de mutuelle bienveillance qui existent entre nos deux gouvernements. Telle est, monsieur le commandant, la véritable signification de mon protêt, et j'ai cru devoir vous en donner cette franche définition.

Dans le troisième paragraphe de votre lettre, vous me demandez d'avoir toujours pour vous la même franchise que vous vous proposez de conserver avec moi dans nos relations ultérieures. Je me félicite, monsieur le commandant, de vous voir vous placer sur ce terrain. Cette requête est une preuve des nobles sentiments que je vous attribuais. Vous me trouverez toujours dans cette ligne de conduite. Toute ma vie, qui s'est écoulée en service actif et pour ainsi dire en place publique, en fait foi. Je n'ai jamais donné un avis tout bas que je n'eusse pas répété tout haut.

Je n'accède point au désir que vous m'exprimez, à la fin du même paragraphe, de vous mettre en présence des personnes de qui j'ai reçu les informations qui m'ont été envoyées. D'abord parce que je pense que cette manière de procéder serait peu convenable envers vous dans le rang que vous occupez, et ensuite parce que la prudence et la réserve que je dois garder m'en font une obligation. Je dois d'ailleurs vous dire qu'il me serait difficile de citer une personne plutôt qu'une autre ; j'ai reçu cette information de plusieurs personnes, soit par écrit, soit verbalement ; mes officiers l'ont également reçue à terre, où, à ce qu'il paraît, elle s'était également répandue.

Je saisis cette occasion pour vous annoncer que sous peu de jours je mettrai à la voile pour Valparaiso, et je prendrai toutes les dépêches que vous voudrez me confier.

Recevez, etc.

DUPETIT-THOUARS.

N° 26. *Le capitaine Tucker à l'amiral Dupetit-Thouars.*

A bord du *Dublin*,
à Papaete, 7 novembre 1843.

Monsieur,

J'ai l'honneur de vous accuser réception de la lettre que vous m'avez adressée à la date de ce jour.

Dans votre lettre du 6 courant, vous déclariez avoir appris que j'avais le projet de saluer l'ex-reine Pomaré, dans le cas où elle visiterait le vaisseau de S. M. B. *le Dublin*, et vous m'accusiez de l'intention de commettre un acte que vous regarderiez comme une démonstration hostile à la France.

Je regrette, monsieur, que vous ayez porté une si grave accusation sans me mettre en présence de la personne qui doit répondre de l'information qu'elle vous a donnée, soit par écrit, soit de vive voix.

J'ai pris sur moi une grande responsabilité en vous offrant d'aller me justifier à bord de votre bâtiment même ; mais je l'ai fait, monsieur (en l'absence de mon amiral), par respect pour votre pavillon, et plein de confiance en votre honneur, dans l'intention de me trouver face à face avec mon accusateur.

Pour vous prouver que j'entends ne pas m'écarter de la franchise avec laquelle j'ai entamé cette correspondance, je vous informe positivement que je suis en mesure de prouver que, dans plusieurs conversations qui ont précédé l'occupation de ces îles par les Français, j'ai déclaré que j'avais précisément une intention opposée, dans le cas où l'ex reine chercherait un asile à bord du vaisseau de S. M. B., que je commande.

Je saisirai aujourd'hui l'occasion d'aller vous remercier en personne de la politesse avec laquelle vous m'offrez de porter mes dépêches à Valparaiso.

J'ai l'honneur, etc.

TUCKER, *capitaine.*

N° 27. *Le capitaine Tucker au contre-amiral DupetitThouars.*

(Traduction).

A bord du *Dublin*,
Papaete, le 7 novembre 1843.

Monsieur,

Il y a plusieurs terrains dans l'île de Tahiti que S. M. l'ex-reine Pomaré a offerts à S. M. B. la reine Victoria, pour le service des bâtiments de S M. B. qui toucheraient à ces îles. Ces terrains sont : un hôpital sur la pointe Nutere ; une boucherie près de l'abreuvoir ; une boulangerie située sur un terrain appelé Patavau, et un jardin près du palais de l'ex-reine, mis à la disposition du consul de S. M. B. et de l'officier commandant à cette époque les forces navales de S. M. B. Je désire être informé si je puis me considérer comme l'offficier commandant les forces navales de S. M. B. pour le service de S. M.

Je suis, etc.

TUCKER.

N° 28. — *A M. Tucker, commandant le Dublin.*

Frégate *la Reine-Blanche*
Papaete, le 7 novembre 1843.

Monsieur le commandant,

Je viens de recevoir votre lettre timbrée n° 1, en date d'aujourd'hui, et je m'empresse d'y répondre.

Les portions de terrain que vous me signalez avoir été données à des officiers de S. M. B. pour l'usage de sa marine royale, par conséquent pour être employées *d'un service public*, me paraissent dans le même cas que le poste de signaux dont vous m'avez demandé la remise. Ces donations me semblent devoir être nulles, puisqu'elles ont été faites depuis la signature du traité conclu le 9 septembre 1842, par conséquent à une époque où l'ex-reine Pemare ne jouissait plus de ses droits politiques extérieurs, puisqu'elle avait concédé la souveraineté extérieure de ses États à S. M. Louis-Philippe Ier. Cette réclamation, comme celle du poste de signaux, soulève une question de droit que je viens de résoudre conformément au droit des gens; et ici, comme dans ma réponse relative au poste de signaux, je ne puis m'empêcher de faire ce rapprochement, c'est que vous n'avez pas plus de droits réels à fonder de tels établissements dans les îles de la Société que nous n'en pouvons avoir à en créer de semblables dans les îles Ioniennes, nous eût-on donné légitimement les terrains nécessaires à leur fondation. Je ne puis que protester contre toute occupation de cette nature faite par les officiers de S. M. B.

Je transmettrai cette nouvelle requête à mon gouvernement, qui s'empressera, je n'en doute pas, de la résoudre dans le sens le plus juste, et j'espère aussi le plus satisfaisant pour le maintien de nos relations internationales.

J'envoie également, pour connaissance, copie de votre lettre à M. le gouverneur des possessions françaises dans l'Océanie.

Le contre-amiral
A. Dupetit-Thouars.

N° 29. — *Le contre-amiral Dupetit-Thouars au commandant Tucker.*

Reine-Blanche, baie de Papaete, le 8 novembre 1843.

Monsieur le commandant,

J'ai l'honneur de vous accuser réception de votre lettre en date du 7, timbrée n° 2 de ce jour.

Je vous remercie des détails qu'elle contient; ils ont pour base les sentiments les plus honorables, et je n'attendais pas moins de votre loyauté.

Je me félicite de vous avoir vu accomplir le projet que vous aviez de venir me voir, je me propose d'aller prendre congé de vous en personne.

Je joins ici deux journaux qui viennent de me parvenir de Mazatlan; ils renferment quelques détails sur nos nouvelles possessions de la Polynésie.

DOCUMENTS DIPLOMATIQUES.

N° 1. — *Le consul Pritchard au comte d'Aberdeen.*

Sydney, New-South-Wales, 8 décembre 1843.

J'ai l'honneur d'informer votre seigneurie qu'hier, à mon arrivée ici, je reçus la nouvelle que les Français avaient pris possession de trois îles au Marquises, et de Tahiti et d'Erimeo aux îles de la Société.

Je compte mettre à la voile pou Tahiti dans peu de jours, et, à mo arrivée, j'enverrai à votre seigneuri un rapport sur l'état dans lequel j'aurai trouvé les choses.

N° 2. — *M. Addington à sir John Barrow.*

(Extrait.)

Foreign-Office, le 11 juillet 1843.

En présence de la marche qu'a imprimée aux affaires, dans l'Océan-Pacifique, la prise de protectorat des îles de la Société par les Français, il paraît extrêment désirable à lord Aberdeen d'envoyer, sans perte de temps, au commandant des forces navales de S. M. dans l'Océan-Pacifique, des instructions destinées à lui expliquer les vues et les intentions actuelles que ce nouvel état de choses a suggérées au gouvernement de S. M., et qui devront lui servir de règle de conduite.

Le gouvernement de S. M., bien qu'il n'ait pas reconnu à la France le droit de prendre et d'exercer un protectorat sur les îles de la Société, n'a cependant pas l'intention de mettre ce droit en question.

Il paraîtrait certain, d'après différents rapports reçus par le gouvernement de S. M., relativement aux négociations qui ont eu pour résultat l'abandon par la reine de Tahiti, d'une portion de son autorité souveraine, que cette cession a été obtenue, en partie par l'intrigue, en partie par l'intimidation. Mais, néanmoins, quel que soit le sentiment auquel la reine Pomaré ait obéi, l'abandon de sa part a été volontaire et accompagné de toutes les formes. Il semble donc au gouvernement de S. M., qu'indépendamment d'autres considérations, il n'y a aucun motif suffisant, à raison du défaut de formalité, pour nier la validité de cette cession, quelque favorablement que le gouvernement de S. M. puisse être et soit réellement disposé en faveur de la reine Pomaré, et quelque grand que soit son regret de la voir réduite à la sujétion par une puissance étrangère. En conséquence, dans les communications qui ont eu lieu entre les gouvernements anglais et français, relativement aux îles de la Société, depuis que la prise partielle de souveraineté sur ces îles par les Français a été connue, le gouvernement de S. M. n'a élevé aucune réclamation. Il s'est borné à insister pour faire respecter les sujets anglais dans ces îles, et pour obtenir du gouvernement français l'assurance positive qu'une égale protection serait accordée aux missionnaires protestants et catholiques romains qui s'y trouvaient établis.

En conséquence, le gouvernement de S. M. désire que les commandants des forces navales de S. M. qui visiteront les îles de la Société ne fassent aucune difficulté de saluer le pavillon introduit par l'amiral français. Il désire également qu'on ne conteste en aucune manière le droit des Français d'exercer l'autorité dans ces îles, concurremment avec la souveraine.

Le consul de S. M. à Tahiti recevra l'ordre d'observer de près la conduite des autorités françaises, relativement aux missionnaires protestants et à la liberté du culte religieux dont jouissent les sujets anglais dans les îles de la Société. Dans le cas où le gouvernement français viendrait à s'écarter de la ligne de conduite qu'il a pris l'engagement solennel de suivre à cet égard envers les sujets anglais, le consul devrait en informer le gouvernement de S. M.

Dans l'état actuel des choses, lord Aberdeen regarde comme indispensable que les bâtiments de guerre de S. M. fassent désormais de plus fréquentes visites aux îles de la Société. Ils tiendront ainsi éveillé, dans les chefs comme dans les naturels de ces contrées, le sentiment de respect qu'ils ont toujours été disposés à accorder au pavillon anglais, et ils maintiendront, par des relations constantes et personnelles, l'influence que le nom et le caractère anglais ont acquise dans cette partie du monde.

N° 3. — *Lord Aberdeen à lord Cowley.*
(Extrait.)

Foreign-Office, le 25 août 1843.

Le gouvernement de S. M. n'a pas l'intention de s'opposer, en aucune manière, au nouvel état de choses établi dans les îles de la Société, et il a déjà prévenu l'amirauté, de son désir d'accorder, sans difficulté, le salut au pavillon substitué par l'amiral français à l'ancien pavillon de Tahiti.

Cependant, eu égard aux relations anciennes et amicales qui subsistent entre la Grande-Bretagne et les îles de la Société, depuis leur première découverte par un navigateur anglais, eu égard aux bons offices que le gouvernement anglais a promis à ces peuples en différentes occasions, et en raison du fait même de la conversion et de la civilisation de ces îles par les missionnaires anglais, le gouvernement de S. M. se regarde comme entièrement autorisé à intercéder auprès du gouvernement français, afin d'assurer à la reine infortunée de ces îles toute la liberté compatible avec les restrictions qu'elle s'est imposées, et d'obtenir particulièrement pour elle la protection contre le rigoureux traitement auquel elle a été soumise.

Il faut espérer qu'à l'avenir le gouvernement français mettra un terme à de pareils excès; la nation française serait la dernière, nous en sommes persuadés, à exercer ou à tolérer une conduite insultante dans un cas semblable.

Quant aux missionnaires anglais des îles de la Société, l'assurance déjà donnée au gouvernement de S. M. par le gouvernement de France sur l'entière liberté dont les missionnaires jouiront dans l'exercice de leurs fonctions religieuses est une garantie suffisante. Ces hommes estimables jouiront de la liberté qui leur est si solennellement promise.

Le gouvernement de S. M. se regarde comme engagé, par toutes les considérations d'honneur national et de justice, à soutenir les missionnaires protestants des îles de la Société; et il ne saurait admettre que le changement récemment survenu dans ce pays ait altéré ou affaibli en rien cette obligation. Le gouvernement de S. M. conseillera sans cesse à ces hommes pieux et exemplaires de se soumettre paisiblement à l'ordre de choses établi, et d'exhorter la reine, ses chefs et ses sujets à observer la même prudence dans leur conduite; mais le gouvernement de S. M. regardera toujours ces soutiens des doctrines protestantes comme ayant droit à toute la protection que S. M. peut convenablement leur accorder.

Votre Excellence communiquera cette dépêche à M. Guizot.

N° 4. — *Lord Cowley au comte d'Aberdeen.*
(Extrait.)

Paris, 30 août 1843.

Aussitôt après avoir reçu la dépêche de votre seigneurie, du 25 août, je m'empressai de demander un rendez-vous à M. Guizot, dans l'intention de lui communiquer le contenu de cette lettre. Il m'indiqua la journée d'hier, dans laquelle je remis entre ses mains la dépêche de votre seigneurie.

Le ministre des affaires étrangères, après l'avoir lue attentivement, me pria de lui en laisser prendre copie; mais il me demanda d'écouter un petit nombre d'observations qu'il allait me présenter sur quelques parties de cette dépêche. Quant aux griefs qui avaient amené les demandes de réparations de la part de l'amiral français, M. Guizot me dit qu'ils n'étaient pas de peu d'importance, qu'il pouvait me l'assurer; que pendant longtemps les Français qui résidaient dans cette île avaient été opprimés et maltraités, sans qu'on s'inquiétât nullement de leurs plaintes; que les baleiniers français qui se rendaient occasionnellement à Tahiti (les Français n'ayant de possessions dans l'océan Pacifique que depuis l'occupation des Marquises) ne pouvaient obtenir de secours d'aucun genre, qu'on leur refusait la permission d'approvisionner leurs bâtiments, qu'ils se trouvaient ainsi obligés de mettre à la mer sans avoir fait aucun des préparatifs nécessaires pour le voyage ; que ces griefs avaient forcé l'amiral Dupetit-Thouars à faire une demande de réparation qui amena, de la part de la reine Pomaré, l'offre de mettre ses possessions sous la protection du roi des Français ; qu'il était en mesure de prouver que l'acceptation de cette offre par l'amiral, loin d'être désapprouvée par les sujets de S. M. et par les missionnaires anglais résidant à Tahiti, leur semblait aussi avantageuse pour eux que favorable aux intérêts généraux de l'île.

Il me lut alors deux adresses, l'une des résidents anglais et l'autre des missionnaires établis à Tahiti ; elles avaient été présentées à l'amiral Dupetit-Thouars aussitôt après son acceptation du protectorat. Sur ma demande, il me donna des copies de ces documents, qui sont annexées à cette dépêche.

M. Guizot reconnaissait parfaitement, me dit-il, que la faute ou l'inconduite d'un seul homme ne devait pas entraîner la condamnation générale de la société dont il faisait partie. Après cette observation, il m'assura de nouveau que la plus entière protection serait accordée aux missionnaires protestants dans les îles de la Société.

ANNEXE 1. — *Les ministres de la mission protestante à Tahiti au contre-amiral Dupetit-Thouars.*

Nous ministres soussignés, de la mission protestante aux îles de Tahiti et de Moorea, étant réunis en comité et informés des derniers changements qui ont eu lieu relativement au gouvernement tahitien, désirons assurer Son Excellence que, ministres de l'Evangile de paix, nous regarderons comme un devoir impérieux d'exhorter le peuple de ces îles à une obéissance tranquille et constante envers les pouvoirs existants, dans la pensée que cette conduite est celle qui convient le mieux à leurs propres intérêts, attendu surtout que cette obéissance est commandée par les lois de Dieu, que nous avons eu jusqu'à présent pour objet spécial de faire connaître.

Signé D. DABBING, président ;
W. HOWE, secrétaire ; J. M. OSMOND, JAH DAVIS, etc., etc.

Buanaamia, le 21 septembre 1842.

ANNEXE 2. — *Les résidents anglais de Tahiti au contre-amiral Dupetit-Thouars.*

Tahiti, le septembre 1842.

Nous soussignés, résidents anglais de Tahiti, désirons vous remercier d'avoir accepté provisoirement la demande par laquelle la reine Pomaré a sollicité la protection de S. M. le roi des Français dans ce qui touche à ses relations extérieures avec les puissances étrangères, les rapports avec les résidents étrangers, et nous sommes heureux de voir mettre un terme au désordre et aux abus qui ont régné jusqu'à présent dans ce port ; nous nous félicitons que vous ayez (*pro tempore*), comme vous l'annoncez par votre proclamation, rendu des lois et des règlements et donné des garanties capables d'assurer la protection des propriétés et l'administration de la justice.

Signé R. HARTON, W.-F. A. REFORE, etc., etc.

N° 5. — *M. Guizot au comte de Rohan-Chabot.*

(Extrait.)

Paris, le 11 septembre 1843.

J'ai reçu la dépêche que vous m'avez fait l'honneur de m'écrire le 21 août pour me donner connaissance des explications que vous avez eues avec lord Aberdeen au sujet de Tahiti. Lord Cowley m'a communiqué, de son côté, une dépêche que lord Aberdeen lui a écrite le 25 sur cette question, et dont vous trouverez ci-joint copie.

Le cabinet de Londres nous renouvelle l'assurance qu'il n'entend pas mettre en question notre établissement dans ce pays ; il nous annonce qu'il a donné les ordres nécessaires pour qu'à l'avenir les navires anglais ne fassent pas difficulté d'y saluer le pavillon substitué par M. l'amiral Dupetit-Thouars à l'ancien pavillon du gouvernement local. Ces déclarations sont complétement satisfaisantes.

Il est tout à fait inexact que nos griefs contre le gouvernement de la reine Pomaré fussent de frivoles prétextes mis en avant pour justifier les exigences qui ont amené sa soumission à l'autorité du roi. Les vexations exercées par ce gouvernement contre les sujets français, son impuissance à maintenir l'ordre public, les inconvénients qui en résultaient pour tous les étrangers séjournant ou abordant à Tahiti, sont des faits notoires et évidents qui appelaient impérieusement une énergique intervention. L'adhésion donnée par les résidents anglais, par les missionnaires eux-mêmes, aux mesures de notre amiral, ne peuvent laisser aucun doute à cet égard ; je joins ici copie de leurs propres lettres.

Quant aux motifs qui ont déterminé la reine Pomaré à demander le protectorat du roi, au lieu de nous accorder simplement la satisfaction qui nous est due, et à l'influence qu'ont pu exercer sur elles les mécontentements et l'attitude menaçante des chefs de l'île, c'est ce que nous n'avons pas à rechercher. Il nous suffit que tout, dans ce qui s'est passé, ait été aussi régulier dans la forme que juste et légitime au fond. Si, depuis, la reine Pomaré, et peut-être même quelques-uns des chefs qui nous avaient appelés, cédant à des suggestions étrangères, ont paru vouloir revenir sur leur consentement, on ne prétendra sans doute pas que notre politique doive se subordonner à de pareils caprices. Le roi a accepté le protectorat qu'on lui offrait. Nous avons envoyé les forces nécessaires pour en assurer l'exercice ; nous maintiendrons un état de choses auquel le gouvernement britannique a déclaré et déclare encore qu'il ne fait aucune objection. Je n'ai pas besoin d'ajouter qu'indépendamment de leur fidélité à remplir les engagements pris envers la reine Pomaré, les autorités françaises la traiteront toujours avec les égards qui lui sont dus.

Telle est, monsieur, la véritable situation des choses. Quant aux inquiétudes que lord Aberdeen laisse entrevoir par rapport à l'avenir des missionnaires protestants, les explications verbales dans lesquelles vous êtes entré avec lui ne peuvent laisser lieu, pour lui, à aucune inquiétude. Nous pensons, comme lord Aberdeen, que les torts individuels d'un missionnaire ne sauraient avoir pour effet d'enlever à ses confrères les droits qu'ils ont à la protection du gouvernement du roi. Certainement aussi il reconnaît avec nous que la qualité de missionnaire ne saurait protéger contre une juste sévérité celui qui s'en ferait une arme pour attaquer l'ordre établi, soit par la violence, soit par l'intrigue. Le zèle religieux, même sincère, n'aurait jamais dû, et ne peut en aucun cas, de nos jours, servir de voile, de justification et de sauvegarde à de coupables machinations contre les gouvernements.

P. S. Vous voudrez bien donner lecture de cette dépêche à lord Aberdeen, et vous voudrez bien lui en laisser copie.

N° 6. — *Le comte d'Aberdeen à M. le consul Pritchard.*

Foreign-Office, le 25 septembre 1843.

J'ai reçu votre dépêche du 13 mars dernier par laquelle vous m'annoncez votre arrivée à Tahiti sur le vaisseau de S. M. *la Vindictive.*

Vous semblez avoir complétement mal interprété les passages des lettres de M. Canning et de lord Palmerston que vous citez dans votre dépêche à l'appui du principe d'intervention active, de la part de la Grande-Bretagne, en faveur de la reine Pomaré contre la France. »

Il est évident, par la teneur entière de ces lettres, que le gouvernement de S. M., à cette époque, n'était pas disposé à intervenir activement en faveur de la souveraineté des îles de la Société, bien qu'il lui offrît volontiers la protection et les bons offices qu'il pouvait convenablement lui accorder sans une intervention active. Mais il n'est pas supposable que le gouvernement de S. M., au moment même où il refusait de prendre les îles de la Société sous la protection de la couronne anglaise, pût avoir l'intention de s'engager à interposer ses bons offices en faveur de sa souveraine, de manière à s'exposer à la presque certitude d'une collision avec une puissance européenne.

Le gouvernemeut de S. M. déplore sincèrement l'affliction et l'humiliation que la reine Pomaré a souffertes ; il désire même faire tout ce qui sera en son pouvoir pour adoucir sa pénible position ; mais malheureusement la lettre par laquelle on sollicitait la protection française a été signée par la reine de son plein gré et de son propre arbitre. L'accord qui suivit a été également contracté et sanctionné de l'aveu et par le fait même de la reine.

En conséquence, le gouvernement de S. M., quelque porté qu'il puisse être à regretter la ligne de conduite par laquelle la reine a été amenée à signer un acte si fatal à son indépendance, n'a plus, après la sanction volontaire et formelle qu'elle lui a donnée, aucun motif légitime et plausible pour s'opposer à la prise et à l'exercice du protectorat par les Français.

Le gouvernement de S. M. n'a donc pas l'intention d'élever aucune difficulté, soit quant à cet exercice d'autorité, soit quant à la légitimité du nouveau pavillon que les Français ont jugé convenable de substituer à l'ancien pavillon tahitien.

Mais le gouvernement de S. M. a la ferme intention de conserver aux missionnaires protestants anglais le droit de jouir d'une liberté entière et illimitée dans l'exercice de leurs fonctions religieuses, et le privilége de soutenir en chaire la vérité des doctrines protestantes contre quiconque les attaquerait.

Le gouvernement de S. M. se propose aussi, quand les occasions s'en présenteront, d'intercéder, dans la mesure convenable, auprès du gouvernement français, en faveur de la reine de Tahiti, afin d'obtenir pour elle protection contre un traitement rigoureux, et lui assurer dans son malheur les adoucissements qui pourraient jusqu'à un certain point compenser la perte de son indépendance.

Il serait sage à la reine Pomaré de se soumettre à la triste position que ses propres craintes et les intrigues de quelques-uns de ses chefs lui ont faite. Résister à ceux qui ont pris sur elle les droits de protecteur, ce serait aggraver le malheur de sa position et provoquer un traitement pire encore que celui qu'elle a déjà subi.

En conséquence, vous saisirez toutes les occasions convenables de recommander à la reine Pomaré cette ligne prudente de conduite ; vous lui donnerez en même temps l'assurance que le gouvernement de S. M., bien qu'il ne puisse intervenir avec autorité en sa faveur, éprouve cependant une grande sympathie pour elle, et ne manquera pas de persister dans les efforts qu'il a faits jusqu'à présent afin d'adoucir sa position.

Quant aux autorités françaises, vous observerez constamment une extrême prudence et les plus grands égards dans votre conduite envers elles, et vous vous abstiendrez de tout acte et de toute parole qui pourrait faire supposer l'intention de les offenser.

Par-dessus tout, vous aurez soin de n'employer dans votre conversation avec la reine ou ses chefs aucune expression qui puisse les encourager à compter en aucun temps sur l'assistance du gouvernement de S. M. contre les Français. Mais vous ne perdrez, au contraire, aucune occasion d'insister auprès d'eux et des missionnaires protestants sur la nécessité d'imprimer à leur conduite et à leur langage une extrême circonspection, nécessité indispensable dans la situation où ils se trouvent placés.

Vous surveillerez avec une vigilance incessante la conduite des Français à l'égard de nos missionnaires, et vous ne manquerez pas de rapporter minutieusement au gouvernement de S. M. toutes les circonstances qui vous paraîtraient à cet égard dignes d'attention.

Le gouvernement de S. M. désire particulièrement que vous recommandiez à tous les commandants des forces navales de S. M. qui pourraient aborder aux îles de la Société d'observer, dans leur conduite avec les autorités françaises, toute la modération compatible avec la dignité de la couronne anglaise et la protection efficace des droits et des intérêts de la Grande-Bretagne.

RAPPORT *du contre-amiral Dupetit-Thouars sur les événements de Tahiti.*

Le contre-amiral Dupetit-Thouars à S. Exc. M. le ministre de la marine.

Frégate *la Reine-Blanche*, 15 novembre 1843.

Monsieur le ministre,

Moins pressé aujourd'hui, je vais avoir l'honneur d'écrire avec détail à Votre Excellence sur les affaires de Tahiti ; je lui rendrai un compte fidéle de la situation où je les ai trouvées, et lui ferai connaître le cours qu'elles ont suivi depuis l'acceptation du protectorat. Des intrigues inouïes ont eu lieu, non-seulement pour engager la reine Pomaré à enfreindre le traité qu'elle avait conclu de son libre arbitre, et qu'elle avait même sollicité, d'accord avec les grands chefs de l'archipel, en septembre de l'année dernière, mais encore pour arriver à annuler ce traité ou à en empêcher l'exécution, en préparant des obstacles de nature à faire croire à la violence ou à des procédés outrageants de notre part envers la reine.

Afin de mieux faire connaître la position de la société à Tahiti, je suis forcé de remonter dans le passé jusqu'à une époque assez reculée, celle du ministère de M. Canning. Dans ce temps, le nombre des blancs s'était déjà tellement accru dans les îles de la Société, que les missionnaires qui, comme tout le monde sait, avaient été choisis dans les derniers rangs de la société de Londres, et pris parmi les ouvriers, tels que forgerons, charpentiers, maçons ou autres, n'étant point assez éclairés pour faire de bonnes lois capables de servir de base à une société bien organisée, reconnurent leur insuffisance, ou les chefs indigènes la reconnaissant pour eux, crurent devoir s'adresser au gouvernement de la Grande-Bretagne, qui alors était à peu près le seul dont ils eussent entendu parler, et prièrent S. M. britannique de vouloir bien les prendre sous sa protection immédiate et leur accorder le pavillon anglais.

L'amirauté fut alors consultée et, sur son avis motivé que l'accession de cet archipel à la couronne d'Angleterre serait une charge plus onéreuse qu'avantageuse pour l'État, M. Canning, premier ministre, dirigeant les relations extérieures, répondit en conséquence par un refus, mais par un refus poli. Cela se conçoit, il était nécessaire de pallier la dureté d'un pareil procédé.

Qui aurait pu croire alors que cette preuve de mauvais vouloir à rendre un service indispensable à ce pauvre peuple, qui le réclamait pour sortir de son état de dégradation, deviendrait un jour un titre que l'on revendiquerait pour en réclamer la domination ?

C'est pourtant ce qui arrive, et cette prétention, tout exagérée qu'elle est, a été la base de la conduite des officiers anglais, qui se sont crus en droit d'intervenir ouvertement dans les affaires qui ne les regardaient pas. Il est vrai pourtant que le gouvernement de la Grande-Bretagne, mieux informé, n'a point élevé cette ridicule prétention, qui ne peut avoir l'ombre d'un droit. Et, en effet, il est logique d'inférer, du refus de protection que fit alors l'Angleterre, qu'elle reconnaissait tacitement au gouvernement de Tahiti la faculté d'appeler, pour le diriger, qui bon lui semblerait. J'avoue que c'est cette considération, si simple et si naturelle, qui m'a décidé à ne pas rejeter le protectorat lorsqu'il m'a été offert. J'étais bien convaincu à l'avance que notre position aux Marquises entraînerait les officiers de la marine britannique à chercher à s'établir à Tahiti, et on ne peut douter que, sans le pavillon du protectorat, le leur eût été arboré sur cette île avant que le roi eût eu la faculté de se prononcer.

Mes prévisions se sont justifiées de point en point. Ce qui, d'un autre côté, prouverait que nos droits sont réels, c'est qu'ils ont été respectés, du moins en partie, sans quoi les Anglais eussent certainement planté leur drapeau sur cet archipel. Ne le pouvant faire, ils ont imaginé d'user d'autres armes; mais, quoi qu'ils fassent, la vérité se fait évidente comme le soleil, par l'exercice tranquille de notre protectorat pendant quatre mois! Tout le monde était heureux, à Tahiti, de voir enfin la justice établie là où régnaient, avec l'anarchie, l'assassinat, le vol et tous les vices honteux qu'entraînent à leur suite l'ivrognerie et la débauche.

La lettre de la reine au gouvernement provisoire, en date du 16 décembre 1842, celle du même jour, qu'elle écrivait au régent, pour se plaindre qu'il n'appuyait pas suffisamment les mesures du gouvernement provisoire, lui ont-elles été arrachées par la crainte? Evidemment non! Nous n'avions là que deux officiers seuls, sans troupes, sans navires. Ces lettres ne sont-elles pas, au contraire, les preuves irrécusables de son libre acquiescement à tout ce qui a été fait? Qu'on produise les instructions données par sir Georges Gipps, gouverneur de la Nouvelle-Galles du Sud, au commandant Sullivan, de la corvette la *Favorite*, et le rapport de cet officier à son retour à la Nouvelle-Hollande: on y verra qu'envoyé à Tahiti pour recueillir des plaintes contre nous, il n'y a entendu que des éloges sur notre administration! Ce dont il a loyalement rendu compte, à ce que j'ai appris par M. le capitaine de vaisseau Lavaud, auquel il l'a dit.

Que faut-il de plus pour se convaincre? Rien, ce me semble, parce que ce serait vouloir nier la lumière! Nous n'avions aucune force de terre ni de mer pour imposer; deux officiers seulement ont suffi à cette œuvre, parce qu'elle avait pour elle l'assentiment de la reine, des chefs et du peuple.

Les troubles, à Tahiti, n'ont recommencé qu'à l'arrivée de la corvette le *Talbot*, en janvier 1843; l'officier qui commandait ce bâtiment, ne pouvant placer le pavillon de la Grande-Bretagne sur ces îles, but qu'il se proposait, souffla la discorde, chercha, aidé des missionnaires, à faire revenir la reine sur ses actes les plus formels et sur ses engagements les plus sacrés. Dès-lors commencèrent des intrigues qui se sont continuées ensuite, sans décesser, jusqu'à mon retour. Tous les petits moyens ont été mis en jeu: tantôt c'était un essai, tantôt un autre, soit pour entraver la marche du gouvernement provisoire, soit pour se faire faire des concessions, afin de se créer des titres, sinon réels, du moins apparents.

M. Pritchard aborda, peu après le du départ du *Talbot*, sur la frégate la *Vindictive*, et n'attendit pas qu'elle allât au mouillage; il se fit mettre à terre au point le plus voisin, et prêcha immédiatement une croisade contre nous et contre le gouvernement provisoire. « Il faut les chasser et arracher le pavillon du protectorat! » s'écria-t-il. Et il appelait les indigènes aux armes. Tous ces actes sont prouvés par des lettres d'Anglais, surtout par celle écrite par M. Smith, en réponse à M. le commandant de la *Vindictive*, qui l'avait prié de prendre des informations sur ces faits. Ils sont, de plus, confirmés par M. Salmon, anglais, beau-frère de l'ex-reine Pomaré, qui les entendit, et vit dès-lors avec chagrin tous les torts que feraient les mauvais conseils de M. Pritchard à sa belle-sœur et à sa famille.

L'époque de l'arrivée de ce missionnaire-consul est signalée par un redoublement de désordres. C'est alors que l'on imagina ce *pavillon de fantaisie* que l'on fit prendre à la reine, malgré ses engagements avec la France, afin d'en tirer parti plus tard.

Il serait trop long de faire l'analyse de toutes les pièces qui prouvent comment le commandant de la *Vindictive* s'est conduit envers nous; il n'a pas fait une seule action ou une seule démarche qui n'ait eu une tendance hostile envers la France. Un jour il demanda, ou plutôt il avisa, sous forme de demande, qu'il allait mettre un homme à terre pour garder des embarcations en réparation. Ce fut d'abord un soldat sans uniforme qu'il envoya en service ; bientôt ce fut un soldat en uniforme et sans armes, puis un soldat armé, puis deux, puis trois, enfin jusqu'à huit ou dix. Un autre jour il dit qu'il va envoyer un matelot voir si on pourrait découvrir un navire qu'il attendait. Peu après l'on vit le matelot porter un mât de signaux ; enfin, ce fut bientôt un poste complet de signaux qu'il établit, sans égards pour le traité existant entre la reine Pomaré et la France. Il se conduisit de même en tout. Il n'a agi que par essais, par empiétements successifs à notre égard.

Je joins à ce rapport les duplicata des lettres et pièces officielles auxquelles ont donné lieu mes dernières transactions à Tahiti. Votre Excellence trouvera en outre la copie, primata, de la lettre de la reine au roi, qu'elle m'avait fait transmettre après l'entrée en fonctions du gouverneur, et que je lui ai envoyée.

Par ma correspondance avec le capitaine Tucker, commandant de la frégate le *Dublin*, votre Excellence reconnaîtra quel était le véritable but des envahissements et empiétements successifs du commandant de la *Vindictive*. Ce dernier officier a évidemment cherché à leur donner toute leur valeur ! Mais il m'a semblé que les réclamations faites par le capitaine Tucker, des établissements indûment concédés à M. le commandant de la frégate la *Vindictive*, soulevaient toute une question préjudicielle, qui est celle de savoir quel droit aurait eu la reine de faire à un pouvoir étranger des concessions de cette nature, ayant, préalablement à ces actes, complétement et irrévocablement transmis la souveraineté extérieure des îles de la Société à S. M. le roi des Français. Il m'a paru évident qu'elle n'avait plus un tel pouvoir, et que du jour où elle avait apposé sa signature au traité, elle avait définitivement renoncé à toutes relations directes avec les gouvernements étrangers, et, qu'en conséquence, tout acte de cette portée, nécessairement vicié dans son origine, devait être nul de plein droit.

Il est facile de voir que, par toutes ses menées, le capitaine Toup Nicholas ne rêvait qu'au moyen d'engager son pays à prendre parti contre le nôtre : tout respect de l'indépendance des souverains et du droit des gens était par lui mis au néant. Cependant, et très-certainement, il eût trouvé fort mauvais et très-injuste qu'un pouvoir quelconque fût intervenu en Chine après le traité fait avec l'Angleterre, et fût venu dire à l'empereur : « Manquez à votre traité avec S. M. B., nous vous défendrons et nous vous soutiendrons. » Telle a été pourtant la conduite qu'il a tenue envers nous ! Bien plus, lorsqu'il rendait ces honneurs ridicules à un pavillon inventé et établi comme signe de renonciation au traité, n'intervenait-il point directement dans des affaires qui eussent dû lui rester étrangères, et n'était-ce point une démonstration patente d'hostilité contre la France ? Quels traités seraient possibles, et respectés si de pareilles interventions étaient permises ?

Ce pavillon, il ne l'a tant fêté que parce que, ne pouvant faire flotter celui de la Grande-Bretagne, il espérait qu'un jour il deviendrait un obstacle à l'organisation du protectorat, ou que la nécessité où l'on nous placerait de l'amener, puisqu'on l'établissait comme un signe de révolte contre le traité, donnerait lieu à une espèce de conflit d'où on infèrerait que nous aurions rompu le traité, puisque nous serions amenés à faire plus qu'il ne statuait, et que de là on prendrait sans doute aussi occasion de tirer des conséquences très-logiques pour crier à l'oppression de *la pauvre reine Pomaré*, et donner à nos actes une couleur d'*odieuse persécution*, tout en se plaignant bien haut de notre *insatiable ambition* ! Enfin, la vérité est que l'on a pensé que, par cette mesure, on arriverait à faire naître le moyen de soulever toute l'Angleterre contre la France !...

M. Pritchard cherchait à effrayer la reine, en lui disant que je voulais la faire enlever et l'envoyer en France ! ce qui, dans ces îles où l'exil est plus redouté que la mort, avait pour but de l'obliger à chercher un asile dans sa maison, d'où il ne voulait pas qu'elle sortît même pour me recevoir; il avait la prétention de vouloir que les affaires de Tahiti fussent traitées dans son consulat, et lorsque la reine, malgré lui, me reçut chez elle, j'ai su qu'elle était décidée à amener son pavillon, mais que M. Pritchard, par obsession, l'avait fait revenir sur cette décision, en lui promettant que si nous amenions son pavillon il amènerait le sien et que, comme le sien se relèverait, celui de Pomaré reparaîtrait en même temps. M. Pritchard n'amena pourtant le pavillon de son consulat que près d'une demi-heure après que celui de fantaisie de la reine eut été amené et remplacé par le pavillon francais. Mais aussitôt il imagina de faire faire une visite par la reine à bord de la frégate *la Dublin*, pour avoir occasion de faire relever ce chiffon mystique et de le faire saluer de vingt et un coups de canon par cette frégate, qui, avant mon arrivée, l'avait déjà salué. Mais, très-heureusement, je fus averti à temps de cette nouvelle provocation insultante, et je réussis à en empêcher l'exécution en écrivant aussitôt à M. le capitaine Tucker à ce sujet.

Malgré que ce rapport soit déja très-long, je crains de n'avoir point encore dit sur ces affaires tout ce qu'il importe à Votre Exc. de bien connaître, et je ne crois rien faire de plus utile pour le Gouvernement que d'envoyer en France M. Reine, lieutenant de vaisseau, dont la conduite comme gouverneur de Tahiti a été si honorable que, malgré les difficultés de sa position, il ne s'est élevé qu'un cri d'éloges sur son compte dans tous les partis. Il expliquera à V. Exc. ce qui ne lui paraîtrait point assez clair, et il aidera évidemment le Gouvernement à apprécier à sa juste valeur l'état de civilisation de ces peuples et à connaître leurs besoins réels. Ils ne peuvent plus aller seuls, c'est de toute évidence pour les personnes qui connaissent leur situation; mais il n'est pas moins évident que les Anglais ne cherchent à nous éloigner ou à nous faire abandonner cet archipel que pour s'y établir à notre lieu et place.

M. Reine est un officier distingué qui vient de se faire remarquer en donnant les preuves les plus irrécusables de son honorable caractère, et il mérite non-seulement toute la confiance du gouvernement, mais encore d'être dignement récompensé pour l'honneur que sa conduite a fait rejaillir sur notre corps.

En dernière analyse, pour résumer tous les faits, les bien préciser et faire connaître le temps de leur succession, je crois encore devoir ajouter un mot.

Arrivé seul à Tahiti, le 1er novembre, je mouillai à Papaéte, où déjà se trouvait la corvette française *l'Embuscade*, en station en ce port depuis le mois de juin, et la frégate anglaise *la Dublin*, arrivée le 1er octobre. L'amiral Thomas, qui ordinairement la monte, n'était point à bord; il était resté aux Sandwich. Le jour même de son mouillage, je notifiai à la reine l'acceptation du protectorat par S. M. Louis-Philippe Ier, la ratification pleine et entière du 9 septembre 1842, et je lui annonçai la prochaine arrivée du commissaire nommé par le Roi pour résider près d'elle. J'écrivis le même jour à MM. les consuls étrangers pour leur communiquer cette nouvelle.

Je passai la journée du 2 à prendre une connaissance exacte de la situation des choses, et je reconnus que les conseillers de la reine avaient fondé sur le maintien d'un pavillon qu'ils lui avaient fait adopter depuis la signature du traité du 9 septembre 1842, et fait arborer solennellement, un signe d'hostilité à ce traité, après l'arrivée de la frégate *la Vindictive*. Je me décidai donc, afin de faire prendre à la reine une décision plus conforme à son honneur et à ses engagements, à lui écrire pour l'engager à amener ce pavillon, que je ne pouvais regarder que comme une insulte à notre dignité nationale; et, pour l'y déterminer plus promptement, je lui annonçai, le 3, que *le pavillon du protectorat n'ayant pas suffi pour garantir nos droits vis-à-vis des étrangers, je me trouvais dans la nécessité de le remplacer, sur tous les points de protection*, par notre pavillon national. Conformément à cet avis, le 4 au matin, notre drapeau national fut arboré sur l'île de Motoo-Outa. *La Reine-Blanche* et *l'Embuscade*, entièrement pavoisées, le saluèrent, ainsi que le fort de Motoo-Outa, de vingt-un coups de canon. Le commandant de *la Dublin s'excusa de ne point prendre part au salut*, n'ayant pas encore d'ordre de son gouvernement.

Vers midi, les frégates l'*Uranie* et la *Danaé* arrivèrent en vue du port, où elles mouillèrent vers quatre heures; elles pavoisèrent aussitôt par mon ordre, et prirent part avec nous au salut du coucher du soleil. Le 4 au matin, m'étant aperçu que la reine persistait à mettre sur sa maison ce prétendu pavillon royal, qu'elle ne hissait et n'amenait qu'en même temps que la frégate la *Dublin*, ce qui indiquait clairement d'où venait sa résistance, je lui fis donner de nouveaux avis par M. le commandant Mallet. Etant aussi restés sans effet, je lui notifiai, le 5, que si elle ne m'écrivait pas pour s'excuser et renoncer franchement à son opposition au traité, je me verrais, bien malgré moi, dans la nécessité de passer outre, de ne plus la reconnaître, et enfin de prendre possession définitive de l'archipel des îles de la Société.

Cette tentative n'ayant point été couronnée d'un meilleur succès, je me rendis le même jour au soir pour tenter un dernier effort; nous ne fûmes point reçus; elle se trouvait chez M. Pritchard, et je ne pus même en obtenir la promesse d'une audience pour le lendemain matin; elle me répondit cependant qu'elle verrait, et que, si elle devait me recevoir, elle m'écrirait et me le ferait savoir avant le jour.

Dans la nuit je reçus une lettre de la reine, qui m'accordait un rendez-vous pour le lendemain, huit heures du matin. Je suspendis alors l'exécution des ordres que j'avais données pour descendre au jour et occuper. A huit heurs du matin, le 6, je me rendis à l'audience que j'avais obtenne. Là, je rappelai à la reine toute la suite des événements, et je lui représentai le danger réel auquel elle s'exposait par son opiniâtreté. N'ayant pu obtenir aucune réponse, soit positive, soit négative, je pris congé en lui annonçant que si, avant midi, son pavillon était amené, je descendrais avec le commissaire du Roi, et que nous établirions le protectorat, mais que si son pavillon n'était point amené, je donnerais cours à l'execution des mesures que j'avais prises et seulement suspendues jusqu'à sa réponse, et qu'alors je prendrais possession définitive de l'archipel des îles de la Société et dépendances. Le pavillon n'étant point amené à l'heure signalée, nous avons pris, au nom du Roi et de la France, possession définitive de l'archipel des îles de la Société et dépendances.

Je suis, etc.

---

*Rapport adressé à M. le commandant particulier par M. Bonard, capitaine de corvette commandant de l'*Uranie.

1er juillet 1844.

Monsieur le commandant particulier,

J'ai l'honneur de vous adresser mon rapport au sujet d'un engagement que, dans la nuit du 29 au 30 du mois dernier, avec une partie de l'équipage de l'*Uranie*, j'ai livré aux insurgés du district de Ponnavia.

Les indigènes, dans la journée du 29, ayant annoncé leur intention d'inquiéter le camp de l'Uranie, je me résolus à pousser une forte reconnaissance en avant pour m'assurer de leur position et tâcher de les surprendre, s'il était possible. Vers dix heures du soir, je réunis tous les hommes disponibles restés à bord, et avec 20 hommes pris au camp de l'Uranie, je formai un corps d'environ 150 hommes, avec lesquels je me rendis sans bruit à la propriété de Faaa, qui est située à trois quarts d'heure de marche du camp, et qui n'avait pas encore été inquiétée. Arrivé là, je plaçai cinquante hommes en avant-garde, sous les ordres de MM. Domezon, enseigne de vaisseau, et Joubert, élève de 1re classe. L'arrière-garde, destinée à servir de réserve et à transporter les blessés à Faaa, se composait de quinze hommes armés et de dix canotiers-majors sans armes, le tout sous les ordres de M. Lasource, élève de 2e classe. Le reste, commandé par M. Baehme, lieutenant de vaisseau, et composé de deux sections, formait le centre et devait suivre de près l'avant-garde. L'ambulance était établie à Faaa, et le canot mouillé à la pointe de l'îlot de Motoo-Faaa était destiné à recevoir les blessés après les premiers pansements.

Ces dispositions prises, je me mis en route, en recommandant le plus grand silence, ordre qui fut parfaitement exécuté. Les insurgés, d'après les indications du guide, devaient se trouver dans une grande case placée dans un enclos très fourré, à environ vingt minutes de marche. Je comptais les surprendre dans leur premier sommeil, et me retirer après les avoir dispersés; mais, peut-être prévenus de notre marche malgré notre silence, ils étaient sur leurs gardes. Les premiers rangs étaient à peine arrivés le long du ruisseau qui côtoie l'enclos du côté de l'est, qu'il se fit dans le camp une grande rumeur, et de tous côtés nous les vîmes courir et se préparer à la défense. En même temps l'avant-garde fut reçue par une vive fusillade partant principalement de l'enclos.

Je donnai l'ordre d'enlever cette position à la baïonnette, ce qui fut fait en un instant, grâce à l'élan communiqué par MM. Baehme, Domezon, Fergus et le maître magasinier Romain, qui se sont élancés à la tête de l'avant-garde et de la première section du centre. Bientôt les insurgés se dispersèrent. Les chercher pendant la nuit dans les broussailles eût été très-dangereux, par la nécessité de diviser nos forces; je donnai l'ordre de rallier, et je réformai les troupes en ordre renversé. Nous nous remîmes lentement en marche sur Faaa, emportant les blessés et leurs armes, l'arrière-garde s'arrêtant de temps à autre pour contenir les insurgés dans le cas où ils auraient eu l'intention de se réformer et de nous attaquer.

Nous arrivâmes enfin à Faaa, où l'on s'occupa de l'embarquement des blessés et de leurs armes. En même temps je réunis un conseil d'officiers, et je me décidai à évacuer cette position difficile à garder et dont la défense eût trop divisé nos forces.

Les troupes un peu reposées, nous nous remîmes en marche, et vers deux heures nous arrivâmes à Papaete sans leur avoir tiré un coup de fusil depuis notre départ de l'enclos que nous avions envahi.

Il est difficile d'évaluer exactement le nombre et les pertes des insurgés; ils avaient le soir même communiqué avec Moréa, et beaucoup d'habitants de cette île s'étaient rendus à leur appel. Tous les rapports les portent à 300 au moins, et je ne crois par ce nombre exagéré.

Nous avons eu de notre côté cinq morts et neuf blessés dont les noms suivent :

Morts. — MM. Poret, volontaire de la marine; Papon, matelot; Leroux, *id.*; Damman, *id.*; Bourget, *id.*

Blessés. — MM. Bonard, capitaine de corvette; Constant, 2e maître de manœuvre; Michel, 2e maître calfat; Wilhem, matelot; Garnier, *id.*; Guichon, *id.*; Cauvet, *id.*; Nicolas, *id.*; Thomasset, *id.*

Le guide indigène Ponta a été tué en escaladant la barrière de l'enclos des insurgés.

Je dois particulièrement citer MM. Domezon, pour la manière dont il a conduit l'avant-garde lorsque nous allions en avant, et l'arrière-garde lorsque nous avons opéré notre retour, et le second maître Bonnet, qui, à peine convalescent d'une blessure reçue à l'affaire de Mahahéna, a voulu marcher au premier rang, et s'est élancé le premier dans l'enclos des insurgés.

J'ai l'honneur, etc.,

A. Bonnard, *commandant* l'Uranie.

Rapport adressé à M. le gouverneur par M. le chef de bataillon de Bréa, commandant les troupes expéditionnaires.

Papaete, le 2 juillet 1844.

Monsieur le gouverneur,

J'ai l'honneur de vous rendre compte de l'expédition dirigée contre les insurgés de Tahiti pendant les journées des 29 et 30 juin dernier.

La colonne expéditionnaire, formée d'une compagnie d'artillerie, avec un obusier de montagne, d'une compagnie de débarquement de *l'Uranie*, et de quatre compagnie d'infanterie de marine (effectif, 405 hommes), partit de Papaete le 29, à quatre heures du matin, pour se rendre à Hapapé, (pointe de Vénus). A neuf heures, nous étions au pied de la montagne qu'il faut franchir pour pénétrer dans la vallée de Hapapé, en venant du village de Papana, où quelques Indiens auxiliaires vinrent se joindre à nous. En cet endroit, les éclaireurs de l'avant-garde tirèrent quelques coups de fusils sur les vedettes de l'ennemi, qui prirent aussitôt la fuite. La montagne fut gravie sans autre obstacle que celui qu'opposait naturellement la pente extrêmement raide du terrain.

Le Phaéton, qui suivait le mouvement de la colonne, ayant doublé le petit promontoire que forme la montagne en s'avançant dans la mer, tira quelques coups de canon à mitraille pour sonder la profondeur de la vallée: de mon côté, conformément à vos ordres, je fis tirer quelques coups d'obusier, dans le même but, dès que nos troupes furent rendues sur la hauteur. J'envoyai ensuite M. de Lavaissière, enseigne de vaisseau, en reconnaissance avec la 1re section des marins, dans la plaine boisée qui s'étendait devant nous. Ces dispositions prises, je fis remettre la colonne en marche et nous avançâmes, en suivant le littoral de la baie, vers le village de Hapapé. La section envoyée en reconnaissance s'enfonça dans le taillis jusqu'au pied de la montagne, et tira quelques coups de fusil sur des vedettes de l'ennemi, qui ripostèrent par des coups de tromblons en battant en retraite. M. de Lavaissière a conduit cette reconnaissance avec beaucoup de discernement.

A dix heures et demie nous étions rendus à Hapapé, où, d'après vos ordres, je fis halte devant une grande case située à environ cent pas du rivage. Toutes nos troupes y trouvèrent facilement place pour se reposer sans se désunir. Tranquille du côté du rivage, qui est entièrement découvert, je pris des dispositions pour éviter toute surprise du côté opposé : à cet effet j'établis une ligne de sentinelles à l'entrée du bois que je fis fouiller jusqu'à portée de fusil.

Tout portait à croire que les insurgés nous attendaient à Papenoo : en conséquence il fut résolu qu'après un repos de trois heures, pendant lequel les troupes se rafraîchiraient, on se remettrait en marche pour cette baie.

Vers deux heures, en effet, nous nous remîmes en marche, en passant devant le temple et la grande case des missionnaires anglais, pour doubler la pointe de Vénus. Au moment où l'arrière-garde, formée par la 28e compagnie, arrivait à la hauteur du temple, l'ennemi déboucha subitement sur les derrières et par le flanc et commença l'attaque. La 28e soutint bravement le premier choc, qui fut fatal à l'un des missionnaires, qu'une balle des insurgés étendit mort sur son balcon; d'après vos ordres, je fis aussitôt replier la colonne pour venir arrêter l'ennemi. En un instant les derniers pelotons, formés par les voltigeurs et la 30e compagnie, furent en ligne et commencèrent un feu si bien nourri, que les insurgés rentrèrent presque aussitôt dans le bois. Ils y furent poursuivis jusqu'à l'entrée, et là s'établit une ligne de feux qui, de part et d'autre, se soutint longtemps avec une extrême vivacité.

D'après vos instructions, dès que la position des tirailleurs fut établie, je fis masser la réserve derrière la case et le temple, et j'allai reconnaître la position de l'ennemi. Je ne tardai pas à m'apercevoir qu'il était certains points où le feu des insurgés semblait plus vif et mieux nourri, et je jugeai que l'obusier serait d'un puissant effet sur les divers points que je remarquai. Je vous en rendis compte, monsieur le gouverneur, et aussitôt M. le capitaine Somsois reçut ordre d'aller avec son obusier s'établir aux endroits indiqués. Cet officier a pleinement justifié la confiance que j'avais dans son expérience, et s'est acquitté de sa tâche avec beaucoup de courage et de sagacité. Il a fait jouer sa pièce successivement sur divers points et avec un succès qui a porté le trouble chez l'ennemi. Mais il restait un point où semblait s'être concentré leur principal effort : protégés par quelques accidents de terrain, dérobés en grande partie à notre vue par le feuillage des goyaviers, ils semblaient braver notre feu. Le combat se prolongeait depuis près de trois heures : il fallait y mettre un terme par un trait d'audace. J'ordonnai alors à la 28e compagnie de se porter en avant pour enlever cette position ; je fis battre la charge, et aussitôt la compagnie désignée, conduite par son brave capitaine, s'est précipitée à la baïonnette. Je ne vous dirai rien de la vigueur avec laquelle cette charge a été exécutée, puisque vous étiez sur les lieux. Ce qu'il y a de certain, c'est que l'ennemi s'est débandé. Tous nos tirailleurs, suivant le mouvement de la 28e, se sont portés en avant et ont poussé les insurgés jusqu'à la montagne, en les poursuivant de leurs coups de fusil. Pendant toute la durée du combat, les insurgés ont fait disparaître au fur et à mesure leurs morts et leurs blessés vers la montagne ; mais la dernière charge avait été poussée avec une telle vivacité, que les derniers atteints n'ont pas pu être enlevés ; aussi avons-nous trouvé neuf cadavres sur ce point. Au reste, il est facile de juger, d'après les traces de sang que nous avons remarquées, que leurs pertes ont été considérables.

De notre côté, nous avons également à déplorer des pertes. Voici de quelle manière elles sont réparties :

1° Compagnie de débarquement, 1 blessé ;

2° Infanterie de marine, 2 tués et 15 blessés ;

3° Tahitiens auxiliaires, 1 tué et 1 blessé.

M. le docteur Ferrier, chirurgien de la colonne expéditionnaire, a prodigué ses soins aux blessés avec beaucoup de zèle et de dévouement. L'ambulance avait été établie dans la case de la mission. L'embarquement des blessés à bord du *Phaéton* a eu lieu le soir même.

Ce combat a été un combat de tirailleurs, où tout le monde a fait son devoir. Toutefois, je dois signaler d'une manière particulière M. Somsois, capitaine d'artillerie ; M. Lavigne, capitaine de la 28e compagnie d'infanterie de marine ; Jourdain (Marie-René), sergent à la même compagnie, blessé ; Fautrel, quartier-maître de *l'Uranie*, blessé grièvement ; Vaudrel (Noë-Eloi), voltigeur, amputé ; Théodore (Paul), fusillier à la 30e compagnie, blessé ; Désiré, fusilier à la même compagnie, blessé grièvement ; Pellegri (Bertrand), caporal d'artillerie.

MM. les officiers attachés à l'état-major ont rivalisé de zèle et de courage pour la transmission des ordres de M. le gouverneur.

Pendant le combat, *le Phaéton* a tiré quelques coups de canon qui ont fort incommodé l'ennemi.

Comme à Mahahéna, nous avons bivouaqué sur le champ de bataille. Le lendemain, vous avez ordonné de marcher sur Papenoo. La colonne est partie à cinq heures du matin et a parcouru deux lieues de pays au delà de Hapapé jusqu'à Mahounou, où nous sommes arrivés vers dix heures, sans trouver l'ennemi ; seulement nous avons remarqué que toutes les cases venaient d'être abandonnées, que dans plusieurs le feu était encore allumé et le repas préparé, ce qui indiquait une fuite précipitée vers la montagne, leur refuge habituel.

A une heure après midi, nous étions de retour à Hapapé, où une dépêche vous a appris l'urgence de notre prompt retour à Papaete. En conséquence, *le Phaéton*, à son retour de Mahounou, où il avait suivi la colonne, a reçu à son bord toutes les troupes de l'expédition. A cinq heures du soir, nous débarquions à Papaete.

Je suis avec respect, etc.

Le commandant des troupes expéditionnaires,

DE BRÉA.

SÉRIE NOUVELLE DE DOCUMENTS

COMMUNIQUÉE PAR LE GOUVERNEMENT.

PIÈCES DIPLOMATIQUES RELATIVES A TAHITI.

N° 1.—M. Guizot adresse au comte de Jarnac, notre chargé d'affaires à Londres, le 30 juillet, les six dépêches suivantes.

N° 2. — *Le capitaine Bruat à M. l'amiral de Mackau.*

Papaete, le 27 février 1844.

Monsieur le ministre,

Depuis le départ de la frégate *la Dublin*, l'ex-reine Pomaré ne comptant plus sur l'intervention de l'Angleterre en sa faveur, avait montré des tendances qui me faisaient croire qu'elle ne tarderait pas à revenir à nous; mais, ainsi que j'ai eu l'honneur de vous le faire savoir par mon rapport du 28 janvier, le chef Fati m'a appris que Pomaré avait écrit une lettre qu'elle allait m'adresser, lorsqu'elle en fut détournée par M. Pritchard, qui la menaça, dit-on, de faire partir *le Basilisk*. Quoique je n'aie pas la preuve matérielle de ce fait, je suis cependant convaincu de son exactitude.

Des émissaires ont été envoyés dans les districts, et bientôt j'ai été informé que plusieurs petits chefs, jaloux de Fati, abandonnaient leurs cases, emportaient tout ce qu'ils possédaient et se retiraient dans la presqu'île de Taïrabou, où, sous la conduite des chefs Taviri, Pitomaï, Farchou et Téraï, se formait un parti hostile. J'ai dû prendre des mesures promptes et énergiques pour réprimer les troubles qui se sont manifestés.

Le Phaéton est immédiatement parti et est venu mouiller dans la baie de Papeau, d'où il a pu observer tous les mouvements des insurgés. M. Moissin et M. Mariau, capitaines d'état-major, que j'ai fait embarquer sur ce bâtiment pour étudier le terrain et en faire la topographie, ont pris des dispositions pour arrêter l'émigration. Ils occupent en deçà de l'isthme une position qui leur permet d'atteindre au but, et au moyen d'un petit ouvrage qu'ils ont établi à terre, ils dominent tout le pays, conformément à mes instructions. On permet aux Indiens, qui viennent dans la presqu'île pour rentrer dans leur foyers, de passer librement; mais la circulation de l'intérieur vers Taïrabou a été formellement interdite par terre et par eau.

Ces messieurs ont étudié les canaux et trouvé une nouvelle passe qui permettra aux bâtiments de mouiller près de l'isthme. Ils trouvent cette position admirable comme point stratégique et comme végétation.

Je pars aujourd'hui même avec la corvette *l'Embuscade* et 150 hommes de troupes pour me rendre à l'isthme. Les compagnies de *l'Embuscade* et du *Phaéton* porteront nos forces à 300 hommes.

Je verrai par moi-même la position du pays, et j'aviserai. Tout me porte à croire que ce déploiement de forces suffira pour intimider les Indiens et les faire rentrer dans leurs districts. Quoi qu'il en soit, j'occuperai une position militaire pour couper les communications entre Taïrabou et l'intérieur. La présence de quelques forces est tout à fait indispensable pour rassurer nos partisans et effrayer les perturbateurs.

Déjà j'aurais agi, si je n'avais donné six jours aux chefs pour faire leur soumission.

Quoique le terme fixé soit expiré aujourd'hui, j'ai accordé au capitaine Henry, qui a une grande influence sur les Indiens, de tenter de les ramener, et il est parti hier matin; il m'aura devancé de vingt-quatre heures.

Toutes mes précautions sont prises ici, où je laisse *l'Uranie* et la *Meurthe* et plus de deux cents hommes de troupes.

Veuillez, etc.

BRUAT.

N° 3. — *Copie d'une proclamation de M. le commandant particulier des îles de la Société.*

ETABLISSEMENT FRANÇAIS DE L'OCEANIE.

Une sentinelle française a été attaquée dans la nuit du 2 au 3 mars 1844.

En représailles, j'ai fait saisir le nommé Pritchard, seul moteur et instigateur journalier de l'effervescence des naturels. Ses propriétés répondront de tout dommage occasioné à nos valeurs par les insurgés; et, si le sang français venait à couler, chaque goutte en rejaillirait sur sa tête.

Papaete, 3 mars 1844.

D'AUBIGNY.

Pour copie conforme :

Le gouverneur, BRUAT.

N° 4. *M. d'Aubigny à M. Bruat.*

Papaete, le 4 mars.

Monsieur le gouverneur,

Hier, en sortant de la messe, j'avais l'honneur de vous écrire que tout était tranquille, et j'expédiais un commissionnaire pour vous porter en outre un message de M. Moerenhout. Il doit être près de vous depuis une ou deux heures. Après son départ, les affaires ont pris une tournure que je veux immédiatement porter à votre connaissance.

Hier, à onze heures du matin, j'ai été prévenu par un billet de M. Guillevin qu'une sentinelle du camp de l'Uranie avait été attaquée et terrassée pendant la nuit.

Voici le fait : Un matelot était en faction sur le môle. Sur dix heures et demie, un individu s'est glissé jusqu'à lui, lui a assené un coup de poing sur la tête qui l'a renversé. En tombant, le matelot a crié au secours; l'individu s'est jeté sur le fusil, que le matelot défendait de son mieux. Pendant la lutte, les hommes du poste sont venus au secours de leur camarade. L'individu, en les voyant, s'est enfin armé de la baïonnette, dont il était parvenu à s'emparer. Suivi de près, on est entré presque en même temps que lui dans sa case; il a été arrêté et est à cette heure entre mes mains, et aurait été de suite traduit devant un conseil de guerre, si j'en avais eu la puissance. La baïonnette n'est pas retrouvée.

Frappé de cette audace, convaincu que toute notre force réside dans le prestige de supériorité morale qu'il nous importe de ne pas perdre au milieu des Indiens, et persuadé que le meilleur moyen d'en finir avec eux était de s'emparer du directeur et de l'instigateur de leur agitation, je me suis décidé à faire arrêter Pritchard. Cet acte est accompli; il a été saisi hors de chez lui, à cinq du soir, au moment où, sous une pluie battante, il allait mettre le pied dans un canot, accompagné du capitaine du *Basilisk*, de M. Collie, etc., pour se rendre soit à bord du *Basilisk*, soit à bord du *Cormoran*.

N° 5. — *Copie de l'ordre du commandant particulier, relativement à la mise en état de siége de Papaete.*

Le commandant particulier des îles de la Société arrête ce qui suit :

ARTICLE 1er. Jusqu'au retour de S. E. M. le gouverneur, les établissements de la baie compris entre la pointe des Cocotiers et la caserne de l'Uranie sont déclarés en état de siége.

ART. 2. Tout résident européen ou indien doit être rentré dans son habitation au coup de canon de retraite, et n'y recevoir personne après cette heure.

Art. 3. Depuis le coup de canon de retraite jusqu'à celui de la diane, les patrouilles commandées par un officier et les rondes de police pourront se faire ouvrir, ou ouvrir de vive force, et visiter en détail toute maison qui leur paraîtra suspecte, ou dans laquelle on soupçonnera une réunion de personnes autres que celles qui habitent la maison.

Art. 4. Au coup de canon de retraite, tous les feux des cases indiennes doivent s'éteindre.

Art. 5. Les embarcations des bâtiments étrangers, à quelque nation qu'ils appartiennent, doivent avoir quitté le rivage au coup de canon de retraite, emmenant avec elles toutes les personnes de leur équipage et tous les passagers descendus à terre dans la journée. Il est interdit à tout officier, matelot ou passager, d'avoir à terre un logement de nuit.

Art. 6. D'un coup de canon à l'autre, les bâtiments étrangers sont prévenus qu'en outre des coups de feu auxquels ils exposeraient leurs hommes en envoyant un canot à terre, l'équipage serait arrêté et l'embarcation immédiatement sabordée ou détruite.

Art. 7. Si les patrouilles ou rondes de gendarmes trouvent dans les maisons qu'elles visiteront des personnes qui ne les habitent pas, en outre de l'arrestation de ces personnes, de celle du propriétaire, de la confiscation ou de la destruction immédiate de tout vin, alcohol ou autres esprits, les maisons pourront être détruites, et leurs matériaux transportés à la convenance du commandant supérieur, pour construire des corps de garde, magasins ou abris utiles à la garnison.

Art. 8. Soit que l'établissement conserve sa tranquillité ou qu'il vienne à être troublé de nuit par une cause quelconque, il est expressément défendu aux Européens et Indiens de sortir de chez eux; ceux qui ne se conformeraient pas à cet ordre s'exposeraient à recevoir le feu d'une patrouille.

Art. 9. Les agents de la police indigène qui devront veiller la nuit seront rendus chaque soir, à sept heures, à la caserne de gendarmerie, d'où ils ne sortiront pour leur service qu'avec de la lumière, et accompagnés par un gendarme français.

Art. 10. MM. les employés de l'établissement que leur service ou tout autre motif appellera hors de chez eux après la retraite devront se faire accompagner d'une lumière.

Art. 11. Au coup de canon de retraite, toutes les baleinières, canots et pirogues appartenant aux résidents et aux Indiens devront être hâlés à terre à dix longueurs d'embarcations au moins de la haute mer; toute embarcation trouvée à flot après huit heures sera sabordée ou détruite.

Art. 12. Toutes les baleinières, pirogues armées par des Indiens ou en contenant, qui voudront entrer dans la baie ou qui voudront en sortir, devront accoster le stationnement, afin qu'on les visite pour s'assurer qu'elles ne contiennent ni vin, ni alcohols, ni munitions de guerre, ni armes, ni rien de suspect.

Art. 13. Les embarcations des bâtiments de guerre français qui voudront venir à terre ou y stationner après la retraite devront se munir d'une lumière, ainsi que MM. les officiers de la flotte.

Art. 14. Il est défendu aux Européens et Indiens de tirer des coups de fusil ou de faire partir des boîtes, soit de jour, soit de nuit, sur tout l'espace mis en état de siége; les contrevenants seront immédiatement arrêtés, leurs armes saisies et leurs maisons fouillées.

Papaete, 2 mars 1844.

d'Aubigny.

No 6. — *M. Bruat à l'amiral de Mackau.*

Papaete, 13 mars 1844.

Monsieur le Ministre,

Depuis mon rapport du 27 février, dont je vous ai adressé le duplicata par la voie des Sandwich, j'ai rejoint le capitaine Henry, qui avait échoué dans les négociations entamées par lui avec les Indiens insoumis.

Ne voulant pas trop disséminer mes forces, j'ai détruit le poste provisoire que le capitaine Maissin avait établi et qui devenait inutile. Piloté par M. Henry, *le Phaéton* a remorqué *l'Embuscade* au port de l'est de l'isthme, que j'ai appelé port Phaéton, parce que c'est le premier bâtiment qui soit venu à ce mouillage (29 février, quatre heures du soir).

J'ai immédiatement mis les troupes à terre pour abattre les arbres et découvrir le pays. Je me suis en même temps emparé de quarante-neuf pirogues qui venaient d'être abandonnées. Le lendemain, pendant qu'on pratiquait la route, on a reconnu la case, dite de la Reine, éloignée de 2,000 mètres du rivage; je m'en suis emparé. Avant la nuit les troupes étaient bivouaquées, et j'avais une pièce de canon sur l'isthme que nos avant-postes avaient fait évacuer sans tirer un seul coup de fusil.

Quoique les rapports de plusieurs personnes aient annoncé que les révoltés fussent au nombre de deux mille hommes, ce que je ne crois pas, et que l'effectif de nos soldats et de nos marins réunis ne montât qu'à deux cents hommes environ, aucune attaque n'a eu lieu, et lorsque suis parti de Taravau le 6 mars au soir, j'avais établi une fortification avec fossés, que je crois inexpugnable pour des Indiens. On y construit un blockhaus, et dès que le fort sera achevé, je rappellerai une partie des troupes. Soixante hommes suffiront pour le garder; mais il faudra laisser un navire au mouillage du *Phaéton*. Je crois que ce poste, qui intercepte entièrement les commucations entre Taïrabou et Tahiti, rend très-difficiles celles de la partie Est avec la partie Nord, et devient ainsi la clef militaire de toute opération que nous voudrions tenter, ou qu'on voudrait faire contre nous.

Malgré les pluies qui n'ont pas cessé de nous poursuivre et qui ont également régné à Papaete, l'ardeur des marins et des soldats ne s'est pas ralentie un instant. J'ai mis à profit mon séjour pour parcourir toute la partie Nord de Taïrabou dans mon canot, et je me suis assuré que le capitaine Henry m'avait dit vrai.

Les chefs de Tautira (partie Ouest de Taïrabou) sont venus me trouver dans ce district et dans celui de Papara. Beaucoup d'Indiens sont rentrés chez eux.

Quoique le retranchement du poste de Taravau ne fût pas terminé, j'ai dû revenir à Papaete, d'après la gravité des faits énoncés dans les lettres que m'a envoyées le commandant particulier.

Le Phaeton, sur lequel j'étais, a passé dans l'Est. C'est dans la partie la plus voisine de l'isthme que se trouvent les révoltés; ils m'ont paru moins nombreux qu'on le rapporte. Je pense que la présence du bateau à vapeur aura produit un bon effet.

Arrivé le 7, j'ai trouvé effectivement que Papaete avait l'air d'une ville assiégée. J'ai immédiatement fait remettre à terre les effets français que l'on avait fait porter à bord des bâtiments. Malgré notre petit nombre, le feu est l'ennemi le plus redoutable que nous ayons à craindre; néanmoins toutes les précautions sont prises.

J'ai été à la pointe de Vénus; le missionnaire anglais, M. Orsmond, m'a parfaitement secondé; il avait déjà engagé le peuple à répondre par un refus aux émissaires des insurgés. Là encore j'ai eu à renverser les mêmes intrigues, les mêmes contes. La population et les chefs ont reconnu mon autorité, et ont engagé tous les fuyards de Papaete à rentrer chez eux; beaucoup ont suivi ce conseil. Ainsi le nombre des insurgés diminue tous les jours, et de tous côtés la confiance renaît, et les grands chefs du pays, qui tous sont restés fidèles à notre cause, m'annoncent qu'avec de la patience chacun rentrera chez soi.

Dans de telles circonstances, M. Pritchard était réellement un homme dangereux, dominant le parti qui nous est opposé. J'ai dû refuser de le mettre en liberté; cela eût produit le plus mauvais effet. Je ne pense pas qu'un gouvernement, arrivé à des circonstances telles que l'état de siége, puisse tolérer les intrigues d'un simple résidant qui cherche à couvrir ses menées sous un titre de consul d'un pays où il n'a pas même cherché à se rendre, quoiqu'il en eût le temps et les moyens. M. Pritchard, qui avait été mis dans un blockhaus, a été transféré à mon retour et par mon ordre à bord de *la Meurthe,* où il reçoit des vivres de la table du capitaine. Il se loue des soins qu'on a pour lui. M. le capitaine du *Cormoran* n'avait aucune mission pour Tahiti, j'ai dû le sommer de quitter les îles de la Société; il en a senti la nécessité. Il veut bien prendre à son bord M. Pritchard; mais je ne le lui livrerai que s'il s'engage à ne le déposer dans aucune des îles de cet archipel. Dans le cas où il ne voudrait pas prendre cet engagement, j'expédierai M. Pritchard aux îles des Amis par la goëlette *Saint-Kilda,* que les dernières circonstances m'ont forcé d'acheter.

Pour moi, Monsieur le ministre, tous mes efforts tendront à ne pas troubler les bonnes relations qui existent entre les gouvernements, et qui sont si nécessaires à la paix du monde. Ma position est entourée de bien des difficultés, mais j'espère qu'avec de la patience et du temps j'arriverai à bonne fin.

N° 7. — *M. Bruat a l'amiral Mackau.*

Papaete, 21 mars 1844.

Monsieur le ministre,

Les copies de la correspondance que m'a adressée le commandant d'Aubigny pendant mon séjour à Taravau vous feront connaître la nécessité où il s'est trouvé de mettre Papaete en état de siège et d'arrêter M. Pritchard, ex-consul d'Angleterre. Dans l'agitation où se trouvait le pays, cette mesure était nécessaire; mais je n'ai dû approuver ni la forme ni le motif de cette arrestation. Cependant la gravité des événements était telle, que je ne pouvais revenir sur ce qui avait été fait sans décourager notre parti et raffermir les révoltés.

A mon arrivée, j'ai de suite fait transférer M. Pritchard du blockhaus à bord de *la Meurthe,* en donnant au commandant Guillevin l'ordre de le recevoir à sa table. Considérant que M. Pritchard n'était plus qu'un simple résident anglais dont l'influence sur l'ex-reine Pomaré et le parti révolté était devenue dangereuse pour la tranquillité de l'île, j'ai écrit au capitaine du *Cormoran* pour l'encourager à quitter Papaete, où il n'avait aucune mission, et à emmener M. Pritchard, que je promis de mettre à sa disposition dès que le bâtiment quitterait le port.

N° 8. — *Le comte de Jarnac à Monsieur Guizot.*

Londres, 4 août 1844.

Monsieur le ministre,

Les dernières nouvelles de Tahiti ont produit en Angleterre la sensation la plus vive et la plus générale. Jamais, depuis mon arrivée à Londres, je n'ai vu un incident de la politique extérieure exciter une telle impression.

Le parti religieux, si puissant en lui-même, si influent par ses affinités avec les sentiments les plus élevés comme avec les plus aveugles préjugés de ce pays-ci, s'est le premier ému. Des réunions de *saints* ont été convoquées dans toute l'Angleterre, des discours violents et amers ont été prononcés, des imprimés et des gravures ont été répandus, reproduisant la proclamation de M. d'Aubigny du 3 mars, et représentant les diverses circonstances de l'arrestation et de l'emprisonnement de M. Pritchard; rien enfin n'a été négligé pour lui concilier les sympathies populaires et pour l'élever au rang des martyrs de la foi évangélique.

La presse politique, de son côté, n'est pas demeurée en retard, se fondant sur les versions les plus incorrectes et les plus exagérées des faits; les feuilles qui soutiennent habituellement la politique ministérielle, comme celles qui la combattent, se sont accordées pour constituer en affront national la conduite de nos officiers. Sans vouloir reconnaître la position véritable de M. Pritchard, on répète, dans la société comme dans le public, qu'un consul d'Angleterre, agent de la reine, non seulement à Tahiti, mais dans un autre groupe (Riendly-Islands), a été, en plein exercice de ses fonctions, arrêté, incarcéré dans un véritable cachot pendant plusieurs jours avec des procédés d'une sévérité telle, que sa santé en a été gravement atteinte; expulsé enfin sans qu'aucune accusation intelligible ait été produite contre lui. On affirme que tout le langage, toute la conduite de nos agents sont empreints cette fois d'une animosité, d'une hostilité si évidente contre l'Angleterre, qu'il est impossible à ce pays-ci de ne plus les ressentir profondément, et de n'en pas prévoir les conséquences extrêmes. Je dois ajouter encore, monsieur le ministre, que ces sentiments ne me semblent point résulter du fait de notre protectorat à Tahiti ou de l'occupation subséquente de l'île, mais bien des événements que les dernières nouvelles viennent de livrer à la discussion publique. Je trouve lord Aberdeen chaque jour plus préoccupé de cette difficulté nouvelle, et s'il tient à conserver le plus longtemps possible un caractère confidentiel et amical à toutes nos communications, il ne paraît pas moins convaincu qu'une satisfaction est impérieusement due à l'honneur de la Grande-Bretagne. Désirant toujours laisser à Votre Excellence l'initiative de toute proposition, il n'a précisément exprimé, dans nos entretiens, aucune mesure spéciale; mais il m'a positivement dit qu'il n'hésiterait point pour sa part, à désavouer et à censurer hautement tout agent de l'Angleterre qui eût tenu le langage officiel et la conduite attribuée ici à l'un de nos officiers; et je sais d'autre part que le renvoi direct et immédiat de M. Pritchard à Tahiti a été formellement proposé et discuté dans le conseil.

Je ne cesse, monsieur le ministre, de prémunir, et lord Aberdeen et toute personne avec laquelle je crois devoir accepter la conversation sur ces événements, contre la déplorable confiance accordée ainsi aux premières versions de la presse et des parties intéressées. Je ne cesse de rappeler que c'est surtout en vue d'accidents et d'épreuves pareils pour nos relations, qu'une politique de confiance mutuelle a été proclamée par les deux gouvernements. Mais je n'en dois pas moins appeler sur cet état général des esprits toute l'attention de Votre Excellence, et réclamer d'elle toutes les informations qui me permettront de rectifier des jugements évidemment aussi erronés. Quant à aujourd'hui, il importerait particulièrement de pouvoir faire reconnaître les faits mêmes imputés à M. Pritchard, et de donner ainsi quelque précision à des accusations qui ne se produisent encore que sous la forme d'assertions vagues et banales.

Déjà la situation des affaires du Maroc et l'arrivée de M. de Nesselrode à Londres avaient excité quelques doutes sur le maintien des relations intimes des cabinets. J'ai lieu de craindre que, sans une prudence très grande de part et d'autre, la politique proclamée par les deux couronnes, il n'y a pas encore six mois, ne soit gravement menacée.

N° 9. — *M. Guizot au comte de Jarnac.*

Paris, 8 août 1844.

Monsieur le comte, j'ai reçu la dépêche que vous m'avez fait l'honneur de m'écrire le 4 de ce mois et dans laquelle, en me rendant compte de l'effet général produit en Angleterre par les nouvelles de Tahiti, vous me signalez toute la gravité de cet incident. Plus les esprits s'en montrent passionnément préoccupés, plus il importe de leur laisser le temps de se calmer. Nous nous abstiendrons donc, en ce moment, de toute communication, de toute discussion officielle à ce sujet. Mais votre réserve ne doit pas être inactive, et je vous invite à faire au Foreign-Office d'abord, et aussi partout ailleurs, tout ce qui sera en votre pouvoir pour combattre et rectifier les erreurs de faits, les fausses appréciations qui pourraient égarer de plus en plus l'opinion publique et entraîner le gouvernement britannique lui-même à des résolutions ou à des manifestations qui rendraient plus difficile la solution d'une question délicate. Si je ne me trompe, l'irritation qui se manifeste en Angleterre tient surtout à ce qu'on y croit que M. Pritchard, lorsqu'il a été arrêté et ensuite embarqué, était revêtu du caractère de consul de S. M. Britannique. Rien n'est moins exact. M. Pritchard avait, par une lettre du 7 novembre 1843, adressée à M. l'amiral Dupetit-Thouars, formellement déclaré qu'il amenait son pavillon et cessait ses fonctions consulaires; et il les avait en effet complètement cessées. Ce n'était donc plus que comme simple particulier, comme étranger qu'il résidait à Tahiti. Or, le droit d'éloigner d'un établissement colonial, quelle qu'en soit la forme, tout étranger dont la présence trouble l'ordre et compromet la sûreté de l'établissement, est non-seulement un droit partout reconnu et pratiqué, mais il résulte pour nous à Tahiti de la convention même du 9 septembre 1842, qui porte que « la direction de toutes les affaires avec les gouvernements étrangers, de même que tout ce qui concerne les résidents, est placé à Tahiti entre les mains du gouvernement français et de la personne nommée par lui. »

M. le gouverneur Bruat avait donc incontestablement le droit d'éloigner de Tahiti M. Pritchard, et d'après les faits tels qu'ils nous sont jusqu'à présent connus, il y a tout lieu de penser que, pour la sûrete de l'établissement français dans cette île, pour celle même des troupes françaises chargées de la défendre, il y a eu nécessité d'user de ce droit, en renvoyant de Tahiti le chef moral et le principal instigateur des mouvements insurrectionnels qui avaient éclaté sur quelques points et menaçaient Papaete même.

Quant aux circonstances qui ont accompagné le renvoi de M. Pritchard, je ne me dissimule point qu'elles ne sauraient être justifiées toutes, et qu'on y rencontre des procédés et des paroles qui choquent l'équité, l'humanité et la convenance. Mais je ne dois pas et je ne veux exprimer à cet égard mon jugement que lorsque j'aurai scrupuleusement recueilli et examiné, sur cet incident, tous les renseignements propres à m'éclairer.

N° 10. — *Le comte de Jarnac à M. Guizot.*

Londres, le 10 août 1844

Monsieur le ministre,

J'ai revu plusieurs fois depuis quelques jours lord Aberdeen ou sir Robert Peel. L'un et l'autre m'ont parlé dans les termes les plus formels, de l'importance qu'ils attachent aux derniers événements de Tahiti. Ils m'ont vivement pressé tous deux de réclamer au plus tôt de Votre Excellence quelques communications qui leur fassent connaître les vues du gouvernement du Roi sur les difficultés nouvelles, et qui puissent calmer l'effervescence qu'elles ont soulevée dans tout le pays. Le principal secrétaire d'Etat continue à déplorer profondément des événemens qui, contrairement au vœu si éminent des deux gouvernements, viennent placer ainsi en conflit l'honneur de la Grande-Bretagne et de la France. Mais, fidèle au principe que, dès notre premier entretien, il a exposé dans le langage le plus amical, il persiste à m'assurer qu'il veut s'en remettre à la justice et à la loyauté du gouvernement du Roi pour toute proposition d'accommodement, persuadé que le simple examen des faits établira pleinement le caractère juste et légitime des réclamations de l'Angleterre. Ainsi aucune mesure de satisfaction ou de réparation à prendre par le gouvernement du Roi n'a encore été formulée par lord Aberdeen, ou ne sera indiquée par lord Cowley. Le principal secrétaire d'Etat s'est borné jusqu'ici à reproduire parfois la première pensée du retour de M. Pritchard à Tahiti, pour réfuter les accusations élevées contre lui, et à me témoigner le désir de connaître sur ce point l'opinion de Votre Excellence. Malgré cette réserve de lord Aberdeen et la modération de son langage, toujours plein de bienveillance pour la France et d'amitié pour Votre Excellence, je crois remarquer que le désaveu formel, sinon le rappel d'un de nos agents de Tahiti, ou quelque mesure au moins équivalente, lui paraît au fond pleinement due à l'honneur de l'Angleterre. Cette impression est évidemment celle du public autant que celle de la presse.

Il est incontestable toutefois, monsieur le ministre, que les premières opinions de la portion la plus éclairée du pays et du gouvernement anglais lui-même se sont insensiblement rectifiées depuis le jour où j'ai eu d'abord l'honneur de les signaler à Votre Excellence. Je craindrais d'abuser de ses moments en lui rendant compte avec plus de détails de mes longs entretiens avec lord Aberdeen ; mais elle peut être assurée que je n'ai négligé aucun argument ou aucun effort pour contribuer à ce résultat. Déjà je suis heureux de voir qu'on n'insiste plus à Londres sur le caractère officiel de M. Pritchard à Tahiti, lors de son arrestation, et que l'on ne conteste plus, en thèse générale, notre droit d'expulsion, que j'avais revendiqué dès l'origine comme inhérent au régime et consacré par la pratique de tout établissement colonial. Je ne désespère même plus d'amener le gouvernement anglais à reconnaître qu'au fond toute la question est dans la conduite réelle de M. Pritchard. Il n'est pas douteux, en effet, comme je ne cesse de le répéter ici, que, sauf certaines formes et certains procédés sur lesquels, en attendant de plus amples informations, j'avais dès le principe refusé la discussion, et quant auxquels Votre Excellence m'a fait depuis connaître son regret et sa désapprobation, la mesure prise contre M. Pritchard, dans son ensemble, pourrait être pleinement justifiée, si sa complicité directe et patente avec l'insurrection était prouvée. Aussi Votre Excellence comprendra-t-elle facilement le prix que j'attacherais à être informé au plus tôt de faits clairement établis contre lui, ou qui lui seraient imputés avec quelque fondement. Je n'ai pas à dire, monsieur le ministre, que tant d'attaques banales ou évidemment exagérées de notre presse contre M. Pritchard ne sont ici d'aucun secours et ne sauraient constituer un argument sérieux auprès du principal secrétaire d'Etat, qui persiste à le considérer comme victime des accusations les plus injustes comme des procédés les plus arbitraires.

Je dois encore ajouter ici que, d'après quelques paroles de lord Aberdeen dans notre dernier entretien, j'ai cru remarquer chez lui la pensée qu'une compensation pécuniaire allouée à M. Pritchard pourrait être accueillie par le gouvernement anglais et contribuer essentiellement à l'accommodement du différend. Avant de connaître quelle serait l'opinion de Votre Excellence sur une mesure pareille, j'ai dû éviter d'engager à ce sujet aucune conversation, même pour obtenir les éclaircissements que j'aurais voulu lui transmettre dès aujourd'hui ; mais je ne crois pas me tromper en soumettant à l'appréciation de Votre Excellence cette impression nouvelle qui m'a paru se manifester chez le principal secrétaire d'Etat.

Je regrette de trouver, monsieur le ministre, que la sollicitude continuelle de lord Aberdeen sur la conséquence de ces derniers événements de Tahiti est toujours très-vivement partagée par le public, et il m'est facile de voir autour de moi à quel point le principal secrétaire d'Etat doit être pressé lui-même sur cette question par le conseil comme par le pays.

N° 11. — *M. Guizot au comte de Jarnac.*

Paris, le 15 août 1844.

Monsieur, j'ai reçu la dépêche que vous m'avez fait l'honneur de m'écrire le 10 de ce mois. Je comprends l'impatience qu'éprouve lord Aberdeen de recevoir de nous quelque communication positive sur l'affaire de Tahiti ; mais puisque les deux gouvernements ne sont pas d'accord dans leur appréciation des faits imputés à M. Pritchard, il faut avant tout éclaircir ces faits ; c'est le seul moyen d'arriver à des termes d'arrangement qui, de part et d'autre, puissent être jugés équitables. Je fais donc recueillir et je m'empresserai de vous envoyer tous les éléments de cette espèce d'enquête. En attendant, appliquez-vous à bien établir que le renvoi de M. Pritchard à Tahiti, de quelque manière que ce soit, est absolument inadmissible, car son retour aggraverait infailliblement les désordres dont ses menées ont été la première cause.

Quant à l'idée que vous avez cru entrevoir dans l'esprit de lord Aberdeen, d'une indemnité à allouer à M. Pritchard pour les mauvais traitements qu'il a subis et pour les pertes qu'ils peuvent lui avoir causées, tenez-vous dans une réserve qui nous laisse toute notre liberté. Il ne faut ni se presser d'accueillir cette indication, qui a besoin d'être mûrement examinée, ni la repousser absolument, car elle pourrait nous fournir un moyen de solution pour une question qui devient bien délicate et bien grave.

N° 12.—*Le ministre de la marine à M. le gouverneur Bruat.*

Paris, le 20 août 1844.

Monsieur le gouverneur, vos rapports des mois de janvier, février et mars me sont simultanément parvenus. Ils m'ont fait connaître les événements qui se sont succédé à Tahiti pendant cette période, les mesures que vous avez été conduit à adopter pour la répression des troubles, et les correspondances que vous avez échangées à cette occasion avec les officiers de la marine anglaise.

Votre conduite, en ces graves circonstances, a complètement répondu à la confiance du gouvernement du roi. Les dispositions que vous avez prises avec tant d'activité pour arrêter le désordre, et la promptitude avec laquelle vous vous êtes porté personnellement sur le théâtre de l'insurrection, témoignent tout à la fois de votre prudence et de votre énergie, et méritent mon entière approbation.

J'ai lu avec la plus grande attention les rapports que vous a adressés M. le capitaine de corvette d'Aubigny sur ce qui s'est passé à Papaete pendant qu'il s'est trouvé appelé à en exercer momentanément le commandement supérieur. J'ai recherché dans ces documents et dans ceux qui rendent compte des circonstances antérieures et postérieures à l'arrestation de M. Pritchard les éléments d'une appréciation exacte des faits qui ont déterminé et accompagné l'exécution de cette mesure.

Vous déclarez que, dans l'état d'agitation où se trouvait le pays, le renvoi de M. Pritchard était nécessaire; je le reconnais avec vous, à raison de la gravité des faits que vous me signalez.

Vous ajoutez que vous n'avez pu toutefois approuver ni la forme ni le motif de l'arrestation ordonnée par M. le commandant particulier. Je partage également sur ce point votre opinion. Je regrette ce qui s'est passé à cette occasion et je vous charge de le faire connaître à M. d'Aubigny. Dans la situation difficile où le laissait votre absence, cet officier a montré d'ailleurs une activité et un dévouement que j'aurais aimé à pouvoir louer sans aucune restriction.

Recevez, etc.

Baron de Mackau.

N° 13. — *Le comte de Jarnac à Monsieur Guizot.*

Londres, le 22 août.

Monsieur le ministre,

La nouvelle de l'attaque de Tanger et du départ de l'escadre pour Mogador a produit à Londres une sensation d'autant plus vive, que l'on s'était plu à compter, d'après les nouvelles antérieures, sur une solution pacifique de nos différends avec le Maroc. Je regrette de trouver encore, sur cette question et sur notre démonstration devant Tunis, des préventions très injustes mêlées à de sincères inquiétudes sur le maintien des bonnes relations entre les deux cours. J'entends sans cesse contester autour de moi, dans le public, le caractère inévitable de cette guerre, préjudiciable surtout, affirme-t-on, aux grands intérêts commerciaux de l'Angleterre au Maroc. Les vues les plus ambitieuses et les plus hostiles à la Grande-Bretagne sont ouvertement prêtées à la France. L'exemple du sort de l'Algérie et de la destruction de toutes les relations commerciales de l'Angleterre avec la régence est sans cesse invoqué. On répète enfin que la paix du monde entier est maintenant à la merci de chaque incident d'une guerre qui semble placer en conflit inévitable les intérêts majeurs de la France et de l'Angleterre.

J'ai lieu de craindre, monsieur le ministre, que les impressions sinistres du public anglais n'aient pénétré que trop avant dans le conseil. J'ai tout lieu de croire que, sauf la confiance personnelle qu'inspirent le gouvernement du roi et les déclarations publiques de Votre Excellence, le gouvernement britannique eût déjà été entraîné à de fortes démonstrations maritimes. Quoi qu'il en soit, j'ai toujours revendiqué hautement, et je ne cesse de proclamer dans toute son intégrité, notre droit de poursuivre, selon les intérêts de la France, une guerre qui lui a été imposée par de si flagrantes provocations. Je ne trouve, monsieur le ministre, chez le principal secrétaire d'Etat lui-même aucune disposition à contester le caractère légitime de nos griefs contre le Maroc ou la modération de nos demandes; mais il me rappelle chaque jour combien d'intérêts politiques et commerciaux de la Grande-Bretagne sont également engagés dans les affaires. L'indépendance de Tanger surtout, placé aux portes de Gibraltar et nécessaire au ravitaillement de la place, lui paraît une condition indispensable pour l'Angleterre. Il faut le dire aussi, monsieur le ministre, le souvenir des événements d'Alger pèse de tout son poids sur cette question et vient ébranler ici, à chaque instant, la confiance des hommes qui se trouvent encore une fois responsables devant leur pays des conséquences que cette guerre peut entraîner pour ses intérêts.

« Déjà en 1830, me dit-on, les griefs du gouvernement français étaient justes et fondés; les motifs les plus plausibles ont pu être invoqués pour sa rupture avec la régence. Des explications et des promesses, jugées alors satisfaisantes, avaient rassuré les puissances étrangères contre toute vue intéressée ou ambitieuse de la France. Et pourtant, malgré la sincérité apparente du gouvernement de cette époque, le territoire entier de la régence a depuis, par la force des événements, été successivement annexé à la France. Qui garantira aujourd'hui ces mêmes puissances contre un résultat semblable? La guerre a ses nécessités, la politique ses exigences. Le déplaisir même le plus légitime des cours étrangères sera invoqué contre elles par la passion populaire. Et cependant il doit être évident pour quiconque étudie les intérêts et les devoirs des différents gouvernements, qu'aucune puissance européenne ne saurait réclamer à la fois et à ses portes mêmes la sécurité de la paix et les bénéfices de la conquête; et que si tant d'événements imprévus ont pu détourner les conséquences naturelles de l'occupation définitive de l'Algérie par la France, tout nouvel accroissement de son territoire ne saurait s'accomplir qu'au prix de ses relations actuelles avec ses alliés. »

En réponse à ces considérations, sans cesse reproduites, je me suis borné à rappeler que toute défiance semblable serait incompatible avec l'esprit qui préside à la politique des deux cabinets et ne pourrait, en définitive, aboutir qu'à la négation des principes les plus élémentaires de la diplomatie. Les inquiétudes générales que je ne cesse ainsi de combattre, mais que je rencontre partout autour de moi, sont aggravées encore par les questions qu'ont soulevées les dernières nouvelles de Tahiti. Depuis plusieurs jours, lord Aberdeen tient entre les mains la minute d'une dépêche préparée par lui-même et qui annoncerait à lord Cowley la résolution de renvoyer à tout hasard M. Pritchard à Tahiti, sur un vaisseau anglais. Je veux encore espérer, monsieur le ministre, que les conseils de la sagesse et de la modération prévaudront; mais je ne vois personne qui ne me parle de la situation actuelle avec une vive appréhension.

Je suis, etc.

N° 14. — *Le comte de Jarnac à Monsieur Guizot.*

Londres, le 28 août 1844.

Monsieur le ministre,

Mes entretiens avec lord Aberdeen sur chacune de nos difficultés actuelles, et particulièrement sur les affaires de Tahiti, n'ont cessé d'être très-fréquents et très-intimes.

Voyant trop souvent le principal secrétaire d'Etat envisager, soit des solutions que Votre Excellence n'accepterait point, soit des mesures prises directement par l'Angleterre pour réparer ce que le gouvernement et le pays considèrent comme un affront national, j'ai été heureux de remarquer quelquefois aussi que sa pensée se reportait encore sur une nature de satisfaction qui ne saurait en aucune façon engager l'honneur de la France. Dès que j'ai vu paraître chez lui l'impression qu'un dédommagement pécuniaire pour M. Pritchard pourrait, suivant d'innombrables précédents, constituer une partie essentielle de la solution que ce gouvernement est maintenant irrévocablement engagé à poursuivre, je me suis empressé d'en informer Votre Excellence, d'après ses instances confidentielles. Je n'ai jamais écarté depuis lors la perspective d'un arrangement pareil, quand je l'ai vue se présenter à l'esprit de lord Aberdeen. J'ai lieu de croire, monsieur le ministre, qu'une simple compensation pécuniaire, offerte pour les dommages et pour les souffrances qu'a pu éprouver M. Pritchard, mais qui eût laissé encore le gouvernement du roi et la France solidaires de tous les procédés dont il a été l'objet, n'eût pu être considérée en Angleterre comme une solution suffisante. Mais si quelques-unes des simples expressions d'improbation et de regret que Votre Excellence m'a dès le principe adressées étaient officiellement communiquées au gouververnement britannique, au nom du gouvernement du roi, peut-être la proposition simultanée d'une indemnité pourrait-elle être présentée par lord Aberdeen au conseil comme une transaction satisfaisante pour les amours propres si fatalement engagés de part et d'autre dans cette question.

Je suis loin d'affirmer encore, monsieur le ministre, qu'après les premières et si vives manifestations du gouvernement et du public anglais, et la persistance avec laquelle une portion très-influente de la presse a réclamé le désaveu solennel de nos agents, comme condition indispensable de tout accommodement, une solution pareille pourrait être accueillie à Londres, ou satisfaire à l'attente générale, mais assurément elle serait conforme à l'impression que dès l'origine Votre Excellence m'a témoignée sur ces événements. La gravité des circonstances actuelles m'autorise à soumettre ces considérations à l'attention toute particulière de Votre Excellence.

Je suis, etc.

N° 15. — *Le comte de Jarnac à M. Guizot.*

Londres, le 28 août 1844.

Monsieur le ministre,

La situation des affaires extérieures, qui ordinairement occupe une si faible part de l'attention publique, est devenue depuis quelques jours de l'intérêt et de la sollicitude universelle.

Déjà, et sans parler des provocations incessantes des deux presses, les projets prêtés à la France sur la régence de Tunis et sur l'empire de Maroc, les bruits répandus sur une activité nouvelle remarquée dans nos arsenaux, et sur des armements projetés également en Angleterre, avaient fait naître les plus vives inquiétudes et les pressentiments les plus sinistres. A la nouvelle de la destruction de Magador et de l'occupation de l'île qui en ferme le port, une impression plus alarmante s'est répandue. Dès le principe, on avait proclamé que des intérêts majeurs de l'Angleterre, ceux qui rendent légitime, nécessaire peut-être un appel aux armes, étaient, par la nature même des choses, engagés dans cette guerre. Aujourd'hui on voit ces mêmes intérêts placés presque en conflit direct avec ceux de la France. Enfin, monsieur le ministre, l'absence de toute communication officielle du gouvernement du roi sur les derniers événements de Tahiti, après un délai de près d'un mois, a encore accrédité l'idée que, malgré le désir des deux souverains et des deux cabinets, une rupture entre les pays est à la veille d'éclater. Il est de mon devoir de le dire à Votre Excellence, et assurément je ne suis plus seul à l'en informer; la guerre, ses conséquences probables, les forces, les ressources, les alliances respectives des deux pays sont devenues ici le thème général de la conversation, et les classes qui par leurs habitudes et leurs intérêts seraient le moins portées à admettre ces formidables éventualités se prêtent aujourd'hui à les prévoir et à les discuter. Je ne remarque chez la portion vraiment influente du public aucune animosité contre la France, aucun désir de pousser le gouvernement à des démonstrations prématurées ni provocantes; l'impression dominante me paraît être que par la force même de tant de circonstances adverses et par suite de l'état des esprits en France, une lutte est à la veille de devenir inévitable pour l'Angleterre.

Le conseil tout entier, et le principal secrétaire d'Etat pour les affaires étrangères particulièrement se montrent préoccupés au plus haut point de cette situation des esprits comme de l'ensemble de ces difficultés qui semblent surgir de toutes parts pour se conjurer contre l'œuvre des deux cabinets. Mais de toutes ces graves questions, monsieur le ministre, celles qu'ont soulevées l'emprisonnement et l'expulsion de M. Pritchard n'ont cessé de tenir le premier rang dans la pensée de lord Aberdeen. Je n'ai pas à dire à Votre Excellence que les retards prolongés de toute démarche officielle de la part du gouvernement du roi, qui pût dégager de l'affaire l'honneur de la Grande-Bretagne, augmentent chaque jour sensiblement les inquiétudes que m'a témoignées dès le principe lord Aberdeen. Votre Excellence aura elle-même remarqué que le rappel de lord Cowley a été formellement indiqué, sinon réclamé ces jours-ci par le principal organe de l'opinion publique. Je sais d'ailleurs, à ne pouvoir en douter, que les membres les plus influents du conseil se sont vivement émus de cette situation, qu'un changement complet dans la politique extérieure de la Grande-Bretagne est discuté chaque jour, que les partis les plus extrêmes, enfin ceux qui rendraient impossible peut-être le maintien des rapports diplomatiques entre les cours, sont sans cesse passés en revue. J'ai tout lieu de craindre que, si aucun arrangement des différends actuels ne pouvait être arrêté, une politique au plus haut point compromettante pour les relations des deux cours ne saurait longtemps encore tarder à prévaloir dans le conseil.

En attendant la décision du gouvernement du roi, que tous les amis d'une union intime avec la France, et ceux même qui ne peuvent la voir sans quelque ombrage dans des circonstances plus favorables, me pressent de réclamer au plus tôt de Votre Excellence, je ne néglige aucun effort pour rassurer et pour contenir les appréhensions et les impatiences que je rencontre autour de moi. Je rappelle que les deux souverains ayant proclamé solennellement, il y a peu de mois, une politique d'entente cordiale, il serait déplorable que l'année ne puisse s'achever sans que les faits n'eussent démenti les assurances royales. Je répète plus encore que les difficultés actuelles sont si graves, qu'elles ne peuvent évidemment tomber d'elles-mêmes en oubli, et qu'elles aboutiront nécessairement maintenant, soit à une solution satisfaisante pour les deux parties, soit à une rupture. Dans le premier cas, regretterons-nous, une fois le résultat obtenu, quelques délais, quelques explications confidentielles, sans lesquelles il n'aurait pu être atteint? Si au contraire nous devions être entraînés à des partis extrêmes, quelle réaction n'éclaterait pas plus tard des deux côtés de la Manche, avec quelle sévérité l'histoire et la conscience publique ne demanderaient-elles pas compte à chaque partie de toute démarche, ou de toute parole qui eût pu précipiter d'aussi formidables extrémités? Recevez, etc.

N° 16. — *M. Guizot au comte de Jarnac.*

Paris, le 29 août 1844.

Monsieur le comte, j'ai rendu compte au roi, dans son conseil, des entretiens que j'ai eus avec l'ambassadeur de S. M. britannique relativement au renvoi de M. Pritchard de l'île de Tahiti et aux circonstances qui l'ont accompagné. Le gouvernement du roi n'a voulu exprimer aucune opinion ni prendre aucune résolution sur cet incident, avant d'avoir recueilli toutes les informations qu'il pouvait espérer et mûrement examiné tous les faits, car il a à cœur de prévenir tout ce qui pourrait porter quelque altération dans les bons rapports des Etats.

Après cet examen, le gouvernement du roi est resté convaincu :

1° Que le droit d'éloigner de l'île de Tahiti tout résident étranger qui troublerait ou travaillerait à troubler et à renverser l'ordre établi appartient au gouvernement du roi et à ses représentants, non-seulement en vertu du droit commun de toutes les nations, mais aux termes mêmes du traité du 9 novembre 1842, qui a institué le protectorat français et qui porte :

« La direction de toutes les affaires avec les gouvernements étrangers, de même que tout ce qui concerne les résidents étrangers, est placé à Tahiti entre les mains du gouvernement français en la personne nommée par lui. »

2° Que M. Pritchard, du mois de février au mois de mars 1844, a constamment travaillé, par toutes sortes d'actes et de menées, à entraver, troubler et détruire l'établissement français à Tahiti, l'administration de la justice, l'exercice de l'autorité des agents français et leurs rapports avec les indigènes.

Lors donc qu'au mois de mars dernier une insurrection a éclaté dans une partie de l'île de Tahiti et se préparait à Papaete même, les autorités françaises ont eu de légitimes motifs et se sont trouvées dans la nécessité d'user de leur droit de renvoyer M. Pritchard du territoire de l'île, où sa présence et sa conduite fomentaient parmi les indigènes un esprit permanent de résistance et de sédition.

Quant à certaines circonstances qui ont précédé le renvoi de M. Pritchard, notamment le mode et le lieu de son emprisonnement momentané et de la proclamation publiée, à son sujet, à Papaete, le 3 mars dernier, le gouvernement du roi les rejette sincèrement, et la nécessité ne lui en paraît pas justifiée par les faits; M. le gouverneur Bruat, dès qu'il a été de retour à Papaete, s'est empressé de mettre un terme à ces fâcheux procédés, en ordonnant l'embarquement et le départ de M. Pritchard.

Le gouvernement du roi n'hésite pas à exprimer au gouvernement de S. M. britannique, comme il l'a fait connaître à Tahiti même, son regret et son improbation des circonstances que je viens de rappeler.

Le gouvernement du roi a donné, dans les îles de la Société, des preuves irrécusables de l'esprit de modération et de ferme équité qui règle sa conduite. Il a constamment pris soin d'assurer aux étrangers comme aux nationaux la liberté du culte la plus entière et la protection la plus efficace. Cette égalité de protection pour toutes les croyances religieuses est le droit commun et l'honneur de la France. Le gouvernement du roi a consacré et appliqué ce principe partout où s'exerce son autorité. Les missionnaires anglais l'ont eux-mêmes reconnu, car la plupart d'entre eux sont demeurés étrangers aux menées de M. Pritchard, et plusieurs ont prêté aux autorités françaises un concours utile. Le gouvernement du roi maintiendra scrupuleusement cette liberté de conscience et ce respect de tous les droits; et en même temps il maintiendra aussi et fera respecter les droits indispensables pour garantir à Tahiti le bon ordre ainsi que la sûreté des Français qui y résident et des autorités chargées d'exercer le protectorat.

Nous avons la confiance que l'intention du cabinet britannique s'accorde avec la nôtre, et que, pleins l'un pour l'autre d'une juste estime, les deux gouvernements ont le même désir d'inspirer à leurs agents les sentiments qui les animent eux-mêmes, de leur interdire tous les actes qui pourraient compromettre les rapports des deux Etats, et d'affermir, par un égal respect de leur dignité et de leurs droits mutuels, la bonne intelligence qui règne heureusement entre eux.

Je vous invite à donner à lord Aberdeen communication de cette dépêche et à lui en laisser copie.

N° 17. — *M. Guizot au comte de Jarnac.*

Paris, le 2 septembre 1844.

Monsieur le comte, en exprimant au gouvernement de S. M. britannique son regret et son improbation de certaines circonstances qui ont précédé le renvoi de M. Pritchard de l'île de Tahiti, le gouvernement du roi s'est montré disposé à accorder à M. Pritchard, à raison des dommages et des souffrances que ces circonstances ont pu lui faire éprouver, une équitable indemnité. Nous n'avons point ici les moyens d'apprécier quel doit être le montant de cette indemnité, et nous ne saurions nous en rapporter aux seules assertions de M. Pritchard lui-même. Il nous paraît donc convenable de remettre cette appréciation aux deux commandants des stations française et anglaise dans l'Océan Pacifique, M. le contre-amiral Hamelin et M. l'amiral Seymour. Je vous invite à faire de notre part cette proposition au gouvernement de S. M. britannique, et à me rendre compte immédiatement de sa réponse.

N. 18.—*Lord Aberdeen à lord Cowley.*

Foreign-Office, le 6 septembre.

Mylord,

Je joins ici, pour l'instruction de Votre Excellence, les copies de deux dépêches adressées par M. Guizot au comte de Jarnac, et qui ont été mises entre mes mains par le chargé d'affaires de France.

Votre Excellence verra par la première de ces dépêches que M. Guizot, tout en se plaignant de la conduite de M. Pritchard à Tahiti, et en justifiant son expulsion de l'île, par suite des actes d'hostilité qui lui sont imputés contre les autorités françaises, n'hésite pas à exprimer le regret sincère du gouvernement français pour les circonstances qui ont accompagné cette affaire ; et M. Guizot ajoute que ces procédés ont déjà reçu le blâme du gouvernement français.

Dans la seconde dépêche M. Guizot annonce qu'en conséquence des dommages et des souffrances que les procédés en question peuvent avoir occasionés à M. Pritchard, le gouvernement français est disposé à lui accorder une indemnité équitable ; il suggère que le chiffre exact devra être fixé par les deux amiraux commandant les escadres française et anglaise dans l'Océan Pacifique, et il désire connaître l'opinion du gouvernement de S. M. en réponse à cette proposition.

Afin de mettre Votre Excellence à même de se conformer à la demande de M. Guizot, je crois ne pouvoir mieux faire que de vous renvoyer aux termes du discours prononcé hier dans les deux Chambres du Parlement par les lords commissaires au nom de la reine, comme exprimant l'entière satisfaction éprouvée par le gouvernement de S. M. du résultat des discussions qui ont eu lieu récemment entre nous.

Ma conviction est que le désir sincère des deux gouvernements de cultiver l'entente la meilleure et la plus cordiale rend presque impossible que des incidents de cette nature, s'ils sont vus sans passion et traités dans un esprit de justice et de modération, puissent jamais aboutir autrement qu'à une issue amicale et heureuse.

Quant à M. Pritchard, il lui est dû de déclarer qu'il a constamment nié la vérité des allégations portées contre lui, et qu'il a demandé les plus strictes investigations sur sa conduite. Mais comme il a déjà reçu une autre destination au service de S. M. avant les événements auxquels nous faisons allusion, et comme cette nomination a été confirmée depuis, le gouvernement de S. M. n'a pas trouvé nécessaire d'entrer dans un examen plus approfondi de sa conduite à Tahiti.

Agréez, etc.

Signé ABERDEEN.

PIÈCES DIPLOMATIQUES RELATIVES AU MAROC*.

N° 7. — *M. Guizot à M. de Nion.*

Paris, le 12 juin 1844.

Monsieur,

Des dépêches de M. le général Lamoricière, en date du 30 mai, nous annoncent que, ce même jour, il a été attaqué en dedans de notre frontière par un corps de douze à quatorze cents cavaliers marocains et de cinq à six cents arabes, mais que cette agression a été sévèrement châtiée. Comme elle a eu lieu sans provocation de notre part et en l'absence de toute déclaration de guerre, nous aimons encore à n'y voir qu'un simple accident et non l'indice d'une rupture décidée et ordonnée par l'empereur du Maroc. Mais nous sommes fondés à nous en plaindre comme d'une insigne violation du droit des gens et des traités en vertu desquels nous sommes en paix avec cet empire. Vous devrez donc, au reçu de la présente dépêche, écrire immédiatement à l'empereur pour lui adresser les plus vives représentations contre une attaque qui ne saurait être justifiée, pour demander les satisfactions qui nous sont dues, notamment le rappel des troupes marocaines réunies dans les environs d'Ouschda, et pour le mettre lui-même en demeure de s'expliquer sur ses intentions. Est-ce la paix ou la guerre qu'il veut? Si, comme le lui conseillent ses véritables intérêts, il tient à vivre en bons rapports avec nous, il doit cesser des armements qui sont une menace pour l'Algérie, respecter la neutralité en retirant tout appui à Abd-el-Kader, et donner promptement les ordres les plus sévères pour prévenir le retour de ce qui s'est passé. Si c'est la guerre qu'il veut, nous sommes bien loin de la désirer, nous en aurions même un sincère regret; mais nous ne la craignons pas, et si l'on nous obligeait à combattre, on nous trouverait prêts à le faire avec vigueur, avec la confiance que donne le bon droit et de manière à faire repentir les agresseurs. Je le répète toutefois, nous ne demandons qu'à rester en bonnes relations avec l'empereur du Maroc, et nous croyons fermement qu'il n'est pas moins intéressé à en maintenir de semblables avec nous.

Je vous ai mandé, dans ma précédente dépêche, que des bâtiments de la marine royale allaient être expédiés en croisière sur les côtes du Maroc. Une division navale commandée par M. le prince de Joinville, et composée des vaisseaux le *Suffren*, de la frégate à vapeur l'*Asmodée*, et d'un autre bâtiment à vapeur, va s'y rendre effectivement en allant d'abord à Oran, où S. A. R. doit se mettre en communication avec M. le maréchal Bugeaud. Le prince aura également occasion, monsieur, d'entrer en rapport avec vous, et je ne doute pas de votre empressement à vous mettre à sa disposition, aussi bien qu'à lui prêter tout le concours qui dépendra de vous. Du reste, les instructions de S. A. R. sont pacifiques et partent de ce point que la guerre entre la France et le Maroc n'est pas déclarée. Sa présence sur les côtes de cet empire à la tête de forces navales a plutôt pour but d'imposer et de contenir que de menacer. Nous aimons à penser qu'elle produira, sous ce rapport, un salutaire effet.

P. S. Voici comment je résume vos instructions. Vous demanderez à l'empereur du Maroc :

(*) Les six premières dépêches nous manquent : deux de M. Guizot, adressées à M. de Nion; trois de M. de Nion adressées à M. Guizot, à l'empereur de Maroc, et de M. le gouverneur de l'Algérie à M. de Nion, et qui se rapportent aux premières hostilités des Marocains et aux événements qui les ont amenées.

1° Le désaveu de l'inconcevable agression faite par les Marocains sur notre territoire;

2° La dislocation du corps de troupes marocaines réunies à Ouschda sur notre frontière;

3° Le rappel du caïd d'Ouschda et des autres agents qui ont poussé à l'agression;

4° Le renvoi d'Abd-el-Kader du territoire marocain.

Vous terminerez en répétant :

1° Que nous n'avons absolument aucune intention de prendre un pouce du territoire marocain, et que nous ne désirons que de vivre en paix et en bons rapports avec l'empereur;

2° Mais que nous ne souffrirons pas que le Maroc devienne, pour Abd-el-Kader, un repaire inviolable d'où partent contre nous des agressions pareilles à celle qui vient d'avoir lieu, et que, si l'empereur ne fait pas ce qu'il faut pour les empêcher, nous en ferons nous-mêmes une justice éclatante.

N° 8. — *L'amiral de Mackau au prince de Joinville.*

Paris, le 16 juin 1844.

Monseigneur,

En vertu des dernières délibérations qui ont eu lieu dans le conseil du roi, auxquelles Votre Altesse Royale a assisté, l'importance toujours croissante de la mission qui lui est confiée a donné lieu d'arrêter de nouvelles dispositions dont je vais avoir l'honneur d'entretenir Votre Altesse Royale.

Il a été reconnu que, pour éviter toute perte de temps, si la marche des événements en Afrique devait nécessiter le recours à des opérations militaires sur les côtes du Maroc, il convenait que Votre Altesse Royale se trouvât immédiatement à la tête de forces assez imposantes pour être en mesure d'agir selon que les circonstances pourraient l'exiger.

En conséquence, le roi, de l'avis de son conseil, a décidé que la division navale qui sera réunie sous vos ordres se composera des vaisseaux le *Suffren*, le *Jemmapes* et le *Triton*, de la frégate de 60 la *Belle-Poule*, de la frégate à vapeur l'*Asmodée*, des bâtiments à vapeur le *Pluton* et le *Rubis* et d'un autre bâtiment de 130 à 160 chevaux, qui sera incessamment désigné, et qu'en outre il sera embarqué à bord de ces divers bâtiments dix compagnies expéditionnaires, savoir : une compagnie du génie, deux d'artillerie et sept d'infanterie de marine. J'ai écrit hier à ce sujet, pour toutes les dispositions de détail, à M. le préfet maritime à Toulon.

M. l'inspecteur-général des troupes d'infanterie de la marine, comte de Fitte de Soucy, part pour Toulon afin d'y présider à la formation des corps expéditionnaires et à la réunion de tous les moyens d'action qui seront embarqués sur les vaisseaux.

Aussitôt, monseigneur, que toutes vos dispositions auront été terminées sur la rade de Toulon, vous ne perdrez pas un moment pour vous rendre à Oran, où vous vous mettrez en communication avec M. le maréchal Bugeaud, à l'effet de connaître le véritable état des choses.

Vous savez, monseigneur, quelle est notre situation envers l'empire du Maroc. La fermentation qui y règne à notre sujet, les rassemblements considérables de Marocains et d'Arabes subitement formés dans le voisinage de Tlemcen, l'assistance que l'empereur Muley Abder-Rhaman semble vouloir prêter ouvertement à Abd-el-Kader, la sommation qui nous a été faite d'évacuer, sous peine d'attaque, une portion du territoire algérien, revendiquée récemment par les agents du Maroc, la nécessité de nous tenir en mesure de faire face aux éventualités, enfin l'attaque imprévue qui a eu lieu sur notre territoire, le 30 mai dernier, tout cela a dû motiver, de la part du gouvernement du roi, l'adoption des mesures qu'il a prises pour renforcer nos troupes dans la province d'Oran, et pour l'envoi de plusieurs bâtiments de guerre dans les eaux du Maroc.

Le fond de cette situation n'est pas nouveau. Assez difficile et compliquée depuis la conquête de l'Algérie, elle s'est aggravée récemment par suite d'incidents que l'on ne pouvait guère prévoir, les intrigues de tout temps fort actives d'Abd-el-Kader au Maroc, les secours plus ou moins patents qu'il en recevait pour nous faire la guerre, le refuge toléré de ses adhérents sur la frontière, notamment les collisions entre nos troupes et des Marocains auxiliaires de l'émir, toutes ces circonstances créaient déjà un état de choses assez compromettant entre la France et le Maroc.

Néanmoins le souverain de cet empire, quelque bienveillant qu'il fût en réalité pour nous, paraissait du moins sentir qu'il était de son intérêt de maintenir l'état de paix antérieur, en ne portant pas les choses à l'extrême. Inquiet pour son propre compte de l'ambition d'Abd-el-Kader et de son influence morale au Maroc, et des sympathies qu'il y trouve comme défenseur de l'islamisme; attentif aux menées du parti fanatique et puissant qui a lié ses intérêts avec ceux de l'émir, n'ayant d'ailleurs qu'une autorité assez mal affermie, et souvent occupé à guerroyer contre ses propres sujets, l'empereur Abder-Rhaman résistait tant qu'il le pouvait aux efforts que faisait le parti pour le pousser à une rupture avec la France, usait de ménagements et protestait sans cesse de son désir de vivre en bonne intelligence avec nous.

Telles étaient les positions respectives, quand la mise à mort de l'agent consulaire d'Espagne à Mazagan ayant fait naître la probabilité d'une collision entre cette puissance et le Maroc, on nous représenta non-seulement comme excitant le gouvernement espagnol à la guerre, mais encore comme prêts à l'y aider, particulièrement en lui fournissant des subsides. Dans le même temps les cours de Suède et de Danemarck, décidées à s'affranchir du tribut qu'elles paient au Maroc, ayant réclamé nos bons offices, ainsi que ceux de l'Angleterre, pour appuyer les négociations qu'elles allaient entamer avec la cour de Fez, nous intervînmes dans ce but, de concert avec le cabinet de Londres. D'un autre côté, des prétentions dénuées de tout fondement s'étaient élevées sur ces territoires, qui ont toujours fait partie de la régence d'Alger et que la France occupe à ce titre.

Abd-el-Kader et son parti ont trouvé là des moyens nouveaux d'excitation parmi les tribus marocaines et d'influence dans les conseils de l'empereur, en envenimant le bruit de notre soi-disant association avec l'Espagne contre le Maroc, en nous peignant comme les provocateurs de la résolution prise par la Suède et le Danemarck de ne plus payer le tribut, en nous accusant d'avoir envahi le territoire de l'empire, et de nourrir des projets de conquête à son égard.

De là sont résultés la crise actuelle et le caractère plus gravement compromis que jamais de nos rapports avec le Maroc. Mais, au demeurant, il y a lieu de penser que nous ne sommes point encore en guerre avec cet Etat, et, si la prudence nous commande de nous préparer, comme nous le faisons, à repousser les attaques qui viendraient de ce côté, elle ne nous conseille pas moins d'éviter soigneusement tout ce qui, de notre part, pourrait provoquer ou décider une rupture définitive. Cette considération suffit pour caractériser la nature de l'expédition qui se prépare.

Il s'agit d'imposer et de contenir plutôt que de menacer et de frapper. A d'autres époques, nous avons fait paraître avec succès des forces navales sur les côtes du Maroc pour intimider les partisans de la guerre dans cet empire, et donner aux amis de la paix le courage et la force de faire prévaloir leurs dispositions. Tel est le but principal de la mission de Votre Altesse Royale ; on peut croire qu'il suffira de la présence de la division navale réunie sous vos ordres dans les eaux du Maroc pour produire une vive et salutaire impression, pour tempérer les ardeurs ou les velléités belliqueuses, et pour porter les habitants du pays à craindre ou à réfléchir.

Vos communications, monseigneur, avec M. le maréchal Bugeaud, à Oran, vous fixeront sur les premières opérations dont vous aurez à vous occuper ; si nos troupes se trouvent en présence de celles de l'empereur du Maroc, non loin de la mer et des limites de notre occupation, il y aurait avantage pour l'influence à exercer sur le moral des populations qui nous seraient hostiles, à leur montrer près de là, comme force auxiliaire, des bâtiments de guerre dont les peuples ont toujours été disposés à redouter la puissance. Le mouillage des îles Zapharines, l'un des meilleurs de toute la côte, offrira aux navires de notre division, dans cette saison surtout, une bonne et sûre position, d'où vous pourrez vous porter rapidement sur le point qui conviendra le mieux pour entretenir vos relations avec M. le maréchal-gouverneur.

Si les corps d'armée, qui seraient au moment d'en venir aux mains, se trouvaient hors de vue de la mer, et que votre apparition sur d'autres points du littoral dût avoir un but plus utile, ce serait le cas de prolonger votre navigation près des côtes, de vous faire remarquer des lieux habités, des présides espagnols de Tétouan et de vous porter enfin à Tanger.

Sur ce dernier point, vous trouverez un de nos bricks stationnaires, qu'il sera bon d'y laisser toujours à la disposition de M. le consul-général de France.

Vous aurez à examiner, monseigneur, quel moment il vous conviendra de choisir pour conduire nos bâtiments sur la côte de Gibraltar, soit en quittant Tanger soit avant d'y paraître. A Gibraltar vous aurez soin d'entretenir les meilleurs rapports avec le gouverneur général de cette place. Il est probable que vous rencontrerez à ce mouillage bon nombre de bâtiments de guerre étrangers : les nôtres n'auront qu'avantage à s'y montrer. Là, monseigneur, votre langage envers les personnes qui auront l'honneur d'être admises près de vous devra être conforme à l'esprit général de votre mission ; nous ne voulons pas prendre l'initiative d'une rupture avec le Maroc ; nous désirons, au contraire, vivre en bonne intelligence avec cet Etat, et voir la même politique prévaloir dans les conseils du chef qui le gouverne. Mais, si nous étions attaqués, si nous ne recevions pas de justes réparations pour la levée de boucliers qui a eu lieu récemment contre nous, notre ferme détermination serait de les obtenir par la force des armes ; et l'escadre, munie de tous les moyens d'action nécessaires, n'est pas moins prête que l'armée d'Algérie à concourir activement à ce résultat.

Si, d'après l'avis de M. le maréchal gouverneur-général, et selon votre propre jugement, monseigneur, votre présence n'était pas indispensable de quelque temps dans la Méditerranée, vous pourriez entrer dans l'Océan, prolonger la côte occidentale du royaume de Fez, et faire flotter notre pavillon devant Larache, Salé, Mazagan, Azaffi, Mogador et Santa-Cruz.

Vous savez que Mogador est indiqué par tous les renseignements qui ont été recueillis sur ces divers points, comme la position maritime la plus importante pour le pays, et celle qui est du plus haut prix pour l'empereur actuel. C'est aussi l'unique lieu de cette partie de la côte où nous ayons un consul.

Ceci m'amène à vous dire que vous aurez à juger s'il ne serait pas opportun de détacher à Mogador un bâtiment à vapeur pour donner asile, au besoin, à notre agent et à nos nationaux.

Indépendamment des mesures de prévoyance générale que je viens de recommander aux soins de Votre Altesse Royale, il se peut qu'une intervention plus décisive de sa part soit nécessitée par la succession des faits, soit avant son arrivée, soit pendant son séjour dans les parages où sa mission doit s'accomplir.

Deux cas de guerre différents peuvent se manifester et sont à prévoir, en ce qu'ils auraient pour effet de déterminer l'action énergique de la force militaire au lieu du développement des simples démonstrations, auxquelles il a été supposé que Votre Altesse Royale pourrait avoir à se borner.

Si, dans le cours de vos communications avec M. le maréchal-gouverneur général, notification vous est faite par lui que la guerre est positivement déclarée et engagée entre la France et le Maroc, vous aurez tout aussitôt à recourir de votre côté aux moyens qui sont mis à votre disposition pour réprimer les efforts tentés contre nous.

D'autre part, si lors de votre présence à Tanger où sur les côtes voisines, vous appreniez que nos agents ou nos nationaux ont été, soit expulsés ou attaqués, soit compromis d'une manière quelconque dans leur liberté ou dans leur vie, ou s'il vous était rendu compte de quelque insulte grave faite au pavillon français, vous aurez à prendre l'initiative des actes d'hostilité auxquels il serait devenu instant de recourir pour tirer satisfaction de pareils faits.

Dans l'un ou l'autre de ces deux cas, et lors même que l'insulte qui déterminerait l'état de guerre aurait été commise à Tanger même, vous devriez épargner cette ville, qui contient en nombre des habitants européens, et vous vous borneriez à détruire les fortifications extérieures qui la défendent.

Mais vous auriez, sans hésiter, à porter la juste vengeance de la France sur Mogador et les autres points de la côte occidentale du Maroc, après avoir dénoncé un délai aux neutres pour leur sortie du port, avant le commencement de votre attaque, qui pourrait ensuite être poussée avec la plus grande vigueur.

Pendant votre présence devant un port que vous attaqueriez et dans le cours des hostilités, vous useriez du droit de guerre pour interdire aux neutres d'apporter à l'ennemi des armes et des munitions.

Vous savez, monseigneur, que c'est à Larache que sont ordinairement réunis les vaisseaux de guerre qui appartiennent au Maroc. Dès que les hostilités seraient déclarées, vous auriez à prendre vos mesures pour qu'aucun de ces bâtiments ne pût vous échapper. La grande marche de la *Belle-Poule* et de quelques-uns des vaisseaux, le parfait état et la vitesse du *Pluton*, le nombre des canons que vous pourriez diriger sur un point déterminé de la côte, me donnent l'espoir que tous ces navires marocains tomberaient infailliblement en notre pouvoir.

Quelles que soient les complications qui résultent, dans les affaires du Maroc, des difficultés de cet état avec d'autres puissances européennes, vous n'aurez point à y intervenir et devez vous borner exclusivement, monseigneur, au redressement des griefs de la France.

S'il arrivait que des bâtiments de nations en guerre avec l'empire du Maroc se disposassent à porter leur attaque sur Tanger, il conviendrait de chercher à les en détourner, et vous n'auriez, dans aucun cas, à vous joindre à eux pour aucune opération de ce genre.

Je ne terminerai pas, monseigneur, sans recommander à votre intérêt et à vos égards nos consuls au Maroc, et particulièrement M. de Nion, consul-général et chargé d'affaires à Tanger. Il est un des agents les plus honorables et les plus distingués du département des affaires étrangères. Investi d'un poste important et difficile dans tous les temps, il le remplit avec zèle, courage et talent ; et les circonstances actuelles, qui rendent sa position encore plus grave, lui donnent à lui-même de nouveaux titres à notre intérêt. Il est digne à tous égards de l'estime et de la bienveillance de Votre Altesse royale. D'ailleurs la considération qu'elle témoignera aux consuls du roi sera d'un très bon effet, en les rehaussant aux yeux des Marocains, et en menageant plus d'efficacité à l'action qu'ils sont appelés à exercer dans l'intérêt de notre politique.

D'après les instructions que M. le ministre des affaires étrangères adresse à M. de Nion et à nos divers agents dans les ports du Maroc, chacun d'eux s'empressera, à la venue de notre division navale, de se rendre à bord du bâtiment sur lequel flottera votre pavillon. Mais l'intention formelle du roi et de son conseil est que Votre Altesse Royale ne descende de sa personne sur aucun point de la côte du Maroc, hors le cas d'une opération de débarquement pour fait de guerre.

Enfin, monseigneur, si vous appreniez, soit à Oran, soit à Tanger, que notre différend avec le Maroc fût complètement terminé, et que la France eût obtenu les réparations que nous demandons, vous renverriez à Toulon les troupes expéditionnaires, et vous n'en continueriez pas moins votre campagne, sans vous séparer de la plupart des bâtiments de votre division, afin de montrer le pavillon français sur les principaux points des côtes du Maroc.

P. S. Je vous envoie ci-jointe copie d'une dépêche que M. le ministre des affaires étrangères vient d'adresser à M. de Nion, et qui contient des instructions basées sur les derniers rapports de M. le général Lamoricière, relatifs à l'attaque dont nos troupes ont été l'objet de la part des Marocains, le 30 mai.

N° 9. — *M. de Nion à M. Guizot.*

Tanger, le 28 juin 1844.

Monsieur le ministre,

J'ai reçu la lettre que Votre Excellence m'a fait l'honneur de m'écrire le 12 de ce mois, n° 95.

Déjà, comme Votre Excellence l'aura vu par ma dépêche du 9 de ce mois, j'avais devancé ses ordres en me plaignant énergiquement à l'empereur de l'agression du 30 mai, et en réclamant l'adoption immédiate des mesures demandées par M. le maréchal Bugeaud. J'avais en même temps invité Sidi-Bou-Selam à faire parvenir une communication semblable au prince héréditaire. Le résultat de cette dernière démarche aurait dépassé mon attente, s'il était certain que Sidi-Mohammed ait investi du commandement d'Ouschda un nouveau chef nommé El-Arbi-Ben-Guerroub, avec l'ordre de faire immédiatement arrêter, charger de chaînes et conduire à Fez les caïds El-Khibi et El-Ghennaoui. Cette nouvelle, que je me suis empressé de transmettre à Votre Excellence par une dépêche télégraphique du 26 de ce mois, est confirmée par le témoignage de plusieurs voyageurs. Je ne la considérerai toutefois comme positive qu'après le retour de l'exprès que j'ai renvoyé à Fez.

En supposant d'ailleurs le fait avéré, et malgré l'importance d'une pareille mesure, je n'en ai pas moins cru devoir adresser, sans le moindre retard, à l'empereur une note conforme aux dernières instructions de Votre Excellence. Elle en trouvera ci-joint le texte français. Je me suis appliqué, monsieur le ministre, à reproduire fidèlement le sens et les conclusions du post-scriptum de votre dépêche. La nouvelle condition du renvoi d'Abd-el-Kader, substituée à celle de l'internat, me paraît de nature à contribuer au succès de la négociation. Il sera sans doute assez difficile à l'empereur d'expulser l'émir de son territoire, et de l'empêcher d'y rentrer ; mais au moins la cour de Maroc ne sera-t-elle plus fondée à prétendre que nous exigeons d'elle l'impossible, et que nous ne lui laissons d'autre alternative que la guerre à la frontière ou la chance presque certaine d'une révolution à l'intérieur.

Deux jours avant la réception de la dépêche de Votre Excellence, j'avais appris la décision du roi, qui confie à M. le prince de Joinville le commandement d'une division navale expédiée en croisière sur les côtes du Maroc. S. A. R. a bien voulu m'en instruire elle-même par une lettre que le *Pluton* m'a remise le 23. Ce bâtiment est reparti le même jour pour Oran avec ma réponse.

L'arrivée successive du *Vautour*, du *Grégeois* et du *Pluton* a vivement préoccupé la population et les autorités. Ces dernières avaient imaginé, je ne sais sur quel fondement (car il n'a jamais été fait chez moi le moindre préparatif), que j'étais dans l'intention de m'embarquer sur un de nos bâtiments à vapeur ; et une garde spéciale avait été placée à la marine avec ordre de s'y opposer.

Informé de cette circonstance, et voulant prévenir des difficultés qui auraient pu devenir très-graves si elles s'étaient présentées au moment de l'arrivée de la division, j'ai cru devoir provoquer, de la part du pacha, des explications catégoriques, et je viens de les recevoir. Je joins ici ma lettre et la réponse de Sid-Bou-Selam. Il dénie, comme je m'y attendais, toute intention de porter atteinte à la faculté qui m'appartient, d'après le traité en vigueur et d'après les règles du droit des gens. On voit néanmoins, par sa lettre même, qu'il a dû donner à cet effet de nouvelles instructions au lieutenant-gouverneur, et j'ai les plus fortes raisons de croire que, malgré ces instructions, ou peut-être même en raison de leur contenu, la liberté qui m'est accordée ne s'étendrait pas à ma famille, si je manifestais l'intention de la faire embarquer. C'est, au surplus, M. le ministre, un parti que je ne prendrai que dans le cas de nécessité absolue. Pour ce qui me regarde particulièrement, je ne quitterai pas mon poste sans en avoir reçu l'ordre du gouvernement du roi, et sans avoir officiellement prévenu le gouvernement marocain. J'éviterai ainsi, autant qu'il sera en mon pouvoir, de compliquer par aucune question personnelle une situation déjà si délicate. Toutes les pièces d'artillerie appartenant aux fortifications de Tanger, du côté de la mer, viennent d'être chargées à boulets. De forts détachements de milices rurales vont être échelonnés sur la côte, depuis le cap Sportel jusqu'à Larache.

La nouvelle et les résultats du combat du 15 ont jeté la population de Fez dans la plus profonde consternation. La perte éprouvée par les Maures paraît avoir été plus considérable que nous n'étions fondés à le croire d'après le récit officiel : les familles des morts et des blessés font retentir la ville de leurs cris de douleur et de vengeance. Un corps de six mille hommes, moitié infanterie, moitié cavalerie, va partir pour la frontière sous le commandement du caïd Faradj, l'un des chefs les plus renommés de l'empire. Tous les animaux de transport sont mis en réquisition pour l'approvisionnnement d'Ouschda. Le prince vice-roi paraît attendre avec impatience et anxiété les ordres de l'empereur. Muley-Mammoun a quitté précipitamment Fez pour se rendre à Maroc.

La teneur de la dépêche ministérielle n° 95 et la publication des rapports de M. le général de Lamoricière, au sujet de l'affaire du 30 mai, me font apercevoir une erreur qui s'est glissée dans ma note à l'Empereur, en date du 8 juin : j'y ai indiqué le nombre des cavaliers marocains qui ont pris part à l'action comme se montant à quatorze mille, tandis qu'il paraît n'avoir été en réalité que de mille quatre cents. Cette erreur, monsieur le ministre, ne provient pas de mon fait ; je l'ai copiée littéralement de la dépêche de M. le maréchal Bugeaud, où, dans deux passages différents, le nombre des marocains est exprimé ainsi qu'il suit : « quatorze mille. » Je crains que cette différence ne soit relevée à Maroc et ne m'attire, de la part de la chancellerie impériale, des reproches fâcheux, quoique immérités.

On dit aujourd'hui que les Français sont entrés à Ouschda. Je crois ce bruit dénué de tout fondement et je n'hésite pas à le démentir, en observant qu'un fait de cette nature m'aurait probablement été annoncé par les généraux de l'Algérie avec autant de promptitude que l'ont été les collisions des 30 mai et 15 juin.

Annexe à la dépêche du 23 juin :

N° 10. — *Texte français d'une lettre écrite à S. M. l'empereur du Maroc par le consul général et chargé d'affaires de France, le 29 juin 1844.*

Sire,

J'ai eu l'honneur d'écrire à Votre Majesté, le 8 de ce mois (22 de djemadi), d'après des informations qui venaient de m'être données par M. le maréchal gouverneur de l'Algérie, relativement à l'acte d'agression commis le 30 mai (13 de djemadi ewel) sur notre territoire et contre les troupes de l'Empereur, mon auguste souverain. J'ai appris depuis, par la même voie, un fait plus grave encore, puisqu'il a pour auteur l'un des chefs investis par Votre Majesté du commandement des forces réunies autour d'Ouschda. Le caïd nommé Mohammed-el-Ghennaoui, après une conférence tenue le 15 de ce mois (6 de djemadi ulthani) avec un de nos généraux, a fait prendre les armes à environ quatorze mille cavaliers de votre armée, et est venu à leur tête nous attaquer en dedans de notre frontière, d'où il a été repoussé avec une perte considérable. Le rapport officiel qui m'est parvenu sur cette affaire a été immédiatement communiqué par moi à Sid-Bou-Selam, et ce haut fonctionnaire m'annonce qu'il en a aussitôt donné connaissance à Votre Majesté.

En réclamant auprès de vous, Sire,

contre des actes aussi déplorables, et en sollicitant de Votre Majesté l'adoption des mesures nécessaires pour empêcher le retour de pareilles collisions, j'avais prévenu des intentions du gouvernement de l'Empereur mon auguste souverain; je viens d'en recevoir des instructions qui ne laissent aucun doute à cet égard. Voici ce qu'elles me prescrivent de faire savoir à Votre Majesté:

La France a constamment rempli envers le Maroc les devoirs d'une ancienne et loyale alliée; jamais elle n'a songé ni ne songera à s'approprier la moindre parcelle du territoire de cet empire. Loin de là, nous avons offert de fixer à l'amiable et d'un commun accord la délimitation des frontières; mais cette proposition a été déclinée par Votre Majesté. Ce que nous possédons nous suffit amplement, et la seule chose que nous ayons à demander à nos croiseurs, c'est d'observer aussi scrupuleusement que nous le faisons nous-mêmes les règles du droit international et les stipulations des traités.

Après tant d'efforts infructueux pour y parvenir, mon gouvernement s'est abstenu et s'abstient encore de se faire justice lui-même par l'emploi des moyens dont il dispose; mais cette tolérance est arrivée à son terme. Il faut aujourd'hui que Votre Majesté se prononce nettement pour la paix ou pour la guerre. Si c'est la guerre qu'elle veut (et certes nous en aurions un profond regret), nous sommes prêts à combattre avec la confiance que donne le bon droit, et de manière à faire repentir les agresseurs. Si au contraire Votre Majesté, comme nous aimons encore à le croire, désire conserver avec la France les bonnes relations dont le maintien intéresse le Maroc à un si haut degré, il est urgent qu'elle se détermine à adopter les seules mesures qui puissent concourir efficacement à ce but.

Ces mesures sont:

1° Le désaveu de l'agression faite à deux reprises par des Marocains sur notre territoire;

2° La dislocation du corps de troupes marocaines réunies à Ouschda et sur la frontière;

3° Le rappel immédiat des caïds *El-Arbi-el-Khibi*, *Mohammed-el-Ghennaoui* et autres chefs qui ont pris une part plus ou moins directe aux agressions précitées;

4° Le renvoi d'Abd-el-Kader hors du territoire marocain.

Cette dernière condition est absolument indispensable à la conservation de la paix. Notre dignité et notre intérêt ne permettent pas que le Maroc continue d'être pour Abd-el-Kader un repaire inviolable d'où partent contre nous des agressions pareilles à celles qui viennent d'avoir lieu; et si (ce qu'à Dieu ne plaise!) Votre Majesté ne fait pas ce qu'il faut pour les empêcher, elle doit s'attendre à nous voir bientôt nous-mêmes en tirer une juste et éclatante satisfaction.

N° 11. — *Le consul de France à Sid-Bou-Selam.*

25 juin 1844.

Une escadre de notre marine impériale commandée par S. A. R. le prince de Joinville, l'un des fils de mon auguste souverain, se montrera très prochainement sur le littoral de cet empire. Sa principale mission est de manifester le haut intérêt qu'attache mon gouvernement au succès des réclamations que je suis chargé par lui de suivre auprès de votre cour.

Nous avons donc le droit d'espérer que nos armements trouveront un honorable accueil dans les ports de S. M., conformément au vœux des traités et à l'usage des nations.

Mon premier devoir, à l'arrivée du vaisseau monté par le fils de mon auguste souverain, sera d'aller offrir mes hommages à ce prince, et lui présenter les officiers attachés à mon auguste consulat général. Je dois croire qu'aucun trouble, aucun empêchement ne s'opposeront à ce que je puisse m'acquitter convenablement de ce devoir. De vagues rumeurs répandues à Tanger depuis quelques jours pourraient toutefois me laisser des doutes à cet égard. Je n'ai pas besoin de rappeler à la haute pénétration de Votre Excellence que le moindre obstacle mis à mon embarquement sur un bâtiment de ma nation serait une atteinte de la nature la plus grave aux règles du droit des gens, et une violation formelle de l'article 11 du traité. J'ajouterai seulement que dans les circonstances actuelles rien ne serait plus propre à compliquer l'état de nos relations politiques avec cet empire, et par conséquent plus contraire à l'intérêt bien entendu des deux pays.

N° 12. — *Sid-Bou-Selam au consul de France.*

26 juin 1844.

(Après le protocole d'usage.)

Nous avons reçu votre lettre, et nous y avons vu que vous craignez des obstacles à votre embarquement pour aller conférer avec le fils de votre souverain.

Vos doutes à cet égard provenaient des rumeurs répandues à Tanger. Ne faites pas attention aux bruits de la place publique, puisque l'article que vous citez ne permet d'apporter aucune difficulté à votre embarquement. Pour nous personnellement, nous ne voulons en aucune façon contrevenir à cette stipulation, d'autant plus que S. M. (que Dieu la protége et la rende victorieuse !) a donné les ordres les plus péremptoires à ses gouverneurs et exécuteurs de ses commandements d'observer strictement les traités. Ainsi donc, quand vous voudrez vous embarquer, vous pouvez le faire.

Nous venons d'écrire à ce sujet à notre lieutenant-gouverneur à Tanger et lui avons ordonné de ne porter aucune atteinte aux droits des gens, en ce qui concerne votre personne ou celle des autres consuls des nations chrétiennes. Soyez persuadé qu'il n'arrivera rien de contraire aux traités.

Je sais que vous faites tous vos efforts pour maintenir la paix et la bonne harmonie, nous en faisons de même. Au reste, c'est Dieu qui ordonne de toute chose, et il en sera ce qui lui plaira.

Ecrit le 10 djemad-juttani 1260.

Pièce jointe à la dépêche du 28 juin, n° 201 :

N° 13. — *M. de Nion à M. Guizot.*

Tanger, le 7 juillet 1844.

Monsieur le ministre,

Votre Excellence sait qu'aussitôt après avoir été informé par M. le maréchal Bugeaud de l'acte d'agression du 30 mai, je me suis empressé d'écrire à l'Empereur une lettre dont la copie est annexée à mon n° 194. J'ai l'honneur d'envoyer ci-jointes à Votre Excellence la copie et la traduction de la réponse que je viens de recevoir du ministre Bendris.

Cette réponse, calquée, quant à l'exposé des faits, sur la dernière lettre de Sid-Bou-Selam, en diffère essentiellement par un langage provocateur, dont le pacha s'est abstenu, mais dont le ministre ne craint pas d'user à notre égard avec une arrogance égale à sa mauvaise foi. Il rejette tous les torts sur nos généraux, demande qu'ils soient punis d'une manière exemplaire, et, après s'être rendu l'organe *des épouvantables clameurs poussées par les populations qui invoquent la guerre sainte*, il annonce qu'on a promis de leur en donner le signal quand les circonstances l'exigeront, et déclare que des forces plus considérables vont être dirigées sur la frontière. Il est certain, en effet, monsieur le ministre, qu'une nouvelle levée en masse s'effectue en ce moment à Fez et dans les environs. Les grandes tribus guerrières de l'ouest y envoient en toute hâte leurs contingents sous le commandement des chefs les plus renommés, tel que Beni-Amri, Ben-Ouda et Havassi. Le prince héréditaire n'attend qu'un dernier ordre pour se mettre à leur tête. On croit que son quartier-général sera établi à Taza, ville située à peu près à moitié chemin de Fez et d'Ouschda. Pour faire face à ces préparatifs, Sid-Mohammed avait demandé à son père les clefs du trésor conservé à Fez. L'empereur s'est borné à lui faire remettre une valeur d'environ 450,000 fr.; quatre cents chameaux chargés de poudre ont été en même temps expédiés de Maroc dans le nord. Quant à la révocation des kaïds d'Ouschda, il est probable qu'il y a eu contre-ordre, mais on assure que l'un d'eux, averti du mandat d'arrestation lancé contre lui, a quitté précipitamment le territoire marocain.

Toutes ces dispositions, monsieur le ministre, aussi bien que la teneur de la note de Sid-Bendris, ne permettent guère d'espérer l'arrangement pacifique de nos différends avec le Maroc. Si l'empereur n'est qu'abusé, si son exaspération contre nous, si son désir de vengeance et ses velléités de conquête ne sont fondés que sur les déceptions dont s'entoure un ministre conspirateur, il est encore possible que la connaissance de la vérité le ramène à une politique plus sage. Le rude châtiment infligé aux agresseurs du 15 juin, le déploiement des forces commandées par M. le prince de Joinville, pourront aussi exercer sur les déterminations du sultan une influence. Mais ces considérations seront impuissantes à lui faire abandonner son système actuel, si ce système, malgré tous ses périls, lui apparaît comme la seule garantie capable de le défendre contre les effets d'une désaffection devenue générale et contre les menées d'Abd-el-Kader et des autres prétendants à la couronne. Rien donc, je prends la liberté de le redire, ne semble pouvoir être décidé avant que nous connaissions la réponse de la cour du Maroc à ma note du 28 juin.

J'attends de jour l'annonce de l'arrivée de nos forces navales à Gibraltar. Si M. le prince de Joinville le juge convenable, j'irai dans ce pays prendre ses ordres, lui donner verbalement toutes les informations que je possède et dont S. A. R. pourrait avoir besoin, lui conduire enfin un pilote qui sera, je crois, pour notre escadre une excellente acquisition.

P. S. La nouvelle de l'entrée des troupes françaises à Ouschda exalte au plus haut degré le fanatisme des populations de l'intérieur. Les tribus berbères qui environnent Mequinez envoient tous leurs hommes à la guerre sainte. Il ne reste plus que des femmes dans les *Adouars*.

Deux corps de montagnards, qu'on évalue ensemble à deux mille hommes, sont appelés pour garder le littoral jusqu'aux portes de Tanger. On annonce qu'ils n'entreront pas dans la ville. Cinq cents bombes, mille fusils, deux cents pièces de toile pour tentes viennent d'être expédiés de Tanger à Fez.

On dit El-Ghennaoui arrêté; mais on prétend que c'est pour cacher sa connivence avec les Français.

Annexe à la dépêche du 7 juillet 1844 :

N° 14. — *Traduction d'une lettre écrite au consul-général et chargé d'affaires de France par Sid-Mohammed-Bendris, secrétaire des commandements impériaux.*

22 juin 1844.

Gloire à Dieu qui est unique!

Il n'y a de force et de puissance qu'en Dieu, très-haut et très-grand!

De la part du serviteur de Dieu très-haut, le secrétaire des commandements impériaux, qui est celui qui a apposé ici sa signature, Mohammed-Bendris-eb-Amraoui, que Dieu lui soit propice!

A l'agent entre les deux cours, l'intermédiaire entre les deux Etats, M. de Nion, consul-général de la nation française à Tanger, la ville bien gardée. Que Dieu conserve les jours de notre auguste maître, le victorieux par Dieu, qu'il le rende puissant et donne la victoire à ses drapeaux et à son armée.

Votre lettre est parvenue à S. M. notre auguste maître, *l'élevé par Dieu*, il s'en est fait lire le contenu. Vous faites savoir à S. M. que le gouverneur-général de l'Algérie vous a écrit qu'une collision a eu lieu entre l'armée de notre illustre maître *le victorieux* et votre armée qui est sur la frontière, qu'environ douze à quatorze mille cavaliers, dont la majeure partie se composait de Bockaris avec des tirailleurs ayant à leur tête un schérif, fils de l'oncle de S. M., ont dépassé les frontières, pénétré dans vos possessions et marché sur votre camp, qu'ils ont attaqué avec tant de vivacité, que votre général a dû se décider à leur répondre.

Sachez que la vérité, comme l'a écrit le gouverneur d'Ouschda à S. M., est que votre armée est descendue dans les blés des Kabyles, dépendant des Etats de notre maître, *le protégé par Dieu*, avec l'intention d'enlever les récoltes et de les ravager; que ces Kabyles ayant porté plainte au gouverneur d'Ouschda, ce dernier ne les a pas crus, pensant que vous n'oseriez jamais commettre de tels excès, après toutes les protestations que vous avez écrites mainte et mainte fois, que vous ne vouliez que le maintien de la paix. Cependant il est sorti avec un corps de troupes pour voir si on lui avait fait de faux rapports, n'ayant en cela aucun dessein prémédité d'engager une action. En arrivant sur les lieux, il a trouvé votre armée qui était descendue dans les blés, sans tenir compte de rien et sans aucune considération. A cette vue, les musulmans s'enflammant de rage contre votre armée, ont marché contre elle en colonne déployée et prêts à combattre. Le gouverneur d'Ouschda étant alors allé faire rétrograder ses gens, trouva l'affaire engagée avec acharnement, et les combattants se disputant de part et d'autre le terrain pied à pied. A sa sommation ses gens lui répondirent que c'étaient les Français qui avaient commencé l'attaque et qui étaient les agresseurs. Toutefois le gouverneur d'Ouschda fit tous ses efforts pour empêcher cette collision, s'en tenant en cela aux ordres de notre auguste maître, et craignant d'en être châtié s'il y contrevenait. En toutes choses il a agi, dans cette circonstance, conformément à ses anciennes instructions, qui sont de veiller à la garde des frontières, d'observer les règles du droit des gens et ce qui est prescrit par les traités. Mais s'il eût permis à ceux qui étaient avec lui de prendre part au combat, ou seulement qu'il eût ordonné à toute la cavalerie de monter à cheval, vous auriez vu alors ce qui serait arrivé à votre armée, quelle vengeance sans exemple nous en aurions tirée, et comment nous leur aurions appris ce qu'il en coûte de violer nos frontières et de commettre des attentats sur les domaines de notre auguste maître, *le protégé par Dieu*. Si donc il a fait rétrograder ses troupes, ce n'est que par la crainte d'être châtié par notre auguste maître, et pour exécuter ses ordres relativement à la garde des frontières. Mais, quant au chef de votre armée, il a commis une action digne du dernier châtiment et a mérité qu'on fasse de lui un exemple sévère pour lui apprendre à troubler ainsi la paix et la tranquillité de ces contrées, et pour avoir violé toutes les règles du droit des gens. Du reste, il ne s'est porté à de pareils excès, et cette collision n'a eu lieu que par suite de la construction d'un fort à Maghrnia. De ce côté-là, nous avons été bien longtemps voisins avec les Turcs, mais jamais ces derniers n'ont pensé à faire des innovations, ni à elever des forts dans un endroit où il n'y en avait pas eu auparavant, ni à faire rien qui pût être un motif de haine. Notre gouvernement, autant que possible, ferme les yeux sur tout ce qui peut faire du mécontentement ou troubler la paix et la bonne harmonie; et vous autres, vous faites vos efforts en sens inverse, et vous proclamez hautement vos intentions.

Vous dites qu'un des fils de l'oncle de notre auguste maître s'est trouvé présent dans cette affaire. Cela est vrai. Il était en route avec un corps de troupes pour aller rejoindre le gouverneur d'Ouschda, et comme le combat s'est engagé en sa présence, il a rebroussé chemin aussitôt, et il est venu donner l'avis positif que votre armée est celle qui a commencé l'attaque et qui a forcé les frontières. En apprenant une telle nouvelle, tous les musulmans ont porté leurs regards de ce côté-là, et, soit cavaliers, soit fantassins, ont renouvelé leurs clameurs pour aller faire la guerre sainte (*djihad*). Tous brûlent de voler à la défense des frontières; ils ne demandent que cela, et si notre auguste maître ne les eût pas retenus, en les assurant que ce combat n'a pas été l'effet d'un dessein prémédité, rien n'aurait pu les arrêter. Déjà bien souvent ils ont demandé la guerre sainte; ils manifestent hautement leurs intentions à ce sujet, en répétant, avec des clameurs épouvantables, qu'ils ne veulent et ne désirent que cela. On a dû leur promettre de leur en donner l'ordre dès que les circonstances l'exigeront. Toutefois S. M. continue à n'envoyer que le nombre de troupes nécessaires pour veiller à la garde des frontières de l'empire, pour contenir les Kabyles dans l'ordre et prélever les impositions, comme cela est d'usage chaque année. Mais il est probable que mon auguste maître enverra un nombre de troupes plus grand que celui qu'il a envoyé cette année.

Le 7 de djemadi utthami 1260.

N° 15.— *M. de Nion, consul-général de France au Maroc, à M. Guizot.*

Tanger, le 9 juillet 1844.

Monsieur le ministre,

Une lettre que je reçois du pacha Sidi-Bou-Selam, et dont j'ai l'honneur d'envoyer la traduction à Votre Excellence, semble annoncer un revirement aussi complet qu'inattendu dans la politique de la cour de Maroc à notre égard. Cette lettre se rapporte à la collision du 15 juin, dont le pacha, à ma demande, avait mis l'exposé officiel sous les yeux de l'empereur. Soit que les torts des chefs marocains dans cette occasion fussent trop graves et trop évidents pour que l'on pût essayer de les dissimuler, soit plutôt que la vigueur et la décision avec lesquelles l'agression a été repoussée aient produit sur l'esprit de Muley-Abder-Rhaman l'effet que l'on pouvait en attendre, il y a entre la note de Sidi-Bendris, jointe à ma dernière dépêche, et celle de Sidi-Bou-Selam, toute la distance qui sépare une arrogante déclaration de guerre d'un humble appel au maintien de la paix. Cette fois, et par une dérogation remarquable à tous les précédents comme à tous les usages, la cour de Maroc reconnaît la culpabilité de ses délégués; elle annonce leur destitution, l'éloignement des milices indisciplinées qui les ont entraînés ou suivis, et l'envoi de nouveaux chefs, mieux pénétrés des volontés du souverain et plus exacts à les accomplir. Elle demande enfin que les folles tentatives de quelques malintentionnés ne portent point atteinte aux relations amicales qui unissent depuis longtemps les deux empires. Certes, si les efforts doivent répondre aux paroles, cette lettre serait un grand pas de fait vers le rétablissement de la bonne intelligence, nous aurions déjà obtenu trois des quatre conditions que Votre Excellence, par sa dépêche du 12 juin, m'avait prescrit d'exiger, savoir : le désaveu des actes d'agression commis sur notre territoire, la dislocation, au moins partielle, des troupes marocaines réunies sur la frontière, et la révocation des agents dont la conduite nous a donné de si légitimes sujets de plainte. Il resterait, il est vrai, la dernière et la plus difficile à remplir, le renvoi d'Abd-el-Kader hors du territoire marocain. Mais il faut examiner que les déterminations qui viennent de nous être notifiées au nom de l'empereur ont été prises par ce prince avant qu'il eût pu avoir connaissance de l'envoi de l'escadre commandée par M. le prince de Joinville, et des intentions du gouvernement français, telles qu'elles lui seront notifiées par une lettre du 28 juin. Il est donc permis de croire que d'aussi puissantes considérations achèveraient bientôt l'œuvre déja commencée, et que ce mois ne se passerait pas sans que nous eussions obtenu sur tous les points une entière satisfaction.

Je dois consigner ici une circonstance qui m'est annoncée de Larache par un correspondant digne de foi. Le pacha, qui avait fortement conseillé la paix avec l'Europe et surtout avec la France, n'attendait pas sans une profonde anxiété les suites de sa démarche et la réponse de l'empereur. En recevant cette réponse qui renferme, à ce qu'on m'assure, une approbation complète de ses vues conciliatrices et des pleins pouvoirs pour traiter les diverses questions en litige, Sidi-Bou-Selam a manifesté la plus vive satisfaction et n'a pas voulu perdre un moment pour me communiquer le contenu de la dépêche impériale. Il y a joint en original, sans doute pour donner plus de créance à ses paroles, la lettre de M. le maréchal Bugeaud, qui invitait le caïd El-Ghennaoui à la conférence du 15 juin.

Si les dispositions manifestées par la cour du Maroc ne sont point un artifice, sans autre but que celui de gagner du temps, s'il y a quelque fond à faire sur leur sincérité et sur leur persévérance, c'est ce que les faits se chargeront bientôt de nous apprendre. Un nouvel engagement a eu lieu le 13 de ce mois, entre nos troupes et la cavalerie marocaine. Mais il est évident que les ordres conformes aux nouvelles déclarations de l'empereur n'avaient pu alors parvenir à la frontière. Ils ne sauraient guère y arriver plus tôt que du 10 au 15 de ce mois. C'est à partir de cette époque que nos généraux pourront reconnaître si les promesses qui viennent de nous être faites seront loyalement exécutées. L'attention de M. le maréchal Bugeaud va être immédiatement appelée sur cette importante question de fait.

J'ai eu l'honneur de donner, ce matin même, les informations qui précèdent à S. A. R. le prince de Joinville, qui a bien voulu venir se mettre en communication avec moi à bord de la corvette à vapeur le *Pluton*. Dans une conférence qui a duré plus de deux heures, S. A. R. m'a communiqué ses propres instructions et m'a fait connaître la marche qu'elle se propose de suivre. Elle est ensuite repartie pour Algésiras. Je dois lui expédier demain par le *Rubis* la présente dépêche, ainsi qu'une copie de la traduction de la lettre du pacha. S. A. R. transmettra ce document à M. le maréchal Bugeaud par le bâtiment à vapeur, qui portera ensuite en France les dépêches au commandant de l'escadre et les miennes. Des relations en quelque sorte journalières, vont être établies entre Oran, Algésiras et Tanger. Les mesures les plus propres à garantir la sûreté de nos nationaux et à contribuer au bien du service du roi ont été combinées par S. A. R. avec autant de prudence que de bienveillante sollicitude pour tous les intérêts.

Annexe à la dépêche de M. de Nion du 9 juillet 1844.

N° 16. — *Traduction d'une lettre écrite au consul général et chargé d'affaires de France par Sidi-Bou-Selam, pacha, gouverneur des provinces septentrionales de l'empire.*

Le 7 juillet 1844.

Gloire à Dieu qui est unique !

Le serviteur de S. M., Bou-Selam-Ben-Aly, à l'agent plein de zèle pour le service des deux cours, M. de Nion, consul-général de la nation française, en faisant des vœux pour la conservation des jours de S. M. (que Dieu le rende victorieux et fasse durer son bonheur !) nous nous informons avec beaucoup d'intérêt de vôtre santé.

Nous n'avons rien à ajouter à ce que nous avons déjà mandé relativement à la première affaire qui a eu lieu entre votre armée et la nôtre sur la frontière du pays d'Ouchda, si ce n'est que S. M. nous a écrit à cet égard une lettre qui nous est parvenue aujourd'hui même. Elle nous fait savoir que ce qui est arrivé n'est pas l'effet de ses ordres, mais bien celui du hasard. Nous vous avions déjà écrit dans le même sens, d'après la lettre que nous avions reçue de S. M. I. Sidi-Mohammed, qui nous a fait connaître que le sieur Taleb-Aly-Ben-Taïb, un des secrétaires de S. M., est allé, avec un corps de cavaliers, prendre des informations sur ce qui pouvait avoir donné lieu aux rapports des Beni-Imassen, qui se plaignaient de ce que votre armée était descendue dans leurs blés encore verts; qu'après s'être assuré de la vérité du fait, il est parti pour aller en conférer avec le général français, mais que, chemin faisant, il a rencontré votre armée, qui s'est avancée vers lui pour le combattre, et que le corps de cavalerie qui l'accompagnait n'a fait que repousser l'agression à laquelle il ne s'attendait nullement et à laquelle il n'était pas préparé. Le maréchal de votre armée lui-même le sait fort bien, et vous pourrez vous en convaincre par la lettre qui accompagne celle-ci et qu'il a écrite à Taleb-Aly-Ben-Taïb. Vous y verrez qu'il a été le premier à lui demander une entrevue de la manière la plus pressante. Quoi qu'il en soit, le Taleb-Aly-Ben-Taïb voulut se rendre à cette conférence, dans l'intérêt général et pour contribuer autant qu'il était en son pouvoir au maintien de la paix et de la bonne harmonie ; mais alors les Kabyles, qui ont le bien en horreur, se sont opposés à son dessein, et cela même après que, par crainte qu'il n'arrivât quelque collision, il en avait déjà congédié la plus grande partie, ainsi qu'un grand nombre de ses cavaliers, qui étaient dans des dispositions très-hostiles.

Le Taleb-Aly-Ben-Taïb n'est donc pas revenu avec sa cavalerie pour soutenir le combat, mais bien pour faire rétrograder ceux qui contrevenaient à ses ordres. Le maréchal a parfaitement connaissance de ce fait, et au besoin il pourrait en attester la vérité.

Des événements de cette nature ne doivent en rien porter atteinte au maintien de la paix, ni être des motifs d'inimitié, car aussitôt que S. M. en a été informée, elle en a été aussi surprise que mécontente, et elle a donné les ordres qu'elle a jugés nécessaires, relativement au corps d'observation et à ses chefs. S. M. a fait parvenir des ordres à son fils Sidi-Mohammed, qui a partagé son mécontentement. Ce prince a aussitôt puni les coupables comme ils le méritaient, en les chassant des rangs de l'armée, et en destituant leurs principaux chefs pour avoir contrevenu aux ordres qui leur avaient été donnés, et en nommant d'autres chefs à leur place.

Si votre souverain veut le maintien de la paix et de la bonne harmonie, cet événement ne peut y porter aucune atteinte, puisque les coupables ont été sévèrement punis. En conséquence nous vous prions instamment de porter ce fait à la connaissance de votre souverain pour qu'il ordonne que son armée reste sur les limites de ses frontières et s'abstienne de les dépasser. Notre gouvernement en fera de même de son côté.

Du reste, S. M. désapprouve ce qui est arrivé tant d'un côté que d'un autre car il n'y a que des gens d'une perversité infernale qui s'efforcent d'allumer la guerre entre les nations.

Le 20 de djemadi-utthani 1260 (le 7 (juillet 1844).

N° 17. — *Lord Aberdeen aux lords commissaires de l'amirauté.*

Foreign-Office, 10 juillet 1844.

Milords,

En me référant à ma lettre du 2 de ce mois, relative aux renforts destinés à l'escadre de S. M. devant Gibraltar, je dois faire connaître à Vos Seigneuries que la reine a donné l'ordre que ses instructions fussent adressées à l'officier qui commande cette escadre pour lui prescrire de prendre bien soin de faire savoir aux autorités marocaines qu'en envoyant ces forces sur les côtes du Maroc, le gouvernement de S. M. n'a pas eu l'intention de prêter aucun appui au gouvernement de Maroc dans sa résistance aux demandes justes et modérées de la France, si malheureusement cette résistance venait à avoir lieu.

Afin d'éviter tout mal entendu à cet égard, il faudrait expliquer clairement que la protection des intérêts anglais doit être le seul but de l'escadre, et que le gouvernement de S. M. verrait avec plaisir que l'on usât d'une influence quelconque à l'appui des propositions raisonnables qui ont été faites par les autorités françaises pour terminer les différends qui se sont élevés entre la France et le Maroc.

N° 18. — *M. Guizot à M. le duc de Glucksberg.*

Paris, le 9 août 1844.

Monsieur, vous devrez, au reçu de la présente dépêche, vous rendre immédiatement à Cadix auprès de M. le prince de Joinville. M. de Nion, consul-général de France à Tanger m'ayant demandé un congé que je lui accorde pour revenir à Paris, je vous ai indiqué pour négocier et conclure, avec le titre temporaire de chargé d'affaires du roi au Maroc, les arrangements auxquels pourra donner lieu le rétablissement de la paix entre la France et cet empire. J'aime à croire que, lorsque vous arriverez à votre nouvelle destination, l'empereur Abd-er-Rhaman, déférant à la sommation du consul-général de S. M., se sera décidé à donner les justes réparations que nous avons demandées, et que, par suite, le prince de Joinville ne se sera point trouvé dans le cas de commencer les hostilités. Le délai de huit jours qu'il avait accordé pour obtenir une réponse a dû expirer le 2 de ce mois.

Les conditions du rétablissement de la bonne intelligence entre les deux empires doivent être, aux termes mêmes des satisfactions réclamées :

1° La dislocation des rassemblements extraordinaires de troupes marocaines qui existent dans les environs d'Ouchda, sur notre frontière ;

2° La punition exemplaire des auteurs des agressions commises contre nos troupes depuis le 30 mai ;

3° L'expulsion d'Abd-el-Kader du territoire du Maroc ;

4° Une délimitation des frontières de l'Algérie et du Maroc, conformément à l'état de choses existant et reconnu du Maroc lui-même sous la domination des Turcs à Alger.

Je vous transmets ci-joints des pleins pouvoirs pour signer, conjointement avec le plénipotentiaire ou les plénipotentiaires que l'empereur aura désignés, les premiers arrangements sur les bases que je viens d'indiquer. Je vous enverrai plus tard, s'il y a lieu, des instructions et des pouvoirs plus détaillés. Pour le moment, il s'agit de consacrer par un traité spécial les conditions aussi modérées que légitimes auxquelles nous consentons à rester en paix avec le Maroc. Nos généraux garderont leurs positions sur la frontière de terre, afin de surveiller la prompte et stricte exécution de ces stipulations et d'y concourir au besoin, notamment en ce qui concerne le règlement de la délimitation, étant déjà munis de tous les documents nécessaires à cet égard. Monseigneur le prince de Joinville veillera également, avec son escadre, au parfait accomplissement des réparations obtenues.

Je vous répète, monsieur, l'invitation très expresse de vous rendre sans délai auprès de S. A. R. Vous comprendrez que dans une affaire aussi grave et aussi pressante, vous ne sauriez faire trop de diligence, et je ne doute pas de votre zèle à justifier, en tout ce qui dépendra de vous, ce nouveau témoignage de la bienveillance du roi. Vous recevrez de M. de Nion toutes les lumières possibles sur la situation, et, au besoin, tous les conseils et toutes les directions que sa longue expérience pourra lui suggérer.

Vous serez d'ailleurs à la disposition de M. le prince de Joinville, et vous devrez le consulter et vous entendre avec lui sur tout ce qui se rattache à votre mission.

N° 19. — *M. Guizot à M. de Nion.*

Paris, 9 août 1844.

Monsieur, j'ai reçu les dépêches que vous m'avez adressées jusqu'à la date du 27 juillet.

Je n'ai qu'à confirmer les témoignages de la satisfaction du roi et de son gouvernement au sujet de la manière dont vous avez compris et rempli les devoirs de votre mission dans des circonstances aussi graves. Votre conduite, au milieu des derniers événements dont vous me rendez compte, a présenté le même caractère d'intelligence, de fermeté et de dévouement pour le service de Sa Majesté. Je vous autorise, ainsi que vous le désirez, à venir passer quelques mois en France. J'ordonne en conséquence à M. le duc de Glucksberg, premier secrétaire de l'ambassade du roi à Madrid, de se rendre immédiatement à Cadix, auprès de M. le prince de Joinville, pour négocier et conclure avec les plénipotentiaires de l'empereur de Maroc les premiers arrangements auxquels pourra donner lieu le rétablissement de la paix entre les deux empires, arrangements qui doivent avoir pour base les réparations que vous avez demandées. Je n'ai pas besoin d'ajouter que vous devez attendre M. de Gluksberg et lui donner toutes les informations propres à le mettre parfaitement au courant de la situation. J'incline d'ailleurs à penser qu'aussitôt après la signature de la paix, il conviendrait que vous fussiez réinstallé solennellement par M. le prince de Joinville dans le poste et dans les fonctions de consul-général et chargé d'affaires du roi à Tanger, et que, cela fait, vous attendissiez quelques semaines pour profiter de votre congé en quittant le Maroc. J'y verrais l'avantage de prévenir les commentaires auxquels un départ trop prompt pourrait donner lieu, et d'empêcher qu'il ne fût interprété et répresenté comme une satisfaction donnée par nous à l'empereur de Maroc. C'est, au surplus, une question que vous pourrez soumettre à l'appréciation de M. le prince de Joinville, et vous examinerez avec S. A. R. ce que, d'après les circonstances, il serait à propos de faire. Je m'en rapporte à votre prudence aussi bien qu'à votre zèle. Le gouvernement du roi vous tient bon compte de toutes les preuves que vous en avez données, et il saura vous dédommager des sacrifices personnels que les conjonctures ont pu vous demander.

J'ai décidé que M. Mauboussin resterait auprès de M. de Glucksberg jusqu'à nouvel ordre. Veuillez l'en informer, et lui dire que je ne doute pas de son empressement à le seconder en tout ce qui dépendra de lui.

N° 20.—*M. de Nion à M. Guizot.*

Cadix, le 18 août 1844.

Monsieur le ministre,

Je suis heureux d'apprendre que ma conduite, dans les circonstances difficiles qui ont précédé l'ouverture des hostilités contre le Maroc, ait obtenu l'approbation du roi et de son gouvernement. J'ose espérer que ma participation aux événements postérieurs sera appréciée avec la même indulgence.

Je venais à peine de recevoir la lettre de Votre Excellence, lorsque M. le duc de Glucksberg est arrivé à Cadix ; nous nous sommes communiqué nos instructions respectives. Je l'ai mis au courant de l'état actuel des choses, et nous avons recherché ensemble ce qu'il y avait de mieux à faire pour remplir dans la nouvelle situation donnée les intentions du gouvernement du roi. Les circonstances qui ont servi de base aux décisions du 9 août ont en effet complètement changé. La guerre a rompu les négociations suivies entre nous et la cour du Maroc ; et, lors même que cette cour tenterait de les renouer, notre marche et nos conditions ne seraient probablement pas les mêmes qu'avant l'événement du 6 août ; M. de Glucksberg l'avait compris d'avance, et il s'est hâté de le reconnaître avec une loyauté égale à la capacité qui le distingue. Il s'est mis toutefois à la disposition de M. le prince de Joinville, et attendra ici les ordres de S. A. R.

Pour ce qui me concerne personnellement, monsieur le ministre, j'ai le regret de m'être fait mal comprendre lorsque j'ai sollicité, pour venir passer quelques mois en France, l'autorisation que Votre Excellence a la bonté de m'accorder. Cette demande était subordonnée à la solution de nos affaires avec le Maroc. Chargé à cette époque du rôle de négociateur, ma mission spéciale se terminait soit par le rétablissement de la paix, soit par la guerre. Dans le premier cas, mon retour en France et l'installation à ma place d'un gérant provisoire du consulat-général me paraissaient satisfaire en même temps a l'intérêt du service et à mes convenances particulières. Dans le cas de guerre, les négociations étaient rompues par le fait et le rappel des agents du roi semblait en être la conséquence naturelle.

Cette dernière éventualité s'est réalisée, contrairement à mes désirs, et, j'oserai le dire, malgré tous mes efforts. J'ignore si, en apprenant ce qui s'est passé, le gouvernement du roi jugera à propos de laisser dans ces parages un agent français chargé de recevoir les propositions de paix qui pourraient nous être faites et de traiter avec les délégués de la cour de Maroc. S'il en est ainsi, permettez-moi d'espérer, monsieur le ministre, qu'une participation officielle aux nouvelles négociations ne me sera pas refusée, ne fût-ce que pour ôter au gouvernement marocain, à ses protecteurs et à ses auxiliaires tout prétexte de représenter mon exclusion comme un désaveu. Il m'en coûtera sans doute d'ajourner mon voyage, que des intérêts de famille, abandonnés depuis six ans, me rendaient presque indispensable; mais il m'en coûterait bien davantage de renoncer à l'honneur de remplir jusqu'au bout la mission confiée à mon dévouement.

Veuillez, monsieur le ministre, si ma présence au Maroc ou dans le voisinage de cet empire vous paraît offrir quelque utilité pour le service du roi, considérer comme non avenue ma demande de rappel temporaire, et m'autoriser à continuer jusqu'à nouvel ordre, seul, ou de concert avec toute personne déléguée par le gouvernement de S. M., l'exercice de mes fonctions comme consul-général et chargé d'affaires de France.

N° 21. — *L'amiral de Mackau au prince de Joinville.*

Paris, le 19 août 1844.

Monseigneur,

L'occupation de l'île de Mogador étant le but principal que vous devez vous proposer, je crois devoir ajouter aux instructions que vous avez déjà reçues à cet égard quelques explications complémentaires.

Ainsi qu'il vous a été prescrit, monseigneur, aussitôt que vous aurez pris possession de cette île, vous devez y élever des fortifications temporaires suffisantes pour repousser toute attaque dont elles pourraient être l'objet après le départ de votre division. Bien que l'occupation de ce point ne doive être que provisoire, il ne faut pas oublier qu'elle devra durer jusqu'à la conclusion de la paix, et Votre Altesse Royale comprendra parfaitement, sans qu'il soit nécessaire d'y insister, que rien ne sera dès-lors à négliger pour assurer la sécurité du gage qu'il s'agit d'obtenir, et celle de la garnison à qui la garde en sera confiée.

J'attache une assez grande importance à cette recommandation pour ne pas hésiter à vous autoriser, monseigneur, au moment où vous quitterez Mogador avec les vaisseaux, à laisser sur les lieux une station navale commandée par un officier en qui vous aurez toute confiance, et assez nombreuse pour qu'elle puisse contribuer, au besoin, à la défense de l'île et à établir des communications fréquentes avec les Canaries, où il sera facile de se procurer des approvisionnements de tous genres.

Dès que l'attaque de Tanger a été connue du gouvernement, et avant même d'en avoir appris les résultats, je me suis empressé de donner l'ordre au vaisseau l'*Inflexible*, de 100 canons, et aux bâtiments à vapeur le *Cuvier*, de 320 chevaux, et le *Lavoisier*, de 220, de rallier votre pavillon. Toutefois j'ai prescrit de retenir ce dernier bâtiment depuis que les détails sur la journée du 6 me sont parvenus, et s'il n'est pas parti avant de recevoir le contre-ordre, vous ne devez pas compter sur lui. La corvette de charge l'*Egérie* vous porte des munitions de guerre pour remplacer celles qui ont été consommées pendant l'affaire.

Votre Altesse Royale disposera de ces forces ainsi qu'elle l'entendra, soit pour participer aux nouvelles opérations, soit comme réserve.

Il est un autre point, prince, sur lequel je crois devoir appeler particulièrement votre attention. Rien, jusqu'à présent, ne m'a donné lieu de craindre que des lettres de marque aient été expédiées sous le pavillon du Maroc; cependant, pour peu que les hostilités se prolongent, nous ne pouvons nous dissimuler que des armements de cette sorte pourront menacer notre commerce, et j'ai dû prendre les ordres du roi pour me mettre en mesure de protéger nos navires marchands sur les atterages de l'Océan. Mais S. M. me charge de vous prescrire de veiller, en ce qui vous concerne, à étendre cette protection dans les parages que vous occupez. Je vous prierai aussi, monseigneur, de vouloir bien me tenir exactement informé de ce qui viendrait à votre connaissance relativement à ces événements.

N° 22. — *M. Guizot à M. de Nion.*

Paris, le 30 août 1844.

Monsieur, j'ai reçu les dépêches que vous m'avez fait l'honneur de m'écrire jusqu'à la date du 21 de ce mois. Le gouvernement du roi a été trop constamment satisfait de l'habileté et du zèle dont vous avez fait preuve dans la conduite des affaires importantes et difficiles confiées à vos soins pour n'avoir pas appris avec une vive satisfaction que vous n'aviez pas l'intention de faire en ce moment usage du congé qui vous avait été accordé. Je n'aurais pas eu l'idée de vous l'envoyer si vous ne m'en aviez témoigné le désir. Vous continuerez donc, de concert avec le duc de Glucksberg, à être chargé des négociations auxquelles pourra donner lieu l'état actuel de nos rapports avec le Maroc, et je vous envoie dès à présent à cet effet des instructions communes.

N° 23. — *M. Guizot à MM. de Nion et de Glucksberg.*

Paris, le 30 août 1844.

Messieurs, le moment de la conclusion de la querelle qui a éclaté entre le gouvernement du roi et l'empire du Maroc semble particulièrement favorable à la solution des questions diverses qui peuvent se trouver pendantes entre les deux Etats. Je vous invite donc à rechercher quels sont les points litigieux assez importants pour que nous ayons un véritable intérêt à en presser l'arrangement, et quelles stipulations il pourrait nous convenir d'introduire dans nos relations avec le Maroc. Je désire que vous m'informiez, sans perdre un moment, du résultat de cet examen ; je m'empresserai de vous faire parvenir les instructions qui pourront être nécessaires en conséquence. Vous n'aurez point d'ailleurs à les attendre pour faire les démarches que je vous prescris par mes instructions de ce jour, et qui me paraissent propres à amener le rétablissement prompt et honorable de la paix.

N° 24. — *M. Guizot à MM. de Nion et de Glucksberg.*

Paris, le 30 août 1844.

Messieurs, les succès éclatants que viennent de remporter nos forces de terre et de mer dans la lutte engagée entre nous et le Maroc n'ont rien changé aux intentions que le gouvernement du roi avait manifestées avant le commencement de cette lutte. Ce que nous demandions alors comme la condition nécessaire du rétablissement des relations amicales entre les deux Etats et comme la seule garantie propre à nous rassurer contre le retour des incidents qui ont troublé ces relations, nous le demandons encore aujourd'hui, sans y rien ajouter, car le but que nous nous proposons est toujours le même, et aucune vue d'agrandissement ne se mêle à notre résolution bien arrêtée de ne pas permettre qu'on méconnaisse les droits et la dignité de la France. Que les rassemblements extraordinaires de troupes marocaines formés sur notre frontière, dans les environs d'Ouchda, soient immédiatement dissous, qu'un châtiment exemplaire soit infligé aux auteurs des agressions commises sur notre territoire depuis le 30 mai, qu'Abd-el-Kader soit expulsé du territoire marocain et n'en reçoive plus désormais appui ni secours d'aucun genre, enfin qu'une délimitation complète et régulière de l'Algérie et du Maroc soit arrêtée et convenue conformément à l'état de choses reconnu du Maroc lui-même à l'époque de la domination des Turcs à Alger, rien ne s'opposera plus au rétablissement de la paix. La cour de Maroc, après tous les torts qu'elle a eus envers nous, ne s'attend peut-être pas à une pareille modération de notre part. Pour lui en donner une preuve éclatante, et pour lui fournir l'occasion d'y répondre en acceptant immédiatement nos propositions, le roi vous ordonne, messieurs, de vous transporter devant Tanger à bord de l'un des vaisseaux de notre escadre et de faire remettre aux autorités de cette place une lettre adressée à l'empereur, dans laquelle vous lui annoncerez que, s'il accepte purement et simplement les conditions de notre *ultimatum* que je viens de rappeler, vous êtes encore autorisés à traiter sur cette base.

Il est bien entendu que cette démarche n'aurait point pour effet de suspendre les hostilités, et que nos armées de terre et de mer seraient libres de poursuivre leurs opérations jusqu'à ce que l'Empereur eût adhéré à nos offres.

Il est également entendu que le négociateur qui nous serait envoyé pour nous faire connaître l'adhésion de l'Empereur devrait se rendre à bord de votre vaisseau, que là seraient signés les arrangements auxquels la négociation donnerait lieu, et qu'en aucun cas vous ne mettriez pied à terre pour aller trouver le négociateur marocain.

M. le ministre de la marine écrit aujourd'hui même à M. le prince de Joinville pour l'informer de la démarche qui vous est prescrite, et l'inviter à y concourir en plaçant un bâtiment à votre disposition.

N° 25. — *M. le duc de Glucksberg à M. Guizot.*

Cadix, le 6 septembre 1844.

Le *Var* est arrivé ce matin de Tanger ; M. de Martins était à son bord et nous apportait la lettre ci-jointe de Sidi-Bou-Selam. Le prince a pensé qu'avant d'aller plus avant, il était prudent de s'assurer de la nature de ces pleins pouvoirs dont Sidi-Bou-Selam se disait muni. En conséquence, M. Warnier, l'interprète de S. A. R., et M. Fleurat, interprète du consulat, vont partir ce soir pour Tanger ; ils porteront notre réponse. Elle sera courte ; il n'entre pas dans notre pensée de repousser une première démarche qui, si elle est sérieuse, devient à l'instant très importante. Nous prenons donc acte de cette lettre ; mais nous indiquons au pacha que quelques éclaircissements sont nécessaires, et que M. Warnier va les lui demander. Si le retour de celui-ci éclaircit tous nos doutes, l'intention du prince est de nous accompagner et de nous faire partir pour Tanger avec ses instructions.

Nous sommes convenus, M. de Nion et moi, de nous associer l'un à l'autre dans le cours de cette négociation, et de rendre autant que possible notre action commune. On nous dit que l'empereur est à Fez, et que la population de cette ville est animée de désirs très pacifiques.

M. de Nion, occupé à répondre à la lettre de Sidi-Bou-Selam, ne peut écrire aujourd'hui à Votre Excellence ; je suis chargé de lui en faire ses excuses.

P. S. Je joins également à cette dépêche copie de notre réponse, telle qu'elle vient d'être concertée entre nous.

N° 26. — *Traduction d'une lettre écrite au consul-général de France par Sidi-Bou-Selam-Ben-Ali, pacha des provinces septentrionales de l'empire.*

Le 3 septembre.

....

.... En faisant des vœux pour la conservation des jours de S. M. (la protégée et la victorieuse par Dieu, que le seigneur la comble de joie) ! nous vous faisons savoir que, comme les préliminaires des conférences s'étaient passés entre vous et la cour de S. M. lorsque vous résidiez dans le port de Tanger, nous nous adressons à vous, vu que S. M. vient de nous charger d'accorder les quatre demandes que vous aviez formulées contre elle. Si c'est encore vous qui êtes celui qui doit entretenir les relations de la France avec notre heureuse cour, venez nous trouver pour que nous terminions en nous abouchant : car notre glorieux maître n'a point cessé d'être en paix avec votre gouvernement, sur le même pied que ses ancêtres ; si c'est, au contraire, un autre que vous qui est chargé de porter la parole, donnez-lui connaissance de cette lettre pour qu'il se rende auprès de nous, dans l'heureux port de Tanger, afin de conférer ensemble sur un pied amical.

S'il est impossible que l'un ou l'autre se rende auprès de nous, il est nécessaire que vous nous donniez connaissance de quelle façon nous pourrions nous arranger, comme cela est notre désir.

Ecrit le 19 de chaaban-le-béni, 1260 (3 septembre 1844).

N° 27. — *M. de Nion et M. le duc de Glucksberg à Sidi-Bou-Selam-Ben-Ali.*

(Annexée à la dépêche du 9 septembre 1844.)

La lettre de Votre Excellence est parvenue à M. de Nion, l'un des soussignés. Il s'empresse d'y répondre, en sa qualité de consul-général et chargé d'affaires de France, de concert avec le duc de Glucksberg, également soussigné, chargé par S. M. l'empereur des Français de suivre concurremment avec l'agent précité les négociations qui pourront s'ouvrir entre notre cour impériale et celle du Maroc.

Les soussignés n'ont pu voir qu'avec satisfaction le désir que S. M. l'empereur paraît éprouver de renouer les relations pacifiques qui ont subsisté pendant plusieurs siècles entre les deux empires. Mais en présence des faits qui ont si profondément altéré ces relations en dernier lieu, et se rappelant les déplorables malentendus qui les avaient si souvent compliqués à une époque antérieure, ils regardent comme indispensable que Votre Excellence veuille bien donner aux interprètes, porteurs de la présente dépêche, les explications que ces officiers sont chargés de lui demander. C'est ainsi que les soussignés connaîtront, avec la précision nécessaire, quelle est la nature et l'étendue des pouvoirs délégués par l'empereur à Votre Excellence, et quel serait le mode de conférence qui pourrait être adopté, de manière à offrir aux soussignés les garanties que réclame la dignité de leur mission.

En attendant ces éclaircissements, les soussignés saisissent avec plaisir l'occasion d'offrir à Votre Excellence les assurances de leur haute considération.

Cadix, le 6 septembre 1844.

N° 28. — *M. le prince de Joinville à M. l'amiral de Mackau.*

Vaisseau le *Suffren*, le 6 septembre 1844.

Monsieur le ministre,

Des ouvertures pacifiques ont été faites, au nom de l'Empereur, par Sidi-Bou-Selam, pacha de Larache, actuellement à Tanger.

Dans une lettre adressée à M. de Nion, Sid-Bou-Selam se dit autorisé à nous accorder satisfaction sur les quatre articles où étaient exposées les demandes de la France. L'empereur, dit-il, n'a jamais cessé d'être en paix avec la France. Bou-Selam a de plus insisté auprès de M. Martino, consul-général des Deux-Siciles, pour qu'il vînt en personne nous apporter cette lettre ; il l'a chargé verbalement de nous dire que si nous avions d'autres demandes à faire, il était autorisé à nous accorder ce qui serait juste. Il termine en demandant que l'on envoie à Tanger des plénipotentiaires, en donnant toute assurance qu'ils seront bien reçus. Quelle foi y a-t-il à ajouter à ces paroles ? Je ne sais, mais je pense que, s'il ne faut pas y attacher une grande confiance, il ne faut pas non plus les rejeter.

Les nouvelles arrivées depuis quelques jours disent que la vérité sur les affaires de la frontière et sur celles de Mogador commence à se faire jour.

Muley-Abder-Rahman est à Fez, au milieu d'une population démoralisée qui redoute de nous voir arriver au printemps, et qui supplie l'empereur de faire sa paix. Je crois que cette disposition des esprits est vraie, et tout le monde me l'affirme ; il faut en profiter. Nous avons déjà obtenu un grand résultat : le Maroc, depuis de longues années, était resté vierge de toute attaque européenne ; tout ce qu'on avait tenté contre lui n'avait pas réussi. Aujourd'hui il a senti le poids des armes de la France. Ce résultat, il ne faut pas le gâter en nous montrant trop difficiles. Si vraiment ils veulent la paix, il faut nous hâter de la faire.

Reste à savoir si Bou-Selam est bien autorisé à traiter avec nous. Là gît la plus grande difficulté. Jusqu'à présent, il a refusé de montrer ses pleins pouvoirs ; peut-être n'en a-t-il que de verbaux ; peut-être la lettre du Sultan qui les lui confère en dit-elle plus qu'il ne veut nous en faire connaître.

J'observe à celà que l'affaire d'Espagne a été conclue avec lui sans qu'on ait exigé le vu de ses pleins pouvoirs. Or, nous sommes plus en mesure que l'Espagne d'avoir la manche large et de fermer les yeux sur les irrégularités de forme.

Le plus important à mes yeux, comme j'ai eu l'honneur de vous le dire dans ma précédente dépêche, est d'en finir promptement sous l'impression des faits militaires qui ont donné satisfaction à l'opinion publique en France, et assuré la tranquillité de l'Algérie.

N° 29. — *Le prince de Joinville à M. l'amiral Mackau.*

Vaisseau le *Suffren*, Cadix, le 8 septembre 1844.

Monsieur le ministre,

Je viens de vous rendre compte de la situation et je vous prie de vouloir bien donner une prompte solution aux questions posées dans cette lettre.

J'ai eu l'honneur de vous instruire des ouvertures pacifiques, qui nous avaient été adressées de Tanger, ainsi que de la mission confiée à M. Warnier.

M. Warnier est arrivé à Tanger hier matin, il a été reçu avec des honneurs qui n'ont jamais été rendus à Tanger à aucun Européen. Le caïd est venu à cheval le recevoir à la Marine ; toutes les troupes étaient sous les armes. Introduit devant le pacha Sidi-Bou-Selam, il lui a été dit que l'empereur était toujours l'ami des Français, qu'il voulait la paix, déplorait ce qui s'était passé, que tout s'était fait contre son ordre ; il savait bien qu'il ne pouvait lutter contre la France. Le pacha ajoutait qu'on était prêt à céder à toutes nos conditions et qu'il suppliait qu'on eût égard à la position de son maître, peu obéi avant la guerre, encore moins depuis qu'elle avait éclaté, et menacé de perdre toute son autorité si elle continuait.

Bou-Selam a donné par écrit et devant témoins une attestation qu'il avait les pleins pouvoirs de l'empereur pour traiter avec nous.

Devant des faits si positifs, il n'y a qu'un parti à prendre : profiter de cette bonne veine pour faire un bon traité. Dans ce but, je me rends demain à Tanger avec l'*Inflexible* et le *Suffren* emmenant MM. les plénipotentiaires. J'y serai rejoint par le *Jemmapes quand il aura pu compléter un mois d'eau et huit jours de vivres.* Ceci vous donne la mesure des difficultés matérielles contre lesquelles nous avons à lutter.

A Mogador, il est survenu des événements qui paraissent avoir modifié notre situation. Vous en jugerez par les lettres que j'ai reçues et que je vous envoie. Faisant la part d'une exagération bien naturelle et de l'émotion qui a été ressentie après le départ de l'escadre, départ obligé par le manque de vivres, il n'en est pas moins vrai que je reconnais maintenant l'occupation de l'île bien difficile en hiver sans celle de la ville. En effet, il se peut que l'autorité de l'empereur, que sa volonté de faire cesser les hostilités soient méconnues, même après la conclusion de la paix, par les bandes de Kabyles maîtresses de Mogador et des pays d'alentour. Dans ce cas, rien ne les empêche d'amener en ville, soit d l'intérieur, soit des autres places de la côte, de nouveaux canons; les batteries de l'île pourront les faire taire, et nous irons les enclouer; mais s'ils placent leurs batteries dans les sables, à une grande distance, et si des bandes nombreuses viennent les défendre, il devient alors fort difficile d'aller les détruire avec une poignée d'hommes. Or, le feu de ces pièces rendra le séjour du port intolérable aux navires de la station. Sans le port, la mauvaise saison arrivant, les navires ne peuvent tenir au mouillage extérieur; le ravitaillement de l'île devient alors fort difficile, et les embarcations qui y seraient employées seraient compromises à double titre par le feu de l'ennemi et les difficultés nautiques. En outre, quoique l'île soit imprenable de vive force par les Arabes, s'ils établissent en ville des batteries de mortiers, comme l'île n'a pas de casemates, son séjour deviendra pénible à notre garnison.

Si je n'écoutais que mon sentiment, une fois la paix signée, j'évacuerais tout, car je ne vois plus dans l'occupation de l'île qu'une source de difficultés. Mais comme il se peut que le gouvernement attache une grande importance à cette position, nous la garderons jusqu'à nouveaux ordres de vous, à moins qu'étant sur les lieux, je ne juge les difficultés plus grandes encore que je ne les conçois aujourd'hui. Peut-être serons-nous obligés de prendre la ville et de l'occuper. L'occupation ne sera pas facile, parce que nous n'y trouverons que de l'eau saumâtre pour boire, l'aqueduc étant détruit; que nous n'aurons après tout que dix-huit cents hommes pour la prendre et la garder, et qu'il nous sera bien difficile de trouver des vivres pour les nourrir. Mais cela me paraît le seul moyen d'assurer la possession tranquille du port et, partant, le ravitaillement de l'île.

MM. les plénipotentiaires m'ayant prié de venir avec eux à Tanger, j'ai dû renoncer à mon projet d'aller immédiatement occuper la ville. Je me borne à envoyer à Mogador la *Belle-Poule* et le *Triton* pour remonter, s'il y a lieu, le moral de la garnison. Aussitôt les bases du traité arrêtées, je m'y rendrai avec les bateaux à vapeur, emmenant toutes les compagnies de débarquement des vaisseaux. Je ne pui: emmener les vaisseaux eux-mêmes à cause du manque de vivres et du commencement de la mauvaise saison. Je verrai alors ce qu'il y aura à faire. Mais je vous prie de me répondre à ceci : une fois le traité fait, faut-i garder l'île?

Si vous entendez qu'elle soit gardée pendant le cours de la mauvaise saison, il faut se hâter d'occuper la ville. Alors envoyez-moi 1,500 hommes de troupes sur des bâtiments à vapeur; envoyez-moi aussi des vivres, des canon et des munitions pour defendre la vill qui sera probablement tous les jour attaquée.

Ou bien, faut-il évacuer?

Je le répète, avant que réponse arrive nous serons peut-être conduits à prendre et à occuper la ville de Souera avec les faibles moyens dont je dispose ou bien a évacuer tout. Mais en tou cas vous sentirez de quelle importanc il est de me répondre promptement.

P. S. 9 septembre.— Plus je réfléchis au difficultés de notre établissement à Mogador, aux conséquence fâcheuses que l'occupation de la vill pourrait avoir pour notre politiqu au moment où nous faisons la paix plus je suis d'avis de profiter de la conclusion de cette paix pour tout évacuer. Il nous sera beaucoup plus facil de reprendre au printemps que de garder maintenant. Tout cela bien consi déré, il est probable que si nous faison une bonne paix, j'ordonnerai immédiatement l'évacuation de l'île.

N°s 30 et 31.

Deux dépêches de M. de Nion e de M. le duc de Glücksberg, par les quelles ils accusent réception des instructions qui leur ont été adressées par le ministre des affaires étrangères.

Pièce jointe à la dépêche du 9 septembre :

N° 32. — *Bou-Selam-Ben-Ali à S. A. R. le prince de Joinville.*

Louanges à Dieu l'unique !

L'agent de la cour très-élevée par Dieu, Bou-Selam-Ben-Ali, que Dieu lui pardonne dans sa miséricorde !

A l'amiral des vaisseaux de guerre français, le fils de l'empereur, le prince de Joinville.

Nous nous informons avec empressement de votre santé, et nous faisons des vœux pour la conservation des jours de notre maître le vénéré.

J'atteste par les présentes que j'ai entre les mains l'ordre de l'empereur de faire la paix avec vous.

Ecrit le 22 Chaaban 1260 (7 septembre 1844.)

Pour traduction, l'interprète attaché au consulat-général de France au Maroc.

ADOLPHE FLEURAT.

N° 33. — *MM. de Nion et de Glucksberg à M. Guizot.*

Suffren, rade de Tanger, 10 septembre 1844. Neuf heures du soir.

Monsieur le ministre,

Nous sommes arrivés ce matin en rade de Tanger. M. de Martino s'est transporté immédiatement à bord, et nous a fait savoir que l'impatience était grande dans la ville et que Sid-Bou-Selam attendait avec anxiété notre arrivée et les communications que nous avions à lui faire suivant nos conventions; il nous annonçait la prochaine visite du gouverneur de la ville, le caïd Ben-Abbou, qu'il alla en effet chercher, et qui vint accompagné du capitaine du port, à bord du *Suffren*. Ben-Abbou répéta A. S. R. que l'empereur du Maroc attendait de lui la paix, et que son plénipotentiaire Bou-Selam était prêt à la signer. Il se retira évidemment flatté de la réception qui lui avait été faite. Peu de moments après, M. Warnier se rendit auprès du pacha, porteur de la convention concertée et rédigée entre nous, approuvée par le prince, et dont Vot. Excellence trouvera ci-jointe une copie. M. Warnier avait pour instruction de la présenter au pacha et de lui demander, sans tolérer, ni accepter aucune discussion, s'il était prêt, en vertu de pleins pouvoirs qu'il tenait de l'empereur, à y apposer sa signature. La réponse du pacha fut affirmative. Un signal nous le fit savoir ; nous nous rendîmes aussitôt à terre où le corps consulaire de Tanger nous attendait déjà : nous y fûmes également reçus par le gouverneur de la ville et une garde d'honneur qui nous conduisit à la casbah, où nous fûmes introduits dans l'appartement impérial auprès de Bou-Selam, qui était accompagné du premier administrateur de la douane, homme qui a joué un rôle politique de quelque importance dans les derniers événements. Après avoir échangé quelques paroles de courtoisie, nous avons demandé au pacha s'il était en effet disposé à signer le traité que nous lui avions fait soumettre. Il désira quelques explications sur la nature de l'engagement que l'article 7 impose à son gouvernement, et se montra satisfait de nos réponses. A notre tour, nous avons insisté sur l'urgence des mesures relatives à la convention de délimitation dont le principe est consacré dans l'article 5, et lui avons rappelé les dispositions que la bienveillance et la générosité de S. A. R. lui dictaient quant à l'évacuation de l'île de Mogador, et lui avons fait savoir enfin qu'aussitôt après la signature de la convention, le consul-général serait réinstallé, et que la gestion en serait confiée à M. Mauboussin jusqu'à l'échange des ratifications. Il resta convenu alors qu'aussitôt que le pavillon français serait hissé de nouveau sur la maison consulaire, il serait salué de vingt et un coups de canons par la ville, et que le vaisseau amiral rendrait le salut. Nous avons procédé aussitôt à la signature de la convention; un texte français et un texte arabe, dûment signés et scellés, sont restés entre les mains de Sid-Bou-Selam ; les deux autres documents seront portés à Paris par M. de Glücksberg, qui croit nécessaire d'aller chercher les ordres et les instructions de Votre Excellence pour la nouvelle mission dont il est chargé, cette mission se trouvant d'ailleurs retardée par les délais qu'éprouvera l'expédition des ordres de l'empereur.

Nous aimons a espérer, monsieur le ministre, que notre conduite obtiendra l'approbation du roi et de son gouvernement. Nous ne nous sommes point strictement renfermés, il est vrai, dans l'exécution des ordres de V. Excellence; mais dirigés par les conseils et encouragés par l'assentiment de M. le prince de Joinville, nous avons pensé que, tout en conservant soigneusement à cette transaction le caractère que nos instructions lui imprimaient d'avance, il nous était permis de chercher à entourer chaque stipulation, et surtout celle qui concerne Abd-el-Kader, de toutes les garanties nécessaires pour les rendre aussi efficaces que possible. Notre première pensée avait été de stipuler une indemnité pécuniaire pour les Français qui ont éprouvé des pertes par suite de la guerre ou des actes antérieurs du gouvernement marocain, nous avons été retenus par la crainte de compromettre par cette exigence le succès d'une négociation que S. A. R. désirait voir conclure dans le plus bref délai possible. C'est encore pour cela que nous avons supprimé un article relatif à l'offre des bons offices de la France dans les différends qui existent entre les cours du nord et le Maroc. Nous nous sommes contentés de laisser par l'art. 7 la porte ouverte aux négociations qu'il pourrait plaire à Votre Excellence d'entamer par la suite avec cet empire. Sa dépêche n° 2 nous avait paru contenir, à ce sujet, une autorisation implicite.

Nous avions d'ailleurs reçu ce matin même les dépêches 1 et 2 de Votre Excellence, et par deux voies différentes, sa dépêche télégraphique du 2 septembre. Nous ne terminerons point cette dépêche sans rendre un nouveau témoignage à l'utilité des services si importants que M. de Martino n'a cessé de nous rendre. Ils ont puissamment contribué au résultat que nous venons de mettre sous les yeux de Votre Excellence. Nous devons également appeler son attention sur le zèle et le dévoûment que MM. Mauboussin et Fleurat ont déployés pour le service du roi.

N° 34.—*M. le prince de Joinville à M. l'amiral de Mackau.*

Vaisseau le *Suffren*. Tanger, 10 septembre 1844.

Monsieur le ministre,

Je vous ai rendu compte de la demande de paix qui nous a été adressée à Cadix par Sidi-Bou-Selam, chargé des pleins pouvoirs de l'empereur. Je me suis rendu à Tanger avec deux vaisseaux et quatre bateaux à vapeur: j'y ai mouillé ce matin. Le général Ben-Abbou, caïd de la ville de Tanger, est aussitôt venu à mon bord me déclarer que l'intention de l'empereur était de faire la paix et d'accepter nos conditions.

Un projet de traité très-explicite et rédigé sur les bases indiquées par le gouvernement du roi avait été préparé par MM. les plénipotentiaires. Traduit en arabe avec soin, il a été porté à terre par M. Warnier, avec cet avis que, pour obtenir la paix, il fallait que le traité de paix fût signé dans la journée sans qu'on y changeât un mot; que, dans le cas contraire, c'était la guerre. M. Warnier a dit au pacha que, par toutes les lettres trouvées dans la tente de Sidi-Mohammed après la bataille d'Isly, nous connaissions aussi bien que lui la situation de l'empereur et de l'empire; que nous voulions nous faire un ami de Muley-Abd-er-Rhaman et qu'il était digne d'un grand pays comme la France de se montrer généreux après la victoire. Le pacha a accepté avec joie. MM. les plénipotentiaires sont alors descendus à terre salués par l'artillerie de la ville et reçus par le corps consulaire. Ils se sont rendus chez le pacha. Tout a été signé. Ainsi, en quelques heures, nos conditions ont été signifiées et acceptées sous notre canon. Une fois le traité signé, je pense suivre vos intentions en ordonnant immédiatement la cessation des hostilités et l'évacuation de l'île de Mogador.

Voulant enlever jusqu'à la dernière trace de notre différend, en ne laissant que le souvenir salutaire des coups que nous avons frappés, nous avons relevé le pavillon du consulat-général ; la place l'a salué de vingt et un coups de canon, j'ai rendu le salut. Nous laissons un élève consul pour gérer le consulat. Je dois à cette mesure l'avantage d'engager la ratification de l'empereur, car, s'il refusait maintenant, ce serait un nouveau et bien grave cas de guerre ; mais la dure leçon que nous lui avons infligée le fera constamment reculer devant les conséquences d'un refus.

Ainsi, monsieur le ministre, par cette journée, nous avons obtenu plus que le gouvernement ne demandait et plus que nous n'avions jamais obtenu du Maroc ; et cela, sans le concours d'aucune influence étrangère et sous le canon de nos vaisseaux. Les relations diplomatiques et amicales sont rétablies, et il ne reste de notre différend que la crainte salutaire de notre nom et des armes de la France.

Muley Abd-er-Rhaman, après avoir senti le poids de notre épée, a reçu une preuve de notre générosité ; ses intérêts sont les nôtres. C'est un ami que nous nous ferons ; il pourra nous être utile.

J'envoie au commandant Hernoux, qui commande à Mogador, l'ordre de tout évacuer et de revenir à Cadix où je retourne demain.

N° 35. — *MM. de Nion et de Glucksberg à M. Guizot.*

Tanger, le 27 octobre 1844.

Monsieur le ministre,

Conformément aux dispositions prescrites par le gouvernement du roi, nous sommes partis de Cadix le 25 de ce mois sur la corvette à vapeur le *Cuvier*, pour nous rendre à Tanger et y opérer l'échange des ratifications de la convention de paix du 10 septembre. Le pacha prévenu, par M. Mauboussin, nous envoya une nombreuse garde d'honneur qui, après avoir stationné devant la principale entrée du consulat-général, nous escorta jusqu'à la casbah. Nous étions accompagné du consul-général des Deux-Siciles, du commandant de la station française et des officiers de la mission. L'attitude de la population qui se pressait sur notre passage témoignait hautement de la satisfaction publique. Le salut de 11 coups de canon que le *Cuvier* nous avait fait lorsque nous quittions son bord, fut renouvelé à cet instant par l'artillerie de la place. Sidi-Bou-Selam-Ben-Ali nous reçut avec les égards les plus empressés, et nous procédâmes immédiatement à l'échange des ratifications : celle de l'empereur consistait seulement dans l'apposition du sceau de ce prince en tête du texte français que le pacha est autorisé à nous remettre : aussi ne put-il s'empêcher de manifester quelque surprise en recevant en retour un document d'une nature toute différente. Mais nous parvînmes bientôt à lui faire comprendre que chacune des deux cours se conformant ainsi à ses usages et à ses précédents, aucune difficulté ne pouvait s'élever sur cette question de forme.

Au moment de nous retirer, en nous félicitant avec le pacha de l'heureuse conclusion de cette affaire, nous crûmes devoir lui rappeler sommairement les obligations que le traité du 10 septembre impose au gouvernement marocain, et la nécessité où se trouve l'empereur d'assurer le maintien et la durée de la paix par l'exécution franche et loyale de ses engagements. Ces observations furent convenablement accueillies. Le pacha, qui partait le soir même pour Fez, nous promit de les transmettre à son souverain et d'appeler sur cet objet toute son attention. Votre Excellence trouvera ci-joint le procès-verbal d'échange, ainsi que le texte français revêtu du sceau de l'empereur de Maroc et qui nous a été remis par son plénipotentiaire.

M. de Nion se rend en France sur le bâtiment à vapeur le *Gassendi* ; c'est lui qui aura l'honneur de remettre à Votre Excellence la présente dépêche et les documents qui y sont annexés.

NOUVEAUX DOCUMENTS

RELATIFS AUX AFFAIRES DU MAROC.

Lettre écrite par M. le maréchal à Sidi-Ali-El-Ghennaoui.

Dans toutes tes lettres précédentes tu nous a accusés d'avoir violé votre territoire et d'avoir enfreint les lois de la bonne amitié qui régnait entre nous ; cela veut dire que tu t'empresses de nous attribuer tout ce que tu as fait, pour que nous n'ayons pas à te le reprocher ; je n'ai pas l'habitude de toutes ces ruses de diplomatie ; je vais droit au but avec loyauté ; je suis un soldat qui obéit à son roi et aux intérêts de son pays. Tu dis que tu veux encore le maintien de la bonne harmonie qui a toujours régné entre les deux empires ; je le veux autant que toi, mais il faut que nous nous expliquions nettement : réponds-moi aussi nettement ce que tu veux.

Nous voulons conserver la limite de la frontière qu'avaient les Turcs et Abd-el-Kader après eux ; nous ne voulons rien de ce qui est à vous, mais nous voulons que vous ne receviez plus Abd-el-Kader pour lui donner des secours, le raviver quand il est presque mort, et le lancer de nouveau sur nous ; cela n'est pas de la bonne amitié, c'est de la guerre, et vous nous la faites ainsi depuis deux ans.

Nous voulons que vous fassiez interner dans l'ouest de l'empire la deïra, les chefs qui ont servi Abd-el-Kader ; que vous fassiez disperser ses troupes régulières, goum et asker ; que vous ne receviez plus les tribus qui émigrent de notre territoire et que vous renvoyiez immédiatement chez elles celles qui sont réfugiées chez vous.

Nous nous obligeons aux mêmes procédés à votre égard, si l'occasion se présente ; voilà ce qui s'appelle observer les règles de la bonne amitié entre les deux nations. A ces conditions, nous serons vos amis, nous favoriserons votre commerce, et le gouvernement de Mouleï-Abd-el-Rahman, autant qu'il sera en notre pouvoir ; si vous voulez faire le contraire, nous serons ennemis. Réponds-moi sur-le-champ, et sans aucun détour, car je ne les comprends pas.

Salut.

Le 17 juin 1844.

Pour copie conforme :

Maréchal BUGEAUD.

Lettre écrite par M. le maréchal à Ali-El-Ghennaoui.

Les Marocains ont violé plusieurs fois notre territoire ; deux fois ils nous ont attaqués sans aucune déclaration de guerre ; et cependant j'ai voulu, dès mon arrivée au camp, te donner une grande preuve du désir que j'avais de rétablir la bonne harmonie que vous seuls avez troublée par les procédés les plus hostiles, et je t'ai offert une entrevue.

Tu y es venu et tu nous as proposé pour prix des relations de bon voisinage, qui auraient dû toujours régner entre nous, d'abandonner notre frontière et de nous retirer derrière la Tafna.

Nous ne tenons pas assurément à l'étendue du territoire, nous en avons bien assez ; mais nous tenons à l'honneur, et si tu nous avais vaincus dans dix combats, nous te céderions encore moins la frontière de la Tafna, parce qu'une grande nation comme la France ne s laisse rien imposer par la force, et surtout par les procédés comme ceux que vous avez employés avec nous depuis deux ans.

Je t'ai dit dans ma lettre d'avant-hier que la modération avait un terme, que Dieu seul était éternel. Eh bien! je te déclare aujourd'hui que la mienne est arrivée à sa dernière limite.

Je ne suis pas accoutumé à laisser prendre à nos ennemis une attitude de supériorité. Demande plutôt à Abd-el-Kader.

Or, hier, pendant que mon lieutenant, le général Bedeau, était, lui quatrième, au milieu des tiens, n'ayant d'autre garde que votre loyauté, il a dû entendre des paroles offensantes, tes troupes ont fait feu sur les miennes, un de mes officiers et deux hommes ont été blessés; cependant, malgré cette indigne conduite, nous n'avons pas répondu un seul coup de fusil, et nous avons fait retirer nos troupes. Les tiennes ont pris notre modération pour de la faiblesse, elles ont attaqué mon arrière-garde : nous avons bien été forcés de nous retourner.

Après de tels faits, j'aurais le droit de pénétrer au loin sur le territoire de ton maître; de brûler vos villes, vos villages et vos moissons, mais je veux encore te prouver mon humanité et ma modération, parce que je suis convaincu que l'empereur Mouley-Abd-er-Rahman ne vous a pas ordonné de vous conduire comme vous l'avez fait, et que même il blâmera cette conduite. Je veux donc me contenter d'aller à Oucbda, non point pour le détruire, mais pour faire comprendre à nos tribus, qui s'y sont réfugiées, parce que vous les avez excitées à la rébellion, que je veux les atteindre partout, et que mon intention est de les ramener à l'obéissance par tous les moyens qui se présenteront.

En même temps, je te déclare que je n'ai aucune intention de garder Oucbda, ni de prendre la moindre parcelle du territoire du Maroc, ni de lui déclarer ouvertement la guerre, je veux seulement rendre à ses lieutenants une partie des mauvais procédés dont ils se sont rendus coupables envers moi. Après leur avoir prouvé que je le puis, je leur rendrai leur ville, et quand ils seront revenus à de meilleurs sentiments, je serai toujours prêt à traiter avec eux, pour rétablir la paix et cimenter l'ancienne alliance qui existe depuis des siècles entre la France et le Maroc.

Je te préviens que j'envoie copie de cette lettre à mon gouvernement, qui la communiquera à l'empereur Mouley-Abd-er-Rahman; c'est à toi de juger s'il n'est pas de son devoir de la lui communiquer aussi.

Salut.

Le 29 de Djounied el Ouel 1260 (16 juin 1844).

Pour copie conforme :

Maréchal Bugeaud.

Traduction de la lettre de Sid-el-Ghennaoui, représentant de l'empereur de Maroc, à M. le maréchal.

Louanges à Dieu, etc.

Du serviteur de Dieu Ali-Ben-el-Taïb au chef des chrétiens à Alger, le maréchal Bugeaud. J'ai reçu ta lettre, et j'en ai compris le contenu. Lorsque je suis venu vers la frontière, je n'avais d'autre intention que de faire le bien de vos sujets, et de les forcer à rester sur leurs limites respectives; alors il est arrivé un événement sans intention ni assentiment de ma part.

Lorsque tu es venu toi-même, tu m'as écrit, je me suis abouché avec ton représentant, avec bonne foi, et le cœur exempt d'arrière-pensées. Vous avez fait des propositions, j'en ai fait de mon côté, nous ne nous sommes pas entendus, et nous nous sommes séparés sains et saufs, chacun de nous espérant que l'autre se consulterait, et qu'après de nouveaux pouvoirs des deux partis nous tomberions d'accord pour un arrangement qui pût mettre fin à toute difficulté.

Je n'ai eu aucune connaissance de ce qui se passait après mon départ, jusqu'au moment où on vint me dire : il est arrivé ce qui est arrivé.

Sache que je ne puis approuver la mauvaise intelligence entre nous, quand bien même les mauvais procédés viendraient de votre part.

Mais on ne peut pas revenir sur les évènements accomplis, car à Dieu appartient de diriger toutes choses.

Tu nous dis que tu es encore disposé au bien et à la paix. Il en est de même de notre part; et, du reste, je n'ai pas la permission de faire la guerre.

Aussi ne faut-il pas que l'un ou l'autre parti considère comme grief inexcusable tel ou tel fait contraire à la paix, tant que l'amitié existera entre nous, et que nous maintiendrons les conditions anciennes, qui ont été établies par nos ancêtres et suivies par leurs descendants; Dieu fait ce qu'il veut et ce qu'il désire.

Je ne m'éloignerai en aucune façon de ces conditions; au contraire, par leur exécution se confirmeront l'amitié, la paix et le bien des sujets.

Salut.

Fin de Djounied el Ouel 1260 (18 juin 1844.)

Pour traduction conforme,

Léon Roche,

Interprète principal.

(Les termes de cette lettre sont tellement obscurs à dessein, qu'il a fallu ajouter des mots en français pour l'intelligence du texte.)

DOCUMENTS MILITAIRES.

RAPPORT DE M. LE MARÉCHAL BUGEAUD

Sur la bataille de l'Ysly.

Bivouac près de Coudiat-Abd-er-Rhaman, le 17 août 1844.

Monsieur le maréchal,

Le fils de l'empereur Muley-Abd-er-Rhaman n'avait pas répondu à la lettre que je lui avais écrite, après l'espèce de sommation qu'il me faisait d'évacuer Lalla-Magrnia si nous voulions la paix. Son armée se renforçait chaque jour par de nouveaux contingents, et l'orgueil s'augmentait avec les forces.

On parlait ouvertement dans le camp marocain de prendre Tlemcen, Oran, Mascara et même Alger. C'était une véritable croisade pour rétablir les affaires de l'islamisme. On croyait qu'il nous était impossible de résister à une aussi grande réunion de cavaliers des plus renommés dans l'empire du Maroc, et l'on n'attendait pour nous attaquer que l'arrivée des contingents d'infanterie des Beni-Senassen et du Rif, qui devaient nous assaillir par les montagnes au-delà desquelles se trouve Lalla-Magrnia, pendant qu'une immense cavalerie nous envelopperait du côté de la plaine.

Les neuf jours d'incertitude qui venaient de s'écouler avaient déjà jeté derrière moi du trouble dans les esprits; les partis ennemis avaient déjà attaqué deux fois nos convois de Djemâa-Ghazaouat, et la bonne volonté des tribus qui les font était bien près de s'éteindre. Deux reconnaissances étaient venues jusqu'à une portée de fusil de Lalla-Magrnia, et avaient attaqué ses avant-postes.

Un plus long doute sur notre force et sur notre volonté de combattre les adversaires que nous avions en face pouvait provoquer derrière nous des révoltes, qui, indépendamment des autres embarras, auraient suspendu les approvisionnements du corps d'armée de l'ouest. J'aurais préféré, par ces chaleurs excessives, recevoir la bataille que d'aller attaquer un ennemi qui était à huit lieues de moi; mais les dangers d'une plus longue attente me décidèrent à prendre l'initiative.

Le général Bedeau m'ayant rallié le 12 avec trois bataillons et six escadrons, je me portai le 13, à trois heures après midi, en simulant un grand fourrage afin de ne pas laisser comprendre à l'ennemi que c'était réellement un mouvement offensif. A la tombée de la nuit les fourrageurs revinrent sur les colonnes, et nous campâmes dans l'ordre de marche en silence et sans feu. A deux heures du matin, je me remis en mouvement.

Je passai une première fois l'Ysly, au point du jour, sans rencontrer l'ennemi. Arrivé à huit heures du matin sur les hauteurs de Djarf-el-Adkhdar, nous aperçûmes tous les camps marocains encore en place, s'étendant sur les collines de la rive droite. Toute la cavalerie qui les composait s'était portée en avant pour nous attaquer au second passage de la rivière. Au milieu d'une grosse masse qui se trouvait sur la partie la plus élevée nous distinguâmes parfaitement le groupe du fils de l'empereur, ses drapeaux et son parasol, signe du commandement.

Ce fut le point que je donnai au bataillon de direction de mon ordre échelonné. Arrivés là, nous devions donc converser à droite et nous porter sur les camps, en tenant le sommet des collines avec la face gauche de mon carré de carrés. Tous les chefs des diverses parties de mon ordre de combat étaient près de moi; je leur donnai rapidement mes instructions, et après cinq ou six minutes de halte nous descendîmes sur les gués, au simple pas accéléré et au son des instruments.

De nombreux cavaliers défendaient le passage; ils furent repoussés par mes tirailleurs d'infanterie, avec quelques pertes des deux côtés, et j'atteignis bientôt le plateau immédiatement inférieur à la butte la plus élevée où se trouvait le fils de l'empereur. J'y dirigeai le feu de mes quatre pièces de campagne, et à l'instant le plus grand trouble s'y manifesta.

Dans ce moment, des masses énormes de cavalerie sortirent des deux côtés de derrière les collines, et assaillirent à la fois mes deux flancs et ma queue. J'eus besoin de toute la solidité de mon infanterie; pas un homme ne se montra faible. Nos tirailleurs, qui n'étaient qu'à cinquante pas des carrés, attendirent de pied ferme ces multitudes, sans faire un pas en arrière; ils avaient ordre de se coucher par terre si la charge arrivait jusqu'à eux, afin de ne pas gêner le feu des carrés. Sur la ligne des angles morts des bataillons l'artillerie vomissait la mitraille.

Les masses ennemies furent arrêtées et se mirent à tourbillonner. J'accélérai leur retraite, et j'augmentai leur désordre en retournant sur elles mes quatre pièces de campagne qui marchaient en tête du système. Dès que je vis que les efforts de l'ennemi sur mes flancs étaient brisés, je continuai ma marche en avant. La grande butte fut enlevée, et la conversion sur les camps s'opéra.

La cavalerie de l'ennemi se trouvant divisée par ses propres mouvements et par ma marche qui la coupait en deux, je crus le moment venu de faire sortir la mienne sur le point capital, qui, selon moi, était le camp que je supposais défendu par l'infanterie et l'artillerie. Je donnai l'ordre au colonel Tartas d'échelonner ses dix-neuf escadrons par la gauche, de manière à ce que son dernier échelon fût appuyé à la rive droite de l'Ysly.

Le colonel Jusuf commandait le premier échelon, qui se composait de six escadrons de spahis, soutenus de très-près en arrière par trois escadrons du 4e chasseurs.

Ayant sabré bon nombre de cavaliers, le colonel Jusuf aborda cet immense camp, après avoir reçu plusieurs décharges de l'artillerie; il le trouva rempli de cavaliers et de fantassins qui disputèrent le terrain pied à pied. La réserve des trois escadrons du 4e chasseurs arriva; une nouvelle impulsion fut donnée, l'artillerie fut prise et le camp fut enlevé.

Il était couvert de cadavres d'hommes et de chevaux. Toute l'artillerie, toutes les provisions de guerre et de bouche, les tentes du fils de l'empereur, les tentes de tous les chefs, les boutiques de nombreux marchands qui accompagnaient l'armée, tout, en un mot, resta en notre pouvoir. Mais ce bel épisode de la campagne nous avait coûté cher: quatre officiers de spahis et une quinzaine de spahis et de chasseurs y avaient perdu la vie; plusieurs autres étaient blessés.

Pendant ce temps, le colonel Morris,

qui commandait les 2e et 3e échelons, voyant une grosse masse de cavalerie qui se précipitait de nouveau sur mon aile droite, passa l'Ysly pour briser cette charge en attaquant l'ennemi par son flanc droit. L'attaque contre notre infanterie échoua comme les autres; mais alors le colonel Morris eut à soutenir le combat le plus inégal.

Ne pouvant se retirer sans s'exposer à une défaite, il résolut de combattre énergiquement jusqu'à ce qu'il lui arrivât du secours. Cette lutte dura plus d'une demi-heure; ses six escadrons furent successivement engagés et à plusieurs reprises; nos chasseurs firent des prodiges de valeur; 300 cavaliers, Berbères ou Abids-Bokhari, tombérent sous leurs coups.

Enfin, le général Bedeau, commandant l'aile droite, ayant vu l'immense danger que courait le 2e chasseurs, détacha le bataillon de zouaves, un bataillon du 15e léger et le 9e bataillon de chasseurs d'Orléans pour attaquer l'ennemi du côté des montagnes; ce mouvement détermina sa retraite. Le colonel Morris reprit alors l'offensive sur lui et exécuta plusieurs charges heureuses dans la gorge par où il se retirait; cet épisode est un des plus vigoureux de la journée : 550 chasseurs du 2e combattirent 6,000 cavaliers ennemis. Chaque chasseur rapporta un trophée de cet engagement, celui-ci un drapeau, celui-là un cheval, celui-là une armure, tel autre un harnachement.

L'infanterie n'avait pas tardé à suivre au camp les premiers échelons de cavalerie; l'ennemi s'était rallié en grosse masse sur la rive gauche de l'Ysly et semblait se disposer à reprendre le camp; l'infanterie et l'artillerie le traversèrent rapidement; l'artillerie se mit en batterie sur la rive droite et lança de la mitraille sur cette vaste confusion de cavaliers se réunissant de tous les côtés. L'infanterie passe alors la rivière sous la protection de l'artillerie; les spahis débouchent et sont suivis de près par trois escadrons du 4e, et le quatrième échelon, composé de deux escadrons du 1er régiment de chasseurs, et de deux escadrons du 2e régiment de hussards, aux ordres de M. le colonel Gagnon.

Les spahis, se voyant bien soutenus par la cavalerie et l'infanterie, recommencèrent l'attaque; l'ennemi fut vigoureusement poussé pendant une lieue; sa déroute devint complète; il se retira, partie par la route de Thaza, partie par les vallées qui conduisent aux montagnes des Béni-Sénassen.

Il était alors midi; la chaleur était grande, les troupes de toutes armes étaient très-fatiguées, il n'y avait plus de bagages ni d'artillerie à prendre, puisque tout était pris. Je fis cesser la poursuite, et je ramenai toutes les troupes dans le camp du sultan.

Le colonel Jusuf m'avait fait réserver la tente du fils de l'empereur; on y avait réuni les drapeaux pris sur l'ennemi, au nombre de 18, les 11 pièces d'artillerie, le parasol de commandement du fils de l'empereur et une foule d'autres trophées de la journée.

Les Marocains ont laissé sur le champ de bataille au moins 800 morts, presque tous de cavalerie; l'infanterie, qui était peu nombreuse, nous échappa en très-grande partie à la faveur des ravins. Cette armée a perdu en outre tout son matériel; elle a dû avoir de 1,500 à 2,000 blessés.

Notre perte a été de 4 officiers tués, 10 autres blessés; de 23 sous-officiers ou soldats tués, et de 86 blessés.

La bataille d'Ysly est, dans l'opinion de toute l'armée, la consécration de notre conquête de l'Algérie; elle ne peut manquer aussi d'accélérer de beaucoup la conclusion de nos différends avec l'empire de Maroc.

Je ne saurais trop louer la conduite de toutes les armes dans cette action, qui prouve une fois de plus la puissance de l'organisation et de la tactique sur les masses qui n'ont que l'avantage du nombre. Sur toutes les faces du grand losange formé de carrés par bataillon, l'infanterie a montré un sang froid imperturbable, les bataillons des quatre angles ont été tour à tour assaillis par 3 ou 4,000 chevaux à la fois, et rien n'a été ébranlé un seul instant; l'artillerie sortait en avant des carrés pour lancer la mitraille de plus près; la cavalerie, quant le moment a été venu, est sortie avec une impétuosité irrésistible, et a renversé tout ce qui se trouvait devant elle.

D'après tous les rapports des prisonniers et des Arabes qui avaient vu les camps de l'ennemi, on ne peut évaluer ses cavaliers à moins de 25,000 ; ils se sont montrés très audacieux, mais la confusion rendait leurs efforts impuissants ; les plus braves venaient se faire tuer à bout portant....

Je n'entreprendrai pas d'énumérer toutes les actions d'éclat qui ont signalé cette journée, mais je ne puis me dispenser de citer les noms des militaires de tout grade qu'on a le plus remarqué.

Suit la liste des noms.

Recevez, etc.

Le Maréchal Bugeaud.

Lettre écrite par S. M. Louis-Philippe au maréchal gouverneur.

Neuilly, jeudi 29 août 1844.

Mon cher maréchal,

C'est avec une vive et profonde émotion que je viens vous féliciter sur les brillants exploits que vous venez d'ajouter à tous ceux qui ont illustré nos drapeaux. La noble résolution que vous avez prise de livrer la bataille d'Ysly avec une armée aussi disproportionnée en nombre à celle que vous attaquiez a produit sur nos braves soldats la sensation que j'ai éprouvée moi-même en l'apprenant. J'ai senti que cet appel à des soldats français devait les rendre invincibles, et ils l'ont été. Soyez, mon cher maréchal, mon organe auprès d'eux. Dites-leur que c'est au nom de la France, autant qu'au mien, que je vous demande d'offrir à cette brave armée, que vous avez si glorieusement conduite à la victoire, l'expression de la reconnaissance nationale, et celle de l'admiration qu'inspirent sa valeur et son dévouement.

Recevez, mon cher maréchal, l'assurance de tous les sentiments que vous conservera toujours

Votre affectionné,

Louis-Philippe.

Rapport de S. A. R. Mgr. le prince de Joinville, à M. le ministre de la marine et des colonies, sur les affaires de Tanger et de Mogador.

Bateau à vapeur le *Pluton*, le 10 août 1844.

Monsieur le ministre,

N'ayant pas eu le temps, par le dernier courrier, de vous rendre un compte détaillé de l'état de nos affaires, ainsi que nos opérations devant Tanger, je profite d'un premier moment de loisir pour m'acquitter de ce devoir.

Je vous ai informé que le 2 août, jour fixé pour la réponse à l'ultimatum de notre consul général, rien ne nous était parvenu.

J'attendais alors, pour commencer les actes hostiles, des nouvelles de M. Hay.

Le 4, une lettre de Sidi-Bou-Selam, pacha de Larache, nous fut envoyée, plus mesurée, plus conciliante que les précédentes ; elle renouvelait cependant l'insolente demande de la punition du maréchal. La lettre de Sidi-Bou-Selam ne disait pas un mot de la dislocation du corps de troupes réuni auprès d'Ouchda. Quant à Abd-el-Kader, Sidi-Bou-Selam assurait qu'il n'était plus sur le territoire marocain, et que les ordres étaient donnés pour l'empêcher d'y entrer.

Pourtant, à la même époque, on disait au maréchal qu'Abd-el-Kader avait été interné, et qu'il se trouvait à deux journées en arrière du camp marocain. Ces correspondances n'avaient donc qu'un but, celui de nous amuser.

Inquiet et gêné de ne rien savoir de M. Hay, j'avais envoyé à Rabat un bateau à vapeur (le *Véloce*), avec mission de s'enquérir de lui et de rapporter de ses nouvelles. Le *Véloce* revint le 5 à Tanger, m'apportant la nouvelle que M. Hay était en sûreté à Mogador.

Enfin, le 5 au soir, l'*Etna*, venant d'Oran, m'a apporté votre dépêche du 27 juillet, m'ordonnant de commencer les hostilités si la réponse à l'ultimatum n'était pas satisfaisante. Il nous a apporté aussi des nouvelles du maréchal, prouvant la fausseté des assertions marocaines au sujet d'Abd-el-Kader.

Il n'y avait plus d'hésitations possibles; on nous abusait avec des notes trompeuses pendant qu'on préparait activement la guerre : nous n'avions plus qu'à recourir à la voie des armes.

Le 6 au matin, j'ai attaqué les batteries de Tanger.

Mes instructions me prescrivaient de détruire les fortifications extérieures, mais de respecter la ville.

En faisant un débarquement, j'aurais pu facilement atteindre ce but; mais j'ai préféré agir avec le canon et mettre les batteries hors de service, en respectant le quartier des consuls, où à peine cinq à six boulets sont allés s'égarer. Ce résultat, nous l'avons atteint avec une perte de trois morts et seize blessés; les navires ont reçu quelques avaries légères.

L'ennemi accuse une perte de 150 hommes et 400 blessés; mais on ne peut savoir au juste le chiffre des morts, puisque le 8 on était encore occupé à retirer des cadavres de dessous les décombres.

Pendant l'affaire, M. Hay est arrivé de Rabat, où il s'était arrêté pour voir l'empereur; je l'ai reçu le lendemain.

Il m'a dit qu'il avait trouvé l'empereur très-abattu; la nouvelle du retrait des consuls lui était parvenue. M. Hay m'a remercié de la sollicitude que nous avions montrée à son égard.

Maintenant, je vais à Mogador, à l'autre bout de l'empire. Mogador est la fortune particulière de l'empereur; outre les revenus publics, la ville est sa propriété; il en loue les maisons, les terrains.

C'est, en un mot, une des sources les plus claires de son revenu. Toucher à cette ville, la ruiner, en occuper l'île qui ferme le port, jusqu'à ce que nous ayons obtenu satisfaction, c'est faire à Muley Abd-er-Rhaman et à tout le sud de son empire un mal sensible.

Je me bornerai pour le moment à ces deux opérations; à savoir : prouver à l'empereur qu'il est délaissé par tout le monde dans sa cause (l'affaire de Tanger l'a prouvé); et que nous avons les moyens de lui faire du mal matériel (c'est ce que nous allons chercher à prouver à Mogador).

En outre, notre apparition sur les côtes ramènera beaucoup de monde de la frontière à la défense de leurs foyers, et dégagera d'autant le maréchal.

Nous pourrons alors avertir l'empereur que, malgré ce qui s'est passé, nous voulons encore la paix; que ce que nous avons fait à Tanger et à Mogador lui prouve qu'il ne faut pas jouer avec nous.

S'il veut la paix, qu'il se hâte de nous accorder ce que nous demandons, et que les actes suivent les paroles. Sinon, s'il n'est pas content, si l'on continue sur la frontière à accueillir et à encourager nos ennemis, alors il faut qu'il s'attende à tout de notre part.

Bâtiment à vapeur le *Pluton*.
Mogador, 17 août.

Je suis arrivé devant Mogador le 11. Le temps était très-mauvais, et pendant plusieurs jours nous sommes restés mouillés devant la ville sans pouvoir même communiquer entre nous. Malgré des touées de 200 brasses de chaîne, nos ancres cassaient comme du verre.

Enfin le 15, le temps s'étant embelli, j'en ai profité pour attaquer la ville.

Les vaisseaux le *Jemmapes* et le *Triton* sont allés s'embosser devant les batteries de l'ouest avec ordre de les battre et de prendre à revers les batteries de la marine. Le *Suffren* et la *Belle-Poule* sont venus prendre poste dans la passe du nord. Il était une heure de l'après-midi lorsque notre mouvement a commencé.

Aussitôt que les Arabes ont vu les vaisseaux se diriger vers la ville, ils ont commencé le feu de toutes les batteries. Nous avons attendu, pour répondre, que chacun eût pris son poste. A quatre heures et demie, le feu a commencé à se ralentir; les bricks le *Cassard*, le *Volage* et l'*Argus* sont alors entrés dans le port et se sont embossés près des batteries de l'île, avec lesquelles ils ont engagé une lutte assez animée.

Enfin, à cinq heures et demie, les bateaux à vapeur portant 500 hommes de débarquement ont donné dans la passe, sont venus prendre poste dans les créneaux de la ligne des bricks, et le débarquement sur l'île s'est immédiatement effectué.

L'île a été défendue avec le courage du désespoir par 320 hommes maures et kabyles qui en faisaient la garnison. Un grand nombre a été tué, 140 d'entre eux, renfermés dans une mosquée, ont fini par se rendre.

Nos pertes, dans cette journée, s'élèvent à 14 tués et 64 blessés.

L'île prise, il ne nous restait plus qu'à détruire les batteries de la ville qui regardent la rade. Notre canon les avait déjà bien endommagées: il fallait les mettre complètement hors de service.

Hier donc, sous les feux croisés de trois bateaux à vapeur et de deux bricks, 500 hommes ont débarqué; ils n'ont point rencontré de résistance. Nous avons encloué et jeté à la mer les canons; nous en avons emporté quelques-uns; les magasins à poudre ont été noyés; enfin, nous avons emmené ou défoncé toutes les barques qui se trouvaient dans le port.

Je crois que nous aurions pu, à ce moment, pénétrer sans danger dans l'intérieur de la ville; mais ce n'aurait été qu'une promenade sans but et sans autre résultat qu'un inutile pillage. Je m'en suis donc abstenu et j'ai ramené les troupes sur l'île et les équipages à bord de leurs navires.

Je m'occupe d'installer sur l'île une garnison de 500 hommes.

L'occupation de l'île, sans le blocus du port, serait une mesure incomplète.

Je me conforme donc à vos ordres en fermant le port de Mogador.

La ville est, au moment ou je vous écris, en feu, pillée et dévastée par les Kabyles de l'intérieur, qui, après avoir chassé la garnison impériale, en ont pris possession.

Nous venons de recueillir le consul anglais, sa famille et quelques Européens.

Je ne veux pas terminer sans vous dire combien j'ai à me louer de tous ceux que j'ai eus sous mes ordres dans la campagne que nous venons de faire.

Tout le monde a servi avec un zèle qui ne se puise que dans l'amour ardent du pays, de son honneur et de ses intérêts, et dans un dévouement absolu au service du Roi.

Recevez, monsieur le ministre, l'assurance de mon respect.

FR. D'ORLÉANS.

P. S. Au milieu d'occupations qui m'accablent, le temps me manque pour vous envoyer un rapport détaillé. Le capitaine Bouet, qui vous remettra cette lettre, vous donnera tous les renseignements désirables.

Je l'ai chargé de rapporter les étendards qui flottaient sur la ville et sur les batteries de l'île.

FR. D'ORLÉANS.

RAPPORT *circonstancié sur la partie purement militaire des opérations dirigées contre les côtes du Maroc par l'escadre française.*

Bateau à vapeur le *Pluton*, Mogador, 21 août 1844,

Monsieur le ministre,

Je viens vous rendre compte de la partie purement militaire des opérations dirigées contre les côtes du Maroc, dans le courant du mois d'août, par l'escadre placée sous mon commandement.

Le 5 août au soir, la résolution ayant été formée d'attaquer Tanger, toutes les dispositions furent prises.

Le 6, à la pointe du jour, les bateaux à vapeur le *Véloce*, le *Pluton*, le *Gassendi*, le *Phare*, le *Rubis* et le *Var*, vinrent s'amarrer le long du bord du *Jemmapes*, du *Suffren*, du *Triton*, de la *Belle-Poule* et des bricks le *Cassard* et l'*Argus*, afin de les conduire au poste d'embossage qui leur avait été désigné. Le calme qui règne généralement le matin dans la baie de Tanger nécessitait cette disposition.

Vers huit heures du matin, l'escadre se mit en mouvement.

J'avais prescrit de venir prendre poste en courant est et ouest, et mouillant deux ancres, dont l'une avec une grande touée dans l'est, eu égard à la mauvaise qualité du fond et à la violence des vents d'est, qui depuis quelque temps régnaient pendant la journée. Le *Jemmapes* arriva le premier sur la ligne; mais, après sa première ancre mouillée, son remorqueur fut impuissant à lui faire élonger complètement sa chaîne. Le *Jemmapes* réussit cependant à s'embosser à quatre encâblures de la place. Le *Suffren*, parfaitement conduit par les capitaines Lapierre, du *Suffren*, et Bouet, du *Pluton*, vint prendre une très-bonne position.

L'*Argus* vint chercher une compensation à sa longue et pénible station d'hiver à Tanger, en s'embossant juste par son tirant d'eau dans une position où il y avait beaucoup à donner et à recevoir. Je ne puis trop faire l'éloge du capitaine, le lieutenant de vaisseau Jean Gérard, des officiers et de tout l'équipage de ce petit navire; leur zèle et leur dévouement ont excité l'admiration de tous.

Le *Cassard* se plaça de manière à battre d'écharpe une batterie marquée L sur le plan que je vous envoie, et dont les coups prenaient d'enfilade la ligne d'embossage. Quelques coups à mitraille bien dirigés la firent évacuer dès le commencement du combat. Le défaut de puissance des remorqueurs, joint à l'action des courants, empêchèrent le *Triton* et la *Belle-Poule* de prendre immédiatement leur poste. Le *Triton* vint à la voile, et la *Belle-Poule*, habilement retirée d'une position critique par le capitaine Maissin, du *Gassendi*, arriva en ligne vers dix heures; mais le feu de la ville était en ce moment presque éteint; la présence de ces navires devenait inutile; je les envoyai canonner les forts d'Abdul-Selim et d'El-Arbi-el-Saïdi, qui nous envoyaient quelques boulets à toute volée.

Tous nos mouvements s'étaient effectués sans que l'ennemi y mît aucune opposition. A huit heures et demie, nous avons commencé le feu; il y a été répondu avec vivacité. Pourtant, au bout d'un quart d'heure, les canonniers arabes avaient déserté leurs batteries, dont les parapets étaient renversés par un tir remarquable de justesse. Deux batteries seulement prolongèrent la défense de la place, une casematée, située à la partie supérieure du fort de la marine, et celle de la Casbah.

Le feu du *Suffren*, dirigé tout entier sur la batterie casematée, finit par la mettre hors de service, tandis que le *Jemmapes* faisait évacuer la Casbah.

A dix heures du matin tout était fini.

Je suis resté avec le *Suffren* devant la ville jusqu'à cinq heures du soir, afin de bien constater qu'on ne songeait plus à se défendre, puis je me suis retiré. Vous savez dans quel but j'ai attaqué Tanger. D'après vos ordres, je ne devais pas l'occuper; mon but était atteint, du moment que, par le silence de ses batteries, cette ville se reconnaissait vaincue.

Comme j'ai déjà eu l'honneur de vous le dire, le quartier où se trouvent les maisons des Européens a été scrupuleusement respecté.

Le feu a été mis dans plusieurs endroits par les fusées de guerre lancées par le vapeur le *Rubis*.

Pendant toute cette journée, chacun a rivalisé de zèle et de sang-froid; je n'ai que des éloges à donner à tous.

Dès la pointe du jour, les postes des navires avaient été marqués par des bouées; M. le capitaine de corvette Duquesne s'est acquitté de cette mission, qui pouvait être chanceuse, avec son intelligence et son courage ordinaires.

Nous avons eu 3 morts et 17 blessés. Les navires ont eu quelques avaries peu graves. Le *Suffren*, le plus maltraité, n'a guère reçu que 50 boulets.

On porte à 150 tués et 300 blessés les pertes de l'ennemi.

L'affaire finie, les bateaux à vapeur sont venus prendre les navires à voiles et les ont remorqués à leurs mouillage.

La journée du 7 s'est passée à mettre les navires en état de prendre la mer.

Le 8, j'ai été rejoint par le bateau à vapeur le *Groenland*, dont j'ai requis les services pour aller chercher à Cadix des approvisionnements en eau, vivres et charbon pour l'escadre.

Le 11, l'escadre était réunie devant Mogador.

Ici nous attendaient des difficultés de plus d'une nature. Pendant quatre jours, la violence des vents et la grosseur de la mer nous ont empêché de communiquer entre nous. Mouillées sur des fonds de roches, nos ancres et nos chaînes se brisaient, et leur perte nous enlevait des ressources indispensables pour atteindre notre but. Tel navire n'avait plus qu'une chaîne et une ancre, et encore celle-ci privée d'une de ses pattes.

Nous ne pouvions, d'ailleurs, songer à nous maintenir devant Mogador à la voile. La violence des courants et de la brise nous eût entraînés sous le vent, et nous aurions probablement perdu l'occasion d'agir. De plus, en faisant appareiller les vapeurs avec nous, ils auraient épuisé leur combustible; en les laissant seuls, ils étaient exposés à manquer de vivres et d'eau. Il fallait donc rester au mouillage.

Enfin, le 15, le vent s'apaisa ; il ne resta plus de la tourmente des jours précédents qu'une grosse boule de N.-N.-O.

Sachant combien les beaux jours sont rares dans cette saison et dans ces parages, je pris immédiatement toutes mes dispositions. Mais un nouvel accident vint encore entraver nos projets ; le vent tomba complètement ; nos navires, tourmentés par la boule, étaient ingouvernables, et je ne pouvais songer à employer les vapeurs pour conduire les vaisseaux à leur poste.

Les préparatifs hostiles qui se faisaient à terre prouvaient qu'on ne nous laisserait pas approcher aussi facilement qu'à Tanger.

Un seul boulet pouvait déranger les machines d'un bateau à vapeur, le forcer à s'arrêter, dans une position critique, d'où nous n'aurions pu le retirer, et où il n'aurait pu se défendre. Les bateaux à vapeur étaient d'ailleurs une ressource à ménager précieusement pour retirer les vaisseaux d'un embossage sur des fonds de roches avec la boule et les courants partant en côte, et la certitude que, dès que le vent commencerait à s'élever, il soufflerait du large.

Enfin, dans l'après-midi du 15, une faible brise de nord-nord-ouest s'étant faite, nous en avons profité ; l'escadre a mis à la voile.

J'avais communiqué à tous les capitaines un plan d'attaque, et assigné à chacun son poste ; une fois le signal d'exécution fait, je ne suis plus qu'un témoin occulaire qui tâche de se faire historien fidèle et de raconter avec une vive admiration et une profonde reconnaissance avec quel zèle, quel dévouement, quel intelligence de la part de tous, les ordres donnés ont été exécutés.

Les sondes de la ligne d'embossage avaient été exécutées en plein jour par le capitaine Maissin, du *Gassendi*, et le lieutenant de vaisseau Touchard, mon chef d'état-major.

Les trois vaisseaux sont d'abord venus au mouillage. Le *Triton*, capitaine Bellanger, en tête, conduisant l'escadre et s'avançant sous le feu de toutes les batteries ennemies, laissait tomber son ancre à 700 mètres de la place, sans riposter à ses coups. Venaient ensuite le *Suffren* et le *Jemmapes*.

Le *Jemmapes* et le *Triton* se sont placés en face des batteries de l'ouest de la ville, ce dernier prenant à revers les batteries de la marine. Le *Suffren* est venu prendre poste dans la passe du nord, battant d'écharpe les deux batteries de la marine et de front le fort rond situé sur un îlot, à l'entrée de la passe, tandis qu'avec ses pièces de retraite il répondait à une batterie de l'île, dont le feu d'enfilade l'incommodait.

Cet embossage délicat, sous le feu de l'ennemi, sans que personne de nous ait daigné y répondre, fait honneur aux capitaines qui l'ont exécuté.

Une fois placés, nous avons ouvert notre feu. Les batteries de la marine ont été vite abandonnées ; mais celle de l'ouest, présentant une quarantaine de pièces bien abritées derrière des épaulements en pierre molle de plus de 2 mètres d'épaisseur, a tenu fort longtemps. Le vaisseau le *Jemmapes*, capitaine Montagniès, qui était le point de mire de tous ses coups, a fini par en avoir raison, non sans une perte sérieuse causée par des obus bien dirigés. Vingt hommes tués et blessés à bord de ce vaisseau, parmi lesquels un jeune élève de grande espérance, M. Noël, mortellement atteint d'un éclat d'obus; des avaries graves dans la mâture, de nombreux boulets dans la coque attestent la résistance énergique des canonniers ennemis.

Une fois le feu des vaisseaux bien ouvert, ordre a été donné à la frégate la *Belle-Poule*, et aux bricks le *Cassard*, le *Volage* et l'*Argus*, d'entrer dans le port.

La frégate devait combattre les batteries de la marine, et les bricks celles de l'île.

La *Belle-Poule* et les bricks sont venus passer à poupe du *Suffren*. Le commandant Hernoux a conduit sa frégate au fond d'un cul-de-sac, où elle avait à peine son évitage, tirant d'un bord sur les batteries de la ville, et de l'autre sur celles de l'île. De grosses carabines, placées dans les hunes, fusillaient à 600 mètres les canonniers de l'île.

L'effet de cette manœuvre hardie a été tel, que les batteries de la marine ont été immédiatement désertées.

Les bricks sont allés mouiller en ligne devant les trois batteries qui protègent le débarcadère de l'île, et ont aussitôt engagé avec elles une lutte animée.

Enfin, voyant le feu se ralentir, j'ai fait entrer dans le port trois bateaux à vapeur: le *Gassendi*, *le Pluton* et le *Phare*. Ils portaient 500 hommes de débarquement, conduits par le capitaine de corvette Duquesne et le lieutenant-colonel Chauchard.

Ces bateaux à vapeur ont pris poste dans les créneaux de la ligne des bricks, joignant leur feu à celui de ces navires, pendant que la flottille de débarquement se formait. A cinq heures et demie, cette flottille s'est avancée sous une vive fusillade. On a sauté à terre avec enthousiasme, les hommes blessés dans les canots s'élançant des premiers, et, gravissant à la course un talus assez raide, on a enlevé la première batterie. C'est là qu'on s'est rallié. Le second maître, Toche, du *Phare*, y est entré le premier et a arboré le pavillon français.

De cette batterie, deux détachements conduits, l'un par le lieutenant-colonel Chauchard, l'autre par le capitaine du génie Coffinières, sont partis pour faire le tour de l'île et débusquer 3 à 400 Marocains des postes qu'ils occupaient dans les maisons et les batteries.

On les a poussés ainsi jusqu'à une mosquée où un grand nombre d'entre eux s'étaient réfugiés. La porte enfoncée à coups de canon, on s'est précipité en avant. La résistance a été vive; un officier d'artillerie, M. Pottier, jeune homme plein de mérite, a été tué; plusieurs officiers ont été blessés: le capitaine de corvette Duquesne, le lieutenant de vaisseau Coupvent-des-Bois, le sous-lieutenant des Pallières.

On était engagé sous des voûtes obscures, au milieu d'une fumée épaisse qui empêchait de rien voir. Cependant les hommes de l'*Argus* et du *Pluton* persistaient à vouloir y pénétrer. Je jugeai que nous perdrions là beaucoup de monde inutilement; je les fis retirer. On cerna la mosquée, et, la nuit étant survenue, on fit bivouaquer les troupes.

Le lendemain, au jour, 140 hommes se rendirent. Nous avons ramassé sur l'île près de 200 cadavres.

L'île prise, et le feu de la ville complètement éteint, je donnai l'ordre à l'*Asmodée* de venir retirer les vaisseaux de la côte, ce qui se fit pendant la nuit.

Le temps était beau; je gardai la *Belle-Poule* dans la passe. Elle continua pendant toute la nuit à tirer du canon sur les batteries de la marine, pour les empêcher d'être réoccupées.

Le 16, les bateaux à vapeur l'*Asmodée*, le *Pluton*, le *Gassendi*, et les bricks le *Cassard* et le *Pandour*, vinrent s'embosser de chaque côté de la langue de sable sur laquelle s'élèvent les forts de la marine, dont je voulais me rendre maître; leur feu croisé coupait les communications de la ville avec ses forts.

Sous cette protection, le commandant Hernoux et le capitaine Ed. Bouet conduisirent une colonne de 600 hommes de débarquement. Mais tout avait été déserté à notre approche, et la descente s'opéra sans résistance. Il ne restait plus qu'à achever l'œuvre de destruction que le canon avait commencée la veille.

Toutes les pièces enclouées, jetées à bas des remparts, les embrasures démolies, les magasins à poudre noyés, enfin trois drapeaux et neuf à dix canons de bronze enlevés comme trophées, tel a été le résultat de la journée.

J'ai laissé intacts les vastes magasins

de la douane, pleins de marchandises de toutes espèces; il aurait fallu les brûler, et je craignais que le feu ne gagnât trop vite d'immenses approvisionnements de poudre et de bombes réparties dans les casemates des forts.

Après cette opération, j'ai renvoyé les troupes et les équipages. Nous étions maîtres de l'île, du port; les batteries de la ville n'étaient plus à craindre; j'ai considéré notre opération comme terminée.

Après notre départ, la ville, restée sans défense, a été prise par les Kabyles de l'intérieur, qui y ont le feu. Depuis quatre jours, le sac de cette malheureuse ville est complet; les habitants ont fui dans toutes les directions.

Dans quelques jours, il ne restera plus de la belle Souerah, que Muley-Abd-er-Rhaman appelait sa ville chérie, que des murailles criblées de boulets et noircies par le feu.

La leçon est dure.

Je ne vous citerai personne, monsieur le ministre; pour vous indiquer ceux qui ont fait leur devoir avec courage, intelligence et dévouement, il me faudrait nommer tout le monde. J'appellerai seulement votre attention sur les familles des hommes qui sont morts, sur le sort futur des blessés, et aussi sur le bien-être à donner à tous ceux qui, au seul nom de la France, ont accepté avec abnégation le rude devoir de faire garnison sur l'îlot de Mogador.

Recevez, etc.

FR. D'ORLÉANS.

P. S. Le 23 août, notre établissement sur l'île était terminé; j'ai renvoyé à Cadix une partie de l'escadre.

Dans la journée, un coup de canon fut tiré d'une des tours de la ville donnant sur la campagne, et le boulet étant venu tomber au milieu de nous dans le port, nous avons fouillé avec des obus les maisons qui avoisinent cette tour; puis j'ai envoyé M. le lieutenant de vaisseau Touchard, mon chef d'état-major, avec 160 hommes, planter des échelles au pied de la tour.

On y est monté sans aucune opposition, et on a encloué les derniers canons qui pouvaient battre sur nous. Du haut de la tour on plongeait dans la ville, qui semblait déserte et horriblement dévastée.

Cette opération, qui n'était pas d'une absolue nécessité, a eu l'avantage de montrer à la garnison de l'île, qu'avec ses seules forces et les ressources de la station locale, on tient la ville complètement à merci.

Convention conclue à Tanger le 10 septembre 1844, entre S. M. le roi des Français et S. M. l'empereur de Maroc, roi de Fez et de Suz (les rectifications ont été échangées le 26 octobre 1844).

Sa Majesté l'empereur des Français (1), d'une part, et Sa Majesté l'empereur de Maroc, roi de Fez et de Suz, de l'autre part, désirant régler et terminer les différends survenus entre la France et le Maroc, et rétablir, conformément aux anciens traités, les rapports de bonne amitié qui ont été un instant suspendus entre les deux empires, ont nommé et désigné pour leurs plénipotentiaires,

Sa Majesté l'empereur des Français, le sieur Antoine-Marie-Daniel Doré de Nion, officier de la Légion-d'Honneur, chevalier de l'ordre royal d'Isabelle-la-Catholique, chevalier de 1re classe de l'ordre grand-ducal de Louis de Hesse, son consul général et chargé d'affaires près Sa Majesté l'empereur de Maroc, et le sieur Louis-Charles-Elie Decazes, comte Decazes, duc de Glüksberg, chevalier de l'ordre royal de la Légion-d'Honneur, commandeur de l'ordre royal de Danebrog et de l'ordre royal de Charles III d'Espagne, chambellan de S. Majesté l'empereur des Français près Sa Majesté l'empereur de Maroc;

Et Sa Majesté l'empereur de Maroc, roi de Fez et de Suz, l'agent de la cour très-élevée par Dieu Sid-Bou-Selam-Ben-Ali;

Lesquels ont arrêté les stipulations suivantes:

(1) Dans tous les actes politiques passés avec les princes mahométans, il est d'usage depuis François 1er, que les rois prennent le titre d'empereur.

Article 1er. Les troupes marocaines réunies extraordinairement sur la frontière des deux empires, ou dans le voisinage de ladite frontière, seront licenciées.

Sa Majesté l'empereur de Maroc s'engage à empêcher désormais tout rassemblement de cette nature. Il restera seulement, sous le commandement du caïd de Oucbda, un corps dont la force ne pourra excéder habituellement 2,000 hommes. Ce nombre pourra, toutefois, être augmenté, si des circonstances extraordinaires et reconnues telles par les deux gouvernements le rendaient nécessaire dans l'intérêt commun.

Art. 2. Un châtiment exemplaire sera infligé aux chefs marocains qui ont dirigé ou toléré les actes d'agression commis en temps de paix sur le territoire de l'Algérie contre les troupes de Sa Majesté l'empereur des Français. Le gouvernement marocain fera connaître au gouvernement français les mesures qui auront été prises pour l'exécution de la présente clause.

Art. 3. Sa Majesté l'empereur de Maroc s'engage de nouveau, de la manière la plus formelle et la plus absolue, à ne donner, ni permettre qu'il soit donné, dans ses Etats, ni assistance, ni secours en armes, munitions ou objets quelconques de guerre, à aucun sujet rebelle ou à aucun ennemi de la France.

Art. 4. Hadj-Abd-el-Kader est mis hors la loi dans toute l'étendue de Maroc, aussi bien qu'en Algérie.

Il sera, en conséquence, poursuivi à main armée par les Français sur le territoire de l'Algérie, et par les Marocains sur leur territoire, jusqu'à ce qu'il en soit expulsé ou qu'il soit tombé au pouvoir de l'une ou de l'autre nation.

Dans le cas où Abd-el-Kader tomberait au pouvoir des troupes françaises, le gouvernement de Sa Majesté l'empereur des Français s'engage à le traiter avec égards et générosité.

Dans le cas où Abd-el-Kader tomberait au pouvoir des troupes marocaines, Sa Majesté l'empereur de Maroc s'engage à l'interner dans une des villes du littoral ouest de l'empire, jusqu'à ce que les deux gouvernements aient adopté, de concert, les mesures indispensables pour qu'Abd-el-Kader ne puisse en aucun cas reprendre les armes et troubler de nouveau la tranquillité de l'Algérie et du Maroc.

Art. 5. La délimitation des frontières entre les possessions de Sa Majesté l'empereur de Maroc reste fixée et convenue, conformément à l'état des choses reconnu par le gouvernement marocain à l'époque de la domination des Turcs en Algérie.

L'exécution complète et régulière de la présente clause fera l'objet d'une convention spéciale, négociée et conclue sur les lieux entre le plénipotentiaire désigné à cet effet par Sa Majesté l'empereur des Français et un délégué du gouvernement marocain. Sa Majesté l'empereur de Maroc s'engage à prendre, sans délai, dans ce but, les mesures convenables et à en informer le gouvernement français.

Art. 6. Aussitôt après la signature de la présente convention, les hostilités cesseront de part et d'autre ; dès que les stipulations comprises dans les articles 1, 2, 4 et 5, auront été exécutées à la satisfaction du gouvernement français, les troupes françaises évacueront l'île de Mogador, ainsi que la ville de Oucbda, et tous les prisonniers faits de part et d'autre seront mis immédiatement à la disposition de leurs nations respectives.

Art. 7. Les hautes parties contractantes s'engagent à procéder, de bon accord, et le plus promptement possible, à la conclusion d'un nouveau traité qui, basé sur les traités actuellement en vigueur, aura pour but de les consolider et de les compléter, dans l'intérêt des relations politiques et commerciales des deux empires.

En attendant, les anciens traités seront scrupuleusement respectés et observés dans toutes leurs clauses, et la France jouira, en toute chose et en toute occasion, du traitement de la nation la plus favorisée.

Art. 8. La présente convention sera ratifiée, et les ratifications en seront échangées dans un délai de deux mois, ou plus tôt, si faire se peut.

Cejourd'hui, le 10 septembre de l'an de grâce mil huit cent quarante-quatre (correspondant au 25 du mois de chaaban de l'an de l'hégyre mil deux cent soixante), les plénipotentiaires ci-dessus désignés de Leurs Majesté les empereurs des Français et de Maroc ont signé la présente convention et y ont apposé leurs sceaux respectifs.

(*Signé*) ANT.-M.-D. DORÉ DE NION.
(*Signé*) DECAZES, *duc de Glucksberg.*
(L. S.) Place (L. S.)
du cachet
du plénipotentiaire
marocain.

DOCUMENTS RELATIFS

AUX AFFAIRES DE LA PLATA.

Extrait d'un rapport officiel de M. le vice-amiral Massieu à M. le ministre de la marine.

Gloire, Montevideo, le 20 oct. 1843.

. . . .

Le gouvernement de Montevideo, pour prolonger son existence, a adopté un système de terreur sur la population de cette ville.

De part et d'autre, ceux de la ville et ceux du camp, toujours sous le prétexte de représailles et de réciprocités à l'égard des prisonniers, agissent de la manière la plus barbare.

Des familles du parti d'Oribe, ayant des parents servant avec ce général, ont été expulsées de la ville, dont aujourd'hui bien des gens de tous les partis cherchent à se retirer.

Les sorties et les guérillas entre les avant-postes de l'armée d'Oribe et ceux de la garnison ont toujours lieu; mais ces rencontres sans résultat sont rarement meurtrières.

On ne parle plus de Rivera. Dans ce moment, on le croit sur les frontières du Brésil, poursuivi par Urquiza dont l'armée tient aussi en échec les lieutenants de Rivera et leurs différents corps, entre Maldonado et le Rio-Negro.

Le 15, l'amiral Brown est revenu prendre son mouillage devant la ville avec trois de ses navires ; le 16, il a de nouveau notifié le blocus, et le 19, il a été mouiller près de la pointe Brava, pour se trouver probablement sur la route des navires venant de Maldonado, port qui est aussi bloqué.

Extraits d'une lettre particulière de M. le vice-amiral Massieu à M. le ministre de la marine.

Gloire, Montevideo, 9 nov. 1843.

. . . .

On ne saurait le nier, ce sont toujours les mêmes hommes, qui, voulant à toute force jouer un rôle dans ce pays au risque de compromettre leurs compatriotes et de les entraîner dans de mauvaises affaires, reparaissent en toute circonstance pour faire opposition à ce que veut le gouvernement français. Par exemple, la nécessité de s'armer qu'ils ont mise en avant pour entraîner une partie de la population, est un faux prétexte, car toute garantie, toute sûreté avait été promise à ceux qui, au nom d'une centaine de signataires, sont venus s'adresser au chef de la station, quand ils auraient dû faire parvenir cette réclamation par le consul. — Effectivement peut-on obtenir des garanties plus larges et plus complètes que celles qui nous ont été données par Oribe et qui nous étaient assurées depuis longtemps? mais les meneurs ne voulaient ni promesses ni garanties ; ils voulaient que tout fût remis en question, que je débarquasse des marins armés, que je fisse attaquer l'escadrille de Brown et qu'en un mot je me fusse decidé à recommencer la guerre contre Buenos-Ayres au profit de certains marchands de Montevideo et au leur.

. . . .

On a dit vrai en France, lorsqu'en parlant des affaires de la Plata, on a avancé que les négocians les plus respectables se tenaient en dehors de tout ceci : car, il faut le dire, ce sont de simples artisans, ou quelques sous-officiers qui sont venus chercher fortune ici, qui servent comme capitaines dans la légion dite des volontaires.

. . . .

Malgré ses décrets révolutionnaires, malgré qu'aujourd'hui le gouvernement de Montevideo n'ait plus rien à reprocher à qui que ce soit, en fait de mesures illégales et subversives de toute justice, il me paraît très-difficile qu'il puisse tenir longtemps désormais.

DOCUMENTS RELATIFS

A LA MISSION FRANÇAISE EN CHINE.

N° 1. *A S. Exc. M. Guizot, grand ministre de la France, chargé du département des affaires étrangères.*

Ky-Ing, haut-commissaire impérial, etc.

Ky-Kong, vice-roi de la province des Deux-Kwang, etc.

Le 13e jour de la 7e lune intercalaire de la 23e année du règne de Taou-Kwang, nous avons reçu en audience M. le comte de Ratti-Menton, envoyé à Canton par Votre Excellence, en qualité de consul de première classe, et il nous a remis directement la lettre où l'illustre ministre manifeste des sentiments d'affection si honorables. Nous en avons le cœur plein de joie et nous l'en remercions.

Nous savons depuis longtemps que l'empire de France est un des premiers Etats de l'Europe ; il y a trois siècles qu'il fait le commerce avec notre empire. Entre ces deux empires ont constamment régné la paix et l'amitié ; jamais de dissensions, point de sujet de litige, pas de discorde. Les négociants français ont constamment observé dans leurs affaires un esprit d'ordre exempt de toute confusion ; leur conduite s'est toujours réglée sur les lois et la justice.

Moi, le commissaire impérial, ai reçu en dernier lieu de mon auguste empereur la bienveillante autorisation d'accorder aux étrangers de trafiquer dans les cinq ports de Canton, Foutchow, Amoy, Ning-Po et Chank-Haï ; en conséquence, et d'accord avec mes collègues, j'ai fixé et déterminé les règlements relatifs au commerce ainsi que le tarif. La modicité des droits établis prouve incontestablement que nous avons été à cet égard aussi larges et aussi généreux que possible envers les étrangers qui viennent des contrées lointaines. Les négoçiants français, faisant le commerce aussi bien que les Anglais, nous leur accordons les mêmes privilèges que ces derniers et les autres nations ont obtenus par suite de l'approbation de notre excellent empereur.

M. de Ratti-Menton, qui vient d'arriver à Canton en qualité de consul de première classe, muni de lettres officielles de l'illustre ministre, et qui d'ailleurs a déjà occupé plusieurs postes dans d'autres pays de l'Europe, où il s'est fait remarquer par sa prudence, son aménité, son esprit conciliant, parviendra facilement à diriger les négoçiants français, auxquels il fera scrupuleusement observer toutes les dispositions relatives au trafic, et étendra ainsi nos rapports de commerce et d'amitié.

Telle est la réponse que nous avons l'honneur d'adresser à l'illustre ministre de France, le priant, pour éviter toute confusion, d'employer les mêmes termes dons nous nous sommes servis pour exprimer ses titres et ses pouvoirs.

Canton, le 17e jour de la 7e lune intercalaire de la 23e année du règne de Taou-Kwang.

N° 2. — *Copie d'une lettre de M. de Ratti-Menton à S. A. le haut-commissaire impérial.*

Canton, le 5 septembre 1843.

Altesse,

Dès que le gouvernement de S. M. l'empereur des Français a été informé de l'heureux rétablissement de la paix, sa première pensée a été de nommer à Canton un consul en titre : il a cru que cette mesure pourrait contribuer à donner plus d'extension aux relations déjà si anciennes entre les empires de Chine et de France, et tout porte à espérer que cette pensée se réalisera. Toutefois, dans l'état actuel des choses et malgré la bonne harmonie qui s'est perpétuée entre les deux empires pendant plus de deux siècles, S. M. l'empereur des Français, mon auguste maître, ne désire pour ses sujets que la participation aux mêmes privilèges dont jouissent les autres nations dans le Céleste-Empire. J'ai l'honneur de prier, en conséquence, Votre Altesse d'avoir la bonté de me remettre un document muni du grand sceau, semblable en tous points à celui qu'ont obtenu les Anglais et les Américains, pour ce qui concerne leurs rapports à venir avec ces contrées : ce document sera envoyé par moi au gouvernement de S. M. l'empereur des Français, qui y verra un juste retour de la sympathie que la France a toujours ressentie pour la Chine.

J'ai l'honneur d'être, etc.

Signé : comte DE RATTI-MENTON.

Pour copie conforme :

Le chancelier du consulat,

A. RIVOIRE.

N° 3. — *Lettre du haut-commissaire impérial et du vice-roi des Deux-Kwang à M. le comte de Ratti-Menton.*

Ky-Ing, haut-commissaire impérial, vice-roi des provinces des deu[x] Kiang, etc., etc.,

Ky-Kong, président du ministr[e] de la guerre, vice-roi des deux provinces de Kwang-Tong et de Kwang-Sée, etc., etc.,

Envoient collectivement cette réponse officielle :

Le 13e jour de la 7e lune intercalaire de la 23e année de Taou-Kwan[g] (6 septembre 1843),

Nous, le susdit commissaire et so[n] collègue, eûmes le plaisir d'une entrevue avec l'honorable consul de première classe, qui nous présenta directement une lettre que nous avon[s] ouverte, lue et parfaitement comprise.

La France est un Etat illustre e[t] puissant de l'Océan-Occidental, qui entrenu paisiblement et amicalemen[t] des rapports avec la Chine pendan[t] plus de trois siècles, sans la plus légère contestation et sans effusion d[e] sang. Venu à Canton par ordre d[e] l'empereur mon maître, pour y déterminer un tarif et des règlements d[e] commerce applicables aux négociant[s] de toutes les nations, et ces règlement[s] ayant été arrêtés et convenus, et l[e] tarif fait et complété de manière à abolir toute contribution illégale e[t] toute exaction, moi, le haut-commissaire impérial, ai soumis respectueuse ment ces deux actes à l'approbation de sa Majesté, dont la réponse, reçue par l'intermédiaire du ministre des finances, contient la gracieuse autorisation de mettre à exécution lesdits tarifs et règlements.

Dorénavant les négociants de toutes les nations jouiront surabondamment des bontés de l'empereur de la Chine, qui se complaît à manifester sa bienveillance pour les étrangers, à leur ouvrir la source inépuisable des profits. Or, la France, qui s'est maintenue si longtemps dans les relations d'amitié avec les Chinois, et dont les négociants ont tenu jusqu'à présent une conduite paisible, conforme à la stricte équité, exempte de tout désordre, la France a des droits particuliers à être considérée avec une égale bienveillance. Aucun autre pays ne sera certes plus favorisé.

Moi, le susdit haut-commissaire impérial et son collègue, avons en conséquence, sur la demande de l'honorable consul de première classe, fait faire des copies du nouveau tarif et des nouveaux règlements, relatifs aux relations commerciales, et y avons formellement apposé les sceaux de notre ministère. Nous les envoyons ci joints officiellement à l'honorable consul de première classe, l'invitant à les faire traduire dans la langue de l'Océan Occidental, et publier dans son pays, afin que les négociants français puissent les connaître et s'y conformer.

Par suite de l'ouverture, dans l'intérêt des transactions commerciales, des cinq ports de Canton, Fout-Chow, Amoy, Ning-Po et Chank-Haï, les droits impériaux spécifiés dans le tarif, ainsi que les droits de navigation suivant le tonnage, seront les seuls exigibles; toutes les autres perceptions et contributions étant désormais abolies, les autres dispositions des règlements sont les résultats des bons sentiments de notre grand empereur à l'égard des négociants étrangers. Sa Majesté, désirant les dégager de leurs entraves, et leur ouvrir une source plus large de bénéfices, sa bienveillance, en cette occasion, est allée, pour ainsi dire, au dela des bornes ordinaires.

Les dispositions relatives à la contrebande, à la frustration frauduleuse du revenu, à la fixation du cours des monnaies, à la confiscation des marchandises, etc., etc., concernant les lois de la contrée, les agents des autres pays y ont donné leur consentement, et l'honorable consul de première classe doit pareillement obliger les négociants, ses nationaux, à leur obéir implicitement, afin d'éviter par là tout sujet de trouble et de discussion. Lorsque des navires marchands arriveront dans un des ports, ils ne pourront se placer et trafiquer que dans certains endroits limités, qu'il ne leur sera pas loisible de dépasser. Ils ne pourront pas non plus se rendre sur d'autres points de la Chine que les cinq ports précités. Ces divers règlements sont maintenant en cours de fixation, et lorsque le bon plaisir de l'empereur sera connu, on en informera officiellement.

L'honorable consul de première classe étant venu en mission à Canton et ayant apporté avec lui une lettre du grand ministre de son pays, nous, le haut-commissaire impérial, et son collègue, nous le traiterons avec la plus grande courtoisie et toute la politesse requise, et le placerons sur un pied d'égalité parfaite avec les consuls anglais.

Importante communication officielle faite à M. de Ratti-Menton, consul de France de première classe, 23e année de Taou-Kwang, 7e lune intercalaire, 17e jour (10 sep. 1843).

Traduction littérale du texte chinois du traité de Whampoa.

Le grand empire de Chine et le grand empire de France ayant eu depuis longtemps des relations de commerce et de navigation, le grand empereur du grand empire de Chine et le grand empereur du grand empire de France ont pensé à rendre ces relations régulières, et à en favoriser le développement jusqu'à perpétuité.

A ces causes, les grands empereurs des deux royaumes ont déterminé de conclure de commun accord un traité d'amitié, de commerce et de navigation, profondément et solidement fondé sur les intérêts mutuels.

C'est pourquoi les deux empires ont spécialement délégué des plénipotentiaires respectifs pour traiter les affaires.

Le grand empereur du grand empire de Chine a délégué *Ki*, sous-précepteur du prince impérial, un des présidents du conseil de la guerre, gouverneur-général des deux *Huân*, et membre de la famille impériale;

Et le grand empereur du grand empire de France a délégué Lagrené comme ministre plénipotentiaire et envoyé extraordinaire;

Lesquels s'étant montré mutuellement leurs pouvoirs, et, vérification faite, les ayant trouvés en bonne et due forme, sont convenus des articles suivants et les ont arrêtés:

Article 1er. Dorénavant l'empereur du grand empire de France et l'empereur du grand empire de Chine, ainsi que les sujets des deux empires, seront unis par une amitié perpétuelle, sans distinction de personnes ou de localités. Tous jouiront d'une protection pleine et entière pour leurs propriétés aussi bien que pour leurs personnes.

Art. 2. Dorénavant tout Français pourra se transporter avec sa famille dans les cinq ports de Canton, Emouï, Fu-Cheu, Nim-Po et Han-Haï, pour y résider et commercer en toute sécurité, sans entraves ni restrictions. Tout navire français pourra, suivant que bon lui semblera, mouiller dans les cinq ports, aller et venir pour y faire le commerce. Mais il est clairement interdit de pénétrer et de commercer dans d'autres ports de Chine, comme aussi de faire sur les côtes des ventes ou des achats clandestins.

S'il y avait des infractions à cet article, la cargaison de ces navires pourra être confisquée au profit du gouvernement chinois, sauf les exceptions clairement insérées dans l'art. 30. Mais les autorités locales qui auront saisi ces marchandises devront, avant d'en prononcer la confiscation, en avertir promptement le consul français du port le plus voisin.

Art. 3. Les propriétés de toute nature que les Français auront dans les cinq ports ne pourront être ni maltraitées ni violées par les Chinois. Les autorités chinoises ne pourront pas non plus, quoi qu'il arrive, frapper de réquisition ou prendre par force les navires français, pour quelque service public ou privé que ce puisse être.

Art. 4. L'empereur du grand empire de France pourra, suivant son bon plaisir, nommer des consuls ou agents consulaires dans les cinq ports de la Chine ouverts au commerce, pour y traiter les affaires relatives aux négociants, et veiller à ce que les règlements soient strictement observés. Les autorités chinoises de l'endroit traiteront ce consul ou agent consulaire avec tous les égards qui lui sont dus, et dans leurs communications officielles ils suivront une parfaite égalité.

Si les consuls ou agents consulaires avaient quelque sujet de plainte, ils en feront part au surintendant des cinq ports, ou, à son défaut, à l'autorité supérieure de la province, afin qu'il examine mûrement et décide la chose avec justice et équité. En cas que le consul ou agent consulaire fût absent, les capitaines et négociants français pourront charger le consul d'un royaume ami de gérer leurs affaires, ou, si cela n'était pas praticable, ils s'adresseront directement et clairement au chef de la douane, lequel avisera aux moyens de bien traiter ces affaires, et fera en sorte que ces capitaines et négociants jouissent des avantages du présent traité.

Art. 5. L'empereur des Français sera libre d'envoyer des navires de guerre dans les cinq ports pour y stationner, maintenir l'ordre parmi les marchands et matelots, et faire en sorte que le consul puisse exercer son autorité. Les équipages des navires de guerre seront soumis à des règlements qui obvieront aux inconvénients de toute nature qui pourraient survenir, et les commandants de ces navires recevront l'ordre de faire exécuter les dispositions de l'art. 23, relatif aux communications des navires avec la terre et à la police des équipages.

Quant aux navires de guerre, il est clairement convenu et arrêté qu'ils ne paieront aucune espèce de droits.

Art. 6. Les Français qui commerceront dans les cinq ports paieront les droits d'importation et d'exportation conformément au tarif annexé au présent traité, sous le sceau et la signature des plénipotentiaires des deux empires. Ces droits ne pourront être augmentés a l'avenir, et il ne pourra non plus y avoir des surtaxes quelconques.

Les Français seront libres d'importer, soit de France, soit des royaumes étrangers, et d'exporter, n'importe pour quel pays, toute marchandise qui, dans le tarif signé maintenant, ne se trouve pas être l'objet de prohibition ou de monopole. Le gouvernement chinois ne pourra pas ajouter au tarif de nouveaux articles de prohibition ou de monopole. Si à l'avenir on voulait apporter des modifications au tarif, on devra se consulter d'abord avec le gouvernement français, et les changements ne pourront être faits qu'après être tombé d'accord.

Quant au tarif et aux traités arrêtés maintenant, ou qui seront arrêtés dans la suite, les négociants, et en général tous les Français, partout et toujours, seront traités comme la nation la plus favorisée, sans qu'il y ait aucune différence; et, si à l'avenir on faisait des réductions dans le tarif, les Français en jouiraient également.

Art. 7. Les marchandises françaises qui auront acquitté les droits dans un des cinq ports, suivant le tarif, pourront être transportées dans l'intérieur par les marchands chinois, et paieront les droits de transit d'après les règlements en vigueur maintenant, sans qu'il soit permis de les frapper de surtaxes, car le taux actuel de ces droits est modéré; il ne faut pas qu'il soit augmenté à l'avenir.

Si des agents de la douane n'observaient pas ces articles divers, et exigeaient des rétributions illégales, ou prélevaient des droits plus élevés, on les punirait suivant les lois chinoises.

Art. 8. Le tarif étant juste et convenable, il n'y a plus de prétexte à la contrebande, et il est à présumer que les navires marchands français qui iront dans les cinq ports ne se livreront à aucun de ces actes clandestins. Si cependant des négociants ou des navires faisaient la contrebande dans un des cinq ports, ou débarquaient frauduleusement des marchandises prohibées, toutes ces marchandises, n'importe leur nature ou leur valeur, seraient saisies par les autorités locales et confisquées au profit du gouvernement chinois. Et de plus l'autorité chinoise pourrait, si bon lui semblait, interdire au navire contrebandier l'entrée de la Chine, et le faire sortir du port aussitôt après la liquidation de ses comptes.

Si un navire étranger se servait frauduleusement du pavillon de la France, le gouvernement français aviserait aux moyens de réprimer cet abus.

Art. 9. La corporation privilégiée des marchands hanistes, qui autrefois existait à Canton, ayant été légalement supprimée, les Français seront libres, dans les cinq ports, de traiter de l'achat et de la vente des marchandises d'importation ou d'exportation, avec tel Chinois que bon leur semblera, sans qu'on soit obligé de recourir à l'intervention de qui que ce soit.

A l'avenir, il ne pourra pas y avoir d'autre société d'individus qui en se coalisant exercent un monopole sur le commerce.

En cas de contravention à cette règle, le consul en préviendrait les autorités chinoises, qui aviseraient aux moyens d'extirpation. Mais les fonctionnaires de l'empire chinois devront à l'avance empêcher ces coalitions, afin d'éloigner tout ce qui pourrait détruire la libre concurrence dans le commerce.

Art. 10. Si à l'avenir des Chinois deviennent débiteurs de capitaines ou de négociants français, et leur font éprouver des pertes, n'importe que ce soit par fraude ou autrement, les Français ne pourront point avoir recours à la solidarité des hanistes, suivant les anciens règlements. Mais ils devront en faire part au consul, qui en donnera communication à l'autorité locale; et celle-ci, après avoir examiné l'affaire, fera ses efforts pour contraindre les prévenus à satisfaire à leurs engagements suivant les lois. Mais si le débiteur ne peut être retrouvé, s'il est en faillite, s'il est mort, ou que, son patrimoine étant épuisé, il n'ait plus les moyens de payer, les négociants français ne pourront point appeler les autorités en garantie.

Si des Français trompaient des Chinois, ou ne leur payaient pas les marchandises, le consul français s'efforcera de la même manière de réintégrer les Chinois. Mais ceux-ci ne pourront point rendre le consul ou le gouvernement français responsables.

Art. 11. Tout navire français arrivant dans le voisinage d'un des cinq ports aura la faculté d'engager soi-même un pilote pour se faire aussitôt conduire dans le port ; et lorsqu'après avoir acquitté tous les droits il voudra mettre à la voile, le pilote devra immédiatement le conduire hors du port, sans que l'on puisse y apporter des obstacles ou du retard.

Tout individu qui voudra être pilote des navires français pourra, sur la présentation de trois certificats de capitaines de navire, être désigné comme pilote par le consul, suivant que cela se pratiquait pour d'autres nations. La rétribution des pilotes sera équitablement fixée par les consuls ou agents consulaires dans les cinq ports, en raison de la distance parcourue et des circonstances dangereuses qui se sont présentées.

Art. 12. Lorsque le pilote aura conduit dans l'intérieur du port un bâtiment de commerce français, le chef de la douane déléguera un ou deux de ses employés probes pour suivre le navire et veiller à ce qu'il ne se commette aucune fraude. Ces employés monteront à bord du navire marchand ou resteront dans leur propre bateau, suivant qu'ils le jugeront convenable.

Leurs frais de solde et de nourriture seront couverts par la douane chinoise, sans que l'on puisse rien exiger du capitaine ni du consignataire du navire ; en cas de contravention à ce règlement, on punira la faute d'après les lois, proportionnellement au montant de l'exaction que l'on fera restituer en son entier.

Art. 13. Lorsqu'un navire français sera entré dans un port, le capitaine, ou le subrécargue, ou le consignataire, devra, s'il n'y a pas d'empêchement, présenter au consul les papiers du bord, le manifeste du navire, etc., dans l'espace de vingt-quatre heures. Dans les vingt-quatre heures après qu'il aura reçu les papiers de bord et le manifeste, le consul communiquera au chef de la douane une note détaillée expliquant clairement le nom du navire, l'équipage, le tonnage et la nature des marchandises ; après quoi le chef de la douane délivrera immédiatement le permis d'ouvrir la cale.

Si, par la négligence du capitaine, les papiers du bord et le manifeste n'étaient pas présentés au consul dans les quarante-huit heures qui suivront l'entrée du navire, chaque jour de retard entraînera une amende de 50 piastres au profit du gouvernement chinois; mais le montant de l'amende ne pourra pas dépasser 200 piastres.

Si, avant d'avoir reçu le permis, le capitaine ouvrait la cale de son propre mouvement, et débarquait des marchandises, on infligerait une amende de 500 piastres, et les marchandises débarquées seraient saisies au profit du gouvernement chinois.

Art. 14. Tout navire français entré dans un port, qui n'aura pas encore reçu le permis de débarquement dont il est parlé à l'article 16, pourra, dans l'espace de deux jours, sortir de ce port pour aller dans un autre, sans qu'il ait aucun droit de tonnage ou de douane à payer dans le premier port, puisqu'il devra ensuite acquitter ces droits dans le port où s'effectuera la vente de ses marchandises.

Art. 15. Deux jours après qu'un navire quelconque sera entré dans un port, il aura à payer les droits de tonnage en leur entier, d'après les règles suivantes : Tout navire jaugeant 150 tonneaux et au-dessus paiera cinq dixièmes de taël par tonneau ; toute espèce de surcharges que l'on percevait autrefois à l'entrée et à la sortie des navires sont complètement supprimées, et on ne pourra pas en établir d'autres à l'avenir.

Toutes les fois que le paiement de ces droits aura lieu, le chef de la douane délivrera un reçu expliquant clairement que les droits de tonnage ont été acquittés. Si ce navire va dans un autre port, lors de son entrée dans ce port, il soumettra le reçu à la vérification, et il ne sera plus nécessaire qu'il paie les droits une deuxième fois, car tout navire français venant en Chine d'un royaume étranger ne devra payer les droits de tonnage qu'une seule fois.

Les embarcations et les petits navires français de différentes espèces, pontés et non pontés, employés au transport des passagers, des bagages, des lettres, des comestibles ou de toutes autres marchandises non sujettes à payer des droits, seront généralement exempts de payer les droits de tonnage. Si ces petits navires transportaient des marchandises, ils paieraient un dixième de taël par tonneau, suivant le classement des navires qui jaugent moins de 150 tonneaux. Si des négociants français affrétaient des navires ou des embarcations chinois, ils n'auraient aucun droit à payer.

Art. 16. Toutes les fois que des négociants français auront des marchandises a débarquer ou à embarquer, ils devront auparavant remettre une note détaillée de ces marchandises au consul, qui enverra immédiatement un linguiste en prévenir le chef de la douane; et celui-ci accordera de suite le permis de débarquer ou d'embarquer. Alors on vérifiera les marchandises de la manière la plus convenable, afin que des deux côtés on n'éprouve aucune perte.

Le négociant français qui ne voudra pas assister lui-même à la vérification des droits, appellera une personne expérimentée pour aller à sa place vérifier les droits à payer, suivant son bon plaisir. Si après il y avait quelque réclamation, on n'en tiendrait plus aucun compte.

Quant aux marchandises dont les droits sont fixés *ad valorem*, si les négociants ne peuvent pas tomber d'accord avec les Chinois, on appellera de part et d'autre deux ou trois négociants, et après un examen attentif des marchandises, on déterminera comme valeur le prix le plus élevé qu'on en offrira.

Tous les droits de douane seront prélevés sur les marchandises nettes : on devra, par conséquent, déduire les emballages et les contenants des marchandises. Si le négociant français ne peut pas tomber d'accord avec le chef de la douane sur le poids de l'emballage de chaque article, on prendra quelques-uns des colis en litige, on les pèsera d'abord bruts. et on retiendra le chiffre obtenu; on les privera ensuite de leur enveloppe, on les pèsera de nouveau et on prendra pour règle la moyenne de ces pèsements divers.

Si lors de la vérification on ne pouvait pas tomber d'accord, les négociants français prieraient aussitôt le consul d'intervenir ; le consul en donnerait avis immédiatement au chef de la douane, et, se plaçant au milieu des parties, ils s'efforceraient tous deux d'arranger la chose à l'amiable. Mais il faut que la réclamation ait lieu dans l'espace d'un jour, autrement on n'accordera plus aucune intervention.

Avant que la contestation ne soit terminée par un arrêt, le chef de la douane ne pourra porter sur les registres aucun des chiffres en litige, de peur qu'après ce ne soit difficile de résoudre la chose avec un mûr examen.

S'il arrivait que des marchandises importées eussent éprouvé des avaries, on devra diminuer les droits proportionnellement à la valeur des marchandises, et régler cela avec justice et équité comme ci-dessus.

Art. 17. Tout navire français entré dans un des cinq ports, qui n'y débarquera qu'une partie de ses marchandises, ne paiera les droits que sur la quantité de marchandises débarquées. Le restant de sa cargaison, qu'il voudrait porter dans un autre port pour l'y vendre, ne paierait les droits que dans ce dernier port.

Dans le cas où des Français, après avoir acquitté les droits des marchandises dans un port, désireraient les transporter dans un autre port et les y vendre, ils en avertiraient clairement le consul, qui en avertirait le chef de la douane, et après qu'un examen attentif des marchandises aurait constaté qu'elles sont encore dans leur enveloppe originale, sans avoir été remuées, il serait délivré une déclaration attestant clairement que ces marchandises ont déjà payé des droits dans tel port.

A l'époque où ils entreront dans un autre port, les négociants présenteront cette déclaration au consul, qui la soumettra au chef de la douane, et celui-ci paiera l'exemption de droits et délivrera aussitôt un permis de débarquer les marchandises sans aucune autres frais. Mais si, en vérifiant les colis, on découvrait de la fraude ou de la contrebande, ces marchandises seraient saisies et confisquées au profit du gouvernement chinois.

Art. 18. Il est établi de commun accord que les capitaines ou négociants français paieront les droits d'importation au fur et à mesure qu'on débarquera les marchandises, et ceux d'exportation à mesure qu'on les embarquera.

Lorsque les droits de tonnage et de douane que doit payer un navire français auront été entièrement acquittés, le chef de la douane délivrera un reçu général, sur la présentation et la vérification duquel le consul rendra les papiers de bord et permettra de mettre à la voile.

Le chef de la douane déterminera une ou plusieurs maisons de change, qui pourront recevoir au nom du gouvernement chinois l'argent que les Français auront à payer pour les droits ; et les récépissés que ces maisons de change délivreront, seront censés délivrés par le gouvernement chinois. On pourra payer les droits, soit en lingots, soit en monnaies étrangères. Le chef de la douane, de concert avec le consul, examinera le change de la place et toutes les autres circonstances, et déterminera quelle est la valeur relative de la monnaie au lingot.

Art. 19. Dans chacun des cinq ports, le chef de la douane aura des balances, des poids, la toise et le pied légaux dont il devra remettre de semblables au consulat pour y être conservés en dépôt. Ces poids et ces mesures seront en tout conformes à ceux de la douane de Canton, et chacun sera muni d'une estampille de cette même douane constatant l'identité.

Tous les paiements de droits et autres envers le gouvernement chinois seront faits d'après ces poids. S'il survenait des contestations sur le poids ou la mesure des marchandises, on prendrait ces étalons pour base et pour servir à la décision.

Art. 20. Aucun transbordement de marchandises ne pourra être effectué, à moins qu'il n'ait été spécialement permis par l'autorité, ou s'il n'est absolument indispensable. Dans le cas où il serait impossible de retarder un transbordement, les négociants devront en référer clairement au consul, et celui-ci donnera un certificat sur le vu duquel le chef de la douane permettra le transbordement. Le chef de la douane pourra toujours désigner un de ses employés pour y assister.

S'il s'effectuait des transbordements sans autorisation, sauf le cas où des dangers imprévus ne permettraient pas de temporiser, les marchandises ainsi transbordées seraient toutes confisquées au profit du gouvernement chinois.

Art. 21. Tous capitaines ou négociants français pourront, suivant leur bon plaisir, louer toute espèce d'allèges et d'embarcations, pour transporter des marchandises ou des passagers. Le prix à payer pour ces embarcations sera réglé de concert par les parties, sans que l'autorité chinoise ait à intervenir.

En cas de fraude ou de disparition de ces allèges, l'autorité locale n'en sera pas responsable.

Le nombre de ces embarcations ne sera pas limité, et on ne pourra pas non plus en accorder le monopole à qui que ce soit. On ne pourra pas non plus accorder à certains portefaix le privilège du transport des marchandises à embarquer ou à débarquer.

Art. 22. Tous les Français qui, suivant l'art. 2, arriveront dans un des cinq ports pour y habiter, n'importe quel que soit le nombre des personnes ou la durée de leur séjour, pourront louer des maisons et des magasins pour y déposer des marchandises, ou bien ils pourront affermer des terres et bâtir eux-mêmes des maisons ou des magasins. Les Français pourront également construire des églises, des hôpitaux, des hospices, des écoles et des cimetières. Les autorités locales, de concert avec le consul, détermineront les quartiers les plus convenables pour la résidence des Français, et les endroits dans lesquels pourront avoir lieu les constructions.

Le fermage des terrains et le loyer des maisons seront réglés de part et d'autre entre les parties intéressées, et devront être réglés conformément aux prix locaux.

Les autorités chinoises empêcheront les gens du pays d'exiger des prix trop élevés, et le consul français veillera aussi à ce que ses nationaux n'usent point de violence pour forcer les loyers ou les prix. Le nombre et l'étendue des maisons ou des terrains affectés aux Français dans les cinq ports ne seront point restreints à de certaines limites, mais bien suivant les convenances et les besoins des Français.

Si des Chinois violaient ou détruisaient des églises ou des cimetières français, les autorités locales les puniraient sévèrement suivant les lois.

Art. 23. Tous les Français résidents ou de passage dans les cinq ports pourront librement circuler dans leur voisinage immédiat, et y vaquer à leurs occupations journalières comme les gens du pays. Mais ils ne pourront point, sous prétexte de se livrer à des opérations commerciales, dépasser les limites que le consul et les autorités chinoises auront fixées de commun accord.

Les équipages ou autres personnes appartenant aux navires mouillés dans chacun des ports ne pourront pas non plus dépasser ces limites. Lorsque les matelots descendront à terre, ils seront tenus de suivre les règlements établis. Ces règlements seront arrêtés par l'autorité consulaire, qui les communiquera aux autorités locales, afin d'obvier à ce que les marins aient des querelles avec les gens du pays. Si un Français, quel qu'il fût, contrevenait à cet article en dépassant les limites ou en pénétrant au loin dans l'intérieur du pays, il serait loisible à l'autorité chinoise de l'arrêter, mais elle devrait le livrer au consul français du port le plus voisin qui le recevrait. Ni les autorités ni le peuple chinois ne pourront frapper, blesser ou faire subir un mauvais traitement quelconque aux Français ainsi arrêtés, de peur de troubler la bonne harmonie qui doit exister entre les deux Empires.

Art. 24. Les Français pourront, suivant leur bon plaisir, engager dans les cinq ports des majordomes, des linguistes, des écrivains, des ouvriers, des bateliers et des domestiques. Ils pourront également engager des lettrés pour s'en faire enseigner la langue ou tout autre dialecte chinois, ainsi que les caractères usités dans l'empire. Ils pourront également se faire aider pour des travaux scientifiques et littéraires de toute nature.

Les gages de ces différentes personnes seront ou fixés de commun accord par les parties, ou déterminés officieusement à leur place par le consul. Les Français pourront de même enseigner aux Chinois qui le désireraient la langue de leur pays ou des pays étrangers. Ils pourront aussi vendre toute espèce de livres français et acheter toutes sortes de livres chinois.

Art. 25. Tout Français qui aura des plaintes ou des réclamations à faire contre un Chinois, devra d'abord les exposer clairement au consul, qui examinera attentivement l'affaire, et fera ses efforts pour l'arranger à l'amiable. Si un Chinois avait des plaintes à faire contre un Français, le consul examinerait aussi la chose avec intérêt, et tâcherait de l'arranger à l'amiable. Mais dans le cas où il surviendrait des contestations que le consul ne pourrait pas arranger amiablement, celui-ci en donnerait communication à l'autorité chinoise, et ils réuniraient leurs efforts pour arranger la chose suivant la justice et l'équité, après en avoir fait un mûr examen.

Art. 26. Si à l'avenir des Français, dans les cinq ports, éprouvaient des dommages, des insultes ou des vexations de la part des Chinois, l'autorité locale prendrait de suite des mesures répressives, et aviserait au moyen de protéger les Français. A plus forte raison, si des malfaiteurs ou une partie égarée de la population tentaient de piller, de détruire ou d'incendier les maisons, les magasins ou tout autre établissement formé par des Français, l'autorité chinoise, soit au premier bruit qui lui en parviendrait, soit après en avoir été avertie par le consul, enverrait aussitôt la force armée pour dissiper l'émeute, se saisir des coupables et punir sévèrement leur crime suivant les lois ; libre ensuite à qui de droit de poursuivre le dédommagement des pertes éprouvées.

Art. 27. Toutes les fois qu'entre des Français et des Chinois il s'élèvera des rixes et des querelles, et dans le cas ou au milieu de ces rixes, un ou plusieurs individus seraient blessés ou tués, soit par des armes à feu, soit par d'autres armes, les Chinois seront arrêtés par l'autorité chinoise, qui les examinera clairement et punira le crime suivant les lois de l'empire. Quant au Français, le consul avisera aux moyens de les faire arrêter, s'empressera d'examiner clairement la chose, et fera en sorte que le criminel soit puni suivant les lois françaises.

Quant au mode dont les crimes devront être punis, ce sera au gouvernement français à le déterminer dans un temps à venir.

S'il y avait quelque autre circonstance non comprise dans le présent article, on se guiderait d'après ces mêmes principes, car il est établi en loi que les Français qui commettront un crime ou un délit dans les cinq ports, seront constamment régis d'après les lois françaises.

Art. 28. Les Français demeurant dans les cinq ports, qui auraient des difficultés ou des contestations entre eux, ressortiront de l'autorité française qui en jugera. Dans le cas où des Français auraient des contestations avec des gens de pays étrangers, l'autorité chinoise n'aura à s'en mêler en aucune façon.

Quant aux navires qui se trouveront dans les cinq ports, l'autorité chinoise n'aura non plus aucune autorité à exercer sur eux; ce sera entièrement à l'autorité française et aux capitaines de ces navires qu'il appartiendra de régler les affaires qui les concernent.

Art. 29. Dans le cas où des navires de commerce français seraient attaqués ou pillés par des pirates dans des parages dépendant de la Chine, l'autorité civile et militaire du lieu le plus voisin, dès le moment qu'elle en aura connaissance, entreprendra des poursuites diligentes pour opérer l'arrestation des coupables, et les punir suivant les lois. Les marchandises volées, n'importe dans quel lieu elles aient été déposées ou dans quelque état qu'elles se trouvent, seront entièrement remises au consul, qui les restituera à leurs maîtres. Si dans la poursuite des individus on ne peut pas découvrir les coupables, ou que l'on ne puisse retrouver tous les objets volés, les autorités chinoises subiront la peine que la loi leur inflige, mais on ne pourra pas les rendre pécuniairement responsables.

Art. 30. Tout navire français faisant croisière pour la protection des navires marchands, sera reçu et traité en ami dans tous les ports de la Chine où il se présentera.

Ces navires de guerre auront la faculté d'acheter tous les objets de consommation journalière. S'ils avaient fait des avaries, ils pourraient acheter les matériaux nécessaires pour faire leurs réparations, sans qu'on pût y apporter aucun obstacle. Si par suite d'avaries, ou pour toute autre cause, des navires français de commerce étaient obligés de chercher refuge dans quelque port que ce soit, ils seraient également reçus et traités en amis.

Si un navire français venait à se perdre sur les côtes de Chine, l'autorité locale, dès qu'elle en aurait connaissance, apporterait de suite des secours, fournirait aux besoins journaliers des personnes, prendrait les mesures nécessaires pour sauver les débris du navire et préserver les marchandises, et avertirait ensuite officiellement le consul ou agent consulaire du port le plus voisin, lequel, de concert avec les autorités locales, aviserait aux moyens de rapatrier l'équipage et de sauver les débris du navire et de la cargaison.

Art. 31. Lorsque des matelots ou autres individus déserteront des navires de guerre ou de commerce français, le consul ou le capitaine du navire en fera part à l'autorité locale, laquelle fera ses efforts pour arrêter les déserteurs, et les livrera entre les mains du consul ou du capitaine.

Si des Chinois déserteurs ou accusés de crimes se réfugiaient dans des maisons françaises ou abord de navires marchands pour s'y cacher, l'autorité locale en ferait part au consul, lequel, après que la culpabilité aurait été clairement démontrée, prendrait immédiatement des mesures nécessaires pour que ces individus fussent remis entre les mains de l'autorité chinoise. De part et d'autre il ne pourra y avoir le moindre recel ou connivence.

Art. 32. Si à l'avenir la Chine venait à entrer en guerre avec un royaume étranger, ce ne serait pas un obstacle pour la France d'y commercer librement ainsi qu'avec le royaume ennemi, sauf le cas où le royaume ennemi aurait publiquement déclaré la clôture des ports, de manière à ce qu'on ne pût ni y entrer ni en sortir. Tout navire français pourra aller et venir des ports de Chine aux ports du royaume ennemi, y importer et en exporter toutes sortes de marchandises non prohibées, sans rencontrer aucun obstacle ni différence aucune du commerce ordinaire.

Art. 33. Désormais les autorités et les fonctionnaires des deux empires traiteront, dans leurs correspondances officielles, sur le pied d'une parfaite égalité, eu égard à l'élévation de leur rang respectif.

Les hauts fonctionnaires français, dans leur correspondance officielle avec les hauts fonctionnaires chinois de la capitale, se serviront de la formule : *Dépêche*. Les autorités françaises de second rang, dans leurs dépêches officielles aux hautes autorités chinoises des provinces, se serviront de la formule : *Exposé*; et les hautes autorités chinoises, de la formule : *Déclaration*.

Les officiers en sous-ordre des deux empires communiqueront sur le pied de la plus parfaite égalité.

Les négociants et toutes les personnes non revêtues d'un caractère officiel se serviront de part et d'autre de la formule : *Représentation*, dans toutes les pièces qui seront réciproquement adressées.

Toutes les fois qu'un Français aura à recourir à l'autorité locale, sa représentation devra d'abord être soumise au consul. Si le consul trouve qu'elle soit fondée en raison et convenablement formulée, il la fera parvenir à sa destination; dans le cas contraire, il la fera changer en mieux ou il la rendra.

Les Chinois qui auraient des représentations à adresser au consul s'adresseraient de même préalablement aux autorités locales, lesquelles agiraient de la même manière.

Art. 34. Si à l'avenir le grand empereur des Français avait des lettres du gouvernement à envoyer à la cour de Pékin, l'autorité consulaire qui résidera dans les ports devra transmettre cette dépêche de gouvernement au surintendant des cinq ports chargé de la direction des relations extérieures, ou à son défaut au vice-roi de la province, qui sera chargé de la faire parvenir. Les dépêches qu'il y aura en réponse seront transmises de la même manière.

Art. 35. Si par suite le grand empereur des Français jugeait convenable d'apporter des modifications aux articles du présent traité, il pourra entamer de nouvelles négociations avec la Chine après que douze ans se seront écoulés, à partir du jour de l'échange des ratifications de ce traité. Les traités ou règlements arrêtés avec des nations étrangères, lesquels ne se trouvent point inclus dans le présent traité, ne pourront point être rendus obligatoires pour les consuls ou agents consulaires français, non plus que pour leurs nationaux, tandis que tous les droits, privilèges, immunités et garantie dont les autres royaumes jouissent ou pourront jouir, seront également applicables aux Français.

Art. 36. Le présent traité d'amitié de commerce et de navigation, tel qu'il aura été arrêté, sera revêtu du sceau et de la signature des plénipotentiaires, lesquels le présenteront à leur empereur respectif, pour être aussi revêtu du sceau et de la signature; et à dater de ce jour (le grand empereur du grand empire de France et le grand empereur du grand empire de Chine ayant vu et approuvé) se fera, dans l'intervalle d'un an, ou plus tôt, si c'est possible, l'échange des ratifications à conserver.

En foi de quoi les hauts commissaires impériaux des deux empires ont apposé leurs sceaux et leurs signatures au présent traité.

Signé à Huan-Pu, à bord du navire à vapeur français de l'Etat l'*Archimède*, le 13e jour de la 9e lune de la 24e année de Tao-Kuan, c'est-à-dire le 24e jour du mois d'octobre de l'année 1844 après la naissance de Jésus-Christ.

Lagrené, Ki-Yng.

Paraphé : Huan, Pan, Chao.

Pour traduction et expédition conformes à l'original :

J.-M. Callery,

Interprète de la mission.

STATISTIQUES

ET

TABLEAUX OFFICIELS

D'après les publications faites ou prescrites par le gouvernement et les rapports des ministères ou des administrations publiques.

MATIÈRES FINANCIÈRES,

BUDGET DÉFINITIF DE 1841.

DÉPENSES.	CRÉDITS accordés par le budget primitif et par des lois spéciales.	CRÉDITS définitifs égaux aux paiements effectués.
Ministères et services.		
Dette publique	353,050,828 50	347,641,702 78
Dotations	16,478,500 00	16,437,227 59
Ministère de la justice et des cultes	57,382,244 01	56,846,658 05
— des affaires étrangères	8,412,699 71	8,079,489 88
— de l'instruction publique	16,614,290 25	15,835,666 34
— de l'intérieur	116,458,379 66	107,371,158 35
— de l'agriculture et du commer.	13,760,547 65	13,186,538 67
— des travaux pub. (Service ord.)	62,897,253 26	59,558,653 99
— de la guerre	397,828,705 08	385,537,069 57
— de la marine	131,438,835 09	124,914,222 15
— des finances	21,502,050 06	20,703,687 57
Frais de régie, de perception et d'exploitation des impôts et revenus	150,264,162 29	139,358,007 28
Remboursemts. et restitutions, non-valeurs et primes	68,225,521 41	67,407,858 44
Travaux extraordinaires	63,763,944 53	62,361,682 08
Totaux	1478,077,991 50	1425,239,682 74

Crédits annulés ou à transporter	54,982,138 49
Si de ce total on déduit les crédits complémentaires à accorder	2,143,799 43
La différence est de	52,838,338 76

RECETTES.	ÉVALUATIONS des produits.	PRODUITS définitifs.
Produits et revenus.		
Contributions directes	396,873,529 59	400,029,566 07
Enregistrement, timbre et domaines	226,448,015 98	235,475,598 07
Forêts et pêche	34,462,893 14	34,387,398 73
Douanes et sels	177,335,665 86	193,217,442 35
Contributions indir., poudres et tabacs	235,622,827 30	249,444,048 30
Postes	45,543,000 00	48,158,565 61
Produits universitaires	4,163,500 00	3,997,895 97
Produits éventuels affectés aux dépenses des départements	17,746,743 86	17,746,743 86
Produits et revenus de l'Algérie	2,115,000 00	2,033,097 47
Produits divers	11,671,216 56	14,565,348 05
Ressources extraordinaires affectés aux besoins généraux du budget	121,013,174 00	121,013,174 00
Ressources extraordinaires	62,505,013 09	62,505,013 09
Fonds reportés des exercices précédents	33,225,814 65	33,225,814 65
TOTAUX	1368,726,394 30	1415,779,706 22

RÉSULTAT GÉNÉRAL

DU BUDGET DE L'EXERCICE 1841.

Recettes			1,415,779,706	22

A DÉDUIRE :

Fonds transportés à l'exercice 1843, avec affectation au service départemerit. et à div. services spéciaux qui n'ont pas été soldés sur l'exercice 1841, savoir :				
Pour le service départemental...... 8,917,751 47			9,234,488	90
Pour les divers services spéciaux... 319,737 43				
Reste pour recettes applicables à l'exercice 1841..			1,406,545,217	32
Dépenses de l'exercice 1841			1,425,239,622	77

Excédant de dépense du budget de l'exercice de 1841, transporté à un compte spécial dans la comptabilité générale des finances, en exécution de l'article 36 de la loi des recettes du budget de 1842, en date du 25 juin 1841, savoir :

Service ordinaire.

Dépenses payées..	1,362.877,940 66			
Recettes réalisées.	1,333,152,023 19			
Excéd. de dépense	29,725,917 47	29,725,917 47		

Service des travaux extraordinaires.

Ressources réalis..	73,393,194 13			
Dépenses payées..	62,361,682 08			
Excéd. de recette.	11,031,512 05	11,031,512 05		
Résultat en excédant de dépense sur l'ensemble des services du budget de 1841		18,694,405 42	18,694,405	42
Totat égal aux dépenses de l'execice 1841......			1,425,239,622	74

BUDGET GÉNÉRAL DES DÉPENSES DE L'ÉTAT POUR 1845.

DÉSIGNATION DES SERVICES.			MONTANT DES CRÉDITS accordés.
Ire Partie. — *Dette publique.*			
Dette consolidée.	Rentes.... 3 p. 100	147,040,480	365,608,154
	4 1/2 p. 100	1,026,600	
	4 p. 100	22,507,375	
	3 p. 100	52,484,216	
Fonds d'amortissement		103,133,852	
Emprunts spéc. p. canaux et travaux divers		10,445,300	
Intér. de capit. remboursables à divers titres		26,937,500	
Dette viagère et pensions		58,640,000	
IIe Partie. — *Dotations.*			
Dotations.	Liste civile	13,300,000	14,739,271
	Chambre des pairs	720,000	
	Chambre des députés	719,271	
IIIe Partie. — *Services généraux des ministères.*			
Justice et cultes.	Administ. centrale de la justice	573,500	58,453,119
	Conseil d'État	652,200	
	Cours et tribunaux	15,121,625	
	Frais de justice criminelle	4,400,000	
	Subv. aux fonds de retraite... / Dépenses diverses	55,000	
	Administration des cultes	253,044	
	Culte catholique	36,048,300	
	Cultes non catholiques	1,349,450	
Affaires étrangères.	Administration centrale	707,122	8,619,391
	Service extérieur	5,056,800	
	Frais de courriers et de service	1,548,000	
	Dépenses variables	2,855,469	
Instruction publique.	Administration centrale	527,600	16,727,533
	Services généraux	317,900	
	Administration académique et départementale, inspections	1,365,900	
	Instruction générale	11,792,456	
	Etablissements scientifiques et littéraires	2,019,677	
	Souscript., publicat., encouragem., secours, missions	704,000	

BUDGET GÉNÉRAL DES DÉPENSES DE L'ÉTAT POUR 1845.

DÉSIGNATION DES SERVICES.			MONTANT DES CRÉDITS accordés.
Intérieur.	Administration centrale	1,183,900	101,796,897
	Dépenses secrètes	932,000	
	Lignes télégraphiques	1,108,800	
	Gardes nationales	172,000	
	Subvent. aux caisses de retraite	65,113	
	Bâtiments et monuments		
	Beaux-arts	1,454,000	
	Secours généraux	5,501,900	
	Dépenses départementales	91,360,184	
	Surveillance de la librairie provenant de l'étranger	18,000	
Agriculture et commerce.	Administration centrale	704,330	13,990,845
	Agriculture et haras	3,753,000	
	Manufactures, commerce intérieur et extérieur	6,152,925	
	Etablissements sanitaires	600,000	
	Secours	2,780,590	
Travaux publics.	Administ. cent. et personnel des ponts et chaussées et mines	5,979,700	115,089,744
	Serv. des départem., secours, etc.	60,000	
	Subv. à la caisse des retraites	308,000	
	Travaux publics ordinaires	52,490,700	
	Travaux publics extraordinaires	56,311,344	
Guerre.	Administration centrale	1,785,450	326,095,874
	Frais d'impression	200,000	
	Etats-majors	17,306,183	
	Gendarmerie et garde municip.	22,009,856	
	Recrutement et justice militaire	1,283,684	
	Solde et entretien des troupes	204,586,842	
	Dépenses temporaires, retraites et dépôt de la guerre	1,513,600	
	Matériel de l'artillerie	10 037,120	
	Matériel du génie	14,019,500	
	Ecoles militaires	2,443,640	
	Invalides	2,724,859	
	Algérie	14,894,890	
	Travaux extraordinaires	33,290,250	
Marine.	Administration centrale	950,100	112,214,827
	Service général : solde, hôpitaux et vivres ; du matériel naval ; de l'artillerie ; hydraul. et bâtim. civils ; des poudres ; de l'école navale ; des transports et chiourmes ; des dépenses diverses	84,457,896	
	Service scientifique	966,300	
	Service colonial	20,400,531	
	Travaux extraordinaires	5,440,000	

BUDGET GÉNÉRAL DES DÉPENSES DE L'ÉTAT POUR 1845.

DÉSIGNATION DES SERVICES.			MONTANT DES CRÉDITS accordés.
Finances.	Administration centrale	6,621,917	17,442,212
	Cour des comptes	1,157,895	
	Monnaies et médailles	231,400	
	Service de trésorerie	9,431,000	

IVe Partie. — *Administration des revenus.*

Contributions directes	17,500,580	147,492,181
Enregistrement, timbre et domaines	11,315,200	
Forêts	5,354,100	
Douanes	25,354,100	
Contributions indirectes et poudres à feu	25,000,600	
Tabacs	31,255,220	
Postes	31,652,181	

Ve Partie. — *Remboursements, non-valeurs, primes et escomptes.*

Restitutions et non-valeurs. sur les contributions directes	44,398,200	65,306,200
Restitutions et non-valeurs. sur les taxes perçues en vertu de rôles	31,000	
Remboursements sur produits indirects et divers	2,366,000	
Répartitions des produits de plombage.... en matière de douanes	1,150,000	
Répartitions de produits d'amendes, saisies	3,512,000	
Primes à l'exportation des marchandises	11,500,000	
Escomptes sur divers droits	2,380,000	

RÉCAPITULATION GÉNÉRALE.

Ire Partie. —	Dette publique	365,608,154
IIe Partie. —	Dotations	14,739,271
IIIe Partie. —	Services généraux des ministères	675,388,848
IVe Partie. —	Administration des revenus publics	7,492,181
Ve Partie. —	Rembourseméts et primes	5,306,200
	Total général des dépenses de l'exercice 1845	1,363,576,248

Dépenses d'ordre.

Justice	Imprimerie royale	2,760,500
	Légion-d'Honneur	7,102,898
Affaires étrangères	Chancelleries consulaires	336,000
Marine	Caisse des invalides	7,944,100
Finances	Fabric. des monnaies et médailles	1,350,494
	Total des dépenses mentionnées pour ordre	17,781,192

BUDGET GÉNÉRAL DES REVENUS DE L'ÉTAT POUR 1845.

DÉSIGNATION DES PRODUITS.			MONTANT DES RECETTES présumées.
Contributions directes.	Foncière	273,701,080	407,107,286
	Personnelle et mobilière	57,680,096	
	Portes et fenêtres	33,317,016	
	Patentes	39,509,150	
	Taxes de premier avertissement	723,280	
Enregistrem., timbre et domaines.	Droit d'enregistrement de greffe, d'hypothèque, et percept. diverses	208,437,000	255,014,950
	Droit de timbre	37,296,000	
	Revenus et prix de vente de domaines	6,773,000	
	Prix de vente d'objets mobil. et immobiliers provenant des ministères	1,576,000	
	Produits d'établissements spéciaux régis et affermés par l'État	932,950	
Bois et pêche.	Produits des coupes de bois	30,342,500	35,023,500
	Produits div. et droits de pêche	3,081,000	
	Contributions des communes et établissements publics, pour frais de régie de leurs bois	1,600,000	
Douanes et sels.	Droits de douanes, de navigat. et recettes diverses	152,593,000	211,421,000
	Taxe de consommation des sels	58,828,000	
Contributions indirectes.	Droits sur les boissons	97,677,000	262,098,000
	Droit à l'extract. des sels à l'int.	10,797,000	
	Droit de fabrication du suc. indigène	9,570,000	
	Droits div. et recettes à différents titres	39,648,000	
	Produit de la vente des tabacs	105,000,000	
	Produit de la vente des poud. à feu	5,161,000	
Postes.	Produit de la taxe des lettres	43,453,000	49,279,000
	Droit de 5 p. 100 sur les env. d'argent	1,122,000	
	Produit d. places dans les malles-postes	2,281,000	
	Produit des places dans les paquebots	1,153,000	
	Droits de transit des correspondances étrangères	1,182,000	
	Recettes accidentelles	88,000	
Université.	Rétribution et droits universit.	2,016,000	2,550,000
	Rentes et domain. de l'Université	534,000	

BUDGET GÉNÉRAL DES REVENUS DE L'ÉTAT POUR 1845.

DÉSIGNATION DES PRODUITS.			MONTANT DES RECETTES présumées.
Revenus divers.	Produits éventuels affectés au service départemental. . . .	10,667,055	23,773,615
	Revenus de l'Algérie.	5,150,000	
	Rente de l'Inde.	1,050,000	
	Recette des colonies.	6,906,560	
Produits divers.	Fabrication des monnaies et vente de médailles.	70,100	16,946,562
	Redevances des mines.	305,000	
	Vérificat. des poids et mesures.	1,000,000	
	Taxe des brevets d'invention..	500,000	
	Instruction primaire.	451,000	
	Pens. et rétribut. des élèves des écoles militaires et navale. .	975,700	
	Retenue de 3 p. 100 au prof. de la caisse des invalides de la marine.	104,100	
	Retenue de 2 p. 100 pour l'hôt. des Invalides.	894,800	
	Pensions de marins invalides..	48,000	
	Retenue de 2 p. 100 s. la solde des offic. de la garde municipale et des sapeurs-pompiers de la ville de Paris. . . .	8,600	
	Revenus de divers établissem.	935,218	
	Caisse des dépôts et consignat.	1,500,000	
	Revenus de diverses natures. . .	10,114,044	
Ressources extraordinaires (portion de l'emprunt autorisé par la loi du 25 juin 1841, applicable aux travaux extraordinaires de l'exercice 1845.			61,041,594
Total des voies et moyens de l'exercice 1844.			1,327,784,417

Recettes pour ordre.

Justice.	Imprimerie royale.	2,760,500
	Légion-d'Honneur.	7,103,098
Affaires étrangères.	Chancelleries consulaires.	336,000
Marine.	Caisse des invalides.	7,944,100
Finances. . . .	Monnaies et médailles..	1,350,494
	Total des recettes mentionnées pour ordre. .	19,494,192

RÉSULTAT GÉNÉRAL.

Les dépenses sont de.	1,363,576,248
Les recettes présumées sont de.	1,327,784,417
Excédant présumé de dépense.	35,791,831

COURS DES EFFETS PUBLICS

DANS LEURS PRINCIPALES VARIATIONS EN 1844.

DATES.	CINQ POUR CENT. Premier cours.	CINQ POUR CENT. Dernier cours.	TROIS POUR CENT. Premier cours.	TROIS POUR CENT. Dernier cours.	ACTIONS de la banque de FRANCE.	
	Jouis. du 22 sept. 1843.		Jouis. du 22 déc. 1843.		Jouis. de janv. 1844.	
Janvier... 3	123 60	123 90	82 10	82 20	3225 »	3217 50
22	124 85	124 85	82 65	82 60	3272 50	3270 »
31	124 50	124 60	82 10	82 15	3285 »	» »
Février... 6	124 85	124 90	81 85	81 95	3280 »	3285 »
18	125 65	125 65	82 »	82 40	3277 50	» »
Mars...... 2	125 85	126 »	82 75	82 40	3270 »	» »
	Jouis. du 22 mars 1844.					
13	124 70	122 »	82 85	83 »	3250 »	» »
25	122 45	122 40	83 10	83 20	3105 »	3080 »
Avril...... 4	122 70	122 65	83 30	83 »	3150 »	3145 »
10	123 35	123 30	83 25	83 30	3120 »	3130 »
25	122 40	122 50	83 70	83 75	3095 »	3091 25
Mai........ 7	122 5	122 15	84 60	84 60	3100 »	» »
23	122 5	122 10	84 75	84 70	3095 »	3090 »
Juin....... 5	122 »	122 95	84 45	84 45	3090 »	» »
			Jouis. du 22 juin 1844.			
17	121 90	121 90	82 40	82 45	3047 50	3060 »
Juillet..... 5	122 20	122 25	81 95	81 5	3015 »	» »
17	122 5	122 15	81 75	81 80	3040 »	» »
					Jouis. de juillet 1844.	
26	121 55	121 40	81 70	81 60	3125 »	3115 »
Août...... 12	121 20	121 20	81 70	81 65	3105 »	» »
28	119 90	120 »	80 5	80 »	3025 »	» »
	Jouis. du 22 sept. 1844.					
Septemb.. 12	119 »	119 80	81 70	81 65	3065 »	» »
27	119 10	119 10	82 »	2 10	» »	» »
Octobre.. 5	118 25	118 35	81 65	0 »	3070 »	» »
30	118 »	118 70	82 20	2 »	3070 »	» »
Novemb.. 7	119 35	119 40	82 40	2 40	3075 »	» »
20	119 35	119 35	83 10	81 10	3127 50	3130 »
Décemb.. 3	119 20	119 50	84 25	84 15	3160 »	3165 »
			Jouis. du 22 déc. 1844.			
18	120 15	120 15	84 95	84 85	3275 »	3270 »
30	120 50	120 60	85 25	85 30	3190 »	3195 »

CAISSE D'AMORTISSEMENT.

SITUATION AU 31 DÉCEMBRE 1844.

Extrait du compte rendu par le directeur général à la Commission de surveillance, en vertu de la loi du 28 avril 1816, art. 112.

La recette en numéraire est de....	1,515,898,864 05	2,193,907,114 20
— en bons remis par le trésor, est de..............	678,009,400 15	
La dépense en rentes rachetées et livrées est de.........	1,515,809,816 56	2,157,303,443 03
— en rentes consolidées est de	641,415,626 47	
Excédant de la recette sur la dépense............		36,602,221 17
Savoir :		
En numéraire......................................		8,447 89
En bons du trésor public en portefeuille.		36,602,221 17
Somme égale..............................		36,602,221 17

CAISSE DES DÉPOTS ET CONSIGNATIONS.

SITUATION AU 31 DÉCEMBRE 1844.

Reste pour excédant de recette au 31 décembre 1844.		
Consignations..		99,271,220 14
Dépôts et autres..		420,926,844 76
Total..................................		520,201,064 90
Savoir :		
Numéraire en caisse..................	727,440 37	1,071,820 62
— à la Banque..............	344,380 25	
Effets à recevoir....................	19,067,965 87	258,576,107 82
— publics appartenant à la Caisse des dépôts et consignations........	249,508,141 95	
Créances en comptes courants, déduction faite des traites fournies par les receveurs généraux et des ordonnances délivrées tant sur ces comptables que sur le caissier-général......		260,553,136 46
Somme égale..............................		520,201,064 90

BANQUE DE FRANCE.

RÉSULTATS GÉNÉRAUX

DES

OPÉRATIONS PENDANT L'ANNÉE 1843.

Extrait du compte-rendu au nom du Conseil Général de la Banque, par M. le comte d'Argout, gouverneur, et rapport des censeurs, fait par M. Odier, l'un d'eux.

OBSERVATIONS GÉNÉRALES.

La masse générale des opérations de la banque et de ses succursales avait diminué de 186 millions pendant l'exercice de 1843, comparativement aux résultats de l'année précédente; aussi les dividendes avaient-ils baissé de 136 à 122 fr., c'est-à-dire de 14 fr. par action.

En 1844, les opérations de la banque et de ses comptoirs se sont relevées de 1,082,000,000 à 1,130,000,000; l'augmentation a donc été de 48 millions. Cependant les dividendes ont fléchi de nouveau; ils sont descendus de 122 fr. à 107 fr., soit de 15 fr. par action.

Cette apparente contradiction résulte de la réduction de la moyenne des échéances et de la différence des réescomptes d'un exercice sur l'autre; d'ailleurs les opérations des comptoirs donnent un produit net moins considérable que les transactions qui s'accomplissent à la banque centrale. Or, dans le cours de l'exercice dernier les escomptes des succursales se sont accrus de 78 millions, tandis que les opérations de l'établissement principal ont diminué d'une somme de 30 millions.

Si l'on s'attache exclusivement à la quotité des dividendes, on sera tenté de considérer les résultats de 1844 comme médiocres; ce serait une erreur, car les dividendes de 107 fr. et au-dessus ont été fort rares, et ce n'est qu'après quarante années d'existence que la banque, dans ses transactions avec le commerce, est arrivée au chiffre de 1 milliard.

L'année a été paisible et même prospère; elle n'a été troublée par aucun embarras commercial sérieux. Le numéraire s'est porté vers Paris avec une abondance extraordinaire; une multitude de transactions ont été soldées au comptant; les revirements qui ont été opérés à la banque ont augmenté de près d'un milliard; des capitaux qui attendaient un placement définitif, soit dans l'emprunt, soit dans des entreprises industrielles, ont été momentanément consacrés à l'escompte. La baisse des bénéfices semble donc résulter, non de la stagnation des affaires, non d'une perturbation dans la production ou dans la consommation des marchandises, mais d'un ensemble de circonstances favorables au commerce.

OPÉRATIONS DE LA BANQUE CENTRALE.

Le tableau des opérations de la banque centrale montre que l'escompte du papier payable à Paris et dans les départements a diminué. Il en est de même de l'escompte des traites de coupes de bois et des prêts sur effets publics à échéances déterminées et indéterminées.

Ces diminutions réunies s'élèvent à la somme de.........	42,157,000 »
D'un autre côté, l'escompte des bons du trésor et des bons de la monnaie et les avances faites sur dépôts de lingots ont augmenté de......................................	11,996,000 »
En définitive, les opérations de l'établissement central ont fléchi de......................................	30,161,000 »

Les différences en plus ou en moins qui se sont manifestées dans chacune de ces opérations sont celles-ci :

1° L'escompte du papier payable à Paris a baissé de 760,130,000 fr. à 738,412,000 fr., soit de 21,918,000 fr.

2° L'escompte du papier payable dans les villes où la banque possède des comptoirs a fléchi de 11,423,000 fr. à 10,960,000 fr. ; pourtant l'accroissement du nombre des comptoirs devrait donner à ces opérations une plus grande extension.

3° Les avances sur rentes et sur les actions des canaux sont tombées de 38 millions à 19, c'est-à-dire de moitié. Depuis plusieurs années, ces avances ne cessent de décroître. L'abaissement du taux des reports explique cette progression descendante.

4° Les escomptes des traites de coupes de bois, toujours renfermés dans d'assez étroites limites, ont diminué de 2,200,000 fr. à 1,400,000 fr., ou en d'autres termes, d'environ un tiers.

5° Les escomptes des bons du trésor ont haussé de 1,970,000 fr. à 2,396,000 fr. L'augmentation est insignifiante. Ces opérations deviennent en quelque sorte accidentelles. La banque ne prend ces valeurs qu'aux taux ordinaires de ses escomptes, et le trésor le négocie à un intérêt moins élevé.

6° L'escompte des bons de la monnaie s'est borné à 553,000 fr. En certaines années, ces opérations se sont élevées jusqu'à 50 et même jusqu'à 60 millions ; aujourd'hui elles échappent à la banque.

7° Les avances sur lingots ont augmenté de 25 millions à 36, mais le bénéfice n'a varié que de 33,000 à 52,000 fr. Depuis 1820, la banque ne perçoit qu'un intérêt de 1 p. 0/0 sur ces avances, afin d'attirer les métaux précieux à Paris.

Quant à l'examen des mouvements mensuels des escomptes, en 1843, leur marche avait été décroissante, car de janvier à novembre le montant de ces escomptes s'était abaissé de 79 millions à 52.

Le contraire a eu lieu en 1844. Car, de février au dernier mois de l'année, les escomptes se sont relevés de 38 millions à 94 (1) ; aussi les opérations du second semestre surpassent-elles de beaucoup celles du premier (2).

Quant à la moyenne du portefeuille, elle a diminué de 113 millions à 88 ; la

(1) Savoir : 53,461,000 du 1er décembre au 25, et 40,424,000 du 26 au 31 du même mois.

(2) Les escomptes du premier semestre ont été de 327,631,760 fr. ; les escomptes du second s'élèvent à 421,740,487 fr. La différence en plus est de 94,108,727 fr., somme égale aux escomptes de décembre.

différence en moins au détriment du dernier exercice a été par conséquent de 25 millions (1).

Cependant le nombre des effets admis à l'escompte s'est notamment accru (2). —668,619 effets avaient été admis à l'escompte en 1843; l'an dernier, ces admissions sont montées à 696,115 effets.

Ce dernier chiffre se décompose ainsi :

Effets de 1,000 fr. et au-dessus....	239,576
Effets de 999 à 200 fr...........	344,083
Effets de 199 fr. et au-dessous.....	112,456
Nombre égal........	696,115

La moyenne des échéances a baissé d'une manière très-marquée. De 1843 à 1844 cette moyenne s'est réduite de 51 jours à 44.

Les difficultés que présentent certaines parties du service croissent d'année en année. Cette observation s'applique surtout aux escomptes et aux encaissements du milieu et de la fin de chaque mois.

Autrefois les escomptes de 14 s'élevaient habituellement à 3 millions; à partir de 1836 ils ont pris un essor extraordinaire.

Ainsi le 30 décembre 1842, la banque a escompté 13,409 effets montant à.. 17.459,000»

Le 29 décembre 1843 elle a escompté 18,521 effets montant à.. 19,051,645 »

Et enfin le 30 décembre dernier, 17,721 effets montant a. 20,449,191 »

Sous le rapport des sommes ce dernier escompte est le plus fort que la banque ait jamais effectué.

Les encaissements opérés dans les jours de grande échéance augmentent dans une proportion encore plus forte.

Le 31 octobre 1843, la banque a eu à recevoir, dans 19,519 domiciles, 44,856 effets formant la somme de 39,616,000.

Le 30 novembre 1844, elle a encaissé, dans 20,952 domiciles, 49,670 effets montant à 45,392,000 fr. (3).

En quinze années les encaissements ont à peu près triplé.

La valeur moyenne des effets au comptant s'est relevée de 1,215 f. à 1,286 f. Leur nombre s'est accru de 727,694 à 798,452, et leur valeur totale est montée de 884 millions à 1,027,000,000. Jamais, jusqu'à présent, l'encaissement de ces effets n'était monté à la somme d'un milliard.

Le maximum et le minimum des comptes courant divers offrent une hausse modique : le maximum s'est élevé de 55 millions à 60, et le minimum de 34 millions à 37.

D'un autre côté, le maximum et le minimum du compte courant avec le trésor présentent des diminutions: le maximum a baissé de 150 millions à 140, et le minimum est descendu de 94 millions à 86.

La circulation des billets, les réserves en numéraire et le mouvement général des caisses ont éprouvé des augmentations diverses, qui, presque toutes, sont considérables.

Relativement à la circulation des billets, le maximum a haussé de 247 millions à 271 ; le minimum s'est relevé de 216 millions à 233, et la moyenne est

(1) Au premier coup-d'œil on a peine à deviner comment une réduction de 22 millions seulement sur la masse des escomptes a pu déterminer une baisse de 25 millions sur la moyenne du portefeuille. Ce fait pourtant n'a rien d'extraordinaire: les escomptes les plus forts ont eu lieu dans les derniers mois de l'année; ils figurent pour la totalité de leur montant dans les escomptes de 1844, tandis qu'ils n'ont contribué que pour un très-court espace de temps à relever la moyenne du portefeuille.

(2) L'augmentation a été de 27,496 effets.

(3) De 1843 à 1844, il y a eu augmentation de 1,433 domiciles, de 4,814 effets, et de 5,776,000 fr.

montée de 230 à 248 millions. A aucune époque la moyenne de la circulation n'avait surpassé 235 millions. Sous ce rapport, l'année 1844 est celle qui présente le chiffre le plus fort.

Il est vrai que l'usage des billets émis par la banque de France semble gagner du terrain dans certains départements.

Quant aux réserves en espèces, leur moyenne s'est accrue, en 1844, de 226 à 256 millions, c'est-à-dire de 30 millions. Le maximum a été de 279 millions; il n'a été dépassé que deux fois depuis la création de la banque (1); le minimum offre le chiffre de 234 millions. L'année 1838 est la seule qui ait donné un minimum supérieur à cette somme; encore la différence n'est-elle que d'un million (2).

En 1844, le mouvement des espèces a augmenté de 37,124,000 fr; celui des billets, de 353,339,000 fr.; et celui des virements, de 850.926,000 fr. Le total général des mouvements des caisses et parvenu à la somme énorme de 11 milliards 239 millions fr. La différence en plus, en faveur de 1844, a été de 1,241 millions. Ce chiffre de 11 milliards ne s'est encore produit qu'une seule fois (3) à la banque.

A la fin du dernier exercice le solde créditeur des effets en souffrance montait à	87,168 62
Il a été recouvré, dans le courant de 1844, sur d'anciennes créances	70,226 14
Total	157,394 76
Mais il a été passé 20,000 fr. au compte de profits et pertes le 25 juin 1844, et 79,000 fr. le 25 décembre de la même année. De plus le renouvellement de quelques inscriptions aux hypothèques a coûté 1,637 fr. 65 c.; il faut donc déduire de ce total	100,637 65
Le nouveau solde créditeur se réduit aujourd'hui à	56,757 11

Les mutations opérées dans les actions ont peu varié dans le cours des deux exercices. En 1843, 2,897 actions avaient changé de mains par suite de décès. En 1844 la même cause a amené le transferts de 2,833 actions; 8,497 actions avaient été vendues dans l'exercice précédent; 9,780 actions ont été aliénées dans l'exercice dernier. La différence en plus n'est que de 1,219 actions. Quelques capitalistes, au moment de la dépression des cours, ayant concentré entre leur mains une plus grande quantité d'actions, il en résulte que la banque compte cette année 170 actionnaires de moins; mais pendant les années antérieures, leur nombre s'était notablement accru.

Les dépenses de 1844 présentent la somme de	1,163,657 48
Il faut déduire le droit de timbre de patente, et les dépenses accidentelles	174,500 »
Reste pour les dépenses ordinaires de l'année	989,157 48
Les dépenses ordinaires de 1843 avaient été de	997,154 »
La diminution est de	7,996 52

(1) Savoir : en 1832 et en 1838. Les maximum des réserves de ces deux années se sont élevés aux chiffres de 298 et de 281 millions.

(2) Les billets à ordre, d'un autre côté, ont diminué de 7,824,000 fr. à 5,147,000; mais dans beaucoup de cas ces billets sont maintenant remplacés par des mandats tirés de la banque sur les comptoirs, ou des comptoirs sur la banque.

(3) Savoir : en 1840.

OPÉRATIONS DES COMPTOIRS.

Si tous les comptoirs ne répondent pas également aux espérances conçues, la masse générale de leurs opérations offre du moins un progrès satisfaisant.

En 1843, les opérations réunies de toutes les succursales s'étaient élevées à	243	millions.
En 1844, elles sont montées à	321	id
L'augmentation a été de	78	id

Elle équivaut à 30 p. 0/0 du montant des opérations de l'année précédente. Les escomptes du comptoir nouvellement établi à Mulhouse sont compris dans ce chiffre.

Cet accroissement des opérations des comptoirs coïncide avec une réduction dans les transactions réalisées par la banque centrale. Ces deux faits, non-seulement ne sont pas inconciliables, mais ils paraissent dériver l'un de l'autre.

Avant les créations des comptoirs, le papier sur Paris, souscrit en province, arrivait à la banque par l'intermédiaire de présentateurs domiciliés dans la capitale. Il est probable, il est même certain qu'une partie de ce papier va maintenant grossir le portefeuille des succursales, d'où il suit, non que les escomptes diminuent, mais seulement qu'ils se déplacent.

Il est d'ailleurs possible que les circonstances exceptionnelles qui ont amoindri, en 1844, la masse générale des escomptes operés à Paris, aient agi avec moins de force en province, et surtout dans les départements éloignés du centre.

CLASSIFICATION DES COMPTOIRS SELON L'IMPORTANCE DES OPÉRATIONS.

COMPTOIRS.	MASSE DES OPÉRATIONS en 1844.		PRODUITS BRUTS.		PRODUITS NETS.		MOYENNES des opérations.	MOYENNES des produits bruts.	MOYENNES des produits nets.
Montpellier.	84,345,000	206,641,000	624,300	1,297,900	526,100	1,019,500	68,880,000	432,600	339,800
Saint-Etienne.	75,968,000		343,500		203,400				
[illegible]	46,328,000		330,100		290,000				
Saint-Quentin.	26,375,000	78,908,000	145,100	430,900	102,900	250,000	19,727,000	107,700	62,500
Reims.	22,397,000		117,500		77,000				
Angoulême.	15,771,000		84,900		55,100				
Mulhouse.	14,365,000		83,400		15,000				
[illegible]	12,462,000	36,112,000	79,600	257,900	49,400	150,500	9,028,000	64,500	37,600
Châteauroux.	9,584,000		76,200		55,100				
Caen.	9,516,000		70,900		36,600				
Clermont-Ferrand.	4,550,000		31,200		6,400				
Totaux.		321,661,000		1,986,700		1,420,000	1,420,000	180,000	129,100

Les comptoirs figurent au tableau ci-dessus, dans le même ordre que l'année dernière (1), à cette exception près, que la succursale de Caen a cédé la dernière place à celle de Clermont, dont les escomptes ont été paralysées par des circonstances accidentelles.

Quant au nouveau comptoir de Mulhouse, il est venu s'intercaler entre ceux d'Angoulême et de Grenoble. Mais si ces établissements ont gardé leur rangs, cela ne veut pas dire qu'ils aient marché du même pas ; loin de là, les modifications qui se sont manifestées dans le moutant de leurs escomptes présentent, de comptoir à comptoir, les proportions les plus disparates.

En effet, les escomptes réunis des succursales de Montpellier, de Saint-Étienne et de Besançon s'étaient élevées, en 1843, à.................. 141,978,000

En 1844, ces mêmes escomptes sont arrivés au chiffre de...... 206,641,000

L'augmentation a été par conséquent de.......... 64,663,000

Viennent ensuite les comptoirs de Saint-Quentin, de Reims et d'Angoulême. Dans le cours des deux années leurs opérations réunies sont montées du chiffre de 61,951,000 fr. à celui de 64,543,000 fr. La comparaison des deux exercices ne donne plus qu'une modique augmentation de 2 millions 592 mille fr.

Enfin le total des escomptes opérés par les comptoirs réunis de Grenoble, de Châteauroux, de Caen et de Clermont n'a varié, d'une année à l'autre, que de la somme de 36,183,000 fr. à celle de 36,112,000 fr. Ici, plus d'augmentation, mais la reproduction presque identique des mêmes chiffres.

Ces rapprochements démontrent qu'un petit nombre de comptoirs avantageusement situés se prêtent avec plus de facilité à des accroissements véritablement profitables à la banque, qu'un grand nombre de comptoirs créés dans des villes où les transactions commerciales n'offrent qu'une faible importance. En établissant des comptoirs de cette dernière espèce, la banque n'obéit qu'à des considérations d'intérêt général.

MOUVEMENTS ACCOMPLIS DANS CHAQUE SUCCURSALE.

A Montpellier, les escomptes se sont accrus de 58,330,000 fr. à 81,295,000 fr. La différence en plus est de 22,965,000 fr., savoir : 18 millions d'augmentation sur l'escompte du papier payable à Paris, et 5 millions d'augmentation sur l'escompte du papier local. La moyenne de la valeur des effets payables à Paris est montée de 3,340 à 4,092 fr., mais la moyenne des échéances a baissé de soixante-cinq jours à cinquante-neuf.

Les opérations du comptoir de Saint-Étienne se sont relevées de 47,591,000 fr. à 75,969,000 fr. L'augmentation est de 28,378,000 fr., elle est par conséquent plus forte que celle qui s'est manifestée à Montpellier. Cette augmentation porte entièrement sur l'escompte du papier payable à Paris. La moyenne des échéances du papier sur Paris a baissé de quarante-un jours à trente-neuf, et la moyenne des valeurs s'est accrue de 3,321 fr. à 3,639 fr.

La succursale de Besançon, qui ne compte encore que trois années d'existence, continue à prospérer. Les opérations de 1844 ont été de 46,327,000 fr. ; celles de l'année précédente avaient donné le chiffre de 36,057,000 fr. L'augmentation est de 10,270,000 fr.

On avait prédit que la création du comptoir de Mulhouse enlèverait à Besançon une partie de l'escompte du papier payable à Paris : cette conjecture semble se vérifier. Effectivement ces escomptes, qui s'étaient élevés à 12,073,000 fr.

(1) *Voy.* l'App., p. 100.

en 1843, sont descendus à 9,502,000 fr. dans l'année 1844. La différence en moins a été de 2,571,000 fr. D'un autre côté l'escompte du papier payable sur place est monté de 23,984,000 francs à 36,589,000 francs. Différence en plus, 12,605,000 fr.

Les moyennes des valeurs et des échéances ont été presque identiques pour le papier payable sur place. La moyenne des échéances a baissé de quarante-trois jours à trente-cinq, pour les effets payables à Paris.

Les opérations du comptoir de Saint-Quentin ont augmenté de 24,427,000 à 26,374,000 fr., c'est-à-dire d'environ 2 millions. Les 4/5 de cette augmentation sont applicables au papier payable sur place.

Le comptoir de Caen a éprouvé dans ses transactions une amélioration qui monte également à environ 2 millions, car les opérations de ce comptoir se sont élevées de 7,473,000 fr. à 9,515,000 fr. Les 2/3 de cet accroissement portent sur le papier payable à Paris.

Les escomptes de la succursale de Grenoble se sont accrus de 10,843,000 fr. à 12,431,000 fr., c'est-à-dire de 1,588,000 fr.; l'escompte du papier payable sur Paris a baissé d'un million et demi. Mais l'escompte du papier payable sur place donne une augmentation de 3,163,000 fr.

Reims et Châteauroux sont demeurés presque stationnaires.

Les escomptes d'Angoulême n'ont varié que de 15,995,000 fr. à 15,771,000.

Les opérations du comptoir de Clermont ont éprouvé une notable dépression; elles ont fléchi de 8,689,000 à 4,550,000 fr., c'est-à-dire de près de moitié. Cette réduction porte, jusqu'à concurrence de 3,867,000 fr., sur le papier local. L'effet désastreux des faillites qui ont eu lieu, il y a environ deux ans, dans le département du Puy-de-Dôme, subsiste encore.

Le comptoir de Mulhouse n'offre point de terme de comparaison. Ses opérations n'ont commencé que le 2 janvier 1844. Elles se sont élevées à 14,364,800. L'escompte du papier sur Paris y figure pour 11,878,700. Tout semble présager un heureux avenir à ce nouvel établissement.

Le nombre des effets escomptés par les onze comptoirs monte à 178,140; leur valeur moyenne générale est de 1,788 fr. Voici, du reste, la décomposition de ces deux chiffres :

1° 49,973 effets payables à Paris, dont la valeur moyenne a été de 3,305 fr., et les échéances moyennes de quarante-six jours présentent un total de..	165,179,700 »
2° 125,725 effets payables sur place, dont la valeur moyenne a été de 1,186 fr. à l'échéance moyenne de soixante-six jours, donnent une somme de..............................	149,158,400 »
3° 2,442 effets, dits de comptoir sur comptoir, dont la valeur moyenne est de 1,725 à l'échéance moyenne de cinquante-six jours, offrent un total de.......................(1)	4,211,800 »
4° Enfin les comptoirs ont avancé sur transferts d'effet publics..	3,111,200 »
Total général des opérations des 11 comptoirs.....	321,661,100 »

(1) De l'année 1843 à 1844 l'escompte du papier de comptoir sur comptoir s'est élevé de 2,066,000 à 4,212,000 fr.; l'augmentation a été, par conséquent, de 2,146,000 fr. L'escompte de ces valeurs se répartit entre tous les comptoirs d'une manière très-inégale, savoir :

Saint-Étienne...............	1,866,000	
Montpellier...................	770,000	
Mulhouse.....................	443,000	
Reims..........................	368,000	
Saint-Quentin	331,000	
Besançon.....................	236,000	4,212,000
Châteauroux.................	52,000	
Clermont-Ferraud..........	47,000	
Grenoble......................	43,000	
Angoulême..................	25,000	
Caen	11,000	

La moyenne des portefeuilles de tous les comptoirs présente une forte augmentation : elle s'est accrue de 36,206,000 à 47,498,000 fr.; la différence en plus est de 11,292,000 fr.

La somme des mandats et des billets à ordre tirés par les comptoirs sur la banque centrale a varié de 63 millions à 59.

Les versements que les receveurs généraux ont effectués dans les comptoirs ont augmenté de 33 à 39 millions.

Les expéditions d'espèces de la banque à ses comptoirs, et de certains comptoirs à d'autres comptoirs, présentent, selon les années, des variations très-marquées. En 1842 ces expéditions s'étaient élevées à 57 millions ; en 1843 elles sont descendues à 41 millions ; en 1844 elles se sont relevées à 86 millions. Les frais de transport ont occasioné à la banque une dépense de 163,000 fr.

L'accroissement des envois d'espèces de la banque à ses comptoirs est la conséquence naturelle du mouvement général qui avait attiré vers la capitale une bonne partie du numéraire circulant en province. Tandis que la moyenne des réserves de la banque centrale s'accroissait de 30 millions, la moyenne des réserves des comptoirs baissait de 37 millions à 29. Une réaction, tôt ou tard, devait avoir lieu, et la banque a été l'un des canaux par lequel le numéraire a reflué de Paris vers les départements.

La moyenne de la circulation des billets des comptoirs ne s'est accrue que de 5,920,000 fr. à 6,412,000 fr., chétive augmentation qui s'atténue encore du montant de la circulation du comptoir de Mulhouse. Toutefois il ne serait pas juste de mesurer uniquement par ces chiffres la circulation existant en province, car dans le rayon d'actions de certaines succursales, l'usage des billets de banque, émis à Paris, tend à se substituer à l'emploi des billets de banque émis par ces succursales elles-mêmes. Ce fait explique pourquoi la moyenne de la circulation des billets émis à Reims s'est abaissée de 1,600,000 fr. a 1,000,000, et comment il est arrivé que la banque centrale qui, en 1843, avait remboursé jusqu'à concurrence d'une somme de 11,000,000 de billets émanant des comptoirs, n'en a remboursé que pour 9,000,000 dans le cours de l'année 1844.

Du reste, jusqu'à présent, du moins, les mouvements de la circulation ne se sont trouvés en rapport, ni avec l'importance plus ou moins grande des operations commerciales consommées dans chaque comptoir, ni avec la population des villes dans lesquelles ces comptoirs sont établis. Si l'on ne savait que l'usage du papier de crédit s'acclimate beaucoup plus difficilement dans certaines régions que dans d'autres, on aurait peine à comprendre pourquoi la circulation du comptoir de Clermont, dont les escomptes sont presque nuls, s'élève au double de la circulation du comptoir de Besançon, et pourquoi la circulation du comptoir de Montpellier est inférieure à la circulation du comptoir de Grenoble.

Enfin les opérations des onze succursales ont donné pour résultat final un produit brut de 1,986,824 fr., et un produit net de 1,420,010 francs. Le produit brut de 1843 n'avait été que de 1,578,568 francs, et le produit net de 1,160,639 fr.

Le zèle des directeurs, des censeurs et des administrateurs de tous les comptoirs continue à mériter notre reconnaissance et nos éloges.

Les relations de la banque centrale avec les banques départementales ont faibli de 23 millions à 19, soit de 4 millions. Ces 19 millions se composent de 13,877,000 fr. d'escompte de papier payable à Paris, et 5,225,000 fr. d'avances sur rentes.

Messieurs, nous venons de vous soumettre le récit exact des faits qui se sont accomplis en 1844, tant à la banque que dans ses comptoirs. Nous persévérons dans nos efforts pour accroître la prospérité de ce grand établissement, et pour multiplier les services qu'il rend au commerce, à l'industrie et au crédit public.

SITUATION GÉNÉRALE.

Un fait pénible, c'est la diminution toujours plus forte, depuis trois ans, des dividendes : en 1842, ils s'élevèrent à 136 fr.; en 1843, à 122 fr., et en 1844 ils ne se montent qu'à 107 fr., dont 49 fr. au premier semestre et 58 fr. au second. Cependant aucune crise n'a affligé le commerce en France ; les industries manufacturières ont été occupées ; la paix maintenue aurait dû donner de l'activité aux transactions, et la confiance générale dans l'avenir, les encourager ; mais l'abondance de l'argent chez les capitalistes, les banquiers et les commerçants, et la difficulté de lui procurer un emploi convenable et sûr a donné à la banque des concurrents qui ont fait baisser le taux de l'escompte de presque toutes les valeurs à terme au-dessous de 4 p. 0/0, cours fixé pour les escomptes de la banque, et c'est la diminution du papier offert à la banque à Paris, qui a été la cause principale de cette réduction.

En 1843, la banque avait escompté 771.554.465 fr. qui avaient produit 4,281,694 fr. En 1844, elle n'a escompté que 749,372,248 fr., qui ont produit 3,738,791 fr. Elle n'a eu aucune perte à supporter dans le courant de l'année, et cependant le nombre des petits effets qu'elle prend ne fait qu'augmenter, ce qui indique l'importance de ses rapports avec le petit commerce sans avoir diminué la solidité de son portefeuille. La moyenne des effets escomptés au 25 décembre dernier était de 1,076 fr., sur 696,115 effets escomptés dans l'année ; le portefeuille, qui le 21 mai 1844 était réduit à 66,602,000 fr. par suite du peu d'activité des affaires, s'est accru successivement à 122,596,000 fr. au 25 décembre dernier, indépendamment de 19.264,000 fr. de papier sur Paris, pris à l'escompte par les divers comptoirs et remis par eux. Dans les six derniers mois ce portefeuille a augmenté de 47 millions, et le réescompte, qui le 25 juin, au règlement du premier semestre, était de 268,844 fr. sur 76,710,000 fr., se trouve être de 496,683 fr. sur 122,950,000 fr. au règlement du 25 décembre.

L'accroissement actuel du portefeuille de la banque n'a pas sans doute atteint sa dernière limite ; bien des opérations de toute nature, en voie d'exécution ou à la veille de l'être, doivent faire supposer que l'abondance d'argent aura un terme, que même la rareté se fera sentir sur la place, si ceux qui sont appelés à diriger plusieurs de ces nouvelles compagnies créées par actions au porteur, ne mettent pas dans leur émission toute la prudence et la réserve nécessaires pour éviter une perturbation.

Des engagements considérables et à époques fixes sont imposés aux porteurs de ces actions ; s'ils ne sont pas acquittés, n'est-il pas à craindre qu'il n'en résulte une crise qui pourra occasioner de grands malheurs en France, et compromettre l'exécution de travaux utiles qui se fussent achevés convenablement avec plus de prudence et quelques années de plus ? Puissent le commerce et l'industrie se défendre des illusions qu'occasione ce trafic dangereux d'actions et de promesses d'actions, et puissent ces craintes être vaines !

De nombreuses vérifications du portefeuille ont convaincu que le papier de banque y entre pour une bien petite somme ; qu'il est composé en très-grande partie de valeurs du commerce et de l'industrie présentées par des escompteurs particuliers qui en sont les intermédiaires et aident au placement des règlements à deux signatures ; si ce papier n'est pas payé en totalité lors de son échéance, il est remboursé de suite par le présentateur ; il n'a fait supporter aucune perte à la banque l'an dernier.

Dans le cours de l'année 1844 le trésor n'a proposé à la banque aucune opération, et le solde considérable de son compte courant en était la juste cause, puisqu'il n'a jamais eu à son crédit moins de 86 millions, et qu'il s'est augmenté souvent jusqu'à 140 millions. Il est à croire que les rentrées que son dernier emprunt va lui procurer mensuellement ne diminueront pas sa position d'un encaisse considérable et permanent, mais il est possible que ces paiements à faire chaque mois par les porteurs de cet emprunt les fassent recourir à la banque pour les exécuter en partie. Elle fait ce service aux mêmes conditions qu'elle l'a fait précédemment, en avançant sur les quatre cinquièmes du paiement.

Les recettes diverses pour avances sur les actions de canaux, sur les rentes, sur les lingots ou espèces d'or et d'argent, les escomptes de bons du trésor, de bons de la monnaie, de traites de coupes de bois, de droits de garde et de bénéfice sur la vente de l'or, n'out donné l'année dernière qu'un produit de 382,933 fr.; c'est 377,248 fr. de moins que celui de l'année 1843.

Si les escomptes de la banque ont diminué à Paris, il n'en a pas été de même dans ses comptoirs; celui de Mulhouse, qui n'est installé que depuis un an, a pu nous faire juger de l'avantage et de la convenance qu'il y avait eu à son établissement.

Ceux qui ont rendu le moins des dix comptoirs qui existaient déjà ont accru leurs produits, et sur l'ensemble des onze établissements il y a eu augmentation de bénéfices de 259,971 fr. comparativement à 1843. Ils ont donné 1,420,011 fr. net de tous les frais en 1844; c'est 20 fr. 91 c. par action, plus la certitude d'avoir rendu un grand service dans les départements où ces onze succursales sont établies; cependant la circulation des billets y est encore bien peu développée : à la fin de décembre 1843, elle montait à 5,929,000 fr., et elle ne s'élève aujourd'hui qu'à 6,402,000 fr., quoiqu'il y ait un comptoir de plus.

Le crédit des divers-courants dans les onze comptoirs monte à 772,614 fr. C'est une bien petite somme comparée à celle de 27,704,605 fr. en espèces qui existait dans les caisses à la même époque, et à celle de 318 millions 550,000 fr., qu'ils ont escomptés en 1844 tant sur Paris que sur les départements.

9,780 actions ont été transférées entre actionnaires; 2,833 actions ont été aliénées par suite de décès; le nombre total des porteurs d'actions s'élève à 4,487, dont 584 nouveaux; c'est 170 de moins que l'année dernière. Dans les 200 plus forts actionnaires de cette année, comparés à ceux de l'année précédente, il y en a 22 nouveaux.

Les frais généraux de l'administration se montent à 1,163,657 fr. 48 c., compris 125,000 fr. de droits de timbre, 12,500 fr. de patente et 25,000 fr. de papier à billets fabriqué à l'avance.

BILAN DE LA BANQUE

Fin décembre 1844. (26 *déc.*)

ACTIF.

1o Caisse.....	Espèces en caisse.....................243,611,445 47		
	Effets échus hier à encaiss. aujourd'hui.	1,485,417 31	245,096,862 78
2o Escomptes et prêts....	Effets de commerce escomptés........	123,348,671 48	
	Effets sur Paris, escomptés dans les comptoirs..........................	19,264,002 81	157,429,040 94
	Avances sur dépôts de lingots et monu.	6,885,900 »	
	Avances sur effets publics............	7,930,466 65	
3o Comptoirs.	Comptes-courants débiteurs..........	34,728,425 99	56,728,425 99
	Capitaux des comptoirs...............	22,000,000 «	
4o Rentes, effets publics et réserves.	Réserve (loi du 17 mai 1834)..........	10,000,000 »	
	Placements en effets publics..........	50,239,716 90	64,239,716 90
	Hôtel et mobilier de la Banque.......	4,000,000 »	
5o Divers....	Créances et objets divers, bénéfices précomptés, etc................................		85,010 09
			523,579,056 70

PASSIF.

1o Circul. non compris celle des comptoirs	Billets au porteur.....................	249,133,500 »	249,874,620 »
	Billets à ordre.......................	741,120 »	
2o Comptes courants...	Compte-courant du trésor............	137,249,243 98	
	Comptes-courants divers..............	47,311,629 47	186,216,873 45
	Récépissés payables à vue.............	1,656,000 »	
3o Capital et réserves...	Capital de la Banque.................	67,900,000 »	
	Réserve (loi du 17 mai 1834)..........	10,000,000 »	81,900,000 »
	Réserve immobilière.................	4,000,000 »	
4o Articles divers.......	Dividendes à payer..................	4,205,139 15	
	Mandats des comptoirs sur la Banque..	463,917 15	
	Compte divers : réescomptes réservés, dépenses à payer, recettes sur effets en souffrance, etc.................	918,506 95	5,587,563 25
			523,579,056 70

CAISSE D'ÉPARGNE

RÉSULTATS GÉNÉRAUX

DES OPÉRATIONS DE 1843.

Extraits des rapports faits par M. Benjamin Delessert, président, et par le comité de censure.

Les opérations de la caisse d'épargne pendant l'année 1843 ont peu différé de l'année précédente ; elles ont toujours été dans une progression ascendante, et il y a eu un léger accroissement dans la somme des versements et dans le nombre des nouveaux livrets délivrés.

Le nombre total des déposants était, le 31 décembre 1843, de 161,800. La caisse leur devait une somme de 104,786,000 fr., ce qui présente une augmentation de 12,700 dans le nombre des déposants, et de 9,416,000 fr. dans la somme qui leur était due.

On a délivré dans l'année 35,743 nouveaux livrets, ce qui prouve que les avantages de la caisse d'épargne continuent toujours à être bien appréciés.

Voici le mouvement général des opérations de la caisse pendant l'année 1843.

La caisse d'épargne a reçu pour le compte des déposants :

En 285,837 versements, dont 35,743 nouveaux livrets, la somme de		40,437,223 »
En 1,553 transferts-recettes		1,429,317 53
En intérêts et arrérages de rentes		3,736,854 70
Total de la recette en 1843		45,603,395 23
Elle a remboursé par contre :		
En 83,520 paiem. dont 23,014 pour solde la somme de	34,828,443 27	
En 1,498 transferts de paiements	1,353,324 85	36,187,385 86
Par suppressions d'intérêts	5,617 74	
Excédant des versements sur les remboursements		9,416,009 37
Lesquels, ajoutés au solde de l'année 1842		95,370,234 02
Donnent une somme totale de due aux déposants le 31 décembre 1843.		104,786,243 39
Ce solde était de 104,786,243 fr. 39 c. était représenté :		
1° Par les sommes en caisse et à la Banque		86,809 41
2° Par 104,933,538 fr. 67 c. dus par la caisse des dépôts et consignations, sur quoi il faut déduire 251,899 fr. 98 c. pour les cautionnements des employés de la caisse d'épargne, reste		104,681,638 69
à reporter		104,768,448 10

Report		104,768,448 10
3° Par ce qui restait à recouvrer sur la subvention municipale et départementale		8,000 »
4° Par 50,000 fr. de rentes 5 p. 0/0 appartenant à la caisse d'épargne, évalués le 31 décembre au cours de 123 fr. 62 c. 1/2		1,236,250 »
5° Par les deux immeubles appartenant à la caisse, et qui ont coûté	602,789 74	587,789 74
Moins un reliquat dû à des créanciers hypothécaires	15,000 »	
Total de l'effectif		106,600,487 84
Excédant formant le fonds capital de la caisse d'épargne		1,814,244 45
Somme pareille		104,786,243 39

Les 35,843 nouveaux déposants ont versé pour leurs premiers dépôts :

Une somme de 6,337,012 fr., ce qui donne pour moyenne de chaque dépôt 117 fr.

Sur ces 35,743 nouveaux déposants, 27,554 sont des ouvriers et des domestiques, soit les trois quarts, savoir :

Ouvriers	16,053	20,051
Artisans patentés	3,998	
Domestiques		7,503
Total		27,554

La moyenne des 285,837 versements a été, en 1843, de 141 fr.; elle était de 142 fr. l'année précédente.

La moyenne des 83,520 remboursements a été de 413 fr., et la moyenne des 161,843 livrets existants au 31 décembre 1843 de 647 fr.

Ces moyennes diffèrent peu de celles de 1842 et présentent une coïncidence remarquable.

C'est toujours dans les premiers mois de l'année qu'ont eu lieu les plus fortes recettes ; elles ont été de 4,906,000 fr. en janvier 1843. Viennent après celles des mois de février, avril, juillet et octobre. Les plus forts remboursements ont été effectués en mai, octobre, mars et janvier.

Les 15 succursales ont reçu dans l'année 18,681,000 fr., tandis que la caisse centrale a reçu 21,755,000 fr.

Les succursales qui font les plus fortes recettes et délivrent le plus grand nombre de livrets sont toujours la première et la troisième, qui reçoivent les économies des nombreux ouvriers du faubourg Saint-Antoine et des quartiers Saint-Denis et Saint-Martin. La moyenne des dépôts dans la première succursale a été de 131 fr., et dans la troisième de 135 fr., les mêmes qu'en 1842.

Deux nouvelles succursales ont été établies : la neuvième à la mairie du 5me arrondissement, rue de Bondy, n° 20, et la dixième à la mairie du 7e arrrondissement, rue Sainte-Croix-de-la-Bretonnerie, n° 20. Ces deux dernières succursales ont été ouvertes le 12 novembre dernier.

En 1841 il y a eu	34,303	nouveaux déposants qui ont versé...	6,147,000 fr.
1842 —	35,653	— ...	6,459,000
1843 —	35,743	— ...	6,337,000
	105,699		

En 1841 la moyenne de ces premiers versements a été de	180 fr.
1842 — —	181
1843 — —	177

En examinant ces résultats, une des réflexions qui frappent le plus, c'est le nombre considérable d'ouvriers et domestiques qui déposent leurs économies à la caisse d'épargne.

En appliquant à l'ensemble des déposants actuels, qui est de 161,843, les proportions fournies par le classement des nouveaux déposants depuis trois années, on trouve par cette évaluation aussi juste que possible, qu'il y a en ce moment environ 90,000 personnes de la classe ouvrière ; on comptera, d'un autre côté, 34,000 domestiques. Cela ferait donc 124,000 individus, tant ouvriers et artisans que domestiques, c'est-à-dire plus des trois quarts de nos 161,843 déposants.

Le nombre total des ouvriers et domestiques des deux sexes, à Paris, peut être évalué à 400,000, dont 320,000 ouvriers et 80,000 domestiques. Si sur les 320,000 ouvriers 90,000 déposent à la caisse d'épargne, on estime qu'il y a à peu près le quart des ouvriers de Paris, et si sur 80,000 domestiques on compte 34,000 déposants, ce sera bien près de la moitié. En d'autres termes, la caisse d'épargne compte à Paris parmi ses déposants environ un ouvrier sur quatre et un domestique sur deux.

Sur les 165,000 déposants, il y en a 90,000 dont les dépots sont au-dessous de 500 fr., et cependant la totalité de la somme due à ces 90,000 déposants n'est que de 15 millions, ce qui donne une moyenne de 167 fr. par dépôt : ce sont donc véritablement les petites économies qui sont versées à la caisse d'épargne, et s'il y a des exceptions, elle sont en très-petit nombre.

Les transferts d'une caisse d'épargne à une autre ont beaucoup augmenté cette année. Les transferts-recettes de la caisse de Paris ont monté à 1,553 pour une somme de 1,429,000 fr. C'est 230 transferts de plus que l'année dernière.

Par le relevé des sommes dues par la caisse des dépôts et consignations à toutes les caisses d'épargne des départements, on voit que leur nombre augmente de trente-huit en 1843. Il y en a actuellement 339. La somme totale déposée par elles seulement et non-compris celle de Paris à la caisse des dépôts et consignations montait, à la fin de 1843, à 237,573,000 fr., ce qui présente une augmentation de plus de 36 millions sur l'année précédente.

En comparant les depôts faits par chaque caisse avec la population des communes où elles sont établies, on y voit le grand avantage qu'y trouvent les villes maritimes.

Ainsi, en additionnant les dépôts dans les six principaux ports de mer, savoir :

	HABITANTS.	DÉPÔTS.	MOYENNE des dépôts par habitant.
Toulon	35,300	5,909,000	167
Brest	29,700	4,580,000	153
Lorient	19,000	1,880,000	99
Bayonne	16,000	2,955,000	185
Le Havre	23,600	3,211,000	135
Saint-Malô	9,700	1,180,000	121
Total	153,300	19,715,000	148

La moyenne de ces dépôts est de 148 fr. par habitant dans ces six ports de mer, tandis que cette moyenne est infiniment moins élevée pour les villes de l'intérieur, par exemple à Lyon, où elle n'est que de 50 fr.; à Lille, de 60 ; à Strasbourg, de 49, et à Toulouse, de 43 fr.

En récapitulant les progrès que la caisse d'épargne de Paris a faits depuis quelques années on voit qu'à la fin de

l'année 1838 elle devait à	102,000 déposants		63 millions.		
		Augmentation.		Augmentation.	
1839	112,000	10,000	69	6	millions.
1840	118,000	6,000	70	1	
1841	134,000	16,000	83	13	
1842	149,000	15,000	95	12	
à la fin de 1843 elle devait à	161,000	12,000	104	9	
		59,000 déposants		41	millions.

L'augmentation pendant les cinq dernières a donc été de 59,000 déposants, déduction faite de ceux qui ont été remboursés intégralement, et l'augmentation en somme a été de 41 millions. La moyenne donne pour résultat un accroissement annuel de 12,000 livrets et une somme de 8 millions. Si cette progression continuait dans la même proportion pendant douze ans, le nombre total des déposants à la caisse d'épargne de *Paris seulement* se trouverait être de 300,000, auxquels il serait dû environ 200 millions.

L'accroissement des dépôts dans les caisses d'épargne des départements est dans une proportion plus forte que celle de Paris. Il a été, depuis cinq ans, de 160 millions, soit 31 millions par an, ce qui, avec la 8 millions de la caisse de Paris, donne une augmentation annuelle de 40 millions pour toutes les caisses d'épargne de France.

Au bout de douze années, si cet accroissement se maintenait de même, la somme totale de 480 millions, lesquels ajoutés au 342 millions actuellement à la caisse des dépôts et consignations, porteraient probablement les sommes dues à cette époque à toutes les caisses d'épargne à plus de 800 millions.

IMPOTS ET REVENUS INDIRECTS.

État comparatif des recettes de l'année 1844 *et de l'année* 1842.

DÉSIGNATION DES IMPOTS.	PRODUIT des impôts indirects de l'année.		DIFFÉRENCES sur l'année 1844.	
	1844.	1842.	Augment.	Diminut.
Droits d'enregistrement, de greffe, d'hypothèques, etc.	214,082,000	202,929,000	11,153,000	»
Droit de timbre	37,403,000	36,654,000	749,000	»
Droits de douanes à l'importation — Marchandises diverses.	103,193,000	95,134,000	8,059,000	»
Droits de douanes à l'importation — Sucres des colon. franç.	41,259,000	36,256,000	5,023,000	»
Droits de douanes à l'importation — Sucres étrangers	7,665,000	6,047,000	1,618,000	»
Droits de douanes à l'exportation	1,249,000	1,437,000	»	188,000
Droits de navigation	2,921,000	3,356,000	»	435,000
Droits et produits divers de douanes	2,889,000	2,903,000	»	14,000
Taxe de consommation des sels perçue dans le rayon des douanes	56,893,000	59,569,000	»	2,676,000
Droits sur les boissons	97,451,000	96,599,000	852,000	»
Taxe de consommation des sels perçue hors du rayon des douanes	12,689,000	9,584,000	3,105,000	»
Droit de fabrication sur les sucres indigènes	9,022,000	8,981,000	41,000	»
Droits divers et recettes à différents titres	38,808,000	37,062,000	1,746,000	»
Produit de la vente des tabacs	107,438,000	100,714,000	6,724,000	»
Produit de la vente des poudres	5,305,000	5,779,000	»	474,000
Produit de la taxe des lettres; droit de 5 p. 0/0 sur les envois d'argent, etc.	46,417,000	45,223,000	1,194,000	
Produit des places dans les malles-postes	2,227,000	2,269,000	»	42,000
Produit des places dans les paquebots	1,153,000	981,000	172,000	»
	787,864,000	751,257,000	40,436,000	3,829,000
Augmentation			36,607,000	

IMPOTS ET REVENUS INDIRECTS.

État comparatif des recettes de l'année 1844 et de l'année 1843.

DÉSIGNATION DES IMPOTS.	PRODUIT des impôts indirects de l'année.		DIFFÉRENCES sur l'année 1844.	
	1844.	1843.	Augment.	Diminut.
Droits d'enregistrement, de greffe, d'hypothèques, etc.	214,082,000	207,485,000	6,597,000	»
Droit de timbre	37,403,000	37,294,000	109,000	»
Droits de douanes à l'importation — Marchandises diverses.	103,193,000	100,022,000	3,171,000	»
Droits de douanes à l'importation — Sucres des colon. franç.	41,259,000	37,132,000	4,127,000	»
Droits de douanes à l'importation — Sucres étrangers	7,665,000	6,700,000	965,000	»
Droits de douanes à l'exportation	1,249,000	1,207,000	42,000	»
Droits de navigation	2,921,000	3,236,000	»	315,000
Droits et produits divers de douanes	2,889,000	2,683,000	206,000	»
Taxe de consommation des sels perçue dans le rayon des douanes	56,693,000	58,024,000	»	1,331,000
Droits sur les boissons	97,451,000	96,580,000	871,000	»
Taxe de consommation des sels perçue hors du rayon des douanes	12,689,000	10,597,000	2,092,000	»
Droits de fabrication sur les sucres indigènes	9,022,000	7,394,000	1,628,000	»
Droits divers et recettes à différents titres	38,808,000	38,460,000	348,000	»
Produit de la vente des tabacs	107,438,000	104,360,000	3,078,000	»
Produit de la vente des poudres	5,305,000	5,155,000	150,000	»
Produit de la taxe des lettres ; droit de 5 p. 0/0 sur les envois d'argent, etc	46,417,000	45,210,000	1,207,000	»
Produit des places dans les malles-postes	2,227,000	1,999,000	228,000	»
Produit des places dans les paquebots	1,153,000	1,035,000	118,000	»
	787,864,000	764,573,000	24,937,000	1,646,000
Augmentation			23,291,000	

SITUATION DES

(Quantités exprimées

MARCHANDISES.	Marseille.	Bayonne.	Bordeaux.	Nantes.	Rouen.
Bois d'acajou	625	″	1,244	3,084	268
Cacao	1,766	642	9,066	405	11
Café	4,536	17	18,340	8,870	2,396
Céréales	197,803	″	″	″	961
Cochenille	88	″	480	″	″
Coton en laine	5,161	″	8,124	6,181	″
Cuivre pur 1re fusion	1,279	″	100	6	157
Etain brut	929	″	56	″	183
Fonte brute	10,440	″	699	5,186	9,020
Graines oléagineuses — de lin	″	″	″	″	″
Graines oléagineuses — de sésame	″	″	″	″	″
Graines oléagineuses — autres	20,425	″	1	″	″
Graisses — de bœuf et de mouton (suif brut)	1,315	77	127	141	″
Graisses — de porc (saindoux)	2,629	″	5	5	″
Huile d'olive	110,571	6	2,815	2,416	5,092
Indigo	490	″	4,373	4	57
Laines en masse	16,101	1,270	25	″	1,001
Nitrates — de potasse	8,816	″	7,055	″	″
Nitrates — de soude	5,170	″	3,570	25	″
Plomb (métal brut)	3,789	″	1,742	4,849	165
Poivre	9,635	6	7,918	4,223	″
Soies — écrues — grèges	553	″	″	″	″
Soies — écrues — moulinées	11	″	″	″	[illegible]
Soies — bourre en masse écrue	117	″	″	″	″
Sucres — des colonies françaises	71,334	″	14,943	10,122	2,889
Sucres — étrangers	18,400	34	4,673	900	″
Zinc de 1re fusion	669	″	345	″	″

ENTREPOTS A LA FIN DE DÉCEMBRE.

1844.						1843.	1842.
Le Havre.	Dunkerq.	Paris.	Lyon.	Autres entrepôts.	TOTAL.		
en quintaux métriques.)							
6,581	74	1,682	〃	〃	13,558	36,408	17,457
6,405	〃	2,047	127	39	20,508	18,427	18,364
34,087	3,002	22,149	1,338	1,781	96,516	88,604	98,479
4	3	〃	〃	19,885	218,656	88,572	118,075
74	〃	19	5	65	731	459	1,046
85,726	245	256	390	4,014	110,097	226,039	289,295
499	〃	10	〃	〃	2,051	6,361	5,980
260	〃	〃	〃	〃	1,428	2,649	4,095
4,954	960	20,662	〃	36,656	88,577	101,043	48,310
〃	629	〃	〃	〃	629	8,876	10,994
〃	〃	〃	〃	〃	〃	25,892	13,838
〃	〃	〃	〃	〃	20,426		
16,401	〃	4,648	〃	43	22,752	35,778	23,945
1,885	〃	〃	〃	〃	14,524		
161	65	146	291	3,153	124,698	103,230	58,653
6,966	〃	140	15	122	12,167	11,729	7,890
281	〃	531	13	3,274	22,496	25,840	22,995
3,428	〃	553	〃	142	19,994	8,223	5,393
277	〃	18	198	234	9,492	21,973	6,500
4,252	〃	2,202	〃	433	17,432	13,812	23,748
1,675	16	206	505	158	24,342	25,027	14,902
〃	〃	22	405	〃	980	2,492	1,429
〃	〃	〃	407	1	419	520	431
〃	〃	32	〃	〃	149	77	162
43,469	2,416	69,502	92	2,800	217,567	247,462	281,784
7,352	315	1,709	364	45	33,792	90,075	108,211
〃	〃	〃	〃	1	1,015	1,133	350

Tableau comparatif des principales marchandises importées

MARCHANDISES.	IM 1844. QUANTITÉS en quintaux métriques. arrivées.	acquittées.	DROITS perçus.
			FR.
Bois d'acajou	36,123	44,891	376,837
Cacao	22,872	18,507	1,083,145
Café	272,801	155,198	14,748,917
Céréales	2,700,487	1,935,476	9,651,272
Cochenille	2,292	1,666	160,752
Coton en laine	624,273	588,483	12,680,400
Cuivre de 1re fusion	58,766	65,325	141,905
Etain brut	16,805	18,657	41,763
Fils de lin et de chanvre	82,353	80,801	5,072,259
Fonte brute	504,743	531,986	2,999,054
Graines oléagineuses de lin	322,993	320,666	517,727
Graines oléagineuses de sésame	169,113	171,016	517,178
Graines oléagineuses autres	28,590	30,859	102,226
Graisses de bœuf et de mouton	110,385	99,101	1,110,060
Graisses de porc (saindoux)	49,481	45,380	499,809
Houille	16,351,161	16,018,695	3,737,543
Huile d'olive	309,639	283,682	7,989,453
Indigo	18,037	11,612	749,809
Laines en masse	228,125	213,288	10,782,233
Nitrates de potasse	31,099	19,613	324,374
Nitrates de soude	28,697	27,200	452,721
Plomb (métal brut)	255,718	193,909	1,090,206
Poivre	27,137	22,246	979,772
Soies écrues grèges	10,506	5,597	30.763
Soies écrues moulinées	7,211	4,844	53,258
Soies bourre en masse écrue	1,573	726	821
Sucres des colonies françaises	892,545	872,476	41,324,185
Sucres étrangers	118,438	102,388	7,600,137
Toile de lin et de chanvre	34,953	28,781	2,432,511
Zinc de 1re fusion	124,957	123,849	52,025
Droits perçus sur les autres marchandises	....	....	24,814,184
Total des droits perçus	....	....	152,117,309

n France pendant les années 1844, 1443 *et* 1842.

ORTATIONS. — ANNÉES.

1843.			1842.		
QUANTITÉS en quintaux métriques.		DROITS perçus.	QUANTITÉS en quintaux métriques.		DROITS perçus.
arrivées.	acquittées.		arrivées.	acquittées.	
		FR.			FR.
92,593	50,820	427,729	44,935	41,722	513,951
20,339	16,906	987,845	16,145	15,831	916,271
234,714	144,879	14,837,629	270,270	150,651	14,405,919
1,898,395	1,645.297	9,156,569	1,391,924	570,014	2,651,918
1,370	1,245	108,926	1,099	1,156	102,196
710,135	599,955	12,974,771	801,587	573,198	12,406,644
83,081	78,558	158,524	112,256	103,342	223,027
26,465	24,323	47,205	23,275	22,053	46,834
78,253	76,299	5,056,031	115,701	113,135	4,828,537
480,477	421,380	3,460,577	326,750	329,180	2,019,763
346,603	346,294	547,984	470,649	475,196	737,826
181,439	175,951	551,000	12,262	113,731	348,706
88,507	87,751	306,490	177,654	165,209	554,043
65.624	68,088	768,475	119,948	114,822	1,325,265
66,406	47,676	538,094	60,677	53,287	615,033
15,695,051	15,092,635	3,647.506	16,718,328	15,521,885	3,843,987
395.849	355,455	9,985,351	354.451	321,245	9,167.552
17,132	8,980	683,080	16,674	13,257	896,536
206,067	197,687	8,493,880	210,026	205,261	9,125.743
26,100	22,642	382,464	32,258	26,378	445.833
38,369	24.532	429,371	39,587	27,188	517,278
206,125	192,729	1,077,978	185,374	170,192	948,586
34,783	18,816	824,372	21,136	22,781	985,542
13,370	6,101	33,547	9,985	3,933	21,640
6,602	4,431	48,745	4,796	3,522	38,738
1,925	975	1.156	3,486	2,075	2,826
831,120	793,528	37,139,840	894,864	772,723	36,264,988
199,161	95,947	6,836,487	171,462	81,474	6,050,252
32,324	27,060	2,224,880	46,520	43,692	2,863,975
103,939	108,590	76,907	61,529	61,511	39,521
....	....	23,241,290	....	....	24,523,663
....	....	143,054,703	....	....	137,434,593

MATIERES COMMERCIALES.

TABLEAU des prix moyens de l'hectolitre de froment en 1844, d'après les mercuriales des marchés dans les départements.

DATES DES MARCHÉS.	PREMIÈRE CLASSE.		DEUXIÈME CLASSE.				TROISIÈME CLASSE.						QUATRIÈME CLASSE.			
			§ 1.		§ 2.		§ 1.		§ 2.		§ 3.		§ 1.		§ 2.	
	fr.	c.	fr.	c.	fr.	c.	fr.	c.	fr.	c.	fr.	c.	fr.	c.	fr.	c.
Janvier.	22	22	20	46	21	59	19	54	19	01	18	85	16	58	19	10
Février.	22	17	20	36	21	39	19	55	18	32	19	92	16	45	19	51
Mars.	22	83	21	67	21	62	20	38	18	65	20	42	16	58	20	05
Avril.	23	32	21	84	21	91	21	59	19	34	20	18	16	79	20	22
Mai.	23	01	21	44	21	63	20	08	18	61	19	66	16	17	20	20
Juin.	22	67	21	45	21	23	20	09	19	29	19	34	16	62	20	56
Juillet.	21	37	19	66	20	39	18	44	19	01	17	68	16	50	19	47
Août.	19	98	18	44	17	76	17	35	19	49	17	43	16	27	18	69
Septembre.	19	92	19	05	17	85	18	10	18	90	16	95	16	19	16	99
Octobre.	19	91	18	84	18	06	18	14	17	87	16	89	16	10	17	16
Novembre.	19	93	18	82	17	84	17	62	16	88	17	17	14	86	17	51
Décembre.	19	73	19	07	17	65	17	44	16	73	17	13	14	33	17	57

STATISTIQUE MUNICIPALE.

Extrait d'un rapport fait à la Chambre et au tribunal de Commerce par M. le comte de Rambuteau, préfet de la Seine.

Les revenus de l'octroi sur lesquels, à la fin de juin dernier, nous perdions 1,100.000 fr., comparativement à 1843, se sont relevés depuis lors; ils s'élèvent aujourd'hui à 30,510,416 fr.

A la même époque de 1843, ils étaient de 31,248,681 fr. Ce n'est plus qu'une différence de 738,268 fr.

C'est principalement sur les boissons qu'a porté la diminution, et, ainsi que je l'ai dit au mois de juin, cette diminution est le résultat de la mauvaise récolte de 1843.

Du reste, le chiffre total de 1844 sera à peu près le même que celui des années précédentes, et il est à remarquer que depuis 1838, à l'exception de 1840, où la crainte de la guerre a fait sentir vivement ses effets, les revenus de l'octroi n'ont pas éprouvé de grandes variations.

Il a été consommé, dans les onze premiers mois de 1844, 69,951 bœufs, 14,522 vaches, 71,793 veaux, et 401.044 moutons. Il avait été consommé, dans les onze premiers mois de 1843, 67,095 bœufs, 16, 040 vaches, 66,077 veaux et 407,944 moutons.

Il résulte, pour 1844, une augmentation de 2,856 bœufs et de 5,716 veaux, et une diminution de 1,518 vaches et de 6,500 moutons, c'est-à-dire que les chiffres des deux années se balancent encore à peu près. En 1844, comme en 1843, il y a eu une légère baisse dans le prix des bœufs.

Les exportations ordinaires et extraordinaires de la douane de Paris, pour les onze premiers mois de cette année, sont de 138,972,194; au 1er décembre 1843, elles n'étaient que de 117,469,402; différence en plus, pour les onze premiers mois de cette année, 21,502,792.

Les principales marchandises auxquelles s'applique l'augmentation dans les exportations ordinaires sont les tissus de soie et la mercerie. Dans les exportations avec prime, ce sont les tissus de laine mélangée, les draps proprement dits, les tissus de laine pure, la bonneterie, les fils de laine, les tissus de coton, les sucres, le cuivre, le plomb.

En établissant la comparaison entre les puissances principales auxquelles ont été expédiées les diverses marchandises, on trouve que notre situation commerciale avec les Etats-Unis est en ce moment des plus prospères, puisque cette puissance seule figure dans le chiffre des augmentations environ pour 10 millions.

Ainsi est ramené le chiffre si élevé de 1841, chiffre presque double de celui que les exportations du commerce de Paris aient jamais atteint avant 1830.

L'administration des hospices a commencé ou terminé cette année diverses améliorations.

A l'Hôtel-Dieu, les salles du bâtiment neuf, élevé dans l'enclos Saint-Julien, ont été ouvertes aux malades; elles contiennent 104 lits.

A l'hôpital Saint-Antoine, une grande galerie couverte a été convertie en salle de chirurgie.

A l'hôpital de la Charité, une partie de la façade, du côté de la rue Jacob, a été terminée, et le nouveau bâtiment des bains a été commencé.

A l'hospice de la Vieillesse, on a disposé d'immenses réfectoires, où 1,200 vieillards prennent aujourd'hui leurs repas en commun, au lieu de les prendre dans les dortoirs, dont l'air était altéré par l'odeur des aliments.

On s'occupe d'améliorer sans cesse le service si digne d'intérêt des malheureux aliénés, et sous ce rapport, l'institution de la ferme Sainte-Anne, qui permet d'en soumettre environ 400 à un travail modéré, est d'un grand secours. On a disposé, comme pour les vieillards, des réfectoires en commun, et la construction d'un nouveau quartier de sûreté, depuis si longtemps réclamé, est presque terminée.

Enfin, grâce à la sollicitude éclairée du conseil municipal, le projet d'hôpital dans le quartier Poissonnière, dont j'ai déjà eu l'honneur de vous entretenir, est au moment d'être réalisé; les plans et les devis sont achevés, et nous avons l'espoir de commencer cette belle et utile construction.

Les dépenses des hospices de Paris s'élèvent aujourd'hui, par année, à plus de 14 millions, et ces dépenses, comme celles nécessitées par la police et par un grand nombre d'autres services, ne peuvent aller qu'en augmentant. C'est une suite nécessaire du développement de Paris, de l'accroissement de la population, de la facilité avec laquelle les chemins de fer y amèneront de plus en plus les habitants des départements de tous les points de la France. Si les avantages de cette position centrale sont immenses, on peut dire que les charges qui en sont la conséquence ne le sont pas moins.

Les établissements d'instruction primaire, rue de la Roquette, faubourg Saint-Honoré, rue du Renard-Saint-Merry et rue des Blancs-Manteaux, dont la construction avait été commencée en 1843, ont été achevés cette année, et sont livrés aujourd'hui à leur destination.

Indépendamment de ces travaux considérables, qui ont donné lieu à une dépense d'environ 500,000 fr., les frais des écoles, en 1844, se sont élevés à 968,967 fr., ce qui fait une augmentation de 40,000 fr. sur 1843. L'administration, en outre, fait édifier, sur la partie sud-ouest du terrain des Bernardins, une nouvelle école dont la dépense sera de 180,000 fr., et les fonds nécessaires pour une maison complète scolaire destinée aux enfants du culte israélite viennent d'être votés (environ 200,000 fr.).

L'augmentation des enfants dans les écoles de Paris a été cette année de 417; le nombre total se trouve ainsi dans ce moment de 39,678.

L'instruction primaire, dans le reste du département de la Seine, n'est pas moins encouragée, et le conseil général vient de voter de nouveaux fonds pour construire des salles d'asile et des maisons d'école, et spécialement pour l'établissement de classes à l'usage des enfants employés dans les manufactures.

Passant maintenant rapidement en revue les travaux qui ont concerné en 1844 les diverses autres parties de l'administration municipale, nous trouvons d'abord dans le service de la voirie, indépendamment de 597 permissions de voirie pour constructions à l'alignement sur une longueur de plus de 12,000 mètres, l'achèvement d'une de nos plus grandes et plus importantes voies de communication. Les maisons comprises dans la cinquième et dernière partie de la rue Rambuteau, depuis la rue Pirouette jusqu'à la place Saint-Eustache, sont en démolition, et seront remplacées avant peu par de constructions nouvelles.

La rue Constantine, dont l'effet est si précieux pour le quartier de la Cité, est également achevée, le percement vient d'en être fait jusqu'au Palais de justice.

L'élargissement de la rue du Petit-Hurleur entre les rues Saint-Denis et Saint-Martin par la rue Neuve-Bourg-l'Abbé est en voie d'exécution; les maisons formant le côté gauche de cette ruelle sont presque entièrement démolies; avant peu c passage étroit et impraticable aux voitures sera transformé en une larg voie de communication, de manière faciliter la circulation sur un des point les plus peuplés de Paris.

Par suite de conventions arrêtée entre la ville et le domaine de l'État, la rue de Vaugirard reçoit un élargissement considérable au devant des dépendances de la chambre des pairs, depuis la rue Servandoni jusqu'à la grille en face de la rue du Pot-de-Fer.

Des propriétés importantes ont été acquises pour l'achèvement de la place de la Madeleine ; ces propriétés sont aujourd'hui démolies ; la rue Desèze a été prolongée jusqu'à la rue Basse-du-Rempart, la rue Chauveau-Lagarde a été achevée jusqu'à la rue de la Madeleine ; ces diverses opérations complètent l'accomplissement des obligations imposées à la ville de Paris, lors de la cession à elle faite par l'Etat des abords de la Madeleine.

La grande rue, de 20 mètres de large, avec pans coupés de 30 mètres sur la rue Saint-Lazare, en face de l'embarcardère des chemins de fer de Saint-Germain, Versailles et Rouen, a été formée. Cette rue, qui doit recevoir la dénomination de rue du *Havre*, sera avant peu livrée à la circulation.

Parmi les opérations qui sont sur le point d'être exécutées, je dois vous citer l'élargissement de la rue Barre-du-Bec, de la rue de la Cité et de la rue Mouffetard, au carrefour des rues Censier et de Lourcine, l'élargissement et la conversion en rue du Passage Valence, situé entre les rues Mouffetard et Pascal, et débouchant sur cette dernière rue, à peu de distance de la rue nouvelle qui s'ouvre dans le prolongement de celle des Bourguignons ; le redressement et l'élargissement de la rue Buffon à son débouché sur la rue du Jardin-du-Roi, de manière à assurer une communication plus facile et plus directe de la rue de Lourcine au boulevard de l'Hôpital ; l'ouverture d'une rue nouvelle entre les rues des Sept-Voies et de la Montague-Sainte-Geneviève en face de l'école Polytechnique.

En 1845, nous nous occuperons de l'achèvement de la place du Panthéon, du prolongement de la rue Soufflot, de l'ouverture de la rue entre les places Saint-Sulpice et Saint-Germain-des-Prés, de l'élargissement de la rue Montmartre et de la rue Bertin-Poirée.

Le service des égouts, du pavé et des eaux n'a pas eu moins d'importance en 1844 que les années précédentes.

On a terminé les travaux du canal de l'Ourcq ; ces travaux, qui ont coûté 850,000 fr., et que j'ai été visiter et recevoir, au mois d'août dernier, avec les ingénieurs, le président et plusieurs membres du conseil municipal, consistaient dans le redressement du lit de la rivière de l'Ourcq sur plusieurs points, dans la construction de cinq écluses, dans l'établissement d'un déversoir à Pantin, et dans la dérivation du Clignon. Ce dernier travail fournit une augmentation de 1,200 pouces d'eau. On vient également d'achever la galerie qui a reporté la prise des eaux du bassin de la Villette jusqu'à la gare circulaire du canal Saint-Denis.

4,000 mètres de nouveaux égouts ont été établis dans diverses rues et ont coûté 350,000 fr. (1).

Parmi les travaux de pavage, il faut distinguer la continuation du remaniement de la rue Saint-Honoré avec des pavés longs taillés de petite dimension.

L'abaissement du boulevard Poissonnière.

Le remaniement complet de la rue du Faubourg-Saint-Martin, exécuté avec le concours des propriétaires.

Le pavage des rues du quartier Saint-Lazare, celui des abords du Panthéon.

Environ 900 trottoirs nouveaux, formant une longueur de 10,000 mètres (2).

On a posé la conduite qui amène les eaux du puits de Grenelle dans les réservoirs construits près du Panthéon.

De nouvelles bornes-fontaines ont été établies dans divers quartiers (3); on a construit une fontaine marchande rue de Jussieu, et achevé, sauf les statues, la fontaine de l'Archevêché.

Les travaux relatifs à la nouvelle maison d'arrêt en remplacement de la Force ont été suivis activement ; il en est de même de ceux qui sont exécutés à la caserne des Célestins, occupée par la garde municipale, et qui sont évalués à plus de 1,700,000 fr. Un nouveau bâtiment pouvant contenir

(1) Total actuel de la longeur des égouts : 119 kilom.

(2) Longueur totale des trottoirs en 1844 : 160 kilom.

(3) Le nombre total est actuellement de 1,590.

cinq compagnies d'infanterie et trois escadrons de cavalerie va être élevé sur la rue de Sully.

Le marché Beauveau-Saint-Antoine, qui a été commencé en 1843, est au moment d'être terminé. On s'est occupé d'établir un marché des huîtres rue Montorgueuil, sur l'emplacement de cinq maisons qui appartenaient à la ville, de manière à débarrasser la voie publique des voitures qui l'encombraient une partie de la journée, et sans changer aucunement les habitudes de ce commerce, qui ne laisse pas que d'avoir son importance.

L'administration a pris à location l'hôtel d'Eichtal, situé rue Lepelletier, pour y transférer la mairie et les divers services municipaux du 2e arrondissement; les travaux nécessaires pour l'appropriation de cette localité touchent à leur fin, et bientôt les bâtiments de la rue Grange-Batelière, d'où l'octroi a déjà été retiré, se trouveront entièrement libres.

De grands projets formés par le gouvernement pour différents services, et qui doivent encore contribuer à l'embellissement de Paris, sont à l'étude en ce moment. La ville pourra être appelée à y concourir pour quelques points, et notamment pour le percement de la rue des Petits-Pères, qui doit rapprocher de la Bourse le nouvel établissement du timbre, et donner ainsi au commerce de plus grande facilités.

Parmi les travaux qui ont pour but d'améliorer les entrées de Paris, nous mentionnerons les grilles et constructions qui ont été faites à la barrière de la Mothe-Piquet et à celle de La Rapée.

Nous avons poursuivi les embellissements des Champs-Elysées: on s'est occupé de niveler le terrain et de compléter les plantations. Nous n'avons qu'à nous féliciter du procédé qui est suivi pour arrêter la mortalité des ormes.

A l'Hôtel-de-Ville, on a construit une aile intérieure, agrandi la salle destinée aux séances du conseil municipal, et terminé les sculptures de la grande galerie des fêtes.

L'église de Saint-Vincent-de-Paul a été livrée au culte catholique, et la ville a été définitivement mise en possession de l'ancienne église Panthemont, qui va être immédiatement disposée pour la religion réformée.

Les difficultés qui avaient malheureusement retardé les travaux du Palais de justice ont été complètement aplanies; l'administration va s'occuper, sans délai, de la réalisation de cette importante amélioration.

On vient d'affecter à l'établissement du conseil de prud'hommes pour les métaux la partie du palais qui se compose du rez-de-chausseé de l'aile droite de la cour du Mai. Ce n'est qu'un commencement de la mesure projetée, et le conseil municipal, consulté à cet égard, a pensé qu'avant d'établir la juridiction des prud'hommes sur toutes les industries, il convenait de faire, dans les termes de la législation existante, un premier essai. On a choisi l'industrie des métaux, parce qu'elle est la plus nombreuse. Le conseil d'Etat, saisi de la question par M. le ministre du commerce, a émis une opiniou conforme.

M. le préfet de police vient d'êtr mis aussi en possession de son nouve hôtel, l'ancienne cour des comptes. Cette disposition se liait au plan général arrêté pour le Palais de justice.

Je vous ai déjà entretenus de l construction des nouvelles halles d Paris; l'examen de ce projet, qui intéresse à un si haut degré toutes le classes de la population, se poursui avec activité. Des crédits sont votés a budget de 1845, et j'espère toujour que, dans le courant de cette mêm année, l'administration municipal pourra entamer cette grande opération.

Les travaux qui restent à entreprendre pour l'achèvement des quais d Paris font partie du projet d'amélioration qui s'applique à tout le cours d fleuve, depuis Paris jusqu'à Rouen Nous n'attendons plus pour termine la partie qui nous concerne que le vot des chambres, et déjà nous avons entrepris les travaux du port et du qua d'Austerlitz.

Sur le même point, la place Valhubert et le boulevard de l'Hôpital, qu a pris une très-grande importance de puis l'ouverture des chemins de fer d Corbeil et d'Orléans, sont entièremen terminés,

L'ensemble des routes qui enveloppent Paris de leur réseau, et qui n'intéressent pas moins la capitale que le département de la Seine, continue à recevoir d'importantes améliorations ; on s'en rendra facilement compte, si l'on se rappelle que plus d'un million est affecté chaque année depuis dix ans aux dépenses extraordinaires de cette partie du service.

En 1844, nous avons livré à la circulation une nouvelle route de Saint-Denis à Colombes, et deux ponts construits sur la Seine à l'île Saint-Denis.

Enfin, l'administration fait ses efforts pour que l'établissement des chemins de fer profite, autant que possible, à toutes les parties de la ville. Ainsi, les premiers embarcadères ayant été construits dans les quartiers du sud et de l'ouest, il y a lieu de penser que les quartiers du nord-est et de l'est seront à leur tour dotés des mêmes avantages.

MATIÈRES JUDICIAIRES.

COMPTE-GÉNÉRAL

DE L'ADMINISTRATION DE LA JUSTICE CRIMINELLE

PENDANT L'ANNÉE 1842.

Extrait du rapport fait au roi par M. le garde des sceaux.

Résultats généraux.

Le rapport de l'année 1841 signalait une diminution sensible dans le nombre des accusations, comparativement aux quatre années précédentes. Cette diminution a continué pendant l'année 1842. Les cours d'assises n'ont eu à juger, dans cette dernière année, que 5,104 accusations, au lieu de 5,528 en 1841, et de 6,004 en 1840. La réduction est de 900 pendant les deux années, près d'un sixième.

En 1841, la diminution avait porté exclusivement sur le nombre des accusations de crimes contre les propriétés. Le nombre des accusations de crimes contre les personnes s'était au contraire accru. Mais, en 1842, les deux espèces de crimes ont diminué dans des proportions à peu près égales, sans toutefois que le nombre des crimes contre les personnes soit encore descendu à ce qu'il était avant 1841.

Sur les 5,104 accusations jugées, 1,669 (0,33) avaient pour objet des attentats contre les personnes, et 3,435 (0,67) des attentats contre la propriété.

Les jurés ont rejeté entièrement 1,271 des 5,104 accusations qui leur étaient soumises, 25 sur 100. Ils en ont admis 1,141 (0,22), en partie seulement, et avec des modifications qui, pour 662, ont enlevé aux faits toutes les circonstances aggravantes, et leur ont donné le caractère de simples délits. Les autres accusations, au nombre de 2,692 (0,53), ont été admises complètement : 2,393 à l'égard de tous les accusés qu'elles comprenaient, et 299 à l'égard de quelques-uns seulement.

En 1840 et 1841, les jurés n'avaient accueilli entièrement que 51 accusations sur 100 au lieu de 53, et ils en avaient rejeté 17 sur 100 au lieu de 25. Le nombre proportionnel des accusations admises avec des modifications avait été le même qu'en 1842.

Les déclarations affirmatives du jury n'ont été prises qu'à la simple majorité de 7 voix à l'égard de 192 des accusés reconnus coupables, 46 sur 1,000. Pour 3 seulement, les cours d'assises ont cru devoir surseoir et renvoyer l'affaire à une autre session, pour qu'elle fût soumise à un nouveau jury, conformément à l'art. 352 du Code d'instruction criminelle.

Le nombre des accusés impliqués dans les 5,104 accusations jugées en 1842 a été de 6,953 : c'est 509 de moins qu'en 1841 et 1,273 de moins qu'en 1840. Il faut remonter à l'année 1834 pour trouver un nombre d'accusés aussi peu élevé.

Le rapport du nombre des accusations est à celui des accusés comme 100 est à 136. Ce rapport, qui exprime la tendance des malfaiteurs à s'associer pour la perpétration des crimes, est à peu près le même pour les crimes contre les personnes que pour les crimes contre les propriétés, et il varie très-peu d'une année à l'autre. On comptait 135 accusés pour 100 accusations en 1841; et, si l'on divise en périodes quinquennales les quinze années précédentes, on trouve dans la première, 1826 à 1830, pour 100 accusations 133 accusés; dans la seconde, 1831 à 1835, pour 100 accusations 142 accusés; dans la troisième, enfin, 1836 à 1840, pour 100 accusations 138 accusés.

Cinq accusations seulement ont été dirigées, en 1842, contre des associations de malfaiteurs organisées.

Les 6,953 accusés jugés en 1842 se divisent en 2,236 accusés de crimes contre les propriétés. En 1841, il y avait eu 2,381 accusés de la première classe, et 5,081 de la seconde : c'est une diminution sensible; mais, pour bien apprécier le mouvement de la criminalité, il ne suffit pas de comparer ensemble deux ou trois années. Les variations que présente le nombre des criminels, dans d'aussi courtes périodes, peuvent être dues à des causes accidentelles dont l'influence se fait moins sentir quand l'observation porte sur les résultats de périodes plus longues. Pour établir des points de comparaison qui rendront l'appréciation plus concluante, on a réuni dans le tableau suivant les résultats des 17 dernières années pendant lesquelles les statisques criminelles ont été publiées. Ces 17 années sont divisées en quatre périodes dont les trois premières comptent 5 années chacune.

INDICATION DES ANNÉES.	NOMBRE DES ACCUSÉS jugés chaque année pour des crimes contre			NOMBRE MOYEN ANNUEL des accusés jugés dans chaque période pour des crimes contre			RAPPORT du nombre des accusés à la population pendant chaque période.		
							pour les accusés de crimes contre		pour tous les accusés réunis.
	les personnes.	les propriétés.	Total.	les personnes.	les propriétés.	Total.	les personnes.	les propriétés.	
							Nombre des habitants pour 1 accusé.		
1826	1,907	5,081	6,988						
1827	3,911	5,018	6,929						
1828	1,844	5,552	7,396	1,824	5,306	7,130	17,659	5,070	4,517
1829	1,791	5,582	7,373						
1830	1,666	5,296	6,962						
1831	2,046	5,560	7,606						
1832	2,644	5,593	8,237						
1833	2,487	4,828	7,515	2,371	5,095	7,466	13,940	6,487	4,427
1834	2,216	4,736	6,952						
1835	2,463	4,760	7,223						
1836	2,072	5,160	7,232						
1837	2,141	5,953	8,094						
1838	2,189	5,825	8,014	2.153	5,732	7,885	15,739	5,912	4,297
1839	2,256	5,602	7,858						
1840	2,108	6,118	8,226						
1841	2,381	5,081	7,462	2,508	4,899	7,208	14,851	6,987	4,749
1842	2,236	4,717	6,953						
Les 17 années ensemble.	36,358	90,462	126,820	2,139	5,321	7,460	15,450	6,211	4,450

Il résulte de ce tableau que, pendant la première période, 1826 à 1830, le nombre des accusés de crimes contre les personnes, considéré soit en lui-même, soit relativement à la population, a été bien moins élevé que durant les périodes suivantes. De 1831 à 1835 il s'est beaucoup accru, mais une partie de l'augmentation est due à une cause accidentelle : aux troubles politiques qui ont éclaté, en 1831 et 1832, sur quelques points du royaume et notamment dans l'ouest. L'accroissement s'est soutenu pendant la troisième période, 1836 à 1840, et durant les deux premières années de la quatrième période, 1841 et 1842.

On ne remarque pas, parmi les accusés de crimes contre les propriétés, cette augmentation régulièrement progressive. Ainsi, le nombre des accusés de cette classe subit pendant la deuxième période, comparée à la première, une diminution assez notable ; puis il s'accroît rapidement durant la troisième période, pour diminuer encore en 1841 et 1842. La diminution observée pendant la seconde période, et qui est surtout sensible dans les années 1833, 1834 et 1835, est plutôt apparente que réelle. Il faut l'attribuer, en grande partie, du moins, aux modifications apportées par la loi du 28 avril 1832 à divers articles du Code pénal. En effet, la loi du 25 juin 1824 avait déjà introduit quelques adoucissements dans la législation pénale ; mais celle du 28 avril 1832 les a étendues à un plus grand nombre de faits ; et certains vols qui, jusqu'alors, avaient été de la compéteuce des cours d'assises, ont été jugés depuis par les tribunaux correctionnels.

Si, après avoir examiné les deux classes d'accusés, on les considère ensemble, on trouve que leur nombre s'est accru régulièrement cette année, jusqu'en 1840 inclusivement. Le nombre moyen annuel des accusés traduits devant les cours d'assises n'a été que de 7,130 pendant la première période, 1826 à 1830 ; il s'est élevé à 7,466 pendant la deuxième, 1831 à 1835, et à 7,885 pendant la troisième, 1836 à 1840 ; en 1841 et 1842 il a été de 7,208 seulement. En comparant ces nombres à la population moyenne, on a 1 accusé sur 4,517 habitants pour la première période, 1 sur 4,427 pour la deuxième, 1 sur 4,297 pour la troisième, enfin 1 sur 4,799 pour les deux premières années de la quatrième.

Après avoir suivi le mouvement de la criminalité dans l'ensemble des crimes, il n'est pas sans intérêt de rechercher si leurs diverses espèces ont participé, dans des proportions égales, à ce mouvement. Le tableau ci-après offre, sous ce rapport, des rapprochements dignes d'attention. Il présente les diverses espèces de crimes, soit contre les personnes, soit contre les propriétés qui, se commettent le plus fréquemment chaque année, ou qui ont le plus de gravité.

NATURE DES CRIMES.	NOMBRE MOYEN annuel des accusés.			NOMBRE des accusés.	
	1re PÉR. 1826 à 1830.	2e PÉR. 1831 à 1835.	3e PÉR. 1836 à 1840.	1841.	1842.
Crimes contre les personnes.					
Crimes politiques..............	4	249	30	71	8
Rébellion et violences graves envers des fonctionnaires ou agents	199	382	196	213	105
Faux témoignages et subornation..	86	101	134	129	175
Viol et attentat à la pudeur sur des adultes....................	166	152	182	236	193
Viol et attentat à la pudeur sur des enfants....................	139	156	248	332	321
Parricide....................	14	24	21	18	17
Empoisonnement..............	37	34	50	40	41
Assassinats..................	258	289	297	296	290
Infanticide..................	113	282	157	180	167
Meurtre......................			89	2 6	239
Coups et blessures volontaires suivis de mort sans intention de la donner......................	279	183	180	186	165
Coups et blessures suivis d'incapacité de travail, etc..........		340	298	228	271
Coups et blessures envers un ascendant...................	86	78	86	87	91
Crimes contre les propriétés.					
Fausse monnaie..............	46	84	106	99	88
Faux divers..................	403	454	609	630	521
Vols domestiques............	1,053	978	2,322	1,187	1,172
Vols sur des chemins publics....	167	143	168	160	105
Autres vols qualifiés.........	3,296	3,029	3,060	2,563	2,402
Banqueroute frauduleuse.......	99	68	139	132	153
Incendie......................	103	142	153	183	156

Ce tableau fait voir que l'augmentation signalée plus haut dans le nombre des accusés de crimes contre les personnes s'est manifestée notamment parmi les accusés de viol et d'attentat à la pudeur sur des adultes et sur des enfants.

Le nombre des accusés d'attentat

à la pudeur sur des enfants a augmenté progressivement de 135 pour 100.

Le nombre des accusés d'infanticide et de faux témoignage s'est aussi accru.

Le nombre des accusés d'assassinat est resté à peu près stationnaire depuis 1831.

Celui des accusés de rébellion, de coups et blessures suivis d'incapacité de travail pendant plus de vingt jours a diminué.

On compte également moins d'accusés de meurtre pendant les dernières périodes que durant la première ; mais la diminution n'est ici qu'apparente : elle résulte de ce que, depuis la loi du 28 avril 1832, des crimes qui étaient jusqu'alors qualifiés meurtres l'ont été différemment en vertu de cette loi : ce sont les coups et blessures portés sans intention de donner la mort, et qui l'ont cependant occasionée. Si l'on réunit ces crimes à ceux de meurtre, à partir de la seconde période, on trouve une augmentation sensible dans le nombre des faits que le Code pénal de 1810 qualifiait meurtres.

Quant aux accusés de crimes contre les propriétés, on remarque une augmentation assez grande parmi les accusés de faux, de fausse monnaie, de banqueroute frauduleuse, d'incendie ; le chiffre des accusés de vols qualifiés a seul diminué. Mais ce qui prouve évidemment que cette diminution est la conséquence de la loi du 28 avril 1832, c'est que le nombre des accusés de vol domestique, pour lesquels rien n'a été changé par cette loi, a augmenté au lieu de diminuer comme celui des accusés poursuivis par les autres espèces de vols qualifiés.

La diminution remarquée en 1842 dans le chiffre des accusations et des accusés s'est fait sentir dans presque tous les départements. Toutefois elle a été très-faible dans quelques-uns, et, pour un petit nombre, il y a même eu augmentation. Parmi ceux-ci se trouve le département de la Seine : le nombre des accusés s'y est élevé, de 833 en 1841 à 945 en 1843. La cour d'assises de ce département n'avait jamais eu à juger autant d'accusés dans une seule année.

Dans trois autres départements, le nombre des accusés s'est accru de la même manière : ces départements sont ceux de la Meurthe, de la Meuse et du Puy-de-Dôme.

Le rapport du nombre total des accusés à la population, qui était d'un accusé sur 4,583 habitants en 1841, est descendu à 1 sur 4,923 en 1842. Ce nombre proportionnel est le plus faible qui ait été constaté depuis 1826, de même que celui de 1840, 1 accusé sur 4,077 habitants a été le plus élevé.

Il y a eu, en 1842, 1 accusé sur 1,264 habitants dans le département de la Seine ; 1 sur 1,815 dans la Corse, sur 2,661 dans la Marne, sur 2,711 dans la Meurthe, sur 3,059 dans la Seine-Inférieure, sur 3,219 dans le Bas-Rhin, sur 3,231 dans la Meuse. Ce sont les nombres proportionnels les plus élevés.

Les plus faibles appartiennent aux départements de l'Ain, 1 accusé sur 16,938 ; de l'Isère, 1 sur 15,094 ; de l'Orne, 1 sur 11,948 ; de la Creuse, 1 sur 11,121 ; du Nord, 1 sur 11,073, de la Corrèze, 1 sur 10,568 ; du Gers, 1 sur 10,382.

Sur le nombre total des accusés, ainsi qu'il a déjà été dit, 2,236 étaient poursuivis pour des crimes contre les personnes, et 4,717 pour des crimes contre les propriétés. Ces derniers forment presque les 7 dixièmes (0,68) du nombre total, et les premiers 32 sur 100. Ces proportions étaient les mêmes en 1841. Pendant les 5 années précédentes, le nombre proportionnel des accusés de crimes contre les personnes avait été moins considérable : il n'avait pas dépassé 26, 27, 28 et 29 sur 100.

Dans six départements, en 1842, la proportion des accusés de crimes contre les personnes n'a pas excédé le cinquième : elle a été de 11 sur 100 dans la Seine-Inférieure, de 12 sur 100 dans la Seine, de 16 à 17 sur 100 dans les Landes et le Rhône, de 18 et 20 sur 100 dans l'Orne et le Gers.

Dans dix départements, au contraire, plus de la moitié des accusés ont été poursuivis pour des crimes contre les personnes : on en compte 0,84 dans la Corse, 0,79 dans le Puy-de-Dôme, 0,70 dans l'Aveyron, 0,64 dans le

Cantal, 0,61 dans l'Ariége, 0,58 dans le Cher, 0,56 dans la Haute-Loire, 0,51 dans la Dordogne, la Corrèze et l'Hérault.

Sous le rapport du sexe, les 6,953 accusés jugés en 1842 se divisent en 5,716 hommes et 1,237 femmes. Le nombre proportionnel de celles-ci est de 18 sur 100, moins du cinquième, comme en 1837, 1838 et 1839; il était de 17 sur 100, en 1840 et 1841.

En comparant le nombre des accusés de chaque sexe à la fraction correspondante de la population, on a, pour les hommes, un accusé sur 2,958; pour les femmes, une accusée sur 14,003.

Les femmes sont toujours proportionnellement moins nombreuses parmi les accusés de crimes contre les personnes que parmi les accusés de crimes contre les propriétés. Pendant les deux dernières années, elles figurent pour 18 et 19 centièmes dans le nombre de la seconde catégorie, tandis qu'il n'y en a eu que 15 sur 100 parmi les accusés de crimes contre les personnes.

Près de la moitié des femmes poursuivies pour des attentats de cette dernière espèce étaient accusées d'infanticide, crime qui leur est exclusivement propre.

Dans les autres crimes contre les personnes, les femmes ne comptent que pour 8 centièmes.

Les crimes que les femmes commettent le plus souvent, comparativement aux hommes, sont, après ceux d'infanticide, les crimes d'avortement et d'empoisonnement, les vols domestiques et les incendies. En 1842 il y a eu 58 femmes sur 100 accusés d'avortement, 49 sur 100 accusés d'empoisonnement, 40 sur 100 accusés de vol domestique, 29 sur 100 accusés d'incendie.

La proportion du nombre des femmes relativement à celui des hommes, parmi les accusés, varie aussi d'un département à l'autre. Il n'y a eu que de 3 à 8 femmes sur 100 accusés dans les départements de la Corse, du Puy-de-Dôme, de l'Aude, de l'Ardèche, de Tarn-et-Garonne, du Doubs.

Il y en a eu 24, 27, 30 et 44 sur 100 dans les Vosges, Ille-et-Vilaine, les Côtes-du-Nord, la Seine-Inférieure, la Moselle et la Creuse.

Sur les 6,953 accusés, 82 n'avaient pas atteint leur seizième année; 11,92 avaient de seize à vingt-un ans, 1,032 de vingt-un à vingt-cinq ans, 1,198 de vingt-cinq à trente ans. 1,752 de trente à quarante ans, 1,037 de quarante à cinquante ans, 398 de cinquante à soixante ans, 208 de soixante à soixante-dix ans, 54, enfin, plus de soixante-dix ans.

Le nombre des enfants de moins de seize ans traduits devant les cours d'assises varie peu d'une année à l'autre et il n'est jamais très-élevé; cela tient à ce que ces cours ne connaissent que d'une partie des infractions qualifiées crimes par la loi dont les enfants se rendent coupables. La loi du 28 avril 1832, qui n'a pas modifié sur ce point celle du 25 juin 1824, a voulu que les accusés de moins de seize ans qui n'auraient pas de complices fussent traduits devant les tribunaux correctionnels, toutes les fois que la peine à prononcer ne serait pas la peine de mort, ou celle des travaux forcés à perpétuité, de la déportation ou de la détention.

Le nombre des enfants de moins de seize ans jugés par les tribunaux correctionnels, en 1842, pour des crimes qui eussent été de la compétence des cours d'assises, si leurs auteurs avaient eu plus de seize ans, a été de 299. Ces enfants étaient poursuivis : 246 pour des vols qualifiés, 29 pour des attentats à la pudeur sur des enfants avec ou sans violence, 5 pour des incendies volontaires de récoltes ou d'objets mobiliers, 2 pour faux, 1 pour mendicité avec violence, 5 pour des coups et blessures envers des ascendants, 11 enfin pour des crimes de la même nature commis contre d'autres personnes, et dont 3 avaient entraîné la mort des victimes.

Le nombre proportionnel des accusés âgés de moins de vingt-un ans n'est que de 14 sur 100 parmi les accusés poursuivis pour des crimes contre les personnes, tandis qu'il s'élève à 20 sur 100 parmi ceux auxquels étaient imputés des attentats contre les propriétés.

On compte, au contraire, plus de

vieillards parmi les accusés de crimes contre les propriétés. Sur 100 accusés de la première classe, 12 avaient plus de cinquante ans, tandis que 8 seulement avaient dépassé cet âge sur 100 accusés de la seconde. Les viols ou attentats à la pudeur sur des enfants de moins de quinze ans sont fréquemment imputés à des individus d'un âge avancé : sur les 321 accusés jugés pour cette espèce de crime, en 1842, on compte 29 quinquagénaires, 27 sexagénaires, 10 septuagénaires et 1 octogénaire.

Le nombre des enfants de moins de seize ans poursuivis pour ces mêmes crimes s'accroît d'une manière affligeante.

En 1842, il y en a eu 4 traduits devant les cours d'assises et 29 devant les tribunaux correctionnels.

Près des trois cinquièmes des accusés, 3,934 (0,57) étaient célibataires, 2,692 (0,39) étaient mariés et 320 (0,04) vivaient dans le veuvage.

Parmi les accusés mariés, 2,138 avaient des enfants ; parmi les veufs, 245 en avaient aussi ; un cinquième environ, tant des uns que des autres (0,21), n'en avait pas.

Le chiffre moyen des accusés célibataires, qui est de 57 sur 100 pour tout le royaume, s'est élevé à 73 sur 100 dans la Moselle, 72 dans la Seine et le Rhône, 71 dans le Loiret, 67 et 66 dans le Haut et le Bas-Rhin, 65 et 64 dans la Loire et la Gironde, 62 dans la Marne.

La proportion des accusés célibataires est toujours plus forte dans les départements où l'industrie est active et où il existe de grands centres de population.

Le nombre proportionnel des célibataires est à peu près toujours le même parmi les femmes accusées que parmi les hommes ; mais il n'en est pas ainsi pour les accusés vivant dans le veuvage.

Sur 100 hommes accusés en 1842, il n'y avait que 3 veufs; sur 100 femmes accusées, il y avait 10 veuves.

Voici quel est le nombre proportionnel des accusés, suivant le sexe et l'état civil, relativement à la population constatée par le dernier recensement.

On trouve parmi les célibataires :

Hommes..	1 acc. sur	3,008
Femmes..	1 acc. sur	12,939

On trouve parmi les individus mariés :

Hommes..	1 acc. sur	2,824
Femmes..	1 acc. sur	16,235

On trouve parmi les hommes veufs :

1 acc. sur 3,803

On trouve parmi les femmes veuves :

1 acc. sur 13,079

Ainsi, ce serait parmi les femmes mariées que le nombre proportionnel des accusés serait le moins élevé, et parmi les hommes mariés que ce nombre serait le plus considérable. Mais il importe de remarquer que les proportions relatives aux célibataires des deux sexes ne peuvent être comparées à celles qui concernent les individus mariés ou veufs, parce que le recensement a dû classer dans les deux premières divisions de la population tous les célibataires, et qu'il faudrait pouvoir en déduire les enfants qui, à raison de la faiblesse de leur âge, ne peuvent pas commettre de crimes.

Il a été constaté pour 151 accusés, 120 hommes et 31 femmes, qu'ils étaient enfants naturels; pour 412 qu'ils avaient eu des enfants hors de mariage ou qu'ils vivaient dans le désordre.

Parmi ces derniers, on compte 233 femmes, le cinquième de toutes celles qui ont été poursuivies ; et l'on n'a même pas compris, dans ce nombre de 233, plus de 100 femmes accusées d'infanticide, dont la conduite n'avait pas été signalée comme immorale avant le crime dont elles avaient à répondre.

Sur les 6,953 accusés, 4,703 seulement (0,68) appartenaient par la naissance et le domicile au département dans lequel ils ont été jugés ; 1,349 (0,19), domiciliés dans ce département, étaient nés dans un autre ; 901 enfin n'appartenaient à ce département ni par la naissance ni par le domicile ;

293 de ceux-ci étaient nés sur le sol étranger, et 228, Français d'origine, n'avaient pas de domicile fixe.

Sept dixièmes (0,71) des accusés jugés dans le département de la Seine étaient nés hors de ce département.

Parmi les accusés qui avaient un domicile ou une résidence fixe, 4,138 (0,62) habitaient des communes rurales et 2,564 (0,38) des communes urbaines.

Un sixième environ des accusés (16 sur 100) vivait dans une complète oisiveté. Les autres, au nombre de 5,840 (0,84), se livraient plus ou moins assidûment aux travaux de leur profession : 1,873 pour leur propre compte, comme chefs d'établissement, et 3,967 pour le compte d'autrui, comme ouvriers, journaliers, etc.

Les travaux des champs faisaient l'occupation habituelle de 2,263 accusés, près des deux cinquièmes de ceux dont la vie n'était pas oisive ; 1,927 étaient employés aux différents travaux de l'industrie ; 408 au commerce pour leur propre compte ou en qualité de commis ; 247 étaient mariniers, voituriers, commissionnaires ou portefaix; 128 aubergistes, logeurs, cafetiers ; 554 domestiques attachés à la personne ; 310 enfin appartenaient aux professions libérales. De nombreuses subdivisions dans chaque catégorie indiquent la nature spéciale des travaux ou des occupations des accusés.

La nature des crimes varie toujours suivant les professions. Ainsi, sur 100 accusés de la première classe, celle des laboureurs, on compte 45 accusés de crimes contre les personnes, tandis que la moyenne n'est que de 32 sur 100 pour tous les accusés ensemble.

Cette proportion est de 43 sur 100 pour les accusés appartenant aux professions libérales ; de 32 sur 100 pour les aubergistes, logeurs, cafetiers ; de 28 sur 100 pour les accusés appliqués aux différents travaux de l'industrie ; de de 23 sur 100 pour les mariniers, voituriers, portefaix, etc. ; de 17 sur 100 pour les commerçants; de 13 sur 100 pour les domestiques attachés à la personne.

Parmi les vagabonds, mendiants et autres gens sans aveu, 17 sur 100 étaient poursuivis pour des crimes contre les personnes, et 83 pour des crimes contre les propriétés.

Sur le nombre total des accusés, 3,626 (0,52) étaient dépourvus de toute instruction ; 2,283 (0,33) ne savaient qu'imparfaitement lire et écrire; 805 (0,12) possédaient ces connaissances à un degré suffisant pour en tirer parti; 239 enfin (0,03) avaient reçu un degré d'instruction supérieur. Chaque année le nombre proportionnel des accusés complètement illettrés diminue : il était de 56 sur 100 de 1838 à 1840, et de 54 sur 100 en 1841.

Sur 100 hommes accusés, la proportion des illettrés est de 48 ; sur 100 femmes accusées elle s'élève à 72.

Cette proportion est à peu près la même parmi les accusés de crimes contre les personnes que parmi les accusés de crimes contre les propriétés : 53 sur 100 pour les premiers, 52 sur 100 pour les seconds. Mais elle se modifie suivant l'âge des accusés : le nombre proportionnel de ceux qui savaient au moins lire et écrire n'a été, en 1842, que de 43 sur 100 parmi les accusés de moins de vingt-un ans ; il s'est élevé à 49 sur 100 parmi les accusés de vingt-un à quarante ans ; enfin, à 50 sur 100 parmi les accusés âgés de plus de quarante ans.

Dans quelques départements, le nombre proportionnel des accusés illettrés ne dépassait pas 30 sur 100 ; on en trouve 13 sur 100 seulement dans les Hautes-Alpes; 20 et 21 sur 100 dans le Doubs, le Jura, le Haut-Rhin ; de 28 à 30 sur 100 dans la Meuse, la Seine, la Haute-Saône, la Côte-d'Or.

Dans d'autres départements, au contraire, les quatre cinquièmes des accusés ne savaient ni lire ni écrire. Ainsi, on compte 96 illettrés sur 100 accusés dans la Creuse, 87 dans le Finistère, 85 dans le Lot, 84 dans la Haute-Loire, 82 dans Ille-et-Vilaine, 81 dans les Côtes-du-Nord.

Après avoir constaté le nombre des accusés et les avoir classés suivant le sexe, l'âge, l'état civil, l'origine, la profession, le degré d'instruction, il reste à faire connaître quel a été, à leur égard, le résultat des poursuites.

Le tableau suivant, qui indique le résultat des poursuites depuis 1825 jusqu'en 1842, permet de suivre les variations qui se produisent chaque année dans la nature et le nombre des condamnations prononcées.

Sur les 6,953 accusés jugés contradictoirement en 1842 par les cours d'assises, 2,237 ont été acquittés; 4,646 ont été condamnés, savoir : à la peine de mort, 42; aux travaux forcés a perpétuité, 174; aux travaux forcés à temps, 918; à la réclusion, 858; à la dégradation civique, 1; à plus d'un an d'emprisonnement, 2,106; à un an et moins, 567; à l'amende, 9. Enfin 41 des accusés âgés de moins de 16 ans ont été acquittés comme ayant agi sans discernement; 14 ont été remis aux parents qui les réclamaient; les 27 autres ont été envoyés dans des maisons d'éducation pénitentiaire pour y être élevés.

NATURE DES PEINES.	NOMBRE DES CONDAMNÉS PENDANT LES ANNÉES. 1825 à 1831 inclusivement. TOTAL.	1825 à 1831 inclusivement. MOYENNE annuelle	1832.	1833.	1834.	1835.	1836.	1837.	1838.	1839.	1840.	1841.	1842.
Mort	796	114	904	50	25	54	36	33	44	39	51	50	42
Travaux forcés à perpétuité	1,901	272	238	141	151	151	148	177	198	197	185	178	174
— à temps	7,350	1,050	901	802	825	777	751	782	883	852	1,056	930	918
Réclusion	7,949	1,136	866	737	694	796	763	856	923	861	1,032	875	858
Bannissement	8	1	//	//	3	//	//	//	//	1	//	//	//
Déportation	1	//	18	4	//	//	//	//	1	//	//	1	//
Détention	//	//	47	21	1	1	1	//	//	2	//	11	//
Carcan	37	5	1	//	//	//	//	//	//	//	//	//	//
Dégradation civique	11	2	//	//	//	//	//	//	2	//	2	1	1
Peines correctionnelles	11,489	1,641	2,442	2,417	2,437	2,599	2,904	3,230	3,072	3,081	3,118	2,946	2,682
Détention correctionnelle	333	48	42	25	25	20	26	39	38	30	32	24	27
Totaux	29,875	4,269	4,645	4,197	4,161	4 398	4,623	5,117	5,161	5,063	5,476	5,016	4,702

Le nombre des condamnations à mort, qui avait été de 50 et 51, en 1841 et 1840, n'a été que de 42, en 1842. Ces 42 condamnés s'étaient pourvus en cassation, et 3, après avoir obtenu l'annulation d'un premier arrêt, n'ont été condamnés définitivement que par une seconde cour d'assises; 29 seulement ont subi l'arrêt prononcé contre eux; un autre s'est suicidé sans attendre le résultat du pourvoi en cassation qu'il avait formé. La clémence du roi s'est étendue sur 12; il a daigné accorder à 11 une commutation de peine qui, pour 2, a réduit la condamnation à quinze et vingt ans de travaux forcés, et pour 9 aux travaux forcés à perpétuité; le douzième a obtenu grâce entière.

Les résultats de 1842 attestent la consciencieuse fermeté avec laquelle le jury a rempli ses devoirs. D'une part, le nombre proportionnel des acquittements a diminué : il n'a été que de 32 sur 100, au lieu de 0,33 en 1841 et 1840, de 0,35 et 0,36 en 1839 et 1838. Celui des condamnations à des peines infamantes s'est accru de 2 sur 100. Il était de 0,27 en 1841, il s'est élevé à 0,29 en 1842. Enfin, 39 accusés sur 100 ont été condamnés à des peines correctionnelles.

Le rapport des acquittements aux condamnations, soit correctionnelles, soit infamantes, est indiqué dans le tableau suivant pour dix-sept années. A l'aide de ce tableau, on peut suivre aisément d'un coup d'œil la marche progressive de la répression.

SUR UN NOMRE MOYEN DE 100 ACCUSÉS, IL Y EN A EU

pendant les années.	d'acquittés.	de condamnés à des peines	
		infamantes.	correctionnelles.
1826	38	40	22
1827	39	39	22
1828	39	37	24
1829	39	36	25
1830	41	34	25
1831	46	28	26
1832	41	27	32
1833	41	24	35
1834	40	24	36
1835	39	25	36
1836	36	23	41
1837	37	23	40
1838	36	25	39
1839	35	25	40
1840	33	28	39
1841	33	27	40
1842	32	29	39

Sur les 918 condamnés aux travaux forcés à temps, 13 devront être détenus plus de vingt ans; 150, vingt ans; 52, de quinze à dix-huit ans; 66, de onze à quatorze ans; 131, dix ans; 102, huit ou neuf ans; 194, six et sept ans; 210, enfin, cinq ans.

La durée moyenne de la réclusion, qui était, en 1841, de six ans un mois et vingt-cinq jours, s'est élevée en 1842 à six ans trois mois et vingt-quatre jours.

La durée de l'emprisonnement prononcée par les cours d'assises en 1842 n'excède pas un au à l'égard de 567 condamnés ; elle est d'un à deux ans pour 320 ; de deux ans pour 644 ; de trois ans pour 525 ; de quatre ans pour 204 ; de cinq ans pour 401 ; de plus de cinq ans pour 12 seulement.

La durée moyenne des peines est d'ailleurs à peu près la même en 1842 qu'elle avait été en 1841 : celle des travaux forcés à temps, qui s'était élevée progressivement, de 1832 à 1841, à dix ans deux mois et dix-sept jours, après avoir varié, de 1826 à 1831, entre six ans sept mois six jours et sept ans dix mois sept jours, est, en 1842, de dix ans deux mois et vingt-quatre jours.

La durée moyenne de la réclusion, qui était, en 1841, de six ans un mois et vingt-cinq jours, s'est élevée, en 1842, à six ans trois mois et vingt-quatre jours.

Parmi les 6,953 accusés traduits en 1842 devant les cours d'assises, 3,893 ont été reconnus coupables de crimes par le jury. Des circonstances atténuautes ont été admises en faveur de 2,615 de ces accusés ; elles ont été refusées à 1,278, formant le tiers, 33 sur 100, du nombre total des accusés déclarés coupables de crimes. En 1840 et 1841, cette proportion était de 31 sur 100 seulement. Les jurés avaient été plus faciles dans l'admission des circonstances atténuantes.

A l'égard de 1,254 des 2,615 accusés reconnus coupables avec des circonstances atténuantes, les peines prononcées par la loi étant les dernières dans l'ordre des peines infamantes, les cours d'assises ne pouvaient les abaisser que d'un degré en leur substituant des peines correctionnelles ; mais à l'égard des 1,361 autres, la peine pouvait être abaissée de deux degrés. Les cours d'assises ont usé de cette faculté pour 872 de ces derniers condamnés, s'associant ainsi pleinement à l'indulgence du jury. Elles n'ont abaissé la peine que d'un seul degré pour les 489 autres, formant 36 sur 100. En 1841, la peine n'avait été abaissée d'un seul degré qu'à l'égard de 33 sur 100. Ainsi, de même que le jury, les cours d'assises s'étaient montrées plus indulgentes qu'en 1842.

L'affermissement de la répression s'est fait remarquer, depuis quelques années, presque dans tous les départements, mais à des degrés fort inégaux. Ainsi le nombre moyen des acquittements pour tout le royaume, qui a été de 32 sur 100 en 1842, a été dépassé dans 41 départements; il a été identique dans 4 et moins élevé dans 41.

Les départements où la répression a laissé le plus à désirer en 1842 sont le Tarn et les Pyrénées-Orientales, où l'on compte 57 acquittés sur 100 accusés ; l'Aude, les Basses-Pyrénées, 0,54 ; les Deux-Sèvres, 0,53 ; l'Indre, 0,52 ; les Hautes-Pyrénées, 0,51 ; le Gers, 0,50.

Les départements qui présentent, au contraire, la répression la plus forte, sont : l'Oise, où il y a eu 11 acquittés seulement sur 100 accusés ; l'Aisne, l'Orne, Indre-et-Loire, 0,16 ; la Loire, 0,17 ; le Cantal, 018 ; les Hautes-Alpes, l'Ain, le Rhône, 0,19 ; la Charente, le Pas-de-Calais, 0,20.

Dans les départements de l'Ain, de l'Orne, de la Drôme, du Rhône, on compte 57 à 50 condamnés à des peines infamantes sur 100 accusés. Il y en a eu 49 sur 100 dans la Loire et Indre-et-Loire ; 0,47 dans l'Aisne ; 0,44 dans le Jura ; 0,43 dans le Pas-de-Calais ; 0,41 dans le Calvados, la Côte-d'Or, Eure-et-Loir ; 0,40 dans l'Oise, le Nord.

Dans d'autres départements, au contraire, le nombre proportionnel des condamnations à des peines infamantes n'a pas atteint 20 sur 100 ; il a été de 4, 5 et 7 sur 100 seulement dans la Creuse, les Pyrénées-Orientales, le Gers ; de 0,14 dans l'Aude, les Hautes-Pyrénées ; de 0,15 dans Tarn-et-Garonne.

Cette différence de répression d'un département à l'autre, ce nombre proportionnel élevé d'acquittements dans quelques-uns, sont dus à des circonstances pour la plupart indépendantes des magistrats. En effet, la nature des crimes, le sexe des accusés, leur âge, leur degré d'instruction influent sur le résultat des poursuites avec une régularité qui se reproduit chaque année.

La peine accessoire de l'exposition a été prononcée contre 946 condamnés. 39 condamnés en ont été exempts en raison de leur âge, comme septuagénaires ou mineurs de dix-huit ans; 965 en ont été dispensés par les cours d'assises, en vertu de la faculté que la loi leur confère.

Sur 100 condamnés à des peines infamantes pour lesquels les cours d'assises pouvaient user de cette faculté, les deux tiers, 66 sur 100, ont été affranchis par elles de l'exposition. En 1841, les cours d'assises en avaient dispensé un plus grand nombre, 69 sur 100.

Aux 5,104 accusations jugées contradictoirement par les cours d'assises, en 1842, il faut ajouter 442 accusations jugées par contumace, sans l'assistance du jury. Ces dernières accusations comprenaient 493 accusés : 445 hommes et 48 femmes. 6 seulement de ces accusés ont été acquittés; 15 ont été condamnés à mort; 29 aux travaux forcés à perpétuité; 253 aux travaux forcés à temps; 183 à la réclusion; 5 à la détention; 1 à la dégradation civique et 1 à l'emprisonnement.

Les accusés de banqueroute frauduleuse sont toujours ceux qui échappent le plus fréquemment aux recherches de la justice. On en compte 65 qui ont été jugés par coutumace en 1842.

Sur les 487 accusés condamnés en 1842 par coutumace, 34 ont été arrêtés ou se sont constitués volontairement dans le cours de la même année. 131 autres contumax, condamnés pendant les années antérieures, ont également été repris et jugés contradictoirement en 1842.

Parmi ces derniers, plusieurs avaient réussi à se soustraire pendant longtemps aux recherches de la justice. Entre la condamnation par contumace et l'arrêt rendu contradictoirement, il s'était écoulé de quinze à dix-neuf ans pour 6; de dix à quinze ans pour 16; de cinq à dix ans pour 25; d'un an à cinq ans pour 51; moins d'un an, enfin, pour 32.

Sur les 165 contumax repris et jugés contradictoirement en 1842 il y en a eu 69 (0,42) acquittés, 30 ont été condamnés à des peines infamantes, et 66 à des peines correctionnelles.

Classement des crimes.

Les 5,104 affaires jugées en 1842 par les cours d'assises embrassaient 8,777 crimes: parmi ces crimes on compte 449 tentatives de vol et 4,448 vols consommés. Ces vols avaient pour objet: 1,470, du numéraire ou des billets, effets de commerce et autres titres; 370, de l'argenterie, des bijoux ou autres choses précieuses; 343, des marchandises; 641, du linge ou des vêtements; 993, d'autres objets mobiliers de diverses espèces; 162, des comestibles; 179, du blé ou de la farine; 254, des animaux domestiques vivants; 36 enfin, tout ce que les voleurs avaient pu emporter indistinctement.

Les vols sont aussi classés suivant la valeur approximative des objets volés, quand cette valeur a pu être déterminée; le préjudice causé par 790 vols n'excédait pas 10 fr. Ce préjudice variait de 10 à 50 fr. pour 1,452 vols; de 50 à 100 fr. pour 572; de 100 à 1,000 fr. pour 1,003; il excédait 1,000 fr. pour 176 seulement. La distribution des vols d'après la valeur approximative des objets volés se fait, chaque année, avec une régularité remarquable. Ainsi, depuis l'année 1836, où ce renseignement a été recueilli pour la première fois, le nombre moyen annuel des vols de moins de 10 fr. a été du cinquième (20 sur 100) de tous ceux pour lesquels le montant du préjudice a pu être connu.

Les 3,993 vols dont l'importance a pu être indiquée approximativement en 1842 auraient causé ensemble un préjudice total de 1,016,122 fr., soit 254 fr. par vol, si une partie des objets dérobés n'était rentrée dans les mains des personnes dépouillées, par suite de restitutions volontaires ou forcées. Il est impossible de déterminer l'étendue de ces restitutions.

Le produit moyen des vols soumis aux cours d'assises avait été de 235 fr. en 1841, et de 238 fr. en 1840.

Ce produit varie suivant les départements. Il s'est élevé jusqu'à 1,106 et 1,067 fr. dans les départements du Var et d'Indre-et-Loire; il n'a été que de 25 et 26 fr. dans l'Orne et l'Ariége, de 34 fr. dans la Haute-Loire, de 42 fr. dans l'Yonne, de 47 à 48 fr. dans l'Indre et l'Ardèche, de 50 fr. dans la Meurthe. Dans le département de la Seine, il a atteint le chiffre de 619 fr.

La valeur des objets volés exerce toujours une influence marquée sur les déclarations du jury. En 1842, ces déclarations ont été négatives à l'égard de 33 sur 100 des accusés de vols de moins de 10 fr., et elles ne l'ont été qu'à l'égard de 20 à 18 sur 100 pour les vols de 10 à 50 fr., de 50 à 100 fr. et d'une importance supérieure.

Causes des crimes.

On remarquera encore cette fois avec quelle constante régularité les mêmes crimes sont, chaque année, le fruit des mêmes passions.

Quatre espèces de crimes les plus graves, l'empoisonnement, l'incendie, l'assassinat et le meurtre, forment ensemble un total de 793. La cupidité en a inspiré 132; la même passion en avait produit 144 et 154, en 1840 et 1841. Le nombre des crimes d'incendie commis par les propriétaires eux-mêmes, pour s'assurer les bénéfices d'une assurance exagérée, a été de 37; il avait été de 50 en 1840 et de 59 en 1841.

L'adultère a déterminé 44 crimes, le même nombre qu'en 1840, et 3 de moins seulement qu'en 1841.

Les victimes de 113 crimes causés par des dissensions domestiques et des discussions d'intérêt faisaient partie de la famille même des accusés.

La haine, la vengeance, ont déterminé 218 crimes; la jalousie, un amour contrarié, 13; la débauche, le concubinage, 27; des rixes de cabaret pour les motifs les plus frivoles ont été la cause de 94 meurtres.

Le nombre des lettres de réhabilitation accordées en 1842 a été de 14. Il avait été de 21 en 1840 et 1841, et de 26 en 1838 et 1839.

Les cours d'assises, en 1842, ont jugé 81 prévenus de délits politiques ou de délits de presse, impliqués dans 46 affaires. 20 de ces prévenus étaient poursuivis pour délits de presse périodique; 7 ont été acquittés et 13 condamnés à l'emprisonnement. Des délits de presse non periodique étaient imputés à 13 autres prévenus: 9 ont été condamnés à l'emprisonnement et 4 acquittés. 48 prévenus enfin avaient à répondre à des imputations de délits politiques; 36 ont été acquittés et 12 condamnés à l'emprisonnement.

Sur les 81 prévenus de délits de presse ou de délits politiques jugés en 1842, 20 l'ont été par la cour d'assises de la Seine.

En 1842, les 361 tribunaux correctionnels du royaume ont jugé 145,888 affaires, qui comprenaient 192,529 prévenus; ils n'avaient jugé, en 1841, que 141,304 affaires et 187,781 prévenus. Dans cette dernière année, il y avait eu diminution simultanée du nombre des accusés traduits devant les cours d'assises et de celui des prévenus soumis à la juridiction correctionnelle. Il n'en a pas été de même en 1842: le nombre des accusés a continué de diminuer, mais celui des prévenus s'est au contraire accru. Toutefois, malgré cet accroissement, le chiffre des prévenus de 1842 reste bien inférieur encore à celui de l'année 1840, pendant laquelle les délits comme les crimes avaient été beaucoup plus nombreux que pendant les années antérieures.

Les infractions soumises à la juridiction correctionnelle se partagent en deux classes bien distinctes, dont l'une ne présente pas le même caractère de gravité que l'autre, en contraventions fiscales et en délits communs.

Si l'on considère isolément les prévenus de cette dernière classe d'infractions pendant les seize dernières années, et que l'on divise ces seize années en périodes pour affaiblir l'effet des causes fortuites d'augmentation ou de diminution, on a, de 1827 à 1830, en moyenne, 61,123 prévenus de délits communs par année; 68,522 de 1831 à 1835. Leur nombre s'élève à 84,081 de 1836 à 1840; et enfin à 92,687 en 1841 et 1842. L'augmentation, qui a été progressive chaque année, ainsi qu'il résulte du tableau suivant, est de 27 sur 100, plus du quart, pendant la dernière période comparée à la première; et elle a porté exclusivement sur les délits jugés à la requête du ministre public.

ANNÉES.	NOMBRE DES PRÉVENUS jugés à la requête du ministère public.	des parties civiles.	Total.	NOMBRE moyen annuel de ces deux classes de prévenus par période.	NOMBRE des prévenus jugés à la requête des administrations publiques.
1827....	47,443	12,291	59,734		111,412
1828....	48,992	11,962	60,954		111,346
1829....	50,882	12,745	63,627	61,123	112,600
1830....	47,623	12,552	60,175		150,516
1831....	53,023	13,436	66,459		188,279
1832....	57,086	12,458	69,544		150,191
1833....	54,250	12,568	66,818	68,522	136,996
1834....	56,446	12,539	68,985		103,877
1835....	58,121	12,695	70,816		94,070
1836....	63,188	13,345	76,533		102,040
1837....	66,342	12,378	78,720		114,345
1838....	71,715	12,947	84,462	84,081	107,792
1839....	74,538	12,446	86,984		103,658
1840....	81,167	12,538	93,705		110,696
1841....	78,879	13,108	91,987	92,687	95,794
1842....	81,374	12,013	93,387		99,142

Après avoir constaté l'accroissement progressif du nombre des prévenus de délits communs, il n'est pas sans intérêt de rechercher dans quelles classes de délits cet accroissement s'est plus particulièrement manifesté. Le tableau suivant, où sont réunis les prévenus jugés depuis 1826 pour les délits les plus graves et en même temps les plus fréquents, permet de suivre d'un coup d'œil leur augmentation.

NATURE DES DÉLITS.	NOMBRE MOYEN ANNUEL des prévenus jugés.				
	de 1826 à 1830	de 1831 à 1835	de 1836 à 1840	en 1841	en 1842
Coups et blessures volontaires.	13,656	14,580	15,621	17,979	16,554
Diffamation et injures..........	3,304	3,649	3,673	3,940	3,924
Délits divers contre les mœurs....	725	673	1,078	1,329	1,374
Rupture de ban de surveillance. ..	«	1,674	2,815	2,961	3,095
Mendicité..................	966	1,800	2,431	3,160	3,478
Vagabondage.	2,910	3,204	3,445	3,896	4,265
Outrages et violences envers des magistrats ou des agents de la force publique.............	3,206	5,295	4,769	5,946	5,640
Rébellion...................	1,610	2,377	2,419	2,794	2,333
Banqueroute simple............	129	66	192	354	397
Abus de confiance.	547	667	1,143	1,382	1,417
Escroquerie..................	939	1,025	1,471	1,688	1,645
Vols simples.	12,676	15,589	22,102	22,315	23,845
Totaux.	40,568	49,599	61,159	67,744	67,967

Le nombre total des prévenus jugés en 1842, comparé à la population du royaume, présente le rapport de 1 prévenu pour 178 habitants; en 1841 c'était 1 pour 182 et 1 sur 167 en 1840.

La division des affaires jugées, en 1842, par les tribunaux correctionnels, en délits communs et en contraventions fiscales, donne, pour les premiers, le nombre de 69,513, pour les secondes celui de 76,375. Dans ce dernier total sont compris 69,126 délits forestiers, 1,975 délits de pêche, 2,178 infractions aux lois sur les douanes et 2,155 infractions aux lois sur les contributions indirectes.

Le tribunal correctionnel de la Seine a jugé 9,940 affaires en 1842; il en avait jugé 10,649 en 1841. Le tribunal de Strasbourg a rendu 4,142 jugements; celui de Colmar 4,100; mais plus des trois quarts des affaires jugées par l'un et par l'autre étaient des affaires forestières, tandis que presque toutes celles qui ont été soumises au tribunal de la Seine avaient pour objet des délits communs; 25 autres tribunaux ont statué sur plus de 1,000 affaires chacun pendant l'année 1842.

Parmi les 192,529 prévenus jugés en 1842, on compte 152,471 hommes (0,79) et 40,058 femmes (0,21). La proportion des femmes est de 17 sur 100 seulement parmi les prévenus de délits communs, et elle s'élève à 24 sur 100, parmi les prévenus de contraventions fiscales.

Les prévenus de délits communs sont distribués en trois catégories d'après leur âge: 3,591 (42 sur 1,000) n'avaient pas atteint leur seizième année; 10,156 (12 sur 100) avaient de seize à vingt-un ans; 71,141 (84 sur 100) avaient plus de vingt-un ans. L'âge de 5,046 prévenus est resté inconnu.

Les 3,591 prévenus âgés de moins de seize ans se divisent en 3,056 hommes (0,85) et 535 femmes (0,15); les 10,156 prévenus de seize à vingt-un ans, en 8,867 hommes (0,87) et 1,289 femmes (0,13).

Les trois cinquièmes (2,163) des prévenus des deux sexes âgés de moins de seize ans étaient poursuivis pour vol; 562 ou 16 sur 100, pour vagabondage et mendicité; 221 (6 sur 100), pour coups et blessures volontaires.

Pour les 192,529 prévenus pris ensemble, les poursuites ont eu les résultats suivants: 169,222 ont été condamnés, savoir: 48,755 à l'emprisonnement, 120,462 à l'amende et 5 à démolir des constructions élevées trop près des forêts, 23,307 ont été acquittés: parmi ceux-ci on comprend 1,550 enfants de moins de seize ans, que les tribunaux ont déclarés avoir agi sans discernement, et dont l'acquittement n'a été motivé que sur cette circonstance. 665 de ces enfants ont été remis à leurs familles, qui les réclamaient; 16 ont été placés sous la surveillance de la police, conformément à l'article 271, paragraphe 2, du Code pénal, et 869 envoyés dans des maisons d'éducation pénitentiaire.

Des peines accessoires ont été prononcées contre un certain nombre de condamnés: 2,737 ont été mis sous la surveillance de la police; 177 ont été interdits de certains droits civiques, civils ou de famille, énumérés dans l'art. 42 du Code pénal; 7 enfin ont été assujettis par les jugements à faire réparation et à s'éloigner d'un lieu déterminé, en vertu des articles 227 et 229 du Code pénal.

Les peines accessoires de la mise en surveillance et de l'interdiction de certains droits, etc., sont, d'année en année, plus rarement appliquées. Le nombre des condamnations à la surveillance, qui avait été en moyenne de 3,148, de 1826 à 1830; de 3,876, de 1831 à 1835; de 3,513, de 1836 à 1840, n'a pas dépassé 2,756 en 1841 et 2,737 en 1842.

Le nombre moyen annuel des condamnations à l'interdiction des droits mentionnés en l'art. 42 du Code pénal, après avoir été de 560, de 1826 à 1830; de 280, de 1831 à 1835; est descendu à 180, de 1836 à 1840; à 193 en 1841, et à 177 en 1842.

L'art. 463 du Code pénal a été appliqué, en 1842, à 29,941 condamnés. Il l'avait été à 28,810 en 1841, à 25,037, en moyenne, de 1840 à 1836; à 17,480, de 1835 à 1831; à 11,755 enfin, de 1830 à 1826.

Si l'on compare le nombre des condamnations prononcées pour délits communs à celui des prévenus qui ont joui du bénéfice de l'art. 463, on trouve qu'en 1842, de même qu'en 1840, cet article a été appliqué à 42 condamnés sur 100. En 1841 il ne l'avait été qu'à 41 sur 100.

Les résultats des poursuites varient suivant la qualité des parties poursuivantes. Les poursuites exercées par les administrations publiques, étant toujours appuyées sur des procès-verbaux qui font foi en justice, sont rarement suivies d'acquittement. Mais le nombre des acquittements est surtout considérable dans les affaires jugées à la requête des parties civiles, parce que celles ci, entraînées par la passion, forment souvent des actions irréfléchies et sans fondement.

L'affermissement de la répression n'est pas moins remarquable, depuis quelques années, devant la juridiction correctionnelle que devant les cours d'assises. Les résultats des poursuites dans les affaires jugées à la requête du ministère public font voir que, chaque année, le nombre proportionnel des acquittements diminue, et que celui des condamnations à l'emprisonnement augmente.

En réunissant aux 48,755 condamnés à l'emprisonnement les 869 mineurs de seize ans envoyés dans des maisons d'éducation pénitentiaire, on a un total de 49,624 individus ayant à subir une détention.

La durée de cette détention a été:

De moins de 6 jours pour.	6,226	13 sur 100
De 6 jours à 1 mois pour.	14,600	29 —
De 1 mois à 6 pour.	16,791	34 —
De 6 mois à 1 an pour.	5.983	12 —
A reporter.	43,600	88

Report	43,600	88
De 1 an et 1 jour à 2 ans pour	4,207	10 sur 100.
De 2 à 5 ans pour	860	
De 5 ans pour	685	2 —
De 5 à 10 ans pour	223	
De 10 ans pour	49	
Total	49,624	100

Les proportions ci-dessus varient peu. Elles étaient absolument les mêmes en 1841.

Il n'est pas sans intérêt de remarquer que, parmi les condamnés qui ont à subir les plus longues détentions, les enfants de moins de seize ans, envoyés dans des maisons d'éducation pénitentiaire, comptent pour plus d'un tiers (35 sur 100). Ainsi, parmi des individus devant subir de deux à cinq ans de détention, il y a 351 enfants; il y en a 113 parmi ceux qui doivent subir cinq ans; 161 parmi ceux qui doivent subir de cinq à dix ans; enfin 14 parmi ceux qui doivent être tenus dix ans: ce qui réduit à 1,178 le nombre des adultes condamnés, en 1842, à plus de deux ans d'emprisonnement.

Sur les 145,888 jugements rendus en 1842 par les tribunaux correctionnels, 6,954 ont été frappés d'appel; c'est moins de 1 sur 20 (48 sur 1,000). La proportion était de 47 sur 1,000 en 1841.

Les 6,954 appels intéressaient 8,932 prévenus; 2,748 prévenus étaient intimés par le ministère public, les parties civiles ou les administrations publiques; 5,349 étaient appelants, et 835 appelants et intimés tout à la fois.

Parmi les jugements attaqués, 4,193 (0,60) ont été confirmés, et 2,761 (0,40) infirmés en tout ou partie. Les jugements confirmés prononçaient des acquittements au profit de 936 prévenus, et des condamnations contre 4,411; à l'égard de 29, ils déclaraient l'incompétence de la juridiction correctionnelle.

Les 2,761 jugements réformés concernaient 3,556 prévenus. 773 de ceux-ci, acquittés par les premiers juges, ont été condamnés par ceux d'appel, qui en ont au contraire acquitté 669, condamnés en première instance. La peine de 799 autres condamnés a été augmentée, celle de 1,160 diminuée. En résumé, le sort de 1,572 prévenus (0,46) a été aggravé par le résultat des appels, celui de 1,829 (0,54) a été amélioré.

Les juges d'appel, en réformant les décisions de première instance relatives à 155 prévenus, se sont bornés à proclamer la compétence ou l'incompétence de la juridiction correctionnelle.

Sur les 6,953 accusés traduits en 1842 devant les cours d'assises, 1,733 étaient en récidive : 161 avaient été précédemment condamnés aux travaux forcés, 96 à la réclusion, 581 à plus d'un an d'emprisonnement, 857 à un an et moins de la même peine, et 38 à l'amende seulement.

Le nombre proportionnel des récidivistes parmi les accusés s'est constamment accru depuis 1826. De 1826 à 1830, il y a eu, en moyenne, 16 récidivistes sur 100 accusés par année, et 19 sur 100 de 1831 à 1835; la proportion s'est élevée à 22 sur 100 de 1836 à 1840; enfin à 24 et 25 sur 100 en 1841 et 1842. Le tableau suivant montre combien la progression a été régulière, chaque année. Si l'augmentation n'a pas porté sur les forçats et les réclusionnaires libérés comme sur les libérés de peines correctionnelles, c'est que, depuis 1828, et notamment depuis la loi du 28 avril 1832, le nombre des condamnations à des peines infamantes a beaucoup diminué.

Parmi les accusés jugés en 1842, qui étaient en récidive, 985 n'avaient été condamnés précédemment qu'une seule fois; 390 l'avaient été deux fois; 175 trois fois; 94 quatre fois; 50 cinq fois; 49, enfin, de six à dix fois et même davantage.

Le nombre proportionnel des accusés en récidive, qui a été, pour tout le royaume, de 25 sur 100 en 1842, s'est élevé jusqu'à 45 sur 100 dans le département de Seine-et-Oise; 40 sur 100 dans ceux de Seine-et-Marne et du Nord ; 39 sur 100 dans le Pas-de-Calais ; 38 sur 100 dans le Doubs ; 36 sur 100 dans le Calvados et le Loiret ; 35 sur 100 dans l'Orne et la Loire-Inférieure ; 33 sur 100 dans la Marne ; enfin, 32 sur 100 dans la Moselle, Loir-et-Cher, l'Aube et la Seine.

Dans les nouveaux crimes qu'ils commettent, les récidivistes s'attaquent toujours plus fréquemment aux propriétés qu'aux personnes. Sur 100 accusés traduits aux assises en 1842 pour des crimes contre les personnes, il n'y en avait que 15 en récidive, tandis que l'on en comptait 20 (près du double) sur 100 accusés jugés pour des crimes contre les propriétés.

Plus des sept dixièmes des accusés en récidive (0,71) étaient poursuivis pour des vols qualifiés. Parmi les accusés jugés pour la première fois, 47 sur 100 seulement, moins de la moitié, avaient à répondre à des accusations de cette nature.

Des vols qualifiés ou simples avaient motivé la première condamnation des deux tiers (0,67) des accusés en récidive.

Sous le rapport du sexe, les accusés en récidive se divisent en 1,580 hommes et 153 femmes ; ces dernières ne forment pas le dixième du nombre total.

Les antécédents des accusés ne peuvent manquer d'exercer une grande influence sur les résultats des poursuites. Parmi les 1,733 accusés jugés en 1842, qui étaient en récidive, 237 ou 14 sur 100 ont été acquittés ; 13 ont été condamnés à mort ; 58 aux travaux forcés à perpétuité ; 544 aux travaux forcés à temps ; 352 à la réclusion ; 462 à plus d'un an d'emprisonnement, et 67 à un an et moins de la même peine. La répression devient plus sévère, à l'égard des récidivistes, à mesure que les peines antérieures ont été plus graves.

Parmi les prévenus traduits, en 1842, devant les tribunaux correctionnels, à la requête du ministère public, pour des délits communs, 14,093 avaient subi précédemment des condamnations ; 710 étaient forçats libérés ; 565 avaient été condamnés à la réclusion ; 3,689 à plus d'un an d'emprisonnement ; 8,634 à un an et moins de la même peine, et 495 à l'amende seulement.

Une seule condamnation antérieure avait été prononcée contre 6,605 (47 sur 100) des prévenus en récidive ; 2,745 en avaient subi deux ; 1,565, trois ; 924, quatre ; 672, cinq ; 452, six ; 311, sept ; 256, huit ; 178, neuf ; 285, enfin, dix ou plus.

Comparé au nombre total des prévenus jugés à la requête du ministère public, les seuls dont les antécédents aient pu être constatés, le nombre des prévenus en récidive est dans le rapport de 174 sur 1,000, comme en 1840. En 1841, il était de 174 sur 1,000 ; et cette proportion a varié de quelques millièmes seulement chaque année, depuis 1835. Le nombre des prévenus en récidive s'est cependant élevé, pendant ces huit années, de 8,909 à 14,093 ; mais l'accroissement s'est constamment maintenu en rapport avec l'augmentation qui se remarque également dans le nombre total des prévenus jugés par les tribunaux correctionnels à la requête du ministère public.

Le nombre proportionnel des prévenus en récidive, qui a été de 173 sur 1,000 pour tous les tribunaux ensemble, s'est élevé à 320 sur 1,000 dans le département de la Seine. C'est aussi dans le même département que l'on compte le nombre proportionnel le plus élevé de prévenus jugés plusieurs fois dans le cours de l'année. 383 récidivistes ont été jugés deux fois, 84 trois fois, et 27 jusqu'à quatre, cinq et six fois par le tribunal correctionnel de Paris, dans le cours de l'année 1842.

Sur les 14,093 prévenus jugés en 1842, qui étaient en récidive, 4,490 (0,32) étaient poursuivis pour vol ; 2,739 l'étaient pour vagabondage ou mendicité, 1,140 pour coups et blessures volontaires, 831 pour rébellion et outrages envers des fonctionnaires ou agents de la force publique, 339 pour escroquerie, 205 pour abus de confiance, et 121 pour outrages publics à la pudeur.

Si l'on rapproche ces diverses classes de récidivistes du nombre total des prévenus de chacune de ces espèces de délits, on trouve 35 récidivistes sur 100 prévenus de vagabondage ou mendicité ; 20 sur 100 prévenus d'escroquerie, 19 sur 100 prévenus de vol, 14 sur 100 prévenus d'abus de confiance et d'outrages publics à la pudeur, 10 sur 100 prévenus de rébellion et d'outrages envers des fonctionnaires publics, enfin 7 sur 100 prévenus de coups et blessures volontaires.

Sur les 14,093 prévenus en récidive, 818 seulement ont été acquittés ; 592 ont été condamnés à l'amende, 9,202 à moins d'un an d'emprisonnement, 499 à un an, 2,441 à plus d'un an et moins de cinq, 453 à cinq ans, 88 à plus de cinq ans. Le nombre proportionnel des acquittements n'atteint pas 6 sur 100. Il s'élève à 20 sur 100 parmi les prévenus jugés pour la première fois.

Le nombre proportionnel des récidives s'est accru progressivement, pour les bagues, de 14 récidives sur 100 forçats libérés de 1830, à 34 récidives sur 100 forçats libérés de 1838 ; pour les maisons centrales, de 18 récidives sur 100 libérés de 1830, à 35 5/10 récidives sur 100 libérés de 1838.

Sur les 15,493 condamnés libérés des bagues et des maisons centrales, de 1830 à 1838, qui ont été repris pendant une période quinquennale, 9,678 (0,62) ont été jugés une seule fois pendant les cinq années, 3,037 ont été jugés deux fois, 1,317 trois fois, et 1,461 de quatre à dix fois.

Des vols qualifiés ont motivé les poursuites contre 3,683 de ces récidivistes ; 483 ont été jugés pour d'autres crimes ; 7,163 pour des délits de vols, d'escroquerie, d'abus de confiance ; 1,141 pour vagabondage ou mendicité ; 1,865 pour rupture de ban, et 1,158 pour d'autres délits.

Il n'y en a eu que 520 (3 sur 100) qui aient été acquittés de toutes les poursuites dirigées contre eux ; 2,971 ont été condamnés à des peines infamantes, 8,238 à plus d'un an d'emprisonnement, et 3,764 à un an et moins de la même peine.

Parmi les libérés des bagues comme parmi les libérés des maisons centrales, plus des trois quarts des récidives ont lieu dans les deux premières années de la libération.

Si l'on distingue, parmi les libérés des maisons centrales, les hommes des femmes, on a 37 récidives sur 100 hommes libérés, et 27 seulement sur 100 femmes libérées.

Enfin le nombre proportionnel des récidives varie beaucoup d'un bague à l'autre et de maison centrale à maison centrale. Sur 100 condamnés libérés du bague de Rochefort, on compte à peine 20 récidives. Il y en a de 25 à 30 sur 100 libérés de Brest, et jusqu'à 36 et 37 sur 100 libérés de Toulon.

Près des trois cinquièmes des libérés qui sortent de la maison centrale de Poissy sont repris dans les cinq ans qui suivent leur libération ; la proportion s'est même élevée quelquefois jusqu'aux deux tiers. Le nombre proportionnel des récidives ne dépasse pas 50 sur 100 pour les libérés de Melun. Ce nombre n'atteint pas le cinquième (0,20) des libérés de quelques autres maisons centrales.

Sur 461 forçats sortis en 1842 des bagues, 50 (0,11) ont été poursuivis et jugés de nouveau avant le 1er janvier 1843, c'est-à-dire, dans l'espace de moins d'une année. Pendant le même laps de temps, il y a eu 745 récidives (0,12) parmi les 6,101 condamnés libérés des maisons centrales en 1842.

Les forçats libérés des bagnes en 1841 avaient fourni 25 récidives sur 100, pendant les années 1841 et 1842; les libérés des maisons centrales en avaient fourni : les hommes 26 sur 100 et les femmes 14.

Sur 100 condamnés libérés des bagnes en 1840, il y avait eu 30 récidives, pendant les années 1840, 1841 et 1842 ; sur 100 libérés des maisons centrales, on en comptait, parmi les hommes, 0,32, et parmi les femmes, 0,21.

Enfin, 100 condamnés libérés des bagues en 1839 avaient donné 31 récidives jusqu'au 31 décembre 1842 ; 100 libérés des maisons centrales en avaient donné, les hommes 34, les femmes 25.

Les tribunaux de simple police, au nombre de 2,680, ont prononcé 181,866 jugements en 1842 ; savoir : 146,211 contradictoires et 35,655 par défaut ; 175,243 à la requête du ministère public et 6,623 à la requête des parties civiles. Il n'avait été rendu que 167,519 jugements en 1841, e 165,702 en 1840.

Les 9 tribunaux de simple police du département de la Seine ont rendu ensemble 25,010 jugements, le septièm de tous ceux qui ont été prononcé dans l'année.

Le nombre des inculpés intéressés dans les affaires jugées par les tribunaux de simple police s'est élevé à 240,397 : c'est 14,208 de plus qu'en 1841. Ces tribunaux se sont déclarés incompétents à l'égard de 847 inculpés ; ils en ont acquitté 25,266 (0,10) et condamné 204,909 (0,85) à l'amende, 9,375 (0,04) à l'emprisonnement.

Sur le nombre total des inculpés, 103,966 étaient poursuivis pour des contraventions aux lois et règlements relatifs à la sûreté et à la tranquillité publique ; 72,733 pour des contraventions rurales ; 1,590 pour des contraventions aux lois et règlements concernant la propreté et la salubrité publique ; 42,108 pour d'autres contraventions diverses.

Les jugements des tribunaux de simple police n'ont donné lieu qu'à 349 appels : c'est à peine 2 sur 1.000.

Les principaux auxiliaires du ministère public dans l'exercice de la police judiciaire, en matière de délits communs, sont les juges de paix, les maires, les commissaires de police aidés des agents placés sous leurs ordres, la gendarmerie et les gardes champêtres communaux.

Le personnel de ces diverses classes d'agents se compose ainsi qu'il suit : 2,860 juges de paix ; 37,040 maires ; 962 commissaires de police assistés de 2,975 agents ; 14,027 gendarmes divisés en 2,564 brigades, et 33,517 gardes champêtres communaux.

Le ministère public a reçu en 1842 : des 2,860 juges de paix, 10,244 procès-verbaux ou dénonciations ; des 37,040 maires, 24,179 ; des 33,517 gardes champêtres, 7,573 : des 962 commissaires de police, 38,938 ; de la gendarmerie, enfin, 54,282.

Si l'on compare au nombre des officiers et agents de police judiciaire de chaque classe le nombre des crimes et délits constatés ou dénoncés par eux, on trouve 10 procès-verbaux ou dénonciations par chaque commissaire ou agent de police, de 3 à 4 procès-verbaux ou dénonciations par chaque gendarme et par chaque juge de paix, 2 procès-verbaux ou dénonciations pour 3 maires, et à peine 1 procès-verbal ou dénonciation par 4 gardes champêtres communaux.

Outre les 133,362 procès-verbaux et dénonciations parvenus à leur connaissance par les voies ci-dessus énoncées, les procureurs du roi ont eu à s'occuper, en 1842, de 30,136 autres ; savoir : 1,006 dont ils étaient restés saisis à la fin de l'année précédente ; 13,057 qui ont été transmis directement par les parties lésées : 12,880 aux procureurs du roi eux-mêmes et 177 aux juges d'instruction ; enfin, 16,073 qui sont venus à la connaissance du ministère public de diverses autres manières. C'est en tout 163,498 affaires dans lesquelles ne sont pas comprises les contraventions fiscales jugées à la requête des administrations publiques, et les contraventions portées directement devant les tribunaux de police.

Sur ce nombre, 59,324 ont été communiquées aux juges d'instruction pour être soumises à une information préalable ; 40,975 ont été portées, sur citation directe, à l'audience des tribunaux correctionnels : 31,089 par le ministère public, et 9,886 par les parties intéressées ; 4,047 ont été renvoyées devant d'autres juridictions compétentes ; 58,290 ont été classées au parquet pour rester sans poursuites ; enfin, il n'avait été pris aucune détermination, le 31 décembre 1842, à l'égard de 862.

Le nombre des plaintes, dénonciations et procès-verbaux avait été moins élevé de 8,000 à peu près en 1841.

Aux 59,324 affaires communiquées, en 1842, aux juges d'instruction, il faut en ajouter 4,092 qui restaient entre leurs mains de l'année précédente. L'instruction de 58,680 de ces affaires a été terminée pendant l'année, et elles ont été réglées par des ordonnances des chambres du conseil : ces ordonnances ont déclaré qu'il n'y avait lieu à suivre contre les inculpés dans 20,035 affaires, elles en ont renvoyé 5,895 devant les chambres d'accusation, 32,220 devant les tribunaux correctionnels, 178 devant les tribunaux de simple police, et 352 devant d'autres juridictions. 45 affaires ont été évoquées par les cours royales, et 4,691 restaient en instruction à la fin de l'année.

Dans 14,255 affaires, les juges d'instruction ont été secondés pour l'information par les juges de paix, qui, par suite de délégations, de commissions rogatoires ou en cas de flagrant délit, ont entendu 70,197 témoins.

Les chambres d'accusation, saisies tant en 1842 que précédemment, de 6,258 affaires, en ont renvoyé 5,538 aux cours d'assises, 221 aux tribunaux correctionnels, 10 devant d'autres juridictions, et elles ont rendu des arrêts de non-lieu à suivre dans 489 affaires.

Les affaires laissées sans poursuites par le ministère public, ou réglées par des ordonnances et des arrêts de non-lieu, sont au nombre de 78,588. C'est presque la moitié (0,48) de toutes celles dont le ministère public a eu à s'occuper en 1842. Elles ont été laissées sans poursuites : 33,824, parce que les faits dénoncés ne constituaient ni crimes ni délits, 24,133, parce que les faits étaient sans gravité et n'intéressaient pas essentiellement l'ordre public, 15,764, parce que les auteurs des crimes ou délits n'avaient pu être découverts, 4,867, enfin, par divers autres motifs. La nature de ces affaires est indiquée avec la cause de l'abandon dans trois tableaux.

Le nombre des individus arrêtés et détenus préventivement pendant l'instruction préliminaire des crimes et délits qui leur étaient imputés a été, en 1842, de 51,263. Il est à peu près le même chaque année. Sur ces 51,263 individus, 13,697 (0,27) ont été déchargés des poursuites et mis en liberté après une très-courte détention par des ordonnances des chambres du conseil ou des arrêts des chambres d'accusation. 30,593 ont été renvoyés devant les tribunaux correctionnels, et 6,973 devant les cours d'assises. Parmi les accusés et prévenus de ces deux dernières classes, 5,649 ont été acquittés. Ainsi le nombre des inculpés détenus pendant l'instruction, dont la culpabilité a été constatée par des arrêts ou jugements qui ont prononcé contre eux des condamnations de diverses espèces, a été de 31,917, plus des trois cinquièmes, ou 62 sur 100 du nombre total.

INDIVIDUS DÉTENUS.	DURÉE DE LA DÉTENTION AVANT JUGEMENT.					
	Moins d'un mois.	1 à 2 mois.	2 à 3 mois.	3 à 6 mois.	6 mois et plus	Totaux
Renvoyés des poursuites par les chambres du conseil.	11,161	1,485	341	88	40	13,115
Renvoyés des poursuites par les chambres d'accusation.	166	234	103	57	22	582
Acquittés par les tribunaux correctionnels.	2,496	625	178	52	39	3,390
Acquittés ou absous par les cours d'assises.	254	360	475	959	211	2,259
Totaux.	14,077	2,704	1,097	1,156	312	19,346

Sur 100 affaires soumises à l'instruction, 92 ont été réglées par les chambres du conseil dans les trois mois de la perpétration des crimes et délits, et 64 par les chambres d'accusation, dans le même délai. Devant les tribunaux correctionnels, 94 affaires sur 100 ont été jugées dans les trois mois à partir de la date du délit. Devant les cous d'assises, 89 affaires sur 100 ont été jugées dans les six mois. Ces résultats témoignent de la célérité de la justice et du zèle des magistrats.

Il y a eu, en 1842, 126 fonctionnaires publics ou agents inculpés de crimes ou de délits commis dans l'exercice de leurs fonctions. L'autorisation de les poursuivre a été demandée soit aux administrations compétentes, soit au conseil d'Etat. Cette autorisation a été refusée à l'égard de 62 fonctionnaires ou agents; elle a été accordée pour 26 par les administrations compétentes et pour 38 par le conseil d'Etat.

Des 64 fonctionnaires ou agents dont la mise en jugement a été autorisée, 35 ont été déchargés des poursuites, 4 ont été condamnés à la réclusion, 12 à l'emprisonnement et 9 à l'amende. Le résultat des poursuites à l'égard des 4 autres n'est pas encore connu.

La composition des listes générales du jury, le nombre et la durée des sessions d'assises dans chaque département, le nombre des témoins entendus, soit dans l'instruction, soit aux débats, enfin le nombre des jurés défaillants et les excuses présentées par eux sont indiqués dans les trois derniers tableaux de la cinquième partie.

Il a été soumis, en 1842, à la section criminelle de la cour de cassation 1,381 pourvois, dont 47 étaient dirigés contre des décisions émanées des cours et tribunaux des colonies. De ces 1,381 pourvois, 1,074 étaient formés par les parties intéressées et 307 par le ministère public. Plus de la moitié de ces derniers pourvois (168) avaient pour objet des jugements rendus par des tribunaux de simple police.

Le nombre des arrêts rendus par la section criminelle de la cour de cassation en 1842 a été de 1,288, savoir : 688 en matière criminelle, 344 en matière correctionnelle, 175 en matière de simple police, 32 sur des décisions des conseils de discipline de la garde nationale, 49, enfin, statuant sur des demandes en règlement de juges ou en renvoi d'un tribunal à un autre pour cause de suspicion légitime.

De ces arrêts, 244 (0,20) ont annulé les décisions attaquées, 791 (0,64) ont rejeté les pourvois, et 204 (0,16) ont déclaré n'y avoir lieu à statuer. 2 demandes en règlement de juges ont été rejetées et 46 ont été accueillies, ainsi que l'unique demande en renvoi pour cause de suspicion légitime qui eût été formée.

Sur les 5,150 arrêts contradictoires rendus en 1842 par les cours d'assises du royaume, en matière criminelle ou de délits de presse, 689 (0,13) ont été déférées à la cour de cassation, 672 par les condamnés et 17 par le ministère public. 51 arrêts seulement ont été cassés en tout ou en partie pour divers motifs qui sont indiqués avec soin. 28 arrêts ont annulé les déclarations du jury en même temps que les décisions des cours d'assises, et renvoyé les affaires devant un nouveau jury. 5 arrêts ont cassé seulement les décisions des cours d'assises, les déclarations du jury restant pour servir de base à une nouvelle application de la loi, devant d'autres cours d'assises. 2 arrêts de cassation ont été prononcés dans l'intérêt de la loi, et 17 n'ont annulé que quelques dispositions accessoires des arrêts des cours d'assises, relatives à la contrainte par corps pour le paiement des frais, ou à des questions de dommages-intérêts.

Les 33 arrêts de cassation prononçant le renvoi devant d'autres cours d'assises s'appliquaient à 44 accusés qui avaient été condamnés : 4 à mort, 4 aux travaux forcés à perpétuité, 14 aux travaux forcés à temps, 15 à la réclusion et 7 à l'emprisonnement. 7 ont été acquittés par les nouveaux arrêts intervenus, 3 ont été condamnés à mort, 4 aux travaux forces à perpétuité, 9 aux travaux forcés à temps, 15 à la réclusion, 5 à l'emprisonnement et 1 à l'amende. Le sort de 21 a été amélioré par la seconde décision, celui de 7 a été aggravé, et, enfin, celui de 16 n'a pas été changé.

Les trois magistrats qui siégent au petit parquet du département de la Seine, pour assurer l'exécution de l'art. 93 du Code d'instruction criminelle, ont été saisis, en 1842, de 9,766 affaires relatives à 11,574 inculpés. Après un premier interrogatoire, 4,477 de ces inculpés ont été mis en liberté; les 7,097 autres ont été retenus sous mandat de dépôt, pour que l'instruction fût continuée à leur égard. Il avait été amené au petit parquet

10,631 inculpés en 1841 et 11,545 en 1840.

Le nombre des arrestations opérées, en 1842, dans le département de la Seine, a été de 14,777 ; c'est 406 de plus qu'en 1841, et 847 de moins qu'en 1840. Ces arrestations ont été faites : 11,359 à Paris, et 3,408 dans la banlieue.

Le flagrant délit, le défaut d'asile et de ressources ont motivé l'arrestation de 12,847 individus ; les autres, au nombre de 1,930, ont été arrêtés en vertu de mandats délivrés par les autorités judiciaires.

Sur les 14,777 individus arrêtés, 13,703 ont été renvoyés devant l'autorité judiciaire ; les autres ont été relaxés sur-le-champ ou dirigés avec passeport, soit sur les départements, soit sur la frontière, ou placés dans des hospices.

Les antécédents des individus arrêtés, leur sexe, leur âge, leur nationalité, leur profession, sont indiqués dans divers tableaux, qui font connaître en même temps le nombre des arrestations par mois.

Outre les morts violentes causées par les crimes et délits qui ont été l'objet de poursuites, et figurent à ce titre dans les premières parties du compte, il a été dénoncé au ministère public, soit par procès-verbaux, soit autrement, 10,862 décès dont la cause pouvait paraître suspecte. L'information a fait connaître que 903 de ces décès étaient des morts subites, 7,093 la suite d'accidents et 2,866 le résultat du suicide.

Parmi les 7,093 individus qui sont morts accidentellement, 3,645 ont péri par submersion ; 712 ont été écrasés par des voitures, des charettes ou des chevaux ; 72 ont été victimes d'accidents arrivés sur des chemins de fer ; 255, de l'usage immodéré du vin et des liqueurs alcoholiques.

Le nombre des suicides a continué de s'accroître en 1842 ; il s'est élevé à 2,866. En 1841, on en comptait 2,814 et 2,752 en 1840. Le département de la Seine a fourni à lui seul 516 suicides, près du cinquième (0,18) du nombre total.

Les départements qui en offrent, après celui-ci, le nombre le plus élevé, sont : la Seine-Inférieure, 111 ; le Nord, 107 ; Seine-et-Oise, 95 ; Seine-et-Marue, l'Oise, 82. Il n'y en a eu que 2 dans l'Aveyron et le Cantal, 3 dans la Corse, 4 dans la Haute-Loire et la Lozère.

Sous le rapport du sexe, les suicidés se divisent en 2,129 hommes (0,74) et 737 femmes (0,26), 18 enfants de moins de seize ans se sont donné la mort ; 38 suicidés étaient octogénaires, 213 septuagénaires, 377 sexagénaires.

Pour attenter à leurs jours, 947 individus ont employé la submersion et 940 la strangulation ou la suspension : ce sont les moyens les plus usités ; 438 se sont servis d'armes à feu, 143 d'instruments tranchants ou aigus ; 196 ont eu recours à l'asphyxie par le charbon, 62 au poison ; 127 se sont précipités de lieux élevés.

Les causes présumées des suicides ont été recherchées et constatées avec soin ; ce sont presque toujours les mêmes. Les plus fréquemment signalées sont la misère, des embarras de fortune, des chagrins domestiques, l'abrutissement produit par l'ivrognerie, le désir de se soustraire à des souffrances physiques, à des poursuites judiciaires.

L'influence des saisons sur le nombre des suicides est toujours très-marquée. En 1842, il y en a eu 777 pendant les mois de mars, d'avril et de mai ; 917 pendant les mois de juin, de juillet et d'août ; 562 pendant les mois de septembre, d'octobre et de novembre, et 610 pendant les mois de décembre, de janvier et de février.

Les deux derniers tableaux du compte présentent les grâces collectives accordées annuellement par le roi, en conformité de l'ordonnance royale du 6 février 1818. Parmi les 6,918 forçats que renfermaient les bagnes au commencement de l'année 1842, l'administration en a choisi 211 que leur bonne conduite semblait rendre dignes d'indulgence. Le roi a daigné accorder à 43 la remise du reste de leur peine et à 86 des commutations ou des réductions. Sur les 18,460 condamnés qui étaient détenus, à la même époque, dans les maisons centrales, 727 avaient été signalés à la clémence du roi ; 423 en ont ressenti les bienfaits : 222 ont obtenu la remise du reste de leur peine et 201 une réduction. La remise de tout ou partie de leur peine a été faite également à 102 condamnés détenus dans les maisons départementales.

TABLEAU DES OPÉRATIONS

DU

TRIBUNAL DE COMMERCE DE LA SEINE

PENDANT L'ANNÉE 1843

ET

STATISTIQUE MUNICIPALE.

Extrait du compte-rendu fait par M. le comte de Rambuteau, préfet de la Seine.

Le nombre des causes jugées a été :

Du 1er juillet 1843 au 1er janvier suivant, de........	22,131
Du 1er janvier au 30 juin, de.	20,973
Total.....	43,104

Le nombre des faillites déclarées au tribunal de commerce a été :

Du 1er juillet au 31 septembre, de........................	365
Du 1er janvier au 30 juin, de....	265
Total....	630

Parmi ces sinistres, un très-petit nombre peut être attribué aux maisons recommandables par l'esprit d'ordre et de conduite qui leur avait mérité la confiance et l'estime générale. La plupart sont la suite de l'imprudence avec laquelle trop souvent on entreprend des affaires, alors que l'on est dépourvu de cette direction sage, fruit de l'examen et de l'expérience ; ou encore ils proviennent de ce qu'on ne craint pas d'absorber une forte partie du capital dans des dépenses improductives de luxe et de décoration, qui laissent sans ressources au premier embarras, à l[a] première difficulté.

Le rôle que le département de l[a] Seine a été appelé à remplir dans l'exposition des produits de l'industrie nationale mérite une mention toute spéciale. Nos industriels, dans cett[e] circonstance comme dans toutes le[s] expositions précédentes, ont continu[é] d'occuper la première place, une plac[e] tout exceptionnelle, et telle qu'on doi[t] l'attendre de l'immense développement de la production de Paris et d[u] département.

En 1819, le département de l[a] Seine, sur 1,662 exposants, en comptait déjà à lui seul 503, ou près d'u[n] tiers. Depuis lors, ce nombre a toujours tendu à s'accroître ; en 1823 il [a] été de 845 sur 1,648 exposants, e[n] 1827 de 1,110 sur 1,795, en 1834 d[e] 1,400 sur 2,447, en 1839 de 2,027 su[r] 3,381 ; enfin, en 1844, il s'est élevé [à] 2,204 pour 3,963 ; et cela malgré l[a] sévérité du jury départemental et l'exclusion prononcée contre certaine[s] branches d'industrie parisienne qui avaient été admises dans les précédentes expositions.

Mais ce n'est pas seulement par le

nombre que l'industrie de la Seine figure à l'exposition : la part qui lui revient dans les récompenses distribuées aux vainqueurs atteste aussi son mérite.

En 1819, sur 826 récompenses, le département de la Seine en avait obtenu 243.

En 1823, sur 1,132, il en méritait 454.

En 1827, sur 2,200, la Seine en recevait près de 850.

En 1834, sur près de 2,200 encore, il en obtenait environ 900.

En 1839, la proportion a été la même, et tout porte à croire que nous aurons encore à la constater pour 1844.

Un des faits qui frappaient le plus lorsqu'on parcourait les produits offerts par les exposants de la Seine, c'était l'immense variété de ces produits.

Tandis que, dans les autres départements, l'industrie concentre toutes ses forces, se resserre, pour ainsi dire, sur un seul point, sur une spécialité, la Seine réunit toutes les branches manufacturières, n'est inférieure sur aucune, et l'emporte sur beaucoup.

Ainsi, c'est à Paris que se fabriquent ces bronzes si renommés qui fournissent à la consommation, non-seulement de la France, mais du monde entier, puissante fabrication qui atteint aujourd'hui une production de 40 millions et occupe 6,000 ouvriers.

C'est à Paris que l'orfévrerie et la joaillerie font de ces prodiges de ciselure qui ne trouvent point de rivaux.

C'est encore à Paris que l'astronomie, la physique, la chimie et la chirurgie viennent demander les admirables et précieux instruments que la science perfectionne sans cesse, et qui sans cesse, à leur tour, font faire de nouveaux progrès à la science.

C'est aussi à Paris que s'est concentrée presque tout entière la fabrication des instruments de musique, qui prend chaque année de nouveaux accroissements. L'industrie de nos papiers peints ne connaît pas d'émule ; et, quant à l'industrie des meubles, on pourrait, à plus forte raison, répéter en 1844 ce que disait le jury de 1839, que le faubourg Saint-Antoine n'est qu'une admirable usine dirigée par des industriels aussi laborieux qu'intelligents. Beaucoup de gigantesques machines que la foule admirait à l'exposition ont été créées aux portes mêmes des galeries qui s'étaient ouvertes pour les recevoir ; c'est de Paris que doivent partir quelques-uns de ces appareils qui apprennent à nos colonies à fabriquer le sucre avec art ; c'est de Paris que partiront également plusieurs des puissantes machines qui doivent donner le mouvement à nos paquebots transatlantiques. Enfin, c'est à Paris que se fabriquent ces tours parallèles si admirés de nos constructeurs, et qui impriment toutes les formes au fer et à l'acier.

Voici, du reste, comment les principales branches de l'industrie parisienne se divisaient à l'exposition.

Arts métallurgiques	355	exposants.
Mécaniques et instruments de précision	370	—
Instruments de musique	150	—
Chimie et application	160	—
Beaux arts et application, bronze, orfévrerie, etc.	360	—
Filatures, tissus, feutres, cuirs	290	—
Papeteries, cartonnage	70	—
Substances minérales	45	—
Machines aratoires et d'économie domestique	25	—
Matières plastiques, céramiques, cristallerie	60	—
Eclairage et pyrotechnie	90	—
Ustensiles et objets divers	229	—
Total	2,204	exposants

Ce n'est donc pas exagérer que de considérer Paris comme la ville la plus industrielle du monde, car, si Londre trouve dans son port et dans sa positio d'entrepôt une supériorité commerciale, Paris, par la variété de ses produits, l'élévation de leurs valeurs, l'importance de leur exportation dans toute l'Europe et le monde entier, peut réclamer le premier rang ; elle doit cette supériorité au concours si utile, si généreux des sciences et des beaux-arts, toujours prêts à féconder tous ses produits ; elle le doit à l'art du dessin répandu dans les ateliers, et que l'administration favorise de tous ses efforts, non moins que tous les genres d'instruction qui meublent utilement la tête des ouvriers sans nuire au développement de leurs forces.

L'exposition a dû nécessairement attirer une grande affluence d'étrangers à Paris ; affluence du reste singulièrement exagérée, car les personnes qui viennent habiter momentanément la capitale, et dont le nombre est moyennement de 40,000, n'ont pas dépassé cette année le chiffre de 70,000, comme on peut s'en convaincre par les registres des hôtels garnis et par le relevé de la consommation de bestiaux et de comestibles. Malgré cette augmentation accidentelle de la population, nous avons, messieurs, à constater une diminution dans les produits de l'octroi pour le premier semestre de cette année : ces produits ne se sont élevés qu'à 14,870,524 fr.

Il est presque impossible que sur un revenu aussi important il n'y ait pas quelque variation : ainsi, en 1842, nous avons eu à constater une diminution de 699,645, comparativement avec 1841. En 1843, au contraire, il y a eu une augmentation de 1,487,817 : cette année la diminution est de 1,103,261.

C'est en raison de cet état de choses que les dépenses sont toujours arrêtées au budget de la ville de 1,500,000 fr. à 2 millions de fr. ou au-dessus des recettes probables. Du reste, la principale cause de la diminution constatée cette année dans le revenu de l'octroi tient au désastre que la vigne a éprouvé en 1843, et par suite au prix élevé des vins. Les achats se sont singulièrement ralentis, et nous trouvons sur ce chapitre seulement 790,000 de moins.

Les bois à brûler offrent aussi une diminution de 456,125 fr., et les bois de construction une autre de 150,614 fr. La diminution des bois à brûler tient aux différends qui se sont renouvelés entre les propriétaires et les marchands de bois, et qui, comme en 1842, ont empêché les arrivages.

Il y a eu sur les comestibles une légère augmentation, seulement 43,613 fr. D'un autre côté, la consommation des bestiaux a été à peu près la même pendant le premier semestre de 1844, que pendant les six premiers mois de 1843. Dans le premier semestre 1843, il avait été consommé 38,677 bœufs, 8,501 vaches, 34,771 veaux, et 224,099 moutons.

La consommation du premier semestre de 1844 a été de 39,293 bœufs, 7,049 vaches, 38,511 veaux et 215,553 moutons.

Ce sont 616 bœufs et 3,740 veaux de plus qu'en 1843, mais aussi il y a 1,452 vaches et 9,526 moutons de moins.

Les exportations de la douane de Paris, qui avaient éprouvé quelque diminution en 1843, prennent cette année une nouvelle extension.

Le premier semestre de 1843 avait donné pour la valeur des exportations 57,626,025 fr. ; le premier semestre de 1844 donne 69,859,345 fr. C'est une augmentation de 12,233,320 fr. Les principales marchandises auxquelles s'applique cette augmentation sont les tissus de soie, les tissus de coton, les draps proprement dits, et les tissus de laine. Enfin, si l'on établit la comparaison entre les principales puissances auxquelles ces marchandises sont envoyées, on trouve que notre situation avec les Etats-Unis est des plus prospères, puisque l'excédant des valeurs expédiées à cette destination s'élève en ce moment à plus de 4 millions, et que, selon toute apparence, ce mouvement doit encore continuer.

Les pays qui viennent ensuite et qui offrent de notables augmentations sont l'Angleterre, les villes anséatiques, l'Amérique méridionale et le Mexique.

La situation du Mont-de-piété est restée à peu près la même. Il y a comparativement au premier semestre 1843 une augmentation de 171,221 fr. dans les engagements, mais on a dégagé pour 127,648 fr. de plus que dans les six premiers mois de 1843.

Quant aux travaux municipaux, ils continuent à se développer et à embrasser toutes les parties de la capitale. Les anciens projets s'achèvent rapidement; le nouvel hôpital vient d'être voté; de nouveaux projets sont à l'étude. Parmi ces derniers, le plus important peut-être, l'agrandissement des halles, est au moment de recevoir une prompte exécution. La préfecture de de la Seine, chargée de l'exécution des travaux, et la préfecture de police, dont la mission est d'assurer toutes les parties de l'immense approvisionnement de la capitale, sont d'accord sur toutes les questions de ce vaste projet.

L'ancien emplacement, qui a été jugé le plus convenable, recevra tous les agrandissements nécessaires. Il sera pourvu largement à tous les besoins de l'approvisionnement et de la vente, il y aura des places et des abris commodes, de grandes voies de circulation; enfin les nouvelles constructions recevront, autant qu'il sera possible, un caractère monumental qui contribuera encore à l'ornement de Paris.

Si les prévisions ne sont pas trompées, on pourra, dès l'année prochaine, mettre la main à l'œuvre, et commencer l'une des plus grandes opérations qu'il ait été donné à l'administration municipale d'entreprendre.

Depuis 1834, les égouts, les conduites d'eau, les bornes-fontaines, les travaux de pavage et ceux de voirie ont seuls employé 54 millions, dont plus de 20 millions pour la voirie. L'agrandissement des halles sera encore une dépense de près de 18 millions.

STATISTIQUE

DES

OPÉRATIONS DU TRIBUNAL DE COMMERCE DE LA SEINE

PENDANT L'ANNÉE 1844.

(Extrait du compte-rendu fait par M. le président.)

Le tribunal de commerce de Paris comprend dans sa juridiction tout le département de la Seine; Paris, la ville la plus industrielle de la France, et peut-être de l'Europe, doit nécessairement amener un nombre considérable de litiges, même dans les temps les plus prospères; aussi l'année 1844, quoique plus favorable que les précédentes aux chances de l'industrie, a vu 43,474 causes portées devant le tribunal; c'est 688 de moins qu'en 1843; elles se divisent comme suit:

31,430 ont été jugées par défaut;
10,864 ont été jugées contradictoirement;
657 ont été conciliées au délibéré;
301 restent à juger sur rapports non ouverts;
218 restent placées au rôle ou ont été mises en délibérés non encore vidées;

43,474 Nombre égal.

2,860 affaires ont été renvoyées devant arbitres-rapporteurs pour subir une instruction préparatoire ;

242 rapports ont été faits par MM. les juges-commissaires ;

2,618 rapports ont été faits soit par des arbitres commerçants, soit par des arbitres salariés.

Voici quelques observations sur les renvois devant les arbitres-rapporteurs, et sur leurs conséquences.

Lorsque la contestation porte sur la qualité de la marchandise, ou sur les usages de la place, on renvoie devant un des négociants notables dans la même partie, portés sur un tableau que vous avez fait avec les soins les plus éclairés ; malheureusement il arrive trop souvent que ces négociants refusent la mission qu'on leur confie, et que des refus successifs entraînent des frais et des retards très-préjudiciables aux intérêts des parties ; pour y remédier il faudra veiller à l'exécution de la délibération prise de rayer du tableau tous les négociants qui auront refusé plusieurs fois de se charger d'examiner les affaires renvoyées devant eux, et qui n'auront pas donné des motifs valables à l'appui de leurs refus. Figurer sur ce tableau, composé de l'élite des commerçants dans chaque partie, est un honneur qu'il faut acheter au prix de quelque sacrifice de temps et de quelques preuves de dévouement.

Il a été déclaré, pendant les douze derniers mois, 676 faillites présentant en masse un passif de 32,272,865 fr.

Pendant l'année précédente, il avait été déclaré 754 faillites avec un passif de 41,755,619 fr.

Il y a donc eu diminution de 78 dans le nombre des faillites, et de 6,582,754 fr. dans l'importance des passifs.

Les faillites ont été déclarées :

586 sur déclaration des faillis ;

69 sur assignation ;

2 par annulation de concordat ;

1 à la requête de M. le procureur du roi ;

11 sur apposition de scellés :

7 à la requête des créanciers.

676 Nombre égal.

Il est intervenu :

408 concordats, dont 370 ont reçu l'homologation du tribunal ;

201 faillites se sont mises en union ;

134 unions ont été liquidées ;

68 faillis ont été déclarés excusables ;

17 faillis ont été déclarés non excusables ;

11 jugements de déclaration de faillite ont été rapportés ;

57 faillites ont été closes par insuffisance d'actif ;

25 jugements de clôture par insuffisance d'actif ont été rapportés ;

27 faillites n'ont pas été publiées faute de fonds ;

9 faillites ont été clôturées sans avoir été publiées ;

13 inventaires ont été déposés après l'ouverture des vérifications ;

12 inventaires n'ont été déposés qu'après la clôture des affirmations ;

98 inventaires sont en retard et n'ont pas encore été déposés ;

172 unions n'ont pas été convoquées, ainsi que le prescrit l'art. 536 du Code :

85 comptes sont à rendre par les syndics, après concordat homologué et indemnité fixée.

On remarquera, par cette analyse, que des formalités rigoureusement prescrites par la loi n'ont pas toujours été exactement remplies par les syndics ; un assez grand nombre d'inventaires n'ont été déposés que tardivement.

Les convocations annuelles ordonnées par l'art. 536 du Code n'ont pas été faites dans beaucoup d'unions.

Les comptes à rendre après l'homologation du concordat ne sont pas présentés aussi promptement qu'ils devraient l'être.

MM. les juges-commissaires auront à vérifier si ces retards fâcheux sont dus à des circonstances de force majeure ou à la négligence des syndics, qui dans ce dernier cas s'exposeraient à perdre la confiance du tribunal.

Sur les 408 concordats accordés par les créanciers, 27 stipulent la condition de l'abandon de l'actif pour être réalisé par les mandataires spéciaux et réparti par eux aux créanciers. Il n'est pas possible de connaître les dividendes obtenus.

Les 381 concordats restants ont promis aux créanciers les dividendes suivants :

8, 5 p. 0/0 ; — 49, 10 p. 0/0 ; — 80, 15 p. 0/0 ; — 79, 20 p. 0/0 ; — 64. 25 p. 0/0 ; — 46, 30 p. 0/0 ; — 5, 35 p. 0/0 ; — 17, 4 p. 0/0 ; — 1, 45 p. 0/0 ; — 12, 50 p. 0/0 ; — 1, 55 p. 0/0 ; — 2, 60 p. 0/0 ; — 1, 70 p. 0/0 ; — 1, 75 p. 00 ; — 15 promettent le capital intégral.

Ces conditions font ressortir une moyenne de 25 p. 0/0.

Au nombre des 134 unions liquidées, il s'en trouve 40 qui n'out donné aucun dividende, et les 94 restantes ont produit en moyenne 17 p. 0/0.

Les 676 faillites déployées dans l'année présentent les proportions suivantes :

124	ont un passif au-dessous de 10 mille fr., ci......			10 mille	
153	sont entre	10	et	20	—
97	—	20	et	30	—
97	—	30	et	50	—
66	—	50	et	80	—
21	—	100	et	200	—
12	—	200	et	300	—
7	—	300	et	400	—
7	—	400	et	500	—
7	sont au-dessus de....			500	
38	faillites restent encore sans bilan établi.				

Il ressort de ce tableau que les faillites déclarées portent pour plus des cinq sixièmes sur les petits commerçants. La plupart entrent dans le commerce avec un faible capital, absorbé souvent par les frais de premier établissement, et surtout par le luxe mal entendu qu'ils déploient dans leurs magasins. Aussi ne tardent-ils pas à succomber sous le poids des charges qu'ils se sont imprudemment créées ; la nouvelle loi sur les patentes, en réduisant de plus de moitié le droit proportionnel, viendra puissamment en aide au petit commerce, et pourra réduire le nombre des sinistres, s'il a la sagesse de restreindre ses dépenses de luxe.

Au moment où la loi de 1838 a été rendue, il existait, sur les plumitifs, 5,298 faillites déclarées dans l'intervalle du 1er janvier 1808 au 1er août 1837, qui n'avaient pas reçu de solution.

La position de toutes ces faillites a été examinée avec le plus grand soin ; l'instruction de celles qui offraient les plus minimes ressources a été suivie ; celles qu'il était impossible de faire, faute de fonds, et dont le nombre était encore de 324, ont été clôturées cette année, conformément aux dispositions de la loi de 1838 ; chaque créancier est ainsi rentré dans le libre exercice de tous ses droits contre son débiteur, qui trouvait dans le fait de son état de faillite une protection abusive ; la régularisation de cet immense arriéré est un bienfait.

En même temps qu'on se félicite avec raison d'avoir vidé l'arriéré antérieur à la loi de 1838, ou doit agir avec une grande fermeté pour empêcher qu'il ne se reproduise. C'est avec regret qu'on voit, depuis la mise en vigueur de la loi de 1838, plus de 800 faillites en quelque sorte abandonnées ; cet état de choses doit cesser ; la loi nouvelle veut que les faillites soient résolues dans des délais qu'elle a sagement déterminés ; elle veut qu'elles soient clôturées, si le manque absolu de fonds met obstacle à leur marche.

Les avances personnelles que les syndics hasardent quelquefois pour commencer les opérations, les indemnités auxquelles ils auraient légitimement droit pour leurs peines et soins, sont au nombre des motifs qui les empêchent probablement de demander aux juges-commissaires la clôture de ces faillites ; en proposant cette mesure, ils craindraient de perdre définitivement leurs avances et leurs droits ; ces raisons ne doivent pas être admises : l'intérêt particulier doit toujours céder devant un intérêt d'ordre public.

Il a été rendu cette année 87 jugements d'autorisation de ventes de marchandises neuves, conformément à la loi du 25 juin 1841.

Il a été publié cette année 696 sociétés nouvelles, savoir :

509 en nom collectif;
118 en commandite;
69 en commandite par actions.

696 Total.

Il y a eu 512 dissolutions ou annulations de société.

La comparaison entre le chiffre des publications et celui des dissolutions prouve qu'il y a progrès constant dans le développement du mouvement commercial.

Le nombre restreint des sociétés en commandite par actions publiées dans le courant de l'année constate que le public, victime des indignes spéculations dont l'affligeant tableau a été si souvent exposé, a du moins profité des dures leçons de l'expérience; il fait aujourd'hui ce qu'il aurait dû toujours faire : examiner si les entreprises dans lesquelles on cherche à attirer les capitaux ont des chances de succès ; apprécier si les personnes chargées de les diriger méritent son estime et sa confiance.

En résumé, le tableau du mouvement des affaires est satisfaisant.

La diminution du nombre des faillites et celle du chiffre réuni des passifs prouvent que la position du commerce, en général, a été bonne.

Les événements politiques de 1840, la crise financière des pays avec lesquels la France entretient des rapports, avaient ébranlé la confiance ; nos fabriques avaient dû ralentir leurs travaux ; les matières premières et les produits manufacturés avaient subi une forte réduction de prix ; la sagesse du gouvernement du roi a surmonté les embarras qui naissent de la politique étrangère, et nos commerçants ont supporté honorablement les conséquences d'une crise qui avait son origine ailleurs, mais qui avait réagi sur nous par suite de la solidarité qui existe dans la prospérité des peuples : avec la tranquillité, tout a repris peu à peu son cours régulier, et nous pouvons espérer que nos exportations regagneront bientôt le chiffre le plus élevé auquel elles soient parvenues.

Pendant cette crise passagère, les négociants ont eu l'occasion de reconnaître combien il leur importe de proportionner les opérations aux moyens que l'on possède; qu'ils persévèrent dans leurs principes de prudence : on arrive moins vite à la fortune, mais on y arrive plus sûrement. La France est le pays de l'Europe où il y a le moins de faillites dans le haut commerce ; qu'elle s'attache à conserver cette belle réputation qui fait désirer d'avoir des rapports avec elle, rapports dans lesquels on trouve sûreté et protection.

STATISTIQUE

MORALE INTELLECTUELLE ET MATÉRIELLE

DE LA POPULATION

avec les rapports de ces situations diverses.

Les tableaux qui suivent ne sont pas un travail complet sur l'état moral, intellectuel et matériel de la France : des résultats semblables ne pourront être atteints d'une manière satisfaisante que lorsque les progrès déjà si remarquables de la statistique en auront fait une science d'évidence et de certitude absolue. Aujourd'hui il n'est encore possible que de réunir tous les documents relatifs à ces matières, sauf à les compléter plus tard et à les éclairer par des comparaisons nombreuses. La statistique est étudiée ici avec le plus grand soin ; là, au contraire, elle est ou inconnue, ou négligée, ou mal faite. La France manque encore d'un centre bien organisé où tout chiffre important soit inscrit, tout résultat local constaté et comparé aux résultats généraux de même nature. En attendant, quelques administrations commencent à livrer au public des documents statistiques d'une certaine importance, et il est possible d'accepter au moins quelques chiffres fournis par l'administration supérieure, relativement à l'état moral et matériel des départements comparés entre eux. Les tableaux qui suivent renferment ces résultats principaux ; on y voit combien grande est l'inégalité de richesse et de bien-être entre les diverses localités de la France, et quel rapport profond et nécesssaire s'établit partout entre les lumières, le bien-être et la moralité.

TABLEAU Ier.

État du nombre des accusés de crimes en 1841, des sommes déposées aux caisses d'épargne, de la population, de la superficie dans vingt riches départements.

NOMS des départements.	Chefs-lieux ou grandes villes.	Nombre des accusés pour crimes.	Sommes déposées à la caisse d'épargne.	Population des départements.	Superficie des départements en kilomètres.
			Millions		
Bouches-du-Rhône	Marseille	152	9 3/4	375,003	5,130
Calvados	Caen	138	3	496,198	5,561
Finistère	Brest	127	4	576,068	6,667
Garonne (Haute-)	Toulouse	119	2 3/4	468,071	6,186
Gironde	Bordeaux	132	11	568,034	9,751
Ille-et-Vilaine	Rennes	136	4	549,417	6,687
Loire-Inférieure	Nantes	80	5	486,806	6,847
Loiret	Orléans	103	4	318,452	6,677
Marne	Reims	113	3	356,632	8,170
Meurthe	Nancy	94	4 1/2	464,603	6,089
Moselle	Metz	87	6	440,312	5,328
Nord	Lille	162	8 1/2	1,085,298	5,678
Rhône	Lyon	116	6 1/2	500,831	2,791
Rhin (Bas-)	Strasbourg	203	5	560,113	4,648
Rhin (Haut-)	Colmar	134	2 1/2	464,470	4,060
Seine	Paris	833	96	1,194,607	425
Seine-Inférieure	Rouen	214	10	737,501	6,029
Seine-et-Oise	Versailles	100	10	470,948	5,603
Somme	Amiens	93	2 1/2	559,680	6,143
Var	Toulon	85	7	328,010	7,269
Vingt départements		3,221	205	11,086,154	115,759
Quatre-vingt-six départements		7,462	295	34,213,929	527,686
Soixante-six départements		4,241	90	23,127,775	411,927

TABLEAU II.

État du nombre des accusés en 1841, des sommes déposées aux caisses d'épargne, de la population, de la superficie dans vingt départements délaissés.

NOMS des départements.	Chefs-lieux des départements.	Nombre des accusés pour crimes.	Sommes déposées à la caisse d'épargne.	Population des départements.	Superficie des départements en kilomètres.
Ain	Bourg	25	554,334	355,694	5,927
Alpes (Basses-)	Digne	35	Néant.	156,055	6,826
Alpes (Hautes-)	Gap	16	Néant.	132,584	5,533
Ariége	Foix	48	109,650	265,507	4,548
Aude	Carcassonne	41	398,607	284,285	6,064
Cantal	Aurillac	41	1,057,586	257,423	5,830
Cher	Bourges	32	592,023	273,645	7,209
Corrèze	Tulle	44	375,710	306,480	5,828
Creuze	Guéret	39	Néant.	278,029	5,583
Eure-et-Loir	Chartres	45	1,306,347	286,368	5,482
Drôme	Valence	34	706,602	311,498	6,536
Indre	Châteauroux	34	196,830	253,076	6,889
Jura	Lons-le-Saulnier	45	649,626	316,734	4,969
Loir-et-Cher	Blois	46	722,017	249,462	6,260
Loire (Haute-)	Le Puy	36	241,928	298,137	4,986
Lozère	Mende	27	Néant.	140,788	5,148
Nièvre	Nevers	41	346,598	305,346	6,811
Pyrénées (Hautes-)	Tarbes	44	172,315	244,196	4,528
Saône (Haute-)	Vesoul	44	276,409	347,627	5,310
Tarn-et-Garonne	Montauban	26	811,223	239,297	3,670
Vingt départements délaissés		743	8,517,805	5,312,721	113,911
Les vingt départements riches		3,211	millions. 205	11,086,155	115,736
Différence		2,464	millions. 97 1/2	5,773,435	1,845
Départements de la Seine		833	millions. 96	1,194,607	475
Différence avec les vingt départements délaissés		90	millions. 87 1/2	4,118,114	113,436

Paris, comparé à ces vingt derniers départements, a en plus 90 accusés, 33 fois plus à la caisse d'épargne, 4 fois 1/2 moins de population, et 250 fois moins d'étendue.

TABL

Départements dotés de chemins de fer, de colléges

NOMS des départements.	CHEFS-LIEUX ou grandes villes.
Allier	Moulins
Bouches-du-Rhône	Marseille
Calvados	Caen
Charente	Angoulême
Charente-Inférieure	La Rochelle
Cher	Bourges
Côte d'Or	Dijon
Doubs	Besançon
Dordogne	Périgueux
Eure	Évreux
Gard	Nimes
Garonne (Haute-)	Toulouse
Gironde	Bordeaux
Gers	Auch
Hérault	Montpellier
Ille-et-Vilaine	Rennes
Indre-et-Loire	Tours
Isère	Grenoble
Loire	Saint-Étienne
Loire-Inférieure	Nantes
Loiret	Orléans
Lot	Cahors
Lot-et-Garonne	Agen
Maine-et-Loire	Angers
Manche	Saint-Lô
Marne	Reims
Meurthe	Nancy
Moselle	Metz
Nord	Lille
Pas-de-Calais	Arras
Puy-de-Dôme	Clermont
Pyrénées (Basses-)	Bayonne
Rhin (Bas-)	Strasbourg
Rhin (Haut-)	Colmar
Rhône	Lyon
Saône-et-Loire	Mâcon
Seine	Paris
Seine-Inférieure	Rouen
Seine-et-Oise	Versailles
Somme	Amiens
Var	Toulon
Vaucluse	Avignon
Vienne (Haute-)	Limoges

43 départements. . . . .

Totaux pour les 86 départements. . . . .

Reste pour les 43 autres départements. . . . .

Rapports ou différences. . . . .

royaux et de grands établissements publics.

POPULATION du chef-lieu.	POPULATION du département.	ÉTENDUE du département en kilom.	NOMBRE de députés.	DÉPÔTS aux caisses d'épargne.
				millions.
13,854	311,361	7,239.82	4	0.56
147,191	375,003	5,129.91	6	11.75
37,836	496,198	5,560.94	7	3.72
16,533	367,893	6,032.50	5	1.21
13,832	460,245	6,546.85	7	1.63
20,447	273,645	7,206.80	4	0.71
26,184	393,316	8,564.45	5	2.60
24,965	275,997	5,252.12	5	1.60
10,596	490,263	9,152.75	7	0.37
10,263	425,780	5,821.25	7	3.06
41,180	376,062	5,921.08	5	2.06
76,965	468,071	6,185.58	6	3.33
99,512	568,034	9,751.00	9	12.88
9,099	311,147	6,263.99	5	0.45
35,628	367,343	6,243.62	6	2.83
32,407	549,417	6,686.97	7	5.13
24,722	306,366	6,116.79	4	1.04
25,526	588,660	8,290.31	7	1.83
46,025	434,085	8,746.20	5	3.37
76,870	486,806	6,817.04	7	6.24
39,023	318,452	9,676.80	5	4.71
11,432	287,739	5,252.80	5	0.28
14,161	347,073	5,307.11	5	0.64
36,531	488,452	7,221.63	7	3.72
8,312	597,334	5,937.77	8	2.74
39,195	356,632	8,170.37	6	4.19
35,901	444,603	6,089.22	6	5.66
39,767	440,312	5,327.97	6	6.25
63,063	1,085,298	5,678.64	12	9.18
20,451	685,021	6.556.55	8	4.27
27,448	587,566	7,972.38	7	1.32
15,533	451,683	7,494.91	5	5.83
61,150	560,113	4.647.81	6	4.61
18,619	464,466	4,060.32	5	3.94
143,977	500,831	2,730.81	5	8.31
11,293	551,548	8,564.72	7	1.24
875,495	1,194,603	455.48	14	104.93
90,580	737,501	6,029.12	11	12.18
29,641	470,948	5,603.37	7	13.24
44,405	559,680	6,142.87	7	6.17
34,663	328,010	7,268.66	5	8.46
32,109	251,080	3,473.78	4	1.79
26,526	292,848	5,542.66	5	0.47
....	20,346,307	267,036,74	274	280.23
....	34,213,929	527,686.19	459	342.50
....	13,867,622	260,450.45	185	62.37
....		1/73	3/5 2/5	41.00

TAB

Départements déshérités de chemins de fe

NOMS des départements.	CHEFS-LIEUX des départements.
Ain	Bourg
Aisne	Laon
Alpes (Basses-)	Digne
Alpes (Hautes-)	Gap
Ardèche	Privas
Ardennes	Mézières
Ariége	Foix
Aube	Troyes
Aude	Carcassonne
Aveyron	Rodez
Cantal	Aurillac
Corrèze	Tulle
Corse	Ajaccio
Côtes-du-Nord	Saint-Brieuc
Creuze	Guéret
Drôme	Valence
Eure-et-Loir	Chartres
Finistère	Quimper
Indre	Châteauroux
Jura	Long-le-Saulnier
Landes	Mont-de-Marsan
Loir-et-Cher	Blois
Loire (Haute-)	Le Puy
Lozère	Mende
Marne (Haute-)	Chaumont
Mayenne	Laval
Meuse	Bar-le-Duc
Morbihan	Vannes
Nièvre	Nevers
Oise	Beauvais
Orne	Alençon
Pyrénées (Hautes-)	Tarbes
Pyrénées-Orientales	Perpignan
Saône (Haute-)	Vesoul
Sarthe	Le Mans
Seine-et-Marne	Melun
Sèvres (Deux-)	Niort
Tarn	Alby
Tarn-et-Garonne	Montauban
Vendée	Bourbon-Vendée
Vienne	Poitiers
Vosges	Épinal
Yonne	Auxerre
	43 départements
	Totaux pour les 86 départements
	Pour les 43 départements riches

EAU IV.

de colléges royaux et d'établissements publics.

POPULATION du chef-lieu.	POPULATION des départements.	ÉTENDUE des départements.	NOMBRE de députés.	DÉPÔTS aux caisses d'épargne.
		kilom. carrés.		millions.
9,039	355,694	7,926.74	5	0.61
7,700	542,213	7,285.31	7	4.26
3,992	156,055	6,826.44	2	0.06
7,762	132,584	5,532.64	2	0.01
4,072	364,416	5,389.88	4	0.58
3,707	319,167	5,173.85	4	1.80
4,714	265,607	4,548.09	3	0.12
24,463	258,180	6,090.00	4	2.21
17,779	284,285	6,063.97	5	0.47
8,176	375,083	8,878.73	5	0.08
9,981	257,423	5,829.59	4	1.16
9,669	306,480	5,828.03	4	0.33
9,834	221,463	8,745.45	2	0.00
11,266	607,572	6,720.96	6	1.69
4,332	278,029	5,583.41	4	0.05
11,076	311,498	6,535.57	4	0.73
14,753	286,368	5,483.05	4	1.83
9,058	567,068	6,667.05	6	2.60
13,019	253,076	6,888.51	4	0.28
7,023	316,736	4,969.30	4	0.93
4,169	288,077	9,151.39	3	0.57
14,573	249,462	6,259.71	3	0.98
13,394	298,137	4,985.60	3	0.55
3,426	140,788	5,147.95	3	0.00
6,037	257,567	6,250.43	4	1.75
16,028	361,392	5,148.68	5	2.97
12,230	326,352	6,205.55	4	4.28
10,732	446,331	6,996.41	6	3.43
13,995	305,346	6,810.93	4	0.54
12,221	398,868	5,825.30	5	6.93
13,104	442,072	6,105.61	7	0.85
11,065	244,196	4,527.90	3	0.23
18,198	173,592	4,116.22	3	0.94
5,930	347,627	5,309.91	4	0.30
22,393	470,535	6,216.00	7	1.77
6,720	333,260	5,634.82	5	6.50
17,035	310,205	6,073.51	4	0.73
11,643	351,656	5,739.77	5	0.48
21,752	239,297	3,669.76	4	0.88
5,164	356,453	6,817.00	5	0.50
22,376	294,250	6,760.00	5	1.13
10,018	419,992	4,859.64	5	0.87
11,168	362,961	7,287.47	5	1.93
....	13,867,622	260,650,45	185	62.37
....	34,213,929	527,686.19	459	342.50
....	20,346,307	267,035.73	274	280.23

TABLEAU DE LA CANALISATION

EN FRANCE.

(Publication du ministère des travaux publics.)

La loi du 27 juin 1833 a créé un fonds spécial de 44 millions, applicable aux canaux entrepris en 1841 et 1842; les lois des 12 juillet 1837, 9 août 1839 et 11 juin 1841 ont ouvert, pour le même objet, de nouveaux crédits de 6,600,000 fr., 8 millions et 2 millions, imputables sur le budget extraordinaire; enfin, la loi du 25 juin 1841 a ouvert un dernier crédit de 4 millions, spécialement applicable à l'achèvement des canaux du Nivernais et du Berry.

Ces diverses lois ont imposé à l'administration le devoir de rendre aux chambres un compte annuel de la situation des travaux et du montant des sommes dépensées : c'est pour satisfaire à cette prescription que le présent compte a été rédigé.

Les lois des 5 août 1821 et 14 août 1822 ont autorisé l'ouverture ou l'achèvement de quinze lignes navigables, savoir :

Le canal du Rhône au Rhin,
— de la Somme,
— des Ardennes,
La rivière d'Isle,
Le canal d'Aire à la Bassée,
— de Bourgogne,
— de Nantes à Brest,
— d'Ille-et-Rance,
— du Blavet,
— d'Arles à Bouc,
— du Nivernais,
— du Berry,
— latéral à la Loire,
La rivière du Tarn,
Et la rivière d'Oise,

Ce système de navigation présente un développement d'environ 2,500 kilomètres.

La pente totale est de 2,535 mètres, et elle est rachetée à l'aide de 1,076 écluses.

Le canal d'Aire à la Bassée, entrepris aux risques et périls d'une compagnie, a été livré à la navigation dès le mois d'octobre 1825.

La navigation du Tarn, à l'époque où la loi du 27 juin 1833 a été soumise à la délibération des chambres, ne demandait plus que la réparation de quelques avaries produites par les crues du fleuve. On y a pourvu sur les fonds ordinaires.

Les autres entreprises étaient plus ou moins avancées, lorsque l'art. 3 de la loi précitée a créé les fonds nécessaires pour les terminer.

Cette vaste opération touche aujourd'hui au terme de son achèvement.

Déjà treize lignes navigables sont livrées à la circulation, savoir : les canaux du Rhône au Rhin, de la Somme, des Ardennes; la rivière d'Isle; les canaux d'Aire à la Bassée, de Bourgogne, d'Ille-et-Rance, de Nantes à Brest, du Blavet, d'Arles à Bouc; le canal latéral à la Loire; les rivières du Tarn et de l'Oise.

Le canal du Nivernais est depuis longtemps ouvert au commerce dans toute l'étendue du département de l'Yonne; dans le département de la Nièvre, il était également livré tout entier à la navigation, à l'exception du bief de partage. Ce bief lui-même a été ouvert le 15 mars 1841, et il ne reste plus à terminer que la rigole alimentaire dérivée de l'Yonne.

Le canal du Berry est navigable sur tout son développement depuis 1839 : nous devons dire toutefois qu'il reste à compléter les moyens d'alimentation et à terminer les travaux de perfectionnement de la navigation du Cher, travaux qui, d'ailleurs, n'empêchent pas la circulation des bateaux.

On voit donc que le commerce peut être considéré comme étant en possession de tout le développement des lignes navigables autorisées par les lois de 1821 et de 1822. Les premiers résultats qu'a déjà produits l'ouverture de ces lignes peuvent faire concevoir pour l'avenir les plus légitimes espérances. Sans doute, il reste encore des travaux d'amélioration à entreprendre; mais la plupart pourront s'exécuter sans interrompre la navigation, et le pays n'en jouira pas moins des avantages qu'avaient pour but de lui assurer les lois ci-dessus rappelées.

La perception des droits de navigation est maintenant établie sur toutes les parties de canaux livrées au commerce. Sur quelques-unes, les produits ont été peu considérables; mais sur quelques autres ils ont été très-importants. Les revenus du canal du Rhône au Rhin se sont élevés, en 1842, à 859,221 fr. Le canal de Bourgogne a produit, dans cette même année, 1,010,466 fr. Le revenu de la navigation de l'Oise a été de 601,160 fr., celui du canal de la Somme de 222,623 fr., et celui du canal latéral à la Loire de 403,909 fr. Sur tous les canaux réunis, le produit des droits de navigation s'est élevé à 3,526,490 fr.

En 1840, ce produit ne s'élevait qu'à 2,565,514 fr. En 1841, il s'était élevé à 3,779,322 fr., et il aurait suivi sans doute la même progression en 1842, si l'extrême sécheresse qui a signalé cette année n'avait interrompu la navigation pendant une grande partie de l'été sur toutes les lignes de navigation. Malgré cette fâcheuse circonstance, les produits de la navigation de l'Oise, qui étaient, en 1841, de 540,028 fr., présentent, sur l'année précédente, une augmentatian d'environ 60,000 fr.

Les canaux fournissent déjà, comme on le voit, au delà des sommes nécessaires à leur entretien ordinaire, et bientôt, sans doute, ils procureront, comme on l'a déjà dit dans les comptes précédents, un produit net dont l'accroissement annuel allégera les charges que le trésor est appelé à supporter en vertu des lois de 1821 et de 1822.

La construction des canaux qui font l'objet du présent compte avait déjà entraîné une dépense de 52,993,275 f., lorsque les lois de 1821 et 1822 ont affecté à cette grande entreprise des emprunts montant ensemble à 128,600,000 fr.

Après l'épuisement de ces emprunts, il a été alloué, sur les fonds du trésor, une somme de 44,682,959 fr.

La loi du 27 juin 1833 a ouvert, en outre, un crédit extraordinaire de 44 millions.

Enfin, les lois du 12 juillet 1837, 9 avril 1839, 11 juin et 25 juin 1841, ont affecté à leur achèvement des crédits montant ensemble à 20,600,000 f.

La dépense totale, pour un développement de canaux de 2,500 kilomètres environ, sera donc de 290,876,284 fr., et n'atteindra pas moyennement le chiffre de 120,000 fr. par kilomètre.

GOUVERNEMENT.

ADMINISTRATION PUBLIQUE.

(Personnel.)

CONSEIL DES MINISTRES-SECRÉTAIRES D'ÉTA

AYANT DÉPARTEMENT AU 1er JANVIER 1844.

MM.

Le maréchal duc de Dalmatie, ministre *de la guerre, président du conseil.*
Martin (du Nord), garde des sceaux, ministre *de la justice et des cultes.*
Guizot, ministre *des affaires étrangères.*
Le vice-amiral baron de Mackau, ministre *de la marine et des colonies.*
T. Duchâtel, ministre *de l'intérieur.*
Cunin-Gridaine, ministre *du commerce.*
Dumon, ministre *des travaux publics.*
Villemain, ministre *de l'instruction publique.*
Lacave-Laplagne, ministre *des finances.*

---

30 décembre. Nommé Ministre-secrétaire d'État, par intérim, au départemen de l'intruction publique, en remplacement de M. Villemain, démissionnaire, M. Dumon, ministre des travaux publics.

CHAMBRE DES PAIRS.

28 janvier. Nommé Vice-président, M. Barthe, pair de France, premier président de la Cour des Comptes, en remplacement de M. le comte de Bastard, décédé.

24 mars. — Pair de France, M. Gabriel Delessert, préfet de police.

27 Novembre. — Pair de France, M. le comte Jaubert, ancien ministre secrétaire-d'État et membre de la Chambre des députés.

CHAMBRE DES DÉPUTÉS.

13 janvier.	Réélu député d'Agen, M. Dumon, nommé ministre des travaux publics.
—	Élu député de Louviers, M. Charles Laffitte.
14	— député de Pontivy, M. de Roblaye, en remplacement de son frère, décédé.
28 —	Réélu député de Saint-Quentin, M. Vivien.
30 —	— député de Sarlat, M. de Maleville.
18 Février.	Élu député d'Apt, M. Mottet.
24 —	Réélu député de Louviers, M. Charles Laffitte.
27 —	Élu député de Fontenay, M. Baron, en remplacement de M. Chaigneau, démissionnaire.
1er Mars.	Réélu député de Doullens, M. Blin de Bourdon.
—	— député de Montpellier, M. de Larcy.
2 —	— député du 1er collège de Marseille, M. Berryer.
	— député de Toulouse, M. le duc de Valmy.
3	— député de Ploermel, M. le marquis de la Rochejaquelein.
4 —	Élu député de Murat, M. le marquis de Castellane, en remplacement de M. Teillard-Nozerolles, décédé.
9 Avril	Élu député de Villefranche, M. Martin, président à la cour royale de Toulouse, en remplacement de M. Saubat, décédé.
13 avril.	— député du 9me collège électoral de la Seine, M. Locquet, en remplacement de M. Galis, démissionnaire.
25 —	— député de Cherbourg, M. Sellier, en remplacement de M. de Bricqueville, décédé.
10 mai.	— député de Lorient *extrà muros*, M. Genty de Bussy, en remplacement de M. Arthur de la Bourdonnaye, décédé.
26 —	Réélu député de Louviers, M. Charles Laffitte.
25 juin.	Elu député de Morlaix, M. Dudresnay, en remplacement de M. le vice-amiral Lalande, décédé.
—	— député de Rouen, M. Barbet, maire de Rouen.
7 juillet.	Réélu député de Louviers, M. Charles Laffitte.
22 —	Elu député de Besançon, M. de Magnoncourt, en remplacement de M. Maurice, décédé.
—	— député d'Epinal, M. Didelot, en remplacement de M. Cuny, décédé.
28 —	— député du Havre, M. Dubois, en remplacement de M. Mermilliod, décédé.
17 août.	— député d'Agen, M. Chaudordy, en remplacement de M. Bouet, démissionnaire.
17 septembre.	— député de Savenay, M. Ternaux-Compans.
23 —	Réélu député de Riom, M. Pagès.
—	— député de Pau, M. Lavielle.
28 —	Élu député du 1er collège électoral de Strasbourg, M. le contre-amiral de Hell, en remplacement de M. Magnier de Maisonneuve, décédé.
17 Novembre.	Réélu député de Mantes, M. le contre-amiral Hernoux.
24 —	Elu député de Reims *intrà muros*, M. Chaix-d'Est-Ange, en remplacement de M. Houzeau-Muiron, décédé.

23 décembre. Élu député de Schelestadt, M. Hallez-Claparède, maître des requêtes au conseil d'Etat.

27 — président de la chambre des députés, M. Sauzet.

COUR DE CASSATION.

28 Janvier. Nommé président de chambre, M. Laplagne-Barris, en remplacement de M. le comte de Bastard, décédé.

5 février. — conseiller, M. Collin, en remplacement de M. Tarbe, décédé.

— avocat-général, M. de Boissieu, en remplacement de M. Laplagne-Barris.

3 mars. — conseiller, M. Simonneau, en remplacement de M. Legonidec, décédé.

28 avril. — conseiller, M. Gaultier, procureur général près la cour royale de Rouen, en remplacement de M. Favrier, décédé.

18 août. — conseiller, M. Lavielle, premier président de la cour royale de Riom, en remplacement de M. Moreau, décédé.

COUR DES COMPTES.

7 avril. Nommé conseiller-référendaire, M. Amable-Ernest Persil, en remplacement de M. Vergnon, décédé.

12 décembre. — conseiller-maître, M. Picard.

— — conseiller-référendaire de 1re classe, M. Trognon.

— — conseiller-référendaire de 1re classe, M. Vial.

— conseiller-référendaire de 2e classe, M. Dubreil.

COURS ROYALES.

8 janvier. Nommé président de chambre à la cour royale de Metz, M. Bonniot de Salignac, en remplacement de M. Humbert-Poncourt, décédé.

— — avocat-général à la cour royale de Metz, M. de Faultrier.

— substitut du procureur-général, près la cour royale de Metz, M. Serot.

— — conseiller à la cour royale de Nancy, M. Charlot.

15 — — conseiller à la cour royale de Toulouse, M. Martet, en remplacement de M. Roucoul, démissionnaire.

3 février.	Nommé	conseiller à la cour royale de Douai, M. Cotteau, en remplacement de M. Duriès-Majault, admis à la retraite.
	—	conseiller à la cour royale de Metz, M. Desroberts, en remplacement de M. Delpierre, décédé.
	—	substitut du procureur-général, près la cour royale de Metz, M. Moisson.
5	—	premier président de la cour royale de Douai, M. Leroux de Bretagne.
	—	procureur général, près la cour royale Riom, M. Allain-Targé.
—	—	procureur-général, près la cour royale de Grenoble, M. Laborie, en remplacement de M. Hibon, décédé.
	—	président de chambre à la cour royale de Douai, M. Leroy (de Falvi).
	—	conseiller à la cour royale de Douai, M. Couture.
	—	conseiller à la cour royale de Douai, M. Marilhat.
	—	avocat-général, à la cour royale de Lyon, M. Massot.
	—	avocat-général, à la cour royale de Caen, M. Demiau de Crouzilhac.
—	—	substitut du procureur-général, près la cour royale de Lyon, M. Cochet.
3 février.	—	conseiller à la cour royale d'Alger, M. Mongrand, président du tribunal de 1re instance de Philippeville.
8 mars.	—	conseiller à la cour royale d'Agen, M. Pellefigue, procureur du roi, près le tribunal de 1re instance d'Auch, en remplacement de M. Vidie, admis à la retraite.
8	—	président de chambre à la cour royale de Paris, M. Cauchy, conseiller à la même cour.
	—	président de la chambre temporaire de la cour royale de Paris, M. de Glos, conseiller à la même cour.
—	—	conseiller à la cour royale de Paris, M. Terray.
—	—	conseiller à la cour royale de Paris, M. Salvaing de Boissieu.
	—	conseiller à la cour royale de Paris, M. Montsarrat.
—	—	substitut du procureur-général, près la cour royale de Paris, M. Ternaux.
3 avril.	—	procureur-général, près la cour royale de Rouen, M. Salveton.
	—	procureur-général, près la cour royale d'Amiens, M. Doms.
	—	procureur-général, près la cour royale de Caen, M. Didelot, conseiller à la cour royale de Paris.
—	—	conseiller à la cour royale de Paris, M. Faget de Baure.
	—	conseiller à la cour royale de Paris, M. Cardon de Montigny.
—	—	conseiller à la cour royale de Paris, M. Bertauld.
—	—	conseiller à la cour royale d'Agen, M. Filhastre.
mai.	—	procureur-général, près la cour royale de Montpellier, M. Renard, premier avocat-général, près la même cour.
	—	conseiller à la cour royale de Paris, M. Henriot, procureur-général près la cour royale de Montpellier.

30 mai. Nommé président de chambre à la cour royale d'Amiens, M. Quenoble.
— conseiller à la cour royale d'Amiens, M. Cornisset-Lamothe.
— conseiller à la cour royale de Bastia, M. Chuppin de Germigny.
— — conseiller à la cour royale d'Orléans, M. Légier.
20 juin. — conseiller à la cour royale de Bourges, M. Monestier.
3 juillet. — conseiller à la cour royale d'Agen, M. Chaudordy, en remplacement de M. Carrier, décédé.
24 — — président de chambre à la cour royale de Besançon, M. Bourgon, conseiller à la même cour, en remplacement de M. Maurice, décédé.
— — conseiller à la cour royale de Besançon, M. Oberty.
18 août. — premier président de la cour royale de Riom, M. Pagés.
2 septembre. — président de chambre à la cour royale de Riom, M. Godunet.
— — avocat-général, près la cour royale de Bordeaux, M. Fourreau.
— — substitut du procureur-général prés la cour royale de Bordeaux, M. Feyrot.
— — substitut du procureur-général, près la cour royale de Bourges, M. Boutelier.
23 — — conseiller à la cour royale d'Amiens, M. de Grattier, substitut du procureur-général, près la même cour, en remplacement de M. Rousset, décédé.
— — substitut du procureur-général, près la cour royale d'Amiens, M. Henneau.
21 octobre. — procureur-général, près la cour royale de Bourges, M. Didelot.
— — procureur-général, près la cour royale de Caen, M. Caussin de Perewal.
— — procureur-général, près la cour royale de Nimes, M. Blanchet.
— président de chambre, à la cour royale d'Angers, M. Bougrain de Bure.
— — conseiller à la cour royale d'Angers, M. Janvier.
15 décembre. — vice-président à la cour royale d'Alger, M. Bertola.
— — conseiller à la cour royale d'Alger, M. Majorel.
— — conseiller à la cour royale d'Alger, M. Planchat.
— — conseiller à la cour royale d'Alger, M. Marion.
— — conseiller à la cour royale d'Alger, M. Camper.
— — conseiller à la cour royale d'Alger, M. Cazamajour.
— — substitut du procureur-général du roi en Algérie, M. Pierrey.
— — conseiller à la cour royale de Grenoble, M. Dumay-Villars.
27 — conseiller à la cour royale de Dijon, M. Pillot.

ARMÉE.

4 février. Nommé commandant du département de l'Orne, M. le maré-

chal de camp Massoui, en remplacement de M. le maréchal de camp baron Wimpffen.

9 février.	Nommé	commandant du département de la Dordogne, M. le maréchal de camp Rossi.
3 mars.	—	commandant de la 9e division militaire, en remplacement de M. le général Piré, M. le lieutenant-général baron Galbois.
—	—	commandant de la 17e division militaire, en remplacement de M. le lieutenant-général baron Desmichels, M. le lieutenant-général marquis de Saint-Simon.
29 mai.	—	directeur du personnel et des opérations militaires, au ministère de la guerre, M. le maréchal de camp Moline de Saint-Yon, en remplacement de M. le lieutenant-général comte Durocheret, décédé.
14 juin.	—	commandant du département de la Charente, M. Rambaud, maréchal de camp.
—	—	commandant du département de la Haute-Saône, M. Carrelet.
—	—	commandant du département du Gard, M. Regnault.
8 août.	—	chef d'escadron du 4e régiment d'artillerie, S. A. R. Antoine-Marie-Philippe-Louis d'Orléans, duc de Montpensier.
16 septembre.	—	lieutenant-général, en remplacement de M. le lieutenant-général Durocheret, décédé, M. Bedeau, maréchal de camp,
19 septembre.	—	commandant de la 13e division militaire, en remplacement de M. le général Négrier, M. le baron de Feuchères, lieutenant-général.
1er octobre.	—	commandant de la 11e division militaire, M. le lieutenant-général marquis de Castelbajac, en remplacement de M. le général de Faudoas, décédé.
29 —	—	commandant de la 13e division militaire, M. le lieutenant-général comte de Grouchy.
13 novembre.	—	lieutenant-général, en remplacement de M. le marquis de Faudoas, décédé, M. Moline de Saint-Yon, maréchal de camp, directeur du personnel et des opérations militaires.
—	—	lieutenant-général, M. Tuguot de Lanoye, maréchal de camp.

MARINE.

3 mars.	Nommé	commandant de la station des Antilles, en remplacement de M. le contre-amiral de Moges, M. le contre-amiral Laplace.
—	—	commandant de la station de l'Océanie et des côtes occidentales d'Amérique, en remplacement de M. le contre-amiral Dupetit-Thouars, M. le contre-amiral Hamelin.
2 juin.	—	vice-amiral, M. le contre-amiral baron de la Susse (Aaron-Louis-Frédéric), en remplacement de M. Lalande, décédé.

2 juin. Nommé contre-amiral, M. le capitaine de vaisseau Cécille (Jean-Baptiste-Thomas-Médoc).

9 août. — sous-secrétaire-d'État au département de la marine et des colonies, M. Jubelien, membre du conseil d'amirauté, directeur du comité central de ce département.

17 octobre. — contre-amiral, M. Hernoux.

— — contre-amiral, M. Montagniès de la Roque.

ORDRE ROYAL DE LA LÉGION-D'HONNEUR.

2 janvier. Nommé commandeur, M. Lambert, intendant militaire.

31 — — grand-officier, M. le vice-amiral Massieu de Clerval, commandant en chef la station du Brésil et de la Plata.

2 février. — commandeur, M. Clément, colonel, ex-commandant de Briançon.

— commandeur, M. de la Bachelerde, colonel-chef de la 2e légion de gendarmerie.

23 — — commandeur, M. de Nourguer du Camper, capitaine de vaisseau en retraite, gouverneur sortant des établissements français dans l'Inde.

14 avril. — grand'croix, M. Schneider, lieutenant-général, président du comité de l'infanterie, commandant la division d'infanterie hors Paris.

— — grand'croix, M. le comte Dejean, lieutenant-général, président du comité de la cavalerie.

— — grand'croix, M. le comte Meynadier, lieutenant-général, commandant la 19e division militaire.

— — grand'croix, M. le baron Jacqueminot, lieutenant-général.

— — grand-officier, M. le baron Depouthon, lieutenant-général.

— — grand-officier, M. le comte Durocheret, lieutenant-général, directeur du personnel et des opérations militaires au ministère de la guerre.

— grand-officier, M. le vicomte Clerc, maréchal de camp.

— — grand-officier, M. Vaillant, maréchal de camp.

— commandeur, M. le baron Duparc, maréchal de camp.

— — commandeur, M. Molin, maréchal de camp.

— — commandeur, M. de Tarlé, maréchal de camp.

— — commandeur, M. Benet de Moncarville, colonel d'état-major de la 18e division militaire.

— — commandeur, M. Bénart, intendant militaire.

— commandeur, M. Laurens, colonel, commandant la place de Grenoble.

— — commandeur, M. Barthélemy, colonel, commandant de place à Constantine.

— — commandeur, M. Poisignon, colonel du 14e de ligne.

— — commandeur, M. Maillart, colonel du 50e de ligne.

— — commandeur, M. Thomas de Dancourt, colonel du 8e de cuirassiers.

14 avril. Nommé commandeur, M. Dubarry de Lesquerron, colonel du 2e régiment d'artillerie.
— — commandeur, M. Augoyat, colonel, commandant en second l'école d'application de Metz.
— — commandeur, M. Thiérion, colonel de la 2e légion de gendarmerie.
— — commandeur, M. Corréard, colonel de la 19e légion de gendarmerie.
— — grand'croix, M. le vice-amiral Arnoux.
— — commandeur, M. le contre-amiral Hamelin.
— — commandeur, M. Matet, premier président à la cour royale de Bourges.
— — commandeur, M. Viget, premier président à la cour royale de Montpellier.
— — commandeur, M. le baron de Daunard, premier président à la cour royale de Nimes.
— — grand-officier, M. Maillard, vice-président du comité de l'intérieur du conseil d'Etat.
24 juin. — chevalier, S. A. R. Monseigneur le duc de Montpensier, capitaine, au 4e régiment d'artillerie.
30 — — commandeur, M. Randon, maréchal de camp.
— commandeur, M. Lechesne, maréchal de camp.
— — commandeur, M. Lebreton, colonel du 22e de ligne.
— — commandeur, M. Gachot, colonel du 3e de ligne.
— — commandeur, M. le comte Latour du Pin, colonel du 19e léger.
— — commandeur, M. Noël, colonel du 3e chasseurs d'Afrique.
11 juillet. — commandeur, M. Avenel Delavigne, intendant militaire de la 12e division.
— — commandeur, M. Bapatel, colonel directeur à Rennes.
14 — — commandeur, M. Jachaut de la Moricière, lieutenant-général commandant la division d'Oran.
16 septembre. — commandeur, M. Lepetit de Branvillers, colonel.
— — commandeur, M. Roux, intendant militaire du corps d'opérations de Metz.
— commandeur, M. Champion, colonel, commandant de place à Metz.
— — commandeur, M. Hunon, colonel du 42e de ligne.
— — commandeur, M. Marmion, colonel du 11e de dragons.
— commandeur, M. Dorlodot des Essarts, colonel du 2e régiment du génie.
18 — grand-officier, M. Sillègne, maréchal de camp.
— — commandeur, M. Tierry, maréchal de camp.
— — commandeur, M. Roguet, colonel du 41e de ligne.
— commandeur, M. Morris, colonel du 2e chasseur d'Afrique.
30 — — commandeur, M. Eynard, colonel du 23e de ligne.
— — commandeur, M. de Macors, colonel du 5e léger.
— — commandeur, M. Ricard, colonel du 10e léger.
— — commandeur, M. Maizières, colonel.
24 octobre. — grand-officier, M. le baron Alleye de Cyprey, envoyé extraordinaire et ministre plénipotentiaire de S. M. près la république mexicaine.
— — grand-officier, M. le contre-amiral de Moges.
4 novembre. — commandeur, M. Saineric, colonel au 72e de ligue.

PROMOTIONS DIVERSES.

2 février. Nommé ambassadeur près de S. M. le roi de Sardaigne, en remplacement de M. le comte de Salvandy, démissionnaire, M. le comte Mortier, ambassadeur auprès de la confédération Helvétique.

— — ambassadeur auprès de la confédération Helvétique, M. le comte de Pontois, ambassadeur auprès de la Porte Ottomane.

11 — — gouverneur des établissements français dans l'Inde, en remplacement de M. de Nourguer du Camper, M. le capitaine de vaisseau Pujol.

30 octobre. — commandant de l'école Polytechnique, en remplacement de M. , M. le maréchal de camp de Rostolan, commandant la 4e brigade d'infanterie à Paris.

ÉTRANGER.

SUITE DES DOCUMENTS OFFICIELS.

BELGIQUE.

DISCOURS *d'ouverture des chambres législatives.*

Messieurs,

J'ai devancé l'époque ordinaire de votre session. J'ai voulu vous mettre à même de voter les budgets avant le commencement de l'année à laquelle ils s'appliquent, et de compléter l'examen de plusieurs projets de loi dont vous êtes restés saisis.

Vous vous rassemblez au milieu de circonstances heureuses. Je ne puis que me féciliter des sentiments de cordialité et de confiance réciproque qui président à nos rapports avec les diverses puissances.

Vous avez statué, dans la cession précédente, sur les conclusions de la commission d'enquête instituée il y a quatre ans; alloi que vous avez votée occupera une place importante dans notre législation nationale.

Les réclamations industrielles que vous avez renvoyées au gouvernement ont été l'objet de ma plus sérieuse attention. J'ai fait droit à quelques-unes d'entre elles; les mesures que j'ai cru devoir prendre vous seront soumises; je ne doute point qu'elles n'obtiennent votre approbation.

A l'aide de la politique commerciale que vous avez sanctionnée, j'ai conclu avec les États de l'association allemande des douanes un traité de navigation et de commerce qui assure nos intérêts mutuels. L'examen de ce traité fera l'objet de vos premières délibérations.

Par une convention récente, les communications par la voie des postes entre la Belgique et la Grande-Bretagne ont été réglées sur des bases plus étendues et plus favorables au commerce. Le port des lettres a été réduit, et des avantages spéciaux ont été stipulés pour l'expédition des correspondances étrangères.

Un système d'entrepôt large et libéral, combiné avec de nouvelles facilités de transit, serait de nature à concourir au développement de nos rapports internationaux: un projet de loi ayant ce but vous sera présenté. Il restera encore à prendre en considération d'autres mesures propres à multiplier nos relations et nos exportations lointaines.

Les résultats de la récolte, un instant menacés, ont été satisfaisants; aucune mesure exceptionnelle ne paraît nécessaire. Les conseils provinciaux ont continué à s'occuper des moyens d'amener le défrichement des parties incultes de notre territoire; il sera bientôt possible de déterminer quelle sera l'assistance à demander au pouvoir législatif.

Des améliorations ont été apportées au cours de la Meuse; le gouvernement se propose d'en introduire successivement dans le régime des autres rivières du pays.

Les travaux importants entrepris

dans la Campine et dans les Flandres se poursuivent avec activité.

L'augmentation du mouvement des transports sur le chemin de fer et la progression du chiffre des recettes ont dépassé les prévisions. Cette situation pourrait devenir plus prospère encore en perfectionnant les conditions d'exploitation que l'état incomplet des lignes et des stations rend difficile et coûteuse.

Il devient urgent de s'occuper aussi de la réorganisation des transports en dehors du chemin de fer.

Il vous a été présenté une loi relative au traitement des membres de l'ordre judiciaire. L'état de nos finances vous permettra de ne plus ajourner la discussion de cette loi, dont vous reconnaîtrez avec moi les convenances.

Le régime des prisons a subi déjà d'utiles modifications. Je désire que des mesures nouvelles viennent les compléter.

Ma sollicitude n'a point fait défaut aux institutions de bienfaisance. Mon gouvernement s'attache à y introduire toutes les améliorations que l'humanité réclame.

Votre intervention sera demandée à cette occasion, notamment pour la réforme des établissements d'aliénés.

Des propositions vous seront faites pour corriger les vices et combler les lacunes que l'expérience a signalés dans certaines parties de la législation. Ainsi s'opérera graduellement la révision des codes prescrite par la constitution.

L'armée, cet élément si essentiel de notre existence nationale, commande toute notre sollicitude. Je me plais à reconnaître qu'elle continue à s'en montrer digne par son dévouement, sa discipline et l'excellent esprit qui l'anime. Il vous reste à vous prononcer sur le projet de loi dont vous êtes saisis, et qui sont, pour son organisation, d'une si haute importance.

Quelques changements aux lois sur la milice sont devenus nécessaires; ils vous seront proposés en même temps qu'une loi nouvelle sur l'organisation de la garde civique.

Les pouvoirs que vous avez donnés à mon gouvernement lui ont permis, grâce à la consolidation de notre crédit, de réaliser avec succès et sans secousse deux grandes opérations financières; elles ont eu pour résultat la réduction de la rente et du capital de la dette publique.

Vous vous féliciterez avec moi de ce que l'on est parvenu à balancer les dépenses avec les recettes ; le bénéfice résultant pour le trésor, du dernier emprunt et de la conversion de la rente, le produit croisssant du chemin de fer et l'augmentation du chiffre de plusieurs branches du revenu public ont contribué à faciliter cet heureux équilibre.

Quelques efforts sont néanmoins nécessaires pour couvrir les dépenses nouvelles que l'intérêt public pourrait exiger, et pour arriver successivement, par un excédant permanent de ressources, à l'extinction de la dette flottante et à la création d'une réserve.

Vous m'aiderez à atteindre ce but qu'une sage prévoyance nous fait une loi de poursuivre.

Messieurs, le pays peut avoir confiance en lui-même. Ses éléments d'activité morale et de prospérité matérielle se développent librement. Je ne doute pas que cette situation favorable ne s'affermisse et ne se complète par l'appui que le gouvernement trouvera dans votre patriotique et loyal concours.

ADRESSE *de la chambre des représentants en réponse au discours de la couronne.*

Sire,

Réunis avant l'époque ordinaire de la convocation des chambres, dans le but d'activer nos discussions et de régulariser nos travaux, nous sommes heureux d'entendre Votre Majesté constater la consolidation de cet esprit de concorde et de confiance internationale qui garantit aux peuples les fécondes jouissances de la paix.

La loi qui consacre une politique commerciale nouvelle portera, nous l'espérons, les fruits qu'on s'en était promis. Les actes récents inspirés à Votre Majesté par sa haute sollicitude pour le commerce et l'industrie du pays, seront l'objet de nos sérieuses méditations.

Tout ce qui tend à faciliter l'expédition des correspondances par la voie des postes, ou l'extension de nos relations par le complément de notre système d'entrepôts publics, ne peut manquer d'être accueilli par le pouvoir législatif, avec une faveur qui n'exclut pas un examen réfléchi.

Pleine de reconnaissance envers la Providence, qui vient, cette année encore, d'assurer les résultats de la récolte, la chambre ne sera que mieux disposée à seconder les vues des provinces pour étendre les bienfaits de l'agriculture aux parties incultes de notre territoire.

L'achèvement des travaux de construction et d'amélioration de nos voies navigables fournira à la nation de nouveaux éléments d'activité et de bien-être.

La situation prospère de nos chemins de fer justifie la confiance que la législature a mise dans l'avenir de cette œuvre nationale. Notre concours ne fera pas défaut pour en perfectionner les conditions d'exploitation dans les limites d'une sage économie, et pour réorganiser les transports en dehors du chemin de fer, de manière à concilier les nécessités de la centralisation avec les droits de la liberté industrielle.

Les circonstances politiques que la Belgique a traversées ne lui ont pas permis de résoudre les graves questions que soulèvent les institutions de bienfaisance et de répression ; l'ordre public et l'humanité en commandent la solution prochaine.

Fidèles au vœu manifesté par le congrès constituant, nous saisirons avec empressement toutes les occasions d'opérer des réformes graduelles dans notre législation. Et, comme la véritable sanction des lois réside dans leur application, nous comprenons tous quelle est l'importance sociale d'une magistrature indépendante et respectée.

Par l'intérêt national qui se rattache à son existence, ainsi que par le sentiment profond de ses devoirs, dont elle n'a cessé de donner des preuves, l'armée a le droit de compter sur les sympathies de la législature. Son organisation définitive lui vaudra des garanties de force et de stabilité, qui seront pour elle une récompense à la fois et un encouragement.

La révision des lois sur la milice fera disparaître les vices signalés dans une des bases principales de notre système militaire, qu'une loi nouvelle de la garde civique est appelée à compléter.

La réduction de la rente et du capital de la dette, l'augmentation des produits de plusieurs branches du revenu public, la consolidation de notre crédit, le rétablissement de l'équilibre entre les dépenses et les recettes, tous ces résultats annoncés par votre Majesté concourent à nous rassurer sur l'état de nos finances. Si la nécessité de quelques mesures à prendre pour parer aux éventualités de l'avenir était démontrée, la chambre saurait prouver qu'elle possède l'intelligence des vrais besoins du pays.

Sire, la nation a la conscience de ce qu'elle vaut, de ce qu'elle peut ; sa dignité et sa force, elle les puise dans la conciliation de tous les droits et de tous les intérêts. Telle est la condition de notre existence et de notre prospérité ; tel est le but que s'est constamment proposé la haute sagesse de Votre Majesté, à la poursuite duquel la chambre sera toujours fière de concourir.

ADRESSE *du sénat en réponse au discours de la couronne.*

Sire,

Le gouvernement de Votre Majesté a cru qu'il était urgent d'entrer dans une voie régulière, et que les budgets de l'exercice devaient être votés avant l'ouverture de l'année à laquelle ils s'appliquent. Le sénat, depuis longtemps, a formé le vœu que ce but soit atteint ; l'empressement de ses membres à répondre à l'appel de la couronne est un sûr garant que les efforts de cette assemblée tendront à répondre aux désirs du gouvernement.

Nous félicitons Votre Majesté de voir ouvrir cette session sous d'heureux auspices; nous espérons que les sentiments de cordialité et de confiance qui président aux rapports de la Belgique avec les diverses puissances amèneront de nouveaux traités favorables à notre industrie. Le sénat examinera avec une sérieuse attention le traité conclu avec l'association allemande des douanes, ainsi que les mesures qui ont été prises par le gouvernement du roi en faveur du transit national.

Nous nous flattons que la convention postale conclue entre la Belgique et la Grande-Bretagne multipliera nos relations avec ce pays.

Le projet de loi qui doit établir un système d'entrepôt large et libéral, et toutes les mesures qui tendraient à développer nos relations internationales, seront examinés par le sénat avec intérêt et maturité. Grâce à la divine Providence, les résultats de la récolte, un instant menacés, sont satisfaisants. Nous donnerons une sérieuse attention aux mesures qui seraient proposées pour amener le défrichement de nos terres incultes, et nous applaudirons à tout ce qui pourra contribuer à l'amélioration de nos voies de communication.

Les prévisions du gouvernement de Votre Majesté se sont réalisées : le chemin de fer voit grandir sa popularité en même temps que ses résultats de toutes espèces. Le sénat répondra à l'appel du gouvernement en sanctionnant les mesures qui seront jugées propres à compléter et développer cette grande œuvre nationale.

Nous voyons avec plaisir arriver le moment où les membres de l'ordre judiciaire seront placés dans une position meilleure. Il serait désirable de pouvoir coordonner entre eux les traitements de tous les fonctionnaires du gouvernement.

Le régime des prisons, les améliorations que l'humanité réclame pour certains établissements de bienfaisance ont appelé l'attention de Votre Majesté; ils obtiendront aussi l'attentive sollicitude du sénat.

L'époque du calme et de la paix à laquelle nous sommes arrivés nous permettra de satisfaire aux prescriptions de l'art. 139 de notre constitution. Nous examinerons avec soin les propositions qui nous seront faites pour opérer graduellement la révision des codes.

Le sénat reconnaît avec Votre Majesté que l'armée mérite toute sa sollicitude, par son dévoûment, sa discipline et le bon esprit qui l'anime. Il s'occupera avec empressement des projets de loi qui lui seront transmis. Il s'efforcera d'assurer le bien-être et la stabilité de notre existence nationale, en conciliant ce bien-être avec les finances du pays.

Nous espérons que le projet de loi sur la garde civique et les modifications apportées aux lois sur la milice deviendront le complément de l'organisation de notre force publique.

Nous nous félicitons, Sire, de voir enfin l'équilibre établi entre les recettes et les dépenses. Les importantes mesures financières récemment prises, en contribuant à cet heureux résultat, ont manifesté la puissance de notre crédit. Si quelque dépense nouvelle était jugée nécessaire, nous avons la confiance que les efforts du gouvernement parviendront à y satisfaire, sans imposer de nouveaux sacrifices au pays.

Sire, guidée par la haute sagesse de Votre Majesté, la Belgique a conquis une place honorable dans la famille européenne. Les élements d'activité morale et de prospérité matérielle qu'elle renferme lui font envisager avec confiance l'avenir qui se présente devant elle.

Arrêté royal. *Souscription publique à l'emprunt de 84,656,000 francs, autorisée par la loi du 22 mars 1844.*

Léopold, roi des Belges,

Vu la loi du 22 mars 1844, *Bulletin officiel*, n° 44, ainsi conçue :

Article 1er. Le gouvernement est autorisé à ouvrir, en une ou plusieurs fois, un emprunt de 84.656,000 fr., pour effectuer le rachat du capital de 80 millions de florins à 2 1/2 p. 0/0;

dont il est fait mention au n° 7 de l'art. 63 du traité du 5 novembre 1842, approuvé par la loi du 3 février 1843 (*Bulletin officiel*, n° 24).

Il pourra être consacré à l'amortissement de cet emprunt 1 p. 0/0 par an au plus du capital nominal, indépendamment des intérêts des obligations amorties.

Art. 2. L'amortissement qui sera établi en vertu de la présente loi se fera par le gouvernement, à Bruxelles ou à Anvers; son action sera suspendue lorsque les obligations seront cotées au-dessus du pair aux bourses de ces deux villes.

Les fonds de la dotation de cet amortissement qui, par suite de la disposition qui précède, seront restés sans emploi, serviront à la réduction de la dette flottante jusqu'à son entière extinction, et ultérieurement à telle autre destination qui sera déterminée par la loi.

Le paiement des intérêts aura lieu en Belgique; le gouvernement est autorisé à l'effectuer également à Paris, sous la réserve que la dépense qui résultera de cette mesure n'excédera pas une somme annuelle de 13,000 fr.

Art. 3. Les nouveaux titres à créer seront, préalablement à leur émission, soumis au visa de la cour des comptes.

Art. 4. Un crédit de 70,000 fr. est ouvert au département des finances pour couvrir les frais de matériel et de confection des titres qui seront créés en vertu des dispositions de la présente loi.

Art. 5. Le ministre des finances rendra aux chambres un compte détaillé de l'exécution des dispositions de la présente loi.

Voulant donner suite et exécution à la loi qui précède, de l'avis de notre conseil des ministres et sur la proposition de notre ministre des finances,

Nous avons arrêté et arrêtons :

Article 1er. Le samedi 29 juin 1844, de dix heures du matin à quatre heures de relevée, il sera tenu ouvert, à la trésorerie générale du royaume (ministère des finances, rue de la Loi), un registre pour recevoir, en présence d'un membre délégué de la cour des comptes, les souscriptions partielles à l'emprunt prémentionné.

Art. 2. L'emprunt sera divisé en obligations de 2,000, de 1,000, de 500 et de 250 fr.

Les souscripteurs qui désireraient obtenir des obligations de 500 et de 250 fr. en feront la déclaration au moment de la souscription.

Art. 3. Ces obligations porteront intérêt à 4 1/2 pour 0/0 l'an, à partir du 1er mai 1844; elles seront accompagnées de coupons semestriels payables aux 1er mai et 1er novembre de chaque année, à Bruxelles, à Anvers et à Paris.

Ces coupons seront également payables, dans tous les chefs-lieux de province et d'arrondissement du royaume, sur présentation des obligations dont ils seront détachés.

Art. 4. Il est consacré à l'amortissement de cet emprunt 1 1/2 p. 0/0 du capital nominal, indépendamment des intérêts des obligations amorties.

Les obligations amorties seront détruites en public, à l'expiration des semestres, par le directeur de l'administration du Trésor public, en présence d'un membre délégué de la cour des comptes, et leurs numéros seront immédiatement inscrits au *Moniteur*.

Art. 5. Le remboursement au pair des obligations à créer ne pourra avoir lieu avant le 1er mai 1852.

Art. 6. Le propriétaire d'obligations au porteur aura la faculté de les faire convertir en inscriptions nominatives d'un même total, et représentant les mêmes numéros au Grand'Livre de la dette publique. Ces inscriptions pourront être reconstituées en titre au porteur, moyennant tels frais et formalités qui seront ultérieurement déterminés.

Art. 7. Les obligations de l'emprunt sont offertes au prix de 104 fr. pour 4 fr. 1/2 de rente, soit 104 fr. pour 100 fr. de capital nominal.

Si, dans l'espace d'une année, à partir de la date du présent arrêté, de nouvelles obligations à l'intérêt de 4 1/2 p. 0/0 étaient émises, elles ne seraient délivrées qu'à un prix supérieur à celui du présent emprunt.

Art. 8. Le paiement du prix des obligations partielles de l'emprunt sera effectué chez le caissier général de l'État, ou chez les agents dans les chefs-lieux de provinces, en cinq termes, comme suit :

Deux dixièmes avant le 1er août 1844 ;

Deux dixièmes avant le 1er novembre 1844 ;

Deux dixièmes avant le 1er février 1845 ;

Deux dixièmes avant le 1er mai 1845 ;

Un dixième avant le 1er juin 1845 ;

Un dixième avant le 1er juillet 1845.

Le paiement du prix des obligations partielles pourra également être effectué à la banque d'Amsterdam, sous la réserve que l'avis de ce versement sera donné au moins quinze jours d'avance au directeur de l'administration du Trésor public, au ministère des finances à Bruxelles.

Le gouvernement se réserve d'autoriser des versements par anticipation, à partir de l'époque et à l'escompte, qui seront fixés ultérieurement.

Art. 9. Lors du premier versement, le Trésor délivrera des certificats provisoires qui seront échangés à Bruxelles contre les titres définitifs, après l'acquittement de tous les termes.

Art. 10. Les souscriptions devront être précédées d'un dépôt de garantie, dont il sera justifié par la production d'un récépissé, conforme au modèle ci-joint, lequel récépissé devra être représenté pour être admis à souscrire.

Le dépôt de garantie sera au moins de 10 p. 0/0 du capital souscrit ; il sera fourni en numéraire, en bons du Trésor ou en obligations des emprunts belges aux taux suivants :

En 2 1/2 p. 0/0 à 60 p. 0/0 ;
3 p. 0/0 à 78 ;
4 p. 0/0 au pair ;
4 1/2 p. 0/0 à 105 ;
5 p. 0/0 à 107.

Le numéraire sera versé chez le caissier général de l'État ; la quittance de ce versement et les autres valeurs seront déposées à l'administration du Trésor public.

Art. 11. Le lendemain de la souscription, le ministre des finances publiera, dans le *Moniteur*, le chiffre qu'elle aura atteint.

Dans le cas où le total des souscriptions dépasseraient la somme offerte, celle-ci serait répartie entre les souscripteurs au *prorata* de leur soumission.

Art. 12. La partie des dépôts excédant la garantie requise pour les souscriptions admises sera restituée immédiatement après l'annonce du résultat des souscriptions ; la partie conservée comme garantie définitive sera rendue au moment du premier versement.

Art. 13. Le ministre des finances sera seul juge de la validité des souscriptions, lesquelles devront être faites sans conditions éventuelles.

Art. 14. Si les versements du prix des obligations de l'emprunt n'étaient pas faits exactement aux époques fixées ci-dessus à l'art. 8, les souscripteurs ou propriétaires de certificats provisoires encourraient la déchéance de plein droit, avec perte des dépôts de garantie ou de versements effectués, lesquels demeureraient acquis au trésor public, à titre de dommages-intérêts.

Art. 15. Les banquiers, agents de change ou commissionnaires du royaume qui souscriront, auront droit à un quart pour cent de commission sur le produit de leurs souscriptions ; ce quart sera décompté du premier versement.

Notre ministre des finances est chargé de l'exécution du présent arrêté.

Donné à Ardenne, le 16 juin 1844.

LÉOPOLD.

Contresigné :

Mercier.

Trésor public.

Le ministre des finances porte à la connaissance du public que les dépôts de garanties qui, d'après l'art. 10 de l'arrêté royal du 16 juin 1844, doivent précéder les souscriptions à l'emprunt de 84,656,000 fr., seront reçus dès le lundi 24 juin courant, à l'administration du trésor public, jusqu'au vendredi 28 du même mois inclusivement, tant en quittance de numéraire versé chez le caissier de l'Etat, qu'en obligations des emprunts belges et en bons du trésor.

Les bureaux de l'administration du trésor public seront ouverts au déposants depuis onze heures du matin jusqu'à quatre heures de relevée.

Bruxelles, le 17 juin 1844.

Loi apportant des modifications au tarif des douanes concernant les tabacs.

Léopold, roi des Belges, à tous, etc.

Nous avons, de commun accord avec les chambres, décrété, et nous ordonnons ce qui suit :

ARTICLE 1er. Il sera ajouté en principal aux droits établis ou à établir à l'entrée des tabacs :

TABACS EN FEUILLES OU EN ROULEAUX.	POIDS.	DROITS.
1° Tabacs d'Europe sans distinction (*a*)	les 100 kil.	7 50
2° — Varinas	—	10 〃
3° — de Porto Rico, de Havane, de Colombie, de St-Domingue, des Grandes-Indes et d'Orénoque	—	10 〃
4° — d'autres pays hors d'Europe	—	7 50
5° — côtes de	—	7 50
TABACS FABRIQUÉS.		
6° — fabriqués en carottes, en poudre, hachés ou autrement fabriqués	—	5 〃
7° — cigarres	—	100 〃

(*a*) *Disposition particulière.* — Le gouvernement pourra interdire l'entrée des tabacs d'Europe, par certains bureaux des frontières de terre.

ART. 2. La présente loi sera obligatoire le lendemain de sa promulgation.

Donné à Laeken, le 27 juin 1844.

LÉOPOLD.

Par le roi :

Le ministre des finances,

MERCIER.

Traité de commerce entre la Belgique et le Zollverein.

Au nom de la très-sainte Trinité ! S. M. le roi des Belges, d'une part, et S. M. le roi de Prusse agissant tant en son nom et pour les autres pays et parties de pays souverains compris dans son système de douanes et d'impôts, savoir : le grand-duché de Luxembourg, les enclaves du grand-duché de Mecklembourg, Rossow, Netzeband et Schoenberg, la principauté de Birkinfeld, le grand-duché d'Oldenbourg, les duchés d'Anhalt-Coethen, d'Anhalt-Dessau et d'Anhalt-Bernbourg, les principautés de Waldeck et Pyrmont, la principauté de Lippe et le grand-bailliage de Meisenheim, du landgraviat de Hesse, qu'au nom des autres membres de l'association de douanes et de commerce allemande (zollverein), savoir : la couronne de Bavière, la couronne de Saxe et la couronne de Würtemberg, tant pour elles que pour les principautés de Hohenzollern-Hechingen et de Hohenzollern-Sigmaringen, le grand-duché de Bade, l'électorat de Hesse, le grand-duché de Hesse, tant pour lui que pour le bailliage de Hombourg, du landgraviat de Hesse, les Etats formant l'association de douanes et de commerce de Thuringen, savoir : le grand-duché de Saxe, les duchés de Saxe-Meiningen, de Saxe-Altenbourg et de Saxe-Cobourg et Gotha, les principautés de Schwartzbourg-Rudolstadt et de Schwartzbourg-Sondershausen, de Reuss-Greitz, de Reuss-Schleitz et de Reuss-Lobeinstein et Ebersdorf; le duché de Brunswick, le duché de Nassau et la ville libre de Francfort, d'autre part ;

Etant également animés du désir d'établir promptement entre la Belgique et le Zollverein un état de choses conforme à leurs intérêts commerciaux réciproques, et de constituer leurs relations de navigation et de commerce sur des bases durables qu'ils se réservent d'élargir par d'autres concessions mutuelles, sont convenus, dans ce but, d'entrer en négociations, et ont nommé pour leurs plénipotentiaires respectifs, savoir :

S. M. le roi des Belges, le lieutenant-général comte Goblet d'Alviella, son aide de camp et ministre d'Etat et des affaires étrangères, inspecteur général des fortifications et du corps du génie, membre de la chambre des représentants, officier de son ordre, grand-croix de l'ordre de la branche Ernestine de la maison de Saxe, chevalier grand-croix de l'ordre du mérite civil de Saxe, chevalier grand-croix de l'ordre du duc Pierre-Frédéric-Louis d'Oldenbourg, commandeur de l'ordre de la Légion-d'Honneur, décoré de l'ordre de Sainte-Anne de Russie de la deuxième classe, décoré de la croix de troisième classe de l'ordre militaire de Guillaume ;

S. M. le roi de Prusse, le sieur Alexandre-Henri, baron d'Arnim, son chambellan, conseiller intime de légation et envoyé extraordinaire et ministre plénipotentiaire près S. M. le roi des Belges, chevalier de l'ordre de l'Aigle rouge de la deuxième classe, de Saint-Jean de Jérusalem et de la croix de fer de Prusse, chevalier des ordres militaires de Sainte-Anne de la troisième classe et de Saint-Georges de la cinquième classe de Russie, commandeur des ordres du Lion de Zaehringen de Bade, et de Louis de la Hesse grand'ducale ;

Lesquels, après avoir échangé leurs pleins pouvoirs et les avoir trouvés en bonne et due forme, sont convenus des articles suivants :

Article 1er. Les navires appartenant à la Belgique, qui entreront sur lest ou chargés dans les ports de la Prusse ou dans l'un des ports des autres Etats du Zollverein, ou qui en sortiront, et réciproquement, les navires appartenant à la Prusse ou à l'un des autres Etats du zollverein, qui entreront, sur lest ou chargés, dans les ports de la Belgique, ou qui en sortiront, quel que soit le lieu de leur destination, ne seront pas assujettis à des droits de tonnage, de pavillon, de port, de balisage, de pilotage, d'ancrage, de remorque, de fanal, d'écluse, de canaux, de quarantaine, de sauvetage, de courtage, d'entrepôt, ou à d'autres droits ou charges de quelque nature ou dénomination que ce soit, perçus au nom et au profit du gouvernement, de fonctionnaires publics, de communes ou d'établissements quelconques, que ceux qui sont actuellement ou pourront par la suite être imposés aux bâtiments nationaux, à l'entrée et pendant leur séjour dans ces ports ou à leur sortie.

Art. 2. En tout ce qui concerne le placement des navires, leur chargement et déchargement dans les ports, havres et bassins, et généralement pour toutes les formalités et dispositions quelconques auxquelles peuvent être soumis les navires de commerce, leur équipage et leur chargement, il est également convenu qu'il ne sera accordé aux navires nationaux aucun privilège ou faveur qui ne le soit également à ceux de l'autre partie, la volonté des deux hautes parties contractantes étant que, sous ce rapport aussi, leurs bâtiments soient traités sur le pied d'une parfaite égalité.

Art. 3. Le remboursement par la Belgique du droit perçu sur la navigation de l'Escaut par le gouvernement des Pays-Bas, en vertu du paragraphe 3e de l'art. 9 du traité du 19 avril 1839, est garanti aux navires des États du Zollverein.

Art. 4. Tous les produits et autres objets de commerce dont l'importation ou l'exportation pourra légalement avoir lieu dans les Etats des hautes parties contractantes par navires nationaux pourront également y être importés ou en être exportés par navires appartenant à l'autre partie contractante.

Les marchandises importées dans les ports de la Belgique et du Zollverein par des navires appartenant à l'une ou à l'autre partie pourront y être destinées à la consommation, au transit ou à la réexportation, ou enfin être mises en entrepôt, au gré du propriétaire ou de ses ayants-cause, le tout aux mêmes conditions et sans être assujetties à des droits de magasinage, de surveillance ou autre de cette nature, plus forts que ceux auxquels seront soumises les marchandises apportées par navires nationaux.

Art. 5. Les marchandises de toute espèce, sans distinction d'origine, importées directement des ports de Belgique dans ceux du Zollverein par navires belges; ainsi que celles qui seront importées directement des ports du Zollverein dans ceux de Belgique par navires appartenant à l'un des Etats du Zollverein, ne paieront, dans les ports respectifs, d'autres ni de plus forts droits d'entrée ou de sortie, et ne seront assujetties à d'autres formalités que si l'importation avait lieu par bâtiments nationaux.

Il en sera de même pour les marchandises de toute espèce exportées des ports du Zollverein par navires belges; ainsi que pour celles qui seront exportées des ports de la Belgique par navires du Zollverein, pour quelque destination que ce soit.

Article séparé. Les cargaisons des navires du Zollverein, importées en Belgique par navigation indirecte, étant soumises à des droits différentiels, les navires belges qui importeront, dans les ports du Zollverein, des cargaisons prises dans un port n'appartenant ni à la Belgique ni au Zollverein, paieront un droit extraordinaire de pavillon qui n'excèdera pas la moitié du taux actuel de ce droit.

Cette stipulation restera en vigueur jusqu'au 1er janvier 1848 et au delà de ce terme, pour toute la durée du présent traité, si audit terme l'une ou l'autre des hautes parties contractantes n'apporte point un changement général à son système de législation sur la navigation.

Dans ce dernier cas, les hautes parties contractantes s'entendront pour concilier la stipulation du paragraphe 1er du présent article avec les modifications qui pourraient être introduites.

Art. 6. Les produits du sol et de l'industrie du Zollverein chargés dans les ports situés aux embouchures des fleuves depuis l'Elbe jusqu'à la Meuse, y compris ces deux fleuves, sur bâtiments du Zollverein, et importés directement dans les ports belges, seront traités dans ces derniers, comme s'il venaient directement d'un port du Zollverein.

Par réciprocité, les produits du sol et de l'industrie de la Belgique chargés dans les ports de la Meuse sur bâtiments belges, et importés directement dans les ports du Zollverein, seront traités dans ces derniers comme s'ils venaient directement d'un port belge.

De plus, les produits du sol et de l'industrie du Zollverein, apportés sur bâtiments du Zollverein ou directement ou des ports assimilés aux ports du Zollverein, et désignés au paragraphe 1er, dans le ports assimilés aux ports belges, et désignés au paragraphe 2, seront traités, lors de leur importation subséquente en Belgique, comme s'ils étaient importés directement, et sous pavillon du Zollverein, dans un port belge; et de même, les produits du sol et de l'industrie de la Belgique, apportés sur bâtiments belges, ou directement ou des ports assimilés de la Meuse, dans les ports assimilés depuis l'Elbe jusqu'à le Meuse, seront traités, lors de leur importation subséquente dans le Zollverein, comme s'ils étaient importés directement, et sous pavillon belge, dans un port du Zollverein.

Les deux hautes parties contractantes se réservent de déterminer d'un commun accord les preuves à fournir pour constater l'origine des marchandises, en tant que ces preuves seraient nécessaires.

Art. 7. Les primes, restitutions de droits ou autres avantages de ce genre qui sont ou qui pourraient être accordés dans les Etats de l'une des deux hautes parties contractantes, aux navires nationaux ou à leurs cargaisons, seront également accordés, soit aux navires de l'autre partie, soit aux marchandises importées directement d'un pays dans l'autre par navires de l'une ou de l'autre partie, ou exportées pour quelque destination que ce soit.

Toutefois, il est fait exception à ce qui précède et aux stipulations des art. 1er et 4, en ce qui concerne les avantages dont les produits de la pêche nationale et le commerce du sel sont ou pourraient être l'objet.

Art. 8. Les sujets de chacune des deux parties contractantes se conformeront respectivement, en ce qui concerne l'exercice du cabotage, aux lois qui régissent actuellement ou qui pourront régir par la suite cette matière dans chacun des Etats des deux hautes parties contractantes.

Art. 9. Les navires de la Belgique entrant dans un des ports du Zollverein, et les navires du Zollverein entrant dans un des ports de la Belgique et qui n'y voudraient décharger qu'une partie de leur cargaison, pourront, toutefois en se conformant aux lois et règlements des Etats des deux hautes parties contractantes, conserver à leur bord la partie de la cargaison qui serait destinée pour un autre port, soit du même pays, soit d'un autre, et la réexporter sans être astreints à payer, pour cette partie de la cargaison, aucuns droits de douane, sauf ceux de surveillance.

Art. 10. Les navires de l'une des deux hautes parties contractantes, entrant en relâche forcée dans l'un des ports de l'autre, n'y paieront, soit pour le navire, soit pour son chargement, que les droits auxquels les nationaux sont assujettis dans le même cas, pourvu que la nécessité de la relâche soit légalement constatée, que ces navires ne fassent aucune opération de commerce et qu'ils ne séjournent pas dans le port plus longtemps que ne l'exige le motif qui a nécessité la relâche.

Art. 11. En cas d'échouement ou de naufrage d'un navire appartenant aux Etats de l'une des hautes parties contractantes sur les côtes de l'autre, il sera prêté toute aide et assistance au capitaine et à l'équipage, tant pour leurs personnes que pour le navire et sa cargaison. Les opérations relatives au sauvetage auront lieu conformément aux lois du pays, et il ne sera pas payé de frais de sauvetage plus forts que ceux auxquels les nationaux seraient assujettis en pareil cas.

Les marchandises sauvées ne seront tenues au paiement d'aucun droit, à moins qu'elles ne soient admises pour la consommation.

Art. 12. Les stipulations qui précèdent (art. 1, 2, 4, 5, 6, 7 et 9) s'appliquent à la navigation tant maritime que fluviale, de manière que nommément par rapport aux droits de navigation pesant, soit sur les navires, soit sur les chargements, aux droits de patente, ainsi qu'à tous autres droits ou charges de quelque nature ou dénomination que ce soit, les navires appartenant à l'autre partie contractante ne pourront être imposés de droits autres ou plus élevés que ceux dont sont frappés les navires nationaux.

Art. 13. Les consuls respectifs pourront faire arrêter et renvoyer soit à bord, soit dans leur pays, les matelots qui auraient déserté des bâtiments de leur nation. A cet effet, ils s'adresseront par écrit aux autorités locales compétentes, et justifieront, par l'exhibition en original ou en copie dûment certifiée des registres du bâtiment ou du rôle d'équipage, ou par d'autres documents officiels, que les individus qu'ils réclament faisaient partie dudit équipage. Sur cette demande, ainsi justifiée, la remise ne pourra leur être refusée. Il leur sera donné toute aide pour la recherche et l'arrestation desdits déserteurs, qui seront même détenus et gardés dans les maisons d'arrêt du pays, à la réquisition et aux frais des consuls, jusqu'à ce que les agents aient trouvé une occasion de les faire partir. Si pourtant cette occasion ne se présentait pas dans un délai de trois mois, à compter du jour de l'arrestation, les déserteurs seraient mis en liberté et ne pourraient plus être arrêtés pour la même cause.

Il est entendu que les marins sujets de l'autre partie seront exceptés de la présente disposition.

Art. 14. Si une des hautes parties contractantes accorde par la suite à un autre Etat quelque faveur particulière en fait de navigation, cette faveur deviendra commune à l'autre partie, qui en jouira gratuitement, si la concession est gratuite, ou en accordant la même compensation, si la concession est conditionnelle.

Art. 15. Seront considérés comme navires de la Belgique ou du Zollverein ceux qui seront reconnus tels dans les Etats auxquels ils appartiennent, conformément aux lois et règlements en vigueur. Il est, toutefois, bien entendu que les commandants des navires de mer devront en prouver la nationalité par des lettres de mer expédiées dans les formes prescrites, et munies de la signature des autorités compétentes du pays auquel le navire appartient, et que, d'une part, les conducteurs ou patrons de la Meuse ou de l'Escaut, et d'autre part, les conducteurs ou patrons du Necker, du Mein, de la Moselle et du Rhin, devront constater leur droit à la navigation de l'un desdits fleuves pour être admis à la navigation des fleuves appartenant à l'autre partie contractante.

Art. 16. Il y aura pleine et entière liberté de commerce entre les sujets des deux hautes parties contratantes, en ce sens que les mêmes facilités, sécurité et protection dont jouissent les nationaux, sont garanties des deux parts. En conséquence, les sujets respectifs ne paieront point, à raison de leur commerce ou de leur industrie dans les ports, villes ou lieux quelconques des deux hautes parties contractantes, soit qu'ils s'y établissent, soit qu'ils y résident temporairement, des droits, taxes ou impôts autres ou plus élevés que ceux qui se percevront sur les nationaux, et les privilèges, immunités et autres faveurs dont jouiront, en matière de commerce ou d'industrie, les sujets de l'une des deux hautes parties contractantes, seront communs à ceux de l'autre.

La patente dont sont passibles, dans les Etats des deux hautes parties contractantes, les voyageurs de commerce, sera réduite, de part et d'autre, à un taux uniforme à fixer de commun accord.

Art. 17. Le transit des marchandises venant de Belgique ou y allant, passant par des territoires ci-après désignés du Zollverein, sera soumis, au maximum, aux droits suivants :

a. Le droit de transit ne pourra excéder un demi-silbergros par quintal (*zoll-centner*) sur toutes les marchandises qui arrivent à Cologne par le chemin de fer rhénan, et qui sont, de là, exportées du territoire du Zollverein par le Rhin en amont ou en aval; *vice versâ*, toutes les marchandises qui, après être entrées par le Rhin sur le territoire du Zollverein par Emmerich et Neubourg, et être arrivées à Cologne par navires, sont de là exportées par Aix-la Chapelle sur le chemin de fer belge-rhénan, ne peuvent être soumises à un droit plus élevé qu'un demi-silbergros par quintal.

b. Le droit de transit est réduit à un demi-silbergros par quintal à l'égard de toutes les routes partant de la frontière belge et traversant le territoire du Zollverein sur la rive gauche du Rhin, pour aboutir dans les ports du Rhin, et *vice versâ*.

c. Le droit de transit sera également réduit à un demi-silbergros par quintal, à l'égard des routes qui vont de Belgique en France, de Belgique dans les Pays-Bas et de Belgique en Belgique, en traversant le territoire du Zollverein.

d. Le droit de transit est, de même, réduit à un demi-silbergros par quintal, à l'égard des routes qui se dirigent de la Belgique par le territoire du Zollverein, et qui sortent par la frontière allemande, depuis Sarrebruck jusqu'à Mittenwald inclusivement, *et vice versâ*.

e. Le droit de transit sera réduit à dix silbergros par quintal à l'égard des routes qui traversent le territoire du Zollverein pour sortir de la frontière entre Mittenwald exclusivement et le Danube inclusivement.

Le droit de transit existant sur les objets suivants, savoir : les tissus de coton, les habillements neufs, les cuirs et ouvrages de cuir, les laines, les fils et tissus de laine, ne sera réduit pour le moment, qu'à quinze silbergros par les routes désignées au tarif du Zollverein, troisième division, deuxième section.

ART. 18. La liberté du transit par la Belgique est maintenue avec l'affranchissement de tout droit pour le transit par le chemin de fer Belge, tant pour les marchandises venant des Etats du Zollverein, que pour les marchandises y allant, aux termes des dispositions actuellement en vigueur.

L'exemption de droit dont jouissent, en Belgique, les draps, les casimirs et leurs similaires transitant par le chemin de fer, est étendue au transit de ces articles par toute autre voie.

Le droit de transit sur les ardoises provenant du Zollverein, entrant en Belgique par les bureaux de douane ouverts à cet effet, et sortant par les bureaux ouverts au transit de la frontière qui sépare la Belgique du Zollverein, sera réduit à 15 c. par 100 fr. de valeur, ou à 25 c. les 100 kilogrammes, au choix de l'intéressé.

Le transit des écorces à tan du grand-duché de Luxembourg vers les Etats du Zollverein par la Belgique sera exempt de tout droit par les bureaux à désigner de commun accord.

ART. 19. Les fers d'origine belge entrant dans les Etats du Zollverein par la frontière de terre entre les deux pays seront admis, savoir :

a. Les fers désignés *sub litt. A* au tarif du Zollverein (fers bruts, fontes, etc.), avec réduction de 50 pour 100 du droit général de 10 silbergros introduit à partir du 1er septembre 1844.

b. Les fers désignés *sub litt. B* de ce tarif au droit de 1 thaler 7 1/2 silbergros par quintal (*centner*), c'est-à-dire, avec 50 pour 100 de réduction sur l'augmentation des droits établis à partir du 1er septembre 1844.

c. Les autres espèces de fers façonnés, ouvragés ou non, ouvrages de fer de toute espèce, compris dans les catégories suivantes du même tarif, aux droits généraux fixés par ce tarif.

Il est entendu que, si les droits d'entrée sur les diverses catégories de fers venaient à être augmentés, cette augmentation, pendant la durée du présent traité, ne pourra s'étendre aux articles venant de la Belgique ; et que si, au contraire, les droits venaient à être réduits, cette réduction s'appliquera auxdits articles, de manière à conserver aux produits belges le même avantage sur les fers de la première et de la deuxième catégorie et l'égalité de condition d'importation pour les fers, ouvrés ou non, des autres catégories.

Cependant, si, par des réductions du tarif du Zollverein, il arrivait que l'avantage de cinq silbergros, quant à la catégorie *A*, et de 7 1/2 silbergros, quand à la catégorie *B*, ne fût plus réalisable qu'en descendant, en faveur des espèces de fer belges désignées ci-dessus, au-dessous du tarif général antérieur au 1er septembre 1844, alors les deux hautes parties contractantes s'entendraient sur les compensations à accorder à la Belgique à l'époque de l'application des réductions.

ART. 20. Les droits de sortie sur les laines, en vigueur dans le Zollverein, seront réduits de moitié pour les laines en destination de la Belgique.

ART. 21. Le droit d'entrée existant dans le Zollverein sur les fromages d'origine belge sera réduit de 50 pour 100.

Un nombre de 15,000 moutons venant de Belgique sera admis chaque année, dans le Zollverein, avec exemption de droit, par les bureaux à désigner ultérieurement.

ART. 22. Le droit de douane sur l'importation des vins originaires du Zollverein, tant par terre que par mer, sera réduit à 50 cent. par hectolitre pour les vins en cercles, et à 2 fr. par hectolitre pour les vins en bouteilles ; de plus, le droit d'accise maintenant existant sur les mêmes vins sera réduit de 25 pour 100.

Le droit actuel d'entrée existant en Belgique sur les tissus de soie originaire du Zollverein sera réduit de 20 pour 100 pour les tissus de soie originaires du Zollverein.

Pendant la durée du présent traité, les droits de douane et d'accise, ainsi réduits, ne pourront être augmentés, et il est entendu que les vins et les tissus de soie de toute autre origine que ceux provenant du Zollverein ne pourront être soumis en Belgique à des droits quelconques plus favorables que ceux appliqués respectivement aux vins et aux tissus de soie originaires du Zollverein.

Art. 23. La sortie de Belgique des écorces à tan par les bureaux de Jalhay, de Petit-Heer et de Francorchamps aura lieu au droit de 6 pour 100 *ad valorem.*

Art. 24. Les ouvrages de Nuremberg, compris au tarif des douanes belges dans la catégorie des merceries, seront classés séparément dans ce tarif au droit de 5 pour 100 *ad valorem.*

Le droit d'entrée en Belgique sur les ouvrages de modes originaires du Zollverein sera rétabli au taux de 10 pour 100 *ad valorem*, tel qu'il résultait du tarif belge avant l'arrêté du 14 juillet 1843.

Les outils et instruments de fer et d'acier originaires du Zollverein ne pourront être soumis à l'entrée en Belgique à des droits excédant les droits actuels. Il en sera de même en ce qui concerne les tissus de coton de toute espèce de même origine.

L'eau minérale provenant du Zollverein est exempte de droits à l'entrée en Belgique.

Art. 25. La Belgique continuera d'admettre, au droit de 5 centimes par 100 kilogrammes, des fils de Westphalie ou de Brunswick jusqu'à concurrence d'une quantité de 250,000 kilogrammes par année.

Art. 26. La loi du 6 juin 1839, concernant les relations commerciales de la Belgique avec le grand-duché de Luxembourg est maintenue.

Art. 27. Dans le but de favoriser les relations de commerce et les opérations de transit entre les Etats des deux hautes parties contractantes, celles-ci se promettent réciproquement de rendre aussi faciles, aussi promptes et aussi économiques que possible les communications par leurs frontières de terre ; si des mesures de précaution sont jugées, de part et d'autre, nécessaires pour prévenir ou réprimer les abus, elles seront combinées de telle sorte qu'elles ne puissent préjudicier aux facilités, à la promptitude ni à l'économie des transports de l'un vers l'autre territoire des deux hautes parties contractantes.

Art. 28. Les deux hautes parties contractantes se réservent de régler ultérieurement, par une convention à conclure à cet effet, les dispositions à prendre, de commun accord, pour réprimer les fraudes en matière de douane, sur la frontière qui sépare la Belgique du Zollverein.

Le gouvernement belge s'engage à user, dès à présent, des facultés que lui donnent les articles 178 et suivants de la loi générale du 26 août 1822, et les articles 13 et suivants de la loi du 26 avril 1843, entre autres en ce qui concerne la suppression des dépôts et magasins mentionnés dans les lois précitées.

Par réciprocité, le gouvernement prussien s'engage à user des moyens analogues pour réprimer la fraude exercée au détriment de la Belgique sur la frontière belge-allemande.

Art. 29. Sera considéré comme partie contractante au présent traité tout Etat de l'Allemagne qui fera son accession au Zollverein.

Art. 30. Le présent traité sera ratifié, et les ratifications en seront échangées à Bruxelles, dans le délai de cinquante jours, ou plus tôt, si faire se peut.

Le gouvernement belge s'engage à user des pouvoirs qu'il possède dès à présent pour mettre à exécution, dans les dix jours de la signature du traité, les dispositions des articles 1er, 3 et 22.

Le traité aura force et vigueur pendant six années, à dater du 1er janvier 1845 ; néanmoins les deux hautes parties contractantes pourront, d'un commun accord, le mettre à exécution avant cette époque.

Dans le cas où six mois avant l'expiration des six années ci-dessus fixées, ni l'une ni l'autre des hautes parties contractantes n'annonce, par déclaration officielle, son intention d'en faire cesser les effets, le traité restera en vigueur pendant un an au delà de ce terme, et ainsi de suite, d'année en année.

En foi de quoi les plénipotentiaires respectifs ont signé le présent traité et y ont apposé le cachet de leurs armes.

Fait en double à Bruxelles, le premier du mois de septembre de l'an de grâce 1844.

(L.-S.) GOBLET.

(L.-S.) ARNIM.

Traitement des navires prussiens.— Importation des vins et soieries du Zollverein.

Léopold, roi des Belges, à tous, etc. Sur la proposition de nos ministres de l'intérieur et des finances, nous avons arrêté et arrêtons :

ARTICLE 1er. Les navires prussiens cessent d'être soumis dans les ports belges à d'autres droits de tonnage et de pilotage que ceux dont sont passibles les navires nationaux.

La suspension du remboursement du péage de l'Escaut est levée à l'égard des navires prussiens.

ART. 2. Le droit de douane sur les vins originaires du Zollverein, tant par terre que par mer, est réduit à 50 centimes par hectolitre pour les vins en cercles, et à 2 fr. par hectolitre pour les vins en bouteilles; le droit d'accise existant actuellement sur les mêmes vins est réduit de 25 p. 0/0.

ART. 3. Le droit d'entrée existant sur les tissus de soie originaires du Zollverein est réduit de 20 p. 0/0.

Notre ministre des finances est chargé de l'exécution du présent arrêté.

Donné à Bruxelles, le 7 septembre 1844.

LÉOPOLD.

Par le roi :

Le ministre de l'intérieur,
NOTHOMB.

Le ministre des finances,
MERCIER.

ARRÊTÉ *royal contenant des modifications au tarif des droits d'entrée sur les machines, sur certains produits chimiques, sur les tissus de coton teints ou imprimés, sur les tissus de soie teints ou imprimés, sur les tulles blanchis, teints, apprêtés ou brodés,* etc.

LÉOPOLD, roi des Belges, etc.

Vu les réclamations accueillies par la commission d'enquête et renvoyées au gouvernement par la chambre des représentants dans sa séance du 14 mai 1844; voulant faire droit à quelques-unes de ces réclamations; usant des pouvoirs que nous donne l'art. 9 de la loi du 26 août 1822 ; sans préjudice de la proposition faite à la chambre des représentants pour le renouvellement de la loi du 7 mars 1837 autorisant l'admission, en franchise de droits, des machines, mécaniques et ustensiles de construction inconnue dans le pays; sur le rapport de nos ministres de l'intérieur et des finances, nous avons arrêté et arrêtons :

ARTICLE *unique*. Le tarif des droits d'entrée est modifié conformément au tableau ci-après :

DÉSIGNATION DES MARCHANDISES.	BASES DES DROITS.	DROITS D'ENTRÉE.
Ferblanc non ouvré (*a*)........................	100 kil.	25 fr.
Machines et Mécanique (*b*).		
Appareils complets (*c*) *à vapeur* (*d*).		
Machines à vapeur fixes........................	—	15
— — pour la navigation...........	—	25
Locomotives sans tanders........................	—	35
Appareils complets autres qu'à vapeur.		
Toutes espèces de machines et mécaniques non spécialement dénommées........................	—	25
Cartes et fil de métal........................	—	75
Tenders, Chaudières, Gazomètres, Appareils à distiller, à évaporer, à cuire les sirops et pour le chauffage à la vapeur, gands calorifères et tous appareils de même nature :		
En fer ou en fonte........................	—	20
En cuivre ou en tout autre métal ou matière.....	—	40
Pièces détachées (*e*).		
En fonte........................	—	15
En fer........................	—	20
En cuivre ou en tout autre métal ou matières.....	—	40
Machines et appareils en bois........................	Comme ouvrage de bois.	
Produits chimiques (*f*).		
Alun........................	100 kil.	400
Soudes et sels de soude de toute espèce, à l'exception du muriate et du nitrate de soude........	—	6
Sels ammoniacaux........................	—	20
Tissus de Coton (*g*).		
Edrus ou blanc........................	—	Droit actuel
Teints ou imprimés........................	—	325
Tissus en soie de toutes espèces, y compris les foulards et non compris les rubans (*h*).		
Ecrus ou demi-blancs pour impression ou teinture.	le kil.	Droit actuel.
Blanchis, teints ou imprimés........................	—	10
Tulle et Dentelle.		
Tulle de coton uni ou broché { écru........................	100 kil.	Droit actuel.
Tulle de coton uni ou broché { blanc, apprêté ou teint.	—	18
Tulle de coton brodé........................	—	18
— soie et dentelles de soie, dites *blondes*, mêlés ou non d'or ou d'argent........................	—	Droit actuel.
Dentelle de coton (comme tulle).	—	—
Tulle et dentelle de lin.	—	10

DISPOSITIONS PARTICULIÈRES.

(*a*) Les caisses de métal dans lesquelles le ferblanc sera importé sont passibles, selon le métal, d'un droit d'entrée distinct de celui de la marchandise.

(*b*) Les machines et mécaniques seront admises à l'importation par mer, par la Meuse, sur le bureau de Liége, et par les bureaux de paiement situés sur les chemins de fer de l'Etat.

Les droits sur les machines ou parties de machines se perçoivent sur le poids net.

(*c*) La déclaration doit établir, indépendamment de la nature des machines et du poids total des pièces qui les composent, le poids séparé de chacune des matières dont elles sont formées.

Il sera produit à l'appui de cette déclaration :

1° Un inventaire explicatif des objets auxquels elle se rapporte. Cet inventaire indiquera le nombre, la destination et le poids, par nature de métal, des pièces importées ;

2° Un plan sur échelle, représentant, par des nuances distinctes, les différents métaux dont sont composées les machines.

En cas de doute ou de suspicion de fraude, l'administration, sans préjudice des pénalités encourues pour fausse déclaration, pourra exiger le cautionnement des droits les plus élevés, et les droits ne seront définitivement liquidés qu'après vérification des machines, appareils ou parties d'appareils montés dans l'établissement auquel ces objets sont destinés.

(*d*) Y compris les chaudières et les générateurs.

(*e*) Sont considérées comme pièces détachées de machines toutes les pièces dont la réunion ne forme pas une machine complète.

Les parties détachées, formées de métaux différents, suivront le régime de la partie la plus fortement imposée.

(*f*) Le ministre des finances pourra restreindre l'importation de ces produits chimiques à quelques bureaux, et n'en permettre l'entrée qu'à un degré de force qu'il déterminera.

(*g*) Pendant un an, à partir du présent arrêté, l'augmentation des droits d'entrée ne sera pas applicable aux tissus de coton français dont l'origine sera dûment justifiée, en conformité des dispositions qui seront réglées par le ministre des finances, de commun accord avec le ministre de l'intérieur. De même, aussi longtemps que durera le traité du 1er septembre 1844, entre la Belgique et le Zollverein, et dès à présent, en attendant l'échange de toutes les ratifications de ce traité, et son approbation par les chambres belges, cette augmentation ne sera pas appliquée aux tissus des Etats du Zollverein, dont l'origine sera justifiée.

(*h*) Le droit actuel de 4 fr. par kil. est maintenu :

1° Pour les tissus de soie originaires de la France, pendant la durée de la convention du 16 juillet 1842 ;

2° Pour ceux originaires du Zollverein pendant la durée du traité du 1er septembre 1844, et dès à présent, en attendant l'échange de toutes les ratifications de ce traité et son approbation par les chambres belges.

L'importation en franchise de droits pourra être autorisée pour les tissus écrus ou demi-blancs destinés à être réexportés après la teinture ou l'impression.

Nos ministres des finances et de l'intérieur sont chargés, chacun en ce qui le concerne, de l'exécution du présent arrêté.

Donné à Ardenne, le 13 octobre 1844.

LÉOPOLD.

Par le Roi :
Le ministre de l'intérieur,
NOTHOMB.

Le ministre des finances,
MERCIER.

NÉERLANDE.

DISCOURS *d'ouverture de la session ordinaire des Etats-Généraux* (21 *octobre*).

Nobles et puissants seigneurs,

Il m'est agréable de pouvoir donner à vos nobles puissances, à l'occasion de la reprise de leurs travaux, l'assurance que la situation générale de la patrie se présente à beaucoup d'égards sous un aspect favorable.

Nos relations politiques sont satisfaisantes.

La marine et l'armée continuent à mériter mon suffrage.

Une partie de nos forces navales combat avec succès la piraterie dans l'archipel indien.

L'armée de terre, bien que considérablement diminuée en nombre, est animée du meilleur esprit, et s'efforce de se distinguer par sa bonne discipline.

La construction et l'achèvement de nouveaux vaisseaux de guerre se poursuivent avec régularité.

La nécessité commande d'employer tous les moyens disponibles à la réparation et l'amélioration des travaux destinés à la défense du pays.

La garde communale recevra une organisation nouvelle qui, sans être trop onéreuse pour la nation, rendra son secours plus efficace au moment du danger.

Nonobstant quelques mauvaises récoltes partielles, nos possessions aux Indes orientales jouissent d'une situation paisible et prospère.

Je regrette que les colonies aux Indes occidentales continuent à languir. Toutefois, des moyens m'ont été proposés pour les relever, dont l'application possible doit être jugée sur les lieux mêmes.

Il y a progrès dans quelques branches d'industrie, tandis que d'autres éprouvent l'influence de circonstances défavorables. Le gouvernement cherche, autant qu'il est en son pouvoir, à donner à celles-ci la meilleure direction possible.

L'enseignement primaire est l'objet constant de ma sollicitude. Les sciences et les arts sont pratiqués avec zèle et succès, et je remplis un devoir agréable, en secondant, dans la mesure des moyens qui sont à ma disposition, les efforts de ceux qui se vouent à leur culte.

Les communications qui vous seront faites de ma part, nobles et puissants seigneurs, vous feront connaître la scrupuleuse fidélité, dignes des plus grands éloges, avec laquelle mes sujets bien-aimés remplissent les obligations qu'ils se sont imposées avec un empressement sans exemple, pour subvenir aux besoins de l'Etat.

Le Tout-Puissant a béni ces sacrifices.

En peu de mois une diminution volontaire de la rente a procuré des économies considérables.

On a également conclu une convention avantageuse pour le placement de la dette belge.

Les résultats ont considérablement surpassé les prévisions qui avaient servi de base aux plans financiers adoptés dans la dernière session des Etats-Généraux.

Les budgets qui vous seront présentés porteront avec eux la preuve que mon gouvernement ne s'arrête pas dans la voie des sages économies.

Le tarif des droits d'entrée, de sortie et de transit, déjà provisoirement communiqué à Vos Nobles Puissances, formera bientôt un objet de leurs délibérations.

La Hollande ne se bornera pas à de simples paroles lorsqu'il s'agira de l'amélioration successive de sa législation commerciale.

Il sera nécessaire de s'occuper avec fermeté des réformes à opérer dans notre système monétaire. Je nourris l'espoir qu'elles pourront être obtenues sans augmentation des charges publiques.

Vos Nobles Puissances recevront les propositions y relatives, ainsi que celles qui tendent à simplifier de plus en plus l'administration des finances.

J'ai la confiance que les projets de loi qui vous seront présentés en vertu de l'art. 6 de la loi fondamentale répondront au but de la manière la plus convenable.

Je n'occuperai pas l'attention de Vos Nobles Puissances de l'énumération des autres projets de loi qui vous seront proposés dans le cours de cette session. Le gouvernement ne cesse de préparer tout ce qui est nécessaire pour répondre au zèle avec lequel les Etats-Généraux s'occupent des intérêts du pays.

J'implore la bénédiction du ciel sur la tâche que de commun accord nous aurons à remplir pour le bien-être de la patrie, afin que, heureuse par la jouissance d'une situation où règne l'ordre, la paix et la prospérité, elle puisse se livrer progressivement au développement des vertus qui ont toujours caractérisé le peuple hollandais.

Je déclare la présente session des Etats-Généraux ouverte.

PROCLAMATION.

Le conseiller d'État, gouverneur, aux habitants du duché de Limbourg.

Il est connu que, dans plusieurs villes et communes du duché, quelques personnes font des efforts pour inspirer aux bons habitants (même aux classes peu aisées) une crainte fort exagérée relativement à l'introduction d'un impôt sur les propriétés, lequel a été stipulé par la loi du 6 mars dernier. On a distribué des lettres imprimées, contenant une comparaison entre le grand-duché du Luxembourg et le duché de Limbourg, d'où il s'ensuivrait que les impôts du grand-duché seraient moins élevés que ceux du duché. On fait circuler des modèles de pétitions à adresser au roi, et tendant à ce que, par suite de ses relations avec la confédération germanique, le Limbourg ne pût pas être soumis aux mêmes contributions, qui, en vertu de la loi fondamentale, doivent être les mêmes pour toutes les provinces du royaume. On a demandé en outre :

1° Que l'impôt extraordinaire ne fût pas mis à exécution dans le duché ;

2° Que ledit duché fût administrativement séparé du royaume des Pays-Bas.

Quelques pétitions, rédigées d'après ce modèle et revêtues de signatures, ont été effectivement reçues par le roi, et, par suite de cela, je suis chargé, PAR ORDRE DE SA MAJESTÉ, de faire connaître autant que possible :

Que le contenu de ces pétitions a *excité à un haut degré l'indignation du gouvernement ;* que la province de Limbourg, de même que toutes les autres provinces, forme, en vertu de la loi fondamentale, *une partie intégrante* du royaume des Pays-Bas ;

Que les députés prennent séance, au nom du Limbourg, dans les réunions des Etats-Généraux, qui représentent toute la Néerlande ;

Que les mêmes lois et les mêmes arrêtés sont applicables au Limbourg, et que les relations du duché avec la confédération ne doivent pas être prises en considération, lorsqu'il ne s'agit pas de matières qui regardent directement la confédération ;

Que le gouvernement a toujours fait ses efforts pour favoriser les intérêts du royaume entier, et qu'en même temps il n'a pas perdu de vue ceux du Limbourg ;

Mais que, dans cette province aussi bien que dans toutes les autres provinces, la nouvelle loi financière du 6 de ce mois sera maintenue, et que les habitants devront se l'imputer à eux-mêmes, si, en ne prenant pas part à l'emprunt volontaire, ils rendent les dispositions de la loi plus pénibles pour eux !

Le gouvernement tient à ce que ces sentiments et ces vues DU ROI *soient rendus publics, là où il pourrait y avoir du doute à ce sujet*, et que les habitants qui ont été induits en erreur, *ce dont les susdites pétitions donnent la preuve*, soient éclairés sur leurs droits aussi bien que sur leurs intérêts.

Les habitants doivent bien savoir, et cela ne saurait assez leur être répété, qu'ils auront à se reprocher à *eux-mêmes* les conséquences désagréables qui résulteraient d'une opposition à la loi.

Ils doivent bien savoir que le gouvernement maintiendra dans tous les temps son pouvoir, et qu'il protégera les bons habitants contre la malveillance.

Habitants du Limbourg, ne vous laissez pas induire en erreur par des démonstrations trompeuses ! ne vous laissez pas égarer par des suggestions qui ne peuvent avoir d'autre but que de *satisfaire l'ambition de quelques-uns, aux dépens de votre bonne foi et de vos plus chers intérêts !*

Chaque habitant a la faculté, en souscrivant à temps pour l'emprunt ou les contributions volontaires, de contribuer, pour sa part, à prévenir la levée de l'impôt, si vous profitez de cette faculté avant le 26, alors que vous pouvez (si l'impôt devait néanmoins avoir lieu) payer au moins un quart de moins que ce que vous devriez payer sans cela. Et si vous prenez part à l'emprunt, en proportion de votre fortune, alors vous pouvez être persuadés, vous qui, en général, ne retirez pas plus de *trois* pour cent de vos biens fonds, que l'impôt sur les propriétés ne vous causera en aucun cas la moindre perte.

Encore une fois, habitants, ne vous laissez pas égarer par de mauvais conseils; si la loi vous paraît obscure, adressez-vous à ceux qui sont chargés de son exécution, et vous ne vous verrez pas trompés dans votre attente; vous n'aurez pas à vous repentir d'avoir sur ce point continué à avoir confiance en moi.

Afin donc que personne n'ignore ce qu'il doit savoir pour être en état de juger avec calme de ses intérêts, j'ordonne que la présente loi soit imprimée en forme de placard, annoncée et affichée de la manière accoutumée, par les soins des administrations locales, dans tous les villes et communes du duché.

Donné à Maestricht, le 19 mars 1844.

GERICKE VAN HERWIJNEN.

PROCLAMATION *royale relative à l'emprunt.*

Nous, GUILLAUME II, etc.

En portant nos regards reconnaissants vers la Providence, nous vous adressons, chers compatriotes et sujets, ces paroles pour vous témoigner notre très-sincère gratitude pour votre coopération réunie à cette fin de compléter l'emprunt volontaire.

Les riches comme les moins fortunés ont droit à notre gratitude, mais ceux-là aussi en très-grand nombre qui, sans y être obligés et mus par les sentiments les plus nobles, ont sacrifié leurs épargnes sur l'autel de la patrie.

Concitoyens! la devise de nos pères: *l'union fait la force*, s'est de nouveau réalisée parmi nous; l'ancienne loyauté hollandaise dans l'accomplissement à tout prix des engagements contractés ne s'est pas démentie; ce résultat sera bienfaisant, nous en avons la confiance; que tous ceux qui y ont coopéré savourent à l'avance le doux plaisir d'une noble satisfaction.

Néerlandais, prions Dieu qu'il conserve, fortifie et confirme le bon esprit dont la nation s'est montrée animée pendant les quelques jours qui viennent de s'écouler, pour que la postérité la plus reculée en recueille aussi les fruits et que la nation néerlandaise demeure un peuple pieux, uni et animé de l'amour de la patrie.

Sur ce, chers concitoyens et sujets, nous prions Dieu qu'il vous ait tous en sa sainte et digne garde.

La présente proclamation sera lue et affichée en tous lieux, ainsi que d'usage, et insérée au *Staats-Blad*.

Donnée à La Haye, le 2 avril 1844.

— Le ministère des finances, en conformité de l'art. 19 de la loi du 6 mars 1844, porte à la connaissance du public:

Que la souscription ouverte en vertu de la loi relativement à l'emprunt et aux contributions volontaires (30 fl. de ces dernières étant comptés pour 100 fl. dans l'emprunt), a atteint le chiffre de 127 millions de fl., et qu'en conséquence l'impôt extraordinaire ne recevra pas son exécution.

Ce résultat a été obtenu au moyen d'une augmentation de la souscription première du Roi, après que les souscriptions connues se montaient déjà au chiffre approximatif de 126 millions.

La Haye, le 2 avril 1844.

VAN HALL.

Arrêté *royal du 25 juin courant, relatif au placement du premier terme de la dette à charge de la Belgique :*

Nous, Guillaume II, etc., vu la loi du 25 juin 1644 (*Staats-Blad* nº 28), concernant le remboursement ou l'échange d'une partie de la dette nationale, et spécialement l'article 1er de cette loi, qui statue qu'il sera disposé du capital de 80 millions de florins, à l'intérêt de 2 1/2 pour cent, inscrit, au profit du gouvernement des Pays-Bas, au grand-livre du royaume de Belgique, conformément au paragraphe 6 de l'art. 63 du traité conclu le 5 novembre 1842, et approuvé par la loi du 4 février 1843 (*Saats-Blad*, nº 3); ce capital devant être soit échangé, en entier ou en partie, contre un capital du même montant de dette 2 1/2 pour cent, à charge du royaume des Pays-Bas, soit réalisé, en entier ou en partie; et, qu'au cas que cette mesure soit jugée nécessaire pour le succès de l'opération en question, il pourra être porté à charge du trésor jusqu'à 1 pour cent du montant nominal du capital belge à échanger;

Voulant donner suite à la loi précitée;

Sur la proposition de notre ministre des finances, en date du 25 juin 1844, nº 313.526, secret,

Avons arrêté et arrêtons par les présentes :

Article 1er. Notre ministre des finances est autorisé à procéder à l'échange ou à la vente de l'inscription au grand-livre belge ci-dessus mentionnée, d'après les conditions exprimées dans l'avis annexé à cet arrêté.

Art. 2. Les certificats d'inscription à fournir pour la participation à cette mesure, suivant l'avis précité, sont déclarés exempts du droit de timbre, en vertu de la réserve établie par l'article 44 de la loi du 3 octobre 1843.

A la suite de cet arrêté, le *Staats-Courant* publie un avis de S. Exc. M. Van Hall, ministre des finances, portant à la connaissance du public :

1º Que la négociation se composera de 4,012 lots, de 20,000 florins chacun, représentant 24,200 francs, inscriptions au grand-livre de la Belgique et donnant intérêt à partir du 1er juillet prochain;

2º Que la présentation et l'ouverture des inscriptions aura lieu à Amsterdam le vendredi 19 juillet prochain;

3º Que les inscriptions ont lieu pour l'obtention du nombre de lots pour lequel elles sont faites, soit en échange d'un montant équivalent en florins des Pays-Bas d'inscriptions 2 1/2 pour cent portant intérêt à partir du 1er juillet prochain, soit contre paiement du prix d'achat à exprimer en florins dans l'inscription en p. c. du montant nominal;

4º Qu'en garantie de l'exécution des engagements que ces inscriptions représentent, il sera requis, soit le versement préalable de 800 fl. pour chaque lot qui sera pris, soit le dépôt du montant de cette valeur en inscriptions fonds néerlandais, à coter d'après le bulletin de la bourse d'Amsterdam de la veille;

5º Que l'ouverture des inscriptions aura lieu par devant le ministre des finances et en présence de deux notables qui seront invités à ces fins d'après les ordres du Roi, et que le ministre des finances décidera des questions qui pourraient s'élever relativement à la régularité des inscriptions;

6º Qu'un billet cacheté, renfermant le prix auquel l'adjudication devra se faire, sera déposé par le ministre des finances, qui ne fera connaître ce prix que lorsque tous les lots ne seraient pas placés;

7º Que les souscripteurs qui offriront d'échanger leurs inscriptions ou certificats 2 1/2 pour cent néerlandais contre des inscriptions, ou certificats 2 1/2 pour cent belges, auront la préférence sur tous les autres; et au cas que le montant des inscriptions, faites de cette manière préférée, excède le nombre de 4,012, le ministre des finances réduira aussi proportionnellement que possible le nombre des lots mentionnés dans chaque inscription.

8º Que si, par contre, le total des inscriptions n'est pas soumissionné de cette manière préférée, le restant des inscriptions sera accordé aux autres participants, à commencer par celui d'entre eux qui aura proposé le plus haut prix; bien entendu qu'il ne sera adjugé aucune soumission au-dessous du *minimum*. En tous cas, les souscripteurs ne devront que le prix qui aura été offert dans la soumission la moins élevée qui sera acceptée.

Les cinq derniers articles de cet avis ministériel constituent des dispositions accessoires, statuant la manière dont l'adjudication sera portée à la connaissance des parties intéressées, le mode de versement du prix d'achat, qui devra être soldé en deux termes de 50 pour cent échéant le 15 août et le 15 novembre 1844 avec 2 1/2 pour cent additionnels du montant nominal proportionnel des lots à prélever du 1er juillet jusqu'à la veille, inclusivement, du jour auquel le versement sera fait; et enfin le courtage accordé aux agents de change et courtiers, qui est fixé à 1/8 pour cent du montant nominal des lots qui seront payés en numéraire, ou à 1/4 pour cent du montant nominal de ceux dont ce montant sera acquitté en inscriptions dette nationale, soit par manière d'échange, soit comme prix d'achat.

CONVENTION *conclue entre les Pays-Bas et la France pour l'extradition réciproque des malfaiteurs.*

ARTICLE 1er. Les gouvernements néerlandais et français s'engagent, par la présente convention, à se livrer réciproquement, à l'exception de leurs nationaux, les individus juridiquement accusés ou condamnés pour l'un des crimes ou délits ci-après énumérés, savoir :

1° Assassinat, empoisonnement, parricide, infanticide, meurtre, viol; 2° incendie; 3° faux en écriture authentique ou de commerce et en écriture privée, y compris la contrefaçon des billets de banque et effets publics, mais non compris les faux certificats, faux passeports et autres faux, qui, d'après le Code pénal, ne sont point punis de peines afflictives et infamantes; 4° fabrication et émission de fausse monnaie; 5° faux témoignage; 6° vol, lorsqu'il a été accompagné de circonstances qui lui impriment le caractère de crime; 7° soustraction commise par les dépositaires publics, mais seulement dans le cas où elle est punie de peine afflictive et infamante; 8° banqueroute frauduleuse.

ART. 2. L'extradition n'aura pas lieu lorsque la demande en sera motivée sur le même crime ou délit pour lequel l'individu réclamé aura été ou sera encore poursuivi dans le pays où il s'est réfugié.

Si l'individu réclamé est poursuivi ou se trouve détenu pour un crime ou délit commis dans le pays où il s'est réfugié, son extradition sera différée jusqu'à ce qu'il ait subi sa peine.

ART. 3. Il est expressément stipulé que l'étranger dont l'extradition aura été accordée ne pourra dans aucun cas être poursuivi ou puni pour un délit politique antérieur à l'extradition, ou pour aucun fait connexe à un semblable délit, ni pour aucun des crimes ou délits qui ne sont pas dénommés dans la présente convention.

ART. 4. L'extradition ne pourra avoir lieu, si, depuis les faits imputés, les poursuites ou la condamnation, la prescription de l'action ou de la peine est acquise d'après les lois du pays dans lequel se trouve l'étranger prévenu ou condamné.

ART. 5. L'extradition sera demandée par la voie diplomatique, et ne sera accordée que sur la production d'un arrêt de condamnation ou de renvoi à l'audience publique d'une Cour, ou de mise en accusation, délivré en original ou en expédition authentique par les tribunaux compétents dans les formes prescrites par la législation du gouvernement qui fait la demande.

ART. 6. Les gouvernements respectifs renoncent à réclamer la restitution des frais d'entretien, de transport et autres, qui résulteront de l'extradition d'accusés ou de condamnés, et ils consentent réciproquement à prendre ces frais à leur charge.

ART. 7. Lorsque, dans la poursuite d'affaires pénales, un des jugements jugera nécessaire l'audition de témoins domiciliés dans l'autre Etat, une commission rogatoire sera envoyée à cet effet par la voie diplomatique, et il y sera donné suite en observant les lois du pays où les témoins seront invités à comparaître. Les gouvernements respectifs renoncent de part et d'autre à former aucune réclamation par suite des frais qui en résulteront.

Art. 8. Si la comparution personnelle d'un témoin est nécessaire ou désirée, son gouvernement l'engagera à se rendre à l'invitation qui lui sera faite, et en cas de consentement il lui sera accordé des frais de voyage et de séjour, d'après les tarifs et règlements qui sont en vigueur dans le pays où l'audition devra avoir lieu.

Art. 9. Lorsque dans une cause pénale la communication de pièces qui se trouveraient entre les mains des autorités de l'autre pays sera jugée utile ou nécessaire, la demande en sera faite de la manière indiquée à l'article 5, et l'on y donnera suite, s'il n'existe pas de considérations spéciales qui s'y opposent, et sous l'obligation de renvoyer les pièces.

Le principe posé à l'article 6 est également applicable aux frais résultant de l'envoi et de la restitution des pièces.

Art. 10. La présente convention ne deviendra exécutoire que vingt jours après son insertion, aux Pays-Bas, dans le *Journal Officiel*, et en France, dans le *Bulletin des Lois*.

Art. 11. La présente convention continuera à être en vigueur jusqu'à déclaration contraire de la part de l'un des deux gouvernements; elle sera ratifiée, et les ratifications en seront échangées dans le délai de trois semaines, ou plus tôt, si faire se peut.

En foi de quoi les plénipotentiaires respectifs l'ont signée et y ont apposé le cachet de leurs armes.

Fait à La Haye, le 7 novembre 1844.

(L. S.) De la Sarraz.
(L. S.) Le baron de Bois-Le-Comte.

AUTRICHE.

Rescrit *adressé par l'Autriche à l'archiduc palatin sur les scènes scandaleuses qui ont eu lieu le 1er courant à Presbourg*, 10 *février*.

Nous avons été profondément affligés en apprenant les excès que les jeunes gens de Presbourg ont commis en pleine rue le 1er courant, en violant le sauf-conduit de la diète donnée à M. Douray, député du comitat de Szatmar. Nous avons déjà déclaré dans nos propositions royales que nous voulions protéger d'après les lois (art. 62, 1625, et art. 1er 1723) la liberté des suffrages contre la licence indiscrète de ceux qui ne sont pas membres du corps législatif, et nous regardons comme un de nos principaux devoirs d'apprécier convenablement la liberté légale de la parole, et de maintenir avec soin la sûreté personnelle de tout individu membre de la diète.

Néanmoins, parmi ceux à qui il convient uniquement d'assister aux discussions publiques silencieusement, avec décence et tranquillité, on a remarqué en ce temps-ci des individus dangereux, tels qu'on ne les tolère en aucune nation, leur admission étant abusive et contraire aux lois du pays. En effet, elle a pour résultat d'empêcher un député de remplir sa grave et importante mission. Ces malfaiteurs, qui dans le cours de la présente diète ont osé insulter itérativement plusieurs députés, se sont rendus coupables de violation du sauf-conduit donné par la diète, compromettent la sûreté des personnes et des propriétés, et ne peuvent être tolérés dans aucun état de police. Ainsi, tout en supposant que les mesures nécessaires seront adoptées pour châtier les auteurs des derniers excès, nous vous chargeons de nous soumettre un projet de loi conçu dans le sens de nos propositions royales et de notre volonté déclarée, attendu que ce qui s'est passé montre la nécessité d'une loi qui préviendra le retour d'un scandale pareil.

Ferdinand.

PRUSSE.

Recès *de la diète de la province du Rhin.*

Dans les délibérations de nos fidèles États sur le projet d'un code pénal, nous avons vu avec peine que les matières étaient examinées sans impartialité. Toutefois, comme nos Etats ont adopté l'avis de leur commission sur le projet du code pénal, nous le prendrons en considération lors de la délibération et des travaux définitifs sur cette importante loi.

Nous repoussons d'une manière d'autant plus formelle la proposition de faire proposer un nouveau projet de code pénal basé sur la législation française, que nous nous sommes fait une tâche principale de fortifier, sous tous les rapports, l'esprit allemand et le système des institutions allemandes.

Dans le recès de la diète du 26 mars 1839, le feu roi notre père avait annoncé à la diète rhénane qu'il avait l'intention d'introduire dans la monarchie prussienne un code pénal qui prendrait le bien partout où il serait possible de le trouver. Cette intention a été fortifiée en nous par le vote de sept diètes rhénanes consécutives, et, si nos fidèles États craignent que le projet de code pénal, s'il était adopté, ne mît en danger le mode de procéder en justice dans la province du Rhin, le mémoire ci-joint de notre ministre de la justice les convaincra que cette crainte est mal fondée, et que d'ailleurs notre désir plusieurs fois manifesté de ne point porter atteinte à cette procédure ne doit laisser aucune inquiétude à ce sujet. Enfin les États se plaignent de ce que les projets de loi ont été communiqués tardivement, et qu'ainsi on leur a rendu plus difficile l'accomplissement de leur tâche. Le mémoire ci-joint, du ministre de l'intérieur, prouve que les projets de loi ont été communiquées aussi promptement qu'il a été possible de le faire, et qu'ainsi ils ont eu tout le temps nécessaire pour les examiner.

Nous ne pouvons accorder notre assentiment à la demande des États, qui demandent que nous transformions les commissions des diètes en Etats.

Nous avons déjà tracé plus d'une fois la marche que nous voulions suivre dans cette affaire ; nous ne nous laisserons arrêter par aucune tendance contraire, et nous repousserons toujours avec énergie toute tentative dirigée vers ce but.

Les États expriment le désir que les noms des orateurs soient insérés dans les procès-verbaux de la diète destinés au public : nous ne saurions y accéder. Les Etats demandent que leurs séances soient publiques. Cette proposition, développée dans le mémoire du 14 juillet, et qui n'a point obtenu la majorité, porte atteinte au paragraphe 46 de la loi du 27 mars 1824.

Nous approuvons la résolution qu'on a prise de ne point publier dans les journaux ces délibérations, et nous ne pouvons accéder au désir exprimé par les Etats qui le voudraient.

Recès *de la diète provinciale du royaume de Prusse concernant le commerce et la presse.*

Il est impossible de réaliser le vœu de nos fidèles Etats, ayant pour objet l'établissement de la liberté de la presse, attendu que cette liberté serait incompatible avec la législation fédérale, et que, d'ailleurs, il ne serait pas convenable de faire une législation particulière pour celles des provinces de la monarchie qui n'appartiennent pas à la confédération germanique.

Nous ne pouvons non plus modifier les lois en vigueur sur la presse : car nous avons réglé récemment cette matière par des principes fixes, et nous avons supprimé diverses dispositions dont l'application avait présenté de nombreuses inconvenances.

La loi sur la censure a été conçue de manière à concilier l'intérêt des mœurs et du bien public avec la manifestation de la pensée dans les écrits.

Nous avons d'avance satisfait au désir exprimé par nos Etats, que les fonctions de censeur ne fussent confiées qu'à des hommes éclairés et consciencieux. C'est d'après cette règle que ces censeurs sont nommés ; nous ne pouvons consentir à l'établissement d'une autorité chargée de surveiller la presse dans chaque province de la monarchie, parce qu'il en résulterait un arbitraire dans l'interprétation des lois, ce que nous avons voulu éviter en créant un tribunal suprême de censure.

Ordonnance *du 24 mai 1844, concernant l'ouverture des souscriptions d'actions pour les entreprises de chemins de fer et la circulation du papier émis à cet effet.*

Frédéric-Guillaume, etc.

La nécessité de mettre obstacle aux abus auxquels ont donné lieu l'ouverture des soumissions pour les entreprises de chemins de fer, ainsi que la mise en circulation de promesses d'actions et autres papiers de même nature, nous a déterminé, sur la proposition de notre ministre d'État, à rendre pour toute l'étendue de notre royaume l'ordonnance suivante :

Article 1er. Personne ne peut, sans l'autorisation de notre ministre des finances, ouvrir aucune souscription d'actions, ni se charger d'aucune annonce d'actions d'entreprises de chemins de fer. Toute infraction à la présente disposition sera passible d'une amende de 500 à 800 thalers (1,875 à 3,000 fr.), et, en outre, de la confiscation du gain obtenu par ce moyen.

Art. 2. A compter de la publication de la présente ordonnance, tous traités ayant pour objet des promesses d'actions, titres provisoires, quittances volantes, et toute émission de papier indiquant une participation à une entreprise de chemin de fer, si elle a eu lieu à une époque antérieure au règlement définitif et intégral du montant à payer sur les actions ou obligations, n'auront de validité que dans le cas de leur exécution stricte et immédiate par les deux parties; ils seront, dans le cas contraire, frappés de nullité sans exception; aucune plainte en justice ne pourra être admise, ni aucune exécution avoir lieu à l'occasion de semblables traités, ou de compromis passés sur des affaires nulles par l'effet de la présente disposition.

Art. 3. Il est défendu, sous peine d'interdiction, à tous courtiers ou agents publics et assermentés, de négocier ou de traiter aucune affaire autre que celles destinées à recevoir, de la part des deux parties, une exécution stricte et immédiate.

Art. 4. Défense est également faite, sous peine d'interdiction, à tous courtiers ou agents publics et assermentés de s'entremettre à l'effet de négocier ou de conclure directement ou indirectement aucune affaire relative aux valeurs déjà émises ou à émettre à l'avenir pour la participation à des entreprises à l'étranger, par actions ou par voie d'emprunt, avant le règlement définitif et complet du montant à payer sur les actions ou obligations, sans distinguer si les deux parties exécuteront immédiatement ou non leurs engagements. Une seule exception a lieu néanmoins à l'égard des valeurs étrangères émises pour des entreprises qui peuvent s'étendre sur notre territoire, en vertu des traités existants ou à venir. Ces dernières seront seulement soumises, à l'égal de celles émises sur notre territoire, aux dispositions des art. 2 et 3.

Art. 5. La peine et la passibilité des dommages-intérêts, portées par notre ordonnance du 19 janvier 1836 (*Recueil des Lois pour* 1836, *page* 9, *ff.*), s'appliquent également à ceux qui, sans être investis d'aucune fonction publique, comme les courtiers et agents assermentés, ou sans être commissionnés en vertu de leur emploi par l'une des parties contractantes, s'entremettent, moyennant rétribution, dans les traités et négociations ayant pour objet les papiers mentionnés par la présente ordonnance, ou toutes actions, obligations, ou valeurs de société ou établissement, tant à l'intérieur qu'à l'étranger.

Délivré en minute sous notre signature et notre sceau royal.

A Sans-Souci, le 24 mai 1844.

FRÉDÉRIC-GUILLAUME.

De Boyen, Muhler, comte d'Alvensleben, baron de Bulow, de Bodelschwingh, comte de Stolsberg, comte d'Arnim, Flottwell.

Traité *de commerce et de navigation entre la Prusse et le Portugal, conclu le 20 février 1844, et ratifié le 6 juin.*

1° Liberté réciproque de commerce et de navigation entre les deux pays;

2° Les vaisseaux des deux pays seront considérés comme vaisseaux nationaux en ce qui concerne le paiement des droits ;

3° Sont considérés comme vaisseaux prussiens ou portugais ceux qui sont reconnus tels dans les Etats auxquels ils appartiennent ;

4° Les produits du sol et de l'industrie ne seront point taxés plus haut que ceux des autres pays, soit à l'importation, soit à l'exportation.

Les prohibitions d'importation et d'exportation ne pourront frapper que des produits à l'égard desquels il existerait une prohibition générale. L'exportation du sel de Cetubal reste soumise aux règlements en vigueur ;

5° Les produits de l'une des parties contractantes, importés sur ses propres navires, ne paient, dans les ports de l'autre, que les droits d'entrée et de transit qu'ils paieraient s'ils étaient importés sur des navires nationaux, ou sous le pavillon de la nation la plus favorisée ;

6° En ce qui concerne l'importation de marchandises étrangères sur des navires appartenant aux parties contractantes, on appliquera les dispositions faites pour la nation la plus favorisée ;

7° Les objets qui peuvent être également exportés ou réexportés sur vaisseaux nationaux pourront, sous les mêmes conditions, être exportés ou réexportés sur navires appartenant aux parties contractantes.

8° Les primes existantes pour l'importation seront accordées aussi lorsqu'il s'agira de marchandises importées sur navires ou exportées sur des navires de l'autre partie contractante ;

9° Les ports de l'embouchure de l'Ems, de la Meuse, du Veser et de l'Elbe, seront considérés comme ports prussiens ;

10° Les produits importés doivent être accompagnés de certificats d'origine ;

11° Le commerce d'importation doit se faire sur le pied de la nation la plus favorisée.

Une disposition particulière fixera la manière dont les vaisseaux prussiens seront traités dans les colonies portugaises.

12° Les privilèges et faveurs de droit accordés aux autres nations profiteront aux parties contractantes ;

13° Le cabotage est réservé aux navires des autres nations ; cependant les navires des parties contractantes peuvent débarquer leur cargaison dans un port et transporter le reste ailleurs ;

14° Protection accordée pour le cas de naufrage sur les côtes;

15° Les navires qui, en cas de nécessité, se réfugient dans un port de l'un et de l'autre Etat, seront exempts de droits.

(Les art. 16 et 17 concernent la nomination et les attributions des consuls.)

La réclamation des déserteurs y est comprise ;

18° Les droits de station ne dépasseront pas ceux que paient les nationaux ;

19°. Les dispositions des traités, à l'exception de celle concernant la navigation et le commerce maritime, seraient de la part du Portugal appliquées aux Etats du Zollverein, qui désire entrer avec lui dans des rapports de réciprocité ;

20° Le traité restera en vigueur jusqu'au 1er janvier 1848, et, s'il n'est pas dénoncé six mois d'avance, jusqu'au 1er janvier 1855. A cette époque la dénonciation devra être faite un an d'avance.

Augmentation *des droits sur les fers dans le Zollverein.*

Les modifications au tarif du Zollverein, en ce qui concerne les droits d'entrée sur les fontes, les fers et les gros ouvrages en fer, viennent d'être officiellement publiées. Elles seront applicables à partir du 1er septembre prochain. Voici le texte de la résolution publiée et le tableau des nouveaux droits :

1° A la place des dispositions sous la rubrique 6, *litt.* A, B et C du tarif pour les années 1843, 1844 et 1845, du 18 octobre 1842, il y aura les dispositions suivantes :

DÉSIGNATION.	DROITS A ACQUITTER			
	A l'entrée.		A la sortie.	
	Rthlr.	S. gros.	Rthlr.	S. gros.
A. Fers bruts de toutes espèces, vielles ferrailles, limailles, feuilles de fer, par quintal.	//	10	//	7 1/2
B. Du fer forgé et du fer passé au cylindre (avec acception de fer façonné) en barres d'un demi [] pouce prussien au diamètre et au dessus, de même du petit fer fondu (ouvré), rails pour chemins de fer, aussi l'acier de cémentation, acier brut (fondu) et raffiné, par quintal.	1	15	//	//
C. *a.* Fer forgé et cylindré (avec exception de fer faconné) en barres de moins d'un demi-pouce [] prussien de diamètre, par quintal.	2	15	//	//
C. *b.* Fer faconné en barres, de même les grosses parties de machines et de voitures (vis, essieux, etc.) forgées pour modèles, pour autant que ces parties, séparément prises, pesant un quintal au plus ; aussi de fer battu et plaques, ancres et charnis d'ancres, par quintal.	3	//	//	//

Observation 1re. A la frontière des provinces prussiennes d'ouest, de même qu'à celles de la Bavière, de Würtemberg, de Bade, de la Hesse électorale et du Luxembourg, la sortie du fer brut est libre.

Observation 2e. De l'acier brut, on ne perçoit que les droits d'entrée généraux, du côté de la mer, à partir de la frontière de la Russie jusqu'à l'embouchure de la Vistule.

Observation 3e. Fer en barre, à carillon, peut entrer par la Bavière, de Hindeland jusqu'à Freylossing, au moyen des droits de 1 1/2 rthlr (2 fl. 37 1/2) par quintal.

Observation 4e. Fer cerclé pour voitures du chemin de fer paie d'après la position indiquée à C *b*.

2° En acquittant les droits sur les articles mentionnés sous le n° 1, *litt.* B, C et D, il sera bonifié comme tare à l'emballage ;

En tonneaux et colis de 10 livres, du quintal poids brut.
En panier de 6 livres, *id.*
En balles de 4 livres, *id.*

3° Les dispositions reprises sous les *litt.* D et E du tarif de l'union du 18 octobre 1842 resteront invariablement en vigueur ;

4° Les dispositions qui précèdent,

qui ne seront appliquées que pour la durée de la période courante du tarif, dès-lors, ne seront plus en vigueur que jusqu'à l'expiration du tarif.

(Pour le traité du *Zollverein* avec la Belgique, *voy.* plus haut à la Belgique.)

ORDRE *de cabinet touchant la procédure.*

Sur le rapport du ministre d'État, en date du 20 passé, et d'après sa proposition, je décide que, dans les enquêtes au sujet de délits peu graves, et dans lesquels, suivant mon ordre du 24 mars 1841, la procédure se fait sommairement, le dernier interrogatoire de l'accusé aura lieu en présence de la députation assemblée du tribunal qui doit rédiger le jugement de première instance. J'autorise néanmoins le ministre de la justice à permettre des exceptions au cas que des circonstances particulières empêchent certains tribunaux d'exécuter cet ordre.

Ces dispositions seront, ainsi que mon ordre du 24 mars 1841, notifiées par le *Bulletin des Lois.*

Ermandorff, le 5 octobre.

FRÉDÉRIC-GUILLAUME.

Au ministre d'État.

CIRCULAIRE *du cabinet du roi, adressée aux autorités supérieures des États prussiens concernant les pauvres.*

J'ai appris qu'en plusieurs lieux les autorités n'exercent pas assez de surveillance et n'ont pas assez de sollicitude pour les malheureux et les pauvres, pour les enfants sans asile, les criminels libérés et susceptibles d'amendement, et les ouvriers tombés dans l'indigence par suite de maladie, etc. Ces soins, cette sollicitude sont pourtant chose essentielle, afin d'obvier aux graves inconvénients résultant de l'abandon dans lequel on laisse la jeunesse des dernières classes de la société, et en général aux désordres sociaux qui sont la suite du *paupérisme* et du manque des secours que la société doit aux malheureux et aux criminels repentis.

Je sais que le remède à ces maux n'est guère possible que par la réunion de toutes les forces des ames charitables.

J'invite donc tous ceux qui sont chargés de l'administration et de la surveillance des pauvres à prendre sérieusement à cœur toute association ou réunion qui s'est formée ou se formera dans ce but, et à regarder ce soin comme un devoir sacré, comme une attribution obligée de leurs fonctions publiques.

J'attends d'eux, sur ce sujet, des projets et des propositions qu'ils auront à me soumettre ; ils m'exposeront les moyens le plus facilement et le plus convenablement exécutables pour atteindre le but.

J'ordonne que l'on informe les chefs des autorités provinciales de ma volonté ; je les engage à regarder cette question comme une affaire capitale, à l'étudier mûrement et à favoriser la création de telles sociétés bienfaisantes partout où elles manquent encore.

RESCRIT *des ministres de l'intérieur et des finances du 7 de ce mois.*

J'ai appris avec une vive satisfaction que l'exposition de l'industrie de Berlin avait fait naître l'idée de former une association dont la tendance est d'obéir aux besoins moraux et physiques des ouvriers dans les fabriques et des autres travailleurs, soit par l'établissement des caisses d'épargne et de primes, soit par la création d'écoles et la propagation des écrits utiles. Je vous charge d'exprimer à cette association mon grand et vif intérêt pour ce projet, et de l'assurer de mon appui actif.

Comme je vois, d'après votre communication préalable, que le montant des recettes à l'exposition de l'industrie est loin d'être suffisant pour couvrir les dépenses occasionées par cette association, que par conséquent on ne peut pas compter sur ces recettes pour secourir cette association, je veux mettre à sa disposition une somme de 15,000 écus (56,250 fr.), sous la condition cependant qu'elle ne se bornera pas pour le moment exclusivement à l'établissement des caisses d'épargne et de primes, mais qu'elle étendra sa sphère d'activité en même temps aux autres établissements bienfaisants projetés. En prêtant en commun des secours au bien être de la classe laborieuse, l'industrie nationale, qui se distingue d'une manière brillante par ses progrès, recevra en même temps une plus grande sanction, et s'assurera une prospérité durable.

Tout agrandissement et toute consolidation de l'association me causeront la plus vive satisfaction, et me font espérer qu'elle deviendra bientôt, par l'accession de tous les hommes véritablement généreux parmi la classe industrielle, un arbre qui étendra ses branches sur tout le pays; à mesure qu'elle gagnera en force, ma participation active ne lui manquera pas non plus.

Sans-Souci, ce 25 octobre 1844.

FRÉDÉRIC-GUILLAUME.

Au ministre d'État et de finances Flottwel.

Par ces paroles du roi, qui seront saluées par tout le monde de la manière la plus enthousiaste, le grand problème, dont la solution a été regardée par nous comme le but de notre association avant même que nous nous soyions prononcés dans notre publication du 29 octobre, a reçu l'approbation et l'appui royal. Par ces paroles, la protection et les secours que nous avons demandés dans notre humble supplique du 24 octobre nous ont été accordés avant que cette humble prière ait été portée à la connaissance du roi. Nous avons commencé notre œuvre au milieu des plus belles espérances; nous pouvons, aujourd'hui que le comité provisoire se dissout, déposer nos pouvoirs entre les mains du directeur et de la commission qui seront élus aujourd'hui par l'assemblée générale. L'existence de l'association est assurée par la faveur du roi; mais, pour qu'elle se fortifie et prospère par le nombre de ses membres, pour qu'elle produise de grandes et nobles actions à l'effet de se montrer reconnaissante envers son royal protecteur, c'est là la tâche de tous ceux qui ont à cœur le bien-être physique et moral des classes laborieuses. C'est là ce que nous recommandons aux esprits grands et généreux.

Berlin, ce 12 novembre 1844.

Le comité de l'association centrale pour le bien-être des classes ouvrières.

(Suivent les signatures.)

BAVIÈRE.

LETTRE *autographe du Roi au sujet des événements de la capitale.*

Au docteur Bauer, premier bourgmestre.

Monsieur le bourgmestre, docteur Bauer, au milieu des forfaits si douloureux pour mon cœur, dont ma capitale et résidence a été le théâtre pendant les trois premiers jours du mois qui court, j'ai vu avec joie et consolation la ferme attitude de la bourgeoisie et le zèle intrépide avec lequel elle a concouru au rétablissement de l'ordre, et j'y ai gagné de nouvelles preuves de cette fidélité sans tache et de ces bons sentiments qui, de tout temps et dans toutes les circonstances, ont distingué cette bourgeoisie. La confiance que méritent cette fidélité et ces sentiments éprouvés me fait entreprendre sans hésiter, maintenant que l'ordre et la tranquillité sont rétablis, le voyage résolu depuis longtemps pour affermir ma santé. Je vous charge, monsieur le bourgmestre, docteur Bauer, de porter ceci à la connaissance de la bourgeoisie de ma capitale et résidence, en lui exprimant ma satisfaction de la conduite et résistance qu'elle a tenues, et de l'assurer en même temps que mon cœur s'occupe de son bien-être, comme de celui de tous les fidèles sujets que Dieu m'a confiés.

Munich, le 7 mai 1844.

Votre affectionné Roi,
LOUIS.

NOTIFICATION *concernant le tarif des fers qui, du royaume de Belgique, entrent dans le territoire de l'union douanière.*

Ministère royal des finances.

Les dispositions et conditions préalables qui, en vertu d'un arrangement particulier fait entre les Etats de l'union douanière, et approuvé par S. M. le Roi, avaient fait établir jusqu'à présent des droits différentiels pour les fers qui, du royaume de Belgique, entrent dans les Etats de l'union, ayant cessé d'exister, l'ordonnance publiée par le ministre des finances sous la date du 24 juillet 1844, et qui concerne le tarif des fers passant du royaume de Belgique dans le territoire de l'union douanière, cesse par cela même d'être en vigueur.

Munich, le 5 octobre 1844.

HANOVRE.

CONVENTION *avec la Grande-Bretagne relativement au péage du Sund.*

Dans le traité de commerce et de navigation conclu le 22 juillet entre la Grande-Bretagne et le Hanovre, le tarif du péage de Stade, stipulé dans l'art. 6 de la convention passée le 13 avril 1844 entre les Etats riverains de l'Elbe, a été adopté aussi pour les navires anglais, dans la supposition que ladite convention sera ratifiée par tous les Etats riverains de l'Elbe. Mais cette ratification, comme on sait, n'ayant pas eu lieu, et le gouvernement hanovrien étant persuadé que la convention du 13 avril finira par obtenir la ratification de toutes les parties contractantes, a proposé de ne pas ajourner l'échange des ratifications du traité du 22 juillet, mais d'y procéder de la manière suivante :

Le tarif du péage de Brunshausen ou de Stade restera tel qu'il est actuellement, jusqu'à ce que la convention du 13 avril ait été ratifiée par les parties contractantes, excepté cependant pour les articles de production ou de fabrication anglaise spécifiés dans le paragraphe 9 du traité du 22 juillet. Ces articles, quand ils remonteront l'Elbe dans des navires anglais, n'acquitteront pas, à dater du 1er octobre prochain, des droits ni un péage plus élevés que ceux stipulés dans le susdit paragraphe pour les articles qui y sont indiqués. En outre, à partir du 1er octobre prochain, il ne sera prélevé aucun droit ni aucun paiement quelconque en nature sur les navires anglais, ni sur leurs charchargements, de quelque espèce qu'ils soient.

Les plénipotentiares anglais, après avoir pris connaissance de ces déclarations, adhérèrent à la proposition du plénipotentiaire hanovrien sous la condition :

1° Que dès que la jouissance d'une ou de toutes les stipulations de la convention du 13 avril sera accordée à un Etat riverain de l'Elbe ou à un autre Etat quelconque, la Grande-Bretagne sera mise immédiatement en possession des mêmes avantages;

2° Que, dans le cas où la susdite convention du 13 avril 1845 aux navires anglais et à leurs chargements, le gouvernement hanovrien se montrera disposé à prendre de nouveau en considération les stipulations du 6e paragraphe du traité du 22 juillet, à l'effet d'accorder au commerce et à la navigation britannique une indemnité convenable ;

3° Que si le gouvernement ou la législature de la Grande-Bretagne jugeait plus tard à propos d'adopter, à partir du 1er janvier 1848, époque où expirent plusieurs traités de commerce passés entre la Grande-Bretagne et des puissances étrangères, de nouvelles mesures qui auraient pour but de donner une plus grande extension à son commerce, et dont l'adoption nécessiterait de nouvelles conventions avec les puissances étrangères, le gouvernement hanovrien devrait se montrer disposé à soumettre à un nouvel examen les stipulations du traité du 22 juillet, lesquelles pourraient se trouver affectées par ces mesures pour les approprier à ces dernières et aux intérêts réciproques des deux nations.

Le plénipotentiaire hanovrien, de son côté, accéda à ces propositions des plénipotentiaires britanniques, à condition que les stipulations de l'art. 7 du traité du 22 juillet resteraient en vigueur dans tous les cas pour toute la durée du traité fixée par l'art. 8 ; ce à quoi consentirent à leur tour les plénipotentiaires britanniques.

En conséquence, il fut décidé que les ratifications dn traité du 22 juillet seraient échangées sous la réserve expresse des diverses propositions indiquées dans le protocole.

La publication du traité est précédée de la notification suivante :

Faisons savoir que lors de l'échange des ratifications il a été convenu que le tarif existant du bureau des douanes de Brunshausen resterait en vigueur. Toutefois les produits et articles de fabrique anglaise indiqués dans l'article du traité ne paieront, à partir du 1er octobre prochain, quand ils remonteront l'Elbe sur navires britanniques, que les droits fixés dans l'article 6 ; et, de plus, à partir du 1er octobre prochain, les navires anglais et leurs cargaisons ne paieront, indépendamment du droit fixe, aucun autre droit, soit en argent, soit en nature (y compris la droit royal et le pilotage de la ville de Stade).

Nous ordonnons, en conséquence, à tous nos sujets de se conformer, à partir du 1er octobre, aux dispositions du traité, avec la modification indiquée.

Nous avons ordonné aussi que le traité serait inséré dans le *Bulletin des lois*.

Hanovre, 8 septembre 1844.

ERNEST-AUGUSTE SCHULTE DE FALCKE.

GRAND-DUCHÉ DE BADE.

RESCRIT *ministériel*.

Le ministère du grand-duc à la seconde chambre des Etats :

Ce qui s'est passé dans la séance du 24 du mois dernier a fixé l'attention du gouvernement. A la demande d'un membre de la chambre, plusieurs députés ont développé les principes, les droits et la politique des Etats étrangers, ceux de la Confédération et le propre gouvernement. La qualité de député ne donne pas à celui qui la porte le droit de blesser les Etats étrangers, quand même ce serait avec les meilleures intentions. Il troublerait ainsi des relations amicales que le gouvernement s'efforce de maintenir dans l'intérêt du pays. Puisse la chambre ne pas méconnaître que des provocations de cette nature obligeraient le gouvernement à restreindre les limites constitutionnelles des délibérations parlementaires.

Par ces motifs, et pour satisfaire au vœu de la diète, le gouvernement a défendu la reproduction des débats parlementaires dans les procès-verbaux des séances et dans les feuilles publiques. Le grand-duc espère que les membres individuels de la chambre ne manqueront plus à leur devoir et que la chambre exercera une surveillance rigoureuse sur la marche de ces discussions parlementaires.

Carlsrühe, 2 mars 1844.

GRAND-DUCHÉ DE HESSE.

ORDONNANCE *de noblesse concernant le grand-duc héréditaire de Hesse.*

Nous avons jugé convenable d'ordonner que le grand-duc héréditaire de Hesse portera dorénavent le titre d'*Altesse royale*, et les princes et les princesses de la maison grand'ducale, issus d'un grand-duc, celui d'*Altesse grand'ducale*. Tous ceux que cela concerne sont tenus de se conformer à la présente ordonnance.

En foi de quoi nous apposons notre signature et le sceau de l'Etat.

Darmstadt, le 15 août 1844.

LOUIS.

DANEMARK.

RESCRIT *royal adressé à la chancellerie danoise, en date du 8 mai 1844.*

Conformément aux motifs énoncés dans le préambule de l'ordonnance du 27 septembre 1799, nous considérons la liberté de la presse comme le moyen le plus efficace pour le développement des lumières et des connaissances; aussi voulons-nous affranchir la presse de tous liens qui ne sont pas nécessaires pour l'empêcher de devenir, au détriment du repos public, l'instrument de toutes les passions ignobles. En suivant attentivement la marche de la presse quotidienne, et en examinant avec soin ses productions, nous avons souvent observé combien elle s'efforçait de répandre les lumières en découvrant les défauts des désordres qui existaient dans l'administration publique, efforts dont nous avons soigneusement tenu compte; nous avons aussi acquis la triste expérience que les lois existantes ne formaient pas une barrière suffisante contre la perversité de la presse, quand elle se propose pour but de corrompre le peuple et de le porter à l'affaiblissement des liens d'amour et de confiance qui l'attachent à notre personne et à notre maison royale, en cherchant à semer la discorde, non-seulement dans les différentes parties de l'Etat, mais aussi parmi les diverses classes de la société, comme cela a eu lieu entre les propriétaires fonciers et les paysans, entre les supérieurs et les inférieurs.

C'est d'après ces considérations que nous ordonnons à notre chancellerie de procéder à une exacte révision des lois concernant la liberté de la presse, et ensuite de préparer un projet de loi, à l'effet d'être mis en délibération dans les prochaines assemblées des états provinciaux, et dont la loi du 27 septembre 1799 sera prise pour base, en en faisant disparaître tout ce qui paraît inutile, et en y ajoutant tout ce qui peut la mettre à l'abri de tout reproche.

NOTE *adressée par la chancellerie danoise au directeur de la police de Copenhague.*

Attendu que la société pour le bon usage à faire de la liberté de la presse a adopté peu à peu un genre d'activité tout différent de son programme, et s'est constituée en société qui délibère sur les plus graves matières de législation et de constitution de l'Etat, comme l'a prouvé surtout son assemblée générale extraordinaire du 16 octobre dernier, où l'on a tenu des discours qui blâmaient sévèrement certaines mesures du gouvernement, et où les assistants ont formellement voté touchant les propositions émises, la chancellerie doit regarder comme absolument nécessaire qu'on mette fin à ce désordre; en conséquence, le directeur de police est chargé d'office de faire savoir au président de la société, et par lui aux membres qui la composent, que cette société sera dissoute sans hésiter dès qu'on apprendra qu'il s'y tient encore des réunions pour délibérer sur les affaires législatives et gouvernementales.

SUÈDE ET NORWÉGE.

Proclamation *d'installation sur le trône de S. M. Oscar Ier.*

Nous, Oscar Ier, etc.

Nous portons à votre connaissance une triste nouvelle pour le royaume de Suède. Notre père chéri, le roi Charles XIV Jean, roi de Suède et de Norwége, des Goths et des Vendes, a terminé sa carrière terrestre. De la place honorable où il a défendu, en qualité de roi, pendant plus d'un quart de siècle, votre liberté et vos droits avec un zèle qui ne s'est jamais démenti, et veillant incessamment sur le bien du pays, il a passé par la mort dans un monde meilleur pour y jouir de la récompense éternelle. Les annales de tous les temps proclameront les actes mémorables et les grandes qualités qui l'ont fait monter sur deux trônes, et lui ont acquis l'amour et la reconnaissance de deux peuples réunis par lui.

Nous venons de monter sur les trônes réunis de Suède et de Norwége, et nous gouvernerons les deux royaumes d'après les lois fondamentales et les constitutions votées dans l'année 1815 par les Etats de Suède et le storthing de Norwége, et nous donnons ainsi l'assurance royale prescrite par la résolution de la diète de 1810.

Plein de soumission aux décrets de la Providence, et en implorant son assistance puissante, nous éprouvons dans notre douleur amère la douce consolation qu'en nous efforçant de remplir nos devoirs royaux, votre amour passera du roi défunt à nous, et rendra notre règne puissant et prospère.

Nous vous assurons de notre royale bienveillance et prions le Dieu tout-puissant de vous avoir en sa sainte garde.

Donné au château de Stockholm, le 8 mars 1844.

OSCAR.

Ordonnance *du roi qui abolit la défense du 10 décembre 1812, d'avoir aucune communication avec la ci-devant famille royale; donnée au château de Stockholm, le 7 mai 1844.*

Nous, Oscar Ier, etc., savoir faisons que, comme depuis la publication de la défense du 10 décembre 1812, qui prohibait toute communication avec le ci-devant roi Gustave-Adolphe, la ci-devant reine et leurs enfants, les circonstances qui motivèrent cette défense ont subi des changements essentiels; comme surtout un calme intérieur qui a duré près d'un tiers de siècle, et l'amour affermi de la nation pour le nouvel ordre de choses, ont mis le sceau aux événements de 1809 et de 1810, et à la résolution prise par le peuple suédois relativement à la succession au trône, nous reposant sur notre conviction de l'attachement sincère de la nation pour nous et notre dynastie, attachement dont nous avons reçu des preuves si nombreuses, si éclatantes, ainsi que sur la conscience de la pureté de nos intentions,

Nous avons révoqué et révoquons la défense mentionnée, afin de prouver notre confiance pour les habitants de la Suède, et en vertu du droit de décision que le douzième paragraphe du recès de la diète, en date du 12 novembre 1810, accorde au roi, en cette matière, nous avons jugé à propos d'abolir par la présente l'ordonnance du 10 décembre 1812 quant à son effet. Tous ceux à qui il appartiendra ont à se conformer à la teneur de la présente ordonnance. En foi de quoi nous l'avons signée de notre propre main, et y avons fait apposer notre sceau royal.

Donné au château de Stockholm, le 7 mai 1844.

OSCAR.

L.-H. Gullenhal.

Discours *d'ouverture des états-généraux (20 juillet).*

Messieurs,

La place que je viens occuper dans

cette enceinte, au milieu des états-généraux de Suède, nous rappelle le souvenir amer d'une grande, d'une irréparable perte, et les premières paroles que je vous adresse sont inspirées par la douleur et les regrets. Jamais ces sentiments n'ont entouré, à plus juste titre, la tombe où repose en paix un père vénéré. Sa mémoire est bénie de deux peuples que son puissant génie a réunis par des liens indissolubles. Par leur union, il a fondé pour le nord un nouvel avenir de gloire. C'est à eux maintenant qu'il appartient d'accomplir, par leur concorde fraternelle, ses plus belles espérances, ses vœux les plus fervents pour l'indépendance et le bonheur de la presqu'île scandinave.

La première entrevue d'un monarque avec les représentants de la nation, au seuil de la carrière que de concert ils sont appelés à fournir, est grave et solennelle. La confiance intime qui les rapproche, la sincérité de leurs vœux et la justice de leurs actes assureront, avec l'aide de la Providence, le repos et la prospérité d'une patrie chérie.

Dans le temple de Dieu, nous venons d'invoquer la protection du Tout-Puissant. Les forces indispensables pour l'accomplissement des devoirs sacrés qui nous sont imposés, nous devons les puiser dans les obligations mutuelles de l'attachement, de la fidélité, de la bienveillance et de la concorde. Je vous promets, messieurs, de défendre et de maintenir la justice et la vérité, de seconder le progrès des lumières, et de concourir de tous mes efforts au développement des qualités nobles et solides qui distinguent le caractère mâle et énergique des habitants du nord. Je m'attends, de votre part, à une sincère coopération pour ce but élevé, et à cette confiance que la pureté des intentions et des soins incessants pour le bien de la patrie doivent inspirer à un peuple magnanime.

En vous appelant, messieurs, à cette diète extraordinaire, j'ai consulté mon vif désir de vous voir assemblés à une époque aussi grave pour moi et pour le pays, plutôt que la possibilité de préparer, dans un espace de temps aussi restreint, et de vous exposer les affaires importantes qui forment l'objet de ma sollicitude, et à l'égard desquelles je compte demander vos résolutions et prendre vos avis. Les grandes questions sociales que la dernière diète vous a léguées vous fourniront d'ailleurs de sérieuses occupations en réclamant votre attention particulière. J'espère cependant pouvoir, pendant la durée de cette session, vous présenter plusieurs projets d'un intérêt majeur, et en premier lieu celui d'un nouveau Code criminel, plus conforme aux vues de notre époque, ainsi qu'à ses efforts de concilier avec la sévérité nécessaire dans l'application des peines le respect que l'on doit à la dignité de l'homme.

Appréciant l'importance et le besoin de simplifier l'administration intérieure et de compléter notre système de défense, je vouerai mes soins non interrompus à ces questions vitales. Afin de m'appuyer dans ces travaux sur votre concours éclairé, je me propose de vous réunir sous peu à une nouvelle diète extraordinaire.

C'est avec une vive satisfaction que je puis vous communiquer les sentiments d'intérêt et d'amitié qui, lors de mon avènement au trône, m'ont été exprimés par toutes les puissances étrangères, de la manière la plus affectueuse. Je suis heureux de trouver une occasion d'en témoigner ma reconnaissance.

Les relations des Royaumes-Unis avec l'un des États de la côte septentrionales d'Afrique ont jusqu'ici été assujetties au paiement d'un tribut annuel, onéreux pour notre commerce, et incompatible avec notre dignité. J'ai fermement résolu de ne plus l'admettre depuis que toutes les autres puissances de l'Europe en ont été affranchies, à l'exception d'une seule. Dans un intime accord avec celle-ci, des négociations ont déjà été ouvertes, et j'ai lieu d'en espérer une issue pacifique.

Les sentiments patriotiques dont vous êtes animés, messieurs, guideront vos délibérations et faciliteront vos travaux. Je prie le Tout-Puissant de les bénir, et je vous assure de toute ma bienveillance royale.

RUSSIE.

Oukase *du sénat dirigeant, du 25 septembre dernier, portant promulgation de la convention suivante, conclue entre la Russie et la Perse pour l'interprétation de l'art. 14 du traité de Tourkmautchai, convention conclue entre les deux hautes cours de Russie et de Perse, le 3 juillet 1844 (28 djoumadi-el jani 1260), à Teheran.*

Dans le but de faire cesser les désordres et les abus que les habitants de provinces limitrophes de la Russie et de la Perse font souvent de la transmigration, les fondés de pouvoir des deux parties contractantes, avec la permission et l'autorisation de leurs gouvernements respectifs, ont signé l'arrangement suivant :

Article 1er. Les sujets des deux puissances ne pourront désormais passer d'un pays dans l'autre sans passeport et sans permis en règle de leur gouvernement.

Art. 2. Tout individu sujet de l'un des deux gouvernements qui se rendrait sur le territoire de l'autre sans s'être pourvu d'un passe-port sera arrêté et livré aux autorités frontières les plus proches, ou bien au ministre, chargé d'affaire ou consul de sa nation, avec tous les objets d'habillements, d'armements, etc., dont il sera porteur.

Art. 3. Toute demande que les sujets de l'un des deux Etats adresseront à leur gouvernement pour obtenir l'autorisation d'émigrer devra se faire sans intervention étrangère.

Art. 4. Si les préposés des deux gouvernements, en considération de l'amitié qui les unit, demandent l'un à l'autre des passeports, on ne les refusera pas pour quelques familles, à moins qu'il n'y ait des empêchements légaux.

A. Medem, Hadji Mirza Agassy.

Ordonnance *concernant les sociétés de Tempérance.*

Les sociétés de Tempérance ont pris dernièrement une grande extension dans la Pologne autrichienne et à Cracovie. Dans le diocèse de Cracovie, qui comprend le gouvernement de Kielce (royaume de Pologne), le clergé a pareillement propagé les Sociétés de Tempérance. Il s'en est établi dans la plupart des paroisses. Tout à coup le gouvernement s'en est alarmé ; il a cru y voir une tendance au communisme et au jacobinisme : de là l'ordonnance suivante en date de Varsovie, (9) 21 octobre 1844 :

Le prince lieutenant du royaume a, per décision du (29 juin) 11 juillet de cette année, n° 14,742, daigné autoriser M. l'abbé Lentowski, administrateur du diocèse de Kielce, à concourir avec son clergé aux mesures ayant pour but de réprimer l'ivrognerie. Toutefois il était entendu qu'il ne ferait rien sans se concerter avec la *commission de l'intérieur et des cultes.* S. A. le prince lieutenant vient d'apprendre que le clergé du diocèse de Kielce a dépassé les limites qu'il devait respecter. Au lieu de s'adresser à ce peuple par l'enseignement et la conviction, on a eu recours, pour le détourner de l'ivrognerie, à des procédés qui s'adressent à la conscience de cette classe, et l'on a exigé d'elle des serments de tempérance plutôt par contrainte que par conviction.

Cette conduite s'oppose aux intentions du gouvernement et pourrait amener des résultats contraires à ses vues ; c'est pourquoi S. A. R. le prince lieutenant juge à propos d'annuler sa décision préalable à cet égard et défend rigoureusement au clergé toute action ultérieure tendant à reprimer l'ivrognerie, le gouvernement se réservant de prendre à cet effet des mesures suffisantes. M. l'administrateur du diocèse de Kielce reçoit avis du présent arrêté ; l'administration veillera rigoureusement à son exécution et informera l'autorité supérieure de toute contravention.

Le directeur-général par intérim, lieutenant-général sénateur,

PISAREFF.

EXTRAIT *d'un protocole émané du secrétariat d'État de Pologne, contenant la nouvelle division de ce royaume, à partir du 1er janvier* 1845.

ARTICLE 1er. Les huit gouvernements dont se composait jusqu'ici le royaume de Pologne seront réduits à cinq.

ART. 2. Cette nouvelle division devra s'effectuer par la réunion du gouvernement de Sandomir avec celui de Kielce, sous la dénomination du gouvernement de Radom; du gouvernement de Podlachie avec celui de Varsovie, sous la dénomination du gouvernement de Varsovie ; les gouvernements de Plozk et d'Augustowo resteront dans leur forme actuelle.

ART. 3. Les chefs-lieux où résideront les autorités supérieures des cinq gouvernements seront à l'avenir: Radom pour le gouvernement de Radom, Lublin pour celui de Lublin, et Varsovie pour celui de Varsovie. Les villes de Plozk et de Suwalki continueront, comme par le passé, d'être les chefs-lieux des gouvernements de Plozk et d'Augustowo.

Cet acte a été signé le 9 (21) août 1844 par l'empereur.

TURQUIE.

CIRCULAIRE *adressée par la Porte Ottomane aux différentes légations étrangères à Constantinople.*

D'après un ancien usage, lorsqu'il se présente des bâtiments qui veulent remonter le détroit des Dardanelles après onze heures, à la turque (une heure avant le coucher du soleil), on a adopté la mesure de tirer, pour les arrêter, deux coups chargés à poudre, et, si l'on n'était point écouté, de tirer un coup de canon à boulet. Cependant, comme on sait généralement que ce coup de canon chargé à boulet n'est point tiré pour faire du mal, les bâtiments continuent à passer après ladite heure, et de cette manière, non-seulement on ne retire aucun avantage de l'exécution de ladite mesure, mais on dépense sans motif de la poudre et des boulets. En conséquence, en abolissant cet usage, endéans le terme d'un mois à partir de ce jour, on a adopté la mesure suivante :

Après ladite heure, on devra, aussi longtemps que dure le jour, arborer dans les batteries, vis-à-vis l'une de l'autre, les drapeaux rouges, verts et jaunes, et pendant la nuit on y suspendra de grands fanaux : si toutefois quelque bâtiment s'avisait de vouloir passer, on tirerait le canon, et les frais résultant du canon qui sera tiré seraient à la charge de ce bâtiment.

Puisque cette mesure a déjà été annoncée au pacha commandant les Dardanelles, ainsi qu'aux autres fonctionnaires qu'elle concerne, la présente circulaire est adressée à la légation de S. M. le roi de..., en le priant d'employer ses bons offices aux fins de faire annoncer aux capitaines des bâtiments marchands du royaume de...., que, passé le terme ci-dessus annoncé, on procédera à l'exécution de ladite mesure, en même temps qu'elle voudra bien aviser au moyen d'empêcher que l'on y contrevienne.

Le 7 redjib 1260 (24 juillet 1844).

VALACHIE.

LETTRE *de M. le comte de Nesselrode dont étaient accompagnés les insignes des décorations que S. M. l'empereur a accordées au prince Bibesco et au ministre de l'intérieur, son frère :*

L'accueil favorable que Sa Hautesse le sultan a fait à Votre Altesse, pendant son séjour à Constantinople, a été pour l'empereur, mon auguste maître, un sujet de satisfaction bien légitime. De son côté, S. M. l'empereur a attendu que Votre Altesse fût de retour à Buckarest, pour vous donner une preuve de sa bienveillance personnelle.

En conséquence, S. M. vous a nommé chevalier de première classe de l'ordre de Sainte-Anne, et m'a chargé de vous envoyer les insignes de cet ordre en diamants. L'empereur espère que cette marque d'estime, tout en vous prouvant la sympathie que vous avez su inspirer à S. M., vous encouragera à persévérer fermement dans la voie que vous avez choisie, et qui, vous pouvez en être persuadé, vous assurera toujours l'approbation et l'appui de la Russie.

En même temps, S. M. a cru faire plaisir à Votre Altesse, en conférant également à M. Stir Bey les insignes de l'ordre de Saint-Stanislas de deuxième classe. Par ces distinctions, mon auguste souverain a voulu reconnaître les services que vous avez été appelés tous deux à rendre au pays gouverné par Votre Altesse.

Pour ma part, je prie Votre Altesse de recevoir mes félicitations et l'assurance de ma considération la plus distinguée.

GRÈCE (1).

NOTE *adressée par le Roi au président de l'assemblée nationale, et dans laquelle le monarque propose diverses modifications au projet de charte adopté par les représentants de la nation :*

Monsieur le président,

J'ai étudié avec soin le projet de constitution qui m'a été remis, il y a quelques jours, par la députation de l'assemblée. Je m'empresse de vous soumettre mes observations sur ce projet, pour que vous les communiquiez à l'assemblée nationale. La prudence qui a guidé l'assemblée dans ses travaux m'a épargné la nécessité de faire de nombreuses observations sur le projet, et j'ai l'espoir que nous verrons bientôt notre œuvre terminée pour le bonheur de la Grèce. Pour éviter que la rédaction de l'article 20 ne laissât supposer, par une fausse interprétation, que les droits de la couronne ont été limités, j'ai pensé qu'il serait utile de le modifier de la manière suivante :

« La puisssance exécutive appartient au Roi, qui l'exerce par des ministres responsables nommés par lui. »

Je crois aussi qu'il est utile de modifier l'article 21 relatif à la forme du gouvernement, de manière que les relations des différents pouvoirs y soient exprimées sans nuire en rien à l'indépendance des tribunaux. Cette modification est la suivante :

« Le pouvoir judiciaire émane du roi; il est exercé par les tribunaux; les jugements sont exécutés au nom du roi. »

J'ai jugé nécessaire quelques modifications à l'article 23; on en comprendra la raison à la seule lecture de l'article.

ART. 23. Aucun acte du Roi, relatif au service public, n'a de force, s'il n'est consigné par le ministre compétent, qui, par la seule apposition de sa signature, en devient responsable. Dans le cas seulement où le ministère est changé entièrement, l'ordonnance qui annonce la retraite des anciens ministres et celle de nomination d'un nouveau président du conseil n'ont pas besoin d'être consignées. »

J'ai modifié de la manière suivante le paragraphe 2 de l'article 25 : Les traités de commerce et tous traités renfermant des concessions qui, d'après les autres dispositions de la constitution, nécessitent la sanction d'une loi, ne peuvent être exécutoires sans le consentement de la chambre des députés et du sénat. De cette manière, tout en assurant les intérêts des citoyens, le pouvoir que le Roi a de faire des traités n'est en rien limité; le contraire pourrait être nuisible à l'Etat. A l'article 27 j'ai ajouté le mot *institué*, pour qu'il ne puisse y avoir d'incertitude touchant cette prérogative dont l'exercice est pénible, mais quelquefois nécessaire. J'ai re-

(1) Nous donnerons dans l'Annuaire de 1845 le texte de la constitution d'après le texte officiel.

tranché aussi la phrase : « Toutefois, il ne peut nommer à un emploi qui n'a pas été créé par une loi. » Cette phrase pouvait empêcher le gouvernement de faire face aux besoins du service qu'il ne peut prévoir, et d'un autre côté des dispositions du budget limitent suffisamment l'usage que le gouvernement peut faire de semblables nominations. Voici comment j'ai modifié cet article : « Le roi nomme à tous les grades dans l'armée et dans la marine; il nomme et révoque les employés publics, hors les cas exceptionnels prévus par la loi. »

J'ai modifié de la manière suivante l'article 30 : « Le roi convoque les députés et les sénateurs une fois par an en session extraordinaire, toutes les fois qu'il le juge utile. Il prononce en personne ou par un représentant l'ouverture ou la clôture de chaque session; il a le droit de dissoudre la chambre des députés, mais l'ordonnance de dissolution doit en même temps convoquer les colléges électoraux qui doivent être assemblés dans l'espace de deux mois; la chambre doit être assemblée dans l'espace de trois mois. »

La lecture seule de cet article fait comprendre suffisamment les motifs de la nouvelle rédaction.

A l'article 32 j'ai ajouté le droit d'amnistie, droit qui complète cet article. J'ai modifié de la manière suivante l'article 33 : « La liste civile est fixée par une loi dont la durée doit être déterminée, et qui ne peut être modifiée qu'après un délai de dix ans. » Ce changement a pour but d'assurer d'une manière certaine à la monarchie constitutionnelle cette indépendance qu'exigent le bonheur du peuple et l'esprit de la constitution elle-même, indépendance que j'ai désiré assurer également à la chambre des députés et au sénat par des dispositions semblables, sans, d'un autre côté, rendre impossible le changement de ces mesures financières, lorsque les circonstances l'exigeront. Et pour que cette modification à l'article 35 ne soit point considérée comme un signe de peu de confiance de ma part dans le dévouement de la nation envers ma personne, je déclare en même temps que je n'exige pas pour moi l'exécution des dispositions de cet article.

J'ai jugé utile de faire une addition aux termes du serment du roi, pour qu'il puisse s'appliquer à toute la puissance royale. En conséquence, je l'ai rédigé de la manière suivante : « Au nom de la consubstantielle et indivisible Trinité, je jure de protéger la religion des Grecs, de soutenir l'inviolabilité de la constitution et des lois de la nation hellénique, de défendre et de conserver l'indépendance nationale et l'intégrité du territoire grec, et de ne faire usage qu'avec conscience de mon pouvoir royal. »

Je respecte le sentiment religieux qui a engagé l'assemblée nationale à voter les dispositions de l'article 40, et faisant aujourd'hui tout ce qu'il m'est permis de faire, j'accepte avec empressement cette décision pour mes propres descendants.

L'art. 42 a été supprimé en entier, et en remplacement de cet article il a été fait une addition à l'article 43, de sorte que cet article est maintenant rédigé de la manière suivante :

« ART. 43. La majorité du roi est fixée à dix-huit ans accomplis. Avant de monter sur le trône, en présence des ministres du saint synode, des sénateurs, des députés présents dans la capitale, et des autres employés supérieurs, il prête le serment contenu dans l'article 36. Le roi convoque, dans l'espace de deux mois au plus tard, la chambre des députés et le sénat. Il prête de nouveau le même serment devant la chambre des députés et le sénat, réunis en une seule assemblée. »

J'ai cru cette modification nécessaire; j'avais appris, du reste, que l'assemblée nationale avait aussi l'intention de supprimer les dispositions relatives à l'interrègne.

Dans l'article 47, j'ai remplacé le mois de janvier par le mois de novembre; ce changement ne cause aucun préjudice aux députés.

A la fin de l'article 49 j'ai ajouté : « Excepté pour les questions de personnes, le vote sera public. » J'ai cru qu'il était essentiel de faire cette addition à la constitution, parce que la publicité est une garantie pour le peuple.

J'ai remplacé dans l'article 60 l

mot *province* par le mot *lieu*, pour ne rien préjuger de ce qui tient à la loi d'élection et éviter ainsi des difficultés.

J'ai modifié de la manière suivante l'article 67 :

« Les députés qui siègent à la chambre reçoivent du trésor une indemnité de 1,200 drachmes pour toute la durée de la session ordinaire. Si avant la clôture de la session ils prennent un congé ou cessent de toute autre manière de faire partie de la chambre, ils reçoivent seulement 300 drachmes par mois pour tout le temps qu'ils ont siégé.

« Les députés reçoivent également pour toute session extraordinaire une indemnité calculée sur le pied de 300 drachmes par mois, lorsque cette session, unie à la session ordinaire de la même année, aura fait durer les travaux législatifs au delà de quatre mois. Les députés reçoivent, en outre, une indemnité de frais de route : le chiffre de cette indemnité peut être modifié après dix ans par une loi qui sera en vigueur pour un temps indéterminé. »

Tout en croyant juste, par cet amendement, de fixer une indemnité convenable pour les députés, fidèle gardien de la fortune publique, j'engage en même temps l'assemblée à considérer s'il ne serait pas utile de réduire pour le présent, et par des raisons d'économie, le nombre des députés. J'ai modifié dans le même sens l'art. 68, en effaçant le mot *mensuelle* après le mot *indemnité*, et en ajoutant les mots suivants : « En la calculant sur le pied de 300 drachmes par mois, durant la session législative. »

Touchant l'article 70, j'ai cru convenable de ne faire contresigner les ordonnances de nomination des sénateurs que par le président du conseil des ministres. La conservation de l'intégrité de la constitution exige que le pouvoir royal ne soit pas limité quant au nombre des sénateurs. Mais pour que le trésor public n'ait point à supporter une charge trop lourde, j'ai introduit après l'article 71 un nouvel article dans lequel j'ai déterminé le maximum des membres du sénat qui recevront un traitement. J'ai également renfermé dans le même article tout ce qui est relatif à ce traitement, et voici les observations que j'ai à faire sur cet objet : je pense qu'il est nécessaire à l'indépendance et à la dignité de ce corps que ses membres reçoivent un traitement convenable ; je crois que cela est juste, parce que les hommes qui composeront ce corps auront, par les services qu'ils auront rendus, acquis des droits à la reconnaissance du pays.

Si cependant, d'un autre côté, il est nécessaire, par des raisons d'économie, de fixer le minimum des membres du sénat à 21 seulement au lieu de 27 que propose le projet, je recommande l'examen de ce point à l'assemblée nationale. Par suite de ces considérations, l'article se trouve amendé de la manière suivante : « Le minimum des membres du sénat est fixé à 21. Le roi peut l'augmenter selon les besoins. Les plus anciens sénateurs seuls, jusqu'à la moitié du nombre total des députés, reçoivent une indemnité annuelle. Lorsqu'une des places de sénateur auxquelles le traitement est attaché vient à vaquer, elle est occupée par le plus ancien des sénateurs qui ne touche pas de traitement. Sont exceptés des dispositions de cet article les sénateurs compris dans le paragraphe 15 de l'article 72, lesquels ne peuvent recevoir aucun traitement.

« Le traitement des sénateurs est fixé à 6,000 drachmes par an. Ce chiffre peut être changé après dix ans, par une loi qui sera en vigueur pour un temps indéterminé. Les sénateurs, qui reçoivent déjà des honoraires comme employés civils et militaires, ou à tout autre titre, ne reçoivent que la différence existant entre leur traitement et les honoraires qu'ils perçoivent pour un autre service. »

Comme conséquence des précédentes observations, j'ai cru devoir ajouter au paragraphe 11 les vices-présidents de l'aréopage de la cour des comptes et le gouverneur.

Je crois encore convenable d'ajouter une quinzième catégorie, en vue d'encourager l'agriculture, l'industrie, et de faire représenter dans le sénat une classe si importante de la société. En conséquence, le paragraphe 11 est amendé de la manière suivante : « Vice-président de l'aréopage ou de la cour des comptes, procureur du roi près une cour royale, membre de la cour de cassation, gouverneur après dix ans de fonctions.

Le paragraphe 15, qui a été ajouté, est ainsi conçu : « Propriétaire de biens ruraux d'établissements industriels, payant annuellement....... drachmes d'impôt direct, et ayant contribué à la prospérité du pays par le développement de la culture et de l'industrie. »

L'article 79 a été supprimé par des raisons qui ont nécessité l'introduction d'un nouvel article après l'article 71. Après le paragraphe 1er de l'article 83, j'ai ajouté les dispositions suivantes : « Les sénateurs qui auraient été nommés après la mise en jugement ne feront point partie de la cour de justice. »

Il faut que la nomination à vie, prononcée dans l'article 87, s'étende également aux membres de la cour des comptes qui ont voix délibérative, et cela pour qu'ils soient indépendants des ministres, dont ils doivent examiner les comptes-rendus. Je crois également utile, comme garantie pour la justice, que la constitution n'interdise point pour toujours la nomination à vie des juges de paix ; en conséquence, cet article a été amendé de la manière suivante : « Les juges, ainsi, que les membres de la cour des comptes, qui ont voix délibérative, seront nommés à vie. Une loi spéciale, qui ne sera rendue que cinq ans après la promulgation de la présente constitution, déterminera l'époque à partir de laquelle elle sera inamovible. Quant à ce qui concerne la nomination à vie des juges de paix, il est réservé au pouvoir législatif de décider cette question. »

J'accepte avec plaisir que les délits de la presse soient, à l'avenir, jugés par le jury toutes les fois qu'ils ne seront pas relatifs à la vie privée ; mais je désire que l'on ne décide pas dès aujourd'hui comment seront jugés les autres délits politiques, et que la solution de cette question soit laissée aux délibérations du pouvoir législatif : car il est probable que l'on trouvera un moyen plus convenable de former les tribunaux qui seront chargés de juger les crimes de cette nature, lesquels concernent les relations du gouvernement avec les gouvernés.

Je crois nécessaire de faire quelques changements à l'art. 101, changements indispensables pour éviter des lenteurs dans le service. Voici l'article modifié :

« Les tribunaux administratifs existants sont abolis. Toutes les affaires du contentieux administratif, pendantes devant ces tribunaux, seront, à partir de la prolongation de la présente constitution, renvoyées devant les tribunaux ordinaires, et seront jugées comme affaires pressantes. Des lois spéciales renverront également toutes les affaires du contentieux administratif devant les tribunaux réguliers, et régleront la procédure à suivre ; les questions de compétence seront jugées par l'aréopage. Aucun tribunal, aucune juridiction administrative ne peuvent, à l'avenir, être rétablis que par une loi. »

Je crois essentiel d'ajouter à l'article 103, immédiatement après le mot *contraires*, les mots *quand au fond*, de la manière suivante :

« Toutes les lois et ordonnances contraires, quant au fond, aux dispositions de la présente constitution, sont abrogées. » Cette modification est essentielle, car autrement il pourrait se faire que des dispositions législatives nécessaires fussent à l'instant abrogées au préjudice de la société, et qu'elles ne fussent abrogées que par la seule raison qu'elles ne sont point contenues dans des lois, mais dans des ordonnances, bien que légalement rendues d'après le système politique alors en vigueur.

Dans l'art. 104, j'ai cru nécessaire de remplacer les mots : « à dater de la promulgation de la présente constitution, » par ceux « à dater de la promulgation de la loi sur l'élection des députés. » Et cela parce que l'époque de la convocation des chambres dépend de la publication de cette loi, dont la discussion n'a pas encore commencé dans l'assemblée nationale.

Ici se terminent mes observations sur le projet de constitution ; il ne me reste qu'à ajouter quelques mots sur les décrets qui y sont relatifs.

Je saisis, avant tout, l'occasion d'exprimer de nouveau à l'assemblée ma satisfaction pour le dévouement qu'elle a montré à ma royale épouse ; je pense, en conséquence, parler conformément à l'esprit de l'assemblée nationale et à l'intérêt du royaume, en appelant l'attention des plénipotentiaires sur la convenance d'une modification qui aurait pour but d'ajouter après les mots « en cas de minorité, » ceux « ou d'absence de l'héritier. »

Enfin, j'ai une dernière observation à adresser encore, je ne puis la passer sous silence. Quel que soit mon désir de me conformer au vœu de l'assemblée sur la grande difficulté, ou, pour mieux dire, sur l'impossibilité d'exécuter à la lettre le décret sur les emplois publics, tel qu'il a été rendu, sans nous exposer à de funestes conséquences. D'abord le service judiciaire serait à l'instant même paralysé; peut-être aussi quelques autres places qu'il est difficile de désigner ne pourraient être convenablement occupées, à cause des connaissances spéciales qu'elles exigent; et, certes, l'assemblée nationale partage l'idée que le peuple n'existe pas pour les employés, mais qu'au contraire les employés existent pour le bien du peuple. Mais, quelque persuadé que je sois, d'un côté, que l'intérêt de la nation exige que le gouvernement se propose toujours, en nommant les employés, de choisir des hommes qui aient les connaissances spéciales sans lesquelles les emplois publics ne peuvent être convenablement occupés, je désire vivement, d'un autre côté, voir les services rendus à la patrie récompensés de la manière la plus convenable. Je pense donc qu'il faut prendre ces deux points en considération. En outre, des circonstances particulières peuvent exiger qu'il soit fait des exceptions audit décret. Par exemple, la nomination de certains consuls ne peut être soumise aux dispositions du décret, tel qu'il a été rendu, qu'en entraînant des sacrifices pécuniaires qui retomberaient encore sur les indigènes eux-mêmes.

Je recommande donc à la prudence de l'assemblée de bien considérer si ce ne serait pas dans l'intérêt de la nation elle-même de faire à ce décret une addition qui autoriserait une exception, chaque fois que le gouvernement trouverait que l'intérêt national l'exige en faveur de connaissances spéciales et de circonstances toutes particulières; mais, pour que l'assemblée nationale soit rassurée contre tout abus d'un semblable pouvoir donné au gouvernement, j'affirme avec plaisir que, si cette addition est admise, je n'en ferai jamais usage pour la nomination des ministres; dans ce dernier cas, je me conformerai aux dispositions du décret.

En terminant la présente communication, je vous assure, monsieur le président, de ma bienveillance royale, que je vous charge aussi d'exprimer à l'assemblée nationale.

Athènes, le 28 février 1844.

OTHON.

Proclamation *du gouvernement au sujet de la promulgation de la constitution nouvelle.*

Louez de tout cœur la Providence, bénissez le nom de notre paternel monarque! Rendez justice à la sagesse et au patriotisme de vos représentants. Le grand œuvre de l'assemblée nationale est définitivement terminé. Le roi a déclaré aujourd'hui par écrit qu'il adopte la constitution telle qu'elle a été rédigée par l'assemblée nationale. En annonçant cette heureuse nouvelle aux Hellènes, nous nous réjouissons avec eux et adressons de sincères remerciements à l'Eternel. Grecs! le terme de vos longues souffrances est arrivé! Voici la couronne de votre lutte nationale, la récompense de votre constance, de votre sagesse, de votre soumission aux lois. Une voie qui réclame de nouvelles vertus politiques s'ouvre aujourd'hui devant vous, une nouvelle ère de prospérité et de gloire s'offre à vos fils. Toute souffrance va cesser ainsi que tout motif de plaintes!

Chers concitoyens! montrez-vous dignes de la gloire nationale. Après avoir témoigné votre reconnaissance au Seigneur, pensez à la preuve d'amour que vous a donné en cette circonstance le prince que la Providence a destiné à être le paladium de votre prospérité, et dont le sort est indissolublement uni à celui de la Grèce. Ne doutez plus que les désirs de la nation puissent en vain se faire entendre à son magnanime cœur. Et si, dans ces jours d'allégresse générale, quelque triste souvenir du passé vous revenait à la mémoire, persuadez-vous que, si le roi avait connu vos souffrances, si la vérité avait pu arriver plus tôt jusqu'à lui, comme il arrive aujourd'hui, grâce à vos représentants, et comme il arrivera désormais au moyen de vos mandataires, le passé aurait été différent.

La constitution et le roi, voilà l'éternel objet de votre amour et de notre respect. Le roi et la constitution, voilà le fruit de vos luttes, de vos sacrifices, de vos pleurs! La constitution et le roi, voilà le dépôt sacré confié à votre patriotisme comme palladium de votre prospérité! *Vive le roi! vive la constitution!*

Athènes, 4—16 mars 1844.

(*Suivent les signatures des ministres.*)

Loi *d'élection rendue par l'assemblée nationale hellénique du 3 septembre.*

Du nombre des députés.

Article 1er. Chaque province du royaume de Grèce nomme un nombre de députés, conformément aux dispositions suivantes. La province comprend toute l'étendue territoriale dans laquelle s'exerce la juridiction du conseil provincial.

Pour chaque province, le nombre de députés à élire suivra la proportion suivante: Jusqu'à dix mille ames, il sera élu un député; de dix à vingt mille ames, deux; de vingt mille à trente, trois. Les provinces dont la population sera plus considérable en éliront quatre.

Art. 2. Les îles de Hydra, de Spetzia, et les Ipsariotes établies dans la Grèce, éliront leurs députés conformément à la teneur du décret rendu par l'assemblée nationale le 31 janvier de la présente année, c'est-à-dire, de l'île Hydra, trois; celle de Spetzia, deux, et les Ipsariotes, deux. Les communes de Cranidi et Hermione, étant réunies, forment une circonscription électorale particulière pour l'élection de leurs députés, conformément aux bases établies dans l'art. 1er pour ce qui concerne la population.

Art. 3. Conformément à la décision de l'assemblée nationale, en date du 3 (15) janvier, les corporations d'immigrés nomment un député spécial, dès qu'ayant formé une colonie réelle, elles composent une commune particulière, une ville, une province, et représentent une population égale à la moitié de celle de la circonscription du conseil provincial qui a la plus faible population. Les dispositions de cet article seront appliquées du moment où le nombre des colonies dépassera la moitié du minimum de la population comprise dans la circonscription d'un conseil provincial.

TITRE Ier.

Art. 4. Les députés sont nommés, directement, par les citoyens qui jouissent des droits électoraux.

Art. 5. Le droit électoral appartient à tous les Grecs nés en Grèce, ou qui ont acquis les droits de citoyen conformément aux lois existantes, lorsqu'ils possèdent une propriété quelconque dans la province où ils ont leur domicile politique, ou lorsqu'ils y exercent une profession, ou un métier qui les rend indépendants.

Sont exceptés: 1° les individus soumis à une instruction criminelle; 2° ceux qui sont privés par un jugement, temporairement ou définitivement, du droit de voter dans les assemblées électorales; 3° les interdits.

Des listes électorales.

Art. 6. Dès la promulgation de la présente loi, les maires, conjointement avec les adjoints de chaque commune et les curés des paroisses, doivent dresser la liste de tous ceux qui ont le droit de voter.

Art. 7. La liste contient:

A. Le numéro d'ordre;

B. Les noms et prénoms de l'électeur inscrit;

C. Son âge;

D. S'il est indigène, et depuis quelle époque il a son domicile politique dans la commune;

E. S'il est propriétaire;

F. Quelle est sa profession ou son métier ;

G. Les observations, s'il y a lieu, relatives à son interdiction ou à la privation du droit de voter.

Art. 8. La liste doit être affichée à la mairie de chaque commune vingt-cinq jours, au plus tard, après la publication, sur les lieux, de la présente loi. Un extrait de cette liste, comprenant les électeurs habitants dans chaque commune, doit être affiché au chef-lieu de canton. Pour les années suivantes, l'affiche aura lieu le 15 avril.

La liste est publiée par le crieur public et par une affiche du maire. Un délai de huit jours est en même temps donné pour qu'il puisse y être fait toute réclamation.

La liste doit être faite clairement et sans rature ; une copie conforme, signée par les maires, adjoints et curés, en est envoyée immédiatement au gouverneur.

Une copie du programme est envoyée le même jour au gouverneur.

Art. 9. Tout électeur ou éligible peut discuter, de vive voix ou par écrit, les réclamations faites contre la liste affichée, touchant la non-inscription des citoyens ayant les qualités voulues par la loi, ou l'inscription d'individus n'ayant pas ces qualités; mais les réclamations doivent être appuyées de preuves valables.

Art. 10. Ces réclamations sont adressées à une commission de cinq membres, en présence du maire, et sont consignées dans un procès-verbal spécial, signé chaque fois par la commission, et par celui qui a adressé la réclamation.

Les membres de la commission sont choisis par les conseillers communaux actuellement en fonctions, ou qui l'ont été pendant les deux périodes précédentes ou pendant une seule période, dans les communes où il n'y a pas eu plus de deux élections communales.

La commission nomme son président.

Art. 11. Dix jours après la publication faite par le maire, et mentionnée à l'art. 8, le procès-verbal des réclamations est déposé à la mairie de la commune. En même temps, par une nouvelle affiche, le maire désigne tous ceux qui ont intérêt à présenter les raisons contraires. Ces raisons doivent être présentées dans le délai de cinq jours, et de la manière indiquée dans l'article précédent.

Art. 12. Le lendemain du jour avec lequel expire le délai indiqué dans l'article précédent, le conseil communal est réuni en séance publique, en présence du maire. Ce dernier tire au sort quinze noms, pris parmi ceux des conseillers provinciaux qui ont été en fonctions depuis l'établissement des conseils provinciaux, et parmi des citoyens qui ont été maire ou membre du jury. Les individus, ainsi tirés au sort, composent un jury qui statue sur les réclamations. Quinze jurés suppléants sont aussi tirés au sort de la même manière.

Art. 13. Les citoyens désignés par le sort doivent être avertis immédiatement par le maire, et dans l'espace de trois jours ils doivent se rendre au chef-lieu de la commune. Ils y prêtent le même serment que les jurés ordinaires, et ils statuent définitivement sur les réclamations, après avoir pris connaissance des procès-verbaux des réclamations, et de ceux qui exposent les raisons contraires, ainsi que de toutes les pièces qui ont été présentées.

Le tribunal ne peut siéger plus de huit jours.

Art. 14. Les parties ont chacune le droit de récuser cinq des quinze jurés désignés par le sort. Les cinq jurés restant, présidés par celui dont le nom est sorti de l'urne le premier, statuent sommairement en séance publique ; les jugements doivent être motivés, et sont inscrits sur un registre spécial. Si les parties n'usent pas du droit de récusation, cinq des jurés, sur les quinze, sont désignés par le sort pour former ce tribunal, qui est présidé par celui dont le nom est sorti le premier.

Art. 15. La liste est corrigée par le tribunal, d'après les décisions qu'il a prises; et dans les trois jours qui suivent son jugement, le maire doit inscrire les corrections sur la liste affichée à la mairie, et en envoyer une copie signée par lui au gouverneur.

TITRE II.

Du mode de voter, et du dépouillement du scrutin.

Art. 16. Dès que le gouverneur sera averti par les maires que la révision des listes est terminée et que ces listes ont été publiées, il fixera le jour où commenceront les élections ; il désignera l'église la plus vaste du chef-lieu de la commune pour lieu de réunion du collège électoral et il fixera la durée des élections. Les opérations électorales ne peuvent durer plus de huit jours.

Le gouvernement adressera avec sa proclamation une urne à chaque commune ; cette urne sera scellée sur tous les coins avec le sceau du gouvernement.

Art. 17. Deux jours après avoir reçu la proclamation des gouverneurs, les maires doivent la faire publier par des affiches et par le crieur public dans toute la commune.

Art. 18. Le vote est surveillé par une commission de cinq membres tirée au sort par le conseil municipal, en présence du maire et de tous ceux qui depuis la formation des communes ont été maires, conseillers communaux ou provinciaux, ou jurés. Cette commission est présidée par celui dont le nom est sorti le premier de l'urne. Cette commission nomme son secrétaire. Si le bulletin contient plus de noms qu'il n'en faut, les derniers noms sont laissés comme inutiles. Si le bulletin contient moins de noms que le nombre voulu, on n'acceptera que les noms y inscrits.

Art. 19. L'élection se fait par bulletin. Chaque électeur écrit lui-même, ou fait écrire par quelqu'un de sa confiance, un nombre de candidats égal au nombre de députés que la province doit fournir, et jette son bulletin dans l'urne. Le nom de l'électeur est inscrit au procès-verbal.

Art. 20. Toutes observations ou réclamations faites par les électeurs sont inscrites au procès-verbal, ainsi que l'opinion de la commission de surveillance sommairement motivée. La chambre prononcera ensuite sur la validité.

Art. 21. Chaque électeur vote dans sa commune ; il peut jouir cependant de ce droit dans une autre commune ; mais il doit faire une déclaration à ce sujet, dans les deux communes, avant la formation des listes électorales. Cependant, nul ne peut voter dans les deux communes, ou voter par un représentant.

Art. 22. L'urne scellée par le gouverneur est, dans l'état où elle se trouve, scellée au sceau de tous les membres de la commission de surveillance, et de tous ceux qui, étant présents, le demandent.

Chaque jour, à l'heure où, conformément au programme de la commission, la séance de l'assemblée électorale doit finir, l'ouverture de l'urne est publiquement scellée par la commission et par tous les électeurs présents qui le désirent. L'enlèvement de ces scellés a lieu à l'ouverture de chaque séance, en public, par la commission.

L'apposition et l'enlèvement des scellés sont consignés dans un procès-verbal, fait en présence du maire, et signé par tous les électeurs présents qui le demanderont.

L'urne est conservée par la commission, sur sa responsabilité.

Art. 23. Lorsque le temps donné aux électeurs pour voter sera expiré, les urnes et les procès verbaux seront déposés, avec toute précaution de sûreté, par les commissions de chaque commune, au chef-lieu de la province, dans le lieu désigné pour les élections.

Les urnes seront ouvertes ; le dépouillement des bulletins se fera immédiatement après l'ouverture des urnes, le tout en public, sous la surveillance du gouverneur ou de son représentant, et en présence des commissions qui auront, conformément à l'art. 18, surveillé les votes dans toutes les communes.

Art. 24. Dès que le dépouillement des votes sera terminé, les procès-verbaux seront transmis au gouverneur, qui doit les adresser au ministère de l'intérieur; ce dernier les transmettra lui-même à la chambre des députés.

Le gouverneur fait connaître par des affiches, dans toute la province, le résultat de l'élection; il en donne avis à ceux qui ont été élus.

Art. 25. Dans les communes de Cranidès et d'Hermione, le dépouillement du scrutin se fera au chef-lieu de la première commune. Les Ipsariotes se réuniront, pour la première périote, à Hermopolis, pour y procéder à l'élection de leurs députés.

Art. 26. Les députés sont nommés à la majorité absolue des électeurs qui ont pris une part réelle aux élections.

Si, après le premier tour de scrutin, tous les candidats portés ou une partie d'entre eux n'ont pas obtenu la majorité absolue, le scrutin recommence pour un nombre de candidats qui doit être le double du nombre de députés à nommer. Ces candidats sont pris parmi ceux qui ont obtenu la majorité relative au premier tour de scrutin, jusqu'à ce que tous les députés à nommer obtiennent la majorité absolue. En cas de partage des voix, le sort décide.

Par exception, dans les élections qui auront lieu pour la prochaine période législative, la majorité relative suffira dans le cas où il n'y aurait pas de majorité absolue.

TITRE IV.

DES CONDITIONS D'ÉLIGIBILITÉ.

Art. 27. Pour être éligible, il faut:

A. Avoir les qualités requises par l'art. 63 de la constitution.

B. N'être pas compris dans les e ceptions de l'art. 5 de la présente loi.

C. Etre: 1° né dans la province où l'on est nommé, ou être du nombre de ceux qui ont, soit comme militaire, soit comme citoyen, combattu pour la cause de l'indépendance, et qui, étant restés en Grèce jusqu'à la fin de 1827, se sont établis dans la province où ils sont nommés, un an avant l'élection, et s'y sont fait inscrire dans une commune.

2° Ou indigène de la Grèce indépendante et établi depuis un an dans la province où l'on est nommé.

A. Ou avoir servi la cause de l'indépendance comme citoyen ou militaire, et être resté en Grèce Jusqu'à la fin de 1827.

B. Ou être venu en Grèce et y être resté jusqu'à la fin de la même année.

C. Ou avoir pris part aux combats qui, après cette époque, ont été livrés jusqu'en 1829. Mais tous ceux qui sont compris dans les catégories A. B. C. du paragraphe 4. doivent avoir fixé, depuis un an, leur résidence dans la province où ils seront élus, et s'y être fait inscrire dans l'une des communes.

3° Ou avoir habité en Grèce six ans, après s'être fait inscrire dans une commune, dont trois ans dans la province où l'on est élu, et y avoir acquis une propriété immobilière de la valeur de 10,000 drachmes.

Art. 28. Les employés des administrations de l'intérieur, des finances, de la justice, et les militaires, ne pourront être nommés députés de la province où ils exercent leurs fonctions.

Ils ne peuvent même être nommés, après leurs démission ou révocation, dans les lieux où ils ont exercé leurs fonctions, s'il ne s'est écoulé au moins six mois entre leur élection et leur révocation ou démission. Les dispositions relatives à la démission ou révocation n'ont pas de force pour la présente période législative, à moins que l'employé ne donne sa démission ou ne soit révoqué huit jours après la publication de la présente loi. Les débiteurs qui sont en état d'arrestation, et qui sont électeurs dans la province, peuvent, s'ils le demandent, sortir de la prison le jour de l'élection, en présentant un garant qui réponde de leur rentrée en prison.

DISPOSITIONS GÉNÉRALES.

Art. 29. Dans le cas de mort, de démission ou d'incapacité d'un député, on procède à une nouvelle élection, dans l'espace de deux mois, conformément aux dispositions de la présente loi.

La chambre des députés a seul le droit d'accepter la démission de ses membres.

DISPOSITIONS PARTICULIÈRES.

Art. 30. Les professeurs de l'université d'Othon nomment un député spécial à la majorité absolue.

Art. 31. Sur l'invitation du gouverneur de la capitale, tous les professeurs sont réunis en collège électoral, dans le même temps où les autres élections ont lieu dans le royaume. Le recteur de l'Université préside le collège électoral, et le secrétaire rédige le procès-verbal.

L'élection se fait par bulletin.

Celui qui sera nommé député devra réunir les conditions d'éligibilité voulues par l'art. 63 de la constitution.

Art. 32. Les professeurs qui jouissent, comme tels, du droit de voter, ne peuvent faire usage du même droit dans un autre collège électoral.

Art. 33. Tous les actes relatifs aux élections sont faits sur papier libre (c'est-à-dire non timbré).

Art. 34. Les membres du clergé ne peuvent être ni électeurs ni éligibles.

Art. 35. Toute élection faite contrairement aux dispositions de la présente loi est nulle.

Art. 36. La présente loi peut être modifiée.

SUISSE.

AFFAIRES DU VALAIS.

Décret *qui dissout la Jeune-Suisse.*

Le grand-conseil du canton du Valais,

Sur la proposition du conseil d'Etat;

Considérant que les maux dont le canton est devenu le théâtre sont dus principalement à l'existence de la société armée de la Jeune-Suisse,

Décrète :

Article 1er. La société de la Jeune-Suisse est dissoute.

Art. 2. Il sera établi immédiatement, dans toutes les communes où il existe des membres de cette société, une commission chargée de recevoir de chaque membre la renonciation à ladite société, la déclaration du grade qu'il occupait, et les armes dont il se trouvait muni.

Art. 3. Les membres qui se refuseraient à obtempérer à ces injonctions seront considérés comme rebelles à l'Etat, et dénoncés pour être punis conformément aux lois.

Art. 4. Des instructions seront données aux commissaires désignés pour l'exécution du présent décret.

Donné en grand conseil, à Sion, le 24 mai 1844.

Le président du grand conseil,

M. de Courten.

Les secrétaires,

C. de Werra, J. Amherdt.

Décret *contre les révoltés du Valais.*

Sont considérés comme rebelles et devront être arrêtés comme tels et jugés sur-le-champ : 1° Les auteurs de la prise d'armes, chefs et fauteurs qui, dans les dizaines occidentales, ont excité le peuple à prendre les armes pour combattre les troupes du gouvernement; 2° ceux qui ont exercé un commandement, rempli des fonctions supérieures comme chefs de colonnes, ceux qui se sont mis à la tête de bandes armées, les membres du conseil de guerre ou de l'état-major des troupes insurgées, les membres du comité cantonnal de la Jeune-Suisse; 3° les membres du comité de Martinach qui se trouvent impliqués dans l'affaire de la proclamation du 12 mai.

Le conseil d'Etat dirigera des poursuites contre les individus qui ont commis des désordres, des violences, ou qui ont employé des menaces.

Ceux qui ne sont pas compris dans ces catégories peuvent retourner dans leurs foyers, mais sous la condition de se soumettre aux prescriptions du décret du 24 mai, s'ils sont membres de la société de la Jeune-Suisse.

Circulaire *adressée aux cantons par le Vorort de Zurich* (15 juin).

Cinq cantons ayant sollicité la convocation d'une diète extraordinaire, nous nous conformons à leur désir, ainsi que nous l'ordonne l'art. 8 du pacte fédéral. En conséquence, la diète extraordinaire est convoquée pour le mardi 25 juin. Toutefois, comme les cinq cantons n'ont exprimé que dans des termes généraux l'ordre que la diète extraordinaire s'occupât de l'affaire du Valais, nous ne saurions nous conformer entièrement à ce désir. Il résulte d'abord de l'art. 4 du pacte fédéral que, pour que la diète ait le droit d'intervenir dans les affaires d'un canton où des troubles ont éclaté, il faut que le danger se prolonge ; or, en ce qui concerne le Valais, les rapports que le vorort a reçus, soit des autorités locales, soit des commissaires fédéraux, s'accordent à établir que la tranquillité est parfaitement rétablie dans ce canton ; il faut 2° que le gouvernement du canton où des troubles ont éclaté s'adresse à la diète pour le prier d'adopter des mesures ultérieures. Or, le gouvernement du Valais, loin de solliciter l'intervention de la diète, a protesté au contraire, par circulaire du 1er de ce mois, contre toute intervention de cette nature. L'art. 8 du pacte fédéral est formel ; il est évident, et nous n'avons pas besoin d'insister davantage, que cet article n'est point applicable et ne saurait être invoqué, alors que la tranquillité est rétablie dans le Valais. Ainsi, nous ne pouvons consentir à ce que la diète extraordinaire s'occupe des affaires du Valais en général.

Aux termes de l'art. 8 du pacte fédéral, la diète règle, suivant le pacte, les affaires fédérales que les cantons lui soumettent. Or, la sûreté intérieure des cantons est conférée aux autorités locales, et l'autorité fédérale ne peut s'occuper de cet objet que sur la demande de ces autorités.

Ainsi, l'autorité fédérale était obligée d'envoyer des secours au Gouvernement du Valais quand il les a sollicités par lettre des 4 et 6 du mois dernier ; mais aujourd'hui que les autorités du Valais protestent contre toute intervention de la diète et que tout danger a disparu, la diète ne peut plus intervenir. Il serait assurément très-dangereux que, sur la demande de cinq cantons, une diète extraordinaire se réunît et s'occupât des affaires d'un canton où la tranquillité momentanément troublée a ensuite été légalement rétablie. Si l'on appliquait ce principe au Valais, on pourrait ultérieurement l'appliquer à d'autres cantons. Voilà ce qui nous détermine à ne pas soumettre à la diète extraordinaire les affaires du Valais. Nous nous bornerons, en conséquence, à soumettre à la diète extraordinaire les questions qui se rattachent à l'intervention que nous avons cru devoir ordonner. Là-dessus, si l'on demande que la diète s'occupe d'une manière générale des affaires du Valais, la diète devra statuer.

Eventuellement, nous proposerons à la diète de se déclarer incompétente pour décider les questions qui seraient de nature à porter atteinte à la souveraineté du canton du Valais.

Suivent les signatures.

Décret *du conseil d'Etat de Sion contre trois journaux libéraux.*

Le conseil d'Etat, prenant en considération que les trois journaux l'*Helvétie*, la *Patrie* et la *Revue de Genève*, publiés dans la Suisse française, publient des articles contre l'état actuel des choses dans le canton, et tendant à exciter les citoyens à la révolte contre le gouvernement ;

Usant des pouvoirs que lui a conférés la loi, ordonne ce qui suit :

Les trois journaux : l'*Helvétie*, la *Patrie* et la *Revue de Genève* sont défendus dans le canton du Valais, sous les peines portées par l'art. 1er de la loi du 1er décembre.

Les bureaux de poste les garderont et les livreront aux autorités.

Ainsi résolu en conseil d'Etat, à Sion, le 25 juillet 1844.

ITALIE.

DEUX-SICILES.

Décret *royal sur le remboursement et l'amortissement au pair des rentes de Naples.*

Ferdinand II, etc. ;

Vu le décret royal du 15 décembre

1826, qui établit l'amortissement des rentes inscrites sur le grand-livre de la dette publique ;

Vu le décret du 18 août 1833, par lequel il a été déclaré que les rentes inscrites au-dessus du pair ne pourraient pas être rachetées pour le compte de l'administration, et que là où le cours des rentes se serait élevé au-dessus du pair, les fonds d'amortissement seraient employés à éteindre les autres dettes de l'Etat, sans pouvoir être détournés de cet usage ;

Considérant que la dette de 2 millions et demi de livres sterling, contractée en 1824 pour les besoins de la trésorerie générale, allait se trouver éteinte dans le cours de cette année, la raison veut que les fonds d'amortissement, jusqu'à ce jour consacrés entièrement à l'extinction de cette dette, soient reportés à l'amortissement de la dette publique inscrite au grand-livre ;

Considérant que toutes les dettes constituées au grand-livre l'ont été sur le capital de 100 ducats ; que c'est sur cette base, à toutes les époques, chez nous comme à l'étranger, qu'ont été opérées les transactions journalières de nos rentes 5 p. 0/0 ; que le droit de rembourser au pair est unanimement reconnu chez les nations les plus civilisées ; que l'exercice de ce droit est devenu désormais une nécessité pour l'Etat, afin de maintenir intacts les fonds de l'amortissement de la dette publique ;

Sur la proposition de notre ministre secrétaire d'Etat des finances, notre conseil ordinaire d'Etat entendu, nous avons décrété et décrétons ce qui suit :

Article 1er. Le remboursement des rentes transmissibles inscrites au grand-livre sera fait au pair à leurs possesseurs, jusqu'à la somme de 1,000 ducats de rente, par la voie du sort et obligatoirement, deux fois par année, à l'époque de la clôture des transferts de juin et de décembre.

Art. 2. Le ministre secrétaire d'Etat des finances prendra les dispositions nécessaires pour que la direction générale du grand-livre, dans les jours précédant la réouverture des transferts, présente le bordereau des coupons de rente qu'on devra tirer au sort, depuis 1 ducat jusqu'à 1,000 ; pour tous ceux qui dépasseront 1,000 ducats de rente, on les divisera en autant de numéros qu'il y aura de fois 1,000 ducats de rente dans leur totalité, tous ces numéros devant être tirés au sort, y compris les fractions au-dessous de ladite somme.

Art. 3. Tous ceux qui, après le tirage, préféreraient, au lieu du remboursement au pair, rester inscrits sur le grand-livre, devront, dans le terme de deux mois après la publication du tirage, en faire la déclaration, et ils percevront dès-lors l'intérêt à 4 p. 0/0. Nous donnons notre souveraine promesse que le capital de ce nouveau fonds ne sera pas remboursé d'ici à dix années.

Art. 4. Il sera ouvert au grand-livre un nouveau registre où seront inscrits les noms de tous les créanciers de l'Etat qui auront voulu user de la faculté de convertir leurs rentes 5 p. 0/0 en 4 p. 0/0, et il leur sera délivré de nouveaux titres à ce taux.

Art. 5. Tous les fonds actuels de l'amortissement, les revenus de la dette inscrite qui s'amortit, et toutes les sommes que pourra produire la réduction du 5 en 4 p. 0/0, seront employés chaque année à l'extinction de la dette publique, aux termes des art. 1 et 2 présent décret.

Art. 6. Une commission composée de notre ministre secrétaire d'Etat des finances, du président et du procureur général de la cour des comptes, du directeur général de la caisse d'amortissement, du directeur du grand-livre, du contrôleur général de la trésorerie royale, et des deux principaux possesseurs des rentes domiciliés à Naples, présidera au tirage, lequel, après avoir été annoncé par un avis publié dans le journal officiel du royaume, sera exécuté avec la publicité la plus solennelle.

Art. 7. Le ministre secrétaire d'Etat des finances fera un règlement pour l'exécution du présent décret, ainsi que pour la formation des listes, pour l'exécution pratique du tirage, pour l'ouverture d'un registre des rentes 4

p. 0/0, et pour l'émission des nouveaux titres.

Naples, le 7 février 1840.

FERDINAND.

Contresigné :

Le ministre secrétaire d'Etat des finances,

FERRI.

Le conseiller ministre d'Etat, président par intérim du conseil des ministres,

MARQUIS DE PIETRACATELLA.

ESPAGNE.

LOI *concernant les ayuntamientos.*

EXPOSÉ DES MOTIFS.

Madame, les ministres responsables de Votre Majesté ne se croiraient pas dignes de la confiance dont Votre Majesté les a honorés, si, à la vue de l'état où se trouve l'administration du royaume et de la nécessité de la reformer, ils ne proposaient à Votre Majesté le seul moyen d'atteindre ce but avec la rapidité que les circonstances semblent imposer. Sans une administration forte, uniforme et bien combinée, organisée de manière à ce que le gouvernement exerce son action facilement, d'accord avec les institutions politiques, en étendant partout sa bienfaisante influence pour protéger les biens et les personnes et encourager toutes les branches de la richesse publique, il est impossible qu'une nation prospère. C'est à une bonne administration que d'autres Etats doivent le bien-être dont ils jouissent. C'est par une bonne administration que la nation espagnole arrivera à ce degré de splendeur où l'appellent légalement des richesses qu'elle renferme dans son sein.

Mais par malheur le désordre et la confusion se sont introduits dans notre administration, non-seulement par un effet des guerres civiles, mais parce que nous sommes soumis à une loi qui n'est point en harmonie avec la constitution actuelle de l'Etat, et qui, ayant été faite dans des circonstances spéciales, embarrasse l'action du gouvernement au lieu de l'aider. En effet, elle encourage les résistances locales contre le pouvoir actuel, qui ne peut guère agir dans l'intérêt des populations, et qui est souvent forcé de rester spectateur passif du mal sans pouvoir y porter remède malgré son vif désir.

Tout le monde reconnaîtra la nécessité de remplacer cette loi défectueuse par une autre loi basée sur des principes plus sages. Sur ce point on peut dire qu'il n'y a point de partis, et, quoique les opinions se divisent sur les points secondaires, elles s'accordent assez généralement sur les points principaux et plus encore sur l'urgence du remède.

Les chambres, convaincues de cette vérité et désirant commencer une réforme tant désirée, ont discuté de la manière la plus complète et la plus solennelle, et adopté en 1840 une loi qui fixait l'organisation et les attributions des municipalités, base essentielle de toute administration. Cette loi, ayant été présentée à la sanction royale, fut sanctionnée le 14 juillet 1840 ; mais des événements qu'il ne convient pas de rappeler et qui appartiennent déjà à l'histoire, ont fait échouer cet effort, et la loi ne fut pas exécutée par suite d'un décret de la régence provisoire.

Depuis lors divers autres projets ont été présentés aux cortès, mais jusqu'à ce jour aucun de ces projets n'a pu être converti en loi, nonobstant les efforts de ceux qui les avaient proposés. De là il résulte, madame, que le gouvernement se trouve dans les plus graves embarras. Il est privé de l'influence qu'il doit avoir dans l'administration de l'Etat, et ses efforts pour répondre aux désirs de Votre Majesté en faisant le bien du pays et en réalisant les espérances des populations sont inutiles. Différer plus longtemps la réforme administrative serait s'exposer à de très-grands maux ; il convient de les éloigner, surtout quand le moyen est facile, légal, et offre une prompte exécution. Ce moyen consiste à mettre à exécution ce que les cortès de 1840 ont résolu, d'accord avec la couronne.

Si la loi dont on a besoin existe, si elle est revêtue de tous les caractères constitutionnels, s'il n'y a pas été dérogé dans les formes prescrites par nos institutions fondamentales, pourquoi en faire une autre en s'exposant aux retards et même aux dangers d'une longue discussion? Il paraît juste et convenable de faire promulguer et exécuter cette loi dans tout le royaume. Voilà ce que les ministres de Votre Majesté ont l'honneur de lui proposer.

Mais en même temps ils croient utile et opportun d'introduire dans la loi une modification importante que réclame en grande partie l'opinion publique, et qui fera disparaître les répugnances d'une foule de personnes. Cette modification est relative à la nomination des alcades qui, faite dans la forme prescrite par les paragraphes 1 et 2 de l'art. 45, paraît à beaucoup de personnes être en opposition avec la constitution : en mettant ces paragraphes sur la même ligne que le 3e du même article, qui donne aux populations peu nombreuses la libre élection des autorités municipales, les scrupules se dissiperont, et beaucoup d'obstacles s'aplaniront. La loi sera accueillie partout avec joie, et Votre Majesté aura la gloire de voir, au commencement de son règne, que l'on est parvenu à régler un des points les plus ardus et les plus intéressants pour la bonne administration des peuples. Par ces raisons, les ministres ont l'honneur de proposer à Votre Majesté de vouloir bien approuver le décret ci-joint.

Madrid, 30 décembre 1843.

Suivent les signatures,

Luis Gonzalez Bravo, Luis Mayans Manuel de Mazarredo, marquis de Pena Florioa, J.-J. Garcia Carasco, J.-F. Portello.

Considérant les raisons puissantes que m'a exposées mon conseil des ministres, touchant la nécessité d'organiser promptement l'administration du royaume, de manière à la mettre en harmonie avec la constitution ; et les corporations municipales réclamant avec le plus d'urgence une réforme si désirée; considérant en outre que la loi du 14 juillet 1840, pour avoir été suspendue dans son exécution, n'a pas perdu sa vigueur; qu'elle renferme les éléments d'un bon gouvernement que requiert l'état du pays, avec quelques modifications ; j'ai décrété ce qui suit :

Article 1er. Sera mise immédiatement à exécution dans tout le royaume la loi sur l'organisation et les attributions des ayuntamientos, sanctionnée à Barcelone, le 14 juillet 1840, avec les modifications proposées par mon conseil des ministres, pour que la nomination des autorités municipales soit due entièrement à l'élection populaire.

Art. 2. Le gouvernement rendra compte aux cortès, dans leur première séance, de ma résolution royale et des bons résultats qu'elle aura eus pour le peuple.

Art. 3. Le ministre de l'intérieur est chargé de l'exécution du présent décret, et il me proposera les mesures nécessaires à cet effet.

Donné au palais, le 30 décembre 1843.

La reine,

ISABELLE II.

Contresigné :

marquis de Pena Florida.

Loi *sur l'organisation et les attributions des ayuntamientos, sanctionnée à Barcelone le 14 juillet 1840, et dont la publication a été ordonnée par S. M. le 30 décembre 1843, avec les modifications contenues dans le décret royal de même date.*

TITRE PREMIER.

De la formation des ayuntamientos.

Article 1er. Les ayuntamientos actuellement existants dans toute la péninsule et les îles adjacentes seront conservés en conformant leur organisation à la présente loi.

Art. 2. Les ayuntamientos se composeront d'un alcade, d'un ou de plusieurs suppléants d'alcade, d'un nombre déterminé de regidores, proportionné à la population, et d'un ou plusieurs procureurs syndics.

Art. 3. Les charges d'ayuntamientos sont gratuites, honorifiques et obligatoires; celles d'alcade et de suppléant sont gratuites, comme le prescrivent les lois.

Art. 6. Les charges d'alcade et de suppléant d'alcade dureront un an; celles de regidor et de procureur syndic, deux ans. Les regidores seront renouvelés par moitié. Il en sera de même pour les villes qui auront plus d'un syndic.

Les membres de l'ayuntamiento ne pourront être réélus qu'au bout d'un an après leur sortie.

TITRE II.

De la Nomination des membres d'ayuntamiento.

Art. 9. Tous les membres d'ayuntamiento seront nommés d'après le mode d'élection directe.

Art. 10. Sont électeurs tous les habitants de la ville ou du district municipal âgés de plus de vingt-cinq ans, qui paient les plus fortes contributions jusqu'au nombre de personnes déterminé par le tableau suivant : Dans les localités qui ne comptent pas au-delà de 60 habitants, ils seront tous électeurs, à l'exception des indigents reconnus. Dans les localités qui n'ont pas plus de 300 habitants, il y aura 60 électeurs, plus la moitié du nombre des habitants excédant 60.

Dans les localités qui n'ont pas plus de 1,000 habitants, il y aura 180 électeurs (maximum du cas précédent), plus le tiers des habitants excédant 300.

Dans les localités qui n'ont pas plus de 20,000 habitants, il y aura 4,413 électeurs (maximum du cas précédent), plus le sixième des habitants excédant 20,000.

Sont considérés comme habitants aux fins de cette loi tous ceux qui, étant chefs de famille avec maison ouverte, auront en outre un an et un jour de résidence, ou bien qui auront obtenu droit de bourgeoisie de l'ayuntamiento, conformément aux lois.

Art. 11. Seront aussi électeurs tous les contribuables payant une somme égale à la plus faible nécessaire pour compléter le nombre correspondant au district municipal, suivant le tableau précédent...

Art. 15. Auront aussi droit de voter, lorsqu'ils seront âgés de plus de vingt-cinq ans et habitants de la localité ou du district municipal :

1° Les membres des académies espagnoles, de l'histoire et des beaux-arts;

2° Les docteurs et licenciés;

3° Les membres de chapitres ecclésiastiques, les curés de paroisses et leurs vicaires;

4° Les magistrats et les avocats exerçant depuis deux années;

5° Les officiers de l'armée retraités et les officiers généraux en garnison;

6° Les médecins, chirurgiens et pharmaciens, exerçant depuis deux années;

7° Les architectes, peintres et sculpteurs, qui ont le titre d'académiciens dans l'une des académies des beaux-arts;

8° Les professeurs ou maîtres dans les collèges subventionnés du gouvernement.

Les personnes comprises dans ces classes qui paieront le taux prescrit pour être au rang des plus forts contribuables, seront comptées dans ce nombre et voteront comme tels.

Art. 16. Ne pourront être électeurs :

1° Ceux qui, à l'époque des élections se trouveront poursuivis criminellement, lorsqu'un mandat d'arrêt aura été lancé contre eux;

2° Ceux qui auront été condamnés, par sentence judiciaire, à des peines corporelles, afflictives ou infamantes, et qui n'auront pas obtenu leur réhabilitation;

3° Ceux qui se trouvent frappés d'interdiction pour cause d'incapacité physique ou morale;

4° Ceux qui sont en faillite ou en suspension de paiements, ou dont les biens sont engagés;

5° Les débiteurs du fisc ou du fonds des communes, comme contribuables;

6° Ceux qui, en vertu d'un jugement, se trouvent sous la surveillance des autorités pour un laps de temps quelconque.

Art. 18. Dans les localités qui comptent plus de soixante habitants, il est indispensable, pour être alcade ou adjoint d'alcade, de savoir lire et écrire. Cependant le chef politique peut dispenser de cette obligation lorsqu'il le croira utile.

Art. 19. Ne peuvent être nommés membres des ayuntamientos les fermiers des fournitures publiques.

Art. 20. Ne peuvent non plus remplir les fonctions municipales les ecclésiastiques, les employés publics, les percepteurs des fonds municipaux ou des provinces, les sénateurs, députés aux cortès et députés provinciaux.

Art. 21. Pourront être dispensé de ces mêmes fonctions, les personnes âgées de plus de soixante-cinq ans, les sénateurs, députés aux cortès et députés des provinces, même un an après que leurs fonctions auront cessé.

Les autres titres ne présentent que des dispositions d'un intérêt local.

Décret *royal concernant la reine Marie-Christine.*

Conformément à ce qui m'a été proposé par le conseil des ministres, et suivant le vœu de mon cœur, je déclare ce qui suit :

Article Ier. Est révoqué le décret rendu par l'ex-régent du royaume, à Vittoria, le 26 octobre 1841, qui suspendait le paiement de la pension consignée dans la loi du budget du 1er septembre de ladite année à ma très-chère et aimée mère la reine Marie-Christine de Bourbon.

Art. 2. Le ministre des finances est chargé de l'exécution de la présente ordonnance.

Fait au palais, le 6 janvier 1844.

La reine,
ISABELLE II.

contresigné :

Le ministre des finances.
Juan-José Garcia Carrasco.

Réponse *faite officiellement à l'offre de démission faite par le général Narvaez.*

A M. le capitaine général des armées nationales don Ramon Maria Narvaez.

Excellence, j'ai rendu compte à S. M. des raisons que vous m'avez mises sous les yeux pour motiver votre démission de la dignité de capitaine général de l'armée, dont la munificence royale a daigné récompenser les services que Votre excellence a rendus à toutes les époques à la cause du trône et de la liberté, et de ceux que S. M. espère que vous rendrez encore. La reine, son conseil d'Etat entendu, m'ordonne de dire à Votre Excellence, ainsi que je le fais d'après son ordre royal, qu'en élevant Votre Excellence au grade le plus éminent de l'armée, elle n'a négligé l'examen d'aucune des raisons qui peuvent être de quelque poids dans une détermination si importante.

Par ces motifs, S. M. a été peinée de ce que des considérations d'une délicatesse excessive aient engagé Votre Excellence à offrir une démission qu'elle n'accepte point, et qui vous ferait encourir son royal déplaisir, si elle n'était persuadée de la noble intention qui l'a dictée.

Dieu garde Votre Excellence.

Madrid, 8 janvier 1844.

Munuel de Mazabredo.

Adresse *de la grandesse d'Espagne à la Reine, à l'occasion de la révolte d'Alicante.*

Madame,

Les cœurs de tous les Espagnols battaient encore de joie à la vue de Votre Majesté gouvernant elle-même avec le sceptre que vous aviez hérité de vos augustes ancêtres, notre monarchie catholique, lorsqu'une nouvelle révolte a douloureusement surpris vos fidèles sujets, troublant la paix du royaume.

Alors a malheureusement disparu la consolante espérance, qu'au pied du trône viendraient mourir les ignobles passions qui ont toujours été si violentes et si désastreuses dans les temps critiques des minorités des rois. Récemment se sont rouvertes les blessures profondes qu'avait faites la révolution au cœur de la patrie, et, de nouveau, le royaume est troublé par des actes scandaleux d'insurrection que, sous des prétextes mensongers, commettent insolemment des hommes qui, enhardis par l'impunité, violent les lois et profanent l'honneur castillan.

Loin des signataires la pensée d'affliger l'esprit bienveillant de Votre Majesté en examinant les causes mises en avant par les rebelles pour ce criminel soulèvement, eux qui, tout en feignant hypocritement de respecter Votre Majesté, combattent en même temps son gouvernement suprême les armes à la main ! Non, madame, de telles discussions ne sauraient convenir à des hommes qui, comme les signataires, sont fidèles par point d'honneur, par sentiment héréditaire, par tradition séculaire.

Les sujets fidèles tiennent à leurs rois, et qui se soulève contre son roi viole les lois : c'est un rebelle, et, sous toutes les formes de gouvernement, la rébellion est un crime d'Etat. Les signataires voient dans la révolte d'Alicante et dans toutes celles qui pourraient éclater une attaque contre le trône de V. M.

Lorsque, dans une nation aussi agitée que la nôtre, un tel attentat est commis, c'est le premier devoir des grands d'Espagne d'offrir et leurs fortunes et leurs jours pour la défense de la couronne. En effet, si le sceptre que tient votre royale main ne fait pas respecter les lois dans toute l'étendue du royaume, adieu toute espérance de paix et de bonheur, ce double bienfait que l'on ne saurait attendre ni des usurpateurs ni des rebelles.

Les sentiments de fidélité que nourrit la grandesse d'Espagne sont ceux du peuple espagnol religieux et monarchique. La doctrine de ses devancières et l'institution tutélaire que représentèrent toujours les Espagnols sont la plus puissante égide contre la révolte et les ambitions.

L'autorité de S. M. légitime, en vertu des droits qui vous appartenaient dès le berceau et de serments solennels, cette autorité n'a pas besoin, pour consolider son empire, de la violence des réactions, de l'illégitime appui de la révolte, ni des séductions par lesquelles, dans nos mouvements politiques, on a trop souvent égaré les masses en leur promettant l'abondance et la félicité, emportées dans le tourbillon des discordes civiles ou des vengeances personnelles.

Madame, Votre Majesté a le front ceint d'un diadème autrefois porté par de grandes reines, et, par un de ces desseins secrets de la Providence, toutes ces reines ont gouverné à des époques de guerres et de perturbations intestines. Mais cette même Providence qui veille toujours sur le trône espagnol a voulu que ces mêmes reines pussent rétablir toujours la justice et la paix dans le royaume. C'est pourquoi, madame, nous, grands d'Espagne, ainsi que tous les Espagnols, fidèles à la croyance de nos pères, nous avons l'espoir que le Dieu de saint Ferdinand protégera Votre Majesté, lui donnant les moyens de gouverner cette vaste monarchie, grande par le souvenir de ses gloires, grande encore dans les débris de sa puissance, et grande dans les espérances qu'elle fonde sur le règne de Votre Majesté.

Madrid, 12 février 1844.

Suivent tous les grands noms de l'Espagne :

De Frias, de Bailen, de Castro Torreno, de Hijar, de Santa Cruz, de Santa-Coloma, d'Abrantes, de Villa Hermosa, de Medina-Celi, d'Albe, d'Altamira, d'Ahumada, de Gor, de Miraflores, etc.

CESSION *de la rente des tab acs.*

MINISTÈRE DES FINANCES.

Madame, quand le trésor public, au lieu de présenter une balance égale entre les dépenses et les recettes, a offert, au contraire, jusqu'à ce jour, un déficit considérable, il est du devoir du ministre chargé de ce département de fixer toute son attention sur les valeurs sur lesquelles il doit compter pour faire face aux obligations, d'examiner l'une après l'autre la nature des revenus des contributions, l'histoire de leurs produits et des modes de recouvrement qui les ont fait arriver à leur état actuel, afin de voir si l'on peut appliquer quelques réformes qui augmentent les revenus et rentrent dans le budget.

Le revenu du tabac est un de ceux qui ont appelé mon attention. La consommation de cet article, depuis plus d'un siècle, n'est pas arrivée, dans le plus grand nombre d'années, à 3 millions de livres, et dans les autres années a dépassé de peu 3 millions et demi. En 1819 seulement elle s'est élevée à plus de 4 millions, et dans les quatre dernières années elle a excédé cette somme. Les produits ont été en proportion avec la consommation ; et il faut remarquer que l'augmentation obtenue en 1819 et en 1839, 1840, 1841 et 1842, est due à l'action directe du ministère dans l'action de cette branche pendant les susdites années ; mais, de cette manière même, les valeurs de ce revenu ne se sont jamais élevées aussi haut qu'elles le pourraient, et dans l'opinion du ministre soussigné, tant que le gouvernement de Votre Majesté continuera à fabriquer ou à élaborer les tabacs, et tant que cette administration conservera ses éléments actuels, il sera impossible d'obtenir des résultats plus heureux que ceux qui jusqu'à ce jour sont dus aux efforts qui ont été faits pour amener une accroissance des produits.

Cette juste crainte n'est pas due à des généralités ; elle est fondée sur des résultats que l'on peut démontrer. Les matières premières, soit les tabacs en feuilles, qu'a apportés et mis en œuvre l'administration publique dans l'année commune des derniers cinq ans, montent à 8,929,053 livres. Les tabacs élaborés à la même époque arrivent seulement à 4,339,829.

Ainsi la différence de 4,590,224 livres, année commune, prouve combien il est nécessaire que la main d'œuvre soit remplacée par des agents qui ne laissent pas perdre des sommes si importantes, par les déchets de la matière première ; et si, en partant de cette base, le coût des tabacs en feuille monte à 21,683,311 réaux, toujours année commune, les frais de fabrication à 15,726,371, ceux de débit à 10,224,553, et les frais ordinaires et extraordinaires, sans tenir compte de ceux d'emmagasinage, à 4,000,735, lesquelles sommes s'élèvent à 51,634,970 réaux, ces résultats laissent peu à dire sur l'indispensable nécessité d'une mesure efficace, instantanée, qui donne de l'accroissement aux produits de ce revenu. Cette mesure doit être de remplacer le peu d'activité, l'indifférence des employés de l'administration publique, par l'activité, la vigilance, les soins attentifs et minutieux que déploient dans la direction d'une administration ceux qui la regardent comme étant leur propre affaire.

L'alternative n'est pas douteuse : ou il faut laisser ce riche revenu stationnaire, dans les produits actuels et avec une tendance à une décroissance probable, ou il faut lui donner l'accroissement en remplaçant son administration actuelle par des agents que leur intérêt particulier pousse à lui faire atteindre le point de valeur où il est capable d'arriver.

Mon intention, madame, n'est pas d'abandonner cette branche de l'administration aux mains des fermiers mercenaires que l'on pourrait assimiler à ceux que l'on vit dans le dix-septième siècle, pendant les guerres sanglantes de cette époque, dont le souvenir pénible existe encore et est consigné dans les archives du ministère. Mon intention n'est pas non plus d'ouvrir la porte à de honteuses manœuvres ni à des agiotages qui pourraient rappeler ceux de ces temps-là.

Bien au contraire, mon intention est

que les valeurs présumées du revenu entrent dans les caisses publiques purgées des vices d'une administration mal réglée; mon intention est d'élever les produits nets de ce revenu à une somme très supérieure à celle qu'il rapporte aujourd'hui, en Espagne, au trésor public; et mon plus grand désir est que, sur la base de ce revenu, de même que sur les améliorations des autres, le crédit de l'Etat trouve une garantie positive en assurant d'une manière stable, à l'abri des éventualités, le paiement des intérêts des rentes du 3 p. 0/0, pour prendre, sur sa base en voie d'accroissement, des fonds suffisants pour subvenir aux obligations publiques pendant tout le temps indispensable pour remplacer les contributions actuelles par d'autres plus équitables et plus en rapport avec les progrès de la science de l'économie publique. La divine Providence a peut-être réservé au règne de Votre Majesté l'accomplissement de l'œuvre qui établirait enfin un système d'impôts où les recettes seraient au niveau des dépenses.

Animé de cette pensée, j'eus l'honneur de présenter à votre conseil des ministres une proposition qui m'avait été faite par une compagnie de capitalistes qui offrait de former une société en participation avec l'administration des finances, et, comme le conseil pensa que, dans une affaire aussi importante, il était impossible de ne pas procéder à une adjudication publique, il fit annoncer l'adjudication sous les conditions prises en considération, et que j'ai l'honneur de soumettre dans le document ci-joint à la haute délibération de Votre Majesté. Votre Majesté y verra 1° que le gouvernement, s'associant à une entreprise de fonds et de garanties, améliorera d'une manière extraordinaire l'administration de ces revenus, sans préjudice pour le trésor public et sans crainte d'abus qui ne seraient pas corrigés dès qu'on les connaîtrait;

2° Que sur la base de 70 millions qui sont fixés comme prix régulateur du revenu et des augmentations que pourra procurer l'adjudication, la caisse d'amortissement de la dette publique sera dotée solennellement, et que les porteurs de ces effets auront la garantie du paiement des dividendes de leurs intérêts;

3° Qu'en même temps que l'on promet ces garanties il y aura une avance de 50 millions de réaux pour affranchir le trésor public de ses embarras actuels.

Et enfin, Votre Majesté verra que l'entreprise à laquelle on adjuge le revenu du tabac, dirigée avec la bonne foi qui sera toujours l'ame des opérations du ministère, et unie à l'administration publique par des intérêts réciproques, au moyen des stipulations contenues dans les bases du contrat, sera un élément de force et d'influence pour le gouvernement.

Madrid, 20 février 1844.

J.-J.-G. CARRASCO.

CONDITIONS *sous lesquelles le gouvernement de S. M. cède en participation la rente des tabacs.*

1° Le gouvernement de S. M. cède en participation de bénéfices la rente des tabacs, dans laquelle sont comprises 1° l'acquisition de la feuille ou du tabac en plantes; 2° la préparation pour la consommation; 3° le débit par tout le royaume;

2° Le contrat durera dix ans consécutifs; il commencera le 1er mai de cette année, et se terminera le 30 avril 1854. L'entreprise assurera et paiera au trésor public, comme prix de contrat, 75 millions de réaux, chaque année, pendant les dix ans que durera le contrat, et sans aucune déduction.

3° L'un des principaux objets du gouvernement, en formant le contrat, étant d'assurer solennellement les intérêts de la rente 3 p. 0/0, il est déclaré explicitement que, dans aucun cas, l'entreprise contractante ne pourra faire ses paiements qu'à la caisse d'amortissement, afin d'éviter que les fonds ne soient distraits de l'objet indiqué.

Le gouvernement, pour sa part, s'oblige aussi à ne rien changer au dispositif des articles précédents; et le directeur de la caisse d'amortissement sera personnellement responsable de l'application desdits fonds au paiement des intérêts de la rente 3 p. 0/0.

6° L'entreprise avancera au gouvernement 50 millions de réaux billon, en monnaie d'or et d'argent, et en lettres de change sur Paris et Londres, ou sur les provinces, au cours du jour, en quatre paiements égaux, et le premier s'effectuera le jour où l'entreprise prendra possession du contrat. Cette avance de fonds portera, en faveur de l'entreprise, un intérêt commercial de 6 p. 0/0 par an, payable par semestre.

7° L'entreprise sera remboursée des 50 millions exprimés ci-dessus, dans les cinq dernières années du contrat, ou avant, s'il convient au gouvernement, à raison de 10 millions par an ; l'intérêt, conséquemment, sera réduit en raison des divers remboursements, qui seront faits jusqu'à l'extinction totale de l'avance de fonds.

Les articles suivants n'ont qu'un caractère purement réglementaire.

ORDONNANCE *sur la liberté de la presse.*

EXPOSÉ DES MOTIFS.

Madame,

Parmi les droits que concède la constitution aux Espagnols, la liberté de la presse est sans doute une des plus importantes conquêtes de la civilisation moderne. De graves entraves enchaînaient la pensée au début du règne de Votre Majesté, et, lorsque les exigences de continuelles révolutions les brisèrent sans aucune précaution, la presse s'élança sans frein dans la large voie qu'ouvrait à son pouvoir naissant l'imprévoyance des partis. La liberté dégénéra en licence, les objets les plus respectables furent en proie à ses imprudentes attaques. On mit en question les croyances, la tradition, les institutions nationales; la sédition fut journellement prêchée dans les feuilles périodiques, la calomnie envahit le sanctuaire du foyer domestique, et, conséquence naturelle de ces grands abus, la défiance et le discrédit dans la société scandalisée accompagnèrent le droit d'écrire. Pour contenir de tels excès, à diverses époques ont été adoptés des lois et règlements qui ont altéré ou modifié les dispositions antérieures; mais, tantôt ne pouvant se soutenir et tantôt révoqués, souvent contradictoires parce qu'ils étaient inspirés par les nécessités politiques d'époques transitoires, trop timides pour attaquer le mal à sa racine, dénués d'enchaînement de système et d'unité, ces lois et règlements n'ont fait que produire une législation incomplète, contradictoire et confuse qui, au lieu de réprimer les excès de la presse, semble au contraire les favoriser par l'impunité qu'elle leur assure.

Aussi fut-ce une des premières pensées des ministres soussignés, d'apporter un remède à ces maux, garantissant le bon usage de la presse et réprimant ses scandales par une organisation plus en harmonie avec la constitution et le repos de l'État. Nous n'ignorions pas, madame, toutes les difficultés que présentait la solution d'un problème aussi ardu. La lourde responsabilité qu'en le faisant nous assumions sur nos épaules nous avait encore moins échappé; mais, confiants dans la pureté de nos intentions, et excités par l'urgente nécessité de réorganiser le pays, nous n'avons pas hésité un seul instant à opérer une réforme si longtemps et si inutilement désirée. Grâce au triomphe des armes de Votre Majesté sur les rebelles d'Alicante et de Carthagène, a disparu la critique situation qui avait forcé le gouvernement à user de la plénitude de tous ses pouvoirs pour réprimer les tentatives séditieuses, et, quand la société est prête à rentrer dans son état normal, il est besoin d'assurer cette transition de manière qu'il ne reste plus aucune occasion de bouleverser encore l'Etat.

Pour mener à fin, lui seul, les réformes radicales dont le pays a besoin, le gouvernement n'est pas revêtu de tous les pouvoirs nécessaires. Les ministres soussignés le savent bien, ce qui ne les empêche pas d'entreprendre cette œuvre avec conviction entière et mûrie. Lorsque les peuples atteignent le degré de bouleversement auquel a été amenée l'Espagne par tant de révolutions, les voies lentes adoptées dans des temps de calme et de règle parfaite ne suffisent pas pour les réorganiser. Dans cette pénible tâche, au milieu de la lutte des partis, les forces du gouvernement s'épuiseraient avant que le but désiré fût atteint. La confiance des peuples dans le zèle et la décision de ses gouvernants se dépenserait en vain, et par des scrupules d'une trop rigoureuse légalité se trouveraient perdus les extraordinaires efforts qu'a faits le pays pour créer la situation forte et respectable où se trouve aujourd'hui le pouvoir public.

Animés par ces idées et profondément convaincus que c'est seulement en prenant l'initiative des grandes questions qu'ils peuvent consolider le trône de Votre Majesté et la loi fondamentale de l'Etat, les ministres soussignés seraient indignes de votre auguste confiance, s'ils ne s'empressaient pas de proposer à votre royale sanction les mesures réorganisatrices par eux jugées indispensables pour réaliser leur système. Lorsque bientôt, après avoir terminé cette tâche ardue, il leur sera donné de la soumettre à l'examen des cortès, ils se présenteront devant elles la conscience tranquille pour réclamer toute la responsabilité de leurs mesures, pour rendre compte de leur conduite et appeler sur elle le grand jour de la discussion. En attendant, au milieu des circonstances critiques autant que favorables où se trouve le pays, après la défaite et le châtiment de la révolution dans ses derniers essais d'Alicante et de Carthagène, lorsque dans la société le pouvoir du trône semble aussi ferme et stable qu'il convient aux habitudes et aux besoins de cette monarchie agitée, les conseillers de la couronne doivent à Votre Majesté et au peuple l'explication franche et complète de leur système et de leurs intentions.

Tant que la confiance de Votre Majesté sera acquise aux ministres soussignés, ils soutiendront sans hésiter les idées gouvernementales qui, dès le principe, ont été la base de leur programme. Prenant sur eux la responsabilité de toutes les mesures nécessaires, à leur avis, pour la consolidation de l'ordre ; rétablissant avec autant de modération que d'énergie l'action des lois sur les prétentions ambitieuses des partis ; combattant les tendances révolutionnaires dans le champ des idées ; tenant tête à la révolution sur le terrain de la force ; guidés dans toutes leurs résolutions par le désir de conserver à tout prix les prérogatives salutaires du trône, et consolidant sur cette forte base la paix et les libertés nationales, nous croyons, madame, pouvoir jeter les fondements d'un édifice qu'achèveront, sous les auspices de Votre Majesté, des mains plus habiles et douées de plus d'expérience. Mais il faut faire cesser les illusions et des espérances insensées. Le gouvernement, en fermant définitivement la porte à ces stériles tumultes, à ces révolutions sans objet qui ont détruit les nations, scandalisé l'Europe, n'a ni voulu ni pu vouloir donner un aliment aux prétentions exclusives des hommes qui, mécontents de tout ce qui s'est fait depuis dix ans en Espagne, désireraient rétrograder à une époque du domaine de l'histoire seule. Le temps ne s'écoule pas en vain pour les nations comme pour les individus. Si les égarements et les erreurs de cette large série de guerres et de secousses anarchiques, heureusement terminées par la majorité de Votre Majesté, ont causé de grands maux et blessé des intérêts légitimes et anciens, d'un autre côté, de grandes réformes ont surgi, de nouveaux droits ont été créés, et sous les auspices de lois importantes dont nous n'avons pas, quant à présent, à apprécier la justice, se sont formés de puissants intérêts que le gouvernement est décidé à respecter et faire respecter avec toute la force et l'énergie de son pouvoir et de ses convictions. Fermes dans la ligne de conduite qu'ils se sont tracée dès le principe, les ministres soussignés seront toujours prêts à conseiller à Votre Majesté tout ce qui pourra tendre à étouffer les germes de la révolte laissés dans la nation par tant de convulsions si violentes ; mais avec la même vigueur et la même persévérance qu'ils ont combattu la révolution, ils combattront ceux qui, sous le masque de partisans d'une réaction politique et complète, cacheraient mal leurs sympathies en faveur du prince rebelle qui, peu de temps après l'inauguration du règne de Votre Majesté, leva l'étendard d'un despotisme impossible.

Nous avons cru devoir retracer ainsi, en peu de mots, à Votre Majesté, l'aperçu de notre système, en proposant à votre royale sanction une des mesures les plus importantes qui soient requises pour consolider l'ordre public. Toutefois il ne serait pas juste de croire qu'en voulant régulariser l'usage de la presse par le moyen du décret ci-joint, nous présentons à Votre Majesté un projet improvisé et discuté sans un examen scrupuleux. Peu de lois ont été le fruit de méditations plus profondes, peu de lois ont été élaborées avec plus de soins et d'attention. Une commission de personnes entendues, nommée en 1838, à l'effet de rédiger ce travail, a réuni tous les renseignements qui existaient sur la matière : elle a examiné tous les projets antérieurement préparés soit par le gouvernement, soit par les cortès, et après une année d'étude prolongées elle a présenté le projet de loi porté au congrès en 1839. Ce travail, ayant été revisé depuis par une commission composée de sénateurs et de députés, a été représenté au sénat avec des modifications notables. Après la prise en considération, et ouï le rapport de la commission spéciale, le projet, discuté avec tout le soin que réclamait la gravité de la question, a été approuvé par une forte majorité dans la séance du 27 mai.

TITRE Ier.

De la liberté de la presse.

Article 1er. Le droit accordé aux Espagnols par l'art. 2 de la constitution sera exercé conformément aux dispositions suivantes :

Le titre II *traite des obligations des imprimeurs.*

Tout imprimeur qui sera établi ou qui s'établira dans les provinces sera tenu de se faire connaître au chef politique, qui en prendra note sur un registre spécial. Tout imprimeur sera tenu d'avoir et exposer à sa porte un tableau indiquant l'imprimerie et le nom de l'imprimeur.

Avant d'expédier ou de livrer un exemplaire d'un ouvrage, il devra en être remis un au chef politique ou à l'alcade et un autre au procureur fiscal. Telle est la substance des art. 2, 3, 4 et 5 de la loi.

Le titre III *traite des libraires et des distributeurs d'imprimés.*

Les articles 6, 7, 8, 9, 10, 11 et 12 qui composent ce titre offrent peu d'intérêt.

Le titre IV *traite des diverses classes d'imprimés et des conditions de publication.*

Les articles 13, 14, 15, 16, 17 et 18 ont peu d'intérêt.

Art. 19. On entend par journal tout imprimé qui se publie à jours ou termes déterminés ou indéterminés, soit que publié sous un titre adopté préalablement, soit qu'il change de titre dans chacune ou dans plusieurs de ses publications, insérant des nouvelles politiques ou des variétés d'articles.

Art. 20. Ne pourra paraître aucun journal, sans que se soit présenté au chef politique de la province un éditeur responsable de tout ce qui paraîtra dans le journal.

Art. 21. Pour être éditeur responsable d'un journal, il faut : 1° être domicilié depuis une année dans le lieu de la publication ; 2° payer annuellement 1,000 réaux de contributions directes à Madrid, 800 à Barcelone, Cadix, Corogne, Grenade, Malaga, Séville, Valence, Sarragosse, et 300 ailleurs ; 3° justifier du paiement de ses contributions depuis un an.

Art. 22. L'éditeur responsable devra avoir constamment en dépôts les sommes suivantes : 12,000 réaux effectifs à Madrid, 8,000 à Barcelone, Cadix, Corogne, etc., et 4.500 partout ailleurs, dans le cas où le journal paraîtra de une à sept fois par semaine. Si le journal paraît tous les quinze jours, le dépôt sera de moitié ; du quart, s'il ne paraît que tous les mois. En tous cas, on admettra des effets de la dette consolidée 3, 4 et 5 p. 100 au taux du jour où sera effectué le dépôt. Le dépôt aura lieu à la banque de Saint-Ferdinand ou d'Isabelle II, ou entre les mains de leurs commissaires dans les provinces. La somme déposée sera rendue aussitôt que le journal cessera de paraître.

L'Art. 23 déclare que l'on ne peut cumuler les fonctions d'éditeur responsable de plusieurs journaux.

Art. 24. Sont exceptés de l'obligation des dépôts de l'éditeur responsable les bulletins officiels et journaux d'annonces, ainsi que les journaux ne traitant pas de matières politiques ni religieuses. Les autres articles de ce titre offrent peu d'intérêt, à l'exception de l'art. 32, ainsi conçu : Jusqu'à la publication d'une loi sur la propriété littéraire, sont et demeurent en vigueur toutes les lois aujourd'hui existantes, ainsi que les décrets et ordonnances royales sur la matière.

Le titre V *traite des délits de presse.*

Art. 34. Sont délits de presse les écrits subversifs, séditieux, obscènes ou immoraux.

Art. 35. Sont subversifs, 1° les imprimés contraires à la religion catholique, apostolique, romaine, et ceux où l'on se moque de ses dogmes et de son culte ; 2° ceux dont la direction tend à détruire la loi fondamentale de l'Etat ; 3° ceux qui attaquent la personne sacrée du roi, sa dignité ou ses prérogatives constitutionnelles ; 4° ceux qui attaquent la légitimité des corps colégislatifs, insultent à leur honneur ou tendent à porter atteinte à la liberté de leurs délibérations.

Art. 36. Sont séditieux : 1° les imprimés publiant des maximes et des doctrines qui tendent à altérer l'ordre ou à troubler la tranquillité publique ; 2° ceux qui excitent à la désobéissance aux lois ou aux autorités.

Art. 37. Sont obscènes les imprimés contraires à la décence publique.

Art. 38. Sont immoraux les imprimés contraires aux bonnes mœurs.

Le titre VI *traite des peines et des délits.*

Art. 39. Les éditeurs responsables des imprimés qualifiés de subversifs par le jury seront punis de 30 à 80,000 réaux d'amende. Ils seront en outre privés de leurs honneurs, distinctions, emplois et fonctions publiques.

Art. 40. Les éditeurs responsables d'imprimés séditieux seront punis d'une amende de 20 à 50,000 réaux.

L'amende est de 10 à 30,000 réaux pour les imprimés obscènes et immoraux (art. 41).

Art. 46. Celui qui aura copié ou traduit des papiers étrangers des articles susceptibles d'être poursuivis en Espagne, conformément à la loi, est réputé auteur de ces articles quant aux effets légaux.

Art. 47. Quand le jury aura déclaré qu'il existe des circonstances aggravantes dans le délit, le juge légal appliquera la peine dans la proportion ascendente depuis la moitié du minimum jusqu'au maximum des peines portées aux articles 39, 40 et 41 ; *et vice versà*, dans le cas de circonstances atténuantes.

Le titre VII *traite des dénonciations ou accusations.*

Art. 49. Les promoteurs fiscaux sont tenus, soit d'office, soit à l'instigation du gouvernement ou des agents, de dénoncer les imprimés qu'ils jugeront compris dans les cas prévus par le titre V de la présente loi. De plus, tous les Espagnols ayant qualité pour accuser, aux termes du droit commun, pourront user de l'action populaire dans les mêmes cas, et lorsqu'ils concourront avec les promoteurs fiscaux, ils auront le caractère de coaidants. Pourront également dénoncer ou soutenir l'accusation les personnes désignées par le gouvernement ou par ses agents.

Art. 50. Le gouvernement et les chefs politiques pourront suspendre la vente ou la distribution des imprimés (journaux ou autres) dont la circulation compromettrait, à leur avis, la tranquillité publique ou blesserait gravement la moralité, veillant à ce que les exemplaires existants soient déposés en lieu de sûreté ; mais, dans ce cas, l'écrit devra être dénoncé dans les vingt-quatre heures qui suivront l'acte de suspension, et soumis, dans le plus bref délai, à l'appréciation du jury.

Art. 52. L'action publique contre les délits de presse ou de publication est prescrite par six mois, l'action civile par trois ans.

Le titre VIII *traite de l'organisation du jury.*

Art. 62. Les jurés seront pris dans les classes suivantes : 1° les personnes payant 2,000 réaux de contributions directes à Madrid, 1,200 à Barcelone, Cadix, Corogne, Grenade, etc., 600 partout ailleurs ; 2° les docteurs licenciés en droit canon, théologiens, médecins, chirurgiens, les avocats et les membres des académies nationales, à la condition qu'ils paieront 500 réaux de contributions, les propriétaires d'établissements publics d'éducation, et les employés retraités ayant 1,200 f. de retraite à Madrid, 1,000 à Barcelone, Cadix, et 800 partout ailleurs.

Art. 63. Ne pourront être jurés les personnes ayant moins de trente ans, celles qui ne savent ni lire ni écrire, les ministres, etc.

Art. 64. Tous les trois mois on complétera la liste des jurés en tirant au sort autant de jurés qu'il en faudra pour compléter le nombre des jurés décédés, absents ou atteints d'une infirmité grave, ou qui auront été trois fois jurés dans la même année.

Art. 65. Il ne sera formé de listes de jurés que dans les chefs-lieux de province où les jugements seront rendus. C'est au chef-lieu que la plainte devra être portée.

Art. 66. De l'instruction. La dénonciation d'un délit de presse sera faite devant un juge de première instance du chef lieu de la province où aura été publié l'écrit incriminé. La dénonciation devra contenir le caractère du délit, la nature de l'écrit, la peine établie par la loi.

Art. 67. L'accusé devra être interrogé dans les vingt-quatre heures.

Art. 68. L'imprimeur devra représenter l'original. Si l'écrit est signé, l'imprimeur sera assigné pour reconnaître la signature ; s'il n'est pas signé, l'imprimeur sera responsable, sauf l'action en indemnité contre l'auteur.

Art. 69. La vérification terminée, le juge tirera au sort les jurés. Le tirage des jurés se fera publiquement, au jour indiqué dans le bulletin officiel, en présence des parties.

Art. 70. S'il est formé une demande en nullité contre le tirage au sort du jury, l'affaire sera portée devant l'audience territoriale.

Art. 71. La liste des jurés sera remise à chacune des parties, qui pourront chacune récuser, dans le délai de deux jours, vingt jurés au plus. Une copie de la dénonciation sera remise à l'accusé, pour qu'il puisse préparer sa défense. Le jury de qualification se composera de douze jurés. Les jurés prêteront serment. En cas de partage, l'avis favorable à l'accusé prévaudra. Si l'accusé est déclaré coupable, le président du tribunal appliquera la peine établie par la loi. Les jugements seront insérés dans la *Gazette du gouvernement*.

Il est défendu de publier les discussions et les délibérations du jury, sous peine d'un emprisonnement d'un mois à six mois et d'une amende de 500 à 2,000 réaux. Les diffamations et calomnies restent soumises aux tribunaux ordinaires sur la demande des parties intéressées. Sont diffamatoires : 1° les écrits qui offensent la majesté royale ou les chefs suprêmes des autres nations ; dans ce cas le fiscal pourra poursuivre d'office l'auteur du délit ; 2° les écrits qui attaquent une personne dans la vie privée. Ne sont point diffamatoires les écrits contenant la censure d'actes qu'un fonctionnaire public aurait faits dans l'exercice de ses fonctions, à moins qu'il ne s'y trouve des imputations relatives à la vie privée. La vérité des faits diffamatoires ne pourra être prouvée. L'action en diffamation appartient aux parents jusqu'au deuxième degré pour venger la mémoire du défunt. Les héritiers du défunt auront la même action, bien qu'ils soient étrangers.

Art. 105. Sont soumis à l'approbation préalable de l'autorité ecclésiastique les ouvrages qui traitent des dogmes et de la morale de la religion chrétienne.

Art. 106. Si l'approbation n'a pas été obtenue, les ouvrages seront saisis et les auteurs condamnés aux peines établies par la loi.

Art. 107. Les auteurs, imprimeurs ou distributeurs d'un écrit dont la publication contiendra par elle-même un délit commun seront traduits devant leurs juges naturels. Les ouvrages dramatiques ne peuvent être représentés sans l'approbation préalable de l'autorité.

Donné au palais, le 10 avril 1844.

La reine,
ISABELLE II.

Le ministre de l'intérieur,
Pedro Jose Pidal.

Décret *royaux accordant des titres et récompenses.*

Voulant donner une preuve de ma tendre affection à ma très-chère et aimée sœur et tante Marie-Thérèse-Isabelle, reine des Deux-Siciles, je lui accorde le cordon de l'ordre des Dames nobles de Marie-Louise.

Donné à Barcelone, le 15 juin 1844.

La reine,
ISABELLE II.

Contresigné :

Le ministre des affaires étrangères,
Marquis de Viluma.

Voulant donner un témoignage de ma tendre affection à mon très-cher et aimé frère Oscar 1er, roi de Suède et de Norwége, je le nomme chevalier de l'ordre insigne de la Toison-d'Or.

Vous l'aurez pour entendu, etc.

Donné à Barcelone, le 15 juin.

La reine,
ISABELLE II.

Contresigné :

Le ministre des affaires étrangères,
Marquis de Viluma.

A M. Antonio Cassou, chancelier de l'ordre.

Voulant donner un témoignage de mon tendre sentiment à mon très-cher et aimé cousin François-Marie Léopold, duc de Calabre, prince héréditaire du royaume des Deux-Siciles, je le nomme chevalier de l'ordre insigne de la Toison-d'Or.

Vous l'aurez pour entendu.

A Barcelone, le 15 juin.

La reine,
ISABELLE II.

Contresigné :

Le ministre des affaires étrangères,
Marquis de Viluma.

A M. Antonio Cassou, chancelier de l'ordre.

Voulant donner un témoignage de l'estime et de la considération que j'ai pour D. Antonio Lopez de Santa-Anna, président de la république du Mexique, je lui accorde la grand'croix de l'ordre espagnol royal et distingué de Charles III, libre de tous frais et dépens, à raison de sa qualité d'étranger.

A Barcelone, le 15 juin.

La reine,
ISABELLE II.

Contresigné :

Le ministre des affaires étrangères,
Marquis de Viluma.

DOCUMENT FINANCIER.

Vu l'urgence et la nécessité de réorganiser les finances publiques de manière à ce que leurs revenus assurent le paiement ponctuel des obligations de l'Etat, et considérant qu'il n'est pas possible d'y parvenir, sans que tous les revenus et toutes les contributions soient entièrement libérés des traités et obligations dont ils sont grevés;

Vu l'exposé de la commission créée pour proposer les moyens de réaliser cette mesure importante ;

Vu aussi le résultat satisfaisant des conférences qui ont eu lieu entre le ministre des finances et les créanciers pour contrat d'avances de fonds au gouvernement ;

Conformément, enfin, à l'avis de mon conseil des ministres, j'ai décrété ce qui suit :

Article 1er. Les créances provenant de contrats pour avances de fonds au gouvernement seront converties en titres de la dette publique consolidée à 3 pour 100 aux taux de 35 pour 100, soit à raison de 1,000 réaux de valeur nominale pour chaque 350 réaux que le trésor touchera sur les susdites créances. Il sera tenu compte, jusqu'au 30 du présent mois de juin, des intérêts accordés à quelques-unes de ces créances, et ces intérêts seront annulés avec leurs capitaux respectifs.

Art. 2. Ne sont pas comprises dans ce décret les traites tirées sur les caisses d'outre-mer, la dette flottante centralisée ni ces billiets créés par la loi du 29 mars 1842.

Art. 3. Dans le cas ou quelques-uns des intéressés dans les contrats dont il est parlé en l'art. 1er n'accepteraient pas la conversion, ils attendront que le gouvernement propose aux cortès et que celles-ci règlent les moyens de faire rentrer ces créanciers dans leurs fonds respectifs.

Art. 4. La caisse d'amortissement procédera immédiatement à la création d'effets au porteur du 3 p. 100, dans le but unique et exclusif de les appliquer à la conversion indiquée et pour la somme à laquelle cette conversion s'élève. Ces titres porteront intérêt depuis le 1er juillet prochain, quelle que soit la date à laquelle ils seront livrés aux intéressés.

Art. 5. Le gouvernement annoncera dans la partie officielle de la *Gazette* la date de l'émission et le dénombrement des titres dont il est question dans l'article précédent.

Art. 6. Tous les contrats pour avances de fonds au gouvernement seront liquidés conformément aux conditions desdits contrats, en tant qu'elles ne seront pas contraires aux dispositions du présent décret. Une commission composée de trois hauts employés du ministère des finances, sera chargée de cette liquidation. Les personnes intéressées au contrat dont devra s'occuper la susdite commission assisteront toujours à ses séances.

Art. 7. Dès que la liquidation de chaque contrat sera terminée, le prêteur livrera au trésor public les créances dont le paiement ne serait pas effectué, ainsi que la valeur en espèces métalliques et en papiers dont il serait débiteur, par suite de la susdite liquidation, et celles qu'il aurait reçues en garantie du susdit contrat.

Art. 8. La conversion des créances provenant de chaque contrat n'aura lieu qu'après que le prêteur aura vérifié les livraisons détaillées dans l'article précédent. Ces livraisons étant faites, la conversion aura lieu immédiatement dans l'ordre désigné à l'art. 1er.

Art. 9. Les garanties déposées aux mains des particuliers pour les contrats, et dont les intéressés ne se présenteraient pas pour la conversion, seront remises à titre de dépôt à la banque espagnole de San-Fernando, ou à celle d'Isabelle II, jusqu'à la décision indiquée dans l'art. 3, et demeureront dès-lors nulles et sans valeur tant que le susdit dépôt n'aura pas lieu. Les garanties de même origine qui sont déposées à la banque y resteront de la même manière jusqu'à la décision susmentionnée.

Art. 10. Une instruction particulière déterminera le mode d'exécution du présent décret dans toutes ses parties.

Art. 11. A la prochaine session, le gouvernement soumettra aux cortès les dispositions contenues dans le présent décret.

Donné à Barcelone, le 26 juin 1844.

La reine,
ISABELLE II.

Contresigné :

Le ministre des finances,
ALEXANDRE MON.

DÉCRET *royaux concernant le ministère.*

Prenant en considération les raisons exposées par don Manuel de la Pezuela, marquis de Viluma, j'accepte sa démission de ministre des affaires étrangères, et lui témoigne ma satisfaction du zèle et de la loyauté qu'il y a montrés.

Donné en mon palais de Barcelone, le 1er juillet 1844.

La reine,
ISABELLE II.

Contresigné :

Le ministre de la guerre, président du conseil des ministres,
RAMOND-MARIA NARVAEZ.

Usant de la prérogative qui m'est attribuée par l'art. 47 de la constitution de la monarchie, je nomme, comme ministre par intérim des affaires étrangères, don Ramond-Maria Narvaez, actuellement ministre de la guerre, et président de mon conseil des ministres.

Donné en mon palais de Barcelone, le 1er juillet 1844.

La reine,
ISABELLE II.

Contresigné :

Le ministre de la guerre, président du conseil des ministres,
RAMOND-MARIA NARVAEZ.

DÉCRETS.

Ministère de l'intérieur.

Madame,

Les cortès actuelles, élues dans des circonstances politiques très différentes de celles où se trouve aujourd'hui la monarchie, ne sont plus à même de satisfaire les exigences et les besoins de la situation présente. C'est pourquoi votre conseil des ministres juge nécessaire de proposer à Votre Majesté leur dissolution immédiate et la convocation de nouvelles chambres.

Les ministres, madame, ont en outre d'autres raisons non moins graves pour conseiller à Votre Majesté cette mesure. Le temps est arrivé de régler et de mettre d'accord entre elles les différentes branches de l'administration de l'Etat, de dicter les lois nécessaires pour consolider, d'une manière stable, la tranquillité et l'ordre public, et de réformer et améliorer la constitution elle-même dans les parties que l'expérience a démontré d'une manière palpable n'être pas en rapport avec le véritable esprit du régime représentatif, et ne pas avoir la flexibilité nécessaire pour se prêter aux diverses exigences de ce genre de gouvernement. Pour établir toutes ces réformes, que le pays réclame avec instance et que les ministres de Votre Majesté ont la ferme résolution de conduire à bonne fin, s'ils continuent à mériter votre auguste confiance, le gouvernement de Votre Majesté a besoin de l'appui de nouvelles cortès; en conséquence, il soumet à l'approbation de Votre Majesté le décret royal suivant :

Décret royal.

Usant de la prérogative qui m'est concédée par l'art. 26 de la constitution, et conformément à l'avis de mon conseil des ministres, j'ai décrété ce qui suit :

ARTICLE 1er. La chambre des députés est dissoute.

ART. 2. Conformément à l'art. 19 de la constitution, le tiers des sénateurs sera renouvelé.

ART. 3. Les cortès se réuniront dans la capitale de la monarchie, le 10 octobre 1844.

Donné à Barcelone, le 4 juillet 1844.

La reine,
ISABELLE II.

Madrid, le 10 juillet 1844.

Le ministre de l'intérieur,
PEDRO JOSE PIDAL.

AUTRE DÉCRET.

Madame,

Un des plus grands événements du règne de Votre Majesté a été la convention de Vergara. Ceux qui jusqu'alors, dans une lutte acharnée et sanglante, avaient combattu le trône de Votre Majesté, devinrent ses plus loyaux défenseurs, déposèrent leurs armes aux pieds de l'auguste descendant de saint Ferdinand, et montrèrent qu'ils avaient combattu bien plus pour le défenseur des anciennes lois, que pour la cause de l'usurpation. Le gouvernement de Votre Majesté et les cortès du royaume sanctionnèrent cette convention au milieu des applaudissements et de l'approbation universelle, et confirmèrent par la loi du 25 octobre 1839, et sans préjudice de l'unité constitutionnelle de la monarchie, les priviléges (fueros) des provinces basques et navarroises, établissant en même temps qu'à l'époque opportune et après avoir préalablement entendu les représentants de ces provinces, on proposerait aux cortès les modifications indispensables que réclamerait, dans les susdits fueros, l'intérêt de ces mêmes provinces, concilié avec l'intérêt général de la nation.

Les fueros de la province de Navarre ont été réglés convenablement par la loi du 16 août 1841, en suivant la route tracée par la loi précitée du 25 octobre 1839, et après avoir entendu préalablement les commissaires de cette province. Il reste donc à procéder à un règlement analogue pour les fueros des provinces basques. Des événements de funeste mémoire l'ont empêché jusqu'à présent; et en vertu du décret de Vittoria, le 20 octobre 1841, il a été créé, dans ces provinces, un état de choses que le gouvernement de Votre Majesté ne peut regarder comme définitif, mais purement transitoire et provisoire. C'est pourquoi son intention est d'exécuter loyalement et autant qu'il est en lui la loi du 25 octobre 1839; d'entendre les commissaires des provinces basques, et de présenter aux prochaines cortès le projet de loi nécessaire pour le règlement de ces fueros. A cet effet, et dans le but d'accéder, en attendant, aux justes réclamations de ces provinces en tant que leur intérêt spécial et l'intérêt général de la monarchie le permettent, conformément aux dispositif de l'art. 2 de la susdite loi du 28 octobre 1839, le soussigné, d'après l'avis de votre conseil des ministres, a l'honneur de proposer à l'approbation de Votre Majesté le décret suivant :

Décret royal.

Vu les raisons que m'a soumises le ministre de l'intérieur, et conformément à l'avis de mon conseil des ministres, j'ai décrété ce qui suit :

ARTICLE 1er. Conformément à ce qui est prescrit par la loi du 25 octobre 1839, il sera procédé immédiatement à la formation du projet de loi, qui devra être présenté aux cortès pour faire aux *fueros* des provinces basques les modifications dont il est question dans la susdite loi.

ART. 2. Pour que les susdites provinces puissent être entendues, conformément au dispositif de l'art. 1er de la susdite loi, chacune d'elles nommera deux commissaires, qui devront se présenter immédiatement à mon gouvernement, et lui exposer tout ce qu'ils jugeront convenable dans cette affaire.

ART. 3. Les juntes générales des provinces de Biscaye, d'Alava et de Guipuzcoa, se réuniront dans la forme accoutumée pour la nomination desdits commissaires.

Art. 4. Les chefs politiques des susdites provinces présideront, avec le caractère de corrégidors, les juntes générales, et ne leur permettront pas de traiter d'autres sujets que ceux qui seront désignés dans le décret royal, et les autres dont il est d'usage de s'occuper, et qui ne seront pas en opposition avec le susdit décret.

Art. 5. Lesdites juntes générales nommeront également les députations forales dans la forme accoutumée.

Art. 6. Néanmoins, les députations provinciales actuellement nommées subsisteront, conformément au décret royal du 16 novembre 1839 et à la loi du 5 avril 1842, mais ne s'occuperont pour le moment que des affaires désignées dans l'art. 3 du susdit décret, et dans l'art. 36 de la loi en vigueur sur la liberté de la presse. Les autres affaires seront du ressort des députations forales, dès qu'elles seront nommées.

Art. 7. Les ayuntamientos, en attendant le règlement définitif des fueros, jouiront des attributions qu'ils possédaient avant le décret du 29 octobre 1841, en tant que ces attributions ne seront pas en opposition avec ce décret; sont exceptées toutefois les ayuntamientos des localités dans lesquelles, à leur demande, a été ou sera établie la législation commune.

Art. 8. Rien ne sera changé, en conséquence de ce décret, dans l'état actuel des douanes, en ce qui regarde les revenus publics et l'administration de la justice.

Art. 9. Tout ce qui concerne la protection et la sécurité publique restera également dans les attributions des chefs politiques, dans les forces accoutumées dans les autres provinces du royaume.

Donné à Barcelone, le 4 juillet 1844.

La reine,

ISABELLE II.

Le ministre de l'intérieur,

Pedro-Jose Pidal.

Décret *concernant les états du clergé.*

Considérant les raisons que m'a soumises mon ministre des finances, et d'après l'avis de mon conseil des ministres, j'ai décrété ce qui suit :

Article 1er. La vente des biens du clergé séculier et des communautés religieuses est suspendue jusqu'à ce que le gouvernement, d'accord avec les cortès, détermine ce qu'il conviendra de faire.

Art. 2. Les produits en revenus desdits biens seront appliqués intégralement à l'entretien du clergé séculier et des religieuses.

Art. 3. Le ministre des finances est chargé de l'exécution du présent décret dans toutes ses parties.

Donné à Barcelone, le 26 juillet 1844.

La reine,

ISABELLE II.

Madrid, le 8 août 1844.

Le ministre des finances,

Alexandre Mon.

Décret *financier pour la conversion des bons du trésor en 3 p. 0/0 à 32.*

MINISTÈRE DES FINANCES.

Dans le but de libérer les contributions et les revenus publics des engagements dont ils sont grevés, comme seul moyen de faciliter la prompte réorganisation du système des finances nationales, et de pourvoir, en attendant, au paiement ponctuel des obligations urgentes de l'État ; vu l'heureux résultat des conférences qui ont eu lieu entre le ministre des finances et les créanciers possesseurs des bons du trésor, émis en vertu de la loi du 29 mars 1842 ; prenant en considération l'avis de la commission nommée pour proposer les moyens les plus convenables pour subvenir à ces créances, et conformément à l'avis de mon conseil des ministres, j'ai décrété ce qui suit :

ARTICLE 1er. La conversion en titres de la dette consolidée en 3 p. 0/0, permise par mon décret royal du 26 juin de cette année, aux créanciers par contrats d'avances de fonds, est applicable aux bons du trésor émis en vertu de la loi du 29 mars 1842.

ART. 2. La conversion des bons sera faite sur le taux de 32 p. 0/0, ou soit à raison de 312 réaux 1/2 de valeur nominale en titres pour chaque 100 réaux en bons que recevra le trésor.

ART. 3. Les intérêts accordés aux bons seront comptés jusqu'au 30 juin dernier, quelle que soit la série à laquelle ils appartiennent, et ces intérêts seront cumulés avec leur capitaux respectifs.

ART. 4. Les créanciers possesseurs de bons restent soumis à toutes les autres conditions établies par mon susdit décret royal du 26 juin, relativement aux créanciers par contrats d'avance de fonds, et, dans le cas où quelques-uns des premiers n'accepteraient pas ces conditions, ils attendront, ainsi qu'il a été résolu pour les seconds en pareille circonstance, que le gouvernement propose aux cortès les moyens de rembourser ces créances.

Art. 5. Le gouvernement rendra compte aux cortès, dans la session prochaine, des dispositions contenues dans le présent décret.

Donné au palais, le 13 septembre 1844.

La reine,
ISABELLE II.

Madrid, le 24 septembre 1844.

Contresigné :
Le ministre des finances,
ALEXANDRE MON.

MINISTÈRE DES FINANCES.

Conformément à l'intention énoncée dans nos décrets royaux des 26 juin et 13 septembre derniers, et comme faisant suite à ce qui y est prescrit ; attendu le résultat satisfaisant des conférences qui ont eu lieu entre le ministre des finances et la commission de centralisation de la dette flottante du trésor ; vu l'avis de la commission nommée pour proposer les moyens de dégréver les contributions et les revenus publics, et enfin, d'après l'avis de mon conseil des ministres, j'ai décrété ce qui suit :

ARTICLE 1er. La conversion en titres de la dette consolidée à 3 p. 0/0, ordonnée par un décret royal du 26 juin, pour les créanciers par contrat d'anticipation de fonds, est étendue aux inscriptions de la dette flottante du trésor public, émises en vertu de la loi du 11 août 1841.

ART. 2. La conversion des inscriptions se fera au taux de 40 p. 0/0, soit à raison de 250 réaux de valeur nominale en titre pour chaque 100 réaux que le trésor recouvrera en inscriptions.

ART. 3. A dater du 1er juillet dernier, on ne comptera plus l'intérêt du 4 p. 0/0 accordé aux susdites inscriptions.

ART. 4. Les produits des fermes du sel et du papier timbré, hypothéqués pour le paiement de la dette flottante centralisée, entreront dans les caisses du trésor public, à dater des liquidations du mois de septembre dernier, et seront consacrés au paiement des obligations de l'État.

ART. 5. Les créanciers, par suite d'inscription de la dette flottante centralisée, seront soumis à toutes les autres conditions établies par mon décret royal précité du 26 juin, relativement aux créanciers par contrats d'anticipation de fonds; et, si quelques-uns d'entre eux ne les acceptaient pas, ils attendront que le gouvernement propose aux cortès les moyens de les rembourser du montant de leurs inscriptions respectives, et que les chambres en décident.

ART. 6. Le gouvernement soumettra aux cortès, dans la première session, les dispositions contenues dans le présent décret.

Donné au palais, le 9 octobre 1844.

La reine,

ISABELLE II.

Contresigné :

Le ministre des finances,

ALEXANDRE MON.

AUTRE DÉCRET.

Comme complément du système adopté par nos décrets royaux du 26 juin et du 13 septembre derniers, et d'un troisième décret de la même date, pour libérer entièrement toutes les contributions et tous les revenus de l'État des traites et obligations qui y étaient affectés, et conformément à l'avis de mon conseil de ministres, j'ai décrété ce qui suit :

ARTICLE 1er. La conversion en titres de la dette consolidée à 3 p. 0/0, ordonnée par mon susdit décret royal du 26 juin, pour les créanciers par contrats d'anticipation de fonds, est étendue aux traites provenant de contrats passés avec le gouvernement, lesquelles se trouveront en cours de paiement dans les caisses de la Havane, à la réception du présent décret.

ART. 2. Ne sont pas comprises dans la conversion les traites tirées sur lesdites caisses les 11 août et 15 décembre 1843, lesquelles seront payées par la caisse nationale d'amortissement, sous la déduction du change et des intérêts stipulés.

ART. 3. La conversion des traites dont il est question dans l'art. 1er se fera au taux de 35 p. 0/0, soit à raison de 1,000 réaux de valeur nominale en titres pour chaque 350 réaux que recouvrera le trésor en traites.

ART. 4. La conversion des susdites traites n'aura lieu que pour leur montant net, déduction faite du change convenu lors de leur émission. Les intérêts échus et non payés seront comptés jusqu'au 30 juin dernier et cumulés avec les capitaux respectifs.

ART. 5. Dans le cas où quelques-uns des créanciers, par l'effet des susdites traites, n'accepteraient pas la conversion, ils attendront que le gouvernement propose aux cortès les moyens de leur rembourser le montant de ces traites, et que les chambres en décident. Les créanciers qui accepteront la conversion seront soumis à toutes les autres conditions établies dans mon décret royal précité du 26 Juin, pour les créances par contestation d'anticipation du fonds.

ART. 6. Le gouvernement soumettra aux cortès, dans la prochaine cession, les dispositions contenues dans le présent décret.

AUTRE DÉCRET.

Considérant qu'au moyen de la conversion des traites sur les caisses de la Havane en titres de la dette consolidée à 3 p. 100, ordonnée par mon décret royal de ce jour, les contributions et les revenus de l'île de Cuba sont libérés des lettres de change dont ils étaient grevés, et conformément à l'avis de mon conseil des ministres, j'ai décrété ce qui suit :

ARTICLE 1er. A dater du jour où le surintendant général délégué des finance[s] publiques dans l'île de Cuba recevra le présent décret, les excédants provenant des recettes de ces caisses, après qu'il aura été subvenu aux obligations de cette île, resteront intégralement et exclusivement à la disposition de la caisse nationale d'amortissement.

ART. 2. La direction générale de la caisse d'amortissement mettra, s'il est nécessaire, aux enchères publiques, lesdits excédents en temps convenable, avant l'échéance de chaque semestre des intérêts de la dette consolidée à 3 p. 100, pour assurer leur paiemen[t] ponctuel, et soumettra le procès-verba[l] de l'enchère à mon approbation royale. Néanmoins, attendu la proximité d[u] semestre qui échoit fin décembre d[e] cette année, cette direction aura l[a] faculté d'effectuer le paiement de ce semestre sur les fonds que désignera le gouvernement.

Art. 3. Sera compris aussi, s'il était nécessaire, dans la licitation dont parle l'article précédent, le paiement des échéances des mois qui, à la date de la réception de ce décret à la Havane, resteraient à effectuer envers les souscripteurs des traites tirées sur les caisses en vertu des ordonnances royales des 11 août et 15 décembre 1843.

Art. 4. Dans le cas où les excédants mis par l'art. 1er à la disposition de la caisse nationale d'amortissement ne suffiraient pas, dans un des semestres, à couvrir le montant des obligations désignées dans les art. 2 et 3, le trésor public fournira à la caisse les sommes nécessaires pour le paiement complet et ponctuel desdites obligations.

Art. 5. Le ministre des finances est chargé de l'exécution du présent décret.

Donné au palais, le 9 octobre 1844.

Règlement *concernant la garde civique.*

Vu les motifs que m'a exposés mon ministre de l'intérieur, j'approuve le règlement qu'il m'a présenté pour le service de la garde civique, lequel est annexé à ce décret, afin que la portion de ladite troupe qui se trouve complètement organisée commence sans retard à entrer en fonctions et puisse remplir, dès son origine, le but protecteur et bienfaisant de cette institution.

Donné au palais, le 9 octobre 1844.

La reine,
ISABELLE II.

Contresigné :

Le ministre de l'intérieur,
Pedro-José Pibal.

Suit le règlement pour le service de la garde civique, dont nous citons ci-après les articles principaux :

CHAPITRE Ier.

Objet de l'institution.

Article 1er. La garde civique a pour objet : 1° la conservation de l'ordre public ; 2° la protection des personnes et des propriétés au dehors et au dedans des villes ; 3° l'aide que réclame l'exécution des lois.

Art. 2. Lorsque le service dont il est parlé dans l'article précédent le permettra, la garde civique pourra être employée comme auxiliaire à tout autre service public qui réclamera l'intervention de la force armée.

CHAPITRE II.

Art. 3. La garde civique dépend : 1° du ministère de la guerre pour ce qui regarde son organisation, son personnel, sa discipline, son matériel et la perception de ses soldes ; 2° du ministère de l'intérieur, quant au service et au logement en quartiers.

Art. 4. Le ministère de la justice et les autorités judiciaires pourront requérir sa coopération par la voie de l'autorité civile, hors les cas urgents qu'indiquera le présent règlement, et dans lesquel, l'autorité judiciaire pourra s'entendre indirectement avec les chefs respectifs de la garde civique.

Art. 11. Le chef politique réglera le service de la garde civique de la province, mais il ne se mêlera jamais des opérations et mouvements militaires qui seront nécessaires pour l'exécution du service.

Art. 14. Le commissaire de protection et sécurité publique réglera dans son district le service de la garde civique compris dans l'étendue de sa juridiction.

Art. 15. Les autorités judiciaires, en réclamant l'aide de la garde civique, lorsqu'elle ne sera pas incompatible avec le secret qu'exige parfois l'administration de la justice, indiqueront l'objet pour lequel elles ont besoin de la coopération de cette troupe.

CHAPITRE III.

Art. 24. Tout membre de la garde civique est tenu d'obéir au chef politique ou à ses délégués, et de leur prêter aide lorsqu'ils requerront l'intervention de ce corps pour réprimer un tumulte ou un désordre, de quelque nature qu'il soit.

ART. 25. L'obéissance stricte aux ordres de l'autorité, dans le cas dont il est parlé dans l'article précédent, exempte de toute responsabilité, et la moindre désobéissance ou le moindre retard dans l'accomplissement de cette sorte d'ordre sera puni avec toute la rigueur prescrite par l'ordonnance militaire.

ART. 26. Non-seulement la garde civique est dans l'obligation de coopérer au maintien de l'ordre public, en observant et en accomplissant les ordres et les instructions du chef politique et de ses délégués, mais elle doit concourir d'elle-même à ce que le service soit fait lorsque l'autorité est absente. En conséquence, tout commandant subalterne ou soldat de ce corps est respectivement obligé d'étouffer et de réprimer toute émeute ou tout désordre qui arriverait en sa présence, sans attendre, pour agir activement, les ordres de l'autorité civile.

ART. 27. Dans ces cas, le chef de ce corps procédera de la manière suivante : 1° il se servira des moyens que lui dicterait la prudence pour persuader aux perturbateurs de se disperser et de ne pas continuer à troubler l'ordre ; 2° lorsque ces moyens seront inefficaces, il lui insinuera qu'il va être fait usage de la force ; 3° si, malgré cette sommation, les mutins persistent dans leur désobéissance, il rétablira, par la force, la tranquillité et l'empire de la loi.

ART. 28. Si les mutins et perturbateurs font usage de quelque moyens violent pendant les premières sommations, la garde civique emploiera aussi la force sur-le-champ, et sans qu'il soit besoin de sommations ni d'avertissements.

ART. 29. Toute réunion séditieuse et armée devra être dissipée sur-le-champ en arrêtant les perturbateurs ; s'ils résistaient, on emploierait la force.

ART. 43. Aucun membre de la garde civique ne pourra entrer dans une maison particulière sans l'autorisation préalable du maître. Si l'arrestation d'un délinquant ou l'enquête d'un délit exigeait une visite domiciliaire, et que le maître de la maison s'y opposât, le chef de l garde civique devra en faire part a commissaire, en prenant les disposi tions nécessaires, pour exercer, en at tendant, une surveillance efficace.

ART. 44. La défense d'entrer dont i est parlé dans l'article précédent n s'applique pas aux hôtelleries, cafés tavernes, auberges, et autres maison où le public est admis. Tout chef d la garde civique pourra y pénétrer soit en vertu de la réquisition de l'au torité compétente, soit de son propr mouvement, lorsqu'il aura avis d quelque délit, désordre ou infractio commis dans l'intérieur desdits établis sements, ou bien lorsque l'arrestatio d'un délinquant l'exigera.

CHAPITRE V.

Dispositions générales.

ART. 53. La garde civique ne peut pas délibérer, ni faire des observations en corps sur aucune espèce de sujet. Ses membres ne pourront non plus, dans aucun cas, faire des représentations sur les affaires publiques.

ART. 56. Tout membre de la garde civique est obligé de se conduire avec la plus grande prudence et mesure, quel que soit le cas dans lequel il se trouve. S. M. est décidée à châtier très-sévèrement tout membre de la garde civique qui n'aurait pas, pour toute sorte de personnes, les égards et la considération que l'on doit attendre d'individus appartenant à une institution créée uniquement pour faire respecter les lois, pour assurer la tranquillité et l'ordre intérieur des villes, et protéger la personne et les biens des hommes paisibles et honorables.

Le duc de la Victoire aux Espagnols.

Le 10 octobre 1844 était le jour fixé par la loi fondamentale de la monarchie pour que S. M. la reine Isabelle II prît constitutionnellement les rênes du gouvernement du royaume. Ce jour était celui où, acquittant une dette de loyauté, d'honneur, de conscience, je devais remettre en ses augustes mains l'autorité royale dont les cortès, en vertu de leur prérogative constitutionnelle, m'avaient confié le dépôt.

Depuis l'instant où le vœu national me choisit entre mes concitoyens pour m'élever à l'honneur d'exercer la régence, j'ai désiré voir arriver le jour le plus doux de la vie où, descendant du pouvoir suprême, j'aurais retrouvé la paix du foyer domestique, après avoir adressé mes derniers accents au glorieux drapeau de la constitution, que le peuple avait arboré pour reconquérir sa liberté, et qui, deux fois dans ce siècle, a sauvé la dynastie de ses rois au prix de torrents de sang! La Providence n'a pas voulu exaucer mes vœux et mes espérances; et, au lieu de vous parler au milieu d'une pompeuse et solennelle cérémonie, c'est du fond de l'exil que je vous adresse ces paroles.

Le monde entier sait que jamais il n'y eut une discussion plus libre, plus franche, plus complète, que celle qui précéda ma nomination au régent. Espagnols, en acceptant cette dignité, je la reçus, non comme une couronne murale accordée à des triomphes, mais comme un trophée que le peuple posait sur le drapeau de la liberté; et, fidèle observateur des lois, jamais je n'y ai porté atteinte; je n'ai rien négligé pour faire le bonheur du peuple; toutes les lois que les cortès m'ont présentées, je les ai sanctionnées sans délai, l'action de la justice a toujours été indépendante du gouvernement, qui jamais n'a usurpé les prérogatives des autres pouvoirs de l'Etat; la richesse et la prospérité publique ont reçu toute la protection et tous les encouragements possibles dans les circonstances où nous nous trouvions. Si, pour conserver force à la loi, la nécessité m'a contraint de recourir à des mesures rigoureuses, on n'a pas, du moins, vu le gouvernement décider du sort de malheureux coupables. Les tribunaux seuls ont prononcé.

Je ne descendrai pas aux détails de ma conduite comme régent; l'histoire me rendra justice; je me soumets à son inflexible sentence: elle dira, avec une impartialité que je ne dois pas attendre de mes contemporains, si j'ai eu d'autre ambition que le bonheur de ma patrie, d'autre pensée que celle de contribuer à ce que, dans ce jour, la reine Isabelle II trouvât la nation prospère au dedans et respectée au dehors; elle dira si, au milieu des luttes agitées des partis, j'ai eu un autre but que celui de mettre la liberté, le trône et les lois à l'abri du choc des passions; elle dira enfin les causes qui paralysèrent la réalisation d'un grand nombre de réformes utiles. Quand de nouveaux troubles nous menacèrent, je n'ai rien omis dans le cercle des lois pour les éviter.

Je ne reviendrai pas sur le passé, je ne referai pas le tableau d'événements funestes que nous déplorons tous. Privé de tous les moyens de résistance, je me vis obligé de chercher un asile sur une terre hospitalière, protestant, avant d'y poser le pied, au nom de la sainteté des lois et de la justice de leur cause.

J'ai protesté, Espagnols, non point par un sentiment d'ambition, qui me fut toujours étranger, mais parce que la dignité de la nation et de la couronne m'en faisait un devoir. Représentant constitutionnel du trône, je ne pouvais voir en silence détruire le principe monarchique; dépositaire de l'autorité royale, je devais la défendre contre les coups qui lui étaient portés; personnifiant le pouvoir exécutif, ma position me commandait d'élever la voix quand je voyais toutes les lois déchirées en lambeaux. Ma protestation avait pour objet de ne pas poser le précédent funeste d'acquiescer, au nom du trône, à sa propre déchéance. Ce ne fut pas un cri de guerre: je ne m'adressais ni aux passions ni aux partis; c'était le simple exposé d'un fait, une défense de principes, un appel à la postérité. Loin de vous tous, il n'y a pas un gémissement dans le royaume qui n'ait retenti dans mon cœur; il n'y a pas une victime aux douleurs de laquelle mon ame ne se soit associée.

Quant se lèvera pour moi le jou heureux où je pourrai rentrer dan cette patrie qui m'est si chère, enfan du peuple, je rentrerai dans les rang du peuple, sans haine, sans amers sou venirs. Fier de la part que j'ai pris dans la lutte qui lui a donné la liberté je me bornerai, dans la vie privée, jouir des bienfaits de cette liberté; mais, si jamais les institutions que la nation a conquises venaient à être mises en péril, la patrie, qui ne m'a jamais trouvé sourd à sa voix, me verra toujours prêt à me sacrifier sur ses autels; et enfin si, dans les impénétrables décrets de la Providence il est écrit que je doive finir mes jours dans l'exil, résigné à mon sort, jusqu'à mon dernier soupir je ne cesserai de faire des vœux ardents pour la liberté, pour la gloire de ma patrie.

Londres, 10 octobre 1844.

LE DUC DE LA VICTOIRE.

DISCOURS *d'ouverture des cortès, prononcé par S. M. la reine, le 10 octobre.*

MM. les sénateurs et les députés,

Je ne pouvais célébrer d'une manière plus convenable l'anniversaire de ma naissance qu'en convoquant pour ce jour heureux les cortès du royaume et en m'entourant des élus de la nation.

Je dois me féliciter des dispositions bienveillantes que les puissances alliées ou amies continuent à me manifester; parmi celles-ci, la Sublime-Porte m'a adressé ses félicitations par un envoyé extraordinaire, qui a été reçu en Espagne comme il convient aux anciens liens qui unissent les deux Etats.

Un seul conflit grave, qui aurait pu troubler la paix que je désire conserver avec l'empire du Maroc, est survenu; mais croyant, pour sa part, que l'honneur national était engagé et que toutes les autres considérations devaient disparaître en sa présence, mon gouvernement a fait les réclamations opportunes, décidé à les soutenir, s'il le fallait, par la voie des armes. En cette occasion, j'ai reçu de mes augustes alliés, S. M. le roi des Français et S. M. la reine de la Grande-Bretagne et d'Irlande, un nouveau témoignage de leur amitié. Ces deux souverains m'ont offert leurs bons offices, que j'ai acceptés dans les termes convenables; mais les affaires s'étant compliquées au point d'amener la guerre entre l'empire marocain et la France, guerre terminée avec tant de célérité et de gloire pour cette dernière puissance, le gouvernement britannique a continué à interposer, avec la plus grande efficacité, sa puissante influence, afin d'arriver à un arrangement de nos différents avec l'empire, ce qui a eu lieu heureusement.

Les bases d'un traité par lequel l'Espagne obtiendra la juste satisfaction qui lui est dûe ont été déjà arrêtées; ce traité vous sera présenté aussitôt qu'il aura été ratifié dans la forme et dans les termes d'usage.

Mes ministres vous présenteront aussi, dans une de vos prochaines séances, le projet de réforme de la constitution. Ce point est essentiel; il a déjà été indiqué par mon gouvernement dès la convocation des cortès. Vos lumières et votre patriotisme ne peuvent méconnaître sa gravité. Je suis persuadée que vous vous occuperez avec zèle de cet important objet, car le moindre retard pourrait produire des maux incalculables, en frustrant les espérances de la nation, qui aspire à voir se fermer le plus tôt possible le champ des discussions politiques, et affermir ainsi pour l'avenir les institutions d'après lesquelles elle doit être régie.

Afin de donner à ces institutions plus de force et de vie, il est nécessaire et urgent de doter le pays de lois organiques en harmonie avec la constitution, et qui puissent faciliter son action et sa marche. J'espère donc que vous contribuerez, d'accord avec mon gouvernement, à remplir plusieurs années.

Si la réforme de la constitution et la confection des lois organiques qui en sont le complément peuvent être réalisées en peu de temps, votre attention pourra se porter alors avec plus de calme et de latitude à l'examen des améliorations administratives et économiques, dont l'influence est immense pour la richesse et la prospérité du pays.

Jalouse, autant que vous, d'arriver à cet important résultat, j'ai ordonné à mes ministres de vous présenter plusieurs projets de loi sur les différentes branches de l'administration.

Pour ce qui concerne les finances, le premier pas pour introduire dans ce département l'ordre et l'harmonie a été de libérer les contributions et les revenus publics des engagements contractés pendant ma minorité, par suite des besoins occasionés par la guerre civile et par d'autres circonstances déplorables. Tous les produits des revenus et des impôts une fois centralisés, il sera moins difficile de les appliquer aux nécessités les plus pressantes, en attendant qu'il soit possible d'établir l'équilibre entre les recettes et les dépenses, améliorant d'un côté le système tributaire, et de l'autre introduisant les économies nécessaires. Tel est le meilleur moyen de rétablir naturellement le crédit; et, pour arriver à ce résultat, il faut avoir en considération le sort des créanciers de l'Etat, tant nationaux qu'étrangers. L'ordre dans les finances et la bonne foi du gouvernement sont les meilleures garanties qu'on puisse leur offrir.

J'éprouve la plus vive satisfaction à vous annoncer que l'armée, après une guerre civile de sept années et les vicissitudes politiques qui relâchent toujours les liens de l'obéissance, est actuellement dans un état admirable de discipline. L'instruction du soldat a reçu toutes les améliorations que réclamaient les progrès de l'art militaire; et, de plus, j'ai envoyé dans les pays étrangers des commissions formées des différentes armes spéciales, pour qu'on puisse appliquer à l'armée espagnole tout ce qui sera jugé utile ou praticable. Dans le but d'alléger le budget, on a fait toutes les économies que la sûreté de l'Etat et le bien-être de ceux qui ont répandu leur sang pour la défense du trône et le respect des lois permettaient de faire. Lorsque l'action des lois se sera fortifiée par la régularisation de l'administration et la vigueur de l'autorité civile, on pourra sans danger réduire l'effectif de l'armée, rendre à leurs foyers un grand nombre de bras utiles, et l'on allégera par là le poids des contributions.

Au milieu des besoins du trésor, j'ai fixé particulièrement mon attention sur la marine, qui jadis a fait notre gloire, et ne nous donne pas aujourd'hui de moindres espérances. La situation de la Péninsule, et les riches contrées que possède encore l'Espagne dans les différentes parties du monde, nécessitent, sous tous les rapports, la création d'une marine puissante; et, comme ce doit être l'ouvrage du temps et d'un plan suivi avec persévérance, mon gouvernement vous fera connaître les dispositions qui déjà ont été prises pour arriver à ce but, s'étant occupé déjà, avec les seules ressources dont il pouvait disposer, de combler autant que possible une lacune si lamentable.

L'administration de la justice exige aussi du temps pour arriver à une réforme fondamentale; la publication des nouveaux codes, qui sont déjà très-avancés, servira de base à cette réforme. En attendant, mon gouvernement prendra des mesures pour la faciliter.

C'est ainsi que la régularité et l'ordre s'établissent peu à peu dans toutes les branches de l'administration; et, bien qu'il y ait encore de grands obstacles à vaincre, on peut espérer d'en voir bientôt d'heureux résultats, avec l'aide de la divine Providence, avec votre loyale coopération et la favorable disposition du pays, qui, fatigué des troubles et des changements, désire ardemment jouir de la tranquillité et du repos, sous l'empire des lois et à l'ombre tutélaire du trône.

DOCUMENT PARLEMENTAIRE.

RAPPORT *de la commission du sénat sur le projet de loi présenté par le gouvernement, demandant d'être autorisé à régler la législation relative à l'administration civile.*

La commission chargée de faire son rapport sur ce projet de loi l'a examiné très-attentivement, et avec toute la maturité et le soin que réclame une matière si grave et si délicate.

La commission ne se dissimule pas les diverses raisons que l'on pourra opposer à ce projet, ni les motifs fon dés de la résistance naturelle du corps parlementaire à la concession d'autorisations semblables. Mais il existe parfois des circonstances si urgentes et si puissantes, que devant elles les meilleures raisons doivent céder. Tel est, suivant la commission, le cas qui se présente aujourd'hui.

La nécessité de doter le pays de lois organiques est universellement sentie. Le premier et le plus impérieux besoin de tout pays est d'établir une administration régulière, sans laquelle les meilleurs éléments de gouvernement sont infructueux. Mais une entreprise si vaste et si difficile ne peut s'exécuter aussi promptement que le réclament les circonstances, et suivant la voie ordinaire des délibérations parlementaires. L'expérience l'a démontré. Soumettre ce projet à la discussion serait vouloir laisser le pays dans l'état pénible où il gémit depuis longues années, et tromper toutes les espérances.

La question d'urgence d'accorder l'autorisation demandée étant ainsi résolue, il ne reste plus qu'à examiner les termes dans lesquels cette demande est formulée.

Bien que, dans l'exposé des motifs qui accompagne le projet de loi présenté par le gouvernement de S. M., on ait indiqué suffisamment les principes généraux qu'il a adoptés comme guide et comme base de son système d'administration civile ; quoique l'on ait explicitement présenté, dans ce même exposé, les matériaux dont on s'est servi pour le composer, et les sources d'où dérivent les doctrines qui l'appuient, la commission, néanmoins, désirant éclairer encore plus son opinion sur un si grave sujet, et voulant observer la plus grande circonspection dans l'accomplissement de sa délicate mission, afin que l'on ne puisse pas même soupçonner que le sénat se soit laissé aller à accorder un vote de confiance aveugle ; la commission, disons-nous, a cru devoir, dans ce cas, exiger de la part du gouvernement de S. M. le plus grand nombre d'explications possibles. Dans une longue conférence avec M. le ministre de l'intérieur, elle s'est informée des détails du système projeté, et elle a vu avec satisfaction qu'ils sont exactement d'accord avec les principes généraux expliqués dans l'exposé précité ; elle a été encore plus satisfaite des assurances que lui a données M. le ministre relativement à la promptitude avec laquelle le pays sera doté de ces lois généralement demandées, dès que l'autorisation que l'on sollicite sera obtenue.

C'est pourquoi la commission ne balance pas à proposer au sénat d'approuver le susdit projet de loi tel qu'il est présenté par le gouvernement, avec le seul changement que la commission a jugé convenable de faire pour la plus grande précision des termes de l'article, comme on le verra par la comparaison suivante ; amendement que le gouvernement a accepté.

Article unique, tel que le propose le gouvernement :

Le gouvernement est autorisé à régler la législation relative aux ayuntamientos, aux députations provinciales, aux gouvernements politiques et conseils provinciaux d'administration, en mettant à exécution immédiatement les mesures qu'il adoptera à cet effet, et dont il rendra compte ensuite aux cortès.

Article unique proposé par la commission et adopté par le gouvernement :

Le gouvernement est autorisé à régler l'organisation et à fixer les attributions des ayuntamientos, des députations provinciales, des gouvernement[s] politiques et conseils provinciaux d'ad[-]ministration, en mettant à exécutio[n] immédiatement les mesures qu'il adop[-]tera à cet effet, et dont il rend[ra] compte ensuite aux cortès.

Le sénat pourra résoudre, dans s[a] sagesse, s'il juge convenable d'accepte[r] l'article ainsi rédigé, ou de le change[r] de la manière qu'il croira le plus con[-]venable.

Palais du sénat, 24 octobre 1844.

LE MARQUIS DE MIRAFLORES, DIEG[O] MEDRAAS, LUIS LOPEZ BALLESTEROS, LE MARQUIS DE PENAFLORIDA, DOMINGO RUIZ DE L[A] VEGA.

Réponse *du congrès au discours de la Couronne.*

Madame,

La Chambre des députés a entendu avec la plus vive satisfaction et avec le respect le plus profond les paroles que Votre Majesté a prononcées pour la première fois au milieu des élus de la nation, en daignant réunir dans la même solennité l'heureux anniversaire de votre naissance et la mémorable ouverture des cortès de votre royaume. Votre Majesté a voulu par là exprimer éloquemment que des liens indissolubles attacheront votre peuple fidèle à la haute dynastie inaugurée par Votre Majesté sous de si heureux auspices.

Ainsi que Votre Majesté, le congrès voit avec plaisir les sentiments de bienveillance que les puissances alliées ou amies expriment à Votre Majesté, et les félicitations que la Sublime-Porte lui a adressées par un envoyé extraordinaire, comme l'exigeaient les anciennes relations de cette puissance avec l'Espagne.

Les députés de la nation se félicitent aussi avec Votre Majesté de ce que le grave conflit qui s'était élevé avec l'empire du Maroc s'est terminé sans qu'il fût besoin de recourir aux armes et sans blesser l'honneur national, devant lequel il n'y a ni considération ni intérêt qui ne doivent être sacrifiés. Les réclamations faites à ce sujet par le gouvernement de Votre Majesté pour soutenir la justice de sa cause ne pouvait manquer de valoir à Votre Majesté un nouveau témoignage d'amitié de la part de ses augustes alliés le Roi des Français et la Reine de la Grande-Bretagne. Votre Majesté accepta les bons offices offerts par ces deux souverains, et, si la guerre empêcha le cabinet français d'employer sa médiation, le cabinet britannique put interposer son influence efficace pour régler nos différends avec l'Empereur du Maroc. Ce but étant heureusement atteint, et les bases du traité en vertu duquel l'Espagne obtiendra une satisfaction complète étant posées, la Chambre la prendra en considération lorsqu'il lui sera présenté par le gouvernement de Votre Majesté.

La Chambre examinera aussi le projet de réforme de la Constitution, annoncé d'avance dans le décret royal de convocation et déjà soumis à sa délibération par le gouvernement de Votre Majesté.

La chambre consacrera à ce travail ardu et important l'attention la plus assidue et la plus grande sollicitude, pénétrée qu'elle est de la nécessité d'améliorer promptement le code fondamental de l'Etat, pour répondre aux désirs et aux espérances de la nation, en consolidant à la fois le trône de Votre Majesté et la liberté politique de la monarchie.

Les députés n'apporteront pas moins de zèle et de soin à l'œuvre, si souvent tentée sans succès, de doter le pays de lois organiques, qui, étant en harmonie avec la Constitution, tout en la consolidant et en la soutenant, faciliteront son action libre et uniforme.

Lorsque, par suite des communs efforts du gouvernement de Votre Majesté et des Cortès, des mesures si urgentes et si vitales auront été exécutées, et que la nécessité sacrée d'assurer l'existence honorable du culte et de ses ministres aura été satisfaite, rien de plus important ni de plus impérieux que de s'occuper des lois administratives dont l'action doit contribuer au développement de la richesse et de la prospérité du peuple.

C'est à ce but que nous conduiront, par une autre route, l'ordre et la régularité qui s'établiront dans les finances, en libérant les revenus et les contributions des engagements contractés durant la minorité de Votre Majesté, au milieu des embarras et des dangers de la révolution et des luttes intestines. Le premier pas dans cette voie si sûre ayant déjà été fait par le gouvernement de Votre Majesté, il ne sera pas très-difficile d'obtenir l'équilibre possible entre les recettes et les dépenses du Trésor, en améliorant le système des impôts, et en faisant en même temps les économies nécessaires dans le budget. Le crédit s'élèvera ainsi naturellement, et l'on pourra s'occuper sérieusement des intérêts légitimes des créanciers de l'Etat, tant nationaux qu'étrangers, pour lequel il n'y a pas de caution plus assurée de la bonne foi du gouvernement et un ordre rigoureux adopté dans les finances.

En entendant de la bouche de Votre Majesté combien est admirable la discipline qui règne dans l'armée, après le bouleversement de la politique et les vicissitudes de la guerre, le congrès partage la vive satisfaction dont Votre Majesté est animée à la vue de cet exemple si honorable et si salutaire. L'armée a encore un grand nombre d'autres titres à la reconnaissance de la patrie et à la sollicitude incessante de votre gouvernement; son zèle à alléger le budget militaire autant que le permettront la sécurité de l'Etat et le bien-être de ses défenseurs ne peut que mériter les éloges des députés de la nation, qui reconnaissent comme Votre Majesté les grands avantages que présentera la réduction de l'armée, lorsque sera arrivée l'époque désirable où, l'ordre public et la libre exécution des lois étant assurés, l'autorité civile recouvrera la force dont elle a besoin pour remplir convenablement ses fonctions tutélaires.

L'attention particulière que, malgré les embarras du trésor, Votre Majesté a bien voulu consacrer à la marine, est digne aussi, madame, de votre haute sagesse et de votre sollicitude maternelle pour le bien et la prospérité de cette vaste monarchie. En entendant les paroles que Votre Majesté a adressées à ce sujet au cortès, les députés de la nation espèrent avec confiance voir entreprendre avec ardeur et poursuivre avec persévérance la formation d'une marine propre à défendre les possessions d'outre-mer et à protéger le pavillon espagnol, aujourd'hui que, grâce à l'influence des réformes et de la paix, notre naissante industrie commence à prendre un vol rapide.

La Chambre des députés a reçu avec la plus vive satisfaction l'assurance donnée par Votre Majesté, que sous peu sera terminée l'œuvre importante des nouveaux codes, dont l'établissement doit améliorer au plus haut point l'administration de la justice, à la fois base et faite de l'édifice du gouvernement dans toute société bien organisée.

L'entreprise que va commencer la Chambre pour obtempérer à l'invitation de Votre Majesté, au vœu des provinces et à l'impulsion de sa conscience, est grande et difficile.

La Chambre fera tous ses efforts pour la terminer avec zèle et loyauté, car la sainteté de ses devoirs grandit à ses yeux devant la profonde et silencieuse attente des populations, maintenant que l'anarchie ne surgit plus autour de nous et que le canon ne tonne plus à nos portes. Dans une situation si prospère et dans une occasion si solennelle où l'auguste puissance de Votre Majesté a déjà été si heureusement inaugurée, les députés de la nation nourrissent l'intime conviction que la révolution espagnole, après tant de souffrances et de catastrophes, est arrivée à cette maturité providentielle qui, grâce à l'aide du Tout-Puissant et sous les auspices de Votre Majesté, permettra aux cortès de fixer pour de longues années le sort de la monarchie.

C'est le cœur plein de cette espérance que la Chambre des députés coopérera pour sa part à assurer à la nation la justice, la paix et la prospérité sous la douce protection du sceptre de Votre Majesté et sous la sauvegarde de la constitution de l'Etat.

Palais de la Chambre des Députés, le 26 octobre 1844.

Rapport *lu le 5 novembre à la Chambre des députés sur le projet de réforme de la constitution.*

La commission chargée de faire son rapport sur le projet de réforme de la constitution, présenté par le gouvernement, a l'honneur de soumettre à la Chambre des députés le fruit de ses méditations. Elles ont été sérieuses et réfléchies, ainsi que l'exigeaient à la fois la majesté de l'assemblée et la grandeur de l'affaire, digne, assurément, de tomber entre des mains plus expérimentées et sous la juridiction d'hommes éminents. La commission divise son rapport en deux parties : la première partie sera consacrée à démontrer la légalité, l'opportunité et l'urgence de la réforme, et la seconde à démontrer la conséquence de la réforme proposée par la commission. Légalité, opportunité et urgence de la réforme. La réforme compte pour adversaires ceux qui ne reconnaissent pas aux cortès avec le roi la faculté de faire aux constitutions politiques les changements et corrections conseillés à la fois par la différence des temps et les convenances de l'Etat, et ceux qui, reconnaissant le pouvoir suprême, comprennent que ces corrections et ces changements ne sont pas actuellement de saison. Les adversaires de la réforme sont de deux espèces : ceux qui font descendre du ciel la souveraineté et l'assoient sur le trône, et ceux qui la font émaner des peuples et l'établissent dans une assemblée de ses représentants. Il n'appartenait pas à la commission, pas plus qu'aux assemblées politiques, d'entrer en contestation sur la métaphysique constitutionnelle, ni de porter la lumière de la discussion dans des régions si secrètes. Toutefois, il lui a semblé que la véritable doctrine fuit les extrêmes, que pour remonter aux sources de la souveraineté, il n'était pas nécessaire de s'élever ni de descendre à des hauteurs incommensurables ; s'aidant de l'histoire, ce livre d'enseignement perpétuel pour les hommes d'Etat, elle a découvert que là où ces maximes ont prévalu, le pouvoir s'est constamment changé en tyrannie.

Cette considération seule suffirait pour faire condamner, par la commission, des principes qui, s'ils ont été la base du droit public dans quelques siècles et chez quelques nations, ne pouvaient pas l'être dans le siècle actuel, ni chez des peuples libres. A cette considération venait s'en joindre une autre d'un grand poids et de beaucoup d'importance ; considération tirée du bon sens, qui est comme l'apanage universel des hommes et le patrimoine commun du genre humain. Les peuples se refuseront toujours à reconnaître le pouvoir dans l'inaction, et la légitimité dans cette force destructrice : ces puissances apathiques et terribles ne se montreront aux nations que comme d'implacables tyrans ; et, quand elles cesseront leur tyrannie, c'est pour tomber dans un repos absolu et ur insolente oisiveté. La puissance seu qui exerce une action bienfaisante continue, et qui gouverne les peupl avec modération, est en état de rendı agréable son obéissance, de captiv les volontés et de se concilier leur a fection. Les peuples regardent comm chose simple et naturelle que les r formes politiques procèdent de cet autorité suprême dont tout émane comme de la source la plus féconde les lois protectrices des citoyens, aus bien que celles qui protègent les e pires, les conseils de la paix comme l conseils de la guerre. Le pouvoir co stituant ne gît que dans le pouvo constitué, et, dans notre Espagne, pouvoir, ce sont les cortès avec le ro *Lex fit consensu populi et constit tione regis*, maxime de nos pères, sı blime par sa simplicité, et qui est arr vée jusqu'à nous traversant victorie sement les âges et les révolutions.

La commission l'a acceptée, et el le proclame ici avec un dévouemeı profond. Les cortès avec le roi sont source de toutes les choses légitime Ce pouvoir atteint à tout, si ce n'est ces lois primordiales contre lesquell ne peut être rien tenté que de nu parce qu'elles sont comme la base d sociétés humaines. Par elles après Die vivent perpétuellement les peuple Leur chaleur engendre les nations, sous son esprit règnent les rois. commission entend que les cortès av le roi ont le pouvoir nécessaire po réformer la loi politique de l'Etat. même temps il lui a semblé qu'il pouvait y avoir de moment plus o portun pour le faire, attendu que j mais la réforme des lois faites en d temps d'agitation ne vient plus à pr pos que dans les temps de calm Quand les cortès constitutionnels m rent une main ferme et hardie à la co stitution de 1812, la nation espagno était affligée de grandes misères ; el gémissait sous le poids de tribulation Toutes les calamités s'étaient usées s elle.

Guerre civile, contestation sur l manières et la forme dont la nation d vait être gouvernée, pillages des vill populeuses, insultes faites à Sa M jesté, soulèvements populaires. C'e alors, c'est dans ces jours dont le so venir sera pour l'Espagne un sujet constant de douleur, que les cortès appiiquèrent leur intelligence à cette glorieuse entreprise qu'elles surent mener à fin, malgré les mugissements de l'émeute et les clameurs de la guerre. La constitution de 1837 semble faite pour contraster avec la situation du pays, lorsque l'anarchie s'était propagée. Les cortès consacrèrent les grands principes de l'ordre social, alors que la société était démoralisée et tombait en pièces; elles élevèrent le trône à la région la plus haute, alors que des mains déshonnêtes et irrévérentes cherchaient à l'abaisser; enfin, quand la nation, insultant Sa Majesté, s'asservissait aux insurrections, les cortès jetaient les fondements de la liberté espagnole.

Rien d'étonnant dès-lors que cette constitution fût accueillie par tous les partis avec une joie universelle. Le vainqueur s'attacha à elle parce qu'elle était son ouvrage, et l'aima, s'y attacha parce qu'il voyait consignés dans ce code fondamental quelques-uns des grands principes communs et pour la gloire desquels il avait combattu et perdu tant de batailles. Il n'en résultait pas que la constitution fût sans défaut qui nuisît à sa beauté : en elle se trouvaient des principes qui n'avaient pas été faits pour être combinés. Bien que l'on en eût composé un tout régulier, c'étaient des pièces perdues de diverses constitutions, assemblées par le législateur suivant les lois de son caprice ou du hasard. Cela ne pouvait être autrement, si l'on considère la grande, quoique insensible influence que l'état politique et social qu'une nation exerce toujours sur l'esprit de ses législateurs.

Il n'est pas d'intelligence assez élevée, pas de volonté assez ferme, pas d'ame assez maîtresse d'elle-même pour ne pas laisser ouvertes quelques portes par où se glissent des choses qui sont dans d'autres intelligences et d'autres volontés. Comment dans la constitution de 1837 aurait-on vu briller tous les principes de la liberté et de l'ordre, quand la société se trouvait livrée à l'anarchie? Ce qu'avaient prévu les esprits les plus éminents, les hommes les plus sages le virent une fois l'œuvre achevée, et, lorsque la constitution fut établie, les esprits les plus grossiers eux-mêmes s'en aperçurent.

Mais le bruit des armes continuait de retentir, et l'incendie de nos discordes civiles, loin de s'apaiser, faisait d'effrayants progrès. Les scandales se succédaient avec une incroyable rapidité, et enfin arriva ce grand soulèvement qui, s'affaissant avec le dictateur déchu, prouva aux nations combien sont limitées les conditions de la fortune.

Vint ensuite la déclaration de majorité de la reine. Quelques nuages se dissipèrent et le feu des discordes s'éteignit lentement. Aujourd'hui le ciel est pur, la société repose jusqu'à un certain point ; toutefois cet état de choses ne saurait durer longtemps, il est incompatible avec la domination de certains principes consacrés dans notre loi politique à la tranquillité permanente de l'Etat. Les prérogatives de la couronne et la dignité des cortès ne peuvent s'allier avec la souveraineté du peuple, ni l'inviolabilité des rois avec l'insurrection. La société ne peut être bien régie ni bien gouvernée quand les peuples sont souverains et régis par des corporations populaires ; et là où une très-nombreuse armée est sous la main de ceux qui obéissent, ceux qui commandent ne peuvent pas remplir leur mandat. Grande est l'erreur des hommes qui pensent que l'inobservation de la constitution a été due en partie au défaut des lois, qui sont son complément indispensable, et, d'un autre côté, à nos grandes discordes et à nos bruyantes altercations.

Les gens de cette opinion confondent les effets et les causes. Si la nation n'a pas été gouvernée dignement, cela tient à ce que les peuples ne peuvent l'être là ou l'insurrection est un droit, et où se trouve accréditée la maxime que la garde nationale insurgée, c'est le peuple qui porte au bout de ses baïonnettes le mémoire exposant ses griefs ; si la nation manque encore de lois organiques, cela tient à ce que la bonne organisation de l'Etat ne s'harmonise pas avec la loi constitutionnelle des ayuntamientos. Quant à nos altercations et à nos troubles, loin d'avoir servi à mettre en relief les graves défauts de la constitution, ils ont puissamment contribué à les cacher. Les malheureux Espagnols ne pouvaient pas y arrêter la vue, lorsqu'ils pleuraient de leurs deux yeux le sort de l'Espagne. Par ces motifs, la commission entend d'abord qu'en réformant seulement la constitution dans les points où elle offre un obstacle invincible à la consolidation de l'ordre, et à la complète organisation de l'administration publique, il sera praticable d'établir toutes les lois organiques simultanément, ces lois qui sont le complément de nos institutions, et l'on pourra ainsi assurer à l'avenir la tranquillité de l'Etat. En dernier lieu, la commission pense qu'aucune occasion n'est plus favorable pour corriger les défauts d'une constitution faite en des temps de trouble et de minorité, que celle où les temps commencent à s'éclaircir, et où la souveraine ayant atteint sa majorité prend en mains le sceptre de ses aïeux. La commission pense, en outre, que la réforme serait chose impossible à l'avenir. Sous l'empire des maximes condamnées en cet écrit, l'ordre ne saurait exister que comme exception de l'anarchie. S'il existe aujourd'hui, grâce au concours de circonstances prodigieuses, et à la faveur spéciale de la divine providence, montrons à la nation que nous sommes reconnaissants de ces faveurs spéciales, profitant de ces fugitifs instants pour élever un édifice en état de lutter contre les assauts des révolutions.

Le temps mis à notre disposition est bien court, c'est l'intervalle imperceptible entre les maximes anarchiques et l'anarchie, entre un principe et ses conséquences naturelles. Demain, peut-être, cette courte instance n'existera plus, et la révolution viendra frapper à nos portes. En vain alors nous fatiguerons la terre de nos lamentations inutiles, et le ciel de nos plaintes stériles : nous ne trouverons grâce ni au tribunal de Dieu, ni à celui de l'histoire.

Opportunité de la réforme proposée par la commission.

La commission se croit dans l'obligation de faire ici quelques observations générales qui aideront le congrès à se former une idée principale, non-seulement des limites que la commission s'est imposées à elle-même, mais encore des principes qu'elle a suivis. D'après la nature de son mandat, la commission s'est abstenue, comme de chose prohibée, de porter la main sur les articles de la constitution respectés par le gouvernement, craignant d'excéder ses pouvoirs et de faire plus de changements à la loi fondamentale, que ceux convenant à l'Etat. Elle a cru, d'un autre côté, qu'elle tomberait dans une très-grave erreur, indigne du pardon, si elle élargissait outre mesure le champ de ces discussions qui ne laissent pas d'être dangereuses, tout en étant inévitables. Dans les amendements qu'elle propose aux articles réformés par le gouvernement, elle ne s'est pas proposé d'autre but que de faire ressortir encore plus l'idée du gouvernement. Si quelquefois elle s'est hasardée à retoucher cette pensée, sa hardiesse, celle de sa conviction, n'a pas été exempte d'une certaine témérité, conseillée par la prudence dans des affaires d'un intérêt majeur. Elle n'a pas cru devoir mener à fin ces amendements sans que le gouvernement les eût sanctionnés, pour ainsi dire, après un examen approfondi et une mûre délibération.

Entre les réformes proposées par le gouvernement, il en est de la plus grande importance ; la commission s'y est ralliée de tout point, les jugeant réclamées à la fois par la raison et par les convenances publiques. Telles sont la suppression du paragraphe 2 de l'art. 2 de la constitution, ainsi conçu : « La qualification des délits de presse appartient exclusivement aux jurys ; » puis encore la suppression de l'art. 27, où il est dit que, si le roi manquait à réunir dans une année les cortès avant le 1er décembre, elles se réuniront précisément ce jour, et dans le cas où cette même année expierait le mandat des députés, les élections s'ouvriront le premier décembre, d'octobre pour procéder à de nouvelles nominations.

La nouvelle rédaction donnée à l'art. 54, en vertu duquel le pouvoir attribue aux cortès d'exclure de la succession à la couronne le légitime héritier en certain cas, est transféré aux cortès, conjointement avec le roi. La suppression à l'art. 70 de cette clause en vertu de laquelle le gouvernement intérieur des populations était confié aux ayuntamientos, et enfin la suppression de l'art. 77 de la constitution relative à la garde nationale.

De toutes les questions soulevées par cette réforme, la plus complète et la plus difficile est, sans aucun doute, celle relative au jury. Pour la traiter convenablement, il faudrait examiner le jury en même temps comme institution judiciaire, comme garantie politique et comme institution historique : 1° parce que son office est de connaître de certains délits placés sous sa juridiction par les lois ; 2° parce que le but principal pour lequel il a été institué dans les sociétés modernes est de servir de défense à la liberté individuelle contre les attaques du pouvoir public, et 3° parce que, étant d'origne très-ancienne, et ayant passé, comme toutes les institutions séculières, par de nombreuses vicissitudes dans les temps historiques, la commission, sans vouloir se lancer dans ces régions nébuleuses, a préféré prendre une voix plus facile ; elle a reconnu, d'un côté, que les publicistes les plus fameux s'accordent à regarder le jury comme l'unique tribunal compétent à l'effet de juger les délits de presse ; d'un autre côté, elle a reconnu que des acquittements fâcheux fourniraient dans notre Espagne un argument contre ce tribunal.

La commission a pensé que l'unique moyen de concilier la défiance naturellement inspirée par cette institution, avec son respect profond pour les opinions régnantes, était de la dépouiller de la sanction constitutionnelle et de la laisser sous la protection des lois communes. Les art. 27 et 54 de la constitution sont inadmissibles de tous points. Ils vont directement contre les grands principes, base philosophique de nos institutions. Celles-ci reposent sur la confiance mutuelle des pouvoirs, qui, indépendants entre eux, concourent d'un commun accord à la formation des lois. La disposition de l'art. 27 est le résultat de cette maxime, tombée en complet discrédit, d'après laquelle toute l'organisation politique de l'Etat repose sur l'hypothèse de la méfiance et la prévision de la guerre. Si l'on considère attentivement cet article, et, si on le compare à l'art. 54, on voit facilement que chacun d'eux repose sur une théorie différente, et que tous deux sont contraires au caractère naturel des monarchies constitutionnelles. L'art. 27, la souveraineté dans les cortès tumultueusement assemblées, et, à leur défaut, dans les électeurs tumultueusement réunis, l'art. 54, la place exclusivement dans les cortès et non dans les tumultes.

La commission, qui ne reconnaît pas d'antre souveraineté que celle résidant dans les cortès avec le roi, ne pouvait pas proposer au congrès des députés la conservation de cet article. Conformément à l'opinion du gouvernement de Sa Majesté, elle propose la réforme du dernier et la suppression du premier. Des raisons semblables à celles qui l'ont déterminée à approuver la réforme de l'art. 54, proposée par le gouvernement, l'engagent de préparer d'autres réformes de même nature, relatives aux pouvoirs accordés aux cortès par les art. 40 et 59, à l'effet de résoudre tout doute de fait ou de droit sur la succession au trône, et de l'air de nouveaux appels de princes, s les lignes indiquées venaient à s'éteindre.

La commission espère que ces cas étant identiques à l'art. 54, devaien être résolus par les cortès conjointe ment avec le roi pour sauver le prin cipe qui prévaut dans la constitutio réformée, et c'est ce qu'elle a l'hon neur de proposer au congrès. La sup pression à l'art. 70 de la constitutio de la clause, en vertu de laquelle étai confié aux ayuntamientos le gouverne ment intérieur des villes, et celle d l'art. 77, relatif à la garde nationale ont été pour la commission l'objet d graves méditations. Si elle a l'honneu de proposer à la Chambre des député de faire sienne la proposition du gou vernement de Sa Majesté, elle ne s'es pas décidée à donner ce conseil res pectueux, sans s'être assurée d'abor qu'il convenait à l'Etat.

La commission réunit ces articles Le but qu'ils se proposent est l'orga nisation d'une démocratie civile e d'une militaire, combinée étroitemen par les liens d'une organisation puissante assurée par des lois spéciales. Cette organisation, amenée à fin dans les années qui ont précédé avec rapidité, a été la cause principale et unique peut-être de ces grands bouleversements et de ces secousses par lesquels a passé la nation au péril de ses institutions et de son existence. Nos yeux étonnés ont vu renouveler au XIXe siècle, dans notre Espagne, cette très-grave lutte du moyen-âge entre nos rois et les cortès d'un côté, et d'un autre côté les corporations municipales, dans le but de savoir si l'Espagne serait une monarchie ou une fédération de république indépendante.

La commission pense que la victoire doit passer à la puissance centrale, comme elle se rangera du côté de nos princes, dont le constant office, avec l'aide des fameuses cortès de ce royaume, a été d'unir étroitement tous les membres de cette vaste monarchie.

Voilà la marche qu'il faut suivre actuellement, et c'est ce que fait la commission en proposant à la Chambre de faire disparaître de la constitution les articles concernant la milice nationale et l'art. 70. Il appartient au roi et aux cortès de doter le pays de lois organiques qui détruiront toutes les semences si fécondes de désordres et de bouleversement. Il ne faut point s'imaginer que la commission veuille supprimer ces institutions populaires, historiques dans notre monarchie, ni cet amour profond que nos princes les plus éclairés ont toujours eu pour les classes pauvres. Ce désir ne pourrait se concilier avec l'idée de la fraternité, qui fait des progrès et triomphe dans le monde. Toutefois, si les classes ouvrières ont droit à la sollicitude du gouvernement pour soulager les maux qui pèsent sur elles, elles n'out pas le droit de prendre le gouvernement des sociétés humaines.

C'est ainsi seulement que l'idée de la fraternité de tous les hommes peut être bienfaisante, civilisatrice et féconde. Les grandes commotions qu'éprouve de temps en temps l'Angleterre, les deux révolutions de France, nos grands soulèvements, nos séditions, sont le résultat de cette lutte permanente entre ceux qui donnent le gouvernement aux classes aisées, sous la condition d'aider les classes pauvres, et ceux qui veulent le confier à une démocratie turbulente. Tandis que les grandes idées de fraternité, d'égalité et de droit commun gagnent du terrain partout, les institutions aristocratiques disparaissent de la terre. En France, elles n'existent plus; en Autriche, elles ne sont qu'un glorieux souvenir; en Angleterre, elles combattent, non pour vaincre, mais pour vivre. Pour trouver une aristocratie vigoureuse, il faut porter la main sur le pôle. Quant à notre Espagne, les illustres descendants de ces héros qui portaient la gloire du peuple espagnol jusqu'aux extrémités du monde ne demandent de leur riche héritage que la gloire et l'obligation de soutenir le nom de leurs aïeux. C'est d'après ces principes que la commission a examiné les questions concernant la constitution du sénat. On avait proposé des concessions plus ou moins ingénieuses; mais la commission, convaincue que dans une affaire de cette importance il convient d'éviter les changements qui seraient dangereux, a résolu de fermer la porte à toute innovation. En cela elle a suivi les instincts puissants placés par Dieu dans les sociétés, pour s'en servir comme d'un bouclier solide contre des opinions nouvelles et excentriques. Grâce à ces instincts, la vérité n'est, pour les sociétés, que ce qui est justifié par la discussion et consacré par le temps. Les deux systèmes principaux, essayés jusqu'à ce jour pour l'organisation du sénat conservateur, offrent de grands avantages, balancés par de grands inconvénients. Il s'agit du système électif et du système héréditaire. Ce dernier donne l'indépendance, la stabilité, la grandeur dans les conceptions, la persévérance dans les desseins; mais il offre de grands inconvénients : l'opiniâtreté et la trop grande fidélité aux traditions, l'égoïsme de famille et de caste. Comment admettre tout cela dans un pays où le principe fondamental du gouvernement, celui qui vivifie les institutions, est le principe démocratique? Ce principe, en Espagne, se rattache à l'histoire. La loi y donne le gouvernement aux classes aisées; le peuple y a toujours été le plus monarchique de la terre, parce que la monarchie y a eu de tout temps le caractère le plus démocratique.

Voilà pourquoi la commission a repoussé le principe héréditaire de toutes les institutions de la monarchie. Le principe électif a l'avantage de s'accorder avec celui qui sert de base à l'édifice constitutionnel des peuples libres dans les sociétés modernes. La commission sait bien que ce principe a des inconvénients, et que, souvent, il aggrave les maux de l'Etat; enfin, qu'il ne peut pas s'appliquer à tout comme remède universel; mais, en laissant de côté ce point de vue, la commission se borne à constater ce fait, que le principe électif appliqué à l'assemblée conservatrice la met en harmonie avec les autres institutions. L'élection peut venir du peuple ou du roi; la commission ne pouvait hésiter un seul instant entre ces deux modes d'élection; l'élection royale emprunte à l'élection populaire de grands avantages, car, avec l'unité qui émane du principe, elle établit entre le sénat et le congrès la différence qui vient de leur origine. En proposant, comme le gouvernement, que le nombre des sénateurs soit illimité, la commission donna au sénat la flexibilité dont il a besoin, et en établissant l'institution à vie, elle lui donne une certaine indépendance. Néanmoins la commission reconnaît qu'un sénat électif manquera toujours de cette indépendance absolue si désirable dans les institutions médiatrices entre le roi et la nation.

L'indépendance des trois grands pouvoirs, dont le consentement forme la souveraineté, suppose que chaque pouvoir a la même force; mais cela n'est point vrai dans notre Espagne. Nous sortons d'une régence profondément agitée. Dans ces circonstances, comment le trône serait-il indépendant sans une constitution qui lui servira de point d'appui pour lutter contre les assemblées populaires?

La commission a pensé qu'il convenait d'investir le sénat de fonctions judiciaires, non seulement pour juger les ministres accusés, mais aussi ses membres qui commettraient des délits et les auteurs de délits graves contre le roi ou la sûreté de l'Etat.

La commission a pensé que de pareils délits ne pouvaient être sans inconvénients jugés par les tribunaux inférieurs.

La commission a modifié l'art. 42 de la constitution de 1837; il est dit dans cet article que les sénateurs et députés ne peuvent, durant la session, être poursuivis ni jugés sans permission de leur chambre, sauf le cas de flagrant délit. Le mot *permission* s'applique exactement à la chambre des députés, mais non au sénat qui, étant juge naturel des sénateurs, ne doit pas permettre, mais commander.

En admettant les catégories, la chambre rejette la dernière, qui comprend les individus récompensés par la nation pour d'éclatants services. La commission pense que, dans un temps de partis, de pareilles récompenses sont dangereuses.

La commission réforme aussi le projet en ce qui concerne les art. 4 et 37 de la constitution; elle ne conserve de l'art. 4 que le paragraphe premier, qui ordonne que les mêmes codes gouverneront toute la monarchie; elle ne prive pas les militaires et les ecclésiastiques de leurs tribunaux d'après le droit commun, elle veut seulement que cette matière soit réglée dans les codes; elle demande aussi la suppression de cette partie de l'article, qui porte qu'il n'y aura qu'une seule juridiction.

La suppression de l'art. 37 est inutile; cet article dit que les lois de finances sont présentées d'abord à la chambre des députés. Il ne reste plus à parler que de deux points importants : le mariage du roi et la régence. La commission a demandé au ministère des explications sur le premier point, et, convaincue que le ministère n'a proposé la réforme à cet égard que par des considérations de convenance et de dignité, qui ne permettent pas de soumettre à des discussions publiques les personnes des princes, elle l'accepte. L'addition proposée relativement au mariage du roi a pour but de le mettre en harmonie avec les articles analogues, tels que ceux qui traitent de la régence et de la succession au trône.

La commission, après de graves discussions, a adopté le projet du gouvernement sur la régence. Elle ne pouvait admettre la régence testamentaire, car cette régence eût été basée sur ce principe que les rois peuvent disposer des peuples comme de leur propre chose ; d'un autre côté, elle ne pouvait admettre la régence élective que comme une douloureuse nécessité. Elle s'est décidée pour la régence légitime du père ou de la mère, et à défaut, pour celle du plus proche parent, habile à succéder au trône.

La réforme aura lieu, non-seulement dans le cas de minorité, mais aussi dans le cas où, pour une raison quelconque, le roi ne pourrait gouverner, ce que disait la constitution de 1837, c'est une addition de la commission. Telles sont les réformes que la commission juge nécessaires d'opérer dans la loi fondamentale de l'Etat. Si elles sont approuvées, la constitution de la monarchie espagnole reposera sur des bases solides comme celles du trône et du pays. Dieu bénira sans doute ces traités de paix, et permettra que des jours plus sereins éclairent notre patrie.

RENTE *de la constitution.*

ISABELLE II, etc.

Voulant, avec les cortès du royaume, régulariser et mettre d'accord avec les besoins actuels de l'État les anciens priviléges et libertés de ce royaume et l'intervention que leurs cortès ont eue de tout temps dans les affaires importantes de la monarchie, modifiant à cet effet la constitution promulguée le 18 juin 1837, nous avons, d'accord avec les cortès actuellement réunies, décrété et sanctionné ce qui suit :

CONSTITUTION

DE LA MONARCHIE ESPAGNOLE.

TITRE PREMIER.

Des Espagnols.

ARTICLE 1er. Sont Espagnols : 1° toutes les personnes nées dans les domaines de l'Espagne ; 2° les enfants de père ou mère espagnol, quand même ils seraient nés hors de l'Espagne ; 3° les étrangers qui auront obtenu des lettres de naturalisation ; 4° ceux qui, sans lettres de naturalisation, auront établi leur domicile dans une ville quelconque de la monarchie. Une loi déterminera les droits des étrangers qui obtiendront des lettres de naturalisation ou celui du droit de bourgeoisie. La qualité d'Espagnol se perd par la naturalisation acquise à l'étranger et par l'acceptation d'emploi auprès d'un autre gouvernement sans la permission du roi.

ART. 2. Tous les Espagnols peuvent imprimer et publier librement leurs idées sans préalable censure, en se soumettant aux lois.

ART. 3. Tout Espagnol a le droit d'adresser des pétitions par écrit aux cortès et au roi, suivant le vœu de la loi.

ART. 4. Les mêmes codes régiront toute la monarchie, et dans ces codes ne s'établira qu'un seul droit unique pour tous les Espagnols dans les juridictions ordinaires, civiles et criminelles. Les ecclésiastiques et militaires continueront à jouir de leur droit spécial dans les termes déterminés par la loi.

ART. 5. Tous les Espagnols sont admissibles aux emplois et charges publiques, selon leur mérite et leur capacité.

ART. 6. Tout Espagnol est tenu de défendre la patrie les armes à la main, quand il est appelé au service par la loi ; et il doit contribuer proportionnellement à sa fortune aux dépenses publiques.

ART. 7. Aucun Espagnol ne peut être arrêté ni emprisonné, ni enlevé de son domicile, et son domicile ne peut être visité que dans le cas et en forme voulus par la loi.

ART. 8. Si la sûreté de l'Etat exige en des circonstances extraordinaires la suspension temporaire dans tout ou partie de la monarchie, de la disposition de l'article précédent, la chose sera déterminée par une loi.

ART. 9. Nul Espagnol ne peut être traduit et condamné que devant ou par le juge ou par le tribunal compétent, aux termes des lois antérieures au délit et en la forme prescrites par lesdites lois.

Art. 10. Jamais ne sera imposée la peine de la confiscation des biens; aucun Espagnol ne sera privé de sa propriété, si ce n'est pour cause d'utilité publique bien justifiée, après avoir reçu l'indemnité qu'il appartiendra.

Art. 11. La religion du peuple espagnol est la religion catholique, apostolique, romaine; l'Etat s'oblige à entretenir le culte et ses ministres.

TITRE II.

Des cortès.

Art. 12. Le pouvoir de faire les lois réside dans les cortès avec le roi.

Art. 13. Les cortès se composent de deux corps colégislatifs égaux en pouvoirs : le sénat et la chambre des députés.

TITRE III.

Art. 14. Le nombre des sénateurs sera illimité. Leur nomination appartient au roi.

Art. 15. Seront seuls aptes à être nommés sénateurs les Espagnols qui, outre qu'ils auront l'âge de trente ans révolus, appartiendront aux classes suivantes : 1° Le président du corps législatif; 2° les sénateurs ou députés admis trois fois dans les cortès, et jouissant en outre de 30,000 réaux de rente provenant de biens personnels ou des émoluments des emplois dont ils ne pourraient être privés que pour cause légalement justifiée, pour retraite ou pour vétérance; 3° les ministre de la couronne; 4° les conseillers d'Etat; 5° les archevêques; 6° les évêques; 7° les grands d'Espagnes; 8° les capitaines généraux de terre et de mer; 9° les lieutenants généraux des armées de terre et de mer; 10° les ambassadeurs; 11° les ministres plénipotentiaires; 12° les présidents des tribunaux suprêmes; 13° les membres et fiscaux de ces tribunaux; 14° les grands de Castille jouissant de 60,000 réaux de rente; 15° les personnes qui paieront depuis plus d'un an 8,000 réaux de contribution, et qui auront été sénateurs, députés ou alcades de localités dont la population sera de 30,000 ames, ou qui auront été présidents de junte ou tribunaux de commerce; 16° les personnes qui, par des services signalés, auront mérité une récompense nationale décrétée par une loi. Les conditions nécessaires pour pouvoir être nommé sénateur pourront être modifiées par une loi.

Art. 16. La nomination des sénateurs se fera par décrets spéciaux. On y spécifiera le titre en vertu duquel, aux termes de l'article ci-dessus, la nomination a lieu.

Art. 17. La fonction de sénateur est à vie.

Art. 18. Les enfants du roi et de l'héritier immédiat de la couronne sont sénateurs à l'âge de vingt-cinq ans.

Art. 19. Le sénat, outre ses pouvoirs législatifs, exerce les fonctions judiciaires dans les cas suivants : 1° quand il aura à juger les criminels; 2° lorsque, conformément aux dispositions de la loi, il aura à connaître de délits graves contre la personne ou la dignité du roi ou contre la sûreté de l'État; 3° lorsqu'il aura à juger ses propres membres.

TITRE IV.

De la Chambre des Députés.

Art. 20. Chaque province nommera un député au moins par chaque 50,000 ames de population.

Art. 21. Les députés seront élus par le mode direct, et pourront être réélus indéfiniment.

Art. 22. Pour être député, il faut être Espagnol, appartenant à l'état séculier, avoir vingt-cinq ans révolus, et se trouver dans les autres conditions voulues par la loi électorale.

Art. 23. Tout Espagnol réunissant ces conditions peut être nommé député par toute province quelconque.

Art. 24. Les députés seront élus pour cinq ans.

TITRE V.

Art. 25. Les cortès s'assembleront tous les dix ans. Au roi appartient le droit de les convoquer, de proroger, de clore les sessions et dissoudre la chambre des députés, sous l'obligation toutefois, dans ce dernier cas, de convoquer d'autres cortès, et de les assembler dans le délai de trois mois.

Art. 26. Les cortès seront forcément convoquées dès que la couronne viendra à vaquer, ou que le roi sera, pour une chose quelconque, hors d'état de gouverner.

Art. 27. Chacun des corps législatifs rédige le règlement respectif pour sa gouverne intérieure, et la chambre des députés vérifie la légalité des élections et les pouvoirs des membres qui composent la chambre.

Art. 28. La chambre des députés nomme son président, ses vice-présidents et secrétaires.

Art. 29. Le roi nomme pour chaque législature, parmi les sénateurs eux-mêmes, le président et les vice-présidents du sénat. Celui-ci choisit ses secrétaires.

Art. 30. Le roi ouvre et clôt les cortès, soit en personne, soit par l'intermédiaire des ministres.

Art. 31. L'un des corps colégislatifs ne pourra être réuni sans que l'autre le soit, si ce n'est dans le cas où le sénat aura à exercer des fonctions judiciaires.

Art. 32. Les corps législatifs ne peuvent pas délibérer en commun, ni sous les yeux du roi.

Art. 33. Les séances du sénat et de la chambre des députés seront publiques : il ne pourra y avoir de séance secrète que dans les cas où la réserve sera de rigueur.

Art. 34. Le roi et chacun des corps législatifs ont l'initiative des lois.

Art. 35. Les résolutions, dans chacun des corps colégislatifs, sont adoptées à la pluralité absolue des voix ; mais pour voter les lois est exigée la présence de la moitié plus un du nombre intégral des membres de l'assemblée.

Art. 36. Si l'un des corps législatifs repousse un projet de loi, ou si le roi refuse sa sanction, il ne pourra être représenté dans cette même législature aucun projet de loi sur la même matière.

Art. 37. Outre la puissance législative exercée par les cortès conjointement avec le roi, les pouvoirs suivants leurs appartiennent :

1° Recevoir du roi, du successeur immédiat au trône et de la régente ou du régent du royaume, le serment d'observer la constitution et les lois ; 2° résoudre tout doute de fait ou de droit qui se présenterait dans l'ordre de successibilité au trône ; 3° élire le régent ou la régente du royaume, et nommer un tuteur au roi mineur, suivant le vœu de la constitution ; 4° rendre effective la responsabilité des ministres qui seront mis en accusation par la chambre des députés et jugés par le sénat.

Art. 38. Les sénateurs et les députés sont inviolables à raison de leurs opinions et de leurs votes dans l'exercice de leurs fonctions.

Art. 39. Les sénateurs et les députés ne pourront être poursuivis ni arrêtés pendant les sessions, sans permission du corps législatif respectif, à moins qu'ils ne soient en flagrant délit ; mais, dans ce cas, ils seront poursuivis ou arrêtés après la clôture des cortès ; il devra en être rendu compte, le plus promptement possible, au corps respectif, pour, par lui, en connaître et statuer à cet égard.

Art. 40. Les députés qui accepteront du gouvernement ou de la maison du roi une pension, un emploi, qui ne sera pas un avancement dans leur carrière respective, une mission avec traitement, des honneurs ou des décorations, seront sujets à réélection.

TITRE VI.

Du roi.

Art. 41. La personne du roi est sacrée et inviolable, et n'est soumise à aucune responsabilité.

Les ministres sont responsables.

Art. 42. Le pouvoir de faire exécuter les lois réside dans le roi, et son autorité s'étend à tout ce qui mène à la conservation de l'ordre public à l'intérieur et à la sûreté de l'Etat à l'extérieur, aux termes de la constitution et des lois.

Art. 43. Le roi sanctionne et promulgue les lois.

Art. 44. Outre les prérogatives attribuées au roi par la constitution, il lui appartient : 1° de rendre les décrets, règlements et instructions facilitant l'exécution des lois ; 2° veiller à ce que dans tout le royaume la justice soit administrée d'une manière expéditive et parfaite ; 3° amnistier les délinquants conformément aux lois; 4° déclarer la guerre et faire ratifier la paix, en donnant ensuite aux cortès un compte en forme authentique et justificative; 5° disposer de la force armée en la distribuant suivant qu'il conviendra le mieux; 6° diriger les relations diplomatiques et commerciales avec les autres puissances; 7° veiller à la fabrication de la monnaie, sur laquelle figureront son effigie et son nom; 8° décréter le versement des fonds destinés à chacune des branches de l'administration publique; 9° nommer tous les fonctionnaires publics, et accorder les honneurs et distinctions de toutes classes conformément aux lois; 10° nommer et renvoyer librement les ministres.

Art. 45. Le roi a besoin d'être autorisé par une loi spéciale : 1° pour aliéner, céder et échanger quelque partie du territoire espagnol; 2° pour recevoir des troupes étrangères dans le royaume; 3° pour ratifier les traités d'alliance offensive, les traités spéciaux de commerce, et ceux qui stipuleront des subsides au profit de quelque puissance étrangère; 4° pour s'absenter du royaume; 5° pour abdiquer la couronne en faveur de son successeur immédiat.

Art. 46. Avant de contracter mariage, le roi en donnera connaissance aux cortès. Seront soumises à leur approbation les stipulations et contrats matrimoniaux, qui devont être l'objet d'une loi. La même chose aura lieu relativement au mariage du successeur immédiat à la couronne.

Art. 47. La dotation du roi et de sa famille sera fixée par les cortès au commencement de chaque règne.

TITRE VII.

De la succession au trône.

Art. 48. La reine légitime des Espagnes est dona Isabelle II de Bourbon.

Art. 49. La succession au trône des Espagnes aura lieu suivant l'ordre régulier de primogéniture et de représentation, en préférant toujours la ligne antérieure aux postérieures; dans cette ligne, le degré le plus proche au plus éloigné; au même degré, l'héritier masculin à l'héritier féminin, et dans le même sexe la personne plus âgée à celle qui le sera moins.

Art. 50. En cas d'extinction des lignes des descendants légitimes de dona Isabelle II de Bourbon, succéderont, en vertu de l'ordre qui vient d'être établi, sa sœur, et les oncles frères de son père, tant du sexe masculin que du sexe féminin, et leurs descendants légitimes, s'ils ne sont pas exclus.

Art. 51. En cas d'extinction de toutes les lignes spécifiées, les cortès feront de nouveaux appels, suivant qu'il conviendra à la nation.

Art. 52. Les personnes incapables de gouverner ou qui auraient commis quelque acte de nature à leur faire perdre le droit à la couronne seront exclues de la succession par une loi.

Art. 53. Lorsque ce sera une femme qui régnera, son mari n'aura aucune participation au gouvernement du royaume.

TITRE VIII.

De la minorité du roi et de la régence.

Art. 54. Le roi est mineur jusqu'à ce qu'il ait atteint sa quatorzième année.

Art. 55. En cas de minorité du roi, le père ou la mère du roi, ou, à leur défaut, le parent le plus proche à succéder à la couronne, suivant l'ordre établi dans la constitution, entrera immédiatement dans l'exercice de la régence, et il l'exercera tout le temps que durera la minorité du roi.

Art. 56. Pour que le parent le plus proche exerce la régence, il faut qu'il soit Espagnol, qu'il ait vingt ans révolus, et qu'il n'ait pas été exclu antérieurement de la succession au trône.

Art. 57. Le régent exerce toute l'autorité du roi, au nom de qui seront publiés les actes du gouvernement.

Art. 58. Le régent prêtera devant les cortès le serment d'être fidèle au roi mineur et de garder la constitution et les lois. Si les cortès n'étaient pas réunies, le régent les convoquera immédiatement, et il prêtera le même serment devant le conseil des ministres, promettant de le répéter devant les cortès aussitôt qu'elles auront été assemblées.

Art. 59. S'il ne se trouvait aucune personne à qui appartînt de droit la régence, les cortès nommeront une régence qui se composera d'une, trois ou cinq personnes. Jusqu'à ce que cette nomination ait eu lieu, le conseil des ministres gouvernera provisoirement le royaume.

Art. 60. Sera tuteur du roi mineur la personne nommée par le feu roi dans son testament, à la condition qu'elle sera Espagnole de naissance. S'il n'y a pas eu de tuteur nommé, sera tuteur le père ou la mère, tant qu'ils resteront en état de veuvage; à leur défaut, les cortès nommeront le tuteur; mais ne pourront être cumulées les fonctions de régent et de tuteur du roi, si ce n'est sur la tête du père ou de la mère du roi.

TITRE IX.

Des ministres.

Art. 61. Tout ce que le roi ordonnera ou décidera dans l'exercice de son autorité, devra être signé par le ministre à qui il appartient, et nul fonctionnaire public n'obéira à tout ordre privé de cette formalité.

Art. 62. Les ministres peuvent être sénateurs ou députés, et prendre part aux discussions des deux corps législatifs, mais ils n'auront droit de voter que dans celui de ces deux corps auquel ils appartiendront.

TITRE X.

Des pouvoirs judiciaires.

Art. 63. Aux tribunaux appartient exclusivement la faculté d'appliquer les lois dans les procès civils et criminels, sans qu'ils puissent exercer d'autres fonctions que celles de juges, et de faire exécuter le jugement.

Art. 64. Les lois détermineront les tribunaux qui doivent exister, l'organisation de chacun d'eux, leurs pouvoirs, la manière de les exercer, et les conditions auxquelles sera soumis chacun de leurs membres.

Art. 65. Les procès en matière criminelle seront publiés dans la forme que détermineront les lois.

Art. 66. Aucun magistrat ou juge ne pourra être déposé de son emploi temporaire ou à perpétuité que par une sentence exécutoire; il ne pourra être suspendu que par un acte judiciaire, ou en vertu d'un ordre du roi, quand le souverain, sur des motifs fondés, ordonnera qu'il soit jugé par le tribunal compétent.

Art. 67. Les juges sont personnellement responsables de toute infraction qu'ils feraient à la loi.

Art. 68. La justice est administrée au nom du roi.

TITRE XI.

Des députations provinciales et des ayuntamientos.

Art. 69. Il y aura dans chaque province une députation provinciale, composée du nombre d'individus que détermine la loi, et qui seront nommés par les mêmes électeurs que les députés aux cortès.

Art. 70. Il y aura dans les villes des ayuntamientos nommés par les habitants à qui la loi accorde ce droit.

Art. 71. La loi déterminera l'organisation et les attributions des députations provinciales et des ayuntamientos dès municipalités.

TITRE XII.

Des contributions.

Art. 72. Toutes les années, le gouvernement présentera aux cortès le budgèt général des dépenses de l'Etat pour l'année suivante, et le plan des contributions et des moyens de les percevoir, ainsi que les comptes de recouvrement et d'application des fonds publics, afin que ces documents soient examinés et approuvés.

Art. 73. Il ne pourra être imposé ni perçu aucune contribution ni subside qui ne serait pas autorisé par le budget ou par une autre loi spéciale.

Art. 74. Pareille autorisation est nécessaire pour disposer des propriétés de l'Etat et pour emprunter des fonds sur le crédit de la nation.

Art. 75. La dette publique est sous

la sauvegarde spéciale de la nation.

TITRE XIII.

De la force armée.

Art. 76. Les cortès fixeront, chaque année, sur la proposition du roi, la force armée permanente de terre et de mer.

Article additionnel. Les provinces d'outre-mer seront gouvernées par des lois spéciales.

Proclamation *publiée par Zurbano, à Najera, le 13 novembre.*

Armée restauratrice de la liberté! tandis que les autorités de toutes les nations constitutionnelles de l'Europe sont les gardiennes de la liberté, nous voyons l'Espagne opprimée, au nom de l'autorité royale, par une bande perfide et bâtarde, qui, au mépris des lois et du Code sacré, dépassant toutes les limites de ses attributions, ne travaille que pour l'injustice et la vénalité, poursuit avec acharnement le généreux parti libéral, et se fait un jeu de l'infamie, de l'imposture et de la calomnie.

Aussitôt que vous recevrez la présente, vous devrez, sous peine de mort, la communiquer à toutes les autorités du district, afin que toutes les autorités du gouvernement intrus cessent aussitôt leurs fonctions, et que l'on réinstalle immédiatement les autorités administratives, électives ou judiciaires qui exerçaient précédemment avec l'assentiment du peuple, en conformité à l'article 60 de la constitution, et avant l'infâme loi des municipalités.

Quiconque désobéira sera frappé d'une amende de 1,000 douros (5,000 fr.) applicables aux frais de la guerre, et tout employé du gouvernement intrus qui résisterait sera fusillé comme ennemi des institutions que s'est données le peuple au prix des flots de son sang et de tant de sacrifices. Les mêmes peines seront encourues par ceux qui percevraient pour le gouvernement des contributions non votées par les cortès.

Martin Zurbano.

Rapport *officiel sur l'état de la marine espagnole, adressé à la reine par le ministre de la marine.*

Un navire en état de service et deux qui ont besoin d'un grand radoub, quatre frégates armées et deux désarmées, deux corvettes, neuf bricks, trois vaisseaux de guerre à vapeur et trois autres de peu d'importance, quinze goëlettes de portée moyenne et neuf embarcations légères, composent, madame, la puissance maritime, de la monarchie. Quelques autres navires vermoulus et à demi-détruits, restes vénérables de grandes escadres, telle est la réserve qui, au lien d'augmenter nos forces, n'attend dans nos arsenaux que le moment où nous verrons englouti dans les flots ce dernier monument d'une gloire passée, et qui ne peut revenir sans se lancer dans une voie qui, abandonnée depuis longues années, a fini par se hérisser de difficultés et d'obstacles.

Ces bâtiments sont montés par des troupes braves et disciplinées, mais mal habillées, mal payées, mal organisées, en petit nombre, et qui, courbées sous le poids de leur misère, courent le danger imminent de voir détruire en elles ces vaillantes qualités qui ne se trouvent guère réunies que dans des corps bien organisés. Les apparaux, les pièces d'artillerie et les autres machines nécessaires à nos navires, ne sont pas construits d'après les progrès de la science dans d'autres pays ; et le zèle des officiers de marine ne peut suppléer à ce défaut capital qui les met dans une position inférieure à l'égard des échanges. La marine marchande, le corps des pêcheurs, ces deux sources fécondes de bons marins, languissent sans protection. Nos forêts, si riches en bois de construction, sont abandonnées ou, livrées à la merci d'avides spéculateurs ou de propriétaires ignorants, sans que la marine ait aucun droit sur leur produit. Tel est, madame, le tableau douloureux, mais fidèle, que présente la monarchie, relativement à sa puissance sur les mers ; telles sont les ressources avec lesquelles le gouvernement de Votre Majesté doit veiller à la sécurité de ses côtes dans le Péninsule et les îles adjacentes, à la garde de nos riches possessions dans les mers des Antilles et de l'Inde et à la protection de tant d'Espagnols qui sont dispersés dans toutes les contrées du globe. Ces moyens sont bien faibles pour de si grandes obligations.

On attribue communément au désastre du combat naval de Trafalgar la décadence de notre marine. Il est nécessaire de faire remarquer ici l'erreur de cette assertion, dont il est facile de voir le peu de fondement, si l'on considère qu'après cette défaite nous avions encore soixante-dix navires et frégates et quarante bâtiments plus petits qui auraient pu réparer cet échec, et qui n'auraient pas disparu successivement sans de nouveaux combats, si leur existence avaient été assise sur des bases plus solides.

Convaincu, madame, qu'il est indispensable pour le gouvernement de Votre Majesté de se vouer avec ardeur à appliquer un remède à de si grands maux, et que, si l'on ne peut y parvenir promptement, il ne faut pas moins s'occuper de poser les premières pierres de l'édifice que d'autres achèveront, j'ai jugé convenable de soumettre à l'approbation de Votre Majesté les projets de décrets ci-dessous, dressés dans le but d'établir une école navale générale, de donner droit d'intervention et de propriété sur les forêts à la marine, d'augmenter le nombre des vaisseaux de guerre destinés à se rendre dans nos importantes colonies, de procurer des moyens de communication entre ces colonie et la métropole, et d'ouvrir à nos jeunes marins une école pratique, dont ils ont manqué jusqu'à présent, par des voyages fréquents dans les mers des Indes.

PORTUGAL.

DISCOURS *d'ouverture de la session des cortés, prononcé par S. M. la reine, le 2 janvier.*

Doms pairs et messieurs les députés de la nation portugaise,

C'est avec plaisir que je vois réunis de nouveau autour de moi les représentants de la nation, que la loi fondamentale a investis du noble caractère d'interprètes légitimes de l'opinion et des vœux nationaux. Voulant examiner de plus près les besoins de mon peuple, j'ai quitté pour quelques semaines la capitale, accompagnée de mon époux et de deux de mes enfants, pour visiter les principales localités de l'Alemtego et de l'Estramadure. J'aime à croire que ce voyage n'aura pas été sans utilité pour le bonheur des habitants, dont je me plais à reconnaître publiquement l'amour, la loyauté, le respect et le dévouement à ma personne. Depuis l'ouverture solennelle de la dernière session législative, la Providence a bien voulu donner un gage de sécurité au trône par la naissance d'une princesse. J'ai le plaisir de vous annoncer que je continue de recevoir des puissances alliées des témoignages sincères d'amitié, et j'ai l'espoir fondé que, dans peu de temps, les différends avec le Saint-Siége seront terminés sans préjudice pour le droit de la couronne et en ayant égard aux besoins de l'église lusitanienne. La tranquillité publique n'a point été troublée dans le royaume, et c'est avec plaisir que je vous annonce ce fait. En fixant le chiffre de l'armée de terre et de mer, vous satisferez à ce qu'exigent l'honneur, l'intérêt et la sécurité du pays. Conformément aux dispositions de la Charte constitutionnelle, le budget de l'année financière vous sera présenté, et mes ministres vous feront, soit sur cet objet, soit sur les diverses branches du service public, les propositions qui paraîtraient utiles et dont l'expérience aurait démontré la nécessité. Je suis convaincue que les chambres donneront à mon gouvernement la coopération que j'ai le droit d'attendre de leur zèle et de leur sollicitude pour le bien public.

La session est ouverte.

Manifeste *royal concernant les troubles du pays.*

Portugais, une faction composée de mécontents qui ne sont mus que par des intérêts particuliers vient de lever l'étendard de la révolte et de proclamer traîtreusement la charte et la reine, tandis que leurs efforts ne tendent qu'à renverser le trône et la charte constitutionnelle, son égide.

Ce cri, que poussent les rebelles, est un hommage involontaire rendu par eux à la mémoire du libérateur de la nation portugaise, puisqu'ils reconnaissent ainsi l'adhésion nationale aux institutions en vigueur, et qu'ils ne croient pouvoir les renverser qu'en ayant recours à la perfidie et à l'artifice. Les manifestes de cette faction ne sont qu'une série d'accusations chimériques et sans fondement contre le gouvernement, car elles ne reposent pas sur des faits positifs, mais sur des intentions qu'on lui attribue gratuitement sans aucun fondement de vérité.

Les maux qu'éprouve la nation, dont quelques-uns sont les tristes, mais inévitables conséquences des agitations politiques, au lieu de diminuer, ne pourraient que s'accroître par de nouvelles révolutions.

La réforme dont le Portugal a besoin est une réforme paisible, lente et successive, qui perfectionne l'administration intérieure du pays, qui travaille à sa prospérité, qui appuie l'éducation publique sur les bases de la religion et de la morale, qui s'occupe d'organiser les finances publiques, en diminuant les charges de l'Etat, et en parvenant à ce but par les moyens les plus convenables. Ces bienfaits ne peuvent être obtenus que par la paix, la stabilité, les discussions parlementaires et la coopération de la presse bien intentionnée.

Essayer, au contraire, de guérir nos maux au moyen des révoltes et des agitations politiques, c'est vouloir les aggraver et leur appliquer un remède pire que le mal ; mais il est inutile de parler le langage de la raison à ceux qui n'ont, pour unique mobile, que des passions haineuses et des intérêts individuels.

Heureusement, tels ne sont pas et ne peuvent pas être les sentiments de la majorité de la nation portugaise, essentiellement attachée au trône et décidée à soutenir la charte constitutionnelle. J'ai une confiance entière dans sa fidélité, dans sa raison, dans son expérience déjà éprouvée, certaine qu'elle résistera aux déceptions par lesquelles on prétend la tromper. J'ai une égale confiance dans la discipline et le bon esprit de ma fidèle armée, à laquelle les révoltés ont la témérité de s'adresser, et qui leur répondra comme elle le doit, en défendant le trône et les institutions du pays qu'elle a déjà fait triompher si glorieusement et au prix de si nobles efforts dans la terrible lutte qu'elle soutint sous les ordres de mon auguste père, d'heureuse mémoire. Portugais, il m'est pénible de voir qu'un petit nombre de soldats de cette brave et loyale armée se soient laissé entraîner imprudemment à troubler le repos du pays ; cette crise, néanmoins, sera courte et son issue heureuse, si, comme je l'espère, les vertus qui distinguent la nation portugaise assurent le triomphe de l'ordre et le châtiment des perturbateurs, sans que jamais la clémence royale manque à ces hommes égarés qui se repentiraient de leurs crimes et rentreraient promptement sous l'obéissance des lois.

Du palais de las Necesidades, le 7 février 1844.

Moi, LA REINE.

Le duc de Terceire.

Décret *royal sur les garanties individuelles et sur la presse.*

La suspension des garanties individuelles, décrétée par la loi du 6 février dernier, prorogée par celle du 22 du même mois, devant expirer le 31 du courant, et les motifs qui donnèrent lieu à cette suspension existant encore, j'ai jugé convenable, usant de la faculté que me concède le paragraphe 134 de l'art. 145 de la charte constitutionnelle de la monarchie, et mon conseil d'Etat entendu, de décréter ce qui suit :

Article 1er. Toutes les garanties individuelles demeurent suspendues dans tout le royaume, jusqu'au 23 avril prochain, et le gouvernement pourra ordonner des arrestations sans mise en cause préalable.

Art. 2. Est prohibée pendant le même espace de temps désigné ci-dessus toute publication de journaux et écrits périodiques, manuscrits, imprimés ou lithographiés.

Paragraphe unique. Sont exceptés de cette disposition les journaux littéraires et scientifiques, ceux qui rendent compte des séances des chambres législatives et le journal du gouvernement.

Les ministres secrétaires d'Etat le tiendront pour entendu et prendront les mesures nécessaires pour l'exécution de ce décret.

Palais das Necesidades.

Décret *concernant les révoltés militaires.*

Ayant appris que des personnes malintentionnées cherchaient à corrompre les soldats et à exciter les citoyens à se former en guerillas pour prolonger la guerre civile, et attendu que le premier besoin de l'Etat est d'étouffer une révolte criminelle, qui est généralement méprisée, et jette le désordre dans la société et dans les finances ;

Le conseil d'Etat entendu, a ordonné ce qui suit :

1° Tout militaire qui se révolterait, tout citoyen qui prendrait les armes comme guerillas, et quiconque les exciterait à s'associer à la révolte, seront jugés sur-le-champ, par une cour martiale formée sur les lieux ou dans la localité la plus rapprochée qui paraîtrait convenable ;

2° La cour martiale sera convoquée par l'autorité militaire supérieure, dans les vingt-quatre heures.

L'affaire devra être jugée dans les huit jours ; toutes les formalités légales devront être observées. Si le juge auditeur de la division militaire ne peut agir, il sera remplacé par le magistrat en chef du district. La sentence sera soumise au conseil suprême de guerre, qui statuera dans les huit jours, et transmettra au ministre de la guerre sa décision.

Palais des Nécessités, 18 avril 1844.

LA REINE.

Discours *de clôture de la session royale, prononcé par S. M. la reine le 18 décembre.*

Dignes pairs du royaume et messieurs les députés de la nation portugaise,

C'est avec un vrai plaisir que je me vois aujourd'hui environnée des représentants de la nation. Je vous félicite du résultat utile de vos travaux parlementaires. Les mesures que le corps législatifs a votées pour rétablir solidement l'ordre public malheureusement troublé dans quelques parties du royaume ont produit l'effet désiré, et il est permis d'espérer que les mesures ultérieurement votées mettront désormais le trône et les institutions constitutionnelles à l'abri de pareils désordres. Les lois votées pour l'amélioration des finances du pays contribueront puissamment à l'établissement si généralement désiré d'un système complet sur cette importante matière.

La confiance publique, qui se manifeste de tant de manières, et l'affermissement progressif du crédit public donnent un témoignage irréfragable de l'importance et de l'utilité de ces mesures. Les objets soumis à vos délibérations avaient une haute importance. Je vous déclare avec plaisir qu'en les appréciant et en les réglant, vous vous êtes montrés dignes de la confiance publique, ainsi que de ma bienveillance particulière.

La session est close. La nouvelle session commencera le 2 Janvier prochain.

GRANDE-BRETAGNE.

Discours *d'ouverture des parlements anglais* (prononcé le 1er février).

Milords et messieurs,

C'est un grand plaisir pour moi de vous recevoir en parlement et d'avoir l'occasion de profiter de votre assistance et de vos avis.

J'ai l'espoir fondé que la paix générale, qui est si nécessaire au bonheur et à la prospérité de toutes les nations, ne sera pas interrompue.

Mes relations amicales avec le roi des Français et la bonne intelligence heureusement établie entre mon gouvernement et celui de S. M.; jointes aux assurances renouvelées de dispositions pacifiques et bienveillantes de la part de tous les souverains des Etats, confirment cet espoir.

J'ai donné l'ordre de vous communiquer le traité que j'ai conclu avec l'empereur de la Chine, et je suis heureuse de penser que les résultats en seront très-avantageux au commerce du pays.

Pendant tout le cours de mes négociations avec le gouvernement de la Chine, j'ai invariablement déclaré que je ne désirais aucun avantage exclusif.

Mon désir a été que les mêmes avantages fussent accordés à l'industrie et aux spéculations commerciales de toutes les nations.

Les hostilités qui ont eu lieu l'année dernière dans le Sinde ont eu pour résultat d'annexer une portion notable de ce pays aux possessions britanniques dans l'Orient.

Dans toutes les opérations militaires, et notamment dans les batailles de Meance et d'Hydrabad, l'énergie et l'intrépidité des troupes européennes et indigènes, et la bravoure ainsi que l'habileté de leur général distingué, se sont manifestées d'une manière éclatante.

J'ai ordonné de vous communiquer immédiatement de nouveaux documents qui contiennent des éclaircissements sur les opérations qui ont eu lieu dans le Sinde.

Messieurs de la chambre des communes,

Le budget de l'année prochaine vous sera soumis immédiatement. En le préparant, on a suivi les principes d'une sévère économie, tout en ayant égard aux exigences des services publics qui se rattachent au maintien de notre puissance maritime, et aux demandes multipliées ayant pour objet les établissements maritimes et militaires des diverses parties d'un empire qui a une immense étendue.

Milords et messieurs,

Je vous félicite de l'amélioration survenue dans plusieurs branches importantes du commerce et de l'industrie du pays.

J'aime à croire que le renouvellement de l'industrie manufacturière aura soulagé proportionnellement plusieurs classes de mes fidèles sujets, en diminuant des souffrances et des privations que j'ai eu l'occasion de déplorer, à des époques antérieures.

Pendant plusieurs années successives, le produit annuel de l'impôt est resté au-dessous des exigences des services publics.

J'ai l'espoir fondé que, cette année, le revenu public sera suffisant pour défrayer amplement les charges dont il est grevé.

Je suis convaincue qu'en examinant toutes les matières qui se rattachent aux intérêts financiers du pays vous aurez constamment présents à l'esprit les inconvénients fâcheux qu'entraînerait l'accumulation de la dette en temps de paix, et que vous prendrez la ferme résolution de soutenir le crédit public, dont la conservation se lie également aux intérêts permanents et à l'honneur, ainsi qu'à la réputation d'un grand pays.

Dans le cours de la présente année, l'occasion se présentera de faire une communication à la banque d'Angleterre, au sujet de la révision de sa charte; il pourra être utile que, pendant cette session du parlement, et avant l'arrivée de la période fixée pour cette communication, l'état de la législation concernant les privilèges de la banque d'Angleterre, et d'autres établissements de banque, soient soumis à votre examen.

Lors de la clôture de la dernière session, je vous ai annoncé ma ferme résolution de maintenir inviolable l'union législative entre la Grande-Bretagne et l'Irlande. En même temps, j'ai exprimé le désir sérieux de coopérer, avec le parlement, à l'adoption de toutes mesures qui seraient de nature à améliorer la condition sociale de l'Irlande et à développer les ressources naturelles de cette partie du Royaume-Uni.

J'ai résolu d'agir d'une manière strictement conforme à cette déclaration.

Je m'abstiens de toutes réflexions sur les événements dont l'Irlande a été le théâtre et qui ont amené des débats judiciaires qui ont lieu en ce moment devant le tribunal compétent.

J'ai porté mon attention sur l'état de la législation et de la pratique en ce qui concerne les relations entre les propriétaires et les fermiers. J'ai jugé à propos d'ordonner des enquêtes locales très-sévères sur un objet d'une aussi haute importance, et j'ai nommé une commission investie de l'autorité nécessaire pour diriger les opérations.

Je vous recommande d'examiner promptement les lois actuellement en vigueur en Irlande, concernant l'enregistrement des électeurs qui nomment les députés au parlement. Vous trouverez probablement qu'une révision de la loi d'enregistrement, jointe à d'autres causes qui agissent en ce moment, produirait une diminution considérable du nombre des votants des comtés, et qu'il pourrait être utile, sous ce rapport, d'examiner la loi, dans le but d'étendre dans les comtés de l'Irlande la franchise électorale. Je soumets à vos mûres délibérations diverses questions importantes de politique qui seront soumises nécessairement à votre examen. J'ai pleine confiance dans votre loyauté et votre sagesse, et j'adresse au Tout-Puissant une prière fervente pour qu'il dirige et favorise vos efforts dans le but d'augmenter la prospérité de toutes les classes de mes sujets.

PROCLAMATION *d'O'Connell.*

AU PEUPLE D'IRLANDE.

Merlon-Square, 11 février 1844.

Concitoyens, je vous remercie encore une fois cordialement de la tranquillité, du calme et du bon ordre que vous avez observés, et je vous conjure, par le pays que vous aimez, et au nom du Dieu que vous adorez, de persévérer dans cet esprit de paix, de calme et de parfaite tranquillité. Je vous dis solennellement que vos ennemis et les ennemis de l'Irlande désireraient voir éclater un tumulte ou une révolte. Soyez donc parfaitement tranquilles; n'attaquez personne, n'offensez personne, n'injuriez qui que ce soit. Si vous respectez vos amis, et si vous voulez causer un désappointement amer à vos ennemis, restez tranquilles et abstenez-vous de tout acte de violence.

Vous savez que le jury a rendu un verdict de culpabilité contre moi, mais soyez sûrs que je demanderai la nullité du verdict, et que je ne me soumettrai qu'après avoir fait décider la question par les douze juges d'Irlande, et, au besoin, par la chambre des lords. Ainsi, soyez calmes, et abstenez-vous de toute violence. Rien ne m'offenserait autant que des outrages ou des violences de votre part. On prétend que la grande question du rappel se trouve compromise par ce verdict: ne croyez pas cela; au contraire, ce verdict servira essentiellement la cause du rappel, si le peuple continue à se maintenir tranquille comme il l'a fait jusqu'à présent et comme je suis convaincu qu'il le fera toujours. Suivez mes conseils: point de rébellion, point de tumulte, point de coups, point de violence! Soyez tranquilles six mois encore, ou douze mois au plus, et vous aurez retrouvé votre parlement Collége-Green.

Je suis, concitoyens, votre affectionné et dévoué serviteur,

DANIEL O'CONNELL.

DISPOSITIONS *relatives aux navires autrichiens.*

Comme, par un acte du parlement remontant à l'année 1840, S. M. avait été autorisée à effectuer certaines stipulations d'un traité de commerce conclu entre l'Angleterre et l'Autriche; comme S. M. avait été autorisée, par un autre acte de l'année 1841, à déclarer, par un ordre de son conseil, les ports d'expédition les plus convenables à l'Autriche, quand même ces ports ne seraient pas trouvés dans les limites de ce pays; et, comme les ports à l'embouchure de la Vistule, quoique n'appartenant point à l'Autriche, sont cependant les plus convenables pour expédier en Angleterre les produits autrichiens, S. M., avec et par l'avis de son conseil, ordonne qu'à l'avenir les vaisseaux autrichiens sortis des ports à l'embouchure de la Vistule seront reçus dans les ports de l'Angleterre et des autres possessions britanniques, comme s'ils provenaient des ports de l'Autriche, aussi longtemps que les vaisseaux anglais seront traités dans les ports de la Vistule et de l'Autriche, à leur départ et à leur arrivée, sur le même pied que les vaisseaux autrichiens.

(Délibération du 4 mars.)

PROCLAMATION d'*O'Connell au peuple Irlandais:*

Paix et tranquillité, peuple d'Irlande, concitoyens, chers concitoyens. La sentence est rendue; mais j'ai interjeté appel. L'appel est devant la chambre des lords, et il y a tout espoir de succès: ainsi paix et tranquillité; qu'il n'y ait ni bruit, ni tumulte, ni violence. Voilà la crise où le peuple montrera s'il m'obéit ou non. Toute personne qui violerait la loi, porterait atteinte à la sûreté des personnes ou des propriétés, enfreindrait mon ordre et serait mon ennemi, ainsi que l'ennemi le plus redoutable de l'Irlande.

Les Irlandais modérés, honnêtes, religieux, ont, jusqu'à ce jour, obéi à ces ordres, et se sont tenus tranquilles. Que chacun reste chez lui. Que les femmes et les hommes restent chez eux, n'encombrent pas les rues, et que personne surtout ne s'approche de l'enceinte du palais. Maintenant, peuple de Dublin et d'Irlande, je saurai, et le monde saura, si vous m'aimez et me respectez. Témoignez-moi votre amour et votre estime, par votre obéissance à la loi, votre conduite paisible, et en vous abstenant de toute violence: Paix, ordre, tranquillité. Restez en paix, et la cause du rappel triomphera. Je vous recommande l'ordre et la tranquillité en mon nom. Je vous recommande l'ordre et la tranquillité au nom de l'Irlande, que vous aimez. Je vous recommande la paix, l'ordre et la tranquillité au nom de la religion, au nom du Dieu adorable et vivant. Je vous exhorte à demeurer tranquilles. Donnez-moi cette consolation, car les ennemis de l'Irlande se réjouiraient, si vous troubliez la tranquillité et commettiez des désordres. Trompez-les, et que l'ordre et la tranquillité soient votre devise.

Votre fidèle ami,

DANIEL O'CONNELL.

Corn-Exchange, Room,
30 mai 1844.

Discours *de prorogation du parlement* (prononcé le 5 septembre).

Mylords et messieurs,

S. M. nous ordonne, en vous dispensant de toute assiduité ultérieure au parlement, de vous exprimer sa vive reconnaissance pour le zèle et le dévouement avec lesquels vous avez constamment rempli vos devoirs pendant une session laborieuse et prolongée. Le résultat a été l'achèvement d'un grand nombre de mesures législatives destinées à améliorer l'administration judiciaire et à assurer le bien-être public. La reine a donné son cordial assentiment au bill que vous lui avez présenté pour régler l'émission des billets de banque d'Angleterre pour une période limitée. S. M. a la confiance que ses mesures tendront à placer les transactions pécuniaires du pays sur une base plus solide, sans imposer des restrictions gênantes au crédit où à l'activité du commerce. Nous avons l'ordre de vous informer que S. M. continue à recevoir de ses alliés et de toutes les puissances étrangères les assurances de leur disposition amicale.

S. M. a été récemment engagée dans des discussions avec le gouvernement du roi des Français sur des événements de nature à interrompre la bonne intelligence et les relations amicales entre l'Angleterre et la France. Vous vous réjouirez d'apprendre que, grâce à l'esprit de justice et de modération qui a animé les deux gouvernements, le danger a été heureusement écarté.

Messieurs de la chambre des communes, S. M. nous ordonne de vous remercier de l'empressement avec lequel vous avez voté les subsides pour le service de l'année. S. M. a observé avec la plus grande satisfaction que, grâce au système auquel vous avez fermement adhéré, consistant à maintenir dans toute sa pureté la foi publique, et à inspirer une juste confiance dans la stabilité des ressources nationales, vous avez pu opérer une réduction considérable dans la charge annuelle pour le compte de l'intérêt de la dette nationale.

Mylords et messieurs, S. M. désire que nous vous félicitions de l'amélioration qui a eu lieu dans la condition de nos manufactures et de notre commerce, et de l'espérance que, grâce à la bonté de la divine Providence, nous jouirons de la bénédiction d'une abondante récolte. S. M. aime à penser que, lorsque vous rentrerez dans vos divers districts, vous trouverez généralement établi dans le pays un esprit de dévouement et d'obéissance empressée à la loi. S. M. a la confiance que ces dispositions si importantes pour le développement pacifique de nos ressources et de notre force nationale seront confirmées et encouragées par votre présence aussi bien que par votre exemple. S. M. nous ordonne de vous assurer que, lorsque vous serez appelés à répandre l'exercice de vos fonctions parlementaires, vous pourrez avoir foi entière dans la coopération cordiale de S. M., prête à seconder vos efforts dans le but d'améliorer la condition sociale et de faire le bonheur et le contentement de son peuple.

Proclamation *de la reine d'Angleterre.*

Victoria, reine,

Comme notre parlement reste prorogé jusqu'au 12 décembre prochain, nous, d'après l'avis de notre conseil privé, publions et déclarons par ces présentes, que ledit parlement sera prorogé de nouveau le 12 décembre prochain jusqu'au 4 février 1845. Et nous avons donné ordre à notre chancelier de cette partie du royaume appelée la Grande-Bretagne de nommer une commission pour la prorogation. Et par ces présentes, et d'après l'avis ci-dessus, nous déclarons que notre volonté et plaisir royal est que ledit parlement soit, le mardi quatrième jour de février, assemblé pour l'expédition des affaires importantes, et que les lords spirituels et temporels, les chevaliers, citoyens et bourgeois, les commissaires des comtés et des bourgs, de la chambre des communes, soient par ces présentes requis d'assister à la séance à Westminster, ledit mardi 4 février prochain.

Donné à notre cour, à Windsor, le 28e jour de novembre, l'an de N.-S. 1844, et huitième de notre règne.

Dieu sauve la reine!

BILL DES ARMES.

CIRCULAIRE *publiée par M. Eliot, au nom du lord-lieutenant d'Irlande, et adressée aux lieutenants des comtés.*

Milords,

Certaines circonstances relatives à l'enregistrement des armes étant parvenues dernièrement au lord-lieutenant, S. Exc. m'a ordonné, en conséquence, de vous faire la communication suivante pour en informer les magistrats de votre comté.

Le but du gouvernement de S. M., en apportant un amendement aux lois qui réglait la détention d'armes en Irlande, était plutôt d'empêcher l'usage clandestin des armes que d'imposer de nouvelles restrictions à leur possession avouée. S. Exc. sait que la loi a revêtu les magistrats du pouvoir discrétionnaire de refuser et d'accorder des licences; S. Exc. est donc loin de vouloir décourager la prudence apportée dans l'exercice de ce pouvoir. S. Exc. pense qu'il est bon cependant de faire observer que la loi des armes n'a nullement rapport aux opinions politiques ou religieuses. Or, en s'appuyant sur ces opinions pour accorder ou refuser des licences, les magistrats n'agiraient point dans le but que s'est proposé le gouvernement, et la législature qui a sanctionné la remise en vigueur de la loi des armes. S. Exc. pense donc qu'il vaut mieux s'enquérir du caractère et de la position des demandeurs plutôt que du parti politique et de la commission religieuse à laquelle ils appartiennent.

(8 décembre 1844.)

ÉTATS-UNIS D'AMÉRIQUE.

DOCUMENTS

CONCERNANT L'ANNEXION DU TEXAS.

N° 1. — LETTRE *de M. Upshur à M. Murphy.*

On ne peut avoir aucun doute sur le désir du peuple texien, quant à l'annexation du Texas avec les Etats-Unis; j'ai les preuves les meilleures qu'il est unanime en faveur de cette mesure. S'il était certain ou seulement probable que cette question serait soumise au congrès, je suis certain que le gouvernement du Texas l'agréerait; mais, tant que la question restera douteuse dans l'esprit du gouvernement texien, il est naturel qu'il sera peu incliné à risquer de perdre l'amitié des autres puissances et particulièrement de l'Angleterre, par un appel aux Etats-Unis, qui pourrait n'être pas couronné de succès.

(16 février 1844.)

N° 2. — DÉPÊCHE *de lord Aberdeen, contenue dans une lettre écrite le 26 février 1844 à M. Upshur par M. Packenham.*

Foreign-Office, 26 décembre 1843.

Sir,

Comme il paraît qu'une grande agitation s'est fait remarquer aux Etats-Unis relativement aux desseins que la Grande-Bretagne est supposée entretenir sur la république du Texas, le gouvernement de S. M. juge nécessaire de prendre des mesures pour détruire les broits mensongers qui ont circulé, et les erreurs dans lesquelles le gouvernement semble être tombé au sujet de la politique du gouvernement anglais, vis-à-vis du Texas. Cette politique est bien simple et elle peut être décrite en quelques mots.

La Grande-Bretagne a reconnu l'indépendance du Texas, et, l'ayant fait, elle désire voir cette indépendance établie et généralement reconnue, surtout par le Mexique. Ce désir n'est point le résultat de motifs ambitieux ou d'intérêts personnels autres que cet intérêt qui s'attache à l'extension de nos relations commerciales avec les autres puissances. Nous sommes convaincus que la reconnaissance du Texas par le Mexique devra conduire à des avantages pour ces deux pays; et, comme nous prenons un grand intérêt à leur bien-être et à leur accroissement en puissance et en richesses, nous avons pressé le gouvernement du Mexique de reconnaître le Texas comme Etat indépendant. Mais, en agissant ainsi, nous n'avions aucun dessein caché, soit relativement à quelque intérêt particulier que nous aurions pu chercher à établir au Mexique ou au Texas, soit rapport à l'esclavage qui existe encore au Texas, et que nous désirons de voir abolir.

Quant à ce dernier, il est connu des Etats-Unis et du monde entier que la Grande-Bretagne désire l'abolition générale de l'esclavage par tout le globe et agit constamment dans ce but. Les moyens qu'elle a adoptés et qu'elle continuera d'adopter dans ce vertueux but d'humanité sont à découvert. Elle ne veut rien faire secrètement ou en dessous main. Elle désire que ses motifs puissent être généralement compris et ses actes connus de tous.

Quant au Texas, nous avouons que nous désirons d'y voir l'esclavage aboli, comme partout ailleurs, et que nous nous réjouirions si la reconnaissance de ce pays par le gouvernement mexicain était accompagnée d'un engagement de la part du Texas d'abolir éventuellement l'esclavage, à de certaines conditions, dans toute la république. Quoique nous désirions vivement une telle mesure, et que nous sentions qu'il est de notre devoir de la provoquer, nous ne pouvons point intervenir mal à propos pour en assurer l'adoption. Nous pourrons conseiller, mais nous ne chercherons point à forcer en quelque manière que ce soit. Pour ce qui concerne la Grande-Bretagne, pourvu que les autres Etats agissent avec autant de ménagements, ces gouvernements sont pleinement libres de faire leurs arrangements comme ils l'entendront, soit sur la question de l'esclavage, soit sur d'autres points.

De plus, la Grande-Bretagne ne désire établir au Texas, qu'il soit dépendant ou indépendant du Mexique (et nous considérons ce dernier état de choses comme préférable), aucune influence dominante. Elle désire seulement avoir une portion d'influence égale à celle des autres nations. Son but est purement commercial, et elle n'a ni la pensée, ni l'intention de chercher a agir directement ou indirectement, dans un sens politique, sur les Etats-Unis au moyen du Texas.

Le gouvernement britannique, comme les Etats-Unis le savent bien, n'a jamais cherché à exciter de la désaffection ou des troubles dans les Etats de l'union américaine qui gardent encore des esclaves. Bien que nous désirions de voir ces Etats placés sur la base ferme et solide que, dans notre croyance consciencieuse, la liberté peut donner, nous n'avons jamais, dans nos actes, fait de différence entre les Etats à esclaves et les Etats libres de l'Union. Tous à nos yeux ont droit, comme membres de l'Union, à autant de faveur, de ménagements et de respect politique les uns que les autres, de notre part.

Nous continuerons de suivre cette sage et juste politique, et les gouvernements des Etats esclaves peuvent être assurés que, quoique nous ne nous lasserons jamais des honorables efforts que nous avons constamment faits pour l'abolition de l'esclavage par tout le monde, nous n'userons ni ouvertement ni secrètement de mesures qui puissent tendre à troubler leur tranquillité intérieure, ni à affecter la prospérité de l'Union américaine. Vous communiquerez cette dépêche au secrétaire d'Etat des Etats-Unis, et, s'il le désire, vous lui en laisserez une copie.

ABERDEEN.

N° 3.—LETTRE *de M. Calhoun à M. Pakenham, du 13 avril 1844.*

Dans cette lettre, M. Calhoun commence par poser en principe que, si l'Angleterre a le droit d'abolir l'esclavage dans ses propres colonies et possessions, elle n'a point le même droit à l'égard des autres Etats dans lesquels l'esclavage existe.

M. Calhoun continue ainsi :

Lord Aberdeen a déclaré que le désir de l'Angleterre était de voir l'esclavage aboli dans le Texas. Cette déclaration a vivement peiné le président de l'Union, d'autant plus qu'il sait que la diplomatie britannique travaille pour faire de l'abolition de l'esclavage une des conditions de la reconnaissance de l'indépendance du Texas par le gouvernement mexicain.

Le président, en conséquence, a dû examiner jusqu'à quel point le succès de l'Angleterre compromettrait la sûreté et la prospérité des Etats-Unis. Il a acquis la conviction que le Texas ne pourrait résister à ce désir de l'Angleterre, et qu'ainsi la Grande-Bretagne acquerrait une influence qui compromettrait les intérêts de l'Union. Il a dû, en conséquence, adopter toutes les mesures nécessaires pour empêcher ce résultat. Si l'indépendance du Texas était reconnue par le gouvernement mexicain, et si l'esclavage était aboli dans cette province, il en résulterait entre le Texas et les Etats-Unis des sentiments d'hostilité qui ne manqueraient pas de placer le Texas sous le contrôle de la Grande-Bretagne. En conséquence, eu égard à la position géographique du Texas, la portion la plus faible et la plus vulnérable de l'Union serait exposée à des incursions, et l'Angleterre pourrait abolir, conformément à son désir avoué, l'esclavage dans les Etats voisins de l'Union. Pour détourner de pareils effets, le gouvernement américain a dû aviser à d'énergiques mesures, et, en conséquence, le président m'ordonne de vous annoncer qu'un traité a été conclu entre le Texas et l'Union, pour l'annexation du Texas au territoire fédéral et ce traité sera soumis sans délai à la ratification du sénat. Cette mesure a été adoptée comme étant le moyen le plus efficace, sinon le seul, de détourner des Etats-Unis les dangers dont ils sont menacés.

N° 4.—MESSAGE *du président des États-Unis à la chambre des représentants concernant le Texas, envoyé au sénat le 10 juin.*

Le traité négocié par le pouvoir exécutif avec la république du Texas sans s'éloigner d'aucune des formes de procédure ordinaire observées dans la négociation des traités, pour l'annexation de cette république aux Etats-Unis, ayant été rejeté par le sénat, et cette affaire ayant excité un vif intérêt, je crois de mon devoir de soumettre à votre examen le traité rejeté, avec toute la correspondance et tous les documents soumis au sénat dans ses séances exécutives. Les documents communiqués embrassent non-seulement la série déjà rendue publique par les ordres du sénat, mais encore d'autres pièces dont le mystère n'a pas été levé par ce corps, mais que je regarde comme essentielles pour faire justement apprécier toute la question. Pendant que le traité était soumis au sénat, je n'ai pas cru pouvoir, par égard pour les justes droits de ce corps, ou sans manquer au respect qui lui est dû, vous soumettre cette importante matière. Toutefois, l'autorité du congrès est compétente d'autre manière pour faire tout ce qu'aurait pu faire une ratification formelle du traité, et je croirais manquer à mon devoir vis-à-vis de vous ou vis-à-vis du pays, si je ne vous communiquais pas toutes les pièces qui ont été sous les yeux du pouvoir exécutif, afin de vous mettre en état d'agir en pleine connaissance de cause, si vous le jugiez à propos. Je regarde cette question comme immense et comme embrassant des intérêts d'un caractère aussi durable qu'élevé. Une république limitrophe avec la nôtre, dotée de vastes ressources, qui, pour recevoir un développement complet, n'ont besoin que d'être fécondées par l'influence de notre système de liberté et de fédération, promettent, dans un délai peu reculé, à cause de la fertilité de son territoire, de doubler presque les exportations du pays, et de donner au commerce et à l'industrie un développement presque incalculable, pendant qu'un nouvel essor serait donné aux intérêts du commerce, de manufactures, d'agriculture et de navigation de l'Union, que la frontière cesserait d'être exposée, et que tout le pays jouirait du repos et de la sécurité; un territoire enfin cultivé en grande partie par des émigrants des Etats-Unis, qui ne pourraient manquer d'être animés par l'amour de la liberté et un ardent dévouement aux institutions libérales: telle est, en peu de mots, l'ébauche d'une question qui doit assurément intéresser au plus haut point les dépositaires responsables des pouvoirs de la constitution! Il me semble qu'il était heureux que la question ne fût ni partielle, ni locale, qu'elle s'adressât à tous les intérêts du pays, et qu'elle en appelât à la gloire du nom américain. Je dois dire que j'ai sérieusement pesé les objections soulevées, et que j'ai été loin d'être frappé de leur force. On a dit que la mesure d'annexation devrait être précédée par l'agrément du Mexique. Conserver les relations les plus amicales avec le Mexique, lui concéder librement et sans réserve tous ses droits; négocier franchement et loyalement avec ce pays la question des frontières; l'indemniser enfin largement de toutes pertes qu'il pourrait croire avoir subies, telles ont été toujours les vues du pouvoir exécutif.

Mais des négociations anticipant sur l'annexation seraient non-seulement infructueuses, mais encore elles paraîtraient offensantes pour le Mexique et insultantes pour le Texas. Je suis certain que le Mexique ne voudrait pas prêter un seul instant l'oreille à un essai de négociation qui n'embrasserait pas tout le territoire du Texas. Tandis que le monde entier s'accorde à regarder le Texas comme une puissance indépendante, le Mexique s'obstine à le traiter en province rebelle. Nous ne pourrions pas traiter avec le Mexique pour le Texas, sans reconnaître par ce fait que nous avions eu tort de proclamer son indépendance. Ce n'est qu'après l'acquisition du Texas que la question de frontière peut s'élever entre les Etats-Unis et le Mexique, question de nature à provoquer des négociations avec le Mexique, et à offrir l'occasion de conclure les arrangements les plus pacifiques.

Le pouvoir exécutif a agi avec le Texas comme avec une puissance indépendante de toutes autres *de facto* et *de jure*. Le Texas était un Etat indépendant de la confédération des républiques mexicaines. Lorsque, à l'issue d'une violente révolution, le Mexique a déclaré la confédération finie, le Texas a cessé d'en dépendre, et pendant huit années il a maintenu le droit d'une position distincte et indépendante. Pendant cette période aucune armée n'a envahi le territoire texien pour le reconquérir, et, si le Texas n'a pas encore établi son droit d'être traité en peuple indépendant *de facto* et *de jure*, il est bien difficile de dire à quelle époque ce droit pourra lui être acquis. Nous ne pouvons, par aucune induction légitime, être accusés de violer quelque stipulation de traité avec le Mexique. Les traités avec le Mexique ne stipulent aucune garantie, et ils coexistent avec un traité analogue avec le Texas. A ce compte, tous nos traités avec la plupart des nations de la terre se trouveraient aussi bien violés par l'annexation du Texas que notre traité avec le Mexique. Le traité est purement commercial, et il doit servir à définir les droits et à assurer les intérêts des citoyens de chaque pays.

J'avoue ne pas bien comprendre comment on pourrait accuser de mauvaise foi le gouvernement des Etats-Unis pour avoir négocié heureusement avec une puissance indépendante sur une question qui ne violerait pas les stipulations de ce traité. Les objections faites à l'agrandissement de notre territoire ont été présentées avec autant de force lorsqu'il s'est agi de l'acquisition de la Louisiane; on sait combien la futilité de ces arguments a été flagrante. Depuis lors, une nouvelle paissance a rapproché le Texas du siége du gouvernement plus que ne l'était la Louisiane. Grâce à la vapeur, les pays éloignés naturellement se trouvent aujourd'hui rapprochés les uns des autres.

Envisageant la question sous ce point de vue, je manquerais à la confiance dont la constitution m'a investi, si je négligeais d'appeler l'attention des représentants du peuple sur cette question aussi promptement que les égards que je dois au sénat me permettront de le faire. Je trouverais au besoin dans le caractère urgent de l'affaire une excuse suffisante, s'il m'en fallait une, attendu que l'annexation courrait le plus grand danger d'être définitivement rejetée, si dès à présent on ne prend quelque mesure pour prévenir ce résultat. A cet égard, je ne saurais appeler assez votre attention sur mon message du 16 mai et sur les journaux qui l'accompagnent, et qui, jusqu'à ce jour, n'ont pu encore être publiés. Si l'on objecte que les noms des auteurs de quelques-unes des lettres particulières sont tenus au secret, je répondrai qu'il y a de justes raisons pour cela, et que les auteurs sont des citoyens du Texas très-recommandables qui ont des moyens d'information qui leur donnent droit à une confiance pleine et entière. J'ai déclaré dans mon message que le gouvernement du Texas avait donné à ses agents l'ordre de proposer au gouvernement britannique, si le traité n'était pas ratifié, de conclure un traité de commerce et d'alliance offensive et défensive. Depuis lors, loin de s'affaiblir, ma confiance dans la déclaration du général Jackson sur ce point n'a fait qu'augmenter. Veuillez aussi examiner la lettre de M. Everett, notre ambassadeur à Londres, qui rend compte d'une conversation qui a eu lieu dernièrement dans la chambre des lords entre lord Brougham et lord Aberdeen au sujet de la question de l'annexation. Le langage de lord Aberdeen m'a étonné.

Comment un royaume qui est devenu ce qu'il est par des actes réitérés d'annexation, depuis l'heptarchie jusqu'à l'annexation de l'Ecosse et de l'Irlande, peut-il voir un principe nouveau ou grave dans les derniers actes du pouvoir exécutif relativement au Texas? Cela est étonnant, si l'on prétend que, parce qu'il existe des relations commerciales ou politiques entre les deux Etats, aucun n'a le droit d'abdiquer sa souveraineté, et qu'une troisième puissance n'a pas le droit de changer ces relations par un traité volontaire d'union et d'annexation; il faudra soutenir qu'il serait impossible de justifier une annexation qui devrait s'opérer par la force des armes dans une guerre juste et nécessaire, et cependant on peut supposer que la Grande-Bretagne serait la dernière nation du monde à approuver une pareille doctrine. Les relations politiques et commerciales de beaucoup d'Etats de l'Europe ont éprouvé des changements réitérés par des traités volontaires, par la conquête, par des partages de territoire, sans qu'il ait pu s'élever aucune question, quant au droit, d'après la loi politique. Sous ce point de vue, la question n'est ni neuve ni sérieuse.

N° 5. — Message *spécial de M. Tyler au sénat et à la chambre des représentants.*

Je joins à ceci une copie des dépêches envoyées par notre ministre du Mexique depuis le commencement de votre session actuelle. Elles réclament, par leur importance, toute l'attention que vous leur accorderez, je n'en doute pas. Vous examinerez surtout le langage incroyable et injurieux que le gouvernement mexicain a cru devoir employer en réponse aux remontrances du pouvoir exécutif, personnifié dans M. Schaunon, contre le renouvellement de la guerre avec le Texas, pendant que la question de l'annexion était pendante devant le congrès et le peuple; vous terminerez par l'appréciation de la manière dont on projeta de mener cette guerre.

Ces remontrances, tout amicales envers le Mexique, furent dictées par des motifs impérieux, la paix de ce pays, l'honneur de son gouvernement et la cause de l'humanité et de la civilisation. Sur l'invitation du pouvoir exécutif, le Texas entra dans le traité d'annexion, et quand, pour cet acte, le Mexique le menaça d'une nouvelle guerre, le Texas sollicita naturellement la protection du gouvernement pour détourner le coup qui le menaçait. Que fit le pouvoir exécutif? Agissant dans les limites de sa compétence constitutionnelle, il protesta contre la conduite du Mexique, en termes respectueux, mais énergiques. La guerre qui menaçait d'éclater fut promulguée par des édits et des décrets, et les soldats mexicains désolèrent le pays et détruisirent, sans discernement, hommes, femmes et enfants. Le Mexique n'a pas le contrôle exclusif des plans de campagne ; il n'a pas le droit de violer à plaisir les principes établis par une civilisation éclairée en faveur des nations en guerre, et de retourner par là à une époque de barbarie, depuis longtemps disparue pour le bonheur du monde. Toutes les nations sont intéressées à faire observer ces principes, et les Etats-Unis, la plus ancienne des républiques américaines, la plus voisine du théâtre de ces forfaits projetés, ne pouvait contempler avec tranquillité un tel état de choses. Par le pouvoir exécutif, l'Amérique avait, dans une autre occasion, avec l'approbation générale, fait des remontrances contre des outrages pareils, quoique moins cruels que ceux que le Mexique a projetés dans ses nouveaux édits et décrets, et dont le massacre odieux de Tabasco ne fut que l'avant-coureur.

L'assassinat sanguinaire et lâche de Fammi et de ses compagnons, qui n'a d'égal en sauvage cruauté que les coutumes des Indiens barbares, prouva quel degré de confiance on pouvait placer dans les plus solennelles stipulations de ses généraux. En effet, que faisait le gouvernement mexicain? Il faisait fusiller ses prisonniers de guerre, infirmes et mourants, sur les grandes routes; leurs camarades survivants étaient soumis à des tortures plus cruelles que la mort, et c'est là une tache indélébile dans les pays de civilisation. Le pouvoir exécutif, convaincu des intentions du Mexique de renouveler ces scènes révoltantes, ne pouvait faire moins que de réitérer ses premières remontrances, et c'est parce que nous avons impérieusement rempli un devoir sacré, que le Mexique a cru devoir, dans ses organes, se servir d'un langage inconnu dans le vocabulaire courtois des relations diplomatiques, et offensant à l'extrême pour notre gouvernement et ses concitoyens.

Et ce n'est pas ici seulement que réside l'offense. Outre que le Mexique a violé les conventions existantes entre les deux pays par des décrets arbitraires et injustes contre notre commerce et nos relations, il se refuse à faire les versements de la dette due à nos concitoyens, et pourtant il avait donné sa parole d'honneur de l'acquitter en des circonstances parfaitement expliquées par la lettre de M. Green, notre secrétaire de légation. Et quand notre ministre a appelé l'attention de son gouvernement sur des torts causés par ses autorités locales, non-seulement aux biens, mais encore aux personnes de nos concitoyens, occupés à des travaux loyaux et honorables, ce gouvernement a ajouté l'insulte aux torts, en ne daignant pas même, pendant des mois entiers, répondre à ses remontrances. Et comme pour manifester avec plus d'éclat encore son mauvais vouloir envers les Etats-Unis, le Mexique a publié des décrets qui expulsaient de plusieurs de ses provinces des citoyens américains les plus paisibles du monde, et aujourd'hui il refuse à nos pêcheurs de baleine sur la côte nord-est de l'océan Pacifique le privilège qui leur fut toujours accordé jusqu'ici d'échanger des articles de petite valeur dans ses ports de la Californie, contre des marchandises indispensables à leur bien-être et à leur santé.

Le congrès apercevra, je n'en doute pas, que dans la correspondance avec le ministre des Etats-Unis, qui ne connaît aucune distinction entre les divisions géographiques de l'Union, on a lancé des accusations très injustes contre certains Etats, et fait appel à d'autres pour leur aide et protection contre des torts imaginaires. Ici l'on cherche à soulever les préjugés de province, et l'on s'essaie sans pudeur à fomenter la discorde chez les divers états de l'Union, compromettant ainsi leur bon accord et leur tranquillité. Mais le Mexique saura que, quelles que soient nos petites rivalités intérieures, le peuple américain ne souffrira pas qu'un gouvernement étranger s'immisce dans ses affaires domestiques; il saura que, dans tout ce qui touche aux libertés constitutionnelles et à l'honneur national, le peuple américain n'a qu'une pensée et qu'une ame! Le sujet de l'annexion s'adresse fort heureusement à toutes les parties de l'Union. Si le pouvoir exécutif eût adopté un plan politique dicté par des intérêts partiels et des rivalités locales, il aurait fait bon marché de ses devoirs les plus sacrés; mais, loin de là, c'est parce que la question était d'intérêt général, et qu'elle était vitale pour l'Union tout entière, que nous entamâmes d'abord cette négociation, et que nous entrâmes ensuite en traité d'annexion; c'est avec bonheur que j'ai remarqué l'effet salutaire que cela avait produit sur mes concitoyens de toutes les opinions. Le Mexique peut chercher à semer les divisions parmi nous, en proférant d'injustes accusations contre des états particuliers; mais, quand il saura que les invitations de l'Espagne d'abord, et les siennes ensuite, adressées à nos concitoyens, de s'établir au Texas, furent acceptées par les émigrants de tous les Etats, et quand il se rappellera que le premier effort de conquérir le Texas fut tenté sous la direction d'un citoyen distingué d'un Etat oriental, et qu'il fut renouvelé ensuite sous les auspices d'un président du sud-ouest, il verra combien son but est futile de vouloir s'attaquer à nos provinces et à nos hommes d'Etat retirés des affaires.

Si l'on considère l'appel que le Mexique fait en ce moment à des citoyens éminents par le nom, comment espère-t-il échapper à la critique, quand on songe qu'il les a accusés, eux aussi, de vouloir le frustrer, dans un temps, d'une partie de son territoire, et cela par la duplicité et la mauvaise foi? Alors, comme aujourd'hui, le pouvoir exécutif était d'avis que l'annexion du Texas à l'Union était chose d'importance extrême. Afin d'acquérir ce territoire avant qu'il eût pris rang parmi les puissances indépendantes du globe, des propositions furent faites au Mexique de l'annexer aux Etats-Unis. Alors le Mexique n'y trouva aucun sujet de plainte. Aujourd'hui, lorsqu'on lui rappelle ces faits, il nous accuse par son secrétaire d'Etat, devant le monde entier, d'avoir usé de mauvaise foi et de déloyauté dans ces négociations.

Quand le Texas dépendait du Mexique, les Etats-Unis entamèrent des négociations avec cette dernière puissance pour la concession de son territoire, alors reconnu; et maintenant que le Texas est indépendant et qu'il est resté tel depuis neuf ans, durant lesquels il a été reçu dans le giron des nations et représenté par des ambassadeurs accrédités près la plupart des principales cours d'Europe, quand le monde entier sait qu'il est à jamais perdu pour le Mexique, les Etats-Unis sont accusés d'avoir agi avec déloyauté dans le passé; et des Etats qui n'ont pas participé spécialement à l'affaire sont outragés, parce que le pouvoir exécutif de l'Union entière a traité avec le Texas, libre et indépendant, une question d'importance vitale pour les intérêts des deux pays!

Et après neuf années de guerre inutile, le Mexique annonce sont intention, par un secrétaire des affaires étrangères, de ne jamais consentir à l'indépendance du Texas et de ne jamais abandonner ses vues sur cette république. Ainsi donc ce seront d'éternelles réclamations de sa part, et dans un siècle d'ici il pourra renouveler, contre un peuple quelconque voulant traiter avec le Texas, les mêmes accusations qu'il lance aujourd'hui contre nous. Mais le temps ne peut rien ajouter à ses droits à l'indépendance.

Cette conduite du Mexique, qui viole tout sentiment amical, toute courtoisie devant présider aux relations des peuples, pourrait fort bien justifier les Etats-Unis s'ils recouraient à des moyens extrêmes pour venger leur honneur; mais, poussé par un désir sincère de conserver la paix générale et devant la situation actuelle du Mexique, le pouvoir exécutif se repose sur sa loyauté; il ne craint pas que le jugement du monde n'apprécie mieux ses motifs; il s'abstient de recommander au congrès des mesures de répression, et se contente de lui indiquer de promptes et efficaces mesures au sujet de l'annexion.

En adoptant ces mesures, les Etats-Unis seront dans l'exercice de leur plein droit; et si le Mexique, n'appréciant pas cette longanimité, aggrave l'injustice de sa conduite par une déclaration de guerre, c'est sur sa tête qu'en retombera toute la responsabilité.

JOHN TYLER.

Washington, 19 décembre 1844.

MESSAGE *annuel du président des Etats-Unis adressé au congrès, le 3 décembre* 1844.

Nous devons exprimer notre reconnaissance au régulateur suprême de l'univers pour les bienfaits et les avantages dont, grâce à sa prudence, notre pays a joui durant l'année dernière. Malgré les événements graves que nous avons subis, rien n'est survenu qui ait troublé la paix générale ou dérangé l'harmonie de notre système politique. On a assisté au grand spectacle moral d'une nation de 20 millions d'hommes environ, choisissant son magistrat suprême pour quatre années, sans aucun acte de violence ou d'infraction aux lois.

Le grand et inappréciable droit de suffrage a été exercé par tous ceux qui en étaient investis d'après les lois des différents Etats, dans un esprit stimulé par le seul désir d'avancer, par le choix du président, les intérêts du pays, et de mettre à l'abri de tout péril les institutions sous lesquelles nous avons le bonheur de vivre.

Tous nos concitoyens ont témoigné le plus vif intérêt pour le résultat de l'élection, et cela n'est pas moins vrai que très honorable pour eux. De temps en temps il y a eu de nombreuses réunions dans divers lieux pour examiner le mérite et les prétentions des candidats, mais jamais l'intervention de la force armée n'a été nécessaire pour prévenir des actes de violence ou faire rentrer dans de justes limites un zèle exagéré.

L'amour de l'ordre et l'obéissance aux lois qui, à quelques exceptions près, caractérisent l'esprit américain, ont agi avec plus de puissance que n'auraient pu le faire des bataillons d'hommes armés: c'est une preuve que le peuple est profondément attaché aux institutions sous lesquelles nous vivons, et c'est le gage de leur perpétuité. La grande objection que l'on a toujours élevée contre l'élection du président par le peuple, c'est la crainte de tumultes et de désordres qui pourraient entraîner la ruine du gouvernement. Une garantie contre de pareils désordres se trouve non-seulement dans le fait précité, mais encore dans cet autre fait, que nous vivons dans une confédération de vingt-six Etats dont aucun n'a le droit de contrôler l'élection. Dans chaque Etat, le peuple vote à l'époque fixée par la loi, et le collége électoral proclame le vote, sans avoir égard à la décision d'autres Etats.

Le droit de suffrage et la manière de faire l'élection sont réglés par les lois de chaque Etat, et l'élection est fédérale dans ses traits les plus caractéristiques. C'est ce qui explique comment des désordres, s'ils pouvaient prévaloir, se trouveraient restreints aux élections de tel ou tel Etat, sans troubler gravement la tranquillité des autres. La grande expérience d'une confédération politique, dont chaque membre est chef, en ce qui concerne ses intérêts locaux, sa paix et sa prospérité intérieure, tandis que par une convention volontaire avec les autres il confie à leurs forces réunies la protection de ses citoyens dans les affaires d'un intérêt général, a été sous ce rapport couronné d'un plein succès. Le monde a été témoin de sa croissance rapide en richesses et en population, et sous la direction d'une Providence pleine de sollicitude, les développements du passé peuvent être considérés comme la garantie d'un avenir puissant. Dans la perspective brillante de cet avenir, nous trouvons comme patriotes et philanthropes les motifs les plus forts pour cultiver et entretenir l'amour de l'union, et paralyser toute mesure ou tout effort qui aurait pour objet de semer la discorde entre les divers Etats ou le peuple de divers Etats. Un attachement rigide aux termes de notre pacte politique, et surtout un respect religieux pour les garanties de notre constitution, conserveront l'union sur une base qui ne saurait être ébranlée en même temps que la liberté personnelle est à l'abri de tout danger, la garantie de la liberté religieuse, de la liberté de la presse, de la parole, du jugement par jurés, de l'*habeas corpus* et des institutions domestiques de chaque Etat, laissant au citoyen le plein et libre exercice de ses nobles facultés, et à chaque Etat le privilège que lui seul peut exercer, d'employer les moyens tendant de la manière la plus efficace à sa prospérité.

Voilà les grandes et importantes garanties de la constitution que les amis de la liberté doivent choisir, et les partisans de l'union toujours maintenir. En les conservant et en évitant toute interprétation forcée de la constitution, sous forme d'expédient, l'influence de notre système politique se fera sentir sur les rives lointaines de la mer Pacifique avec autant de force et d'avantage qu'aujourd'hui sur les rives de l'Océan. Les seuls obstacles vraiment sérieux à l'extension de ce système sont tellement modifiés par suite des progrès du siècle, qu'aujourd'hui il n'est plus une idée purement spéculative que celle que nous montrent les représentants de cette contrée lointaine montant au Capitole pour faire participer leurs commettants à tous les avantages d'une législation fédérale. C'est ainsi qu'avec le temps les principes inestimables de la liberté civile protégeront des millions d'hommes qui ne sont pas encore nés, et que les grands avantages de notre système de gouvernement s'étendront à des contrées lointaines et inhabitées. En vue de ces vastes déserts qui attendent des habitants, nous ferons bien d'inviter les amis de la liberté dans tous les pays de fixer leur séjour parmi nous, et de nous aider dans la grande tâche de faire avancer la civilisation et de perfectionner les arts et les agréments de la vie sociale. Nous devrions offrir de plus en plus nos prières au Père de l'univers, dont la sagesse nous dirige dans le sentier de notre devoir, de manière à nous faire atteindre ces buts élevés.

Une des plus fortes objections qui aient été élevées par les publicistes et les Etats fédéralistes, est la facilité des membres de l'Etat à influencer par les gouvernements ou par les nations étrangères (soit dans leurs affaires locales, soit dans celles qui pourraient troubler le pays des autres ou mettre l'Union en danger). Nous ne pouvons être entièrement exempt de pareilles tentatives sur notre tranquillité et sur notre liberté. Les Etats-Unis prennent trop d'importance, sous le rapport de la richesse et de la population, pour ne pas attirer l'attention des autres nations. Il pourrait par conséquent arriver dans la suite, que des opinions purement abstraites dans les Etats où elles prévaudraient, et n'attaquant en rien leurs institutions domestiques, fussent encouragées habilement, mais secrètement, pour miner l'union dans ses bases. De pareilles opinions peuvent créer des partis politiques, jusqu'au moment où une lutte des opinions altérant l'amitié des Etats, pourrait entraîner la ruine totale des institutions favorables sous lesquelles nous vivions. Qu'on n'oublie jamais que ce qui est vrai à l'égard des individus l'est aussi à l'égard des Etats. L'intervention de l'un dans les affaires de l'autre est une source féconde de querelles de famille et de disputes de voisinage. La même cause compromet la paix, le bonheur et la prospérité des Etats. Espérons que le bon sens du peuple américain repoussera toujours des tentatives de cette nature. Depuis mon dernier message, aucun changement important n'est survenu dans nos relations avec les puissances étrangères. Ces relations continuent d'être amicales.

Jamais à aucune autre époque la paix de cette partie importante et éclairée du globe n'a été en apparence plus solidement établie, et j'en fais la remarque avec plaisir. La conviction que la paix est la valable politique des nations semble pénétrer plus profondément chaque jour dans l'esprit des hommes éclairés, et il n'est pas un peuple qui soit plus intéressé que les Etats-Unis à chérir la paix et à adopter les mesures nécessaires pour en assurer la durée. Il faut pour cela, avant tout, être juste et remplir fidèlement les engagements. Mais il importe de ne pas oublier que, dans l'état actuel du monde, il n'est pas moins nécessaire de forcer les autres à être justes envers nous, que de l'être nous-mêmes envers les autres.

Depuis la dernière session, une négociation a été entamée entre le ministre des affaires étrangères et l'ambassadeur britannique, le ministre plénipotentiaire à Washington, relativement aux droits des deux nations sur le territoire d'Oregon. Ces négociations sont encore pendantes. Si elles arrivaient à une conclusion durant la session du congrès, le résultat serait immédiatement porté à votre connaissance. Dans des messages précédents, je vous ai donné le conseil de protéger et de faciliter l'émigration dans cette contrée. Je le renouvelle aujourd'hui.

L'établissement de ports militaires à des endroits convenables, sur la vaste ligne de la route par terre, permettrait à nos concitoyens d'émigrer avec sécurité vers les régions fertiles situées au-dessous des chutes de Columbia, et rendrait plus profitable qu'elle ne l'a été jusqu'à présent la clause du traité sur l'occupation du territoire par des sujets de la Grande-Bretagne et des citoyens des Etats-Unis. Ces postes seraient des places de repos pour les émigrants fatigués ; ils s'y trouveraient à l'abri contre les attaques des Indiens, et pourraient y réparer leurs forces épuisées. Il faudrait en outre que des lois protégeassent leurs personnes et leurs propriétés, lorsqu'ils seraient arrivés à leur destination lointaine. Sous ce rapport, la Grande-Bretagne a montré plus de sollicitude pour ceux de ses sujets qui résident dans cette contrée, que les Etats-Unis n'en ont montré pour leurs concitoyens. Elle a su les mettre à l'abri de la violence. Si les émigrants reposent à l'ombre de ses lois, quel que soit le résultat des négociations pendantes, il faut que des lois soient faites sur cet objet. Il sera heureux de voir ces négociations se terminer d'une manière compatible avec l'honneur du pays, et tous les efforts du gouvernement seront dirigés vers ce but.

J'aurais été charmé de pouvoir vous annoncer l'arrangement complet et satisfaisant d'autres difficultés qui se sont élevées entre le gouvernement britannique et les Etats-Unis, et dont j'ai parlé dans mon précédent message. A raison de leur vaste et important commerce, il est tellement de l'intérêt des deux Etats que toute cause de différend, quelque légère qu'elle soit, se trouve promptement écartée, qu'il serait fâcheux que des retards inutiles vinssent empêcher un arrangement. Il est vrai que, sous le point de vue pécuniaire, les difficultés dont j'ai parlé sont insignifiantes, si on les compare aux vastes ressources de cette grande nation; néanmoins le peuple et le gouvernement des Etats-Unis sont profondément blessés de la capture de navires américains sur la côte d'Afrique, dans la supposition que ces navires se livraient à la traite des noirs. La Grande-Bretagne ayant déclaré qu'elle réparerait les dommages causés dans d'autres cas, nous n'avons à nous plaindre, relativement aux actes antérieurs de Washington, que de son retard à régler ceux qui rentrent dans le principe d'autres affaires depuis longtemps arrangées.

Ces retards causent un préjudice grave aux intérêts particuliers, et c'est pour la magnanimité et le sentiment de justice de la nation britannique une raison puissante de régler promptement. Il y a d'autres difficultés résultant de l'interprétation de traités existants, qui ne sont pas encore réglées; on pressera le gouvernement de la Grande-Bretagne de s'en occuper.

Les travaux de la commission mixte nommée par les deux gouvernements pour fixer la ligne de séparation établie par le traité de Washington ont été malheureusement bien retardés au commencement de la saison, parce que, à la fin de sa dernière session, le congrès n'a pas voté les fonds nécessaires, et pour d'autres causes. Toutefois le commissaire des Etats Unis exprima l'espoir que, par un redoublement de zèle et d'énergie, on pourra réparer le temps perdu. Toutes les autres puissances européennes continuent à nous donner des assurances des dispositions les plus amicales, et nous avons évidemment le plus grand intérêt à cultiver les relations amicales avec elles. Je ne pourrais prévoir aucun événement qui fût de nature à troubler ces relations : la Russie, cette grande puissance du nord, s'avance continuellement, sous le sceptre judicieux de son empereur, dans la carrière des sciences et des améliorations, tandis que la France, guidée par les conseils de son sage souverain, suit une marche qui est de nature à consolider la paix générale. L'Espagne a respiré pendant quelque temps des dissensions intestines qui, durant tant d'années, avaient paralysé sa prospérité, tandis que l'Autriche, les Pays-Bas, la Prusse, la Belgique, et les autres puissances européennes, récoltent les fruits abondants de la paix qui règne.

J'ai annoncé aux deux chambres du congrès, dans mon dernier message, que des instructions avaient été envoyées à notre ministre, à Berlin, à l'effet de négocier un traité avec les Etats germaniques composant le Zollverein, si cela était possible, en stipulant une réduction des droits onéreux que paient notre tabac et d'autres productions agricoles, et en consentant, de notre côté, à réduire les droits sur des articles produits par le Zollverein, qui ne feraient pas concurrence, ou du moins faiblement concurrence à des articles de notre industrie manufacturière. Le gouvernement, en donnant ces instructions, a cru agir conformément aux vœux du congrès, manifestés par diverses mesures par lui adoptées, et toutes dirigées vers ce résultat important. Le traité a, par conséquent, été négocié. Ce traité opère des réductions importantes sur les droits perçus par le Zollverein sur le tabac, le riz et le lard. Il a été, de plus, stipulé que le coton brut serait admis sans payer de droit. En échange de ces conventions importantes, nous avons consenti à réduire les droits sur divers articles qui, la plupart, étaient admis sans payer de droits, sous l'empire de la loi appelée *compromise taw*, et dont un très-petit nombre était produit dans les Etats-Unis. Ce traité a été communiqué au sénat dans les premiers jours de sa dernière session ; mais on ne s'en est occupé qu'au moment où la session allait finir, et, faute de temps, on l'a mis sur le bureau. De là le rejet du traité, car il contenait une clause portant que la ratification aurait lieu avant une certaine époque qui est passée. Le gouvernement, pensant que le sénat n'avait pas voulu rejeter absolument le traité, a ordonné à notre ministre, à Berlin, de reprendre les négociations pour obtenir une prolongation de temps pour l'échange des ratifications. Mais je suis peiné d'être obligé de dire que, sous ce rapport, les affaires n'ont pas été heureuses. Cependant j'espère encore que les grands avantages qui devaient résulter du traité pourront encore être obtenus.

Je suis heureux de pouvoir vous annoncer que la Belgique a, par un arrêté royal, rendu au mois de juillet dernier, mis le pavillon des Etats-Unis sur la même ligne que le sien. Autant que le commerce direct entre les deux pays y est intéressé, cette mesure sera très-avantageuse à notre marine marchande, car jusqu'à présent le commerce s'est fait à bord de navires étrangers. Je me flatte que la Belgique modifiera bientôt son système sur le commerce des tabacs : il en résultera un grand avantage pour l'agriculture des Etats-Unis, et les deux pays en tireront d'importants bénéfices. Il n'a pas encore été reçu de nouvelle définitive de notre ministre sur la conclusion d'un traité avec l'empire chinois ; mais on en sait assez pour espérer fortement que la mission sera couronnée de succès. Nos relations avec le Brésil sont toujours sur le pied le plus amical. Les relations commerciales entre cet empire immense et les Etats-Unis deviennent chaque jour plus importantes pour tous deux : il est de leur intérêt à tous deux que les plus fermes relations d'amitié et de bon vouloir continuent d'être cultivées entre eux. La république de la Nouvelle-Grenade ne se décide pas encore à acquitter l'indemnité dans l'affaire du brick *Morsis*, nonobstant les plus persistants efforts de notre chargé d'affaires, M. Blackford, pour amener à un résultat différent. Le congrès de Venezuela, bien qu'un arrangement ait été opéré entre notre ministre et le ministre des affaires étrangères de ce gouvernement, pour le paiement de 180,000 dollars à l'acquit de ses obligations en cette affaire, a négligé de pourvoir au paiement. Il faut espérer qu'un sentiment de justice amènera bientôt l'arrangement de ces affaires.

Notre ancien ministre au Chili, M.

Pendleton, est rentré aux Etats-Unis sans avoir arrangé l'affaire de la deuxième réclamation du *Macedonia*, ajournée sous des prétextes frivoles et insoutenables. Le successeur de M. Pendleton a reçu l'ordre d'insister dans les termes les plus énergiques, et dans le cas où il n'obtiendrait pas un arrangement permanent, il fera aussi promptement que possible son rapport au pouvoir exécutif, de manière que l'affaire puisse être mise sous les yeux du congrès.

Dans notre dernière session, j'ai appelé l'attention du congrès sur la convention avec la république du Pérou, en date du 17 mars 1841, pourvoyant à la liquidation des droits des citoyens des Etats-Unis contre cette république; mais il n'a pas été procédé de manière définitive quant à cette affaire. J'appelle de nouveau votre attention à ce sujet, et une prompte solution. Dans mon dernier message annuel, j'ai cru de mon devoir de faire savoir au congrès, dans des termes formels, mon opinion sur la guerre qui a si longtemps existé entre le Mexique et le Texas. Cette guerre, depuis la bataille de San-Jacinto, a toujours consisté en incursions de pillage accompagnées de circonstances révoltantes pour l'humanité. Je répète aujourd'hui ce que j'ai dit alors, qu'après trois années d'efforts faibles et inefficaces pour recouvrer le Texas, il était temps que la guerre eût un terme. Les Etats-Unis ont un intérêt direct dans la question. La contiguïté des deux nations si voisines de notre territoire n'est que trop de nature à troubler notre tranquillité. Des soupçons injustes se sont élevés dans l'esprit de l'une ou l'autre des parties belligérantes contre nous, et naturellement les intérêts américains ont dû en souffrir, et notre paix a été compromise chaque jour. En outre, tout le monde comprendra que l'épuisement produit par la guerre exposait et le Mexique et le Texas à l'intervention d'autres puissances qui, sans l'intervention du gouvernement américain, pouvait affecter de la manière la plus fâcheuse l'intérêt des Etats-Unis. Le gouvernement, de temps à autre, a interposé ses bons offices pour faire cesser les hostilités à des conditions également honorables pour les deux adversaires; les efforts, sous ce rapport, ont été infructueux. Le Mexique a semblé presque sans objet vouloir persévérer dans la guerre, et le pouvoir exécutif n'a plus eu d'autre alternative que de profiter des dispositions notoires du Texas et de l'inviter à passer un traité pour annexer son territoire à celui des Etats-Unis.

Depuis votre dernière session, le Mexique a menacé de renouveler la guerre, et a fait ou se propose de faire de formidables préparatifs pour envahir le Texas. Le gouvernement de ce pays a publié des décrets et des proclamations préparatoires à l'ouverture des hostilités ; ces documents sont remplis de menaces révoltantes pour l'humanité, qui, si elles étaient mises à exécution, ne manqueraient pas d'attirer l'attention de toute la chrétienté. On a tout lieu de croire que ces démonstrations ont été produites par la négociation du dernier traité d'annexion du Texas. Le pouvoir exécutif, en conséquence, ne pouvait rester indifférent à de tels procédés, et il a senti qu'il devait, autant pour lui-même que pour l'honneur du pays, faire de sérieuses représentations à ce sujet au gouvernement mexicain. On a agi en conséquence, comme on le verra par la dépêche ci-jointe du secrétaire d'Etat des Etats-Unis à l'envoyé américain à Mexico. Le Mexique n'a nullement le droit de mettre en danger la paix du monde, en soutenant plus longtemps une querelle inutile. Un tel état de choses ne serait point toléré sur le continent européen; pourquoi le serait-il ici? Une guerre de désolation, telle que celle dont nous a menacé le Mexique, ne peut avoir lieu sans troubler notre tranquillité. Il serait oiseux de croire qu'une telle guerre serait vue avec indifférence par nos citoyens qui habitent les Etats du Texas ; notre neutralité serait violée en dépit de tous les efforts du gouvernement pour l'empêcher. Le pays est occupé par des émigrants des Etats-Unis, qui ont été appelés là pour l'Espagne et le Mexique. Ces émigrants ont laissé derrière eux des parents et des amis qui ne manqueraient pas de sympathiser avec eux dans toutes leurs difficultés, et qui, à cause de ces sympathies mêmes, seraient amenés à partager leurs luttes, quelque énergique que fût l'action du gouvernement pour l'empêcher. Les nombreuses et formidables peuplades d'Indiens, gens les plus guerriers qu'on puisse trouver nulle part, et qui habitent les vastes régions près des Etats d'Arkans et de Missouri, ne resteraient point non plus impassibles. Les inclinations de ces tribus nombreuses les conduisent invariablement à la guerre dès qu'il existe un prétexte quelconque.

Le Mexique n'a aucun sujet de plainte contre ce gouvernement ou ce peuple, pour la négociation du traité. Lequel de ses intérêts se trouve lésé par le traité? Le Mexique n'a rien perdu depuis que le Texas s'est séparé de lui. L'indépendance du Texas fut reconnue par plusieurs grandes puissances du globe. Le Texas était donc libre de traiter, libre d'adopter sa ligne politique, libre de suivre la marche qu'il croirait la meilleure pour son bonheur. Son gouvernement et son peuple décidèrent qu'ils s'annexeraient aux Etats-Unis, et le pouvoir exécutif vit dans l'acquisition de ce territoire le moyen d'augmenter leur bonheur et leur gloire. Quel principe de bonne foi a été violé? Quel précepte de morale a été foulé aux pieds? Quant au Mexique lui même, il aurait pu considérer cette mesure comme très profitable pour lui même : son impuissance à reconquérir le Texas s'est montrée, je le répète, depuis neuf ans; neuf ans de querelles ruineuses et inutiles. Pendant ce temps, le Texas a vu augmenter sa population et ses ressources. L'émigration, comme un courant, s'est portée sur son territoire de toutes les parties du monde, courant dont la force augmente chaque jour. Il est nécessaire qu'il y ait une limite entre le Mexique et cette jeune république. Le Texas, s'il continue d'être séparé des Etats-Unis, cherchera inévitablement à consolider ses forces en s'annexant aux provinces contiguës du Mexique peu éloignées de lui. L'esprit de révolte, d'après les rapports du gouvernement central, s'est déjà manifesté dans quelques-unes de ces provinces, et il est facile d'en inférer qu'elles seraient inclinées à saisir la première occasion favorable pour proclamer leur indépendance et former des alliances étroites avec le Texas. La guerre serait ainsi sans fruit, ou si les hostilités cessaient, ce ne serait que pour une saison.

C'est pourquoi les intérêts du Mexique, bien entendus, seraient de vivre en paix avec ses voisins, état de choses qui aurait pour résultat l'établissement d'une limite permanente. Relativement à la ratification du traité, le pouvoir exécutif était disposé à traiter avec ce pays sur les bases les plus libérales. De là ce fait, que les limites du Texas restaient indéterminées dans le traité. Le pouvoir exécutif se proposait de les établir d'une manière que le monde entier eût reconnue comme juste et raisonnable. Aucune négociation sur ce point n'eût été entreprise entre les Etats-Unis et le Mexique avant la ratification du traité. Nous n'aurions eu ni le droit ni l'autorité suffisante pour conduire une semblable négociation ; l'avoir entreprise, eût été un acte de présomption aussi blessant pour le Mexique que pour le Texas, et nous aurions pu être taxés d'arrogance : car, proposer cette négociation avant l'annexion du Texas, pour satisfaire quelque intérêt contingent du Mexique dans le Texas, c'eût été traiter ce dernier Etat, non comme un Etat indépendant, mais comme une véritable dépendance du Mexique. Cet acte du pouvoir exécutif n'aurait pu avoir lieu sans mettre au défi votre déclaration solennelle, que la république du Texas était un état indépendant. Le Mexique, il est vrai, avait été menacé d'une guerre contre les Etats-Unis, dans le cas où le traité d'annexion serait ratifié. Le pouvoir exécutif ne pouvait se laisser influencer par cette menace. En cela, il représentait l'esprit de notre peuple, qui est prêt à sacrifier beaucoup à la paix, mais rien à l'intimidation.

Une guerre, dans ces circonstances, serait déplorable, et les Etats-Unis seraient les derniers à la désirer ; mais si, comme condition de paix on exigeait de nous d'abandonner le droit incontestable de traiter avec une puissance indépendante de notre propre continent, sur des matières hautement intéressantes pour les deux pays, et cela sur la simple et insoutenable prétention d'une troisième prétention à contrôler la libre volonté de la puissance avec qui nous traiterions, dévoué comme il peut l'être à la paix et désireux de cultiver des relations amicales avec le monde entier, le pouvoir exécutif n'hésite point à dire que le peuple des Etats-Unis voudrait braver toutes les conséquences plutôt que de se soumettre à de telles conditions. Mais le pouvoir exécutif n'a nulle crainte de guerre, et je dois ici exprimer franchement l'opinion que, si le traité eût été ratifié par le sénat, il aurait été suivi d'un prompt arrangement à l'entière satisfaction du Mexique, sur tous les points en litige entre les deux pays. Voyant que de nouveaux préparatifs pour une invasion dans le Texas allaient être faits par le Mexique, et cela parce que le Texas avait cédé aux suggestions du pouvoir exécutif au sujet de l'annexion, celui-ci ne pouvait se croiser les bras, et permettre une guerre qui devait être accompagnée d'actes dignes des temps barbares, simplement parce que le Texas avait agi ainsi.

D'autres considérations ont influé sur la marche du pouvoir exécutif. Le traité qui avait été ainsi négocié ne reçut point la ratification du sénat. Une des principales objections qui s'élevèrent contre ce traité fut qu'il n'avait point été soumis au jugement de l'opinion publique aux Etats-Unis. Quelque peu valable que fût cette objection près du pouvoir incontestable qu'avait le gouvernement de négocier le traité, et des grands et durables intérêts qui se rattachaient à cette question, je sentis cependant qu'il était de mon devoir de soumettre tout le projet au congrès, considérant celui-ci comme le meilleur interprète du sentiment populaire. Aucune mesure à ce sujet n'ayant été prise par le congrès, la question se reportait d'elle-même directement à la décision des Etats et du peuple. La grande élection populaire qui vient d'avoir lieu a offert la meilleure occasion de s'assurer du vœu des Etats et du peuple. Ceci étant en suspens, il était du devoir impérieux du pouvoir exécutif d'informer le Mexique que la question d'annexion était encore soumise au peuple américain, et que, jusqu'à ce qu'il eût pris une décision, toute invasion sérieuse dans le Texas serait considérée comme tendant à devancer son jugement, et, en conséquence, ne pourrait être vue avec indifférence. Je suis heureux d'avoir à vous annoncer qu'aucune invasion n'a eu lieu, et j'ai la confiance que, quelle que soit votre décision, le Mexique comprendra l'importance de décider la matière par des moyens paisibles plutôt que de recourir aux armes. La décision du peuple et des Etats sur cette grande et intéressante question s'est manifestée d'une manière positive. La question de l'annexion a été présentee nettement à leur considération. Par le traité, on a évité avec soin tous les incidents qui auraient pu diviser et distraire les conseils publics. On présenta, je le répète, la question de l'annexion isolée, et c'est ainsi qu'elle fut soumise au jugement public. Une majorité influente du peuple, et une grande majorité des Etats se sont déclarées en faveur de l'annexion immédiate.

Des instructions conçues dans ce sens sont arrivées dans les deux chambres du congrès, de leurs constituants respectifs, et cela dans les termes les plus formels. La volonté du peuple et des Etats-Unis est que le Texas soit annexé à l'Union promptement et immédiatement. On peut espérer ainsi qu'en mettant à exécution le vœu public, ainsi déclaré, toute contestation sera évitée. Les chambres pourront mieux décider le nombre d'Etats qui seront formés de ce territoire, lorsque le temps sera arrivé de décider cette question. Par le traité les Etats-Unis se chargent du paiement des dettes du Texas jusqu'à concurrence de 10 millions de dollars qui seront payés à une petite somme de 400,000 dollars près, avec le produit de la vente de ses terres publiques. Nous ne pouvions honorablement prendre les terres sans nous charger du paiement entier de toutes les dettes dont elles sont grevées.

Bien, depuis votre dernière session, ne peut faire douter que les dispositions du Texas ne restent inaltérables. Ce pays désire encore se mettre sous la protection de nos lois et partager les bienfaits de notre système fédéral. L'extension de notre commerce sur les côtes et à l'étranger, qui est arrivé à une somme presque incalculable, l'agrandissement des marchés pour nos manufactures, un marché nouveau pour nos productions agricoles, de la sécurité pour nos frontières, et une force et une stabilité plus grandes dans l'union, tels sont les résultats qui se développeraient rapidement, si l'annexion avait lieu. Je ne doute pas que le Mexique ne trouvât son véritable intérêt à recevoir amicalement les avances de ce gouvernement. Je ne crains point de plaintes d'un autre côté, aucune raison n'existe pour qu'il s'en élève. Nous n'interviendrons en aucune manière dans les droits d'une autre nation.

On ne peut conclure de cet acte que nous ayons quelque intention d'agir ainsi avec d'autres possessions sur le continent. Nous n'avons apporté aucun empêchement à de semblables acquisitions de territoire, comme en ont fait de temps à autre les principales puissances de toutes les parties du monde. Nous ne cherchons point de conquête faite par la guerre. Nous n'aurons eu aucune intrigue, nous n'aurons essayé aucun acte de diplomatie pour accomplir l'annexation du Texas. Libre et indépendant, le Texas demande lui-même à être reçu dans notre Union. C'est une question soumise à notre propre décision, s'il le sera ou s'il ne le sera pas. Les deux gouvernements s'étant mis d'accord, par leurs organes respectifs, sur les termes de l'annexion, j'en recommanderai l'adoption par le congrès sous la forme d'une résolution double ou acte, qui liera les deux pays, lorsqu'il aura été adopté de la même manière par le gouvernement du Texas. Afin que cette question soit présentée sous toutes les formes, la correspondance y relative qui a été échangée depuis l'ajournement du congrès entre les Etats-Unis, le Texas et le Mexique, est transmise ici. Les amendements proposés par le sénat, à la convention conclue entre les Etats-Unis et le Mexique le 20 novembre 1843, ont été communiqués au gouvernement mexicain par notre ministre ; jusqu'ici aucune mesure n'a été prise à ce sujet, et nulle réponse n'a été donnée qui puisse autoriser à en conclure favorablement pour l'avenir. Le décret de septembre 1843, relativement au commerce de détail, l'ordre d'expulsion des étrangers, et celui de plus récente date, relatif aux passeports, qui, tous, sont considérés comme violant le traité d'amitié et de commerce entre les deux pays, ont donné lieu à une correspondance d'une longueur considérable entre le ministre des affaires étrangères de Mexico et notre représentant, mais sans que nous ayons encore obtenu aucun résultat.

Ces questions restent sans solution, et des inconvénients nombreux et d'une nature sérieuse en sont déjà résultés pour nos citoyens. Les questions qui s'étaient élevées à propos du désarmement d'un corps de troupes du Texas sous le commandement du major Suively, par un officier au service des Etats-Unis agissant d'après les ordres de son gouvernement, et des violences commises à la douane de Bryarly's Landing sur la rivière Rouge par quelques citoyens des Etats-Unis, qui enlevèrent de force des marchandises saisies par le collecteur, d'après les lois du Texas, ces questions ont été arrangées. La correspondance entre les deux gouvernements sur ces deux sujets se trouvera parmi les documents produits. Elle contient un rapport complet sur tous les faits et circonstances, avec les considérations qui s'élevaient de part et d'autre et les principes sur lesquels ces questions ont été vidées. Il reste au congrès à prendre les mesures propres à terminer l'arrangement, ce que je recommande respectueusement.

L'amélioration importante de la situation du trésor est un objet de félicitations générales. La paralysie qui avait affecté l'industrie et le commerce, et qui avait mis le gouvernement dans la nécessité de recourir à des emprunts et à l'émission d'une grande quantité de bons du trésor, cette paralysie a disparu après le paiement de plus de 7 millions de dollars pour compte de l'intérêt, et le rachat de plus de 5 millions de dollars de la dette publique doit échoir le 1er janvier prochain, laissant de côté plus de 2 millions de dollars pour le paiement des bons du trésor et le paiement d'une partie des dettes des villes du district de Colombie ; un excédant estimatif de plus de 7 millions de dollars, toutes assignations et allocations payées, restera dans le trésor à l'expiration de la présente année fiscale. Si les bons du trésor continuent à demeurer flottants, l'excédant sera considérablement accru. Quoiqu'ils ne portent plus d'intérêts, et bien que le gouvernement ait engagé à les faire rentrer au trésor; ils restent flottants; de là de grandes facilités pour le commerce et la constatation de ce fait que, sous un système financier bien réglé, le gouvernement possède des ressources qui le rendent indépendant au besoin, non-seulement des emprunts particuliers, mais encore des facilités de la banque.

Le seul motif de regret est que le reste des fonds du gouvernement ne vienne pas plus tôt à l'échéance : le rachat serait en effet sous son contrôle immédiat. Dans tous les cas, il est digne de la considération du congrès d'examiner la question de savoir si la loi qui établit le fonds d'amortissement; sous l'empire de laquelle les dettes de la révolution et de la dernière guerre avec l'Angleterre ont été éteintes en grande partie, ne devrait pas être remise en vigueur, avec des modifications convenables, de manière à prévenir une accumulation d'excédants, en limitant à une somme spéciale une disposition qui autoriserait le gouvernement à se présenter sur la place pour acheter son propre fonds à de bons termes, entretiendrait son crédit, et préviendrait jusqu'à un certain point des fluctuations dans les prix des fonds publics dont le contre-coup peut amener le crédit national. On n'a pas à craindre ce résultat actuellement. Les fonds du gouvernement, qui, il y a deux ans, étaient offerts en vente aux capitalistes, au dedans et au dehors, et qui ne trouvaient pas d'amateurs, sont maintenant bien au-dessus du pair, dans les mains des porteurs; mais une sage et prudente prévoyance nous engage à placer le crédit public à l'abri de toute éventualité.

Il est aussi fort heureux que sous le système financier existant, s'appuyant sur l'acte 1789 et la résolution de 1816, le système monétaire du pays soit arrivé à un degré de parfaite solidité; et que les cours de la bourse, entre les diverses parties de l'Union, qui, en 1841, indiquèrent, par leur chiffre énorme, le grand déficit dans la plupart des Etats, soient maintenant réduits à un peu plus qu'à la dépense des frais de transport des espèces d'un lieu à l'autre, et au risque éventuel que court le transport dans un pays neuf comme les Etats Unis, où il y a tant d'attrait pour la spéculation, les dépôts du revenu d'excédant consistant en banques quelconques, quand ce revenu grandit, exigent de la part du gouvernement la plus stricte surveillance. Toutes les banques, quel que soit leur nom, sont gouvernées avec une attention presque exclusive pour les intérêts des parties. Cet intérêt consiste dans l'augmentation des bénéfices, dans la forme des dividendes, et un grand excédant du revenu confié à leur garde ne favorise que trop les emprunts excessifs et une circulation extravagante de papier ; comme conséquence nécessaire, les prix sont nominalement augmentés, et la manie des spéculations s'empare, de toutes parts, de l'esprit public. Pour quelque temps, il règne un état de feinte prospérité, et, pour parler en termes actuels, l'argent circule en masse. Les individus passent des engagements qui s'appuient sur cet état de choses incertain ; mais l'illusion s'évanouit bientôt, et le pays est accablé d'une insolvabilité telle, qu'elle écrase bien des gens, et cause à chaque branche d'industrie de grands et désastreux embarras.

Il faut que le gouvernement mette les plus grands soins à empêcher cet état de choses. Les dépositaires devront savoir formellement que le gouvernement retirera son patronage, ou le diminuera du moins, si ses revenus sont considérés comme une addition à leur capital de banque, ou comme la base d'une circulation plus considérable. Le gouvernement a, par son revenu, à toute époque, un grand rôle à jouer vis-à-vis du système monétaire ; et c'est à ses soins, à sa vigilance, que le pays doit surtout de ne pas être accablé d'embarras tels que ceux qui l'ont récemment affligé. C'est par l'appui du trésor que le pays sera maintenu dans une situation solide et salutaire. Les dangers qu'on devra éviter sont considérablement augmentés par un trop grand surcroît de revenu. Quand ce surcroît dépasse de beaucoup ce qu'exigeaient de sages et prudentes prévisions pour aller au devant d'événements imprévus, la législation elle-même est parfois disposée à faire d'extravagantes allocations pour des objets dont la plupart seraient en opposition directe avec la constitution. Des mesures imaginaires sont élevées au-dessus de l'autorité constitutionnelle, et il en résulte toujours une extravagance folle et ruineuse. La puissance imposante des impôts, qui, lorsqu'on l'exerce dans sa plus étroite acception, est un fardeau pour le travail et les produits, est mise à contribution, sous divers prétextes, pour des motifs qui n'ont aucun rapport avec ceux qui ont dicté sa concession, et l'extravagance du gouvernement stimule l'extravagance individuelle, jusqu'à ce que l'esprit de spéculation sauvage et insensée entraîne tout dans ses déplorables résultats.

Pour prévenir d'aussi fatales conséquences, on peut poser un axiome fondé sur la vérité morale et politique, qu'on ne doit jamais établir d'impôts plus grands qu'il n'en faut à une administration économique du gouvernement, et que tout ce qui existe au delà doit être reduit ou modifié. Cette doctrine ne s'oppose aucunement à l'exercice d'un sain jugement dans le choix des articles imposables, qu'une juste sollicitude pour le bien public devrait toujours inspirer à la législation. Elle laisse toute liberté à l'ordre du choix, et ce choix devrait toujours être fait avec la vue de protéger surtout les grands intérêts du pays. Dans l'Union, telle qu'elle est composée d'Etats séparés et indépendants, une législation patriotique ne manquera pas de consulter les intérêts des parties, afin de suivre une ligne de conduite destinée à assurer l'harmonie de la totalité, et avancer ainsi la stabilité de la politique gouvernementale, sans laquelle tous les efforts du progrès dans la prospérité publique sont vains et inutiles. Cette tâche, si grande et si vitalement importante, reste en congrès, et le pouvoir exécutif ne peut que conseiller les principes généraux qui doivent présider à son accomplissement.

Je vous renvoie au rapport du secrétaire de la guerre pour vous faire connaître la situation de l'armée, et je vous recommande comme dignes de toute votre attention, la plupart des suggestions y contenues; le secrétaire n'exagère pas du tout la grande importance d'activer sans délai les travaux d'érection et d'achèvement des fortifications dont il parle. On a beaucoup fait pour mettre nos villes et nos routes à l'abri des hasards d'attaques hostiles depuis quatre ans; mais, si l'on considère les nouveaux éléments qui depuis quelques années ont servi à faire mouvoir les vaisseaux, et les moyens formidables de destruction qui ont été mis en activité, on ne saurait apporter trop de vigilance à préparer et perfectionner les moyens de défense.

Je vous renvoie également à ce rapport pour vous mettre au courant de la condition des tribus indiennes de notre juridiction. Le pouvoir exécutif n'a rien négligé pour mettre en pratique la politique bien établie du gouvernement, qui a en vue l'éloignement de toutes les tribus résidant dans les limites des Etats-Unis, au-delà de ces limites, et il peut aujourd'hui féliciter le pays à la perspective de la prochaine réalisation de cet objet. La plupart des tribus ont déjà fait de grands progrès dans les arts de la civilisation, à l'aide des écoles établies parmi elles, et grâce aux efforts des hommes pieux de diverses croyances religieuses qui se consacrent à la tâche de leur amélioration.

Nous pouvons espérer que les restes des formidables tribus, autrefois maîtresses du territoire, passant de l'état sauvage à un état de sociabilité et de raffinement, ajouteront un nouveau trophée à ceux déjà conquis par une philanthropie bien dirigée. Le rapport du secrétaire de la marine, annexé à ce message, vous fera connaître la situation de cette branche du service public. Il partage complètement mon opinion qu'il conviendra d'imprimer à ce département une nouvelle organisation, et de diviser en deux bureaux le bureau de construction, d'équipement et de réparation. Il y a incompatibilité actuellement, et les bureaux exigent des connaissances hétérogènes.

Les opérations de l'escadre sur la côte d'Afrique ont été conduites avec toute déférence pour l'objet qui avait présidé à leur organisation. Je suis heureux de dire qu'officiers et équipages, tout jouissent de la meilleure santé. On croit que les Etats-Unis sont la seule nation qui, par ses lois, ait rendu passibles de la peine de mort, comme pirates, ceux qui se livrent à la traite des noirs. Une telle mesure, adoptée par les autres nations, produirait d'avantageux résultats.

Par suite de la difficulté de se procurer les titres pour les territoires nécessaires, on n'a pas encore commencé les travaux de l'arsenal et de la marine, à Memphis. Lorsque les titres seront au complet, les travaux seront commencés sans délai. Vous verrez, en lisant le rapport, qu'il traite de diverses autres questions non moins importantes pour le service de la marine.

En appelant votre attention sur le rapport du directeur général des postes, je suis charmé d'avoir à vous faire remarquer que, depuis quatre années, les affaires de ce département ont été conduites de manière à faire face, sans assistance étrangère, aux dépenses énormes de ces établissements. Lors de mon entrée à la présidence, le département était en dette de 500,000 dollars. Le 4 mars, on trouva le département entièrement libéré de sa dette, et un tel résultat est dû assurément à la plus stricte et parfaite économie.

Dans une foule de cercles on manifeste le désir que le taux des lettres soit réduit. S'il était donné suite à une telle mesure, il n'est pas douteux que dans la première année les revenus publies seraient diminués, et le trésor se trouverait conséquemment surchargé. Ce sera au congrès à décider si cette combinaison est désirable. En thèse générale, lorsqu'il s'agit de modifier un système quelconque, mieux vaut procéder graduellement que par de brusques changements. A cet égard (la réduction du taux des lettres), une large discrétion est laissée au gouvernement. Je ne saurais recommander trop fortement l'établissement d'une ligne de bateaux à vapeur faisant le service entre l'Amérique et les ports étrangers et dans nos eaux. L'exemple du gouvernement anglais est tout à fait digne d'imitation sous ce rapport. On croit que les bénéfices provenant du départ des dépêches à l'étranger encourageraient des particuliers à entreprendre eux-mêmes ce service, et le gouvernement y gagnerait de son côté, en ce sens que le service lui assurerait, en cas d'urgence, des vaisseaux et un certain nombre de bateaux de renfort pour sa marine. Si ce plan vous agréait, vous comprendrez aisément la nécessité de mettre ces navires sous les ordres d'officiers expérimentés. L'emploi de la vapeur dans une guerre maritime recommande une marine à vapeur efficace comme un excellent moyen de défense du pays. Nous pouvons atteindre ce but sans trop de dépense.

Les bateaux à vapeur destinés à faire le service des dépêches sur nos lacs et notre littoral seraient construits de manière à pouvoir être convertis en bâtiments de guerre efficaces au besoin ; ils constitueront une force formidable destinée à repousser l'attaque du dehors. Nous savons que d'autres nations ont ajouté à leur armement maritime un grand nombre de vaisseaux à vapeur : ce nouvel et puissant agent est destiné à révolutionner le monde. Il convient aux Etats-Unis, dans l'intérêt de leur sûreté, d'adopter la même politique. Le plan que l'on a vu a l'avantage d'atteindre ce résultat sans une grande dépense comparative. — J'ai le plus granp plaisir à rendre hommage au zèle et aux efforts sans relâche des membres du cabinet. Chacun, dans sa sphère particulière, m'a aidé puissamment à gouverner, et, sans doute, il n'est pas hors de propos que je leur rende cet éclatant et juste témoiguage. Les objets cardinaux que les administrateurs publics doivent toujours avoir en vue sont, sans tenir aucun compte de la faveur ou de l'affection, d'interpréter le vœu national exprimé dans la loi, de manière à ce qu'il ne soit fait d'injustice à personne et à ce que justice soit rendue à tous.

Telle a été notre règle de conduite, et je crois qu'il est bien peu de cas où des citoyens, ayant à traiter directement d'affaires avec le gouvernement, se soient retirés mécontents. Toutes les fois que leurs droits étaient clairement établis, ils ont obtenu gain de cause sans que le favoritisme ou la partialité eût voix au chapitre. Un gouvernement qui n'est pas juste vis-à-vis de son peuple n'a droit ni à ses affections ni au respect du monde. On a donné la plus religieuse attention à ces questions qui intéressent le plus immédiatement le pays. Dans toutes les branches du service public on a introduit l'ordre et l'efficacité, et la plus rigoureuse responsabilité a pesé sur les agents comptables. Les revenus du gouvernement, s'élevant, depuis quatre ans, à plus de 120 millions de dollars, ont été perçus et distribués par les nombreux agents du fisc, sans mécompte et sans perte qui méritent d'être cités.

Les allocations consenties par le congrès pour l'amélioration des rivières de l'ouest et des lacs sont réparties et employées par des agents responsables, et elles réaliseront les avantages que le congrès a en vue. Il ne saurait trop vous recommander les intérêts des districts.

Aux termes de la constitution, le congrès a une juridiction exclusive; il serait à regretter qu'il y eût lieu à plaintes à raison de négligence de la part de la portion de la république qui, détachée des soins paternels des Etats de la Virginie et de Maryland, ne peut attendre aucune assistance que du progrès. Parmi les objets qui se recommandent à votre attention, est la prompte organisation d'une maison de refuge pour les aliénés de ce district.

Messieurs les membres des deux chambres du congrès, je viens de vous tracer le véritable et fidèle tableau de la situation des affaires publiques tant au dedans qu'au dehors. Vous connaissez maintenant les besoins du service public, et des questions importantes réclament votre attention. Me sera-t-il permis de vous féliciter des favorables auspices sous lesquels vous vous êtes réunis, et des importantes améliorations qui ont signalé ces trois dernières années. Pendant cette période des questions avec l'étranger, questions d'une importance vitale pour la paix du pays, ont été réglées et arrangées: une guerre désolante et de dévastations avec les tribus sauvages a été terminée. La tranquillité extérieure du pays, menacée par des questions ardues, a été conservée; le crédit du gouvernement, momentanément embarrassé, a été rétabli intégralement. Les coffres, vides pendant un temps, ont été remplis.

Un système monétaire uniforme a pris la place d'un ancien système démonétisé. Le commerce et l'industrie, qui avaient souffert, comme tous les autres intérêts, se sont ravivés, et le pays entier offre l'aspect du bonheur et de la prospérité. Le commerce repose désormais sur des bases solides et substantielles, affranchies de la manie des spéculations, et le développement de nos intérêts est le plus éclatant et incontestable témoignage rendu aux circonstances favorables au milieu desquelles nous nous trouvons.

Mon bonheur, dans la retraite qui m'attend bientôt, est l'espoir que cet état de prospérité ne sera pas illusoire et de coute durée, et que des mesures non encore sanctionnées par le congrès, mais que je considère comme intimement liées à l'honneur, à la gloire et à la prospérité du pays, recevront bientôt l'approbation du congrès. Dans ces circonstances, et au milieu de ces prévisions, je laisserai bien volontiers à d'autres plus capables que moi la noble et agréable tâche de soutenir la prospérité publique. J'emporterai avec moi dans la retraite l'agréable pensée que, n'ayant eu jamais en vue que le bien public, je n'ai pas complètement manqué ce but. Cette satisfaction s'accroît encore à la pensée que, lorsque, mû par le sentiment profond du devoir, je me suis vu forcé de recourir au *veto* motivé, jamais je n'ai été désapprouvé par le peuple, et jamais cette résolution de ma part n'a affaibli le dévouement du peuple à cette grande combinaison conservatrice de notre gouvernement.

JOHN TYLER.

Washington, décembre 1844.

MEXIQUE.

CONDITIONS *de l'armistice conclu le 15 février entre le brigadier général don Antonio-Maria Jauregui et le colonel don Maria-Manuel Landeras, nommé commissaire par le général en chef de l'armée du nord, Adrien Woll, d'une part, et MM. G. Hockley et Williams, commissaires du Texas, d'autre part, comme suit :*

1° Pendant que les négociations seront suivies dans la capitale de la république, au sujet de la pacification du département du Texas, et qui devront être conclues le 1er mai 1844, il y aura un armistice entre le Mexique et le Texas; il ne sera prolongé que dans le cas où il y aura chance que les affaires se terminent d'une manière pacifique ;

2° Pendant ces négociations, les troupes belligérantes des deux partis continueront d'occuper les forts qu'elles occupent sur la ligne des opérations sans commettre aucun acte d'hostilité ;

3° Conformément à l'article ci-dessus, les Mexicains et les Texiens ne dépasseront pas les limites de leurs territoires respectifs sous un prétexte quelconque, même pour soigner leurs affaires particulières; mais, s'il arrivait que quelques citoyens, nonobstant l'arrangement actuel, passassent de l'un à l'autre côté, cette circonstance ne sera pas regardée comme une violation de l'armistice, à moins qu'ils n'aient agi en vertu d'ordres de l'un des chefs belligérants. Dans le cas où MM. les commissaires du Texas y seraient autorisés par le département qui les a envoyés, ils pourront se rendre à Mexico pour conclure les négociations dont parle l'art. 1er. Dans le cas contraire, ils pourront repartir aussi vite que possible pour rendre compte de leur mission, afin que leurs commettants puissent déléguer d'autres commissaires qui arriveraient encore en temps opportun dans cette capitale pour l'objet spécifié. Il est bien entendu qu'ils recevront protection dans leur voyage, afin de pouvoir arriver en toute sûreté. Les commissaires ayant arrêté les articles stipulés pour la suspension des hostilités, ont exposé n'être pas suffisamment autorisés pour se rendre à Mexico et conclure le traité d'armistice : en conséquence, ils retourneront rendre compte de leur mission, afin que le pays nomme qui bon lui semblera. Afin que le présent arrangement sorte son plein et entier effet, ils ont signé six exemplaires, le soumettant à l'approbation du général en chef.

ANTONIO, M. JAUREGUI-MANUEL, M. LONDERAS, GEOR. HOCKLEY, SAM. M. WILLIAMS.

Approuvé :
ADRIEN WOLL.

Certifié à Mexico, le 9 mars 1844.
J. NORIEGA.

DÉCRET *relatif aux tarifs des douanes.*

Valentin Canalyso, général de division et président par intérim de la république mexicaine, fait savoir à ses habitants que le congrès national a décrété et que le pouvoir exécutif a sanctionné ce qui suit :

ARTICLE 1er. Sont déclarées ouvertes au commerce étranger les douanes de la frontière de Taos, dans le département de Nuevo-Mexico, et celles du passage et du préside du nord, dans le département de Chihuahua.

ART. 2. Les marchandises, produits et effets qui seront introduits par les susdites douanes sont soumis, pour le paiement des droits, au tarif général et aux lois en vigueur.

Président de la chambre des députés,
BAPHAEL ESPINOSA;
Président du sénat,
VICENTE MANERO EMBIDÈS;
Député secrétaire,
VICENTE CHICO SEIN;
Sénateur secrétaire,
BERNARDO GUIMBARDA.

J'ordonne que le présent décret soit imprimé, publié et mis en circulation pour tous effets que de raison.

Du palais national de Mexico, le 31 mars 1844.

VALENTIN CANALYSO.

Le ministre des finances,

IGNACIO TRIGUEROS.

CIRCULAIRE *adressée par le ministre des affaires étrangères à tous les agents étrangers.*

Mexique, 19 avril 1844.

Le ministre des affaires étrangères soussigné a l'honneur de s'adresser à M... pour lui annoncer que S. Exc. le président provisoire a reçu la nouvelle que des familles françaises ont immigré dans le Texas pour s'y établir, et que les aventuriers texiens ont abandonné à une société anglaise des terrains pour en faire des concessions et y établir cinq mille familles de diverses nations. Il regarde comme un devoir de vous donner avis que le gouvernement mexicain, considérant ses justes prétentions sur ce territoire comme il l'a déjà antérieurement annoncé aux agents, proteste de nouveau de la manière la plus énergique contre cette mesure et déclare qu'il ne reconnaîtra ni les personnes ni les intérêts privés de tous ceux qui se rendent dans le département du Texas, de quelque origine qu'ils soient et sous quelque prétexte que ce soit.

Le gouvernement mexicain n'écoutera aucune demande qui pourrait être faite en faveur de ces colons, dans le cas où ils seraient pris par les troupes de la république. Au contraire, il considérera toutes ces intrigues. Il regardera comme intrus et ennemis tous ceux qui seront trouvés dans le Texas, et ordonnera de leur appliquer les peines légales et celles reconnues par le droit des gens. Le président proteste en même temps contre toute reconnaissance de consuls étrangers qui se trouveraient dans le département du Texas, au moment de l'entrée des troupes. Il ne leur sera accordé que les droits dont jouissent les étrangers neutres, en supposant qu'ils ne s'opposeront ni directement ni indirectement aux prétentions du Mexique, qui veut reconquérir ce territoire. Le soussigné a porté à la connaissance générale les avis de S. Exc. le président provisoire; par la présente, il profite de l'occasion de renouveler à M.... l'assurance de sa considération distinguée.

MARIA DE BOCANEGRA.

LOI *relative au commerce étranger.*

ARTICLE 1er. Six mois après la publication de la présente loi dans la capitale, les vaisseaux et les marchandise ne seront admis que dans les ports d Vera-Cruz, Tampico, Campêche e Acapulco. Aucun autre port ne ser ouvert au commerce étranger, et aucune sorte d'exportation ou d'importation ne pourra être faite dans ce ports.

ART. 2. Le commerce de marchandises étrangères pourra être fait d'autres ports que les quatre ci-dessus mais seulement par vaisseaux mexicains.

ART. 3. Seront considérés comm vaisseaux mexicains tous navires construits dans un lieu quelconque de l république, capturés par la marine nationale, ou ayant au moins trois quart de leur équipage en Mexicains; le capitaine et le pilote devront être auss Mexicains.

ART. 4. Sera considéré comm mexicain tout vaisseau pourvu d'u certificat signé par le commandant d port ou le gouverneur du district dan lequel il aura été instruit.

BRÉSIL.

DISCOURS *d'ouverture de la session législative.*

Augustes et puissants représentants de la nation,

C'est avec la plus grande satisfactio que je viens ouvrir la troisième ses sion de la législation actuelle et vous annoncer le mariage de ma bien-aimée sœur, la princesse impériale, avec S. A. R. le prince des Deux-Siciles, le comte d'Aquila. C'est une heureuse alliance, qui remplit les plus ardents désirs de mon cœur.

L'empire est en paix avec toutes les puissances étrangères, et je ne cesserai de faire mes efforts pour conserver cet état de choses, sans toutefois compromettre la dignité nationale.

J'ai le regret de vous annoncer que la guerre civile n'est pas complétement éteinte dans la province San Pedro do Rio Grande do Sul. Mais la tranquillité règne dans les autres provinces, et, pour la consolider, j'ai jugé utile d'accorder une amnistie à ceux qui ont été compromis dans les derniers troubles des districts de San Paulo et Minas Geraes.

Nos finances nécessitent toujours que vous y apportiez une attention sérieuse ; il en est de même des améliorations à apporter dans notre commerce et notre agriculture.

Mes ministres, les secrétaires de l'Etat, vous soumettront le budget de leurs départements respectifs.

Très-puissants et augustes représentants,

Le bonheur du Brésil et l'agrandissement de l'empire sont le but continuel de mes soins ; je me repose pour cela sur votre cordiale et loyale coopération.

La session est ouverte.

HAITI.

Capitulation *de Saint-Domingue.*

Cejourd'hui, 28 février, 41e année de l'indépendance et 2e de la régération, sous la médiation de M. Eustache Juchereau de Saint-Denis, consul de France, et en présence des membres de la commission désignée par la junte gouvernementale et de ceux nommés par le général Desgrottes, commandant la place de Santo-Domingo et chargé provisoirement de l'arrondissement, tous soussignés, a été arrêtée la capitulation suivante :

Article 1er. Garantie des propriétés légalement acquises par les particuliers.

Art. 2. Respect aux familles et protection y attachée.

Art. 3. Sortie honorable des fonctionnaires publics.

Art. 4. Départ sans trouble de tous les citoyens.

Art. 5. Franchise et loyauté dans la conduite des deux parties.

Art. 6. Les militaires et autres citoyens, qui désireront se retirer, ne pourront le faire que dix jours après la date de la présente capitulation ; des saufs-conduits seront délivrés par la junte à ceux d'entre eux qui préféreront la voie de terre à la voie de mer.

Les autres citoyens auront un mois entier pour sortir de l'arrondissement, lequel mois commencera à courir du 10 mars prochain.

Art. 7. Les armes des troupes composant la garnison de Saint-Domingue seront toutes déposées entre les mains du consul de France, qui en fera la remise entre les mains des soldats appartenant aux régiments haïtiens, au moment où ils rentreront dans leurs foyers.

Les officiers conserveront leurs armes et ne seront pas tenus d'en faire la remise.

Art. 8. La Force (forteresse) et l'arsenal seront évacués par les troupes haïtiennes immédiatement après la présente capitulation.

Art. 9. Le trésor et les archives seront également remis entre les mains de la junte gouvernementale par l'administration, qui rendra ses comptes à la commission désignée par ladite junte pour en faire l'examen, en donner décharge, et payer aux troupes et aux fonctionnaires l'arriéré de solde qui leur est dû jusqu'à ce jour, ainsi qu'à liquider les dettes contractées par l'administration.

Art. 10. Attendu l'heure avancée, il est convenu entre les commissaires soussignés de ne faire la remise de la place que demain, 29 février, à huit heures précises du matin.

Fait en double expédition les jours, mois et an que dessus.

Doucette, Ponthieux, Déo Hérard, Paul Jean-Jacques, Roy, Bernier, Caminéro, Michel Aibar, Cabral, François Xavier, Duart aîné, Pedro Mena.

Approuvé par le général commandant la place de Santo-Domingo, ayant provisoirement la surveillance de l'arrondissement.

Desgrottes.

Aprabado la junta gubiernativa.

M. R. Mella, Sanchez, Jusquin Pueblo, Echavaria, Castro y Castro, Remigio del Castillo, J.-V. de la Concha.

Vu par le consul de France,

Eustache Juchereau de Saint-Denis.

Décret *relatif au soulèvement de la partie Est de l'île.*

Article 1er. Les ports de la partie Est de l'ile sont fermés, et leur fermeture équivaut à un état de blocus.

Art. 2. La ligne de blocus commencera à Anses-à-Pitre, comprendra le baie de Neybe, les ports situés entre ce point et le cap Camana, Santo-Domingo et les bords adjacents; et de là, s'étendant vers le nord-est, se terminera à Tapion de Montchrist.

Art. 3. L'accès de ces ports est interdit aux vaisseaux de toutes les nations, quelles qu'elles soient. Ceux qui enfreindront cette prohibition violeront le droit des nations et le territoire haïtien.

Donné au palais national, à Port-Républicain, le 8 mars 1844, quarante et unième année de l'indépendance, et deuxième de la régénération de Haïti.

Ch. Hérard.

DOCUMENTS HISTORIQUES.

PARTIE NON-OFFICIELLE.

FRANCE.

Lettre *écrite par M. le garde des sceaux à M. l'archevêque de Paris.*

Paris, le 8 mars 1844.

Monseigneur,

Vous avez adressé au roi un mémoire concerté entre vous et quatre de vos suffragants qui, comme vous, l'ont revêtu de leurs signatures.

Dans ce mémoire, examinant à votre point de vue la question de la liberté d'enseignement, vous avez essayé de jeter un blâme général sur les établissements d'instruction publique fondés par l'Etat, sur le personnel du corps enseignant tout entier, et dirigé des insinuations offensantes contre un des ministres du roi.

Un journal vient de donner à ce mémoire l'éclat de la publicité.

Je ne doute pas que ce dernier fait ne se soit accompli sans votre concours; mais je ne dois pas moins vous déclarer que le gouvernement du roi improuve l'œuvre même que vous avez souscrite, et parce qu'elle blesse gravement les convenances, et parce qu'elle est contraire au véritable esprit de la loi du 18 germinal an X.

Cette loi interdit, en effet, toute délibération dans une réunion d'évêques non autorisée : il serait étrange qu'une telle prohibition pût être éludée au moyen d'une correspondance établissant le concert et opérant la délibération, sans qu'il y eût assemblée.

J'espère qu'il m'aura suffi de vous rappeler les principes posés dans les articles organiques du Concordat, pour que vous vous absteniez désormais d'y porter atteinte.

Agréez, etc.

Le garde des sceaux, ministre de la justice et des cultes,

N. MARTIN (DU NORD).

LETTRE *de M. l'évêque de Châlons à M. l'abbé Combalot.*

Châlons, 14 mars 1844.

L'évêque et le clergé de Châlons s'empressent de joindre leurs félicitations à celles de toute l'Eglise et de tous les gens de bien, que M. l'abbé Combalot a reçues. Il était digne de lui donner un si bel exemple et de prendre aussi ouvertement la défense de nos vérités catholiques contre l'Université, qui en est l'ennemie déclarée. Son *Mémoire aux évêques* est si beau, qu'après l'avoir lu nous avons regretté qu'il n'eût pas pour auteur un évêque; c'est la réflexion que je fis pour mon compte, quoique, de notre côté, nous n'ayons pas laissé ignorer au ministre ce que nous pensions sur cette question importante. Mais le principal honneur en est à M. l'abbé Combalot; aussi, quel vif intérêt nous prenons à tout ce qui le touche, et combien nous nous estimerons heureux de lui en donner quelque marque, en toute occasion! Qu'il soit persuadé qu'on ne peut rien ajouter à notre profonde estime et à tous les sentiments dont nous lui offrons ici l'expression.

† M. J., *évêque de Châlons.*

LETTRE *de M. l'évêque de Langres à M. le comte de Montalembert.*

Langres, ce 25 mai.

In festo B. M. V., sub titulo

AUXILIUM CHRISTIANORUM.

Monsieur le comte,

Je viens de lire votre admirable discours du 21, et je ne puis résister au désir de vous féliciter, et des excellentes protestations que vous avez adressées à la haute chambre, et du parti que vous avez pris, de concert avec vos nobles amis, MM. Séguier, Beugnot et Barthélemy. Il est impossible que, dans le système de la loi d'esclavage qu'on vient de voter, l'article sur les petits séminaires ne révolte pas tous les partis. Heureusement ce ne sera pas le seul, et Dieu confondra la fausse sagesse de nos adversaires par leurs propres excès.

Un autre motif me porte à vous écrire, Monsieur le comte : c'est le besoin de protester contre ce qu'a dit dans cette même séance M. le ministre des affaires étrangères, pour séparer la cause de l'Eglise et de l'épiscopat d'avec celle que vous défendez si bien. Je déclare que c'est identiquement la même, que vous avez été, sinon notre organe, puisque votre modestie repousse ce titre, au moins notre très-orthodoxe interprète; que vos pensées sont les nôtres, que nous sommes blessés profondément des mesures qui provoquent votre éloquente indignation, et que nous voulons la liberté pour tous, précisément comme vous la demandez.

Je suis, etc.

P. L., *évêque de Langres.*

NOTE SUR L'ÉTAT

DES

FORCES NAVALES DE LA FRANCE.

Le but de la présente note est d'appeler sur notre marine l'attention des esprits sérieux et réfléchis.

Le pays, à qui l'instinct de ses vrais intérêts ne manque jamais, le pays veut une marine; il la veut forte et puissante. Cette volonté se révèle par des faits incontestables.

Seulement on ne sait pas bien quels sont les éléments essentiels, les véritables conditions de cette force dont on sent le besoin; on ne s'enquiert pas assez de ce qui se passe; on n'étudie pas assez la manière dont les fonds votés par les Chambres sont employés. On vit toujours sur le vieux préjugé, qu'il faut être marin, c'est-à-dire, posséder des connaissances théoriques et pratiques toutes spéciales, pour être apte à connaître les affaires de la marine. Et ce préjugé, entretenu par diverses circonstances, a empêché jusqu'ici beaucoup de bons esprits de se livrer à l'étude de l'état réel de notre puissance navale.

L'auteur de cette note voudrait, par quelques faits de la plus claire évidence, par quelques calculs très-simples, et enfin par des raisonnements à la portée de tout le monde, dissiper les ténèbres dont la question a été enveloppée comme à plaisir; et, s'il parvenait à la rendre ainsi accessible et familière à chacun de ceux qui peuvent être appelés à en décider, il croirait avoir rendu un service véritable à l'arme à laquelle il appartient.

Je crois pouvoir établir, sans crainte d'être contredit, que la popularité dont jouit la marine en France, que le désir ardent et si souvent manifesté d'avoir une marine forte et puissante, prennent leur source dans un sentiment qui peut se traduire ainsi :

« Sur mer, comme sur terre, nous voulons être respectés. Là, comme ailleurs, nous voulons être en état de protéger nos intérêts, de maintenir notre indépendance, de défendre notre honneur, de quelque part que viennent les attaques qui pourraient les menacer. »

Et, avant d'aller plus loin, je veux qu'il soit bien entendu que je ne prétends pas faire de politique dans cette note consacrée uniquement aux affaires de la marine. Si je parle de l'Angleterre, comme de toute autre puissance, ce ne sera pas par un étroit esprit d'animosité ou même de rivalité nationale, mais bien pour faire voir, d'après ce qui se passe chez les peuples étrangers, ce que nous devons rechercher, ce que nous devons éviter. Si je parle de guerre, ce n'est pas que je veuille voir mon pays échanger les bienfaits de la paix contre de ruineux hasards : non. Je crois seulement que, pour que la paix soit digne et durable, il faut qu'elle s'appuie sur une force toujours capable de se faire respecter.

Prenant donc le cas de guerre pour base de mes raisonnements, je chercherai un exemple qui éclaircisse ma pensée, et je supposerai la France obligée de se défendre contre la plus forte des puissances maritimes : c'est nommer l'Angleterre. Cela posé, et procédant d'une façon toute abstraite et par voie d'hypothèse, j'entre dans mon sujet.

Un fait d'une portée immense, qui s'accomplit depuis quelques années, nous a donné les moyens de relever notre puissance navale déchue, de la faire reparaître sous une forme nouvelle, admirablement appropriée à nos ressources et à notre génie national.

Ce fait, c'est l'établissement et le progrès de la navigation par la vapeur.

Notre marine ne pouvait être qu'une création factice alors que l'empire de la mer appartenait à celui qui mettait sur l'eau le plus de matelots. Notre navigation marchande ruinée ne nous fournissait plus assez de marins. On aurait lutté énergiquement pour venger des affronts, pour effacer de tristes souvenirs; mais, quand même des succès passagers fussent venus attester le courage de nos marins, le nombre aurait fini par étouffer nos efforts. La marine à vapeur a changé la face des choses: ce sont maintenant nos ressources militaires qui viennent prendre la place de notre personnel naval appauvri. Nous aurons toujours assez d'officiers et de matelots pour remplir le rôle laissé au marin sur un bateau à vapeur. La machine suppléera à des centaines de bras, et je n'ai pas besoin de dire que l'argent ne nous manquera jamais pour construire des machines, pas plus que les soldats ne nous manqueront quand il s'agira de soutenir l'honneur du pays.

Avec la marine à vapeur, la guerre d'agression la plus audacieuse est permise sur mer. Nous sommes sûrs de nos mouvements, libres de nos actions.

Le temps, le vent, les marées, ne nous inquièteront plus. Nous calculons à jour et à heures fixes.

En cas de guerre continentale, les diversions les plus inattendues sont possibles. On transportera en quelques heures des armées de France en Italie, en Hollande, en Prusse. Ce qui a été fait une fois à Ancône, avec une rapidité que les vents ont secondée, pourra se faire tous les jours sans eux, et presque contre eux, avec une rapidité plus grande encore.

Comme je le disais tout à l'heure, ces ressources nouvelles nous conviennent à merveille, et la forme de la guerre ainsi modifiée ne laisse plus les chances telles qu'elles étaient, il y a trente ans, entre la France et les ennemis qu'elle peut rencontrer. Aussi est-il curieux de voir à quel point les progrès de la vapeur et son emploi probable excitent l'attention de nos voisins.

Le duc de Wellington, dans son témoignage devant le comité des naufrages institué par la chambre des communes, dit, à propos des côtes d'Angleterre opposées aux côtes de France

« En cas de guerre, je considérerais que le manque de protection et de refuge qui existe maintenant laisserait le commerce de cette partie de la côte, et la côte elle-même, dans une situation très-précaire. »

Dans la séance de la chambre des communes du 29 février 1844, une motion a été faite sur les ports de refuge à établir sur la côte d'Angleterre, et il est dit dans cette motion :

« Que c'était le devoir du gouvernement de Sa Majesté de pourvoir aux moyens de sécurité, non-seulement du commerce anglais, mais aussi des côtes de la Grande-Bretagne. On était tout à fait d'avis que, si, à l'époque du camp de Boulogne, les bateaux à vapeur eussent été en usage, Napoléon aurait eu facilement les moyens de débarquer quinze à vingt mille hommes sur la côte. On ajoutait qu'on ne voulait pas dire qu'un semblable débarquement eût eu beaucoup de succès, mais l'effet qu'il eût produit aurait été de *détruire cette confiance que nous inspire maintenant notre position insulaire.* On terminait en adjurant la législature de prendre en considération les grands changements opérés depuis quelques années dans la navigation à la vapeur, et l'usage qui pourrait en être fait dans le cas d'une nouvelle guerre. »

L'avertissement est bon pour la Grande-Bretagne; il l'est aussi pour tous ceux à qui elle apprend que sa force réside dans cette confiance que lui inspire sa position insulaire.

Malheureusement, nous n'en profitons pas.

Ces cris d'alarme jetés au sein du parlement anglais devraient avoir dans nos Chambres et par toute la France un retentissement salutaire; notre ligne de conduite nous devrait être tracée de la main de nos voisins mêmes. Mais il n'en est pas ainsi : nous nous croisons les bras, l'Angleterre agit; nous discutons des théories, elle poursuit des applications. Elle se crée avec activité une force à vapeur redoutable et réduit le nombre de ses vaisseaux à la voile, dont elle a reconnu l'impuissance. Nous, qui eussions dû la précéder dans cette réforme, et qui du moins devrions l'y suivre avec ardeur, c'est à peine, sur le chiffre de nos navires à vapeur, si nous en avons six qui soient capables de soutenir la comparaison avec ceux de la marine britannique.

Il est triste de le dire, mais on s'est endormi et l'on a endormi le pays avec des paroles flatteuses et des chiffres erronés ; on s'est persuadé, et l'on a réussi à lui persuader qu'il possédait une marine à vapeur forte et respectable. Erreur déplorable, source d'une confiance plus déplorable encore.

Je ne suis pas de ceux qui, dans l'illusion de l'amour-propre national, nous croient en état de lutter sur mer d'égaux à égaux contre la puissance britannique ; mais je ne voudrais pas non plus entendre dire qu'en aucun cas nous ne puissions lui résister.

Ma pensée bien arrêtée est qu'il nous est possible de soutenir la guerre contre quelque puissance que ce soit, fût-ce l'Angleterre, et que, rétablissant une sorte d'égalité pour l'emploi judicieux de nos ressources, nous pouvons, sinon remporter d'éclatants succès, au moins marcher sûrement vers notre but, qui doit être de maintenir à la France le rang qui lui appartient.

Nos succès ne seront point éclatants, parce que nous nous garderons bien de compromettre toutes nos ressources à la fois dans des rencontres décisives.

Mais nous ferons la guerre sûrement, parce que nous nous attaquerons à deux choses également vulnérables, la confiance du peuple anglais dans sa position insulaire, et son commerce maritime.

Qui peut douter qu'avec une marine à vapeur fortement organisée nous n'ayons les moyens d'infliger aux côtes ennemies des pertes et des souffrances inconnues à une nation qui n'a jamais ressenti tout ce que la guerre entraîne de misères ? Et à la suite de ces souffrances lui viendrait le mal, également nouveau pour elle, de la confiance perdue. Les richesses accumulées sur ses côtes et dans ses ports auraient cessé d'être en sûreté.

Et cela, pendant que, par des croisières bien entendues dont je développerai plus tard le plan, nous agirions efficacement contre son commerce répandu sur toute la surface des mers.

La lutte ne serait donc plus inégale !

Je continue de raisonner dans l'hypothèse de la guerre. Notre marine à vapeur aurait alors deux théâtres d'action bien distincts : la Manche d'abord, où nos ports pourraient abriter une force considérable, qui, sortant à la faveur de la nuit, braverait les croisières les plus nombreuses et les plus serrées. Rien n'empêcherait cette force de se réunir avant le jour sur tel point convenu des côtes britanniques, et là elle agirait impunément. Il n'a fallu que quelques heures à sir Sidney Smith pour nous faire à Toulon un mal irréparable.

Dans la Méditerranée, nous régnerions en maître ; nous assurerions notre conquête d'Alger, ce vaste champ ouvert à notre commerce et à notre civilisation. Et puis la Méditerranée est trop loin de l'Angleterre : ce ne sont pas les arsenaux de Malte et de Gibraltar qui pourront entretenir une flotte à vapeur, si difficile et si coûteuse à approvisionner, et toujours en crainte de se voir réduite à l'inaction par le défaut de combustible. Libre donc à la France d'agir victorieusement sur ce théâtre ; tous ses projets, elle pourra les accomplir avec des navires à vapeur, sans s'inquiéter des escadres à voiles, dont toute la surveillance sera trompée, dont toute la vitesse sera devancée.

A la marine à vapeur encore, et à elle seule, est réservé le rôle d'éclairer nos côtes et de signaler l'approche des ennemis, de couvrir notre cabotage et de s'opposer de vive force, quand faire se pourra, aux débarquements, aux bombardements et à toutes les agressions de l'ennemi, car il va sans dire que la marine à vapeur ne saurait nous donner d'avantages qui ne puissent être retournés contre nous. La moitié de nos frontières est frontière maritime. Jadis cette vaste étendue de côtes pouvait être défendue par notre armée de terre : presque partout inaccessible, ou au moins d'une approche dangereuse aux navires à voiles, les débarquements y étaient peu à craindre, et les points importants, les grands ports et les lieux où la nature n'avait rien fait pour la défense, l'art s'en était emparé et les avait mis hors de toute atteinte. Aujourd'hui tout est changé : avec des navires à vapeur, nos côtes peuvent être abordées sur toute leur vaste étendue; de Dunkerque à Bayonne, l'Angleterre peut contre nous tout ce que nous pouvons contre elle. En quelques heures, une armée embarquée sur une flotte à vapeur à Portsmouth ou dans la Tamise se présentera sur un des points de notre littoral, pénétrera dans nos rivières, opérera un débarquement ou détruira avec la bombe nos villes, nos arsenaux et nos richesses commerciales. La rapidité de ses mouvements assurera son succès. L'armée française, ses forts et ses canons ne pourront être partout à la fois, et l'on saura en même temps l'apparition de l'ennemi, l'accomplissement de ses projets et son départ. A l'heure qu'il est, si une déclaration de guerre survenait, nous apprendrions dès le lendemain peut-être la destruction de Dunkerque, de Boulogne, du Havre, etc., que rien ne peut défendre contre un bombardement. Nous aurions la douleur de voir le drapeau anglais flotter dans la rade de Brest, nôtre grand arsenal, jusqu'à présent protégé par les difficultés de la navigation multipliées à ses alentours, difficultés que l'emploi des bateaux à vapeur ferait disparaître.

Ainsi, à l'aide de la marine à vapeur, l'Angleterre est en état de menacer toutes nos côtes sur l'Océan, et de régner même sur la Méditerranée en nous coupant avec Alger toutes nos communications; elle peut, en outre, bloquer étroitement et efficacement tous nos ports, et cela dès aujourd'hui, si bon lui semble. Et pour lui résister, il n'y a pour nous qu'une seule ressource, qu'un seul moyen, celui dont elle userait contre nous, une marine à vapeur. Eh bien! il faut le redire, c'est là le côté douloureux de la question ; malgré toutes les illusions dont nous aimons à nous satisfaire, malgré tous les faits avancés, tous les chiffres alignés, nous n'avons qu'une force impuissante; une force dont l'existence purement nominale est toute sur le papier. Sur quoi se fonde-t-on, en effet, pour rassurer la France et lui prouver que sa marine est dans un état respectable? Sur une escadre à voiles parfaitement armée, j'en conviens, et certes ce n'est pas moi qui lui dénierai ses mérites et sa gloire; mais, s'il est vrai que, par le simple progrès des choses, ce qui était le principal, ce qui était tout il y a vingt ans encore, n'est plus aujourd'hui qu'un accessoire dans la force navale, cette belle escadre serait bien près de n'être qu'une dépense inutile. Examinons un peu des faits qui se sont passés sous nos yeux; c'est de l'histoire contemporaine que chacun peut apprécier avec ses souvenirs.

Depuis que les progrès de la navigation ont fait abandonner les galères (ceci est assez ancien), chaque Etat a eu des escadres, ou réunions de vaisseaux à voiles, comme expression de sa force navale. Des flottes françaises et anglaises se sont, pendant un siècle et demi, disputé l'empire de la mer, et, après des luttes longues et sanglantes, le pavillon britannique s'est promené d'un bout à l'autre du globe en vainqueur et en maître. On a pu croire la marine française anéantie.

Elle ne l'était pas pourtant, et, la paix ramenant avec elle la tranquillité, la confiance et le commerce, notre navigation marchande a pu employer et former assez de matelots pour qu'en 1840 on ait vu une escadre de vingt vaisseaux faire flotter avec honneur le pavillon français dans la Méditerranée.

Bien des esprits ont été éblouis de ce brillant résultat; ils ont vu avec douleur cette belle flotte condamnée à l'inaction, alors que le sentiment national était en eux si vivement blessé. Nous avions à ce moment sur l'escadre britannique la supériorité de l'organisation et du nombre. Nos matelots, commandés par un chef habile et actif, étaient bien exercés, et tout leur promettait la victoire. Je n'invoque pas là mes souvenirs, mais ceux d'un des plus habiles officiers de la marine anglaise.

Admettons que la querelle se fût engagée alors; admettons que le Dieu des batailles eût été favorable à la France; on eût poussé des cris de joie par tout le royaume; on n'eût pas songé que le triomphe devait être de courte durée. Il faut bien le dire, dans une rencontre entre deux escadres française et anglaise, le succès sera toujours vivement disputé ; il appartiendra au plus habile, au plus persévérant, mais il aura été payé bien cher, et de part et d'autre les pertes auront été énormes, plusieurs des vaisseaux détruits ou hors de combat. Il s'ensuit que chacun rentrera dans ses ports avec une escadre délabrée, veuve de ses meilleurs officiers et de ses meilleurs matelots.

Mais je veux supposer ce qui est sans exemple : j'accorde que vingt vaisseaux et quinze mille matelots anglais prisonniers puissent jamais être ramenés dans Toulon par notre escadre triomphante. La victoire en sera-t-elle plus décisive? Aurons-nous vaincu un ennemi qui se laisse abattre du premier coup, à qui les ressources manquent pour réparer une défaite, et qui, pour laver un outrage, soit accoutumé à mesurer ses sacrifices? Pour qui connaît le peuple anglais, il est évident qu'en de pareilles circonstances on le verra animé d'un immense désir de venger un échec inconnu dans ses annales, un échec qui touche à son existence même. On verra toutes les ressources navales de cet immense empire, son nombreux personnel, ses richesses matérielles, s'unir pour effacer la tache imprimée a l'honneur de la marine britannique. Au bout d'un mois, une, deux, trois escadres aussi puissamment organisées que celle que nous leur aurons enlevée seront devant nos ports. Qu'aurons-nous à leur opposer? Rien que des débris. Et c'est ici le lieu de déchirer le voile sous lequel se dérobe à nos yeux le secret de notre faiblesse. Disons-le tout haut, une victoire, comme celle qui nous semblait promise en 1840, eût été pour la marine française le commencement d'une nouvelle ruine. Nous étions à bout de nos ressources : notre matériel n'était pas assez riche pour réparer du jour au lendemain le mal que nos vingt vaisseaux auraient souffert, et notre personnel eût offert le spectacle d'une impuissance plus désolante encore. On ne sait pas assez tout ce qu'il en avait coûté d'efforts pour armer alors ces vingt vaisseaux qui donnaient à la France tant de confiance et d'orgueil ; on ne sait pas assez que les cadres épuisés de l'inscription n'avaient plus de matelots à fournir. Et ce qu'il faut ajouter, c'est qu'au premier bruit de guerre, la pépinière si appauvrie de notre marine marchande se fût réduite à rien : le peu de bras qui pouvaient lui rester se fussent donnés tout aussitôt à la productive spéculation des armements en course.

Plusieurs fois dans le cours de son histoire, la France, alors qu'on la croyait sans soldats, a bien pu en faire sortir des milliers de son sein, comme par enchantement, mais il n'en va pas ainsi à l'egard des flottes : le matelot ne s'improvise pas; c'est un ouvrier d'art qui, s'il n'est façonné, dès son enfance, au métier de la mer, conserve toujours une inévitable infériorité. Depuis le temps où nous cherchons à faire des matelots, nous sommes parvenus, il faut le reconnaître, à avoir des gens qui n'ont point le mal de mer; mais le nom de matelot ne se gagne pas à si bon marché.

Voilà donc les débris de notre escadre victorieuse ou bloqués ou assaillis par des forces nombreuses qui à la puissance de leur organisation joignent l'ardent désir de venger une défaite. Le fruit du succès et du sang versé est perdu. Il n'est plus permis d'appeler du nom de victoire une supériorité d'un moment, qui n'a laissé après elle que la certitude de prochains revers, et cela, parce que, sans prévoyance du lendemain, nous aurons compromis toutes nos ressources à la fois.

Non, il ne faut pas accoutumer le pays à jouer en temps de paix avec des escadres, et à se complaire dans la fausse idée qu'elles lui donnent de sa puissance. N'oublions jamais l'effet que produisit le rappel de la flotte en 1840; c'était pourtant ce qu'il fallait faire alors, et ce qu'il faudrait faire encore à la première menace d'une guerre.

Il est donc clair que le rôle des vaisseaux ne peut plus être désormais de former le corps même de notre puissance navale; l'emploi des navires à vapeur les réduit forcément à la destination subalterne de l'artillerie de siège dans une armée de terre. On les emmènera à la suite des escadres à vapeur, alors que l'expédition aura un but déterminé, alors qu'on aura à agir contre un fort, une ville maritime, qu'il faudra foudroyer avec une grande masse de canons réunis sur un même point. Hors de là, on ne leur demandera point des services qu'ils ne peuvent, qu'ils ne doivent plus rendre, et l'on se gardera de persévérer, par un respect exagéré pour d'anciennes traditions, dans une voie dangereuse, au bout de laquelle il pourrait y avoir quelque jour un compte bien sérieux à rendre à la France désabusée.

Je n'hésiterais pas, pour mon compte, à entrer dès aujourd'hui dans la route contraire, et je me poserais nettement la question de savoir si maintenir huit vaisseaux armés et huit en commission, pour n'en retirer d'autre avantage que celui de frapper de loin les yeux des observateurs superficiels, ce n'est pas beaucoup trop.

On me répondra peut-être que ces vaisseaux sont l'école des officiers, de la discipline.

Mais toute réunion de navires, qu'ils soient à voiles ou à vapeur, atteindra le même but. Il n'est pas nécessaire d'avoir pour cela des vaisseaux, de toutes les machines flottantes les plus coûteuses, des vaisseaux que, guerre venant, il faudrait désarmer.

Ne vaut-il pas mieux employer les loisirs de la paix à préparer et à aiguiser une lame qui porterait des coups assurés en temps de guerre? Je ne crains pas de l'affirmer, de la formation d'une escadre à vapeur sortiraient plus d'idées nouvelles et de véritables progrès qu'il n'y en a eu depuis les leçons de la dernière guerre.

Enfin, et tout est là, portons nos regards au delà du détroit, et voyons ce que fait l'Angleterre; voyons la décision avec laquelle ce pays si sagace, si éclairé sur ses intérêts, a su renoncer aux vieux instruments de sa puissance, et se saisir d'une arme nouvelle (1).

Assurément, si quelque part on devait tenir au maintien des escadres à voiles, c'était dans les conseils de l'amirauté britannique: on en a tiré assez de profit et de gloire.

Mais on a suivi la marche du temps, on a écouté les conseils de l'expérience, et l'on a compris que les vaisseaux devenaient inutiles alors qu'une nouvelle force navale, capable de tout faire en dépit d'eux, était entrée dans le monde.

Aussi, regardons-le, à notre escadre, clouée depuis longtemps par la force des choses dans la Méditerranée, qu'oppose le gouvernement anglais? Trois vaisseaux (1); mais, en revanche, il a onze bateaux à vapeur, dont neuf de grande dimension, et avec cette force, il en a assez pour faire régner son pavillon et triompher sa politique. Notre budget, je le sais, nous donne un effectif de quarante-trois navires à vapeur: c'est quelque chose; mais on sait en Angleterre à quoi s'en tenir sur la valeur sérieuse de ces navires, et voici quel total on met en regard du nôtre.

En tout, la Grande-Bretagne compte aujourd'hui cent vingt-cinq navires à vapeur de guerre. Sur ce nombre, soixante-dix-sept sont armés, et il faut y ajouter deux cents bateaux de marche supérieure, aptes à porter du gros canon et des troupes, que la navigation marchande fournirait à l'Etat le jour où cela serait nécessaire.

Ce n'est pas tout; pour se faire une idée de la force réelle de cette flotte à vapeur, il faut avoir vu de près tout ce que son armement a de redoutable; il faut avoir vu le soin et l'habile prévoyance avec lesquels tout y a été étudié. Les *steamers* de guerre anglais n'ont pas été construits et garantis bons pour tous les services indistinctement. Dans leur construction, on n'a eu qu'une idée, un but: la guerre. Ils réunissent, avec une entente merveilleuse des choses de la mer, grande vitesse, puissante artillerie, et vaste emplacement pour des troupes passagères.

Oui, cet armement est formidable;

(1) *Voir* annexe A et tableau n° 4.

(1) Le gouvernement anglais réduit cette année de dix-sept à neuf le nombre de ses vaisseaux armés. Trois du premier rang (à trois pont) seront employés comme vaisseaux de garde dans leurs ports: Sheerness, Portsmouth, Plymouth; trois dans la Méditerranée, un dans l'Océan Pacifique, un en Chine, un aux Antilles et Amérique du Nord. Sept de ces neuf vaisseaux sont destinés à porter des pavillons d'officiers-généraux.

oui, ce soin exclusif que met l'Angleterre à accroître et à perfectionner cette branche de son service maritime est un avertissement que nous ne devons pas négliger, sous peine de voir un jour en péril tout ce qu'il y a de plus cher à un peuple, l'intégrité de notre territoire et notre honneur national.

Or, je le répète, il y a pour nous un moyen bien simple d'écarter ce péril et de rendre les chances de la lutte moins inégales, si jamais elles venaient à se présenter : c'est de nous armer comme on s'arme contre nous, c'est de donner à notre marine à vapeur, qui languit encore dans l'incertitude des expériences, une puissante impulsion et un large développement. Avec les ressources que cette marine ainsi perfectionnée nous fournira pour l'attaque et pour la défense, la France pourra légitimement se reposer dans le sentiment de sa force. Mais, il faut bien que je le dise, en cela comme en toute chose, pour faire le bien, il est nécessaire de s'en occuper, et de s'en occuper sérieusement.

Notre marine à vapeur date de 1829; l'expédition d'Alger fut le théâtre de ses premiers essais. On fut frappé alors des avantages qu'il était possible d'en retirer, et l'on s'empressa de jeter dans le même moule un assez grand nombre de navires semblables à ceux qui avaient servi dans cette expédition. Cependant telle était l'importance tous les jours croissante du service d'Alger, que ces navires à peine construits devaient aussitôt s'y approprier, et que sans cesse requis d'urgence, et souvent même forcés de marcher sans que leurs réparations fussent terminées, ils ne pouvaient fournir la matière d'aucun essai fructueux, d'aucune amélioration. Ce qui leur manquait surtout, c'était d'être employés dans les stations où ils auraient pu être mis en comparaison avec les navires étrangers. Cet inconvénient, joint aux préventions exclusivement régnantes en faveur de la marine à voiles, fit que, de 1830 à 1840, les progrès de notre flotte à vapeur furent nuls. Cependant la science avait marché. La marine royale d'Angleterre, ayant le loisir d'expérimenter, et, de plus, ayant sous les yeux une marine à vapeur marchande où le nombre et la concurrence amenaient des progrès de tous les jours, avait mis en mer des navires magnifiques.

Les hommes qui gouvernaient nos affaires en 1840 furent frappés de ces progrès, et en sentirent la portée : une tentative énergique fut faite pour donner à la France une véritable marine à vapeur, par la création de nos paquebots transatlantiques.

Malheureusement cette tentative a été la seule : malgré les efforts si louables et si persévérants du département des finances pour tracer une voie d'amélioration à la marine à vapeur par l'exemple de ses paquebots, on s'est obstiné à la laisser végéter, et aujourd'hui elle ne suffit plus aux besoins de la paix, loin d'offrir les ressources qu'elle devait fournir pour la guerre.

Et l'on ne saurait accuser les chambres de cette triste insuffisance. Chaque fois que des fonds ont été demandés pour doter la France d'une marine à vapeur, ils ont été votés avec un patriotique empressement. L'argent ne s'est jamais fait attendre; mais on espérait qu'il y aurait un résultat qui répondrait à tant de dépenses, à tant de sacrifices. Ce résultat apparaît maintenant à tous les yeux. Par un excès de prévoyance trop commun chez nous, l'administration a cru devoir, avant tout, créer des moyens de réparation pour la nouvelle marine. Dans tous nos ports s'élèvent aujourd'hui de magnifiques ateliers enfermés dans des monuments grandioses. Ces ateliers sont destinés à réparer les avaries et à pourvoir aux besoins de la marine à vapeur, et cette marine ne fait que de naître.

Cependant, comme on ne peut pas laisser ces vastes ateliers sans emploi et leurs ouvriers sans ouvrage; comme, du reste, par la force des choses, tout ce que nous avons de navires à vapeur est employé à Toulon, et que là seulement il y a des navires à réparer, qu'a-t-on fait des ateliers construits dans les ports de l'Océan? On les a employés à fabriquer des machines, au lieu d'en donner la construction, comme un encouragement, à l'industrie particulière.

Nous avions déjà Indret, et ses couteux produits. Fallait-il ajouter encore à ce luxe de construction? Fallait-il employer l'argent destiné à l'accroissement et à l'amélioration de la flotte, pour élever des monuments dont l'utilité présente est loin d'être démontrée?

Nous avons toujours été portés à augmenter sans mesure les immeubles de la marine, au détriment de ce qu'il y a dans l'arme d'efficace et d'agissant. Il serait bon d'essayer du système contraire, et j'ai la conviction que l'on trouverait aisément les moyens d'armer une véritable flotte à vapeur et d'encourager une industrie utile, en demandant au commerce de belles et bonnes machines, comme il sait les faire.

Si je traçais ici le tableau réel de notre marine à vapeur, si je disais que sur ce chiffre de quarante-trois navires à flot que comporte le budget, il n'y en a pas six qui puissent soutenir la comparaison avec les navires anglais, on ne me croirait pas, et je n'aurais pourtant avancé que la stricte vérité. Le plus grand nombre de nos bâtiments appartient à cette classe de navires, bons en 1830, où ils furent créés, mais aujourd'hui, à coup sûr, fort en arrière de tout progrès. Ces navires, assujettis dans la Méditerranée à une navigation sans repos, sont presque tous arrivés à une vieillesse prématurée. Comme je l'indiquais tout à l'heure, ils ne suffisent plus au service d'Alger et aux missions politiques qu'il faut bien leur confier, à défaut de bâtiments meilleurs. Les officiers qui les conduisent rougissent de se voir faibles et impuissants, je ne dirai pas seulement à côté des Anglais, mais des Russes, des Américains, des Hollandais, des Napolitains, qui ont mieux que nous.

On m'accuserait d'atténuer comme à plaisir nos ressources de guerre, si je n'y faisais pas entrer nos paquebots transatlantiques et ceux de l'administration des postes. Sans doute il y a quelque utilité à attendre de ces navires; mais d'abord ils n'appartiennent pas à la marine, qui n'a rien à leur demander en temps de paix, et l'on s'est trompé, en outre, quand on a cru pouvoir, dans leur construction et leurs aménagements, les approprier à la fois à leur service et à celui de la guerre (1).

On fait contre l'emploi général d'une marine à vapeur l'objection de la dépense.

Ma première réponse sera qu'en fait de précautions à prendre pour la garde de son honneur et la défense de son territoire, la France a souvent prouvé qu'elle ne calculait pas ses sacrifices. Mais j'accepte l'objection, et j'accorde que les machines et les chaudières coûtent fort cher; j'ajoute seulement que rien ne l'obligerait à faire en une seule année toute la dépense, et que, dans l'intérêt même d'une fabrication aussi étendue, il y aurait avantage à en répartir la charge sur plusieurs budgets consécutifs. Il faut considérer ensuite que les machines bien entretenues durent fort longtemps, de vingt à vingt-cinq ans, et que, si les chaudières s'usent beaucoup plus vite, il est possible de les rendre moins coûteuses, en substituant dans leur construction le cuivre à la tôle : non que ce premier métal ne soit plus cher que l'autre, mais il dure davantage, et, après l'appareil usé, conserve encore sa valeur.

J'ai essayé d'établir des calculs sur les frais de création et d'entretien du matériel des navires à vapeur, comparés aux frais qu'entraîne le matériel des navires à voiles; malheureusement je n'ai pu donner à ces calculs toute la rigueur désirable, n'ayant eu d'autre base à leur fournir que des hypothèses : les publications officielles n'offrent que des données incertaines à cet égard. M. le baron Tupinier, dans un ouvrage plein d'intérêt (2), s'est livré, dans le même but que moi, à des calculs qui ne sont que de savantes probabilités, et qui, comme les miens, sont exposés à pêcher par la base, puisqu'ils ne reposent que sur des suppositions.

Dans cette fâcheuse impuissance de donner des résultats d'une exactitude mathématique, j'ai laissé de côté les dépenses du matériel des navires à vapeur, me bornant à faire observer que les navires à voiles ont aussi un matériel qui s'use vite et en tout temps,

(1) *Voir* annexe A.

(2) *Considérations sur la Marine et son budget.*

tandis que celui des bâtiments à vapeur ne s'use que lorsque la machine marche et rend des services.

Puis j'ai pris la solde et l'habillement des équipages, la consommation du charbon, seules données appréciables, et de ces données j'ai tiré cette conclusion, qu'un vaisseau de deuxième rang entraîne une dépense équivalente à celle de quatre navires de 220 chevaux;

Qu'ensuite notre escadre actuelle de Toulon coûte ce que coûterait une escadre de

5 frégates à vapeur de 450 chevaux,
22 corvettes à vapeur de 220 chevaux,
11 bateaux à vapeur de 160 chevaux,
—
38 navires pouvant porter 20,000 hommes de troupes.

Je demande maintenant que l'on compare les services que pourraient rendre, d'une part, 8 vaisseaux, 1 frégate et 2 bâtiments à vapeur, lents et incertains dans leurs mouvements, absorbant un effectif de 2,767 matelots; de l'autre, 38 navires à vapeur montés par 4,529 matelots et pouvant porter tout un corps d'armée de 20,000 hommes. Vienne la guerre, et il faudra désarmer la première de ces escadres, tandis que la seconde est bonne en tout temps (1).

J'aurais pu étendre bien davantage ces considérations relatives à la marine à vapeur, mais je me borne à de simples aperçus, laissant à d'autres le soin de presser mes conclusions et d'en faire sortir tout ce qu'elles renferment. Je crois toutefois avoir démontré d'une manière suffisante qu'une flotte à vapeur est seule bonne aujourd'hui pour la guerre offensive et défensive, seule bonne pour protéger nos côtes ou agir contre celles de l'ennemi, et seconder efficacement les opérations de nos armées de terre. Il me reste maintenant à parler d'un autre moyen d'action que nous aurions à employer, au cas d'une guerre à soutenir contre l'Angleterre.

Sans avoir pris part aux longues luttes de la marine française contre la marine britannique dans les temps de la Révolution et de l'Empire, on peut en avoir étudié l'histoire et en avoir recueilli l'expérience. C'est un fait bien reconnu aujourd'hui que, si, pendant ces vingt années, la guerre d'escadre contre escadre nous a presque toujours été funeste, presque toujours aussi les croisières de nos corsaires ont été heureuses. Vers la fin de l'Empire, des divisions de frégates, sorties de nos ports avec mission d'écumer la mer sans se compromettre inutilement contre un ennemi supérieur en nombre, ont infligé au commerce anglais des pertes considérables. Or, toucher à ce commerce, c'est toucher au principe vital de l'Angleterre, c'est la frapper au cœur.

Jusqu'à l'époque dont je viens de parler, nos coups n'avaient point porté là, et nous avions laissé l'esprit de spéculation britannique accroître par la guerre ses prodigieux bénéfices. La leçon ne doit pas être perdue aujourd'hui pour nous, et nous devons nous mettre en état, au premier coup de canon qui serait tiré, d'agir assez puissamment contre le commerce anglais pour ébranler sa confiance. Or, ce but la France l'atteindra en établissant sur tous les points du globe des croisières habilement distribuées. Dans la Manche et la Méditerranée, ce rôle pourra être confié très-bien à des navires à vapeur. Ceux qui font l'office de paquebots pendant la paix feraient, par leur grande vitesse, d'excellents corsaires en temps de guerre. Ils pourraient atteindre un navire marchand, le piller, le brûler, et échapper aux navires à vapeur de guerre eux-mêmes, dont la marche serait retardée par leur lourde construction.

Il n'en saurait être ainsi sur les mers lointaines: là ce sont des frégates qu'il faut spécialement destiner aux croisières, et quoique, en apparence, il n'y ait rien de fort nouveau dans tout ce que je vais dire, je voudrais pourtant appeler sur ce point l'attention.

Mon opinion sur les frégates n'est point du tout la même que sur les vaisseaux. Loin d'en réduire le nombre, je voudrais l'accroître; pour la paix comme pour la guerre, il y a à leur demander d'excellents services, et on

(1) *Voir* annexe B.

les obtiendrait sans surcroît de dépense, en distribuant seulement nos stations d'une manière mieux entendue.

La frégate seule me parait propre à aller représenter la France au loin, et encore, la frégate de la plus puissante dimension. Seule, en effet, elle peut, avec une force efficace et un nombreux équipage, porter les vivres nécessaires pour tenir la mer longtemps de suite; seule elle peut, comme je l'indiquerai tout à l'heure, s'approprier également aux besoins de la paix et à ceux de la guerre. A mille ou deux mille lieues des côtes de France, je n'admets plus de distinction entre ces deux Etats; les stations lointaines, qui peuvent apprendre une guerre plusieurs mois après qu'elle a été déclarée, doivent toujours être constituées sur le pied le plus formidable. Les motifs d'économie doivent ici disparaître devant des idées plus grandes et plus élevées. Il ne faut pas que jamais, par une ruineuse parcimonie, les forces de la France puissent être sacrifiées ou même compromises.

Jusqu'à présent nos stations lointaines ont été composées d'une frégate portant le pavillon de l'officier-général commandant la station, et de plusieurs corvettes ou bricks. Deux motifs ont amené cet état de choses : les demandes des consuls, toujours désireux d'avoir un bâtiment de guerre à portée de leur résidence ; et, en second lieu, la grande raison de l'économie, si souvent invoquée, qui a fait réduire la force et l'espèce des navires, dont on ne pouvait réduire le nombre.

Il en est résulté que, voulant être partout, nous avons été partout faibles et impuissants.

C'est ainsi que nous envoyons des frégates de 40 canons (1) et de 300 hommes d'équipage là où l'Angleterre et les Etats-Unis d'Amérique ont des frégates de 50 canons et plus, avec 500 hommes à bord. Les unes et les autres ne sont pourtant que des frégates, et, s'il fallait qu'elles se rencontrassent un jour de combat, on dirait partout qu'une frégate française a été prise ou coulée par une frégate anglaise ou américaine; et, quoique les forces n'eussent pas été égales, notre pavillon n'en resterait pas moins humilié par une défaite.

En principe, j'établirais que les stations ne se composent chacune que de deux ou trois frégates de la plus forte dimension. Ces frégates marcheraient ensemble sous les ordres d'un amiral, et profiteraient ainsi de tous les avantages de la navigation en escadre. Constamment à la mer, chefs et matelots apprendraient à se connaître et à s'apprécier, et l'on ne reprocherait pas à nos amiraux cette paresseuse immobilité qui semble les clouer au chef-lieu de leur station. Partout où cette division navale se montrerait, et elle devrait être continuellement employée à parcourir toute l'étendue de sa circonscription, on la verrait forte et respectable, ayant les moyens de réprimer sur-le-champ les écarts des gouvernements étrangers, sans ces coûteux appels à la mère-patrie dont le Mexique et la Plata nous ont donné de si tristes exemples.

Nous n'aurions plus ces petits navires disséminés sur les points où résident nos agents diplomatiques, et si propres, par leur faiblesse même, à

(1) Ainsi, pour la station du Brésil et de la Plata, nous avons une frégate portant le pavillon de l'amiral commandant la station. Les gouvernements anglais et américain ont aussi une frégate; mais voici la force respective de ces navires :

France, *Africaine*, 40 canons, 311 hommes.
Angleterre, *Alfred*, 50 canons, 445 hommes.
Amérique, *Raritan*, 60 canons, 470 hommes.

Le reste de la station est composé de petits navires, et là encore nous sommes en infériorité de nombre et d'espèce.

Autre exemple : Notre station de Bourbon et de Madagascar, destinée à protéger notre établissement naissant de Mayotte et à soutenir les catholiques d'Abyssinie, dont l'amitié conserve à la France une des clefs de la mer Rouge, se composera de :

1 corvette de 22 canons ;
1 brick de 20 canons ;
1 gabarre (transport) ;
1 vapeur de 160 chevaux.

Tandis que la station anglaise du Cap comptera :

1 frégate de 50 canons,
1 frégate de 44 ;
2 corvettes de 26 ;
2 bricks de 16 ;
1 vapeur de 320 chevaux.

nous attirer des insultes que notre pavillon doit savoir éviter, mais ne jamais souffrir.

Nous ne serions plus exposés à voir, au début d'une guerre, la plupart de ces navires d'un si faible échantillon ramassés sans coup férir par les frégates ennemies.

Loin de là, nous aurions sur tous les points du globe des divisions de frégates, toutes prêtes à suivre les traces de ces glorieuses escadrilles qui ont si noblement lutté pour la patrie sur les mers de l'Inde. Elles croiseraient autour de nos colonies, autour de ces nouveaux points saisis sur des mers lointaines par une politique prévoyante, et destinés à servir de base à leurs opérations, aussi bien qu'à devenir l'asile de nos corsaires.

J'ajoute que cette manière de représenter au loin le pays serait bien plus avantageuse à notre commerce que la manière dont nous le faisons aujourd'hui. En effet, on craindrait bien autrement la venue d'une division pourvue de tous les moyens de se faire respecter, que la présence permanente d'un petit navire que l'on s'habitue à voir et que bientôt on oublie. Ou je me trompe, ou cette visite toujours attendue, toujours imminente, serait pour les intérêts français une très-puissante protection, et nos navires marchands se trouveraient beaucoup mieux de l'influence de notre pavillon ainsi montré de temps en temps à des pays qui se font une idée incomplète des forces de la France, que de la présence souvent tracassière pour eux de nos petits navires de guerre.

On a pu remarquer que je n'ai point parlé de bateaux à vapeur pour ces stations lointaines: je crois que nous ne devons les employer qu'accidentellement, et avec la résolution de les enfermer dans nos colonies au premier bruit de guerre.

En général, il faut que nos navires à vapeur ne s'écartent de nos côtes que d'une distance qui leur permette de les regagner sans renouveler leur combustible. Je raisonne toujours dans l'hypothèse convenue d'une guerre contre la Grande-Bretagne, et il tombe sous le sens que nous aurions en ce cas peu d'amis sur les mers; notre commerce maritime ne tarderait pas à disparaître. Comment, loin de France, s'approvisionner alors de combustible? Nos navires à vapeur, dénués de ce principe de toute leur action, seraient réduits à se servir uniquement de leurs voiles, et l'on sait qu'ils sont, quant à présent, de pauvres voiliers : ils n'auraient pas beau jeu contre les corvettes ou les bricks du plus mince échantillon.

Peut-être l'emploi et le perfectionnement de l'hélice, en laissant au bâtiment à vapeur toutes les facultés du navire à voiles, amèneront-ils un jour quelque changement à cet état de choses. La vapeur deviendrait alors un auxiliaire puissant pour nos croiseurs, mais cette alliance de la voile et de la vapeur ne devrait rien changer néanmoins à ce que j'ai établi plus haut. Le bateau à vapeur destiné à servir en escadre ou sur nos côtés devra toujours avoir une grande vitesse, à la vapeur seule, comme premier moyen de succès.

J'ai achevé ce que je voulais indiquer dans cette note, et n'ai plus qu'à me résumer en peu de mots.

Prenant les chances, quelque éloignées qu'elles soient, d'une guerre avec l'Angleterre, comme base de notre établissement naval, j'ai dit que je pensais qu'on pouvait le définir ainsi :

Puissante organisation et développement de notre marine à vapeur sur nos côtes et dans la Méditerranée ;

Etablissement de croisières fortes et bien entendues sur tous les points du globe où, en paix, notre commerce a des intérêts, où, en guerre, nous pourrions agir avec avantage.

Pour réaliser la première partie de ce que je demande, il faut arrêter au plus vite le courant malheureux qui entraîne la marine dans des dépenses inutiles de matériel et d'établissements sans proportion avec ses besoins, aux dépens de la flotte, expression réelle et vivante de notre force navale.

Ceci nous donnera le moyen de subvenir aux dépenses vraiment nécessaires.

Il faut ensuite retirer notre confiance aux vaisseaux, et nous appliquer à étudier et perfectionner nos bateaux à vapeur ; les essayer surtout, avant d'en jeter un grand nombre dans le même moule, ce qui, en cas de non réussite, amène des mécomptes dont nous n'avons vu que trop d'exemples.

Faire à chaque service sa part.

Entretenir une escadre d'au moins vingt bateaux à vapeur installés pour la guerre. Livrer à cette escadre l'étude de la tactique à rédiger pour une flotte à vapeur.

Assigner au service de paquebots d'Alger une part suffisante, mais rigoureusement limitée, comme on l'a fait pour le service du Levant. Les besoins de la guerre ne sont pas tellement impérieux en Afrique qu'il faille y sacrifier toutes les ressources de la marine et toute idée d'ordre et d'économie. La marine pourrait se débarrasser avantageusement de ses bateaux de 160 chevaux en les donnant comme frais d'établissement à ce premier service.

Créer un certain nombre de navires à vapeur légers, où tout serait sacrifié à la vitesse, pour porter les ordres du gouvernement.

Enfin, tenir vingt-deux frégates de premier rang au moins armées pour le service des stations lointaines.

A part les frais de création des navires, les dépenses d'entretien ne dépasseraient pas celles de notre flotte actuelle. Avec une marine ainsi organisée, nous serions en mesure de résister à toute prétention qui blesserait notre honneur et nos intérêts, et une déclaration de guerre ne risquerait jamais de nous trouver sans défense. Enfin, nous aurions les moyens d'agir immédiatement, sans livrer à un seul hasard toutes nos ressources.

Et, j'insiste sur ce dernier point, tous ces résultats, nous les obtiendrions sans une sérieuse augmentation de dépense (1).

Que si, pour démentir mes assertions, on les appelait du nom d'utopies, nom merveilleusement propre à faire reculer les esprits timides, et à les enfoncer dans l'ornière de la routine, j'inviterais ceux qui me répondraient de la sorte à considérer attentivement tout ce qui s'est fait depuis quelques années et ce qui se fait encore aujourd'hui en Angleterre, et à dire ensuite si, de bonne foi, on ne peut aussi bien le réaliser en France.

Il m'en a coûté, dans tout le cours de ce petit écrit, de faire subir à mon pays un affligeant parallèle avec un pays qui le devance de si loin dans la science de ses intérêts; il m'en a coûté de mettre à nu le secret de notre faiblesse en regard du tableau de la puissance britannique. Mais je m'estimerais heureux si je pouvais, par le sincère aveu de ces tristes vérités, dissiper l'illusion où sont tant de bons esprits sur l'état des forces navales de la France, et les décider à demander avec moi les salutaires réformes qui peuvent donner à notre marine une nouvelle ère de puissance et de gloire.

APPENDICE.

ANNEXE A.

L'état général de la flotte, au 1er janvier 1844, porte :

43 navires à vapeur à flot ;
18 en construction ;
18 paquebots transatlantiques, dont plusieurs sont achevés, et les autres fort avancés.

79 à reporter.

79 report.

Enfin, l'administration des postes compte pour le service de la correspondance du Levant, d'Alexandrie, de Corse et d'Angleterre :

79 à reporter.

(1) *Voir* annexe C.

79 report.
24 paquebots de 220 chevaux.

Total : 103.

En tout, 103 bâtiments à vapeur; chiffre considérable, mais qu'il importe de réduire à sa valeur réelle.

On écartera d'abord de la liste les 24 paquebots de l'administration des postes et les 18 transatlantiques, construits, installés pour un service de paix. Il faudrait du temps pour rendre ces navires propres à la guerre. Cette transformation, il importe qu'on le sache, ne s'improviserait pas, surtout avec la nécessité de l'opérer simultanément sur 42 navires, la plupart de grande dimension. On se tromperait donc, si l'on s'imaginait que ces paquebots, parce qu'ils sont solidement construits et percés de sabords, n'auraient plus, la guerre survenant, qu'à recevoir leurs canons et leurs poudres. Sait-on, d'ailleurs, puisque l'expérience n'en a pas été faite, si le poids d'un matériel de guerre ne les priverait pas du seul avantage qu'on leur ait reconnu jusqu'à présent, la vitesse? Il y aurait à faire table rase depuis la carlingue jusqu'au pont. Toutes ces installations coûteuses, toutes ces recherches du luxe et du confort devraient faire place à la sévère nudité des ponts d'un navire de guerre. On ne loge pas un équipage de guerre comme on loge des passagers qui achètent le droit d'avoir leurs aises : il faut de larges emplacements pour l'eau et les vivres, pour les poudres et les projectiles.

Tout serait à créer en vue d'une destination nouvelle et si différente.

On le répète, une pareille transformation ne pourrait s'improviser; elle ne peut qu'être lente et successive.

C'est donc à titre de réserve seulement que l'on aurait droit d'introduire ces 42 bâtiments dans l'évaluation de la force navale. Il nous paraît même que l'on s'abuserait en comptant sur l'intégrité de ce chiffre, puisqu'au début de la guerre une portion de ces paquebots, occupés à poursuivre leur mission pacifique, tomberaient inévitablement aux mains des croiseurs ennemis, ou bien resteraient bloqués dans les ports neutres, par le fait seul de la déclaration de guerre.

Il ne reste plus, après cette élimination, qu'à s'occuper de la partie purement militaire de la flotte à vapeur, de celle qui, en temps de guerre, offrirait des ressources effectives et immédiates. Elle présente encore un chiffre de 61 navires, mais ici nous trouvons une nouvelle réduction à faire, car les navires en construction ne peuvent figurer parmi les ressources présentes; comme les paquebots, on ne peut les admettre qu'à titre de réserve, et encore à la condition qu'ils seraient avancés aux 22/24; or, c'est ce qui n'a pas lieu pour le grand nombre. Plusieurs de ces navires ne sont pas commencés : *le Coligny*, par exemple.

C'est donc, en définitive, à 43 navires que se réduit notre force à vapeur présentement disponible, présentement efficace, celle qui, dans une éventualité soudaine, serait appelée à porter ou à parer les premiers coups.

C'est ce chiffre de 43 que l'on se propose d'examiner :

On voit d'abord figurer sur l'Etat 3 bâtiments de 450 chevaux (1), *le Gomer*, *l'Asmodée* et *l'Infernal*, qualifiés du nom de frégates. Les deux premiers ont donné des résultats satisfaisants sous le rapport de la vitesse, mais ils n'ont pu recevoir l'armement qui leur était destiné. *Le Gomer*, avec son approvisionnement de combustible et ses 20 bouches à feu, était hors d'état de tenir la mer; il fallait réduire son approvisionnement ou son artillerie. On s'est arrêté à ce dernier parti. *Le Gomer* a navigué assez facilement, mais ce n'était plus un navire de guerre, c'était un paquebot; il n'avait pour toute artillerie que 8 canons, 2 de 80, et 6 obusiers de 30, enfermés dans des sabords étroits sur les flancs du navire, artillerie impuissante et inutile ; et encore, dans cet état, le navire fatiguait considérablement dans les mauvais temps.

Quant à *l'Asmodée*, il paraît avoir mieux réussi que *le Gomer;* mais l'un et l'autre manquent de puissance, et, dans le mauvais temps, leur moteur est paralysé. Quoi qu'il en soit, on re-

(1) *Voir* tableau no 1.

connait volontiers qu'à la condition de leur appliquer un mode d'armement convenable, on en ferait des navires vraiment propres à la guerre.

Avant d'aller plus loin, il sera peut-être à propos d'expliquer ce que l'on entend, en ce qui touche les bâtiments à vapeur, par armement convenable; on va le faire en peu de mots.

On sait que, dans le navire à vapeur, l'appareil moteur est placé au centre. C'est donc là qu'est la partie vulnérable, puisque la vitalité du navire y réside, et il est vrai de dire que, dans la vapeur, le centre ou le *travers* est le *point faible*.

Les extrémités, au contraire, par leur éloignement du moteur, par l'acuité de leurs formes et leur peu de surface comparée à celle du travers, protègent mieux ce moteur et le mettent moins en prise.

C'est donc là qu'est le *point fort*.

Ce principe est fondamental; il établit une différence tranchée, essentielle, entre le navire à voiles et le navire à vapeur; entre leur mode de combattre; entre l'armement qui convient au premier et l'armement qui convient au second.

Dans le navire à voiles c'est le *travers* qui est le côté fort; on y a développé une nombreuse artillerie; il est donc convenable, il est rationnel de le faire combattre en présentant le travers; de là, la ligne de bataille et tout le système de tactique dont elle est la base.

Mais dans la vapeur, où les conditions de force ne sont plus les mêmes, où le travers est au contraire le point faible, est-il également convenable, également rationnel d'armer le travers, puisqu'en y plaçant du canon, c'est dire qu'on l'offrira au coups de l'ennemi?

Non; à moins de nier le principe qui vient d'être énoncé, cela n'est ni convenable ni rationnel.

Admettant ce principe, il est facile d'en tirer la conséquence : si l'avant et l'arrière sont les points forts dans le bateau à vapeur, c'est par là qu'il faut combattre, qu'il faut attaquer et se défendre; c'est l'avant et l'arrière qu'il faut armer de canons. Le défaut d'espace ne permettant pas de développer sur ces points une nombreuse artillerie, il faut, autant que possible, compenser la puissance du nombre par celle du calibre, unir, si on le peut, la plus grande portée au plus grand effet.

Voilà, suivant nous, le mode général d'armement qui convient au vapeur de guerre.

Ce n'est pas là une théorie nouvelle : le principe que l'on vient d'exposer dans son expression la plus générale, a trouvé depuis longtemps son application en Angleterre et aux Etats-Unis; cet exemple a eu des imitateurs en Russie, en Hollande, à Naples, chez tous les peuples maritimes. Nous seuls persistons à le méconnaître, à poursuivre dans la nouvelle marine une assimilation impossible et dangereuse, et cette persistance, on est forcé de le dire, est pour notre flotte à vapeur une cause générale d'infériorité. Nous la signalons une fois pour toutes, et pour n'y plus revenir dans le cours de cet examen.

Cela posé, nous continuons :

L'Infernal, le troisième des vapeurs de 450, a reçu de l'usine d'Indret une machine à quatre cylindres, système nouveau dont on a fait la première application sur un des vapeurs employés aux travers de la digue de Cherbourg; un second essai eut lieu bientôt après à bord du *Comte d'Eu*, construit dans les chantiers d'Indret, et destiné au roi, comme bâtiment de plaisance. Ces deux essais, le second surtout, ne furent pas heureux, et *le Comte d'Eu*, construit à grands frais, fut jugé impropre à sa destination.

Quoi qu'il en soit, on ne se tint pas pour battu : deux autres navires, *l'Infernal* et *l'Ardent*, reçurent des appareils construits sur le même système, l'un de 450, l'autre de 220, et d'autres appareils semblables sont en voie d'achèvement. Cette nouvelle épreuve fournira-t-elle des résultats plus satisfaisants et plus décisifs? Il faut sans doute l'espérer : car, si elle devait justifier les défiances inspirées par les premiers résultats, il y aurait lieu de regretter que par un excès de précipitation on n'ait pas attendu une expérience décisive avant d'appliquer sur une grande échelle un système nouveau.

Le quatrième navire porté sur l'état

est *le Cuvier*, de 320 chevaux. Lorsqu'en 1838, *la Gorgon* et *le Cyclops* sortirent des ports d'Angleterre, on fut frappé de leur puissance comme bâtiments de guerre, aussi bien que de leurs belles qualités à la mer. Aussi mit-on un louable empressement à se procurer les plans et les données nécessaires pour doter notre marine de bâtiments semblables, et c'est d'après ces plans, modifiés en vue d'améliorations douteuses, s'il faut en juger par le résultat, que l'on produisit *le Cuvier.*

Malheureusement, loin de ressembler au type dont il est sorti, *le Cuvier* n'a qu'une marche détestable, il ne peut porter non plus son artillerie et son combustible. Nous pouvons citer un fait récent qui témoignera de sa médiocrité : Ayant quitté Brest avec *l'Archimède*, de 220 chevaux, qui n'a cependant que des qualités fort ordinaires, *le Cuvier* fut obligé de relâcher, tandis que l'autre continuait tranquillement sa route.

Viennent ensuite *le Gassendi* et *le Lavoisier*, de 220; mauvais navires, mauvaises machines; toujours en coûteuses réparations, ils sont loin d'avoir rendu des services équivalents, malgré les efforts des officiers qui les ont commandés.

Puis *le Caméléon*, qui ne peut atteindre que sept nœuds à toute vapeur; enfin *le Pluton*, *le Véloce*, *l'Archimède*, de 220, comme le précédent. Ces trois navires sont les meilleurs de la marine, quoique très-lourds, eu égard à la force du moteur. Ils ont de bonnes qualités, et leur marche, sans être supérieure, est au moins satisfaisante. Partout où ils paraîtront dans les stations étrangères, nous n'aurons pas à subir d'humiliantes comparaisons; nous n'aurons pas, comme récemment dans la station du Levant, le spectacle de deux navires, l'un anglais, l'autre français, tous deux sortis du Pirée pour porter secours à une de nos corvettes et l'arracher de la côte où elle s'était échouée, rentrant tous deux au même port, aux yeux des deux escadres réunies, l'un, l'anglais, traînant à la remorque notre corvette, et luttant de vitesse malgré cela avec le vapeur français, qui terminait ainsi le rôle d'impuissance qu'il avait commencé sur le lieu de l'échouage.

Les six vapeurs de 220 sont, comme les 450, réservés pour des missions politiques ou autres. Un d'eux, *l'Archimède*, vient de quitter Brest avec destination pour les mers de Chine, où il fera partie de la division navale qui s'y trouve réunie. Les cinq autres sont presque constamment requis pour les besoins de la politique, ou pour coopérer aux mutations qui s'opèrent en automne dans les troupes de l'Algérie.

Cette espèce de navires nous paraît, dans les conditions actuelles, particulièrement appropriée aux services de guerre que nous attendons d'une marine à vapeur. Une double expérience a lieu en ce moment; deux systèmes d'armement sont essayés, l'un à bord du *Caméléon*, l'autre à bord du *Pluton*. Espérons que l'étude comparativ[e] de ces systèmes, qui tous deux sont u[n] hommage rendu au principe que nou[s] avons énoncé, servira à constater l[a] supériorité de l'un ou de l'autre, o[u] fera apparaître une combinaison meil[-]leure : quelle qu'elle soit, il est à dé[-]sirer qu'on se hâte d'en faire l'applica[-]tion générale à bord de la flotte, ca[r] notre système actuel d'armement, o[u] plutôt l'absence de tout système, es[t] une cause sérieuse d'infériorité mili[-]taire qu'il faut déplorer.

Nous arrivons maintenant à la class[e] des 160, classe nombreuse, et qui con[-]stitue la majeure partie de la flotte [à] vapeur.

Lorsque *le Sphinx* parut, en 1829 la marine militaire en était à ses dé[-]buts dans la navigation à la vapeur elle ne possédait qu'un petit nombr[e] de navires, essais malheureux, pro[-]pres tout au plus à être utilisés comm[e] remorqueurs sur les rades. A cett[e] époque, *le Sphinx* était un progrès, e[t] un progrès très-réel, qui laissait bie[n] loin en arrière tout ce qu'on avait pro[-]duit jusque-là. Aussi, pendant dix ans *le Sphinx* demeura-t-il un type privi[-]légié que l'on reproduisit fidèlement mais souvent avec moins de bonheur Dans toute cette période, nos 160 n[e] furent que des copies du *Sphinx*, e[t] l'on croit même pouvoir avancer qu'e[n] 1840 il est encore sorti un *Sphinx* d[e] nos chantiers.

Ainsi, pendant plus de dix ans, nous sommes restés stationnaires, nous renfermant dans le culte exclusif d'un type unique, le 160, qui est à lui seul presque toute la flotte.

Les nécessités du service d'Afrique justifient suffisamment cette persistance. Il fallut tout d'un coup, presque à l'enfance de la navigation à la vapeur, improviser des moyens de transport proportionnés aux besoins d'une vaste occupation militaire, organiser une correspondance active et régulière, et c'est à la marine à vapeur qu'on s'adressa. Dès-lors toutes les ressources de cette marine naissante furent absorbées par des besoins impérieux et toujours croissants; plus d'essais, plus d'améliorations possibles: l'urgence dominait tout; il fallait des navires à vapeur, un type existait, type heureux, type éprouvé, et dont toute la marine conviée à l'expédition d'Alger proclamait l'excellence; on se hâta donc de jeter dans le même moule une foule de navires. De là toute cette famille des 160, qui aujourd'hui fait nombre au budget.

On a besoin d'insister sur cette situation pour expliquer l'excessif développement d'un type qui était bon sans doute lorsqu'il parut, mais qui a cessé de l'être parce qu'il n'a pas participé au progrès et parce qu'on exige aujourd'hui, dans le vapeur de guerre, d'autres conditions de force et de puissance. On ne se contente plus en effet des qualités qui, à l'aide des circonstances impérieuses que nous avons expliquées, ont pu faire des 160 l'objet d'une faveur si durable. Comme bâtiment de guerre, il est trop faible aujourd'hui pour être compté, et son infériorité de marche le rend impropre à un service de dépêches. Nous ne lui reconnaissons qu'une qualité essentielle, il est vrai, mais insuffisante lorsqu'elle est isolée: c'est qu'il se comporte très-bien à la mer. Créé en vue du service d'Afrique, le service d'Afrique est sa spécialité; aussi voyons-nous qu'en temps ordinaire ce service en absorbe un nombre considérable.

D'abord trois sont employés au transport des malades: ce sont *le Grégeois*, *le Météore* et *le Cerbère*. Ces trois navires ont été installés pour offrir un abri à leurs passagers; on les a exhaussés en leur donnant un pont de plus. On conçoit d'ailleurs que la construction de cet abri n'ait pas ajouté à leurs qualités, et que même, dans certaines circonstances, elle puisse être une cause de danger et compromettre la sûreté du navire appesanti. Mais à ce prix, les malades sont abrités, tandis que sur les autres navires, dans ce va-et-vient continuel entre les deux rives de la Méditerranée, entre Alger et les autres points d'occupation, nos soldats bivouaquent sur le pont, été comme hiver, mouillés par la pluie et par la mer, et cela dure depuis quatorze ans; c'est l'état normal! N'y a-t-il pas des misères qui nous touchent de moins près, et qui sont moins dignes d'exciter l'intérêt et la sollicitude du pays?

Les relations ordinaires avec l'Algérie exigent le concours permanent de neuf bâtiments pour les transports et pour la correspondance entre la France, Alger, et les différents points du littoral. Dans un service aussi actif, opéré par des navires lourds de construction et souvent surchargés, les avaries sont fréquentes. On en compte communément quatre à cinq retenus au port par des besoins de réparation. Ce nombre va quelquefois jusqu'à six, surtout en hiver, où les causes d'avaries sont plus multipliées. C'est donc au moins quatre ou cinq navires qu'il faudrait tenir en réserve pour faire face à ces éventualités, sous peine d'interrompre la régularité des communications, et de jeter la perturbation dans un service dont on ne peut plus se passer.

Ainsi, outre une permanence de neuf bâtiments, il faut en compter quatre à cinq au moins pour former une réserve; en tout, treize à quatorze bâtiments.

De plus, quatre navires ayant été jugés nécessaires pour les stations du Brésil, des Antilles, de Bourbon et de l'Océanie, c'est encore aux 160 que l'on s'est adressé faute de mieux.

Faute de mieux, il a fallu se résoudre à proclamer sur toutes les mers notre infériorité, en faisant figurer à côté des navires rivaux, comme *le Cyclops*, *le Vesuvius*, *le Spiteful*, et tant d'autres, nos honteux 160, seuls ment bons aujourd'hui à servir de transports.

Ajoutons à ce compte *l'Ardent*, qui fait des essais à Indret, *le Fulton* à Brest, pour les missions imprévues, un stationnaire à Tunis, un à Constantinople, aux ordres de notre ambassadeur, un autre désarmé et hors de service, c'est-à-dire cinq, et nous atteignons, avec les trois navires hôpitaux, le chiffre de vingt-cinq à vingt-six, en comptant la réserve nécessaire pour assurer la régularité des communications avec Alger.

Les services que nous venons d'énumérer occupent, sur l'état de la flotte à vapeur, tous les navires compris depuis le nº 11 jusqu'au nº 34, en tout vingt-quatre navires, tandis que nous venons de voir qu'en comprenant dans ces services une réserve de quatre à cinq navires reconnus nécessaires, on arriverait au chiffre de vingt-cinq à vingt-six.

C'est donc, en temps ordinaire, un à deux qui font défaut pour compléter le service d'Afrique.

De là l'état de malaise et d'urgence qui tourmente incessamment ce service.

Supposons maintenant que les quatre 220 disponibles dans la Méditerranée soient en mission dans le Levant ou sur les côtes d'Espagne ; s'il survient une dépêche à expédier, une mission pressée à remplir, à moins d'employer *l'Asmodée*, qui coûte beaucoup, et qui d'ailleurs, à cause de ses grandes dimensions, ne convient pas à toutes les missions, il faut, bon gré mal gré, emprunter aux ressources déjà si obérées du service d'Afrique. Il faut donc clore à la hâte, tant bien que mal, une réparation commencée ; il faut d'urgence faire partir un navire. Aussi qu'arrive-t-il? que sous l'empire de ce régime d'urgence on a vu des navires quittant à plusieurs reprises l'atelier pour remplir des missions, y revenant chaque fois avec des avaries plus graves, et mis enfin complètement hors de service. Ce fait que l'on signale accuse à la fois l'insuffisance des ateliers et des moyens de réparation, et l'insuffisance des navires.

A Toulon, où, par la force des choses, s'est concentrée toute l'activité de la marine à vapeur, ce régime d'urgence a passé à l'état normal. Pour satisfaire aux besoins toujours croissants de la politique et de l'occupation, on y a appelé presque tous les navires à flot, on y a fondu dans une seule agglomération tous les services : service militaire, service de dépêches et de transport ; tous les bâtiments y concourent sans distinction, sans qu'on puisse jamais arriver à en satisfaire complètement un seul. Dans cette espèce d'anarchie, tout souffre, tout dépérit, et, tandis que les dépenses courantes s'accroissent outre mesure, on lègue à l'avenir des charges plus lourdes encore par l'usure et le dépérissement prématuré d'un matériel précieux.

C'est là une cause sérieuse de dépense dont il est juste de se préoccuper. Les vues économiques des chambres n'y sont pas moins intéressées que l'avenir et le progrès de la marine à vapeur. De deux choses l'une : il faut mettre une limite à ces besoins toujours croissants, toujours insatiables, ou égaler aux besoins les forces de cette marine dont on paralyse l'essor par l'abus qu'on en fait.

A partir du nombre trente-quatre (1), on compte neuf bâtiments à flot tous au-dessous de 160 chevaux. Ces bâtiments, trop petits pour recevoir beaucoup de combustible, trop faibles pour porter du canon, ont été construits pour des services spéciaux et de localité, soit dans nos colonies, soit sur nos côtes.

Résumons en peu de mots cet examen : on a d'abord établi que le chiffre de cent-trois navires se réduit à quarante-trois, constituant ce qu'on a appelé la partie militaire de la flotte à vapeur.

Sur ces quarante-trois navires, seize à dix-huit sont en réquisition permanente pour le service d'Afrique ; neuf autres, trop faibles pour figurer comme bâtiments de guerre, sont affectés à des services de localité.

Il reste donc seize à dix-sept navires disponibles pour les missions éventuelles et pour les stations à l'étranger ; sur ce nombre on en compte trois de 450 chevaux, un de 320, six de 220, et le reste de 160 et au-dessous.

(1) *Voir* tableau nº 1.

Tel est l'enjeu qu'au début d'une guerre la France aurait à livrer à la fortune des batailles!

On croit à propos de présenter à la suite de cet aperçu l'état de la marine à vapeur de l'Angleterre: il pourra surgir de ce simple rapprochement des enseignements utiles.

Une publication officielle nous apprend d'abord que le chiffre total des armements était, en mars dernier, de 77.

Sur ce nombre, la station de la Méditerranée emploie 10 bâtiments : 1 de 450, 1 de 320, 4 de 220 et 1 d'une force moindre, ci..........................	10
Celle de la côte occidentale d'Afrique en emploie 9 : 1 de 700 chevaux, *la Pénélope*, 4 de 320, 1 de 220 et 3 de 80 à 100 chevaux......	9
Celle d'Irlande 12, dont 8 de 220 à 320 chevaux et 4 de moindre force............	12
Celle de l'Amérique du Nord, Canada, Bermudes et Antilles 23 de 220 chevaux..	3
Celle des Indes et de la Chine, 3 de 320..........	3
Enfin la station de la mer du Sud, 2 de 320 à 220....	2
9 autres, de différentes forces, remplissant des missions hydrographiques......	9
En tout 48 navires employés au service des stations....	48

Nous en consacrons à peine 3 au même service! La différence de ces deux chiffres suffira pour faire apprécier la part faite à la marine à vapeur dans les deux pays, et quel degré d'importance lui est attribué dans l'emploi des forces navales.

Les autres bâtiments, complétant le chiffre 77, sont ou disponibles dans les ports pour les missions éventuelles et le service local, ou employés comme transports entre les différents points du littoral.

Dans le chiffre de 77, on n'a compris ni les navires construits sur les lacs du Canada, ni ceux affectés dans les colonies à des services de localité, ni ceux de la Compagnie des Indes.

On n'y a pas compris non plus les bâtiments qui, au nombre de 11, sont à l'état de désarmement dans les ports; situation inconnue et qui, jusqu'ici, n'a pas, en marine à vapeur, d'équivalent chez nous, où le nombre est loin de suffire aux besoins, mais qu'il est bon de signaler, parce qu'elle a cette signification, qu'en Angleterre la flotte à vapeur excède les besoins du service ordinaire, et que cette flotte compte dès aujourd'hui une réserve à flot.

Notre réserve, à nous, elle consiste, si l'on veut, dans les 24 paquebots de l'administration des postes et dans les 18 transatlantiques, puisque c'est à ce titre que nous les avons admis à compter dans notre force navale. Mais qui ne sait que les grandes compagnies fondées en Angleterre par l'association privée disposent d'un matériel considérable, que plusieurs de ces compagnies sont subventionnées par le gouvernement, et que les navires qu'elles emploient, d'après les conditions de cette subvention, doivent être susceptibles, au besoin, d'être transformés en navires de guerre. On n'objectera donc pas que les paquebots anglais ne sont pas, comme les nôtres, propres à porter de l'artillerie (1).

On croit être très-modéré en estimant au double des nôtres le nombre de ces paquebots; mais, si l'on se trompait dans cette estimation, il n'en resterait pas moins constant que les lignes anglaises fourniraient comme réserve un contingent bien supérieur à celui que nous pourrions tirer de nos lignes transatlantiques et de celles de la Méditerranée.

Pour compléter notre aperçu comparatif, il nous reste à parler des navires en construction en Angleterre.

En juillet 1843, le nombre en était de 13, et au commencement de 1844, nous le trouvons de 27; deux navires de 800 chevaux figurent dans ce nombre; onze autres sont des 450, et dans

(1) La subvention à ces compagnies est portée sur le bubget de la marine anglaise de cette année à 10,489,928 fr.

le cours de l'exercice de 1844-1845, il sera mis six bâtiments de 450 sur les chantiers. Ainsi, tandis que sur la liste des bâtiments à flot nous ne comptons que deux 450, *la Devastation* et *le Firebrand*, celle des bâtiments en construction nous présente un développement considérable de cette classe, et qui mérite d'être signalé. C'est que le 450 n'en est encore qu'à son début; il a été précédé par le vapeur de 320 chevaux, qui, lui-même, n'est venu que plusieurs années après le 220.

Ces trois classes marquent trois périodes distinctes dans les constructions militaires de la Grande-Bretagne, et chacune de ces trois périodes présente des types perfectionnés et d'une puissance croissante.

En 1822, c'est *le Medea* de 220 qui ouvre cette carrière de progrès, et pendant six ans nous le voyons servir de modèle à toute la flotte. Mais avant que son adoption soit devenue définitive, quelle sage lenteur, quelle prudente réserve! Quatre ports sont d'abord appelés, comme dans un concours, à satisfaire aux conditions d'un devis proposé; puis les quatre navires sortis de ce concours sont réunis, soumis à des expériences comparatives, et c'est seulement après de longues études qu'un type nouveau, celui de 220, est introduit dans la flotte.

Plus tard, en 1838, la même prudence préside à l'introduction du 320. Les premiers types, *la Gorgon* et *le Cyclops*, durent être modifiés, et l'on eut à se féliciter de ne pas les avoir reproduits avant de les avoir jugés.

Cependant l'industrie, précédant la marine militaire, avait ouvert par des essais hardis la voie à des constructions plus importantes. La marine militaire, entraînée dans cette voie d'agrandissement, ne s'en tint pas au *Cyclops*, et *la Devastation* parut, construction admirable et dont nous avons déjà eu l'occasion de signaler les brillantes qualités. . . . .

La Devastation a tenu tout ce qu'elle promettait. Aussi voyons-nous, en 1843, ce type reproduit et occupant presque exclusivement les chantiers des arsenaux anglais, avec la désignation officielle de steamers de première classe.

La construction des machines a suivi la même progression, et il ne sera pas sans intérêt de reproduire ici, d'après un document officiel, l'état des commandes faites par le gouvernement aux diverses usines, de 1839 jusqu'en 1843 : car en Angleterre toutes les machines sont demandées à l'industrie, et les arsenaux ne possèdent que des ateliers de réparation.

Il a été demandé à l'industrie :

En 1839. . .	1565 chev. vap	
En 1840. . .	2100	—
En 1841. . .	1626	—
Et en 1842.	5455	—

Toutefois, on ne s'est pas arrêté à *la Devastation*; la marine à vapeur n'a pas marqué là le terme de ses agrandissements et de ses progrès; après avoir créé successivement les trois classes que nous voyons figurer aujourd'hui, et avoir parcouru les trois périodes marquées à leur début par l'apparition du *Medea*, du *Cyclops* et de *la Devastation*, elle aborde aujourd'hui des expériences nouvelles.

En effet, sans parler de l'essai isolé de *la Pénélope* de 700 chevaux (1), que l'on peut considérer comme en dehors de cette voie régulière d'accroissement, nous voyons figurer sur la liste des bâtiments en construction deux vapeurs de 800 chevaux : *le Watt* et *le Terrible*. Il est permis de douter de la réussite de ces masses géantes, de contester même en principe leur efficacité, tant que la science, en réduisant l'appareil moteur, n'aura pas fourni le moyen de l'abriter dans la partie immergée du navire. Mais la science n'a pas dit son dernier mot, et, si ce problème n'a pas encore eu de solution, on peut dès à présent pressentir qu'il n'est pas insoluble. En attendant, les lords de l'amirauté se garderont bien, le témoignage du passé en est une garantie, de faire mettre sur les chantiers d'autres bâtiments comme *le Watt* et *le Terrible*, avant qu'il soit

(1) *La Pénélope* est une frégate ordinaire (*regular frigate*) que l'on a pourvue d'un appareil de 700 chevaux, après l'avoir alongée de 40 pieds. Elle a fourni ses essais sans beaucoup de succès, et fait aujourd'hui partie de la station de la côte occidentale d'Afrique.

bien établi, par des essais dûment constatés, quelle est la valeur de ces constructions nouvelles.

C'est avec cette sage mesure, mais aussi avec cette continuité raisonnée, que l'on procède en Angleterre. Il est vrai qu'il n'en a pas toujours été ainsi, et que là, comme ailleurs, on a eu d'amères et coûteuses déceptions (1) ; mais au moins on en a gardé le souvenir, et cette leçon du passé n'est pas perdue pour le présent.

Pourquoi n'avons-nous pas à signaler chez nous la même marche prudente et mesurée? Pourquoi faut-il, au contraire, accuser une précipitation qui nous fait procéder par des dizaines dans des essais au moins incertains, comme si, en construction navale, nous avions le droit de croire à notre infaillibilité?

Si cette précipitation a créé pour l'avenir une situation grave, à Dieu ne plaise que notre pensée soit d'en faire retomber la responsabilité sur un corps aussi savant que dévoué, et que l'on nous envie à bon droit! Non, la responsabilité appartient au pays tout entier. Quand on veut une marine, marine à voile ou marine à vapeur, ce n'est pas seulement au moment où le besoin se fait sentir qu'il faut la vouloir; il faut la vouloir longtemps, il faut la vouloir toujours, parce qu'en marine rien ne s'improvise, pas plus les bâtiments que les hommes.

Cette vérité est devenue banale à force d'être répétée, et cependant pourquoi se lasser de la redire, puisqu'on ne se lasse pas de la méconnaître? En 1840, on a voulu tout d'un coup une marine à vapeur; on a voté des millions. Que ne pouvait-on aussi facilement voter des bâtiments éprouvés? Pour répondre à cette impatience, qui ne se serait pas accommodée, à coup sûr, des sages lenteurs de la prudence, qui les aurait peut-être accusées, il a fallu se hâter, mettre en chantier des navires de 450, de 540 chevaux, couvrir les cales de nos arsenaux de constructions nouvelles et inconnues.

Dieu veuille que cette impatience, à laquelle il fallait obéir coûte que coûte, que cette précipitation, commandée alors par les circonstances, comme elle le sera toujours, toutes les fois qu'on se laissera surprendre, ne soit pas chèrement payée, et que nous n'ayons pas, comme autrefois l'Angleterre, nos *quarante voleurs!*

(1) Pendant la dernière guerre, 40 vaisseaux mis à la fois en chantier se trouvèrent si mauvais, qu'on les désigna sous le nom des quarante voleurs (*forty thieves*).

ANNEXE B.

S'il est vrai que, pour le commerce, la navigation à la voile est plus économique que la navigation à la vapeur, il n'en est pas de même pour la marine militaire.

Dans une marine militaire, les services des bâtiments à vapeur, comparés à ceux des bâtiments à voiles, sont beaucoup moins coûteux qu'on ne le croit généralement.

On va appuyer cette assertion sur l'autorité des chiffres.

La dépense d'entretien du bâtiment à vapeur à l'état d'armement se compose : de la solde, des vivres, du combustible.

On admet que le bateau à vapeur, en service actif, chauffe un jour sur cinq. Cette estimation est au-dessus de la moyenne déduite des relevés du service de la correspondance d'Afrique, le plus actif de tous les services. Il résulte, en effet, de ces relevés que la moyenne des jours de chauffe varie de 1 sur cinq à 1 sur 6.

Soit donc 1 jour sur 5, ou 73 jours par an le nombre des jours de chauffe.

On admet encore que la consommation moyenne du combustible est de 4 kilog. par cheval et par heure. Cette estimation est certainement suffisante, puisque, dans les circonstances de vent favorable ou de calme, l'emploi de la détente peut donner lieu à une économie notable.

Au reste, on a encore invoqué ici les documents que l'on vient de citer; ce n'est point une donnée théorique, mais un résultat purement pratique fourni par une statistique officielle.

Quant aux prix du combustible, il est, d'après le prix d'adjudication :

	Le tonneau.	
A Cherbourg, de......	24 fr.	40 c.
A Alger, de...........	31	90
A Toulon, de.........	31	44
A Brest, de...........	23	80
La moyenne est de....	29	40
Soit en nombre rond..	30	"

C'est sur cette base, et en se référant, pour la solde et les vivres, aux chiffres fournis par le budget de 1845, que l'on a dressé le tableau n° 1.

D'après ce tableau, on voit que l'entretien d'une frégate à vapeur de 450 chevaux (solde, vivres et combustible) coûte moins que celui d'une frégate à voiles de 2e rang (solde et vivres). Avec la dépense d'un vaisseau de 2e rang, on entretiendrait deux frégate de 450 chevaux, ou 3 de 320, et ave celle d'un vaisseau de 1er rang, on au rait près de six vapeurs de 220 che vaux capables de transporter prompte ment et sûrement 3,000 hommes.

Nous avons à Toulon une escadr de 1 vaisseau ; elle compte, en outre 1 frégate, 1 vapeur de 450, 1 de 220 C'est une grosse dépense. Veut-o savoir quelle force à vapeur on aurai au même prix, non pas à l'état d'im mobilité, mais naviguant un jour su cinq, c'est-à-dire, employée dans u service aussi actif que celui d'Afrique Au moyen de notre tableau, le compt est facile à faire :

On a d'abord.....................................	1 de	45
Et..	7	22
qui sont attachés à l'escadre.		
Pour un vaisseau de 1er rang, on pourrait avoir...........	5	22
Et..	1	16
Pour les 2 vaisseaux de 2e rang..........................	4	45
Pour les 3 vaisseaux de 3e rang..........................	14	22
Et enfin pour 2 vaisseaux de 4e rang......................	10	16
La frégate sera comptée, si l'on veut, pour.................	2	22

C'est-à-dire qu'au même prix on entretiendrait en activité de service :

5	frégates de 450 chevaux, à 1,000 hommes chacune..........................	5,000 h.
22	corvettes, de 220 à 250 hommes chaque.	11,000 h.
11	vapeurs de 160 à 300 hommes chaque. ..	3,300 h.
38		19,000 h.

En tout.. 38 bât.

pouvant porter près de 20,000 hommes.

Voilà ce qu'on pourrait avoir au même prix.

On prévoit ici une objection facile : on dira que le rôle d'une marine militaire ne se borne pas à des transports de troupes. Non, sans doute ; mais lorsque la vapeur apparaît avec la mission de favoriser la guerre d'invasion par mer, il est juste, il est national, de se préoccuper, en vue de la force continentale de la France, de cette importante fonction de la marine à vapeur.

Est-ce à dire qu'en temps de guerre le rôle de cette marine se bornerait à un rôle de transport, de porte-faix ?

Encore une fois, non.

Que les plus incrédules, que ceu qui, par conviction ou par intérêt s'obstinent à nier la puissance militair d'un vapeur, veuillent bien nous dir quelle serait l'issue d'une lutte enga gée entre un vaisseau de 2e rang et vapeurs de 450, ou bien entre ce mê me vaisseau et 3 vapeurs de 320, qui offrent un équivalent pour la dépense d'entretien ; qu'ils opposent à un vais seau de 1er rang 6 vapeurs de 220 !

Les chances sont-elles donc telle ment inégales, qu'il y ait inévitable ment succès d'un côté et défaite de l'autre ? On ne le croit pas. On croit que les chances seraient au moins balancées.

Le développement de cette opinion, qui compte aujourd'hui de nombreux partisans, est en dehors du cadre que l'on s'est tracé. On se borne à dire ici, d'une manière générale, et l'on espère être compris de tout le monde, qu'entre navires à voiles et navires à vapeur la force ne se compte plus par le nombre des canons; que d'autres éléments sont entrés dans ce calcul: si le navire à voiles a pour lui le nombre de ses canons, le vapeur possède des avantages qui lui sont propres. Il est *toujours* libre d'accepter ou de refuser le combat, *tandis que, dans presque tous les cas*, il peut y contraindre son adversaire; maître de son moteur, il peut choisir son point d'attaque et sa distance, et, tandis que la masse de son adversaire offrira aux coups bien pointés d'une artillerie puissante de calibre et d'effet, un large champ de mire, il échappera, par le mode spécial d'attaque qui lui convient, à la plùpart des coups de son adversaire.

Quelle que soit la solution que l'on donne à la question, c'est en ces termes qu'il faut la poser aujourd'hui, et l'on croit qu'ainsi posée, il n'est pas nécessaire d'être marin pour la comprendre, sinon pour la juger.

Si, dans la comparaison que l'on a cherché à établir plus haut, on ne s'est pas occupé des dépenses d'entretien et de renouvellement du matériel, c'est que sur ce point on n'avait à produire que des hypothèses plus ou moins contestables. Cependant on possède une donnée empruntée à des documents officiels et que l'on croit propre à fournir un élément important de comparaison. L'expérience démontre que, dans le service d'Afrique, la durée moyenne des chaudières est de cinq à six ans. Or, si cette durée est admise, si l'on admet en même temps que, dans les vapeurs, le dépérissement des chaudières est une des causes les plus actives et les plus efficaces de dépenses, on demande si des bâtiments à voiles soumis au même service, service incessant d'été et d'hiver, soumis de plus à des chances de naufrage auxquelles échappent les vapeurs, si ces navires à voiles n'occasionneraient pas des dépenses aussi considérables pour l'entretien et le renouvellement du matériel. Il est à remarquer, d'ailleurs, que l'on diminuerait notablement la dépense résultant de l'usure des chaudières, si l'on généralisait à bord de la flotte à vapeur l'emploi des chaudières en cuivre. Outre que ces chaudières n'exigent presque pas de réparations, elles durent au moins trois fois plus que celles en tôle, et quand elles sont arrivées au terme de leur durée, les matériaux provenant de leur démolition ont conservé presque toute leur valeur.

Au reste, sur ce point, nous ne réclamons que l'égalité; mais, si l'on ne croit pas devoir nous l'accorder, si l'on nous prouve que nous nous sommes trompés, nos calculs n'auront pas moins servi à démontrer notre proposition, à savoir : que, dans une marine militaire, les services des bâtiments à vapeur, comparés à ceux des bâtiments à voiles, sont moins coûteux qu'on ne pense.

Si l'on avait prétendu à autre chose, si l'on avait voulu rechercher laquelle des deux marines, prise dans son ensemble, coûtait le plus à l'Etat, il aurait fallu tenir compte des dépenses de premier établissement, calculer la valeur première des deux matériels. Or, on n'ignore pas que, pour le matériel à vapeur, cette dépense première est plus considérable que pour le matériel à voiles. Mais qu'en doit-il résulter? Qu'en temps ordinaire la France mettra quinze ans, au lieu de dix, à mettre sa flotte à vapeur sur le pied qui lui convient : voilà tout.

Tel n'est pas le but qu'on se propose; on a seulement voulu combattre des idées fausses ou exagérées, d'autant plus dangereuses qu'elles auraient naturellement pour auxiliaires les vues économiques des Chambres.

ANNEXE C.

EXPLICATION DU TABLEAU N° 3.

On a calculé, d'après les données fournies par le budget de 1845, la dépense d'entretien en solde et vivres de navires à voiles armés, et des navires à voiles et à vapeur en commission, et l'on a trouvé qu'elle était de..........................	18 553 616 fr.
On a calculé ensuite, d'après les mêmes données, la dépense d'entretien en solde et vivres des navires à vapeur armés; on y a joint les 18,000,000 fr. portés au même budget pour frais de combustible, et l'on a trouvé que la dépense des navires à vapeur était de..............................	5,517 004
TOTAL pour l'entretien des bâtiments portés au budget..	24 070 620 fr.

On a cherché alors quelle serait, toujours dans les mêmes conditions, la dépense d'une flotte composée d'après les idées émises dans la note précédente, et dont voici le résumé :

1° POUR LES BESOINS DE LA NATIONALITÉ.

Escadre ainsi composée.	1 vaisseau de 1er rang 1 — de 2e — 1 — de 3e —	3 vaisseaux de ligne.
	5 vapeurs de 450 chev. 5 — de 320 — 10 — de 220 —	20 bâtiments à vapeur.

2° STATIONS : ANTILLES ET MEXIQUE, BRÉSIL, OCÉANIE, MER DU SUD, BOURBON ET CHINE.

On n'a porté que de grandes frégates parce que ce sont les seules qu'on puisse opposer avec succès aux nouvelles frégates anglaises, telles que *le Warspite*, *la Vindictive*, etc., armées de 50 canons de 68 et de plus de 500 hommes........................... 22 frégates 1er rang.

3° MISSIONS.

Bâtiments à vapeur......	1 de 450 chevaux. 4 de 220 — 5 de 160 —	10 bâtiments à vapeur.
Bricks de 20 canons..............................		5

4° SERVICE LOCAL DES COLONIES, PÊCHERIES, CÔTE OCCIDENTALE D'AFRIQUE.

Canonnières, goëlettes, bâtiments de flottille...................... 27

Avec le temps, ces 27 navires pourraient être remplacés, au même prix d'entretien et avec avantage pour le service, par 18 navires à vapeur de 120 à 80 chevaux.

5° Service d'Afrique : Correspondance, transport d'hommes et de matériel.

Bâtiments à vapeur de 160 chevaux	20
Corvettes de charge	13

On obtiendrait une réduction notable sur l'entretien des corvettes de charge, en les armant commercialement.

6° Service des ports et colonies.

Bâtiments à vapeur de 120 chevaux	10

7° Services divers.

Vaisseau école	1

Bâtiments de servitude.

D'après ce projet la dépense des bâtiments armés serait de :

15 219 107 fr. pour les bâtiments à voiles.	} 24 135 672 fr.	
8 916 565 — — à vapeur.		

La dépenses des bâtiments, portée au budget de 1845,

est de 18 553 616 fr. pour les bâtiments à voiles.	} 24 070 620 fr.
5 517 004 — — à vapeur.	
Différence en plus au projet	65 052 fr.

Nota. Le bâtiment à vapeur paraît être la solution la plus complète d'un problème dont on se préoccupe justement, que M. le ministre de la marine fait étudier par une commission, et que le buget de 1845 introduit dans la composition des armements. On veut parler de l'état de commission de rade, c'est-à-dire, un intermédiaire entre l'armement et le désarmement, entre l'inactivité et le service, état qui concilie à la fois l'économie avec l'obligation d'entretenir une force navale immédiatement ou promptement disponible. A bord d'un vaisseau, il faut un équipage nombreux ; l'équipage, c'est la machine, et cette machine consomme tous les jours, en rade comme en mer, à l'ancre comme à la voile. — A bord d'un vapeur, la machine, qui tient lieu d'un grand nombre de bras, ne consomme qu'autant qu'on la fait fonctionner, qu'autant qu'on lui demande une production de force qui, au point de vue de la rapidité, de la sûreté des communications, n'admet aucune comparaison avec la voile, en même temps qu'elle constitue un élément de puissance militaire ; en rade, cette machine ne coûte rien.

C'est pourquoi, en donnant un grand développement aux armements de bâtiments à vapeur, on a cru pouvoir se dispenser d'introduire dans le projet l'état de commission.

TABLEAU N° 1.

LISTE DES BATIMENTS A VAPEUR A FLOT.

1 *L'Asmodée*	de 450 chev.	7 *Le Pluton*	de 220 chev.
2 *Le Gomer*	—	8 *Le Véloce*	—
3 *L'Infernal*	—	9 *Le Caméléon*	—
4 *Le Cuvier*	de 320 chev.	10 *L'Archimède*	—
5 *Le Gassendi*	de 220 chev.	11 *L'Achéron*	de 160 chev.
6 *Le Lavoisier*	—	12 *L'Ardent*	—

13	*Le Cerbère*	de 160 chev.	29 *Le Ténare*	de 160 chev.
14	*La Chimère*	—	30 *Le Tonnerre*	—
15	*Le Cocyte*	—	31 *Le Vautour*	—
16	*Le Crocodile*	—	32 *Le Ramier*	de 150 chev.
17	*L'Etna*	—	33 *Le Castor*	de 120 chev.
18	*L'Euphrate*	—	34 *Le Brazier*	—
19	*Le Fulton*	—	35 *Le N....*	—
20	*Le Grégeois*	—	36 *Le Flambeau*	de 80 chev.
21	*Le Grondeur*	—	37 *Le Galibi*	—
22	*Le Météore*	—	38 *Le Voyageur*	—
23	*Le Papin*	—	39 *L'Erèbe*	de 60 chev.
24	*Le Phaéton*	—	40 *L'Alecton*	—
25	*Le Phare*	—	41 *L'Eridan*	—
26	*Le Sphinx*	—	42 *Le Basilic*	de 30 chev.
27	*Le Styx*	—	43 *Le Serpent*	—
28	*Le Tartare*	—		

LISTE DES BATIMENTS A VAPEUR EN CONSTRUCTION.

1	*Le Vauban*	de 450 chev.	10 *Le Cassini*	de 220 chev.
2	*Le Descartes*	—	11 *Le Titan*	—
3	*Le Sané*	—	12 *Le Coligny*	—
4	*Le Monge*	—	13 *Le N....*, en fer,	—
5	*Le Colbert*	de 320 chev.	14 *Le Chaptal*	—
6	*Le Newton*	—	15 *Le Brandon*	de 160 chev.
7	*Le Platon*	—	16 *Le Solon*, en fer,	—
8	*Le Socrate*	—	17 *La Salamandre*, en fer,	de 80 chev.
9	*Le Roland*	—	18 *L'Anacréon*	—

TABLEAU N° 2.

DÉPENSES D'ENTRETIEN ANNUEL DE CHAQUE ESPÈCE DE NAVIRES.

BATIMENTS.		EFFECTIF.	SOLDE ANNUELLE.	VIVRES.	COMBUSTIBLES	TOTAL.
		HOM.	FR.	FR.	FR.	FR.
Vaisseaux.	1er rang.	1087	491 665	347 954		839 619
	2e —	916	421 681	292 896		714 577
	3e —	860	392 977	275 290		668 267
	4e —	677	327 672	219 711		544 383
Frégates.	1er rang.	513	254 623	164 213		418 836
	2e —	442	225 370	141 486		366 856
	3e —	311	177 971	99 552		277 524
Vapeurs. .	450 chev.	303	166 088	96 991	94 608	357 688
	320 —	191	107 946	61 140	67 276	236 362
	220 —	100	69 084	32 010	46 252	147 344
	160 —	74	50 771	23 687	33 638	108 097
	120 —	50	41 102	16 005	25 228	82 336

La dépense en combustible est calculée sur le pied de 30 fr. par tonneau, et d'une consommation de 4 kil. par heure et par cheval, le nombre des jours de chauffe étant de 1 sur 5.

TABLEAU N° 3.

BATIMENTS A VOILES.	SOLDE ET VIVRES
	FR.
3 vaisseaux { 1 de 1er rang	639 619
3 vaisseaux { 1 de 2e —	868 267
3 vaisseaux { 1 de 3e —	544 383
22 frégates de 1er rang	9 214 392
5 bricks de 20 canons	517 453
5 canonnières	272 510
7 goëlettes, cutters, etc.	414 612
15 bâtiments de flottille	607 653
13 corvettes de charge	1 658 455
1 vaisseau école	199 310
Bâtiments de servitude	282 653
71 — La dépense d'entretien pour les 71 bâtiments à voiles du projet se monterait à la somme de	15 219 107
Le total des crédits demandés au budget de 1845 pour les bâtiments à voiles se monte à	18 553 616
Différence en moins au projet	8 334 509

BATIMENTS A VAPEUR.		SOLDE, VIVRES ET COMBUSTIBLES.
		FR.
5 bâtiments de 450 chevaux	Escadre	1 788 440
5 — de 320 —	Escadre	1 181 815
10 — de 220 —	Escadre	1 473 446
1 — de 450 —	Missions	357 688
4 — de 220 —	Missions	589 376
5 — de 160 —	Missions	540 486
20 — de 160 —	Service d'Algérie	2 161 954
10 — de 120	Service des ports et colonies	823 360
60 — Entretien de 60 bâtiments à vapeur portés au projet		8 916 565
Total des crédits demandés en 1845 pour les bâtiments à vapeur		5 516 612
Différence en plus au projet		3 399 953

Nota. Les 12 canonnières, goëlettes et cutters, qui figurent au projet, coûteront.	687 122 fr.
Les 15 bâtiments de flottille.	607 453
Ensemble.	1 294 575 fr.
On pourrait tenir armés, au même prix, 18 bâtiments à vapeur, à savoir : 8 de 120 chevaux, coûtant.	658 688 fr.
Et 10 de 80 chevaux, coûtant.	635 050
Ensemble.	1 283 738 fr.

Le coût des 10 bâtiments à vapeur de 80 chevaux a été calculé sur le pied de 40 hommes d'équipage.

TABLEAU N°. 4.

EXTRAIT DU *NAVY-ESTIMATES* POUR L'ANNÉE 1844-45.

FONDS VOTÉS SPÉCIALEMENT POUR BATEAUX A VAPEUR.

Charbon de terre pour bateaux à vapeur.	2 760 887 fr.
Achat de machines à vapeur.	5 796 000
Construction de navires à vapeurs en fer.	1 190 440
Constructions de steamers en bois, confondue avec les dépenses du reste de la flotte.	"
Woolwich. — Réparations de machines à vapeur, construction de chaudières, augmentation des ateliers de réparation, bassin d'échouage pour les steamers, solde d'ouvriers à l'atelier des machines.	2 142 000
Porstmouth. — Un bassin nouveau pour recevoir les bateaux à vapeur.	756 000
Plymouth. — Un nouveau bassin pour bateaux à vapeur.	756 000
Malte. — Un nouveau bassin de radoub ; un quai et un magasin pour fournir promptement leurs charbons aux steamers.	76 409
Allocations et encouragements à des compagnies, pour service de correspondance par steamers.	10 489 928
Total.	22 967 664 fr.

CONFÉDÉRATION GERMANIQUE.

Lettre *de Jean Ronge à propos de la sainte Tunique de Trèves.*

Ce qui longtemps nous a paru n'être qu'une fable, qu'un conte, à savoir, que l'évêque Arnoldi de Trèves va exposer, sous le nom de la Tunique du Christ, un vêtement à l'adoration des fidèles, chrétiens du XIXe siècle, vous le savez, Allemands, et vous, instituteurs de la religion et des mœurs, vous l'avez vu et entendu ; la fable, le conte est devenu une réalité, une triste vérité ! Déjà cinq cent mille hommes ont fait le pèlerinage à cette relique ; d'autres y affluent en masse, surtout depuis que la Tunique a guéri des malades et a opéré des miracles. La nouvelle s'en répand chez tous les peuples : en France même des ecclésiastiques prétendent qu'ils possèdent exclusivement la sainte Tunique, et que celle de Trèves est apocryphe.

C'est le cas de dire avec Lessing : *Celui qui sur certaines choses ne perd pas la raison prouve qu'il n'en a pas.*

Comment! cinq cent mille Allemands, cinq cent mille êtres doués de raison sont allés adorer un habillement! La plupart de ces pèlerins sont de la classe pauvre, ignorants, hébétés, superstitieux et très-souvent complètement dégénérés, et les voilà tout à coup abandonnant la culture de la terre, quittant leurs métiers, s'arrachant aux doux travaux du ménage et à l'éducation des enfants, pour aller à Trèves adorer une idole et voir un spectacle ordonné et exécuté par la hiérarchie romaine! — Oui, c'est une idolâtrie : car bon nombre de ces malheureux sont par là détournés des véritables sentiments de piété et de respect qu'on ne doit avoir que pour Dieu, pour adorer une robe, une œuvre faite par la main des hommes. Pour faire ce voyage et pour gratifier le clergé qui expose la Tunique, des milliers de pèlerins empruntent l'argent à usure. Souvent ils mendient chemin faisant et retournent dans leurs foyers, malades, affamés, exténués, plus pauvres que jamais. A ces dommages matériels s'ajoutent de plus grands préjudices moraux. Bien des femmes et des vierges perdent la pureté de leurs cœurs dans ces pèlerinages. La chasteté, la réputation détruite, c'en est fait du bonheur et de la paix de leurs familles!

Enfin ce spectacle anti-chrétien ouvre la porte au fanatisme, à l'hypocrisie et à tous les vices qui les accompagnent. Voilà la bénédiction de la Tunique sainte, qu'elle soit ou non la véritable Tunique du Christ.

Evêque Arnoldi de Trèves, c'est à vous que je m'adresse, en vertu de mes fonctions et de ma vocation de prêtre et d'instituteur allemand du peuple, au nom de la chrétienté, au nom de la nation allemande, au nom de tous les instituteurs publics, je vous somme de suspendre l'exposition de la Tunique, de soustraire cet article de toilette à la publicité et de guérir le mal, s'il est possible.

Car ne savez-vous pas (comme évêque vous devez le savoir) que le fondateur de la religion chrétienne n'a pas laissé sa Tunique à ses disciples, mais bien son esprit! Sa Tunique, évêque Arnoldi de Trèves, appartient à ses bourreaux! Ne savez-vous pas (comme évêque vous devez le savoir) que le Christ a dit : « Dieu est un esprit, et celui qui l'adore doit l'adorer en esprit et en vérité. » Partout donc on peut l'adorer, dans le temple de Jérusalem, sur le mont Garizim et dans l'église de Trèves, où est la Tunique. Ne savez-vous pas (comme évê. que vous devez le savoir) que l'Evangile défend toute adoration d'images et de reliques, que les chrétiens du temps des apôtres et des trois premiers siècles du christianisme ne toléraient dans les églises aucune image ni relique (et ils pouvaient en avoir beaucoup) ; que l'adoration des images et reliques est un usage païen, et que les premiers chrétiens se moquaient d'eux à cause de cet usage?

Enfin, ne savez-vous pas (comme évêque vous devez encore le savoir) que l'esprit sain des peuples allemands des XIIIe et XIVe siecles ne fut abaissé jusqu'à l'adoration des reliques qu'après les croisades, après que la haute idée que la religion chrétienne donne de Dieu fut ternie par toutes sortes de fables et d'histoires miraculeuses apportées de l'Orient? Evêque Arnoldi, vous devez savoir cela, et vous le savez mieux que moi! Vous connaissez aussi les suites fâcheuses que l'adoration des reliques et la superstition nous ont apportées, c'est-à-dire, *l'esclavage de l'Allemagne.* — Et pourtant vous exposez votre relique! — Toutefois, admettons que vous ne savez pas tout cela ; comment, si cette Tunique possède des qualités curatives si miraculeuses, comment, jusqu'en 1844, en avez-vous privé l'humanité souffrante? Comment, en second lieu, pouvez-vous accepter une offrande de chaque fidèle qui la voit? N'est-il pas impardonnable de votre part de prendre l'argent des mendiants et des pauvres, d'autant moins que vous ayez vu que naguère encore la misère a été la cause de troubles sanglants, et qu'elle a poussé ces malheureux à l'émeute et à la mort ? Oh ! ne vous faites pas d'illusions. Tandis que des centaines de milliers d'Allemands sont allés à votre Tunique, des millions de mes concitoyens ont été remplis d'indignation à cet ignoble spectacle. Cette indignation surtout, monseigneur l'évêque, s'est fait jour au sein de nos prêtres catholiques. Donc la justice vous atteindra plus tôt que vous ne croyez. Déjà l'historiographe saisit le burin et lègue votre nom, Arnoldi, au mépris de la génération présente et future, en vous appelant le Tezel du XIXe siècle !

JEAN RONGE,
prêtre catholique.

GRANDE-BRETAGNE.

LETTRE *adressée par l'archevêque Crolly à M. O'Connell.*

Monsieur,

Vous affirmez, dans la lettre que vous avez écrite le 10 courant au docteur Cantwell, évêque catholique de Meath, qu'une lettre envoyée par moi, il y a quelque temps, de la part de la Propagande, n'est pas un document canonique. Cette asssertion m'a étonné.

Je puis vous assurer qu'en 1839 j'ai reçu du cardinal préfet de la Propagande une commission de ce genre qui m'invitait à avertir certains ecclésiastiques politiques qui avaient prononcé dans des meetings publics des discours violents qui ne s'accordaient pas avec l'esprit de modération de leur ministère sacré. Pour obéir à l'injonction du Saint-Siége, je m'efforçai de rappeler à leur devoir les ecclésiastiques égarés ; mais, comme mes avertissements furent infructueux, le pape ordonna à la congrégation sacrée de m'envoyer une autre lettre sur ce sujet, afin que je pusse avertir d'une manière plus efficace les prélats qui joueraient un rôle imprudent dans les affaires politiques.

Je regardai comme mon devoir de soumettre ce document aux prélats assemblés à notre dernier meeting général à Dublin. Non-seulement ils ont reconnu que le document étai authentique et canonique, mais qu'i était tellement important, qu'il y avai lieu de le transcrire sur les registres et ils ont résolu à l'unanimité qu'ils s' conformeraient et emploieraient leu influence sur le clergé de leurs dio cèses pour leur persuader de s'y sou mettre.

Vous avez dit plusieurs fois qu vous vous soumettriez à la décision de prélats assemblés, et vous ne serez pa étonné d'apprendre quelle a été m surprise quand j'ai vu que vous dé nonciez publiquement un documen qui avait obtenu leur approbation com plète et unanime.

Connaissant l'honnêteté de votr cœur et la fidélité avec laquelle vou adhérez à l'autorité de la sainte Eglis catholique, je vous transmets la lettr entière que j'ai reçue de la Propa gande, avec la résolution prise par le prélats dans leur dernière réunion, afi que, connaissant le véritable état de choses, vous puissiez les juger ave clarté et impartialité.

Voici ce document :

Votre Grâce se rappelle sans aucu doute qu'elle a reçu, le 12 mars 183 de la congrégation sacrée, une lettı dans laquelle elle était invitée, de l part de notre Saint-Père le pape Gr goire XVI, à vouloir bien recomma der à un ou deux prélats et à quelqu ecclésiastiques de ce royaume q avaient pris, disait-on, une part tr active dans les affaires politiques harangué le peuple à cet égard, c changer de conduite et d'agir d'ur manière plus conforme à leur mini tère sacré, en supposant que ces ra ports fussent vrais. La congrégati sacrée ne doute pas que vous n'ay fait tous les efforts en votre pouvoir usé de toute l'influence qu'exigea l'importance de l'affaire, et que vot dévouement au siége apostolique pe mettait d'attendre de Votre Grâce. Néa moins il ne paraît pas que vos effoı sérieux aient obtenu le résultat désir notamment d'après les journaux irla dais, qui contiennent des discours prononcés récemment par quelques membres du clergé et même par des évêques, dans des meetings et des banquets, et même dans des églises, devant une grande affluence de fidèles. Ces discours, s'ils ont été fidèlement rapportés, sont loin de prouver que les orateurs se dévouent exclusivement au salut des ames, comme ils le désiraient, au bien de la religion, à la gloire de Dieu, et qu'ils veulent rester étrangers aux intrigues du monde et aux menées des factions.

Ces faits ont vivement peiné la congrégation et le Saint-Père lui-même, parce qu'ils tournent au détriment et à la disgrâce de l'Eglise universelle, et parce qu'ils créent un sentiment préjudiciable surtout au Saint-Siége lui-même, parce qu'il semblerait qu'il oublie de donner des conseils salutaires au clergé irlandais, ou qu'il veut favoriser les vues et les projets ci-dessus mentionnés, ou bien qu'il a connivé, d'une manière quelconque, à leur publication, et, en réalité, Votre Grâce n'aperçoit peut-être pas que de pareilles accusations ont eu lieu, ainsi que le Saint-Siége peut l'attester par une triste expérience.

Sur ces motifs, la congrégation sacrée se hâte, par ordre du Saint-Père lui-même, de vous écrire de nouveau sur cet objet important. Vous connaissez parfaitement, comme prélat, la nature et le caractère des fonctions ecclésiastiques; vous savez combien il importe à la sécurité de la religion que les hommes engagés dans les ordres sacrés, les ministres du prince de la paix, les dispensateurs des mystères de Dieu, des hommes appelés à être les guides spirituels des fidèles, évitent de se mêler d'affaires temporelles, inspirent au peuple un esprit de tranquillité, de calme et de paix, qui est le lien du christianisme, inculquent, par leur exemple et par leurs paroles, l'obéissance à l'autorité temporelle dans toutes les matières de la vie civile, fassent preuve ainsi de modération et de prudence; contents de prêcher la doctrine du Christ mort sur la croix, qu'ils s'abstiennent avec soin de tout ce qui pourrait troubler le troupeau confié à leurs soins ou l'écarter de la douceur de l'Evangile.

Telle est et a toujours été la doctrine de l'Eglise catholique, que le Saint-Siége, pénétré de son devoir sacré, n'a jamais cessé de professer et de proclamer en toute occasion. Ce sera le devoir de Votre Grâce d'adopter cette ligne de conduite, et, en exposant, en toute occasion, les sentiments de la congrégation de Sa Sainteté sur cet important objet, d'avertir les ecclésiastiques, et surtout les évêques qui dévieraient de cette ligne, avec prudence et charité, mais d'une manière ferme et efficace. Abandonnant ces affaires à votre prudence bien connue et à votre zèle, je vous exprime ma considération personnelle.

Rome, palais de la Propagande, 15 octobre 1844.

J.-Ph. cardinal Franson, J. Brunelli.

Au révérend M. Crolly, archevêque d'Armagh et primat de toute l'Irlande.

Résolution adoptée, *le 13 novembre 1845, dans un meeting général des archevêques et évêques d'Irlande, tenu dans la maison du presbytère, sous la présidence du docteur Crolly.*

Le révérend docteur Crolly est invité à répondre à la lettre qu'il a reçu du Saint-Père, et à dire à Sa Saintet que les instructions qu'elle contien ont été reçues par les prélats assemblés de l'Irlande, avec ce respect profond, cette soumission et cette vénération dont est digne tout documer émané du siège apostolique, et qu'i s'engagent tous à s'y conformer. L'original devra être transcrit sur le registres.

Le président,
Docteur Crolly;

Les secrétaires,
Lawrence et O'Donnel

En ce qui concerne le concordat entre le pape et le gouvernement britannique, qui a injustement excité des alarmes dans l'esprit de tout le clergé et de tous les évêques d'Irlande, je puis dire seulement de la manière la plus solennelle, que je n'en sais rien, ni directement ni indirectement, si ce n'est par la rumeur publique, et que je me joindrai à tous les prélats d'Irlande et emploierai toute mon influence pour arrêter tout projet insidieux de ce genre qui détruirait l'indépendance et la pureté de notre sainte religion.

J'ai l'honneur d'être, etc.

Docteur Crolly.

VARIÉTÉS.

PETITE CHRONIQUE. — STATISQUES DIVERSES. — DÉVELOPPMENT DE LA COLONISATION EN ALGÉRIE. — CHRONIQUE DES LETTRES, DES SCIENCES ET DES ARTS. — BIBLIOGRAPHIE. — NÉCROLOGIE.

PETITE CHRONIQUE.

8 janvier. — NEERLANDE. — *Incendie de l'hôtel du ministère de la marine à La Haye.*

Vers six heures du soir, le tocsin de St.-Eustache avertit les habitants qu'un incendie venait d'éclater. Par suite de l'imprudence d'un domestique, le feu avait pris à un des rideaux de fenêtre à l'hôtel de S. Exc. le ministre de la marine, au *Voortouh*, et s'était développé en peu d'instants avec une telle violence, qu'on ne put absolument songer qu'à sauver la famille du ministre, Mme Ryk et ses filles. Malgré les prompts secours apportés, on ne put maîtriser le feu que vers dix heures du soir, après qu'il eut dévoré à peu près la moitié de ce bel édifice.

Le roi, accompagné de ses aide-de-camp et de ses officiers d'ordonnance, se rendit sur le théâtre de l'incendie, où S. M. fut bientôt rejointe par LL. AA. RR. les trois princes ses fils, ainsi que par le prince Frédéric. On put voir les fils du roi se tenir constamment, couverts de cendre et d'eau, aux endroits les plus exposés.

9 janvier. — BELGIQUE. — *Accident sur un chemin de fer.*

Vers six heures et demie du soir, à Capesse-aux-Bois, une locomotive remorquant le convoi de Gand a fait explosion. Un chauffeur, pris entre le tender et sa locomotive, a été tué ; les machinistes ont été blessés; quant aux voyageurs, ils n'ont reçu aucune atteinte. A Meudon, l'adjonction d'une seconde locomotive a aggravé la catastrophe. Ici, c'est la seconde locomotive qui a sauvé le convoi en résistant, au moyen de la chaîne d'attache, à l'entraînement de la première.

15 janvier. — FRANCE. PARIS. — *Inauguration du monument de Molière.*

A midi précis, M. le comte de Rambuteau, préfet de la Seine, le corps municipal, les députés du département, les Académies de l'Institut, les sociétaires de la Comédie-Française, la commission de souscription pour le monument, une députation du comité des gens de lettres, une députation du comité des auteurs dramatiques, une députation de l'association des artistes dramatiques, et les fonctionnaires et artistes invités, sont partis du Théâtre-Français et se sont rendus sur le lieu de la cérémonie. Le cortége était précédé d'un bataillon de la 2e légion de la garde nationale, musique en tête. Une estrade circulaire, décorée de drapeaux et d'inscriptions, avait été préparée. M. le préfet de la Seine, les présidents des Académies et de la commission du monument, et l'un des sociétaires de la Comédie-Française, y ont pris place.

La maison qui porte le no 34, et où est mort l'auteur de *Tartufe*, restaurée récemment, était décorée jusqu'au second étage de tentures en velours cramoisi à crépines d'or, du milieu desquelles se détachait une plaque de marbre blanc portant cette inscription : *Molière est mort dans cette maison le 21 février 1673* : 171 ans se sont donc écoulés entre la mort de Molière et l'inauguration du premier monument public à sa mémoire.

Au signal donné par M. le préfet de la Seine, le monument a été découvert, la musique s'est fait entendre, et les acclamations poussées au pied du monument ont retenti bientôt par delà la limite où devait s'arrêter la foule des curieux, retenue à distance par une triple ligne de gardes municipaux placés à toutes les rues et passages compris entre la rue Saint-Honoré et la rue de Richelieu.

L'œuvre architectonique de M. Visconti rappelle la façade du château d'Anet, que l'on voit à droite de la cour du palais des Beaux-Arts, et qui sert maintenant de façade à la chapelle. Les deux figures de M. Pradier, en marbre, représentant la comédie sous les deux aspects, ont obtenu plus de succès que l'œuvre principale, la statue de Molière, exécutée en bronze par M. Seurre aîné. Le grand homme est représenté assis, et le statuaire n'a peut-être pas tenu assez compte de l'effet de la perspective, de sorte que le buste paraît court, et il en résulte que l'œuvre manque de noblesse.

Aussitôt le monument découvert, on a fait jouer les eaux ; elles sortent de trois têtes de lions placées dans le soubassement, et ne sont en quelque sorte qu'un accessoire.

Des discours ont été prononcés par M. le comte de Rambuteau, M. Etienne, M. Samson et M. Arago.

Nous donnons celui de M. le préfet de la Seine.

Messieurs,

Il y a aujourd'hui deux cent vingt-deux ans que Molière est né à Paris, d'une famille qui comptait parmi ses membres plusieurs magistrats consulaires. C'est dans cette ville qu'il a créé les plus solides fondements de sa gloire; c'est ici, dans cette maison au pied de laquelle nous nous trouvons rassemblés, qu'il est mort à l'âge de cinquante-un ans ; c'est enfin près de ces mêmes lieux, sur la scène du Théâtre-Français, que vivent dans tout l'éclat de leur jeunesse éternelle les chefs-d'œuvre de cet inimitable génie.

En voyant près de moi les hommes les plus considérables dans les lettres, dans les sciences et dans les arts, réunis aux dignes représentants de la cité, pour rendre hommage à l'un des plus beaux génies que le monde ait produits, à la plus grande illustration parisienne, je suis heureux et fier d'avoir été choisi par M. le ministre de l'intérieur pour présider à cette cérémonie.

Des voix plus éloquentes vous rappelleront les titres de gloire de Molière, de ce peintre immortel de la nature et de la vérité; moi, je me bornerai à vous présenter l'historique du monument que nous venons inaugurer.

La nécessité d'élargir la voie publique sur l'un des points les plus fréquentés de la capitale avait déterminé l'administration municipale à reculer et à reconstruire la fontaine qui se trouvait sur cet emplacement.

A la même époque, l'un de MM. les sociétaires du Théâtre-Français, appelant mon attention sur la proximité de la maison où était mort Molière, me fournit l'heureuse pensée de consacrer le nouveau monument à la mémoire de ce grand homme.

Certain de trouver empressement, sympathie et appui dans le conseil municipal, je proposai de donner à la fontaine projetée le nom de *Fontaine Molière*, d'accepter le concours de la souscription que l'on demandait à ouvrir, et d'allouer les crédits nécessaires pour rendre le nouveau monument digne à la fois de la ville qui le faisait construire et de celui qu'il devait honorer. Non-seulement le conseil a voté les sommes que je lui demandais, mais encore chacun de ses membres a tenu à honneur de souscrire personnellement.

Dès que les votes du conseil municipal de Paris furent connus, les chambres législatives ne voulurent point rester étrangères à cette manifestation, et une somme de 100,000 f., votée par elles, sur la proposition de M. le ministre de l'intérieur, vint témoigner de l'unanimité du gouvernement et du pays dans cet hommage rendu au génie.

La dépense du monument s'est élevée à 200,000 fr.; celle de l'acquisition des maisons à 252,000 francs; total : 452,000 fr., sur lesquels la ville de Paris a fourni 255,000 fr.

En honorant leurs grands hommes, les nations s'honorent elles-mêmes; elles enchaînent, par là, plus solidement le passé avec l'avenir, et sont insensiblement conduites à trouver unité de forces et d'interêt là où il y a communauté de gloire et d'admiration. La gloire de Molière appartient à toute la France; aussi une seule inscription pouvait convenir à ce monument; toutes les classes avaient apporté leur offrande, depuis la famille royale jusqu'au plus modeste citoyen, les chambres comme la municipalité de Paris. Ces mots :

A MOLIÈRE,

SOUSCRIPTION NATIONALE,

ont été seuls gravés sur le marbre; ils diront à la postérité que la France de Juillet a su payer la dette du passé, et qu'un successeur de Louis XIV a contribué à honorer la mémoire de celui qui trouva dans le grand roi un si ferme appui et une si constante bienveillance.

Je ne terminerai pas, messieurs, sans renouveler devant vous mes remercîments à MM. les artistes dramatiques et à la commission de souscription pour les soins et le concours qu'ils ont bien voulu prêter à l'administration dans cette circonstance.

J'y ajoute des félicitations pour M. l'architecte Visconti et pour MM. Seure et Pradier, sculpteurs, dont les œuvres, recommandables par leur propre mérite, se lieront désormais à la grande renommée de Molière.

Ensuite le préfet a déposé dans le monument une boîte contenant la médaille frappée en l'honneur de Molière, le livret historique, les œuvres de Molière en un volume et l'histoire de sa vie. M. le préfet y a joint une couronne de lauriers, qui a été placée immédiatement sur la tête du grand écrivain. Des couronnes ont été également déposées par M. Etienne, pour l'Académie française; par M. Mignet, pour l'Académie des sciences morales et politiques; par M. Halevy, pour l'Académie des beaux-arts; par deux membres des Académies des inscriptions et belles-lettres, et des sciences; par M. Arago, pour la commission de souscription; par M. le baron Taylor, pour la société des artistes dramatiques; par M. Viennet, pour la société des auteurs dramatiques; par M. Liadières, pour la société des gens de lettres et par M. Samson, pour les sociétaires du Théâtre-Français.

28 janvier. — FRANCE. — *Accident sur le chemin de fer d'Orléans.*

A neuf heures, le train de marchandises, qui avait aussi un wagon de voyageurs, a déraillé en arrivant à La Gare. Le wagon qui contenait sept voyageurs a été culbuté, et la chute a occasionné la mort presque instantanée de deux d'entre eux.

7 février. — ANGLETERRE. Douvres. — *Inauguration du chemin de fer de Douvres à Londres.*

Une députation des principales autorités de Calais assistait à cette cérémonie. Un banquet a eu lieu après l'arrivée de la première locomotive. Dans le fond de la salle on lisait le nom de Calais à côté de celui de Douvres, pour indiquer les liens de bon voisinage et les relations naturelles qui unissent les deux villes.

8 février. — FRANCE. Paris. — *Election académique.*

M. Saint-Marc-Girardin a été élu membre de l'Académie française, en remplacement de Lampenon.

19 février. — FRANCE. Paris. — *Election académique.*

La session d'économie rurale de l'Académie des sciences a nommé M. Vilmorin à la place de correspondant, vacante par le mort de Mathieu de Dombasle.

22 février. — FRANCE. Paris. — *Inanguration du monument des Jeunes Aveugles.*

Aujourd'hui a été inauguré le bel établissement accordé par l'Etat à l'Institution royale des jeunes Aveugles.

28 février. — ETATS-UNIS. Wasington. — *Explosion terrible à bord du Primeton.*

Le capitaine Stockton, du steamer *Primeton*, avait invité trois ou quatre cents gentlemens et ladies, le président et sa famille, les ministres, plusieurs ambassadeurs étrangers, des sénateurs et des députés, à venir visiter son beau navire et à faire une excursion dans le Potomac. La journée était magnifique. Après un salut de vingt et un coups de canons, tiré avec ses petites pièces, on chargea la grosse pièce pour faire voir aux dames le mouvement d'un boulet de 230 livres sur l'eau. On descendit ensuite dans la cabine pour prendre part à une collation offerte par le capitaine. Comme le vaisseau retournait à terre, le capitaine proposa de charher de nouveau la grosse pièce. On monta sur le pont et l'on fit cercle autour du canon pour voir les préparatifs. La pièce chargée, on fit feu : la détonation ébranla tout le navire ; un nuage épais de fumée couvrit pour un instant la triste scène qui allait s'offrir aux regards. La pièce était brisée presque entièrement ; il ne restait plus que la culasse sur l'affût. Le juge Upshur, premier ministre, avait été atteint mortellement. M. Gismer, gouverneur de la Virginie, avait été tué par le même éclat. M. Syker, représentant de New-York, était aussi frappé mortellement. M. Maxey, du Maryland, ancien chargé d'affaires en Belgique, avait eu les deux bras et une jambe coupés. Le capitaine Stockton avait été renversé probablement par le recul, ses cheveux étaient brûlés, sa figure criblée de blessures : « Mon Dieu, s'écria-t-il, en voyant les cadavres qui l'entouraient, que ne suis-je mort aussi ! » Huit à dix hommes de l'équipage étaient grièvement blessés. Pas une femme n'avait été atteinte. Une des filles d'un sénateur, M. Woodsbury, était si près des victimes, qu'elle fut entièrement couverte de sang. Un instant avant l'explosion, le président s'était un peu éloigné du cercle, ainsi que le ministre de la guerre, M. Wilkim. La secousse produite par l'explosion avait dû être terrible, car le vaisseau était fortement endommagé à babord et à tribord. Au moment où ce fatal accident arrivait sur le pont, plusieurs personnes chantaient dans la cabine, et, comme l'explosion eut lieu au moment où le mot Washington était prononcé, trois salves d'applaudissements se firent entendre :

leurs cris de joie se marièrent ainsi aux cris de mort qui se faisaient entendre au-dessus de leurs têtes.

8 mars. — SUÈDE. STOCKHOLM. — *Mort du roi Charles-Jean (Bernadotte).*

Après trois jours d'attaques apoplexiques accompagnées de délire et suivie de prostration, tout espoir dût cesser de sauver le roi. Les églises furent ouvertes pour la célébration de prières publiques, auxquelles la population, accourue en foule, répondait par les démonstrations de la plus vive douleur. Sur les onze heures, l'auguste malade avait repris connaissance. Vers midi l'agonie commença, et à trois heures et demie, la mort termina cette vie si pleine. Le prince Oscar n'avait pas quitté le chevet du lit de son père. Il a reçu son dernier soupir et lui a fermé les yeux.

La maladie du roi a duré six semaines, car elle s'était déclarée le 26 janvier au matin. Le Roi accomplissait ce même jour sa 81e année, et le 3 février son régné avait duré vingt-six ans. Il avait été élu le 19 août 1810, et couronné en Suède le 11 mai 1818, et en Norvége le 7 septembre de la même année.

L'évêque de Linkeping, qui, en sa qualité de grand-aumônier, lui a porté les secours de la religion, a été profondément édifié de ses sentiments de piété. La souffrance n'a pas altéré un instant la sérénité de l'ame chez le roi mourant. Le 28 janvier, les médecins désespéraient de lui, et lui-même voyait venir sa fin. « Ce jour, dit-il, en vaut un autre pour mourir : c'est l'anniversaire de la mort de Charlemagne. »

14 mars. — FRANCE. PARIS. — *Election académique.*

Aujourd'hui, l'Académie française a élu M. de Sainte-Beuve, en remplacement de M. Casimir Delavigne, et M. Prosper Mérimée, en remplacement de M. Charles Nodier.

11 avril. — ANGLETERRE. LONDRES. — *Banquet politique donné à l'ambassadeur de Russie.*

Le gouverneur de la compagnie, président du banquet, ayant rappelé que le grand-duc héritier avait honoré de sa présence une semblable solennité, et déclaré que le grand duc Michel eût été de même le convive de la compagnie, s'il avait séjourné plus longtemps à Londres, M. de Brunon prit la parole et dit :

Messieurs,

Je vous remercie du double toast que vous avez bien voulu porter, et je ne manquerai pas de profiter de l'occasion qui m'est offerte pour vous dire combien le grand-duc a été reconnaissant de l'accueil gracieux qui lui a été fait par S. M. la reine et son royal époux, de la réception respectueuse qui lui a été faite par les ministres de la reine, et des sentiments flatteurs qu'il a remarqués de la part du public lorsqu'il a visité ce pays.

L'hospitalité de la bonne vieille Angleterre s'est manifestée encore une fois, et le prince a pu se convaincre par lui-même du sentiment unanime d'amitié et de respect qui se trouve conforme aux relations si heureusement existantes entre l'Angleterre et la Russie, et qui, je l'espère, continueront de subsister entre les deux gouvernements et les deux grandes nations. Je suis charmé, messieurs, de pouvoir m'exprimer ainsi devant les ministres de la reine, devant mon respectable ami qui dirige le gouvernement de S. M. (sir Robert Peel), et que je remercie d'avoir bien voulu honorer de sa présence cette réunion annuelle. Si j'éprouve quelque embarras à porter, pour la première fois, en une solennelle occasion, la parole devant ce grand homme d'État, du moins je n'hésite pas, et au contraire j'éprouve le plus sincère et le plus vif plaisir à expliquer publiquement et franchement toute ma gratitude pour le bienveillant et amical appui avec lequel il m'aide constamment à remplir mes devoirs, en maintenant des relations amicales entre l'Angleterre et la Russie, dont la bonne intelligence est si nécessaire, si essentielle, non pas seulement pour leurs intérêts mutuels, mais encore pour la conservation de la paix universelle du monde.

Le gouverneur ayant porté un toast à sir Robert Peel et aux ministres de S. M., sir Robert Peel se lève, et dit :

Monsieur le gouverneur et messieurs, Tant en mon nom personnel qu'au nom des autres serviteurs de S. M. ici présents ou absents, je viens vous remercier de l'honneur que vous voulez bien nous faire. Cet honneur n'est pas rendu à la position officielle, mais aux personnes; et j'en infère avec plaisir que, dans l'accomplissement de nos devoirs publics, nous avons eu la bonne fortune de mériter votre approbation et de nous concilier votre estime. Au nom du gouvernement de S. M., messieurs, je vous félicite très sincèrement de cette bonne intelligence qui depuis nombre d'années a si heureusement subsisté entre les gouvernements d'Angleterre et de Russie. Il est impossible, si l'on jette les yeux sur les relations politiques entre l'Angleterre et la Russie, ces deux grands empires, de ne pas voir que presque tous les points de contact entre elles sont plutôt faits pour suggérer une entente cordiale, amicale et intime entre eux, que pour inspirer des sentiments de rivalité ou de jalouse opposition.

J'espère ardemment qu'un sentiment d'intérêt commun et des sentiments d'estime réciproque ont posé les bases d'une amitié cordiale et permanente entre l'Angleterre et la Russie. Je regrette sincèrement que vous n'ayez pas pu recevoir l'illustre prince le grand-duc Michel, qui l'année dernière était venu en Angleterre. Si cet illustre prince eût pu accepter votre hospitalière invitation, vous seriez venu ici avec des sentiments de respect pour le prince et avec le désir de le lui prouver. Mais, permettez à un homme qui a eu l'honneur d'apprécier par expérience personnelle son caractère, de vous dire que nul de vous n'eût quitté cette salle sans être charmé par son affabilité et l'élégante simplicité de ses manières. J'espère que ce que S. A. I. dira de nous en Russie engagera un membre encore plus illustre de cette maison, l'empereur de Russie lui-même, à visiter de nouveau l'Angleterre, et à venir recevoir, dans ces murs, la démonstration la plus cordiale de respect pour son caractère personnel et la haute position qu'il occupe, et entendre l'expression du désir de tous les Anglais, de cimenter avec lui les sentiments d'une bonne intelligence mutuelle. Ce sentiment, en faveur des relations amicales entre l'Angleterre et la Russie, repose, je le pense, sur une base trop solide pour pouvoir être trop affectée par aucune circonstance accidentelle, ou dépendre du caractère personnel de tout homme revêtu du pouvoir.

Autant qu'il est au pouvoir d'un homme de contribuer à entretenir cette bonne intelligence, il faut le reconnaître, la noble personne qui représente ici l'empire de Russie près la cour d'Angleterre a assuré ce résultat, et les deux pays lui en doivent de la reconnaissance. Il peut s'être trouvé des diplomates appelés à de plus hauts exploits, mais jamais homme investi de la confiance de la couronne n'a montré plus de zèle, n'a agi d'une manière plus exemplaire que le baron Brunow. Par la douceur et la simplicité de sa conduite, si excellente, sans jamais sacrifier les intérêts du pays qu'il représente, il a toujours su concilier la confiance de tous les ministères avec qui il a eu à traiter. L'Angleterre lui doit beaucoup. Je ne terminerai pas, messieurs, sans vous proposer un toast qui, j'en suis sûr, aura l'assentiment et du président et de l'assemblée, et qui, je n'en doute pas, serait appuyé par le baron Brunow lui-même tout le premier. Ce toast, le voici : A l'amitié perpétuelle entre l'Angleterre et la Russie! L'assemblée n'a pas tardé à se séparer.

4 juillet. — ÉTATS-UNIS. Philadelphie. — *Troubles sanglants.*

Nous avons reçu des nouvelles des États-Unis jusqu'au 16 juillet. Le 4 on avait célébré dans toute l'Union le soixante-huitième anniversaire de la déclaration d'indépendance. Ces solennités nationales ont été malheureusement suivies par des scènes qui sont loin d'être aussi glorieuses pour l'Amérique. On se rappelle qu'il y a deux mois, une des principales villes de l'Union, Philadelphie, avait été ensanglantée par une guerre civile entre les indigènes ou *natifs* et les Irlandais naturalisés. Nous avons exprimé à cette époque la crainte que la trêve ne fût que momentanée ; et, en effet, la lutte, un moment suspendue, a éclaté de nouveau avec un redoublement de fureur. Pendant plusieurs jours, du 5 au 9 juillet, Philadelphie a servi de champ de bataille à une populace sans frein. Les natifs, qui ont pris l'initiative de l'agression, se sont emparés de plusieurs pièces de canon, et, après des tentatives infructueuses de répression de la part des autorités, ont forcé le commandant des milices à leur accorder toutes les conditions qu'ils réclamaient. Nous empruntons le récit détaillé de ces événements au journal français de New-York, le *Courrier des Etats-Unis*. Il y a, dans ces saturnales du Nouveau-Monde, de grands enseignements qui ne doivent pas être perdus pour l'Europe. Voici les faits tels que les donne le *Courrier des Etats-Unis* :

Le 4 juillet, les dispositions des Américains devinrent si menaçantes pour les Irlandais, que les autorités de la ville crurent devoir prendre, pour la protection de ceux-ci, quelques mesurés de précaution. La nuit venue, elles firent secrètement transporter une douzaine de fusils dans l'église de Saint-Philippe de Néri, située au coin de Queen et Second streets. Le lendemain matin, ce dépôt d'armes fut dénoncé à un individu nommé Wright B. Ardis, l'un des héros incendiaires de la précédente émeute, et cet homme, se mettant à la tête d'une bande de natifs, se rendit à l'église, enfonca les portes, puis, s'étant emparé des douze fusils déposés la veille, il reparut triomphant au milieu de la foule qui s'était grossie sur ses pas, et lui montra le trophée de sa facile victoire comme une preuve des prétendus complots homicides des catholiques, contre lesquels il fit retentir des menaces de mort. La police, avertie de ce qui se passait, se transporta sur les lieux et réussit à se faire restituer les fusils, dont un des principaux magistrats de la ville expliqua la trouvaille dans l'église de Saint-Philippe.

L'émeute, humiliée sans doute d'une explication qui, en déchargeant les catholiques de toute responsabilité, témoignait des craintes qu'avaient inspirées aux autorités les haines fanatiques des natifs, l'émeute, disons-nous, refusa longtemps de croire à la justification des Irlandais, et il fallut l'intervention de la troupe pour la forcer à se disperser. L'ordre et le calme régnèrent jusqu'au samedi soir; il y avait cependant des symptômes alarmants qui ne donnaient que trop lieu de craindre un orage. Dans la soirée, en effet, une foule nombreuse et menaçante se porta aux alentours de Saint-Philippe ; mais l'église était occupée par un bataillon d'artillerie, qui repoussa toutes les attaques. Un épisode assez grave eut lieu alors. Parmi les citoyens éminents qui s'étaient rendus sur le théâtre du danger pour conjurer les calamités qui se préparaient, se trouvait l'honorable M. Naylor, ex-membre du congrès. Dans un des assauts livrés par l'émeute à l'église, un officier ayant cru devoir ordonner aux hommes qu'il commandait de mettre en joue, M. Naylor s'écria : « Ne faites pas feu ! » et ce cri d'humanité fut accueilli par les émeutiers avec des hurrahs d'enthousiasme. Le général Cadwallader donna aussitôt l'ordre d'arrêter M. Naylor, qui fut détenu prisonnier dans l'église jusqu'au lendemain.

Le dimanche, la nouvelle de cette arrestation s'étant répandue, les amis de M. Naylor accoururent pour demander sa mise en liberté sous caution ; mais le général Cadwallader, craignant sans doute de donner un chef influent aux perturbateurs, refusa de le conduire devant les magistrats civils. Ce refus causa une vive exaspération, et bientôt la foule se mit en mouvement pour envahir l'église et délivrer le prisonnier. Pendant les pourparlers qui avaient eu lieu, de nouvelles compagnies de milice étaient venues grossir les forces du général Cadwallader. Mais les émeutiers avaient eu le temps aussi de se procurer des armes, et ils avaient notamment pris sur des navires quatre petites pièces de canon qui furent traînées devant l'église et pointées sur l'une des portes. La milice fut alors sommée de délivrer M. Naylor, mais elle ne fit aucune réponse. Aussitôt les canons, chargés de ferraille et de pierres, furent déchargés sur la porte, dont les panneaux volèrent en éclats. La canonnade ne cessa que lorsqu'on vit apparaître M. Naylor, auquel le général Cadwallader avait enfin rendu la liberté dans l'espoir de calmer l'exaspération des assaillants. Mais cet acte de faiblesse ne fit qu'encourager leur audace; traînant leurs canons sur un autre point, ils déchargèrent plusieurs volées de mitraille dans une croisée de l'église.

C'est que ce n'était pas assez pour eux d'avoir obtenu la délivrance de M. Naylor, ils voulaient encore qu'on livrât à leur merci une compagnie de milice irlandaise que le général Cadwallader avait placée dans l'intérieur de Saint-Philippe, et qui, d'ailleurs, était restée impassible au poste qui lui avait été confié. C'était la compagnie dite *Hibernia Greens*. Le général se décida à lui faire évacuer l'église, mais les diverses compagnies américaines qui se trouvaient là voulurent lui faire escorte, et elle s'avança au milieu de la foule, flanquée d'un côté par les *Markle Rifles* (carabiniers), de l'autre par les *Mechanic Rifles*. L'apparition des *Hibernia Greens* fut saluée de sifflets, et ils eurent grand'peine à ne pas laisser rompre leurs rangs par leurs ennemis, qui se ruaient sur eux avec impétuosité. Ils se virent enfin serrés de si près qu'ils crurent devoir faire feu; mais ils visèrent sans doute en l'air, car, bien qu'ils tirassent à bout portant, ils ne blessèrent qu'un seul individu. Cette fusillade fut malheureusement le signal de la déroute pour les deux compagnies américaines; les *Greens* se débandèrent aussi, et se mirent à courir à travers les rues, poursuivis par leurs ennemis. Un des pauvres fuyards, nommé Gallagher, ayant réussi à atteindre sa maison, se retourna sur le seuil de la porte et déchargea sa double carabine sur ceux qui s'étaient attachés à ses pas. Sa maison fut bientôt envahie; il fut saisi et traîné dans le ruisseau des rues; « des centaines de misérables, dit la *Gazette de Philadelphie*, trépignèrent sur son corps avec une violence démoniaque. » Nous citons textuellement, car nous n'oserions pas nous faire les éditeurs responsables de pareilles horreurs.

Les faits que nous avons rapporté avaient eu lieu de dix à deux heures. Jusqu'à sept heures, le combat finit faute de combattants; la milice avait abandonné l'église sur laquelle s'était acharnée la fureur populaire, et cependant à peine les assiégeants avaient-ils été maîtres du sanctuaire, qu'ils l'avaient respecté.

Un citoyen natif, dont nous aimons à citer le nom, M. Gower, avait eu l'heureuse inspiration de hisser le drapeau américain au sommet du clocher. Vers sept heures du soir, cependant, les mouvements de la foule commencèrent à redevenir alarmants. Le général Cadwallader concentra autour de l'église Saint-Philippe des forces plus considérables que le matin. Pendant que plusieurs compagnies montaient dans Second street, elles se virent tout à coup barrer le passage par une bande de malfaiteurs. On fit manœuvrer pour les refouler, et l'un des officiers s'étant trouvé face à face avec un de ces misérables qui ne voulait pas reculer, il le frappa du plat de son épée. Une lutte s'engagea entre ces deux hommes, et il en résulta un moment de désordre dont la foule profita pour se précipiter au milieu des compagnies de milice. Celles-ci alors firent un feu de file, et plus de trente balles atteignirent fatalement leur but.

Cette mitraillade mit l'émeute en fuite, mais elle ne tarda pas à se rallier près du marché de Warton, et de là elle remonta Front et Queen streets pour aller reprendre position près de l'église avec deux pièces de canon. Plusieurs décharges furent faites sur la milice, dont on porte les pertes à six morts. Des escarmouches eurent lieu pendant presque toute la nuit. Vers deux heures du matin cependant tout rentra dans le silence, et, des deux parts, on s'empressa de compter les morts et les blessés. Dès le début du combat, c'étaient les émeutiers qui avaient le plus souffert, parce que, lorsque la milice s'était trouvée dans la nécessité de faire usage de ses armes, les balles avaient frappé sur une foule compacte. Mais, dans la nuit, la population put choisir son terrain et prendre sa revanche. Les troupes étaient rangées en bataille autour de

Saint-Philippe de Néri; leurs adversaires s'emparèrent de toutes les avenues qui aboutissent à cette église, et braquèrent, dans la direction de celle-ci, trois pièces de canon dont ils s'étaient emparés. Cette batterie était manœuvrée au moyen de longues cordes attachées aux affûts, de telle sorte que les pièces, après avoir été chargées hors de la vue de la milice et munies d'une longue mèche, étaient avancées ou retirées au gré de leurs possesseurs, sans que ceux-ci eussent à s'exposer à aucun danger. Mais la difficulté des manœuvres et l'obscurité empêchèrent heureusement la mitraille d'exercer des ravages aussi considérables que l'auraient voulu ces artilleurs assassins, et nous sommes heureux de pouvoir constater que le chiffre des victimes, approximativement donné immédiatement après la lutte, avait été beaucoup exagéré. Aux dernières dates, on n'avait compté d'une manière certaine que 13 cadavres et 50 blessés; on supposait cependant que la populace avait caché quelques-uns de ses morts; et puis presque toutes les blessures étaient fort graves; il y en avait même beaucoup qui devaient être mortelles.

Aussitôt après la cessation du feu, l'émeute s'éloigna du champ de bataille et alla, à quelque distance, organiser un *meeting* dans lequel furent lancés les plus violents anathêmes contre la milice, et qui se termina par l'adoption de résolutions en vertu desquelles les généraux Patterson et Cadwallader furent sommés de ne pas opposer une plus longue résistance, de licencier les milices réunies sous leurs ordres, et d'abandonner tous les postes aux révoltés. Ceux-ci promettaient, s'il était fait droit à cet audacieux ultimatum, de s'abstenir de toute nouvelle agression, de respecter l'église de Saint-Philippe, et de protéger les personnes et les propriétés contre tout désordre et toute violence. Les commissaires ne tardèrent pas à revenir en proclamant le succès de leur mission. Cette nouvelle ne manqua pas d'être saluée par de frénétiques *hurrahs* d'enthousiasme. C'est qu'en effet les concessions faites par les autorités n'étaient, ainsi que nous l'avons dit, rien moins que le triomphe complet de l'émeute sur la force publique.

M. Porter, gouverneur de la Pensilvanie, est entré à Philadelphie peu d'heures après le licenciement des milices. Dans une proclamation pleine de dignité, de calme et d'énergie, il a violemment flétri les crimes qui avaient ensanglanté la nuit du dimanche au lundi, et a adressé des éloges au courageux patriotisme dont avaient fait preuve le général Cadwallader et les compagnies qui s'étaient réunies autour de lui. Il n'a pas, il est vrai, fait d'allusion au pacte déplorable conclu avec l'émeute, mais il a clairement manifesté son intention de ne pas le reconnaître et de le rompre, en déclarant que des mesures allaient être immédiatement prises pour faire triompher la suprématie et venger la majesté des lois. Son menaçant langage a été unanimement approuvé par tous les organes de l'opinion publique, mais il a fait en même temps renaître tous les dangers et toutes les anxiétés.

Pendant la journée du mardi 9, de fréquentes alertes ont eu lieu. On s'attendait, à chaque instant, à voir un corps nombreux de milices sortir des bâtiments de la Banque Girard, où le gouverneur a établi son quartier-général, et s'avancer vers l'église Saint-Philippe, pour sommer les vainqueurs de la veille de battre en retraite et de livrer leurs armes. Mais le 10 au matin, aucun mouvement n'avait encore eu lieu dans ce but; il n'en était pas moins certain que M. Porter était fermement résolu à ne pas laisser plus longtemps aux émeutiers les honneurs de leur scandaleux triomphe, et, s'il n'avait pas déjà agi, c'est que, sans doute, pour ne pas compromettre le succès, il voulait attendre l'arrivée, non-seulement des milices rurales qui accouraient de toutes parts en nombre considérable, mais aussi de quelques détachements de l'armée régulière, qui ne pouvaient tarder à entrer à Philadelphie. Des bruits contradictoires circulaient sur la décision qu'avait dû prendre le président Tyler, sans l'autorisation duquel il n'était pas permis au gouverneur de l'Etat de donner des ordres aux troupes de l'armée fédérale. Suivant quelques journaux, le président avait accordé cette autorisation; suivant d'autres, il avait dû la refuser, parce qu'elle lui avait été demandée par les magistrats de Philadelphie, et non par le gouverneur, qui seul a le droit de requérir et de recevoir une délégation partielle des pouvoirs militaires que la constitution accorde au président. Ce ne serait là, d'ailleurs, qu'un refus provisoire, qui ne pouvait entraîner que le délai nécessaire pour que M. Porter se mît en communication directe avec M. Tyler.

26 juillet. — PRUSSE. Berlin. — *Attentat sur la personne du roi.*

LL. MM. le roi et la reine allaient partir pour Erdmansdorf, en Silésie. La voiture de voyage stationnait sous le portail du château. Au moment où Leurs Majestés s'étant assises, un domestique se baissait pour fermer la portière, une jeune fille remit à la reine une pétition, et aussitôt après un homme s'approcha de la voiture et tira deux coups d'un pistolet double. Avec une présence d'esprit rare, le roi se leva, ouvrit son manteau de voyage et dit : « Je ne suis pas blessé. » Une des balles avait traversé le manteau de Sa Majesté. Le coupable fut arrêté à l'instant même. Il fut reconnu pour un ancien bourgmestre de Storkow, du nom de Tschech, âgé de cinquante-six ans. Il s'était démis de ces fonctions en 1841, après une gestion des plus blâmables. Depuis il avait souvent sollicité à Berlin un emploi public qu'il ne put obtenir, parce qu'il n'avait aucun titre. Ce misérable avoua son crime, et affirma y avoir été poussé par l'intention de se venger des refus par lesquels on avait répondu à ses demandes d'emploi. Les détails de l'enquête criminelle prouvaient que le motif de cette action criminelle avait été le désir d'une célébrité passagère.

29 juillet. — FRANCE. Paris. — *Récompenses accordées à l'industrie nationale.*

Aujourd'hui a eu lieu, dans le palais des Tuileries, la distribution des récompenses accordées à l'industrie.

Le roi et la reine, entourés de LL. AA. RR. Mme la princesse Adélaïde, Mgr le duc de Nemours et Mgr le duc de Montpensier, et accompagnés de M. le ministre de l'agriculture et du commerce, se sont rendus à une heure dans la salle des maréchaux, où MM. les membres du Jury étaient rassemblés. MM. les exposants ayant ensuite été introduits, M. le baron Thénard, président du Jury, s'est placé au centre et a adressé au roi le discours suivant :

Sire,

Les expositions de 1834 et de 1839 ont laissé de profonds souvenirs dans les esprits; celle de 1844 en laissera de plus profonds encore : elle surpasse les hautes espérances que les deux premières avaient fait concevoir.

L'industrie poursuit donc sa marche progressive : ne pas avancer pour elle serait rétrograder ; elle le sait, et redouble sans cesse d'efforts pour faire de nouvelles conquêtes toujours pacifiques et fécondes.

Presque aucun art n'est resté stationnaire ; un grand nombre ont fait de remarquables progrès ; quelques-uns même en ont fait de considérables; d'autres tout nouveaux ont été créés; la plupart des produits ont baissé de prix.

Les savants rapporteurs du jury feront, avec l'autorité qui s'attache à leurs noms, le tableau des nombreux perfectionnements, de toutes les découvertes qui signalent l'exposition nouvelle ; qu'il me soit permis seulement d'en tracer l'esquisse.

Les marins ne manqueront plus d'eau dans les voyages de long cours. Le foyer qui, sur nos vaisseaux, sert à la cuisson des aliments, opère en même temps la distillation de l'eau de mer, et la transforme en une eau douce qui ne laisse rien à désirer. Ainsi, les sciences ou les arts auront rendu en peu de temps quatre grands services à la marine : ils lui auront donné des aliments toujours frais, de l'eau toujours en abondance, d'excellents chronomètres à bas prix, la vapeur pour remonter les courants les plus rapides et naviguer au milieu des écueils et des tempêtes.

La production de la fonte a presque quadruplé depuis vingt-cinq ans; son affinage s'opère avec plus d'économie; la chaleur perdue a été utilisée; de nouveaux procédés de chauffage ont été créés; tout ce qui tient, en un mot, à la fabrication du fer, a éprouvé de grandes améliorations, et cependant la théorie en prévoit beaucoup d'autres encore qui devraient être un sujet de continuelles recherches.

La pile voltaïque, qui a tant agrandi le domaine des sciences, vient d'être appliquée de la manière la plus heureuse à l'art de dorer et d'argenter les métaux. Un jour peut-être elle servira de base à l'exploitation des minerais d'or, d'argent et de cuivre.

Des disques de flint-glass de plus de 60 centimètres de diamètre, et d'une parfaite pureté, se font aujourd'hui sans aucune difficulté; déjà même la dimension d'un mètre a été atteinte. Tout porte à croire que l'astronomie aura bientôt des objectifs d'une grandeur inespérée, qui lui permettront de pénétrer plus profondément dans l'immensité de l'espace, et d'y faire des découvertes imprévues.

Tout est mis à profit par les manufacturiers, qui joignent la théorie à la pratique.

Les uns condensent Jusqu'à la fumée si incommode du bois; ils savent en extraire du vinaigre pour les arts et même pour les tables les plus somptueuses, un fluide qui ressemble à l'esprit de vin, une huile qui rendra de grands services à l'éclairage. D'autres puisent une nouvelle source de richesses dans les eaux mères des salins, restées toutes jusqu'ici sans emploi; ils les conservent, et le froid de l'hiver, par une réaction que la chaleur de l'été ne saurait opérer, en précipite une quantité de sulfate de soude, de sulfate et de muriate de potasse, assez grande pour suffire bientôt aux besoins de la France, et la délivrer d'un lourd tribut qu'elle paie à l'étranger.

D'autres encore s'emparent des débris, *des détritus*, des immondices végétales et animales, et les convertissent en riches engrais qui s'exportent au loin pour fertiliser le sol.

De nouveaux marbres d'une grande beauté ont été découverts et viennent ajouter à l'exportation considérable de nos riches carrières.

Les bonnes méthodes de chauffage commencent à se répandre; elles ne s'appliquent pas seulement au foyer domestique; elles s'étendent, en se modifiant, aux grands édifices, aux hospices, aux églises, aux palais. Un seul appareil suffit le plus souvent pour y maintenir une douce température par le froid le plus rigoureux. C'est l'eau qui produit cet effet si salutaire; c'est elle qui, circulant sans cesse à travers mille canaux, comme le sang dans les artères, va partout déposer la chaleur dont elle est imprégnée et revient ensuite à son point de départ pour s'échauffer et circuler de nouveau.

La construction de nos phares a été portée à un haut degré de perfection. La manœuvre en est si facile, les verres en sont si bien taillés, la lumière en est si vive, si brillante, projetée si loin dans toutes les directions utiles, que partout ils sont préférés.

L'un des agents chimiques les plus actifs, l'acide sulfurique, dont la consommation s'élève annuellement à plus de 20 millions de kilogrammes, pourra désormais se fabriquer au sein des habitations et se livrer à plus bas prix. Les vapeurs corrosives qui se dégagent au moment de sa formation seront absorbées complètement, et diminueront par leur emploi les frais de l'opération qui les aura produites : de nuisibles qu'elles étaient, elles vont donc devenir très utiles.

Ce n'est plus de Hollande que nous tirons la céruse nécessaire à notre consommation. Nos fabriques pourraient en exporter; et, ce qui est plus précieux encore, l'opération peut être pratiquée presque sans danger.

Quelques centièmes d'alun suffisent pour donner au plâtre la dureté de la pierre et le rendre propre à recevoir le poli du marbre.

Le tir à la carabine a acquis tout à la fois plus de justesse et plus de portée à moindre charge.

Il était à désirer que la pâte, sans perdre de sa qualité, pût être pétrie autrement qu'à bras d'hommes, et que la cuisson du pain, pour être égale, pût être faite toujours à une température déterminée. Les pétrins mécaniques perfectionnés et les fours aérothermes résolvent ce double problème.

De grandes améliorations ont été apportées à l'extraction et au raffinage du sucre.

La production de la soie est toujours l'objet des efforts les plus soutenus. Des mûriers sont plantés de toutes parts. Les magnaneries continuent à se perfectionner. Le dévidage des cocons, si important et beaucoup trop négligé jusqu'ici, s'exécute avec le plus grand succès dans quelques ateliers. Aussi la récolte de la soie ne s'élèvera-t-elle pas à moins de 160 millions de francs en 1844. Bientôt la France n'en tirera plus de l'étranger.

La filature du lin prend un développement qui promet les plus heureux résultats; elle n'a besoin que d'une sage protection pour atteindre un haut degré de prospérité. Dès à présent elle produit des fils de la plus belle et de la meilleure qualité.

Un grand pas a été fait dans l'art de la teinture : plus de vingt fabriques enlèvent à la garance les matières qui l'altèrent, et la livrent au commerce cinq fois plus riche en couleur qu'elle n'était d'abord. Sa puissance tinctoriale, révélée par l'analyse chimique, pourra devenir quarante fois plus grande encore.

La palette du peintre s'est enrichie de belles couleurs, qui joignent l'éclat à la pureté; elles donnent les teintes qu'on admire dans les tableaux des grands maîtres de la Renaissance. Plus de cinq ans d'épreuve semblent en constater la solidité.

L'agriculture a fait une véritable conquête dans le troupeau de Mauchamp. Les laines qui en proviennent possèdent des qualités précieuses qui les rapprochent de la laine de Cachemire, et leur permettent souvent de rivaliser avec elle.

Mais, Sire, de tous les arts, c'est celui de la construction des machines qui s'est élevé le plus haut par ses progrès, et qui, par son importance, mérite le plus de fixer tous les regards. Cette opinion sans doute ne saurait prévaloir tout d'abord. La magnificence de nos soiries, la finesse de nos tissus, la légèreté de nos châles, avec leurs vives couleurs et leur mille dessins, la limpidité et la taille de nos cristaux, la beauté de nos vitraux, l'élégance de nos meubles, la richesse de nos tapis, la perfection de nos dentelles, les belles formes de nos bronzes, nos vases d'or et d'argent, dont la ciselure rehausse encore le prix, nos bijoux, qui brillent de tout l'éclat des pierres précieuses, doivent émouvoir, séduire l'imagination et l'entraîner au delà du vrai. A la vue de tant de choses merveilleuses, on se croirait dans un palais enchanté ; l'œil ne cesse de regarder l'objet qu'il admire que pour se porter sur un autre qui lui semble plus admirable encore.

Mais, lorsqu'on quitte ces lieux éblouissants de magnificence et de richesses pour pénétrer dans la vaste enceinte qui renferme les machines, et qui n'offre presque partout que du fer, encore du fer, toujours du fer, l'illusion s'évanouit, la vérité se fait jour, et l'esprit éclairé est tout à coup saisi de la grandeur des effets que ces instruments muets, silencieux, pourraient produire, s'ils venaient à s'animer ou à se mouvoir. C'est que le fer est l'agent de la force; c'est que la puissance des nations pourrait se mesurer jusqu'à un certain point par la quantité de fer qu'elles consomment.

Dans cette enceinte si sévère et si bien ordonnée se trouvent :

Des outils qui permettent de forer le sol jusqu'à plus de 500 mètres de profondeur, et d'en faire sortir des eaux en jets puissants qui s'élancent dans les airs à une grande hauteur;

Des instruments de précision qui attestent l'habileté et la sagacité de nos artistes;

Des instruments aratoires qui proviennent de toutes les parties de la France, et qui prouvent que partout on fait des recherches agricoles dignes d'éloges;

Un marteau, du poids de 9,000 kilog., qui fonctionne avec la régularité d'une machine de précision, et dont les effets excitent l'étonnement;

Un métier propre à tisser deux châles à la fois qu'une ingénieuse machine sépare ensuite en coupant le fil qui les réunit;

Un barrage mobile dont les faciles manœuvres assurent en tout temps la navigation des rivières, même dans les eaux les plus basses;

Un sifflet flotteur qui signale le trop peu d'eau que contiendrait une chaudière à vapeur et les dangers qui en seraient la suite;

Une presse monétaire qui, mue par la vapeur, frappe et cordonne tout à la fois les monnaies d'une manière constante et précise;

Une machine qui allie les engrenages dans le bois et les métaux avec une perfecion qu'on ne saurait trop louer;

Une autre machine destinée à la construction des chaudières, et dont le travail est si parfait, que la main de l'homme ne pourrait l'égaler.

Vient ensuite un système complet d'outillage, sans lequel rien de parfait, rien de grand, ne saurait être fait dans les usines.

Ici, ce sont des tours de dimension variable; là, des machines à diviser; ailleurs, des machines à raboter; plus loin, des machines à buriner; plus loin encore, des machines à aleser, à percer, à faire des écrous, toutes d'une rare perfection, toutes utiles, toutes nécessaires, surtout pour la construction des grands mécanismes.

Enfin apparaissent ces moteurs de force diverse, d'une puissance quelquefois gigantesque, qui sont la merveille des temps modernes, moteurs que la France produit maintenant à l'égal de l'Angleterre, et dont la destinée sera peut-être un jour de changer la face du monde en opérant dans les mœurs publiques la révolution la plus grande et la plus heureuse.

N'est-il pas probable, en effet, que la rapidité avec laquelle les distances seront franchies établira entre les peuples des relations fréquentes, des liens de confraternité que resserreront encore les intérêts mieux compris? et n'est-il pas permis d'espérer que la guerre, qui n'est honorable qu'autant qu'elle a pour objet la défense de la patrie ou de l'honneur national, fera place à la paix qui devrait toujours régner, du moins entre les nations civilisées.

Telle est, Sire, l'esquisse rapide des principaux progrès qui font de l'exposition nouvelle la plus belle, la plus mémorable dont la France ait à se glorifier.

Aussi quel empressement, quelle foule pour la voir et l'admirer! C'était un spectacle extraordinaire, inouï, qui avait quelque chose de prophétique, que d'observer tant de citoyens français, étrangers, mêlés et confondus, dont les figures diverses, dont les traits mobiles, dont les attitudes variées peignaient tour à tour la surprise, l'étonnement, le plaisir, l'admiration, et que de les entendre ensuite, unis en un concert de louanges, exprimer à l'envi, dans leurs langues natales, tous les sentiments qui les animaient.

Nous sommes heureux, Sire, nous sommes fiers d'avoir cet éclatant hommage à rendre à l'industrie.

Placée si haut dans l'opinion publique, guidée par les sciences, avec lesquelles elle a fait une intime alliance, secondée plus que jamais par les sociétés savantes, surtout par la ociété d'Encouragement qui, depuis plus de quarante ans, rend de si éminents services aux arts (1), l'industrie, loin de descendre du rang élevé qu'elle a conquis, voudra grandir encore : déjà elle égale ou surpasse souvent les

(1) La Société d'Encouragement a toujours pour 150 à 160,000 fr. de prix au concours. Maintenant elle en a même 234,000 fr., qui doivent être décernés dans les années 1844, 1845, 1846 et 1847.

Lorsqu'un prix est remporté, il est ordinairement remplacé par un autre.

La société décerne en outre, tous les ans au mois de juin, des médailles d'encouragement aux inventeurs et à ceux qui perfectionnent les procédés. De 1839 à 1844, elle a décerné 21 médailles d'or, 21 médailles de platine, 48 médailles d'argent, 37 médailles de bronze.

Tous les 4 ans, elle décerne aussi à chaque contre-maître, à chaque ouvrier qui s'est distingué par sa moralité et par des services rendus à l'établissement où il travaille, une médaille de bronze à laquelle elle joint des livres pour une somme de 50 fr.

Enfin elle a créé des bourses qu'elle donne au concours à l'école d'agriculture de Grignon, aux écoles vétérinaire et à l'école centrale des arts et manufactures.

industries rivales; elle voudra désormais leur servir de modèle.

Mais, pour accomplir cette noble tâche, il ne faut pas seulement qu'elle continue son essor rapide; elle doit s'efforcer encore de reconquérir cette antique renommée de loyauté qu'elle avait jadis méritée, renommée si grande et si pure, que ses colis expédiés de France étaient toujours acceptés sans être ouverts.

Cette confiance si honorable n'est plus aujourd'hui ce qu'elle était autrefois. Les événements qui se sont succédé, trop souvent même des falsifications réelles, l'ont altérée profondément dans l'esprit des peuples. Nos relations commerciales en ont été troublées; elles en souffriront longtemps. Le soupçon s'éveille facilement et ne se détruit qu'avec peine. Mais rien ne doit être impossible quand il s'agit de l'honneur du nom français. Que les hommes honnêtes se liguent; et le triomphe de ceux qui manquent à la foi promise ne sera pas de longue durée; leurs coupables manœuvres seront bientôt déjouées.

Notre industrie, Sire, doit donc avoir foi dans le brillant avenir qu'elle s'est préparé. Depuis longtemps, elle est l'un des plus fermes appuis de la France; elle en deviendra bientôt l'une des principales gloires.

Vous-même, Sire, dans ces visites multipliées où votre présence et celle de votre auguste famille causaient des émotions si douces et provoquaient des acclamations si spontanées, vous même et, à votre exemple, S. A. R. le duc de Nemours, vous avez encouragé tous ses efforts, vous avez applaudi à tous ses succès, et, pour lui prouver en quelle haute estime vous la teniez, vous avez convié ses plus dignes représentants à une fête toute royale, dans ce palais si riche en souvenirs et tout plein encore de la grandeur de Louis XIV; c'est là, c'est dans ces lieux consacrés, aujourd'hui par vos soins à toutes les gloires nationales, que vous avez voulu recevoir tant d'honorables citoyens qui, dévoués tout entiers à l'avancement des arts utiles, ont acquis des droits sacrés à la reconnaissance publique; leur montrant, au milieu de ce musée, votre ouvrage, de ce monument unique dans les annales du monde, les noms, les effigies de leurs plus illustres devanciers, et proclamant ainsi qu'eux mêmes un jour par leurs services pourraient aspirer à cet insigne honneur.

C'est à vous, Sire, que l'industrie reconnaissante doit rendre hommage de tout ce qu'elle a fait d'utile, de durable, de grand. C'est vous qui l'avez sauvée des mauvais jours dont elle était menacée. La guerre lui eût été mortelle : vous avez su lui conserver la paix au milieu de tant d'orages qui devaient la troubler. Par vous, les factions ont été vaincues au dedans, nos institutions respectées au dehors. Depuis quatorze ans, vous régnez par les lois et par la sagesse. La divine Providence, qui a veillé sur vos jours tant de fois attaqués, nous les conservera longtemps encore. Vous vivrez avec une reine, modèle de toutes les vertus, que, dans sa bonté, le ciel vous a donnée pour adoucir et partager vos peines.

Vous formerez votre petit-fils pour le trône, comme vous aviez formé le prince que nous avons tant pleuré; nous lui porterons le même amour; il grandira sous l'égide tutélaire de sa mère bien-aimée, à l'ombre de la mémoire de son père à jamais révéré, et deux fois ainsi vous aurez sauvé la France qui, dans sa reconnaissance profonde, gardera l'éternel souvenir de votre règne et de vos bienfaits.

Le Roi a répondu :

Nul n'a joui plus que moi du magnifique spectacle que l'Industrie française vient de donner à la France et à l'Europe, par la brillante exposition de ses produits.

Vous savez avec quel soin, quel zèle, quel plaisir je me suis empressé d'en étudier tous les détails, et combien j'ai regretté que le temps m'ait manqué pour rendre mon examen encore plus complet. J'attendais avec impatience cette occasion de vous remercier des sentiments dont vous m'avez entouré dans mes nombreuses visites, et dont vous avez accueilli la reine, mes fils, mon petit-fils et tous les miens. Mon cœur en était pénétré, et c'est une nouvelle satisfaction pour ma famille et pour moi de vous témoigner à tous personnellement combien nous y sommes sensibles.

J'ai suivi avec beaucoup d'intérêt le brillant tableau que le président du jury vient de retracer des produits de notre Industrie Nationale. Je reconnais avec lui que l'exposition de 1844 a dépassé les autres et qu'elle a été la plus glorieuse de toutes. Cependant elle ne conservera ce titre que pour cinq ans : j'ai la ferme confiance que l'exposition de 1846 l'éclipsera comme celle-ci a éclipsé les expositions qui l'ont précédée. C'est, en effet, un besoin pour la France que son industrie suive une marche progressive : il faut que la rapidité de ses progrès égale la rapidité du temps, afin d'ajouter encore à cette prospérité, dont l'essor a procuré tant d'avantages à la France.

C'est par la paix, par la tranquillité intérieure que les arts peuvent fleurir, que l'industrie peut prospérer et que la France peut croître en richesse, en bonheur et en gloire, en cette gloire pacifique qui ne coûte de sacrifices, ni de larmes à personne; aussi mes efforts ont-ils eu constamment pour but de préserver mon pays du fléau de la guerre, car j'ai toujours eu pour principe qu'on ne doit se résoudre à la guerre que lorsqu'il y a nécessité de la faire pour défendre l'honneur, l'indépendance de la patrie et ses véritables intérêts; mais, lorsque cette nécessité impérieuse n'existe pas, il faut savoir résister à ces vaines illusions qui, sous de spécieuses apparences, entraînent trop souvent les Etats et les peuples dans l'incertaine et dangereuse carrière de la guerre, et les portent à sacrifier à des craintes ou à des espérances également chimériques les bienfaits réels de la paix; bienfaits qui sont pour le pays la meilleure garantie de la prospérité publique, comme ils sont pour les familles celle de leur repos et de leur bonheur intérieur.

(Ici le roi est interrompu par de vives acclamations.)

Sa Majesté poursuit :

Heureux de me trouver au milieu de vous, j'aime à vous redire combien je jouis de la confiance que vous n'avez cessé de me témoigner. Cette confiance n'est pas seulement un soutien pour moi dans la grande tâche que j'ai à remplir, elle est aussi, comme vous l'avez si bien dit tout à l'heure, un adoucissement à toutes les amertumes que j'ai dû supporter. S'il pouvait y avoir une véritable consolation pour les malheurs de famille qui m'ont accablé, je la trouverais dans le sentiment général dont vous venez de me renouveler l'expression d'une manière qui m'a vivement ému. Mais croyez que rien n'ébranlera mon entier dévouement à la France. Elle me trouvera toujours prêt, moi et tous les miens, à répondre à son appel et à consacrer nos jours et nos vies à la préserver des maux dont elle pourrait être menacée. Grâce à Dieu! nous avons traversé les temps de crises et d'alarmes, et nous n'avons qu'à remercier la Providence du repos et de la prospérité dont j'ai le bonheur de voir jouir la France.

Ces paroles du roi ont été accueillies avec enthousiasme aux cris répétés de *Vive le roi! vive la reine! vive la famille royale!*

Lorsque le silence a été rétabli, M. le ministre du commerce a procédé à l'appel des personnes désignées pour recevoir des récompenses; S. M. les leur remettait de sa main et se plaisait à adresser à chacun des paroles de bienveillance et d'encouragement.

A six heures, un banquet de 250 couverts a réuni dans la grande galerie du Louvre le roi et la famille royale, MM. les ministres du commerce de l'intérieur et des finances, plusieurs notabilités civiles et militaires, MM. les membres du jury et MM. les exposants qui avaient reçu des mains du roi la croix de la Légion-d'honneur ou des médailles d'or.

Au dessert, le roi s'est levé et a porté un toast en ces termes :

Honneur à l'exposition de 1844!
Prospérité à l'Industrie française!

Ces paroles ont été saluées des plus vives acclamations.

Les ministres du commerce et des finances ont à leur tour porté la santé du roi, et celles de la reine et de la famille royale, au milieu des applaudissements de toute l'assemblée.

Après le dîner, le roi, la reine et la famille royale sont rentrés aux Tuileries, suivis de tous les convives qui avaient été invités par LL. MM. à assister avec elles, des fenêtres du palais, au concert et au feu d'artifice.

Ainsi s'est terminée cette noble et touchante cérémonie, qui tiendra sa place dans les annales de l'Industrie Nationale, comme un de ses plus beaux jours de fête.

29 juillet. — FRANCE. Paris. — *Fête de Juillet. — Accidents.*

Le 14e anniversaire de la révolution de Juillet a été célébré par le peuple et par le roi. Le peuple, répandu dans notre immense ville, a pris part aux joies d'une fête. Le roi a distribué, dans son palais, les récompenses accordées à l'industrie à la suite de l'exposition de 1844.

A six heures du matin, des salves d'artillerie ont annoncé que la journée devait être consacrée aux réjouissances; les tribunaux, les administrations publiques, la Bourse, sont restés fermés.

La foule s'est portée d'abord vers les quais, d'où l'on pouvait espérer d'apercevoir la joûte; puis vers les Invalides et les Champs-Elysées, où s'achevaient les préparatifs des illuminations, et où étaient les jeux et spectacles accoutumés.

A huit heures, le concert des Tuileries a commencé. Les exécutants, au nombre de deux cents, étaient dirigés par MM. Landelle et Barizel, artistes de la musique du roi. L'orchestre a joué successivement : la *Marseillaise*; l'ouverture de la *Gazza*, de Rossini; le chœur de *Moïse*, de Rossini; l'air du *Déserteur*, de Monsigny; le pas redoublé de la *Donna del Lago*, de Rossini; une valse de Berr; l'ouverture du *Jeune Henri*, par Méhul; l'air de *Guido*, par Halévy, exécuté par Forestier; le chœur de *Robin des Bois*, par Weber; un galop militaire, de Mondeux.

Le roi a plusieurs fois donné le signal des applaudissements, qui retentissaient ensuite dans la foule.

Les musiciens étaient placés dans un pavillon construit avec beaucoup d'élégance, et entouré de lanternes et de girandoles qui, à la chute du jour, se sont éclairées de manière à former comme une corbeille de fleurs lumineuses. Une décoration analogue avait été placée autour du bassin central des Tuileries, et se composait d'un cercle d'arbres taillés en forme de sapins, dont les branches peintes portaient des grappes de fleurs et de fruits figurés par des globes et clochettes de toile colorée.

Cette illumination, dans le goût oriental, a été complétée et surpassée encore par l'illumination des galeries et des portiques figurés depuis la place de la Concorde jusqu'au Rond-Point.

L'avenue de l'Etoile offrait, au moment de l'illumination, un des plus magnifiques spectacles qu'on puisse imaginer. Depuis la place de la Concorde jusqu'au Rond-Point figurait un double portique d'architecture mauresque, coupé par des lustres. Sur la chaussée, la clarté était véritablement éblouissante. Dans les contre-allées, la circulation était plus libre, et les verres de couleur produisaient, à travers les arbres, un effet magique.

Du Rond-Point à l'Arc-de-l'Etoile s'étendait une double rangée d'obélisques également en verres de couleur. Sur toute la longueur de l'avenue régnaient deux murailles de feu au milieu desquelles ondulaient les flots d'une population innombrable. Le temps, qui avait été menaçant pendant la matinée, était devenu très-beau dans l'après-midi, et a permis à l'illumination de se déployer dans tout son éclat.

A neuf heures, une fusée, partie du pavillon de Flore, a annoncé le feu d'artifice à la foule nombreuse qui encombrait le jardin, les terrasses, le quais et les ponts autour du palais de la chambre des députés. Les principales pièces du feu, et surtout le bouquet, ont produit un effet admirable.

Tous les édifices publics, les hôtels des ambassades, et un grand nombre de maisons particulières étaient illuminés.

A la barrière du Trône, un feu d'artifice et divers spectacles et divertissements attiraient aussi un grand concours de promeneurs; mais c'était surtout aux Tuileries, à l'Esplanade des Invalides et aux Champs-Elysées que la foule était innombrable; on eût dit que la population de la France entière s'était donné rendez-vous dans la capitale. A minuit, les quais et les boulevards offraient encore l'aspect de la promenade la plus fréquentée.

Voici les faits, dans leur exactitude, sur le triste accident arrivé hier au soir. Cet accident n'a point eu pour cause, ainsi qu'on a pu le croire, la rencontre d'individus marchant en sens inverse, mais, au contraire, et uniquement, la pression occasionnée par la masse des curieux débouchant à la fois des Tuileries et des quais, et voulant pénétrer, avec un empressement toujours à regretter, dans l'avenue des Champs-Elysées, pour jouir du spectacle de l'illumination. C'est ce qu'atteste le dire de toutes les personnes blessées qui ont pu être interrogées.

Un certain nombre de personnes ont été renversées par la foule: elles ont été portées, soit dans les galeries de l'hôtel de la marine, soit à l'ambassade de Turquie; au bout de quelques instants ces personnes se sont remises et sont rentrées à leurs domiciles: les plus gravement atteintes ont été portées au corps de garde du pavillon Peyronnel, où elles ont été l'objet des soins les plus éclairés et les plus dévoués de la part des médecins de service de la garde municipale et de la préfecture de police, comme aussi d'un grand nombre de médecins accourus avec un zèle digne des plus grands éloges.

Le nombre de ces personnes est de quinze, parmi lesquelles neuf ont été, après des saignées et autres traitements nécessités par la circonstance, reconduites à leurs domiciles dans des voitures de place; une jeune fille de douze à treize ans n'a pu être rappelée à la vie; les cinq autres personnes ont été portées à l'hôpital Beaujon.

Sur ces cinq malades, un (le père de la jeune fille décédée) a succombé lui-même dans la nuit: trois autres donnaient ce matin l'espoir d'une prompte guérison; le cinquième était encore dans un état alarmant.

Du reste, jamais tant de précautions et de soins n'avaient été pris pour prévenir les accidents au milieu d'une aussi immense affluence.

25 août. — AFRIQUE. TUNIS. — *Fête de saint Louis.*

La fête de saint Louis a été célébrée le 25 de ce mois, dans la chapelle érigée par le roi à la mémoire de son auguste aïeul, sur l'ancienne colline de Byrsa. Les Français, pour qui cette cérémonie offrait l'intérêt particulier d'une solennité non moins nationale que religieuse, avaient répondu avec empressement à l'appel de M. de Lagau, consul général et chargé d'affaires de France. On remarquait parmi eux, outre les fonctionnaires attachés au consulat, les officiers supérieurs de notre armée, en mission auprès du bey pour l'instruction des troupes tunisiennes. Le nombre de nos compatriotes avait reçu, cette année, un notable accroissement du voisinage de l'escadre actuellement mouillée en rade de Tunis, sous le commandement de M. le contre-amiral Parseval des Chênes. Cet officier-général s'était rendu à Saint-Louis, accompagné des commandants de nos quatre vaisseaux, et de plus de soixante officiers de tout grade. La présence de ce brillant état-major a ajouté beaucoup à l'éclat de la fête; mais ce qui donnait un caractère plus imposant et vraiment remarquable à cette solennité, c'est que l'office divin a été célébré par M. l'évêque de Rosalia (*in partibus*), supérieur de la mission apostolique de Tunis, ci-devant vicaire-général, et récemment promu à la dignité épiscopale, en suite des recommandations du gouvernement français auprès de la Cour de Rome. Le bref qui confère au père da Ferrara le titre d'évêque était arrivé peu de jours auparavant, et venait d'être remis au nouveau prélat par M. de Lagau.

C'était un spectacle à la fois touchant et auguste que cette assemblée de chrétiens, de Français réunis en pays mahométan pour assister à une messe chantée au bruit du canon et au son d'une musique guerrière, en l'honneur d'un de nos plus illustres rois par le premier évêque qui ait été vu à Carthage depuis une longue suite de siècles. Quel sujet de méditations! Il y a quinze ans à peine, la côte d'Afrique, encore inhospitalière et barbare, épouvantait les navigateurs européens; et aujourd'hui, sans parler des merveilles de l'Algérie, devenue province française, nous voyons un vénérable prélat exercer paisiblement son ministère sacré, comme en pleine chrétienté, sous le dôme d'une chapelle, formée peut-être des débris de la basilique de saint Cyprien, élevée par une main royale sur les ruines de l'antique Carthage, au lieu même où expira, pour la défense de la religion, le grand et saint monarque, dont la piété et le patriotisme des assistants solennisaient la mémoire au jour consacré par l'Eglise.

Plusieurs consuls, représentants des Etats catholiques et amis de la France, s'étaient fait un devoir de venir aussi déposer leurs hommages au pied de la statue de saint Louis. Malgré l'ardeur d'un soleil d'Afrique et une distance considérable à parcourir, quelques dames avaient voulu partager les fatigues ainsi que le mérite du pèlerinage; elles tempéraient, par la grâce de leur maintien, le caractère un peu sévère de la fête; on distinguait, dans le nombre, Mmes de Lagau, Parseval des Chênes, Lavelaine de Maubeuge, Rousseau et de Montès. L'hospitalité toujours si libérale de notre consul-général, n'a fait défaut à aucune des personnes qui composaient cette nombreuse assemblée.

12 septembre. — ANGLETERRE.

Londres. — *Voyage du roi des Français.*

Les nouvelles que nous recevons aujourd'hui de Windsor sont du plus vif intérêt et d'une importance politique que personne ne méconnaîtra. Nous avons vu le roi des Français, depuis son arrivée à la résidence de la reine de la Grande-Bretagne, l'objet d'une hospitalité magnifique, de témoignages continuels du plus affectueux respect et d'attentions vraiment royales, où la délicatesse et la grâce d'une femme le disputent à la dignité et à la noblesse de la souveraine d'un grands pays. La reine d'Angleterre a déployé pour le roi Louis-Philippe toutes les pompes et toutes les magnificences de sa cour; elle l'a investi des honneurs les plus enviés par les monarques étrangers. Le peuple anglais a voulu, à son tour, s'identifier d'une manière aussi expressive et aussi éclatante avec les sentiments de sa souveraine; et les représentants de la métropole, les organes des classes les plus éclairées, les plus intelligentes et les plus puissantes de la nation, sont venus à Windsor offrir au roi des Français l'hommage du respect universel dont l'entourent tous les amis de la civilisation et du véritable progrès. La démarche de la corporation de la Cité de Londres est un fait dont on ne peut méconnaître l'importance; elle est sans exemple et sans précédents. C'est la première fois que les représentants de la métropole de l'Angleterre sortent de l'enceinte de leur ville pour présenter leurs hommages à un souverain étranger. Plus d'une fois les grands bourgeois de Londres ont donné aux rois de l'Europe une hospitalité royale dans leur Guidhall, mais jamais ils n'avaient rendu à aucun prince l'hommage qu'ils ont voulu porter au représentant auguste et vénéré de notre pays. La France assurément, la France libérale, éclairée et émancipée, verra avec orgueil les témoignages de respect dont les citoyens les plus libres du monde entourent son souverain, et elle répondra avec une profonde sympathie aux sentiments si affectueux et si nobles que la corporation de Londres a exprimés pour le peuple français comme pour le roi.

On nous écrit de Windsor, le 12 :

Aujourd'hui, à trois heures, a eu lieu une réception qui a toute la valeur d'un événement politique. La corporation de la riche Cité de Londres s'est présentée aux portes de Windsor pour offrir ses hommages au roi des Français. Le cortége était magnifique : il y avait dix-huit voitures; trois étaient d'une magnificence vraiment royale : celle du lord-maire et celles des shériffs. Les grandes robes rouges des conseillers, les livrées splendides des équipages, le riche costume des officiers de la corporation, dont l'un portait l'épée et l'autre la masse, produisaient un ad mirable effet. Une foule immense que le chemin de fer avait jetée à Windsor se pressait aux portes du château, partout où il y avait moyen d'apercevoir le cortége.

La députation se composait de : le *lord-maire*, M. Magnay, les *shériffs*, l'*archiviste de la Cité* (*City remembrancer*), M. Charles Law, frère de lord Ellenborough ; les *greffiers* (*recorders*), le *clerc de la ville* (*town clerk*), le *chambellan*, l'*avoué de la Cité* (*City solicitor*), neuf *aldermen* et vingt-huit *conseillers municipaux*, en tout quarante-cinq personnes.

En attendant que le roi pût la recevoir, la députation a pris place à un banquet somptueux qui avait été préparé pour elle dans la salle des écuyers de la reine.

A trois heures et demie, la députation a été admise en présence du roi, qui était entouré de ses deux ministres, M. Guizot et M. l'amiral de Mackau, de M. le comte de Sainte-Aulaire, son ambassadeur, de ses aides de camp et de toutes les personnes de sa suite en grand uniforme.

Le *City remembrancer*, après avoir fait un profond salut, s'est approché de S. M. et a lu avec une voix forte l'adresse suivante :

A S. M. Louis-Philippe, roi des Français,

L'adresse du lord-maire, des aldermen et des communes de la Cité de Londres, assemblés en conseil commun,

Plaise à Votre Majesté,

Nous, le lord-maire, les *aldermen* et les communes de la Cité de Londres, assemblés en conseil commun, nous approchons de V. M. pour lui offrir nos sincères félicitations à l'occasion de l'heureuse visite de V. M. à notre bien-aimée et gracieuse souveraine la reine Victoria.

Profondément intéressés dans tout événement qui est de nature à influencer le bien-être de l'Europe et de l'humanité, nous saluons avec une satisfaction particulière la présence de V. M. dans ce pays comme un indice sûr et certain du mutuel bon vouloir et des sentiments réciproques de respect et de confiance qui subsistent entre deux puissantes nations, capables, par leur heureuse union et leurs efforts combinés sous la divine Providence, de préserver le bienfait de la paix aux nations de la terre.

Nous désirons nous faire les organes auprès de V. M. de ces sentiments que nous portons à la nation brave et éclairée sur laquelle vous régnez, et nous espérons ardemment que la précieuse vie de V. M. sera longtemps conservée à votre pays, pour que vous continuiez à développer ses meilleurs intérêts et avec eux le bonheur général de l'humanité.

Sire, vous visitez des lieux où le bonheur domestique le plus complet se trouve associé avec les plus hautes fonctions de la souveraineté, pour retourner, après un court espace de temps, dans le sein d'une famille illustre et unie, pour y répandre les bienfaits du gouvernement paternel et pour y communiquer et y ressentir les jouissances inappréciables de la vie de famille. Nos vœux les plus sincères y suivront V. M.

Le roi a répondu :

« Mylord mayor, aldermen and » commons of the City of » London,

» I receive with heartfelt satisfaction » the adress of congratulation which » you have just presented to me by the » gracious authorisation of your beloved » Sovereign. In coming to offer to the » Queen of these realms a proof of the » sincere and unalterable friendship I » bear to Her Majesty, I am happy to » find that the City of London, that » illustrious City, who holds so promi» nent a place in the world and who » represents interests of such magni» tude, are coming to this royal resi» dence, to manifest to me sentiments » so perfectly congenial to my own » feelings and to the sense I entertain » of my duties towards my country, » Europe and mankind.

» I am convinced, as you are, that » peace and friendly relations between » France and England are for two na» tions, made to esteem and honour

» each other, a source of innumerable » and equal advantages. The preservation of that good understanding is at » the same time a pledge of peace to » the whole world, and secures the » tranquil and regular progress of civilisation for the benefit of all nations. » I considerer my cooperation in this » holy work, under the protection of » divine Providence, as the mission » and the honour of my reign. Such » has been the aim and object of all my » efforts, and I trust that the Almighty » will crown them with success.

» I thank you in the name of France » and in my own for this manifestation » of your sentiments. They will be » fully appreciated in my country, coupled as they are with the many tokens » of friendship I have received from » your gracious Sovereign.

» I thank you most cordially for your » kind feelings towards myself and my » family. The impression produced » upon me by the presentation of your » adress will never be effaced from my » heart. »

« Mylord maire, aldermen et communes de la Cité de Londres,

» Je reçois avec une satisfaction vivement sentie l'adresse de félicitations que vous venez de me présenter avec la gracieuse autorisation de votre bien-aimée souveraine. En venant offrir à la reine de ces royaumes une preuve de la sincère et inaltérable amitié que je lui porte, je suis heureux de voir que la Cité de Londres, qui tient une place si proéminente dans le monde, et qui représente des intérêts d'une telle grandeur, vienne dans cette royale résidence pour me manifester des sentiments si conformes aux miens et à la conscience que j'ai de mes devoirs envers mon pays, l'Europe et l'humanité.

» Je suis convaincu, comme vous l'êtes, que la paix et les relations amicales entre la France et l'Angleterre sont, pour deux nations faites pour s'estimer et s'honorer mutuellement, une source d'avantages égaux et innombrables. Le maintien de ce bon accord est en même temps un gage de paix pour le monde entier, et assure le progrès tranquille et régulier de la civilisation pour le bien de toutes les nations. Je considère ma coopération dans cette sainte œuvre, sous la protection de la divine Providence, comme la mission et l'honneur de mon règne. Tel a été le but et l'objet de tous mes efforts, et j'espère que le Tout-Puissant les couronnera du succès.

» Je vous remercie au nom de la France et au mien de cette manifestation de vos sentiments. Ils seront pleinement appréciés dans mon pays, associés qu'ils sont avec les nombreuses marques d'amitié que j'ai reçues de votre gracieuse souveraine.

» Je vous remercie très-cordialement de vos sentiments à mon égard et à l'égard de ma famille. L'impression produite sur moi par la présentation de votre adresse ne s'effacera jamais de mon cœur.»

Il serait difficile de décrire l'impression produite par cette réponse du roi : l'effet en a été prodigieux. Le lord-maire et les conseillers municipaux paraissaient ravis, et donnaient des témoignages de la plus vive satisfaction. Le roi s'est ensuite entretenu successivement avec presque tous les membres de la députation. Après qu'il se fut retiré, l'assemblée est restée quelque temps encore dans le salon de Rubens. Des conversations se sont engagées entre les ministres et les officiers du roi et les représentants de la Cité.

A quatre heures, LL. MM. ont quitté le château pour se rendre à Eton. L'autre soir, le roi, après s'être fait présenter le prévôt de ce célèbre collége, lui avait promis une visite, et il a voulu tenir parole. Les voitures de la cour, au nombre de six, étaient des calèches découvertes, à quatre chevaux. Les officiers des deux souverains accompagnaient à cheval. Il y avait une affluence prodigieuse à toutes les avenues du château, et la foule témoignait de sa joie par des hurrahs et des cris prolongés de *Vive le roi!*

Le collège d'Eton, l'un des plus anciens de l'Angleterre, et qui équivaut à un de nos collèges royaux, est voisin du palais de Windsor. Construit non loin de la Tamise et sur l'ancienne route qui conduisait de Windsor à Londres, ses vieilles murailles sont assises à mi-côte de la colline, au haut de laquelle ont été construites les tourelles effilées de la résidence royale. Cette visite n'a donc été pour LL. MM. et les personnages qui les accompagnaient qu'une courte et agréable promenade, car Eton touche au parc du château.

LL. MM. ont été reçues par l'honorable doyen, qui leur a fait les honneurs de son collége, célèbre entre tous ceux de la Grande-Bretagne, tant à cause de la jeunesse d'élite qui vient y faire ses études que par rapport à certains priviléges et à certaines immunités qui sont accordés à ses élèves à l'époque de leurs examens.

C'est au collége d'Eton que presque tous les jeunes gens appartenant aux familles opulentes de l'Angleterre viennent puiser leur instruction. C'est dans ce même collége qu'on reçoit gratuitement les enfants des familles nobles, mais peu fortunées.

Pour parer aux frais que nécessite l'entretien des enfants pauvres, un usage assez singulier a été introduit. A une certaine époque, tous les élèves du collége prennent une besace et vont sur les routes voisines quêter aux passants, qui toujours répondent gracieusement et généreusement à leurs prières, des secours destinés à subvenir aux dépenses du collége. Chaque année, dit-on, des sommes considérables sont ainsi recueillies à l'aide de cette coutume touchante.

Au grand banquet donné hier dans la salle Saint-George, le roi portait l'uniforme de lieutenant-général, et, pour la première fois, les insignes de la Jarretière, avec le cordon bleu. M. le duc de Montpensier était en uniforme de capitaine d'artillerie, avec le simple ruban de chevalier de la Légion-d'Honneur.

La reine portait une robe de moire noire, avec les insignes de la Jarretière, et une couronne de roses blanches sur la tête.

Le prince Albert était en uniforme de feld-maréchal, avec tous ses ordres, au milieu desquels on remarquait la grand'croix de la Légion-d'Honneur. Le duc de Cambridge portait l'uniforme de feld-maréchal. Le prince de Mecklembourg-Strelitz, celui de colonel de lanciers. Le duc de Devonshire, un des chevaliers de la Jarretière, se faisait remarquer par la magnificence de son costume et l'éclat de ses diamans. On sait encore que la décoration de la Jarretière peut être portée aussi riche qu'on le veut. C'est une affaire de goût ou de fortune.

Avant le dîner, la reine est entrée dans le salon d'attente, conduisant par la main la princesse royale, et la duchesse de Kent conduisant le prince de Galles. Le roi a embrassé avec effusion ces charmants enfants, qui ont répondu gracieusement aux caresses de S. M.

LL. MM. se sont retirées à dix heures du soir. La reine donne encore, à cette occasion, une nouvelle preuve de ses gracieuses et touchantes attentions. Dans la crainte que le changement d'habitudes ne fatiguât le roi, la reine, depuis l'arrivée de son hôte illustre, a fait avancer d'une heure et demie l'heure du dîner, ainsi que le moment de se retirer dans la soirée.

20 octobre. — ALLEMAGNE. WEIMAR. — *Inauguration de la statue de Goëthe.*

La cérémonie de l'inauguration de la statue de Goëthe a réuni dans notre ville un grand nombre d'étrangers. Une circonstance qui a considérablement rehaussé l'éclat de cette fête, c'est la présence de l'ami intime de Goëthe, M. le chancelier de Muller, qui est arrivé à Weimar pour assister à cette solennité. Hier, on a représenté au théâtre *Gœtz di Berlichingen*, qu'il a écrit ici dans sa jeunesse. Ce matin tous les regards étaient jetés sur une table de marbre qui orne actuellement la maison où naquit l'immortel poète, et sur laquelle est tracé en lettres d'or : « Le 28 août 1749 est né dans cette maison Jean Volfgang Goëthe. » Vers onze heures, un cortége immense s'est dirigé, un corps de musique en tête, vers la tribune construite pour cette cérémonie. Les rues par où il devait passer étaient remplies d'une affluence considérable de monde; les fenêtres et les toits des maisons étaient encombrées de spectateurs qui regardaient. Dans l'enceinte qui entourait le monument et qui était décorée de drapeaux, de guirlandes, de fleurs, étaient réunis MM. les bourgmestres et le sénat de la ville, le corps diplomatique et un grand nombre de dames. Le cortège, arrivé prèr du monument. exécuta une belle cantate, et dès ce moment commencèrent les cérémonies de l'inauguration. La toile qui couvrait la statue étant tombée au bruit d'unanimes acclamations, on a vu avec ravissement la belle création de Schwanthaler, la statue colossale d'un poète dont les chefs-d'œuvre honorent non-seulement la littérature de l'Allemagne, mais l'Europe et notre époque tout entière.

15 décembre. — BELGIQUE. Bruxelles. — *Académie royale des sciences et belles-lettres de Bruxelles. — Séance publique annuelle du 15 décembre.*

A une heure précise, les membres de l'Académie ont pris place sur l'estrade qui leur était réservée. M. de Gerlache présidait la séance; il avait à sa droite M. de Stassart, vice-président, et à sa gauche M. Quetelet, secrétaire perpétuel. L'assemblée était assez nombreuse.

M. Quetelet a pris le premier la parole pour lire un compte-rendu des travaux de l'Académie depuis sa dernière réunion publique, et aussi pour payer un tribut de regret à la mémoire des membres effectifs et membres correspondants qui ont cessé de vivre cette année. M. Quetelet a cité parmi les membres correspondants enlevés à la science, M. Geoffroy-Saint-Hilaire, qui appartenait à la section des sciences naturelles de l'Académie des sciences de Paris, et qui, sur certaines questions d'anatomie, fut souvent le contradicteur redoutable de Cuvier.

M. de Reiffenberg a lu un discours ayant pour titre : *Une existence de grand seigneur au seizième siècle.*

M. Baron a lu un chapitre d'un livre auquel il travaille, et dans lequel il traite de l'invention en littérature.

M. de Bonald a dit : « L'éducation doit se terminer par la pensée. » M. Baron a soutenu, avec beaucoup d'art et beaucoup de logique, la thèse contraire, c'est-à-dire que la pensée est une base de l'instruction, et qu'il convient d'habituer de bonne heure les enfants à inventer. Le chapitre de M. Baron est un bon travail qui fait concevoir une excellente idée de l'ouvrage auquel il appartient.

M. Quetelet a donné lecture, enfin, des résultats des concours ouverts par l'Académie.

La classe des lettres avait proposé huit questions. Une seule médaille d'o a été décernée.

Voici la question qui a donné lieu au mémoire auquel la médaille a ét accordée : « La famille des Berthou a joué, dans nos annales, un rôle im portant. On demande quels ont ét l'origine de cette maison, les progrè de sa puissance, et l'influence qu'elle exercée sur les affaires du pays. »

C'est M. le chevalier Félix Vanden brade de Recth, conseiller communa à Malines, qui a obtenu la médaille. I est venu la recevoir des mains de M le président.

La classe des sciences avait propos sept questions. Une seule médaill d'or a été décernée, c'est au mémoir qui a traité la question suivante « Éclaircir par des observations nou velles le phénomène de la circulatio chez les insectes, en recherchant si l'o peut la reconnaître dans les larves de différents ordres de ces animaux. »

La médaille a été décernée à M Verloren, d'Utrecht, qui, présent à l séance, l'a reçue aussi des mains d M. le président.

Une médaille d'encouragement, e argent, a été accordée à M. Simonis professeur à l'Athénée royal de Gand pour un mémoire sur cette ques tion : « Etendre aux surfaces l théorie des points singuliers des cour bes. »

Le mémoire n'a pas paru mérite le prix; mais il a été jugé digne d'un récompense. La question reste au con cours.

La séance a été levée à deux heure et demie.

STATISTIQUES DIVERSES.

DÉVELOPPEMENT DE LA COLONISATION EN ALGÉRIE.

L'abondance des *Documents historiques* nous force de reporter ces deux articles à l'*Annuaire* de 1845.

CHRONIQUE DES SCIENCES, DES LETTRES ET DES ARTS.

SCIENCE ET INDUSTRIE.

Astronomie. — Notre système planétaire s'est enrichi d'une nouvelle comète à courte période, dont la découverte est due à un jeune astronome de l'Observatoire de Paris, M. Faye. La courbe dans laquelle se meut cet astre est une oblique elliptique et non une parabole. En voici les éléments d'après les derniers calculs de M. Faye :

Époque de la longitude moyenne, 1er janvier 1844 (midi moyen de Paris, équin. moyen), 60° 27′ 46″.

Moyen mouvement diurne, 490″, 7991.

Longitude du périhélie, 50° 19′ 4″.

Demi-grand axe, 3,738826.

Longitude du nœud ascendant, 209° 13′ 31″.

Inclinaison, 11° 16′ 50″.

Sens du mouvement, direct.

La durée d'une révolution de l'astre est 7 ans 2/10e. La distance du centre de l'ellipse au soleil est environ 2,0479, la plus courte distance de la comète au soleil est 1,6909, l'unité étant la distance moyenne de la terre au soleil.

Cette orbite a été calculée sur les observations des 24 novembre 1843, 13 décembre 1843 et 12 janvier 1844, corrigées de l'aberration et de la parallaxe. Elle les représente à 0″ 5 près. Les observations extrêmes comprennent des intervalles de près de 49 jours. Ce sont à la fois les plus distantes et les plus sûres; elles ont été faites à l'Observatoire de Paris, la première par M. Laugier, la seconde par M. Mauvais. L'observation intermédiaire, sur laquelle on peut également compter, a été faite à l'Observatoire d'Altona, dirigé par M. Schumacher. L'arc parcouru par la comète est de plus de 24° (vu du soleil).

Mécanique. — M. Hallette a imaginé un moyen de fermeture pour le tube pneumatique qui forme la pièce principale du système de chemins de fer communément désignés sous le nom de *chemins atmosphériques*.

Dans le système de MM. Clegg et

Samuda, cette fermeture, comme chacun le sait, s'opère au moyen d'une longue bande de cuir armée de courtes languettes de fer, libre par un de ses côtés et fixée par l'autre au bord de la fente longitudinale qui donne passage à la tige par laquelle le piston est uni au premier wagon du convoi. Soulevée un instant par un galet interne pour le passage de cette tige, la bande retombe aussitôt ; un galet, dont le mouvement est lié à celui du piston, la presse aussitôt après contre l'ouverture, et une substance onctueuse contribue encore à rendre l'adhésion plus complète. Mais, outre que le corps onctueux paraît s'altérer assez promptement au contact de l'air, la lanière de cuir doit peu à peu perdre de sa souplesse, et tendre, dans quelques points, à se soulever un peu après le passage du galet compresseur ; il était donc à désirer que l'obturation de la fissure longitudinale, au lieu d'être due à l'action d'un effort passager, résultât d'une action constante exercée sur chaque point de la fissure. C'est ce but que M. Hallette paraît avoir atteint en profitant de l'élasticité de l'air.

A cet effet, il a disposé, au-dessus du tube pneumatique et faisant corps avec lui, deux demi-cylindres longitudinaux, où, pour mieux dire, deux gouttières placées de champ, qui se regardent par leur concavité. Chacune de ces gouttières loge un boyau en tissu souple et parfaitement étanché, pour l'air comme pour l'eau. Lorsque les deux boyaux remplis d'air sont suffisamment gonflés, ils se touchent l'un l'autre dans une partie de leur surface, agissent comme les lèvres de la bouche de l'homme, et interceptent ainsi complètement la communication entre l'intérieur du tube pneumatique et l'air extérieur. Le piston vient-il à se mouvoir, la tige qui l'unit aux wagons se glisse entre les deux tuyaux, qui se rejoignent immédiatement après son passage. Cette tige, dont la section horizontale est celle d'un ménisque, et qui pénètre ainsi à la manière d'un coin entre les deux boyaux, n'exerce pas sur eux un frottement bien considérable. Cependant, pour assurer leur durée, M. Hallette a jugé convenable de les garnir de cuir dans la partie par laquelle ils se touchent.

M. Hallette fait remarquer tout le parti qu'on pourrait tirer, pour la navigation intérieure, de la propulsion atmosphérique perfectionnée par lui. En développant l'idée de M. Hallette, M. Arago fait remarquer qu'un système de tubes pneumatiques, fixés le long des murs de quai de la Seine, coûterait beaucoup moins à établir qu'un chemin de hallage, et que l'emploi de la vapeur, pour faire remonter les bateaux, aurait à plusieurs égards, sur l'emploi des chevaux, des avantages marqués.

— M. Selligue a présenté à l'Académie un appareil physico-mécanique, destiné à remplacer, sur les vaisseaux, les machines à vapeur. Nous extrayons d'une lettre adressée par l'auteur à M. Arago les renseignements suivants, qui donneront une idée générale de cet appareil.

M. Selligue emploie, comme force motrice, l'expansion produite dans un mélange gazeux par inflammation. Il forme ce mélange d'air atmosphérique et de vapeur d'eau, d'une part, de l'autre des gaz carburés, provenant de la décomposition de l'eau par le charbon chauffé au rouge. La combustion des gaz inflammables augmente brusquement la tension et développe une force qui, agissant directement sur l'eau, devient le moyen de propulsion du navire.

Voici maintenant les dispositions de l'appareil très-simple qui reçoit et transmet l'action du moteur :

Je place à l'arrière du vaisseau, dit M. Selligue, et le plus bas possible au-dessous de la flottaison, deux ou quatre récipients d'explosion, en métal ductile, récipients que je désigne, à cause de leur forme, sous le nom d'*éprouvettes métalliques*, et qui ont, je suppose, 7 m. de longueur sur 1 m. de diamètre. Chacune de ces éprouvettes est courbée presque à angle droit, à la distance de 2 m. 50 c. de la partie supérieure qui est fermée : ainsi l'autre partie du tube a 4 m. 50 c., qui se trouvent placés presque horonzitalement, et ce bout de l'éprouvette est ouvert.

Je fixe, avec des collets, qui tiennent aux bouts ouverts de cette éprouvette, et avec d'autres armatures nécessaires, l'éprouvette elle-même à la muraille et aux planchers du vaisseau, de manière que le bout fermé soit à la hauteur de la flottaison.

A la partie supérieure de chaque éprouvette, il y a trois robinets : l'un s'ouvre après une première explosion pour laisser remonter l'eau qui reprend son niveau, et chasse l'azote qui restait après l'explosion ; l'autre sert à introduire le gaz et l'air dans l'éprouvette et se ferme de suite ; le troisième est combiné de manière à faire effectuer la détonation. A cet effet, il y a une flamme de gaz qui brûle par un petit orifice ménagé au centre de la clef du dernier robinet, et une autre flamme, placée sur le robinet, laquelle brûle constamment et rallume la première flamme, qui s'éteint à chaque explosion.

Il y a ensuite, dans le tube inférieur de l'éprouvette, une espèce de piston-rame, articulé de manière à laisser passer au travers l'eau, qui vient reprendre son niveau après l'explosion ; les lames qui composent ce piston se placent horizontalement et ne présentent que leur épaisseur comme résistance au retour de l'eau, et, quand l'explosion a eu lieu, présentent alors toute leur surface.

Au moyen d'une tige qui a un mouvement de va-et-vient, je fais faire les fonctions en temps utile et marcher deux pompes de grandeur et de capacité convenables, qui aspirent dans un sens et foulent ensuite l'air et le gaz dans l'éprouvette.

Optique. — Au mois de janvier 1840, M. Bontemps présenta à l'Académie, sur la fabrication du flint-glass et du crown-glass, un mémoire dans lequel il annonçait avoir levé toutes les difficultés de cette fabrication, et être en mesure de fournir aux opticiens des disques de flint-glass et de crown-glass de 0 m. 40, 50 et même 60 c. de diamètre.

Depuis quatre ans cette fabrication n'est pas restée stationnaire entre les mains de l'habile verrier ; toutes ses opérations, dit-il, aujourd'hui ont pris un degré de certitude et de régularité qui ne laisse plus de doute sur le succès d'une fonte de flint-glass ou de crown-glass. Les vingt-deux fontes qu'il a faites en 1843 ont toutes réussi et ont produit 4.000 kil. de flint-glass et de crown-glass qu'il a livrés aux opticiens. Les demandes qui lui sont faites pour la France, l'Angleterre et l'Allemagne, et auxquelles il était loin de pouvoir suffire avec un four, l'ont déterminé à établir un four de plus pour cette fabrication, et porteront à 8,000 kil. environ le produit de l'année 1844.

Pour donner à l'Académie un spécimen des produits de sa fabrication, M. Bontemps lui présente :

Un disque de flint-glass de 0 m. 38 c. de diamètre ;

Trois disques de crown-glass de 0 m. 38 c. de diamètre ;

Un disque de flint-glass de 0 m. 41 c. de diamètre ;

Un disque de flint-glass de 0 m. 50 c. de diamètre.

L'habile fabricant annonce avoir préparé d'autres disques de flint-glass et de crown-glass de 0 m. 55 c. de diamètre, dont il a pu apprécier la limpidité avant de les ramollir, mais qui ne sont pas encore polis.

Sciences mathématiques. — M. Lamé a fait connaître un théorème d'arithmétique dont voici l'énoncé : « Le nombre des divisions à effectuer, pour trouver le plus grand commun diviseur entre deux nombres entiers, est toujours moindre que cinq fois le nombre des chiffres du plus petit. »

La démonstration que M. Lamé a donnée de ce théorème est assez simple et peut entrer dans les éléments.

Physiologie animale. — M. Flourens a fait à l'Académie une nouvelle communication sur le *développement des os*. D'après ce savant, le périoste ou la membrane fibreuse enveloppant les os est l'agent tout spécial de leur reproduction. L'os ne croît en grosseur que par la superposition de couches extérieures ; le canal médullaire ne s'agrandit que par la résorption des couches concentriques ou intérieures. A l'appui de cette théorie, M. Flourens présente une série de pièces anatomiques qui, suivant lui, mettent en évidence les principes qu'il veut établir.

L'expérimentateur a retranché, sur plusieurs chiens, une portion de côte, en n'enlevant que l'os proprement dit et en laissant le périoste. Le noyau osseux de nouvelle formation a commencé à paraître au milieu même de la portion de périoste isolée. Avec le temps (et le fait est traduit par diverses pièces anatomiques), le noyau s'est développé, et il a fini par combler l'intervalle qui séparait les deux parties de l'os artificiellement séparées.

D'un autre côté, pour montrer que l'os croît en grosseur par un dépôt successif de couches à l'extérieur, et que le canal médullaire s'agrandit par résorption des couches les plus internes, M. Flourens a entouré l'os, au-dessous du périoste, d'un anneau en fil de platine, et il a vu ce fil se recouvrir de matière calcaire d'autant plus épaisse que l'expérience était plus ancienne. Au bout d'un certain temps, l'anneau d'abord extérieur devenait intérieur, c'est-à-dire qu'il passait tout entier dans le canal médullaire; preuve, dit l'auteur, que, coïncidemment avec le travail de développement extérieur, il y a un travail de résorption intérieure qui entretient ou plutôt qui constitue ce mouvement de composition et de décomposition qui est le propre de toutes les actions vitales.

Alimentation. — L'envoi à l'Académie des sciences d'un rapport de l'Institut des Pays-Bas, sur les qualités nutritives de la gélatine, a appelé de nouveau l'attention de l'Académie sur cette question importante. Les expériences des savants hollandais sont tout à fait défavorables à l'usage de la gélatine comme substance alimentaire. Il résulte de ces expériences que la gélatine seule est un aliment insuffisant; qu'unie à d'autres aliments, elle n'augmente pas leur qualité nutritive, et qu'elle peut même, si elle est en certaine quantité, faire naître un dégoût insurmontable. M. Darcet, qui a bien assez de titres scientifiques pour renoncer à la prétention d'avoir utilement propagé l'usage de la gélatine, en a malheureusement fait une question toute personnelle; sa réclamation, à propos de l'envoi de l'Institut des Pays-Bas, a rappelé à tout le monde que l'Académie est depuis douze ans en possession de cette question, que la commission a dû faire et a fait en effet de nombreuses expériences, et que le public et l'administration ont besoin de connaître enfin l'opinion de l'Académie, car plusieurs établissements de bienfaisance de la France et de l'étranger continuent, sous l'empire de ce silence, à soumettre les pauvres à un régime que beaucoup de savants regardent comme n'étant pas suffisamment réparateur.

M. Magendie, en donnant sa démission de membre de la commission, a fait connaître très-franchement le motif qui depuis trop longtemps empêche cette commission de se prononcer : c'est la présence dans son sein de M. Darcet, qui a une opinion en quelque sorte intéressée dans la question, et que l'on craint de blesser par une contradiction trop directe. M. Magendie veut se retirer de la commission, afin de s'affranchir de cette contrainte et de pouvoir discuter librement une question qui lui paraît désormais jugée par de nombreuses expériences. La gélatine n'est point pour lui un aliment, c'est une substance chimique. Un chien meurt de faim auprès de la gélatine. Des personnes qui ont eu le courage de s'en nourrir pendant quelque temps ont été obligées d'y renoncer très-promptement; enfin, par son mélange, elle gâte les meilleurs aliments et les rend insupportables. L'Académie n'a point voulu accepter la démission de M. Magendie, et M. Serres a annoncé que la commission venait de commencer de nouvelles expériences sur l'influence du régime à la gélatine dans l'espèce humaine. Espérons que ces expériences seront bientôt suivies d'une solution définitive. C'est là, ainsi que nous l'avons vu, une question d'humanité, et qui doit être au-dessus de toutes les considérations personnelles.

LETTRES.

Des lettres, nous n'avons malheureusement que peu de mots à dire. Ce n'est pas au moment où l'exaspération de la production quotidienne est portée à son comble, où le principal mérite paraît être, dans certaines régions de la littérature, de faire plus, sinon mieux que tout autre, ce n'est pas à un pareil moment qu'on peut sérieusement étudier le mouvement littéraire de la France. Laissons donc cette fièvre se calmer et attendons de meilleurs jours. Est-il besoin de dire encore que M. Dumas, par exemple, pour citer le modèle de ces écrivains à la toise, mène à bien ou à mal dix romans à la fois; que M. Eugène Sue n'a pu garder cette place peu enviable que lui avaient conquise ses *Mystères de Paris*, et que le *Juif Errant*, épopée sociale et fourriériste, a fait succéder à l'admiration de l'horrible le dégoût de l'ennuyeux et du ridicule? Ne sont-ce pas là d'intéressantes nouvelles à donner d'un pays qui se vante d'être à la tête des autres nations et de les conduire dans la voie de l'intelligence ?

Un mouvement plus sérieux dans ses efforts, mais aussi stérile dans ses résultats, pousse quelques esprits vers la régénération du théâtre moderne. Nous avions déjà jugé assez sévèrement ces tentatives mal venues à propos de la pièce type de M. Ponsard ; *Catherine II*, tragédie en cinq actes, par M. Hippolyte Bernard ; le *Vieux Consul*, par M. Arthur Ponroy, et vingt autres pièces où une fausse imitation des classiques se mêle aux exagérations de l'école moderne, sont venues justifier nos défiances. Une seule pièce, une petite comédie en vers de M. Emile Laugier, *la Ciguë*, nous a paru donner quelques espérances. On y trouve, à défaut d'un sujet scénique, des vers bien frappés et écrits d'un style trop rare à l'Odéon et même au théâtre Français. Que M. Harel ait obtenu le prix d'éloquence par un insignifiant et diffus *Eloge de Voltaire*, cela n'étonnera personne : M. Harel a tout juste assez d'habileté et de médiocrité réunies pour n'effrayer personne et réussir partout ailleurs que dans une administration.

Parlons maintenant de choses sérieuses. M. de Châteaubriand a fait une excursion dans ce monde littéraire, qu'il semblait avoir abandonné jusqu'au jour douloureux où la mort d'un grand écrivain nous enrichira d'un grand livre. *La Vie de Rancé* nous a donné un nouvel exemple de cette immortelle jeunesse, qui est l'apanage des hautes intelligences. M. de Châteaubriand n'a vieilli ni de cœur, ni de plume.

La Vie de Rancé a donc été le grand événement littéraire de l'année. Après cela nous avons encore à citer beaucoup d'essais consciencieux, de travaux utiles; mais rien de tout cela ne compose un mouvement littéraire, et nous avons dû nous contenter de classer ces ouvrages dans la note spéciale consacrée à la bibliographie (*voyez* plus bas).

BEAUX-ARTS.

Deux mille quatre cent vingt-trois articles d'art étaient inscrits au livret de cette année ; mille trois cent soixante et onze articles, parmi lesquels deux cents femmes ont eu leurs ouvrages admis ; et ces ouvrages se divisent en mille huit cent-huit tableaux, paysages et portraits peints à l'huile, trois cent quarante-huit miniatures, pastels et aquarelles, cent trente-trois sculptures, vingt-quatre projets ou dessins d'architecture et vingt et une lithographies.

Pas un ouvrage de premier ordre et beaucoup d'œuvres de mérite, tel est le résumé de cette exposition. Un tableau s'y faisait remarquer entre tous par ses dimensions, la *Fédération*, de M. Couder. Ce tableau plein d'exactitude nous a paru être plutôt une exacte anecdote qu'une œuvre historique. C'est un plan bien levé.

Parmi deux cent trente-sept ouvrages religieux, nous avons remarqué une toile de M. Champmartin, *Jésus-Christ faisant venir à lui les petits enfants;* malgré quelques exagérations de couleur et quelque matérialisme dans l'exécution, il y a là un talent assez large, sinon complet. Dans un *Jésus au jardin des Olives*, M. Chassériau a fait preuve d'un véritable sentiment religieux mêlé à quelque exagération mélodramatique. Quant à presque tous les autres sujets religieux, ils manquent et de goût et d'observation, et surtout de la principale qualité qu'on est en droit d'exiger, le sentiment religieux. M. Couture a obtenu, par son *Amour de l'or*, un succès d'engoûment semblable à celui qu'avait conquis l'année dernière M. Papety par son *Rêve de bonheur*. Enigmatique ou plutôt incompréhensible, cette composition prétentieuse, à part quelques traits de force et un coloris assez éclatant, ne nous paraît pas devoir conserver sa popularité d'un moment. — C'est surtout dans le paysage que se manifestent les progrès les plus sensibles et la véritable supériorité de l'école française. Ecoutons un de nos plus spirituels critiques et en même temps un des plus érudits, M. Delécluze :

« Vous qui vous plaignez de l'aridité de cette exposition, vous n'avez donc pas rêvé devant ces charmants paysages où M. Marilhat nous a peint cette nature sévère et gracieuse à la fois de l'Orient, ces *Bords du Nil*, cette *Vue de Tripoli*, ces *Arabes en voyage*, etc. Tout cela est fort poétique, ne vous y trompez pas au moins ! Et la *Vûe de l'Acropole d'Athènes*, par M. Aligny ; est-ce que cette terre et ces vieux monuments inondés de soleil ne vous disent rien ? Seriez-vous restés sans émotion devant ce paysage de M. Français, *Novembre;* devant cette forêt où les feuilles jaunies contrastent avec la pureté d'un dernier beau jour d'automne ? Si vous aimez une nature sérieuse et grandiose, voyez les compositions champêtres de MM. Flandrin et Desgoff, et vous aurez lieu d'être satisfait. M. Corot, malgré l'insouciance avec laquelle il termine ses ouvrages, peint la campagne et les bois comme quelqu'un qui les aime. Il faut regarder ses tableaux d'une certaine distance pour ne pas découvrir les négligences de son pinceau. Mais, quand on saisit l'ensemble de ses sites, comme on sent le frais de l'air et l'odeur de la verdure ! comme il semble que l'on respire un air pur ! M. Corot est un poëte trop négligé, mais c'est un poëte. Je crois que dans aucun autre genre de peinture on ne trouverait autant de variété d'imagination et de manière que dans les reproductions de nos pay sages. La différence des pays qu'il étudient et la solitude où ils vivent, le uns relativement aux autres, contri buent puissamment, je le pense, à ga rantir l'originalité de leurs sensation et l'individualité de leur manière. Et ce qui étonne et satisfait tout à la foi en passant en revue leurs composi tions, c'est de voir qu'il n'y a pas u chef de file qui dirige tous les autres Ici, c'est M. Léon Fleury qui, d'un main délicate et savante, nous pein les *Bords de la Marne* ou la *Ville d Menton* dans la principauté du Monaco là M. Hostein nous présente les *Rive de l'Albarine* dans le Bugey, ou le *Vallées de la Saône;* plus loin ce son la *Campagne* et les *Temples de Pæs tum*, peints avec verve et esprit pa M. J. Coignet ; des paysages graves e gracieux savamment traités par M. F Flandrin ; les *Ruines de Taormine* e le *Puy-en-Velay*, traités d'une manièr originale par M. P. Thuillier..... »

Aux tableaux cités avec éloge pa M. Delécluze, nous pouvons ajoute des *Vues de Rome et de la Syrie*, pa M. Chacaton, et les *Marines* de MM Gudin, Habey, Mozin, Morel-Fatic Meyer, J. Noël, Garnerey. Deux por traits nous ont frappé entre cent au tres, le portrait de M. Pasquier, pa M. H. Vernet, et le portrait d'un jeune fille, par M. Pérignon. Le tale de M. Horace Vernet est toujou spirituel, et son habileté de main, l vérité un peu brutale et un peu sèch de son pinceau produisent toujours d effets saisissants. M. Horace Vernet encore exposé deux petits tableau d'une touche spirituelle, un *Traineo russe* et un *Voyage au désert*.

La sculpture produit beaucoup, peu d'œuvres remarquables. M. Mai dron nous a donné une *Velléda* q orne maintenant le jardin de Luxem bourg ; sans doute il a pris pour m dèle quelque nymphe des coulisses l'Opéra. La prêtresse des Gaulois e devenue sous son ciseau un rat gra souillet, à mine sournoise et volo taire. M. Jouffroi a exécuté, d'apr les dessins de Mme de Lamartine, groupe d'enfants destiné à un béniti de Saint-Germain l'Auxerrois. Il y dans ce morceau des détails gracie et un talent véritable.

BIBLIOGRAPHIE.

HISTOIRE.

Notices et Mémoires historiques, par M. Mignet, secrétaire perpétuel de l'Académie des sciences morales et politiques, membre de l'Académie française, 2 vol. in-8°.

On sait comment M. Mignet écrit l'histoire et de quel style net et pur il raconte avec tant de vérité des faits étudiés avec une haute conscience, observés avec une intelligence complète ; on trouvera dans ces deux volumes de curieuses notices sur Sieyes, Merlin, Daunou, de Talleyrand, et aussi des mémoires lus devant l'Académie des sciences morales et politiques. On y retrouve aussi avec plaisir un des morceaux les plus achevés qui se puissent rencontrer dans l'école historique moderne, l'introduction à l'histoire de la succession d'Espagne.

La Ligue, nouvelle édition en deux volumes de trois ouvrages de M. Vitet, dont on se rappelle le succès ; *les Barricades, les Etats de Blois* et *la Mort de Henri III*, trilogie dramatique dans laquelle l'auteur s'est montré à la fois historien et écrivain. Une introduction inédite pleine d'érudition et de style précède et relie ces fragments. Paris, chez Gosselin, bibliothèque d'élite.

Mémoires de Fléchier sur les Grands Jours tenus à Clermont en 1665-1666, publiés par M. Gonod, bibliothécaire de la ville de Clermont. Paris, Porquet.

Histoire d'Espagne, par M. Rosseuw de Saint-Hilaire, 10 vol. in-8°. Paris, Furne. C'est la seconde édition, revue et augmentée d'un vaste et consciencieux travail.

Histoire du roi Sobieski et de la Pologne, nouvelle édition avec une Préface inédite, par M. de Salvandy. Paris, 3 vol. in-8°, Abel Ledoux.

François Ier et la Renaissance, 1515-1547, par M. Capefigue, 1 vol. in-8°. Paris, Amyot. Cette nouvelle publication complète la série de travaux que M. Capefigue avait entrepris sur le XVIe siècle. C'est de l'histoire comme en fait l'auteur de *la Réforme et la Ligue* : peu d'études sérieuses, une précipitation trop souvent stérile, et quelquefois, au milieu d'exagérations incroyables, des traits spirituels et des détails empreints d'une couleur locale assez vraie.

Etudes sur l'Histoire romaine, par M. Prosper Mérimée. L'auteur, homme d'imagination, romancier brillant et sage à la fois, a transporté dans ces *Etudes* cette netteté et cette pénétration dont il avait fait preuve dans des récits de pure fantaisie.

Histoire des Jésuites au XVIIIe *siècle*, par M. le comte Alexis de Saint-Priest, 1 vol. in-8°. Paris, Amyot. Œuvre impartiale et marquée au coin d'une haute raison. On y trouve des documents inédits, des papiers de famille et la correspondance officielle des cours d'Espagne, de France et de Portugal.

Histoire des comtes de Flandre jusqu'à l'avènement de la maison de Bourgogne, par Edward Leglay, 2 vol. in-8°. Paris, Comptoir des Imprimeurs-Unis.

L'Espagne depuis le règne de Philippe II jusqu'à l'avènement des Bourbons, par Ch. Weiss, 2 vol. in-8°. Paris, Hachette.

Grégoire VII, saint François d'Assises, saint Thomas d'Aquin, par M. Delécluze, 2 vol. in-8°. Paris, Jules Labitte. Livre plein de faits dû à la plume élégante d'un écrivain consciencieux et impartial.

Examen critique des historiens anciens de la vie et du règne d'Auguste, ouvrage couronné par l'Académie des inscriptions, par M. Egger, professeur agrégé à la Faculté des lettres, 1 vol. in-8°. Paris, Dezobry et Magdeleine.

On connaît le vaste et savant travail de Sainte-Croix sur les historiens d'Alexandre; l'Académie des inscriptions et belles-lettres a eu l'heureuse pensée de vouloir donner un pendant à ce remarquable monument de l'érudition française. Le livre de M. Egger, couronné à cette occasion par l'Institut, ne peut manquer de prendre place à la suite de celui de Sainte-Croix, comme le complément instructif et judicieux de tous les travaux relatifs aux annales romaine. La critique littéraire aura autant de profit à tirer que l'histoire elle-même de ce mémoire sérieux et plein de recherches, qui éclaire en plus d'un point cette époque d'Auguste, où la gloire des lettres a presque effacé la grandeur des événements politiques.

LITTÉRATURE.

Coningsby, or the new generation, par Benjamin d'Israeli, 1 vol. in-8°. Paris, Baudry. Esquisse de mœurs intéressante et manifeste du parti de la jeune Angleterre.

Vie de Rancé, par M. le vicomte de Châteaubriand, 1 vol. in-8°. Paris, Delloye (*voyez* plus haut).

Etudes sur les tragiques Grecs, par M. Patin, troisième et dernier volume. Il n'est pas possible de mettre plus d'intérêt dans les analyses, plus de justesse dans les jugements, plus de sentiment de l'antiquité dans les traductions, et enfin plus de goût et de discernement dans le choix des morceaux reproduits par l'élégant académicien.

VOYAGES.

Le Maroc, par M. Drummond Hay, traduit par Mme Sw. Belloc. M. Drummond, fils d'un consul anglais et versé dans la langue arabe, a fait, sinon un voyage très-instructif, au moins une promenade très-pittoresque et pleine de détails locaux.

Voyage dans l'Italie méridionale, par M. Fulchiron. Clarté et bon sens, telles sont les qualités de ce livre statistiques bien faites, observation judicieuses, voilà ce qu'on trouve dan cet ouvrage, dû à la plume d'un admi nistrateur distingué.

ARCHÉOLOGIE.

Monumenti inediti a illustrazion della storia degli antichi popoli Ita liani, dichiarati da Giuseppe Micali LX tavole, et 1 vol. in-8°. Firenze Ce nouvel ouvrage de M. Micali, qu s'est consacré depuis longtemps à l'ar chéologie des anciens peuples Italique et particulièrement des Etrusques complète deux estimables publicatior de ce savant écrivain : *L'Italia avan il dominio de' Romani* et la *Storia deg antichi popoli Italiani*.

Archéologie orléanaise. Monogra phie de Sainte-Croix, Orléans, Jacot brochure in-8° de 69 pages. Etud intéressante de l'église cathédral d'Orléans.

JURISPRUDENCE.

Italianische Zustornde, Geschilde von Dr. C.-J.-A. Mittermaier, H delberg, 1844, 280 pages in-8°, pr fesseur à Heidelberg, jurisconsulte économiste. Sept voyages, statistiqu nombreuses.

Discours, Rapports et Travaux in dits sur le Code civil, par J.-Etienn Marie Portalis, ministre des culte membre de l'Académie française, p bliés et précédés d'une *Introductio* par M. le vicomte Frédéric Portali conseiller à la cour royale de Pari Paris, Joubert.

Code civil du royaume de Sardaign précédé d'un *Travail comparatif av la législation française*, par M. le comte Portalis. Paris. Joubert.

On trouve dans ces deux ouvrages de précieux documents pour la science et pour l'histoire du droit : c'est un digne monument élevé par M. le vicomte Frédéric de Portalis à la mémoire de son illustre aïeul.

NÉCROLOGIE.

LISTE DES PRINCIPAUX PERSONNAGES MORTS EN 1845.

Le signe ? veut dire que la date de la mort est inconnue.

JANVIER.

1. Cardinal prince de Croï, né au château de l'Ermitage (Nord) le 12 septembre 1773, archevêque de Rouen depuis 1823, autrefois grand-aumônier de Louis XVIII et de Charles X, mort à Rouen.

» Abbé Pierre Hesmivy-d'Auribeau, chanoine de la basilique de Sainte-Marie *in-vià latâ*, ancien chanoine, vicaire-général du diocèse de Digne, chevalier des ordres du Christ, de l'Eperon-d'Or, mort à Paris, âgé de 88 ans.

7. Ducis, lieutenant-colonel en retraite, ancien directeur de l'Opéra-Comique, neveu du poète, mort à Paris, âgé de 54 ans.

8. Sir Hudson Lowe, si misérablement célèbre par le rôle odieux qu'il fut appelé à jouer à Sainte-Hélène près de l'empereur Napoléon, mort à Dublin.

9. Boghos-Bey, ministre au service de Mehemet-Ali, pacha d'Egypte.

10. Princesse douairière de Hohenlobe, morte dans son château de Kapferzelle, en Allemagne.

11. Tarbé des Sablons, ancien avocat-général, conseiller à la cour de cassation, mort à Paris.

15. Tristan, marquis de Rovigo, capitaine, mort en Afrique, tué au combat de l'Oued-Mouilah.

16. Prince Louis de Hohenlohe, mort à Munich, âgé de 70 ans.

16. Vincent Ruttimann, ancien gouverneur de la république helvétique, landamman de la Suisse pendant l'acte de médiation, et, depuis 1815, deux fois président de la diète, mort à Lucerne, âgé de 75 ans.

17. Marquise Gouvion Saint-Cyr, veuve d'un des plus illustres maréchaux de l'Empire, morte à Paris.

21. De Sainte-Chapelle, ancien sous-intendant militaire, chevalier de la Légion-d'Honneur, mort à Paris.

» Prince Philémon-Paul-Marie d'Arenberg, plus connu sous le nom de prince Paul, frère du duc Prosper d'Arenberg, chanoine honoraire du chapitre de Namur, mort à Rome, âgé de 56 ans, né le 10 janvier 1788.

22. Archiduchesse Marie-Caroline, fille aînée de l'archiduc Reynier, vice-roi du royaume Lombardo-Vénitien, née le 6 février 1821, fiancée au prince de Savoie Carignan, morte à Vienne.

23. Comte de Bastart, vice-président de la Chambre des pairs, président de chambre à la cour de cassation, mort à Paris.

» Demonferrand, inspecteur général de l'Université, chef de la comptabilité et du contentieux au ministère de l'instruction publique, mort à Paris, âgé de 49 ans.

» Sir Francis Burdett, l'un des hommes politiques les plus remarquables de la Grande-Bretagne, mort à Londres, âgé de 74 ans.

25. Maréchal Drouet, comte d'Erlon, pair de France, mort à Paris, âgé de 78 ans, né à Reims le 29 juillet 1765.

» Victor Darmon, agent consulaire d'Espagne et de Sardaigne à Mazagan, mis à mort par ordre du sultan de Maroc.

26. Letourneur, évêque de Verdun, mort à Verdun, âgé de 63 ans.

27. Charles Nodier, membre de l'Académie française, administrateur de la bibliothèque de l'Arsenal, né à Besançon le 29 avril 1780, mort à Paris.

» Grande-duchesse d'Oldenbourg, fille du roi Gustave IV de Suède, née le 22 juin 1807, mariée le 5 mai 1831 au grand-duc régnant, morte à Oldenbourg.

28. Lieutenant-général comte Van den Bosch, ancien commissaire-général aux Indes Orientales, ancien ministre des colonies au service des Pays-Bas.

29. Duc Ernest de Saxe-Cobourg-Gotha, prince régnant, né le 2 janvier 1784, monté sur le trône ducal de Coblentz le 9 décembre 1806, père du prince Albert, mari de la reine d'Angleterre, frère de S. M. le roi des Belges, oncle du roi de Portugal, de la duchesse de Nemours et du duc Auguste de Saxe-Cobourg, gendre du roi des Français, mort âgé de 60 ans.

» Comtesse de La Brighe, belle-mère de M. le comte Molé, morte à Paris.

» Infante Charlotte (dona Maria Carlotta), femme de l'infant don François de Paule, princesse des Deux-Siciles, sœur de la reine Marie-Christine d'Espagne, tante de la reine Isabelle II et nièce de la reine des Français, morte à Madrid, âgée de 39 ans 1/2.

31. Général Bertrand, fidèle compagnon de Napoléon, mort à Châteauroux.

» Cardinal Bussi, archevêque de Bénévent, né à Viterbe le 29 janvier 1755, revêtu de la pourpre romaine par S. S. Léon XII dans le Consistoire du 3 mai 1824, mort à Rome.

? Contre-amiral sir Robert Lewis Fitz-Herald, mort à Bath, âgé de 69 ans.

? Sir C. E. Nugent, doyen des amiraux anglais, mort âgé de 86 ans.

? Baron Ravichio de Porestdorf, militaire et archiviste distingué, général d'artillerie pendant les guerres de l'Empire, mort à Paris, âgé de 77 ans.

FÉVRIER.

3. Pietro Benvenuti, peintre d'histoire.

4. Hall, amiral au service de la Russie, mort à Saint-Pétersbourg.

6. Docteur Ch. Schnell, l'un des publicistes les plus distingués de la Suisse, rédacteur du *Volksfreund*.

10. Lieutenant-général Eugène-Maximilien de Bœder, au service de Prusse, mort à Dresde.

12. François Wolowski, ancien avocat à la cour de cassation, conseiller d'Etat et député à la diète de Pologne, mort à Paris.

15. Vicomte Sidmouth Addington, premier ministre de 1801-1804.

19. Maréchal de Sauvagny, ancien

conseiller au parlement de Besançon et membre du conseil-général de la Haute-Saône, mort à Besançon, âgé de 81 ans.

21. Jacques-Edme Dumont, statuaire, père de M. Auguste Dumont, membre de l'Institut, né le 10 avril 1761, élève de Pajou, grand-prix en 1788, auteur des statues de Colbert à la Chambre des députés, et de Lamoignon de Malesherbes au Palais de Justice, mort à Paris.

22. Baron Reynaud, ancien examinateur des Ecoles royales polytechnique et de la marine, mort à Paris.

28. Juge Upshur, premier ministre; — Gilmer, gouverneur de la Virginie, secrétaire au département de la marine; — Syker, représentant de New-York; — Mascey du Maryland, ancien chargé d'affaires de Belgique; — Gardiner, commodore de Kennow, directeur des chantiers, tués par l'explosion d'une pièce du *Princeton* (*voyez* la Chronique).

? Legonidec, conseiller à la cour de cassation, successivement membre du tribunal, conseiller à la cour impériale de Trêves, grand-juge à l'île de France, procureur-général à Rome, mort à Paris, âgé de 81 ans.

? Baron Ignace Caraffa, maréchal de camp en retraite, mort à Bastia, âgé de 76 ans.

? Comte Derval de Baulieu, auditeur au conseil d'Etat, intendant de Raguse et de Burgos dans les conquêtes de l'Empire, député et sénateur belge, mort à Bruxelles, âgé de 57 ans.

? Cardinal Philippe Guidice Carracciolo, de la maison des ducs de Gesso, né à Naples en 1785, revêtu de la pourpre en 1833 par le pape Grégoire XVI, archevêque de Naples, mort à Naples.

? Chevalier Luigi Canonica, président du conseil impérial et royal des bâtiments publics de Lombardie, mort à Milan, âgé de 82 ans. Milan lui doit l'amphithéâtre de la porte Vercellina et le théâtre Carcano.

? Contre-amiral baron d'Imbert de Ledret, mort à Paris.

MARS.

5. Baron de Kopp (Charles-Guillaume), ministre des finances du grand-duché de Hesse-Darmstadt, mort âgé de 74 ans.

» Philippe François de Sauzin, évêque de Blois, occupant ce siége depuis 1823, doyen de l'épiscopat français, mort âgé de 88 ans.

7. Pantaléon Bonet, colonel de carabiniers, chef d'une insurrection, fusillé.

» Don Eusebio Bardaji y Azara, ministre des affaires étrangères au service de l'Espagne en 1811, président du conseil des ministres en 1837, mort à Huate.

8. Charles XIV (Jean-Bernadotte), roi de Suède et de Norvége, des Goths et des Vandales, mort âgé de 81 ans, après un règne de 26 ans, depuis le 5 février 1818.

17. Jean-Baptiste Stiglmayer, directeur de la fonderie royale de Munich, fondeur distingué, mort à Munich, âgé de 52 ans.

19. Comte de Bricqueville, colonel, député de la Manche, mort à Paris.

20. Lieutenant-général comte Pajol, pair de France.

23. Don Augustin Arguelles.

24. Thorwaldsen (Albert-Bathélemy), célèbre sculpteur danois, fils d'un marin islandais, né en pleine mer, en 1769, pendant le trajet de Raisciavik (Islande) à Copenhague, grand-prix de l'Académie royale des beaux-arts en mars 1794, membre associé étranger de l'Institut de France, auteur de plusieurs morceaux estimés, mort à Copenhague d'une apoplexie foudroyante, âgé de 75 ans.

25. Général d'Ambrugeac, pair de France, mort à Paris, âgé de 71 ans.

25. Le Père Isaïe Mossanir, prêtre grec-arabe-catholique, né à Saint-Jean-d'Acre, en Syrie, attaché à l'église Saint-Nicolas de Myrrhe, à Marseille, homme remarquable par la sainteté de sa vie, mort à Marseille, âgé de 85 ans.

? Sir Henry Halford, célèbre médecin anglais, né en 1766, en 1820 président du collège des médecins, successivement médecin des quatre derniers souverains de la Grande-Bretagne, créé baronnet par George III, mort à Londres.

? Jacques, peintre distingué, l'un des plus brillants élèves de David, miniaturiste, mort à Paris.

AVRIL.

1. Pierre-Michel-Marie Double, évêque de Tarbes, mort à Tarbes, âgé de 77 ans.

3. Alexandre Tardion, doyen des graveurs, membre de l'Académie des beaux-arts.

4. Marquis de Louvois, pair de France, mort à Paris.

5. Marquis de Lusignan, pair de France, mort à Paris.

6. Féld-maréchal prince Frédéric-François-Xavier de Hohenzollern-Hechingen, gouverneur-général de l'Illyrie et président honoraire du conseil aulique de guerre, mort à Vienne, âgé de 87 ans. Il était oncle paternel de S. A. S. le prince régnant de Hohenzollern-Hechingen.

8. Lord Abinger, premier baron de l'Echiquier, l'un des quinze juges de l'Angleterre, premier pair de son nom (autrefois sir Scarlett). Sous son premier nom. il avait joui, comme avocat, d'une haute réputation. Solliciteur général en 1829, il fut fait pair en 1835, mort à Londres, âgé de 75 ans.

». Prince Dmitri Galitzin, général de cavalerie au service de l'empereur de Russie, gouverneur-général de Moscou, membre du conseil de l'Empire, mort à Paris, âgé de 73 ans.

» Général marquis Arthur de La Bourdonnaie, député du Morbihan, mort à Paris.

13. Comte Vittorio de Fossombroni, mort à France, âgé de 89 ans, conseiller privé d'Etat des finances et de la guerre, secrétaire d'Etat, ministre des affaires étrangères et premier directeur des secrétaireries, etc.

19. Cardinal Pacca, doyen du Sacré-Collège, né à Bénévent le 25 décembre 1756, nommé cardinal par Pie VII en 1801, mort à Rome.

25. Henri-Mortan Berton, compositeur distingué, né à Paris le 17 septembre 1767, membre du Conservatoire de musique dès sa fondation, auteur de plusieurs opéras célèbres : *le Navigateur* (1786), *la Promesse de mariage* (1787), *la Dame invisible*, *le Corse*, *les Brouilleries* (1789), *le Nouveau d'Assas* (1791), *les deux Sous-Lieutenants*, *Eugène Vialc* (1793), *Tyrtée* (1797), *Ponce-Léon*, *le Souper de famille*, *le Dénouement inattendu*, *Montano et Stéphanie* (son chef-d'œuvre, 1798), *l'Amour bizarre*, *le Délire*, *le Grand deuil*, *le Concert interrompu*, *Aline, reine de Hollande*, *la Romance*, *Délia et Vadican*, *le Vaisseau amiral*, *les Maris garçons*, *le Chevalier de Sénanges*, *Ninon chez Mme de Sévigné*, *François de Foix*, *Virginie*, et de plusieurs cantates et méthodes d'harmonie, mort à Paris, âgé de 77 ans.

? Baron Jean-Julien-Jules Angot des Rotours, amiral, né au château des Rotours, département de l'Orne, grand'croix de l'ordre de Saint-Ferdinand d'Espagne, grand-cordon de la Légion-d'Honneur, marin distingué sous les ordres de Bruix, de Villeneuve, se fit remarquer dans la guerre d'Espagne, et gouverneur de la Guadeloupe, mort à Paris, âgé de 71 ans.

? Mme Menjaud, ancienne actrice sociétaire du théâtre Français, morte aux Batignolles.

MAI.

1. Baron de la Mardelle, né à Saint-Domingue en 1770, ancien procureur-général près la cour impériale d'Amiens, commissaire extraordinaire de justice aux Antilles en 1820, auteur de précieux travaux sur la législation coloniale, maître des requêtes au conseil d'Etat.

9. Jean-Louis Burnouf, ancien inspecteur-général des Etudes, membre de l'Académie des inscriptions et belles-lettres, professeur d'éloquence

latine au collége de France, et bibliothécaire de l'Université, auteur d'une célèbre grammaire grecque, d'une traduction des *OEuvres complètes de Tacite*, véritable chef-d'œuvre, et d'autres travaux estimés, mort à Paris, âgé de 69 ans.

15. Docteur Flemming, l'un des plus savants vétérinaires de l'Allemagne, directeur de l'école vétérinaire de Rosenthal, mort d'hydrophobie à Leipsick (Saxe).

16. Lieutenant-général comte Durocheret, conseiller d'Etat, directeur du personnel au ministère de la guerre.

19. Vice-amiral Lalande, né au Mans le 13 janvier 1787.

26. Jacques Laffitte, né à Bayonne en 1767, entré en 1788 dans la maison de M. Perregaux, banquier à Paris, successeur de M. Perregaux en 1804, en 1809 régent de la Banque de France et président de la chambre de commerce de Paris, en 1813 juge au tribunal de commerce de la Seine, en 1814 gouverneur de la Banque de France, en 1816 élu député par le département de la Seine, réélu en 1817 et en 1822, et depuis cette époque jusqu'en 1830 député de Rouen, président de la Chambre des députés, président des conseils, ministre des finances. On sait la part qu'il prit à la révolution de juillet; mort à Paris.

? Pons de Verdun, membre de la Convention, du conseil des Cinq-Cents, avocat-général à la cour de cassation sous l'Empire, l'ami de Collin d'Harleville, d'Andrieux, de Picard, mort à Paris, âgé de 85 ans.

? Comte Xavier Krasicki, neveu du célèbre archevêque de Warmie, prince des poètes polonais; armé à 15 ans pour la défense de la cause de l'indépendance nationale, il se distingua aux batailles de Zielence, de Szczekoenig, de Powonzki, etc., pendant les mémorables campagnes de 1792 et 1794, qu'il fit sous Poniatowski et Kosciuszko, mort à 70 ans dans son château de Lisko (Galicie autrichienne), ancien manoir du célèbre Kmita, sénateur sous le règne de Sigismond-Auguste.

JUIN.

3. Duc d'Angoulême, mort à Goritz.

9. Mme Augustin Thierry, fille de l'amiral de Quérangal, auteur estimé de *Scènes de mœurs au* XVIIIe *et* XIXe *siècles* et du roman d'*Adélaïde*, morte à Paris.

15. Thomas Campbell, auteur des *Pleasures of Hope*, poète distingué, mort âgé de 47 ans.

20. Etienne-Geoffroy Saint-Hilaire, membre de l'Académie des sciences, section d'anatomie et de zoologie, professeur de zoologie au Muséum d'histoire naturelle, mort à Paris.

24. Mermilliod, avocat à la cour royale et membre de la Chambre des députés, mort à Paris.

JUILLET.

12. Charles de Forbin-Janson, né à Paris le 3 novembre 1785, évêque de Nanci, mort à Marseille.

15. Fauriel, membre de l'Académie des inscriptions et belles lettres, professeur de littérature étrangère à la Faculté des lettres, littérateur distingué, mort à Paris, âgé de 63 ans.

16. Lepère, architecte distingué, fit partie de l'expédition d'Egypte, éleva, de concert avec M. Gondonin, la colonne de la place Vendôme, commença l'église Saint-Vincent de Paul, achevée par M. Historf, son gendre, mort à Paris, âgé de 82 ans.

? Comte de Castro Giovani, troisième fils du roi des Deux-Siciles, mort à Naples, âgé de 9 ans et 10 mois.

25. Don Attilio Bandiera, don Emilio Bandiera, don Nicola Riciotti, don Anacarsi Nardi, don Domenico Moro, Giovanni Veneruni, Giacomo Bocca, Francesco Berti, Domenico Lupatelli, fusillés à Cosenza, pour avoir dirigé une tentative d'insurrection sur les côtes de Calabre.

28. Joseph Napoléon, comte de Survilliers, frère aîné de l'Empereur, né en 1768 à Corte, en Corse, membre du conseil législatif, du conseil d'Etat,

signataire du traité de Lunéville, commandant en 1806 de l'armée d'Italie, roi de Naples, d'Espagne, commandant militaire de Paris pendant l'invasion, mort à Florence. Il ne reste plus des frères de l'Empereur que le prince Louis, ex-roi de Hollande, et le prince Jérôme, ex-roi de Westphalie, maintenant le chef de la famille.

? Guilbert de Pinérécourt, célèbre dramaturge de boulevard, mort à Nanci, sa ville natale, âgé de 71 ans.

AOUT.

4. Jacob Aal, l'un des rédacteurs de la constitution norvégienne, membre du Storthing sans interruption depuis la création en 1814, mort à Christiania (Norvége).

16. Comte Magnus de Brahe, ami de Charles-Jean XIV, roi de Suède, mort à Stockholm, âgé de 54 ans.

17. Alissan de Chazet, ancien bibliothécaire du roi Charles X, mort à Paris.

25. Georges-Chrétien Benecke, doyen des fonctionnaires de l'Université de Hoettingue, premier conservateur de la Bibliothèque de l'Université, philologue distingué, mort à Hoettingue, âgé de 84 ans.

SEPTEMBRE.

2. Baron Vicenzo Camuccini, peintre d'histoire, directeur de la fabrique pontificale de mosaïques, longtemps directeur de l'Académie napolitaine, président de l'Académie pontificale des beaux-arts de Saint-Luc, officier de la Légion-d'Honneur, le plus ancien des membres associés étrangers de l'Académie des beaux-arts, de l'Institut royal de France, né à Rome en 1767, mort en cette ville, âgé de 77 ans.

9. Cardinal Silvestre Belli, né à Anagni le 29 décembre 1781, évêque de Jési, mort dans sa ville épiscopale.

28. Clarion, ancien professeur à la Faculté de médecine de Paris, membre titulaire de l'Académie royale de médecine, professeur à l'Ecole de pharmacie, mort à Garches, près Saint-Cloud.

? Pita Pizarro, ancien ministre des finances d'Espagne, mort à Saint-Sébastien.

? Baron de Schele, ministre d'Etat du royaume de Hanôvre.

? Charles du Rozoir, professeur d'histoire au collége royal de Louis-le-Grand, autrefois professeur suppléant à la Faculté des lettres, l'un des collaborateurs les plus laborieux de la *Biographie universelle*, mort à Goussainville, âgé de 53 ans.

OCTOBRE.

5. Amiral sir John Beresford, qui escorta Louis XVIII à Calais lors de la Restauration.

7. Prince Charles-Anselme de La Tour et Taxis, mort à Prague, âgé de 52 ans.

? Juan Etcheveria, ancien aumônier de Zumalacarreguy et président de la junte de Navarre, mort à Lyon.

? Bonnesœur-Bourginière, député à la Convention nationale en 1792, au conseil des Anciens en l'an IV, à la Chambre des représentants en 1815, et président du tribunal civil de Mortain depuis le 1er prairial an VII jusqu'en 1816, mort à Barenton (Manche), âgé de 90 ans, né le 27 avril 1754.

NOVEMBRE.

3. Abbé Pisseau, ancien curé de Saint-Denis du Saint-Sacrement au Marais, membre honoraire du chapitre royal de Saint-Denis et chanoine titulaire de Notre-Dame, né en 1767, mort à Paris.

8. Agar, comte de Mosbourg, pair de France, commandeur de la Légion-d'Honneur, ancien ministre de finances du royaume de Naples, mort à Paris, âgé de 74 ans.

13. Charles-Louis Mollevaut, professeur émérite de l'Université, membre

de l'Académie des inscriptions et belles-lettres, mort à Paris, âgé de 68 ans.

21. Emmanuel de Fellenberg, ancien landamman, fondateur de l'Institut agronomique à Hofalise, mort âgé de 73 ans.

? Mauzaisse, peintre d'histoire, mort à Paris, âgé de 60 ans.

? Jérôme Mérino, maréchal de camp, réfugié espagnol, mort à Alençon, âgé de 77 ans.

? Comte Hallez, député de Schlestadt, baron de l'Empire en 1814, mort âgé de 68 ans.

DÉCEMBRE.

9. François de Destouches, auteur d'excellentes compositions religieuses, ami de Mozart et de Weber, auteur de la musique du *Wallensteins-Lager*, de Schiller, mort à Munich, agé de 73 ans.

10. Marquis de Mazan, chevalier de Saint-Louis et contre-amiral honoraire, mort à Riez (Basses-Alpes), âgé de 83 ans.

18. Baron Nicolas Seillière, ancien membre du conseil-général de commerce, mort à Paris, âgé de 75 ans.

21. Galle, membre de l'Académie des beaux-arts (section de gravure), mort à Paris, âgé de 85 ans.

• Auguis, député de Mesle (Deux-Sèvres), conservateur de la bibliothèque Mazarine, mort âgé de 59 ans.

23. Salomon Heine, célèbre banquier, né à Hanôvre en 1776, mort à Hambourg.

? Marquis Alfieri de Sortegne, lieutenant-général, ancien ambassadeur de Sardaigne à Paris, mort à Turin, âgé de 70 ans.

FIN.

TABLE DES MATIÈRES.

HISTOIRE.

PREMIÈRE PARTIE.

HISTOIRE DE FRANCE.

CHAPITRE PREMIER.

CHAPITRE II.

PROPOSITIONS POLITIQUES.

CHAPITRE III.

CHAPITRE IV.

MATIÈRES ADMINISTRATIVES.

CHAPITRE V.

MATIÈRES FINANCIÈRES.

CHAPITRE VI.

CHAPITRE VII.

RELATIONS EXTÉRIEURES.

CHAPITRE VIII.

Histoire intérieure.

ÉTAT DES PARTIS.

CHAPITRE IX.

I. — *Colonies.* — ALGÉRIE.

II. — COLONIES TRANSATLANTIQUES.

III. — SÉNÉGAL.

IV. — ÉTABLISSEMENTS DE L'OCÉAN PACIFIQUE.

HISTOIRE ÉTRANGÈRE.

DEUXIÈME PARTIE.

CHAPITRE PREMIER.

Belgique.

CHAPITRE II.

Néerlande.

CHAPITRE III.

Confédération Germanique.

AUTRICHE.

HONGRIE.

PRUSSE.

BAVIÈRE.

HANÔVRE.

BADE.

SAXE-ROYALE.

PETITS-ÉTATS.

CHAPITRE IV.

Dannemark.

Suède.

Russie et Pologne.

CHAPITRE V.

Turquie.

Égypte.

CHAPITRE VI.

Grèce.

CHAPITRE VII.

Suisse.

CHAPITRE VIII.

ITALIE.

Sardaigne et Piémont.

Deux-Siciles.

Etats de l'Eglise.

Lombardie.

CHAPITRE IX.

Espagne.

CHAPITRE X.

PORTUGAL.

CHAPITRE XI.

GRANDE-BRETAGNE.

CHAPITRE XII.

Intérieur.

Extérieur.

CHAPITRE XIII.

AMÉRIQUE DU NORD.

Etats-Unis.

AMÉRIQUE DU SUD.

Mexique et Texas.

Brésil.

Pérou et Chili.

Buenos-Ayres et Urugay.

APPENDICE.

DOCUMENTS HISTORIQUES.

PARTIE OFFICIELLE.

FRANCE.

Intérieur. — Lois et ordonnances.

Relations extérieures, traités, conventions et notes diplomatiques.

Pièces relatives aux affaires de Tahiti.

Pièces diplomatiques relatives au Maroc.

Documents relatifs aux affaires de Plata.

Documents relatifs à la mission française en Chine.

STATISTIQUES ET TABLEAUX OFFICIELS.

Matières financières.

Matières commerciales.

Matières judiciaires.

Gouvernement, Administration publ. (Personnel.)

ÉTRANGER.

Belgique.

Néerlande.

Autriche.

Prusse.

Turquie.

Valachie.

Grèce.

Suisse.

ITALIE.

Deux-Siciles.

Espagne.

Portugal.

PARTIE NON-OFFICIELLE.

FRANCE.

ÉTRANGER.

VARIÉTÉS.

FIN DE LA TABLE DES MATIÈRES.

Lightning Source UK Ltd.
Milton Keynes UK
UKHW012023120219
337217UK00006B/613/P

9 780260 638656